U0922414

淮安经济普查年鉴

HUAIAN ECONOMIC CENSUS YEARBOOK

2013

淮安市第三次全国经济普查领导小组办公室　编

中国统计出版社
China Statistics Press

图书在版编目（CIP）数据

淮安经济普查年鉴 - 2013 / 淮安市第三次全国经济普查领导小组办公室编著. - - 北京：中国统计出版社，2015.12
ISBN 978 - 7 - 5037 - 7717 - 2

Ⅰ. ①淮… Ⅱ. ①淮… Ⅲ. ①经济 - 普查 - 淮安市 - 2013 - 年鉴 Ⅳ. ①F127.533 - 54

中国版本图书馆 CIP 数据核字（2015）第 296409 号

淮安经济普查年鉴 - 2013

作　　者/淮安市第三次全国经济普查领导小组办公室
责任编辑/赵淑焕
封面设计/袁　岚
出版发行/中国统计出版社
通信地址/北京市丰台区西三环南路甲 6 号 邮政编码/100073
电　　话/邮购（010）63376909 书店（010）68783171
网　　址/http://www.zgtjcbs.com/
印　　刷/江西宜春资料印务有限公司
经　　销/新华书店
开　　本/880mm × 1230mm 1/16
字　　数/1665 千字
印　　张/43.31
版　　别/2015 年 12 月第 1 版
版　　次/2015 年 12 月第 1 次印刷
定　　价/680.00 元

《淮安经济普查年鉴—2013》
编委会和编辑人员

编者说明

淮安市第三次全国经济普查，经过各地、各有关部门和全体普查人员的共同努力，圆满完成单位核查、普查登记、数据审核和数据汇总工作。为及时反映全市第三次经济普查成果，满足各级领导、有关部门和社会各界的需要，我们将经济普查资料编辑整理，汇编成《淮安经济普查年鉴—2013》一书。本资料包括综合篇、第二产业篇、第三产业篇、小微企业篇、文化产业篇和附录等六个部分。为方便读者使用，特作如下说明：

一、全市第三次经济普查的普查对象是我市境内从事第二产业和第三产业的全部法人单位、产业活动单位和个体经营户。

二、本次普查的标准时点为2013年12月31日，时期资料为2013年度。

三、本资料中《淮安市第三次全国经济普查主要数据公报》是快速汇总数据；其他资料均为最终汇总数据，使用时请以最终汇总数据为准。

四、金融和铁路运输业分别由金融和铁路管理部门负责普查，本资料不包含这部分数据。

五、附录中有普查公报、主要指标解释等，使用时请仔细阅读。

六、表中空格表示该项统计指标数据不详或无该项数据，“#”表示其中的主要项。

七、本资料中的合计和分项数据因小数取舍而产生的误差，未作机械调整。

目　录

综合篇　单位基本情况

第二产业篇：工业、建筑业、科技情况

第一章　工业企业生产经营及财务状况

A、分登记注册类型、分行业工业企业生产经营及财务状况

第三章　建筑业企业生产经营及财务状况

A、全部建筑业企业生产经营及财务状况

B、总承包和专业承包建筑业企业生产经营及财务状况

第三产业篇：批发零售业、住宿餐饮业、房地产开发业、服务业企业、行政事业及非企业法人单位情况

第一章　批发和零售业经营及财务状况

第二章 住宿和餐饮业经营及财务状况

第三章 房地产开发企业生产经营及财务状况

第四章　服务业企业财务状况

A、全部服务业企业主要指标

文化产业篇：文化及相关产业情况

附　录

综合篇：
单位基本情况

本篇编辑：袁永志　尹　进　罗　劼　肖　淦

1－1－1 按行业分组的法人单位数、产业活动单位数及从业人员数

行业	法人单位 单位数（个）			从业人员数（人）		产业活动单位 单位数（个）		从业人员数（人）		
		单产业法人	多产业法人		#女性		#多产业法人所属的产业活动单位数		单产业法人所属的从业人员数	多产业法人所属的从业人员数
总计	**43152**	**42428**	**724**	**1526285**	**462385**	**49437**	**7009**	**1544502**	**1435064**	**109438**
农、林、牧、渔业	**1257**	**1255**	**2**	**10963**	**3685**	**1344**	**89**	**11145**	**10920**	**225**
农、林、牧、渔服务业	1257	1255	2	10963	3685	1344	89	11145	10920	225
农业服务业	693	691	2	6749	2073	776	85	6865	6706	159
林业服务业	20	20		116	51	21	1	149	116	33
畜牧服务业	447	447		3175	1256	449	2	3204	3175	29
渔业服务业	97	97		923	305	98	1	927	923	4
采矿业	**70**	**69**	**1**	**5628**	**1291**	**77**	**8**	**6882**	**3224**	**3658**
煤炭开采和洗选业	1	1		18	7	1		18	18	
烟煤和无烟煤开采洗选										
褐煤开采洗选										
其他煤炭采选	1	1		18	7	1		18	18	
石油和天然气开采业	2	2		5	1	6	4	305	5	300
石油开采	1	1		3		5	4	303	3	300
天然气开采	1	1		2	1	1		2	2	
黑色金属矿采选业										
铁矿采选										
锰矿、铬矿采选										
其他黑色金属矿采选										
有色金属矿采选业	1	1		4	1	1		4	4	
常用有色金属矿采选	1	1		4	1	1		4	4	
贵金属矿采选										
稀有稀土金属矿采选										
非金属矿采选业	58	57	1	5544	1266	61	4	6498	3140	3358
土砂石开采	40	40		1265	294	41	1	1312	1265	47
化学矿开采	6	6		1371	220	6		1371	1371	
采盐	8	7	1	2767	717	9	2	3609	363	3246
石棉及其他非金属矿采选	4	4		141	35	5	1	206	141	65
开采辅助活动	6	6		17	2	6		17	17	
煤炭开采和洗选辅助活动	2	2		2		2		2	2	
石油和天然气开采辅助活动	3	3		3		3		3	3	
其他开采辅助活动	1	1		12	2	1		12	12	
其他采矿业	2	2		40	14	2		40	40	
其他采矿业	2	2		40	14	2		40	40	
制造业	**10541**	**10508**	**33**	**526010**	**244683**	**10684**	**176**	**527670**	**521705**	**5965**
农副食品加工业	532	530	2	26836	10697	553	23	26924	25953	971
谷物磨制	232	232		8345	2363	234	2	8430	8345	85
饲料加工	79	79		6680	1785	81	2	6755	6680	75
植物油加工	15	15		915	281	15		915	915	
制糖业	3	3		250	71	3		250	250	
屠宰及肉类加工	69	67	2	6242	3885	86	19	6170	5359	811
水产品加工	36	36		798	436	36		798	798	
蔬菜、水果和坚果加工	36	36		2012	1271	36		2012	2012	
其他农副食品加工	62	62		1594	605	62		1594	1594	
食品制造业	182	179	3	6430	3069	189	10	6809	6262	547
焙烤食品制造	42	40	2	2209	937	45	5	2243	2049	194
糖果、巧克力及蜜饯制造	11	11		556	223	11		556	556	
方便食品制造	45	44	1	1070	646	46	2	1106	1062	44
乳制品制造	6	6		402	28	7	1	416	402	14
罐头食品制造	8	8		267	194	8		267	267	
调味品、发酵制品制造	32	32		1221	701	33	1	1333	1221	112
其他食品制造	38	38		705	340	39	1	888	705	183
酒、饮料和精制茶制造业	74	73	1	4732	1318	75	2	4733	4718	15
酒的制造	34	33	1	4032	957	34	1	4033	4018	15
饮料制造	35	35		486	252	36	1	486	486	

1－1－1　按行业分组的法人单位数、产业活动单位数及从业人员数（续1）

行业	法人单位 单位数（个）	单产业法人	多产业法人	从业人员数（人）	#女性	产业活动单位 单位数（个）	#多产业法人所属的产业活动单位数	从业人员数（人）	单产业法人所属的从业人员数	多产业法人所属的从业人员数
精制茶加工	5	5		214	109	5		214	214	
烟草制品业	2	2		2001	746	2		2001	2001	
烟叶复烤										
卷烟制造	1	1		1948	720	1		1948	1948	
其他烟草制品制造	1	1		53	26	1		53	53	
纺织业	728	728		38704	25976	736	8	38841	38704	137
棉纺织及印染精加工	198	198		19177	12907	200	2	19208	19177	31
毛纺织及染整精加工	26	26		2721	2202	26		2721	2721	
麻纺织及染整精加工	8	8		325	202	8		325	325	
丝绢纺织及印染精加工	31	31		1689	987	31		1689	1689	
化纤织造及印染精加工	14	14		314	145	14		314	314	
针织或钩针编织物及其制品制造	179	179		4258	2814	185	6	4364	4258	106
家用纺织制成品制造	198	198		7402	5085	198		7402	7402	
非家用纺织制成品制造	74	74		2818	1634	74		2818	2818	
纺织服装、服饰业	961	959	2	58839	42195	964	5	58744	58389	355
机织服装制造	619	617	2	41164	29643	621	4	41065	40714	351
针织或钩针编织服装制造	65	65		1820	1427	65		1820	1820	
服饰制造	277	277		15855	11125	278	1	15859	15855	4
皮革、毛皮、羽毛及其制品和制鞋业	282	282		17424	12122	287	5	17731	17424	307
皮革鞣制加工	11	11		315	132	11		315	315	
皮革制品制造	106	106		8335	6321	110	4	8607	8335	272
毛皮鞣制及制品加工	2	2		15	7	2		15	15	
羽毛（绒）加工及制品制造	47	47		2178	1230	48	1	2213	2178	35
制鞋业	116	116		6581	4432	116		6581	6581	
木材加工和木、竹、藤、棕、草制品业	489	488	1	14919	5768	491	3	14920	14899	21
木材加工	235	235		5227	2017	236	1	5232	5227	5
人造板制造	136	136		7286	2742	136		7286	7286	
木制品制造	101	100	1	2180	927	101	1	2171	2160	11
竹、藤、棕、草等制品制造	17	17		226	82	18	1	231	226	5
家具制造业	166	166		3637	871	171	5	3743	3637	106
木质家具制造	123	123		1742	610	126	3	1837	1742	95
竹、藤家具制造	1	1		30	11	1		30	30	
金属家具制造	16	16		226	72	16		226	226	
塑料家具制造	8	8		106	26	8		106	106	
其他家具制造	18	18		1533	152	20	2	1544	1533	11
造纸和纸制品业	255	255		9700	4115	255		9700	9700	
纸浆制造	1	1		6	2	1		6	6	
造纸	85	85		5076	2128	85		5076	5076	
纸制品制造	169	169		4618	1985	169		4618	4618	
印刷和记录媒介复制业	200	199	1	8681	4483	201	2	8688	8669	19
印刷	178	177	1	8429	4366	179	2	8436	8417	19
装订及印刷相关服务	22	22		252	117	22		252	252	
记录媒介复制										
文教、工美、体育和娱乐用品制造业	345	343	2	14879	9166	354	11	15651	14715	936
文教办公用品制造	112	111	1	3332	1733	113	2	3305	3300	5
乐器制造	8	8		488	296	9	1	513	488	25
工艺美术品制造	108	108		5623	3708	111	3	6354	5623	731
体育用品制造	30	30		1380	867	30		1380	1380	
玩具制造	80	79	1	3672	2332	84	5	3715	3540	175
游艺器材及娱乐用品制造	7	7		384	230	7		384	384	
石油加工、炼焦和核燃料加工业	31	31		2517	633	32	1	2525	2517	8
精炼石油产品制造	30	30		2505	631	31	1	2513	2505	8
炼焦										
核燃料加工	1	1		12	2	1		12	12	
化学原料和化学制品制造业	503	502	1	29745	8307	507	5	30157	29717	440

1－1－1 按行业分组的法人单位数、产业活动单位数及从业人员数（续2）

行业	法人单位					产业活动单位				
	单位数（个）	单产业法人	多产业法人	从业人员数（人）	#女性	单位数（个）	#多产业法人所属的产业活动单位数	从业人员数（人）	单产业法人所属的从业人员数	多产业法人所属的从业人员数
基础化学原料制造	128	128		14296	2935	130	2	14719	14296	423
肥料制造	49	49		1164	356	49		1164	1164	
农药制造	15	15		430	148	15		430	430	
涂料、油墨、颜料及类似产品制造	84	83	1	2327	1097	84	1	2301	2299	2
合成材料制造	61	61		1914	701	62	1	1924	1914	10
专用化学产品制造	100	100		6319	1808	101	1	6324	6319	5
炸药、火工及焰火产品制造	1	1		362	188	1		362	362	
日用化学产品制造	65	65		2933	1074	65		2933	2933	
医药制造业	71	71		5530	2585	73	2	5596	5530	66
化学药品原料药制造	14	14		2490	1158	14		2490	2490	
化学药品制剂制造	3	3		642	386	3		642	642	
中药饮片加工	3	3		280	229	3		280	280	
中成药生产	8	8		422	168	8		422	422	
兽用药品制造	6	6		168	55	6		168	168	
生物药品制造	16	16		513	167	17	1	514	513	1
卫生材料及医药用品制造	21	21		1015	422	22	1	1080	1015	65
化学纤维制造业	34	34		1803	957	35	1	1829	1803	26
纤维素纤维原料及纤维制造	8	8		863	549	8		863	863	
合成纤维制造	26	26		940	408	27	1	966	940	26
橡胶和塑料制品业	533	533		20530	7911	535	2	20553	20530	23
橡胶制品业	87	87		6021	1164	88	1	6022	6021	1
塑料制品业	446	446		14509	6747	447	1	14531	14509	22
非金属矿物制品业	873	866	7	27011	8381	883	17	26211	25924	287
水泥、石灰和石膏制造	58	58		2347	461	59	1	2357	2347	10
石膏、水泥制品及类似制品制造	350	344	6	11122	2904	355	11	10265	10210	55
砖瓦、石材等建筑材料制造	293	293		7764	2324	296	3	7833	7764	69
玻璃制造	15	15		988	250	16	1	1011	988	23
玻璃制品制造	73	72	1	3036	1779	73	1	2991	2861	130
玻璃纤维和玻璃纤维增强塑料制品制造	15	15		189	93	15		189	189	
陶瓷制品制造	8	8		161	109	8		161	161	
耐火材料制品制造	15	15		250	99	15		250	250	
石墨及其他非金属矿物制品制造	46	46		1154	362	46		1154	1154	
黑色金属冶炼和压延加工业	138	138		15180	3271	139	1	15196	15180	16
炼铁	6	6		551	219	6		551	551	
炼钢	3	3		28	8	3		28	28	
黑色金属铸造	48	48		2550	635	48		2550	2550	
钢压延加工	74	74		11455	2181	75	1	11471	11455	16
铁合金冶炼	7	7		596	228	7		596	596	
有色金属冶炼和压延加工业	203	203		7636	2400	203		7636	7636	
常用有色金属冶炼	29	29		1397	493	29		1397	1397	
贵金属冶炼	1	1		1		1		1	1	
稀有稀土金属冶炼	4	4		172	44	4		172	172	
有色金属合金制造	14	14		711	158	14		711	711	
有色金属铸造	15	15		806	348	15		806	806	
有色金属压延加工	140	140		4549	1357	140		4549	4549	
金属制品业	620	619	1	19159	5394	633	14	19254	19015	239
结构性金属制品制造	295	295		8620	1711	304	9	8823	8620	203
金属工具制造	64	64		1855	563	64		1855	1855	
集装箱及金属包装容器制造	21	21		660	199	21		660	660	
金属丝绳及其制品制造	14	14		358	147	14		358	358	
建筑、安全用金属制品制造	61	61		921	207	65	4	956	921	35
金属表面处理及热处理加工	24	24		722	340	24		722	722	
搪瓷制品制造	4	4		63	16	4		63	63	
金属制日用品制造	45	44	1	2527	1242	44		2383	2383	
其他金属制品制造	92	92		3433	969	93	1	3434	3433	1

1-1-1　按行业分组的法人单位数、产业活动单位数及从业人员数(续3)

行业	法人单位 单位数(个)	单产业法人	多产业法人	从业人员数(人)	#女性	产业活动单位 单位数(个)	#多产业法人所属的产业活动单位数	从业人员数(人)	单产业法人所属的从业人员数	多产业法人所属的从业人员数
通用设备制造业	894	889	5	30658	9485	901	12	30055	29644	411
锅炉及原动设备制造	42	42		3350	1367	43	1	3358	3350	8
金属加工机械制造	189	189		4681	1259	191	2	4718	4681	37
物料搬运设备制造	27	26	1	1752	206	28	2	1533	1487	46
泵、阀门、压缩机及类似机械制造	140	139	1	6170	1842	140	1	6137	6123	14
轴承、齿轮和传动部件制造	99	98	1	6660	2228	99	1	6660	6622	38
烘炉、风机、衡器、包装等设备制造	43	43		1032	256	43		1032	1032	
文化、办公用机械制造	4	4		361	165	4		361	361	
通用零部件制造	306	304	2	5699	1826	306	2	5062	5035	27
其他通用设备制造业	44	44		953	336	47	3	1194	953	241
专用设备制造业	575	575		19150	7118	586	11	19227	19150	77
采矿、冶金、建筑专用设备制造	136	136		5271	1247	138	2	5279	5271	8
化工、木材、非金属加工专用设备制造	91	91		2511	732	91		2511	2511	
食品、饮料、烟草及饲料生产专用设备制造	14	14		494	103	16	2	501	494	7
印刷、制药、日化及日用品生产专用设备制造	48	48		1177	410	49	1	1182	1177	5
纺织、服装和皮革加工专用设备制造	25	25		1035	456	25		1035	1035	
电子和电工机械专用设备制造	64	64		1285	616	67	3	1310	1285	25
农、林、牧、渔专用机械制造	61	61		2042	450	61		2042	2042	
医疗仪器设备及器械制造	53	53		3837	2642	53		3837	3837	
环保、社会公共服务及其他专用设备制造	83	83		1498	462	86	3	1530	1498	32
汽车制造业	260	259	1	12840	4262	260	1	12827	12817	10
汽车整车制造										
改装汽车制造	3	3		81	13	3		81	81	
低速载货汽车制造										
电车制造	4	4		56	8	4		56	56	
汽车车身、挂车制造	4	4		343	65	4		343	343	
汽车零部件及配件制造	249	248	1	12360	4176	249	1	12347	12337	10
铁路、船舶、航空航天和其他运输设备制造业	112	112		4733	1115	114	2	4761	4733	28
铁路运输设备制造	4	4		286	52	4		286	286	
城市轨道交通设备制造	2	2		2		2		2	2	
船舶及相关装置制造	55	55		2884	519	56	1	2889	2884	5
航空、航天器及设备制造	2	2		10	4	2		10	10	
摩托车制造	7	7		86	32	7		86	86	
自行车制造	35	35		1249	414	35		1249	1249	
非公路休闲车及零配件制造	3	3		35	6	3		35	35	
潜水救捞及其他未列明运输设备制造	4	4		181	88	5	1	204	181	23
电气机械和器材制造业	597	595	2	40907	16639	606	11	41011	40790	221
电机制造	43	43		4443	955	43		4443	4443	
输配电及控制设备制造	205	204	1	12867	5043	210	6	12943	12795	148
电线、电缆、光缆及电工器材制造	131	130	1	8568	4067	131	1	8530	8523	7
电池制造	40	40		8256	3285	41	1	8261	8256	5
家用电力器具制造	52	52		1496	773	52		1496	1496	
非电力家用器具制造	41	41		2127	800	41		2127	2127	
照明器具制造	47	47		2781	1617	49	2	2827	2781	46
其他电气机械及器材制造	38	38		369	99	39	1	384	369	15
计算机、通信和其他电子设备制造业	366	363	3	67864	39354	372	9	67943	67706	237
计算机制造	23	22	1	4070	3641	22		4050	4050	
通信设备制造	15	15		226	92	16	1	263	226	37
广播电视设备制造	20	20		1879	1178	22	2	1954	1879	75
雷达及配套设备制造										
视听设备制造	7	6	1	781	253	7	1	776	727	49
电子器件制造	31	31		1612	646	33	2	1672	1612	60
电子元件制造	213	212	1	48538	28759	214	2	48466	48454	12
其他电子设备制造	57	57		10758	4785	58	1	10762	10758	4
仪器仪表制造业	283	283		6193	2076	286	3	6554	6193	361

1－1－1 按行业分组的法人单位数、产业活动单位数及从业人员数（续4）

行业	法人单位					产业活动单位				
	单位数（个）	单产业法人	多产业法人	从业人员数（人）	#女性	单位数（个）	#多产业法人所属的产业活动单位数	从业人员数（人）	单产业法人所属的从业人员数	多产业法人所属的从业人员数
通用仪器仪表制造	178	178		3725	1205	179	1	3734	3725	9
专用仪器仪表制造	47	47		1496	492	48	1	1820	1496	324
钟表与计时仪器制造	2	2		12	2	2		12	12	
光学仪器及眼镜制造	11	11		659	253	11		659	659	
其他仪器仪表制造业	45	45		301	124	46	1	329	301	28
其他制造业	115	115		5271	3603	118	3	5334	5271	63
日用杂品制造	63	63		4423	3203	64	1	4448	4423	25
煤制品制造	2	2		15	4	2		15	15	
核辐射加工										
其他未列明制造业	50	50		833	396	52	2	871	833	38
废弃资源综合利用业	60	60		1891	421	64	4	1914	1891	23
金属废料和碎屑加工处理	29	29		1388	303	31	2	1391	1388	3
非金属废料和碎屑加工处理	31	31		503	118	33	2	523	503	20
金属制品、机械和设备修理业	57	56	1	610	245	59	3	602	587	15
金属制品修理	2	2		96	85	2		96	96	
通用设备修理	7	7		62	11	7		62	62	
专用设备修理	8	8		78	39	8		78	78	
铁路、船舶、航空航天等运输设备修理	23	22	1	230	64	24	2	218	207	11
电气设备修理	4	4		36	8	4		36	36	
仪器仪表修理										
其他机械和设备修理业	13	13		108	38	14	1	112	108	4
电力、热力、燃气及水生产和供应业	**187**	**183**	**4**	**6332**	**1941**	**422**	**239**	**12037**	**6263**	**5774**
电力、热力生产和供应业	61	61		3638	928	144	83	8748	3638	5110
电力生产	40	40		3287	820	43	3	3330	3287	43
电力供应	8	8		76	12	87	79	4905	76	4829
热力生产和供应	13	13		275	96	14	1	513	275	238
燃气生产和供应业	27	27		744	204	33	6	794	744	50
燃气生产和供应业	27	27		744	204	33	6	794	744	50
水的生产和供应业	99	95	4	1950	809	245	150	2495	1881	614
自来水生产和供应	73	69	4	1460	627	219	150	2005	1391	614
污水处理及其再生利用	21	21		451	174	21		451	451	
其他水的处理、利用与分配	5	5		39	8	5		39	39	
建筑业	**2312**	**2288**	**24**	**515614**	**31336**	**2526**	**238**	**505350**	**494051**	**11299**
房屋建筑业	793	782	11	396413	21838	876	94	387222	381017	6205
房屋建筑业	793	782	11	396413	21838	876	94	387222	381017	6205
土木工程建筑业	358	353	5	53903	3977	391	38	49949	49447	502
铁路、道路、隧道和桥梁工程建筑	150	149	1	35255	2210	169	20	35490	35182	308
水利和内河港口工程建筑	48	47	1	6966	766	52	5	5550	5515	35
海洋工程建筑										
工矿工程建筑	8	8		1467	66	8		1467	1467	
架线和管道工程建筑	56	54	2	3985	408	58	4	2584	2528	56
其他土木工程建筑	96	95	1	6230	527	104	9	4858	4755	103
建筑安装业	324	322	2	22211	2155	369	47	23952	21909	2043
电气安装	94	93	1	11582	1009	114	21	12191	11558	633
管道和设备安装	60	59	1	3284	310	67	8	4301	3006	1295
其他建筑安装业	170	170		7345	836	188	18	7460	7345	115
建筑装饰和其他建筑业	837	831	6	43087	3366	890	59	44227	41678	2549
建筑装饰业	602	598	4	27979	2334	643	45	27137	26654	483
工程准备活动	99	97	2	5322	382	102	5	7240	5238	2002
提供施工设备服务	33	33		1200	76	34	1	1218	1200	18
其他未列明建筑业	103	103		8586	574	111	8	8632	8586	46
批发和零售业	**10851**	**10679**	**172**	**109289**	**47029**	**13035**	**2356**	**118209**	**97723**	**20486**
批发业	6328	6228	100	64704	24246	7218	990	68341	61230	7111
农、林、牧产品批发	822	793	29	10105	3570	910	117	10249	9111	1138
食品、饮料及烟草制品批发	822	814	8	11932	5168	912	98	12262	11021	1241

1－1－1　按行业分组的法人单位数、产业活动单位数及从业人员数（续5）

行　　　业	法人单位					产业活动单位				
	单位数（个）	单产业法人	多产业法人	从业人员数（人）	#女性	单位数（个）	#多产业法人所属的产业活动单位数	从业人员数（人）	单产业法人所属的从业人员数	多产业法人所属的从业人员数
纺织、服装及家庭用品批发	622	616	6	6964	3518	631	15	6863	6710	153
文化、体育用品及器材批发	156	155	1	1258	528	161	6	1281	1253	28
医药及医疗器材批发	119	116	3	1817	861	131	15	2030	1498	532
矿产品、建材及化工产品批发	1824	1792	32	15692	4525	2415	623	18245	15173	3072
机械设备、五金产品及电子产品批发	1016	1006	10	8680	2910	1046	40	8892	8481	411
贸易经纪与代理	386	380	6	3331	1390	415	35	3421	3138	283
其他批发业	561	556	5	4925	1776	597	41	5098	4845	253
零售业	4523	4451	72	44585	22783	5817	1366	49868	36493	13375
综合零售	668	639	29	11080	7241	1040	401	13605	7636	5969
食品、饮料及烟草制品专门零售	448	442	6	3931	1647	574	132	4963	3816	1147
纺织、服装及日用品专门零售	357	351	6	2835	1600	542	191	4016	2771	1245
文化、体育用品及器材专门零售	166	159	7	1463	766	245	86	1738	1305	433
医药及医疗器材专门零售	1019	1004	15	5555	3185	1258	254	6075	4250	1825
汽车、摩托车、燃料及零配件专门零售	466	462	4	8412	3924	573	111	7015	5844	1171
家用电器及电子产品专门零售	584	580	4	4876	2134	654	74	5670	4478	1192
五金、家具及室内装饰材料专门零售	486	486		3729	1301	501	15	3803	3729	74
货摊、无店铺及其他零售业	329	328	1	2704	985	430	102	2983	2664	319
交通运输、仓储和邮政业	**1162**	**1139**	**23**	**42614**	**9900**	**1430**	**291**	**36341**	**31068**	**5273**
道路运输业	827	811	16	27602	5360	890	79	22106	19994	2112
城市公共交通运输	15	14	1	1947	437	20	6	2010	697	1313
公路旅客运输	33	32	1	1970	272	37	5	923	871	52
道路货物运输	719	712	7	16390	2616	760	48	16599	16235	364
道路运输辅助活动	60	53	7	7295	2035	73	20	2574	2191	383
水上运输业	119	116	3	8029	2535	156	40	7378	6322	1056
水上旅客运输	4	4		69	10	6	2	125	69	56
水上货物运输	85	82	3	7213	2352	117	35	6479	5506	973
水上运输辅助活动	30	30		747	173	33	3	774	747	27
航空运输业	1	1		265	76	1		265	265	
航空客货运输	1	1		265	76	1		265	265	
通用航空服务										
航空运输辅助活动										
管道运输业	3	3		44	10	5	2	89	44	45
管道运输业	3	3		44	10	5	2	89	44	45
装卸搬运和运输代理业	124	124		2464	538	141	17	2571	2464	107
装卸搬运	79	79		1984	417	80	1	1987	1984	3
运输代理业	45	45		480	121	61	16	584	480	104
仓储业	54	51	3	830	176	73	22	965	688	277
谷物、棉花等农产品仓储	29	27	2	588	109	46	19	684	496	188
其他仓储业	25	24	1	242	67	27	3	281	192	89
邮政业	34	33	1	3380	1205	164	131	2967	1291	1676
邮政基本服务	3	2	1	2328	935	121	119	1462	239	1223
快递服务	31	31		1052	270	43	12	1505	1052	453
住宿和餐饮业	**475**	**470**	**5**	**14418**	**8816**	**576**	**106**	**16239**	**14122**	**2117**
住宿业	150	148	2	6173	3596	170	22	6572	5992	580
旅游饭店	67	65	2	4898	2782	72	7	5052	4717	335
一般旅馆	69	69		1079	703	79	10	1265	1079	186
其他住宿业	14	14		196	111	19	5	255	196	59
餐饮业	325	322	3	8245	5220	406	84	9667	8130	1537
正餐服务	275	273	2	7120	4439	321	48	7619	7031	588
快餐服务	14	14		215	132	38	24	826	215	611
饮料及冷饮服务	9	9		103	63	11	2	118	103	15
其他餐饮业	27	26	1	807	586	36	10	1104	781	323
信息传输、软件和信息技术服务业	**613**	**603**	**10**	**10778**	**2744**	**975**	**372**	**11486**	**7565**	**3921**
电信、广播电视和卫星传输服务	135	126	9	5560	1155	463	337	5934	2355	3579
电信	40	36	4	3525	657	352	316	3750	432	3318

1－1－1　按行业分组的法人单位数、产业活动单位数及从业人员数(续6)

行业	法人单位 单位数(个)	单产业法人	多产业法人	从业人员数(人)	#女性	产业活动单位 单位数(个)	#多产业法人所属的产业活动单位数	从业人员数(人)	单产业法人所属的从业人员数	多产业法人所属的从业人员数
广播电视传输服务	94	89	5	2034	498	110	21	2183	1922	261
卫星传输服务	1	1		1		1		1	1	
互联网和相关服务	148	147	1	954	417	167	20	1129	946	183
互联网接入及相关服务	12	12		86	29	14	2	109	86	23
互联网信息服务	106	105	1	668	306	121	16	802	660	142
其他互联网服务	30	30		200	82	32	2	218	200	18
软件和信息技术服务业	330	330		4264	1172	345	15	4423	4264	159
软件开发	163	163		2899	753	167	4	2924	2899	25
信息系统集成服务	23	23		173	71	25	2	202	173	29
信息技术咨询服务	66	66		627	165	70	4	675	627	48
数据处理和存储服务	5	5		29	6	6	1	44	29	15
集成电路设计	9	9		89	43	10	1	114	89	25
其他信息技术服务业	64	64		447	134	67	3	464	447	17
房地产业	**1373**	**1357**	**16**	**26982**	**9656**	**1493**	**136**	**27970**	**25698**	**2272**
房地产业	1373	1357	16	26982	9656	1493	136	27970	25698	2272
房地产开发经营	662	656	6	15368	4787	690	34	15651	15159	492
物业管理	460	452	8	9134	3914	513	61	9566	8193	1373
房地产中介服务	168	166	2	1363	620	199	33	1591	1229	362
自有房地产经营活动	26	26		184	66	27	1	197	184	13
其他房地产业	57	57		933	269	64	7	965	933	32
租赁和商务服务业	**3009**	**2990**	**19**	**37586**	**12835**	**3211**	**221**	**38716**	**36683**	**2033**
租赁业	207	206	1	1864	485	211	5	1896	1774	122
机械设备租赁	204	203	1	1845	476	208	5	1877	1755	122
文化及日用品出租	3	3		19	9	3		19	19	
商务服务业	2802	2784	18	35722	12350	3000	216	36820	34909	1911
企业管理服务	778	773	5	10393	3203	795	22	10579	10154	425
法律服务	175	175		999	258	183	8	1050	999	51
咨询与调查	413	409	4	3273	1240	468	59	3760	3151	609
广告业	595	595		5804	2218	622	27	6037	5804	233
知识产权服务	7	7		30	12	7		30	30	
人力资源服务	310	309	1	7110	2657	326	17	7229	7097	132
旅行社及相关服务	111	106	5	1020	603	157	51	1163	919	244
安全保护服务	19	18	1	1855	167	24	6	1694	1594	100
其他商务服务业	394	392	2	5238	1992	418	26	5278	5161	117
科学研究和技术服务业	**1828**	**1787**	**41**	**26567**	**7539**	**1958**	**171**	**27272**	**25249**	**2023**
研究和试验发展	112	111	1	1422	421	118	7	1492	1407	85
自然科学研究和试验发展	19	18	1	145	38	21	3	163	130	33
工程和技术研究和试验发展	59	59		742	238	62	3	788	742	46
农业科学研究和试验发展	25	25		387	87	25		387	387	
医学研究和试验发展	5	5		134	57	6	1	140	134	6
社会人文科学研究	4	4		14	1	4		14	14	
专业技术服务业	646	628	18	11180	2890	723	95	11713	10184	1529
气象服务	13	13		91	19	13		91	91	
地震服务	10	10		88	32	11	1	91	88	3
海洋服务										
测绘服务	23	21	2	317	108	26	5	325	308	17
质检技术服务	67	67		1472	452	72	5	1612	1472	140
环境与生态监测	14	14		255	103	15	1	258	255	3
地质勘查	6	6		435	38	10	4	495	435	60
工程技术	273	259	14	6295	1377	323	64	6460	5316	1144
其他专业技术服务业	240	238	2	2227	761	253	15	2381	2219	162
科技推广和应用服务业	1070	1048	22	13965	4228	1117	69	14067	13658	409
技术推广服务	988	966	22	13212	3982	1026	60	13268	12905	363
科技中介服务	32	32		260	103	35	3	280	260	20
其他科技推广和应用服务业	50	50		493	143	56	6	519	493	26

1-1-1　按行业分组的法人单位数、产业活动单位数及从业人员数（续7）

行业	法人单位 单位数（个）	单产业法人	多产业法人	从业人员数（人）	#女性	产业活动单位 单位数（个）	#多产业法人所属的产业活动单位数	从业人员数（人）	单产业法人所属的从业人员数	多产业法人所属的从业人员数
水利、环境和公共设施管理业	**416**	**401**	**15**	**10136**	**3944**	**505**	**104**	**10456**	**9703**	**753**
水利管理业	222	209	13	3712	957	297	88	3893	3344	549
防洪除涝设施管理	38	35	3	1405	397	69	34	1546	1332	214
水资源管理	46	44	2	554	135	57	13	450	409	41
天然水收集与分配	35	35		563	157	39	4	644	563	81
水文服务	5	5		156	28	5		156	156	
其他水利管理业	98	90	8	1034	240	127	37	1097	884	213
生态保护和环境治理业	24	24		211	57	25	1	215	211	4
生态保护	11	11		131	39	11		131	131	
环境治理业	13	13		80	18	14	1	84	80	4
公共设施管理业	170	168	2	6213	2930	183	15	6348	6148	200
市政设施管理	25	25		567	209	29	4	649	567	82
环境卫生管理	29	29		2983	1919	33	4	3024	2983	41
城乡市容管理	12	12		145	17	15	3	204	145	59
绿化管理	54	54		1833	521	58	4	1851	1833	18
公园和游览景区管理	50	48	2	685	264	48		620	620	
居民服务、修理和其他服务业	**633**	**626**	**7**	**7979**	**2841**	**674**	**48**	**8176**	**7670**	**506**
居民服务业	228	224	4	3029	1304	247	23	3156	2876	280
家庭服务	25	23	2	509	358	28	5	497	414	83
托儿所服务										
洗染服务	5	5		78	40	6	1	88	78	10
理发及美容服务	9	9		71	43	13	4	89	71	18
洗浴服务	77	75	2	822	382	82	7	897	764	133
保健服务	6	6		104	54	7	1	106	104	2
婚姻服务	19	19		136	53	20	1	142	136	6
殡葬服务	30	30		417	108	30		417	417	
其他居民服务业	57	57		892	266	61	4	920	892	28
机动车、电子产品和日用产品修理业	271	269	2	3249	658	285	16	3269	3105	164
汽车、摩托车修理与维护	211	209	2	2855	531	220	11	2850	2711	139
计算机和办公设备维修	19	19		86	21	20	1	94	86	8
家用电器修理	31	31		248	89	34	3	261	248	13
其他日用产品修理业	10	10		60	17	11	1	64	60	4
其他服务业	134	133	1	1701	879	142	9	1751	1689	62
清洁服务	97	96	1	1170	716	99	3	1165	1158	7
其他未列明服务业	37	37		531	163	43	6	586	531	55
教育	**1111**	**1029**	**82**	**63397**	**31390**	**1434**	**405**	**68910**	**53966**	**14944**
教育	1111	1029	82	63397	31390	1434	405	68910	53966	14944
学前教育	219	216	3	3477	3060	314	98	4944	3389	1555
初等教育	227	163	64	22488	12379	426	263	23491	14427	9064
中等教育	233	224	9	26469	11446	241	17	27967	25480	2487
高等教育	21	21		4654	1909	23	2	6191	4654	1537
特殊教育	10	10		264	162	10		264	264	
技能培训、教育辅助及其他教育	401	395	6	6045	2434	420	25	6053	5752	301
卫生和社会工作	**753**	**658**	**95**	**31678**	**19561**	**2094**	**1436**	**35347**	**18490**	**16857**
卫生	461	367	94	29872	18604	1796	1429	33500	16692	16808
医院	76	69	7	13615	8795	91	22	17677	10641	7036
社区医疗与卫生院	203	118	85	10523	5420	1117	999	11529	3601	7928
门诊部（所）	34	33	1	3445	3108	368	335	1456	240	1216
计划生育技术服务活动	101	101		794	364	103	2	812	794	18
妇幼保健院（所、站）	8	8		614	485	11	3	631	614	17
专科疾病防治院（所、站）	4	4		19	10	7	3	42	19	23
疾病预防控制中心	18	18		565	263	26	8	598	565	33
其他卫生活动	17	16	1	297	159	73	57	755	218	537
社会工作	292	291	1	1806	957	298	7	1847	1798	49

1－1－1 按行业分组的法人单位数、产业活动单位数及从业人员数(续8)

行业	法人单位					产业活动单位				
	单位数（个）	单产业法人	多产业法人	从业人员数（人）	#女性	单位数（个）	#多产业法人所属的产业活动单位数	从业人员数（人）	单产业法人所属的从业人员数	多产业法人所属的从业人员数
提供住宿社会工作	261	260	1	1638	868	267	7	1679	1630	49
不提供住宿社会工作	31	31		168	89	31		168	168	
文化、体育和娱乐业	**677**	**677**		**7491**	**3166**	**699**	**22**	**7590**	**7491**	**99**
新闻和出版业	24	24		478	215	25	1	485	478	7
新闻业	10	10		168	87	10		168	168	
出版业	14	14		310	128	15	1	317	310	7
广播、电视、电影和影视录音制作业	53	53		1704	686	59	6	1745	1704	41
广播	6	6		179	87	6		179	179	
电视	11	11		966	343	12	1	974	966	8
电影和影视节目制作	7	7		45	11	7		45	45	
电影和影视节目发行	1	1		4	2	1		4	4	
电影放映	24	24		472	219	29	5	505	472	33
录音制作	4	4		38	24	4		38	38	
文化艺术业	192	192		2360	1016	199	7	2382	2360	22
文艺创作与表演	49	49		858	356	49		858	858	
艺术表演场馆	6	6		92	56	6		92	92	
图书馆与档案馆	21	21		243	112	22	1	246	243	3
文物及非物质文化遗产保护	7	7		128	49	8	1	129	128	1
博物馆	12	12		174	62	12		174	174	
烈士陵园、纪念馆	12	12		128	60	12		128	128	
群众文化活动	46	46		386	142	47	1	389	386	3
其他文化艺术业	39	39		351	179	43	4	366	351	15
体育	61	61		552	203	63	2	560	552	8
体育组织	22	22		165	54	23	1	167	165	2
体育场馆	11	11		110	29	12	1	116	110	6
休闲健身活动	23	23		257	110	23		257	257	
其他体育	5	5		20	10	5		20	20	
娱乐业	347	347		2397	1046	353	6	2418	2397	21
室内娱乐活动	307	307		1802	811	309	2	1813	1802	11
游乐园	6	6		238	106	6		238	238	
彩票活动	3	3		52	14	3		52	52	
文化、娱乐、体育经纪代理	7	7		62	28	7		62	62	
其他娱乐业	24	24		243	87	28	4	253	243	10
公共管理、社会保障和社会组织	**5884**	**5709**	**175**	**72823**	**20028**	**6300**	**591**	**74706**	**63473**	**11233**
中国共产党机关	214	214		2563	490	218	4	2605	2563	42
中国共产党机关	214	214		2563	490	218	4	2605	2563	42
国家机构	1763	1697	66	42421	11594	2137	440	44201	34358	9843
国家权力机构	15	15		355	43	16	1	357	355	2
国家行政机构	1661	1599	62	38276	10487	2006	407	40279	31069	9210
人民法院和人民检察院	26	26		2330	719	33	7	2379	2330	49
其他国家机构	61	57	4	1460	345	82	25	1186	604	582
人民政协、民主党派	33	33		315	55	33		315	315	
人民政协	16	16		258	43	16		258	258	
民主党派	17	17		57	12	17		57	57	
社会保障	65	64	1	789	344	67	3	810	783	27
社会保障	65	64	1	789	344	67	3	810	783	27
群众团体、社会团体和其他成员组织	2130	2128	2	11861	4891	2155	27	11983	11837	146
群众团体	135	134	1	1138	546	143	9	1182	1134	48
社会团体	1100	1099	1	6494	2207	1111	12	6537	6474	63
基金会	15	15		73	28	15		73	73	
宗教组织	880	880		4156	2110	886	6	4191	4156	35
基层群众自治组织	1679	1573	106	14874	2654	1690	117	14792	13617	1175
社区自治组织	411	400	11	4237	1287	415	15	4234	4051	183
村民自治组织	1268	1173	95	10637	1367	1275	102	10558	9566	992

1－1－2　按地区分组的法人单位数、产业活动单位数及从业人员数

地　　区	法人单位					产业活动单位				
	单位数（个）	单产业法人	多产业法人	从业人员数（人）	#女性	单位数（个）	#多产业法人所属的产业活动单位数	从业人员数（人）	单产业法人所属的从业人员数	多产业法人所属的从业人员数
总　计	**43152**	**42428**	**724**	**1526285**	**462385**	**49437**	**7009**	**1544502**	**1435064**	**109438**
清河区	5925	5903	22	164104	47873	6724	821	168106	155243	12863
淮安区	7764	7600	164	254300	70599	9140	1540	262972	239720	23252
淮阴区	4858	4818	40	196909	58173	5357	539	189815	174612	15203
清浦区	3659	3583	76	103496	30150	4107	524	105853	93730	12123
涟水县	4755	4729	26	226466	64072	5356	627	231080	223360	7720
洪泽县	4391	4364	27	125595	39713	4775	411	128107	119530	8577
盱眙县	4928	4758	170	170372	56180	6218	1460	174505	160740	13765
金湖县	4496	4350	146	90711	32474	5195	845	93022	82652	10370
开发区	2291	2244	47	178425	59605	2478	234	175235	169760	5475
工业园区	78	72	6	3204	966	80	8	3104	3014	90

1－1－3 按登记注册类型分组的法人单位数、产业活动单位数及从业人员数

指标	法人单位					产业活动单位				
	单位数（个）	单产业法人	多产业法人	从业人员数（人）	#女性	单位数（个）	#多产业法人所属的产业活动单位数	从业人员数（人）	单产业法人所属的从业人员数	多产业法人所属的从业人员数
总计	**43152**	**42428**	**724**	**1526285**	**462385**	**49437**	**7009**	**1544502**	**1435064**	**109438**
内资企业	**42597**	**41875**	**722**	**1396867**	**392836**	**48786**	**6911**	**1411676**	**1306148**	**105528**
国有企业	4597	4311	286	169206	68071	6442	2131	184403	132468	51935
集体企业	956	878	78	38192	8628	2060	1182	43493	35357	8136
股份合作企业	85	82	3	3950	586	105	23	4086	3862	224
联营企业	82	80	2	1204	465	127	47	1492	1177	315
国有联营企业	9	9		93	37	23	14	163	93	70
集体联营企业	24	22	2	309	78	45	23	392	282	110
国有与集体联营企业	3	3		454	229	8	5	506	454	52
其他联营企业	46	46		348	121	51	5	431	348	83
有限责任公司	4029	3967	62	276859	62706	4457	490	260193	246908	13285
国有独资公司	68	65	3	8656	2012	81	16	11399	7107	4292
其他有限责任公司	3961	3902	59	268203	60694	4376	474	248794	239801	8993
股份有限公司	570	551	19	70333	13874	789	238	65624	62596	3028
私营企业	22980	22834	146	745679	205887	24655	1821	756742	734200	22542
私营独资企业	10834	10785	49	128535	54775	11519	734	132484	127149	5335
私营合伙企业	596	593	3	10096	3910	706	113	10848	10076	772
私营有限责任公司	10832	10743	89	571420	137856	11632	889	576966	561661	15305
私营股份有限公司	718	713	5	35628	9346	798	85	36444	35314	1130
其他企业	9298	9172	126	91444	32619	10151	979	95643	89580	6063
港、澳、台商投资企业	**343**	**342**	**1**	**89121**	**48659**	**383**	**41**	**89948**	**88691**	**1257**
与港澳台商合资经营企业	97	97		13748	7757	112	15	13964	13748	216
与港澳台商合作经营企业	11	11		302	123	12	1	311	302	9
港澳台商独资经营企业	224	223	1	74691	40546	247	24	75283	74261	1022
港澳台商投资股份有限公司	8	8		299	202	8		299	299	
其他港澳台投资企业	3	3		81	31	4	1	91	81	10
外商投资企业	**212**	**211**	**1**	**40297**	**20890**	**268**	**57**	**42878**	**40225**	**2653**
中外合资经营企业	75	75		16471	5370	88	13	16837	16471	366
中外合作经营企业	4	4		95	39	5	1	101	95	6
外资企业	105	104	1	23146	15170	139	35	24822	23074	1748
外商投资股份有限公司	8	8		369	249	13	5	860	369	491
其他外商投资企业	20	20		216	62	23	3	258	216	42

1-1-4　按机构类型、人员组距、开业（成立）时间分组的法人单位数、产业活动单位数及从业人员数

指　　标	法人单位 单位数（个）	法人单位 单产业法人	法人单位 多产业法人	法人单位 从业人员数（人）	法人单位 #女性	产业活动单位 单位数（个）	产业活动单位 #多产业法人所属的产业活动单位数	产业活动单位 从业人员数（人）	产业活动单位 单产业法人所属的从业人员数	产业活动单位 多产业法人所属的从业人员数
总　　计	**43152**	**42428**	**724**	**1526285**	**462385**	**49437**	**7009**	**1544502**	**1435064**	**109438**
按机构类型分组										
企业	31659	31328	331	1314840	376694	35596	4268	1321114	1256242	64872
事业单位	3234	3012	222	110138	52705	4742	1730	119043	86681	32362
机关	1021	962	59	33757	8742	1311	349	34789	26014	8775
社会团体	1290	1288	2	7879	2859	1309	21	7966	7855	111
民办非企业单位	686	686		9132	5502	686		9132	9132	
基金会	15	15		73	28	15		73	73	
居委会	411	400	11	4237	1287	415	15	4234	4051	183
村委会	1268	1173	95	10637	1367	1275	102	10558	9566	992
其他组织机构	3568	3564	4	35592	13201	4088	524	37593	35450	2143
按从业人员数分组										
7 人及以下	21308	21217	91	76005	26216	28225	7008	184993	75558	109435
8－19 人	12024	11833	191	139534	49926	11833		137213	137213	
20－49 人	5442	5312	130	161735	65818	5312		157627	157627	
50－99 人	2150	2004	146	148517	58314	2004		137872	137872	
100－299 人	1529	1415	114	257936	101666	1415		240238	240238	
300－499 人	283	267	16	107287	35140	267		101607	101607	
500－999 人	222	205	17	158774	37018	205		146506	146506	
1000－4999 人	177	159	18	314009	56114	159		280981	280981	
5000－9999 人	13	12	1	90927	7010	12		85901	85901	
10000 人及以上	4	4		71561	25163	5	1	71564	71561	3
按开业（成立）年份分组										
1949 年以前	86	72	14	28470	6635	102	30	28298	25490	2808
1950－1977 年	1291	1134	157	102834	31009	1785	651	108448	83655	24793
1978－1991 年	2646	2482	164	86470	24651	3336	854	84868	71687	13181
1992－1995 年	715	684	31	76398	13204	914	230	70388	67112	3276
1996 年	230	225	5	25409	2855	286	61	21107	20250	857
1997 年	208	206	2	15481	3223	248	42	15693	15270	423
1998 年	542	529	13	37564	6508	685	156	36877	35620	1257
1999 年	411	400	11	24841	7459	537	137	19797	16950	2847
2000 年	843	814	29	34314	9439	1108	294	35543	32216	3327
2001 年	1479	1417	62	36990	11453	1799	382	35859	32324	3535
2002 年	1031	1008	23	55059	19056	1214	206	54186	51237	2949
2003 年	1155	1128	27	49637	17344	1392	264	50107	47383	2724
2004 年	1159	1135	24	65060	17354	1383	248	67252	61477	5775
2005 年	1337	1325	12	64043	19036	1552	227	63226	61032	2194
2006 年	1727	1715	12	108379	41188	1972	257	111878	107421	4457
2007 年	1830	1812	18	77663	26508	2087	275	79031	75919	3112
2008 年	2649	2622	27	89990	33341	3022	400	92395	89201	3194
2009 年	3160	3136	24	124152	29194	3526	390	130476	121315	9161
2010 年	4811	4790	21	143553	43005	5313	523	148656	142438	6218
2011 年	4798	4779	19	117280	38808	5289	510	121938	116616	5322
2012 年	5563	5545	18	99995	36872	6081	536	103485	99022	4463
2013 年	5453	5442	11	62585	24219	5776	334	64812	61311	3501
无开业年份	28	28		118	24	30	2	182	118	64

1-1-5 按地区、行业

地区	法人单位数（个）	农、林、牧、渔业	采矿业	制造业	电力、热力、燃气及水生产和供应业	建筑业	批发和零售业	交通运输、仓储和邮政业
总计	**43152**	**1257**	**70**	**10541**	**187**	**2312**	**10851**	**1162**
清河区	5925	5		272	5	555	2099	81
淮安区	7764	629	2	2306	24	386	2008	178
淮阴区	4858	81	6	1445	31	209	1052	164
清浦区	3659	33	2	725	14	275	982	153
涟水县	4755	202		963	19	242	1073	155
洪泽县	4391	55	14	1131	31	148	1060	161
盱眙县	4928	174	43	1458	27	136	922	111
金湖县	4496	70	1	1686	18	147	1089	78
开发区	2291	8	2	511	14	214	557	80
工业园区	78			38	3		9	1

1-1-6 按地区、机构类型

地区	法人单位数（个）	企业	事业单位	机关	社会团体	民办非企业单位	基金会	居委会
总计	**43152**	**31659**	**3234**	**1021**	**1290**	**686**	**15**	**411**
清河区	5925	4904	387	176	277	78	3	39
淮安区	7764	5591	485	123	169	121	2	84
淮阴区	4858	3631	402	100	156	98		21
清浦区	3659	2936	230	86	96	100		51
涟水县	4755	2801	513	115	120	110	4	72
洪泽县	4391	3147	309	95	123	85	1	36
盱眙县	4928	3340	477	192	246	48	1	43
金湖县	4496	3252	314	89	87	21	1	48
开发区	2291	1991	114	41	16	25	3	17
工业园区	78	59	3	4				

（门类）分组的法人单位数

住宿和餐饮业	信息传输、软件和信息技术服务业	房地产业	租赁和商务服务业	科学研究和技术服务业	水利、环境和公共设施管理业	居民服务、修理和其他服务业	教育	卫生和社会工作	文化、体育和娱乐业	公共管理、社会保障和社会组织
475	**613**	**1373**	**3009**	**1828**	**416**	**633**	**1111**	**753**	**677**	**5884**
118	147	302	873	247	22	125	128	91	143	712
76	53	123	323	225	54	103	155	142	112	865
53	65	119	327	151	47	87	168	96	65	692
54	48	148	331	115	40	91	116	87	49	396
39	29	124	207	153	65	49	177	120	77	1061
30	64	147	310	353	59	56	95	53	47	577
46	42	178	283	150	62	41	139	82	95	939
34	36	88	202	319	42	34	86	56	52	458
25	129	142	152	114	21	47	45	25	37	168
		2	1	1	4		2	1		16

分组的法人单位数及从业人员数

村委会	其他组织机构	从业人员数（人）	企业	事业单位	机关	社会团体	民办非企业单位	基金会	居委会	村委会	其他组织机构
1268	**3568**	**1526285**	**1314840**	**110138**	**33757**	**7879**	**9132**	**73**	**4237**	**10637**	**35592**
4	57	164104	141903	13046	5308	1911	945	11	394	53	533
275	914	254300	216826	18878	5463	1013	1463	9	1096	2511	7041
208	242	196909	169328	18851	3271	1181	628		241	1538	1871
29	131	103496	89370	8252	1953	586	920		417	271	1727
301	719	226466	196439	14707	3904	1168	1819	25	732	2188	5484
91	504	125595	107471	7642	2310	322	1057	4	265	655	5869
211	370	170372	142762	13853	4777	1088	1409	8	574	2061	3840
98	586	90711	69150	7884	2702	467	278	1	361	842	9026
42	42	178425	166261	6739	3888	143	613	15	157	442	167
9	3	3204	2627	286	181					76	34

1－1－7 按行业、地区分组的法人单位数

行业	法人单位数（个）	清河区	淮安区	淮阴区	清浦区	涟水县	洪泽县	盱眙县	金湖县	开发区	工业园区
总计	**43152**	**5925**	**7764**	**4858**	**3659**	**4755**	**4391**	**4928**	**4496**	**2291**	**78**
农、林、牧、渔业	**1257**	**5**	**629**	**81**	**33**	**202**	**55**	**174**	**70**	**8**	
农、林、牧、渔服务业	1257	5	629	81	33	202	55	174	70	8	
农业服务业	693	2	278	72	28	71	43	130	62	7	
林业服务业	20		1	1		5	2	9	2		
畜牧服务业	447	1	287	3	4	114	2	31	4	1	
渔业服务业	97	2	63	5	1	12	8	4	2		
采矿业	**70**		**2**	**6**	**2**		**14**	**43**	**1**	**2**	
煤炭开采和洗选业	1							1			
烟煤和无烟煤开采洗选											
褐煤开采洗选											
其他煤炭采选	1							1			
石油和天然气开采业	2							2			
石油开采	1							1			
天然气开采	1							1			
黑色金属矿采选业											
铁矿采选											
锰矿、铬矿采选											
其他黑色金属矿采选											
有色金属矿采选业	1							1			
常用有色金属矿采选	1							1			
贵金属矿采选											
稀有稀土金属矿采选											
非金属矿采选业	58		2	6	1		9	38		2	
土砂石开采	40			1			3	36			
化学矿开采	6			1			5				
采盐	8		2	4	1		1				
石棉及其他非金属矿采选	4							2		2	
开采辅助活动	6						5		1		
煤炭开采和洗选辅助活动	2						2				
石油和天然气开采辅助活动	3						2		1		
其他开采辅助活动	1						1				
其他采矿业	2				1			1			
其他采矿业	2				1			1			
制造业	**10541**	**272**	**2306**	**1445**	**725**	**963**	**1131**	**1458**	**1686**	**511**	**38**
农副食品加工业	532	1	88	106	20	68	64	106	63	16	
谷物磨制	232		47	25	4	30	29	61	34	2	
饲料加工	79	1	12	26	7	3	7	11	3	9	
植物油加工	15			7	1			3	3	1	
制糖业	3			2						1	
屠宰及肉类加工	69		10	17	5	19	3	12	2	1	
水产品加工	36		3	4	1		18	6	4		
蔬菜、水果和坚果加工	36		7	3		13	2	2	7	2	
其他农副食品加工	62		9	22	2	3	5	11	10		
食品制造业	182	2	35	51	18	10	20	25	7	14	
焙烤食品制造	42	2	10	16	5	2	3	2	2		
糖果、巧克力及蜜饯制造	11		4	4			1	1		1	
方便食品制造	45		5	8	3	4	8	10	2	5	
乳制品制造	6			2	2					2	
罐头食品制造	8		2	1	1			1	1	2	
调味品、发酵制品制造	32		8	7	3	2	3	7		2	
其他食品制造	38		6	13	4	2	5	4	2	2	
酒、饮料和精制茶制造业	74	1	24	9	7	9	5	9	6	2	2
酒的制造	34		13	4	3	6	1	2	4	1	
饮料制造	35	1	11	5	3	2	4	5	1	1	2

1－1－7 按行业、地区分组的法人单位数（续1）

行业	法人单位数（个）	清河区	淮安区	淮阴区	清浦区	涟水县	洪泽县	盱眙县	金湖县	开发区	工业园区
精制茶加工	5				1	1		2	1		
烟草制品业	2				1						
烟叶复烤											
卷烟制造	1										
其他烟草制品制造	1				1						
纺织业	728	9	300	86	81	69	55	31	76	17	4
棉纺织及印染精加工	198	2	41	33	26	31	24	5	23	12	1
毛纺织及染整精加工	26		9	4	2	3	4	1	2		1
麻纺织及染整精加工	8	1		1		3	2	1			
丝绢纺织及印染精加工	31			13	1	2	2	3	10		
化纤织造及印染精加工	14		4	3		1	1		4	1	
针织或钩针编织物及其制品制造	179	1	106	11	28	10	7	6	7	2	1
家用纺织制成品制造	198	3	132	12	20	8	8	4	9	1	1
非家用纺织制成品制造	74	2	8	9	4	11	7	11	21	1	
纺织服装、服饰业	961	12	279	180	36	129	90	111	99	23	2
机织服装制造	619	6	134	141	18	83	72	75	72	17	1
针织或钩针编织服装制造	65	1	38	7	7	3	2	6	1		
服饰制造	277	5	107	32	11	43	16	30	26	6	1
皮革、毛皮、羽毛及其制品和制鞋业	282	3	90	31	15	27	19	55	30	12	
皮革鞣制加工	11		5	1		1	1	3			
皮革制品制造	106		27	9	3	19	10	29	3	6	
毛皮鞣制及制品加工	2							1	1		
羽毛（绒）加工及制品制造	47		42					4	1		
制鞋业	116	3	16	21	12	7	8	18	25	6	
木材加工和木、竹、藤、棕、草制品业	489	2	63	73	14	136	64	31	99	5	2
木材加工	235		30	28	8	82	33	17	35	2	
人造板制造	136	2	15	18		38	23	5	33	2	
木制品制造	101		18	24	6	12	7	3	28	1	2
竹、藤、棕、草等制品制造	17			3		4	1	6	3		
家具制造业	166	4	51	29	6	21	17	14	10	12	2
木质家具制造	123	4	40	18	3	18	12	10	10	6	2
竹、藤家具制造	1			1							
金属家具制造	16		7	2		1	2	2		2	
塑料家具制造	8		2	2	1	1	1			1	
其他家具制造	18		2	6	2	1	2	2		3	
造纸和纸制品业	255	6	63	44	17	27	42	18	28	8	2
纸浆制造	1			1							
造纸	85	1	16	27	6	10	13	4	5	2	1
纸制品制造	169	5	47	16	11	17	29	14	23	6	1
印刷和记录媒介复制业	200	39	19	22	24	13	21	25	15	22	
印刷	178	33	18	19	23	13	19	21	12	20	
装订及印刷相关服务	22	6	1	3	1		2	4	3	2	
记录媒介复制											
文教、工美、体育和娱乐用品制造业	345	5	135	23	15	20	29	72	33	13	
文教办公用品制造	112	3	81	2	3	3	1	13	2	4	
乐器制造	8		4			3			1		
工艺美术品制造	108	2	24	9	7	9	10	28	14	5	
体育用品制造	30		7	3	1	1	8	5	5		
玩具制造	80		19	9	4	4	9	22	11	2	
游艺器材及娱乐用品制造	7						1	4		2	
石油加工、炼焦和核燃料加工业	31		8	1	3	1	3	6	4	3	1
精炼石油产品制造	30		8	1	3	1	2	6	4	3	1
炼焦											
核燃料加工	1						1				
化学原料和化学制品制造业	503	10	88	57	43	41	105	71	54	32	

1－1－7 按行业、地区分组的法人单位数(续2)

行业	法人单位数(个)	清河区	淮安区	淮阴区	清浦区	涟水县	洪泽县	盱眙县	金湖县	开发区	工业园区
基础化学原料制造	128	5	16	12	10	19	38	7	6	13	
肥料制造	49	1	13	1	6	7	6	10	4	1	
农药制造	15		1	2	1		6	2		3	
涂料、油墨、颜料及类似产品制造	84	2	24	12	9	6	9	12	7	3	
合成材料制造	61		6	7	1	5	9	22	6	5	
专用化学产品制造	100	2	10	15	14	2	25	9	22	1	
炸药、火工及焰火产品制造	1							1			
日用化学产品制造	65		18	8	2	2	12	8	9	6	
医药制造业	71	6	14	5	6	3	12	6	11	8	
化学药品原料药制造	14	2	2	1	2	2	3	1	1		
化学药品制剂制造	3	1	1			1					
中药饮片加工	3			1			1	1			
中成药生产	8		3	1			1	2		1	
兽用药品制造	6		1				3	1	1		
生物药品制造	16	1	3	1				1	7	3	
卫生材料及医药用品制造	21	2	4	1	4		4		2	4	
化学纤维制造业	34		9	3	7	1	3	4	6	1	
纤维素纤维原料及纤维制造	8		3		1		2	2			
合成纤维制造	26		6	3	6	1	1	2	6	1	
橡胶和塑料制品业	533	11	115	81	42	37	64	73	80	29	1
橡胶制品业	87	1	11	14	5	6	13	13	17	7	
塑料制品业	446	10	104	67	37	31	51	60	63	22	1
非金属矿物制品业	873	8	159	171	73	94	106	172	66	19	5
水泥、石灰和石膏制造	58		11	9	5	7	3	13	5	5	
石膏、水泥制品及类似制品制造	350	3	80	85	23	49	34	58	13	5	
砖瓦、石材等建筑材料制造	293	1	33	52	31	28	38	65	33	8	4
玻璃制造	15		3	5		2	2	3			
玻璃制品制造	73	2	29	7	2	4	20	3	5	1	
玻璃纤维和玻璃纤维增强塑料制品制造	15	1	1	2		2	3		6		
陶瓷制品制造	8	1		5				2			
耐火材料制品制造	15			2	7		3	1	1		1
石墨及其他非金属矿物制品制造	46		2	4	5	2	3	27	3		
黑色金属冶炼和压延加工业	138	2	14	25	18	6	23	30	14	4	
炼铁	6				2		3	1			
炼钢	3					1	2				
黑色金属铸造	48	1	5	9	9	2	6	5	9	2	
钢压延加工	74	1	9	15	7	3	11	20	4	2	
铁合金冶炼	7			1			1	4	1		
有色金属冶炼和压延加工业	203	1	83	17	8	13	25	31	18	6	1
常用有色金属冶炼	29		8	2	2	4	2	6	3	2	
贵金属冶炼	1						1				
稀有稀土金属冶炼	4			1	1		1		1		
有色金属合金制造	14		3				1	8	1	1	
有色金属铸造	15		3	6			1	2	2		1
有色金属压延加工	140	1	69	8	5	9	19	15	11	3	
金属制品业	620	17	111	109	51	55	73	91	67	44	2
结构性金属制品制造	295	8	53	54	21	29	43	46	22	19	
金属工具制造	64	1	8	17	5	3	9	8	6	7	
集装箱及金属包装容器制造	21		2	3	3	2	2	2	4	3	
金属丝绳及其制品制造	14	1	3	2	2		1	2	3		
建筑、安全用金属制品制造	61	4	12	9	5	4	5	5	9	7	1
金属表面处理及热处理加工	24		9	2	1		5	1	4	2	
搪瓷制品制造	4		1	1					1		1
金属制日用品制造	45	3	7	7	2	7	2	9	4	4	
其他金属制品制造	92		16	14	12	10	6	18	14	2	

1－1－7　按行业、地区分组的法人单位数(续3)

行业	法人单位数(个)	清河区	淮安区	淮阴区	清浦区	涟水县	洪泽县	盱眙县	金湖县	开发区	工业园区
通用设备制造业	894	44	119	97	67	37	67	145	273	44	1
锅炉及原动设备制造	42		7	5	2	3	6	11	7	1	
金属加工机械制造	189	12	29	22	19	14	18	28	38	9	
物料搬运设备制造	27	2	4	4	2	1		3	5	6	
泵、阀门、压缩机及类似机械制造	140	8	13	37	14	5	2	28	24	8	1
轴承、齿轮和传动部件制造	99	11	18	9	7		2	37	12	3	
烘炉、风机、衡器、包装等设备制造	43	3	4	4	2	2	5	8	11	4	
文化、办公用机械制造	4						1	2		1	
通用零部件制造	306	4	44	11	10	7	29	22	169	10	
其他通用设备制造业	44	4		5	11	5	4	6	7	2	
专用设备制造业	575	15	97	47	60	36	39	85	144	51	1
采矿、冶金、建筑专用设备制造	136	4	10	7	8	3	9	15	75	5	
化工、木材、非金属加工专用设备制造	91	1	16	8	8	3	9	13	14	19	
食品、饮料、烟草及饲料生产专用设备制造	14		6		1	1		3		3	
印刷、制药、日化及日用品生产专用设备制造	48	4	5	9	4	4	3	9	7	3	
纺织、服装和皮革加工专用设备制造	25			3	1	5	6	4	5	1	
电子和电工机械专用设备制造	64	1	19	6	4	7	4	12	5	6	
农、林、牧、渔专用机械制造	61	1	21	2	5	3	1	4	22	2	
医疗仪器设备及器械制造	53	2	5	7	21	2		7	1	7	1
环保、社会公共服务及其他专用设备制造	83	2	15	5	8	8	7	18	15	5	
汽车制造业	260	3	43	24	7	4	36	28	99	12	4
汽车整车制造											
改装汽车制造	3		2				1				
低速载货汽车制造											
电车制造	4			1		2	1				
汽车车身、挂车制造	4		2		1					1	
汽车零部件及配件制造	249	3	39	23	6	2	34	28	99	11	4
铁路、船舶、航空航天和其他运输设备制造业	112	5	21	26	11	11	17	10	6	3	2
铁路运输设备制造	4		1	3							
城市轨道交通设备制造	2			1			1				
船舶及相关装置制造	55	1	16	10	7	5	9	5	1	1	
航空、航天器及设备制造	2					2					
摩托车制造	7	1				1	3	1	1		
自行车制造	35	3	2	10	3	3	4	2	4	2	2
非公路休闲车及零配件制造	3		1					2			
潜水救捞及其他未列明运输设备制造	4		1	2	1						
电气机械和器材制造业	597	28	71	73	36	44	65	92	134	52	2
电机制造	43	6	3	7	5	3	7	6	2	4	
输配电及控制设备制造	205	7	31	30	12	19	25	40	24	15	2
电线、电缆、光缆及电工器材制造	131	1	10	5	5	5	9	12	75	9	
电池制造	40		6	1	2	5	6	9	8	3	
家用电力器具制造	52	2	7	11	2	3	10	5	10	2	
非电力家用器具制造	41	1	8	11	4	4		6	2	5	
照明器具制造	47	9	5	4	2	4	5	9	6	3	
其他电气机械及器材制造	38	2	1	4	4	1	3	5	7	11	
计算机、通信和其他电子设备制造业	366	13	126	26	7	23	33	63	32	40	3
计算机制造	23	7	1	1	1	1	4		1	7	
通信设备制造	15	1	2	2	1		5		3	1	
广播电视设备制造	20		1	1		1		16	1		
雷达及配套设备制造											
视听设备制造	7		1				1	5			
电子器件制造	31	1	12	1	2		1	3	6	4	1
电子元件制造	213	2	99	15	2	15	22	24	15	19	
其他电子设备制造	57	2	10	6	1	6		15	6	9	2
仪器仪表制造业	283	9	24	4	7	4	3	21	201	10	

1－1－7　按行业、地区分组的法人单位数(续4)

行　　业	法人单位数（个）	清河区	淮安区	淮阴区	清浦区	涟水县	洪泽县	盱眙县	金湖县	开发区	工业园区
通用仪器仪表制造	178	4	3	3	3		2	15	144	4	
专用仪器仪表制造	47	4	18	1	4		1	3	12	4	
钟表与计时仪器制造	2							1	1		
光学仪器及眼镜制造	11	1	3			2		1	3	1	
其他仪器仪表制造业	45					2		1	41	1	
其他制造业	115	5	32	12	10	16	11	19	6	4	
日用杂品制造	63	1	29	7	5	8	1	11	1		
煤制品制造	2					1	1				
核辐射加工											
其他未列明制造业	50	4	3	5	5	7	9	8	5	4	
废弃资源综合利用业	60	2	14	11	2	5	8	12	3	2	1
金属废料和碎屑加工处理	29	1	7	5	2	1	4	4	3	1	1
非金属废料和碎屑加工处理	31	1	7	6		4	4	8		1	
金属制品、机械和设备修理业	57	9	11	2	13	3	12	2	2	3	
金属制品修理	2					1				1	
通用设备修理	7	2	2		3						
专用设备修理	8	2	2		3		1				
铁路、船舶、航空航天等运输设备修理	23	4	5	1	4		8		1		
电气设备修理	4			1			2			1	
仪器仪表修理											
其他机械和设备修理业	13	1	2		3	2	1	2	1	1	
电力、热力、燃气及水生产和供应业	**187**	**5**	**24**	**31**	**14**	**19**	**31**	**27**	**18**	**14**	**3**
电力、热力生产和供应业	61	3	8	9	6	1	8	12	7	5	1
电力生产	40		7	7	2	1	7	5	5	4	1
电力供应	8		1				1	5	1		
热力生产和供应	13	3		2	4			2	1	1	
燃气生产和供应业	27			8	6	3	1	2	4	2	1
燃气生产和供应业	27			8	6	3	1	2	4	2	1
水的生产和供应业	99	2	16	14	2	15	22	13	7	7	1
自来水生产和供应	73	1	14	10	1	12	17	11	6	1	
污水处理及其再生利用	21	1	2	3	1	3	5	2	1	3	
其他水的处理、利用与分配	5			1						3	1
建筑业	**2312**	**555**	**386**	**209**	**275**	**242**	**148**	**136**	**147**	**214**	
房屋建筑业	793	119	140	80	69	167	50	52	36	80	
房屋建筑业	793	119	140	80	69	167	50	52	36	80	
土木工程建筑业	358	67	60	30	54	24	44	18	25	36	
铁路、道路、隧道和桥梁工程建筑	150	31	26	9	27	9	17	9	7	15	
水利和内河港口工程建筑	48	4	14	3	3	4	7	4	8	1	
海洋工程建筑											
工矿工程建筑	8		1	2	1	1	2		1		
架线和管道工程建筑	56	14	7	5	4	5	9	1	3	8	
其他土木工程建筑	96	18	12	11	19	5	9	4	6	12	
建筑安装业	324	68	34	30	73	23	21	14	21	40	
电气安装	94	14	11	9	28	4	5	4	8	11	
管道和设备安装	60	12	4	10	15		5	2	1	11	
其他建筑安装业	170	42	19	11	30	19	11	8	12	18	
建筑装饰和其他建筑业	837	301	152	69	79	28	33	52	65	58	
建筑装饰业	602	239	98	46	60	22	21	40	46	30	
工程准备活动	99	17	41	8	5		6	3	11	8	
提供施工设备服务	33	4	3	4	2	2	1	5	7	5	
其他未列明建筑业	103	41	10	11	12	4	5	4	1	15	
批发和零售业	**10851**	**2099**	**2008**	**1052**	**982**	**1073**	**1060**	**922**	**1089**	**557**	**9**
批发业	6328	1400	973	457	542	672	607	532	839	305	1
农、林、牧产品批发	822	57	88	27	27	221	74	148	173	7	
食品、饮料及烟草制品批发	822	120	57	47	41	176	89	120	149	22	1

1－1－7　按行业、地区分组的法人单位数（续5）

行　　业	法人单位数（个）	清河区	淮安区	淮阴区	清浦区	涟水县	洪泽县	盱眙县	金湖县	开发区	工业园区
纺织、服装及家庭用品批发	622	250	66	59	61	32	48	50	24	32	
文化、体育用品及器材批发	156	47	52	6	22	11	5	2	4	7	
医药及医疗器材批发	119	32	11	11	19	19	7	6	6	8	
矿产品、建材及化工产品批发	1824	291	526	166	181	127	194	100	178	61	
机械设备、五金产品及电子产品批发	1016	324	75	81	94	40	45	43	219	95	
贸易经纪与代理	386	182	31	18	32	8	54	27	3	31	
其他批发业	561	97	67	42	65	38	91	36	83	42	
零售业	4523	699	1035	595	440	401	453	390	250	252	8
综合零售	668	64	304	69	32	70	33	50	20	26	
食品、饮料及烟草制品专门零售	448	74	41	45	43	24	127	57	29	8	
纺织、服装及日用品专门零售	357	108	81	30	52	17	19	18	14	18	
文化、体育用品及器材专门零售	166	46	27	29	20	4	10	14	8	8	
医药及医疗器材专门零售	1019	62	189	221	85	155	97	92	62	56	
汽车、摩托车、燃料及零配件专门零售	466	78	64	61	26	48	47	67	32	35	8
家用电器及电子产品专门零售	584	128	157	40	100	33	31	31	37	27	
五金、家具及室内装饰材料专门零售	486	91	134	73	37	20	26	33	25	47	
货摊、无店铺及其他零售业	329	48	38	27	45	30	63	28	23	27	
交通运输、仓储和邮政业	**1162**	**81**	**178**	**164**	**153**	**155**	**161**	**111**	**78**	**80**	**1**
道路运输业	827	57	134	126	109	129	99	84	40	48	1
城市公共交通运输	15			3	1	5	3	2		1	
公路旅客运输	33	7	3	6	2	5	3	6	1		
道路货物运输	719	40	124	108	103	112	84	67	36	44	1
道路运输辅助活动	60	10	7	9	3	7	9	9	3	3	
水上运输业	119	6	14	14	14	7	40	8	14	2	
水上旅客运输	4						3	1			
水上货物运输	85	3	13	11	10	3	27	4	12	2	
水上运输辅助活动	30	3	1	3	4	4	10	3	2		
航空运输业	1					1					
航空客货运输	1					1					
通用航空服务											
航空运输辅助活动											
管道运输业	3						1	1	1		
管道运输业	3						1	1	1		
装卸搬运和运输代理业	124	14	11	12	23	9	12	5	13	25	
装卸搬运	79	8	9	11	18	5	6	3	8	11	
运输代理业	45	6	2	1	5	4	6	2	5	14	
仓储业	54	2	13	10	5	6	3	6	6	3	
谷物、棉花等农产品仓储	29		3	8	2	6	2	4	3	1	
其他仓储业	25	2	10	2	3		1	2	3	2	
邮政业	34	2	6	2	2	3	6	7	4	2	
邮政基本服务	3				1			2			
快递服务	31	2	6	2	1	3	6	5	4	2	
住宿和餐饮业	**475**	**118**	**76**	**53**	**54**	**39**	**30**	**46**	**34**	**25**	
住宿业	150	44	20	11	11	12	13	16	9	14	
旅游饭店	67	23	6	3	5	3	7	10	4	6	
一般旅馆	69	16	14	5	5	9	3	5	5	7	
其他住宿业	14	5		3	1		3	1		1	
餐饮业	325	74	56	42	43	27	17	30	25	11	
正餐服务	275	59	47	36	38	22	14	26	23	10	
快餐服务	14	4	2	1		2	1	1	2	1	
饮料及冷饮服务	9	5	2		1			1			
其他餐饮业	27	6	5	5	4	3	2	2			
信息传输、软件和信息技术服务业	**613**	**147**	**53**	**65**	**48**	**29**	**64**	**42**	**36**	**129**	
电信、广播电视和卫星传输服务	135	18	26	29		13	5	28	10	6	
电信	40	13		14		1	2	5		5	

1－1－7　按行业、地区分组的法人单位数（续6）

行　　业	法人单位数（个）	清河区	淮安区	淮阴区	清浦区	涟水县	洪泽县	盱眙县	金湖县	开发区	工业园区
广播电视传输服务	94	5	26	14		12	3	23	10	1	
卫星传输服务	1			1							
互联网和相关服务	148	30	11	11	16	7	41	9	7	16	
互联网接入及相关服务	12	2	2	3	2	1				2	
互联网信息服务	106	20	8	5	8	5	40	9	5	6	
其他互联网服务	30	8	1	3	6	1	1		2	8	
软件和信息技术服务业	330	99	16	25	32	9	18	5	19	107	
软件开发	163	44	6	12	11	1	5	2	10	72	
信息系统集成服务	23	5	2	1	1	2	5	1		6	
信息技术咨询服务	66	21	5	2	11	3	6	2	5	11	
数据处理和存储服务	5	1			1		1		1	1	
集成电路设计	9	3		3	2	1					
其他信息技术服务业	64	25	3	7	6	2	1		3	17	
房地产业	**1373**	**302**	**123**	**119**	**148**	**124**	**147**	**178**	**88**	**142**	**2**
房地产业	1373	302	123	119	148	124	147	178	88	142	2
房地产开发经营	662	97	71	59	52	82	55	115	46	85	
物业管理	460	126	39	38	70	27	43	47	30	39	1
房地产中介服务	168	56	13	16	17	9	32	6	5	14	
自有房地产经营活动	26	5		2	6		6	2	4	1	
其他房地产业	57	18		4	3	6	11	8	3	3	1
租赁和商务服务业	**3009**	**873**	**323**	**327**	**331**	**207**	**310**	**283**	**202**	**152**	**1**
租赁业	207	34	14	43	28	17	41	7	3	20	
机械设备租赁	204	34	14	43	27	16	41	7	3	19	
文化及日用品出租	3				1	1				1	
商务服务业	2802	839	309	284	303	190	269	276	199	132	1
企业管理服务	778	198	77	113	87	41	108	67	50	37	
法律服务	175	30	25	14	19	20	15	31	19	2	
咨询与调查	413	136	46	34	35	28	48	43	30	13	
广告业	595	276	39	31	74	28	26	44	46	31	
知识产权服务	7	3			1		1	1	1		
人力资源服务	310	61	58	19	27	51	29	24	14	26	1
旅行社及相关服务	111	41	10	8	9	5	9	15	9	5	
安全保护服务	19	6	1	4	1	1	1	1	2	2	
其他商务服务业	394	88	53	61	50	16	32	50	28	16	
科学研究和技术服务业	**1828**	**247**	**225**	**151**	**115**	**153**	**353**	**150**	**319**	**114**	**1**
研究和试验发展	112	23	3	6	13	10	8	24	7	18	
自然科学研究和试验发展	19	2			3	5	1	3	1	4	
工程和技术研究和试验发展	59	10	2	1	8	2	5	14	5	12	
农业科学研究和试验发展	25	8		4	1	2	2	5	1	2	
医学研究和试验发展	5	2			1	1		1			
社会人文科学研究	4	1	1	1				1			
专业技术服务业	646	151	62	53	55	68	92	68	45	51	1
气象服务	13		1	3		2	1	3	3		
地震服务	10	5	1			1	1	1	1		
海洋服务											
测绘服务	23	1	2	4	4	2	1	4	3	2	
质检技术服务	67	10	11	8	12	4	4	5	5	7	1
环境与生态监测	14	6	1		1	3	1		1	1	
地质勘查	6					1	3			2	
工程技术	273	56	27	19	26	25	29	31	25	35	
其他专业技术服务业	240	73	19	19	12	30	52	24	7	4	
科技推广和应用服务业	1070	73	160	92	47	75	253	58	267	45	
技术推广服务	988	36	150	86	39	71	248	53	263	42	
科技中介服务	32	12	5	2	3	1	2	2	3	2	
其他科技推广和应用服务业	50	25	5	4	5	3	3	3	1	1	

1－1－7　按行业、地区分组的法人单位数（续7）

行　　业	法人单位数（个）	清河区	淮安区	淮阴区	清浦区	涟水县	洪泽县	盱眙县	金湖县	开发区	工业园区
水利、环境和公共设施管理业	**416**	**22**	**54**	**47**	**40**	**65**	**59**	**62**	**42**	**21**	**4**
水利管理业	222	1	43	32	10	49	27	33	21	6	
防洪除涝设施管理	38		8	6	3	4	5	3	6	3	
水资源管理	46		4	2	1	8	15	6	9	1	
天然水收集与分配	35			16	5	4	4	6			
水文服务	5					3				2	
其他水利管理业	98	1	31	8	1	30	3	18	6		
生态保护和环境治理业	24	4	2	2	3	3	4	1	1	1	3
生态保护	11	1	1	1	1	1	3	1			2
环境治理业	13	3	1	1	2	2	1		1	1	1
公共设施管理业	170	17	9	13	27	13	28	28	20	14	1
市政设施管理	25	2	1	2	3	2	2	4	3	5	1
环境卫生管理	29	4	1	1	6	1	3	4	7	2	
城乡市容管理	12	3	1	1			1	5		1	
绿化管理	54	7	3	6	14	10	3	2	5	4	
公园和游览景区管理	50	1	3	3	4		19	13	5	2	
居民服务、修理和其他服务业	**633**	**125**	**103**	**87**	**91**	**49**	**56**	**41**	**34**	**47**	
居民服务业	228	41	38	20	30	23	24	19	13	20	
家庭服务	25	6	2	2	4	3	2	3		3	
托儿所服务											
洗染服务	5	1	2						1	1	
理发及美容服务	9	6	2		1						
洗浴服务	77	11	24	6	10	6	4	4	8	4	
保健服务	6	2		2	1					1	
婚姻服务	19	4	5	2		3	3	1		1	
殡葬服务	30		2	3	7	1	7	5	3	2	
其他居民服务业	57	11	1	5	7	10	8	6	1	8	
机动车、电子产品和日用产品修理业	271	60	46	31	51	19	15	14	15	20	
汽车、摩托车修理与维护	211	33	38	26	41	17	13	12	13	18	
计算机和办公设备维修	19	8	1	1	7			1	1		
家用电器修理	31	14	4	4	2	1	2	1	1	2	
其他日用产品修理业	10	5	3		1	1					
其他服务业	134	24	19	36	10	7	17	8	6	7	
清洁服务	97	22	18	22	9	3	10	2	6	5	
其他未列明服务业	37	2	1	14	1	4	7	6		2	
教育	**1111**	**128**	**155**	**168**	**116**	**177**	**95**	**139**	**86**	**45**	**2**
教育	1111	128	155	168	116	177	95	139	86	45	2
学前教育	219	8	15	54	18	45	31	28	15	5	
初等教育	227	11	35	34	17	51	16	28	21	13	1
中等教育	233	19	46	34	18	47	13	35	15	6	
高等教育	21	1	4	2	2	1	1	3	3	4	
特殊教育	10	2	1	2	1	1	1	1	1		
技能培训、教育辅助及其他教育	401	87	54	42	60	32	33	44	31	17	1
卫生和社会工作	**753**	**91**	**142**	**96**	**87**	**120**	**53**	**82**	**56**	**25**	**1**
卫生	461	63	71	66	62	72	25	54	31	16	1
医院	76	21	7	9	11	11	2	6	6	2	1
社区医疗与卫生院	203	22	27	30	36	32	14	22	11	9	
门诊部（所）	34	5	5	5	9	3	2	1	1	3	
计划生育技术服务活动	101	3	27	17	2	21	2	18	9	2	
妇幼保健院（所、站）	8	1	1	1		1	1	1	2		
专科疾病防治院（所、站）	4				1		2		1		
疾病预防控制中心	18	5	2	1	1	2	1	5	1		
其他卫生活动	17	6	2	3	2	2	1	1			
社会工作	292	28	71	30	25	48	28	28	25	9	

1－1－7　按行业、地区分组的法人单位数（续8）

行业	法人单位数（个）	清河区	淮安区	淮阴区	清浦区	涟水县	洪泽县	盱眙县	金湖县	开发区	工业园区
提供住宿社会工作	261	21	65	26	19	47	26	27	22	8	
不提供住宿社会工作	31	7	6	4	6	1	2	1	3	1	
文化、体育和娱乐业	**677**	**143**	**112**	**65**	**49**	**77**	**47**	**95**	**52**	**37**	
新闻和出版业	24	7	1		3	3	2	4	2	2	
新闻业	10	2	1		1	2		4			
出版业	14	5			2	1	2		2	2	
广播、电视、电影和影视录音制作业	53	16	2	5	1	8	7	8	3	3	
广播	6					4	1	1			
电视	11	3		2		3	1	1		1	
电影和影视节目制作	7	4				1		1		1	
电影和影视节目发行	1	1									
电影放映	24	6	2	1	1		5	5	3	1	
录音制作	4	2		2							
文化艺术业	192	42	38	14	21	14	23	22	13	5	
文艺创作与表演	49	7	15	3	5	4	1	9	4	1	
艺术表演场馆	6	2	1		1	1		1			
图书馆与档案馆	21	6	3	2	1	2	2	2	3		
文物及非物质文化遗产保护	7	1	3		1			2			
博物馆	12	4	3		1	1	1	2			
烈士陵园、纪念馆	12	1	2	1	1	3	1	2	1		
群众文化活动	46	7	4	4	6	1	17	1	5	1	
其他文化艺术业	39	14	7	4	5	2	1	3		3	
体育	61	26	10	9	5	1	2	4	1	3	
体育组织	22	14	1	4	2			1			
体育场馆	11	2	2	2	1	1	1	1	1		
休闲健身活动	23	9	5	2	2		1	1		3	
其他体育	5	1	2	1				1			
娱乐业	347	52	61	37	19	51	13	57	33	24	
室内娱乐活动	307	41	54	30	18	49	11	50	32	22	
游乐园	6	2		2				1	1		
彩票活动	3	1				1		1			
文化、娱乐、体育经纪代理	7	2		1	1		1			2	
其他娱乐业	24	6	7	4		1	1	5			
公共管理、社会保障和社会组织	**5884**	**712**	**865**	**692**	**396**	**1061**	**577**	**939**	**458**	**168**	**16**
中国共产党机关	214	31	39	18	14	34	26	38	13	1	
中国共产党机关	214	31	39	18	14	34	26	38	13	1	
国家机构	1763	337	149	189	174	228	189	261	155	77	4
国家权力机构	15	3	1	3	1	1	2	2	1	1	
国家行政机构	1661	325	139	174	169	225	182	220	152	71	4
人民法院和人民检察院	26	5	2	2	2	2	2	7	2	2	
其他国家机构	61	4	7	10	2		3	32		3	
人民政协、民主党派	33	13	7	4	1	1	2	3	2		
人民政协	16	2	1	4	1	1	2	3	2		
民主党派	17	11	6								
社会保障	65	13	5	1	9		5	22	7	3	
社会保障	65	13	5	1	9		5	22	7	3	
群众团体、社会团体和其他成员组织	2130	275	306	251	118	425	228	361	135	28	3
群众团体	135	10	16	11	17	5	4	63	6	3	
社会团体	1100	255	153	111	78	114	117	180	80	12	
基金会	15	3	2			4	1	1	1	3	
宗教组织	880	7	135	129	23	302	106	117	48	10	3
基层群众自治组织	1679	43	359	229	80	373	127	254	146	59	9
社区自治组织	411	39	84	21	51	72	36	43	48	17	
村民自治组织	1268	4	275	208	29	301	91	211	98	42	9

1－1－8　按行业、地区分组的法人单位从业人员数

行　　　业	从业人员数（人）	清河区	淮安区	淮阴区	清浦区	涟水县	洪泽县	盱眙县	金湖县	开发区	工业园区
总　　计	**1526285**	**164104**	**254300**	**196909**	**103496**	**226466**	**125595**	**170372**	**90711**	**178425**	**3204**
农、林、牧、渔业	**10963**	**28**	**4723**	**604**	**514**	**1682**	**984**	**1408**	**952**	**68**	
农、林、牧、渔服务业	10963	28	4723	604	514	1682	984	1408	952	68	
农业服务业	6749	11	2256	551	447	595	844	1091	889	65	
林业服务业	116		5	2		69	17	21	2		
畜牧服务业	3175	2	1901	11	61	888	23	234	52	3	
渔业服务业	923	15	561	40	6	130	100	62	9		
采矿业	**5628**		**2412**	**449**	**61**		**1315**	**1332**	**1**	**58**	
煤炭开采和洗选业	18							18			
烟煤和无烟煤开采洗选											
褐煤开采洗选											
其他煤炭采选	18							18			
石油和天然气开采业	5							5			
石油开采	3							3			
天然气开采	2							2			
黑色金属矿采选业											
铁矿采选											
锰矿、铬矿采选											
其他黑色金属矿采选											
有色金属矿采选业	4							4			
常用有色金属矿采选	4							4			
贵金属矿采选											
稀有稀土金属矿采选											
非金属矿采选业	5544		2412	449	30		1299	1296		58	
土砂石开采	1265			30			22	1213			
化学矿开采	1371			145			1226				
采盐	2767		2412	274	30		51				
石棉及其他非金属矿采选	141							83		58	
开采辅助活动	17						16		1		
煤炭开采和洗选辅助活动	2						2				
石油和天然气开采辅助活动	3						2		1		
其他开采辅助活动	12						12				
其他采矿业	40				31			9			
其他采矿业	40				31			9			
制造业	**526010**	**10359**	**69276**	**67844**	**22465**	**69535**	**52337**	**78706**	**42715**	**98822**	**2058**
农副食品加工业	26836	6	3814	6071	620	4139	2049	6188	1851	2098	
谷物磨制	8345		1166	741	68	866	1075	3246	1171	12	
饲料加工	6680	6	928	1445	202	181	256	1673	167	1822	
植物油加工	915			610	12			120	137	36	
制糖业	250			226						24	
屠宰及肉类加工	6242		801	1965	300	2110	55	800	210	1	
水产品加工	798		224	85	12		303	126	48		
蔬菜、水果和坚果加工	2012		591	174		955	2	17	70	203	
其他农副食品加工	1594		104	825	26	27	358	206	48		
食品制造业	6430	1546	756	723	344	952	768	535	77	729	
焙烤食品制造	2209	1546	242	211	50	47	12	53	48		
糖果、巧克力及蜜饯制造	556		201	164			135	8		48	
方便食品制造	1070		62	84	27	139	218	237	25	278	
乳制品制造	402			19	43					340	
罐头食品制造	267		91	80	13			45	1	37	
调味品、发酵制品制造	1221		114	58	138	716	46	131		18	
其他食品制造	705		46	107	73	50	357	61	3	8	
酒、饮料和精制茶制造业	4732	3	482	241	95	3323	72	349	77	71	19
酒的制造	4032		334	219	25	3304	1	77	24	48	
饮料制造	486	3	148	22	58	13	71	81	48	23	19

1－1－8 按行业、地区分组的法人单位从业人员数（续1）

行业	从业人员数（人）	清河区	淮安区	淮阴区	清浦区	涟水县	洪泽县	盱眙县	金湖县	开发区	工业园区
精制茶加工	214				12	6		191	5		
烟草制品业	2001				53						
烟叶复烤											
卷烟制造	1948										
其他烟草制品制造	53				53						
纺织业	38704	2312	8402	4804	3063	7494	5361	2001	1809	3189	269
棉纺织及印染精加工	19177	2213	1875	2221	1370	4916	2359	640	647	2922	14
毛纺织及染整精加工	2721		98	13	59	57	2188	15	67		224
麻纺织及染整精加工	325	2		1		221	91	10			
丝绢纺织及印染精加工	1689			789	6	221	8	557	108		
化纤织造及印染精加工	314		80	30		25	2		108	69	
针织或钩针编织物及其制品制造	4258	1	1589	688	276	986	154	312	52	190	10
家用纺织制成品制造	7402	38	4673	184	1311	801	166	96	109	3	21
非家用纺织制成品制造	2818	58	87	878	41	267	393	371	718	5	
纺织服装、服饰业	58839	690	10021	11353	1308	15760	5670	6598	4071	3143	225
机织服装制造	41164	641	5082	10282	360	8619	5260	5551	3183	1963	223
针织或钩针编织服装制造	1820	14	565	423	152	356	30	279	1		
服饰制造	15855	35	4374	648	796	6785	380	768	887	1180	2
皮革、毛皮、羽毛及其制品和制鞋业	17424	46	2924	2118	1164	1742	1089	4940	1240	2161	
皮革鞣制加工	315		104	68		10	19	114			
皮革制品制造	8335		628	788	78	1237	598	3769	74	1163	
毛皮鞣制及制品加工	15							3	12		
羽毛（绒）加工及制品制造	2178		1888					260	30		
制鞋业	6581	46	304	1262	1086	495	472	794	1124	998	
木材加工和木、竹、藤、棕、草制品业	14919	20	1323	2212	352	5291	2555	1057	1931	162	16
木材加工	5227		540	614	178	2248	557	534	486	70	
人造板制造	7286	20	347	1196		2479	1798	366	991	89	
木制品制造	2180		436	362	174	538	106	110	435	3	16
竹、藤、棕、草等制品制造	226			40		26	94	47	19		
家具制造业	3637	24	865	487	62	280	141	200	73	1296	209
木质家具制造	1742	24	719	190	40	240	45	151	73	51	209
竹、藤家具制造	30			30							
金属家具制造	226		83	23		12	70	9		29	
塑料家具制造	106		23	11	1	18	1			52	
其他家具制造	1533		40	233	21	10	25	40		1164	
造纸和纸制品业	9700	199	1882	1528	280	1825	2415	298	710	299	264
纸浆制造	6			6							
造纸	5076	12	1214	1198	161	1033	661	156	361	27	253
纸制品制造	4618	187	668	324	119	792	1754	142	349	272	11
印刷和记录媒介复制业	8681	916	376	1081	342	2499	1552	733	82	1100	
印刷	8429	852	371	1062	337	2499	1550	610	57	1091	
装订及印刷相关服务	252	64	5	19	5		2	123	25	9	
记录媒介复制											
文教、工美、体育和娱乐用品制造业	14879	32	5148	530	568	1037	1369	3848	1158	1189	
文教办公用品制造	3332	18	2611	15	15	38	23	561	33	18	
乐器制造	488		117			370			1		
工艺美术品制造	5623	14	1409	246	98	261	485	1934	154	1022	
体育用品制造	1380		385	136	9	2	255	102	491		
玩具制造	3672		626	133	446	366	558	992	479	72	
游艺器材及娱乐用品制造	384						48	259		77	
石油加工、炼焦和核燃料加工业	2517		281	2	113	40	38	229	30	420	38
精炼石油产品制造	2505		281	2	113	40	26	229	30	420	38
炼焦											
核燃料加工	12						12				
化学原料和化学制品制造业	29745	210	3181	4418	1419	2662	6113	3654	1520	3033	

1-1-8　按行业、地区分组的法人单位从业人员数(续2)

行　　业	从业人员数(人)	清河区	淮安区	淮阴区	清浦区	涟水县	洪泽县	盱眙县	金湖县	开发区	工业园区
基础化学原料制造	14296	178	519	1837	496	1946	2510	1072	157	2046	
肥料制造	1164	5	264	3	171	285	147	211	75	3	
农药制造	430		5	59	109		204	27		26	
涂料、油墨、颜料及类似产品制造	2327	16	910	360	237	113	218	379	79	15	
合成材料制造	1914		126	332	8	260	259	766	58	105	
专用化学产品制造	6319	11	651	1418	377	14	2519	763	520	46	
炸药、火工及焰火产品制造	362							362			
日用化学产品制造	2933		706	409	21	44	256	74	631	792	
医药制造业	5530	897	893	823	807	512	550	139	491	418	
化学药品原料药制造	2490	651	145	449	723	103	141	45	233		
化学药品制剂制造	642	58	175			409					
中药饮片加工	280			50			219	11			
中成药生产	422		99	247			1	65		10	
兽用药品制造	168		26				102	13	27		
生物药品制造	513	179	45	52				5	214	18	
卫生材料及医药用品制造	1015	9	403	25	84		87		17	390	
化学纤维制造业	1803		607	93	325	120	52	240	286	80	
纤维素纤维原料及纤维制造	863		523		102		51	187			
合成纤维制造	940		84	93	223	120	1	53	286	80	
橡胶和塑料制品业	20530	79	2086	2730	792	3260	1797	2566	1225	5991	4
橡胶制品业	6021	10	121	571	95	116	268	792	169	3879	
塑料制品业	14509	69	1965	2159	697	3144	1529	1774	1056	2112	4
非金属矿物制品业	27011	70	4724	5768	2004	3136	3718	4862	1800	644	285
水泥、石灰和石膏制造	2347		365	293	375	185	147	555	90	337	
石膏、水泥制品及类似制品制造	11122	30	2605	3183	553	1755	721	1740	463	72	
砖瓦、石材等建筑材料制造	7764	10	678	1318	602	773	1238	1754	897	227	267
玻璃制造	988		92	405		105	331	55			
玻璃制品制造	3036	17	916	268	31	275	1182	74	265	8	
玻璃纤维和玻璃纤维增强塑料制品制造	189	7	12	37		23	54		56		
陶瓷制品制造	161	6		43				112			
耐火材料制品制造	250			39	154		28	9	2		18
石墨及其他非金属矿物制品制造	1154		56	182	289	20	17	563	27		
黑色金属冶炼和压延加工业	15180	13	244	2305	1071	58	1789	3769	569	278	
炼铁	551				312		110	129			
炼钢	28					12	16				
黑色金属铸造	2550	1	54	333	657	17	574	378	390	146	
钢压延加工	11455	12	190	1834	102	29	790	3215	67	132	
铁合金冶炼	596			138			299	47	112		
有色金属冶炼和压延加工业	7636	28	1176	933	303	827	1366	2518	225	242	18
常用有色金属冶炼	1397		307	215	41	220	308	181	32	93	
贵金属冶炼	1						1				
稀有稀土金属冶炼	172			55	40		75		2		
有色金属合金制造	711		12				6	620	23	50	
有色金属铸造	806		75	249			12	442	10		18
有色金属压延加工	4549	28	782	414	222	607	964	1275	158	99	
金属制品业	19159	250	2232	4252	1339	2747	1489	2801	1348	2641	60
结构性金属制品制造	8620	177	1010	2177	561	1926	556	1296	212	705	
金属工具制造	1855	10	128	758	91	142	111	368	92	155	
集装箱及金属包装容器制造	660		17	224	43	73	74	118	78	33	
金属丝绳及其制品制造	358	5	50	37	22		30	197	17		
建筑、安全用金属制品制造	921	33	92	138	61	39	255	70	48	155	30
金属表面处理及热处理加工	722		209	21	5		412	3	14	58	
搪瓷制品制造	63		24	6					3		30
金属制日用品制造	2527	25	80	250	9	261	2	288	118	1494	
其他金属制品制造	3433		622	641	547	306	49	461	766	41	

1－1－8 按行业、地区分组的法人单位从业人员数(续3)

行业	从业人员数(人)	清河区	淮安区	淮阴区	清浦区	涟水县	洪泽县	盱眙县	金湖县	开发区	工业园区
通用设备制造业	30658	447	3588	4191	1552	1695	2548	9476	4962	2164	35
锅炉及原动设备制造	3350		105	116	25	77	1061	492	1465	9	
金属加工机械制造	4681	95	754	459	355	394	411	1182	541	490	
物料搬运设备制造	1752	71	190	88	11	10		234	175	973	
泵、阀门、压缩机及类似机械制造	6170	53	152	1488	325	813	18	2390	658	238	35
轴承、齿轮和传动部件制造	6660	72	1671	826	422		257	3120	105	187	
烘炉、风机、衡器、包装等设备制造	1032	37	43	229	37	197	23	182	228	56	
文化、办公用机械制造	361						56	282		23	
通用零部件制造	5699	28	673	842	153	81	714	1266	1774	168	
其他通用设备制造业	953	91		143	224	123	8	328	16	20	
专用设备制造业	19150	423	2093	2348	2225	1186	868	3409	4545	2045	8
采矿、冶金、建筑专用设备制造	5271	39	388	415	83	250	234	774	2928	160	
化工、木材、非金属加工专用设备制造	2511	8	498	254	234	27	288	260	453	489	
食品、饮料、烟草及饲料生产专用设备制造	494		122		5	120		40		207	
印刷、制药、日化及日用品生产专用设备制造	1177	25	104	176	64	112	19	318	304	55	
纺织、服装和皮革加工专用设备制造	1035			434	15	229	186	64	106	1	
电子和电工机械专用设备制造	1285	12	400	97	305	100	49	212	29	81	
农、林、牧、渔专用机械制造	2042	3	409	143	70	51	26	54	589	697	
医疗仪器设备及器械制造	3837	309	38	777	1348	80		1149	1	127	8
环保、社会公共服务及其他专用设备制造	1498	27	134	52	101	217	66	538	135	228	
汽车制造业	12840	76	2212	1535	230	52	2417	1008	2775	2213	322
汽车整车制造											
改装汽车制造	81		80				1				
低速载货汽车制造											
电车制造	56			45		8	3				
汽车车身、挂车制造	343		122		5					216	
汽车零部件及配件制造	12360	76	2010	1490	225	44	2413	1008	2775	1997	322
铁路、船舶、航空航天和其他运输设备制造业	4733	390	533	1011	197	1525	230	453	46	331	17
铁路运输设备制造	286		20	266							
城市轨道交通设备制造	2			1			1				
船舶及相关装置制造	2884	206	424	362	130	1292	162	180	40	88	
航空、航天器及设备制造	10					10					
摩托车制造	86	3				4	55	23	1		
自行车制造	1249	181	83	218	55	219	12	216	5	243	17
非公路休闲车及零配件制造	35		1					34			
潜水救捞及其他未列明运输设备制造	181		5	164	12						
电气机械和器材制造业	40907	733	2018	4278	968	4213	4184	9774	6510	8203	26
电机制造	4443	439	197	199	376	109	242	99	2	2780	
输配电及控制设备制造	12867	180	669	1685	156	694	1496	6940	391	630	26
电线、电缆、光缆及电工器材制造	8568	5	471	71	182	682	549	723	1618	4267	
电池制造	8256		432	5	25	640	1356	1431	4110	257	
家用电力器具制造	1496	8	117	708	24	182	209	76	152	20	
非电力家用器具制造	2127	5	25	1490	114	90		289	18	96	
照明器具制造	2781	91	68	43	35	1811	303	155	190	85	
其他电气机械及器材制造	369	5	39	77	56	5	29	61	29	68	
计算机、通信和其他电子设备制造业	67864	301	5242	1131	285	1927	1133	2813	590	54414	28
计算机制造	4070	44	20	252	35	240	221		3	3255	
通信设备制造	226	10	5	15	12		155		21	8	
广播电视设备制造	1879		37	551		152		1102	37		
雷达及配套设备制造											
视听设备制造	781		54				68	659			
电子器件制造	1612	222	1017	13	100		3	17	41	189	10
电子元件制造	48538	9	3932	236	40	1317	686	603	438	41277	
其他电子设备制造	10758	16	177	64	98	218		432	50	9685	18
仪器仪表制造业	6193	559	538	23	223	110	678	1251	2591	220	

1－1－8　按行业、地区分组的法人单位从业人员数（续4）

行　　业	从业人员数（人）	清河区	淮安区	淮阴区	清浦区	涟水县	洪泽县	盱眙县	金湖县	开发区	工业园区
通用仪器仪表制造	3725	374	50	22	73		24	1144	1856	182	
专用仪器仪表制造	1496	32	451	1	150		654	81	103	24	
钟表与计时仪器制造	12							2	10		
光学仪器及眼镜制造	659	153	37			95		2	359	13	
其他仪器仪表制造业	301					15		22	263	1	
其他制造业	5271	37	1235	263	120	899	104	2540	56	17	
日用杂品制造	4423	1	1195	219	84	607	26	2287	4		
煤制品制造	15					7	8				
核辐射加工											
其他未列明制造业	833	36	40	44	36	285	70	253	52	17	
废弃资源综合利用业	1891	5	250	583	113	113	122	435	53	2	215
金属废料和碎屑加工处理	1388	1	172	311	113	70	68	384	53	1	215
非金属废料和碎屑加工处理	503	4	78	272		43	54	51		1	
金属制品、机械和设备修理业	610	47	150	9	128	111	100	22	14	29	
金属制品修理	96					95				1	
通用设备修理	62	11	18		33						
专用设备修理	78	12	36		25		5				
铁路、船舶、航空航天等运输设备修理	230	21	65	6	54		80		4		
电气设备修理	36			3			11			22	
仪器仪表修理											
其他机械和设备修理业	108	3	31		16	16	4	22	10	6	
电力、热力、燃气及水生产和供应业	**6332**	**93**	**575**	**1405**	**1226**	**379**	**587**	**321**	**193**	**494**	**249**
电力、热力生产和供应业	3638	76	425	1085	208	35	359	97	54	257	232
电力生产	3287		401	992	162	35	357	49	22	227	232
电力供应	76		24				2	28	22		
热力生产和供应	275	76		93	46			20	10	30	
燃气生产和供应业	744			55	538	43	2	16	61	17	12
燃气生产和供应业	744			55	538	43	2	16	61	17	12
水的生产和供应业	1950	17	150	265	480	301	226	208	78	220	5
自来水生产和供应	1460	16	89	206	468	262	164	177	75	3	
污水处理及其再生利用	451	1	61	49	12	39	62	31	3	193	
其他水的处理、利用与分配	39			10						24	5
建筑业	**515614**	**76238**	**107930**	**70765**	**36578**	**98405**	**33881**	**34758**	**11572**	**45487**	
房屋建筑业	396413	42177	94711	57473	21748	88415	26394	28096	6932	30467	
房屋建筑业	396413	42177	94711	57473	21748	88415	26394	28096	6932	30467	
土木工程建筑业	53903	7685	7249	4609	6834	8260	6837	2061	3535	6833	
铁路、道路、隧道和桥梁工程建筑	35255	6720	5433	2495	4633	3606	3761	1187	2648	4772	
水利和内河港口工程建筑	6966	158	972	1124	85	977	667	805	727	1451	
海洋工程建筑											
工矿工程建筑	1467		16	329	64	690	343		25		
架线和管道工程建筑	3985	348	332	453	83	662	1768	1	109	229	
其他土木工程建筑	6230	459	496	208	1969	2325	298	68	26	381	
建筑安装业	22211	7679	1372	2602	3821	872	203	1107	322	4233	
电气安装	11582	4351	595	1372	2567	525	57	279	195	1641	
管道和设备安装	3284	207	243	389	336		62	399	3	1645	
其他建筑安装业	7345	3121	534	841	918	347	84	429	124	947	
建筑装饰和其他建筑业	43087	18697	4598	6081	4175	858	447	3494	783	3954	
建筑装饰业	27979	12636	1720	4459	3894	422	294	1201	546	2807	
工程准备活动	5322	741	2386	514	68		116	1196	146	155	
提供施工设备服务	1200	258	36	209	27	27	1	500	90	52	
其他未列明建筑业	8586	5062	456	899	186	409	36	597	1	940	
批发和零售业	**109289**	**23043**	**16386**	**10821**	**10525**	**12342**	**8809**	**11761**	**9453**	**5951**	**198**
批发业	64704	11628	9343	5144	6295	8715	4793	7503	7992	3279	12
农、林、牧产品批发	10105	466	1164	353	304	2017	715	1928	3066	92	
食品、饮料及烟草制品批发	11932	961	680	553	1040	3730	751	2063	1998	144	12

1－1－8 按行业、地区分组的法人单位从业人员数（续5）

行业	从业人员数（人）	清河区	淮安区	淮阴区	清浦区	涟水县	洪泽县	盱眙县	金湖县	开发区	工业园区
纺织、服装及家庭用品批发	6964	2400	910	688	617	489	400	712	235	513	
文化、体育用品及器材批发	1258	251	347	35	312	144	44	38	32	55	
医药及医疗器材批发	1817	514	116	328	255	233	56	59	90	166	
矿产品、建材及化工产品批发	15692	2562	4230	1991	1820	873	1673	1132	879	532	
机械设备、五金产品及电子产品批发	8680	2564	782	672	931	548	347	519	1193	1124	
贸易经纪与代理	3331	1343	405	140	259	82	284	470	23	325	
其他批发业	4925	567	709	384	757	599	523	582	476	328	
零售业	44585	11415	7043	5677	4230	3627	4016	4258	1461	2672	186
综合零售	11080	2851	1884	1872	310	1101	472	1899	229	462	
食品、饮料及烟草制品专门零售	3931	535	360	265	493	201	1221	624	219	13	
纺织、服装及日用品专门零售	2835	802	566	297	374	165	100	88	71	372	
文化、体育用品及器材专门零售	1463	380	277	347	123	79	66	98	75	18	
医药及医疗器材专门零售	5555	947	931	725	907	773	450	407	186	229	
汽车、摩托车、燃料及零配件专门零售	8412	3677	433	895	696	437	309	550	213	1016	186
家用电器及电子产品专门零售	4876	1282	1191	306	673	254	611	203	174	182	
五金、家具及室内装饰材料专门零售	3729	663	1177	603	262	346	143	177	124	234	
货摊、无店铺及其他零售业	2704	278	224	367	392	271	644	212	170	146	
交通运输、仓储和邮政业	**42614**	**3803**	**6695**	**5096**	**6172**	**6209**	**3791**	**3757**	**1639**	**5451**	**1**
道路运输业	27602	1889	3061	3880	3102	5234	1595	3034	703	5103	1
城市公共交通运输	1947			139	10	294	171	83		1250	
公路旅客运输	1970	183	1181	47	17	52	141	345	4		
道路货物运输	16390	592	1826	3202	2186	4003	1092	2527	380	581	1
道路运输辅助活动	7295	1114	54	492	889	885	191	79	319	3272	
水上运输业	8029	1390	2434	801	468	300	1898	164	540	34	
水上旅客运输	69						18	51			
水上货物运输	7213	1372	2404	721	239	203	1705	62	473	34	
水上运输辅助活动	747	18	30	80	229	97	175	51	67		
航空运输业	265					265					
航空客货运输	265					265					
通用航空服务											
航空运输辅助活动											
管道运输业	44						1	36	7		
管道运输业	44						1	36	7		
装卸搬运和运输代理业	2464	501	241	224	443	246	225	116	277	191	
装卸搬运	1984	465	235	202	389	143	145	88	256	61	
运输代理业	480	36	6	22	54	103	80	28	21	130	
仓储业	830	7	259	124	60	137	7	103	63	70	
谷物、棉花等农产品仓储	588		150	117	31	137	6	99	46	2	
其他仓储业	242	7	109	7	29		1	4	17	68	
邮政业	3380	16	700	67	2099	27	65	304	49	53	
邮政基本服务	2328				2089			239			
快递服务	1052	16	700	67	10	27	65	65	49	53	
住宿和餐饮业	**14418**	**4318**	**1824**	**891**	**1454**	**1246**	**1087**	**1688**	**688**	**1222**	
住宿业	6173	2196	423	411	452	404	778	565	223	721	
旅游饭店	4898	1719	313	320	368	260	700	438	175	605	
一般旅馆	1079	406	110	57	75	144	20	124	48	95	
其他住宿业	196	71		34	9		58	3		21	
餐饮业	8245	2122	1401	480	1002	842	309	1123	465	501	
正餐服务	7120	1854	924	448	885	737	286	1080	430	476	
快餐服务	215	81	4	11		26	8	25	35	25	
饮料及冷饮服务	103	57	17		28			1			
其他餐饮业	807	130	456	21	89	79	15	17			
信息传输、软件和信息技术服务业	**10778**	**2769**	**605**	**3287**	**355**	**862**	**675**	**553**	**327**	**1345**	
电信、广播电视和卫星传输服务	5560	1791	375	1877		714	205	436	136	26	
电信	3525	1690		1767		6	11	26		25	

1－1－8 按行业、地区分组的法人单位从业人员数(续6)

行业	从业人员数(人)	清河区	淮安区	淮阴区	清浦区	涟水县	洪泽县	盱眙县	金湖县	开发区	工业园区
广播电视传输服务	2034	101	375	109		708	194	410	136	1	
卫星传输服务	1			1							
互联网和相关服务	954	188	52	88	129	43	230	86	80	58	
互联网接入及相关服务	86	14	4	35	10	10				13	
互联网信息服务	668	127	40	35	61	13	229	86	63	14	
其他互联网服务	200	47	8	18	58	20	1		17	31	
软件和信息技术服务业	4264	790	178	1322	226	105	240	31	111	1261	
软件开发	2899	378	89	1235	82	10	139	22	65	879	
信息系统集成服务	173	21	66	1	12	11	25	3		34	
信息技术咨询服务	627	182	18	12	81	23	73	6	34	198	
数据处理和存储服务	29	2			5		2		5	15	
集成电路设计	89	14		31	6	38					
其他信息技术服务业	447	193	5	43	40	23	1		7	135	
房地产业	**26982**	**4586**	**2481**	**2711**	**2866**	**2791**	**1770**	**4309**	**1950**	**3443**	**75**
房地产业	26982	4586	2481	2711	2866	2791	1770	4309	1950	3443	75
房地产开发经营	15368	1571	1605	1638	1215	1824	969	3264	942	2340	
物业管理	9134	2128	775	938	1499	710	567	841	915	713	48
房地产中介服务	1363	627	101	92	103	108	171	49	18	94	
自有房地产经营活动	184	67		16	28		22	36	11	4	
其他房地产业	933	193		27	21	149	41	119	64	292	27
租赁和商务服务业	**37586**	**11937**	**4200**	**3415**	**3797**	**3516**	**2250**	**3558**	**3626**	**1282**	**5**
租赁业	1864	312	166	420	344	250	136	94	6	136	
机械设备租赁	1845	312	166	420	336	247	136	94	6	128	
文化及日用品出租	19				8	3				8	
商务服务业	35722	11625	4034	2995	3453	3266	2114	3464	3620	1146	5
企业管理服务	10393	2068	1466	1072	833	577	822	906	2394	255	
法律服务	999	340	99	54	110	69	51	137	131	8	
咨询与调查	3273	1145	311	137	375	290	358	313	266	78	
广告业	5804	2909	233	170	1045	401	224	397	203	222	
知识产权服务	30	13			6		2	8	1		
人力资源服务	7110	3788	528	268	194	1576	108	357	38	248	5
旅行社及相关服务	1020	310	182	39	134	114	39	130	54	18	
安全保护服务	1855	29	688	268	5	15	178	405	253	14	
其他商务服务业	5238	1023	527	987	751	224	332	811	280	303	
科学研究和技术服务业	**26567**	**3180**	**3780**	**2238**	**2026**	**1759**	**4294**	**2033**	**5090**	**2088**	**79**
研究和试验发展	1422	301	64	84	101	273	34	389	23	153	
自然科学研究和试验发展	145	13			25	22	15	37	1	32	
工程和技术研究和试验发展	742	76	56	14	62	140	11	255	19	109	
农业科学研究和试验发展	387	182		67	6	18	8	91	3	12	
医学研究和试验发展	134	29			8	93		4			
社会人文科学研究	14	1	8	3				2			
专业技术服务业	11180	2314	1741	952	1187	1040	1041	663	493	1670	79
气象服务	91		11	15		12	8	24	21		
地震服务	88	41	4			29	5	6	3		
海洋服务											
测绘服务	317	28	23	67	24	80	3	51	19	22	
质检技术服务	1472	127	130	300	148	268	72	102	76	170	79
环境与生态监测	255	149	32		7	37	16		13	1	
地质勘查	435					30	45			360	
工程技术	6295	1391	1420	422	908	341	167	246	290	1110	
其他专业技术服务业	2227	578	121	148	100	243	725	234	71	7	
科技推广和应用服务业	13965	565	1975	1202	738	446	3219	981	4574	265	
技术推广服务	13212	330	1883	1152	638	405	3063	937	4557	247	
科技中介服务	260	92	22	10	48	7	12	36	16	17	
其他科技推广和应用服务业	493	143	70	40	52	34	144	8	1	1	

1－1－8 按行业、地区分组的法人单位从业人员数（续7）

行业	从业人员数（人）	清河区	淮安区	淮阴区	清浦区	涟水县	洪泽县	盱眙县	金湖县	开发区	工业园区
水利、环境和公共设施管理业	**10136**	**1242**	**2229**	**685**	**696**	**1633**	**1045**	**1193**	**711**	**683**	**19**
水利管理业	3712	5	1368	431	139	526	431	471	190	151	
防洪除涝设施管理	1405		795	124	42	53	101	56	93	141	
水资源管理	554		112	25	6	96	208	47	57	3	
天然水收集与分配	563			160	81	68	114	140			
水文服务	156					149				7	
其他水利管理业	1034	5	461	122	10	160	8	228	40		
生态保护和环境治理业	211	60	11	10	46	28	18	16	3	1	18
生态保护	131	30	10	5	27	15	17	16			11
环境治理业	80	30	1	5	19	13	1		3	1	7
公共设施管理业	6213	1177	850	244	511	1079	596	706	518	531	1
市政设施管理	567	18	44	13	35	63	71	24	17	281	1
环境卫生管理	2983	1008	572	3	175	65	338	437	373	12	
城乡市容管理	145	54	7	3			10	68		3	
绿化管理	1833	77	158	191	165	951	24	14	84	169	
公园和游览景区管理	685	20	69	34	136		153	163	44	66	
居民服务、修理和其他服务业	**7979**	**1244**	**1315**	**1055**	**1577**	**817**	**884**	**297**	**288**	**502**	
居民服务业	3029	546	594	153	341	453	477	110	152	203	
家庭服务	509	116	202	13	73	28	7	15		55	
托儿所服务											
洗染服务	78	25	32						16	5	
理发及美容服务	71	49	12		10						
洗浴服务	822	165	242	34	125	58	84	13	84	17	
保健服务	104	25		16	48					15	
婚姻服务	136	55	26	22		22	9	1		1	
殡葬服务	417		79	51	47	56	47	40	29	68	
其他居民服务业	892	111	1	17	38	289	330	41	23	42	
机动车、电子产品和日用产品修理业	3249	437	441	464	1164	241	74	102	84	242	
汽车、摩托车修理与维护	2855	285	403	397	1101	229	67	68	73	232	
计算机和办公设备维修	86	25	6	5	42			7	1		
家用电器修理	248	89	26	62	13	4	7	27	10	10	
其他日用产品修理业	60	38	6		8	8					
其他服务业	1701	261	280	438	72	123	333	85	52	57	
清洁服务	1170	247	273	330	66	87	75	10	52	30	
其他未列明服务业	531	14	7	108	6	36	258	75		27	
教育	**63397**	**5252**	**11364**	**9510**	**3750**	**10362**	**4664**	**8859**	**4055**	**5355**	**226**
教育	63397	5252	11364	9510	3750	10362	4664	8859	4055	5355	226
学前教育	3477	491	297	412	188	452	596	514	336	191	
初等教育	22488	1398	4454	2726	1342	4068	1790	3687	1755	1064	204
中等教育	26469	1858	5668	4215	1458	4608	1736	4168	1383	1375	
高等教育	4654	4	288	1516	15	300	52	17	13	2449	
特殊教育	264	67	50	9	8	23	23	65	19		
技能培训、教育辅助及其他教育	6045	1434	607	632	739	911	467	408	549	276	22
卫生和社会工作	**31678**	**2933**	**5450**	**7122**	**4242**	**3423**	**1778**	**4345**	**1872**	**510**	**3**
卫生	29872	2793	5067	6906	4080	3089	1647	4118	1708	461	3
医院	13615	1849	2028	1683	3432	826	783	1940	989	82	3
社区医疗与卫生院	10523	428	2578	1620	516	1946	665	1800	623	347	
门诊部（所）	3445	57	40	3255	58	10	4	2	1	18	
计划生育技术服务活动	794	25	265	111	18	149	20	134	58	14	
妇幼保健院（所、站）	614	79	78	146		85	146	54	26		
专科疾病防治院（所、站）	19				3		9		7		
疾病预防控制中心	565	212	59	72	47	50	12	109	4		
其他卫生活动	297	143	19	19	6	23	8	79			
社会工作	1806	140	383	216	162	334	131	227	164	49	

1－1－8　按行业、地区分组的法人单位从业人员数（续8）

行　　业	从业人员数（人）	清河区	淮安区	淮阴区	清浦区	涟水县	洪泽县	盱眙县	金湖县	开发区	工业园区
提供住宿社会工作	1638	120	340	183	131	332	128	225	132	47	
不提供住宿社会工作	168	20	43	33	31	2	3	2	32	2	
文化、体育和娱乐业	**7491**	**2309**	**1108**	**543**	**987**	**800**	**439**	**945**	**214**	**146**	
新闻和出版业	478	32	22		265	82	25	24	23	5	
新闻业	168	21	22		25	76		24			
出版业	310	11			240	6	25		23	5	
广播、电视、电影和影视录音制作业	1704	682	55	239	55	209	194	217	23	30	
广播	179					152	18	9			
电视	966	477		191		53	115	125		5	
电影和影视节目制作	45	21				4		5		15	
电影和影视节目发行	4	4									
电影放映	472	175	55	15	55		61	78	23	10	
录音制作	38	5		33							
文化艺术业	2360	643	663	124	176	265	112	294	66	17	
文艺创作与表演	858	263	367	7	37	53	4	114	10	3	
艺术表演场馆	92	12	5		6	8		61			
图书馆与档案馆	243	101	58	14	2	23	11	16	18		
文物及非物质文化遗产保护	128	4	58		18			48			
博物馆	174	39	94		1	20	4	16			
烈士陵园、纪念馆	128	9	28	20	7	37	3	20	4		
群众文化活动	386	74	31	33	72	50	86	2	34	4	
其他文化艺术业	351	141	22	50	33	74	4	17		10	
体育	552	266	74	46	53	10	25	61	2	15	
体育组织	165	117	6	8	31			3			
体育场馆	110	19	38	5	9	10	5	22	2		
休闲健身活动	257	129	24	32	13		20	24		15	
其他体育	20	1	6	1				12			
娱乐业	2397	686	294	134	438	234	83	349	100	79	
室内娱乐活动	1802	391	194	96	410	220	53	288	75	75	
游乐园	238	179		26				8	25		
彩票活动	52	42				5		5			
文化、娱乐、体育经纪代理	62	15		1	28		14			4	
其他娱乐业	243	59	100	11		9	16	48			
公共管理、社会保障和社会组织	**72823**	**10770**	**11947**	**8468**	**4205**	**10705**	**5005**	**10549**	**5365**	**5518**	**291**
中国共产党机关	2563	475	431	279	149	397	260	364	179	29	
中国共产党机关	2563	475	431	279	149	397	260	364	179	29	
国家机构	42421	7561	6201	4762	2563	4973	2919	5400	3279	4582	181
国家权力机构	355	166	37	13	10	37	28	31	23	10	
国家行政机构	38276	6585	5849	4117	2290	4715	2717	4798	3061	3963	181
人民法院和人民检察院	2330	667	253	291	233	221	166	206	195	98	
其他国家机构	1460	143	62	341	30		8	365		511	
人民政协、民主党派	315	134	54	7	14	25	24	32	25		
人民政协	258	83	48	7	14	25	24	32	25		
民主党派	57	51	6								
社会保障	789	209	64	3	80		69	169	86	109	
社会保障	789	209	64	3	80		69	169	86	109	
群众团体、社会团体和其他成员组织	11861	1944	1590	1638	711	2390	813	1949	593	199	34
群众团体	1138	76	156	422	89	50	33	229	58	25	
社会团体	6494	1773	857	616	495	1116	287	852	384	114	
基金会	73	11	9			25	4	8	1	15	
宗教组织	4156	84	568	600	127	1199	489	860	150	45	34
基层群众自治组织	14874	447	3607	1779	688	2920	920	2635	1203	599	76
社区自治组织	4237	394	1096	241	417	732	265	574	361	157	
村民自治组织	10637	53	2511	1538	271	2188	655	2061	842	442	76

1－1－9 按行业、开业（成立）

行业	法人单位数（个）	1949年以前	1950－1977年	1978－1991年	1992－1995年	1996年	1997年	1998年	1999年	2000年
总计	**43152**	**86**	**1291**	**2646**	**715**	**230**	**208**	**542**	**411**	**843**
农、林、牧、渔业	**1257**		**9**	**14**	**3**			**6**	**1**	**4**
农、林、牧、渔服务业	1257		9	14	3			6	1	4
农业服务业	693		6	10	2			2		3
林业服务业	20		1	2	1			2		
畜牧服务业	447		2	2				2	1	1
渔业服务业	97									
采矿业	**70**			**3**	**1**	**1**		**2**		**2**
煤炭开采和洗选业	1									
烟煤和无烟煤开采洗选										
褐煤开采洗选										
其他煤炭采选	1									
石油和天然气开采业	2									
石油开采	1									
天然气开采	1									
黑色金属矿采选业										
铁矿采选										
锰矿、铬矿采选										
其他黑色金属矿采选										
有色金属矿采选业	1									
常用有色金属矿采选	1									
贵金属矿采选										
稀有稀土金属矿采选										
非金属矿采选业	58			3				1		1
土砂石开采	40									1
化学矿开采	6									
采盐	8			2				1		
石棉及其他非金属矿采选	4			1						
开采辅助活动	6				1	1		1		
煤炭开采和洗选辅助活动	2					1				
石油和天然气开采辅助活动	3				1			1		
其他开采辅助活动	1									
其他采矿业	2									1
其他采矿业	2									1
制造业	**10541**	**1**	**61**	**117**	**90**	**54**	**51**	**147**	**86**	**158**
农副食品加工业	532		8	6	4	7	8	8	10	13
谷物磨制	232		2	4	2	2	2	5	6	6
饲料加工	79				1	2	2	2	2	2
植物油加工	15		3							
制糖业	3								1	
屠宰及肉类加工	69		1	2		2	1	1	1	3
水产品加工	36		2				1			1
蔬菜、水果和坚果加工	36						1			1
其他农副食品加工	62				1	1	1			
食品制造业	182		4	2	2	3	2	3	1	4
焙烤食品制造	42		2		1	1				1
糖果、巧克力及蜜饯制造	11									
方便食品制造	45		1				1		1	
乳制品制造	6			1		1				
罐头食品制造	8									
调味品、发酵制品制造	32		1	1	1		1	2		2
其他食品制造	38					1		1		1
酒、饮料和精制茶制造业	74		2		1	1	1	2	1	6
酒的制造	34		1		1	1	1	2		3
饮料制造	35								1	2

时间分组的法人单位数

2001年	2002年	2003年	2004年	2005年	2006年	2007年	2008年	2009年	2010年	2011年	2012年	2013年	无开业年份
1479	1031	1155	1159	1337	1727	1830	2649	3160	4811	4798	5563	5453	28
5	**4**	**7**	**13**	**32**	**22**	**29**	**216**	**177**	**155**	**143**	**227**	**190**	
5	4	7	13	32	22	29	216	177	155	143	227	190	
3	4	5	9	17	7	13	90	91	102	87	122	120	
1				1		1	6	1	1			3	
1		2	3	10	13	13	87	75	48	48	86	53	
			1	4	2	2	33	10	4	8	19	14	
2	**4**	**3**	**2**	**2**	**6**	**5**	**10**	**7**	**6**	**3**	**7**	**3**	**1**
											1		
											1		
							1					1	
							1						
												1	
													1
													1
1	4	3	2	2	6	5	9	7	6	3	4	1	
	3	2	2	1	3	4	7	6	6	2	2	1	
	1			1	1			1			2		
1		1			1		2						
					1	1				1			
1											1	1	
1													
												1	
											1		
											1		
											1		
220	**259**	**341**	**384**	**412**	**597**	**590**	**593**	**871**	**1316**	**1511**	**1569**	**1101**	**12**
27	30	27	29	31	22	36	27	50	40	46	53	49	1
12	14	14	16	13	9	18	7	20	22	20	19	19	
3	6	4	6	6	3	3	6	6	2	8	3	11	1
2		1			2			2	2	1	2		
									1			1	
3	6	3	3	3	3	8	7	5	3	4	7	3	
3	2	2	3	2	1		2	6	2	4	4	1	
	1			3		2	1	2	2	1	11	11	
4	1	3	1	4	4	5	4	9	6	8	7	3	
5	7	9	11	10	9	10	15	12	17	21	17	17	1
	1	1	5	3	1	2	6	4	6	3	1	4	
	1		1	1		1	1	1	1	2	1	1	
1	3	2	2	1	3	4	2	4	3	6	8	3	
			1	1		1	1						
1		3			1				1	2			
2	2	2	2	1	1	1	3	1	4	1	2	2	
1		1		3	3	1	2	2	2	7	5	7	1
7	3	1	5	2	4	7	2	3	4	9	10	3	
2	2		2	1	1	4	1		3	4	4	1	
4	1	1	3	1	3	3	1	2	1	4	6	2	

1－1－9 按行业、开业（成立）

行业	法人单位数（个）	1949年以前	1950－1977年	1978－1991年	1992－1995年	1996年	1997年	1998年	1999年	2000年
精制茶加工	5		1							1
烟草制品业	2	1								
烟叶复烤										
卷烟制造	1	1								
其他烟草制品制造	1									
纺织业	728		3	3	6	3	2	16	5	17
棉纺织及印染精加工	198					2		8	2	5
毛纺织及染整精加工	26		1		1		1			
麻纺织及染整精加工	8									
丝绢纺织及印染精加工	31			1	1			1		1
化纤织造及印染精加工	14					1			1	
针织或钩针编织物及其制品制造	179		1	1				4		1
家用纺织制成品制造	198		1	1	3		1	1	2	10
非家用纺织制成品制造	74				1			2		
纺织服装、服饰业	961		1	3	5	1	1	6	6	17
机织服装制造	619			1	2	1		3	3	10
针织或钩针编织服装制造	65			2			1			1
服饰制造	277		1		3			3	3	6
皮革、毛皮、羽毛及其制品和制鞋业	282		1	1	1	2	1	1	2	1
皮革鞣制加工	11		1						1	
皮革制品制造	106									
毛皮鞣制及制品加工	2									
羽毛（绒）加工及制品制造	47									
制鞋业	116			1	1	2	1	1	1	1
木材加工和木、竹、藤、棕、草制品业	489		1	6	6	2	3	11	4	10
木材加工	235		1	2	1		1	5	2	2
人造板制造	136			1	4	1	2	4	2	7
木制品制造	101			2	1			2		1
竹、藤、棕、草等制品制造	17			1		1				
家具制造业	166			1	1		1	1	1	1
木质家具制造	123			1			1	1	1	1
竹、藤家具制造	1									
金属家具制造	16									
塑料家具制造	8									
其他家具制造	18				1					
造纸和纸制品业	255		1	2	1	2		2	1	3
纸浆制造	1									
造纸	85		1	1		1		2		
纸制品制造	169			1	1	1			1	3
印刷和记录媒介复制业	200		2	7	3	2	2	5	2	4
印刷	178		2	7	3	2	1	4	2	3
装订及印刷相关服务	22						1	1		1
记录媒介复制										
文教、工美、体育和娱乐用品制造业	345		1	6	2	3	1	6	4	7
文教办公用品制造	112						1	2	1	2
乐器制造	8									1
工艺美术品制造	108		1	4	2	2		2	1	1
体育用品制造	30								1	
玩具制造	80			2		1		2	1	3
游艺器材及娱乐用品制造	7									
石油加工、炼焦和核燃料加工业	31		1	1				3	2	
精炼石油产品制造	30		1	1				3	2	
炼焦										
核燃料加工	1									
化学原料和化学制品制造业	503		7	9	8	2	3	9	4	6

时间分组的法人单位数(续1)

2001年	2002年	2003年	2004年	2005年	2006年	2007年	2008年	2009年	2010年	2011年	2012年	2013年	无开业年份
1								1		1			
										1			
										1			
20	16	23	29	21	42	41	50	69	86	101	111	64	
5	4	7	4	7	17	13	18	19	20	32	20	15	
	1	1	1		1		3	2	2	5	3	4	
1					1		2		2			2	
2		1		3	2	3	4	2	5	5			
					1			2	2	3	2	2	
4	6	5	12	5	10	12	10	17	17	25	29	20	
8	4	6	7	6	6	9	10	19	25	22	41	16	
	1	3	5		4	4	3	8	13	9	16	5	
13	5	21	30	28	39	48	51	73	149	165	172	127	
8	1	12	18	18	28	36	34	51	113	111	102	67	
1		3		2	1	1	3	3	9	13	14	11	
4	4	6	12	8	10	11	14	19	27	41	56	49	
5	6	8	5	15	17	18	15	23	36	45	43	36	
				1	1	1			2	2	1	1	
1	2	6	5	4	7	4	6	11	13	12	20	15	
										2			
2	2				1	4	2	2	7	13	6	8	
2	2	2		10	8	9	7	10	14	16	16	12	
18	17	17	17	22	32	22	25	34	45	73	75	49	
8	7	9	7	10	11	8	18	16	22	36	44	25	
7	8	7	5	7	14	9	2	7	7	21	10	11	
2	2	1	5	5	6	5	4	9	15	13	16	12	
1					1		1	2	1	3	5	1	
2	3	1	5	4	6	6	9	16	23	21	43	21	
2	2	1	5	1	3	4	8	12	16	13	35	16	
										1			
					1			2	3	4	3	3	
	1			1	1	1	1		2		1		
				2	1	1		2	2	3	4	2	
7	11	10	8	19	12	18	16	28	33	31	28	22	
								1					
5	3	3	4	5	5	7	7	6	8	12	9	6	
2	8	7	4	14	7	11	9	21	25	19	19	16	
7	5	8	16	12	14	11	16	15	16	17	22	14	
7	5	7	14	10	10	10	15	13	16	15	19	13	
		1	2	2	4	1	1	2		2	3	1	
7	10	4	12	17	16	21	10	30	48	42	65	33	
2	4	1	5	4	4	6	2	8	13	8	28	21	
		1			1	2		1		1	1		
3	2		3	8	3	5	1	15	18	12	20	5	
		1	3		2	1	4	1	5	4	5	3	
2	4	1	1	5	5	7	3	5	9	16	11	2	
					1				3	1		2	
	2	3		1	2	3	1	4	2	1	1	4	
	2	3		1	2	3	1	3	2	1	1	4	
								1					
14	15	24	29	19	48	37	28	37	45	49	58	50	2

1－1－9 按行业、开业（成立）

行业	法人单位数（个）	1949年以前	1950－1977年	1978－1991年	1992－1995年	1996年	1997年	1998年	1999年	2000年
基础化学原料制造	128		3	2	2		1	2	2	3
肥料制造	49		2		1			1		1
农药制造	15				2					
涂料、油墨、颜料及类似产品制造	84			2	2			2	1	1
合成材料制造	61							2		
专用化学产品制造	100		1	3	1	2	1	1		
炸药、火工及焰火产品制造	1		1							
日用化学产品制造	65			2			1	1	1	1
医药制造业	71		2	2	1	2	1	1	1	2
化学药品原料药制造	14		2						1	
化学药品制剂制造	3									
中药饮片加工	3					1				
中成药生产	8			1						1
兽用药品制造	6			1		1				1
生物药品制造	16						1	1		
卫生材料及医药用品制造	21				1					
化学纤维制造业	34									
纤维素纤维原料及纤维制造	8									
合成纤维制造	26									
橡胶和塑料制品业	533			6	6	1	1	5	5	10
橡胶制品业	87				1	1			2	1
塑料制品业	446			6	5		1	5	3	9
非金属矿物制品业	873		10	34	13	7	2	16	5	15
水泥、石灰和石膏制造	58		3	1		1		2		2
石膏、水泥制品及类似制品制造	350		1	10	7	4	1	11	2	5
砖瓦、石材等建筑材料制造	293		6	20	5	1	1	3	3	7
玻璃制造	15									
玻璃制品制造	73			1	1	1				1
玻璃纤维和玻璃纤维增强塑料制品制造	15			2						
陶瓷制品制造	8									
耐火材料制品制造	15									
石墨及其他非金属矿物制品制造	46									
黑色金属冶炼和压延加工业	138		2	4	1		2	2		2
炼铁	6			1						
炼钢	3									
黑色金属铸造	48		1	3				2		1
钢压延加工	74		1		1		2			1
铁合金冶炼	7									
有色金属冶炼和压延加工业	203			2		2	2	1	1	3
常用有色金属冶炼	29			2		1				2
贵金属冶炼	1									
稀有稀土金属冶炼	4									
有色金属合金制造	14									
有色金属铸造	15									
有色金属压延加工	140					1	2	1	1	1
金属制品业	620			5	5	1	5	5	6	4
结构性金属制品制造	295			1	3		4		4	3
金属工具制造	64				1					
集装箱及金属包装容器制造	21			1					1	
金属丝绳及其制品制造	14									
建筑、安全用金属制品制造	61							2		
金属表面处理及热处理加工	24			1				1		
搪瓷制品制造	4									
金属制日用品制造	45							1		1
其他金属制品制造	92			2	1	1	1	1	1	

时间分组的法人单位数(续2)

2001年	2002年	2003年	2004年	2005年	2006年	2007年	2008年	2009年	2010年	2011年	2012年	2013年	无开业年份
5	6	7	6	5	13	9	8	10	7	11	14	10	2
2		3	1		5	1	3	4	6	2	13	4	
			1					1	2	2	5	2	
	2	6	7	1	7	9	5	7	9	6	9	8	
1	1	1	2	1	7	7	4	5	4	13	5	8	
5	5	6	4	8	9	8	5	4	10	9	9	9	
1	1	1	8	4	7	3	3	6	7	6	3	9	
5	4	4	4	4	8	1	1	5	5	9	2	7	
2	1	1	2		2			1		1		1	
1		1						1					
		1							1				
	1				1			2	1		1		
1						1				1			
1	2		1		2			1	1	3		3	
		1	1	4	3		1		2	4	1	3	
1		1		4	2	1	4	2	2	7	5	5	
		1		3		1	1		1			1	
1				1	2		3	2	1	7	5	4	
8	12	29	21	22	33	29	25	43	65	90	75	46	1
	2	3		4	6	8	5	8	8	16	18	4	
8	10	26	21	18	27	21	20	35	57	74	57	42	1
16	17	20	30	27	59	49	55	79	100	145	101	73	
	3	3	3	4	2	3	5	3	10	4	6	3	
5	8	8	12	8	27	18	21	31	32	69	40	30	
9	3	6	8	10	20	19	18	33	32	38	30	21	
			2					1	3	4	1	4	
2	2	2	2	3	4	7	3	5	11	15	8	5	
	1				2		2		3	2	2	1	
					1			1		1	3	2	
			2	1	1	1	1	1	3	4	1		
		1	1	1	2	1	5	4	6	8	10	7	
1	4	8	8	8	6	13	6	11	15	17	15	13	
							1	1	1	1	1		
				1				1	1				
	3	5	5	1	2	6	5	4	2	3	2	3	
1	1	2	3	5	4	5		5	11	13	11	8	
		1		1		2					1	2	
3	4	5	6	8	10	15	13	9	24	29	34	32	
1		1	1	1	2		1	1	3	4	6	3	
			1										
		1		1				1				1	
				1	1			1	3	2	3	3	
					2	3	2	1	2	1		4	
2	4	3	4	5	5	12	10	5	16	22	25	21	
7	17	19	21	17	25	35	26	64	101	89	101	66	1
	9	6	10	6	13	19	15	30	52	39	48	32	1
1	4	3	3	3	3	3	1	8	10	11	7	6	
			3		1	1	1	3	3	4	1	2	
		1		2	1	1			3	2	2	2	
3	3	1	1		1	2	1	6	13	8	11	9	
		1				1		4	3	4	6	3	
				1				1		1	1		
1	1	1	3	3	3	3	1	5	6	8	3	5	
2		6	1	2	3	5	7	7	11	12	22	7	

1－1－9 按行业、开业（成立）

行　　业	法人单位数（个）	1949年以前	1950－1977年	1978－1991年	1992－1995年	1996年	1997年	1998年	1999年	2000年
通用设备制造业	894		7	4	8	5	2	13	4	6
锅炉及原动设备制造	42		1							
金属加工机械制造	189			2			1	2	1	
物料搬运设备制造	27							1		1
泵、阀门、压缩机及类似机械制造	140		2	1				2	1	2
轴承、齿轮和传动部件制造	99				4			2		
烘炉、风机、衡器、包装等设备制造	43			1	1			1		
文化、办公用机械制造	4									
通用零部件制造	306		3		3	5	1	4	2	3
其他通用设备制造业	44		1					1		
专用设备制造业	575		2	3	2	2	1	8	8	12
采矿、冶金、建筑专用设备制造	136			1		1			3	3
化工、木材、非金属加工专用设备制造	91					1		2	2	
食品、饮料、烟草及饲料生产专用设备制造	14							2		
印刷、制药、日化及日用品生产专用设备制造	48				1			1	1	1
纺织、服装和皮革加工专用设备制造	25		1							1
电子和电工机械专用设备制造	64						1		1	
农、林、牧、渔专用机械制造	61		1	1				1		5
医疗仪器设备及器械制造	53				1			2		1
环保、社会公共服务及其他专用设备制造	83			1					1	1
汽车制造业	260		1	2	1	3	2	4	2	2
汽车整车制造										
改装汽车制造	3									
低速载货汽车制造										
电车制造	4									
汽车车身、挂车制造	4		1							
汽车零部件及配件制造	249			2	1	3	2	4	2	2
铁路、船舶、航空航天和其他运输设备制造业	112				2		1	1	2	1
铁路运输设备制造	4									
城市轨道交通设备制造	2									
船舶及相关装置制造	55				1		1	1		1
航空、航天器及设备制造	2									
摩托车制造	7									
自行车制造	35				1				1	
非公路休闲车及零配件制造	3									
潜水救捞及其他未列明运输设备制造	4								1	
电气机械和器材制造业	597		2	3	5	1	4	6	3	7
电机制造	43		1							
输配电及控制设备制造	205		1	1	2		1	1	1	
电线、电缆、光缆及电工器材制造	131			2	2		1	4	2	5
电池制造	40									
家用电力器具制造	52				1			1		
非电力家用器具制造	41					1	2			
照明器具制造	47									1
其他电气机械及器材制造	38									1
计算机、通信和其他电子设备制造业	366		1	2				4	2	1
计算机制造	23								1	
通信设备制造	15									
广播电视设备制造	20			1						
雷达及配套设备制造										
视听设备制造	7									
电子器件制造	31		1							
电子元件制造	213			1				4	1	1
其他电子设备制造	57									
仪器仪表制造业	283		2	2	2		1	4	2	2

时间分组的法人单位数(续3)

2001年	2002年	2003年	2004年	2005年	2006年	2007年	2008年	2009年	2010年	2011年	2012年	2013年	无开业年份
15	18	26	26	45	56	49	57	60	126	135	146	86	
3	2	1	2	2	2	3	1	2	2	8	8	5	
3	4	7	5	6	11	6	12	12	31	25	37	24	
	1		2	2	2	2	2	2	2	2	4	4	
3	3	7	4	6	12	14	9	5	20	17	19	13	
1		1	3	13	9	9	4	8	10	15	13	7	
	1		3	1	2	2	3	2	13	5	3	5	
				1	1		1		1				
4	7	9	6	13	15	12	23	25	43	56	50	22	
1		1	1	1	2	1	2	4	4	7	12	6	
7	20	18	15	14	39	33	31	37	81	76	98	67	
2	4	4	4	5	12	8	8	7	19	14	26	14	
1	4	2	3	1	8	6	2	4	9	23	17	6	
	2			1			1	1	1		5	1	
		3	2	1	3	5	3	3	6	9	7	2	
	2	1		1	1			1	3	4	5	5	
		2		1	4	4	4	5	10	7	10	15	
3	2	4	2	1	3	3		3	10	5	9	8	
1	2	1	3	3	3	3	6	4	6	7	4	6	
	4	1	1		5	4	7	9	17	7	15	10	
6	5	13	5	11	11	9	14	17	34	53	42	23	
1									1	1			
								1		2		1	
									1	2			
5	5	13	5	11	11	9	14	16	32	48	42	22	
1	4	3	10	3	7	7	3	10	10	15	18	12	
			1					1		1		1	
					1					1			
1	2	1	6	2	4	2	2	6	8	4	9	4	
										1	1		
		1	1						1		3	1	
	2	1	2	1	2	3	1	3	1	6	4	5	
						1				1	1		
						1				1		1	
7	14	17	22	18	32	39	47	57	85	78	83	66	
2		2	3	1	5	2		4	7	9	3	3	
2	3	5	6	5	9	14	14	28	25	27	36	24	
2	7	4	7	4	5	13	13	8	17	12	14	9	
	1	1	1	1	4	4	5	4	7	3	5	4	
	2	1	1	4	1	1	7	2	9	4	8	10	
1		1	2	1	6	2	5	2	5	4	3	6	
	1	2		1	2	2	2	5	7	11	5	8	
		1	2	1		1	1	4	8	8	9	2	
5	6	8	8	14	29	11	17	40	56	58	57	46	
		1			1	1	1	1	6	6	5		
				1		1	1	3	2	2	2	3	
			1	3	2	1	1	2	2	1	6		
1				1			1	1		1	2		
		1		1		1	3	7	2	5	6	4	
2	6	5	6	7	21	6	7	19	37	39	23	28	
2		1	1	1	5	1	3	7	7	4	13	11	
4	2	8	5	8	8	15	16	19	37	50	49	47	

1-1-9 按行业、开业(成立)

行业	法人单位数(个)	1949年以前	1950-1977年	1978-1991年	1992-1995年	1996年	1997年	1998年	1999年	2000年
通用仪器仪表制造	178		1	1	2		1	3	1	
专用仪器仪表制造	47		1					1	1	
钟表与计时仪器制造	2									1
光学仪器及眼镜制造	11			1						
其他仪器仪表制造业	45									1
其他制造业	115				3	1	2	1	1	2
日用杂品制造	63				3	1	1	1		2
煤制品制造	2						1			
核辐射加工										
其他未列明制造业	50								1	
废弃资源综合利用业	60				1					
金属废料和碎屑加工处理	29				1					
非金属废料和碎屑加工处理	31									
金属制品、机械和设备修理业	57			1		1		3	1	
金属制品修理	2									
通用设备修理	7								1	
专用设备修理	8									
铁路、船舶、航空航天等运输设备修理	23			1		1		3		
电气设备修理	4									
仪器仪表修理										
其他机械和设备修理业	13									
电力、热力、燃气及水生产和供应业	**187**		**1**	**18**	**9**	**3**	**2**	**5**	**3**	**4**
电力、热力生产和供应业	61			4	3	2		3	2	
电力生产	40			3	2	1		3	1	
电力供应	8			1	1					
热力生产和供应	13					1			1	
燃气生产和供应业	27									
燃气生产和供应业	27									
水的生产和供应业	99		1	14	6	1	2	2	1	4
自来水生产和供应	73		1	14	6	1	2	2	1	4
污水处理及其再生利用	21									
其他水的处理、利用与分配	5									
建筑业	**2312**	**1**	**18**	**31**	**46**	**15**	**14**	**25**	**13**	**19**
房屋建筑业	793	1	18	18	28	7	8	15	6	4
房屋建筑业	793	1	18	18	28	7	8	15	6	4
土木工程建筑业	358			12	8	3	1	5	3	5
铁路、道路、隧道和桥梁工程建筑	150			6	3		1	2	2	1
水利和内河港口工程建筑	48			3	2	1		1	1	1
海洋工程建筑										
工矿工程建筑	8			1						1
架线和管道工程建筑	56				2			1		2
其他土木工程建筑	96			2	1	2		1		
建筑安装业	324			1	3	1	1	1		4
电气安装	94				2	1				2
管道和设备安装	60				1		1			
其他建筑安装业	170			1				1		2
建筑装饰和其他建筑业	837				7	4	4	4	4	6
建筑装饰业	602				2	4	4	3	3	6
工程准备活动	99				2			1	1	
提供施工设备服务	33				1					
其他未列明建筑业	103				2					
批发和零售业	**10851**	**5**	**82**	**159**	**93**	**29**	**24**	**75**	**71**	**119**
批发业	6328	2	51	101	57	11	12	36	40	61
农、林、牧产品批发	822	1	21	47	14	1	2	9	6	10
食品、饮料及烟草制品批发	822		9	12	6		1	5	4	13

时间分组的法人单位数(续4)

2001年	2002年	2003年	2004年	2005年	2006年	2007年	2008年	2009年	2010年	2011年	2012年	2013年	无开业年份
3	1	7	1	5	8	11	8	10	25	38	26	26	
	1	1	1	1		2	5	4	5	7	8	9	
									1				
1			1					1	2	2	1	2	
			2	2		2	3	4	4	3	14	10	
		3	4	4	6	3	5	11	12	21	26	10	
		3	4	3	5	1	3	3	4	15	9	5	
									1				
				1	1	2	2	8	7	6	17	5	
1		3	2	2	1	2	3	8	10	11	11	4	1
		1	2	1	1	1	2	2	4	6	6	2	
1		2		1		1	1	6	6	5	5	2	1
1	2		1	2	2	1	5	5	9	6	8	9	
							1		1				
				1			2	1				2	
	1		1		2				1	1	2		
1	1					1	2	3	4	1	3	2	
									2	1		1	
				1				1	1	3	3	4	
7	**9**	**8**	**9**	**5**	**10**	**8**	**8**	**12**	**14**	**14**	**19**	**18**	**1**
1	2	2	3		3	1	2	5	6	5	8	9	
1	2	1	2		3	1		2	4	3	6	5	
							1	1	1	1		2	
		1	1				1	2	1	1	2	2	
1	2	1			1	1	2	2	3	4	4	5	1
1	2	1			1	1	2	2	3	4	4	5	1
5	5	5	6	5	6	6	4	5	5	5	7	4	
5	4	4	5	1	3	4	2	3	1	1	5	4	
	1	1	1	4	2	2	2	1	2	4	1		
					1			1	2		1		
33	**60**	**72**	**81**	**74**	**93**	**110**	**139**	**233**	**310**	**281**	**355**	**287**	**2**
7	27	21	25	16	33	40	45	82	119	90	95	88	
7	27	21	25	16	33	40	45	82	119	90	95	88	
7	12	9	11	14	12	15	28	30	43	41	58	40	1
3	6	5	7	5	7	4	11	11	15	18	22	21	
	2	1		1	2	3	4	3	4	4	10	4	1
			1						3	1	1		
1	2	2	1	4		2	4	5	8	9	10	3	
3	2	1	2	4	3	6	9	11	13	9	15	12	
6	10	13	17	16	20	12	22	39	28	33	47	50	
2	7	7	7	6	5	5	7	14	3	8	12	6	
1		2	3	4	4	4	6	5	3	7	5	14	
3	3	4	7	6	11	3	9	20	22	18	30	30	
13	11	29	28	28	28	43	44	82	120	117	155	109	1
5	7	17	18	14	16	30	34	56	89	97	109	87	1
3	1	5	5	4	7	6	5	11	13	9	17	9	
2		1		4	2	2		3	5	2	8	3	
3	3	6	5	6	3	5	5	12	13	9	21	10	
228	**209**	**287**	**243**	**333**	**384**	**415**	**664**	**906**	**1409**	**1340**	**1684**	**2086**	**6**
130	102	140	125	178	212	242	396	519	901	853	1018	1136	5
29	21	14	15	18	21	25	85	64	92	104	108	115	
14	14	11	9	13	22	26	72	87	98	109	185	111	1

1－1－9 按行业、开业（成立）

行　　业	法人单位数（个）	1949 年以前	1950－1977 年	1978－1991 年	1992－1995 年	1996 年	1997 年	1998 年	1999 年	2000 年
纺织、服装及家庭用品批发	622		3	4	3	1	2	4	7	4
文化、体育用品及器材批发	156			1	1		1		6	1
医药及医疗器材批发	119		3	2			1			3
矿产品、建材及化工产品批发	1824		9	23	18	4	3	9	10	13
机械设备、五金产品及电子产品批发	1016	1	1	3	9	4	1	5	1	11
贸易经纪与代理	386		5	4	1	1		1	3	1
其他批发业	561			5	5		1	3	3	5
零售业	4523	3	31	58	36	18	12	39	31	58
综合零售	668	2	23	26	9	1	2	9	6	12
食品、饮料及烟草制品专门零售	448	1	1	13	2	2	1	4	3	7
纺织、服装及日用品专门零售	357			2	3	5	1	2	3	1
文化、体育用品及器材专门零售	166		5	1	5	1	1			
医药及医疗器材专门零售	1019		2	6	5	1	1	7	3	10
汽车、摩托车、燃料及零配件专门零售	466			4	5	2	2	8	5	10
家用电器及电子产品专门零售	584						1	3	3	9
五金、家具及室内装饰材料专门零售	486			1	3	2	1	4	4	4
货摊、无店铺及其他零售业	329			5	4	4	2	2	4	5
交通运输、仓储和邮政业	**1162**	**1**	**19**	**46**	**19**	**3**	**2**	**12**	**9**	**10**
道路运输业	827		7	18	6	2	1	6	5	4
城市公共交通运输	15			2	1	1		1		
公路旅客运输	33			2	2			1	1	
道路货物运输	719		3	8	2	1		4	3	3
道路运输辅助活动	60		4	6	1		1		1	1
水上运输业	119		7	18	9	1	1	4	1	2
水上旅客运输	4									
水上货物运输	85		6	11	8	1	1	4	1	1
水上运输辅助活动	30		1	7	1					1
航空运输业	1									
航空客货运输	1									
通用航空服务										
航空运输辅助活动										
管道运输业	3									
管道运输业	3									
装卸搬运和运输代理业	124		1	2	2			1		2
装卸搬运	79		1	2	2			1		2
运输代理业	45									
仓储业	54	1	4	8	2				2	2
谷物、棉花等农产品仓储	29	1	4	7	2				2	2
其他仓储业	25			1						
邮政业	34							1	1	
邮政基本服务	3							1	1	
快递服务	31									
住宿和餐饮业	**475**		**1**	**6**	**6**	**5**	**2**	**3**	**4**	**6**
住宿业	150		1		2	3		1	3	2
旅游饭店	67		1		1	2			2	2
一般旅馆	69				1	1		1	1	
其他住宿业	14									
餐饮业	325			6	4	2	2	2	1	4
正餐服务	275			6	4	1	2	2	1	4
快餐服务	14					1				
饮料及冷饮服务	9									
其他餐饮业	27									
信息传输、软件和信息技术服务业	**613**	**1**	**15**	**17**	**4**	**1**	**1**	**2**	**2**	**14**
电信、广播电视和卫星传输服务	135	1	15	16	3	1	1	2	1	13
电信	40							1	1	1

时间分组的法人单位数(续5)

2001年	2002年	2003年	2004年	2005年	2006年	2007年	2008年	2009年	2010年	2011年	2012年	2013年	无开业年份
9	11	22	15	22	31	22	34	43	87	101	88	109	
3	6	1	2	10	5	6	12	16	19	19	24	23	
2	7	6	7	5	7	6	7	10	9	16	12	16	
36	18	36	31	44	61	59	76	171	274	224	246	458	1
22	16	27	25	40	33	54	63	72	140	147	183	157	1
5	4	9	8	5	14	10	18	17	110	43	67	60	
10	5	14	13	21	18	34	29	39	72	90	105	87	2
98	107	147	118	155	172	173	268	387	508	487	666	950	1
4	14	7	13	13	16	19	20	42	46	55	59	270	
11	4	21	9	8	14	14	52	50	44	38	81	68	
7	6	10	8	14	8	9	20	34	35	38	45	106	
4		3	6	4	9	10	10	16	16	13	34	27	1
28	40	53	53	68	65	54	60	112	131	112	141	67	
14	15	15	10	17	20	15	24	31	53	71	71	74	
10	12	28	6	14	16	20	33	41	74	83	102	129	
13	6	6	6	10	15	23	22	29	68	50	71	148	
7	10	4	7	7	9	9	27	32	41	27	62	61	
27	**27**	**17**	**28**	**25**	**50**	**60**	**48**	**89**	**146**	**152**	**162**	**210**	
20	15	8	21	16	39	38	33	66	107	111	137	167	
1	2		1	1	1				1	1	2		
2	3		1	2	1	3	1		5	3	1	5	
13	7	6	17	9	34	33	30	63	100	102	128	153	
4	3	2	2	4	3	2	2	3	1	5	6	9	
5	6	2	4	4	6	8	5	9	6	11	5	5	
	1				1					2			
5	5	2	3	2	2	6	4	8	4	4	2	5	
			1	2	3	2	1	1	2	5	3		
							1						
							1						
								1	1		1		
								1	1		1		
1	3	5	3	2	4	11	5	11	15	15	13	28	
	3	4	2	1	3	6	3	6	9	8	7	19	
1		1	1	1	1	5	2	5	6	7	6	9	
	3	1		3	1	1	1	2	6	9	2	6	
	3			1		1			2	3		1	
		1		2	1		1	2	4	6	2	5	
1		1				2	3		11	6	4	4	
											1		
1		1				2	3		11	6	3	4	
3	**12**	**12**	**9**	**17**	**23**	**26**	**40**	**30**	**62**	**58**	**60**	**90**	
	5	3	5	7	12	12	13	7	16	15	15	28	
	2	3	4	3	6	6	5	5	7	6	6	6	
	3		1	3	5	5	6	1	7	8	7	19	
				1	1	1	2	1	2	1	2	3	
3	7	9	4	10	11	14	27	23	46	43	45	62	
3	6	8	4	8	8	12	25	19	39	37	35	51	
	1				1			3	4	2	1	1	
				1	2	1			1	1	2	1	
		1		1		1	2	1	2	3	7	9	
24	**14**	**18**	**14**	**14**	**20**	**26**	**32**	**50**	**63**	**81**	**112**	**88**	
18	7	5	2	2	3	3	5	7	7	5	10	8	
	3	2	2	2	1	2	2	5	4	2	7	5	

1－1－9 按行业、开业（成立）

行业	法人单位数（个）	1949年以前	1950－1977年	1978－1991年	1992－1995年	1996年	1997年	1998年	1999年	2000年
广播电视传输服务	94	1	15	16	3	1	1	1		12
卫星传输服务	1									
互联网和相关服务	148				1					1
互联网接入及相关服务	12									
互联网信息服务	106				1					1
其他互联网服务	30									
软件和信息技术服务业	330			1					1	
软件开发	163								1	
信息系统集成服务	23			1						
信息技术咨询服务	66									
数据处理和存储服务	5									
集成电路设计	9									
其他信息技术服务业	64									
房地产业	**1373**		**1**	**8**	**16**	**4**	**4**	**26**	**9**	**20**
房地产业	1373		1	8	16	4	4	26	9	20
房地产开发经营	662				9	1	2	20	3	4
物业管理	460			2	3	2	1	4	4	10
房地产中介服务	168			1	3			2		3
自有房地产经营活动	26		1	3	1	1			1	1
其他房地产业	57			2			1		1	2
租赁和商务服务业	**3009**		**26**	**107**	**39**	**12**	**8**	**25**	**24**	**70**
租赁业	207							1	1	1
机械设备租赁	204							1	1	1
文化及日用品出租	3									
商务服务业	2802		26	107	39	12	8	24	23	69
企业管理服务	778		19	32	9	4	2	4	3	12
法律服务	175		2	43	8	2	2	5	2	21
咨询与调查	413		1	8	5		1	1	4	14
广告业	595			2	3	5	1	3	5	7
知识产权服务	7							1		
人力资源服务	310		2	13	6	1		2	1	5
旅行社及相关服务	111				3			1	2	3
安全保护服务	19			1	2					1
其他商务服务业	394		2	8	3		2	7	6	6
科学研究和技术服务业	**1828**		**43**	**129**	**35**	**6**	**13**	**16**	**25**	**34**
研究和试验发展	112		2	6	2		2	1	2	2
自然科学研究和试验发展	19			3				1		
工程和技术研究和试验发展	59				1		1			1
农业科学研究和试验发展	25		2	1	1		1		2	
医学研究和试验发展	5									1
社会人文科学研究	4			2						
专业技术服务业	646		19	58	18	3	6	6	18	18
气象服务	13		3		2			1	1	
地震服务	10		1	2	1			1		
海洋服务										
测绘服务	23			1	1			1	2	
质检技术服务	67		3	4	2		2		3	3
环境与生态监测	14		1	5	1				1	1
地质勘查	6			1						1
工程技术	273		2	28	4	3	2	2	6	8
其他专业技术服务业	240		9	17	7		2	1	5	5
科技推广和应用服务业	1070		22	65	15	3	5	9	5	14
技术推广服务	988		22	59	13	3	5	9	5	13
科技中介服务	32			1						
其他科技推广和应用服务业	50			5	2					1

时间分组的法人单位数(续6)

2001年	2002年	2003年	2004年	2005年	2006年	2007年	2008年	2009年	2010年	2011年	2012年	2013年	无开业年份
18	4	3			2	1	3	2	3	3	3	2	
												1	
2	4	6	9	6	6	10	13	8	15	16	31	20	
	1	1	1	1		1	1		1	1	4		
2	2	4	6	4	6	8	10	5	13	12	18	14	
	1	1	2	1		1	2	3	1	3	9	6	
4	3	7	3	6	11	13	14	35	41	60	71	60	
2	3	3	1	2	3	8	7	18	26	31	27	31	
		1	1		1	1		3	4	4	5	2	
		1		1	2	3	3	7	4	11	15	19	
								1		1	3		
				1	2	1		1		2	1	1	
2		2	1	2	3		4	5	7	11	20	7	
15	**11**	**38**	**46**	**49**	**92**	**103**	**98**	**147**	**269**	**183**	**126**	**107**	**1**
15	11	38	46	49	92	103	98	147	269	183	126	107	1
4	3	19	21	24	47	56	47	81	160	89	45	27	
4	2	13	20	17	29	29	34	46	87	57	46	50	
3	4	1	3	5	10	12	14	15	14	26	29	23	
3	1	1	1	1	1	2		2	3	1	1	1	
1	1	4	1	2	5	4	3	3	5	10	5	6	1
72	**60**	**58**	**61**	**85**	**91**	**120**	**147**	**203**	**397**	**380**	**467**	**555**	**2**
1	5		1	6	8	6	16	13	26	35	49	38	
1	5		1	6	8	5	16	13	26	35	47	38	
						1					2		
71	55	58	60	79	83	114	131	190	371	345	418	517	2
17	8	11	9	7	13	26	30	47	105	108	120	192	
13	10	3	4	5	7	10	4	7	9	4	6	8	
4	7	5	5	13	16	15	24	22	54	60	77	77	
6	6	10	13	28	16	20	25	49	89	94	93	120	
1			2		1				1			1	
18	11	6	9	8	8	9	13	25	46	26	42	59	
3	7	8	7	5	8	8	6	5	9	11	12	13	
3		2	1		1		2		1		3	2	
6	6	13	10	13	13	26	27	35	57	42	65	45	2
45	**39**	**39**	**50**	**25**	**42**	**61**	**249**	**143**	**174**	**179**	**245**	**235**	**1**
	3		1		5	6	5	6	11	15	29	13	1
			1		1		1	1	2	4	4	1	
	1				3	4	4	4	6	6	20	7	1
	1				1	2		1	2	2	4	5	
	1								1	2			
										1	1		
21	23	14	29	10	19	21	38	46	64	62	72	81	
	2	1			1				1		1		
					1	1			1	1	1		
1	1		1	1	1		1	2	3	1	3	3	
2	2	1	9	1	1	4	1	5	8	6	6	4	
1	1			1							1	1	
1								1		1		1	
11	10	9	16	4	12	7	13	20	27	23	31	35	
5	7	3	3	3	3	9	23	18	24	30	29	37	
24	13	25	20	15	18	34	206	91	99	102	144	141	
20	12	23	18	12	17	33	203	87	87	93	131	123	
3	1			1	1	1	1	3	4	6	4	6	
1		2	2	2			2	1	8	3	9	12	

1－1－9 按行业、开业（成立）

行业	法人单位数（个）	1949年以前	1950－1977年	1978－1991年	1992－1995年	1996年	1997年	1998年	1999年	2000年
水利、环境和公共设施管理业	**416**	**2**	**61**	**98**	**12**	**1**	**4**	**4**	**3**	**15**
水利管理业	222	1	57	76	10		2	3	1	9
防洪除涝设施管理	38		10	8	1			2	1	2
水资源管理	46		5	24	3					2
天然水收集与分配	35		10	10	3		1	1		2
水文服务	5	1								
其他水利管理业	98		32	34	3		1			3
生态保护和环境治理业	24			2		1				
生态保护	11			2		1				
环境治理业	13									
公共设施管理业	170	1	4	20	2		2	1	2	6
市政设施管理	25			1					1	
环境卫生管理	29	1	2	3	1					2
城乡市容管理	12			5	1					1
绿化管理	54		1	6			2	1		2
公园和游览景区管理	50		1	5					1	1
居民服务、修理和其他服务业	**633**		**5**	**16**	**9**	**5**	**7**	**6**	**5**	**12**
居民服务业	228		5	8	5	3	7	3	2	6
家庭服务	25									
托儿所服务										
洗染服务	5									1
理发及美容服务	9				1			1		
洗浴服务	77			1	2	1	1	2	2	3
保健服务	6									
婚姻服务	19						1			2
殡葬服务	30		4	4	1		5			
其他居民服务业	57		1	3	1	2				
机动车、电子产品和日用产品修理业	271			7	4	1		2	3	6
汽车、摩托车修理与维护	211			7	3			1	3	3
计算机和办公设备维修	19					1				
家用电器修理	31				1			1		2
其他日用产品修理业	10									1
其他服务业	134			1		1		1		
清洁服务	97			1				1		
其他未列明服务业	37					1				
教育	**1111**	**21**	**206**	**193**	**22**	**8**	**14**	**34**	**20**	**39**
教育	1111	21	206	193	22	8	14	34	20	39
学前教育	219	1	9	24	7	2	5	12	2	9
初等教育	227	17	92	51	4	1	3	7	4	11
中等教育	233	3	91	55	4	1	2	4	4	10
高等教育	21		2	12					1	1
特殊教育	10		1	3	1					
技能培训、教育辅助及其他教育	401		11	48	6	4	4	11	9	8
卫生和社会工作	**753**	**6**	**126**	**188**	**23**	**9**	**4**	**5**	**5**	**23**
卫生	461	6	113	115	7	5	3	4	3	19
医院	76	2	18	12		1		1	1	2
社区医疗与卫生院	203	3	76	38	6	1	1	2	2	6
门诊部（所）	34		4	3		1				1
计划生育技术服务活动	101	1	8	55	1	2	2	1		8
妇幼保健院（所、站）	8		4	2						1
专科疾病防治院（所、站）	4		1							1
疾病预防控制中心	18		1	2						
其他卫生活动	17		1	3						
社会工作	292		13	73	16	4	1	1	2	4

时间分组的法人单位数(续7)

2001年	2002年	2003年	2004年	2005年	2006年	2007年	2008年	2009年	2010年	2011年	2012年	2013年	无开业年份
25	**10**	**8**	**8**	**15**	**7**	**6**	**11**	**17**	**27**	**20**	**25**	**37**	
14	4	3	7	4	2	3	4	2	4	6	6	4	
2	2	1	2	2		1	1		1		2		
1	1	1	1		1	2			2	1	2		
4					1			1	1			1	
			2					1		1			
7	1	1	2	2			3			4	2	3	
2					2	2	1		2	5	2	5	
						1			1	4		2	
2					2	1	1		1	1	2	3	
9	6	5	1	11	3	1	6	15	21	9	17	28	
2	1	1		2	1			3	2	2	3	6	
3	2	2	1	1	2		2		3	2		2	
1								2			1	1	
3	1	2		5			2	5	9	3	8	4	
	2			3		1	2	5	7	2	5	15	
18	**12**	**20**	**17**	**30**	**27**	**28**	**27**	**45**	**77**	**88**	**80**	**99**	
7	8	7	9	14	9	9	10	9	26	20	25	36	
1							3		5	4	7	5	
				1				2			1		
			1	1	1				1			3	
2	4	6	3	4	5	4	5		9	6	5	12	
1									1	2	1	1	
				2				1	3	2	4	4	
	3	1	3	1	1	2	1	2	1	1			
3	1		2	5	2	3	1	4	6	5	7	11	
7	4	11	7	13	16	14	8	26	29	38	37	38	
7	4	9	7	11	12	12	7	19	20	27	28	31	
				1	2			3	3	4	4	1	
		1		1	2	1		3	6	6	2	5	
		1				1	1	1		1	3	1	
4		2	1	3	2	5	9	10	22	30	18	25	
3		2		2	2	5	7	7	13	18	15	21	
1			1	1			2	3	9	12	3	4	
32	**28**	**41**	**36**	**36**	**28**	**34**	**33**	**37**	**57**	**78**	**63**	**51**	
32	28	41	36	36	28	34	33	37	57	78	63	51	
14	11	12	8	9	11	8	8	8	16	21	13	9	
4	1	4	4	2	1	3	1	1	7	6	2	1	
7	5	6	1	6	4	3	1	5	7	8	2	4	
									3	1	1		
	1						1	1			2		
7	10	19	23	19	12	20	22	22	24	42	43	37	
31	**18**	**12**	**20**	**19**	**15**	**12**	**27**	**30**	**34**	**31**	**62**	**53**	
23	9	7	15	11	12	10	18	20	15	15	18	13	
2	4		3	4	4	1	3	5	1	4	5	3	
8	3	1	4	5	5	5	6	9	7	5	5	5	
1		1	2	1	1	2	2	3	3	4	4	1	
11	2	1				1	4	1	2	1			
										1			
		1										1	
1		2	4	1	1	1	3				2		
		1	2		1			2	2		2	3	
8	9	5	5	8	3	2	9	10	19	16	44	40	

1－1－9 按行业、开业（成立）

行业	法人单位数（个）	1949年以前	1950－1977年	1978－1991年	1992－1995年	1996年	1997年	1998年	1999年	2000年
提供住宿社会工作	261		11	68	16	4	1	1	2	2
不提供住宿社会工作	31		2	5						2
文化、体育和娱乐业	**677**	**4**	**28**	**47**	**11**	**2**	**2**	**4**	**6**	**13**
新闻和出版业	24	2		1	3	1	1		3	1
新闻业	10			1	1					
出版业	14	2			2	1	1		3	1
广播、电视、电影和影视录音制作业	53		5	6	3					
广播	6		1	1						
电视	11		1	2	1					
电影和影视节目制作	7									
电影和影视节目发行	1									
电影放映	24		3	3	2					
录音制作	4									
文化艺术业	192	2	20	35	4		1	1		6
文艺创作与表演	49		2	2	1					
艺术表演场馆	6		2		1					
图书馆与档案馆	21		8	9						
文物及非物质文化遗产保护	7			4						1
博物馆	12		2	1	1					
烈士陵园、纪念馆	12	1	1	5	1		1			
群众文化活动	46	1	3	13						4
其他文化艺术业	39		2	1				1		1
体育	61		3	4	1			1		1
体育组织	22		1	1				1		
体育场馆	11		2	2						1
休闲健身活动	23				1					
其他体育	5			1						
娱乐业	347			1		1		2	3	5
室内娱乐活动	307							2	3	4
游乐园	6									1
彩票活动	3			1		1				
文化、娱乐、体育经纪代理	7									
其他娱乐业	24									
公共管理、社会保障和社会组织	**5884**	**44**	**589**	**1449**	**277**	**72**	**56**	**145**	**125**	**281**
中国共产党机关	214	10	48	85	5		3	10	2	14
中国共产党机关	214	10	48	85	5		3	10	2	14
国家机构	1763	17	179	564	94	29	21	44	50	75
国家权力机构	15	1	3	8	1			1	1	
国家行政机构	1661	14	162	534	87	29	21	38	47	71
人民法院和人民检察院	26	1	8	9				1		1
其他国家机构	61	1	6	13	6			4	2	3
人民政协、民主党派	33		1	20	2		1	1	2	1
人民政协	16			13			1			
民主党派	17		1	7	2			1	2	1
社会保障	65		2	16	11		1	1	1	4
社会保障	65		2	16	11		1	1	1	4
群众团体、社会团体和其他成员组织	2130	4	57	314	140	36	28	74	51	91
群众团体	135	2	13	34	3	3	3	3	4	5
社会团体	1100	1	6	142	45	14	9	27	23	27
基金会	15				1			1		
宗教组织	880	1	38	138	91	19	16	43	24	59
基层群众自治组织	1679	13	302	450	25	7	2	15	19	96
社区自治组织	411	5	50	89	11	5	1	2	2	19
村民自治组织	1268	8	252	361	14	2	1	13	17	77

时间分组的法人单位数（续8）

2001年	2002年	2003年	2004年	2005年	2006年	2007年	2008年	2009年	2010年	2011年	2012年	2013年	无开业年份
7	7	5	4	7	2	2	8	8	18	15	36	37	
1	2		1	1	1		1	2	1	1	8	3	
21	**15**	**23**	**24**	**36**	**30**	**32**	**39**	**40**	**83**	**70**	**75**	**72**	
	1					1	2		2	1	2	3	
	1					1	2		1	1		2	
									1		2	1	
2			1	3	2	1	2		7	10	6	5	
1				1					1			1	
							2			3	2		
1				1	1				3	1			
												1	
				1	1				3	5	4	2	
			1			1				1		1	
14	5	2	7	6		2	5	10	22	18	12	20	
1	1	2	3	2		1	1	1	9	5	9	9	
								1				2	
1							1			1	1		
	1										1		
			1				1	3	3				
1			1				1						
7	2		1	3			1	1	2	4		4	
4	1		1	1		1		4	8	8	1	5	
1	1			2	1	2	5	4	7	5	8	15	
				2		1		1	4	3	1	7	
1					1	1	1		2				
	1						4	3		2	7	5	
									1			3	
4	8	21	16	25	27	26	25	26	45	36	47	29	
4	8	20	16	23	25	24	25	25	40	27	41	20	
				1							3	1	
									1				
		1			1				2	1	1	1	
				1	1	2		1	2	8	2	7	
671	**240**	**151**	**114**	**128**	**190**	**165**	**268**	**123**	**212**	**186**	**225**	**171**	**2**
9	4	2	1	3	1	2		2	6	4		2	1
9	4	2	1	3	1	2		2	6	4		2	1
107	72	33	26	37	41	37	65	30	101	32	61	47	1
101	69	32	24	36	40	37	61	28	99	30	59	41	1
2	1			1								2	
4	2	1	2		1		4	2	2	2	2	4	
		1	1	1					1		1		
									1		1		
		1	1	1									
2	5		4		1		8		1	4	2	2	
2	5		4		1		8		1	4	2	2	
107	84	81	60	76	130	106	167	78	79	109	150	108	
8	2	1		3	2	2	12	5	6	4	5	15	
31	44	33	32	47	48	80	115	54	59	89	92	82	
				1	1	2	1	1	1	5	1		
68	38	47	28	25	79	22	39	18	13	11	52	11	
446	75	34	22	11	17	20	28	13	24	37	11	12	
81	26	12	16	8	5	9	8	11	12	21	8	10	
365	49	22	6	3	12	11	20	2	12	16	3	2	

1－1－10 按行业、开业（成立）

行业	从业人员数（人）	1949年以前	1950－1977年	1978－1991年	1992－1995年	1996年	1997年	1998年	1999年	2000年
总计	**1526285**	**28470**	**102834**	**86470**	**76398**	**25409**	**15481**	**37564**	**24841**	**34314**
农、林、牧、渔业	**10963**		**56**	**64**	**16**			**33**	**7**	**72**
农、林、牧、渔服务业	10963		56	64	16			33	7	72
农业服务业	6749		40	55	15			11		69
林业服务业	116		9	3	1			11		
畜牧服务业	3175		7	6				11	7	3
渔业服务业	923									
采矿业	**5628**			**88**	**1**	**1**		**52**		**35**
煤炭开采和洗选业	18									
烟煤和无烟煤开采洗选										
褐煤开采洗选										
其他煤炭采选	18									
石油和天然气开采业	5									
石油开采	3									
天然气开采	2									
黑色金属矿采选业										
铁矿采选										
锰矿、铬矿采选										
其他黑色金属矿采选										
有色金属矿采选业	4									
常用有色金属矿采选	4									
贵金属矿采选										
稀有稀土金属矿采选										
非金属矿采选业	5544			88				51		4
土砂石开采	1265									4
化学矿开采	1371									
采盐	2767			38				51		
石棉及其他非金属矿采选	141			50						
开采辅助活动	17				1	1		1		
煤炭开采和洗选辅助活动	2					1				
石油和天然气开采辅助活动	3				1			1		
其他开采辅助活动	12									
其他采矿业	40									31
其他采矿业	40									31
制造业	**526010**	**1948**	**14922**	**4984**	**9950**	**5309**	**6397**	**7589**	**7475**	**7689**
农副食品加工业	26836		480	101	180	320	451	505	1400	746
谷物磨制	8345		10	94	11	177	29	294	431	77
饲料加工	6680				164	86	287	196	737	605
植物油加工	915		437							
制糖业	250								216	
屠宰及肉类加工	6242		1	7		46	11	15	16	57
水产品加工	798		32				8			2
蔬菜、水果和坚果加工	2012						50			5
其他农副食品加工	1594				5	11	66			
食品制造业	6430		12	307	18	37	19	46	18	201
焙烤食品制造	2209		2		15	26				67
糖果、巧克力及蜜饯制造	556									
方便食品制造	1070		8				5		18	
乳制品制造	402			270		1				
罐头食品制造	267									
调味品、发酵制品制造	1221		2	37	3		14	31		126
其他食品制造	705					10		15		8
酒、饮料和精制茶制造业	4732		189		13	10	3263	9	25	191
酒的制造	4032		13		13	10	3263	9		173
饮料制造	486								25	13

时间分组的法人单位从业人员数

2001 年	2002 年	2003 年	2004 年	2005 年	2006 年	2007 年	2008 年	2009 年	2010 年	2011 年	2012 年	2013 年	无开业年份
36990	**55059**	**49637**	**65060**	**64043**	**108379**	**77663**	**89990**	**124152**	**143553**	**117280**	**99995**	**62585**	**118**
31	**21**	**93**	**220**	**269**	**173**	**193**	**1885**	**1273**	**1124**	**1386**	**2094**	**1953**	
31	21	93	220	269	173	193	1885	1273	1124	1386	2094	1953	
19	21	85	208	148	83	123	814	697	698	813	1408	1442	
8				2		1	32	28	5			16	
4		8	11	89	75	60	723	465	366	370	596	374	
			1	30	15	9	316	83	55	203	90	121	
2405	**533**	**144**	**35**	**254**	**550**	**253**	**425**	**107**	**110**	**111**	**486**	**34**	**4**
											18		
											18		
							3					2	
							3						
												2	
													4
													4
2404	533	144	35	254	550	253	422	107	110	111	447	31	
	148	102	35	42	66	235	278	106	110	46	62	31	
	385			212	388			1			385		
2404		42			88		144						
					8	18				65			
1											12	1	
1													
												1	
											12		
											9		
											9		
10885	**24562**	**23118**	**23916**	**25177**	**68708**	**35497**	**40731**	**39399**	**54365**	**52620**	**43459**	**17267**	**43**
1600	3015	1040	1260	1365	677	2602	1672	2641	1712	1585	2684	799	1
224	561	295	628	335	411	555	350	1080	722	997	781	283	
837	941	327	347	460	118	78	150	226	500	222	130	268	1
40		1			2			330	45	12	48		
									24			10	
405	1214	41	227	194	101	1736	891	370	282	187	412	29	
34	21	105	55	42	5		150	184	13	60	86	1	
	260			253		154	26	26	44	8	1075	111	
60	18	271	3	81	40	79	105	425	82	99	152	97	
811	331	269	1720	342	388	225	474	251	320	267	234	138	2
	2	40	1606	63	5	18	187	27	52	49	7	43	
	180		9	11		126	7	48	135	29	3	8	
8	50	18	20	233	70	41	142	166	42	111	122	16	
			70	18		18	25						
80		168			13				1	5			
716	99	18	15	5	1	15	33	3	65	10	18	10	
7		25		12	299	7	80	7	25	63	84	61	2
153	78	30	116	18	24	268	39	25	26	108	136	11	
107	60		57	1	8	220	13		21	18	45	1	
31	18	30	59	17	16	48	26	19	5	78	91	10	

1－1－10 按行业、开业（成立）

行业	从业人员数（人）	1949年以前	1950－1977年	1978－1991年	1992－1995年	1996年	1997年	1998年	1999年	2000年
精制茶加工	214		176							5
烟草制品业	2001	1948								
烟叶复烤										
卷烟制造	1948	1948								
其他烟草制品制造	53									
纺织业	38704		13	9	1155	114	38	393	744	1407
棉纺织及印染精加工	19177					96		323	596	787
毛纺织及染整精加工	2721		6		22		18			
麻纺织及染整精加工	325									
丝绢纺织及印染精加工	1689			7	1			13		211
化纤织造及印染精加工	314					18			1	
针织或钩针编织物及其制品制造	4258		4	1				37		30
家用纺织制成品制造	7402		3	1	1086		20	9	147	379
非家用纺织制成品制造	2818				46			11		
纺织服装、服饰业	58839		289	251	69	140	38	196	1192	1453
机织服装制造	41164			208	54	140		44	252	987
针织或钩针编织服装制造	1820			43			38			8
服饰制造	15855		289		15			152	940	458
皮革、毛皮、羽毛及其制品和制鞋业	17424		1	3	756	71	175	396	40	98
皮革鞣制加工	315		1						10	
皮革制品制造	8335									
毛皮鞣制及制品加工	15									
羽毛（绒）加工及制品制造	2178									
制鞋业	6581			3	756	71	175	396	30	98
木材加工和木、竹、藤、棕、草制品业	14919		1	124	359	24	51	157	299	609
木材加工	5227		1	64	8		26	99	37	32
人造板制造	7286			9	350	23	25	40	262	576
木制品制造	2180			39	1			18		1
竹、藤、棕、草等制品制造	226			12		1				
家具制造业	3637			2	10		28	33	6	5
木质家具制造	1742			2			28	33	6	5
竹、藤家具制造	30									
金属家具制造	226									
塑料家具制造	106									
其他家具制造	1533				10					
造纸和纸制品业	9700		331	30	10	20		160	31	33
纸浆制造	6									
造纸	5076		331	25		1		160		
纸制品制造	4618			5	10	19			31	33
印刷和记录媒介复制业	8681		289	218	28	34	314	27	126	31
印刷	8429		289	218	28	34	299	22	126	26
装订及印刷相关服务	252						15	5		5
记录媒介复制										
文教、工美、体育和娱乐用品制造业	14879		3	423	32	68	9	338	768	359
文教办公用品制造	3332						9	192	6	11
乐器制造	488									259
工艺美术品制造	5623		3	9	32	18		61	673	50
体育用品制造	1380								19	
玩具制造	3672			414		50		85	70	39
游艺器材及娱乐用品制造	384									
石油加工、炼焦和核燃料加工业	2517		1326	9				20	23	
精炼石油产品制造	2505		1326	9				20	23	
炼焦										
核燃料加工	12									
化学原料和化学制品制造业	29745		3116	793	382	282	435	841	115	53

时间分组的法人单位从业人员数（续1）

2001年	2002年	2003年	2004年	2005年	2006年	2007年	2008年	2009年	2010年	2011年	2012年	2013年	无开业年份
15								6		12			
										53			
										53			
513	2662	3459	1633	1666	2076	5005	2272	2120	5475	4368	2712	870	
174	376	2816	540	995	1047	2978	1370	809	3256	2163	519	332	
	1880	5	287		1		92	59	45	257	24	25	
90					126		51		47			11	
27		69		182	33	251	90	168	566	71			
					30			15	90	88	36	36	
82	136	136	147	92	432	1093	142	242	394	528	602	160	
140	225	413	121	397	127	192	376	523	791	1043	1173	236	
	45	20	538		280	491	151	304	286	218	358	70	
411	4238	1731	3011	3855	6129	4159	2457	3777	8842	7305	6102	3194	
270	27	991	1568	2591	5851	3543	2131	3174	8095	5203	4159	1876	
30		42		14	101	8	43	21	155	623	550	144	
111	4211	698	1443	1250	177	608	283	582	592	1479	1393	1174	
474	589	1087	1759	1205	1990	1126	635	907	1652	1939	1801	720	
				40	25	56			38	75	68	2	
241	276	987	1759	62	1426	473	51	656	826	410	814	354	
										15			
186	220				22	62	221	34	455	525	289	164	
47	93	100		1103	517	535	363	217	333	914	630	200	
275	975	640	380	778	1632	666	642	1505	1291	2257	1605	649	
114	139	112	78	210	140	178	489	452	465	1037	1183	363	
115	798	509	239	383	1346	420	21	628	303	854	187	198	
38	38	19	63	185	119	68	38	412	521	347	190	83	
8					27		94	13	2	19	45	5	
68	60	1	30	43	52	78	158	1251	212	501	854	245	
68	42	1	30	4	32	57	150	98	147	316	556	167	
										30			
					1			19	32	95	33	46	
	18			15	10	1	8		2		52		
				24	9	20		1134	31	60	213	32	
273	904	246	857	509	471	425	422	810	1857	1066	942	303	
								6					
247	560	118	657	187	318	317	320	235	440	654	423	83	
26	344	128	200	322	153	108	102	569	1417	412	519	220	
342	113	385	636	214	175	258	1738	1134	1420	669	389	141	
342	113	384	619	200	142	257	1727	1128	1420	660	280	115	
		1	17	14	33	1	11	6		9	109	26	
277	338	539	702	487	721	2178	388	1681	1787	1815	1268	698	
244	221	184	126	50	94	410	104	252	500	207	397	325	
		13			80	24		36		75	1		
12	75		558	204	33	1170	24	1111	286	637	485	182	
		210	16		81	290	196	85	301	117	53	12	
21	42	132	2	233	368	284	64	197	592	706	332	41	
					65				108	73		138	
	98	130		14	99	454	5	184	36	20	40	59	
	98	130		14	99	454	5	172	36	20	40	59	
								12					
829	4235	983	2145	1626	2125	972	1431	3036	1901	1847	2000	585	13

1－1－10 按行业、开业（成立）

行业	从业人员数（人）	1949年以前	1950－1977年	1978－1991年	1992－1995年	1996年	1997年	1998年	1999年	2000年
基础化学原料制造	14296		2416	2	264		9	115	74	18
肥料制造	1164		23		6			86		15
农药制造	430				84					
涂料、油墨、颜料及类似产品制造	2327			170	8			575	8	8
合成材料制造	1914							30		
专用化学产品制造	6319		315	26	20	282	425	20		
炸药、火工及焰火产品制造	362		362							
日用化学产品制造	2933			595			1	15	33	12
医药制造业	5530		874	27	381	77	29	1	535	74
化学药品原料药制造	2490		874						535	
化学药品制剂制造	642									
中药饮片加工	280					50				
中成药生产	422			1						61
兽用药品制造	168			26		27				13
生物药品制造	513						29	1		
卫生材料及医药用品制造	1015				381					
化学纤维制造业	1803									
纤维素纤维原料及纤维制造	863									
合成纤维制造	940									
橡胶和塑料制品业	20530			58	99	3658	26	225	50	114
橡胶制品业	6021				6	3658			19	20
塑料制品业	14509			58	93		26	225	31	94
非金属矿物制品业	27011		617	708	651	78	53	640	121	330
水泥、石灰和石膏制造	2347		148	14		11		70		11
石膏、水泥制品及类似制品制造	11122		20	38	146	39	11	268	10	55
砖瓦、石材等建筑材料制造	7764		449	634	169	12	42	302	111	237
玻璃制造	988									
玻璃制品制造	3036			12	336	16				27
玻璃纤维和玻璃纤维增强塑料制品制造	189			10						
陶瓷制品制造	161									
耐火材料制品制造	250									
石墨及其他非金属矿物制品制造	1154									
黑色金属冶炼和压延加工业	15180		4778	180	9		39	88		12
炼铁	551			12						
炼钢	28									
黑色金属铸造	2550		6	168				88		4
钢压延加工	11455		4772		9		39			8
铁合金冶炼	596									
有色金属冶炼和压延加工业	7636			8		56	67	10	16	51
常用有色金属冶炼	1397			8		16				41
贵金属冶炼	1									
稀有稀土金属冶炼	172									
有色金属合金制造	711									
有色金属铸造	806									
有色金属压延加工	4549					40	67	10	16	10
金属制品业	19159			151	418	24	383	121	354	27
结构性金属制品制造	8620			126	11		365		315	24
金属工具制造	1855				32					
集装箱及金属包装容器制造	660			8					31	
金属丝绳及其制品制造	358									
建筑、安全用金属制品制造	921							2		
金属表面处理及热处理加工	722			15				32		
搪瓷制品制造	63									
金属制日用品制造	2527							17		3
其他金属制品制造	3433			2	375	24	18	70	8	

时间分组的法人单位从业人员数（续2）

2001年	2002年	2003年	2004年	2005年	2006年	2007年	2008年	2009年	2010年	2011年	2012年	2013年	无开业年份
446	3036	575	1302	154	685	404	748	2385	297	597	594	162	13
92		99	25		132	18	46	104	72	26	397	23	
			6					10	110	138	71	11	
	7	86	72	3	373	91	74	117	237	114	314	70	
12	223	8	12	30	310	186	100	73	219	533	56	122	
272	360	212	59	1406	441	212	362	275	777	275	506	74	
7	609	3	669	33	184	61	101	72	189	164	62	123	
1077	309	332	158	182	446	1	10	113	297	272	250	85	
637	45	120	105		142			11		1		20	
409		175						58					
		11							219				
	82				16			14	1		247		
1						1				100			
30	182		52		55			30	5	84		45	
		26	1	182	233		10		72	87	3	20	
104		2		703	31	83	183	76	180	117	281	43	
		2		623		83	104		50			1	
104				80	31		79	76	130	117	281	42	
228	638	979	385	605	1438	762	1234	1359	2634	2698	2370	969	1
	84	113		133	131	341	30	193	352	669	250	22	
228	554	866	385	472	1307	421	1204	1166	2282	2029	2120	947	1
534	698	542	886	449	2078	2138	2717	2052	3117	5245	2342	1015	
	513	217	121	29	21	342	282	360	116	18	60	14	
231	71	53	258	108	867	1091	1851	712	1161	2777	867	488	
264	96	133	187	182	773	316	320	580	1040	925	666	326	
			178					95	67	402	188	58	
39	12	21	58	85	239	369	146	155	460	832	176	53	
	6				11		42		60	11	37	12	
					17			13		91	32	8	
			72	18	9	10	11	32	37	60	1		
		118	12	27	141	10	65	105	176	129	315	56	
12	295	490	1174	1354	328	1486	377	1590	1264	875	667	162	
							1	300	87	129	22		
				1				15	12				
	281	254	461	1	159	379	376	205	42	31	22	73	
12	14	124	713	1346	169	788		1070	1123	715	485	68	
		112		6		319					138	21	
101	38	314	148	189	559	1013	533	858	1073	1009	1233	360	
90		21	70	23	19		122	168	359	230	130	100	
			1										
		55		75				40				2	
				8	3			261	155	53	223	8	
					210	262	26	8	22	193		85	
11	38	238	77	83	327	751	385	381	537	533	880	165	
533	667	599	781	877	1042	1193	550	3062	1705	3685	1931	1055	1
	408	96	386	306	237	572	392	673	854	2499	887	468	1
45	161	78	52	148	287	333	12	161	212	117	134	83	
			156		7	28	1	130	62	158	28	51	
		8		7	9	8			80	193	51	2	
164	3	19	8		30	27	5	76	109	37	272	169	
		5				12		339	39	197	76	7	
				6				3		30	24		
144	95	80	172	37	135	101	2	1444	45	77	22	153	
180		313	7	373	337	112	138	236	304	377	437	122	

1－1－10　按行业、开业（成立）

行业	从业人员数（人）	1949年以前	1950－1977年	1978－1991年	1992－1995年	1996年	1997年	1998年	1999年	2000年
通用设备制造业	30658		1097	199	623	15	32	708	62	133
锅炉及原动设备制造	3350		773							
金属加工机械制造	4681			17			30	281	10	
物料搬运设备制造	1752							1		72
泵、阀门、压缩机及类似机械制造	6170		43	181				69	22	38
轴承、齿轮和传动部件制造	6660				484			286		
烘炉、风机、衡器、包装等设备制造	1032			1	25			5		
文化、办公用机械制造	361									
通用零部件制造	5699		42		114	15	2	64	30	23
其他通用设备制造业	953		239					2		
专用设备制造业	19150		36	71	34	28	2	1118	1037	1400
采矿、冶金、建筑专用设备制造	5271			60		8			861	346
化工、木材、非金属加工专用设备制造	2511					20		38	112	
食品、饮料、烟草及饲料生产专用设备制造	494							22		
印刷、制药、日化及日用品生产专用设备制造	1177				11			7	5	115
纺织、服装和皮革加工专用设备制造	1035		4							139
电子和电工机械专用设备制造	1285						2		16	
农、林、牧、渔专用机械制造	2042		32	10				71		69
医疗仪器设备及器械制造	3837				23			980		724
环保、社会公共服务及其他专用设备制造	1498			1					43	7
汽车制造业	12840		216	622	1	48	24	1085	373	5
汽车整车制造										
改装汽车制造	81									
低速载货汽车制造										
电车制造	56									
汽车车身、挂车制造	343		216							
汽车零部件及配件制造	12360			622	1	48	24	1085	373	5
铁路、船舶、航空航天和其他运输设备制造业	4733				24		65	88	11	10
铁路运输设备制造	286									
城市轨道交通设备制造	2									
船舶及相关装置制造	2884				5		65	88		10
航空、航天器及设备制造	10									
摩托车制造	86									
自行车制造	1249				19				1	
非公路休闲车及零配件制造	35									
潜水救捞及其他未列明运输设备制造	181								10	
电气机械和器材制造业	40907		445	242	4159	125	796	107	58	121
电机制造	4443		412							
输配电及控制设备制造	12867		33	64	150		22	22	8	
电线、电缆、光缆及电工器材制造	8568			178	4002		52	84	50	112
电池制造	8256									
家用电力器具制造	1496				7			1		
非电力家用器具制造	2127					125	722			
照明器具制造	2781									4
其他电气机械及器材制造	369									5
计算机、通信和其他电子设备制造业	67864		5	244				29	34	199
计算机制造	4070								5	
通信设备制造	226									
广播电视设备制造	1879			201						
雷达及配套设备制造										
视听设备制造	781									
电子器件制造	1612		5							
电子元件制造	48538			43				29	29	199
其他电子设备制造	10758									
仪器仪表制造业	6193		804	203	471		44	212	26	16

时间分组的法人单位从业人员数（续3）

2001年	2002年	2003年	2004年	2005年	2006年	2007年	2008年	2009年	2010年	2011年	2012年	2013年	无开业年份
1010	1492	1332	1267	3517	1872	2411	2072	2149	3132	2628	3498	1409	
531	767	68	298	29	67	124	125	85	11	313	106	53	
57	147	295	239	221	157	38	348	404	644	276	956	561	
	16		139	275	70	437	3	42	53	29	527	88	
68	205	189	380	493	599	968	591	87	968	263	780	226	
320		523	109	1518	617	674	138	387	433	758	322	91	
	6		43	13	145	40	179	96	355	47	33	44	
				3	23		279		56				
26	351	256	58	885	142	129	378	880	578	811	636	279	
8		1	1	80	52	1	31	168	34	131	138	67	
200	1096	555	569	462	2441	1321	1356	850	1938	1837	1833	956	10
51	205	134	156	90	604	524	625	109	415	452	497	124	10
13	96	247	51	40	297	340	16	68	242	549	304	78	
	202			14			60	7	12		175	2	
		58	19	12	48	128	81	113	157	210	167	46	
	10	1		190	32			240	115	38	45	221	
		20		8	320	69	64	63	174	125	223	201	
126	222	61	9	75	692	160		57	161	89	121	87	
10	309	32	333	33	285	88	453	86	96	255	99	31	
	52	2	1		163	12	57	107	566	119	202	166	
123	176	334	300	826	658	233	438	1005	1704	2659	1795	215	
78									2	1			
								45		8		3	
									5	122			
45	176	334	300	826	658	233	438	960	1697	2528	1795	212	
2	60	95	528	191	379	87	63	246	1437	867	385	193	2
			20					156		30		80	
					1					1			
2	5	88	258	18	247	35	35	70	1334	227	342	55	
										5	5		
		4	39						23		5	15	
	55	3	211	173	131	19	28	20	80	449	27	31	2
						28				1	6		
						5				154		12	
466	864	5977	2294	630	4593	2371	2302	3547	5693	2457	2689	962	9
163		1574	1362	6	89	35		82	205	275	56	175	9
223	33	130	534	225	902	1297	704	1972	3494	1385	1247	422	
71	192	376	292	125	587	528	573	155	481	229	415	66	
	497	3510	34	11	1255	361	737	919	343	61	481	47	
	127	124	4	249	72	1	129	42	440	32	134	134	
9		70	39	3	28	89	133	307	314	142	87	59	
	15	189		10	1660	21	14	45	362	280	124	57	
		4	29	1		39	12	25	54	53	145	2	
229	477	561	622	1023	35913	3451	15902	2180	2196	2350	1674	774	1
		252			1	3200	35	5	37	435	100		
				14		4	9	106	43	11	13	26	
			208	57	167	100	120	63	135	551	277		
54				177			126	68		295	61		
		82		7		10	36	1162	20	254	16	20	
166	477	171	225	767	26092	131	15553	447	1892	738	931	648	
9		56	189	1	9653	6	23	329	69	66	276	80	1
203	104	222	438	322	172	380	233	421	178	931	455	358	

1－1－10 按行业、开业（成立）

行业	从业人员数（人）	1949年以前	1950－1977年	1978－1991年	1992－1995年	1996年	1997年	1998年	1999年	2000年
通用仪器仪表制造	3725		150	50	471		44	181	10	
专用仪器仪表制造	1496		654					31	16	
钟表与计时仪器制造	12									2
光学仪器及眼镜制造	659			153						
其他仪器仪表制造业	301									14
其他制造业	5271				63	75	16	1	1	11
日用杂品制造	4423				63	75	8	1		11
煤制品制造	15						8			
核辐射加工										
其他未列明制造业	833								1	
废弃资源综合利用业	1891				5					
金属废料和碎屑加工处理	1388				5					
非金属废料和碎屑加工处理	503									
金属制品、机械和设备修理业	610			1		5		35	10	
金属制品修理	96									
通用设备修理	62								10	
专用设备修理	78									
铁路、船舶、航空航天等运输设备修理	230			1		5		35		
电气设备修理	36									
仪器仪表修理										
其他机械和设备修理业	108									
电力、热力、燃气及水生产和供应业	**6332**		**468**	**407**	**1002**	**140**	**6**	**853**	**85**	**19**
电力、热力生产和供应业	3638			91	960	138		830	65	
电力生产	3287			67	938	126		830	5	
电力供应	76			24	22					
热力生产和供应	275					12			60	
燃气生产和供应业	744									
燃气生产和供应业	744									
水的生产和供应业	1950		468	316	42	2	6	23	20	19
自来水生产和供应	1460		468	316	42	2	6	23	20	19
污水处理及其再生利用	451									
其他水的处理、利用与分配	39									
建筑业	**515614**	**18190**	**32619**	**22482**	**51470**	**17682**	**6955**	**21834**	**6360**	**13025**
房屋建筑业	396413	18190	32619	16081	46021	11707	4694	15573	3374	10493
房屋建筑业	396413	18190	32619	16081	46021	11707	4694	15573	3374	10493
土木工程建筑业	53903			6395	3628	583	586	5387	2902	513
铁路、道路、隧道和桥梁工程建筑	35255			5405	1324		586	4234	1451	180
水利和内河港口工程建筑	6966			923	846	137		1097	1451	1
海洋工程建筑										
工矿工程建筑	1467			60						269
架线和管道工程建筑	3985				1457			21		63
其他土木工程建筑	6230			7	1	446		35		
建筑安装业	22211			6	364	118	120	1		817
电气安装	11582				86	118				766
管道和设备安装	3284				278		120			
其他建筑安装业	7345			6				1		51
建筑装饰和其他建筑业	43087				1457	5274	1555	873	84	1202
建筑装饰业	27979				10	5274	1555	867	79	1202
工程准备活动	5322				28			6	5	
提供施工设备服务	1200				11					
其他未列明建筑业	8586				1408					
批发和零售业	**109289**	**145**	**1962**	**2926**	**1342**	**190**	**326**	**1345**	**805**	**2517**
批发业	64704	85	1129	1541	850	85	219	1054	399	672
农、林、牧产品批发	10105	70	272	786	216	3	7	62	44	78
食品、饮料及烟草制品批发	11932		180	147	181		80	767	46	329

时间分组的法人单位从业人员数（续4）

2001年	2002年	2003年	2004年	2005年	2006年	2007年	2008年	2009年	2010年	2011年	2012年	2013年	无开业年份
193	96	212	238	303	172	330	88	200	141	549	143	154	
	8	10	116	3		40	129	43	6	103	174	163	
									10				
10			26					145	14	235	72	4	
			58	16		10	16	33	7	44	66	37	
		225	78	1687	172	143	350	307	564	689	759	130	
		225	78	1668	162	122	328	76	492	559	488	67	
									7				
				19	10	21	22	231	65	130	271	63	
14		19	13	19	15	7	22	201	581	438	445	109	3
		6	13	13	15	6	2	51	504	251	421	101	
14		13		6		1	20	150	77	187	24	8	3
23	12		26	19	12	1	56	61	141	63	85	60	
							1		95				
				16			10	8				18	
	5		26		12				12	8	15		
23	7					1	45	48	20	13	23	9	
									4	22		10	
				3				5	10	20	47	23	
39	**477**	**156**	**391**	**79**	**300**	**169**	**95**	**493**	**210**	**485**	**253**	**203**	**2**
1	47	52	231		219	8	9	291	135	377	130	54	
1	47	41	208		219	8		244	114	345	64	30	
							1	8	13	2		6	
		11	23				8	39	8	30	66	18	
13	361	2			30	13	22	136	27	76	28	34	2
13	361	2			30	13	22	136	27	76	28	34	2
25	69	102	160	79	51	148	64	66	48	32	95	115	
25	42	56	18	4	10	123	43	40	7	4	77	115	
	27	46	142	75	36	25	21	16	26	28	9		
					5			10	15		9		
7907	**16489**	**11606**	**27858**	**24918**	**25827**	**26129**	**24729**	**57986**	**50605**	**30061**	**16758**	**4120**	**4**
3399	10342	6829	19535	18711	20377	22120	17805	43309	40276	24633	8216	2109	
3399	10342	6829	19535	18711	20377	22120	17805	43309	40276	24633	8216	2109	
1860	4649	1031	2053	3285	2477	373	2104	2712	5655	2148	4779	780	3
1615	3174	581	1962	559	2269	138	1625	2480	1904	1390	3716	662	
	730	5		900	27	32	274	26	82	238	174	20	3
			25						1033	16	64		
130	687	321	12	302		12	94	107	336	131	302	10	
115	58	124	54	1524	181	191	111	99	2300	373	523	88	
975	1187	1473	1946	1502	1686	1413	2468	5372	885	365	1025	488	
410	1116	577	615	436	788	1158	546	4085	159	60	630	32	
22		110	851	708	366	40	177	354	26	95	44	93	
543	71	786	480	358	532	215	1745	933	700	210	351	363	
1673	311	2273	4324	1420	1287	2223	2352	6593	3789	2915	2738	743	1
456	100	1395	3543	782	380	1609	1313	4070	2017	978	1785	563	1
219	10	652	72	54	200	375	328	1689	92	1279	216	97	
33		26		81	32	199		483	216	11	75	33	
965	201	200	709	503	675	40	711	351	1464	647	662	50	
2662	**2237**	**2719**	**4945**	**2691**	**3446**	**4640**	**6903**	**10148**	**11467**	**11812**	**15421**	**18620**	**20**
1314	1320	1423	1209	1569	2290	2659	4218	5724	7289	8199	10792	10652	12
391	400	186	138	145	178	444	1096	669	908	1311	1301	1400	
158	351	92	71	127	268	368	939	1471	992	1412	2551	1401	1

1－1－10　按行业、开业（成立）

行　　业	从业人员数（人）	1949年以前	1950－1977年	1978－1991年	1992－1995年	1996年	1997年	1998年	1999年	2000年
纺织、服装及家庭用品批发	6964		98	154	47	3	12	58	141	35
文化、体育用品及器材批发	1258			10	4		1		36	1
医药及医疗器材批发	1817		275	91			62			22
矿产品、建材及化工产品批发	15692		120	209	248	45	33	88	85	98
机械设备、五金产品及电子产品批发	8680	15	9	59	80	28	18	38	3	80
贸易经纪与代理	3331		175	39	20	6		6	20	8
其他批发业	4925			46	54		6	35	24	21
零售业	44585	60	833	1385	492	105	107	291	406	1845
综合零售	11080	58	197	1144	205	1	4	48	215	99
食品、饮料及烟草制品专门零售	3931	2	10	128	12	6	2	27	9	29
纺织、服装及日用品专门零售	2835			7	19	33	2	9	17	5
文化、体育用品及器材专门零售	1463		150	5	100	8	43			
医药及医疗器材专门零售	5555		476	20	11	2	2	50	25	32
汽车、摩托车、燃料及零配件专门零售	8412			25	120	27	24	88	33	1214
家用电器及电子产品专门零售	4876						3	32	8	419
五金、家具及室内装饰材料专门零售	3729			5	7	4	4	33	67	27
货摊、无店铺及其他零售业	2704			51	18	24	23	4	32	20
交通运输、仓储和邮政业	**42614**	**21**	**634**	**6780**	**2082**	**112**	**19**	**1463**	**4748**	**813**
道路运输业	27602		196	3471	391	68	15	236	2582	279
城市公共交通运输	1947			63	80	12		124		
公路旅客运输	1970			1186	140			3	1	
道路货物运输	16390		65	1157	158	56		109	114	215
道路运输辅助活动	7295		131	1065	13		15		2467	64
水上运输业	8029		246	2920	1635	44	4	944	5	25
水上旅客运输	69									
水上货物运输	7213		190	2568	1633	44	4	944	5	23
水上运输辅助活动	747		56	352	2					2
航空运输业	265									
航空客货运输	265									
通用航空服务										
航空运输辅助活动										
管道运输业	44									
管道运输业	44									
装卸搬运和运输代理业	2464		175	214	24			47		425
装卸搬运	1984		175	214	24			47		425
运输代理业	480									
仓储业	830	21	17	175	32				72	84
谷物、棉花等农产品仓储	588	21	17	169	32				72	84
其他仓储业	242			6						
邮政业	3380							236	2089	
邮政基本服务	2328							236	2089	
快递服务	1052									
住宿和餐饮业	**14418**		**14**	**143**	**263**	**228**	**129**	**106**	**121**	**136**
住宿业	6173		14		159	217		95	120	99
旅游饭店	4898		14		35	187			112	99
一般旅馆	1079				124	30		95	8	
其他住宿业	196									
餐饮业	8245			143	104	11	129	11	1	37
正餐服务	7120			143	104	8	129	11	1	37
快餐服务	215					3				
饮料及冷饮服务	103									
其他餐饮业	807									
信息传输、软件和信息技术服务业	**10778**	**1**	**76**	**611**	**188**	**4**	**13**	**103**	**1564**	**270**
电信、广播电视和卫星传输服务	5560	1	76	608	183	4	13	103	1526	267
电信	3525							99	1526	195

时间分组的法人单位从业人员数（续5）

2001年	2002年	2003年	2004年	2005年	2006年	2007年	2008年	2009年	2010年	2011年	2012年	2013年	无开业年份
75	110	174	299	217	462	160	360	427	814	972	1236	1110	
31	65	8	8	84	23	76	70	92	162	151	135	301	
17	45	60	49	104	322	185	65	72	66	86	127	169	
271	99	422	220	333	439	361	570	1906	1835	2129	2295	3885	1
235	122	290	235	319	360	587	506	685	1117	1043	1572	1276	3
30	107	97	82	40	121	71	85	95	829	274	772	454	
106	21	94	107	200	117	407	527	307	566	821	803	656	7
1348	917	1296	3736	1122	1156	1981	2685	4424	4178	3613	4629	7968	8
81	305	35	2027	83	121	378	592	1922	688	434	451	1992	
177	11	159	39	50	67	175	601	530	367	389	635	506	
40	56	289	61	87	92	156	138	247	222	210	400	745	
22		11	57	22	26	154	176	107	122	83	164	205	8
343	181	178	921	194	297	345	221	376	496	510	546	329	
114	101	268	523	271	244	445	356	550	924	851	632	1602	
392	68	238	40	267	98	108	313	302	517	511	685	875	
119	91	93	30	127	105	125	158	168	446	305	509	1306	
60	104	25	38	21	106	95	130	222	396	320	607	408	
1386	**2262**	**1467**	**790**	**1928**	**1475**	**1517**	**904**	**2314**	**3374**	**2666**	**2899**	**2960**	
899	1855	1252	479	1641	1216	1222	405	1999	2756	1717	2477	2446	
7	1312		188	112	8				5	6	30		
25	112		28	35	12	147	3		179	26	25	48	
622	128	995	257	531	1086	1064	326	1201	2567	1642	1789	2308	
245	303	257	6	963	110	11	76	798	5	43	633	90	
443	276	53	170	197	185	161	178	103	185	114	38	103	
	12				51					6			
443	264	53	165	65	115	145	174	102	107	55	11	103	
			5	132	19	16	4	1	78	53	27		
							265						
							265						
								36	7		1		
								36	7		1		
35	68	136	141	14	65	87	37	159	157	110	211	359	
	68	96	136	13	55	43	9	126	77	58	138	280	
35		40	5	1	10	44	28	33	80	52	73	79	
	63	3		76	9	20	5	17	77	117	12	30	
	63			20		20			44	41		5	
		3		56	9		5	17	33	76	12	25	
9		23				27	14		192	608	160	22	
											3		
9		23				27	14		192	608	157	22	
70	**410**	**990**	**768**	**462**	**614**	**816**	**1386**	**1345**	**2055**	**1345**	**1204**	**1813**	
	206	370	703	71	429	423	819	763	530	310	401	444	
	185	370	688	30	352	348	668	745	443	202	285	135	
	21		15	25	53	66	141	15	82	101	72	231	
				16	24	9	10	3	5	7	44	78	
70	204	620	65	391	185	393	567	582	1525	1035	803	1369	
70	203	200	65	382	158	339	537	473	1448	977	684	1151	
	1				8			54	57	26	55	11	
				5	19	28			1	15	23	12	
		420		4		26	30	55	19	17	41	195	
203	**1328**	**366**	**164**	**155**	**141**	**282**	**267**	**302**	**1695**	**807**	**1462**	**776**	
128	1284	296	114	23	55	17	48	29	81	31	525	148	
	1234	174	114	23	1	13	23	19	16	9	46	33	

1－1－10　按行业、开业（成立）

行　　业	从业人员数（人）	1949年以前	1950－1977年	1978－1991年	1992－1995年	1996年	1997年	1998年	1999年	2000年
广播电视传输服务	2034	1	76	608	183	4	13	4		72
卫星传输服务	1									
互联网和相关服务	954				5					3
互联网接入及相关服务	86									
互联网信息服务	668				5					3
其他互联网服务	200									
软件和信息技术服务业	4264			3					38	
软件开发	2899								38	
信息系统集成服务	173			3						
信息技术咨询服务	627									
数据处理和存储服务	29									
集成电路设计	89									
其他信息技术服务业	447									
房地产业	**26982**		**2**	**271**	**643**	**77**	**57**	**776**	**99**	**319**
房地产业	26982		2	271	643	77	57	776	99	319
房地产开发经营	15368				246	2	45	620	23	59
物业管理	9134			210	368	73	7	27	56	232
房地产中介服务	1363			12	25			129		8
自有房地产经营活动	184		2	40	4	2			5	4
其他房地产业	933			9			5		15	16
租赁和商务服务业	**37586**		**1719**	**2231**	**2764**	**101**	**52**	**161**	**521**	**1045**
租赁业	1864							8	8	13
机械设备租赁	1845							8	8	13
文化及日用品出租	19									
商务服务业	35722		1719	2231	2764	101	52	153	513	1032
企业管理服务	10393		1697	634	108	34	20	37	83	59
法律服务	999		5	147	66	10	4	29	8	153
咨询与调查	3273		6	152	35		10	1	115	264
广告业	5804			57	17	36	1	20	62	32
知识产权服务	30							3		
人力资源服务	7110		6	351	1858	21		17	8	16
旅行社及相关服务	1020				45			5	10	36
安全保护服务	1855			688	511					405
其他商务服务业	5238		5	202	124		17	41	227	67
科学研究和技术服务业	**26567**		**477**	**1703**	**521**	**122**	**136**	**282**	**452**	**821**
研究和试验发展	1422		15	62	54		8	6	9	12
自然科学研究和试验发展	145			10				6		
工程和技术研究和试验发展	742				50		1			5
农业科学研究和试验发展	387		15	42	4		7		9	
医学研究和试验发展	134									7
社会人文科学研究	14			10						
专业技术服务业	11180		253	1038	325	104	86	228	393	656
气象服务	91		31		16			2	4	
地震服务	88		15	7	3			29		
海洋服务										
测绘服务	317			40	28			19	10	
质检技术服务	1472		8	26	59		23		52	145
环境与生态监测	255		90	77	10				16	1
地质勘查	435			325						30
工程技术	6295		10	420	176	104	17	171	294	454
其他专业技术服务业	2227		99	143	33		46	7	17	26
科技推广和应用服务业	13965		209	603	142	18	42	48	50	153
技术推广服务	13212		209	505	134	18	42	48	50	151
科技中介服务	260			5						
其他科技推广和应用服务业	493			93	8					2

时间分组的法人单位从业人员数（续6）

2001年	2002年	2003年	2004年	2005年	2006年	2007年	2008年	2009年	2010年	2011年	2012年	2013年	无开业年份
128	50	122			54	4	25	10	65	22	479	114	
												1	
9	21	34	40	34	27	68	62	50	74	131	244	152	
	4	6	3	4		10	5		8	14	32		
9	9	24	31	21	27	56	48	30	56	92	147	110	
	8	4	6	9		2	9	20	10	25	65	42	
66	23	36	10	98	59	197	157	223	1540	645	693	476	
53	23	23	2	13	10	155	123	139	1421	433	217	249	
		7	4		9	6		14	13	9	90	18	
		1		5	21	28	19	33	29	95	222	174	
								5		5	19		
				14	8	8		1		43	12	3	
13		5	4	66	11		15	31	77	60	133	32	
125	**162**	**1274**	**1108**	**1522**	**1722**	**1800**	**2478**	**3010**	**4897**	**3150**	**1927**	**1538**	**25**
125	162	1274	1108	1522	1722	1800	2478	3010	4897	3150	1927	1538	25
52	75	530	362	584	852	1028	1300	2045	3791	2087	1177	490	
39	22	688	656	889	763	395	949	842	951	678	486	803	
14	48	2	75	21	64	73	132	69	59	250	197	185	
7	11	5	9	2	4	11		8	41	2	23	4	
13	6	49	6	26	39	293	97	46	55	133	44	56	25
652	**599**	**754**	**614**	**1638**	**1315**	**1736**	**2873**	**1940**	**3766**	**4092**	**4109**	**4901**	**3**
116	37		2	53	136	122	218	94	173	195	389	300	
116	37		2	53	136	114	218	94	173	195	378	300	
						8					11		
536	562	754	612	1585	1179	1614	2655	1846	3593	3897	3720	4601	3
184	67	140	92	66	597	954	384	455	958	1153	937	1734	
92	45	14	17	42	71	58	26	49	69	31	22	41	
18	69	79	47	151	119	102	166	175	343	371	526	524	
83	60	61	183	213	123	206	127	378	802	1541	800	1002	
2			10		1				6			8	
54	130	53	70	812	32	59	1369	251	515	267	465	756	
22	89	148	44	44	56	45	29	106	47	51	156	87	
13		5	15		16		181		4		12	5	
68	102	254	134	257	164	190	373	432	849	483	802	444	3
834	**722**	**949**	**1564**	**299**	**667**	**554**	**3370**	**1976**	**1976**	**2691**	**3586**	**2862**	**3**
	34		15		156	74	27	51	78	298	324	196	3
			15		8		5	1	16	36	47	1	
	12				132	37	22	47	44	123	239	27	3
	14				16	37		3	14	21	37	168	
	8								4	115			
										3	1		
605	577	533	1365	165	260	211	531	696	784	669	691	1010	
	19	7			5				3		4		
					8	5			10	5	6		
15	50		30	8	6		9	20	32	6	27	17	
213	53	30	124	23	8	39	5	123	245	131	65	100	
12	12			7							29	1	
2								35		2		41	
318	421	484	1190	100	194	127	203	307	283	235	267	520	
45	22	12	21	27	39	40	314	211	211	290	293	331	
229	111	416	184	134	251	269	2812	1229	1114	1724	2571	1656	
181	107	290	174	121	242	265	2772	1199	1002	1644	2494	1564	
25	4			8	9	4	9	18	57	61	20	40	
23		126	10	5			31	12	55	19	57	52	

1－1－10　按行业、开业（成立）

行　　业	从业人员数（人）	1949 年以前	1950－1977 年	1978－1991 年	1992－1995 年	1996 年	1997 年	1998 年	1999 年	2000 年
水利、环境和公共设施管理业	**10136**	**11**	**2421**	**1672**	**190**	**16**	**23**	**55**	**226**	**338**
水利管理业	3712	3	1391	1056	109		20	43	15	131
防洪除涝设施管理	1405		719	173	6			29	15	93
水资源管理	554		24	402	33					11
天然水收集与分配	563		278	117	51		12	14		12
水文服务	156	3								
其他水利管理业	1034		370	364	19		8			15
生态保护和环境治理业	211			40		16				
生态保护	131			40		16				
环境治理业	80									
公共设施管理业	6213	8	1030	576	81		3	12	211	207
市政设施管理	567			9					186	
环境卫生管理	2983	8	841	320	60					7
城乡市容管理	145			38	21					7
绿化管理	1833		139	95			3	12		174
公园和游览景区管理	685		50	114					25	19
居民服务、修理和其他服务业	**7979**		**134**	**154**	**175**	**213**	**69**	**28**	**36**	**160**
居民服务业	3029		134	59	105	209	69	7	7	60
家庭服务	509									
托儿所服务										
洗染服务	78									25
理发及美容服务	71				4			1		
洗浴服务	822			1	67	9	5	6	7	20
保健服务	104									
婚姻服务	136						8			15
殡葬服务	417		133	35	30		56			
其他居民服务业	892		1	23	4	200				
机动车、电子产品和日用产品修理业	3249			88	70	2		7	29	100
汽车、摩托车修理与维护	2855			88	69			2	29	84
计算机和办公设备维修	86					2				
家用电器修理	248				1			5		8
其他日用产品修理业	60									8
其他服务业	1701			7		2		14		
清洁服务	1170			7				14		
其他未列明服务业	531					2				
教育	**63397**	**3366**	**20369**	**12477**	**1083**	**325**	**708**	**1466**	**1193**	**3729**
教育	63397	3366	20369	12477	1083	325	708	1466	1193	3729
学前教育	3477	129	233	617	75	17	30	224	26	59
初等教育	22488	2250	9274	4605	236	149	342	363	326	898
中等教育	26469	987	8676	5295	621	112	294	546	738	1180
高等教育	4654		1516	1189					52	1301
特殊教育	264		58	92	65					
技能培训、教育辅助及其他教育	6045		612	679	86	47	42	333	51	291
卫生和社会工作	**31678**	**2855**	**15117**	**6901**	**294**	**116**	**156**	**79**	**323**	**387**
卫生	29872	2855	15043	6496	189	99	150	77	305	364
医院	13615	2638	5926	3138		66		15	2	3
社区医疗与卫生院	10523	190	5424	2480	182	19	131	56	303	282
门诊部（所）	3445		3219	88		1				4
计划生育技术服务活动	794	27	50	443	7	13	19	6		64
妇幼保健院（所、站）	614		330	200						5
专科疾病防治院（所、站）	19		7							6
疾病预防控制中心	565		8	17						
其他卫生活动	297		79	130						
社会工作	1806		74	405	105	17	6	2	18	23

时间分组的法人单位从业人员数（续7）

2001年	2002年	2003年	2004年	2005年	2006年	2007年	2008年	2009年	2010年	2011年	2012年	2013年	无开业年份
350	**1006**	**572**	**253**	**923**	**37**	**43**	**128**	**262**	**256**	**422**	**426**	**506**	
194	52	117	188	113	13	22	30	8	34	96	41	36	
68	39	97	33	93		12	3		20		5		
8	3	18	1		5	10			12	5	22		
60					8			5	2			4	
			146					3		4			
58	10	2	8	20			27			87	14	32	
9					5	16	7		21	26	12	59	
						15			3	23		34	
9					5	1	7		18	3	12	25	
147	954	455	65	810	19	5	91	254	201	300	373	411	
63	3	10		14	12			93	23	12	106	36	
38	940	394	65	12	7		34		32	105		120	
16								27			28	8	
30	3	51		729			39	95	94	126	122	121	
	8			55		5	18	39	52	57	117	126	
568	**187**	**380**	**206**	**565**	**573**	**404**	**334**	**407**	**818**	**989**	**804**	**775**	
326	140	59	61	106	95	113	183	60	332	289	266	349	
10							159		71	125	56	88	
				16				27			10		
			10	6	26				1			23	
3	51	51	8	45	40	84	17		121	62	80	145	
4									48	25	12	15	
				7				5	43	19	27	12	
	73	8	29	7	3	14	6	16	4	3			
309	16		14	25	26	15	1	12	44	55	81	66	
215	47	308	139	154	340	143	64	302	197	395	400	249	
215	47	294	139	139	295	139	48	235	154	288	371	219	
				5	6			19	9	27	17	1	
		4		10	39	1		40	34	72	8	26	
		10				3	16	8		8	4	3	
27		13	6	305	138	148	87	45	289	305	138	177	
22		13		87	138	148	61	39	166	196	124	155	
5			6	218			26	6	123	109	14	22	
1333	**753**	**2731**	**821**	**1473**	**538**	**1753**	**643**	**1340**	**2928**	**1809**	**1388**	**1171**	
1333	753	2731	821	1473	538	1753	643	1340	2928	1809	1388	1171	
108	144	148	85	50	110	74	140	114	321	456	222	95	
459	168	420	352	178	46	629	2	347	769	588	45	42	
739	304	1922	8	1050	228	884	245	686	335	289	577	753	
									458	56	82		
	23						8	2			16		
27	114	241	376	195	154	166	248	191	1045	420	446	281	
564	**379**	**243**	**491**	**421**	**247**	**270**	**396**	**293**	**321**	**451**	**818**	**556**	
494	325	215	380	360	232	260	361	238	207	351	589	282	
156	244		92	155	107	52	112	138	52	218	421	80	
238	73	32	75	199	107	164	124	70	117	37	44	176	
3		5	5	3	4	12	4	19	18	10	48	2	
89	8	7				7	29	3	15	7			
										79			
		3										3	
8		163	179	3	11	25	92				59		
		5	29		3			8	5		17	21	
70	54	28	111	61	15	10	35	55	114	100	229	274	

1－1－10　按行业、开业（成立）

行　　业	从业人员数（人）	1949年以前	1950－1977年	1978－1991年	1992－1995年	1996年	1997年	1998年	1999年	2000年
提供住宿社会工作	1638		71	384	105	17	6	2	18	15
不提供住宿社会工作	168		3	21						8
文化、体育和娱乐业	**7491**	**251**	**561**	**499**	**337**	**43**	**10**	**10**	**35**	**158**
新闻和出版业	478	216		25	101	1	4		25	17
新闻业	168			25	68					
出版业	310	216			33	1	4		25	17
广播、电视、电影和影视录音制作业	1704		135	53	131					
广播	179		113	5						
电视	966		5	10	125					
电影和影视节目制作	45									
电影和影视节目发行	4									
电影放映	472		17	38	6					
录音制作	38									
文化艺术业	2360	35	382	377	85		6	4		18
文艺创作与表演	858		127	8	5					
艺术表演场馆	92		11		8					
图书馆与档案馆	243		120	91						
文物及非物质文化遗产保护	128			112						4
博物馆	174		28	21	63					
烈士陵园、纪念馆	128	20	28	29	9		6			
群众文化活动	386	15	24	113						10
其他文化艺术业	351		44	3				4		4
体育	552		44	39	20			1		5
体育组织	165		32	6				1		
体育场馆	110		12	30						5
休闲健身活动	257				20					
其他体育	20			3						
娱乐业	2397			5		42		5	10	118
室内娱乐活动	1802							5	10	19
游乐园	238									99
彩票活动	52			5		42				
文化、娱乐、体育经纪代理	62									
其他娱乐业	243									
公共管理、社会保障和社会组织	**72823**	**1682**	**11283**	**22077**	**4077**	**730**	**425**	**1329**	**791**	**2781**
中国共产党机关	2563	154	621	1125	59		4	76	6	193
中国共产党机关	2563	154	621	1125	59		4	76	6	193
国家机构	42421	1376	7531	14714	3099	497	258	723	344	1270
国家权力机构	355	37	54	244	10			5	5	
国家行政机构	38276	1113	6623	13423	2454	497	258	630	331	1256
人民法院和人民检察院	2330	137	801	868				3		4
其他国家机构	1460	89	53	179	635			85	8	10
人民政协、民主党派	315		16	262	2		7	1	2	1
人民政协	258			230			7			
民主党派	57		16	32	2			1	2	1
社会保障	789		18	225	116		34	7	2	61
社会保障	789		18	225	116		34	7	2	61
群众团体、社会团体和其他成员组织	11861	36	350	1988	594	160	111	383	208	429
群众团体	1138	19	107	174	13	38	20	11	13	24
社会团体	6494	13	22	1077	169	54	32	166	101	177
基金会	73				3			8		
宗教组织	4156	4	221	737	409	68	59	198	94	228
基层群众自治组织	14874	116	2747	3763	207	73	11	139	229	827
社区自治组织	4237	68	561	857	100	56	4	16	29	178
村民自治组织	10637	48	2186	2906	107	17	7	123	200	649

时间分组的法人单位从业人员数（续8）

2001年	2002年	2003年	2004年	2005年	2006年	2007年	2008年	2009年	2010年	2011年	2012年	2013年	无开业年份
63	50	28	109	59	13	10	34	33	112	98	169	242	
7	4		2	2	2		1	22	2	2	60	32	
151	**73**	**107**	**143**	**189**	**128**	**109**	**711**	**310**	**934**	**1087**	**766**	**879**	
	22					3	10		18	8	3	25	
	22					3	10		10	8		22	
									8		3	3	
6			28	41	19	3	476		151	430	176	55	
2				32					18			9	
							476			301	49		
4				5	1				22	13			
												4	
				4	18				111	111	127	40	
			28			3				5		2	
132	17	18	57	22		2	51	139	334	239	101	341	
1	1	18	29	2		1	18	6	267	63	79	233	
								5				68	
8							17			3	4		
	4										8		
			10				1	38	13				
26			7				3						
73	8		6	18			12	10	17	63		17	
24	4		5	2		1		80	37	110	10	23	
2	7			9	2	8	60	30	76	36	80	133	
				9		1		19	33	7	3	54	
2					2	7	10		42				
	7						50	11		29	77	63	
									1			16	
11	27	89	58	117	107	93	114	141	355	374	406	325	
11	27	76	58	91	105	78	114	131	289	300	350	138	
				25							34	80	
									5				
		13			1				42	3	1	2	
				1	1	15		10	19	71	21	105	
6825	**2859**	**1968**	**773**	**1080**	**1918**	**1498**	**1732**	**1247**	**2652**	**1296**	**2135**	**1651**	**14**
70	25	8	3	25	5	32		21	60	43		23	10
70	25	8	3	25	5	32		21	60	43		23	10
2497	1749	1119	299	413	777	676	586	346	1873	406	1116	748	4
2310	1480	1117	267	410	632	676	574	329	1829	380	1068	615	4
154	262			3								98	
33	7	2	32		145		12	17	44	26	48	35	
		1	1	1					7		14		
									7		14		
		1	1	1									
21	116		25		8		45		15	19	11	66	
21	116		25		8		45		15	19	11	66	
395	367	512	252	545	929	616	881	492	514	530	875	694	
21	3	11		24	396	6	32	22	54	13	57	80	
120	187	271	136	422	186	442	631	369	384	463	591	481	
				3	6	10	8	5	7	22	1		
254	177	230	116	96	341	158	210	96	69	32	226	133	
3842	602	328	193	96	199	174	220	388	183	298	119	120	
773	227	129	150	70	82	74	57	362	85	176	92	91	
3069	375	199	43	26	117	100	163	26	98	122	27	29	

1－1－11 按地区、开业（成立）

地　　区	法 人 单位数（个）	1949年以前	1950－1977年	1978－1991年	1992－1995年	1996年	1997年	1998年	1999年	2000年
总　　计	**43152**	**86**	**1291**	**2646**	**715**	**230**	**208**	**542**	**411**	**843**
清 河 区	5925	10	32	261	95	52	46	76	76	97
淮 安 区	7764	22	281	487	126	37	25	100	75	113
淮 阴 区	4858	7	186	294	73	24	29	50	40	132
清 浦 区	3659	8	36	200	54	18	15	44	28	46
涟 水 县	4755	33	268	501	96	19	20	77	37	129
洪 泽 县	4391	2	106	260	94	31	21	57	40	89
盱 眙 县	4928	2	200	353	83	19	22	56	56	121
金 湖 县	4496		137	236	49	21	22	66	41	97
开 发 区	2291	1	42	53	43	9	8	15	18	18
工业园区	78			1	2					1

1－1－12 按地区、开业（成立）

地　　区	从 业 人员数（人）	1949年以前	1950－1977年	1978－1991年	1992－1995年	1996年	1997年	1998年	1999年	2000年
总　　计	**1526285**	**28470**	**102834**	**86470**	**76398**	**25409**	**15481**	**37564**	**24841**	**34314**
清 河 区	164104	683	8217	18567	14132	6032	2234	1069	706	3693
淮 安 区	254300	20665	13449	16995	19970	1006	472	8971	6916	11700
淮 阴 区	196909	436	21847	9827	8516	7340	1426	6827	3245	3715
清 浦 区	103496	2828	2935	6106	2175	410	624	4620	3519	3205
涟 水 县	226466	1756	17277	8946	9340	756	7647	1816	1039	4360
洪 泽 县	125595	23	9567	6753	6176	2801	535	1944	636	1754
盱 眙 县	170372	128	11860	8588	7282	477	868	2069	1873	1584
金 湖 县	90711		8708	6221	2255	319	338	4479	1596	2179
开 发 区	178425	3	1298	4460	6525	6268	1337	4959	5311	2076
工业园区	3204			7	27					48

时间分组的法人单位数

2001 年	2002 年	2003 年	2004 年	2005 年	2006 年	2007 年	2008 年	2009 年	2010 年	2011 年	2012 年	2013 年	无开业年　份
1479	**1031**	**1155**	**1159**	**1337**	**1727**	**1830**	**2649**	**3160**	**4811**	**4798**	**5563**	**5453**	**28**
121	150	206	171	247	304	286	323	448	719	738	599	866	2
336	133	185	197	207	259	244	425	511	671	687	1047	1593	3
181	156	141	144	152	229	225	295	423	545	551	604	375	2
115	95	122	131	147	171	194	196	335	450	410	469	375	
211	134	130	120	151	166	166	244	310	528	414	561	438	2
171	110	106	131	138	157	156	334	273	506	560	597	446	6
142	97	81	90	118	155	208	341	344	531	542	761	602	4
170	110	118	111	118	187	188	363	288	509	567	540	552	6
32	45	66	64	58	97	161	117	222	347	303	375	194	3
				1	2	2	11	5	5	26	10	12	

时间分组的法人单位从业人员数

2001 年	2002 年	2003 年	2004 年	2005 年	2006 年	2007 年	2008 年	2009 年	2010 年	2011 年	2012 年	2013 年	无开业年　份
36990	**55059**	**49637**	**65060**	**64043**	**108379**	**77663**	**89990**	**124152**	**143553**	**117280**	**99995**	**62585**	**118**
4598	5249	6062	4812	7317	6756	6183	10353	13786	14763	11187	7835	9852	18
10286	6448	9125	15476	5413	6796	8378	8889	23052	15965	14847	14343	15134	4
3023	12466	6630	5937	6606	9218	9481	8679	19924	16321	14833	15196	5405	11
4820	3701	3199	7016	5666	5345	3689	6032	10154	8341	8936	5968	4207	
6149	8100	6795	11958	21023	21936	14645	5989	11038	24591	21378	13664	6261	2
1855	5118	2949	3876	5732	7001	4451	13192	9320	12578	11339	12631	5348	16
2671	4101	4445	7274	4988	6548	13138	9594	14048	28053	17436	14538	8767	42
2842	4317	5981	2117	2854	4430	4372	6718	4661	8391	7536	6082	4295	20
746	3602	4451	6594	4426	40314	13273	20370	17527	14197	8141	9377	3165	5
				18	35	53	174	330	353	1647	361	151	

1－1－13　按行业、从业人员组距

行　　业	法　人单位数（个）	7人及以下	8－19人	20－49人	50－99人	100－299人	300－499人	500－999人	1000－4999人	5000－9999人
总　　计	**43152**	**21308**	**12024**	**5442**	**2150**	**1529**	**283**	**222**	**177**	**13**
农、林、牧、渔业	**1257**	**832**	**315**	**86**	**19**	**5**				
农、林、牧、渔服务业	1257	832	315	86	19	5				
农业服务业	693	438	182	55	14	4				
林业服务业	20	15	3	2						
畜牧服务业	447	318	106	20	2	1				
渔业服务业	97	61	24	9	3					
采矿业	**70**	**17**	**14**	**20**	**11**	**5**	**2**		**1**	
煤炭开采和洗选业	1		1							
烟煤和无烟煤开采洗选										
褐煤开采洗选										
其他煤炭采选	1		1							
石油和天然气开采业	2	2								
石油开采	1	1								
天然气开采	1	1								
黑色金属矿采选业										
铁矿采选										
锰矿、铬矿采选										
其他黑色金属矿采选										
有色金属矿采选业	1	1								
常用有色金属矿采选	1	1								
贵金属矿采选										
稀有稀土金属矿采选										
非金属矿采选业	58	9	11	19	11	5	2		1	
土砂石开采	40	8	8	16	7	1				
化学矿开采	6	1				3	2			
采盐	8		1	3	2	1			1	
石棉及其他非金属矿采选	4		2		2					
开采辅助活动	6	5	1							
煤炭开采和洗选辅助活动	2	2								
石油和天然气开采辅助活动	3	3								
其他开采辅助活动	1		1							
其他采矿业	2		1	1						
其他采矿业	2		1	1						
制造业	**10541**	**3357**	**2896**	**2294**	**986**	**802**	**111**	**58**	**34**	**1**
农副食品加工业	532	150	127	113	71	62	5	3	1	
谷物磨制	232	62	55	60	35	19	1			
饲料加工	79	20	11	15	14	14	3	2		
植物油加工	15	4	3	3	2	3				
制糖业	3		1	1		1				
屠宰及肉类加工	69	14	19	10	9	14	1	1	1	
水产品加工	36	12	13	6	3	2				
蔬菜、水果和坚果加工	36	11	7	8	4	6				
其他农副食品加工	62	27	18	10	4	3				
食品制造业	182	74	57	31	9	9		1	1	
焙烤食品制造	42	20	12	6	2	1			1	
糖果、巧克力及蜜饯制造	11	2	4	2		3				
方便食品制造	45	13	18	9	3	2				
乳制品制造	6	1	2	1	1	1				
罐头食品制造	8	3	1	2	2					
调味品、发酵制品制造	32	15	10	4	1	1		1		
其他食品制造	38	20	10	7		1				
酒、饮料和精制茶制造业	74	30	25	13	2	3			1	
酒的制造	34	11	13	6	1	2			1	
饮料制造	35	17	10	7	1					

分组的法人单位数及从业人员数

10000人及以上	从业人员数（人）	7人及以下	8－19人	20－49人	50－99人	100－299人	300－499人	500－999人	1000－4999人	5000－9999人	10000人及以上
4	**1526285**	**76005**	**139534**	**161735**	**148517**	**257936**	**107287**	**158774**	**314009**	**90927**	**71561**
	10963	**3138**	**3629**	**2452**	**1117**	**627**					
	10963	3138	3629	2452	1117	627					
	6749	1606	2182	1601	835	525					
	116	40	27	49							
	3175	1243	1178	531	121	102					
	923	249	242	271	161						
	5628	**48**	**160**	**705**	**726**	**812**	**773**		**2404**		
	18		18								
	18		18								
	5	5									
	3	3									
	2	2									
	4	4									
	4	4									
	5544	34	121	674	726	812	773		2404		
	1265	33	87	573	472	100					
	1371	1				597	773				
	2767		8	101	139	115			2404		
	141		26		115						
	17	5	12								
	2	2									
	3	3									
	12		12								
	40		9	31							
	40		9	31							
2	**526010**	**10697**	**35362**	**69099**	**69663**	**141557**	**41436**	**38918**	**69319**	**9621**	**40338**
	26836	526	1588	3529	5045	10774	1891	2073	1410		
	8345	251	687	1831	2459	2799	318				
	6680	69	153	465	948	2465	1183	1397			
	915	6	35	107	152	615					
	250		10	24		216					
	6242	43	236	342	700	2445	390	676	1410		
	798	28	142	195	189	244					
	2012	40	92	250	293	1337					
	1594	89	233	315	304	653					
	6430	261	692	960	652	1609		715	1541		
	2209	78	144	176	117	153			1541		
	556	10	37	68		441					
	1070	45	223	260	209	333					
	402	1	36	25	70	270					
	267	6	13	78	170						
	1221	49	131	124	86	116		715			
	705	72	108	229		296					
	4732	109	296	451	122	491			3263		
	4032	24	147	221	62	315			3263		
	486	74	122	230	60						

1－1－13 按行业、从业人员组距

行业	法人单位数（个）	7人及以下	8－19人	20－49人	50－99人	100－299人	300－499人	500－999人	1000－4999人	5000－9999人
精制茶加工	5	2	2			1				
烟草制品业	2				1				1	
烟叶复烤										
卷烟制造	1								1	
其他烟草制品制造	1				1					
纺织业	728	192	198	199	65	56	8	5	5	
棉纺织及印染精加工	198	41	46	39	34	27	5	3	3	
毛纺织及染整精加工	26	10	6	6	1	2			1	
麻纺织及染整精加工	8	3	1	1	2	1				
丝绢纺织及印染精加工	31	6	13	3	3	6				
化纤织造及印染精加工	14	4	3	5	2					
针织或钩针编织物及其制品制造	179	70	52	45	6	4	1	1		
家用纺织制成品制造	198	36	58	82	9	10	1	1	1	
非家用纺织制成品制造	74	22	19	18	8	6	1			
纺织服装、服饰业	961	229	225	277	100	98	20	8	4	
机织服装制造	619	138	126	178	75	79	15	6	2	
针织或钩针编织服装制造	65	19	25	15		5	1			
服饰制造	277	72	74	84	25	14	4	2	2	
皮革、毛皮、羽毛及其制品和制鞋业	282	51	75	73	40	32	7	4		
皮革鞣制加工	11	2	3	3	3					
皮革制品制造	106	17	29	23	17	14	3	3		
毛皮鞣制及制品加工	2	1	1							
羽毛（绒）加工及制品制造	47	8	12	17	3	7				
制鞋业	116	23	30	30	17	11	4	1		
木材加工和木、竹、藤、棕、草制品业	489	130	162	127	41	28	1			
木材加工	235	69	80	62	18	6				
人造板制造	136	24	33	42	18	18	1			
木制品制造	101	28	44	21	4	4				
竹、藤、棕、草等制品制造	17	9	5	2	1					
家具制造业	166	55	74	26	8	2			1	
木质家具制造	123	46	52	19	5	1				
竹、藤家具制造	1			1						
金属家具制造	16	4	9	2	1					
塑料家具制造	8	3	4		1					
其他家具制造	18	2	9	4	1	1			1	
造纸和纸制品业	255	84	72	44	26	27	2			
纸浆制造	1	1								
造纸	85	20	15	19	15	14	2			
纸制品制造	169	63	57	25	11	13				
印刷和记录媒介复制业	200	76	58	29	18	13	3	3		
印刷	178	63	51	28	17	13	3	3		
装订及印刷相关服务	22	13	7	1	1					
记录媒介复制										
文教、工美、体育和娱乐用品制造业	345	104	83	83	39	31	3	2		
文教办公用品制造	112	34	38	25	6	9				
乐器制造	8	1	3	1	2	1				
工艺美术品制造	108	36	20	27	15	7	1	2		
体育用品制造	30	12	7	4	2	5				
玩具制造	80	21	14	23	12	8	2			
游艺器材及娱乐用品制造	7		1	3	2	1				
石油加工、炼焦和核燃料加工业	31	9	9	6	4	1	1		1	
精炼石油产品制造	30	9	8	6	4	1	1		1	
炼焦										
核燃料加工	1		1							
化学原料和化学制品制造业	503	128	137	123	54	43	9	6	3	

分组的法人单位数及从业人员数（续1）

10000人及以上	从业人员数（人）	7人及以下	8－19人	20－49人	50－99人	100－299人	300－499人	500－999人	1000－4999人	5000－9999人	10000人及以上
	214	11	27			176					
	2001				53				1948		
	1948								1948		
	53				53						
	38704	557	2562	5756	4473	9676	2824	3262	9594		
	19177	103	579	1244	2327	4432	1764	2064	6664		
	2721	36	71	158	65	511			1880		
	325	4	10	45	140	126					
	1689	26	166	82	219	1196					
	314	13	39	127	135						
	4258	198	662	1291	397	703	329	678			
	7402	110	817	2291	614	1671	329	520	1050		
	2818	67	218	518	576	1037	402				
	58839	592	2872	8316	7046	17919	7651	5322	9121		
	41164	340	1605	5413	5410	14731	5642	3883	4140		
	1820	60	318	434		668	340				
	15855	192	949	2469	1636	2520	1669	1439	4981		
	17424	146	1029	2224	2946	5690	2631	2758			
	315	3	47	85	180						
	8335	59	393	740	1286	2680	1175	2002			
	15	3	12								
	2178	30	179	496	219	1254					
	6581	51	398	903	1261	1756	1456	756			
	14919	478	1882	3720	2920	5544	375				
	5227	271	938	1924	1258	836					
	7286	76	392	1191	1272	3980	375				
	2180	97	502	557	296	728					
	226	34	50	48	94						
	3637	157	849	660	530	317			1124		
	1742	138	584	491	324	205					
	30			30							
	226	11	98	48	69						
	106	3	51		52						
	1533	5	116	91	85	112			1124		
	9700	271	888	1264	1873	4723	681				
	6	6									
	5076	51	193	556	1153	2442	681				
	4618	214	695	708	720	2281					
	8681	290	648	825	1253	2668	1214	1783			
	8429	241	568	799	1156	2668	1214	1783			
	252	49	80	26	97						
	14879	346	1068	2747	2586	5357	1219	1556			
	3332	140	486	784	405	1517					
	488	1	37	36	155	259					
	5623	112	253	914	1006	1315	467	1556			
	1380	28	79	153	138	982					
	3672	65	201	734	744	1176	752				
	384		12	126	138	108					
	2517	32	118	181	328	121	411		1326		
	2505	32	106	181	328	121	411		1326		
	12		12								
	29745	452	1640	3668	3846	7674	3113	4251	5101		

1－1－13 按行业、从业人员组距

行业	法人单位数（个）	7人及以下	8－19人	20－49人	50－99人	100－299人	300－499人	500－999人	1000－4999人	5000－9999人
基础化学原料制造	128	21	31	27	21	19	4	2	3	
肥料制造	49	15	12	16	5	1				
农药制造	15	5	3	5	1	1				
涂料、油墨、颜料及类似产品制造	84	28	29	20	3	3		1		
合成材料制造	61	14	20	19	4	4				
专用化学产品制造	100	22	25	22	13	14	3	1		
炸药、火工及焰火产品制造	1						1			
日用化学产品制造	65	23	17	14	7	1	1	2		
医药制造业	71	17	16	13	10	10	3	2		
化学药品原料药制造	14	1	2	2	3	3	1	2		
化学药品制剂制造	3				1	1	1			
中药饮片加工	3		1		1	1				
中成药生产	8	3	2		2	1				
兽用药品制造	6	2	1	2		1				
生物药品制造	16	5	3	4	3	1				
卫生材料及医药用品制造	21	6	7	5		2	1			
化学纤维制造业	34	8	8	5	7	5	1			
纤维素纤维原料及纤维制造	8	2		1	2	2	1			
合成纤维制造	26	6	8	4	5	3				
橡胶和塑料制品业	533	197	149	101	54	23	5	3	1	
橡胶制品业	87	34	22	16	10	3	1		1	
塑料制品业	446	163	127	85	44	20	4	3		
非金属矿物制品业	873	273	278	173	95	49	4		1	
水泥、石灰和石膏制造	58	18	19	5	6	10				
石膏、水泥制品及类似制品制造	350	134	106	49	39	18	3		1	
砖瓦、石材等建筑材料制造	293	83	90	78	34	8				
玻璃制造	15	1	5	3	2	4				
玻璃制品制造	73	15	25	18	6	8	1			
玻璃纤维和玻璃纤维增强塑料制品制造	15	5	6	4						
陶瓷制品制造	8	4	2	1	1					
耐火材料制品制造	15	4	7	3	1					
石墨及其他非金属矿物制品制造	46	9	18	12	6	1				
黑色金属冶炼和压延加工业	138	30	35	22	18	24	6	1	2	
炼铁	6	1	1	1	1	1	1			
炼钢	3	1	2							
黑色金属铸造	48	12	13	9	6	8				
钢压延加工	74	15	17	11	11	12	5	1	2	
铁合金冶炼	7	1	2	1		3				
有色金属冶炼和压延加工业	203	61	61	33	26	21	1			
常用有色金属冶炼	29	7	7	7	4	4				
贵金属冶炼	1	1								
稀有稀土金属冶炼	4	1		1	2					
有色金属合金制造	14	6	2	1	1	4				
有色金属铸造	15	2	9		1	3				
有色金属压延加工	140	44	43	24	18	10	1			
金属制品业	620	227	186	119	54	30	2		2	
结构性金属制品制造	295	102	97	58	23	14			1	
金属工具制造	64	21	20	13	7	3				
集装箱及金属包装容器制造	21	6	4	6	4	1				
金属丝绳及其制品制造	14	4	5	4		1				
建筑、安全用金属制品制造	61	35	15	8	1	2				
金属表面处理及热处理加工	24	8	7	7	1	1				
搪瓷制品制造	4	2		2						
金属制日用品制造	45	20	10	7	4	3			1	
其他金属制品制造	92	29	28	14	14	5	2			

分组的法人单位数及从业人员数（续2）

10000人及以上	从业人员数（人）	7人及以下	8－19人	20－49人	50－99人	100－299人	300－499人	500－999人	1000－4999人	5000－9999人	10000人及以上
	14296	67	357	793	1553	3417	1355	1653	5101		
	1164	59	172	432	339	162					
	430	16	33	182	90	109					
	2327	109	343	589	257	469		560			
	1914	50	207	580	271	806					
	6319	70	313	695	852	2495	1050	844			
	362						362				
	2933	81	215	397	484	216	346	1194			
	5530	43	197	405	654	1816	1239	1176			
	2490	1	21	65	237	541	449	1176			
	642				58	175	409				
	280		11		50	219					
	422	6	26		143	247					
	168	2	13	53		100					
	513	19	30	119	166	179					
	1015	15	96	168		355	381				
	1803	24	96	145	482	560	496				
	863	3		25	133	206	496				
	940	21	96	120	349	354					
	20530	701	1772	3050	3786	3963	1794	1806	3658		
	6021	124	251	461	727	488	312		3658		
	14509	577	1521	2589	3059	3475	1482	1806			
	27011	1007	3378	5422	6847	7790	1321		1246		
	2347	44	217	157	429	1500					
	11122	585	1271	1493	2985	2557	985		1246		
	7764	262	1107	2542	2293	1560					
	988	1	70	102	180	635					
	3036	42	326	530	382	1420	336				
	189	18	69	102							
	161	19	30	21	91						
	250	11	86	93	60						
	1154	25	202	382	427	118					
	15180	89	411	650	1298	4301	2076	520	5835		
	551	1	12	22	87	129	300				
	28	1	27								
	2550	36	146	270	463	1635					
	11455	45	205	338	748	1988	1776	520	5835		
	596	6	21	20		549					
	7636	224	727	951	1856	3389	489				
	1397	21	91	194	305	786					
	1	1									
	172	2		40	130						
	711	20	20	23	50	598					
	806	5	114		50	637					
	4549	175	502	694	1321	1368	489				
	19159	701	2242	3592	3808	5413	737		2666		
	8620	308	1152	1739	1625	2561			1235		
	1855	68	241	424	496	626					
	660	13	42	184	302	119					
	358	9	50	141		158					
	921	121	202	236	58	304					
	722	24	83	251	66	298					
	63	9		54							
	2527	50	118	173	349	406			1431		
	3433	99	354	390	912	941	737				

1－1－13 按行业、从业人员组距

行业	法人单位数（个）	7人及以下	8－19人	20－49人	50－99人	100－299人	300－499人	500－999人	1000－4999人	5000－9999人
通用设备制造业	894	334	261	166	63	56	8	6		
锅炉及原动设备制造	42	9	14	8	4	4		3		
金属加工机械制造	189	70	55	48	5	10	1			
物料搬运设备制造	27	5	8	5	5	3	1			
泵、阀门、压缩机及类似机械制造	140	33	48	26	16	15	2			
轴承、齿轮和传动部件制造	99	28	19	19	13	15	3	2		
烘炉、风机、衡器、包装等设备制造	43	18	12	7	4	2				
文化、办公用机械制造	4	1		1	1	1				
通用零部件制造	306	150	94	43	12	5	1	1		
其他通用设备制造业	44	20	11	9	3	1				
专用设备制造业	575	197	155	139	45	33	3	3		
采矿、冶金、建筑专用设备制造	136	47	28	33	15	12	1			
化工、木材、非金属加工专用设备制造	91	26	23	27	11	4				
食品、饮料、烟草及饲料生产专用设备制造	14	5	5	1	1	2				
印刷、制药、日化及日用品生产专用设备制造	48	17	14	11	3	3				
纺织、服装和皮革加工专用设备制造	25	11	7	2	1	4				
电子和电工机械专用设备制造	64	19	23	19	2	1				
农、林、牧、渔专用机械制造	61	19	21	15	3	2		1		
医疗仪器设备及器械制造	53	16	12	13	5	3	2	2		
环保、社会公共服务及其他专用设备制造	83	37	22	18	4	2				
汽车制造业	260	90	53	64	22	22	6	3		
汽车整车制造										
改装汽车制造	3	2			1					
低速载货汽车制造										
电车制造	4	3		1						
汽车车身、挂车制造	4	1		1		2				
汽车零部件及配件制造	249	84	53	62	21	20	6	3		
铁路、船舶、航空航天和其他运输设备制造业	112	46	27	18	8	12			1	
铁路运输设备制造	4			2	1	1				
城市轨道交通设备制造	2	2								
船舶及相关装置制造	55	19	14	12	4	5			1	
航空、航天器及设备制造	2	2								
摩托车制造	7	4	1	2						
自行车制造	35	16	10	1	3	5				
非公路休闲车及零配件制造	3	2		1						
潜水救捞及其他未列明运输设备制造	4	1	2			1				
电气机械和器材制造业	597	191	149	129	58	50	10	3	7	
电机制造	43	14	9	7	7	3	1		2	
输配电及控制设备制造	205	62	45	51	21	19	5		2	
电线、电缆、光缆及电工器材制造	131	30	36	41	14	8		1	1	
电池制造	40	7	12	6	1	8	4	1	1	
家用电力器具制造	52	22	12	6	8	4				
非电力家用器具制造	41	20	8	3	3	6		1		
照明器具制造	47	17	14	9	4	2			1	
其他电气机械及器材制造	38	19	13	6						
计算机、通信和其他电子设备制造业	366	131	87	85	18	34	3	4	1	1
计算机制造	23	10	3	6		3			1	
通信设备制造	15	5	7	2	1					
广播电视设备制造	20	3	4	4	2	6		1		
雷达及配套设备制造										
视听设备制造	7	1			3	3				
电子器件制造	31	17	8	2	1	2		1		
电子元件制造	213	71	53	55	9	18	3	2		
其他电子设备制造	57	24	12	16	2	2				1
仪器仪表制造业	283	151	63	44	10	14		1		

分组的法人单位数及从业人员数（续3）

10000人及以上	从业人员数（人）	7人及以下	8－19人	20－49人	50－99人	100－299人	300－499人	500－999人	1000－4999人	5000－9999人	10000人及以上
	30658	1017	3143	5021	4280	10140	2996	4061			
	3350	18	151	219	255	650		2057			
	4681	189	660	1381	268	1793	390				
	1752	6	102	176	378	641	449				
	6170	126	601	826	1138	2814	665				
	6660	95	214	635	954	2382	1030	1350			
	1032	64	148	221	304	295					
	361	3		23	56	279					
	5699	467	1142	1228	699	1047	462	654			
	953	49	125	312	228	239					
	19150	648	1846	4195	3127	5823	1126	2385			
	5271	150	341	959	1088	2322	411				
	2511	90	261	815	739	606					
	494	18	74	36	60	306					
	1177	68	175	383	206	345					
	1035	40	93	62	88	752					
	1285	63	265	591	106	260					
	2042	63	257	444	241	355		682			
	3837	57	118	361	333	550	715	1703			
	1498	99	262	544	266	327					
	12840	253	675	1935	1554	4282	2374	1767			
	81	3			78						
	56	11		45							
	343	5		20		318					
	12360	234	675	1870	1476	3964	2374	1767			
	4733	132	333	465	607	1951			1245		
	286			50	80	156					
	2	2									
	2884	66	179	297	327	770			1245		
	10	10									
	86	9	15	62							
	1249	33	117	28	200	871					
	35	7		28							
	181	5	22			154					
	40907	540	1778	3947	4163	9069	3779	2242	15389		
	4443	45	112	217	505	443	412		2709		
	12867	179	533	1495	1508	3515	1850		3787		
	8568	96	449	1329	1032	1330		550	3782		
	8256	11	132	184	81	1839	1517	982	3510		
	1496	64	154	183	499	596					
	2127	60	83	105	238	931		710			
	2781	45	173	247	300	415			1601		
	369	40	142	187							
2	67864	391	1103	2506	1269	5850	999	2587	3200	9621	40338
	4070	34	43	151		642			3200		
	226	9	77	58	82						
	1879	13	46	162	161	946		551			
	781	5			178	598					
	1612	52	93	63	82	384		938			
2	48538	205	710	1600	612	2976	999	1098			40338
	10758	73	134	472	154	304				9621	
	6193	417	750	1307	702	2363		654			

1－1－13 按行业、从业人员组距

行业	法人单位数（个）	7人及以下	8－19人	20－49人	50－99人	100－299人	300－499人	500－999人	1000－4999人	5000－9999人
通用仪器仪表制造	178	100	38	22	8	10				
专用仪器仪表制造	47	15	12	17	1	1		1		
钟表与计时仪器制造	2	1	1							
光学仪器及眼镜制造	11	3	2	2	1	3				
其他仪器仪表制造业	45	32	10	3						
其他制造业	115	39	30	25	9	11			1	
日用杂品制造	63	16	15	13	8	10			1	
煤制品制造	2	1	1							
核辐射加工										
其他未列明制造业	50	22	14	12	1	1				
废弃资源综合利用业	60	25	14	8	10	3				
金属废料和碎屑加工处理	29	10	4	5	7	3				
非金属废料和碎屑加工处理	31	15	10	3	3					
金属制品、机械和设备修理业	57	28	22	6	1					
金属制品修理	2	1			1					
通用设备修理	7	2	5							
专用设备修理	8	3	4	1						
铁路、船舶、航空航天等运输设备修理	23	12	8	3						
电气设备修理	4	2	1	1						
仪器仪表修理										
其他机械和设备修理业	13	8	4	1						
电力、热力、燃气及水生产和供应业	**187**	**79**	**58**	**29**	**6**	**11**	**2**	**2**		
电力、热力生产和供应业	61	15	23	10	4	7		2		
电力生产	40	10	14	5	2	7		2		
电力供应	8	4	2	2						
热力生产和供应	13	1	7	3	2					
燃气生产和供应业	27	9	13	3		1	1			
燃气生产和供应业	27	9	13	3		1	1			
水的生产和供应业	99	55	22	16	2	3	1			
自来水生产和供应	73	46	13	10	1	2	1			
污水处理及其再生利用	21	7	6	6	1	1				
其他水的处理、利用与分配	5	2	3							
建筑业	**2312**	**807**	**569**	**248**	**121**	**215**	**92**	**123**	**123**	**12**
房屋建筑业	793	175	148	77	37	107	46	94	96	11
房屋建筑业	793	175	148	77	37	107	46	94	96	11
土木工程建筑业	358	121	75	53	23	34	22	12	18	
铁路、道路、隧道和桥梁工程建筑	150	47	21	22	8	16	16	7	13	
水利和内河港口工程建筑	48	18	14	4	2	3	1	4	2	
海洋工程建筑										
工矿工程建筑	8		1	1	3	2		1		
架线和管道工程建筑	56	15	13	12	6	8	1		1	
其他土木工程建筑	96	41	26	14	4	5	4		2	
建筑安装业	324	110	90	44	27	34	13	4	2	
电气安装	94	25	16	14	12	17	5	4	1	
管道和设备安装	60	17	29	4	1	4	5			
其他建筑安装业	170	68	45	26	14	13	3		1	
建筑装饰和其他建筑业	837	401	256	74	34	40	11	13	7	1
建筑装饰业	602	313	183	42	23	24	4	8	4	1
工程准备活动	99	35	39	14	3	4	1	1	2	
提供施工设备服务	33	15	10	4	1	2	1			
其他未列明建筑业	103	38	24	14	7	10	5	4	1	
批发和零售业	**10851**	**6753**	**3103**	**783**	**140**	**56**	**8**	**6**	**2**	
批发业	6328	3553	2098	556	86	33	1	1		
农、林、牧产品批发	822	430	249	125	12	6				
食品、饮料及烟草制品批发	822	402	276	114	19	9	1	1		

分组的法人单位数及从业人员数（续4）

10000人及以上	从业人员数（人）	7人及以下	8－19人	20－49人	50－99人	100－299人	300－499人	500－999人	1000－4999人	5000－9999人	10000人及以上
	3725	292	444	672	580	1737					
	1496	34	146	496	50	116		654			
	12	2	10								
	659	5	23	49	72	510					
	301	84	127	90							
	5271	125	362	773	676	1683			1652		
	4423	61	185	420	590	1515			1652		
	15	7	8								
	833	57	169	353	86	168					
	1891	72	169	263	786	601					
	1388	27	52	177	531	601					
	503	45	117	86	255						
	610	96	248	171	95						
	96	1			95						
	62	3	59								
	78	14	38	26							
	230	41	92	97							
	36	4	10	22							
	108	33	49	26							
	6332	**275**	**630**	**868**	**407**	**1684**	**828**	**1640**			
	3638	43	233	307	262	1153		1640			
	3287	33	144	180	137	1153		1640			
	76	9	21	46							
	275	1	68	81	125						
	744	33	128	95		128	360				
	744	33	128	95		128	360				
	1950	199	269	466	145	403	468				
	1460	174	166	298	93	261	468				
	451	14	75	168	52	142					
	39	11	28								
2	**515614**	**2681**	**6709**	**7578**	**8303**	**37740**	**36395**	**90125**	**213554**	**81306**	**31223**
2	396413	529	1860	2259	2565	19195	18495	70661	173475	76151	31223
2	396413	529	1860	2259	2565	19195	18495	70661	173475	76151	31223
	53903	349	911	1666	1536	5998	8633	8557	26253		
	35255	116	257	733	564	2817	6381	4788	19599		
	6966	47	189	133	145	523	302	3079	2548		
	1467		16	25	179	557		690			
	3985	53	150	339	407	1373	412		1251		
	6230	133	299	436	241	728	1538		2855		
	22211	375	1016	1412	1806	5903	4852	2613	4234		
	11582	74	192	440	818	3104	1750	2613	2591		
	3284	64	313	102	80	740	1985				
	7345	237	511	870	908	2059	1117		1643		
	43087	1428	2922	2241	2396	6644	4415	8294	9592	5155	
	27979	1125	2008	1318	1659	4272	1653	5178	5611	5155	
	5322	117	476	391	215	616	325	506	2676		
	1200	55	140	104	53	368	480				
	8586	131	298	428	469	1388	1957	2610	1305		
	109289	**23807**	**34810**	**22402**	**9306**	**8653**	**2895**	**5133**	**2283**		
	64704	12996	23631	16118	5674	5164	400	721			
	10105	1583	3001	3900	742	879					
	11932	1512	3181	3382	1297	1439	400	721			

1－1－13　按行业、从业人员组距

行　　业	法人单位数（个）	7人及以下	8－19人	20－49人	50－99人	100－299人	300－499人	500－999人	1000－4999人	5000－9999人
纺织、服装及家庭用品批发	622	342	202	59	12	7				
文化、体育用品及器材批发	156	90	55	9	2					
医药及医疗器材批发	119	64	35	10	7	3				
矿产品、建材及化工产品批发	1824	1057	638	110	17	2				
机械设备、五金产品及电子产品批发	1016	619	329	54	11	3				
贸易经纪与代理	386	216	143	24	2	1				
其他批发业	561	333	171	51	4	2				
零售业	4523	3200	1005	227	54	23	7	5	2	
综合零售	668	490	122	32	8	8	4	3	1	
食品、饮料及烟草制品专门零售	448	284	126	28	9	1				
纺织、服装及日用品专门零售	357	228	109	16	3	1				
文化、体育用品及器材专门零售	166	103	46	13	4					
医药及医疗器材专门零售	1019	907	93	11	3	4		1		
汽车、摩托车、燃料及零配件专门零售	466	267	118	53	19	6	1	1	1	
家用电器及电子产品专门零售	584	401	145	33	3		2			
五金、家具及室内装饰材料专门零售	486	301	159	22	3	1				
货摊、无店铺及其他零售业	329	219	87	19	2	2				
交通运输、仓储和邮政业	**1162**	**434**	**364**	**194**	**106**	**41**	**11**	**7**	**5**	
道路运输业	827	307	263	149	71	25	3	6	3	
城市公共交通运输	15	4	3	1	3	3			1	
公路旅客运输	33	10	10	5	5	2			1	
道路货物运输	719	272	233	138	56	15	3	2		
道路运输辅助活动	60	21	17	5	7	5		4	1	
水上运输业	119	37	28	16	20	10	6	1	1	
水上旅客运输	4	2	1		1					
水上货物运输	85	26	14	14	15	8	6	1	1	
水上运输辅助活动	30	9	13	2	4	2				
航空运输业	1					1				
航空客货运输	1					1				
通用航空服务										
航空运输辅助活动										
管道运输业	3	2		1						
管道运输业	3	2		1						
装卸搬运和运输代理业	124	53	45	17	5	3	1			
装卸搬运	79	32	27	11	5	3	1			
运输代理业	45	21	18	6						
仓储业	54	27	13	8	6					
谷物、棉花等农产品仓储	29	11	6	8	4					
其他仓储业	25	16	7		2					
邮政业	34	8	15	3	4	2	1		1	
邮政基本服务	3	1				1			1	
快递服务	31	7	15	3	4	1	1			
住宿和餐饮业	**475**	**140**	**156**	**105**	**48**	**19**	**7**			
住宿业	150	36	48	35	16	12	3			
旅游饭店	67	11	10	18	14	11	3			
一般旅馆	69	18	36	13	1	1				
其他住宿业	14	7	2	4	1					
餐饮业	325	104	108	70	32	7	4			
正餐服务	275	86	88	63	28	7	3			
快餐服务	14	2	8	3	1					
饮料及冷饮服务	9	3	5	1						
其他餐饮业	27	13	7	3	3		1			
信息传输、软件和信息技术服务业	**613**	**380**	**172**	**34**	**13**	**10**	**1**		**3**	
电信、广播电视和卫星传输服务	135	82	30	7	5	8	1		2	
电信	40	22	10	2	1	3			2	

分组的法人单位数及从业人员数（续5）

10000人及以上	从业人员数（人）	7人及以下	8－19人	20－49人	50－99人	100－299人	300－499人	500－999人	1000－4999人	5000－9999人	10000人及以上
	6964	1271	2259	1622	787	1025					
	1258	305	562	274	117						
	1817	210	388	299	486	434					
	15692	3909	7254	3066	1089	374					
	8680	2303	3629	1508	760	480					
	3331	787	1509	667	178	190					
	4925	1116	1848	1400	218	343					
	44585	10811	11179	6284	3632	3489	2495	4412	2283		
	11080	1639	1381	908	626	1287	1373	2746	1120		
	3931	968	1504	705	618	136					
	2835	848	1167	424	160	236					
	1463	328	475	416	244						
	5555	2704	1002	271	171	726		681			
	8412	1067	1309	1528	1271	680	409	985	1163		
	4876	1456	1597	890	220		713				
	3729	1063	1805	577	174	110					
	2704	738	939	565	148	314					
	42614	**1645**	**4417**	**5883**	**6807**	**5960**	**4168**	**5462**	**8272**		
	27602	1193	3222	4541	4644	3297	947	4942	4816		
	1947	21	30	27	195	424			1250		
	1970	41	115	144	359	212			1099		
	16390	1054	2876	4226	3573	1913	947	1801			
	7295	77	201	144	517	748		3141	2467		
	8029	121	324	523	1224	1553	2397	520	1367		
	69	6	12		51						
	7213	95	161	459	901	1313	2397	520	1367		
	747	20	151	64	272	240					
	265					265					
	265					265					
	44	8		36							
	44	8		36							
	2464	204	557	493	312	474	424				
	1984	132	326	316	312	474	424				
	480	72	231	177							
	830	96	140	201	393						
	588	35	70	201	282						
	242	61	70		111						
	3380	23	174	89	234	371	400		2089		
	2328	3				236			2089		
	1052	20	174	89	234	135	400				
	14418	**466**	**1865**	**3178**	**3376**	**3085**	**2448**				
	6173	130	564	1092	1238	2073	1076				
	4898	34	125	621	1093	1949	1076				
	1079	66	414	380	95	124					
	196	30	25	91	50						
	8245	336	1301	2086	2138	1012	1372				
	7120	271	1081	1914	1890	1012	952				
	215	4	86	70	55						
	103	12	63	28							
	807	49	71	74	193		420				
	10778	**1415**	**1902**	**979**	**849**	**1494**	**326**		**3813**		
	5560	324	327	213	380	1264	326		2726		
	3525	67	116	50	99	467			2726		

1－1－13 按行业、从业人员组距

行业	法人单位数（个）	7人及以下	8－19人	20－49人	50－99人	100－299人	300－499人	500－999人	1000－4999人	5000－9999人
广播电视传输服务	94	59	20	5	4	5	1			
卫星传输服务	1	1								
互联网和相关服务	148	106	37	4	1					
互联网接入及相关服务	12	7	5							
互联网信息服务	106	81	21	3	1					
其他互联网服务	30	18	11	1						
软件和信息技术服务业	330	192	105	23	7	2			1	
软件开发	163	84	57	16	4	1			1	
信息系统集成服务	23	17	5		1					
信息技术咨询服务	66	38	23	3	1	1				
数据处理和存储服务	5	4	1							
集成电路设计	9	5	3	1						
其他信息技术服务业	64	44	16	3	1					
房地产业	**1373**	**473**	**432**	**370**	**72**	**24**	**2**			
房地产业	1373	473	432	370	72	24	2			
房地产开发经营	662	110	225	282	36	9				
物业管理	460	206	139	68	32	13	2			
房地产中介服务	168	108	46	12	1	1				
自有房地产经营活动	26	21	2	3						
其他房地产业	57	28	20	5	3	1				
租赁和商务服务业	**3009**	**1865**	**825**	**221**	**71**	**17**	**4**	**4**	**2**	
租赁业	207	138	50	13	5	1				
机械设备租赁	204	137	48	13	5	1				
文化及日用品出租	3	1	2							
商务服务业	2802	1727	775	208	66	16	4	4	2	
企业管理服务	778	475	209	68	19	4	1	1	1	
法律服务	175	134	35	6						
咨询与调查	413	266	121	19	7					
广告业	595	362	187	37	5	3	1			
知识产权服务	7	6	1							
人力资源服务	310	193	69	34	8	2	1	2	1	
旅行社及相关服务	111	74	23	11	3					
安全保护服务	19	11	3			3	1	1		
其他商务服务业	394	206	127	33	24	4				
科学研究和技术服务业	**1828**	**905**	**578**	**253**	**58**	**32**	**1**	**1**		
研究和试验发展	112	54	42	11	3	2				
自然科学研究和试验发展	19	13	4	2						
工程和技术研究和试验发展	59	25	26	5	2	1				
农业科学研究和试验发展	25	11	10	3		1				
医学研究和试验发展	5	2	1	1	1					
社会人文科学研究	4	3	1							
专业技术服务业	646	325	178	94	33	14	1	1		
气象服务	13	7	6							
地震服务	10	6	3	1						
海洋服务										
测绘服务	23	11	7	4	1					
质检技术服务	67	18	27	14	7	1				
环境与生态监测	14	3	8	2	1					
地质勘查	6	2		3			1			
工程技术	273	131	63	44	21	13		1		
其他专业技术服务业	240	147	64	26	3					
科技推广和应用服务业	1070	526	358	148	22	16				
技术推广服务	988	477	332	142	22	15				
科技中介服务	32	15	15	2						
其他科技推广和应用服务业	50	34	11	4		1				

分组的法人单位数及从业人员数（续6）

10000人及以上	从业人员数（人）	7人及以下	8－19人	20－49人	50－99人	100－299人	300－499人	500－999人	1000－4999人	5000－9999人	10000人及以上
	2034	256	211	163	281	797	326				
	1	1									
	954	390	386	127	51						
	86	28	58								
	668	289	221	107	51						
	200	73	107	20							
	4264	701	1189	639	418	230			1087		
	2899	331	651	465	245	120			1087		
	173	65	50		58						
	627	135	265	62	55	110					
	29	14	15								
	89	17	34	38							
	447	139	174	74	60						
	26982	**1688**	**5480**	**10649**	**4656**	**3885**	**624**				
	26982	1688	5480	10649	4656	3885	624				
	15368	423	3026	8002	2379	1538					
	9134	744	1675	2063	1987	2041	624				
	1363	338	492	359	60	114					
	184	77	20	87							
	933	106	267	138	230	192					
	37586	**6544**	**9159**	**6405**	**4421**	**3066**	**1613**	**3051**	**3327**		
	1864	437	598	366	347	116					
	1845	434	582	366	347	116					
	19	3	16								
	35722	6107	8561	6039	4074	2950	1613	3051	3327		
	10393	1710	2355	1958	1113	617	404	730	1506		
	999	436	391	172							
	3273	941	1319	573	440						
	5804	1357	1953	1063	299	800	332				
	30	22	8								
	7110	629	758	1022	519	256	472	1633	1821		
	1020	281	258	291	190						
	1855	34	39			689	405	688			
	5238	697	1480	960	1513	588					
	26567	**3360**	**6827**	**7207**	**3969**	**4259**	**325**	**620**			
	1422	187	464	298	213	260					
	145	47	48	50							
	742	77	288	131	120	126					
	387	46	112	95		134					
	134	11	8	22	93						
	14	6	8								
	11180	1273	2070	2700	2272	1920	325	620			
	91	29	62								
	88	26	33	29							
	317	59	90	118	50						
	1472	69	312	428	495	168					
	255	9	95	61	90						
	435	4		106			325				
	6295	504	723	1261	1435	1752		620			
	2227	573	755	697	202						
	13965	1900	4293	4209	1484	2079					
	13212	1728	3993	4048	1484	1959					
	260	49	151	60							
	493	123	149	101		120					

1－1－13 按行业、从业人员组距

行　　业	法人单位数（个）	7人及以下	8－19人	20－49人	50－99人	100－299人	300－499人	500－999人	1000－4999人	5000－9999人
水利、环境和公共设施管理业	**416**	**185**	**141**	**48**	**27**	**9**	**3**	**3**		
水利管理业	222	111	68	27	10	5	1			
防洪除涝设施管理	38	9	10	12	5	1	1			
水资源管理	46	29	12	3	1	1				
天然水收集与分配	35	13	15	5	1	1				
水文服务	5	3		1		1				
其他水利管理业	98	57	31	6	3	1				
生态保护和环境治理业	24	15	7	2						
生态保护	11	5	4	2						
环境治理业	13	10	3							
公共设施管理业	170	59	66	19	17	4	2	3		
市政设施管理	25	9	11	1	3	1				
环境卫生管理	29	9	5	5	5	1	2	2		
城乡市容管理	12	4	6	2						
绿化管理	54	17	23	6	5	2		1		
公园和游览景区管理	50	20	21	5	4					
居民服务、修理和其他服务业	**633**	**345**	**197**	**63**	**18**	**9**	**1**			
居民服务业	228	126	64	29	6	2	1			
家庭服务	25	9	9	4	2	1				
托儿所服务										
洗染服务	5	1	2	2						
理发及美容服务	9	5	3	1						
洗浴服务	77	41	24	10	2					
保健服务	6	1	4	1						
婚姻服务	19	14	4	1						
殡葬服务	30	16	6	6	2					
其他居民服务业	57	39	12	4		1	1			
机动车、电子产品和日用产品修理业	271	150	87	21	8	5				
汽车、摩托车修理与维护	211	109	72	17	8	5				
计算机和办公设备维修	19	15	4							
家用电器修理	31	21	6	4						
其他日用产品修理业	10	5	5							
其他服务业	134	69	46	13	4	2				
清洁服务	97	46	37	9	4	1				
其他未列明服务业	37	23	9	4		1				
教育	**1111**	**366**	**222**	**161**	**167**	**161**	**24**	**8**	**2**	
教育	1111	366	222	161	167	161	24	8	2	
学前教育	219	92	73	42	9	3				
初等教育	227	14	19	25	70	93	6			
中等教育	233	28	16	36	74	58	14	7		
高等教育	21	8	2	2	3	1	2	1	2	
特殊教育	10	2	3	2	3					
技能培训、教育辅助及其他教育	401	222	109	54	8	6	2			
卫生和社会工作	**753**	**387**	**140**	**72**	**102**	**34**	**8**	**6**	**4**	
卫生	461	163	82	63	101	34	8	6	4	
医院	76	12	9	12	19	9	6	6	3	
社区医疗与卫生院	203	50	18	37	74	22	2			
门诊部（所）	34	25	5	3					1	
计划生育技术服务活动	101	57	41	3						
妇幼保健院（所、站）	8	1		1	4	2				
专科疾病防治院（所、站）	4	4								
疾病预防控制中心	18	4	6	6	1	1				
其他卫生活动	17	10	3	1	3					
社会工作	292	224	58	9	1					

分组的法人单位数及从业人员数（续7）

10000人及以上	从业人员数（人）	7人及以下	8－19人	20－49人	50－99人	100－299人	300－499人	500－999人	1000－4999人	5000－9999人	10000人及以上
	10136	**742**	**1678**	**1377**	**1752**	**1348**	**1122**	**2117**			
	3712	445	818	787	646	590	426				
	1405	34	135	341	353	116	426				
	554	116	151	89	59	139					
	563	57	175	157	73	101					
	156	10		42		104					
	1034	228	357	158	161	130					
	211	64	90	57							
	131	25	49	57							
	80	39	41								
	6213	233	770	533	1106	758	696	2117			
	567	31	114	44	192	186					
	2983	32	48	130	379	269	696	1429			
	145	20	76	49							
	1833	69	280	173	320	303		688			
	685	81	252	137	215						
	7979	**1274**	**2245**	**1846**	**1067**	**1246**	**301**				
	3029	454	738	864	332	340	301				
	509	27	101	121	118	142					
	78	5	26	47							
	71	19	26	26							
	822	158	273	283	108						
	104	4	52	48							
	136	60	38	38							
	417	52	77	182	106						
	892	129	145	119		198	301				
	3249	594	998	612	467	578					
	2855	460	847	503	467	578					
	86	47	39								
	248	77	62	109							
	60	10	50								
	1701	226	509	370	268	328					
	1170	155	394	243	268	110					
	531	71	115	127		218					
	63397	**1383**	**2660**	**5100**	**12024**	**26240**	**8628**	**4549**	**2813**		
	63397	1383	2660	5100	12024	26240	8628	4549	2813		
	3477	389	878	1241	558	411					
	22488	37	242	878	5265	14009	2057				
	26469	93	197	1310	5375	10571	4986	3937			
	4654	31	22	64	190	168	754	612	2813		
	264	9	36	46	173						
	6045	824	1285	1561	463	1081	831				
	31678	**1567**	**1536**	**2344**	**7222**	**4589**	**3021**	**4337**	**7062**		
	29872	666	912	2142	7143	4589	3021	4337	7062		
	13615	41	109	372	1209	1280	2410	4337	3857		
	10523	184	216	1296	5358	2858	611				
	3445	74	57	109					3205		
	794	295	426	73							
	614	5		21	296	292					
	19	19									
	565	13	72	249	72	159					
	297	35	32	22	208						
	1806	901	624	202	79						

1－1－13　按行业、从业人员组距

行　　　业	法　人 单位数 （个）	7人及 以　下	8－19 人	20－ 49人	50－ 99人	100－ 299人	300－ 499人	500－ 999人	1000－ 4999人	5000－ 9999人
提供住宿社会工作	261	199	55	6	1					
不提供住宿社会工作	31	25	3	3						
文化、体育和娱乐业	**677**	**466**	**125**	**59**	**20**	**6**	**1**			
新闻和出版业	24	11	7	4	1	1				
新闻业	10	2	5	2	1					
出版业	14	9	2	2		1				
广播、电视、电影和影视录音制作业	53	25	12	7	4	4	1			
广播	6	2	2	1		1				
电视	11	5	1	1		3	1			
电影和影视节目制作	7	5	2							
电影和影视节目发行	1	1								
电影放映	24	9	7	4	4					
录音制作	4	3		1						
文化艺术业	192	104	57	22	8	1				
文艺创作与表演	49	25	13	7	3	1				
艺术表演场馆	6	4	1		1					
图书馆与档案馆	21	8	10	3						
文物及非物质文化遗产保护	7	2	3	2						
博物馆	12	3	6	2	1					
烈士陵园、纪念馆	12	6	3	3						
群众文化活动	46	30	12	3	1					
其他文化艺术业	39	26	9	2	2					
体育	61	36	15	10						
体育组织	22	16	4	2						
体育场馆	11	5	4	2						
休闲健身活动	23	11	6	6						
其他体育	5	4	1							
娱乐业	347	290	34	16	7					
室内娱乐活动	307	272	20	10	5					
游乐园	6	1	1	2	2					
彩票活动	3	2		1						
文化、娱乐、体育经纪代理	7	4	2	1						
其他娱乐业	24	11	11	2						
公共管理、社会保障和社会组织	**5884**	**3517**	**1717**	**402**	**165**	**73**	**5**	**4**	**1**	
中国共产党机关	214	105	79	24	6					
中国共产党机关	214	105	79	24	6					
国家机构	1763	824	446	280	137	67	4	4	1	
国家权力机构	15	4	5	4	2					
国家行政机构	1661	777	431	267	123	55	3	4	1	
人民法院和人民检察院	26	6		1	9	10				
其他国家机构	61	37	10	8	3	2	1			
人民政协、民主党派	33	24	5	3	1					
人民政协	16	8	4	3	1					
民主党派	17	16	1							
社会保障	65	31	22	10	2					
社会保障	65	31	22	10	2					
群众团体、社会团体和其他成员组织	2130	1792	265	50	18	4	1			
群众团体	135	113	12	8	1		1			
社会团体	1100	889	161	33	13	4				
基金会	15	12	3							
宗教组织	880	778	89	9	4					
基层群众自治组织	1679	741	900	35	1	2				
社区自治组织	411	161	225	22	1	2				
村民自治组织	1268	580	675	13						

分组的法人单位数及从业人员数（续8）

10000人及以上	从业人员数（人）	7人及以下	8－19人	20－49人	50－99人	100－299人	300－499人	500－999人	1000－4999人	5000－9999人	10000人及以上
	1638	833	592	134	79						
	168	68	32	68							
	7491	**1529**	**1486**	**1738**	**1362**	**901**	**475**				
	478	27	74	99	68	210					
	168	4	49	47	68						
	310	23	25	52		210					
	1704	87	161	204	239	538	475				
	179	7	27	32		113					
	966	17	17	32		425	475				
	45	17	28								
	4	4									
	472	32	89	112	239						
	38	10		28							
	2360	345	667	661	534	153					
	858	69	177	219	240	153					
	92	23	8		61						
	243	32	113	98							
	128	8	40	80							
	174	6	64	41	63						
	128	25	29	74							
	386	95	144	97	50						
	351	87	92	52	120						
	552	136	172	244							
	165	60	51	54							
	110	19	49	42							
	257	49	60	148							
	20	8	12								
	2397	934	412	530	521						
	1802	883	233	344	342						
	238	1	8	50	179						
	52	10		42							
	62	7	27	28							
	243	33	144	66							
	72823	**13746**	**18979**	**11925**	**11490**	**10790**	**1909**	**2822**	**1162**		
	2563	461	957	699	446						
	2563	461	957	699	446						
	42421	3177	5378	8578	9668	10072	1564	2822	1162		
	355	18	64	123	150						
	38276	3014	5194	8200	8544	8239	1101	2822	1162		
	2330	18		38	745	1529					
	1460	127	120	217	229	304	463				
	315	71	77	94	73						
	258	30	61	94	73						
	57	41	16								
	789	137	240	281	131						
	789	137	240	281	131						
	11861	5650	2845	1439	1121	461	345				
	1138	359	155	228	51		345				
	6494	2482	1779	972	800	461					
	73	49	24								
	4156	2760	887	239	270						
	14874	4250	9482	834	51	257					
	4237	844	2556	529	51	257					
	10637	3406	6926	305							

1－1－14 按地区、从业人员组距

地　　区	法　人 单位数 （个）	7人及 以　下	8－19 人	20－ 49人	50－ 99人	100－ 299人	300－ 499人	500－ 999人	1000－ 4999人	5000－ 9999人
总　　计	**43152**	**21308**	**12024**	**5442**	**2150**	**1529**	**283**	**222**	**177**	**13**
清 河 区	5925	3237	1874	419	189	117	37	27	23	2
淮 安 区	7764	3868	2165	1112	287	227	39	40	22	3
淮 阴 区	4858	2429	1135	579	359	269	30	27	28	2
清 浦 区	3659	1350	1556	466	134	97	27	16	13	
涟 水 县	4755	2174	1347	653	283	196	39	30	27	5
洪 泽 县	4391	2549	962	460	183	187	22	14	14	
盱 眙 县	4928	2246	1254	766	343	234	44	25	16	
金 湖 县	4496	2357	1145	676	189	99	14	11	5	
开 发 区	2291	1078	555	297	179	94	30	31	24	1
工业园区	78	20	31	14	4	9				

分组的法人单位数及从业人员数

10000人及以上	从业人员数（人）	7人及以下	8－19人	20－49人	50－99人	100－299人	300－499人	500－999人	1000－4999人	5000－9999人	10000人及以上
4	**1526285**	**76005**	**139534**	**161735**	**148517**	**257936**	**107287**	**158774**	**314009**	**90927**	**71561**
	164104	12128	20301	12111	12846	19595	14486	19267	40545	12825	
1	254300	14565	26042	31731	19722	36289	14821	29762	41935	21243	18190
	196909	8182	13334	17755	24614	44918	11076	19472	44052	13506	
	103496	5775	17565	13804	9285	15618	10279	10907	20263		
1	226466	8886	15592	19299	19956	32795	14563	21338	47272	33732	13033
	125595	8021	11272	13692	12241	36768	8219	10095	25287		
	170372	7917	15132	23741	24707	38724	16394	18510	25247		
	90711	7130	13431	20557	12641	15807	5469	7019	8657		
2	178425	3308	6497	8614	12212	15403	11668	21594	49170	9621	40338
	3204	93	368	431	293	2019					

1－1－15 按行业、机构类型分组

行业	法人单位数（个）	企业法人	事业法人	机关法人	社会团体	民办非企业单位	基金会	居委会
总计	**43152**	**31659**	**3234**	**1021**	**1290**	**686**	**15**	**411**
农、林、牧、渔业	**1257**	**109**	**42**			**1**		
农、林、牧、渔服务业	1257	109	42			1		
农业服务业	693	66	28			1		
林业服务业	20	3	4					
畜牧服务业	447	29	8					
渔业服务业	97	11	2					
采矿业	**70**	**70**						
煤炭开采和洗选业	1	1						
烟煤和无烟煤开采洗选								
褐煤开采洗选								
其他煤炭采选	1	1						
石油和天然气开采业	2	2						
石油开采	1	1						
天然气开采	1	1						
黑色金属矿采选业								
铁矿采选								
锰矿、铬矿采选								
其他黑色金属矿采选								
有色金属矿采选业	1	1						
常用有色金属矿采选	1	1						
贵金属矿采选								
稀有稀土金属矿采选								
非金属矿采选业	58	58						
土砂石开采	40	40						
化学矿开采	6	6						
采盐	8	8						
石棉及其他非金属矿采选	4	4						
开采辅助活动	6	6						
煤炭开采和洗选辅助活动	2	2						
石油和天然气开采辅助活动	3	3						
其他开采辅助活动	1	1						
其他采矿业	2	2						
其他采矿业	2	2						
制造业	**10541**	**10538**				**1**		
农副食品加工业	532	529				1		
谷物磨制	232	230				1		
饲料加工	79	79						
植物油加工	15	15						
制糖业	3	3						
屠宰及肉类加工	69	68						
水产品加工	36	36						
蔬菜、水果和坚果加工	36	36						
其他农副食品加工	62	62						
食品制造业	182	182						
焙烤食品制造	42	42						
糖果、巧克力及蜜饯制造	11	11						
方便食品制造	45	45						
乳制品制造	6	6						
罐头食品制造	8	8						
调味品、发酵制品制造	32	32						
其他食品制造	38	38						
酒、饮料和精制茶制造业	74	74						
酒的制造	34	34						
饮料制造	35	35						

的法人单位数及从业人员数

村委会	其他组织机构	从业人员数（人）	企业法人	事业法人	机关法人	社会团体	民办非企业单位	基金会	居委会	村委会	其他组织机构
1268	**3568**	**1526285**	**1314840**	**110138**	**33757**	**7879**	**9132**	**73**	**4237**	**10637**	**35592**
	1105	**10963**	**1094**	**342**			**7**				**9520**
	1105	10963	1094	342			7				9520
	598	6749	720	218			7				5804
	13	116	11	17							88
	410	3175	292	62							2821
	84	923	71	45							807
		5628	**5628**								
		18	18								
		18	18								
		5	5								
		3	3								
		2	2								
		4	4								
		4	4								
		5544	5544								
		1265	1265								
		1371	1371								
		2767	2767								
		141	141								
		17	17								
		2	2								
		3	3								
		12	12								
		40	40								
		40	40								
	2	**526010**	**525979**				**23**				**8**
	2	26836	26805				23				8
	1	8345	8319				23				3
		6680	6680								
		915	915								
		250	250								
	1	6242	6237								5
		798	798								
		2012	2012								
		1594	1594								
		6430	6430								
		2209	2209								
		556	556								
		1070	1070								
		402	402								
		267	267								
		1221	1221								
		705	705								
		4732	4732								
		4032	4032								
		486	486								

1－1－15 按行业、机构类型分组

行业	法人单位数（个）	企业法人	事业法人	机关法人	社会团体	民办非企业单位	基金会	居委会
精制茶加工	5	5						
烟草制品业	2	2						
烟叶复烤								
卷烟制造	1	1						
其他烟草制品制造	1	1						
纺织业	728	728						
棉纺织及印染精加工	198	198						
毛纺织及染整精加工	26	26						
麻纺织及染整精加工	8	8						
丝绢纺织及印染精加工	31	31						
化纤织造及印染精加工	14	14						
针织或钩针编织物及其制品制造	179	179						
家用纺织制成品制造	198	198						
非家用纺织制成品制造	74	74						
纺织服装、服饰业	961	961						
机织服装制造	619	619						
针织或钩针编织服装制造	65	65						
服饰制造	277	277						
皮革、毛皮、羽毛及其制品和制鞋业	282	282						
皮革鞣制加工	11	11						
皮革制品制造	106	106						
毛皮鞣制及制品加工	2	2						
羽毛（绒）加工及制品制造	47	47						
制鞋业	116	116						
木材加工和木、竹、藤、棕、草制品业	489	489						
木材加工	235	235						
人造板制造	136	136						
木制品制造	101	101						
竹、藤、棕、草等制品制造	17	17						
家具制造业	166	166						
木质家具制造	123	123						
竹、藤家具制造	1	1						
金属家具制造	16	16						
塑料家具制造	8	8						
其他家具制造	18	18						
造纸和纸制品业	255	255						
纸浆制造	1	1						
造纸	85	85						
纸制品制造	169	169						
印刷和记录媒介复制业	200	200						
印刷	178	178						
装订及印刷相关服务	22	22						
记录媒介复制								
文教、工美、体育和娱乐用品制造业	345	345						
文教办公用品制造	112	112						
乐器制造	8	8						
工艺美术品制造	108	108						
体育用品制造	30	30						
玩具制造	80	80						
游艺器材及娱乐用品制造	7	7						
石油加工、炼焦和核燃料加工业	31	31						
精炼石油产品制造	30	30						
炼焦								
核燃料加工	1	1						
化学原料和化学制品制造业	503	503						

的法人单位数及从业人员数（续1）

村委会	其他组织机构	从业人员数（人）	企业法人	事业法人	机关法人	社会团体	民办非企业单位	基金会	居委会	村委会	其他组织机构
		214	214								
		2001	2001								
		1948	1948								
		53	53								
		38704	38704								
		19177	19177								
		2721	2721								
		325	325								
		1689	1689								
		314	314								
		4258	4258								
		7402	7402								
		2818	2818								
		58839	58839								
		41164	41164								
		1820	1820								
		15855	15855								
		17424	17424								
		315	315								
		8335	8335								
		15	15								
		2178	2178								
		6581	6581								
		14919	14919								
		5227	5227								
		7286	7286								
		2180	2180								
		226	226								
		3637	3637								
		1742	1742								
		30	30								
		226	226								
		106	106								
		1533	1533								
		9700	9700								
		6	6								
		5076	5076								
		4618	4618								
		8681	8681								
		8429	8429								
		252	252								
		14879	14879								
		3332	3332								
		488	488								
		5623	5623								
		1380	1380								
		3672	3672								
		384	384								
		2517	2517								
		2505	2505								
		12	12								
		29745	29745								

1－1－15 按行业、机构类型分组

行业	法人单位数（个）	企业法人	事业法人	机关法人	社会团体	民办非企业单位	基金会	居委会
基础化学原料制造	128	128						
肥料制造	49	49						
农药制造	15	15						
涂料、油墨、颜料及类似产品制造	84	84						
合成材料制造	61	61						
专用化学产品制造	100	100						
炸药、火工及焰火产品制造	1	1						
日用化学产品制造	65	65						
医药制造业	71	71						
化学药品原料药制造	14	14						
化学药品制剂制造	3	3						
中药饮片加工	3	3						
中成药生产	8	8						
兽用药品制造	6	6						
生物药品制造	16	16						
卫生材料及医药用品制造	21	21						
化学纤维制造业	34	34						
纤维素纤维原料及纤维制造	8	8						
合成纤维制造	26	26						
橡胶和塑料制品业	533	533						
橡胶制品业	87	87						
塑料制品业	446	446						
非金属矿物制品业	873	873						
水泥、石灰和石膏制造	58	58						
石膏、水泥制品及类似制品制造	350	350						
砖瓦、石材等建筑材料制造	293	293						
玻璃制造	15	15						
玻璃制品制造	73	73						
玻璃纤维和玻璃纤维增强塑料制品制造	15	15						
陶瓷制品制造	8	8						
耐火材料制品制造	15	15						
石墨及其他非金属矿物制品制造	46	46						
黑色金属冶炼和压延加工业	138	138						
炼铁	6	6						
炼钢	3	3						
黑色金属铸造	48	48						
钢压延加工	74	74						
铁合金冶炼	7	7						
有色金属冶炼和压延加工业	203	203						
常用有色金属冶炼	29	29						
贵金属冶炼	1	1						
稀有稀土金属冶炼	4	4						
有色金属合金制造	14	14						
有色金属铸造	15	15						
有色金属压延加工	140	140						
金属制品业	620	620						
结构性金属制品制造	295	295						
金属工具制造	64	64						
集装箱及金属包装容器制造	21	21						
金属丝绳及其制品制造	14	14						
建筑、安全用金属制品制造	61	61						
金属表面处理及热处理加工	24	24						
搪瓷制品制造	4	4						
金属制日用品制造	45	45						
其他金属制品制造	92	92						

的法人单位数及从业人员数（续2）

村委会	其他组织机构	从业人员数（人）	企业法人	事业法人	机关法人	社会团体	民办非企业单位	基金会	居委会	村委会	其他组织机构
		14296	14296								
		1164	1164								
		430	430								
		2327	2327								
		1914	1914								
		6319	6319								
		362	362								
		2933	2933								
		5530	5530								
		2490	2490								
		642	642								
		280	280								
		422	422								
		168	168								
		513	513								
		1015	1015								
		1803	1803								
		863	863								
		940	940								
		20530	20530								
		6021	6021								
		14509	14509								
		27011	27011								
		2347	2347								
		11122	11122								
		7764	7764								
		988	988								
		3036	3036								
		189	189								
		161	161								
		250	250								
		1154	1154								
		15180	15180								
		551	551								
		28	28								
		2550	2550								
		11455	11455								
		596	596								
		7636	7636								
		1397	1397								
		1	1								
		172	172								
		711	711								
		806	806								
		4549	4549								
		19159	19159								
		8620	8620								
		1855	1855								
		660	660								
		358	358								
		921	921								
		722	722								
		63	63								
		2527	2527								
		3433	3433								

1－1－15 按行业、机构类型分组

行业	法人单位数（个）	企业法人	事业法人	机关法人	社会团体	民办非企业单位	基金会	居委会
通用设备制造业	894	894						
锅炉及原动设备制造	42	42						
金属加工机械制造	189	189						
物料搬运设备制造	27	27						
泵、阀门、压缩机及类似机械制造	140	140						
轴承、齿轮和传动部件制造	99	99						
烘炉、风机、衡器、包装等设备制造	43	43						
文化、办公用机械制造	4	4						
通用零部件制造	306	306						
其他通用设备制造业	44	44						
专用设备制造业	575	575						
采矿、冶金、建筑专用设备制造	136	136						
化工、木材、非金属加工专用设备制造	91	91						
食品、饮料、烟草及饲料生产专用设备制造	14	14						
印刷、制药、日化及日用品生产专用设备制造	48	48						
纺织、服装和皮革加工专用设备制造	25	25						
电子和电工机械专用设备制造	64	64						
农、林、牧、渔专用机械制造	61	61						
医疗仪器设备及器械制造	53	53						
环保、社会公共服务及其他专用设备制造	83	83						
汽车制造业	260	260						
汽车整车制造								
改装汽车制造	3	3						
低速载货汽车制造								
电车制造	4	4						
汽车车身、挂车制造	4	4						
汽车零部件及配件制造	249	249						
铁路、船舶、航空航天和其他运输设备制造业	112	112						
铁路运输设备制造	4	4						
城市轨道交通设备制造	2	2						
船舶及相关装置制造	55	55						
航空、航天器及设备制造	2	2						
摩托车制造	7	7						
自行车制造	35	35						
非公路休闲车及零配件制造	3	3						
潜水救捞及其他未列明运输设备制造	4	4						
电气机械和器材制造业	597	597						
电机制造	43	43						
输配电及控制设备制造	205	205						
电线、电缆、光缆及电工器材制造	131	131						
电池制造	40	40						
家用电力器具制造	52	52						
非电力家用器具制造	41	41						
照明器具制造	47	47						
其他电气机械及器材制造	38	38						
计算机、通信和其他电子设备制造业	366	366						
计算机制造	23	23						
通信设备制造	15	15						
广播电视设备制造	20	20						
雷达及配套设备制造								
视听设备制造	7	7						
电子器件制造	31	31						
电子元件制造	213	213						
其他电子设备制造	57	57						
仪器仪表制造业	283	283						

的法人单位数及从业人员数(续3)

村委会	其他组织机构	从业人员数（人）	企业法人	事业法人	机关法人	社会团体	民办非企业单位	基金会	居委会	村委会	其他组织机构
		30658	30658								
		3350	3350								
		4681	4681								
		1752	1752								
		6170	6170								
		6660	6660								
		1032	1032								
		361	361								
		5699	5699								
		953	953								
		19150	19150								
		5271	5271								
		2511	2511								
		494	494								
		1177	1177								
		1035	1035								
		1285	1285								
		2042	2042								
		3837	3837								
		1498	1498								
		12840	12840								
		81	81								
		56	56								
		343	343								
		12360	12360								
		4733	4733								
		286	286								
		2	2								
		2884	2884								
		10	10								
		86	86								
		1249	1249								
		35	35								
		181	181								
		40907	40907								
		4443	4443								
		12867	12867								
		8568	8568								
		8256	8256								
		1496	1496								
		2127	2127								
		2781	2781								
		369	369								
		67864	67864								
		4070	4070								
		226	226								
		1879	1879								
		781	781								
		1612	1612								
		48538	48538								
		10758	10758								
		6193	6193								

1－1－15 按行业、机构类型分组

行业	法人单位数（个）	企业法人	事业法人	机关法人	社会团体	民办非企业单位	基金会	居委会
通用仪器仪表制造	178	178						
专用仪器仪表制造	47	47						
钟表与计时仪器制造	2	2						
光学仪器及眼镜制造	11	11						
其他仪器仪表制造业	45	45						
其他制造业	115	115						
日用杂品制造	63	63						
煤制品制造	2	2						
核辐射加工								
其他未列明制造业	50	50						
废弃资源综合利用业	60	60						
金属废料和碎屑加工处理	29	29						
非金属废料和碎屑加工处理	31	31						
金属制品、机械和设备修理业	57	57						
金属制品修理	2	2						
通用设备修理	7	7						
专用设备修理	8	8						
铁路、船舶、航空航天等运输设备修理	23	23						
电气设备修理	4	4						
仪器仪表修理								
其他机械和设备修理业	13	13						
电力、热力、燃气及水生产和供应业	**187**	**185**	**2**					
电力、热力生产和供应业	61	59	2					
电力生产	40	40						
电力供应	8	6	2					
热力生产和供应	13	13						
燃气生产和供应业	27	27						
燃气生产和供应业	27	27						
水的生产和供应业	99	99						
自来水生产和供应	73	73						
污水处理及其再生利用	21	21						
其他水的处理、利用与分配	5	5						
建筑业	**2312**	**2312**						
房屋建筑业	793	793						
房屋建筑业	793	793						
土木工程建筑业	358	358						
铁路、道路、隧道和桥梁工程建筑	150	150						
水利和内河港口工程建筑	48	48						
海洋工程建筑								
工矿工程建筑	8	8						
架线和管道工程建筑	56	56						
其他土木工程建筑	96	96						
建筑安装业	324	324						
电气安装	94	94						
管道和设备安装	60	60						
其他建筑安装业	170	170						
建筑装饰和其他建筑业	837	837						
建筑装饰业	602	602						
工程准备活动	99	99						
提供施工设备服务	33	33						
其他未列明建筑业	103	103						
批发和零售业	**10851**	**10258**	**1**					
批发业	6328	5808	1					
农、林、牧产品批发	822	565						
食品、饮料及烟草制品批发	822	577						

的法人单位数及从业人员数(续4)

村委会	其他组织机构	从业人员数(人)	企业法人	事业法人	机关法人	社会团体	民办非企业单位	基金会	居委会	村委会	其他组织机构
		3725	3725								
		1496	1496								
		12	12								
		659	659								
		301	301								
		5271	5271								
		4423	4423								
		15	15								
		833	833								
		1891	1891								
		1388	1388								
		503	503								
		610	610								
		96	96								
		62	62								
		78	78								
		230	230								
		36	36								
		108	108								
		6332	**6311**	**21**							
		3638	3617	21							
		3287	3287								
		76	55	21							
		275	275								
		744	744								
		744	744								
		1950	1950								
		1460	1460								
		451	451								
		39	39								
		515614	**515614**								
		396413	396413								
		396413	396413								
		53903	53903								
		35255	35255								
		6966	6966								
		1467	1467								
		3985	3985								
		6230	6230								
		22211	22211								
		11582	11582								
		3284	3284								
		7345	7345								
		43087	43087								
		27979	27979								
		5322	5322								
		1200	1200								
		8586	8586								
	592	**109289**	**100930**	**16**							**8343**
	519	64704	57228	16							7460
	257	10105	6647								3458
	245	11932	8135								3797

1－1－15 按行业、机构类型分组

行业	法人单位数（个）	企业法人	事业法人	机关法人	社会团体	民办非企业单位	基金会	居委会
纺织、服装及家庭用品批发	622	621						
文化、体育用品及器材批发	156	156						
医药及医疗器材批发	119	119						
矿产品、建材及化工产品批发	1824	1820	1					
机械设备、五金产品及电子产品批发	1016	1010						
贸易经纪与代理	386	383						
其他批发业	561	557						
零售业	4523	4450						
综合零售	668	668						
食品、饮料及烟草制品专门零售	448	378						
纺织、服装及日用品专门零售	357	356						
文化、体育用品及器材专门零售	166	165						
医药及医疗器材专门零售	1019	1018						
汽车、摩托车、燃料及零配件专门零售	466	466						
家用电器及电子产品专门零售	584	584						
五金、家具及室内装饰材料专门零售	486	486						
货摊、无店铺及其他零售业	329	329						
交通运输、仓储和邮政业	**1162**	**1126**	**28**					
道路运输业	827	806	16					
城市公共交通运输	15	15						
公路旅客运输	33	33						
道路货物运输	719	715						
道路运输辅助活动	60	43	16					
水上运输业	119	110	9					
水上旅客运输	4	4						
水上货物运输	85	85						
水上运输辅助活动	30	21	9					
航空运输业	1	1						
航空客货运输	1	1						
通用航空服务								
航空运输辅助活动								
管道运输业	3	3						
管道运输业	3	3						
装卸搬运和运输代理业	124	124						
装卸搬运	79	79						
运输代理业	45	45						
仓储业	54	50	1					
谷物、棉花等农产品仓储	29	25	1					
其他仓储业	25	25						
邮政业	34	32	2					
邮政基本服务	3	1	2					
快递服务	31	31						
住宿和餐饮业	**475**	**472**						
住宿业	150	148						
旅游饭店	67	66						
一般旅馆	69	68						
其他住宿业	14	14						
餐饮业	325	324						
正餐服务	275	274						
快餐服务	14	14						
饮料及冷饮服务	9	9						
其他餐饮业	27	27						
信息传输、软件和信息技术服务业	**613**	**525**	**83**					
电信、广播电视和卫星传输服务	135	55	79					
电信	40	39						

的法人单位数及从业人员数(续5)

村委会	其他组织机构	从业人员数（人）	企业法人	事业法人	机关法人	社会团体	民办非企业单位	基金会	居委会	村委会	其他组织机构
	1	6964	6911								53
		1258	1258								
		1817	1817								
	3	15692	15612	16							64
	6	8680	8647								33
	3	3331	3307								24
	4	4925	4894								31
	73	44585	43702								883
		11080	11080								
	70	3931	3055								876
	1	2835	2834								1
	1	1463	1458								5
	1	5555	5554								1
		8412	8412								
		4876	4876								
		3729	3729								
		2704	2704								
	8	**42614**	**41420**	**1154**							**40**
	5	27602	27063	508							31
		1947	1947								
		1970	1970								
	4	16390	16363								27
	1	7295	6783	508							4
		8029	7632	397							
		69	69								
		7213	7213								
		747	350	397							
		265	265								
		265	265								
		44	44								
		44	44								
		2464	2464								
		1984	1984								
		480	480								
	3	830	811	10							9
	3	588	569	10							9
		242	242								
		3380	3141	239							
		2328	2089	239							
		1052	1052								
	3	**14418**	**14406**								**12**
	2	6173	6164								9
	1	4898	4897								1
	1	1079	1071								8
		196	196								
	1	8245	8242								3
	1	7120	7117								3
		215	215								
		103	103								
		807	807								
	5	**10778**	**9761**	**992**							**25**
	1	5560	4641	916							3
	1	3525	3522								3

1－1－15 按行业、机构类型分组

行业	法人单位数（个）	企业法人	事业法人	机关法人	社会团体	民办非企业单位	基金会	居委会
广播电视传输服务	94	15	79					
卫星传输服务	1	1						
互联网和相关服务	148	148						
互联网接入及相关服务	12	12						
互联网信息服务	106	106						
其他互联网服务	30	30						
软件和信息技术服务业	330	322	4					
软件开发	163	163						
信息系统集成服务	23	22	1					
信息技术咨询服务	66	62	1					
数据处理和存储服务	5	4	1					
集成电路设计	9	9						
其他信息技术服务业	64	62	1					
房地产业	**1373**	**1357**	**8**					
房地产业	1373	1357	8					
房地产开发经营	662	662						
物业管理	460	451	4					
房地产中介服务	168	165	2					
自有房地产经营活动	26	26						
其他房地产业	57	53	2					
租赁和商务服务业	**3009**	**2561**	**243**			**38**		
租赁业	207	193						
机械设备租赁	204	190						
文化及日用品出租	3	3						
商务服务业	2802	2368	243			38		
企业管理服务	778	650	103			12		
法律服务	175	31	37			9		
咨询与调查	413	359	28			10		
广告业	595	585	3					
知识产权服务	7	6	1					
人力资源服务	310	252	56			1		
旅行社及相关服务	111	109	1					
安全保护服务	19	18	1					
其他商务服务业	394	358	13			6		
科学研究和技术服务业	**1828**	**748**	**376**			**12**		
研究和试验发展	112	86	20			4		
自然科学研究和试验发展	19	13	5			1		
工程和技术研究和试验发展	59	53	5					
农业科学研究和试验发展	25	14	8			2		
医学研究和试验发展	5	4				1		
社会人文科学研究	4	2	2					
专业技术服务业	646	437	153			2		
气象服务	13	4	9					
地震服务	10	1	8					
海洋服务								
测绘服务	23	21	2					
质检技术服务	67	46	20					
环境与生态监测	14	5	9					
地质勘查	6	6						
工程技术	273	225	47			1		
其他专业技术服务业	240	129	58			1		
科技推广和应用服务业	1070	225	203			6		
技术推广服务	988	160	191			4		
科技中介服务	32	26	5			1		
其他科技推广和应用服务业	50	39	7			1		

的法人单位数及从业人员数（续6）

村委会	其他组织机构	从业人员数（人）	企业法人	事业法人	机关法人	社会团体	民办非企业单位	基金会	居委会	村委会	其他组织机构
		2034	1118	916							
		1	1								
		954	954								
		86	86								
		668	668								
		200	200								
	4	4264	4166	76							22
		2899	2899								
		173	170	3							
	3	627	601	8							18
		29	24	5							
		89	89								
	1	447	383	60							4
	8	**26982**	**26824**	**79**							**79**
	8	26982	26824	79							79
		15368	15368								
	5	9134	9106	16							12
	1	1363	1314	43							6
		184	184								
	2	933	852	20							61
	167	**37586**	**33174**	**3112**			**197**				**1103**
	14	1864	1755								109
	14	1845	1736								109
		19	19								
	153	35722	31419	3112			197				994
	13	10393	9374	885			55				79
	98	999	235	195			75				494
	16	3273	2709	295			43				226
	7	5804	4833	922							49
		30	27	3							
	1	7110	6570	534			4				2
	1	1020	1002	14							4
		1855	1851	4							
	17	5238	4818	260			20				140
	692	**26567**	**12550**	**3681**			**89**				**10247**
	2	1422	1066	314			29				13
		145	100	40			5				
	1	742	687	45							10
	1	387	149	219			16				3
		134	126				8				
		14	4	10							
	54	11180	8985	1378			9				808
		91	23	68							
	1	88	10	49							29
		317	299	18							
	1	1472	1167	289							16
		255	53	202							
		435	435								
		6295	5999	288			8				
	52	2227	999	464			1				763
	636	13965	2499	1989			51				9426
	633	13212	1916	1854			47				9395
		260	225	33			2				
	3	493	358	102			2				31

1－1－15 按行业、机构类型分组

行业	法人单位数（个）	企业法人	事业法人	机关法人	社会团体	民办非企业单位	基金会	居委会
水利、环境和公共设施管理业	**416**	**136**	**263**			**1**		
水利管理业	222	24	192					
防洪除涝设施管理	38	3	34					
水资源管理	46	6	38					
天然水收集与分配	35	2	30					
水文服务	5	5						
其他水利管理业	98	8	90					
生态保护和环境治理业	24	12	7					
生态保护	11	3	4					
环境治理业	13	9	3					
公共设施管理业	170	100	64			1		
市政设施管理	25	12	13					
环境卫生管理	29	8	16			1		
城乡市容管理	12		12					
绿化管理	54	45	9					
公园和游览景区管理	50	35	14					
居民服务、修理和其他服务业	**633**	**575**	**20**			**19**		
居民服务业	228	183	17			16		
家庭服务	25	25						
托儿所服务								
洗染服务	5	5						
理发及美容服务	9	9						
洗浴服务	77	76						
保健服务	6	6						
婚姻服务	19	12	3			4		
殡葬服务	30	11	10			6		
其他居民服务业	57	39	4			6		
机动车、电子产品和日用产品修理业	271	268				1		
汽车、摩托车修理与维护	211	209				1		
计算机和办公设备维修	19	19						
家用电器修理	31	31						
其他日用产品修理业	10	9						
其他服务业	134	124	3			2		
清洁服务	97	94	2					
其他未列明服务业	37	30	1			2		
教育	**1111**	**170**	**598**			**305**		
教育	1111	170	598			305		
学前教育	219	9	56			143		
初等教育	227		212			13		
中等教育	233	9	198			21		
高等教育	21	1	19					
特殊教育	10	3	6			1		
技能培训、教育辅助及其他教育	401	148	107			127		
卫生和社会工作	**753**	**59**	**364**		**8**	**276**		
卫生	461	55	309			70		
医院	76	29	32			12		
社区医疗与卫生院	203	6	140			38		
门诊部（所）	34	11	4			16		
计划生育技术服务活动	101	1	100					
妇幼保健院（所、站）	8		8					
专科疾病防治院（所、站）	4		2			2		
疾病预防控制中心	18		18					
其他卫生活动	17	8	5			2		
社会工作	292	4	55		8	206		

的法人单位数及从业人员数（续7）

		从业人员数（人）									
村委会	其他组织机构		企业法人	事业法人	机关法人	社会团体	民办非企业单位	基金会	居委会	村委会	其他组织机构
	16	**10136**	**2842**	**7080**			**4**				**210**
	6	3712	395	3188							129
	1	1405	44	1357							4
	2	554	35	506							13
	3	563	47	404							112
		156	156								
		1034	113	921							
	5	211	85	99							27
	4	131	38	71							22
	1	80	47	28							5
	5	6213	2362	3793			4				54
		567	149	418							
	4	2983	182	2753			4				44
		145		145							
		1833	1636	197							
	1	685	395	280							10
	19	**7979**	**7369**	**255**			**148**				**207**
	12	3029	2559	235			138				97
		509	509								
		78	78								
		71	71								
	1	822	807								15
		104	104								
		136	97	16			23				
	3	417	122	190			90				15
	8	892	771	29			25				67
	2	3249	3237				1				11
	1	2855	2851				1				3
		86	86								
		248	248								
	1	60	52								8
	5	1701	1573	20			9				99
	1	1170	1103	17							50
	4	531	470	3			9				49
	38	**63397**	**4721**	**51793**			**5649**				**1234**
	38	63397	4721	51793			5649				1234
	11	3477	68	1627			1645				137
	2	22488		21286			944				258
	5	26469	2405	21436			1950				678
	1	4654	2	4650							2
		264	19	238			7				
	19	6045	2227	2556			1103				159
	46	**31678**	**1601**	**26741**		**42**	**2872**				**422**
	27	29872	1508	26375			1704				285
	3	13615	1251	11148			1129				87
	19	10523	144	9717			493				169
	3	3445	62	3293			67				23
		794	6	788							
		614		614							
		19		13			6				
		565		565							
	2	297	45	237			9				6
	19	1806	93	366		42	1168				137

1－1－15　按行业、机构类型分组

行　　　　业	法　人 单位数 （个）	企业法人	事业法人	机关法人	社会团体	民办非 企业单位	基金会	居委会
提供住宿社会工作	261	4	46			192		
不提供住宿社会工作	31		9		8	14		
文化、体育和娱乐业	**677**	**458**	**154**		**12**	**33**		
新闻和出版业	24	11	13					
新闻业	10	3	7					
出版业	14	8	6					
广播、电视、电影和影视录音制作业	53	33	19			1		
广播	6	1	5					
电视	11	4	7					
电影和影视节目制作	7	6	1					
电影和影视节目发行	1	1						
电影放映	24	18	5			1		
录音制作	4	3	1					
文化艺术业	192	65	101			15		
文艺创作与表演	49	34	8			1		
艺术表演场馆	6	1	5					
图书馆与档案馆	21		20					
文物及非物质文化遗产保护	7		7					
博物馆	12		11			1		
烈士陵园、纪念馆	12	2	9					
群众文化活动	46	6	34			6		
其他文化艺术业	39	22	7			7		
体育	61	27	15		12	7		
体育组织	22	5	4		12	1		
体育场馆	11	1	9			1		
休闲健身活动	23	18	1			4		
其他体育	5	3	1			1		
娱乐业	347	322	6			10		
室内娱乐活动	307	287	2			9		
游乐园	6	5	1					
彩票活动	3		3					
文化、娱乐、体育经纪代理	7	7						
其他娱乐业	24	23				1		
公共管理、社会保障和社会组织	**5884**		**1052**	**1021**	**1270**		**15**	**411**
中国共产党机关	214		9	205				
中国共产党机关	214		9	205				
国家机构	1763		978	785				
国家权力机构	15		1	14				
国家行政机构	1661		951	710				
人民法院和人民检察院	26		3	23				
其他国家机构	61		23	38				
人民政协、民主党派	33		2	31				
人民政协	16		2	14				
民主党派	17			17				
社会保障	65		63					
社会保障	65		63					
群众团体、社会团体和其他成员组织	2130				1270		15	
群众团体	135				135			
社会团体	1100				1100			
基金会	15						15	
宗教组织	880				35			
基层群众自治组织	1679							411
社区自治组织	411							411
村民自治组织	1268							

的法人单位数及从业人员数(续8)

村委会	其他组织机构	从业人员数(人)	企业法人	事业法人	机关法人	社会团体	民办非企业单位	基金会	居委会	村委会	其他组织机构
	19	1638	93	334			1074				137
		168		32		42	94				
	20	**7491**	**4616**	**2549**		**59**	**143**				**124**
		478	260	218							
		168	30	138							
		310	230	80							
		1704	815	883			6				
		179	18	161							
		966	349	617							
		45	43	2							
		4	4								
		472	391	75			6				
		38	10	28							
	11	2360	1063	1125			75				97
	6	858	713	118			15				12
		92	61	31							
	1	243		241							2
		128		128							
		174		173			1				
	1	128	9	112							7
		386	95	259			32				
	3	351	185	63			27				76
		552	317	154		59	22				
		165	60	45		59	1				
		110	22	86			2				
		257	219	20			18				
		20	16	3			1				
	9	2397	2161	169			40				27
	9	1802	1720	18			37				27
		238	139	99							
		52		52							
		62	62								
		243	240				3				
1268	**847**	**72823**		**12323**	**33757**	**7778**		**73**	**4237**	**10637**	**4018**
		2563		60	2503						
		2563		60	2503						
		42421		11468	30953						
		355		5	350						
		38276		11192	27084						
		2330		9	2321						
		1460		262	1198						
		315		14	301						
		258		14	244						
		57			57						
	2	789		781							8
	2	789		781							8
	845	11861				7778		73			4010
		1138				1138					
		6494				6494					
		73						73			
	845	4156				146					4010
1268		14874							4237	10637	
		4237							4237		
1268		10637								10637	

1－1－16 按从业人员组距、开业（成立）时间、

指标	法人单位数（个）	企业法人	事业法人	机关法人	社会团体	民办非企业单位	基金会	居委会
总计	**43152**	**31659**	**3234**	**1021**	**1290**	**686**	**15**	**411**
按从业人员数分组								
7人及以下	21308	14854	1518	358	1050	448	12	161
8－19人	12024	8883	796	259	179	166	3	225
20－49人	5442	4420	361	221	42	47		22
50－99人	2150	1639	300	120	14	16		1
100－299人	1529	1228	210	54	4	5		2
300－499人	283	245	31	4	1	1		
500－999人	222	203	12	4		3		
1000－4999人	177	170	6	1				
5000－9999人	13	13						
10000人及以上	4	4						
按开业（成立）年份分组								
1949年以前	86	11	31	27	3			5
1950－1977年	1291	192	542	177	21	16		50
1978－1991年	2646	428	983	354	181	60		89
1992－1995年	715	325	152	48	49	17	1	11
1996年	230	127	40	12	18	6		5
1997年	208	112	47	7	13	10		1
1998年	542	322	68	29	31	15	1	2
1999年	411	239	75	14	27	7		2
2000年	843	399	157	45	35	18		19
2001年	1479	619	195	56	43	27		81
2002年	1031	692	104	35	46	23		26
2003年	1155	919	63	16	40	31		12
2004年	1159	946	66	11	34	29		16
2005年	1337	1092	57	15	55	40	1	8
2006年	1727	1432	47	16	56	32	1	5
2007年	1830	1536	60	7	84	26	2	9
2008年	2649	1742	95	32	129	31	1	8
2009年	3160	2633	51	11	60	44	1	11
2010年	4811	4154	134	50	70	48	1	12
2011年	4798	4186	97	9	94	52	5	21
2012年	5563	4737	78	31	99	83	1	8
2013年	5453	4790	92	17	102	71		10
无开业年份	28	26		2				

机构类型分组的法人单位数及从业人员数

		从业人员数（人）									
村委会	其他组织机构		企业法人	事业法人	机关法人	社会团体	民办非企业单位	基金会	居委会	村委会	其他组织机构
1268	**3568**	**1526285**	**1314840**	**110138**	**33757**	**7879**	**9132**	**73**	**4237**	**10637**	**35592**
580	2327	76005	51037	6028	1320	3008	1713	49	844	3406	8600
675	838	139534	103869	9177	3323	1989	1874	24	2556	6926	9796
13	316	161735	130947	11093	6930	1225	1383		529	305	9323
	60	148517	112660	21603	8506	851	1069		51		3777
	26	257936	211227	33312	8130	461	875		257		3674
	1	107287	93403	11206	1564	345	347				422
		158774	146237	7844	2822		1871				
		314009	302972	9875	1162						
		90927	90927								
		71561	71561								
8	1	28470	20525	6263	1530	32			68	48	4
252	41	102834	52165	39797	7431	133	226		561	2186	335
361	190	86470	40065	26544	12542	1275	1146		857	2906	1135
14	98	76398	69883	3407	2149	186	107	3	100	107	456
2	20	25409	24173	694	238	98	44		56	17	89
1	17	15481	13985	1200	87	53	81		4	7	64
13	61	37564	34236	2116	416	178	177	8	16	123	294
17	30	24841	22336	1794	85	114	128		29	200	155
77	93	34314	26483	4824	1085	209	354		178	649	532
365	93	36990	27646	3012	1625	158	174		773	3069	533
49	56	55059	49818	2442	1150	190	222		227	375	635
22	52	49637	44691	1692	827	307	1057		129	199	735
6	51	65060	62807	1074	163	145	274		150	43	404
3	66	64043	60624	958	135	462	1144	3	70	26	621
12	126	108379	105227	690	382	601	580	6	82	117	694
11	95	77663	74070	1780	278	456	210	10	74	100	685
20	591	89990	80063	1448	353	672	215	8	57	163	7011
2	347	124152	117868	1143	164	398	722	5	362	26	3464
12	330	143553	134915	2817	1491	473	571	7	85	98	3096
16	318	117280	108774	2905	268	479	506	22	176	122	4028
3	523	99995	89791	1572	820	652	679	1	92	27	6361
2	369	62585	54591	1966	524	608	515		91	29	4261
		118	104		14						

1－1－17 按行业、登记注册

行业	法人单位数（个）	内资	国有	集体	股份合作	联营
总计	**43152**	**42597**	**4597**	**956**	**85**	**82**
农、林、牧、渔业	**1257**	**1257**	**26**	**11**		**1**
农、林、牧、渔服务业	1257	1257	26	11		1
农业服务业	693	693	17	8		1
林业服务业	20	20	3			
畜牧服务业	447	447	4	3		
渔业服务业	97	97	2			
采矿业	**70**	**68**	**4**	**1**	**1**	**1**
煤炭开采和洗选业	1	1				
烟煤和无烟煤开采洗选						
褐煤开采洗选						
其他煤炭采选	1	1				
石油和天然气开采业	2	2				
石油开采	1	1				
天然气开采	1	1				
黑色金属矿采选业						
铁矿采选						
锰矿、铬矿采选						
其他黑色金属矿采选						
有色金属矿采选业	1	1				
常用有色金属矿采选	1	1				
贵金属矿采选						
稀有稀土金属矿采选						
非金属矿采选业	58	56	2	1	1	
土砂石开采	40	40	1		1	
化学矿开采	6	5				
采盐	8	7	1			
石棉及其他非金属矿采选	4	4		1		
开采辅助活动	6	6	2			1
煤炭开采和洗选辅助活动	2	2	1			
石油和天然气开采辅助活动	3	3	1			1
其他开采辅助活动	1	1				
其他采矿业	2	2				
其他采矿业	2	2				
制造业	**10541**	**10128**	**37**	**82**	**15**	**9**
农副食品加工业	532	526	7	4		
谷物磨制	232	231	3			
饲料加工	79	76	1			
植物油加工	15	15	1			
制糖业	3	3				
屠宰及肉类加工	69	69	2	3		
水产品加工	36	36		1		
蔬菜、水果和坚果加工	36	35				
其他农副食品加工	62	61				
食品制造业	182	172	3	3		
焙烤食品制造	42	41	2	1		
糖果、巧克力及蜜饯制造	11	11				
方便食品制造	45	43		1		
乳制品制造	6	6				
罐头食品制造	8	7				
调味品、发酵制品制造	32	32		1		
其他食品制造	38	32	1			
酒、饮料和精制茶制造业	74	70		1		
酒的制造	34	32		1		
饮料制造	35	33				

类型分组的法人单位数

国有联营	集体联营	国有与集体联营	其他联营	有限责任公司	国有独资	其他有限责任公司	股份有限公司
9	**24**	**3**	**46**	**4029**	**68**	**3961**	**570**
	1			**6**		**6**	
	1			6		6	
	1			4		4	
				2		2	
			1	**12**		**12**	**1**
				1		1	
				1		1	
				10		10	1
				3		3	
				4		4	
				3		3	1
			1				
			1				
				1		1	
				1		1	
	2		**7**	**1078**	**4**	**1074**	**165**
				47	1	46	6
				18	1	17	1
				10		10	1
				1		1	
				1		1	
				7		7	1
				2		2	3
				2		2	
				6		6	
				17		17	3
				4		4	
				1		1	
				10		10	
				2		2	
							1
							2
				6		6	4
				4		4	4

1－1－17 按行业、登记注册

行业	法人单位数（个）	内资	国有	集体	股份合作	联营
精制茶加工	5	5				
烟草制品业	2	2	2			
烟叶复烤						
卷烟制造	1	1	1			
其他烟草制品制造	1	1	1			
纺织业	728	705	4	8		
棉纺织及印染精加工	198	189		3		
毛纺织及染整精加工	26	26	1			
麻纺织及染整精加工	8	8				
丝绢纺织及印染精加工	31	31	1	1		
化纤织造及印染精加工	14	14				
针织或钩针编织物及其制品制造	179	171	1	2		
家用纺织制成品制造	198	192	1	2		
非家用纺织制成品制造	74	74				
纺织服装、服饰业	961	904		3	2	
机织服装制造	619	579		1	1	
针织或钩针编织服装制造	65	64		1		
服饰制造	277	261		1	1	
皮革、毛皮、羽毛及其制品和制鞋业	282	261		1		
皮革鞣制加工	11	10		1		
皮革制品制造	106	97				
毛皮鞣制及制品加工	2	2				
羽毛（绒）加工及制品制造	47	45				
制鞋业	116	107				
木材加工和木、竹、藤、棕、草制品业	489	482		5		1
木材加工	235	234		2		1
人造板制造	136	132		2		
木制品制造	101	100		1		
竹、藤、棕、草等制品制造	17	16				
家具制造业	166	157				
木质家具制造	123	119				
竹、藤家具制造	1	1				
金属家具制造	16	15				
塑料家具制造	8	8				
其他家具制造	18	14				
造纸和纸制品业	255	248		2	2	
纸浆制造	1	1				
造纸	85	82				
纸制品制造	169	165		2	2	
印刷和记录媒介复制业	200	193	3	8		
印刷	178	171	3	8		
装订及印刷相关服务	22	22				
记录媒介复制						
文教、工美、体育和娱乐用品制造业	345	327	1	2		
文教办公用品制造	112	108				
乐器制造	8	8				
工艺美术品制造	108	99	1	2		
体育用品制造	30	28				
玩具制造	80	77				
游艺器材及娱乐用品制造	7	7				
石油加工、炼焦和核燃料加工业	31	30		1		
精炼石油产品制造	30	29		1		
炼焦						
核燃料加工	1	1				
化学原料和化学制品制造业	503	487	4	3		

类型分组的法人单位数(续1)

国有联营	集体联营	国有与集体联营	其他联营	有限责任公司	国有独资	其他有限责任公司	股份有限公司
				90		90	8
				30		30	6
				5		5	
				2		2	
				2		2	
				2		2	
				24		24	1
				11		11	
				14		14	1
				69		69	5
				50		50	4
				2		2	
				17		17	1
				25		25	7
							1
				7		7	4
				2		2	
				16		16	2
			1	31		31	3
			1	18		18	1
				6		6	2
				7		7	
				13		13	2
				9		9	
				2		2	1
				2		2	
							1
				34		34	7
				14		14	4
				20		20	3
				23		23	3
				21		21	3
				2		2	
				27		27	
				6		6	
				7		7	
				6		6	
				7		7	
				1		1	
				2	1	1	2
				2	1	1	2
				72	1	71	19

1－1－17 按行业、登记注册

行业	法人单位数（个）	内资	国有	集体	股份合作	联营
基础化学原料制造	128	122	2	1		
肥料制造	49	47	2	1		
农药制造	15	15				
涂料、油墨、颜料及类似产品制造	84	83				
合成材料制造	61	60				
专用化学产品制造	100	98		1		
炸药、火工及焰火产品制造	1	1				
日用化学产品制造	65	61				
医药制造业	71	67	1	1		
化学药品原料药制造	14	11				
化学药品制剂制造	3	3				
中药饮片加工	3	3		1		
中成药生产	8	8	1			
兽用药品制造	6	6				
生物药品制造	16	16				
卫生材料及医药用品制造	21	20				
化学纤维制造业	34	32				
纤维素纤维原料及纤维制造	8	7				
合成纤维制造	26	25				
橡胶和塑料制品业	533	512		4	2	
橡胶制品业	87	82				
塑料制品业	446	430		4	2	
非金属矿物制品业	873	858	1	13	1	1
水泥、石灰和石膏制造	58	57		1		
石膏、水泥制品及类似制品制造	350	344		4		
砖瓦、石材等建筑材料制造	293	290	1	7	1	1
玻璃制造	15	15				
玻璃制品制造	73	72				
玻璃纤维和玻璃纤维增强塑料制品制造	15	15		1		
陶瓷制品制造	8	7				
耐火材料制品制造	15	15				
石墨及其他非金属矿物制品制造	46	43				
黑色金属冶炼和压延加工业	138	135	1	4		
炼铁	6	6		1		
炼钢	3	3				
黑色金属铸造	48	47	1	2		
钢压延加工	74	72		1		
铁合金冶炼	7	7				
有色金属冶炼和压延加工业	203	199	1	1		
常用有色金属冶炼	29	28	1	1		
贵金属冶炼	1	1				
稀有稀土金属冶炼	4	4				
有色金属合金制造	14	14				
有色金属铸造	15	15				
有色金属压延加工	140	137				
金属制品业	620	601		2		
结构性金属制品制造	295	287		1		
金属工具制造	64	62				
集装箱及金属包装容器制造	21	20		1		
金属丝绳及其制品制造	14	14				
建筑、安全用金属制品制造	61	59				
金属表面处理及热处理加工	24	24				
搪瓷制品制造	4	4				
金属制日用品制造	45	42				
其他金属制品制造	92	89				

类型分组的法人单位数(续2)

国有联营	集体联营	国有与集体联营	其他联营	有限责任公司	国有独资	其他有限责任公司	股份有限公司
				30	1	29	7
				5		5	
				3		3	2
				5		5	2
				10		10	
				11		11	4
							1
				8		8	3
				11		11	3
				3		3	
				1		1	
				1		1	
				1		1	
				2		2	3
				3		3	
				2		2	
				1		1	
				1		1	
				54		54	10
				9		9	
				45		45	10
			1	66	1	65	9
				6	1	5	2
				26		26	5
			1	17		17	1
				1		1	
				7		7	1
				1		1	
				1		1	
				2		2	
				5		5	
				15		15	5
				1		1	
				2		2	3
				11		11	2
				1		1	
				24		24	2
				5		5	2
				2		2	
				1		1	
				16		16	
				68		68	12
				35		35	3
				3		3	3
				2		2	2
				2		2	
				8		8	
				3		3	
				1		1	
				4		4	2
				10		10	2

1－1－17 按行业、登记注册

行业	法人单位数（个）	内资	国有	集体	股份合作	联营
通用设备制造业	894	859	3	4		1
锅炉及原动设备制造	42	41				
金属加工机械制造	189	185				
物料搬运设备制造	27	24				1
泵、阀门、压缩机及类似机械制造	140	135	1			
轴承、齿轮和传动部件制造	99	91				
烘炉、风机、衡器、包装等设备制造	43	40				
文化、办公用机械制造	4	4				
通用零部件制造	306	295	2	4		
其他通用设备制造业	44	44				
专用设备制造业	575	543	1	2	3	
采矿、冶金、建筑专用设备制造	136	134			3	
化工、木材、非金属加工专用设备制造	91	76				
食品、饮料、烟草及饲料生产专用设备制造	14	14				
印刷、制药、日化及日用品生产专用设备制造	48	47				
纺织、服装和皮革加工专用设备制造	25	24				
电子和电工机械专用设备制造	64	58				
农、林、牧、渔专用机械制造	61	59		2		
医疗仪器设备及器械制造	53	50				
环保、社会公共服务及其他专用设备制造	83	81	1			
汽车制造业	260	245		1		1
汽车整车制造						
改装汽车制造	3	3				
低速载货汽车制造						
电车制造	4	4				
汽车车身、挂车制造	4	4				
汽车零部件及配件制造	249	234		1		1
铁路、船舶、航空航天和其他运输设备制造业	112	107		1	2	
铁路运输设备制造	4	4				
城市轨道交通设备制造	2	2				
船舶及相关装置制造	55	55		1		
航空、航天器及设备制造	2					
摩托车制造	7	6			1	
自行车制造	35	34			1	
非公路休闲车及零配件制造	3	3				
潜水救捞及其他未列明运输设备制造	4	3				
电气机械和器材制造业	597	569	2	3	2	2
电机制造	43	41				
输配电及控制设备制造	205	193		2		1
电线、电缆、光缆及电工器材制造	131	126	1	1		
电池制造	40	36			1	
家用电力器具制造	52	50				1
非电力家用器具制造	41	41				
照明器具制造	47	45				
其他电气机械及器材制造	38	37	1		1	
计算机、通信和其他电子设备制造业	366	334	2		1	
计算机制造	23	19			1	
通信设备制造	15	15				
广播电视设备制造	20	18				
雷达及配套设备制造						
视听设备制造	7	7				
电子器件制造	31	26	1			
电子元件制造	213	195	1			
其他电子设备制造	57	54				
仪器仪表制造业	283	282	1	4		1

类型分组的法人单位数(续3)

国有联营	集体联营	国有与集体联营	其他联营	有限责任公司	国有独资	其他有限责任公司	股份有限公司
			1	83		83	11
				5		5	1
				19		19	1
			1	5		5	
				15		15	
				9		9	2
				9		9	1
				1		1	
				16		16	5
				4		4	1
				69		69	13
				15		15	2
				10		10	2
				1		1	1
				5		5	1
				4		4	1
				4		4	
				5		5	
				10		10	5
				15		15	1
			1	31		31	7
							1
			1	31		31	6
				18		18	1
				7		7	1
				1		1	
				9		9	
				1		1	
	1		1	69		69	15
				7		7	2
			1	24		24	4
				8		8	3
				8		8	1
	1			5		5	
				2		2	4
				6		6	
				9		9	1
				37		37	3
				4		4	
				3		3	
				2		2	1
				1		1	
				5		5	
				13		13	1
				9		9	1
			1	48		48	3

1－1－17 按行业、登记注册

行业	法人单位数（个）	内资	国有	集体	股份合作	联营
通用仪器仪表制造	178	178	1	3		
专用仪器仪表制造	47	46		1		
钟表与计时仪器制造	2	2				
光学仪器及眼镜制造	11	11				
其他仪器仪表制造业	45	45				1
其他制造业	115	105				1
日用杂品制造	63	54				
煤制品制造	2	2				
核辐射加工						
其他未列明制造业	50	49				1
废弃资源综合利用业	60	59				
金属废料和碎屑加工处理	29	29				
非金属废料和碎屑加工处理	31	30				
金属制品、机械和设备修理业	57	57		1		1
金属制品修理	2	2				
通用设备修理	7	7				
专用设备修理	8	8				
铁路、船舶、航空航天等运输设备修理	23	23		1		1
电气设备修理	4	4				
仪器仪表修理						
其他机械和设备修理业	13	13				
电力、热力、燃气及水生产和供应业	**187**	**174**	**19**	**18**	**1**	
电力、热力生产和供应业	61	58	11	5	1	
电力生产	40	38	7	2	1	
电力供应	8	8	2	2		
热力生产和供应	13	12	2	1		
燃气生产和供应业	27	23				
燃气生产和供应业	27	23				
水的生产和供应业	99	93	8	13		
自来水生产和供应	73	72	7	13		
污水处理及其再生利用	21	16	1			
其他水的处理、利用与分配	5	5				
建筑业	**2312**	**2306**	**17**	**38**	**10**	**5**
房屋建筑业	793	789	2	17	6	3
房屋建筑业	793	789	2	17	6	3
土木工程建筑业	358	357	12	17	2	
铁路、道路、隧道和桥梁工程建筑	150	150	4	5	1	
水利和内河港口工程建筑	48	48	2	4		
海洋工程建筑						
工矿工程建筑	8	8		1		
架线和管道工程建筑	56	55	4	2	1	
其他土木工程建筑	96	96	2	5		
建筑安装业	324	324	1	3	1	1
电气安装	94	94		2	1	
管道和设备安装	60	60	1			1
其他建筑安装业	170	170		1		
建筑装饰和其他建筑业	837	836	2	1	1	1
建筑装饰业	602	601	1		1	1
工程准备活动	99	99		1		
提供施工设备服务	33	33				
其他未列明建筑业	103	103	1			
批发和零售业	**10851**	**10806**	**165**	**199**	**26**	**27**
批发业	6328	6301	131	110	12	20
农、林、牧产品批发	822	822	91	30	2	2
食品、饮料及烟草制品批发	822	818	15	20	2	3

类型分组的法人单位数(续4)

国有联营	集体联营	国有与集体联营	其他联营	有限责任公司	国有独资	其他有限责任公司	股份有限公司
				33		33	2
				6		6	
				1		1	
							1
			1	8		8	
			1	13		13	1
				2		2	
			1	11		11	1
				7		7	
				5		5	
				2		2	
	1			7		7	1
				1		1	
				1		1	
				2		2	1
	1			3		3	
				27	**3**	**24**	**4**
				13	3	10	1
				10	3	7	1
				3		3	
				5		5	1
				5		5	1
				9		9	2
				5		5	1
				4		4	1
	1		**4**	**438**	**7**	**431**	**68**
	1		2	157		157	32
	1		2	157		157	32
				70	4	66	10
				33	2	31	2
				9	1	8	2
				2		2	
				12	1	11	1
				14		14	5
			1	64	2	62	10
				22	2	20	7
			1	8		8	3
				34		34	
			1	147	1	146	16
			1	114		114	10
				9	1	8	2
				4		4	1
				20		20	3
1	**8**	**2**	**16**	**1098**	**7**	**1091**	**130**
1	5	2	12	672	5	667	69
	1		1	42	1	41	6
		1	2	73	1	72	4

1－1－17 按行业、登记注册

行　　业	法人单位数（个）	内资	国有	集体	股份合作	联营
纺织、服装及家庭用品批发	622	617	1	5	2	1
文化、体育用品及器材批发	156	154	1	2		
医药及医疗器材批发	119	119				1
矿产品、建材及化工产品批发	1824	1819	19	30	4	7
机械设备、五金产品及电子产品批发	1016	1006	1	6		4
贸易经纪与代理	386	386		10	1	1
其他批发业	561	560	3	7	1	1
零售业	4523	4505	34	89	14	7
综合零售	668	660	8	48	2	2
食品、饮料及烟草制品专门零售	448	445	8	10	2	1
纺织、服装及日用品专门零售	357	357		8	2	1
文化、体育用品及器材专门零售	166	166	5	2	1	1
医药及医疗器材专门零售	1019	1018	2			1
汽车、摩托车、燃料及零配件专门零售	466	464	7	8	2	
家用电器及电子产品专门零售	584	584	2		2	
五金、家具及室内装饰材料专门零售	486	485	1	4		
货摊、无店铺及其他零售业	329	326	1	9	3	1
交通运输、仓储和邮政业	**1162**	**1160**	**57**	**39**	**2**	**5**
道路运输业	827	826	25	9	2	2
城市公共交通运输	15	15	2			
公路旅客运输	33	33	4	1	1	
道路货物运输	719	718		7	1	2
道路运输辅助活动	60	60	19	1		
水上运输业	119	119	9	21		1
水上旅客运输	4	4				
水上货物运输	85	85	2	19		1
水上运输辅助活动	30	30	7	2		
航空运输业	1	1	1			
航空客货运输	1	1	1			
通用航空服务						
航空运输辅助活动						
管道运输业	3	3				
管道运输业	3	3				
装卸搬运和运输代理业	124	123	2	4		2
装卸搬运	79	79	1	4		
运输代理业	45	44	1			2
仓储业	54	54	17	5		
谷物、棉花等农产品仓储	29	29	17	3		
其他仓储业	25	25		2		
邮政业	34	34	3			
邮政基本服务	3	3	3			
快递服务	31	31				
住宿和餐饮业	**475**	**460**	**10**	**6**	**2**	
住宿业	150	147	4	3	1	
旅游饭店	67	64	4	2	1	
一般旅馆	69	69				
其他住宿业	14	14		1		
餐饮业	325	313	6	3	1	
正餐服务	275	268	6	3	1	
快餐服务	14	11				
饮料及冷饮服务	9	7				
其他餐饮业	27	27				
信息传输、软件和信息技术服务业	**613**	**609**	**78**	**9**		**1**
电信、广播电视和卫星传输服务	135	135	73	9		
电信	40	40	3			

类型分组的法人单位数(续5)

国有联营	集体联营	国有与集体联营	其他联营	有限责任公司	国有独资	其他有限责任公司	股份有限公司
	1			94		94	9
				22		22	1
			1	20		20	3
	3	1	3	146	2	144	15
1			3	156		156	18
			1	57		57	7
			1	62	1	61	6
	3		4	426	2	424	61
	1		1	36		36	7
			1	45		45	5
			1	49		49	4
	1			22		22	5
	1			42		42	15
				68	2	66	12
				66		66	7
				60		60	2
			1	38		38	4
2	**2**		**1**	**161**	**5**	**156**	**25**
1	1			123	4	119	15
				2	1	1	1
				9		9	1
1	1			103	3	100	11
				9		9	2
			1	20		20	6
				3		3	
			1	15		15	6
				2		2	
							1
							1
1	1			10	1	9	2
				8	1	7	
1	1			2		2	2
				2		2	1
				2		2	1
				6		6	
				6		6	
				70	**5**	**65**	**13**
				30	3	27	10
				17	3	14	6
				9		9	4
				4		4	
				40	2	38	3
				36	2	34	2
				2		2	
				1		1	
				1		1	1
			1	**100**	**1**	**99**	**8**
				7		7	2
				3		3	2

1－1－17 按行业、登记注册

行业	法人单位数（个）	内资	国有	集体	股份合作	联营
广播电视传输服务	94	94	70	9		
卫星传输服务	1	1				
互联网和相关服务	148	148				
互联网接入及相关服务	12	12				
互联网信息服务	106	106				
其他互联网服务	30	30				
软件和信息技术服务业	330	326	5			1
软件开发	163	161				
信息系统集成服务	23	22	1			
信息技术咨询服务	66	65	1			
数据处理和存储服务	5	5	1			
集成电路设计	9	9				1
其他信息技术服务业	64	64	2			
房地产业	**1373**	**1341**	**32**	**21**	**9**	**3**
房地产业	1373	1341	32	21	9	3
房地产开发经营	662	637	8	1	2	3
物业管理	460	456	11	11	6	
房地产中介服务	168	167	4		1	
自有房地产经营活动	26	25	1	5		
其他房地产业	57	56	8	4		
租赁和商务服务业	**3009**	**3000**	**277**	**107**	**9**	**15**
租赁业	207	207	1	1		
机械设备租赁	204	204	1	1		
文化及日用品出租	3	3				
商务服务业	2802	2793	276	106	9	15
企业管理服务	778	775	115	56		2
法律服务	175	175	41	15	2	
咨询与调查	413	413	31	5	1	4
广告业	595	594	8		3	2
知识产权服务	7	7	1	1		
人力资源服务	310	310	55	8	1	
旅行社及相关服务	111	111	2			1
安全保护服务	19	19	2	3	1	3
其他商务服务业	394	389	21	18	1	3
科学研究和技术服务业	**1828**	**1821**	**339**	**51**	**2**	**2**
研究和试验发展	112	108	20	2		
自然科学研究和试验发展	19	18	5			
工程和技术研究和试验发展	59	56	7			
农业科学研究和试验发展	25	25	6	1		
医学研究和试验发展	5	5		1		
社会人文科学研究	4	4	2			
专业技术服务业	646	644	150	25		1
气象服务	13	13	9			
地震服务	10	10	9			
海洋服务						
测绘服务	23	23	5	2		1
质检技术服务	67	66	21	3		
环境与生态监测	14	14	9			
地质勘查	6	6	3	1		
工程技术	273	273	49	5		
其他专业技术服务业	240	239	45	14		
科技推广和应用服务业	1070	1069	169	24	2	1
技术推广服务	988	987	158	23	2	1
科技中介服务	32	32	5			
其他科技推广和应用服务业	50	50	6	1		

类型分组的法人单位数(续6)

国有联营	集体联营	国有与集体联营	其他联营	有限责任公司	国有独资	其他有限责任公司	股份有限公司
				4		4	
				21		21	2
				3		3	
				15		15	1
				3		3	1
			1	72	1	71	4
				46	1	45	3
				1		1	
				11		11	1
				1		1	
			1	2		2	
				11		11	
	1		**2**	**313**	**11**	**302**	**54**
	1		2	313	11	302	54
	1		2	193	10	183	41
				79		79	7
				28	1	27	4
				3		3	1
				10		10	1
2	**4**		**9**	**466**	**19**	**447**	**51**
				17		17	1
				16		16	1
				1		1	
2	4		9	449	19	430	50
1			1	142	10	132	13
				3		3	1
	1		3	62	1	61	4
			2	118	2	116	17
				2	1	1	
				35	1	34	2
			1	17		17	5
	2		1	2		2	
1	1		1	68	4	64	8
	2			**138**	**1**	**137**	**18**
				14		14	2
				1		1	
				13		13	1
							1
	1			90	1	89	14
	1			4		4	
				9		9	3
				3		3	
				53	1	52	8
				21		21	3
	1			34		34	2
	1			22		22	2
				6		6	
				6		6	

1－1－17 按行业、登记注册

行业	法人单位数（个）	内资	国有	集体	股份合作	联营
水利、环境和公共设施管理业	**416**	**414**	**247**	**33**		
水利管理业	222	222	176	18		
防洪除涝设施管理	38	38	33	3		
水资源管理	46	46	36	1		
天然水收集与分配	35	35	26	5		
水文服务	5	5	1			
其他水利管理业	98	98	80	9		
生态保护和环境治理业	24	24	8			
生态保护	11	11	5			
环境治理业	13	13	3			
公共设施管理业	170	168	63	15		
市政设施管理	25	24	14			
环境卫生管理	29	29	15	7		
城乡市容管理	12	12	10	2		
绿化管理	54	53	12	2		
公园和游览景区管理	50	50	12	4		
居民服务、修理和其他服务业	**633**	**631**	**23**	**12**	**3**	**1**
居民服务业	228	228	20	9	1	1
家庭服务	25	25				
托儿所服务						
洗染服务	5	5				
理发及美容服务	9	9				
洗浴服务	77	77	1	2	1	1
保健服务	6	6				
婚姻服务	19	19	2	2		
殡葬服务	30	30	12	3		
其他居民服务业	57	57	5	2		
机动车、电子产品和日用产品修理业	271	269	1	3	2	
汽车、摩托车修理与维护	211	210	1	3	2	
计算机和办公设备维修	19	19				
家用电器修理	31	30				
其他日用产品修理业	10	10				
其他服务业	134	134	2			
清洁服务	97	97	2			
其他未列明服务业	37	37				
教育	**1111**	**1110**	**527**	**78**	**3**	**3**
教育	1111	1110	527	78	3	3
学前教育	219	219	37	21		
初等教育	227	227	180	25		
中等教育	233	233	176	19		1
高等教育	21	21	19			2
特殊教育	10	10	6			
技能培训、教育辅助及其他教育	401	400	109	13	3	
卫生和社会工作	**753**	**753**	**309**	**125**	**1**	**3**
卫生	461	461	257	61	1	1
医院	76	76	30	8		
社区医疗与卫生院	203	203	106	37	1	1
门诊部（所）	34	34	2	3		
计划生育技术服务活动	101	101	84	11		
妇幼保健院（所、站）	8	8	8			
专科疾病防治院（所、站）	4	4	2			
疾病预防控制中心	18	18	18			
其他卫生活动	17	17	7	2		
社会工作	292	292	52	64		2

类型分组的法人单位数(续7)

国有联营	集体联营	国有与集体联营	其他联营	有限责任公司	国有独资	其他有限责任公司	股份有限公司
				20	**4**	**16**	**7**
				2	2		2
							1
				2	2		1
				3		3	
				2		2	
				1		1	
				15	2	13	5
				3		3	
				3		3	
				3		3	2
				6	2	4	3
			1	**48**		**48**	**14**
			1	19		19	2
				3		3	
				1		1	
			1	6		6	
				1		1	1
				1		1	1
				7		7	
				18		18	10
				12		12	9
				4		4	
				2		2	1
				11		11	2
				9		9	2
				2		2	
		1	**2**	**28**		**28**	**5**
		1	2	28		28	5
				3		3	1
		1					1
			2				
				25		25	3
1	**2**			**5**		**5**	**3**
	1			3		3	3
				3		3	3
	1						
1	1			2		2	

1－1－17 按行业、登记注册

行业	法人单位数（个）	内资	国有	集体	股份合作	联营
提供住宿社会工作	261	261	44	59		2
不提供住宿社会工作	31	31	8	5		
文化、体育和娱乐业	**677**	**675**	**148**	**19**	**1**	**4**
新闻和出版业	24	24	13	3		1
新闻业	10	10	6	1		1
出版业	14	14	7	2		
广播、电视、电影和影视录音制作业	53	52	18	6	1	
广播	6	6	4	2		
电视	11	11	8			
电影和影视节目制作	7	7	1			
电影和影视节目发行	1	1				
电影放映	24	23	5	3	1	
录音制作	4	4		1		
文化艺术业	192	192	97	10		1
文艺创作与表演	49	49	8	1		
艺术表演场馆	6	6	4	1		
图书馆与档案馆	21	21	20	1		
文物及非物质文化遗产保护	7	7	6	1		
博物馆	12	12	11			
烈士陵园、纪念馆	12	12	9	1		
群众文化活动	46	46	30	5		
其他文化艺术业	39	39	9			1
体育	61	61	14			
体育组织	22	22	4			
体育场馆	11	11	8			
休闲健身活动	23	23	1			
其他体育	5	5	1			
娱乐业	347	346	6			2
室内娱乐活动	307	306	2			2
游乐园	6	6	1			
彩票活动	3	3	3			
文化、娱乐、体育经纪代理	7	7				
其他娱乐业	24	24				
公共管理、社会保障和社会组织	**5884**	**5884**	**2282**	**107**		**2**
中国共产党机关	214	214	212			
中国共产党机关	214	214	212			
国家机构	1763	1763	1681	41		1
国家权力机构	15	15	14			
国家行政机构	1661	1661	1583	41		1
人民法院和人民检察院	26	26	26			
其他国家机构	61	61	58			
人民政协、民主党派	33	33	32			
人民政协	16	16	15			
民主党派	17	17	17			
社会保障	65	65	57	4		
社会保障	65	65	57	4		
群众团体、社会团体和其他成员组织	2130	2130	300	62		1
群众团体	135	135	89	5		
社会团体	1100	1100	199	47		1
基金会	15	15	8	1		
宗教组织	880	880	4	9		
基层群众自治组织	1679	1679				
社区自治组织	411	411				
村民自治组织	1268	1268				

类型分组的法人单位数(续8)

国有联营	集体联营	国有与集体联营	其他联营	有限责任公司	国有独资	其他有限责任公司	股份有限公司
1	1			2		2	
2			**2**	**21**	**1**	**20**	**4**
			1				
			1				
				5	1	4	1
				1	1		1
				1		1	
				2		2	
				1		1	
			1	5		5	
				4		4	
			1	1		1	
				2		2	
				1		1	
				1		1	
2				9		9	3
2				6		6	1
				2		2	1
				1		1	1
1	**1**						
1							
1							
	1						
	1						

1－1－17 按行业、登记注册

行业	私营	私营独资	私营合伙	私营有限责任公司	私营股份有限公司	其他	港澳台商投资企业
总计	**22980**	**10834**	**596**	**10832**	**718**	**9298**	**343**
农、林、牧、渔业	**63**	**33**	**2**	**26**	**2**	**1150**	
农、林、牧、渔服务业	63	33	2	26	2	1150	
农业服务业	39	18		19	2	624	
林业服务业	2			2		15	
畜牧服务业	16	13	1	2		424	
渔业服务业	6	2	1	3		87	
采矿业	**41**	**17**	**2**	**20**	**2**	**7**	**2**
煤炭开采和洗选业	1			1			
烟煤和无烟煤开采洗选							
褐煤开采洗选							
其他煤炭采选	1			1			
石油和天然气开采业						1	
石油开采						1	
天然气开采							
黑色金属矿采选业							
铁矿采选							
锰矿、铬矿采选							
其他黑色金属矿采选							
有色金属矿采选业	1			1			
常用有色金属矿采选	1			1			
贵金属矿采选							
稀有稀土金属矿采选							
非金属矿采选业	35	13	2	18	2	6	2
土砂石开采	29	12	1	14	2	6	
化学矿开采	1	1					1
采盐	2		1	1			1
石棉及其他非金属矿采选	3			3			
开采辅助活动	3	3					
煤炭开采和洗选辅助活动	1	1					
石油和天然气开采辅助活动	1	1					
其他开采辅助活动	1	1					
其他采矿业	1	1					
其他采矿业	1	1					
制造业	**8280**	**3631**	**185**	**4243**	**221**	**462**	**264**
农副食品加工业	441	201	9	220	11	21	4
谷物磨制	199	98	4	91	6	10	1
饲料加工	62	21		39	2	2	1
植物油加工	10	1		9		3	
制糖业	2	1			1		
屠宰及肉类加工	54	25	1	26	2	2	
水产品加工	30	13	1	16			
蔬菜、水果和坚果加工	30	14	1	15		3	1
其他农副食品加工	54	28	2	24		1	1
食品制造业	138	69	3	62	4	8	6
焙烤食品制造	31	19	1	11		3	
糖果、巧克力及蜜饯制造	9	4		4	1	1	
方便食品制造	31	16		14	1	1	1
乳制品制造	4	1		3			
罐头食品制造	6	2		4			
调味品、发酵制品制造	29	16	2	10	1		
其他食品制造	28	11		16	1	3	5
酒、饮料和精制茶制造业	55	28	2	24	1	4	3
酒的制造	23	11	1	10	1		2
饮料制造	28	15	1	12		3	1

类型分组的法人单位数（续9）

港澳台商合资经营	港澳台商合作经营	港澳台商独资	港澳台商投资股份有限公司	其他港澳台商投资	外商投资企业	中外合资经营	中外合作经营	外资企业	外商投资股份有限公司	其他外商投资
97	**11**	**224**	**8**	**3**	**212**	**75**	**4**	**105**	**8**	**20**
1		**1**								
1		1								
1										
		1								
78	**7**	**170**	**8**	**1**	**149**	**59**	**1**	**83**	**6**	
2		2			2	2				
1										
1					2	2				
		1								
		1								
1		4	1		4	1		3		
					1			1		
		1			1	1				
					1			1		
1		3	1		1			1		
1		2			1			1		
1		1								
		1			1			1		

1－1－17 按行业、登记注册

行业	私营	私营独资	私营合伙	私营有限责任公司	私营股份有限公司	其他	港澳台商投资企业
精制茶加工	4	2		2		1	
烟草制品业							
烟叶复烤							
卷烟制造							
其他烟草制品制造							
纺织业	567	265	24	269	9	28	16
棉纺织及印染精加工	142	48	12	80	2	8	8
毛纺织及染整精加工	20	14	1	5			
麻纺织及染整精加工	5	2		3		1	
丝绢纺织及印染精加工	26	9	1	16		1	
化纤织造及印染精加工	10	3	1	6		2	
针织或钩针编织物及其制品制造	140	96	5	37	2	3	3
家用纺织制成品制造	169	75	3	86	5	9	5
非家用纺织制成品制造	55	18	1	36		4	
纺织服装、服饰业	782	388	9	365	20	43	38
机织服装制造	503	241	6	241	15	20	26
针织或钩针编织服装制造	60	34	2	24		1	1
服饰制造	219	113	1	100	5	22	11
皮革、毛皮、羽毛及其制品和制鞋业	213	99	2	106	6	15	12
皮革鞣制加工	6	4		2		2	
皮革制品制造	82	32		46	4	4	4
毛皮鞣制及制品加工	1			1		1	
羽毛（绒）加工及制品制造	43	29		14			1
制鞋业	81	34	2	43	2	8	7
木材加工和木、竹、藤、棕、草制品业	412	266	12	133	1	30	4
木材加工	196	145	7	44		16	1
人造板制造	120	65	4	50	1	2	3
木制品制造	85	50	1	34		7	
竹、藤、棕、草等制品制造	11	6		5		5	
家具制造业	132	71	2	54	5	10	8
木质家具制造	105	58	2	41	4	5	4
竹、藤家具制造	1	1					
金属家具制造	9	4		5		3	1
塑料家具制造	6	3		3			
其他家具制造	11	5		5	1	2	3
造纸和纸制品业	195	88	4	99	4	8	4
纸浆制造	1		1				
造纸	63	19	3	40	1	1	1
纸制品制造	131	69		59	3	7	3
印刷和记录媒介复制业	139	60	5	73	1	17	7
印刷	123	51	5	66	1	13	7
装订及印刷相关服务	16	9		7		4	
记录媒介复制							
文教、工美、体育和娱乐用品制造业	284	121	7	151	5	13	14
文教办公用品制造	101	28	2	68	3	1	4
乐器制造	8	3		4	1		
工艺美术品制造	81	44	4	32	1	8	8
体育用品制造	22	7		15			
玩具制造	68	37	1	30		2	2
游艺器材及娱乐用品制造	4	2		2		2	
石油加工、炼焦和核燃料加工业	23	6	1	16		2	1
精炼石油产品制造	22	6	1	15		2	1
炼焦							
核燃料加工	1			1			
化学原料和化学制品制造业	370	137	7	209	17	19	6

类型分组的法人单位数(续10)

港澳台商合资经营	港澳台商合作经营	港澳台商独资	港澳台商投资股份有限公司	其他港澳台商投资	外商投资企业	中外合资经营	中外合作经营	外资企业	外商投资股份有限公司	其他外商投资
3	1	12			7	3		4		
2	1	5			1			1		
		3			5	2		3		
1		4			1	1				
9		28	1		19	7		9	3	
6		19	1		14	6		5	3	
1										
2		9			5	1		4		
2		10			9	4		5		
					1	1				
1		3			5	2		3		
		1			1	1				
1		6			2			2		
2		2			3			2	1	
		1								
2		1			1				1	
					1			1		
					1			1		
2		6			1			1		
		4								
1										
1		2			1			1		
1		3			3	2		1		
		1			2	1		1		
1		2			1	1				
4		2	1							
4		2	1							
3		9	2		4	1		3		
		4								
3		3	2		1	1				
					2			2		
		2			1			1		
		1								
		1								
	1	5			10	6	1	3		

1－1－17 按行业、登记注册

行业	私营	私营独资	私营合伙	私营有限责任公司	私营股份有限公司	其他	港澳台商投资企业
基础化学原料制造	79	23	1	51	4	3	2
肥料制造	36	14		20	2	3	1
农药制造	10	4		6			
涂料、油墨、颜料及类似产品制造	69	32	2	32	3	7	1
合成材料制造	48	21	3	23	1	2	
专用化学产品制造	80	25		50	5	2	1
炸药、火工及焰火产品制造							
日用化学产品制造	48	18	1	27	2	2	1
医药制造业	51	19		30	2		2
化学药品原料药制造	8	3		3	2		2
化学药品制剂制造	2			2			
中药饮片加工	2	1		1			
中成药生产	6	1		5			
兽用药品制造	5	5					
生物药品制造	11			11			
卫生材料及医药用品制造	17	9		8			
化学纤维制造业	29	6		22	1	1	1
纤维素纤维原料及纤维制造	6	1		5			
合成纤维制造	23	5		17	1	1	1
橡胶和塑料制品业	424	185	11	220	8	18	8
橡胶制品业	69	31	3	32	3	4	1
塑料制品业	355	154	8	188	5	14	7
非金属矿物制品业	725	383	17	301	24	42	10
水泥、石灰和石膏制造	43	20		21	2	5	1
石膏、水泥制品及类似制品制造	300	170	5	118	7	9	4
砖瓦、石材等建筑材料制造	242	128	10	98	6	20	1
玻璃制造	13	4		6	3	1	
玻璃制品制造	62	35	1	23	3	2	1
玻璃纤维和玻璃纤维增强塑料制品制造	13	6	1	4	2		
陶瓷制品制造	5	2		3		1	
耐火材料制品制造	13	5		7	1		
石墨及其他非金属矿物制品制造	34	13		21		4	3
黑色金属冶炼和压延加工业	107	34	2	65	6	3	1
炼铁	5	1		4			
炼钢	2	1	1				
黑色金属铸造	39	17	1	21			1
钢压延加工	55	14		36	5	3	
铁合金冶炼	6	1		4	1		
有色金属冶炼和压延加工业	167	78	3	85	1	4	3
常用有色金属冶炼	19	9	1	9			
贵金属冶炼	1			1			
稀有稀土金属冶炼	4	1		3			
有色金属合金制造	11	3		8		1	
有色金属铸造	13	2		11		1	
有色金属压延加工	119	63	2	53	1	2	3
金属制品业	487	207	14	249	17	32	11
结构性金属制品制造	225	95	4	119	7	23	5
金属工具制造	55	29	3	19	4	1	1
集装箱及金属包装容器制造	15	4	1	10			
金属丝绳及其制品制造	11	3		8		1	
建筑、安全用金属制品制造	49	20	3	25	1	2	2
金属表面处理及热处理加工	19	8	1	8	2	2	
搪瓷制品制造	3	2		1			
金属制日用品制造	35	16	1	18		1	1
其他金属制品制造	75	30	1	41	3	2	2

类型分组的法人单位数(续11)

港澳台商合资经营	港澳台商合作经营	港澳台商独资	港澳台商投资股份有限公司	其他港澳台商投资	外商投资企业	中外合资经营	中外合作经营	外资企业	外商投资股份有限公司	其他外商投资
		2			4	2	1	1		
		1			1	1				
	1									
					1	1				
		1			1			1		
		1			3	2		1		
2					2			2		
2					1			1		
					1			1		
1					1			1		
					1			1		
1										
5		3			13	6		7		
		1			4	2		2		
5		2			9	4		5		
6		3	1		5	3		2		
1										
2		1	1		2	2				
		1			2	1		1		
		1								
					1			1		
3										
1					2	2				
1										
					2	2				
		3			1			1		
					1			1		
		3								
2	1	7		1	8	5		3		
		4		1	3	2		1		
1					1	1				
					1			1		
	1	1								
		1			2	2				
1		1			1			1		

1－1－17 按行业、登记注册

行业	私营	私营独资	私营合伙	私营有限责任公司	私营股份有限公司	其他	港澳台商投资企业
通用设备制造业	720	273	14	414	19	37	26
锅炉及原动设备制造	32	16		16		3	1
金属加工机械制造	151	82	2	66	1	14	3
物料搬运设备制造	17	5		11	1	1	2
泵、阀门、压缩机及类似机械制造	114	27	3	78	6	5	4
轴承、齿轮和传动部件制造	78	13	2	61	2	2	6
烘炉、风机、衡器、包装等设备制造	24	9		14	1	6	2
文化、办公用机械制造	3			3			
通用零部件制造	264	109	5	142	8	4	8
其他通用设备制造业	37	12	2	23		2	
专用设备制造业	427	153	6	251	17	28	19
采矿、冶金、建筑专用设备制造	109	36	2	66	5	5	1
化工、木材、非金属加工专用设备制造	64	26	2	33	3		7
食品、饮料、烟草及饲料生产专用设备制造	11	5		6		1	
印刷、制药、日化及日用品生产专用设备制造	39	11		26	2	2	1
纺织、服装和皮革加工专用设备制造	17	6		11		2	
电子和电工机械专用设备制造	46	24	1	20	1	8	5
农、林、牧、渔专用机械制造	49	22		27		3	1
医疗仪器设备及器械制造	31	3		25	3	4	2
环保、社会公共服务及其他专用设备制造	61	20	1	37	3	3	2
汽车制造业	201	70	4	122	5	4	13
汽车整车制造							
改装汽车制造	3	1		2			
低速载货汽车制造							
电车制造	4	2	1	1			
汽车车身、挂车制造	3	1		2			
汽车零部件及配件制造	191	66	3	117	5	4	13
铁路、船舶、航空航天和其他运输设备制造业	84	38	4	37	5	1	1
铁路运输设备制造	4	1		2	1		
城市轨道交通设备制造	2	1		1			
船舶及相关装置制造	46	25	4	14	3		
航空、航天器及设备制造							
摩托车制造	4	2		2			1
自行车制造	23	6		16	1	1	
非公路休闲车及零配件制造	3	2		1			
潜水救捞及其他未列明运输设备制造	2	1		1			
电气机械和器材制造业	440	145	6	276	13	36	19
电机制造	31	14		16	1	1	
输配电及控制设备制造	152	55	2	86	9	10	8
电线、电缆、光缆及电工器材制造	104	23	1	79	1	9	4
电池制造	26	8		17	1		4
家用电力器具制造	40	12	1	27		4	1
非电力家用器具制造	31	15		15	1	4	
照明器具制造	34	11	1	22		5	2
其他电气机械及器材制造	22	7	1	14		3	
计算机、通信和其他电子设备制造业	276	109	9	151	7	15	21
计算机制造	13	6		6	1	1	2
通信设备制造	11	4	3	4		1	
广播电视设备制造	13	2	1	9	1	2	2
雷达及配套设备制造							
视听设备制造	6	2		4			
电子器件制造	19	3		16		1	3
电子元件制造	178	79	3	93	3	2	11
其他电子设备制造	36	13	2	19	2	8	3
仪器仪表制造业	212	47	4	152	9	13	1

类型分组的法人单位数(续12)

港澳台商合资经营	港澳台商合作经营	港澳台商独资	港澳台商投资股份有限公司	其他港澳台商投资	外商投资企业	中外合资经营	中外合作经营	外资企业	外商投资股份有限公司	其他外商投资
10	1	15			9	2		7		
		1								
		3			1			1		
1		1			1			1		
2	1	1			1			1		
3		3			2	1		1		
		2			1			1		
4		4			3	1		2		
7	2	10			13	3		10		
		1			1	1				
4	2	1			8			8		
		1								
					1	1				
2		3			1			1		
		1			1			1		
1		1			1	1				
		2								
2		11			2			2		
2		11			2			2		
			1		4			2	2	
					2				2	
			1							
					1			1		
					1			1		
6		13			9	6		3		
					2	2				
3		5			4	1		3		
1		3			1	1				
1		3								
		1			1	1				
1		1								
					1	1				
4		16	1		11	4		7		
1		1			2			2		
		2								
1		2			2	1		1		
2		8	1		7	3		4		
		3								
1										

1－1－17 按行业、登记注册

行业	私营	私营独资	私营合伙	私营有限责任公司	私营股份有限公司	其他	港澳台商投资企业
通用仪器仪表制造	129	24	1	98	6	10	
专用仪器仪表制造	37	9	1	26	1	2	1
钟表与计时仪器制造	1			1			
光学仪器及眼镜制造	10	3		7			
其他仪器仪表制造业	35	11	2	20	2	1	
其他制造业	84	40	2	42		6	5
日用杂品制造	49	24	2	23		3	5
煤制品制造	2	2					
核辐射加工							
其他未列明制造业	33	14		19		3	
废弃资源综合利用业	48	22	1	23	2	4	
金属废料和碎屑加工处理	21	7		13	1	3	
非金属废料和碎屑加工处理	27	15	1	10	1	1	
金属制品、机械和设备修理业	47	23	1	22	1		
金属制品修理	1				1		
通用设备修理	6	4		2			
专用设备修理	5	3		2			
铁路、船舶、航空航天等运输设备修理	18	8	1	9			
电气设备修理	4	3		1			
仪器仪表修理							
其他机械和设备修理业	13	5		8			
电力、热力、燃气及水生产和供应业	**86**	**43**	**2**	**33**	**8**	**19**	**3**
电力、热力生产和供应业	23	4		15	4	4	1
电力生产	14	2		10	2	3	
电力供应	4	1		3			
热力生产和供应	5	1		2	2	1	1
燃气生产和供应业	11	2		9		6	1
燃气生产和供应业	11	2		9		6	1
水的生产和供应业	52	37	2	9	4	9	1
自来水生产和供应	40	31	2	4	3	6	1
污水处理及其再生利用	9	4		5		1	
其他水的处理、利用与分配	3	2			1	2	
建筑业	**1577**	**503**	**46**	**952**	**76**	**153**	**4**
房屋建筑业	529	153	13	333	30	43	3
房屋建筑业	529	153	13	333	30	43	3
土木工程建筑业	228	57	8	152	11	18	1
铁路、道路、隧道和桥梁工程建筑	96	18	3	70	5	9	
水利和内河港口工程建筑	29	10	3	15	1	2	
海洋工程建筑							
工矿工程建筑	5	1		4			
架线和管道工程建筑	33	9	1	21	2	2	1
其他土木工程建筑	65	19	1	42	3	5	
建筑安装业	222	70	6	132	14	22	
电气安装	58	10	2	42	4	4	
管道和设备安装	43	13		27	3	4	
其他建筑安装业	121	47	4	63	7	14	
建筑装饰和其他建筑业	598	223	19	335	21	70	
建筑装饰业	419	162	12	231	14	55	
工程准备活动	82	35	3	40	4	5	
提供施工设备服务	25	7	1	15	2	3	
其他未列明建筑业	72	19	3	49	1	7	
批发和零售业	**7521**	**4241**	**172**	**2911**	**197**	**1640**	**27**
批发业	4158	2056	110	1882	110	1129	15
农、林、牧产品批发	253	159	6	83	5	396	
食品、饮料及烟草制品批发	369	168	16	176	9	332	3

类型分组的法人单位数(续13)

港澳台商合资经营	港澳台商合作经营	港澳台商独资	港澳台商投资股份有限公司	其他港澳台商投资	外商投资企业	中外合资经营	中外合作经营	外资企业	外商投资股份有限公司	其他外商投资
1										
1	1	3			5	2		3		
1	1	3			4	2		2		
					1			1		
					1			1		
					1			1		
1		**2**			**10**	**3**		**7**		
		1			2	1		1		
					2	1		1		
		1								
1					3			3		
1					3			3		
		1			5	2		3		
		1								
					5	2		3		
2		**2**			**2**			**1**		**1**
1		2			1					1
1		2			1					1
1										
1										
					1			1		
					1			1		
3	**1**	**23**			**18**	**3**	**1**	**6**		**8**
1		14			12	1	1	5		5
		3			1					1

1-1-17 按行业、登记注册

行业	私营	私营独资	私营合伙	私营有限责任公司	私营股份有限公司	其他	港澳台商投资企业
纺织、服装及家庭用品批发	430	176	9	229	16	75	1
文化、体育用品及器材批发	121	56	1	61	3	7	
医药及医疗器材批发	81	45		33	3	14	
矿产品、建材及化工产品批发	1500	840	41	592	27	98	4
机械设备、五金产品及电子产品批发	719	280	20	397	22	102	6
贸易经纪与代理	255	137	8	98	12	55	
其他批发业	430	195	9	213	13	50	1
零售业	3363	2185	62	1029	87	511	12
综合零售	510	385	5	116	4	47	7
食品、饮料及烟草制品专门零售	234	111	3	109	11	140	2
纺织、服装及日用品专门零售	267	143	6	111	7	26	
文化、体育用品及器材专门零售	105	58	3	44		25	
医药及医疗器材专门零售	821	734	8	73	6	137	
汽车、摩托车、燃料及零配件专门零售	341	149	18	154	20	26	2
家用电器及电子产品专门零售	477	255	6	194	22	30	
五金、家具及室内装饰材料专门零售	380	246	5	122	7	38	1
货摊、无店铺及其他零售业	228	104	8	106	10	42	
交通运输、仓储和邮政业	**776**	**282**	**17**	**448**	**29**	**95**	
道路运输业	588	209	11	350	18	62	
城市公共交通运输	5	2		1	2	5	
公路旅客运输	12	4		8		5	
道路货物运输	550	193	11	330	16	44	
道路运输辅助活动	21	10		11		8	
水上运输业	54	16	5	32	1	8	
水上旅客运输	1			1			
水上货物运输	37	9	4	24		5	
水上运输辅助活动	16	7	1	7	1	3	
航空运输业							
航空客货运输							
通用航空服务							
航空运输辅助活动							
管道运输业	2	1		1			
管道运输业	2	1		1			
装卸搬运和运输代理业	89	40	1	42	6	14	
装卸搬运	56	26	1	27	2	10	
运输代理业	33	14		15	4	4	
仓储业	23	12		11		6	
谷物、棉花等农产品仓储	4	3		1		5	
其他仓储业	19	9		10		1	
邮政业	20	4		12	4	5	
邮政基本服务							
快递服务	20	4		12	4	5	
住宿和餐饮业	**323**	**171**	**12**	**127**	**13**	**36**	**9**
住宿业	87	46	2	35	4	12	2
旅游饭店	29	7	1	17	4	5	2
一般旅馆	53	35	1	17		3	
其他住宿业	5	4		1		4	
餐饮业	236	125	10	92	9	24	7
正餐服务	201	110	9	75	7	19	5
快餐服务	8	2	1	5		1	1
饮料及冷饮服务	5	3		2		1	1
其他餐饮业	22	10		10	2	3	
信息传输、软件和信息技术服务业	**354**	**153**	**7**	**184**	**10**	**59**	**2**
电信、广播电视和卫星传输服务	31	11		19	1	13	
电信	27	10		16	1	5	

类型分组的法人单位数(续14)

港澳台商合资经营	港澳台商合作经营	港澳台商独资	港澳台商投资股份有限公司	其他港澳台商投资	外商投资企业	中外合资经营	中外合作经营	外资企业	外商投资股份有限公司	其他外商投资
		1			4	1	1	2		
					2					2
		4			1			1		
1		5			4			2		2
		1								
2	1	9			6	2		1		3
2		5			1			1		
		2			1					1
					1					1
		2								
	1									
					3	2				1
					2	**1**		**1**		
					1			1		
					1			1		
					1	1				
					1	1				
1	**2**	**5**		**1**	**6**			**3**	**2**	**1**
1		1			1				1	
1		1			1				1	
	2	4		1	5			3	1	1
	2	3			2			1	1	
				1	2			1		1
		1			1			1		
1		**1**			**2**			**1**		**1**

1-1-17 按行业、登记注册

行业	私营	私营独资	私营合伙	私营有限责任公司	私营股份有限公司	其他	港澳台商投资企业
广播电视传输服务	3			3		8	
卫星传输服务	1	1					
互联网和相关服务	109	66	2	38	3	16	
互联网接入及相关服务	8	3		5		1	
互联网信息服务	81	52	2	25	2	9	
其他互联网服务	20	11		8	1	6	
软件和信息技术服务业	214	76	5	127	6	30	2
软件开发	101	31	1	65	4	11	1
信息系统集成服务	18	8		10		2	
信息技术咨询服务	45	18	2	23	2	7	1
数据处理和存储服务	1	1				2	
集成电路设计	5	1	1	3		1	
其他信息技术服务业	44	17	1	26		7	
房地产业	**783**	**202**	**18**	**510**	**53**	**126**	**22**
房地产业	783	202	18	510	53	126	22
房地产开发经营	358	51	5	265	37	31	19
物业管理	286	96	12	170	8	56	1
房地产中介服务	108	38	1	62	7	22	
自有房地产经营活动	11	4		6	1	4	1
其他房地产业	20	13		7		13	1
租赁和商务服务业	**1618**	**672**	**74**	**804**	**68**	**457**	**3**
租赁业	146	75	10	57	4	41	
机械设备租赁	144	74	10	56	4	41	
文化及日用品出租	2	1		1			
商务服务业	1472	597	64	747	64	416	3
企业管理服务	343	138	7	180	18	104	1
法律服务	36	17	16	3		77	
咨询与调查	230	80	17	124	9	76	
广告业	372	141	9	210	12	74	
知识产权服务	3	1	1	1			
人力资源服务	174	87	5	74	8	35	
旅行社及相关服务	76	35	2	34	5	10	
安全保护服务	7	4		3		1	
其他商务服务业	231	94	7	118	12	39	2
科学研究和技术服务业	**434**	**173**	**9**	**236**	**16**	**837**	**5**
研究和试验发展	49	13	2	32	2	21	2
自然科学研究和试验发展	8	2		5	1	4	
工程和技术研究和试验发展	29	7	1	20	1	6	2
农业科学研究和试验发展	10	4	1	5		7	
医学研究和试验发展	2			2		2	
社会人文科学研究						2	
专业技术服务业	264	98	5	149	12	100	2
气象服务	2	1		1		2	
地震服务	1			1			
海洋服务							
测绘服务	10	2	1	6	1	1	
质检技术服务	27	7	1	18	1	3	1
环境与生态监测	2	1		1			
地质勘查	2	2					
工程技术	139	41	1	88	9	19	
其他专业技术服务业	81	44	2	34	1	75	1
科技推广和应用服务业	121	62	2	55	2	716	1
技术推广服务	76	34	2	39	1	703	1
科技中介服务	16	8		8		5	
其他科技推广和应用服务业	29	20		8	1	8	

类型分组的法人单位数(续15)

港澳台商合资经营	港澳台商合作经营	港澳台商独资	港澳台商投资股份有限公司	其他港澳台商投资	外商投资企业	中外合资经营	中外合作经营	外资企业	外商投资股份有限公司	其他外商投资
1		1			2			1		1
1					1					1
					1			1		
		1								
8	**1**	**12**		**1**	**10**	**5**		**3**		**2**
8	1	12		1	10	5		3		2
8	1	9		1	6	3		2		1
		1			3	2				1
					1			1		
		1								
		1								
1		**2**			**6**	**2**	**2**			**2**
1		2			6	2	2			2
		1			2	1	1			
					1					1
1		1			3	1	1			1
1		**4**			**2**	**2**				
1		1			2	2				
					1	1				
1		1			1	1				
		2								
		1								
		1								
		1								
		1								

1－1－17 按行业、登记注册

行业	私营	私营独资	私营合伙	私营有限责任公司	私营股份有限公司	其他	港澳台商投资企业
水利、环境和公共设施管理业	**78**	**28**	**2**	**46**	**2**	**29**	
水利管理业	10	6		3	1	14	
防洪除涝设施管理	1	1				1	
水资源管理	5	3		2		4	
天然水收集与分配						4	
水文服务	1	1				2	
其他水利管理业	3	1		1	1	3	
生态保护和环境治理业	5	4		1		8	
生态保护						4	
环境治理业	5	4		1		4	
公共设施管理业	63	18	2	42	1	7	
市政设施管理	6	1		5		1	
环境卫生管理	1			1		3	
城乡市容管理							
绿化管理	31	10	1	19	1	3	
公园和游览景区管理	25	7	1	17			
居民服务、修理和其他服务业	**430**	**250**	**17**	**153**	**10**	**100**	**1**
居民服务业	129	80	5	42	2	47	
家庭服务	17	8		9		5	
托儿所服务							
洗染服务	5	4		1			
理发及美容服务	8	6		2			
洗浴服务	54	40	3	11		12	
保健服务	4	2		2		2	
婚姻服务	9	4		4	1	4	
殡葬服务	8	4		4		5	
其他居民服务业	24	12	2	9	1	19	
机动车、电子产品和日用产品修理业	207	129	2	68	8	28	1
汽车、摩托车修理与维护	161	106	2	49	4	22	
计算机和办公设备维修	14	6		7	1	1	
家用电器修理	25	13		9	3	2	1
其他日用产品修理业	7	4		3		3	
其他服务业	94	41	10	43		25	
清洁服务	70	32	5	33		14	
其他未列明服务业	24	9	5	10		11	
教育	**165**	**108**	**12**	**41**	**4**	**301**	**1**
教育	165	108	12	41	4	301	1
学前教育	39	36	1	2		118	
初等教育	3	3				19	
中等教育	8	4	3		1	28	
高等教育							
特殊教育	2	1			1	2	
技能培训、教育辅助及其他教育	113	64	8	39	2	134	1
卫生和社会工作	**63**	**44**	**9**	**10**		**244**	
卫生	50	34	8	8		85	
医院	23	12	5	6		9	
社区医疗与卫生院	9	8	1			49	
门诊部（所）	11	10	1			18	
计划生育技术服务活动	1			1		5	
妇幼保健院（所、站）							
专科疾病防治院（所、站）						2	
疾病预防控制中心							
其他卫生活动	6	4	1	1		2	
社会工作	13	10	1	2		159	

类型分组的法人单位数（续16）

港澳台商合资经营	港澳台商合作经营	港澳台商独资	港澳台商投资股份有限公司	其他港澳台商投资	外商投资企业	中外合资经营	中外合作经营	外资企业	外商投资股份有限公司	其他外商投资
					2					2
					2					2
					1					1
					1					1
		1			1					1
		1			1					1
					1					1
		1								
		1								
		1								
		1								

1－1－17 按行业、登记注册

行业	私营	私营独资	私营合伙	私营有限责任公司	私营股份有限公司	其他	港澳台商投资企业
提供住宿社会工作	12	9	1	2		142	
不提供住宿社会工作	1	1				17	
文化、体育和娱乐业	**382**	**281**	**10**	**84**	**7**	**96**	
新闻和出版业	5	1		4		2	
新闻业	1			1		1	
出版业	4	1		3		1	
广播、电视、电影和影视录音制作业	14	5		8	1	7	
广播							
电视						1	
电影和影视节目制作	4	2		1	1	1	
电影和影视节目发行	1	1					
电影放映	8	1		7		4	
录音制作	1	1				1	
文化艺术业	49	25	1	21	2	30	
文艺创作与表演	25	13	1	10	1	11	
艺术表演场馆	1			1			
图书馆与档案馆							
文物及非物质文化遗产保护							
博物馆						1	
烈士陵园、纪念馆						2	
群众文化活动	4	3		1		7	
其他文化艺术业	19	9		9	1	9	
体育	20	14	1	4	1	25	
体育组织	2	1		1		16	
体育场馆						3	
休闲健身活动	15	11	1	3		6	
其他体育	3	2			1		
娱乐业	294	236	8	47	3	32	
室内娱乐活动	266	225	7	32	2	29	
游乐园	2			2			
彩票活动							
文化、娱乐、体育经纪代理	7	3		4			
其他娱乐业	19	8	1	9	1	3	
公共管理、社会保障和社会组织	**6**	**2**		**4**		**3487**	
中国共产党机关						2	
中国共产党机关						2	
国家机构						40	
国家权力机构						1	
国家行政机构						36	
人民法院和人民检察院							
其他国家机构						3	
人民政协、民主党派						1	
人民政协						1	
民主党派							
社会保障						4	
社会保障						4	
群众团体、社会团体和其他成员组织	6	2		4		1761	
群众团体						41	
社会团体	5	1		4		848	
基金会						6	
宗教组织	1	1				866	
基层群众自治组织						1679	
社区自治组织						411	
村民自治组织						1268	

类型分组的法人单位数(续17)

港澳台商合资经营	港澳台商合作经营	港澳台商独资	港澳台商投资股份有限公司	其他港澳台商投资	外商投资企业	中外合资经营	中外合作经营	外资企业	外商投资股份有限公司	其他外商投资
					2					**2**
					1					1
					1					1
					1					1
					1					1

1－1－18 按行业、登记注册类型

行业	从业人员数（人）	内资	国有	集体	股份合作	联营
总计	**1526285**	**1396867**	**169206**	**38192**	**3950**	**1204**
农、林、牧、渔业	**10963**	**10963**	**239**	**62**		**7**
农、林、牧、渔服务业	10963	10963	239	62		7
农业服务业	6749	6749	133	51		7
林业服务业	116	116	12			
畜牧服务业	3175	3175	49	11		
渔业服务业	923	923	45			
采矿业	**5628**	**5387**	**99**	**50**	**35**	**1**
煤炭开采和洗选业	18	18				
烟煤和无烟煤开采洗选						
褐煤开采洗选						
其他煤炭采选	18	18				
石油和天然气开采业	5	5				
石油开采	3	3				
天然气开采	2	2				
黑色金属矿采选业						
铁矿采选						
锰矿、铬矿采选						
其他黑色金属矿采选						
有色金属矿采选业	4	4				
常用有色金属矿采选	4	4				
贵金属矿采选						
稀有稀土金属矿采选						
非金属矿采选业	5544	5303	97	50	35	
土砂石开采	1265	1265	9		35	
化学矿开采	1371	1159				
采盐	2767	2738	88			
石棉及其他非金属矿采选	141	141		50		
开采辅助活动	17	17	2			1
煤炭开采和洗选辅助活动	2	2	1			
石油和天然气开采辅助活动	3	3	1			1
其他开采辅助活动	12	12				
其他采矿业	40	40				
其他采矿业	40	40				
制造业	**526010**	**401960**	**7129**	**2391**	**419**	**96**
农副食品加工业	26836	26203	54	23		
谷物磨制	8345	8309	29			
饲料加工	6680	6111	11			
植物油加工	915	915	3			
制糖业	250	250				
屠宰及肉类加工	6242	6242	11	11		
水产品加工	798	798		12		
蔬菜、水果和坚果加工	2012	1985				
其他农副食品加工	1594	1593				
食品制造业	6430	4580	4	11		
焙烤食品制造	2209	668	3	1		
糖果、巧克力及蜜饯制造	556	556				
方便食品制造	1070	836		8		
乳制品制造	402	402				
罐头食品制造	267	263				
调味品、发酵制品制造	1221	1221		2		
其他食品制造	705	634	1			
酒、饮料和精制茶制造业	4732	4560		1		
酒的制造	4032	3896		1		
饮料制造	486	450				

分组的法人单位从业人员数

国有联营	集体联营	国有与集体联营	其他联营	有限责任公司	国有独资	其他有限责任公司	股份有限公司
93	**309**	**454**	**348**	**276859**	**8656**	**268203**	**70333**
	7			**36**		**36**	
	7			36		36	
	7			21		21	
				15		15	
			1	**1528**		**1528**	**2404**
				2		2	
				2		2	
				1495		1495	2404
				129		129	
				1158		1158	
				208		208	2404
			1				
			1				
				31		31	
				31		31	
	12		**84**	**76207**	**1773**	**74434**	**20970**
				6656	168	6488	407
				1228	168	1060	5
				1832		1832	185
				255		255	
				24		24	
				2640		2640	8
				26		26	209
				13		13	
				638		638	
				678		678	169
				61		61	
				48		48	
				229		229	
				340		340	
							80
							89
				334		334	3291
				291		291	3291
				43		43	

1－1－18 按行业、登记注册类型

行业	从业人员数（人）	内资	国有	集体	股份合作	联营
精制茶加工	214	214				
烟草制品业	2001	2001	2001			
烟叶复烤						
卷烟制造	1948	1948	1948			
其他烟草制品制造	53	53	53			
纺织业	38704	33287	32	304		
棉纺织及印染精加工	19177	15444		280		
毛纺织及染整精加工	2721	2721	6			
麻纺织及染整精加工	325	325				
丝绢纺织及印染精加工	1689	1689	7	13		
化纤织造及印染精加工	314	314				
针织或钩针编织物及其制品制造	4258	2871	1	7		
家用纺织制成品制造	7402	7105	18	4		
非家用纺织制成品制造	2818	2818				
纺织服装、服饰业	58839	42364		8	220	
机织服装制造	41164	32053		5	208	
针织或钩针编织服装制造	1820	1816		1		
服饰制造	15855	8495		2	12	
皮革、毛皮、羽毛及其制品和制鞋业	17424	13076		1		
皮革鞣制加工	315	259		1		
皮革制品制造	8335	6313				
毛皮鞣制及制品加工	15	15				
羽毛（绒）加工及制品制造	2178	2100				
制鞋业	6581	4389				
木材加工和木、竹、藤、棕、草制品业	14919	13918		122		6
木材加工	5227	5173		27		6
人造板制造	7286	6560		59		
木制品制造	2180	1964		36		
竹、藤、棕、草等制品制造	226	221				
家具制造业	3637	2053				
木质家具制造	1742	1495				
竹、藤家具制造	30	30				
金属家具制造	226	157				
塑料家具制造	106	106				
其他家具制造	1533	265				
造纸和纸制品业	9700	9223		15	34	
纸浆制造	6	6				
造纸	5076	4772				
纸制品制造	4618	4445		15	34	
印刷和记录媒介复制业	8681	7441	298	109		
印刷	8429	7189	298	109		
装订及印刷相关服务	252	252				
记录媒介复制						
文教、工美、体育和娱乐用品制造业	14879	12858	4	4		
文教办公用品制造	3332	3271				
乐器制造	488	488				
工艺美术品制造	5623	3982	4	4		
体育用品制造	1380	1136				
玩具制造	3672	3597				
游艺器材及娱乐用品制造	384	384				
石油加工、炼焦和核燃料加工业	2517	2512		18		
精炼石油产品制造	2505	2500		18		
炼焦						
核燃料加工	12	12				
化学原料和化学制品制造业	29745	26503	858	103		

分组的法人单位从业人员数(续1)

国有联营	集体联营	国有与集体联营	其他联营	有限责任公司	国有独资	其他有限责任公司	股份有限公司
				9477		9477	1431
				6591		6591	1333
				542		542	
				91		91	
				290		290	
				94		94	
				277		277	90
				754		754	
				838		838	8
				7339		7339	183
				6179		6179	137
				70		70	
				1090		1090	46
				2220		2220	195
							56
				657		657	116
				383		383	
				1180		1180	23
			6	1395		1395	438
			6	685		685	32
				462		462	406
				248		248	
				212		212	43
				150		150	
				9		9	26
				53		53	
							17
				1590		1590	156
				966		966	121
				624		624	35
				1575		1575	134
				1573		1573	134
				2		2	
				1944		1944	
				281		281	
				786		786	
				190		190	
				622		622	
				65		65	
				1737	1326	411	17
				1737	1326	411	17
				7107	115	6992	3839

1－1－18 按行业、登记注册类型

行业	从业人员数（人）	内资	国有	集体	股份合作	联营
基础化学原料制造	14296	11390	838	23		
肥料制造	1164	1137	20	72		
农药制造	430	430				
涂料、油墨、颜料及类似产品制造	2327	2325				
合成材料制造	1914	1904				
专用化学产品制造	6319	6192		8		
炸药、火工及焰火产品制造	362	362				
日用化学产品制造	2933	2763				
医药制造业	5530	4265	1	219		
化学药品原料药制造	2490	1606				
化学药品制剂制造	642	642				
中药饮片加工	280	280		219		
中成药生产	422	422	1			
兽用药品制造	168	168				
生物药品制造	513	513				
卫生材料及医药用品制造	1015	634				
化学纤维制造业	1803	1306				
纤维素纤维原料及纤维制造	863	367				
合成纤维制造	940	939				
橡胶和塑料制品业	20530	13790		34	55	
橡胶制品业	6021	2176				
塑料制品业	14509	11614		34	55	
非金属矿物制品业	27011	24813	10	393	16	32
水泥、石灰和石膏制造	2347	2280		2		
石膏、水泥制品及类似制品制造	11122	9444		124		
砖瓦、石材等建筑材料制造	7764	7625	10	264	16	32
玻璃制造	988	988				
玻璃制品制造	3036	3023				
玻璃纤维和玻璃纤维增强塑料制品制造	189	189		3		
陶瓷制品制造	161	70				
耐火材料制品制造	250	250				
石墨及其他非金属矿物制品制造	1154	944				
黑色金属冶炼和压延加工业	15180	14804	6	381		
炼铁	551	551		12		
炼钢	28	28				
黑色金属铸造	2550	2462	6	360		
钢压延加工	11455	11167		9		
铁合金冶炼	596	596				
有色金属冶炼和压延加工业	7636	7536	23	90		
常用有色金属冶炼	1397	1327	23	90		
贵金属冶炼	1	1				
稀有稀土金属冶炼	172	172				
有色金属合金制造	711	711				
有色金属铸造	806	806				
有色金属压延加工	4549	4519				
金属制品业	19159	17019		12		
结构性金属制品制造	8620	8411		4		
金属工具制造	1855	1594				
集装箱及金属包装容器制造	660	629		8		
金属丝绳及其制品制造	358	358				
建筑、安全用金属制品制造	921	915				
金属表面处理及热处理加工	722	722				
搪瓷制品制造	63	63				
金属制日用品制造	2527	919				
其他金属制品制造	3433	3408				

分组的法人单位从业人员数(续2)

国有联营	集体联营	国有与集体联营	其他联营	有限责任公司	国有独资	其他有限责任公司	股份有限公司
				5092	115	4977	1063
				230		230	
				51		51	11
				257		257	200
				608		608	
				707		707	1514
							362
				162		162	689
				1308		1308	232
				619		619	
				409		409	
				1		1	
				1		1	
				35		35	232
				243		243	
				84		84	
				83		83	
				1		1	
				2684		2684	569
				434		434	
				2250		2250	569
			32	3236	164	3072	495
				389	164	225	300
				1475		1475	129
			32	704		704	40
				28		28	
				416		416	26
				12		12	
				6		6	
				27		27	
				179		179	
				1490		1490	4860
				1		1	
				151		151	23
				1332		1332	4837
				6		6	
				1526		1526	313
				263		263	313
				56		56	
				18		18	
				1189		1189	
				2445		2445	504
				1144		1144	223
				38		38	120
				16		16	106
				14		14	
				185		185	
				325		325	
				30		30	
				129		129	26
				564		564	29

1－1－18 按行业、登记注册类型

行业	从业人员数（人）	内资	国有	集体	股份合作	联营
通用设备制造业	30658	29067	10	38		12
锅炉及原动设备制造	3350	3349				
金属加工机械制造	4681	4583				
物料搬运设备制造	1752	1483				12
泵、阀门、压缩机及类似机械制造	6170	6060	7			
轴承、齿轮和传动部件制造	6660	5755				
烘炉、风机、衡器、包装等设备制造	1032	916				
文化、办公用机械制造	361	361				
通用零部件制造	5699	5607	3	38		
其他通用设备制造业	953	953				
专用设备制造业	19150	18246	1	11	70	
采矿、冶金、建筑专用设备制造	5271	5172			70	
化工、木材、非金属加工专用设备制造	2511	1966				
食品、饮料、烟草及饲料生产专用设备制造	494	494				
印刷、制药、日化及日用品生产专用设备制造	1177	1101				
纺织、服装和皮革加工专用设备制造	1035	1034				
电子和电工机械专用设备制造	1285	1214				
农、林、牧、渔专用机械制造	2042	2014		11		
医疗仪器设备及器械制造	3837	3787				
环保、社会公共服务及其他专用设备制造	1498	1464	1			
汽车制造业	12840	11268		196		7
汽车整车制造						
改装汽车制造	81	81				
低速载货汽车制造						
电车制造	56	56				
汽车车身、挂车制造	343	343				
汽车零部件及配件制造	12360	10788		196		7
铁路、船舶、航空航天和其他运输设备制造业	4733	4635		5	16	
铁路运输设备制造	286	286				
城市轨道交通设备制造	2	2				
船舶及相关装置制造	2884	2884		5		
航空、航天器及设备制造	10					
摩托车制造	86	83			15	
自行车制造	1249	1169			1	
非公路休闲车及零配件制造	35	35				
潜水救捞及其他未列明运输设备制造	181	176				
电气机械和器材制造业	40907	30351	3787	144	7	32
电机制造	4443	1734				
输配电及控制设备制造	12867	11942		34		25
电线、电缆、光缆及电工器材制造	8568	7638	3782	110		
电池制造	8256	4012			1	
家用电力器具制造	1496	1362				7
非电力家用器具制造	2127	2127				
照明器具制造	2781	1170				
其他电气机械及器材制造	369	366	5		6	
计算机、通信和其他电子设备制造业	67864	12251	10		1	
计算机制造	4070	810			1	
通信设备制造	226	226				
广播电视设备制造	1879	1551				
雷达及配套设备制造						
视听设备制造	781	781				
电子器件制造	1612	1426	5			
电子元件制造	48538	6328	5			
其他电子设备制造	10758	1129				
仪器仪表制造业	6193	6192	30	126		1

分组的法人单位从业人员数(续3)

国有联营	集体联营	国有与集体联营	其他联营	有限责任公司	国有独资	其他有限责任公司	股份有限公司
			12	5835		5835	445
				1562		1562	9
				881		881	20
			12	132		132	
				830		830	
				1024		1024	160
				105		105	1
				56		56	
				981		981	250
				264		264	5
				3713		3713	1074
				864		864	68
				196		196	7
				120		120	186
				76		76	10
				355		355	7
				31		31	
				800		800	
				935		935	795
				336		336	1
			7	1583		1583	435
							216
			7	1583		1583	219
				1790		1790	65
				1436		1436	65
				1		1	
				341		341	
				12		12	
	7		25	4344		4344	1517
				219		219	562
			25	1290		1290	193
				369		369	251
				1116		1116	267
	7			168		168	
				1000		1000	232
				85		85	
				97		97	12
				1645		1645	104
				291		291	
				23		23	
				200		200	2
				68		68	
				109		109	
				804		804	78
				150		150	24
			1	1334		1334	43

1－1－18 按行业、登记注册类型

行业	从业人员数（人）	内资				
			国有	集体	股份合作	联营
通用仪器仪表制造	3725	3725	30	95		
专用仪器仪表制造	1496	1495		31		
钟表与计时仪器制造	12	12				
光学仪器及眼镜制造	659	659				
其他仪器仪表制造业	301	301				1
其他制造业	5271	3339				1
日用杂品制造	4423	2492				
煤制品制造	15	15				
核辐射加工						
其他未列明制造业	833	832				1
废弃资源综合利用业	1891	1889				
金属废料和碎屑加工处理	1388	1388				
非金属废料和碎屑加工处理	503	501				
金属制品、机械和设备修理业	610	610		23		5
金属制品修理	96	96				
通用设备修理	62	62				
专用设备修理	78	78				
铁路、船舶、航空航天等运输设备修理	230	230		23		5
电气设备修理	36	36				
仪器仪表修理						
其他机械和设备修理业	108	108				
电力、热力、燃气及水生产和供应业	**6332**	**5467**	**1232**	**184**	**6**	
电力、热力生产和供应业	3638	3460	375	61	6	
电力生产	3287	3139	257	17	6	
电力供应	76	76	46	21		
热力生产和供应	275	245	72	23		
燃气生产和供应业	744	326				
燃气生产和供应业	744	326				
水的生产和供应业	1950	1681	857	123		
自来水生产和供应	1460	1422	830	123		
污水处理及其再生利用	451	220	27			
其他水的处理、利用与分配	39	39				
建筑业	**515614**	**515167**	**5554**	**18765**	**2779**	**203**
房屋建筑业	396413	395977	372	15617	1012	179
房屋建筑业	396413	395977	372	15617	1012	179
土木工程建筑业	53903	53895	4958	2619	375	
铁路、道路、隧道和桥梁工程建筑	35255	35255	2544	1804	245	
水利和内河港口工程建筑	6966	6966	1941	317		
海洋工程建筑						
工矿工程建筑	1467	1467		60		
架线和管道工程建筑	3985	3977	31	334	130	
其他土木工程建筑	6230	6230	442	104		
建筑安装业	22211	22211	120	528	12	12
电气安装	11582	11582		522	12	
管道和设备安装	3284	3284	120			12
其他建筑安装业	7345	7345		6		
建筑装饰和其他建筑业	43087	43084	104	1	1380	12
建筑装饰业	27979	27976	1		1380	12
工程准备活动	5322	5322		1		
提供施工设备服务	1200	1200				
其他未列明建筑业	8586	8586	103			
批发和零售业	**109289**	**107181**	**2916**	**2309**	**284**	**169**
批发业	64704	64095	2293	1522	97	147
农、林、牧产品批发	10105	10105	1474	410	21	17
食品、饮料及烟草制品批发	11932	11890	554	232	8	66

分组的法人单位从业人员数(续4)

国有联营	集体联营	国有与集体联营	其他联营	有限责任公司	国有独资	其他有限责任公司	股份有限公司
				1191		1191	20
				110		110	
				10		10	
							23
			1	23		23	
			1	273		273	7
				128		128	
			1	145		145	7
				515		515	
				474		474	
				41		41	
	5			138		138	4
				95		95	
				16		16	
				10		10	4
	5			17		17	
				2980	**1041**	**1939**	**30**
				2606	1041	1565	5
				2522	1041	1481	5
				84		84	
				161		161	6
				161		161	6
				213		213	19
				86		86	3
				127		127	16
	146		**57**	**142142**	**2181**	**139961**	**31129**
	146		33	94132		94132	26058
	146		33	94132		94132	26058
				23302	1065	22237	1591
				15414	722	14692	480
				2588	137	2451	651
				745		745	
				2731	206	2525	18
				1824		1824	442
			12	7276	1111	6165	2298
				3273	1111	2162	1522
			12	445		445	776
				3558		3558	
			12	17432	5	17427	1182
			12	12840		12840	568
				949	5	944	87
				112		112	2
				3531		3531	525
9	**37**	**35**	**88**	**16128**	**1217**	**14911**	**4726**
9	30	35	73	7856	43	7813	942
	5		12	673	10	663	47
		31	35	1575	6	1569	41

1－1－18 按行业、登记注册类型

行业	从业人员数（人）	内资				
			国有	集体	股份合作	联营
纺织、服装及家庭用品批发	6964	6736	1	232	19	2
文化、体育用品及器材批发	1258	1248	10	5		
医药及医疗器材批发	1817	1817				1
矿产品、建材及化工产品批发	15692	15622	193	287	36	40
机械设备、五金产品及电子产品批发	8680	8425	9	54		16
贸易经纪与代理	3331	3331		228	7	4
其他批发业	4925	4921	52	74	6	1
零售业	44585	43086	623	787	187	22
综合零售	11080	9683	213	415	84	4
食品、饮料及烟草制品专门零售	3931	3916	98	68	33	5
纺织、服装及日用品专门零售	2835	2835		72	27	7
文化、体育用品及器材专门零售	1463	1463	216	80	5	2
医药及医疗器材专门零售	5555	5551	17			3
汽车、摩托车、燃料及零配件专门零售	8412	8388	41	49	9	
家用电器及电子产品专门零售	4876	4876	10		15	
五金、家具及室内装饰材料专门零售	3729	3726	23	45		
货摊、无店铺及其他零售业	2704	2648	5	58	14	1
交通运输、仓储和邮政业	**42614**	**42596**	**7315**	**2608**	**46**	**80**
道路运输业	27602	27599	3294	319	46	32
城市公共交通运输	1947	1947	133			
公路旅客运输	1970	1970	1278	7	25	
道路货物运输	16390	16387		254	21	32
道路运输辅助活动	7295	7295	1883	58		
水上运输业	8029	8029	798	2036		3
水上旅客运输	69	69				
水上货物运输	7213	7213	551	1915		3
水上运输辅助活动	747	747	247	121		
航空运输业	265	265	265			
航空客货运输	265	265	265			
通用航空服务						
航空运输辅助活动						
管道运输业	44	44				
管道运输业	44	44				
装卸搬运和运输代理业	2464	2449	179	216		45
装卸搬运	1984	1984	175	216		
运输代理业	480	465	4			45
仓储业	830	830	451	37		
谷物、棉花等农产品仓储	588	588	451	22		
其他仓储业	242	242		15		
邮政业	3380	3380	2328			
邮政基本服务	2328	2328	2328			
快递服务	1052	1052				
住宿和餐饮业	**14418**	**13674**	**480**	**136**	**29**	
住宿业	6173	5802	319	126	4	
旅游饭店	4898	4527	319	117	4	
一般旅馆	1079	1079				
其他住宿业	196	196		9		
餐饮业	8245	7872	161	10	25	
正餐服务	7120	6852	161	10	25	
快餐服务	215	134				
饮料及冷饮服务	103	79				
其他餐饮业	807	807				
信息传输、软件和信息技术服务业	**10778**	**10701**	**2657**	**67**		**1**
电信、广播电视和卫星传输服务	5560	5560	2576	67		
电信	3525	3525	1300			

分组的法人单位从业人员数(续5)

国有联营	集体联营	国有与集体联营	其他联营	有限责任公司	国有独资	其他有限责任公司	股份有限公司
	2			953		953	239
				205		205	5
			1	586		586	188
	23	4	13	1465	20	1445	156
9			7	1255		1255	147
			4	543		543	64
			1	601	7	594	55
	7		15	8272	1174	7098	3784
	2		2	1666		1666	1363
			5	466		466	21
			7	531		531	253
	2			267		267	61
	3			394		394	1423
				3583	1174	2409	506
				547		547	78
				491		491	16
			1	327		327	63
32	**45**		**3**	**12008**	**449**	**11559**	**3066**
27	5			8128	427	7701	2306
				174	62	112	1250
				323		323	12
27	5			3049	365	2684	857
				4582		4582	187
			3	3121		3121	691
				68		68	
			3	2925		2925	691
				128		128	
							36
							36
5	40			558	22	536	23
				522	22	500	
5	40			36		36	23
				20		20	10
				20		20	10
				181		181	
				181		181	
				3438	**351**	**3087**	**1165**
				1790	237	1553	794
				1570	237	1333	702
				123		123	92
				97		97	
				1648	114	1534	371
				1608	114	1494	316
				17		17	
				13		13	
				10		10	55
			1	**1708**	**10**	**1698**	**1770**
				551		551	1721
				47		47	1721

1－1－18　按行业、登记注册类型

行业	从业人员数（人）	内资	国有	集体	股份合作	联营
广播电视传输服务	2034	2034	1276	67		
卫星传输服务	1	1				
互联网和相关服务	954	954				
互联网接入及相关服务	86	86				
互联网信息服务	668	668				
其他互联网服务	200	200				
软件和信息技术服务业	4264	4187	81			1
软件开发	2899	2830				
信息系统集成服务	173	166	3			
信息技术咨询服务	627	626	8			
数据处理和存储服务	29	29	5			
集成电路设计	89	89				1
其他信息技术服务业	447	447	65			
房地产业	**26982**	**26373**	**963**	**185**	**149**	**20**
房地产业	26982	26373	963	185	149	20
房地产开发经营	15368	14853	261	12	51	20
物业管理	9134	9061	554	133	97	
房地产中介服务	1363	1359	66		1	
自有房地产经营活动	184	180	11	14		
其他房地产业	933	920	71	26		
租赁和商务服务业	**37586**	**37490**	**7549**	**2067**	**44**	**122**
租赁业	1864	1864	8	9		
机械设备租赁	1845	1845	8	9		
文化及日用品出租	19	19				
商务服务业	35722	35626	7541	2058	44	122
企业管理服务	10393	10331	2607	612		2
法律服务	999	999	199	58	8	
咨询与调查	3273	3273	360	64	8	29
广告业	5804	5799	964		14	28
知识产权服务	30	30	3	2		
人力资源服务	7110	7110	2471	54	3	
旅行社及相关服务	1020	1020	103			3
安全保护服务	1855	1855	265	1116	6	27
其他商务服务业	5238	5209	569	152	5	33
科学研究和技术服务业	**26567**	**26515**	**4379**	**549**	**14**	**11**
研究和试验发展	1422	1397	479	18		
自然科学研究和试验发展	145	144	40			
工程和技术研究和试验发展	742	718	224			
农业科学研究和试验发展	387	387	205	10		
医学研究和试验发展	134	134		8		
社会人文科学研究	14	14	10			
专业技术服务业	11180	11163	2125	326		8
气象服务	91	91	72			
地震服务	88	88	78			
海洋服务						
测绘服务	317	317	89	28		8
质检技术服务	1472	1457	409	112		
环境与生态监测	255	255	202			
地质勘查	435	435	357	2		
工程技术	6295	6295	515	98		
其他专业技术服务业	2227	2225	403	86		
科技推广和应用服务业	13965	13955	1775	205	14	3
技术推广服务	13212	13202	1662	190	14	3
科技中介服务	260	260	26			
其他科技推广和应用服务业	493	493	87	15		

分组的法人单位从业人员数（续6）

国有联营	集体联营	国有与集体联营	其他联营	有限责任公司	国有独资	其他有限责任公司	股份有限公司
				504		504	
				202		202	8
				29		29	
				141		141	2
				32		32	6
			1	955	10	945	41
				703	10	693	26
				12		12	
				124		124	15
				2		2	
			1	17		17	
				97		97	
	1		**19**	**7801**	**320**	**7481**	**1407**
	1		19	7801	320	7481	1407
	1		19	5184	315	4869	902
				2030		2030	477
				192	5	187	9
				32		32	4
				363		363	15
13	**39**		**70**	**6803**	**1105**	**5698**	**1245**
				254		254	90
				246		246	90
				8		8	
13	39		70	6549	1105	5444	1155
1			1	1980	252	1728	825
				26		26	6
	18		11	600	3	597	34
			28	1232	12	1220	130
				5	4	1	
				1681	783	898	11
			3	149		149	24
	12		15	20		20	
12	9		12	856	51	805	125
	11			**3467**	**20**	**3447**	**759**
				161		161	3
				15		15	
				146		146	2
							1
	8			3005	20	2985	726
	8			44		44	
				225		225	134
				40		40	
				2530	20	2510	491
				166		166	101
	3			301		301	30
	3			180		180	30
				71		71	
				50		50	

1－1－18 按行业、登记注册类型

行业	从业人员数（人）	内资				
			国有	集体	股份合作	联营
水利、环境和公共设施管理业	**10136**	**10078**	**7312**	**866**		
水利管理业	3712	3712	3043	307		
防洪除涝设施管理	1405	1405	1311	70		
水资源管理	554	554	490	9		
天然水收集与分配	563	563	393	141		
水文服务	156	156	42			
其他水利管理业	1034	1034	807	87		
生态保护和环境治理业	211	211	106			
生态保护	131	131	78			
环境治理业	80	80	28			
公共设施管理业	6213	6155	4163	559		
市政设施管理	567	559	413			
环境卫生管理	2983	2983	2463	391		
城乡市容管理	145	145	120	25		
绿化管理	1833	1783	911	108		
公园和游览景区管理	685	685	256	35		
居民服务、修理和其他服务业	**7979**	**7940**	**400**	**299**	**83**	**1**
居民服务业	3029	3029	341	257	6	1
家庭服务	509	509				
托儿所服务						
洗染服务	78	78				
理发及美容服务	71	71				
洗浴服务	822	822	1	14	6	1
保健服务	104	104				
婚姻服务	136	136	8	12		
殡葬服务	417	417	296	32		
其他居民服务业	892	892	36	199		
机动车、电子产品和日用产品修理业	3249	3210	42	42	77	
汽车、摩托车修理与维护	2855	2820	42	42	77	
计算机和办公设备维修	86	86				
家用电器修理	248	244				
其他日用产品修理业	60	60				
其他服务业	1701	1701	17			
清洁服务	1170	1170	17			
其他未列明服务业	531	531				
教育	**63397**	**63390**	**47303**	**3545**	**15**	**423**
教育	63397	63390	47303	3545	15	423
学前教育	3477	3477	1285	370		
初等教育	22488	22488	19240	1520		
中等教育	26469	26469	19236	1572		419
高等教育	4654	4654	4650			4
特殊教育	264	264	238			
技能培训、教育辅助及其他教育	6045	6038	2654	83	15	
卫生和社会工作	**31678**	**31678**	**23925**	**3155**	**32**	**16**
卫生	29872	29872	23558	2826	32	2
医院	13615	13615	10830	551		
社区医疗与卫生院	10523	10523	7370	2134	32	2
门诊部（所）	3445	3445	3250	47		
计划生育技术服务活动	794	794	672	74		
妇幼保健院（所、站）	614	614	614			
专科疾病防治院（所、站）	19	19	13			
疾病预防控制中心	565	565	565			
其他卫生活动	297	297	244	20		
社会工作	1806	1806	367	329		14

分组的法人单位从业人员数(续7)

国有联营	集体联营	国有与集体联营	其他联营	有限责任公司	国有独资	其他有限责任公司	股份有限公司
				321	**74**	**247**	**323**
				62	62		107
							104
				62	62		3
				38		38	
				31		31	
				7		7	
				221	12	209	216
				27		27	
				85		85	
				27		27	178
				82	12	70	38
			1	**1113**		**1113**	**233**
			1	594		594	8
				65		65	
				8		8	
			1	133		133	
				2		2	5
				12		12	3
				374		374	
				186		186	175
				150		150	172
				19		19	
				17		17	3
				333		333	50
				89		89	50
				244		244	
		419	**4**	**396**		**396**	**131**
		419	4	396		396	131
				12		12	52
		419					58
			4				
				384		384	21
9	**7**			**249**		**249**	**883**
	2			239		239	883
				239		239	883
	2						
9	5			10		10	

1－1－18 按行业、登记注册类型

行业	从业人员数（人）	内资	国有	集体	股份合作	联营
提供住宿社会工作	1638	1638	323	290		14
不提供住宿社会工作	168	168	44	39		
文化、体育和娱乐业	**7491**	**7484**	**2880**	**218**	**15**	**38**
新闻和出版业	478	478	427	5		10
新闻业	168	168	137	1		10
出版业	310	310	290	4		
广播、电视、电影和影视录音制作业	1704	1703	1054	61	15	
广播	179	179	152	27		
电视	966	966	828			
电影和影视节目制作	45	45	2			
电影和影视节目发行	4	4				
电影放映	472	471	72	6	15	
录音制作	38	38		28		
文化艺术业	2360	2360	1063	152		10
文艺创作与表演	858	858	146	14		
艺术表演场馆	92	92	24	7		
图书馆与档案馆	243	243	205	38		
文物及非物质文化遗产保护	128	128	120	8		
博物馆	174	174	173			
烈士陵园、纪念馆	128	128	112	6		
群众文化活动	386	386	204	79		
其他文化艺术业	351	351	79			10
体育	552	552	167			
体育组织	165	165	61			
体育场馆	110	110	83			
休闲健身活动	257	257	20			
其他体育	20	20	3			
娱乐业	2397	2391	169			18
室内娱乐活动	1802	1796	18			18
游乐园	238	238	99			
彩票活动	52	52	52			
文化、娱乐、体育经纪代理	62	62				
其他娱乐业	243	243				
公共管理、社会保障和社会组织	**72823**	**72823**	**46874**	**736**		**16**
中国共产党机关	2563	2563	2532			
中国共产党机关	2563	2563	2532			
国家机构	42421	42421	41290	342		12
国家权力机构	355	355	350			
国家行政机构	38276	38276	37164	342		12
人民法院和人民检察院	2330	2330	2330			
其他国家机构	1460	1460	1446			
人民政协、民主党派	315	315	308			
人民政协	258	258	251			
民主党派	57	57	57			
社会保障	789	789	752	20		
社会保障	789	789	752	20		
群众团体、社会团体和其他成员组织	11861	11861	1992	374		4
群众团体	1138	1138	566	13		
社会团体	6494	6494	1376	325		4
基金会	73	73	39	7		
宗教组织	4156	4156	11	29		
基层群众自治组织	14874	14874				
社区自治组织	4237	4237				
村民自治组织	10637	10637				

分组的法人单位从业人员数(续8)

国有联营	集体联营	国有与集体联营	其他联营	有限责任公司	国有独资	其他有限责任公司	股份有限公司
9	5			10		10	
18			**20**	**534**	**115**	**419**	**92**
			10				
			10				
				202	115	87	17
				115	115		17
				5		5	
				79		79	
				3		3	
			10	110		110	
				102		102	
			10	8		8	
				22		22	
				10		10	
				12		12	
18				200		200	75
18				90		90	40
				105		105	25
				5		5	10
12	**4**						
12							
12							
	4						
	4						

1－1－18 按行业、登记注册类型

行业	私营	私营独资	私营合伙	私营有限责任公司	私营股份有限公司	其他	港澳台商投资企业
总计	**745679**	**128535**	**10096**	**571420**	**35628**	**91444**	**89121**
农、林、牧、渔业	**754**	**265**	**23**	**454**	**12**	**9865**	
农、林、牧、渔服务业	754	265	23	454	12	9865	
农业服务业	511	189		310	12	6026	
林业服务业	10			10		94	
畜牧服务业	204	70	16	118		2911	
渔业服务业	29	6	7	16		834	
采矿业	**1170**	**269**	**14**	**818**	**69**	**100**	**241**
煤炭开采和洗选业	18			18			
烟煤和无烟煤开采洗选							
褐煤开采洗选							
其他煤炭采选	18			18			
石油和天然气开采业						3	
石油开采						3	
天然气开采							
黑色金属矿采选业							
铁矿采选							
锰矿、铬矿采选							
其他黑色金属矿采选							
有色金属矿采选业	4			4			
常用有色金属矿采选	4			4			
贵金属矿采选							
稀有稀土金属矿采选							
非金属矿采选业	1125	246	14	796	69	97	241
土砂石开采	995	245	6	675	69	97	
化学矿开采	1	1					212
采盐	38		8	30			29
石棉及其他非金属矿采选	91			91			
开采辅助活动	14	14					
煤炭开采和洗选辅助活动	1	1					
石油和天然气开采辅助活动	1	1					
其他开采辅助活动	12	12					
其他采矿业	9	9					
其他采矿业	9	9					
制造业	**288224**	**64709**	**4649**	**203719**	**15147**	**6524**	**85901**
农副食品加工业	18643	5544	120	12337	642	420	318
谷物磨制	6825	1655	20	4989	161	222	36
饲料加工	4059	783		3198	78	24	254
植物油加工	643	37		606		14	
制糖业	226	10			216		
屠宰及肉类加工	3556	1631	88	1650	187	16	
水产品加工	551	126	1	424			
蔬菜、水果和坚果加工	1863	1023	6	834		109	27
其他农副食品加工	920	279	5	636		35	1
食品制造业	3594	1110	43	2293	148	124	27
焙烤食品制造	525	173	7	345		78	
糖果、巧克力及蜜饯制造	500	49		316	135	8	
方便食品制造	592	292		296	4	7	1
乳制品制造	62	1		61			
罐头食品制造	183	34		149			
调味品、发酵制品制造	1130	179	36	914	1		
其他食品制造	602	382		212	8	31	26
酒、饮料和精制茶制造业	906	476	62	358	10	28	159
酒的制造	313	112	45	146	10		136
饮料制造	394	183	17	194		13	23

分组的法人单位从业人员数（续9）

港澳台商合资经营	港澳台商合作经营	港澳台商独资	港澳台商投资股份有限公司	其他港澳台商投资	外商投资企业	中外合资经营	中外合作经营	外资企业	外商投资股份有限公司	其他外商投资
13748	**302**	**74691**	**299**	**81**	**40297**	**16471**	**95**	**23146**	**369**	**216**
212		**29**								
212		29								
212										
		29								
12214	**77**	**73241**	**299**	**70**	**38149**	**15775**	**80**	**22211**	**83**	
290		28			315	315				
36										
254					315	315				
		27								
		1								
2		17	8		1823	233		1590		
					1541			1541		
		1			233	233				
					4			4		
2		16	8		45			45		
1		158			13			13		
1		135								
		23			13			13		

1－1－18 按行业、登记注册类型

行业	私营	私营独资	私营合伙	私营有限责任公司	私营股份有限公司	其他	港澳台商投资企业
精制茶加工	199	181		18		15	
烟草制品业							
烟叶复烤							
卷烟制造							
其他烟草制品制造							
纺织业	21626	4962	1154	14908	602	417	3795
棉纺织及印染精加工	7150	864	918	5136	232	90	3669
毛纺织及染整精加工	2173	185	22	1966			
麻纺织及染整精加工	224	51		173		10	
丝绢纺织及印染精加工	1369	372	14	983		10	
化纤织造及印染精加工	204	50	30	124		16	
针织或钩针编织物及其制品制造	2460	1433	72	935	20	36	49
家用纺织制成品制造	6113	1680	75	4008	350	216	77
非家用纺织制成品制造	1933	327	23	1583		39	
纺织服装、服饰业	33881	9104	290	23388	1099	733	7702
机织服装制造	25201	5559	110	18782	750	323	6770
针织或钩针编织服装制造	1744	495	37	1212		1	4
服饰制造	6936	3050	143	3394	349	409	928
皮革、毛皮、羽毛及其制品和制鞋业	10353	2310	2	7778	263	307	1494
皮革鞣制加工	190	82		108		12	
皮革制品制造	5384	634		4490	260	156	370
毛皮鞣制及制品加工	3			3		12	
羽毛（绒）加工及制品制造	1717	1018		699			48
制鞋业	3059	576	2	2478	3	127	1076
木材加工和木、竹、藤、棕、草制品业	11606	5226	341	6009	30	351	710
木材加工	4269	2633	176	1460		154	54
人造板制造	5602	1856	162	3554	30	31	656
木制品制造	1623	694	3	926		57	
竹、藤、棕、草等制品制造	112	43		69		109	
家具制造业	1679	793	11	812	63	119	460
木质家具制造	1263	595	11	603	54	82	247
竹、藤家具制造	30	30					
金属家具制造	90	50		40		32	69
塑料家具制造	53	33		20			
其他家具制造	243	85		149	9	5	144
造纸和纸制品业	7373	1944	55	5247	127	55	89
纸浆制造	6		6				
造纸	3684	785	49	2820	30	1	82
纸制品制造	3683	1159		2427	97	54	7
印刷和记录媒介复制业	5175	626	47	4499	3	150	1240
印刷	4952	564	47	4338	3	123	1240
装订及印刷相关服务	223	62		161		27	
记录媒介复制							
文教、工美、体育和娱乐用品制造业	10701	2686	119	7759	137	205	1652
文教办公用品制造	2979	325	34	2559	61	11	61
乐器制造	488	61		352	75		
工艺美术品制造	3055	1075	82	1897	1	133	1586
体育用品制造	946	71		875			
玩具制造	2956	998	3	1955		19	5
游艺器材及娱乐用品制造	277	156		121		42	
石油加工、炼焦和核燃料加工业	708	83	6	619		32	5
精炼石油产品制造	696	83	6	607		32	5
炼焦							
核燃料加工	12			12			
化学原料和化学制品制造业	14382	3414	72	10162	734	214	1700

分组的法人单位从业人员数（续10）

港澳台商合资经营	港澳台商合作经营	港澳台商独资	港澳台商投资股份有限公司	其他港澳台商投资	外商投资企业	中外合资经营	中外合作经营	外资企业	外商投资股份有限公司	其他外商投资
878	14	2903			1622	559		1063		
868	14	2787			64			64		
		49			1338	339		999		
10		67			220	220				
1683		5974	45		8773	1887		6883	3	
1398		5327	45		2341	817		1521	3	
4										
281		647			6432	1070		5362		
643		851			2854	680		2174		
					56	56				
256		114			1652	594		1058		
		48			30	30				
387		689			1116			1116		
386		324			291			221	70	
		54								
386		270			70				70	
					216			216		
					5			5		
81		379			1124			1124		
		247								
69										
12		132			1124			1124		
5		84			388	364		24		
		82			222	198		24		
5		2			166	166				
1169		71								
1169		71								
1203		354	95		369	55		314		
		61								
1203		288	95		55	55				
					244			244		
		5			70			70		
		5								
		5								
	2	1698			1542	506	80	956		

1－1－18 按行业、登记注册类型

行业	私营	私营独资	私营合伙	私营有限责任公司	私营股份有限公司	其他	港澳台商投资企业
基础化学原料制造	4339	864	25	3192	258	35	1618
肥料制造	780	159		575	46	35	23
农药制造	368	125		243			
涂料、油墨、颜料及类似产品制造	1778	545	14	1187	32	90	2
合成材料制造	1285	371	32	856	26	11	
专用化学产品制造	3929	798		2770	361	34	2
炸药、火工及焰火产品制造							
日用化学产品制造	1903	552	1	1339	11	9	55
医药制造业	2505	369		1856	280		874
化学药品原料药制造	987	32		675	280		874
化学药品制剂制造	233			233			
中药饮片加工	61	11		50			
中成药生产	420	4		416			
兽用药品制造	167	167					
生物药品制造	246			246			
卫生材料及医药用品制造	391	155		236			
化学纤维制造业	1215	48		1157	10	7	1
纤维素纤维原料及纤维制造	284	1		283			
合成纤维制造	931	47		874	10	7	1
橡胶和塑料制品业	10192	2825	146	6796	425	256	1278
橡胶制品业	1688	432	28	1101	127	54	27
塑料制品业	8504	2393	118	5695	298	202	1251
非金属矿物制品业	19909	5626	458	12754	1071	722	1753
水泥、石灰和石膏制造	1494	162		1236	96	95	67
石膏、水泥制品及类似制品制造	7552	1820	111	5252	369	164	1462
砖瓦、石材等建筑材料制造	6278	2596	334	3244	104	281	1
玻璃制造	945	64		481	400	15	
玻璃制品制造	2486	588	12	1833	53	95	13
玻璃纤维和玻璃纤维增强塑料制品制造	174	92	1	64	17		
陶瓷制品制造	47	18		29		17	
耐火材料制品制造	223	57		134	32		
石墨及其他非金属矿物制品制造	710	229		481		55	210
黑色金属冶炼和压延加工业	8044	417	304	5507	1816	23	88
炼铁	539	22		517			
炼钢	27	12	15				
黑色金属铸造	1922	201	289	1432			88
钢压延加工	4966	172		3116	1678	23	
铁合金冶炼	590	10		442	138		
有色金属冶炼和压延加工业	5542	970	117	4370	85	42	30
常用有色金属冶炼	638	109	18	511			
贵金属冶炼	1			1			
稀有稀土金属冶炼	172	55		117			
有色金属合金制造	651	14		637		4	
有色金属铸造	780	11		769		8	
有色金属压延加工	3300	781	99	2335	85	30	30
金属制品业	13612	2905	288	8271	2148	446	251
结构性金属制品制造	6797	1354	117	3694	1632	243	80
金属工具制造	1365	421	71	584	289	71	1
集装箱及金属包装容器制造	499	19	9	471			
金属丝绳及其制品制造	305	22		283		39	
建筑、安全用金属制品制造	726	162	77	468	19	4	6
金属表面处理及热处理加工	382	81	2	227	72	15	
搪瓷制品制造	33	9		24			
金属制日用品制造	754	413	1	340		10	140
其他金属制品制造	2751	424	11	2180	136	64	24

分组的法人单位从业人员数（续11）

港澳台商合资经营	港澳台商合作经营	港澳台商独资	港澳台商投资股份有限公司	其他港澳台商投资	外商投资企业	中外合资经营	中外合作经营	外资企业	外商投资股份有限公司	其他外商投资
		1618			1288	378	80	830		
		23			4	4				
	2									
					10	10				
		2			125			125		
		55			115	114		1		
874					391			391		
874					10			10		
					381			381		
1					496			496		
					496			496		
1										
498		780			5462	4188		1274		
		27			3818	3659		159		
498		753			1644	529		1115		
370		1260	123		445	324		121		
67										
93		1246	123		216	216				
		1			138	108		30		
		13								
					91			91		
210										
88					288	288				
88										
					288	288				
		30			70			70		
					70			70		
		30								
8	2	171		70	1889	1855		34		
		10		70	129	127		2		
1					260	260				
					31			31		
	2	4								
		140			1468	1468				
7		17			1			1		

1－1－18 按行业、登记注册类型

行业	私营	私营独资	私营合伙	私营有限责任公司	私营股份有限公司	其他	港澳台商投资企业
通用设备制造业	22140	3100	266	17595	1179	587	927
锅炉及原动设备制造	1731	172		1559		47	1
金属加工机械制造	3405	874	147	2364	20	277	47
物料搬运设备制造	1337	124		1153	60	2	197
泵、阀门、压缩机及类似机械制造	5183	406	43	4087	647	40	109
轴承、齿轮和传动部件制造	4559	236	22	3984	317	12	451
烘炉、风机、衡器、包装等设备制造	695	128		561	6	115	69
文化、办公用机械制造	305			305			
通用零部件制造	4278	1035	47	3067	129	57	53
其他通用设备制造业	647	125	7	515		37	
专用设备制造业	12891	2111	160	8883	1737	486	334
采矿、冶金、建筑专用设备制造	4080	475	72	3010	523	90	2
化工、木材、非金属加工专用设备制造	1763	371	62	1298	32		114
食品、饮料、烟草及饲料生产专用设备制造	169	76		93		19	
印刷、制药、日化及日用品生产专用设备制造	930	162		723	45	85	76
纺织、服装和皮革加工专用设备制造	658	51		607		14	
电子和电工机械专用设备制造	1038	445	5	584	4	145	70
农、林、牧、渔专用机械制造	1172	273		899		31	23
医疗仪器设备及器械制造	1972	49		824	1099	85	15
环保、社会公共服务及其他专用设备制造	1109	209	21	845	34	17	34
汽车制造业	8872	1207	62	7230	373	175	816
汽车整车制造							
改装汽车制造	81	1		80			
低速载货汽车制造							
电车制造	56	8	3	45			
汽车车身、挂车制造	127	20		107			
汽车零部件及配件制造	8608	1178	59	6998	373	175	816
铁路、船舶、航空航天和其他运输设备制造业	2755	463	122	1785	385	4	3
铁路运输设备制造	286	30		100	156		
城市轨道交通设备制造	2	1		1			
船舶及相关装置制造	1378	296	122	739	221		
航空、航天器及设备制造							
摩托车制造	67	43		24			3
自行车制造	823	54		761	8	4	
非公路休闲车及零配件制造	35	29		6			
潜水救捞及其他未列明运输设备制造	164	10		154			
电气机械和器材制造业	20176	2486	83	16901	706	344	7358
电机制造	951	312		624	15	2	
输配电及控制设备制造	10320	1368	8	8389	555	80	598
电线、电缆、光缆及电工器材制造	3042	313	12	2712	5	84	895
电池制造	2628	81		2537	10		4244
家用电力器具制造	1151	128	3	1020		36	10
非电力家用器具制造	847	78		648	121	48	
照明器具制造	1047	146	59	842		38	1611
其他电气机械及器材制造	190	60	1	129		56	
计算机、通信和其他电子设备制造业	10399	2050	271	7184	894	92	51152
计算机制造	513	67		296	150	5	41
通信设备制造	202	50	19	133		1	
广播电视设备制造	1324	11	201	947	165	25	328
雷达及配套设备制造							
视听设备制造	713	182		531			
电子器件制造	1310	17		1293		2	23
电子元件制造	5408	1574	20	3522	292	33	41131
其他电子设备制造	929	149	31	462	287	26	9629
仪器仪表制造业	4594	408	36	4084	66	64	1

分组的法人单位从业人员数（续12）

港澳台商合资经营	港澳台商合作经营	港澳台商独资	港澳台商投资股份有限公司	其他港澳台商投资	外商投资企业	中外合资经营	中外合作经营	外资企业	外商投资股份有限公司	其他外商投资
444	15	468			664	100		564		
		1								
		47			51			51		
172		25			72			72		
67	15	27			1			1		
187		264			454	70		384		
		69			47			47		
18		35			39	30		9		
148	29	157			570	133		437		
		2			97	97				
84	29	1			431			431		
		76								
					1	1				
55		15			1			1		
		23			5			5		
9		6			35	35				
		34								
108		708			756			756		
108		708			756			756		
			3		95			85	10	
					10				10	
			3							
					80			80		
					5			5		
1035		6323			3198	3006		192		
					2709	2709				
235		363			327	135		192		
293		602			35	35				
497		3747								
		10			124	124				
10		1601								
					3	3				
646		50481	25		4461	1069		3392		
20		21			3219			3219		
		328								
12		11			163	1		162		
614		40492	25		1079	1068		11		
		9629								
1										

1－1－18 按行业、登记注册类型

行业	私营	私营独资	私营合伙	私营有限责任公司	私营股份有限公司	其他	港澳台商投资企业
通用仪器仪表制造	2342	213	3	2093	33	47	
专用仪器仪表制造	1352	95	1	1240	16	2	1
钟表与计时仪器制造	2			2			
光学仪器及眼镜制造	636	29		607			
其他仪器仪表制造业	262	71	32	142	17	15	
其他制造业	2955	1033	12	1910		103	1684
日用杂品制造	2326	944	12	1370		38	1684
煤制品制造	15	15					
核辐射加工							
其他未列明制造业	614	74		540		65	
废弃资源综合利用业	1356	191	1	1051	113	18	
金属废料和碎屑加工处理	897	72		794	31	17	
非金属废料和碎屑加工处理	459	119	1	257	82	1	
金属制品、机械和设备修理业	440	222	1	216	1		
金属制品修理	1				1		
通用设备修理	46	37		9			
专用设备修理	64	46		18			
铁路、船舶、航空航天等运输设备修理	185	74	1	110			
电气设备修理	36	14		22			
仪器仪表修理							
其他机械和设备修理业	108	51		57			
电力、热力、燃气及水生产和供应业	**929**	**295**	**11**	**440**	**183**	**106**	**113**
电力、热力生产和供应业	386	59		280	47	21	30
电力生产	322	49		255	18	10	
电力供应	9	2		7			
热力生产和供应	55	8		18	29	11	30
燃气生产和供应业	112	12		100		47	45
燃气生产和供应业	112	12		100		47	45
水的生产和供应业	431	224	11	60	136	38	38
自来水生产和供应	359	188	11	34	126	21	38
污水处理及其再生利用	48	22		26		2	
其他水的处理、利用与分配	24	14			10	15	
建筑业	**311605**	**10782**	**1371**	**286525**	**12927**	**2990**	**440**
房屋建筑业	256903	7209	932	238359	10403	1704	432
房屋建筑业	256903	7209	932	238359	10403	1704	432
土木工程建筑业	20679	927	81	19212	459	371	8
铁路、道路、隧道和桥梁工程建筑	14645	469	44	13879	253	123	
水利和内河港口工程建筑	1381	157	18	1203	3	88	
海洋工程建筑							
工矿工程建筑	662	25		637			
架线和管道工程建筑	676	124	4	476	72	57	8
其他土木工程建筑	3315	152	15	3017	131	103	
建筑安装业	11771	818	186	9962	805	194	
电气安装	6232	145	100	5690	297	21	
管道和设备安装	1900	100		1747	53	31	
其他建筑安装业	3639	573	86	2525	455	142	
建筑装饰和其他建筑业	22252	1828	172	18992	1260	721	
建筑装饰业	12580	1247	92	10616	625	595	
工程准备活动	4249	324	28	3753	144	36	
提供施工设备服务	1068	90	20	477	481	18	
其他未列明建筑业	4355	167	32	4146	10	72	
批发和零售业	**64127**	**28438**	**1378**	**31503**	**2808**	**16522**	**1504**
批发业	38039	15868	961	19683	1527	13199	374
农、林、牧产品批发	2549	1483	45	988	33	4914	
食品、饮料及烟草制品批发	4238	1377	274	2128	459	5176	37

分组的法人单位从业人员数（续13）

港澳台商合资经营	港澳台商合作经营	港澳台商独资	港澳台商投资股份有限公司	其他港澳台商投资	外商投资企业	中外合资经营	中外合作经营	外资企业	外商投资股份有限公司	其他外商投资
1										
1652	15	17			248	213		35		
1652	15	17			247	213		34		
					1			1		
					2			2		
					2			2		
45		**68**			**752**	**295**		**457**		
		30			148	126		22		
					148	126		22		
		30								
45					373			373		
45					373			373		
		38			231	169		62		
		38								
					231	169		62		
417		**23**			**7**			**3**		**4**
409		23			4					4
409		23			4					4
8										
8										
					3			3		
					3			3		
623	**3**	**878**			**604**	**198**	**4**	**357**		**45**
11		363			235	147	4	56		28
		37			5					5

1－1－18　按行业、登记注册类型

行业	私营	私营独资	私营合伙	私营有限责任公司	私营股份有限公司	其他	港澳台商投资企业
纺织、服装及家庭用品批发	4650	1683	94	2765	108	640	62
文化、体育用品及器材批发	981	330	2	579	70	42	
医药及医疗器材批发	963	355		476	132	79	
矿产品、建材及化工产品批发	12709	6154	228	6144	183	736	65
机械设备、五金产品及电子产品批发	6211	2107	147	3804	153	733	206
贸易经纪与代理	2172	938	81	1096	57	313	
其他批发业	3566	1441	90	1703	332	566	4
零售业	26088	12570	417	11820	1281	3323	1130
综合零售	5666	2310	49	3145	162	272	1096
食品、饮料及烟草制品专门零售	1656	622	14	933	87	1569	7
纺织、服装及日用品专门零售	1818	848	53	886	31	127	
文化、体育用品及器材专门零售	707	315	15	377		125	
医药及医疗器材专门零售	3284	2667	34	525	58	430	
汽车、摩托车、燃料及零配件专门零售	4049	1149	164	2133	603	151	24
家用电器及电子产品专门零售	4061	1921	20	1928	192	165	
五金、家具及室内装饰材料专门零售	2930	1852	19	977	82	221	3
货摊、无店铺及其他零售业	1917	886	49	916	66	263	
交通运输、仓储和邮政业	**16268**	**4240**	**254**	**11164**	**610**	**1205**	
道路运输业	12800	3309	93	8948	450	674	
城市公共交通运输	333	194		3	136	57	
公路旅客运输	290	28		262		35	
道路货物运输	11783	3040	93	8336	314	391	
道路运输辅助活动	394	47		347		191	
水上运输业	1080	148	90	776	66	300	
水上旅客运输	1			1			
水上货物运输	896	114	89	693		232	
水上运输辅助活动	183	34	1	82	66	68	
航空运输业							
航空客货运输							
通用航空服务							
航空运输辅助活动							
管道运输业	8	7		1			
管道运输业	8	7		1			
装卸搬运和运输代理业	1295	643	71	525	56	133	
装卸搬运	981	524	71	369	17	90	
运输代理业	314	119		156	39	43	
仓储业	266	96		170		46	
谷物、棉花等农产品仓储	75	55		20		40	
其他仓储业	191	41		150		6	
邮政业	819	37		744	38	52	
邮政基本服务							
快递服务	819	37		744	38	52	
住宿和餐饮业	**7898**	**2380**	**239**	**4648**	**631**	**528**	**366**
住宿业	2507	563	25	1487	432	262	91
旅游饭店	1730	86	16	1196	432	85	91
一般旅馆	720	436	9	275		144	
其他住宿业	57	41		16		33	
餐饮业	5391	1817	214	3161	199	266	275
正餐服务	4554	1710	203	2463	178	178	252
快餐服务	109	4	11	94		8	8
饮料及冷饮服务	65	25		40		1	15
其他餐饮业	663	78		564	21	79	
信息传输、软件和信息技术服务业	**4163**	**829**	**30**	**2958**	**346**	**335**	**55**
电信、广播电视和卫星传输服务	595	62		361	172	50	
电信	439	61		206	172	18	

分组的法人单位从业人员数（续14）

港澳台商合资经营	港澳台商合作经营	港澳台商独资	港澳台商投资股份有限公司	其他港澳台商投资	外商投资企业	中外合资经营	中外合作经营	外资企业	外商投资股份有限公司	其他外商投资
		62			166	147	4	15		
					10					10
		65			5			5		
11		195			49			36		13
		4								
612	3	515			369	51		301		17
612		484			301			301		
		7			8					8
					4					4
		24								
	3									
					56	51				5
					18	**15**		**3**		
					3			3		
					3			3		
					15	15				
					15	15				
3	**172**	**183**		**8**	**378**			**74**	**286**	**18**
3		88			280				280	
3		88			280				280	
	172	95		8	98			74	6	18
	172	80			16			10	6	
				8	73			55		18
		15			9			9		
54		**1**			**22**			**7**		**15**

1－1－18 按行业、登记注册类型

行业	私营	私营独资	私营合伙	私营有限责任公司	私营股份有限公司	其他	港澳台商投资企业
广播电视传输服务	155			155		32	
卫星传输服务	1	1					
互联网和相关服务	677	330	8	321	18	67	
互联网接入及相关服务	53	8		45		4	
互联网信息服务	492	257	8	214	13	33	
其他互联网服务	132	65		62	5	30	
软件和信息技术服务业	2891	437	22	2276	156	218	55
软件开发	1987	201	1	1648	137	114	54
信息系统集成服务	146	28		118		5	
信息技术咨询服务	436	143	4	270	19	43	1
数据处理和存储服务	2	2				20	
集成电路设计	66	5	12	49		5	
其他信息技术服务业	254	58	5	191		31	
房地产业	**14444**	**2192**	**359**	**11010**	**883**	**1404**	**430**
房地产业	14444	2192	359	11010	883	1404	430
房地产开发经营	7959	752	186	6358	663	464	399
物业管理	5238	1077	168	3902	91	532	14
房地产中介服务	904	224	5	578	97	187	
自有房地产经营活动	70	12		26	32	49	4
其他房地产业	273	127		146		172	13
租赁和商务服务业	**16385**	**5796**	**614**	**9178**	**797**	**3275**	**12**
租赁业	1216	543	51	608	14	287	
机械设备租赁	1205	535	51	605	14	287	
文化及日用品出租	11	8		3			
商务服务业	15169	5253	563	8570	783	2988	12
企业管理服务	3454	830	41	2408	175	851	10
法律服务	279	91	158	30		423	
咨询与调查	1619	492	114	930	83	559	
广告业	2982	880	84	1952	66	449	
知识产权服务	20	6	6	8			
人力资源服务	2501	1553	63	829	56	389	
旅行社及相关服务	646	208	7	366	65	95	
安全保护服务	420	412		8		1	
其他商务服务业	3248	781	90	2039	338	221	2
科学研究和技术服务业	**5593**	**1438**	**67**	**3756**	**332**	**11743**	**48**
研究和试验发展	593	117	14	453	9	143	21
自然科学研究和试验发展	71	7		56	8	18	
工程和技术研究和试验发展	304	67	10	226	1	42	21
农业科学研究和试验发展	103	43	4	56		68	
医学研究和试验发展	115			115		11	
社会人文科学研究						4	
专业技术服务业	3853	841	37	2659	316	1120	17
气象服务	8	3		5		11	
地震服务	10			10			
海洋服务							
测绘服务	143	12	7	94	30	5	
质检技术服务	537	64	10	455	8	40	15
环境与生态监测	13	12		1			
地质勘查	76	76					
工程技术	2487	360	8	1842	277	174	
其他专业技术服务业	579	314	12	252	1	890	2
科技推广和应用服务业	1147	480	16	644	7	10480	10
技术推广服务	761	323	16	418	4	10362	10
科技中介服务	119	39		80		44	
其他科技推广和应用服务业	267	118		146	3	74	

分组的法人单位从业人员数（续15）

港澳台商合资经营	港澳台商合作经营	港澳台商独资	港澳台商投资股份有限公司	其他港澳台商投资	外商投资企业	中外合资经营	中外合作经营	外资企业	外商投资股份有限公司	其他外商投资
54		1			22			7		15
54					15					15
					7			7		
		1								
173	**50**	**204**		**3**	**179**	**117**		**34**		**28**
173	50	204		3	179	117		34		28
173	50	173		3	116	64		30		22
		14			59	53				6
					4			4		
		4								
		13								
1		**11**			**84**	**67**	**11**			**6**
1		11			84	67	11			6
		10			52	51	1			
					5					5
1		1			27	16	10			1
6		**42**			**4**	**4**				
6		15			4	4				
					1	1				
6		15			3	3				
		17								
		15								
		2								
		10								
		10								

1－1－18 按行业、登记注册类型

行业	私营	私营独资	私营合伙	私营有限责任公司	私营股份有限公司	其他	港澳台商投资企业
水利、环境和公共设施管理业	**1069**	**356**	**28**	**669**	**16**	**187**	
水利管理业	91	58		23	10	102	
防洪除涝设施管理	21	21				3	
水资源管理	38	31		7		17	
天然水收集与分配						29	
水文服务	4	4				6	
其他水利管理业	28	2		16	10	47	
生态保护和环境治理业	19	15		4		48	
生态保护						22	
环境治理业	19	15		4		26	
公共设施管理业	959	283	28	642	6	37	
市政设施管理	112	16		96		7	
环境卫生管理	27			27		17	
城乡市容管理							
绿化管理	546	225	13	302	6	13	
公园和游览景区管理	274	42	15	217			
居民服务、修理和其他服务业	**4970**	**2203**	**89**	**2547**	**131**	**841**	**4**
居民服务业	1471	808	45	612	6	351	
家庭服务	354	94		260		90	
托儿所服务							
洗染服务	78	68		10			
理发及美容服务	63	50		13			
洗浴服务	618	429	28	161		49	
保健服务	85	22		63		19	
婚姻服务	82	21		58	3	27	
殡葬服务	34	24		10		40	
其他居民服务业	157	100	17	37	3	126	
机动车、电子产品和日用产品修理业	2437	1092	12	1208	125	251	4
汽车、摩托车修理与维护	2129	999	12	1018	100	208	
计算机和办公设备维修	66	15		43	8	1	
家用电器修理	214	69		128	17	10	4
其他日用产品修理业	28	9		19		32	
其他服务业	1062	303	32	727		239	
清洁服务	858	239	23	596		156	
其他未列明服务业	204	64	9	131		83	
教育	**3659**	**1990**	**652**	**532**	**485**	**7918**	**7**
教育	3659	1990	652	532	485	7918	7
学前教育	355	261	85	9		1403	
初等教育	217	217				1511	
中等教育	1713	845	456		412	3471	
高等教育							
特殊教育	10	2			8	16	
技能培训、教育辅助及其他教育	1364	665	111	523	65	1517	7
卫生和社会工作	**1318**	**797**	**251**	**270**		**2100**	
卫生	1128	698	244	186		1204	
医院	927	514	234	179		185	
社区医疗与卫生院	109	105	4			876	
门诊部（所）	70	66	4			78	
计划生育技术服务活动	6			6		42	
妇幼保健院（所、站）							
专科疾病防治院（所、站）						6	
疾病预防控制中心							
其他卫生活动	16	13	2	1		17	
社会工作	190	99	7	84		896	

分组的法人单位从业人员数（续16）

港澳台商合资经营	港澳台商合作经营	港澳台商独资	港澳台商投资股份有限公司	其他港澳台商投资	外商投资企业	中外合资经营	中外合作经营	外资企业	外商投资股份有限公司	其他外商投资
					58					**58**
					58					58
					8					8
					50					50
		4			**35**					**35**
		4			35					35
					35					35
		4								
		7								
		7								
		7								

1－1－18 按行业、登记注册类型

行业	私营	私营独资	私营合伙	私营有限责任公司	私营股份有限公司	其他	港澳台商投资企业
提供住宿社会工作	180	89	7	84		821	
不提供住宿社会工作	10	10				75	
文化、体育和娱乐业	**3076**	**1549**	**67**	**1209**	**251**	**631**	
新闻和出版业	27	2		25		9	
新闻业	12			12		8	
出版业	15	2		13		1	
广播、电视、电影和影视录音制作业	267	27		239	1	87	
广播							
电视						6	
电影和影视节目制作	33	17		15	1	5	
电影和影视节目发行	4	4					
电影放映	228	4		224		71	
录音制作	2	2				5	
文化艺术业	823	359	15	295	154	202	
文艺创作与表演	531	270	15	93	153	65	
艺术表演场馆	61			61			
图书馆与档案馆							
文物及非物质文化遗产保护							
博物馆						1	
烈士陵园、纪念馆						10	
群众文化活动	68	53		15		35	
其他文化艺术业	163	36		126	1	91	
体育	180	139	3	37	1	183	
体育组织	31	22		9		73	
体育场馆						27	
休闲健身活动	144	113	3	28		83	
其他体育	5	4			1		
娱乐业	1779	1022	49	613	95	150	
室内娱乐活动	1539	921	33	508	77	91	
游乐园	9			9			
彩票活动							
文化、娱乐、体育经纪代理	62	17		45			
其他娱乐业	169	84	16	51	18	59	
公共管理、社会保障和社会组织	**27**	**7**		**20**		**25170**	
中国共产党机关						31	
中国共产党机关						31	
国家机构						777	
国家权力机构						5	
国家行政机构						758	
人民法院和人民检察院							
其他国家机构						14	
人民政协、民主党派						7	
人民政协						7	
民主党派							
社会保障						17	
社会保障						17	
群众团体、社会团体和其他成员组织	27	7		20		9464	
群众团体						559	
社会团体	21	1		20		4768	
基金会						27	
宗教组织	6	6				4110	
基层群众自治组织						14874	
社区自治组织						4237	
村民自治组织						10637	

分组的法人单位从业人员数（续17）

港澳台商合资经营	港澳台商合作经营	港澳台商独资	港澳台商投资股份有限公司	其他港澳台商投资	外商投资企业	中外合资经营	中外合作经营	外资企业	外商投资股份有限公司	其他外商投资
					7					**7**
					1					1
					1					1
					6					6
					6					6

1－1－19 按地区、登记注册

地区	法人单位数（个）	内资	国有	集体	股份合作	联营
总计	**43152**	**42597**	**4597**	**956**	**85**	**82**
清河区	5925	5875	697	22	24	17
淮安区	7764	7656	748	136		2
淮阴区	4858	4829	433	118	17	7
清浦区	3659	3632	351	98	7	8
涟水县	4755	4716	620	144	8	14
洪泽县	4391	4349	452	166	5	6
盱眙县	4928	4875	701	140	8	13
金湖县	4496	4422	423	94	8	10
开发区	2291	2164	161	38	8	5
工业园区	78	72	10			

行业	私营	私营独资	私营合伙	私营有限责任公司	私营股份有限公司	其他	港澳台商投资企业
总计	**22980**	**10834**	**596**	**10832**	**718**	**9298**	**343**
清河区	2962	1256	96	1476	134	884	31
淮安区	5054	3093	72	1829	60	1541	85
淮阴区	2779	1345	59	1278	97	1202	15
清浦区	2215	584	34	1543	54	513	11
涟水县	1896	1331	72	429	64	1588	16
洪泽县	2040	1173	109	663	95	980	25
盱眙县	2320	664	36	1508	112	1333	38
金湖县	2568	857	76	1564	71	942	56
开发区	1135	527	42	535	31	302	63
工业园区	11	4		7		13	3

类型分组的法人单位数

国有联营	集体联营	国有与集体联营	其他联营	有限责任公司	国有独资	其他有限责任公司	股份有限公司
9	**24**	**3**	**46**	**4029**	**68**	**3961**	**570**
4	2		11	1145	14	1131	124
	1	1		147	7	140	28
3	3	1		202	6	196	71
	2		6	369	6	363	71
	5	1	8	388	9	379	58
	2		4	637	8	629	63
	6		7	310	5	305	50
	1		9	337	5	332	40
2	2		1	452	7	445	63
				37		37	1

港澳台商合资经营	港澳台商合作经营	港澳台商独资	港澳台商投资股份有限公司	其他港澳台商投资	外商投资企业	中外合资经营	中外合作经营	外资企业	外商投资股份有限公司	其他外商投资
97	**11**	**224**	**8**	**3**	**212**	**75**	**4**	**105**	**8**	**20**
11	1	18	1		19	2	2	9	1	5
16	2	66	1		23	7	1	15		
4		10		1	14	6		7		1
5	3	3			16	3	1	3		9
3		11		2	23	6		10	3	4
11	1	12	1		17	9		7		1
9		25	4		15	7		8		
17	1	38			18	9		5	4	
21	2	39	1		64	25		39		
	1	2			3	1		2		

1－1－20 按地区、登记注册类型

地区	从业人员数（人）	内资	国有	集体	股份合作	联营
总计	**1526285**	**1396867**	**169206**	**38192**	**3950**	**1204**
清河区	164104	159997	23792	781	1098	110
淮安区	254300	247094	30076	7633		426
淮阴区	196909	192184	21180	3646	1574	39
清浦区	103496	102074	14615	2237	75	108
涟水县	226466	211058	19247	13314	186	181
洪泽县	125595	121699	11181	3381	35	36
盱眙县	170372	163184	19623	4475	653	62
金湖县	90711	83698	12316	1750	157	55
开发区	178425	100228	14705	975	172	187
工业园区	3204	2948	523			

地区	私营	私营独资	私营合伙	私营有限责任公司	私营股份有限公司	其他	港澳台商投资企业
总计	**745679**	**128535**	**10096**	**571420**	**35628**	**91444**	**89121**
清河区	56843	10002	786	43482	2573	7237	1859
淮安区	169381	33951	1178	129610	4642	14072	5103
淮阴区	107151	14547	1532	83016	8056	13064	1350
清浦区	52090	6981	599	41606	2904	5135	565
涟水县	115653	21977	2351	84124	7201	14430	7330
洪泽县	55565	13609	1214	38853	1889	9223	2571
盱眙县	104085	10931	1106	85578	6470	13532	5544
金湖县	48206	7780	909	38824	693	12004	6318
开发区	36061	8694	421	25746	1200	2627	58252
工业园区	644	63		581		120	229

分组的法人单位从业人员数

国有联营	集体联营	国有与集体联营	其他联营	有限责任公司	国有独资	其他有限责任公司	股份有限公司
93	**309**	**454**	**348**	**276859**	**8656**	**268203**	**70333**
39	11		60	62800	1503	61297	7336
	7	419		18857	734	18123	6649
22	13	4		40042	1732	38310	5488
	28		80	19587	313	19274	8227
	68	31	82	33596	1627	31969	14451
	8		28	29651	564	29087	12627
	19		43	17590	49	17541	3164
	1		54	8683	568	8115	527
32	154		1	38447	240	38207	7054
				1623		1623	38

港澳台商合资经营	港澳台商合作经营	港澳台商独资	港澳台商投资股份有限公司	其他港澳台商投资	外商投资企业	中外合资经营	中外合作经营	外资企业	外商投资股份有限公司	其他外商投资
13748	**302**	**74691**	**299**	**81**	**40297**	**16471**	**95**	**23146**	**369**	**216**
1441	72	343	3		2248	273	5	1660	280	30
1398	106	3476	123		2103	975	10	1118		
933		347		70	3375	1145		2180		50
97	53	415			857	226	80	497		54
697		6622		11	8078	1925		5992	80	81
1891	50	580	50		1325	987		337		1
2282		3139	123		1644	750		894		
1944	3	4371			695	498		188	9	
3065	4	55183			19945	9682		10263		
	14	215			27	10		17		

1－1－21 按从业人员组距、开业（成立）

指标	法人单位数（个）	内资				
			国有	集体	股份合作	联营
总计	**43152**	**42597**	**4597**	**956**	**85**	**82**
按从业人员数分组						
7人及以下	21308	21135	2062	514	35	50
8－19人	12024	11942	1128	213	24	22
20－49人	5442	5345	651	112	16	8
50－99人	2150	2080	417	61	4	
100－299人	1529	1463	261	37	3	1
300－499人	283	256	41	9	1	1
500－999人	222	202	21	7	1	
1000－4999人	177	160	16	2	1	
5000－9999人	13	12		1		
10000人及以上	4	2				
按开业（成立）年份分组						
1949年以前	86	86	65	4		
1950－1977年	1291	1289	711	136		2
1978－1991年	2646	2644	1386	249	3	2
1992－1995年	715	708	241	82	1	2
1996年	230	227	52	15	1	1
1997年	208	206	59	7		
1998年	542	540	104	24	1	
1999年	411	408	99	21	2	3
2000年	843	839	213	32	4	
2001年	1479	1475	280	36	6	8
2002年	1031	1021	168	41	2	1
2003年	1155	1134	88	22	5	2
2004年	1159	1136	88	18	5	6
2005年	1337	1313	90	19	2	1
2006年	1727	1691	71	26	5	
2007年	1830	1794	77	25	3	2
2008年	2649	2615	140	33	4	3
2009年	3160	3125	81	23	4	6
2010年	4811	4750	192	35	7	10
2011年	4798	4713	115	35	9	10
2012年	5563	5452	139	34	13	9
2013年	5453	5406	136	39	7	14
无开业年份	28	25	2		1	

时间、登记注册类型分组的法人单位数

国有联营	集体联营	国有与集体联营	其他联营	有限责任公司	国有独资	其他有限责任公司	股份有限公司
9	**24**	**3**	**46**	**4029**	**68**	**3961**	**570**
3	17	1	29	1498	16	1482	174
5	4		13	1171	17	1154	136
1	2	1	4	610	12	598	94
				315	5	310	65
	1			251	10	241	58
		1		67	2	65	16
				61	4	57	14
				54	2	52	12
				2		2	1
1	1			12	1	11	8
	2			31	1	30	8
	1		1	46	4	42	10
	1			21	1	20	1
				13		13	7
				43	1	42	13
1	1	1		30	2	28	11
				38	2	36	8
1	4	1	2	78		78	17
			1	83	5	78	20
1	1			130	5	125	21
2	2		2	121	3	118	29
			1	139	5	134	29
				165	3	162	21
			2	194	2	192	35
	1	1	1	183	6	177	24
1	1		4	334	8	326	53
1	1		8	586	6	580	87
	3		7	468	6	462	57
1	4		4	654	2	652	65
	1		13	654	5	649	46
				6		6	

1－1－21　按从业人员组距、开业（成立）

指　　　标	私　营	私营独资	私营合伙	私营有限责任公司	私营股份有限公司	其　他	港澳台商投资企业
总　　计	**22980**	**10834**	**596**	**10832**	**718**	**9298**	**343**
按从业人员数分组							
7人及以下	11041	6324	310	4122	285	5761	115
8－19人	6558	3006	169	3198	185	2690	52
20－49人	3203	1213	80	1794	116	651	69
50－99人	1082	187	26	814	55	136	36
100－299人	800	89	9	644	58	52	36
300－499人	117	11		100	6	4	16
500－999人	95	3	2	83	7	3	8
1000－4999人	74	1		67	6	1	8
5000－9999人	8			8			1
10000人及以上	2			2			2
按开业（成立）年份分组							
1949年以前	2			2		15	
1950－1977年	45	17	3	20	5	375	2
1978－1991年	141	82	9	45	5	824	
1992－1995年	145	75	8	59	3	181	4
1996年	78	46	2	28	2	58	
1997年	79	46	1	29	3	41	1
1998年	219	114	4	94	7	136	1
1999年	155	68	9	71	7	87	1
2000年	280	144	20	108	8	264	1
2001年	421	239	13	159	10	629	3
2002年	489	234	17	218	20	217	3
2003年	664	328	18	293	25	202	9
2004年	702	341	25	306	30	167	9
2005年	822	415	20	368	19	211	11
2006年	1087	487	29	525	46	316	19
2007年	1153	466	23	627	37	305	19
2008年	1256	578	21	617	40	972	24
2009年	1940	791	56	1027	66	684	16
2010年	3051	1289	119	1540	103	782	40
2011年	3236	1414	69	1630	123	783	55
2012年	3434	1540	70	1746	78	1104	83
2013年	3568	2113	59	1316	80	942	40
无开业年份	13	7	1	4	1	3	2

时间、登记注册类型分组的法人单位数（续）

港澳台商合资经营	港澳台商合作经营	港澳台商独资	港澳台商投资股份有限公司	其他港澳台商投资	外商投资企业	中外合资经营	中外合作经营	外资企业	外商投资股份有限公司	其他外商投资
97	**11**	**224**	**8**	**3**	**212**	**75**	**4**	**105**	**8**	**20**
25	4	83	2	1	58	10	2	28	6	12
15	3	32	1	1	30	8	1	16		5
12	1	53	3		28	10		16		2
14	2	18	1	1	34	14	1	17	1	1
15	1	19	1		30	23		6	1	
9		7			11	4		7		
6		2			12	1		11		
1		7			9	5		4		
		1								
		2								
2										
					2	1				1
2	1	1			3			3		
					3	2		1		
		1			1	1				
		1			1	1				
		1			2			2		
		1			3	2		1		
		2	1		1	1				
2		1			7			7		
5		4			12	7		4		1
5		4			14	6		7		1
7		4			13	4		6		3
10		9			17	8		9		
5	1	13			17	5	1	9	1	1
11		13			10	3		6	1	
3		11	2		19	6	1	6	3	3
10	2	27		1	21	9		10		2
13		38	3	1	30	10	1	12	1	6
16	7	58	1	1	28	7	1	16	2	2
4		35	1		7	1		6		
2					1	1				

1－1－22 按从业人员组距、开业（成立）时间、

指标	从业人员数（人）	内资				
			国有	集体	股份合作	联营
总计	**1526285**	**1396867**	**169206**	**38192**	**3950**	**1204**
按从业人员数分组						
7人及以下	76005	75531	7752	1839	142	159
8－19人	139534	138530	13486	2453	279	255
20－49人	161735	158820	19877	3543	435	225
50－99人	148517	143647	29719	4375	232	
100－299人	257936	245462	41476	6007	583	146
300－499人	107287	97059	15203	3394	339	419
500－999人	158774	145789	14481	5074	560	
1000－4999人	314009	279500	27212	2613	1380	
5000－9999人	90927	81306		8894		
10000人及以上	71561	31223				
按开业（成立）年份分组						
1949年以前	28470	28470	10012	130		
1950－1977年	102834	101960	48285	15004		17
1978－1991年	86470	86343	42511	9166	240	27
1992－1995年	76398	75001	13961	4336	560	8
1996年	25409	21605	1401	406	16	5
1997年	15481	15219	1333	177		
1998年	37564	37475	3591	277	10	
1999年	24841	24360	3792	716	37	43
2000年	34314	33606	6261	519	67	
2001年	36990	36827	4714	864	235	459
2002年	55059	49193	5430	1274	13	3
2003年	49637	41262	2691	463	114	52
2004年	65060	59820	1364	338	309	49
2005年	64043	57030	2802	301	12	6
2006年	108379	62088	1227	316	36	
2007年	77663	68934	2362	346	14	44
2008年	89990	70780	2256	495	48	31
2009年	124152	118925	1877	374	1464	185
2010年	143553	136718	4300	992	450	48
2011年	117280	112819	3179	571	108	59
2012年	99995	96929	3202	561	143	77
2013年	62585	61391	2641	566	64	91
无开业年份	118	112	14		10	

登记注册类型分组的法人单位从业人员数

国有联营	集体联营	国有与集体联营	其他联营	有限责任公司	国有独资	其他有限责任公司	股份有限公司
93	**309**	**454**	**348**	**276859**	**8656**	**268203**	**70333**
9	60	4	86	5282	81	5201	617
57	43		155	13508	198	13310	1657
27	60	31	107	18218	360	17858	2793
				21440	310	21130	4522
	146			45512	1634	43878	10849
		419		25279	778	24501	6159
				43439	2806	40633	10175
				94000	2489	91511	26951
				10181		10181	6610
12	5			11527	1326	10201	8611
	27			14707	20	14687	5015
	7		1	15379	1122	14257	7401
	5			15973	137	15836	2
				1983		1983	3983
				9837	529	9308	4882
3	9	31		8583	50	8533	1841
				5367	1610	3757	1265
9	15	419	16	6956		6956	4812
			3	12180	320	11860	3180
12	40			11440	385	11055	1473
20	5		24	8434	36	8398	2565
			6	10627	917	9710	3449
				9534	881	8653	2251
			44	15887	20	15867	3236
	2	4	25	14609	382	14227	1997
27	146		12	23935	102	23833	6263
1	4		43	29385	398	28987	3540
	24		35	23364	356	23008	1755
9	15		53	17408	16	17392	1852
	5		86	9731	49	9682	960
				13		13	

1－1－22 按从业人员组距、开业（成立）时间、

指标	私营	私营独资	私营合伙	私营有限责任公司	私营股份有限公司	其他	港澳台商投资企业
总计	**745679**	**128535**	**10096**	**571420**	**35628**	**91444**	**89121**
按从业人员数分组							
7人及以下	37995	21755	1035	14250	955	21745	302
8－19人	76847	34994	1979	37692	2182	30045	629
20－49人	94806	34744	2296	54441	3325	18923	2046
50－99人	74492	12101	1765	56520	4106	8867	2448
100－299人	133504	14374	1579	107682	9869	7385	6854
300－499人	44802	4279		38004	2519	1464	6014
500－999人	70315	2550	1442	60956	5367	1745	5004
1000－4999人	126074	3738		115031	7305	1270	15865
5000－9999人	55621			55621			9621
10000人及以上	31223			31223			40338
按开业（成立）年份分组							
1949年以前	18205			18205		123	
1950－1977年	14415	405	62	12664	1284	4101	874
1978－1991年	6284	2023	438	3747	76	8393	
1992－1995年	32249	1055	123	30825	246	1107	229
1996年	3516	594	13	2887	22	286	
1997年	7553	604	6	6308	635	190	15
1998年	17830	1743	164	14439	1484	1048	10
1999年	8394	1117	856	5913	508	954	380
2000年	18105	2905	397	13383	1420	2022	135
2001年	13734	3766	152	9291	525	5053	29
2002年	25394	3933	339	20049	1073	1719	586
2003年	21791	3987	193	16234	1377	3238	5346
2004年	45622	5093	882	36986	2661	1139	946
2005年	37140	4226	225	31238	1451	2693	3210
2006年	45803	6661	487	37209	1446	2921	42318
2007年	44628	5565	319	36976	1768	2417	3288
2008年	41408	6772	436	33061	1139	9936	18542
2009年	77668	8647	437	63371	5213	7159	2205
2010年	90237	17191	2003	67071	3972	7766	5346
2011年	75432	16172	780	52396	6084	8351	2701
2012年	61926	18358	1132	40192	2244	11760	2131
2013年	38274	17666	644	18967	997	9064	827
无开业年份	71	52	8	8	3	4	3

登记注册类型分组的法人单位从业人员数（续）

港澳台商合资经营	港澳台商合作经营	港澳台商独资	港澳台商投资股份有限公司	其他港澳台商投资	外商投资企业	中外合资经营	中外合作经营	外资企业	外商投资股份有限公司	其他外商投资
13748	**302**	**74691**	**299**	**81**	**40297**	**16471**	**95**	**23146**	**369**	**216**
69	13	214	3	3	172	18	5	78	19	52
173	44	396	8	8	375	102	10	206		57
411	23	1497	115		869	313		499		57
987	122	1219	50	70	2422	1020	80	1202	70	50
3227	100	3404	123		5620	4206		1134	280	
3506		2508			4214	1444		2770		
3723		1281			7981	500		7481		
1652		14213			18644	8868		9776		
		9621								
		40338								
874										
					127	126				1
153	72	4			1168			1168		
					3804	3784		20		
		15			247	247				
		10			79	79				
		380			101			101		
		135			573	501		72		
		29			134	134				
528		58			5280			5280		
1121		4225			3029	2566		413		50
384		562			4294	1685		2604		5
3015		195			3803	1537		2231		35
2039		40279			3973	1333		2640		
1562	3	1723			5441	498	80	4788	70	5
1661		16881			668	234		154	280	
304		1806	95		3022	1690	4	1306	3	19
1197	52	4094		3	1489	516		963		10
275		2225	193	8	1760	929	1	775	5	50
597	175	1286	3	70	935	579	10	294	11	41
35		784	8		367	30		337		
3					3	3				

1－1－23 按地区、行业分组的个体经营户情况

（不含无挂靠货运、客运个体经营户）

行业	个体户合计		有证照合计		无证照合计	
	户数（个）	人数（人）	户数（个）	人数（人）	户数（个）	人数（人）
总计	**219023**	**566183**	**112668**	**307036**	**106355**	**259147**
农、林、牧、渔业	6713	10983	216	577	6497	10406
农、林、牧、渔服务业	6713	10983	216	577	6497	10406
采矿业	28	144	16	106	12	38
煤炭开采和洗选业	1	1			1	1
非金属矿采选业	26	141	16	106	10	35
开采辅助活动	1	2			1	2
制造业	9797	35468	4531	19081	5266	16387
农副食品加工业	1983	4639	593	1694	1390	2945
食品制造业	716	2212	299	924	417	1288
酒、饮料和精制茶制造业	54	172	38	137	16	35
烟草制品业	1	2	1	2		
纺织业	1009	3463	412	1737	597	1726
纺织服装、服饰业	947	4414	486	2526	461	1888
皮革、毛皮、羽毛及其制品和制鞋业	181	971	93	509	88	462
木材加工和木、竹、藤、棕、草制品业	673	4342	349	2874	324	1468
家具制造业	261	881	137	475	124	406
造纸和纸制品业	26	169	16	105	10	64
印刷和记录媒介复制业	290	797	192	553	98	244
文教、工美、体育和娱乐用品制造业	245	1369	138	762	107	607
化学原料和化学制品制造业	107	410	36	202	71	208
医药制造业	1	3			1	3
化学纤维制造业	2	4			2	4
橡胶和塑料制品业	137	725	78	434	59	291
非金属矿物制品业	621	3107	328	1798	293	1309
黑色金属冶炼和压延加工业	8	46	4	20	4	26
有色金属冶炼和压延加工业	104	320	47	144	57	176
金属制品业	988	2773	536	1599	452	1174
通用设备制造业	208	606	120	362	88	244
专用设备制造业	209	893	81	396	128	497
汽车制造业	38	114	15	34	23	80
铁路、船舶、航空航天和其他运输设备制造业	27	211	8	91	19	120
电气机械和器材制造业	40	166	24	116	16	50
计算机、通信和其他电子设备制造业	51	410	33	292	18	118
仪器仪表制造业	14	60	9	49	5	11
其他制造业	149	452	77	251	72	201
废弃资源综合利用业	158	507	80	267	78	240
金属制品、机械和设备修理业	549	1230	301	728	248	502
电力、热力、燃气及水生产和供应业	32	110	21	79	11	31
燃气生产和供应业	1	3	1	3		
水的生产和供应业	31	107	20	76	11	31
建筑业	6636	28862	1045	4067	5591	24795
房屋建筑业	2323	14709	99	836	2224	13873
土木工程建筑业	351	2090	16	75	335	2015
建筑安装业	443	1251	70	159	373	1092

1-1-23　按地区、行业分组的个体经营户情况（续1）

（不含无挂靠货运、客运个体经营户）

行业	个体户合计		有证照合计		无证照合计	
	户数（个）	人数（人）	户数（个）	人数（人）	户数（个）	人数（人）
建筑装饰和其他建筑业	3519	10812	860	2997	2659	7815
批发和零售业	136681	324004	81228	197748	55453	126256
批发业	15039	37002	8247	20799	6792	16203
零售业	121642	287002	72981	176949	48661	110053
交通运输、仓储和邮政业	12819	25294	1941	5389	10878	19905
道路运输业	10456	20469	1533	4224	8923	16245
水上运输业	803	1776	117	268	686	1508
装卸搬运和运输代理业	1316	2341	183	495	1133	1846
仓储业	109	309	70	223	39	86
邮政业	135	399	38	179	97	220
住宿和餐饮业	18204	64835	9623	39080	8581	25755
住宿业	2125	6985	1515	4947	610	2038
餐饮业	16079	57850	8108	34133	7971	23717
信息传输、软件和信息技术服务业	920	2884	642	1540	278	1344
电信、广播电视和卫星传输服务	848	2726	597	1445	251	1281
互联网和相关服务	16	39	15	36	1	3
软件和信息技术服务业	56	119	30	59	26	60
金融业	28	73	16	38	12	35
货币金融服务	17	37	10	19	7	18
保险业	8	19	4	13	4	6
其他金融业	3	17	2	6	1	11
房地产业	697	1646	468	1186	229	460
房地产业	697	1646	468	1186	229	460
租赁和商务服务业	2524	7588	950	2707	1574	4881
租赁业	994	2673	262	688	732	1985
商务服务业	1530	4915	688	2019	842	2896
科学研究和技术服务业	921	2740	629	2030	292	710
专业技术服务业	738	2214	528	1688	210	526
科技推广和应用服务业	183	526	101	342	82	184
水利、环境和公共设施管理业	12	40	6	24	6	16
公共设施管理业	12	40	6	24	6	16
居民服务、修理和其他服务业	20106	52391	9919	28668	10187	23723
居民服务业	12176	33611	5921	18499	6255	15112
机动车、电子产品和日用产品修理业	6897	16190	3512	8721	3385	7469
其他服务业	1033	2590	486	1448	547	1142
教育	791	2670	267	983	524	1687
教育	791	2670	267	983	524	1687
卫生和社会工作	521	1330	275	767	246	563
卫生	479	1202	260	709	219	493
社会工作	42	128	15	58	27	70
文化、体育和娱乐业	1593	5121	875	2966	718	2155
广播、电视、电影和影视录音制作业	1	1			1	1
文化艺术业	76	237	39	113	37	124
体育	117	306	86	224	31	82
娱乐业	1399	4577	750	2629	649	1948

1－1－23 按地区、行业分组的个体经营户情况（续2）

（不含无挂靠货运、客运个体经营户）

行业	个体户合计		有证照合计		无证照合计	
	户数（个）	人数（人）	户数（个）	人数（人）	户数（个）	人数（人）
清河区	**22697**	**49544**	**10801**	**27439**	**11896**	**22105**
农、林、牧、渔业	2	4	1	3	1	1
农、林、牧、渔服务业	2	4	1	3	1	1
制造业	406	819	182	419	224	400
农副食品加工业	18	29	3	3	15	26
食品制造业	19	43	9	30	10	13
酒、饮料和精制茶制造业	1	1			1	1
纺织业	26	53	12	28	14	25
纺织服装、服饰业	68	120	27	57	41	63
皮革、毛皮、羽毛及其制品和制鞋业	8	18	3	8	5	10
木材加工和木、竹、藤、棕、草制品业	14	18	7	10	7	8
家具制造业	7	12	2	4	5	8
造纸和纸制品业	3	11	2	10	1	1
印刷和记录媒介复制业	75	166	43	97	32	69
文教、工美、体育和娱乐用品制造业	20	37	10	20	10	17
化学原料和化学制品制造业	5	10	2	6	3	4
橡胶和塑料制品业	2	3	1	2	1	1
非金属矿物制品业	12	39	3	9	9	30
有色金属冶炼和压延加工业	22	33	8	11	14	22
金属制品业	20	35	5	13	15	22
通用设备制造业	8	21	3	7	5	14
专用设备制造业	13	37	6	14	7	23
汽车制造业	10	18	7	13	3	5
电气机械和器材制造业	6	7	1	2	5	5
计算机、通信和其他电子设备制造业	3	14	3	14		
仪器仪表制造业	3	4	1	1	2	3
其他制造业	3	5	2	3	1	2
废弃资源综合利用业	6	9	1	1	5	8
金属制品、机械和设备修理业	34	76	21	56	13	20
建筑业	294	573	68	225	226	348
房屋建筑业	1	2	1	2		
土木工程建筑业	67	108			67	108
建筑安装业	16	32	2	10	14	22
建筑装饰和其他建筑业	210	431	65	213	145	218
批发和零售业	15621	31386	7545	16620	8076	14766
批发业	3145	6640	1571	3469	1574	3171
零售业	12476	24746	5974	13151	6502	11595
交通运输、仓储和邮政业	601	754	34	92	567	662
道路运输业	209	244	9	17	200	227
水上运输业	5	6	2	3	3	3
装卸搬运和运输代理业	327	388	12	34	315	354
仓储业	5	6			5	6
邮政业	55	110	11	38	44	72
住宿和餐饮业	2464	7903	1450	5745	1014	2158
住宿业	224	658	169	536	55	122

1－1－23　按地区、行业分组的个体经营户情况（续3）

（不含无挂靠货运、客运个体经营户）

行　　业	个体户合计		有证照合计		无证照合计	
	户　数（个）	人　数（人）	户　数（个）	人　数（人）	户　数（个）	人　数（人）
餐饮业	2240	7245	1281	5209	959	2036
信息传输、软件和信息技术服务业	154	947	79	128	75	819
电信、广播电视和卫星传输服务	132	918	65	109	67	809
软件和信息技术服务业	22	29	14	19	8	10
金融业	6	11	4	8	2	3
货币金融服务	4	7	3	5	1	2
保险业	1	1			1	1
其他金融业	1	3	1	3		
房地产业	166	304	95	194	71	110
房地产业	166	304	95	194	71	110
租赁和商务服务业	247	581	121	322	126	259
租赁业	28	56	15	34	13	22
商务服务业	219	525	106	288	113	237
科学研究和技术服务业	163	576	128	472	35	104
专业技术服务业	160	552	125	448	35	104
科技推广和应用服务业	3	24	3	24		
水利、环境和公共设施管理业	6	23	3	18	3	5
公共设施管理业	6	23	3	18	3	5
居民服务、修理和其他服务业	2150	4447	896	2422	1254	2025
居民服务业	1511	3436	686	2002	825	1434
机动车、电子产品和日用产品修理业	441	764	192	373	249	391
其他服务业	198	247	18	47	180	200
教育	181	439	72	194	109	245
教育	181	439	72	194	109	245
卫生和社会工作	85	188	54	144	31	44
卫生	73	156	47	121	26	35
社会工作	12	32	7	23	5	9
文化、体育和娱乐业	151	589	69	433	82	156
广播、电视、电影和影视录音制作业	1	1			1	1
文化艺术业	12	38	4	14	8	24
体育	7	24	5	19	2	5
娱乐业	131	526	60	400	71	126
淮安区	**35212**	**87570**	**22844**	**59928**	**12368**	**27642**
农、林、牧、渔业	1161	2022	36	85	1125	1937
农、林、牧、渔服务业	1161	2022	36	85	1125	1937
制造业	2294	7409	1189	4395	1105	3014
农副食品加工业	548	1214	212	543	336	671
食品制造业	180	798	62	239	118	559
酒、饮料和精制茶制造业	4	17	4	17		
纺织业	510	1605	205	947	305	658
纺织服装、服饰业	184	734	129	547	55	187
皮革、毛皮、羽毛及其制品和制鞋业	42	128	29	79	13	49
木材加工和木、竹、藤、棕、草制品业	91	382	50	252	41	130
家具制造业	61	212	40	138	21	74
造纸和纸制品业	3	8	1	1	2	7

1－1－23 按地区、行业分组的个体经营户情况(续4)

(不含无挂靠货运、客运个体经营户)

行业	个体户合计		有证照合计		无证照合计	
	户数(个)	人数(人)	户数(个)	人数(人)	户数(个)	人数(人)
印刷和记录媒介复制业	37	110	30	94	7	16
文教、工美、体育和娱乐用品制造业	65	332	55	281	10	51
化学原料和化学制品制造业	40	93	1	10	39	83
橡胶和塑料制品业	31	116	22	83	9	33
非金属矿物制品业	82	434	53	267	29	167
黑色金属冶炼和压延加工业	2	7	2	7		
有色金属冶炼和压延加工业	28	78	17	44	11	34
金属制品业	199	459	143	337	56	122
通用设备制造业	32	116	25	85	7	31
专用设备制造业	12	53	9	37	3	16
汽车制造业	3	7	2	6	1	1
计算机、通信和其他电子设备制造业	18	215	15	168	3	47
其他制造业	32	101	19	73	13	28
废弃资源综合利用业	3	12	1	5	2	7
金属制品、机械和设备修理业	87	178	63	135	24	43
电力、热力、燃气及水生产和供应业	3	3	1	1	2	2
水的生产和供应业	3	3	1	1	2	2
建筑业	1375	5368	292	921	1083	4447
房屋建筑业	631	2993	23	128	608	2865
土木工程建筑业	43	466	7	31	36	435
建筑安装业	122	231	17	40	105	191
建筑装饰和其他建筑业	579	1678	245	722	334	956
批发和零售业	22313	51618	16946	40136	5367	11482
批发业	2560	6184	1627	4077	933	2107
零售业	19753	45434	15319	36059	4434	9375
交通运输、仓储和邮政业	1975	2749	114	317	1861	2432
道路运输业	1891	2530	63	153	1828	2377
水上运输业	5	10	5	10		
装卸搬运和运输代理业	34	69	11	37	23	32
仓储业	35	116	34	113	1	3
邮政业	10	24	1	4	9	20
住宿和餐饮业	2279	8327	1673	6650	606	1677
住宿业	229	739	202	660	27	79
餐饮业	2050	7588	1471	5990	579	1598
信息传输、软件和信息技术服务业	44	94	36	76	8	18
电信、广播电视和卫星传输服务	43	93	35	75	8	18
互联网和相关服务	1	1	1	1		
金融业	6	13	5	9	1	4
货币金融服务	5	12	4	8	1	4
保险业	1	1	1	1		
房地产业	110	270	83	206	27	64
房地产业	110	270	83	206	27	64
租赁和商务服务业	207	578	146	431	61	147
租赁业	69	161	44	104	25	57
商务服务业	138	417	102	327	36	90

1-1-23　按地区、行业分组的个体经营户情况（续5）

（不含无挂靠货运、客运个体经营户）

行业	个体户合计		有证照合计		无证照合计	
	户数（个）	人数（人）	户数（个）	人数（人）	户数（个）	人数（人）
科学研究和技术服务业	131	366	100	299	31	67
专业技术服务业	124	348	94	284	30	64
科技推广和应用服务业	7	18	6	15	1	3
居民服务、修理和其他服务业	2895	7539	1953	5590	942	1949
居民服务业	1874	5192	1222	3827	652	1365
机动车、电子产品和日用产品修理业	869	1917	615	1431	254	486
其他服务业	152	430	116	332	36	98
教育	68	255	24	96	44	159
教育	68	255	24	96	44	159
卫生和社会工作	77	192	49	132	28	60
卫生	77	192	49	132	28	60
文化、体育和娱乐业	274	767	197	584	77	183
文化艺术业	8	38	2	17	6	21
体育	48	114	32	77	16	37
娱乐业	218	615	163	490	55	125
淮阴区	**29742**	**76423**	**19427**	**49286**	**10315**	**27137**
农、林、牧、渔业	85	119	6	18	79	101
农、林、牧、渔服务业	85	119	6	18	79	101
采矿业	2	28	2	28		
非金属矿采选业	2	28	2	28		
制造业	1789	6648	975	3986	814	2662
农副食品加工业	323	872	123	411	200	461
食品制造业	208	521	99	272	109	249
酒、饮料和精制茶制造业	20	44	15	33	5	11
纺织业	126	370	71	227	55	143
纺织服装、服饰业	202	1226	121	762	81	464
皮革、毛皮、羽毛及其制品和制鞋业	34	246	25	194	9	52
木材加工和木、竹、藤、棕、草制品业	96	430	52	196	44	234
家具制造业	64	230	39	145	25	85
造纸和纸制品业	5	54	5	54		
印刷和记录媒介复制业	36	113	27	92	9	21
文教、工美、体育和娱乐用品制造业	25	94	16	59	9	35
化学原料和化学制品制造业	23	149	16	107	7	42
橡胶和塑料制品业	20	138	15	78	5	60
非金属矿物制品业	168	769	102	481	66	288
黑色金属冶炼和压延加工业	3	28	1	8	2	20
有色金属冶炼和压延加工业	9	24	7	17	2	7
金属制品业	186	624	106	417	80	207
通用设备制造业	42	112	26	72	16	40
专用设备制造业	20	83	14	54	6	29
铁路、船舶、航空航天和其他运输设备制造业	1	5	1	5		
电气机械和器材制造业	4	18	3	16	1	2
计算机、通信和其他电子设备制造业	3	24	2	9	1	15
仪器仪表制造业	1	2	1	2		
其他制造业	19	54	14	42	5	12

1－1－23　按地区、行业分组的个体经营户情况（续6）

（不含无挂靠货运、客运个体经营户）

行业	个体户合计		有证照合计		无证照合计	
	户数（个）	人数（人）	户数（个）	人数（人）	户数（个）	人数（人）
废弃资源综合利用业	68	249	33	144	35	105
金属制品、机械和设备修理业	83	169	41	89	42	80
电力、热力、燃气及水生产和供应业	13	43	8	30	5	13
燃气生产和供应业	1	3	1	3		
水的生产和供应业	12	40	7	27	5	13
建筑业	498	3193	199	991	299	2202
房屋建筑业	123	1559	10	127	113	1432
土木工程建筑业	13	149	3	20	10	129
建筑安装业	58	206	20	38	38	168
建筑装饰和其他建筑业	304	1279	166	806	138	473
批发和零售业	19443	44255	13539	30183	5904	14072
批发业	1698	4452	1114	2800	584	1652
零售业	17745	39803	12425	27383	5320	12420
交通运输、仓储和邮政业	652	1389	166	458	486	931
道路运输业	480	931	86	240	394	691
水上运输业	6	15	1	2	5	13
装卸搬运和运输代理业	128	301	54	120	74	181
仓储业	12	24	10	20	2	4
邮政业	26	118	15	76	11	42
住宿和餐饮业	2856	9193	1698	6011	1158	3182
住宿业	282	884	241	776	41	108
餐饮业	2574	8309	1457	5235	1117	3074
信息传输、软件和信息技术服务业	165	361	134	297	31	64
电信、广播电视和卫星传输服务	153	340	128	287	25	53
互联网和相关服务	1	2	1	2		
软件和信息技术服务业	11	19	5	8	6	11
金融业	5	27	4	16	1	11
货币金融服务	1	3	1	3		
保险业	2	10	2	10		
其他金融业	2	14	1	3	1	11
房地产业	136	359	113	299	23	60
房地产业	136	359	113	299	23	60
租赁和商务服务业	248	648	165	439	83	209
租赁业	70	191	36	118	34	73
商务服务业	178	457	129	321	49	136
科学研究和技术服务业	185	479	140	378	45	101
专业技术服务业	101	260	82	216	19	44
科技推广和应用服务业	84	219	58	162	26	57
水利、环境和公共设施管理业	1	2	1	2		
公共设施管理业	1	2	1	2		
居民服务、修理和其他服务业	3243	8445	2015	5396	1228	3049
居民服务业	1752	4913	1170	3329	582	1584
机动车、电子产品和日用产品修理业	1378	3219	772	1878	606	1341
其他服务业	113	313	73	189	40	124
教育	153	484	79	267	74	217

1－1－23　按地区、行业分组的个体经营户情况（续7）

（不含无挂靠货运、客运个体经营户）

行业	个体户合计		有证照合计		无证照合计	
	户数（个）	人数（人）	户数（个）	人数（人）	户数（个）	人数（人）
教育	153	484	79	267	74	217
卫生和社会工作	49	118	32	85	17	33
卫生	47	114	31	83	16	31
社会工作	2	4	1	2	1	2
文化、体育和娱乐业	219	632	151	402	68	230
文化艺术业	27	55	18	32	9	23
体育	6	31	6	31		
娱乐业	186	546	127	339	59	207
清浦区	**21536**	**55415**	**11083**	**31516**	**10453**	**23899**
制造业	1031	3319	544	1906	487	1413
农副食品加工业	121	341	46	135	75	206
食品制造业	98	233	43	110	55	123
酒、饮料和精制茶制造业	5	11	1	4	4	7
纺织业	73	258	36	136	37	122
纺织服装、服饰业	134	379	65	198	69	181
皮革、毛皮、羽毛及其制品和制鞋业	20	72	10	53	10	19
木材加工和木、竹、藤、棕、草制品业	22	65	9	33	13	32
家具制造业	18	70	10	44	8	26
造纸和纸制品业	2	10	2	10		
印刷和记录媒介复制业	70	220	49	151	21	69
文教、工美、体育和娱乐用品制造业	27	119	20	88	7	31
化学原料和化学制品制造业	11	53	5	27	6	26
化学纤维制造业	2	4			2	4
橡胶和塑料制品业	22	110	12	60	10	50
非金属矿物制品业	48	235	28	149	20	86
有色金属冶炼和压延加工业	7	48	7	48		
金属制品业	167	543	99	327	68	216
通用设备制造业	35	114	24	68	11	46
专用设备制造业	17	49	9	30	8	19
汽车制造业	1	2	1	2		
铁路、船舶、航空航天和其他运输设备制造业	1	4			1	4
电气机械和器材制造业	7	30	5	23	2	7
计算机、通信和其他电子设备制造业	5	28	5	28		
仪器仪表制造业	1	2			1	2
其他制造业	33	133	23	82	10	51
废弃资源综合利用业	7	17	5	13	2	4
金属制品、机械和设备修理业	77	169	30	87	47	82
建筑业	650	2358	113	420	537	1938
房屋建筑业	128	837	6	31	122	806
土木工程建筑业	9	36	1	4	8	32
建筑安装业	22	66	3	9	19	57
建筑装饰和其他建筑业	491	1419	103	376	388	1043
批发和零售业	13580	31175	7319	18140	6261	13035
批发业	931	2361	519	1403	412	958
零售业	12649	28814	6800	16737	5849	12077

1－1－23 按地区、行业分组的个体经营户情况（续8）

（不含无挂靠货运、客运个体经营户）

行业	个体户合计		有证照合计		无证照合计	
	户数（个）	人数（人）	户数（个）	人数（人）	户数（个）	人数（人）
交通运输、仓储和邮政业	658	1401	44	149	614	1252
道路运输业	602	1170	36	113	566	1057
水上运输业	7	35			7	35
装卸搬运和运输代理业	31	139	3	11	28	128
仓储业	5	15	2	10	3	5
邮政业	13	42	3	15	10	27
住宿和餐饮业	2206	7773	1223	5136	983	2637
住宿业	225	752	178	620	47	132
餐饮业	1981	7021	1045	4516	936	2505
信息传输、软件和信息技术服务业	132	326	94	241	38	85
电信、广播电视和卫星传输服务	128	316	93	239	35	77
软件和信息技术服务业	4	10	1	2	3	8
房地产业	188	490	133	390	55	100
房地产业	188	490	133	390	55	100
租赁和商务服务业	183	513	107	337	76	176
租赁业	80	203	40	134	40	69
商务服务业	103	310	67	203	36	107
科学研究和技术服务业	78	184	48	130	30	54
专业技术服务业	70	164	44	118	26	46
科技推广和应用服务业	8	20	4	12	4	8
水利、环境和公共设施管理业	1	5			1	5
公共设施管理业	1	5			1	5
居民服务、修理和其他服务业	2428	6724	1268	4030	1160	2694
居民服务业	1507	4398	802	2667	705	1731
机动车、电子产品和日用产品修理业	780	1913	392	1118	388	795
其他服务业	141	413	74	245	67	168
教育	121	315	39	106	82	209
教育	121	315	39	106	82	209
卫生和社会工作	60	182	30	92	30	90
卫生	56	160	28	82	28	78
社会工作	4	22	2	10	2	12
文化、体育和娱乐业	220	650	121	439	99	211
文化艺术业	7	15	5	13	2	2
体育	6	32	3	19	3	13
娱乐业	207	603	113	407	94	196
涟水县	**31890**	**94732**	**15817**	**48922**	**16073**	**45810**
农、林、牧、渔业	501	1080	60	179	441	901
农、林、牧、渔服务业	501	1080	60	179	441	901
采矿业	16	52	12	34	4	18
非金属矿采选业	16	52	12	34	4	18
制造业	1110	5171	379	2101	731	3070
农副食品加工业	283	699	42	134	241	565
食品制造业	64	213	18	77	46	136
酒、饮料和精制茶制造业	11	48	8	42	3	6
纺织业	111	642	34	194	77	448

1－1－23　按地区、行业分组的个体经营户情况（续9）

（不含无挂靠货运、客运个体经营户）

行　　业	个体户合计		有证照合计		无证照合计	
	户　数（个）	人　数（人）	户　数（个）	人　数（人）	户　数（个）	人　数（人）
纺织服装、服饰业	122	960	42	391	80	569
皮革、毛皮、羽毛及其制品和制鞋业	29	273	10	108	19	165
木材加工和木、竹、藤、棕、草制品业	94	670	43	375	51	295
家具制造业	26	117	13	52	13	65
造纸和纸制品业	5	32	2	13	3	19
印刷和记录媒介复制业	9	34	7	28	2	6
文教、工美、体育和娱乐用品制造业	10	79	2	7	8	72
化学原料和化学制品制造业	5	31	3	26	2	5
橡胶和塑料制品业	16	84	5	33	11	51
非金属矿物制品业	94	458	43	230	51	228
黑色金属冶炼和压延加工业	2	7	1	5	1	2
有色金属冶炼和压延加工业	4	13	2	7	2	6
金属制品业	98	283	51	153	47	130
通用设备制造业	7	21	5	17	2	4
专用设备制造业	17	79	8	20	9	59
汽车制造业	18	76	2	8	16	68
铁路、船舶、航空航天和其他运输设备制造业	1	2			1	2
电气机械和器材制造业	13	67	7	45	6	22
计算机、通信和其他电子设备制造业	7	60	4	41	3	19
仪器仪表制造业	3	24	2	21	1	3
其他制造业	9	48	2	11	7	37
废弃资源综合利用业	7	46	1	8	6	38
金属制品、机械和设备修理业	45	105	22	55	23	50
电力、热力、燃气及水生产和供应业	10	34	7	22	3	12
水的生产和供应业	10	34	7	22	3	12
建筑业	566	3074	97	279	469	2795
房屋建筑业	159	1735	2	3	157	1732
土木工程建筑业	23	118	2	7	21	111
建筑安装业	69	254	10	22	59	232
建筑装饰和其他建筑业	315	967	83	247	232	720
批发和零售业	21570	58077	12283	35272	9287	22805
批发业	1934	5104	1002	2718	932	2386
零售业	19636	52973	11281	32554	8355	20419
交通运输、仓储和邮政业	2483	6368	1148	3420	1335	2948
道路运输业	2348	6031	1067	3213	1281	2818
水上运输业	34	72	13	30	21	42
装卸搬运和运输代理业	82	198	57	134	25	64
仓储业	13	49	9	34	4	15
邮政业	6	18	2	9	4	9
住宿和餐饮业	1907	8614	504	3004	1403	5610
住宿业	173	837	71	400	102	437
餐饮业	1734	7777	433	2604	1301	5173
信息传输、软件和信息技术服务业	158	417	115	310	43	107
电信、广播电视和卫星传输服务	142	366	105	280	37	86
互联网和相关服务	7	19	6	16	1	3

1－1－23 按地区、行业分组的个体经营户情况(续10)

（不含无挂靠货运、客运个体经营户）

行业	个体户合计 户数（个）	个体户合计 人数（人）	有证照合计 户数（个）	有证照合计 人数（人）	无证照合计 户数（个）	无证照合计 人数（人）
软件和信息技术服务业	9	32	4	14	5	18
金融业	2	5			2	5
货币金融服务	1	3			1	3
保险业	1	2			1	2
房地产业	7	20	2	4	5	16
房地产业	7	20	2	4	5	16
租赁和商务服务业	410	1548	66	260	344	1288
租赁业	265	968	12	32	253	936
商务服务业	145	580	54	228	91	352
科学研究和技术服务业	140	485	70	291	70	194
专业技术服务业	91	348	55	236	36	112
科技推广和应用服务业	49	137	15	55	34	82
水利、环境和公共设施管理业	2	3	1	1	1	2
公共设施管理业	2	3	1	1	1	2
居民服务、修理和其他服务业	2648	8198	975	3315	1673	4883
居民服务业	1642	5351	540	2009	1102	3342
机动车、电子产品和日用产品修理业	871	2379	380	1107	491	1272
其他服务业	135	468	55	199	80	269
教育	122	654	23	185	99	469
教育	122	654	23	185	99	469
卫生和社会工作	54	155	20	62	34	93
卫生	53	151	19	58	34	93
社会工作	1	4	1	4		
文化、体育和娱乐业	184	777	55	183	129	594
文化艺术业	2	11	1	6	1	5
体育	1	5	1	5		
娱乐业	181	761	53	172	128	589
洪泽县	**19586**	**59010**	**10046**	**27841**	**9540**	**31169**
农、林、牧、渔业	61	174	7	21	54	153
农、林、牧、渔服务业	61	174	7	21	54	153
采矿业	2	8	1	6	1	2
非金属矿采选业	2	8	1	6	1	2
制造业	715	3057	391	1847	324	1210
农副食品加工业	115	315	43	148	72	167
食品制造业	38	137	22	86	16	51
酒、饮料和精制茶制造业	4	12	4	12		
纺织业	27	106	16	52	11	54
纺织服装、服饰业	47	281	31	198	16	83
皮革、毛皮、羽毛及其制品和制鞋业	5	15	2	6	3	9
木材加工和木、竹、藤、棕、草制品业	100	784	61	604	39	180
家具制造业	21	60	13	38	8	22
印刷和记录媒介复制业	9	34	4	13	5	21
文教、工美、体育和娱乐用品制造业	15	111	9	48	6	63
化学原料和化学制品制造业	9	27	5	12	4	15
橡胶和塑料制品业	15	122	8	79	7	43

1－1－23　按地区、行业分组的个体经营户情况（续11）

（不含无挂靠货运、客运个体经营户）

行业	个体户合计		有证照合计		无证照合计	
	户数（个）	人数（人）	户数（个）	人数（人）	户数（个）	人数（人）
非金属矿物制品业	49	230	26	135	23	95
有色金属冶炼和压延加工业	23	84	3	5	20	79
金属制品业	126	356	67	190	59	166
通用设备制造业	5	10	2	2	3	8
专用设备制造业	8	26	8	26		
汽车制造业	1	2	1	2		
铁路、船舶、航空航天和其他运输设备制造业	19	166	5	70	14	96
计算机、通信和其他电子设备制造业	2	9			2	9
仪器仪表制造业	1	3			1	3
其他制造业	2	4	1	1	1	3
废弃资源综合利用业	38	88	29	59	9	29
金属制品、机械和设备修理业	36	75	31	61	5	14
电力、热力、燃气及水生产和供应业	1	4	1	4		
水的生产和供应业	1	4	1	4		
建筑业	514	3268	86	601	428	2667
房屋建筑业	277	2217	45	488	232	1729
土木工程建筑业	3	14			3	14
建筑安装业	10	28	7	17	3	11
建筑装饰和其他建筑业	224	1009	34	96	190	913
批发和零售业	13219	35799	7066	17416	6153	18383
批发业	1423	3929	859	2257	564	1672
零售业	11796	31870	6207	15159	5589	16711
交通运输、仓储和邮政业	366	920	165	354	201	566
道路运输业	197	435	117	224	80	211
水上运输业	153	422	44	119	109	303
装卸搬运和运输代理业	12	55	3	9	9	46
仓储业	4	8	1	2	3	6
住宿和餐饮业	1893	6960	959	3650	934	3310
住宿业	358	1245	185	561	173	684
餐饮业	1535	5715	774	3089	761	2626
信息传输、软件和信息技术服务业	119	384	80	249	39	135
电信、广播电视和卫星传输服务	115	373	77	241	38	132
互联网和相关服务	1	1	1	1		
软件和信息技术服务业	3	10	2	7	1	3
金融业	1	2	1	2		
保险业	1	2	1	2		
房地产业	26	76	9	24	17	52
房地产业	26	76	9	24	17	52
租赁和商务服务业	536	2046	121	299	415	1747
租赁业	84	226	45	90	39	136
商务服务业	452	1820	76	209	376	1611
科学研究和技术服务业	60	153	42	111	18	42
专业技术服务业	41	93	32	66	9	27
科技推广和应用服务业	19	60	10	45	9	15
水利、环境和公共设施管理业	1	3	1	3		

1－1－23 按地区、行业分组的个体经营户情况（续12）

（不含无挂靠货运、客运个体经营户）

行业	个体户合计		有证照合计		无证照合计	
	户数（个）	人数（人）	户数（个）	人数（人）	户数（个）	人数（人）
公共设施管理业	1	3	1	3		
居民服务、修理和其他服务业	1728	5167	945	2788	783	2379
居民服务业	995	3168	523	1666	472	1502
机动车、电子产品和日用产品修理业	689	1873	385	1011	304	862
其他服务业	44	126	37	111	7	15
教育	32	92	7	26	25	66
教育	32	92	7	26	25	66
卫生和社会工作	40	110	24	70	16	40
卫生	40	110	24	70	16	40
文化、体育和娱乐业	272	787	140	370	132	417
文化艺术业	1	8			1	8
体育	38	68	34	56	4	12
娱乐业	233	711	106	314	127	397
盱眙县	**28833**	**73425**	**9564**	**26980**	**19269**	**46445**
农、林、牧、渔业	2393	4700	73	207	2320	4493
农、林、牧、渔服务业	2393	4700	73	207	2320	4493
采矿业	7	55	1	38	6	17
非金属矿采选业	6	53	1	38	5	15
开采辅助活动	1	2			1	2
制造业	1132	4071	344	1634	788	2437
农副食品加工业	289	669	62	157	227	512
食品制造业	62	167	23	61	39	106
酒、饮料和精制茶制造业	9	39	6	29	3	10
纺织业	28	109	10	25	18	84
纺织服装、服饰业	53	214	13	83	40	131
皮革、毛皮、羽毛及其制品和制鞋业	14	93	3	24	11	69
木材加工和木、竹、藤、棕、草制品业	126	718	42	409	84	309
家具制造业	39	102	7	19	32	83
造纸和纸制品业	4	27	2	9	2	18
印刷和记录媒介复制业	11	23	2	6	9	17
文教、工美、体育和娱乐用品制造业	38	201	8	66	30	135
化学原料和化学制品制造业	7	28	3	9	4	19
橡胶和塑料制品业	14	40	5	22	9	18
非金属矿物制品业	104	672	38	352	66	320
黑色金属冶炼和压延加工业	1	4			1	4
有色金属冶炼和压延加工业	5	15	1	3	4	12
金属制品业	80	219	27	65	53	154
通用设备制造业	13	30	2	6	11	24
专用设备制造业	34	130	3	7	31	123
汽车制造业	4	5	2	3	2	2
铁路、船舶、航空航天和其他运输设备制造业	2	16			2	16
电气机械和器材制造业	10	44	8	30	2	14
计算机、通信和其他电子设备制造业	11	36	3	12	8	24
仪器仪表制造业	4	23	4	23		
其他制造业	17	31	4	9	13	22

1－1－23　按地区、行业分组的个体经营户情况（续13）

（不含无挂靠货运、客运个体经营户）

行　　业	个体户合计		有证照合计		无证照合计	
	户　数（个）	人　数（人）	户　数（个）	人　数（人）	户　数（个）	人　数（人）
废弃资源综合利用业	20	55	5	19	15	36
金属制品、机械和设备修理业	133	361	61	186	72	175
电力、热力、燃气及水生产和供应业	1	4			1	4
水的生产和供应业	1	4			1	4
建筑业	1670	6867	78	221	1592	6646
房屋建筑业	861	4777	9	39	852	4738
土木工程建筑业	41	177			41	177
建筑安装业	119	325	9	20	110	305
建筑装饰和其他建筑业	649	1588	60	162	589	1426
批发和零售业	14753	34551	6933	17065	7820	17486
批发业	1557	3855	727	1779	830	2076
零售业	13196	30696	6206	15286	6990	15410
交通运输、仓储和邮政业	3937	7862	184	378	3753	7484
道路运输业	3312	6742	116	211	3196	6531
水上运输业	166	369	52	104	114	265
装卸搬运和运输代理业	423	624	4	4	419	620
仓储业	18	57	8	28	10	29
邮政业	18	70	4	31	14	39
住宿和餐饮业	2013	7413	814	3914	1199	3499
住宿业	193	669	133	473	60	196
餐饮业	1820	6744	681	3441	1139	3303
信息传输、软件和信息技术服务业	49	122	39	100	10	22
电信、广播电视和卫星传输服务	44	107	35	87	9	20
互联网和相关服务	4	13	4	13		
软件和信息技术服务业	1	2			1	2
金融业	1	2			1	2
保险业	1	2			1	2
房地产业	11	33	8	23	3	10
房地产业	11	33	8	23	3	10
租赁和商务服务业	423	1000	73	227	350	773
租赁业	304	627	18	41	286	586
商务服务业	119	373	55	186	64	187
科学研究和技术服务业	101	345	54	232	47	113
专业技术服务业	94	330	53	229	41	101
科技推广和应用服务业	7	15	1	3	6	12
居民服务、修理和其他服务业	2120	5592	863	2515	1257	3077
居民服务业	1185	3366	459	1513	726	1853
机动车、电子产品和日用产品修理业	874	2081	384	946	490	1135
其他服务业	61	145	20	56	41	89
教育	46	205	10	56	36	149
教育	46	205	10	56	36	149
卫生和社会工作	70	168	25	66	45	102
卫生	66	146	23	52	43	94
社会工作	4	22	2	14	2	8
文化、体育和娱乐业	106	435	65	304	41	131

1－1－23 按地区、行业分组的个体经营户情况(续14)

(不含无挂靠货运、客运个体经营户)

行业	个体户合计 户数(个)	个体户合计 人数(人)	有证照合计 户数(个)	有证照合计 人数(人)	无证照合计 户数(个)	无证照合计 人数(人)
文化艺术业	3	16	2	7	1	9
体育	8	25	3	13	5	12
娱乐业	95	394	60	284	35	110
金湖县	**18242**	**37981**	**6893**	**16982**	**11349**	**20999**
农、林、牧、渔业	2505	2875	30	58	2475	2817
农、林、牧、渔服务业	2505	2875	30	58	2475	2817
制造业	980	3936	372	2293	608	1643
农副食品加工业	239	365	37	91	202	274
食品制造业	36	74	17	34	19	40
烟草制品业	1	2	1	2		
纺织业	67	221	20	106	47	115
纺织服装、服饰业	97	384	41	226	56	158
皮革、毛皮、羽毛及其制品和制鞋业	20	102	7	21	13	81
木材加工和木、竹、藤、棕、草制品业	108	1213	74	963	34	250
家具制造业	16	33	6	14	10	19
造纸和纸制品业	1	5			1	5
印刷和记录媒介复制业	35	77	25	58	10	19
文教、工美、体育和娱乐用品制造业	35	345	13	157	22	188
化学原料和化学制品制造业	3	7			3	7
医药制造业	1	3			1	3
橡胶和塑料制品业	10	71	8	62	2	9
非金属矿物制品业	47	199	28	147	19	52
有色金属冶炼和压延加工业	2	9	2	9		
金属制品业	70	137	19	48	51	89
通用设备制造业	46	126	18	65	28	61
专用设备制造业	76	397	19	190	57	207
汽车制造业	1	4			1	4
铁路、船舶、航空航天和其他运输设备制造业	3	18	2	16	1	2
计算机、通信和其他电子设备制造业	1	20	1	20		
仪器仪表制造业	1	2	1	2		
其他制造业	30	65	11	26	19	39
废弃资源综合利用业	1	2			1	2
金属制品、机械和设备修理业	33	55	22	36	11	19
电力、热力、燃气及水生产和供应业	3	20	3	20		
水的生产和供应业	3	20	3	20		
建筑业	936	3323	63	151	873	3172
房屋建筑业	123	521	3	18	120	503
土木工程建筑业	135	726	2	8	133	718
建筑安装业	25	104	1	1	24	103
建筑装饰和其他建筑业	653	1972	57	124	596	1848
批发和零售业	8206	15657	4796	9531	3410	6126
批发业	997	2208	445	1191	552	1017
零售业	7209	13449	4351	8340	2858	5109
交通运输、仓储和邮政业	2083	3671	54	113	2029	3558

1－1－23 按地区、行业分组的个体经营户情况（续15）

（不含无挂靠货运、客运个体经营户）

行业	个体户合计		有证照合计		无证照合计	
	户数（个）	人数（人）	户数（个）	人数（人）	户数（个）	人数（人）
道路运输业	1383	2311	31	35	1352	2276
水上运输业	427	847			427	847
装卸搬运和运输代理业	253	470	17	61	236	409
仓储业	16	33	5	15	11	18
邮政业	4	10	1	2	3	8
住宿和餐饮业	1276	3883	808	2779	468	1104
住宿业	201	460	159	388	42	72
餐饮业	1075	3423	649	2391	426	1032
信息传输、软件和信息技术服务业	20	38	20	38		
电信、广播电视和卫星传输服务	16	31	16	31		
互联网和相关服务	1	1	1	1		
软件和信息技术服务业	3	6	3	6		
金融业	7	13	2	3	5	10
货币金融服务	6	12	2	3	4	9
保险业	1	1			1	1
房地产业	29	45	9	18	20	27
房地产业	29	45	9	18	20	27
租赁和商务服务业	105	263	48	149	57	114
租赁业	27	70	11	36	16	34
商务服务业	78	193	37	113	41	80
科学研究和技术服务业	25	57	19	51	6	6
专业技术服务业	22	33	16	27	6	6
科技推广和应用服务业	3	24	3	24		
居民服务、修理和其他服务业	1895	3713	603	1540	1292	2173
居民服务业	1221	2407	355	965	866	1442
机动车、电子产品和日用产品修理业	551	999	207	419	344	580
其他服务业	123	307	41	156	82	151
教育	32	98	5	25	27	73
教育	32	98	5	25	27	73
卫生和社会工作	48	119	22	67	26	52
卫生	31	80	22	67	9	13
社会工作	17	39			17	39
文化、体育和娱乐业	92	270	39	146	53	124
文化艺术业	16	56	7	24	9	32
娱乐业	76	214	32	122	44	92
开发区	**11033**	**31224**	**6085**	**17884**	**4948**	**13340**
制造业	324	977	149	472	175	505
农副食品加工业	45	123	23	60	22	63
食品制造业	10	24	5	13	5	11
纺织业	41	99	8	22	33	77
纺织服装、服饰业	39	111	17	64	22	47
皮革、毛皮、羽毛及其制品和制鞋业	9	24	4	16	5	8
木材加工和木、竹、藤、棕、草制品业	22	62	11	32	11	30
家具制造业	9	45	7	21	2	24

1－1－23 按地区、行业分组的个体经营户情况（续16）

（不含无挂靠货运、客运个体经营户）

行业	个体户合计		有证照合计		无证照合计	
	户数（个）	人数（人）	户数（个）	人数（人）	户数（个）	人数（人）
造纸和纸制品业	3	22	2	8	1	14
印刷和记录媒介复制业	8	20	5	14	3	6
文教、工美、体育和娱乐用品制造业	10	51	5	36	5	15
化学原料和化学制品制造业	4	12	1	5	3	7
橡胶和塑料制品业	6	33	2	15	4	18
非金属矿物制品业	16	66	6	23	10	43
有色金属冶炼和压延加工业	4	16			4	16
金属制品业	37	106	19	49	18	57
通用设备制造业	20	56	15	40	5	16
专用设备制造业	11	38	5	18	6	20
计算机、通信和其他电子设备制造业	1	4			1	4
其他制造业	4	11	1	4	3	7
废弃资源综合利用业	4	12	3	9	1	3
金属制品、机械和设备修理业	21	42	10	23	11	19
电力、热力、燃气及水生产和供应业	1	2	1	2		
水的生产和供应业	1	2	1	2		
建筑业	113	469	46	207	67	262
房屋建筑业	20	68			20	68
土木工程建筑业	8	97	1	5	7	92
建筑安装业	2	5	1	2	1	3
建筑装饰和其他建筑业	83	299	44	200	39	99
批发和零售业	7840	21257	4718	13239	3122	8018
批发业	789	2256	380	1099	409	1157
零售业	7051	19001	4338	12140	2713	6861
交通运输、仓储和邮政业	64	180	32	108	32	72
道路运输业	34	75	8	18	26	57
装卸搬运和运输代理业	26	97	22	85	4	12
仓储业	1	1	1	1		
邮政业	3	7	1	4	2	3
住宿和餐饮业	1283	4687	493	2187	790	2500
住宿业	240	741	177	533	63	208
餐饮业	1043	3946	316	1654	727	2292
信息传输、软件和信息技术服务业	75	188	42	95	33	93
电信、广播电视和卫星传输服务	72	177	41	92	31	85
软件和信息技术服务业	3	11	1	3	2	8
房地产业	24	49	16	28	8	21
房地产业	24	49	16	28	8	21
租赁和商务服务业	165	411	103	243	62	168
租赁业	67	171	41	99	26	72
商务服务业	98	240	62	144	36	96
科学研究和技术服务业	38	95	28	66	10	29
专业技术服务业	35	86	27	64	8	22
科技推广和应用服务业	3	9	1	2	2	7
水利、环境和公共设施管理业	1	4			1	4

1－1－23　按地区、行业分组的个体经营户情况（续17）

（不含无挂靠货运、客运个体经营户）

行　　业	个体户合计		有证照合计		无证照合计	
	户　数（个）	人　数（人）	户　数（个）	人　数（人）	户　数（个）	人　数（人）
公共设施管理业	1	4			1	4
居民服务、修理和其他服务业	961	2472	392	1055	569	1417
居民服务业	465	1306	160	512	305	794
机动车、电子产品和日用产品修理业	431	1027	180	430	251	597
其他服务业	65	139	52	113	13	26
教育	36	128	8	28	28	100
教育	36	128	8	28	28	100
卫生和社会工作	38	98	19	49	19	49
卫生	36	93	17	44	19	49
社会工作	2	5	2	5		
文化、体育和娱乐业	70	207	38	105	32	102
体育	3	7	2	4	1	3
娱乐业	67	200	36	101	31	99
工业园区	**252**	**859**	**108**	**258**	**144**	**601**
农、林、牧、渔业	5	9	3	6	2	3
农、林、牧、渔服务业	5	9	3	6	2	3
采矿业	1	1			1	1
煤炭开采和洗选业	1	1			1	1
制造业	16	61	6	28	10	33
农副食品加工业	2	12	2	12		
食品制造业	1	2	1	2		
纺织服装、服饰业	1	5			1	5
橡胶和塑料制品业	1	8			1	8
非金属矿物制品业	1	5	1	5		
金属制品业	5	11			5	11
专用设备制造业	1	1			1	1
废弃资源综合利用业	4	17	2	9	2	8
建筑业	20	369	3	51	17	318
土木工程建筑业	9	199			9	199
建筑装饰和其他建筑业	11	170	3	51	8	119
批发和零售业	136	229	83	146	53	83
批发业	5	13	3	6	2	7
零售业	131	216	80	140	51	76
住宿和餐饮业	27	82	1	4	26	78
餐饮业	27	82	1	4	26	78
信息传输、软件和信息技术服务业	4	7	3	6	1	1
电信、广播电视和卫星传输服务	3	5	2	4	1	1
互联网和相关服务	1	2	1	2		
居民服务、修理和其他服务业	38	94	9	17	29	77
居民服务业	24	74	4	9	20	65
机动车、电子产品和日用产品修理业	13	18	5	8	8	10
其他服务业	1	2			1	2
文化、体育和娱乐业	5	7			5	7
娱乐业	5	7			5	7

1－1－24　按地区分组的无挂靠货运、客运个体经营户情况

地　　区	无挂靠个体运输户（货运）		无挂靠个体运输户（客运）	
	户　数（个）	人　数（人）	户　数（个）	人　数（人）
总　计	**26899**	**56547**	**2930**	**5186**
清 河 区	2010	3618	1139	1948
淮 安 区	3925	7915		
淮 阴 区	4896	7344		
清 浦 区	1353	2968	1100	1870
涟 水 县	4344	10860		
洪 泽 县	1690	3508		
盱 眙 县	5200	13016	691	1368
金 湖 县	2630	5786		
开 发 区	846	1523		
工业园区	5	9		

第二产业篇：
工业、建筑业、科技情况

本篇编辑：

工　业：张　丽　伍华森　陈　远

建筑业：刘安顺　王　艳　高先国

科　技：徐　婷　张正北　张建国

第一章　工业企业生产经营及财务状况

A、分登记注册类型、分行业工业企业生产经营及财务状况

2－1－1 全部工业企业法人单位基本情况

指标	企业法人单位数（个）			从业人员（人）		
	合计	规模以上	规模以下	合计	规模以上	规模以下
总计	**10798**	**2226**	**8572**	**537970**	**412183**	**125787**
按登记注册类型分组						
内资企业	**10370**	**2036**	**8334**	**412814**	**290742**	**122072**
国有企业	60	10	50	8460	7626	834
集体企业	101	10	91	2625	1303	1322
股份合作企业	17	2	15	460	258	202
联营企业	10		10	97		97
有限责任公司	1117	407	710	80715	70948	9767
国有独资公司	7	7		2814	2814	
其他有限责任公司	1110	400	710	77901	68134	9767
股份有限公司	170	64	106	23404	21470	1934
私营企业	8407	1535	6872	290323	188536	101787
私营独资企业	3691	173	3518	65273	17586	47687
私营合伙企业	189	13	176	4674	1905	2769
私营有限责任公司	4296	1269	3027	204977	155786	49191
私营股份有限公司	231	80	151	15399	13259	2140
其他企业	488	8	480	6730	601	6129
港、澳、台商投资企业	**269**	**97**	**172**	**86255**	**83508**	**2747**
合资经营企业（港或澳、台资）	80	42	38	12471	11970	501
合作经营企业（港或澳、台资）	7		7	77		77
港澳台商独资经营企业	173	52	121	73338	71418	1920
港澳台商投资股份有限公司	8	2	6	299	50	249
其他港澳台商投资企业	1	1		70	70	
外商投资企业	**159**	**93**	**66**	**38901**	**37933**	**968**
中外合资经营企业	62	43	19	16070	15666	404
中外合作经营企业	1	1		80	80	
外资企业	90	48	42	22668	22117	551
外商投资股份有限公司	6	1	5	83	70	13
其他外商投资企业						
按国民经济行业分组						
采掘业	**70**	**20**	**50**	**5628**	**4633**	**995**
煤炭开采和洗选业	1		1	18		18
烟煤和无烟煤开采洗选						
褐煤开采洗选						
其他煤炭采选	1		1	18		18
石油和天然气开采业	2		2	5		5
石油开采	1		1	3		3
天然气开采	1		1	2		2
黑色金属矿采选业						
铁矿采选						
锰矿、铬矿采选						
其他黑色金属矿采选						
有色金属矿采选业	1		1	4		4
常用有色金属矿采选	1		1	4		4
贵金属矿采选						
稀有稀土金属矿采选						

2-1-1　全部工业企业法人单位基本情况（续1）

指标	企业法人单位数（个）			从业人员（人）		
	合计	规模以上	规模以下	合计	规模以上	规模以下
非金属矿采选业	58	20	38	5544	4633	911
土砂石开采	40	8	32	1265	469	796
化学矿开采	6	5	1	1371	1370	1
采盐	8	6	2	2767	2729	38
石棉及其他非金属矿采选	4	1	3	141	65	76
开采辅助活动	6		6	17		17
煤炭开采和洗选辅助活动	2		2	2		2
石油和天然气开采辅助活动	3		3	3		3
其他开采辅助活动	1		1	12		12
其他采矿业	2		2	40		40
制造业	**10541**	**2182**	**8359**	**526010**	**403199**	**122811**
农副食品加工业	532	202	330	26836	22632	4204
谷物磨制	232	104	128	8345	6875	1470
饲料加工	79	39	40	6680	6113	567
植物油加工	15	7	8	915	837	78
制糖业	3	1	2	250	216	34
屠宰及肉类加工	69	27	42	6242	5623	619
水产品加工	36	5	31	798	433	365
蔬菜、水果和坚果加工	36	10	26	2012	1566	446
其他农副食品加工	62	9	53	1594	969	625
食品制造业	182	23	159	6430	4486	1944
焙烤食品制造	42	4	38	2209	1801	408
糖果、巧克力及蜜饯制造	11	4	7	556	489	67
方便食品制造	45	5	40	1070	395	675
乳制品制造	6	2	4	402	340	62
罐头食品制造	8	3	5	267	203	64
调味品、发酵制品制造	32	3	29	1221	917	304
其他食品制造	38	2	36	705	341	364
酒、饮料和精制茶制造业	74	6	68	4732	3825	907
酒的制造	34	4	30	4032	3626	406
饮料制造	35	1	34	486	23	463
精制茶加工	5	1	4	214	176	38
烟草制品业	2	1	1	2001	1948	53
烟叶复烤						
卷烟制造	1	1		1948	1948	
其他烟草制品制造	1		1	53		53
纺织业	728	143	585	38704	29176	9528
棉纺织及印染精加工	198	79	119	19177	17234	1943
毛纺织及染整精加工	26	4	22	2721	2456	265
麻纺织及染整精加工	8	4	4	325	311	14
丝绢纺织及印染精加工	31	9	22	1689	1377	312
化纤织造及印染精加工	14	3	11	314	137	177
针织或钩针编织物及其制品制造	179	7	172	4258	1754	2504
家用纺织制成品制造	198	20	178	7402	3938	3464
非家用纺织制成品制造	74	17	57	2818	1969	849
纺织服装、服饰业	961	182	779	58839	43056	15783

2－1－1 全部工业企业法人单位基本情况（续2）

指标	企业法人单位数（个）			从业人员（人）		
	合计	规模以上	规模以下	合计	规模以上	规模以下
机织服装制造	619	149	470	41164	31453	9711
针织或钩针编织服装制造	65	6	59	1820	1008	812
服饰制造	277	27	250	15855	10595	5260
皮革、毛皮、羽毛及其制品和制鞋业	282	90	192	17424	13493	3931
皮革鞣制加工	11	5	6	315	239	76
皮革制品制造	106	30	76	8335	6606	1729
毛皮鞣制及制品加工	2		2	15		15
羽毛（绒）加工及制品制造	47	28	19	2178	1895	283
制鞋业	116	27	89	6581	4753	1828
木材加工和木、竹、藤、棕、草制品业	489	83	406	14919	8790	6129
木材加工	235	32	203	5227	2322	2905
人造板制造	136	42	94	7286	5678	1608
木制品制造	101	8	93	2180	763	1417
竹、藤、棕、草等制品制造	17	1	16	226	27	199
家具制造业	166	13	153	3637	1877	1760
木质家具制造	123	7	116	1742	490	1252
竹、藤家具制造	1		1	30		30
金属家具制造	16	1	15	226	69	157
塑料家具制造	8	1	7	106	52	54
其他家具制造	18	4	14	1533	1266	267
造纸和纸制品业	255	61	194	9700	7308	2392
纸浆制造	1		1	6		6
造纸	85	37	48	5076	4458	618
纸制品制造	169	24	145	4618	2850	1768
印刷和记录媒介复制业	200	41	159	8681	6952	1729
印刷	178	40	138	8429	6855	1574
装订及印刷相关服务	22	1	21	252	97	155
记录媒介复制						
文教、工美、体育和娱乐用品制造业	345	62	283	14879	9570	5309
文教办公用品制造	112	16	96	3332	1874	1458
乐器制造	8	3	5	488	414	74
工艺美术品制造	108	15	93	5623	3624	1999
体育用品制造	30	9	21	1380	1197	183
玩具制造	80	16	64	3672	2275	1397
游艺器材及娱乐用品制造	7	3	4	384	186	198
石油加工、炼焦和核燃料加工业	31	11	20	2517	2281	236
精炼石油产品制造	30	11	19	2505	2281	224
炼焦						
核燃料加工	1		1	12		12
化学原料和化学制品制造业	503	150	353	29745	24447	5298
基础化学原料制造	128	62	66	14296	13348	948
肥料制造	49	8	41	1164	529	635
农药制造	15	4	11	430	283	147
涂料、油墨、颜料及类似产品制造	84	7	77	2327	1167	1160
合成材料制造	61	15	46	1914	1215	699
专用化学产品制造	100	38	62	6319	5189	1130

2－1－1　全部工业企业法人单位基本情况（续3）

指　标	企业法人单位数（个）			从业人员（人）		
	合　计	规模以上	规模以下	合　计	规模以上	规模以下
炸药、火工及焰火产品制造	1	1		362	362	
日用化学产品制造	65	15	50	2933	2354	579
医药制造业	71	24	47	5530	4740	790
化学药品原料药制造	14	10	4	2490	2448	42
化学药品制剂制造	3	2	1	642	584	58
中药饮片加工	3	2	1	280	269	11
中成药生产	8	2	6	422	329	93
兽用药品制造	6		6	168		168
生物药品制造	16	5	11	513	374	139
卫生材料及医药用品制造	21	3	18	1015	736	279
化学纤维制造业	34	14	20	1803	1559	244
纤维素纤维原料及纤维制造	8	5	3	863	810	53
合成纤维制造	26	9	17	940	749	191
橡胶和塑料制品业	533	92	441	20530	14682	5848
橡胶制品业	87	17	70	6021	5214	807
塑料制品业	446	75	371	14509	9468	5041
非金属矿物制品业	873	140	733	27011	15841	11170
水泥、石灰和石膏制造	58	16	42	2347	1917	430
石膏、水泥制品及类似制品制造	350	66	284	11122	7697	3425
砖瓦、石材等建筑材料制造	293	23	270	7764	2480	5284
玻璃制造	15	7	8	988	851	137
玻璃制品制造	73	13	60	3036	2020	1016
玻璃纤维和玻璃纤维增强塑料制品制造	15		15	189		189
陶瓷制品制造	8	1	7	161	91	70
耐火材料制品制造	15	3	12	250	118	132
石墨及其他非金属矿物制品制造	46	11	35	1154	667	487
黑色金属冶炼和压延加工业	138	62	76	15180	14247	933
炼铁	6	3	3	551	516	35
炼钢	3		3	28		28
黑色金属铸造	48	15	33	2550	2146	404
钢压延加工	74	40	34	11455	11016	439
铁合金冶炼	7	4	3	596	569	27
有色金属冶炼和压延加工业	203	68	135	7636	5933	1703
常用有色金属冶炼	29	11	18	1397	1154	243
贵金属冶炼	1		1	1		1
稀有稀土金属冶炼	4	2	2	172	130	42
有色金属合金制造	14	7	7	711	683	28
有色金属铸造	15	4	11	806	687	119
有色金属压延加工	140	44	96	4549	3279	1270
金属制品业	620	107	513	19159	12194	6965
结构性金属制品制造	295	49	246	8620	5442	3178
金属工具制造	64	14	50	1855	1210	645
集装箱及金属包装容器制造	21	5	16	660	378	282
金属丝绳及其制品制造	14	3	11	358	75	283
建筑、安全用金属制品制造	61	3	58	921	332	589

2－1－1　全部工业企业法人单位基本情况（续4）

指　　　标	企业法人单位数（个）			从业人员（人）		
	合　计	规模以上	规模以下	合　计	规模以上	规模以下
金属表面处理及热处理加工	24	3	21	722	356	366
搪瓷制品制造	4		4	63		63
金属制日用品制造	45	9	36	2527	2026	501
其他金属制品制造	92	21	71	3433	2375	1058
通用设备制造业	894	146	748	30658	21360	9298
锅炉及原动设备制造	42	12	30	3350	2970	380
金属加工机械制造	189	21	168	4681	2605	2076
物料搬运设备制造	27	10	17	1752	1460	292
泵、阀门、压缩机及类似机械制造	140	39	101	6170	4814	1356
轴承、齿轮和传动部件制造	99	33	66	6660	5604	1056
烘炉、风机、衡器、包装等设备制造	43	6	37	1032	466	566
文化、办公用机械制造	4	1	3	361	279	82
通用零部件制造	306	19	287	5699	2651	3048
其他通用设备制造业	44	5	39	953	511	442
专用设备制造业	575	100	475	19150	12493	6657
采矿、冶金、建筑专用设备制造	136	37	99	5271	3926	1345
化工、木材、非金属加工专用设备制造	91	17	74	2511	1412	1099
食品、饮料、烟草及饲料生产专用设备制造	14	3	11	494	366	128
印刷、制药、日化及日用品生产专用设备制造	48	7	41	1177	530	647
纺织、服装和皮革加工专用设备制造	25	5	20	1035	840	195
电子和电工机械专用设备制造	64	3	61	1285	290	995
农、林、牧、渔专用机械制造	61	8	53	2042	1303	739
医疗仪器设备及器械制造	53	10	43	3837	3163	674
环保、社会公共服务及其他专用设备制造	83	10	73	1498	663	835
汽车制造业	260	51	209	12840	9207	3633
汽车整车制造						
改装汽车制造	3	1	2	81	78	3
低速载货汽车制造						
电车制造	4	1	3	56	45	11
汽车车身、挂车制造	4	1	3	343	216	127
汽车零部件及配件制造	249	48	201	12360	8868	3492
铁路、船舶、航空航天和其他运输设备制造业	112	18	94	4733	3545	1188
铁路运输设备制造	4	1	3	286	156	130
城市轨道交通设备制造	2		2	2		2
船舶及相关装置制造	55	9	46	2884	2214	670
航空、航天器及设备制造	2		2	10		10
摩托车制造	7		7	86		86
自行车制造	35	7	28	1249	1021	228
非公路休闲车及零配件制造	3		3	35		35
潜水救捞及其他未列明运输设备制造	4	1	3	181	154	27
电气机械和器材制造业	597	155	442	40907	34460	6447
电机制造	43	13	30	4443	3934	509
输配电及控制设备制造	205	49	156	12867	10286	2581
电线、电缆、光缆及电工器材制造	131	44	87	8568	7110	1458
电池制造	40	15	25	8256	7751	505

2－1－1　全部工业企业法人单位基本情况（续5）

指　　标	企业法人单位数（个）			从业人员（人）		
	合　计	规模以上	规模以下	合　计	规模以上	规模以下
家用电力器具制造	52	15	37	1496	1121	375
非电力家用器具制造	41	11	30	2127	1924	203
照明器具制造	47	8	39	2781	2334	447
其他电气机械及器材制造	38		38	369		369
计算机、通信和其他电子设备制造业	366	63	303	67864	63457	4407
计算机制造	23	6	17	4070	3898	172
通信设备制造	15	2	13	226	117	109
广播电视设备制造	20	10	10	1879	1683	196
雷达及配套设备制造						
视听设备制造	7	4	3	781	666	115
电子器件制造	31	4	27	1612	1404	208
电子元件制造	213	32	181	48538	45637	2901
其他电子设备制造	57	5	52	10758	10052	706
仪器仪表制造业	283	34	249	6193	3960	2233
通用仪器仪表制造	178	27	151	3725	2558	1167
专用仪器仪表制造	47	3	44	1496	820	676
钟表与计时仪器制造	2		2	12		12
光学仪器及眼镜制造	11	4	7	659	582	77
其他仪器仪表制造业	45		45	301		301
其他制造业	115	23	92	5271	4102	1169
日用杂品制造	63	20	43	4423	3803	620
煤制品制造	2		2	15		15
核辐射加工						
其他未列明制造业	50	3	47	833	299	534
废弃资源综合利用业	60	16	44	1891	1483	408
金属废料和碎屑加工处理	29	12	17	1388	1188	200
非金属废料和碎屑加工处理	31	4	27	503	295	208
金属制品、机械和设备修理业	57	1	56	610	95	515
金属制品修理	2	1	1	96	95	1
通用设备修理	7		7	62		62
专用设备修理	8		8	78		78
铁路、船舶、航空航天等运输设备修理	23		23	230		230
电气设备修理	4		4	36		36
仪器仪表修理						
其他机械和设备修理业	13		13	108		108
电力、燃气及水的生产和供应业	**187**	**24**	**163**	**6332**	**4351**	**1981**
电力、热力生产和供应业	61	13	48	3638	2787	851
电力生产	40	12	28	3287	2722	565
电力供应	8		8	76		76
热力生产和供应	13	1	12	275	65	210
燃气生产和供应业	27	3	24	744	533	211
水的生产和供应业	99	8	91	1950	1031	919
自来水生产和供应	73	4	69	1460	767	693
污水处理及其再生利用	21	4	17	451	264	187
其他水的处理、利用与分配	5		5	39		39

2－1－2 全部工业企业主要经济指标

单位：万元

指 标	企业单位数（个）	主营业务收入	主营业务税金及附加	资产总计
总 计	**10798**	**49940766**	**985168**	**26026281**
按登记注册类型分组				
内资企业	**10370**	**38816326**	**959310**	**20951164**
国有企业	60	1578483	610753	1622822
集体企业	101	250032	1769	93068
股份合作企业	17	22224	101	43856
联营企业	10	3308	132	7091
有限责任公司	1117	8688287	120538	5705139
国有独资公司	7	946783	73290	757577
其他有限责任公司	1110	7741504	47248	4947563
股份有限公司	170	2875146	44077	2322290
私营企业	8407	25178430	178257	10947704
私营独资企业	3691	3255430	38340	2052569
私营合伙企业	189	627424	3645	137409
私营有限责任公司	4296	19331874	123249	8057807
私营股份有限公司	231	1963701	13024	699918
其他企业	488	220417	3683	209193
港、澳、台商投资企业	**269**	**7959516**	**13463**	**3027299**
合资经营企业（港或澳、台资）	80	936138	5823	580772
合作经营企业（港或澳、台资）	7	1769	37	36619
港澳台商独资经营企业	173	7006317	7334	2395472
港澳台商投资股份有限公司	8	10495	255	12996
其他港澳台商投资企业	1	4797	14	1440
外商投资企业	**159**	**3164923**	**12395**	**2047818**
中外合资经营企业	62	1886063	6431	1153783
中外合作经营企业	1	49788	19	8480
外资企业	90	1222125	5899	884525
外商投资股份有限公司	6	6948	47	1030
其他外商投资企业				
按国民经济行业分组	**10798**	**49940766**	**985168**	**26026281**
采掘业	**70**	**580191**	**14332**	**858804**
煤炭开采和洗选业	1	452	12	754
烟煤和无烟煤开采洗选				
褐煤开采洗选				
其他煤炭采选	1	452	12	754
石油和天然气开采业	2			1088
石油开采	1			216
天然气开采	1			872
黑色金属矿采选业				
铁矿采选				
锰矿、铬矿采选				
其他黑色金属矿采选				
有色金属矿采选业	1	91		45
常用有色金属矿采选	1	91		45
贵金属矿采选				
稀有稀土金属矿采选				

2－1－2　全部工业企业主要经济指标（续1）

单位：万元

指　　　　标	企业单位数（个）	主营业务收入	主营业务税金及附加	资产总计
非金属矿采选业	58	578697	14308	855430
土砂石开采	40	79360	785	80158
化学矿开采	6	136317	957	187618
采盐	8	344999	12455	584092
石棉及其他非金属矿采选	4	18020	112	3561
开采辅助活动	6	321		1160
煤炭开采和洗选辅助活动	2			
石油和天然气开采辅助活动	3			1000
其他开采辅助活动	1	321		160
其他采矿业	2	631	11	327
制造业	**10541**	**48483949**	**964014**	**23239432**
农副食品加工业	532	4494122	22518	1004636
谷物磨制	232	1388123	6773	331454
饲料加工	79	988568	4446	288975
植物油加工	15	638573	3147	64801
制糖业	3	75406	66	37302
屠宰及肉类加工	69	1120338	5323	143191
水产品加工	36	27816	215	38092
蔬菜、水果和坚果加工	36	108627	577	48336
其他农副食品加工	62	146672	1971	52485
食品制造业	182	519219	3349	311087
焙烤食品制造	42	216520	1309	173877
糖果、巧克力及蜜饯制造	11	45668	203	13927
方便食品制造	45	107164	407	48558
乳制品制造	6	10565	102	10467
罐头食品制造	8	27776	409	16503
调味品、发酵制品制造	32	63281	544	20914
其他食品制造	38	48246	374	26840
酒、饮料和精制茶制造业	74	407398	30610	436434
酒的制造	34	379650	30345	397737
饮料制造	35	18705	158	35067
精制茶加工	5	9042	107	3630
烟草制品业	2	1032974	606051	1052818
烟叶复烤				
卷烟制造	1	1031430	605955	1052062
其他烟草制品制造	1	1544	96	756
纺织业	728	2367954	14148	1189730
棉纺织及印染精加工	198	1357816	6005	749447
毛纺织及染整精加工	26	121307	427	50326
麻纺织及染整精加工	8	21948	88	10468
丝绢纺织及印染精加工	31	191723	1250	38315
化纤织造及印染精加工	14	12029	196	23678
针织或钩针编织物及其制品制造	179	105867	1963	78183
家用纺织制成品制造	198	298326	2540	100865
非家用纺织制成品制造	74	258938	1678	138448
纺织服装、服饰业	961	2459311	20919	898120

2－1－2 全部工业企业主要经济指标（续2）

单位：万元

指标	企业单位数（个）	主营业务收入	主营业务税金及附加	资产总计
机织服装制造	619	1897195	15859	685869
针织或钩针编织服装制造	65	72437	1436	24312
服饰制造	277	489679	3624	187938
皮革、毛皮、羽毛及其制品和制鞋业	282	1129251	8878	335348
皮革鞣制加工	11	30385	252	29016
皮革制品制造	106	409193	3706	112461
毛皮鞣制及制品加工	2	293	2	717
羽毛（绒）加工及制品制造	47	332885	1875	42674
制鞋业	116	356495	3043	150480
木材加工和木、竹、藤、棕、草制品业	489	947749	7631	412087
木材加工	235	310984	3984	137900
人造板制造	136	541630	2436	196806
木制品制造	101	86320	1106	68616
竹、藤、棕、草等制品制造	17	8815	105	8765
家具制造业	166	271879	799	140975
木质家具制造	123	62681	652	90901
竹、藤家具制造	1	895	11	1260
金属家具制造	16	5339	20	6932
塑料家具制造	8	7763	18	9673
其他家具制造	18	195202	98	32210
造纸和纸制品业	255	996445	5099	436466
纸浆制造	1	182		137
造纸	85	649807	3094	256558
纸制品制造	169	346457	2005	179771
印刷和记录媒介复制业	200	664911	4237	349937
印刷	178	657932	4059	340562
装订及印刷相关服务	22	6979	178	9376
记录媒介复制				
文教、工美、体育和娱乐用品制造业	345	1020072	9202	437501
文教办公用品制造	112	242778	1338	114512
乐器制造	8	42740	228	10889
工艺美术品制造	108	493209	3895	174283
体育用品制造	30	73123	906	51394
玩具制造	80	150103	1821	60728
游艺器材及娱乐用品制造	7	18119	1014	25696
石油加工、炼焦和核燃料加工业	31	852046	71874	219765
精炼石油产品制造	30	851581	71873	219540
炼焦				
核燃料加工	1	465	1	224
化学原料和化学制品制造业	503	3536911	16386	2551984
基础化学原料制造	128	1898760	5870	1753063
肥料制造	49	100162	485	75307
农药制造	15	20041	33	40717
涂料、油墨、颜料及类似产品制造	84	148730	1567	61735
合成材料制造	61	225352	1437	98947
专用化学产品制造	100	649222	4577	373444

2－1－2　全部工业企业主要经济指标（续3）

单位：万元

指　　标	企业单位数（个）	主营业务收入	主营业务税金及附加	资产总计
炸药、火工及焰火产品制造	1	8166	32	9411
日用化学产品制造	65	486478	2384	139359
医药制造业	71	485707	3500	278459
化学药品原料药制造	14	272676	2236	155569
化学药品制剂制造	3	12609	32	22212
中药饮片加工	3	12574	2	10939
中成药生产	8	17210	125	33409
兽用药品制造	6	1303	61	4395
生物药品制造	16	121523	724	26270
卫生材料及医药用品制造	21	47812	320	25665
化学纤维制造业	34	336326	1387	135996
纤维素纤维原料及纤维制造	8	243304	753	60050
合成纤维制造	26	93022	634	75946
橡胶和塑料制品业	533	1495463	12037	1185716
橡胶制品业	87	664182	3404	605067
塑料制品业	446	831281	8634	580648
非金属矿物制品业	873	2265074	17164	1290576
水泥、石灰和石膏制造	58	300633	1495	170363
石膏、水泥制品及类似制品制造	350	1172185	8888	588344
砖瓦、石材等建筑材料制造	293	426861	4439	245960
玻璃制造	15	58122	317	31434
玻璃制品制造	73	176756	1025	124676
玻璃纤维和玻璃纤维增强塑料制品制造	15	6664	124	16880
陶瓷制品制造	8	8736	95	5808
耐火材料制品制造	15	22421	179	10984
石墨及其他非金属矿物制品制造	46	92695	602	96127
黑色金属冶炼和压延加工业	138	3107380	12498	1834593
炼铁	6	82867	160	14105
炼钢	3	737	26	833
黑色金属铸造	48	368983	1383	114661
钢压延加工	74	2426185	10763	1680924
铁合金冶炼	7	228607	165	24071
有色金属冶炼和压延加工业	203	1367428	5181	429820
常用有色金属冶炼	29	231324	679	43718
贵金属冶炼	1			
稀有稀土金属冶炼	4	44029	165	16412
有色金属合金制造	14	82981	536	16674
有色金属铸造	15	86497	657	18315
有色金属压延加工	140	922598	3145	334699
金属制品业	620	1508281	11534	1293811
结构性金属制品制造	295	637687	5826	338734
金属工具制造	64	209006	1616	93198
集装箱及金属包装容器制造	21	109257	421	24900
金属丝绳及其制品制造	14	17056	133	4383
建筑、安全用金属制品制造	61	30537	469	43690

2－1－2　全部工业企业主要经济指标（续4）

单位：万元

指　　　　标	企业单位数（个）	主营业务收入	主营业务税金及附加	资产总计
金属表面处理及热处理加工	24	12929	36	12667
搪瓷制品制造	4	504	15	3727
金属制日用品制造	45	111727	979	607463
其他金属制品制造	92	379579	2041	165050
通用设备制造业	894	2449219	26000	1319315
锅炉及原动设备制造	42	222882	846	95292
金属加工机械制造	189	347586	2680	167654
物料搬运设备制造	27	98297	1322	104465
泵、阀门、压缩机及类似机械制造	140	636255	5420	221000
轴承、齿轮和传动部件制造	99	541297	4037	308079
烘炉、风机、衡器、包装等设备制造	43	54677	496	175207
文化、办公用机械制造	4	17489	536	3106
通用零部件制造	306	475589	10159	201189
其他通用设备制造业	44	55145	503	43325
专用设备制造业	575	1431555	9804	911789
采矿、冶金、建筑专用设备制造	136	624480	3206	427918
化工、木材、非金属加工专用设备制造	91	144904	1239	123424
食品、饮料、烟草及饲料生产专用设备制造	14	13141	130	24135
印刷、制药、日化及日用品生产专用设备制造	48	61057	689	41963
纺织、服装和皮革加工专用设备制造	25	72877	643	34164
电子和电工机械专用设备制造	64	42742	610	36506
农、林、牧、渔专用机械制造	61	143628	894	94026
医疗仪器设备及器械制造	53	222662	1565	68993
环保、社会公共服务及其他专用设备制造	83	106064	827	60660
汽车制造业	260	1224098	5140	886843
汽车整车制造				
改装汽车制造	3	3088	11	3227
低速载货汽车制造				
电车制造	4	23971	333	5811
汽车车身、挂车制造	4	47534	62	19655
汽车零部件及配件制造	249	1149505	4734	858151
铁路、船舶、航空航天和其他运输设备制造业	112	192577	1529	138775
铁路运输设备制造	4	9800	107	7351
城市轨道交通设备制造	2	11		2100
船舶及相关装置制造	55	88245	725	67847
航空、航天器及设备制造	2			
摩托车制造	7	1517	22	11780
自行车制造	35	75169	456	33210
非公路休闲车及零配件制造	3	710	1	1265
潜水救捞及其他未列明运输设备制造	4	17125	218	15222
电气机械和器材制造业	597	3992715	17647	1822835
电机制造	43	750515	1314	276244
输配电及控制设备制造	205	947310	7303	417555
电线、电缆、光缆及电工器材制造	131	974433	2437	428571
电池制造	40	720246	2747	393097

2－1－2　全部工业企业主要经济指标（续5）

单位：万元

指　　标	企业单位数（个）	主营业务收入	主营业务税金及附加	资产总计
家用电力器具制造	52	177286	1089	58774
非电力家用器具制造	41	269854	1778	160070
照明器具制造	47	146678	869	73201
其他电气机械及器材制造	38	6393	111	15324
计算机、通信和其他电子设备制造业	366	6890680	10577	1402808
计算机制造	23	261313	2610	215943
通信设备制造	15	8061	75	9871
广播电视设备制造	20	175144	1562	71467
雷达及配套设备制造				
视听设备制造	7	93407	473	34091
电子器件制造	31	60314	559	61236
电子元件制造	213	5413000	4788	818321
其他电子设备制造	57	879442	510	191879
仪器仪表制造业	283	444861	2804	302736
通用仪器仪表制造	178	342818	2051	223448
专用仪器仪表制造	47	61008	346	49339
钟表与计时仪器制造	2	233	11	667
光学仪器及眼镜制造	11	33468	248	18270
其他仪器仪表制造业	45	7334	147	11012
其他制造业	115	208252	1591	91739
日用杂品制造	63	183143	1062	61983
煤制品制造	2	480	18	203
核辐射加工				
其他未列明制造业	50	24629	511	29553
废弃资源综合利用业	60	367756	3596	119743
金属废料和碎屑加工处理	29	322057	3025	99328
非金属废料和碎屑加工处理	31	45699	571	20414
金属制品、机械和设备修理业	57	16333	324	16989
金属制品修理	2	4707	20	1490
通用设备修理	7	1191	30	3161
专用设备修理	8	1454	28	815
铁路、船舶、航空航天等运输设备修理	23	5368	146	7059
电气设备修理	4	735	31	336
仪器仪表修理				
其他机械和设备修理业	13	2878	70	4127
电力、燃气及水的生产和供应业	**187**	**876625**	**6822**	**1928045**
电力、热力生产和供应业	61	713610	5346	1432835
电力生产	40	699700	4935	1393277
电力供应	8	1511	10	1339
热力生产和供应	13	12399	401	38218
燃气生产和供应业	27	99570	846	118149
水的生产和供应业	99	63446	629	377061
自来水生产和供应	73	31738	359	262831
污水处理及其再生利用	21	30961	216	112893
其他水的处理、利用与分配	5	747	54	1337

2－1－3 规模以上工业

指标	企业单位数（个）	亏损企业	工业总产值（当年价格）	工业销售产值（当年价格）	出口交货值	年初存货	产成品
总计	**2226**	**187**	**46381079**	**46917882**	**5887860**	**2041932**	**575087**
在总计中：国有控股企业	40	4	3904657	5078251	31928	571387	90853
一、按登记注册类型分组：							
内资企业	2035	156	35533439	36190689	548312	1637514	466936
国有企业	14	2	1933501	3122692	2535	361159	35338
中央企业	2		390185	1583519	2535	34446	4779
地方企业	12	2	1543316	1539173		326713	30559
集体企业	11		230683	227973		4204	1740
股份合作企业	2		18467	18467		604	181
联营企业							
国有联营企业							
集体联营企业							
国有与集体联营企业							
其他联营企业							
有限责任公司	379	40	7734162	7666542	200834	295429	92347
国有独资公司	4	1	640579	637227		42726	12901
其他有限责任公司	375	39	7093583	7029315	200834	252703	79447
股份有限公司	64	4	2775194	2669410	90502	312840	102361
私营企业	1551	108	22754470	22371875	254440	657165	234854
私营独资企业	290	6	3640465	3559226	81598	60898	16715
私营合作企业	18	1	631726	619243		8372	4768
私营有限责任公司	1173	96	16760200	16521625	164207	545339	197562
私营股份有限公司	70	5	1722079	1671782	8635	42557	15809
其他企业	14	2	86963	113731		6114	115
港、澳、台商投资企业	96	17	7683769	7618360	4834356	220393	50642
合资经营企业（港或澳、台资）	42	8	904028	888248	67058	58997	21887
合作经营企业（港或澳、台资）							
港澳台商独资经营企业	51	9	6768252	6718620	4767298	160470	28755
港澳台商投资股份有限公司	2		6544	6695		856	
其他港澳台商投资企业	1		4947	4797		70	
外商投资企业	95	14	3163870	3108833	505192	184024	57509
中外合资经营企业	44	6	1915352	1901809	294107	115216	35711
中外合作经营企业	1		47363	47363		301	80
外资企业	47	7	1187694	1146093	211085	67019	21164
外商投资股份有限公司	1		6948	6948		103	
其他外商投资企业	2	1	6514	6621		1385	554
二、按经济组织类型分组							
独资企业	413	24	13760593	14774603	5062517	653749	103712
国有企业	14	2	1933501	3122692	2535	361159	35338
集体企业	11		230683	227973		4204	1740
私营独资企业	290	6	3640465	3559226	81598	60898	16715
港澳台商独资经营企业	51	9	6768252	6718620	4767298	160470	28755
外资企业	47	7	1187694	1146093	211085	67019	21164
合作、合伙企业	38	4	795979	810222		16845	5698
股份合作企业	2		18467	18467		604	181
国有联营企业							
集体联营企业							
国有与集体联营企业							
其他联营企业							
私营合伙企业	18	1	631726	619243		8372	4768
与港澳台商合作经营企业							
中外合作经营企业	1		47363	47363		301	80

企 业 主 要 经 济 指 标

单位：万元

资产总计	流动资产合计					固定资产合计	固定资产原价
		应收帐款	存货				
				产成品	在产品		
20646698	**9306331**	**2359054**	**2312745**	**784648**	**151932**	**9192427**	**30803486**
4149460	1878013	175165	618611	67803	11589	1860877	3648531
16060485	7419584	1682884	1967297	656066	121488	6887794	17114074
1900009	1144002	99179	377595	27705	2794	585071	1964296
535072	160954	31688	23710	4225	2413	336298	575658
1364937	983048	67491	353885	23479	382	248773	1388638
33864	24442	8174	3543	1729	17	8195	12485
9780	7024	942	742	651		2756	5511
4421726	1708502	405127	353304	139252	31219	2290342	5523746
167124	64120	7635	44089	12014		92784	173554
4254602	1644382	397492	309216	127239	31219	2197558	5350192
2203480	1000058	87808	402856	94077	11351	865434	1628815
7429824	3496522	1065773	822306	391060	75937	3117211	7939033
881248	370732	90571	90334	40783	18915	421445	862256
90323	35794	12741	7695	3721	385	31619	271528
5880313	2825089	855721	667863	319804	48766	2387969	5686264
577941	264908	106739	56415	26752	7870	276177	1118985
61801	39035	15882	6951	1593	171	18784	40188
2681469	952435	287264	166085	55414	20011	1534425	10473408
513644	277909	88763	73555	28463	5107	196387	392409
2163072	670925	196620	91436	26489	14904	1337326	10080103
3314	2915	1745	1021	441			
1440	687	136	73	22		712	896
1904744	934312	388906	179363	73168	10433	770208	3216005
1175731	571043	240216	111213	40173	3490	496591	2197150
8480	1301	140	254	68		7178	16959
709286	358470	147558	66482	32385	6943	264514	999154
1030	170		13				
10218	3327	993	1402	541		1925	2742
5687478	2568571	542102	629390	129091	43574	2616551	13918294
1900009	1144002	99179	377595	27705	2794	585071	1964296
33864	24442	8174	3543	1729	17	8195	12485
881248	370732	90571	90334	40783	18915	421445	862256
2163072	670925	196620	91436	26489	14904	1337326	10080103
709286	358470	147558	66482	32385	6943	264514	999154
182041	87167	30834	17115	6596	556	62975	337825
9780	7024	942	742	651		2756	5511
90323	35794	12741	7695	3721	385	31619	271528
8480	1301	140	254	68		7178	16959

2－1－3 规模以上工业

指标	企业单位数（个）	亏损企业	工业总产值（当年价格）	工业销售产值（当年价格）	出口交货值	年初存货	产成品
其他企业（内资）	14	2	86963	113731		6114	115
其他港澳台商投资企业	1		4947	4797		70	
其他外商投资企业	2	1	6514	6621		1385	554
股份有限公司	137	9	4510765	4354834	99137	356356	118170
股份有限公司（内资）	64	4	2775194	2669410	90502	312840	102361
私营股份有限公司	70	5	1722079	1671782	8635	42557	15809
港澳台商投资股份有限公司	2		6544	6695		856	
外商投资股份有限公司	1		6948	6948		103	
有限责任公司	1638	150	27313742	26978223	726207	1014981	347507
国有独资公司	4	1	640579	637227		42726	12901
私营有限责任公司	1173	96	16760200	16521625	164207	545339	197562
与港澳台商合资经营企业	42	8	904028	888248	67058	58997	21887
中外合资经营企业	44	6	1915352	1901809	294107	115216	35711
其他有限责任公司	375	39	7093583	7029315	200834	252703	79447
按国民经济行业分组							
采掘业	20	1	546814	545739	4780	24670	8832
煤炭开采和洗选业							
烟煤和无烟煤开采洗选							
褐煤开采洗选							
其他煤炭采选							
石油和天然气开采业							
石油开采							
天然气开采							
黑色金属矿采选业							
铁矿采选							
锰矿、铬矿采选							
其他黑色金属矿采选							
有色金属矿采选业							
常用有色金属矿采选							
贵金属矿采选							
稀有稀土金属矿采选							
非金属矿采选业	20	1	546814	545739	4780	24670	8832
土砂石开采	8		56520	55643		2963	280
化学矿开采	5	1	130016	133021		5664	1558
采盐	6		343648	340747	4780	15500	6969
石棉及其他非金属矿采选	1		16630	16329		543	25
开采辅助活动							
煤炭开采和洗选辅助活动							
石油和天然气开采辅助活动							
其他开采辅助活动							
其他采矿业							
其他采矿业							
制造业	2182	180	45037990	45578383	5883080	1972805	561802
农副食品加工业	202	12	4398786	4305310	165	129201	50483
谷物磨制	104	7	1319706	1307461		53070	7573
饲料加工	39	4	987517	951722	165	42238	26033
植物油加工	7		636930	621717		7725	3354
制糖业	1		74805	73835		4444	3137
屠宰及肉类加工	27		1121038	1101359		11677	7398
水产品加工	5	1	18979	18427		1151	
蔬菜、水果和坚果加工	10		102823	100010		4599	718
其他农副食品加工	9		136989	130781		4298	2272

企业主要经济指标(续1)

单位：万元

资产总计	流动资产合计	应收帐款	存货	产成品	在产品	固定资产合计	固定资产原价
61801	39035	15882	6951	1593	171	18784	40188
1440	687	136	73	22		712	896
10218	3327	993	1402	541		1925	2742
2785765	1268050	196292	460305	121270	19221	1141611	2747800
2203480	1000058	87808	402856	94077	11351	865434	1628815
577941	264908	106739	56415	26752	7870	276177	1118985
3314	2915	1745	1021	441			
1030	170		13				
11991414	5382543	1589827	1205935	527692	88581	5371290	13799568
167124	64120	7635	44089	12014		92784	173554
5880313	2825089	855721	667863	319804	48766	2387969	5686264
513644	277909	88763	73555	28463	5107	196387	392409
1175731	571043	240216	111213	40173	3490	496591	2197150
4254602	1644382	397492	309216	127239	31219	2197558	5350192
796256	203612	51406	24219	3628	96	450627	608927
796256	203612	51406	24219	3628	96	450627	608927
22568	13517	5259	2754	607		7206	13999
187418	47806	14762	6145	1017	96	118263	172024
583696	141927	31149	15192	2005		324806	417859
2574	362	235	127			352	5045
18324354	8705073	2235515	2253225	777572	149029	7796047	28876421
876773	396144	101181	132290	54644	5973	385423	2756126
290296	141696	30419	54167	14328	447	128158	226835
261496	126041	34604	34825	10441	1757	110467	353484
59239	17705	6949	7943	4235	1112	19790	1091681
35126	21754	505	7846	5196		6664	9984
131355	47446	14704	15111	12154	1593	71773	787300
20669	8977	2330	1983	1558		3555	4093
38734	17111	3893	4778	3238	1	20906	22508
39858	15413	7776	5639	3493	1062	24112	260242

2－1－3 规 模 以 上 工 业

指标	企业单位数（个）	亏损企业	工业总产值（当年价格）	工业销售产值（当年价格）	出口交货值	年初存货	产成品
食品制造业	23	3	471007	432597	13135	22712	4256
焙烤食品制造	4		214624	182008	15	10025	1200
糖果、巧克力及蜜饯制造	4	1	43857	43521		2183	1140
方便食品制造	5	1	83703	83604		1301	203
乳制品制造	2	1	8950	8950		1360	
罐头食品制造	2		21406	20499	10104	1578	
调味品、发酵制品制造	3		53964	52555		3501	1089
其他食品制造	3		44502	41461	3017	2764	624
酒、饮料和精制茶制造业	6	1	424402	394400		99821	17880
酒的制造	4	1	406301	376572		99400	17834
饮料制造	1		9624	9624		199	
精制茶加工	1		8478	8204		222	46
烟草制品业	1		1044649	1044649		285560	5804
烟叶复烤							
卷烟制造	1		1044649	1044649		285560	5804
其他烟草制品制造							
纺织业	143	12	2184765	2129583	39434	86268	26487
棉纺织及印染精加工	78	9	1287304	1254956	23513	52524	18650
毛纺织及染整精加工	5	1	158625	152998		6155	505
麻纺织及染整精加工	4	1	21899	22171		1301	264
丝绢纺织及印染精加工	9		187700	181690		3190	1966
化纤织造及印染精加工	3		7238	7238		254	
针织或钩针编织物及其制品制造	7		51884	50970	7285	2659	294
家用纺织制成品制造	20	1	226838	220462	8635	10837	1542
非家用纺织制成品制造	17		243277	239099		9347	3266
纺织服装、服饰业	184	11	2230310	2174672	230638	46373	14232
机织服装制造	151	10	1801052	1749950	35392	34449	10749
针织或钩针编织服装制造	6		50530	48779		1294	611
服饰制造	27	1	378728	375943	195246	10629	2872
皮革、毛皮、羽毛及其制品和制鞋业	94	8	1306403	1279056	27146	28621	11932
皮革鞣制加工	5	1	34193	33354		1947	26
皮革制品制造	31	3	560968	552165	9756	10983	4748
毛皮鞣制及制品加工							
羽毛（绒）加工及制品制造	28	1	328021	319777	4665	5709	1859
制鞋业	30	3	383222	373760	12724	9983	5298
木材加工和木、竹、藤、棕、草制品业	83	7	805243	779635	152	28822	5960
木材加工	32	1	238203	229054		5236	697
人造板制造	42	5	504904	490564		16402	4592
木制品制造	8	1	55624	54800	152	7119	626
竹、藤、棕、草等制品制造	1		6511	5218		66	46
家具制造业	12	2	51952	50555	2742	1392	289
木质家具制造	7	1	32190	31376	2742	821	259
竹、藤家具制造							
金属家具制造	1		2215	2018			
塑料家具制造	1		6318	6318		468	
其他家具制造	3	1	11229	10843		103	30
造纸和纸制品业	70	5	1079143	1079131	1005	28660	9969
纸浆制造							
造纸	20	3	371662	381508		15036	5650
纸制品制造	50	2	707481	697623	1005	13624	4320
印刷和记录媒介复制业	28	2	380238	372086		12164	3418
印刷	27	2	377854	369782		12164	3418

企业主要经济指标(续2)

单位：万元

资产总计	流动资产合计	应收帐款	存货	产成品	在产品	固定资产合计	固定资产原价
261158	134579	21676	29128	7623	763	81109	120229
165659	79115	10622	11565	2060	85	53657	64704
12665	4829	1127	2523	1546		3636	7437
30488	19200	5703	4392	153		9420	13363
9448	5048	179	970			2560	7345
10629	7963	72	1924	1214		461	828
16284	9669	1187	3787	1412	678	4699	18856
15986	8757	2786	3967	1238		6675	7696
361585	250836	5640	124746	8867	6501	80737	100901
350998	249696	5624	124335	8622	6477	71387	89016
9292	809		132			8483	9500
1295	331	16	278	246	24	866	2385
1052062	821214	20258	318396	6589		105522	219636
1052062	821214	20258	318396	6589		105522	219636
977324	506730	123169	115017	50488	6785	343741	828343
507074	256284	59435	65078	34357	2152	178442	484623
204970	124221	14668	18510	3345	1953	55222	78175
8843	3130	727	1068	475	71	345	1095
28759	11901	3193	3749	2338	218	14436	49971
20172	11492	2133	1124			2795	3044
39151	16694	2931	2960	1079	396	20000	45383
57421	26115	9436	11868	3168	7	24902	47229
110933	56894	30647	10660	5727	1987	47600	118824
605896	255351	67907	60501	32160	6779	313434	596878
495512	193914	53393	48243	25048	6271	270869	507306
8015	4885	1631	2504	1928	103	3101	7716
102369	56552	12882	9755	5185	405	39465	81855
282582	119078	42699	33661	14891	3899	134017	664563
28733	6754	2808	2926	1544		18576	20192
94058	43909	15420	12620	3149	1013	37853	487119
36619	21510	8409	7451	3925	1488	9758	13580
123171	46905	16061	10664	6275	1398	67830	143673
277002	148161	19317	48920	12592	20496	94750	147390
79277	45513	6572	25269	1763	19977	25519	50421
165532	87707	10403	19072	8521	519	61361	87814
25381	14809	2306	4517	2257		7750	9032
6812	131	37	63	51		122	123
37009	19904	4446	1464	601	143	11310	19062
11225	5928	3152	651	327	86	3180	9067
3776	188	107	76	56		2231	2414
6659	5639	456	386			1020	2379
15349	8149	731	351	218	57	4879	5203
450908	182688	45848	37203	19510	3064	222662	418972
166751	72615	15369	17055	8558	482	68837	192170
284158	110072	30480	20148	10952	2583	153825	226802
122275	54274	15204	15979	7249	1217	60622	132153
118842	54097	15156	15952	7233	1208	57516	125938

2－1－3 规模以上工业

指标	企业单位数（个）	亏损企业	工业总产值（当年价格）	工业销售产值（当年价格）	出口交货值	年初存货	产成品
装订及印刷相关服务	1		2383	2304			
记录媒介复制							
文教、工美、体育和娱乐用品制造业	56	5	756031	745537	46703	35041	14437
文教办公用品制造	15	2	163193	162886		6542	4712
乐器制造	3		38602	38461	8864	488	162
工艺美术品制造	12	1	348902	346685	31682	17779	7994
体育用品制造	11	1	83669	78824	4156	5571	578
玩具制造	15	1	121665	118682	2002	4661	991
游艺器材及娱乐用品制造							
石油加工、炼焦和核燃料加工业	11	2	846548	843776		43143	13818
精炼石油产品制造	11	2	846548	843776		43143	13818
炼焦							
核燃料加工							
化学原料和化学制品制造业	149	18	3309526	4466058	71452	172683	41216
基础化学原料制造	60	7	1756240	2937068	34058	124856	27924
肥料制造	8	1	86871	85264		1415	182
农药制造	5	1	33423	33318		3840	773
涂料、油墨、颜料及类似产品制造	7	1	124040	120701		3118	9
合成材料制造	16	1	218590	214049		7150	2925
专用化学产品制造	37	5	619137	611763	37347	19112	2275
炸药、火工及焰火产品制造	1		9157	8999		384	137
日用化学产品制造	15	2	462069	454896	48	12808	6990
医药制造业	24	5	480063	469923	29715	25845	11255
化学药品原料药制造	10	1	277207	272319	1563	14230	8451
化学药品制剂制造	2	1	10031	9651		2404	1189
中药饮片加工	2		12946	12390		68	20
中成药生产	2	1	17431	16923		707	
兽用药品制造							
生物药品制造	5	1	122753	118944	1643	5209	1113
卫生材料及医药用品制造	3	1	39696	39696	26508	3228	482
化学纤维制造业	15	1	325911	347161		6428	1369
纤维素纤维原料及纤维制造	6	1	234684	259647		5209	1084
合成纤维制造	9		91227	87514		1219	285
橡胶和塑料制品业	95	7	1409781	1395273	257847	94034	33428
橡胶制品业	17		632767	635360	241553	66478	23249
塑料制品业	78	7	777014	759913	16293	27556	10179
非金属矿物制品业	140	8	1997806	1970772	18193	55078	16258
水泥、石灰和石膏制造	16	2	282958	284852		11975	2545
石膏、水泥制品及类似制品制造	66	3	1077424	1059300		29835	10436
砖瓦、石材等建筑材料制造	23	2	321366	316662		6559	1739
玻璃制造	7		57138	55447		949	186
玻璃制品制造	13	1	152222	149311	12170	4513	1027
玻璃纤维和玻璃纤维增强塑料制品制造							
陶瓷制品制造	1		6988	6988	6023	81	
耐火材料制品制造	3		18820	18687		325	
石墨及其他非金属矿物制品制造	11		80890	79525		841	325
黑色金属冶炼和压延加工业	62	10	2963345	2872003	38269	192631	79239
炼铁	3		79307	79200		1521	1436
炼钢							
黑色金属铸造	15	3	364588	353984		13259	7911
钢压延加工	40	7	2307100	2219827	38269	176518	69755
铁合金冶炼	4		212350	218992		1333	137

企业主要经济指标(续3)

单位：万元

资产总计	流动资产合计	应收帐款	存货	产成品	在产品	固定资产合计	固定资产原价
3433	177	48	27	16	9	3107	6215
277886	152178	40773	42133	24456	231	102041	234860
53174	27470	10880	7046	5311		24212	42051
7652	3925	950	695	28		3624	9966
129970	75974	20765	21757	10436	71	42956	113411
46978	26448	3465	8467	7122	80	15979	28598
40113	18361	4712	4170	1560	80	15270	40834
205849	63312	7267	45631	12222	68	127591	607986
205849	63312	7267	45631	12222	68	127591	607986
2281328	767563	191301	148554	68753	10085	1250418	2033610
1677424	514876	119184	89319	44135	6559	985774	1413418
56772	21569	1889	6829	465		13338	38648
26112	14697	5538	4834	908		8402	9750
21576	14362	3282	4060	2420		6648	19528
74941	37028	16044	10682	7165	1997	34089	79790
305336	104862	29779	17540	5368	726	165248	310542
9411	7363	1218	333	150		2048	3641
109756	52807	14367	14958	8144	804	34872	158294
249186	112042	30734	29899	16399	2181	97426	223408
151505	66574	18190	16755	9731	1182	63022	166756
22100	9361	3039	2052	1626	41	2637	8079
10619	1074	56	194	193		7812	7796
23970	13240	3098	2415	1793	622	10547	14620
20810	11407	2028	5500	2130	120	6568	10671
20181	10386	4324	2984	926	217	6839	15487
141959	84676	31628	6112	2305		47453	103693
87278	53330	27741	4339	1354		28869	81791
54681	31346	3887	1773	951		18584	21903
1028489	498524	241042	102526	46689	6424	477665	893313
569585	262762	175275	58557	23103	327	282590	518846
458904	235762	65766	43969	23586	6097	195075	374467
956713	425646	131911	65243	25185	4226	459986	900492
159920	70565	16058	11770	5268		75699	112613
464531	246241	82600	33292	10257	968	179577	447487
125802	54724	11909	7234	2757	18	59042	119724
29415	11240	6242	3439	1241	2049	17175	22116
89168	27963	8563	6564	4058	1176	56772	99662
1295	292	86	67	61		1003	2135
7477	3214	1167	218	68		3283	5930
79105	11407	5286	2659	1476	15	67435	90827
1791903	656432	72965	275303	93752	7536	956472	2106474
13723	6736	1309	819	129		1087	26188
92301	44081	6143	15384	11269	263	39179	86133
1662069	598456	62834	257549	81551	6940	899555	1966057
23810	7159	2679	1552	802	333	16651	28097

2－1－3 规模以上工业

指标	企业单位数（个）	亏损企业	工业总产值（当年价格）	工业销售产值（当年价格）	出口交货值	年初存货	产成品
有色金属冶炼和压延加工业	65	3	1333602	1307560	15881	19137	2993
常用有色金属冶炼	12		236350	230415		3146	755
贵金属冶炼							
稀有稀土金属冶炼	2		46392	42754		258	215
有色金属合金制造	5		78027	76289		1576	25
有色金属铸造	4		80523	78420		444	209
有色金属压延加工	42	3	892310	879683	15881	13713	1790
金属制品业	106	8	1275016	1254763	21503	54896	24909
结构性金属制品制造	50	5	550907	534719	2031	18466	8695
金属工具制造	14		194164	187510		3212	1270
集装箱及金属包装容器制造	4		78684	76464		1196	102
金属丝绳及其制品制造	3		12337	12146		352	294
建筑、安全用金属制品制造	3		12247	11808		474	173
金属表面处理及热处理加工	3	1	6766	6696		282	43
搪瓷制品制造							
金属制日用品制造	8		84031	88469	19472	10979	5717
其他金属制品制造	21	2	335880	336951		19936	8615
通用设备制造业	147	12	2121534	2092313	15226	77792	24761
锅炉及原动设备制造	11		182982	204201	491	13067	8347
金属加工机械制造	24	1	295838	290162	4924	10843	644
物料搬运设备制造	9	2	70857	69500	4032	7356	4794
泵、阀门、压缩机及类似机械制造	39	3	555913	539398		12029	3817
轴承、齿轮和传动部件制造	33	5	518914	501448	5780	24708	4984
烘炉、风机、衡器、包装等设备制造	6		51311	48687		1073	265
文化、办公用机械制造							
通用零部件制造	20	1	392961	386630		3761	1028
其他通用设备制造业	5		52758	52287		4954	882
专用设备制造业	100	8	2069061	2076580	925217	83636	41404
采矿、冶金、建筑专用设备制造	36	5	537400	556985	106932	48746	28587
化工、木材、非金属加工专用设备制造	18		931864	930495	813634	4432	572
食品、饮料、烟草及饲料生产专用设备制造	2		4513	4482		65	
印刷、制药、日化及日用品生产专用设备制造	7		55765	54968	4403	4626	1137
纺织、服装和皮革加工专用设备制造	6		89625	86898		3733	742
电子和电工机械专用设备制造	3	1	19689	19689		329	
农、林、牧、渔专用机械制造	8		123203	120819	248	13764	6170
医疗仪器设备及器械制造	10	1	216924	214008		6565	3832
环保、社会公共服务及其他专用设备制造	10	1	90079	88237		1379	365
汽车制造业	51	6	1066051	1092938	126608	38603	14512
汽车整车制造							
改装汽车制造	1		3474	3272		290	
低速载货汽车制造							
电车制造	1		23917	18744		10	9
汽车车身、挂车制造	1		45456	45456		1635	951
汽车零部件及配件制造	48	6	993204	1025466	126608	36668	13553
铁路、船舶、航空航天和其他运输设备制造业	18		177742	173403		6026	1083
铁路运输设备制造	1		5591	5446		515	258
城市轨道交通设备制造							
船舶及相关装置制造	9		81057	79272		3390	409
航空、航天器及设备制造							
摩托车制造							
自行车制造	7		73480	71694		1659	128
非公路休闲车及零配件制造							

企业主要经济指标(续4)

单位：万元

资产总计	流动资产合计	应收帐款	存货	产成品	在产品	固定资产合计	固定资产原价
363960	192742	49133	23284	7699	418	102576	210210
31892	13186	4179	3027	607	12	16392	37107
13544	1819	1353	266	222		10987	11970
9940	5698	2171	1191	952	66	3712	11985
11141	6604	1175	740	419	62	4149	10410
297443	165435	40254	18060	5498	278	67336	138738
491664	214081	70426	59704	30123	5873	207981	437406
204318	91016	21892	20884	11026	1937	78582	135930
69098	22772	9353	5758	2825	1961	44217	111306
8911	3028	1260	1032	594	75	1725	2459
1472	682	250	342	241	76	755	1104
11045	4685	1942	481	255	73	3183	3580
4461	1083	195	392	29	7	2315	3736
65248	35847	12912	10274	6162	692	24188	31493
127112	54970	22623	20542	8992	1052	53016	147797
799691	373743	131579	104698	44095	11280	293276	766936
78490	45264	18060	12261	8684	674	22525	70972
82642	49342	14678	13514	2896	2507	27005	51020
69007	49257	11099	14014	5736	25	13483	30252
161966	73181	26727	16505	5133	1422	60220	217523
268503	107569	41974	35894	14773	4041	111772	269055
23790	13777	5177	2263	1142	504	7868	9230
85813	21188	9715	4714	3044	76	44964	104346
29480	14164	4150	5534	2688	2032	5438	14538
735902	407173	139340	94093	45238	15863	264468	2108953
327234	220784	93197	51917	28190	5784	75841	168246
205566	82663	18970	7234	1315	1320	98298	1739625
5894	2742	295	185			2751	2983
29024	19727	2603	3911	667	2298	6944	17342
23962	14004	5346	5519	3338	609	9833	28784
6532	2069	114	241	46		2704	3058
64687	36150	8673	15903	7468	4968	26070	48838
51967	18335	7477	6979	3213	653	32967	88144
21037	10701	2666	2204	1002	232	9061	11934
569125	294733	64496	54111	23820	2245	233617	428205
3222	1955	755	699	76		1048	1329
4563	1301	56	10	9		560	9081
18028	14889	1248	1654	581		3139	62214
543313	276589	62437	51748	23154	2245	228870	355581
82989	39298	13879	9566	5025	815	26914	53861
5782	2151	1377	774	503	271	3631	4830
46775	27309	9186	5887	3833	288	6241	17669
18497	8037	2166	2255	295		6908	8494

2－1－3 规模以上工业

指标	企业单位数（个）	亏损企业	工业总产值（当年价格）	工业销售产值（当年价格）	出口交货值	年初存货	产成品
潜水救捞及其他未列明运输设备制造	1		17614	16992		462	288
电气机械和器材制造业	160	10	3885572	3814674	195828	195331	55355
电机制造	14	1	751660	751310		31613	6140
输配电及控制设备制造	46	4	784859	764502	1005	30249	3624
电线、电缆、光缆及电工器材制造	48	4	1036262	1042259	11261	63696	34600
电池制造	15	1	685577	673145	183562	54320	6005
家用电力器具制造	17		201906	197614		4212	642
非电力家用器具制造	12		274470	269286		8739	4200
照明器具制造	8		150837	116559		2502	145
其他电气机械及器材制造							
计算机、通信和其他电子设备制造业	61	10	5689888	5678975	3803859	79284	28841
计算机制造	7	1	255336	253709	77143	10994	10167
通信设备制造	3	1	28709	27900		531	438
广播电视设备制造	1		3338	3307			
雷达及配套设备制造							
视听设备制造	4	1	91347	90125		2962	
电子器件制造	4		54579	54202	44	4529	2468
电子元件制造	39	7	5230677	5224111	3726672	59310	15551
其他电子设备制造	3		25903	25620		958	216
仪器仪表制造业	35	1	413979	403958	170	15209	3645
通用仪器仪表制造	27		335403	327138	170	10901	2356
专用仪器仪表制造	4		44449	42823		3442	1289
钟表与计时仪器制造							
光学仪器及眼镜制造	4	1	34126	33998		866	
其他仪器仪表制造业							
其他制造业	24	1	178008	176716	2195	5627	2022
日用杂品制造	21	1	170537	169362	2195	5419	1814
煤制品制造							
核辐射加工							
其他未列明制造业	3		7472	7354		208	208
废弃资源综合利用业	16	2	357227	350240		2730	491
金属废料和碎屑加工处理	12	2	316952	309808		1415	455
非金属废料和碎屑加工处理	4		40275	40432		1316	37
金属制品、机械和设备修理业	1		4404	4087		57	56
金属制品修理	1		4404	4087		57	56
通用设备修理							
专用设备修理							
铁路、船舶、航空航天等运输设备修理							
电气设备修理							
仪器仪表修理							
其他机械和设备修理业							
电力、热力、燃气及水生产和供应业	24	6	796275	793761		44457	4454
电力、热力生产和供应业	13	2	663583	660274		36752	1514
电力生产	12	2	659155	655895		36752	1514
电力供应							
热力生产和供应	1		4428	4379			
燃气生产和供应业	3	1	87162	89056		5535	2661
燃气生产和供应业	3	1	87162	89056		5535	2661
水的生产和供应业	8	3	45530	44431		2170	279
自来水生产和供应	4	2	19363	18787		1918	165
污水处理及其再生利用	4	1	26167	25644		253	114
其他水的处理、利用与分配							

企业主要经济指标(续5)

单位：万元

资产总计	流动资产合计	应收帐款	存货	产成品	在产品	固定资产合计	固定资产原价
11935	1800	1150	650	394	256	10134	22869
1505320	935711	386073	196471	78985	23235	477350	3715883
230773	161566	30657	25872	8320	843	58684	1415911
314422	164900	45050	39431	16446	2493	127756	428177
377133	276539	133424	57224	30548	389	77175	1285785
346194	243260	125678	47966	12248	11575	88394	272336
50169	17488	9833	6142	3272	1334	29529	54840
138510	47157	26236	14938	6965	6601	78290	233640
48120	24801	15194	4898	1188		17523	25193
1137322	403854	78297	49087	23150	2768	717049	7728518
212936	163448	40638	12415	11204	481	43735	65836
10239	1088	439	459	396	36	9097	13162
2060	1220	479	619	329		840	931
29601	26960	4221	8950	230	6	2067	12023
63736	32751	4576	5784	2157	823	25253	30661
806467	172876	25992	20229	8725	1422	630736	7600093
12285	5511	1952	632	109		5322	5810
224748	125876	63890	17968	10551	96	35126	153004
177253	92803	50366	10848	6073	96	23306	135153
30596	22555	10102	3536	1086		6704	12391
16899	10518	3422	3585	3392		5116	5460
66339	27092	9642	7487	2249	34	30606	44775
56969	23761	7968	7056	2032	34	25034	38386
9371	3331	1674	431	217		5572	6389
108928	41300	13714	3994	1606	28	54666	120231
95594	37614	11893	3284	1487	17	46387	111563
13334	3686	1822	710	119	11	8279	8668
480	140	79	57	56		40	349
480	140	79	57	56		40	349
1526088	397646	72134	35302	3448	2807	945754	1318138
1196637	285608	65925	25804		2646	795282	1128930
1179901	285044	65818	25804		2646	779340	1111662
16737	564	107				15941	17268
98889	29428	1669	4469	2966		52644	66565
98889	29428	1669	4469	2966		52644	66565
230561	82611	4540	5029	482	161	97829	122643
172051	72428	542	4446	143		87717	107613
58510	10183	3999	583	339	161	10111	15029

2－1－3 规模以上工业

指标	累计折旧	本年折旧	在建工程	负债合计	流动负债合计	应付账款	非流动负债合计
总计	**21645896**	**2940949**	**557382**	**10297717**	**8528872**	**1691811**	**1754654**
在总计中：国有控股企业	1794396	221642	122750	2139749	1651499	314289	488187
一、按登记注册类型分组：							
内资企业	10253802	1483707	476459	8253795	6826874	1408168	1415331
国有企业	1384793	128544	81829	679628	615912	115419	63653
中央企业	239359	29001	12031	369912	329074	25234	40838
地方企业	1145433	99543	69798	309716	286838	90186	22815
集体企业	4588	841	4	19088	19088	4297	
股份合作企业	2755	244		9300	7112		2189
联营企业							
国有联营企业							
集体联营企业							
国有与集体联营企业							
其他联营企业							
有限责任公司	3239499	484951	143030	2811457	2149757	401899	661000
国有独资公司	80770	9458	3151	99519	96173	30305	3346
其他有限责任公司	3158729	475493	139879	2711938	2053584	371594	657654
股份有限公司	769751	121595	47862	1141446	959705	222329	181741
私营企业	4831013	744196	203287	3552945	3037895	652023	504223
私营独资企业	438744	65313	18149	427385	364718	75377	61934
私营合作企业	239909	18866	6535	31820	28784	10910	3036
私营有限责任公司	3314216	533887	169529	2780764	2413393	496117	357277
私营股份有限公司	838144	126131	9074	312977	231000	69619	81976
其他企业	21404	3336	446	39931	37406	12201	2525
港、澳、台商投资企业	8941318	1138844	47795	1158674	967007	156542	191580
合资经营企业（港或澳、台资）	198330	35178	8036	268544	260797	65151	7660
合作经营企业（港或澳、台资）							
港澳台商独资经营企业	8742804	1103620	39759	887384	703465	91391	183920
港澳台商投资股份有限公司				2417	2417		
其他港澳台商投资企业	185	47		329	329		
外商投资企业	2450776	318398	33129	885249	734992	127101	147743
中外合资经营企业	1700541	217252	24629	564144	520816	55667	43328
中外合作经营企业	9781	2018		795	572		223
外资企业	739637	98965	8500	318571	211888	70387	104170
外商投资股份有限公司				12	12		
其他外商投资企业	817	163		1726	1704	1048	22
二、按经济组织类型分组							
独资企业	11310565	1397282	148241	2332057	1915071	356872	413677
国有企业	1384793	128544	81829	679628	615912	115419	63653
集体企业	4588	841	4	19088	19088	4297	
私营独资企业	438744	65313	18149	427385	364718	75377	61934
港澳台商独资经营企业	8742804	1103620	39759	887384	703465	91391	183920
外资企业	739637	98965	8500	318571	211888	70387	104170
合作、合伙企业	274850	24673	6982	83900	75905	24159	7995
股份合作企业	2755	244		9300	7112		2189
国有联营企业							
集体联营企业							
国有与集体联营企业							
其他联营企业							
私营合伙企业	239909	18866	6535	31820	28784	10910	3036
与港澳台商合作经营企业							
中外合作经营企业	9781	2018		795	572		223

企业主要经济指标（续6）

单位：万元

所有者权益合计	实收资本	国家资本	集体资本	法人资本	个人资本	港澳台资本	外商资本	营业收入
10315254	**5436154**	**337666**	**100047**	**1738092**	**1909272**	**1090768**	**260309**	**47178433**
2009711	643907	289682	62299	265400	21027	500	5000	4100584
7773919	3628336	326491	90531	1441303	1744443	2594	22973	36049886
1220381	223924	172816	38885	10012	2211			2072425
165160	122057	122057						440229
1055221	101867	50759	38885	10012	2211			1632196
14776	4839	1050	2974	175	640			229755
480	480				480			17948
1610269	1110602	59601	23398	581399	440186	100	5918	7810302
67605	47976			47976				630244
1542664	1062626	59601	23398	533423	440186	100	5918	7180058
1062035	410645	71652	12076	209688	110247	264	6720	2903933
3844108	1864342	21373	13199	632606	1184598	2230	10336	22895320
453319	180071			86811	93260			3627152
58503	17465			1150	16315			638941
3067322	1510743	21373	13079	500217	963509	2230	10336	16916467
264964	156063		120	44429	111515			1712759
21871	13505			7423	6082			120204
1522796	1187089		9516	88227	59179	1014046	16121	7914371
245100	147506		9516	40684	34256	51121	11929	925554
1275687	1037700			45661	24923	962925	4193	6977001
898	1583			1583				7019
1111	300			300				4797
1018539	620729	11175		208562	105650	74127	221215	3214177
611587	354746	11175		171445	51768	25461	94897	1938402
7685	6400				6400			49788
389758	247969			29085	47482	48666	122736	1212780
1018	280			280				6948
8492	11334			7753			3582	6259
3353921	1694503	173866	41859	171743	168516	1011590	126929	14119113
1220381	223924	172816	38885	10012	2211			2072425
14776	4839	1050	2974	175	640			229755
453319	180071			86811	93260			3627152
1275687	1037700			45661	24923	962925	4193	6977001
389758	247969			29085	47482	48666	122736	1212780
98141	49483			16626	29276		3582	837937
480	480				480			17948
58503	17465			1150	16315			638941
7685	6400				6400			49788

2－1－3 规模以上工业

指标	累计折旧	本年折旧	在建工程	负债合计	流动负债合计	应付账款	非流动负债合计
其他企业（内资）	21404	3336	446	39931	37406	12201	2525
其他港澳台商投资企业	185	47		329	329		
其他外商投资企业	817	163		1726	1704	1048	22
股份有限公司	1607895	247726	56936	1456851	1193134	291948	263717
股份有限公司（内资）	769751	121595	47862	1141446	959705	222329	181741
私营股份有限公司	838144	126131	9074	312977	231000	69619	81976
港澳台商投资股份有限公司				2417	2417		
外商投资股份有限公司				12	12		
有限责任公司	8452586	1271268	345224	6424909	5344762	1018833	1069265
国有独资公司	80770	9458	3151	99519	96173	30305	3346
私营有限责任公司	3314216	533887	169529	2780764	2413393	496117	357277
与港澳台商合资经营企业	198330	35178	8036	268544	260797	65151	7660
中外合资经营企业	1700541	217252	24629	564144	520816	55667	43328
其他有限责任公司	3158729	475493	139879	2711938	2053584	371594	657654
按国民经济行业分组							
采掘业	158300	43631	19870	465174	301322	41290	163852
煤炭开采和洗选业							
烟煤和无烟煤开采洗选							
褐煤开采洗选							
其他煤炭采选							
石油和天然气开采业							
石油开采							
天然气开采							
黑色金属矿采选业							
铁矿采选							
锰矿、铬矿采选							
其他黑色金属矿采选							
有色金属矿采选业							
常用有色金属矿采选							
贵金属矿采选							
稀有稀土金属矿采选							
非金属矿采选业	158300	43631	19870	465174	301322	41290	163852
土砂石开采	6793	941	61	9662	7076	733	2586
化学矿开采	53761	11939	705	104872	97082	15283	7790
采盐	93054	30157	17244	350163	197165	25273	152998
石棉及其他非金属矿采选	4693	595	1860	478			478
开采辅助活动							
煤炭开采和洗选辅助活动							
石油和天然气开采辅助活动							
其他开采辅助活动							
其他采矿业							
其他采矿业							
制造业	21107684	2835781	476573	8716501	7402472	1539070	1299837
农副食品加工业	2370796	300757	24071	400441	339791	59801	59087
谷物磨制	98773	18260	8821	139963	119682	20332	18718
饲料加工	243017	34712	1552	131038	120346	21520	10691
植物油加工	1071888	130307	12830	16376	13344	3344	3032
制糖业	3320	451		22612	21788	2191	824
屠宰及肉类加工	715527	85825	353	51686	32347	6602	19338
水产品加工	538	195		9861	9861	1537	
蔬菜、水果和坚果加工	1602	513	515	18786	18143	2638	643
其他农副食品加工	236130	30496		10121	4280	1638	5841

企业主要经济指标(续7)

单位：万元

所有者权益合计	实收资本	国家资本	集体资本	法人资本	个人资本	港澳台资本	外商资本	营业收入
21871	13505			7423	6082			120204
1111	300			300				4797
8492	11334			7753			3582	6259
1328914	568572	71652	12196	255979	221761	264	6720	4630659
1062035	410645	71652	12076	209688	110247	264	6720	2903933
264964	156063		120	44429	111515			1712759
898	1583			1583				7019
1018	280			280				6948
5534278	3123596	92148	45993	1293744	1489719	78913	123080	27590725
67605	47976			47976				630244
3067322	1510743	21373	13079	500217	963509	2230	10336	16916467
245100	147506		9516	40684	34256	51121	11929	925554
611587	354746	11175		171445	51768	25461	94897	1938402
1542664	1062626	59601	23398	533423	440186	100	5918	7180058
331082	185373	63523	62299	20922	5287	21688	11653	574392
331082	185373	63523	62299	20922	5287	21688	11653	574392
12906	7034			2506	4429	100		57287
82547	52570	27000		12917	500	500	11653	139072
233534	125410	36523	62299	5500		21088		360881
2096	358				358			17152
9574126	4917241	117618	37748	1589085	1884795	1046526	241468	45799116
474933	240013	1067	1241	82065	150395	1895	3350	4364196
148933	76524	867	854	19969	54835			1323606
130459	68360			36966	26350	1795	3250	970066
42863	21044			304	20740			636788
12514	1690				1690			74398
79670	42941		87	14737	28118			1108968
10809	9820			3820	6000			18937
19948	5271			2807	2464			99910
29737	14363	200	300	3463	10200	100	100	131524

2－1－3 规模以上工业

指标	累计折旧	本年折旧	在建工程	负债合计	流动负债合计	应付账款	非流动负债合计
食品制造业	44461	6975	4238	95904	71294	29277	24610
焙烤食品制造	16351	2370	2304	42965	32408	20506	10558
糖果、巧克力及蜜饯制造	3801	650		4631	4631	448	
方便食品制造	3979	407	707	12644	12595	4824	49
乳制品制造	4786	406	72	6048	3274		2774
罐头食品制造	367	57		9495	4875	72	4620
调味品、发酵制品制造	14157	2226	1154	11259	8913	1960	2346
其他食品制造	1021	858		8862	4599	1467	4264
酒、饮料和精制茶制造业	20165	6046	6195	116301	110154	16192	6147
酒的制造	17629	5781	6195	109467	103338	10971	6129
饮料制造	1017	11		6798	6798	5210	
精制茶加工	1519	254		36	18	10	18
烟草制品业	114114	11857	64226	115386	114721	61521	665
烟叶复烤							
卷烟制造	114114	11857	64226	115386	114721	61521	665
其他烟草制品制造							
纺织业	490968	78335	32033	655039	534199	101397	116322
棉纺织及印染精加工	312196	47353	13876	329032	249617	41121	79415
毛纺织及染整精加工	22953	6712	14900	167879	159795	26079	8084
麻纺织及染整精加工	750	40		3682	3260	1605	423
丝绢纺织及印染精加工	35535	3567	1813	11627	7343	2554	4283
化纤织造及印染精加工	249	86		14637	7500	3803	7136
针织或钩针编织物及其制品制造	25732	4753	881	14869	11821	3181	534
家用纺织制成品制造	22327	4290		38495	36922	3252	1456
非家用纺织制成品制造	71225	11533	563	74819	57942	19802	14990
纺织服装、服饰业	284844	45230	7647	245829	205880	35577	39839
机织服装制造	238840	38819	5639	184597	154102	27716	30472
针织或钩针编织服装制造	4616	766	30	3096	3044		52
服饰制造	41388	5645	1978	58136	48734	7861	9315
皮革、毛皮、羽毛及其制品和制鞋业	530765	69439	7214	123501	104722	27136	18779
皮革鞣制加工	1616	377		21807	21178		629
皮革制品制造	449266	55374	2973	33749	27080	7907	6669
毛皮鞣制及制品加工							
羽毛（绒）加工及制品制造	3822	725	68	18242	16048	8127	2194
制鞋业	76060	12964	4173	49703	40416	11102	9287
木材加工和木、竹、藤、棕、草制品业	52749	9334	2584	151039	121710	9732	29329
木材加工	24903	3371		48145	24230	4311	23914
人造板制造	26563	5364	2584	89361	87422	5170	1939
木制品制造	1282	598		13394	9995	252	3399
竹、藤、棕、草等制品制造	2	1		140	63		77
家具制造业	7766	587	3792	11462	9894	2553	1568
木质家具制造	5887	410	2117	4135	4032	391	104
竹、藤家具制造							
金属家具制造	183	30		145	145	76	
塑料家具制造	1359	47		3685	2221		1464
其他家具制造	338	100	1675	3496	3496	2086	
造纸和纸制品业	196990	38619	4920	231255	212029	29598	19226
纸浆制造							
造纸	123333	20211	2269	100322	95689	10125	4633
纸制品制造	73656	18408	2651	130933	116340	19472	14593
印刷和记录媒介复制业	71961	10626	1323	57485	52175	11758	5248
印刷	68853	9980	1277	57349	52073	11671	5214

企业主要经济指标(续8)

单位：万元

所有者权益合计	实收资本							营业收入
		国家资本	集体资本	法人资本	个人资本	港澳台资本	外商资本	
165254	81939		1578	9793	11724		58844	465665
122693	61393		578	730	2500		57585	209750
8034	3336			550	2786			43520
17844	10623			7523	3100			84107
3400	1200		1000	180	20			9028
1134	1018				1018			20499
5025	2150				2150			55226
7124	2219			809	150		1260	43534
245284	56125	22950		13200	13694	6281		389750
241531	53481	22950		13050	11200	6281		371817
2494	2494				2494			9729
1259	150			150				8204
936676	21629	21629						1134482
936676	21629	21629						1134482
320007	234295		1194	92883	89516	36286	14417	2163659
178042	122120		1194	67459	45232	8234		1278223
37091	33245			2528	2665	28051		156523
5161	7020			37	6983			21640
17133	11969			2190	9779			185699
5535	3754				3754			7657
23326	20860			4393	2050		14417	51730
18611	19693			12215	7477			224013
35109	15636			4060	11576			238173
360068	205265	50	4828	58467	85935	41277	14708	2224574
310915	181166		4778	43994	78773	41277	12343	1779271
4920	3937			3500	437			49777
44233	20163	50	50	10973	6725		2365	395526
159081	87040			22399	49722	150	14769	1290263
6926	3287			1005	2282			28459
60309	29540			11446	9727		8368	564732
18377	7306			6015	1291			322096
73469	46908			3934	36422	150	6401	374976
125963	60080		1500	15682	36278	147	6474	790364
31132	18328		800	5781	11748			230841
76171	26462		700	9601	16014	147		498845
11987	9416			300	2642		6474	55149
6673	5875				5875			5530
25547	19959			7063	4090	8807		50397
7090	5877			3963	1914			31004
3631	300				300			2215
2973	1876				1876			6318
11853	11907			3100		8807		10861
219653	108746	50	761	33255	64317	5087	5276	1103075
66428	39832			7879	27209		4745	399688
153225	68914	50	761	25376	37109	5087	532	703387
64789	31612	3471	152	8024	15662	4304		369700
61493	30612	3471	152	7024	15662	4304		367396

2－1－3 规 模 以 上 工 业

指　　　标	累计折旧	本年折旧	在建工程	负债合计	流动负债合计	应付账款	非流动负债合计
装订及印刷相关服务	3109	645	46	136	102	86	34
记录媒介复制							
文教、工美、体育和娱乐用品制造业	132926	22000	780	153694	140449	29697	13245
文教办公用品制造	17839	3449		18842	18842	5217	
乐器制造	6342	876		2162	1611	55	551
工艺美术品制造	70483	11894	362	87794	78613	11920	9181
体育用品制造	12698	2283	112	28144	28090	10726	54
玩具制造	25565	3499	306	16752	13294	1779	3459
游艺器材及娱乐用品制造							
石油加工、炼焦和核燃料加工业	480395	64937	3170	179378	158930	38537	20449
精炼石油产品制造	480395	64937	3170	179378	158930	38537	20449
炼焦							
核燃料加工							
化学原料和化学制品制造业	784260	123835	82383	1114381	823533	171970	290788
基础化学原料制造	429805	71971	43294	816859	563602	95626	253257
肥料制造	25310	2201	15474	37527	34492	27769	3035
农药制造	1244	750	2065	14498	12591	4688	1908
涂料、油墨、颜料及类似产品制造	12908	1713	122	10681	7603	1044	3078
合成材料制造	45744	7430	582	30158	24489	6833	5669
专用化学产品制造	143265	22294	6245	138869	121697	14617	17113
炸药、火工及焰火产品制造	2562	147		5791	4614	185	1177
日用化学产品制造	123423	17329	14600	59998	54446	21209	5551
医药制造业	127483	21268	2959	137483	118747	23061	18736
化学药品原料药制造	104937	16836	1656	73016	57128	19373	15888
化学药品制剂制造	5442	890		23877	23877		
中药饮片加工	282	57		185	155		30
中成药生产	4072	1184		6239	5258	326	981
兽用药品制造							
生物药品制造	4102	1133	258	15489	14759	1211	730
卫生材料及医药用品制造	8648	1169	1045	18676	17570	2151	1106
化学纤维制造业	56458	10203	4658	70388	62273	17113	8115
纤维素纤维原料及纤维制造	53139	9096	3601	49736	49736	14917	
合成纤维制造	3319	1107	1057	20652	12537	2196	8115
橡胶和塑料制品业	419568	67697	14563	459441	417027	32788	42415
橡胶制品业	238165	31701	9508	285460	279250	2296	6210
塑料制品业	181404	35995	5055	173981	137776	30492	36205
非金属矿物制品业	425781	75423	10604	476071	423393	87722	52562
水泥、石灰和石膏制造	36914	5098	2950	109838	101445	36281	8277
石膏、水泥制品及类似制品制造	259177	37970	4053	248217	223836	34653	24381
砖瓦、石材等建筑材料制造	58979	8291	829	62387	56797	8015	5589
玻璃制造	4531	1644		8225	4504	1641	3721
玻璃制品制造	38879	8807	2772	38502	29632	5458	8870
玻璃纤维和玻璃纤维增强塑料制品制造							
陶瓷制品制造	1131	170		149	149	99	
耐火材料制品制造	2647	546		2869	2740	77	129
石墨及其他非金属矿物制品制造	23522	12898		5884	4289	1499	1595
黑色金属冶炼和压延加工业	1150033	172089	16960	1088362	934230	246607	154133
炼铁	25101	3042		2718	1953	65	765
炼钢							
黑色金属铸造	46954	8646	1113	47482	43198	7218	4284
钢压延加工	1066533	157745	15847	1031819	882937	239108	148882
铁合金冶炼	11446	2657		6343	6141	215	202

企业主要经济指标(续9)

单位：万元

所有者权益合计	实收资本	国家资本	集体资本	法人资本	个人资本	港澳台资本	外商资本	营业收入
3296	1000			1000				2304
124192	70590			10437	58765	898	490	777889
34332	14962			1516	13446			168139
5490	2275			1868	407			39578
42176	26833			4289	22375	169		376436
18834	14130			1365	12036	728		72539
23360	12390			1400	10500		490	121197
26471	69556			65354	4202			841235
26471	69556			65354	4202			841235
1166947	820647	41152	621	124385	226317	420784	7387	3407550
860565	659339	27731		95972	114852	420784		1855300
19245	17238		121	530	16587			82374
11614	10000			2600	7400			33567
10895	2597			1296	1301			117221
44783	28030			1900	25312		818	212850
166467	74133	13329		20841	34563		5400	624691
3620	690				690			8278
49759	28619	92	500	1246	25612		1169	473269
111703	60871			35759	13331	264	11516	471062
78490	30195			17636	1709		10850	272040
-1777	1535			520	1015			10849
10434	7664			7524	140			12289
17731	12980			5080	7900			16465
5321	2742			500	1912	264	66	117619
1505	5756			4500	656		600	41801
71571	30963			13141	12865	3757	1200	356428
37542	10269			5219	94	3757	1200	267858
34029	20694			7922	12772			88570
569048	366650	9050		160633	103827	22948	70192	1425844
284125	173730			108885	8582		56264	648588
284923	192920	9050		51748	95245	22948	13929	777256
480642	218230		2450	113688	88952	13141		1994956
50082	32554		1100	18323	11002	2130		288351
216314	115409		1050	61942	42407	10011		1086802
63415	25025			15196	9830			312999
21190	10100			1000	9100			55875
50666	18628		300	7621	10707			146337
1146	1100			1100				6988
4608	2915			600	2315			18609
73220	12499			7907	3592	1000		78995
703541	353602		20	254381	92780	4506	1915	3152365
11005	3250			1400	1850			82390
44819	20933		20	4256	13288	3368		357888
630250	321532			248725	69754	1138	1915	2484500
17467	7887				7887			227588

2－1－3 规模以上工业

指　　标	累计折旧	本年折旧	在建工程	负债合计	流动负债合计	应付账款	非流动负债合计
有色金属冶炼和压延加工业	107969	17914	28035	194333	176616	26933	14731
常用有色金属冶炼	20715	3817	33	8898	7066	895	1831
贵金属冶炼							
稀有稀土金属冶炼	983	951		5218	5218	13	
有色金属合金制造	8273	1268		3546	3004	599	542
有色金属铸造	6261	1193	94	6054	2895	284	3159
有色金属压延加工	71736	10685	27908	170617	158433	25142	9199
金属制品业	234263	41389	14799	220618	189027	39588	31591
结构性金属制品制造	57400	10084	5051	101817	84009	15584	17808
金属工具制造	67089	12646	1552	23378	14732	4507	8646
集装箱及金属包装容器制造	734	246	2548	2633	2074	398	559
金属丝绳及其制品制造	349	57		544	544	238	
建筑、安全用金属制品制造	397	101	1977	5096	5096	1057	
金属表面处理及热处理加工	1421	231	173	1457	1437	28	20
搪瓷制品制造							
金属制日用品制造	7393	2840	1817	26972	26389	10020	583
其他金属制品制造	99481	15184	1681	58721	54746	7757	3976
通用设备制造业	478435	74949	70883	396004	329840	66379	65990
锅炉及原动设备制造	48447	6335	1002	38851	38362	10149	406
金属加工机械制造	27889	4688	4586	50351	42470	13073	7881
物料搬运设备制造	16669	2681	644	45957	43861	9090	2096
泵、阀门、压缩机及类似机械制造	157283	22923	13254	76132	51691	9031	24355
轴承、齿轮和传动部件制造	157283	26176	36533	124815	109301	11261	15514
烘炉、风机、衡器、包装等设备制造	1979	657	617	13208	10761	1908	2447
文化、办公用机械制造							
通用零部件制造	59786	10560	13016	26239	15952	7936	10283
其他通用设备制造业	9100	930	1232	20452	17443	3933	3009
专用设备制造业	1848661	242622	16774	290360	264261	81989	24686
采矿、冶金、建筑专用设备制造	95397	18250	10650	163253	151181	52195	10658
化工、木材、非金属加工专用设备制造	1641376	206289	2827	44360	42727	9801	1634
食品、饮料、烟草及饲料生产专用设备制造	232	183	391	4423	2339	46	2084
印刷、制药、日化及日用品生产专用设备制造	10425	1599	763	16150	15476	1166	674
纺织、服装和皮革加工专用设备制造	18952	2512		8791	6751	2545	2040
电子和电工机械专用设备制造	367	64	213	2001	1475	189	525
农、林、牧、渔专用机械制造	22768	3741	148	29057	26414	10002	2643
医疗仪器设备及器械制造	55176	8891	73	13185	9901	3366	3284
环保、社会公共服务及其他专用设备制造	3968	1093	1709	9142	7998	2679	1145
汽车制造业	202054	37501	9997	267023	235020	60382	31605
汽车整车制造							
改装汽车制造	281	60		1279	1279		
低速载货汽车制造							
电车制造	8521	1049		91	91	24	
汽车车身、挂车制造	59075	7324		9375	9375		
汽车零部件及配件制造	134177	29067	9997	256279	224276	60358	31605
铁路、船舶、航空航天和其他运输设备制造业	26947	5102	3876	34666	26367	3993	8299
铁路运输设备制造	1198	395		1092	721	454	371
城市轨道交通设备制造							
船舶及相关装置制造	11428	1733	3853	24667	18649	898	6018
航空、航天器及设备制造							
摩托车制造							
自行车制造	1586	698	24	8097	6302	2037	1795
非公路休闲车及零配件制造							

企业主要经济指标（续10）

单位：万元

所有者权益合计	实收资本							营业收入
		国家资本	集体资本	法人资本	个人资本	港澳台资本	外商资本	
142756	97029		640	16596	77686	2107		1310405
22994	12430		140	1878	10413			232446
8326	4806				4806			42754
6394	5200			2500	2700			75931
5087	3052			2350	702			79856
99955	71540		500	9868	59065	2107		879419
271046	160704			62253	83135	3052	12264	1317675
102501	75114			36776	37738		600	548204
45720	28212			10765	17447			192633
6278	2700			1700	1000			98858
928	398			358	40			12163
5949	5209				5209			11906
3004	2600			1100	1500			6696
38276	25447			5789	4942	3052	11664	97082
68391	21024			5765	15259			350132
402484	229369	456	5424	114706	104795	1520	2469	2192141
39640	18409			6126	12283			203479
32292	21786			3210	18277		299	306191
23050	19936	303	256	15331	3451		596	67385
84631	55341			19613	35728			605413
143688	83139			58165	21879	1520	1574	517623
10582	5149			500	4649			43280
59573	19141		4668	6544	7930			403273
9028	6468	153	500	5218	598			45497
444018	218225		1200	27810	113432	74100	1683	2100913
162458	58897			5091	53206		600	576413
161206	91377			1950	17787	70557	1083	934476
1472	830			400	430			4482
12874	9207			23	5640	3544		50120
15171	9146			2275	6871			88762
4532	4201		1200	3001				19689
35630	17230			10180	7050			127532
38782	18064			1200	16864			211577
11894	9274			3690	5584			87863
302102	153679	5	8371	73344	66960	3153	1846	1144851
1943	1001				1001			3232
4472	5750				5750			25075
8653	8000			8000				45456
287034	138928	5	8371	65344	60209	3153	1846	1071087
48323	31963			7910	24053			171107
4691	2700				2700			5725
22108	16504			4300	12204			76621
10400	6191			3610	2581			72274

2－1－3 规模以上工业

指标	累计折旧	本年折旧	在建工程	负债合计	流动负债合计	应付账款	非流动负债合计
潜水救捞及其他未列明运输设备制造	12734	2276		811	695	604	116
电气机械和器材制造业	3242098	370836	20617	807288	661994	153037	143784
电机制造	1358431	165359	1175	109594	86894	28828	22701
输配电及控制设备制造	301678	43079	6226	124161	87890	20728	36270
电线、电缆、光缆及电工器材制造	1209515	98815	4280	247339	237651	50620	8177
电池制造	184142	31491	1295	236398	180214	15229	56184
家用电力器具制造	25312	4774	175	18997	13772	4016	5224
非电力家用器具制造	155350	25888	4478	44227	30576	16126	13650
照明器具制造	7671	1430	2988	26574	24996	17489	1579
其他电气机械及器材制造							
计算机、通信和其他电子设备制造业	7009767	882661	4742	427761	399592	16685	28170
计算机制造	22101	4496		47169	44197	3256	2973
通信设备制造	4066	1302		655	629	68	26
广播电视设备制造	91	41		549	549	12	
雷达及配套设备制造							
视听设备制造	9957	1150	248	22578	18780	360	3798
电子器件制造	5409	1670	4020	24062	14194	2742	9868
电子元件制造	6967656	873832	474	328829	318324	9087	10505
其他电子设备制造	487	170		3918	2918	1161	1000
仪器仪表制造业	114963	14909	2812	122920	94594	36541	27964
通用仪器仪表制造	108932	14235	2580	103159	75277	30535	27520
专用仪器仪表制造	5687	427	62	13452	13328	3040	125
钟表与计时仪器制造							
光学仪器及眼镜制造	345	248	171	6310	5990	2966	320
其他仪器仪表制造业							
其他制造业	14169	2776	1635	29306	28760	14331	546
日用杂品制造	13352	2346	1635	25480	25199	14113	281
煤制品制造							
核辐射加工							
其他未列明制造业	818	430		3826	3561	218	265
废弃资源综合利用业	65565	9824	8087	43304	41205	7179	1179
金属废料和碎屑加工处理	65176	9688	8087	39320	38300	6860	100
非金属废料和碎屑加工处理	390	136		3985	2906	319	1079
金属制品、机械和设备修理业	309	42		77	47		30
金属制品修理	309	42		77	47		30
通用设备修理							
专用设备修理							
铁路、船舶、航空航天等运输设备修理							
电气设备修理							
仪器仪表修理							
其他机械和设备修理业							
电力、热力、燃气及水生产和供应业	379911	61537	60939	1116042	825078	111452	290964
电力、热力生产和供应业	333649	54511	47555	917495	694540	100384	222955
电力生产	332322	54277	47555	902922	679967	100384	222955
电力供应							
热力生产和供应	1327	234		14572	14572		
燃气生产和供应业	15911	494	4115	61115	25785	4175	35330
燃气生产和供应业	15911	494	4115	61115	25785	4175	35330
水的生产和供应业	30352	6532	9269	137433	104754	6893	32680
自来水生产和供应	25434	5180	9163	102502	75612	5857	26889
污水处理及其再生利用	4918	1353	106	34932	29141	1036	5790
其他水的处理、利用与分配							

企业主要经济指标(续11)

单位：万元

所有者权益合计	实收资本	国家资本	集体资本	法人资本	个人资本	港澳台资本	外商资本	营业收入
11124	6568				6568			16487
698025	366093	17218	6000	81166	178793	75391	7525	3932253
121178	61437	3702		17339	18073	22324		748333
190261	85736	500	3500	30465	44956	1440	4875	816457
129787	83497	13016	2500	19979	40359	4994	2650	1042332
109797	54130			7880	8704	37547		711466
31172	16479				16479			200466
94284	47906			2503	45403			266894
21545	16908			3000	4821	9088		146306
709561	421381			48626	51414	316671	4671	5922534
165767	54429			13753	2872	37804		262008
9583	3053			3053				27900
1511	1410			1410				3241
7022	2500			500	2000			89924
39674	27700			21000	6700			54926
477637	330410			7903	38970	278867	4671	5458947
8366	1880			1008	872			25588
101828	56776	520	1770	14633	39853			389553
74094	45264		620	10773	33871			317262
17144	3980			760	3220			40676
10589	7532	520	1150	3100	2762			31615
37033	17905			7194	10239		473	181352
31488	12467			7194	4800		473	174276
5545	5439				5439			7076
65179	26206			14240	11967			358792
55829	23656			11732	11924			318554
9350	2550			2508	43			40239
403	100				100			4087
403	100				100			4087
410046	333540	156525		128085	19190	22553	7188	804926
279143	258623	143198		101060	11764		2600	667515
276979	257823	143198		101060	10964		2600	663136
2164	800				800			4379
37775	18953			2000	4578	12375		91452
37775	18953			2000	4578	12375		91452
93128	55965	13326		25025	2848	10179	4588	45958
69550	38610	13019		15412		10179		19952
23579	17355	307		9613	2848		4588	26006

2－1－3 规模以上工业

指标	主营业务收入	营业成本	主营业务成本	营业税金及附加	主营业务税金及附加	其他业务利润	销售费用
总计	**46899459**	**41349503**	**41121240**	**921660**	**920017**	**12266**	**959634**
在总计中：国有控股企业	3968008	2667767	2543246	726102	725606	2024	127405
一、按登记注册类型分组：							
内资企业	35811610	31000450	30800971	897164	895619	7635	798498
国有企业	1967183	1114326	1010333	613428	612932	1248	27547
中央企业	438497	369970	368539	2264	2264	301	2518
地方企业	1528687	744356	641794	611163	610668	947	25029
集体企业	229735	204536	203986	1313	1303	24	8983
股份合作企业	17948	14579	14579	27	26	－700	775
联营企业							
国有联营企业							
集体联营企业							
国有与集体联营企业							
其他联营企业							
有限责任公司	7785237	6898322	6882169	112081	111916	3113	144822
国有独资公司	629378	526442	526132	71109	71108	387	4828
其他有限责任公司	7155859	6371880	6356037	40972	40808	2726	139994
股份有限公司	2814092	2467219	2400534	43044	42902	21260	99028
私营企业	22877265	20188564	20176587	126767	126036	－17340	516269
私营独资企业	3626341	3269922	3269178	21694	21608		49140
私营合作企业	638941	566643	566643	2988	2987		17846
私营有限责任公司	16899965	14846758	14836481	92695	92072	－17498	412523
私营股份有限公司	1712018	1505241	1504285	9391	9369	158	36760
其他企业	120151	112904	112783	505	505	29	1074
港、澳、台商投资企业	7898245	7584715	7572532	12202	12181	957	73399
合资经营企业（港或澳、台资）	923075	782625	781203	5590	5569	113	35914
合作经营企业（港或澳、台资）							
港澳台商独资经营企业	6963678	6791200	6780763	6579	6579	844	37279
港澳台商投资股份有限公司	6695	6699	6375	19	19		80
其他港澳台商投资企业	4797	4191	4191	14	14		126
外商投资企业	3189604	2764339	2747737	12294	12217	3675	87737
中外合资经营企业	1915800	1688577	1673949	6442	6441	4089	50256
中外合作经营企业	49788	47938	47938	19	19		117
外资企业	1210810	1015451	1013476	5761	5685	－415	37232
外商投资股份有限公司	6948	6552	6552	47	47		8
其他外商投资企业	6259	5822	5822	25	25		123
二、按经济组织类型分组							
独资企业	13997746	12395435	12277736	648776	648108	1702	160182
国有企业	1967183	1114326	1010333	613428	612932	1248	27547
集体企业	229735	204536	203986	1313	1303	24	8983
私营独资企业	3626341	3269922	3269178	21694	21608		49140
港澳台商独资经营企业	6963678	6791200	6780763	6579	6579	844	37279
外资企业	1210810	1015451	1013476	5761	5685	－415	37232
合作、合伙企业	837884	752077	751956	3577	3576	－671	20061
股份合作企业	17948	14579	14579	27	26	－700	775
国有联营企业							
集体联营企业							
国有与集体联营企业							
其他联营企业							
私营合伙企业	638941	566643	566643	2988	2987		17846
与港澳台商合作经营企业							
中外合作经营企业	49788	47938	47938	19	19		117

企业主要经济指标(续12)

单位：万元

管理费用	税金	财务费用	利息收入	利息支出	资产减值损失	公允价值变动收益	投资收益	营业利润
1248911	**45442**	**434797**	**41059**	**377880**	**21807**	**-582**	**28297**	**2270241**
135443	6953	53297	16956	64858	4986	-144	14812	401961
1030457	36067	392334	37012	333822	20441	1526	28020	1940469
60657	2822	11579	12683	21655	-51	-7	2150	249001
11438	1057	14207	336	14472	-51		2	39884
49219	1765	-2628	12347	7183		-7	2148	209118
5437	280	1053	14	969	408		34	8084
1628		35		7			81	285
213891	7123	119929	15753	108611	6811	243	11979	326160
13124	613	2134	5	2139	4393			8214
200767	6510	117795	15749	106472	2418	243	11979	317946
88931	5719	34605	3051	31645	519	188	5942	176507
657215	20122	224249	5510	170506	12622	1101	7621	1178214
79144	2839	20217	461	9432	2026	95	1272	186376
18321	488	7880	6	7550				25263
512870	15075	172038	4449	133633	10229	919	4192	874324
46880	1720	24114	593	19891	367	87	2158	92251
2698	1	885		429	133		214	2218
97385	4853	19816	704	18572	1506	-2187	-137	123024
31973	2008	10343	531	8566	419	-137	1	58555
65215	2844	9379	173	9966	1118	-2050	-138	64042
67	1	54			-31			131
131		40		40				297
121068	4522	22646	3343	25487	-140	80	414	206747
62928	2797	12810	349	14704	87		361	117665
387	7	43		10				1285
57231	1685	9824	2996	10772	-227	80	53	87661
6		4						330
517	34	-35	-2					-193
267684	10470	52051	16327	52795	3275	-1882	3371	595164
60657	2822	11579	12683	21655	-51	-7	2150	249001
5437	280	1053	14	969	408		34	8084
79144	2839	20217	461	9432	2026	95	1272	186376
65215	2844	9379	173	9966	1118	-2050	-138	64042
57231	1685	9824	2996	10772	-227	80	53	87661
23681	530	8848	5	8035	133		294	29155
1628		35		7			81	285
18321	488	7880	6	7550				25263
387	7	43		10				1285

2－1－3 规模以上工业

指标	主营业务收入	营业成本	主营业务成本	营业税金及附加	主营业务税金及附加	其他业务利润	销售费用
其他企业（内资）	120151	112904	112783	505	505	29	1074
其他港澳台商投资企业	4797	4191	4191	14	14		126
其他外商投资企业	6259	5822	5822	25	25		123
股份有限公司	4539753	3985711	3917746	52500	52336	21418	135876
股份有限公司（内资）	2814092	2467219	2400534	43044	42902	21260	99028
私营股份有限公司	1712018	1505241	1504285	9391	9369	158	36760
港澳台商投资股份有限公司	6695	6699	6375	19	19		80
外商投资股份有限公司	6948	6552	6552	47	47		8
有限责任公司	27524076	24216281	24173802	216807	215997	－10183	643514
国有独资公司	629378	526442	526132	71109	71108	387	4828
私营有限责任公司	16899965	14846758	14836481	92695	92072	－17498	412523
与港澳台商合资经营企业	923075	782625	781203	5590	5569	113	35914
中外合资经营企业	1915800	1688577	1673949	6442	6441	4089	50256
其他有限责任公司	7155859	6371880	6356037	40972	40808	2726	139994
按国民经济行业分组							
采掘业	554816	469469	453106	14004	14004	1228	24708
煤炭开采和洗选业							
烟煤和无烟煤开采洗选							
褐煤开采洗选							
其他煤炭采选							
石油和天然气开采业							
石油开采							
天然气开采							
黑色金属矿采选业							
铁矿采选							
锰矿、铬矿采选							
其他黑色金属矿采选							
有色金属矿采选业							
常用有色金属矿采选							
贵金属矿采选							
稀有稀土金属矿采选							
非金属矿采选业	554816	469469	453106	14004	14004	1228	24708
土砂石开采	57287	49058	49015	494	494		1551
化学矿开采	136310	113214	111679	957	957	1228	10387
采盐	344067	290835	276049	12449	12449		12587
石棉及其他非金属矿采选	17152	16363	16363	104	104		182
开采辅助活动							
煤炭开采和洗选辅助活动							
石油和天然气开采辅助活动							
其他开采辅助活动							
其他采矿业							
其他采矿业							
制造业	45549930	40223031	40015123	901899	900764	10161	927895
农副食品加工业	4357879	3880229	3877781	20370	20232	61	100397
谷物磨制	1322311	1216779	1216158	5760	5752	－31	14678
饲料加工	965342	854943	853411	4312	4192	91	28594
植物油加工	636788	553327	553327	3119	3119		19280
制糖业	74398	71593	71593	44	44		125
屠宰及肉类加工	1108670	966022	965728	5170	5160		31676
水产品加工	18937	17322	17322	103	103		414
蔬菜、水果和坚果加工	99910	88112	88112	422	422		2400
其他农副食品加工	131524	112131	112131	1440	1440		3230

企业主要经济指标(续13)

单位：万元

管理费用	税　金	财务费用	利息收入	利息支出	资产减值损失	公允价值变动收益	投资收益	营业利润
2698	1	885		429	133		214	2218
131		40		40				297
517	34	-35	-2					-193
135884	7439	58778	3644	51536	855	275	8100	269219
88931	5719	34605	3051	31645	519	188	5942	176507
46880	1720	24114	593	19891	367	87	2158	92251
67	1	54			-31			131
6		4						330
821662	27003	315120	21083	265515	17545	1025	16533	1376703
13124	613	2134	5	2139	4393			8214
512870	15075	172038	4449	133633	10229	919	4192	874324
31973	2008	10343	531	8566	419	-137	1	58555
62928	2797	12810	349	14704	87		361	117665
200767	6510	117795	15749	106472	2418	243	11979	317946
23508	1333	14179	933	11878	-78	-7	7264	35859
23508	1333	14179	933	11878	-78	-7	7264	35859
2245	158	500	20	47				3439
3977	308	3202	419	2537	8			7327
17116	868	10417	494	9294	-15	-7	7264	24749
170		60			-70			345
1199632	42263	377221	38367	323409	21522	-575	13362	2161108
102364	3307	52738	436	46172	1081	102	1823	208943
26576	865	8529	66	5066	285	102	22	51124
22094	722	8419	58	7560	759		5	50950
15754	661	13372	14	13351			18	31954
1000	74	968	271	1236			1770	2438
30622	858	18792	24	16509	8			56679
941	58	201		117				-45
2975	11	687		662	29			5285
2403	57	1771	3	1671	1		8	10557

2－1－3 规模以上工业

指标	主营业务收入	营业成本	主营业务成本	营业税金及附加	主营业务税金及附加	其他业务利润	销售费用
食品制造业	463285	380675	377975	2261	2261	－427	11591
焙烤食品制造	208384	153413	151603	1142	1142	－484	5472
糖果、巧克力及蜜饯制造	43520	38325	38325	177	177		412
方便食品制造	83162	80687	79799	37	37	57	182
乳制品制造	8960	6216	6214	63	63		562
罐头食品制造	20499	17757	17757	386	386		302
调味品、发酵制品制造	55226	45274	45274	445	445		4578
其他食品制造	43534	39003	39003	11	11		82
酒、饮料和精制茶制造业	389750	199624	199624	30184	30184		48048
酒的制造	371817	182780	182780	30094	30094		47937
饮料制造	9729	9518	9518				
精制茶加工	8204	7326	7326	89	89		111
烟草制品业	1031430	296155	193672	605955	605955	570	12519
烟叶复烤							
卷烟制造	1031430	296155	193672	605955	605955	570	12519
其他烟草制品制造							
纺织业	2151746	1937511	1927169	8973	8927	1893	43192
棉纺织及印染精加工	1273537	1154046	1150722	5109	5095	1805	26095
毛纺织及染整精加工	149303	148168	141151	259	259	86	756
麻纺织及染整精加工	21638	19864	19864	85	85	2	192
丝绢纺织及印染精加工	185699	164667	164667	1098	1098		3700
化纤织造及印染精加工	7657	7070	7070	69	69		72
针织或钩针编织物及其制品制造	51727	46181	46181	312	312		1325
家用纺织制成品制造	224013	193732	193732	805	805		5841
非家用纺织制成品制造	238172	203783	203783	1235	1204		5212
纺织服装、服饰业	2221255	1940654	1939592	14432	14288	－1328	46746
机织服装制造	1776343	1545421	1544359	12389	12322	－1328	40542
针织或钩针编织服装制造	49777	43456	43456	453	453		644
服饰制造	395135	351777	351777	1590	1513		5560
皮革、毛皮、羽毛及其制品和制鞋业	1289743	1159578	1159281	7312	7310	2	19652
皮革鞣制加工	28459	26131	25999	216	214		529
皮革制品制造	564217	518459	518295	2677	2677		6144
毛皮鞣制及制品加工							
羽毛（绒）加工及制品制造	322096	296129	296129	1700	1700		4176
制鞋业	374972	318858	318858	2719	2719	2	8804
木材加工和木、竹、藤、棕、草制品业	789470	722821	722702	3626	3607		7778
木材加工	230657	208030	208030	1623	1619		2948
人造板制造	498151	460657	460539	1677	1663		3790
木制品制造	55149	49532	49532	264	264		839
竹、藤、棕、草等制品制造	5514	4601	4601	62	61		202
家具制造业	50397	43354	43354	102	102		2071
木质家具制造	31004	25911	25911	86	86		1720
竹、藤家具制造							
金属家具制造	2215	1840	1840				
塑料家具制造	6318	5674	5674				114
其他家具制造	10861	9929	9929	16	16		236
造纸和纸制品业	1102660	970465	970196	4261	4261	4	24207
纸浆制造							
造纸	399688	361182	361182	916	916		7215
纸制品制造	702972	609284	609014	3345	3345	4	16992
印刷和记录媒介复制业	368479	327379	326693	1705	1704	378	5380
印刷	366175	325321	324636	1680	1678	378	5349

企业主要经济指标（续14）

单位：万元

管理费用	税金	财务费用	利息收入	利息支出	资产减值损失	公允价值变动收益	投资收益	营业利润
14993	647	-541	2118	1316	-1		111	56757
7117	416	-1997	2095	231			115	44677
1151	27	139	7	130	-1			3317
703	153	389	17	406				2109
1445	17	40		40				702
197		190		42				1667
4195	34	347		347			-5	382
185		350		120				3903
16387	839	-597	1485	823	26		40	96119
16040	839	-662	1485	823	26		40	95642
19		-25						218
328		91						259
36750	1204	-12057	12072				1920	199000
36750	1204	-12057	12072				1920	199000
54760	2377	27030	1442	21362	2304	267	263	90451
26922	1230	17987	1164	14812	1884	13	97	46259
4234	441	97	64	381	5		13	3018
483	11		1					1016
5376	98	1798	51	1105	174	22	151	9061
117	20	26	10					304
1944	228	-60	13	176	98	79		2072
8649	127	2669	55	803	37		-1	12279
7036	222	4513	85	4085	106	153	2	16443
69447	1371	22914	254	15696	1025	389	48	128615
50447	1084	19612	221	14719	1025	192	48	108898
1862	81	352		140				3010
17138	206	2950	33	837		196		16707
34809	1357	9486	155	7811	243		134	59318
761	26	104	56	41				719
11103	412	3741	7	2583	52		79	22636
6117	386	724	1	615	191			13060
16829	533	4918	91	4573			55	22904
11982	338	4941	60	3369	558	15	15	38689
3384	20	1418	32	758	10			13429
7043	195	2519	10	1838	548	15	15	22641
1415	124	914	18	773				2184
139		90						435
3023	97	570	1	59			56	1333
2149	33	176	1	51				962
47	3	68		3				261
321		233					56	31
506	61	93		5				80
22719	718	12898	154	10915	482	12	23	68322
7917	251	5639	125	4789	416	12	14	16430
14802	467	7259	29	6125	67		9	51891
10273	228	2681	65	2154	-143		3	22429
10181	228	2655	65	2154	-143		3	22357

2－1－3 规模以上工业

指标	主营业务收入	营业成本	主营业务成本	营业税金及附加	主营业务税金及附加	其他业务利润	销售费用
装订及印刷相关服务	2304	2058	2058	25	25		31
记录媒介复制							
文教、工美、体育和娱乐用品制造业	777889	628207	628207	4559	4538		41859
文教办公用品制造	168139	120057	120057	589	581		12944
乐器制造	39578	37528	37528	131	131		476
工艺美术品制造	376436	298023	298023	1767	1767		24745
体育用品制造	72539	64575	64575	899	892		1498
玩具制造	121197	108025	108025	1173	1167		2196
游艺器材及娱乐用品制造							
石油加工、炼焦和核燃料加工业	840538	748146	747837	71813	71812	387	3053
精炼石油产品制造	840538	748146	747837	71813	71812	387	3053
炼焦							
核燃料加工							
化学原料和化学制品制造业	3388314	3025813	3010088	13415	13376	－16157	87616
基础化学原料制造	1850089	1699692	1696094	5295	5294	1171	30790
肥料制造	82374	78265	78265	59	59		303
农药制造	33567	31340	31340	24	24		427
涂料、油墨、颜料及类似产品制造	117024	105671	105671	523	521	197	907
合成材料制造	212842	188289	188289	1182	1182		4368
专用化学产品制造	615159	531401	523137	4144	4108	－17863	24142
炸药、火工及焰火产品制造	8166	3912	3887	32	32		138
日用化学产品制造	469094	387243	383405	2155	2155	337	26542
医药制造业	470803	361896	361810	3238	3228	122	35203
化学药品原料药制造	271792	188846	188771	2215	2215	122	30438
化学药品制剂制造	10849	8537	8537	30	30		701
中药饮片加工	12289	11258	11258	10			125
中成药生产	16465	11889	11889	123	123		1376
兽用药品制造							
生物药品制造	117619	101610	101610	687	687		2298
卫生材料及医药用品制造	41789	39755	39745	174	174		266
化学纤维制造业	355672	295288	295237	1646	1646		13372
纤维素纤维原料及纤维制造	267102	214088	214037	1083	1083		11168
合成纤维制造	88570	81201	81201	563	563		2204
橡胶和塑料制品业	1421350	1155596	1151946	9803	9802	836	52023
橡胶制品业	645351	507015	504539	3157	3157	761	29135
塑料制品业	775999	648582	647406	6646	6645	74	22888
非金属矿物制品业	1990524	1786363	1782571	11352	11277	80	35943
水泥、石灰和石膏制造	287428	262445	261813	1276	1276	1	6201
石膏、水泥制品及类似制品制造	1083575	977318	974383	6868	6850	79	16891
砖瓦、石材等建筑材料制造	312717	281238	281014	1750	1750		4761
玻璃制造	55875	45365	45365	271	249		2291
玻璃制品制造	146337	125458	125458	664	629		4229
玻璃纤维和玻璃纤维增强塑料制品制造							
陶瓷制品制造	6988	5837	5837	56	56		142
耐火材料制品制造	18609	16883	16883	97	97		301
石墨及其他非金属矿物制品制造	78995	71819	71819	370	370		1127
黑色金属冶炼和压延加工业	3078921	2907895	2854484	11855	11713	19894	49749
炼铁	82390	76054	76054	158	158		1314
炼钢							
黑色金属铸造	357888	336134	336134	1091	1091		4580
钢压延加工	2411056	2279445	2226034	10462	10320	19894	43123
铁合金冶炼	227588	216263	216263	144	144		732

企业主要经济指标(续15)

单位：万元

管理费用	税金	财务费用	利息收入	利息支出	资产减值损失	公允价值变动收益	投资收益	营业利润
92		25						73
71617	1349	6185	682	4421	110			25351
25625	217	2035	3	1600				6889
414	2	52		2				976
38349	839	2969	2	2139				10583
2881	130	809	658	451				1878
4348	162	320	18	229	110			5024
24388	488	4079	11172	4619	4393			-14635
24388	488	4079	11172	4619	4393			-14635
118028	5095	40679	2270	38337	633	-119	1624	122872
51913	2641	22142	1739	21952	302	58	1374	46599
1192	13	258		230				2297
867	18	170		117				740
4101	47	373	54	83	135	13	122	5647
6637	175	2581	51	1797				9793
25115	1061	8091	66	6976	196	36	209	31847
3463	4	-257	258	1				990
24740	1139	7322	101	7181		-225	-82	24959
28487	677	5634	180	4604	461	-113	210	36241
21735	423	1971	96	1402	461	-113	17	26278
1583	111	609		547				-612
174	9	124		31				599
1035	21	566	56	510				1476
2640	47	1415	20	1307				8970
1320	65	949	8	807			193	-470
21357	230	2774	32	1526				21991
19744	209	2047	13	1139				19729
1613	21	727	19	387				2262
68378	2159	17900	623	17759	1157	165	508	121652
40024	1308	3560	228	5944	336	36	206	65604
28354	851	14340	395	11815	821	129	302	56048
49427	1626	14981	422	11281	1320	-19	511	96063
7384	602	2795	121	1986	336	22	132	8068
25244	738	7603	271	6312	964	-52	379	52240
7155	88	1235	23	617	19	12		16854
2298	44	963		877				4688
4539	102	1705	4	1458				9742
361		77						515
446	11	82		17				800
2000	41	522	3	15				3157
62667	4583	34660	1189	28781	908	80	1061	85772
2969	46	120		90				1774
6483	375	1743	54	1204	-27		70	7954
52364	4127	32057	1135	26772	935	80	991	67186
851	34	740		715				8859

2－1－3 规模以上工业

指　　标	主营业务收入	营业成本	主营业务成本	营业税金及附加	主营业务税金及附加	其他业务利润	销售费用
有色金属冶炼和压延加工业	1310164	1217097	1216896	4433	4433		11452
常用有色金属冶炼	232446	216115	216115	504	504		1985
贵金属冶炼							
稀有稀土金属冶炼	42754	39619	39619	163	163		498
有色金属合金制造	75931	69908	69908	481	481		662
有色金属铸造	79856	74380	74380	576	576		735
有色金属压延加工	879177	817076	816875	2709	2709		7572
金属制品业	1316492	1139536	1139438	7470	7461		35461
结构性金属制品制造	547815	483002	482998	3827	3818		12932
金属工具制造	192633	164545	164534	1301	1301		5088
集装箱及金属包装容器制造	98858	85288	85288	321	321		3296
金属丝绳及其制品制造	12163	11477	11477	16	16		54
建筑、安全用金属制品制造	11906	9903	9903	46	46		481
金属表面处理及热处理加工	6696	5773	5773	9	9		21
搪瓷制品制造							
金属制日用品制造	96348	77631	77547	685	685		4181
其他金属制品制造	350073	301918	301918	1266	1265		9407
通用设备制造业	2191611	1926715	1926397	20207	20177	238	45179
锅炉及原动设备制造	203468	184273	184273	681	681	12	2928
金属加工机械制造	306138	270130	270102	1408	1408	25	6483
物料搬运设备制造	67385	54254	54254	1217	1217		3719
泵、阀门、压缩机及类似机械制造	605341	542002	542002	4654	4631		10377
轴承、齿轮和传动部件制造	517589	443599	443599	3575	3575		11469
烘炉、风机、衡器、包装等设备制造	43280	34844	34748	229	229		1768
文化、办公用机械制造							
通用零部件制造	403187	360858	360737	8110	8104		6679
其他通用设备制造业	45224	36754	36682	333	333	202	1755
专用设备制造业	2099841	1889093	1885794	6398	6398	218	35659
采矿、冶金、建筑专用设备制造	575923	489683	489660	2297	2297	176	13717
化工、木材、非金属加工专用设备制造	934433	903319	903311	743	743	28	4070
食品、饮料、烟草及饲料生产专用设备制造	4482	4020	4020	10	10		
印刷、制药、日化及日用品生产专用设备制造	50003	43388	43284	345	345	14	1330
纺织、服装和皮革加工专用设备制造	88762	73659	73659	504	504		3770
电子和电工机械专用设备制造	19689	17131	17131	163	163		241
农、林、牧、渔专用机械制造	127109	104773	104649	688	688		4387
医疗仪器设备及器械制造	211577	176353	176056	1254	1254		6524
环保、社会公共服务及其他专用设备制造	87863	76768	74026	395	395		1620
汽车制造业	1141635	1022253	1020253	4142	4105	176	23081
汽车整车制造							
改装汽车制造	3088	2587	2541	11	11	144	126
低速载货汽车制造							
电车制造	23917	20142	19133	335	332		402
汽车车身、挂车制造	45456	43106	43106	49	49		672
汽车零部件及配件制造	1069175	956418	955473	3747	3712	32	21882
铁路、船舶、航空航天和其他运输设备制造业	170323	142895	142203	1271	1236		5076
铁路运输设备制造	5725	4299	4299	71	71		354
城市轨道交通设备制造							
船舶及相关装置制造	76097	60528	59929	594	561		3147
航空、航天器及设备制造							
摩托车制造							
自行车制造	72013	65630	65538	413	411		543
非公路休闲车及零配件制造							

企业主要经济指标（续16）

单位：万元

管理费用	税金	财务费用	利息收入	利息支出	资产减值损失	公允价值变动收益	投资收益	营业利润
19364	247	6743	104	3767	156	117	902	52179
4407	13	1297	2	688				8138
403		543		470				1528
2478	56	543		213				1859
1243	3	674	68	157	156	23	132	2249
10833	175	3686	34	2239		94	770	38406
42695	1383	14882	170	13282	497	-101	72	77104
14930	612	6072	47	5309	307	-124	24	27035
4859	149	3380	57	2886	190	23	48	13340
3605	83	885		885				5463
95		62		57				460
609	23	52	7	19				816
343	21	14		10				537
4099	225	1356	22	1250				9131
14157	270	3062	38	2867		1		20324
70495	2658	25597	526	17139	646	155	315	103632
6107	217	1825	13	1323	169			7497
10331	288	3403	42	2746	-193	13	88	14730
6089	207	1128	91	462	33	90	171	1207
15607	626	6551	120	3309	537	54	192	25794
17498	903	8717	42	6564	100		-137	32527
2241	75	559	47	442				3638
9583	261	2532	156	1656	1	-2		15506
3041	81	882	14	635				2732
55226	1946	15984	1496	15211	95	39	740	99248
21907	709	5207	1073	5523			858	44457
8904	375	2590	46	1945	-1	1	-117	14735
166	21	28		25				259
2886	42	341	69	293				1831
2983	90	1851	10	1823		38		6032
378	3	223		222				1553
6224	545	1574	298	1662	96			9790
9647	132	3225	1	3107				14574
2132	29	944	1	612				6016
26167	793	10354	59	9793	676	24	664	58913
442	23	55		49				58
121		123		101	676			3277
668		266		266				695
24936	770	9910	59	9377		24	664	54883
6751	202	3669	64	3272	124	82	109	11511
242	8	206		206				553
3713	138	2267	36	2168				6372
2006	35	445	27	147	124	16	109	3238

2－1－3 规模以上工业

指标	主营业务收入	营业成本	主营业务成本	营业税金及附加	主营业务税金及附加	其他业务利润	销售费用
潜水救捞及其他未列明运输设备制造	16487	12437	12437	194	194		1033
电气机械和器材制造业	3926685	3565821	3564160	16036	15869	3201	60317
电机制造	743560	711871	710467	1192	1192	3055	5497
输配电及控制设备制造	815972	721644	721431	5468	5406	35	15627
电线、电缆、光缆及电工器材制造	1042331	981552	981552	2885	2867	2	11887
电池制造	711429	632963	632926	2713	2665	1	9568
家用电力器具制造	200466	168016	168016	1011	972		6542
非电力家用器具制造	266894	216078	216078	1638	1638		10279
照明器具制造	146035	133697	133689	1130	1130	109	917
其他电气机械及器材制造							
计算机、通信和其他电子设备制造业	5919560	5728475	5726595	8579	8539	16	44204
计算机制造	259495	197186	195684	2542	2501		11902
通信设备制造	27900	25470	25470	252	252		263
广播电视设备制造	3241	3068	3068	2	2		
雷达及配套设备制造							
视听设备制造	89924	83049	83049	452	452		937
电子器件制造	54851	49427	49368	458	458	16	671
电子元件制造	5458562	5348336	5348018	4804	4804		30231
其他电子设备制造	25588	21939	21939	70	70		202
仪器仪表制造业	389286	325902	325568	2035	2014	24	21124
通用仪器仪表制造	317262	267101	267101	1759	1751	24	18228
专用仪器仪表制造	40428	30209	29969	127	127		2713
钟表与计时仪器制造							
光学仪器及眼镜制造	31597	28592	28497	149	136		184
其他仪器仪表制造业							
其他制造业	181352	163771	163771	1029	873	－24	1906
日用杂品制造	174276	157886	157886	851	851	－24	1736
煤制品制造							
核辐射加工							
其他未列明制造业	7076	5885	5885	177	21		170
废弃资源综合利用业	358792	330451	330451	3438	3438		3889
金属废料和碎屑加工处理	318554	293111	293111	3005	3005		3449
非金属废料和碎屑加工处理	40239	37340	37340	433	433		440
金属制品、机械和设备修理业	4087	3377	3377				150
金属制品修理	4087	3377	3377				150
通用设备修理							
专用设备修理							
铁路、船舶、航空航天等运输设备修理							
电气设备修理							
仪器仪表修理							
其他机械和设备修理业							
电力、热力、燃气及水生产和供应业	794714	657003	653011	5758	5249	878	7031
电力、热力生产和供应业	658333	549294	545652	4351	4351	309	288
电力生产	653954	546034	542392	4341	4341	309	34
电力供应							
热力生产和供应	4379	3260	3260	10	10		254
燃气生产和供应业	91105	77235	76908	702	682		2621
燃气生产和供应业	91105	77235	76908	702	682		2621
水的生产和供应业	45276	30474	30450	705	216	569	4123
自来水生产和供应	19384	13846	13846	615	127	569	3534
污水处理及其再生利用	25892	16628	16605	89	89		589
其他水的处理、利用与分配							

企业主要经济指标(续17)

单位：万元

管理费用	税金	财务费用	利息收入	利息支出	资产减值损失	公允价值变动收益	投资收益	营业利润
790	21	751		751		67		1349
75838	2956	37620	939	31145	3324	-1721	2017	173088
8380	436	1151	18	892			340	20274
18930	861	11617	309	8471	1046	93	507	42788
13180	670	9067	259	5995	441	62	451	23574
16737	407	6330	338	6641	853	-1862	666	41107
5424	149	3881		3743			93	15683
9946	199	5260	11	5197	985	-15	-40	22656
3242	234	314	4	206				7006
50715	2066	8891	125	6669	143	21	52	81601
5689	161	2495	38	2529				42194
908	12	220						788
68		3						100
1481	15	773	9	373	143	21	121	3233
1842	55	127	46	135			-80	2321
39936	1824	5236	32	3619			10	30415
791		38		12				2548
18318	423	2674	66	1719	1208	29	142	18487
14232	342	2192	66	1398	408		-8	13357
3044	78	378		307			58	4263
1043	3	103		14	800	29	93	867
3581	209	1204	3	208	58			9803
3333	209	1107	3	208	58			9306
249		97						497
8477	693	2649	7	204	39			9851
7911	673	2390	1	184	39			8649
566	20	259	6	20				1202
150								410
150								410
25771	1846	43397	1759	42593	363		7672	73274
16569	1420	39044	751	38408	664		7444	64751
16269	1420	38842	751	38206	664		7444	64396
300		202		202				355
3469	126	-390	757	315	-301			8115
3469	126	-390	757	315	-301			8115
5733	300	4744	252	3870			228	408
3781	129	1840	243	1720			228	-3436
1952	171	2904	9	2151				3844

2－1－3 规模以上工业

指标	营业外收入	其中：补贴收入	营业外支出	利润总额	应交所得税	亏损企业亏损总额	利税总额
总计	**50211**	**14401**	**28672**	**2289918**	**436333**	**86877**	**4268448**
在总计中：国有控股企业	12242	5169	14031	398252	93138	9893	1371199
一、按登记注册类型分组：							
内资企业	40077	11645	24886	1953780	362066	69023	3802372
国有企业	4351	2844	13076	238357	55440	4574	1016788
中央企业	935	742	12044	28775	3747		51146
地方企业	3417	2103	1032	209582	51693	4574	965641
集体企业	14		3	8095	1614		17698
股份合作企业	473			758	120		1091
联营企业							
国有联营企业							
集体联营企业							
国有与集体联营企业							
其他联营企业							
有限责任公司	13119	1214	2895	336383	70039	42091	606791
国有独资公司	1259	1097	12	9462	1669	242	107793
其他有限责任公司	11860	116	2884	326922	68371	41849	498999
股份有限公司	5691	2460	2303	179896	40716	442	306106
私营企业	16307	5018	6549	1188011	193735	20386	1850511
私营独资企业	2681	966	2143	186914	28006	394	295969
私营合作企业			9	25255	4850	75	35106
私营有限责任公司	12523	3207	3870	883016	140112	18405	1378407
私营股份有限公司	1104	845	528	92827	20766	1512	141029
其他企业	122	110	60	2280	403	1530	3387
港、澳、台商投资企业	3893	317	564	126354	24952	12222	190144
合资经营企业（港或澳、台资）	2571	42	386	60740	11231	5730	94794
合作经营企业（港或澳、台资）							
港澳台商独资经营企业	1309	275	177	65174	13581	6493	94615
港澳台商投资股份有限公司	13		1	143	65		310
其他港澳台商投资企业				297	74		425
外商投资企业	6241	2439	3222	209784	49315	5632	275932
中外合资经营企业	3850	1253	2685	118829	25111	2154	150976
中外合作经营企业				1285	64		2752
外资企业	2352	1186	483	89548	24074	3243	121826
外商投资股份有限公司				330	66		562
其他外商投资企业	39		54	－208		234	－183
二、按经济组织类型分组							
独资企业	10707	5271	15882	588088	122715	14704	1546896
国有企业	4351	2844	13076	238357	55440	4574	1016788
集体企业	14		3	8095	1614		17698
私营独资企业	2681	966	2143	186914	28006	394	295969
港澳台商独资经营企业	1309	275	177	65174	13581	6493	94615
外资企业	2352	1186	483	89548	24074	3243	121826
合作、合伙企业	634	110	123	29666	5511	1839	42578
股份合作企业	473			758	120		1091
国有联营企业							
集体联营企业							
国有与集体联营企业							
其他联营企业							
私营合伙企业			9	25255	4850	75	35106
与港澳台商合作经营企业							
中外合作经营企业				1285	64		2752

企业主要经济指标(续18)

单位：万元

应付职工薪酬	应交增值税	附属服务业收入或费用（支出）额	从业人员平均人数（人）	总资产贡献率（%）	资产负债率（%）	流动资产周转率（次/年）	成本费用利润率（%）	产品销售率（%）
1937198	**1056871**	**998401**	**415496**	**22.3**	**49.9**	**5.1**	**5.2**	**101.2**
163126	246845	13220	22753	34.2	51.6	2.2	13.4	130.1
1267537	951428	336004	285328	25.5	51.4	4.9	5.9	101.9
63353	165003		8808	54.0	35.8	1.8	19.6	161.5
15097	20107		1703	12.2	69.1	2.7	7.2	405.8
48257	144896		7105	70.4	22.7	1.7	25.7	99.7
5350	8290		1394	55.1	56.4	9.4	3.7	98.8
629	306		258	11.2	95.1	2.6	4.5	100.0
291803	158327	114019	66191	15.8	63.6	4.6	4.6	99.1
17737	27223	697	1889	65.8	59.6	9.8	1.7	99.5
274066	131104	113323	64302	13.9	63.7	4.4	4.8	99.1
107421	83166	49088	21191	15.2	51.8	2.9	6.7	96.2
793457	535733	172896	186022	27.1	47.8	6.6	5.5	98.3
143398	87361	41680	33915	34.6	48.5	9.8	5.5	97.8
9800	6864	4047	2155	47.2	35.2	17.9	4.1	98.0
591730	402696	106573	139210	25.6	47.3	6.0	5.5	98.6
48530	38812	20597	10742	27.7	54.2	6.5	5.8	97.1
5523	603		1464	6.2	64.6	3.1	1.9	130.8
512573	51589	654806	92088	7.8	43.2	8.3	1.6	99.2
58125	28465	42	12108	20.0	52.3	3.3	7.1	98.3
454011	22861	654764	79759	4.8	41.0	10.4	0.9	99.3
274	148		151	9.4	72.9	2.4	2.1	102.3
164	114		70	32.3	22.8	7.0	6.6	97.0
157089	53854	7591	38080	15.7	46.5	3.4	7.0	98.3
75496	25705		16521	14.1	48.0	3.4	6.6	99.3
639	1449		80	32.6	9.4	38.3	2.7	100.0
80091	26516	7591	21201	18.3	44.9	3.4	8.0	96.5
168	184		70	54.5	1.2	40.9	5.0	100.0
695			208	-1.8	16.9	1.9	-3.2	101.7
746203	310032	704035	145077	27.8	41.0	5.5	4.6	107.4
63353	165003		8808	54.0	35.8	1.8	19.6	161.5
5350	8290		1394	55.1	56.4	9.4	3.7	98.8
143398	87361	41680	33915	34.6	48.5	9.8	5.5	97.8
454011	22861	654764	79759	4.8	41.0	10.4	0.9	99.3
80091	26516	7591	21201	18.3	44.9	3.4	8.0	96.5
17450	9335	4047	4235	27.8	46.1	9.6	3.7	101.8
629	306		258	11.2	95.1	2.6	4.5	100.0
9800	6864	4047	2155	47.2	35.2	17.9	4.1	98.0
639	1449		80	32.6	9.4	38.3	2.7	100.0

2－1－3 规模以上工业

指标	营业外收入	其中：补贴收入	营业外支出	利润总额	应交所得税	亏损企业亏损总额	利税总额
其他企业（内资）	122	110	60	2280	403	1530	3387
其他港澳台商投资企业				297	74		425
其他外商投资企业	39		54	－208		234	－183
股份有限公司	6808	3304	2831	273196	61613	1954	448006
股份有限公司（内资）	5691	2460	2303	179896	40716	442	306106
私营股份有限公司	1104	845	528	92827	20766	1512	141029
港澳台商投资股份有限公司	13		1	143	65		310
外商投资股份有限公司				330	66		562
有限责任公司	32063	5715	9837	1398968	246493	68380	2230968
国有独资公司	1259	1097	12	9462	1669	242	107793
私营有限责任公司	12523	3207	3870	883016	140112	18405	1378407
与港澳台商合资经营企业	2571	42	386	60740	11231	5730	94794
中外合资经营企业	3850	1253	2685	118829	25111	2154	150976
其他有限责任公司	11860	116	2884	326922	68371	41849	498999
按国民经济行业分组							
采掘业	1708	887	1033	36535	8376	5077	70914
煤炭开采和洗选业							
烟煤和无烟煤开采洗选							
褐煤开采洗选							
其他煤炭采选							
石油和天然气开采业							
石油开采							
天然气开采							
黑色金属矿采选业							
铁矿采选							
锰矿、铬矿采选							
其他黑色金属矿采选							
有色金属矿采选业							
常用有色金属矿采选							
贵金属矿采选							
稀有稀土金属矿采选							
非金属矿采选业	1708	887	1033	36535	8376	5077	70914
土砂石开采	71		265	3244	351		5184
化学矿开采	241		111	7456	4044	5077	15643
采盐	1088	887	312	25524	3981		49464
石棉及其他非金属矿采选	310		345	310			624
开采辅助活动							
煤炭开采和洗选辅助活动							
石油和天然气开采辅助活动							
其他开采辅助活动							
其他采矿业							
其他采矿业							
制造业	46788	12604	15441	2190593	416216	74870	4100027
农副食品加工业	2861	807	1029	210774	36087	1362	282088
谷物磨制	702	629	822	51004	4729	870	74581
饲料加工	612	179	76	51486	9083	283	65626
植物油加工	9		20	31943	7840		40884
制糖业	42		26	2454	177		2867
屠宰及肉类加工	1355		64	57970	12074		75572
水产品加工			18	－63	17	208	354
蔬菜、水果和坚果加工	139		2	5422	774		7260
其他农副食品加工	2			10559	1392		14943

企业主要经济指标（续19）

单位：万元

应付职工薪酬	应交增值税	附属服务业收入或费用（支出）额	从业人员平均人数（人）	总资产贡献率（%）	资产负债率（%）	流动资产周转率（次/年）	成本费用利润率（%）	产品销售率（%）
5523	603		1464	6.2	64.6	3.1	1.9	130.8
164	114		70	32.3	22.8	7.0	6.6	97.0
695			208	-1.8	16.9	1.9	-3.2	101.7
156393	122310	69685	32154	17.8	52.3	3.7	6.3	96.5
107421	83166	49088	21191	15.2	51.8	2.9	6.7	96.2
48530	38812	20597	10742	27.7	54.2	6.5	5.8	97.1
274	148		151	9.4	72.9	2.4	2.1	102.3
168	184		70	54.5	1.2	40.9	5.0	100.0
1017153	615193	220634	234030	20.6	53.6	5.1	5.4	98.8
17737	27223	697	1889	65.8	59.6	9.8	1.7	99.5
591730	402696	106573	139210	25.6	47.3	6.0	5.5	98.6
58125	28465	42	12108	20.0	52.3	3.3	7.1	98.3
75496	25705		16521	14.1	48.0	3.4	6.6	99.3
274066	131104	113323	64302	13.9	63.7	4.4	4.8	99.1
33148	20376	738	4763	10.3	58.4	2.8	6.9	99.8
33148	20376	738	4763	10.3	58.4	2.8	6.9	99.8
2102	1445		462	23.1	42.8	4.2	6.1	98.5
6660	7230		1377	9.5	56.0	2.9	5.7	102.3
23867	11491	738	2859	10.0	60.0	2.5	7.7	99.2
519	211		65	24.3	18.6	47.4	1.9	98.2
1862706	1007535	997663	406376	23.9	47.6	5.3	5.1	101.2
100907	50943	17642	22130	37.4	45.7	11.0	5.1	97.9
29355	17818	5878	6698	27.4	48.2	9.3	4.0	99.1
33799	9828	10573	5945	28.0	50.1	7.7	5.6	96.4
2203	5822		771	91.5	27.6	36.0	5.3	97.6
914	369		213	10.9	64.4	3.4	3.3	98.7
24137	12432	1192	5608	70.1	39.4	23.4	5.5	98.2
1412	314		420	2.3	47.7	2.1	-0.3	97.1
5735	1416		1559	20.5	48.5	5.8	5.8	97.3
3352	2945		916	41.7	25.4	8.5	8.8	95.5

2－1－3 规 模 以 上 工 业

指　　　标	营业外收入	其中：补贴收入	营业外支出	利润总额	应交所得税	亏损企业亏损总额	利税总额
食品制造业	2046	988	1045	57758	12203	101	75845
焙烤食品制造	1644	988	336	45984	10840		57450
糖果、巧克力及蜜饯制造				3317	332	45	3957
方便食品制造	377		708	1778	343	9	3535
乳制品制造	12			714	190	46	1356
罐头食品制造				1667	103		2420
调味品、发酵制品制造				382	155		1409
其他食品制造	12			3915	240		5719
酒、饮料和精制茶制造业	917		301	96735	24072	39	155037
酒的制造	917		301	96258	24072	39	154363
饮料制造				218			218
精制茶加工				259			457
烟草制品业	3152	2022	919	199313	49828		943321
烟叶复烤							
卷烟制造	3152	2022	919	199313	49828		943321
其他烟草制品制造							
纺织业	1641	238	277	91834	19059	4441	139174
棉纺织及印染精加工	853	22	59	47053	9251	1176	69768
毛纺织及染整精加工	410	177	113	3315	1612	3185	5623
麻纺织及染整精加工			2	1014	71	47	1530
丝绢纺织及印染精加工				9061	2264		14510
化纤织造及印染精加工				304	45		465
针织或钩针编织物及其制品制造	317	16	17	2391	481		3455
家用纺织制成品制造			41	12239	2545	33	20674
非家用纺织制成品制造	61	23	45	16459	2790		23149
纺织服装、服饰业	1607	8	1448	128775	21121	2237	204715
机织服装制造	1486	8	1169	109216	17875	2207	170619
针织或钩针编织服装制造				3010	574		5540
服饰制造	121		279	16548	2672	29	28555
皮革、毛皮、羽毛及其制品和制鞋业	1109	394	757	59671	12318	490	94756
皮革鞣制加工			4	715	90	96	1212
皮革制品制造	1059	353	724	22971	5524	70	32406
毛皮鞣制及制品加工							
羽毛（绒）加工及制品制造	1			13060	2914	151	26521
制鞋业	50	41	29	22924	3790	174	34616
木材加工和木、竹、藤、棕、草制品业	1758	1741	180	40267	4590	1944	68035
木材加工			27	13402	1529	86	21899
人造板制造	1596	1586	149	24088	2816	1359	41381
木制品制造	161	155	4	2342	221	499	4258
竹、藤、棕、草等制品制造				435	24		497
家具制造业	20		50	1303	271	58	2529
木质家具制造	20		50	932	166	16	1859
竹、藤家具制造							
金属家具制造				261	68		364
塑料家具制造				31	6		31
其他家具制造				80	31	42	275
造纸和纸制品业	833	8	297	68858	11862	2120	105953
纸浆制造							
造纸	117		148	16399	2277	1068	26642
纸制品制造	716	8	148	52459	9585	1052	79311
印刷和记录媒介复制业	384	35	129	22685	3997	877	33834
印刷	384	35	129	22612	3979	877	33705

企业主要经济指标(续20)

单位：万元

应付职工薪酬	应交增值税	附属服务业收入或费用(支出)额	从业人员平均人数(人)	总资产贡献率(%)	资产负债率(%)	流动资产周转率(次/年)	成本费用利润率(%)	产品销售率(%)
12808	15827	4	4360	28.7	36.7	3.5	14.2	91.9
4709	10324		1655	33.6	25.9	2.7	28.0	84.8
1007	463	4	486	32.2	36.6	9.0	8.3	99.2
1646	1720		395	12.9	41.5	4.4	2.2	99.9
952	579		321	14.8	64.0	1.8	8.6	100.0
649	367		170	23.2	89.3	2.6	9.0	95.8
2368	581		911	10.8	69.1	5.7	0.7	97.4
1477	1793		422	36.5	55.4	5.0	9.9	93.2
20434	28119		3907	42.7	32.2	1.6	36.7	92.9
19203	28010		3709	43.8	31.2	1.5	39.1	92.7
160			23	2.3	73.2	12.0	2.3	100.0
1071	109		175	35.3	2.8	24.8	3.3	96.8
18723	138053		1948	88.5	11.0	1.4	59.8	100.0
18723	138053		1948	88.5	11.0	1.4	59.8	100.0
100364	38368	12217	27651	16.3	67.0	4.3	4.5	97.5
50639	17607	89	14746	16.5	64.9	5.0	3.8	97.5
10920	2049	7227	4195	2.9	81.9	1.3	2.2	96.5
868	431		309	17.3	41.6	6.9	4.9	101.2
5317	4352		1361	54.1	40.4	15.6	5.2	96.8
338	92	6	137	2.3	72.6	0.7	4.2	100.0
5223	752		1448	9.2	38.0	3.1	4.8	98.2
19675	7630	4895	3582	37.3	67.0	8.6	5.8	97.2
7384	5455		1873	24.5	67.5	4.2	7.5	98.3
172201	61508		43116	36.3	40.6	8.7	6.2	97.5
131659	49014		31874	37.4	37.3	9.2	6.6	97.2
4036	2077		987	70.9	38.6	10.2	6.5	96.5
36506	10417		10255	28.7	56.8	7.0	4.4	99.3
71792	27774	3056	14884	36.2	43.7	10.8	4.9	97.9
844	281		244	4.2	75.9	4.2	2.6	97.6
40845	6758	3056	7547	37.2	35.9	12.9	4.3	98.4
9120	11761		1792	74.1	49.8	15.0	4.3	97.5
20983	8973		5301	31.7	40.4	8.0	6.6	97.5
28442	24142	2898	8689	25.8	54.5	5.3	5.4	96.8
7394	6874		2289	28.5	60.7	5.1	6.2	96.2
18947	15616	2898	5628	26.1	54.0	5.7	5.1	97.2
2063	1652		745	19.8	52.8	3.7	4.4	98.5
38			27	7.3	2.1	42.2	8.6	80.1
1990	1124		749	7.0	31.0	2.5	2.7	97.3
1321	841		484	17.0	36.8	5.2	3.1	97.5
126	104		67	9.7	3.9	11.8	13.3	91.1
88			52	0.5	55.4	1.1	0.5	100.0
455	179		146	1.8	22.8	1.3	0.7	96.6
34803	32834	4571	8897	25.9	51.3	6.0	6.7	100.0
11547	9328		2888	18.8	60.2	5.5	4.3	102.7
23256	23507	4571	6009	30.1	46.1	6.4	8.1	98.6
12421	9445		4296	29.4	47.0	6.8	6.6	97.9
11829	9414		4201	30.1	48.3	6.8	6.6	97.9

2-1-3 规模以上工业

指标	营业外收入	其中：补贴收入	营业外支出	利润总额	应交所得税	亏损企业亏损总额	利税总额
装订及印刷相关服务				73	18		128
记录媒介复制							
文教、工美、体育和娱乐用品制造业	128	33	280	25199	5105	2593	54808
文教办公用品制造				6889	1259	121	14310
乐器制造				976	292		2167
工艺美术品制造			20	10562	2601	2256	24844
体育用品制造	128	33	259	1747	276	137	3692
玩具制造				5024	676	79	9795
游艺器材及娱乐用品制造							
石油加工、炼焦和核燃料加工业	2951		38	-11722	291	16684	86069
精炼石油产品制造	2951		38	-11722	291	16684	86069
炼焦							
核燃料加工							
化学原料和化学制品制造业	9755	1660	1347	131280	24041	17010	234954
基础化学原料制造	8541	1032	696	54444	10755	14607	107164
肥料制造				2297	254	9	2832
农药制造			7	733	83	95	1076
涂料、油墨、颜料及类似产品制造	62	62	135	5574	1390	908	9800
合成材料制造			201	9592	1139	30	13469
专用化学产品制造	584		124	32307	5502	1132	57231
炸药、火工及焰火产品制造	1		9	982	732		1816
日用化学产品制造	568	567	176	25351	4188	230	41567
医药制造业	2036	11	36	38241	8500	2676	67613
化学药品原料药制造	2002	1	25	28255	7395	678	50229
化学药品制剂制造	4		7	-615		615	-367
中药饮片加工				599	110		1000
中成药生产				1476	369	1	2039
兽用药品制造							
生物药品制造	13		1	8982	577	85	13513
卫生材料及医药用品制造	17	10	4	-456	48	1297	1199
化学纤维制造业	23			22014	4504	1267	35064
纤维素纤维原料及纤维制造	23			19752	4143	1267	31068
合成纤维制造				2262	361		3995
橡胶和塑料制品业	2055	340	1847	121859	24402	527	157953
橡胶制品业	795	315	1461	64938	14519		78737
塑料制品业	1260	24	386	56922	9882	527	79216
非金属矿物制品业	2897	1232	846	98114	20873	3611	169856
水泥、石灰和石膏制造	1682	1062	347	9404	2511	2134	20195
石膏、水泥制品及类似制品制造	1006		404	52842	11767	1037	92312
砖瓦、石材等建筑材料制造	173	170	3	17024	2675	182	26605
玻璃制造				4688	653		6254
玻璃制品制造	23		85	9680	1510	258	16046
玻璃纤维和玻璃纤维增强塑料制品制造							
陶瓷制品制造				515	52		571
耐火材料制品制造				800	153		1379
石墨及其他非金属矿物制品制造	13		8	3162	1551		6495
黑色金属冶炼和压延加工业	1450	396	1552	85671	16339	2808	147173
炼铁				1774	58		2660
炼钢							
黑色金属铸造				7954	1060	978	13379
钢压延加工	1433	396	1552	67066	15027	1829	117321
铁合金冶炼	18			8876	194		13813

企业主要经济指标（续21）

单位：万元

应付职工薪酬	应交增值税	附属服务业收入或费用（支出）额	从业人员平均人数（人）	总资产贡献率（%）	资产负债率（%）	流动资产周转率（次/年）	成本费用利润率（%）	产品销售率（%）
592	31		95	3.7	4.0	13.0	3.3	96.7
37645	25050	13037	8343	21.1	55.3	5.1	3.4	98.6
8745	6832		1644	29.9	35.4	6.1	4.3	99.8
1438	1060		403	28.3	28.3	10.1	2.5	99.6
12742	12515	13037	2770	20.8	67.6	5.0	2.9	99.4
6030	1046		1329	7.4	59.9	2.7	2.5	94.2
8691	3597		2197	24.9	41.8	6.6	4.4	97.6
18111	25979	697	2304	38.6	87.1	13.3	-1.5	99.7
18111	25979	697	2304	38.6	87.1	13.3	-1.5	99.7
102687	90260	26884	24259	11.9	48.9	4.4	4.0	135.0
57810	47426	23640	13244	7.6	48.7	3.6	3.0	167.2
1526	476		524	5.4	66.1	3.8	2.9	98.2
1212	318		368	4.6	55.5	2.3	2.2	99.7
4319	3703		1154	45.6	49.5	8.2	5.0	97.3
5303	2695		1250	20.3	40.2	5.8	4.8	97.9
20372	20780	3243	5000	21.0	45.5	6.0	5.5	98.8
1910	802		362	16.6	61.5	1.1	13.5	98.3
10234	14060		2357	44.3	54.7	9.0	5.7	98.5
20233	26134		4679	28.9	55.2	4.2	8.9	97.9
11391	19759		2401	34.0	48.2	4.1	11.6	98.2
1481	218		611	0.8	108.0	1.2	-5.4	96.2
965	391		267	9.7	1.7	11.4	5.1	95.7
819	440		311	10.4	26.0	1.2	9.9	97.1
1718	3844		371	71.1	74.4	10.3	8.3	96.9
3859	1481		718	9.9	92.5	4.0	-1.1	100.0
8792	11403	7565	1769	25.8	49.6	4.2	6.6	106.5
6504	10234	7565	1041	36.9	57.0	5.0	8.0	110.6
2288	1169		728	8.0	37.8	2.8	2.6	95.9
63010	26290	3070	15286	17.0	44.7	2.9	9.4	99.0
26938	10642	3070	5069	14.8	50.1	2.5	11.2	100.4
36071	15648		10217	19.8	37.9	3.3	8.0	97.8
70289	60390	3220	15527	18.9	49.8	4.7	5.2	98.7
10372	9516		1901	13.8	68.7	4.1	3.4	100.7
35119	32602	3220	7508	21.2	53.4	4.4	5.1	98.3
10509	7831		2430	21.6	49.6	5.7	5.8	98.5
2483	1296		821	24.2	28.0	5.0	9.2	97.0
8419	5701		2000	19.6	43.2	5.2	7.1	98.1
601			91	44.1	11.5	24.0	8.0	100.0
319	481		118	18.7	38.4	5.8	4.5	99.3
2468	2963		658	8.2	7.4	6.9	4.2	98.3
69144	49647	60347	14298	9.8	60.7	4.8	2.8	96.9
3403	727		510	20.0	19.8	12.2	2.2	99.9
9499	4334		2098	15.7	51.4	8.1	2.3	97.1
53341	39792	60347	11133	8.6	62.1	4.2	2.8	96.2
2902	4793		557	61.0	26.6	31.8	4.1	103.1

2-1-3 规模以上工业

指标	营业外收入	其中：补贴收入	营业外支出	利润总额	应交所得税	亏损企业亏损总额	利税总额
有色金属冶炼和压延加工业	574		274	52478	4268	107	72230
常用有色金属冶炼			40	8098	1831		12764
贵金属冶炼							
稀有稀土金属冶炼				1528	33		2606
有色金属合金制造				1859	286		3311
有色金属铸造				2249	255		5450
有色金属压延加工	574		234	38745	1863	107	48099
金属制品业	1111	242	66	78148	14491	1702	115060
结构性金属制品制造	281	162	5	27311	5127	1535	42581
金属工具制造				13340	3424		19492
集装箱及金属包装容器制造				5463	1256		7379
金属丝绳及其制品制造				460	28		631
建筑、安全用金属制品制造	6			821	76		1264
金属表面处理及热处理加工				537	25	71	696
搪瓷制品制造							
金属制日用品制造	386	79	73	9443	826		12951
其他金属制品制造	439		-12	20774	3728	96	30065
通用设备制造业	1321	96	581	104372	16012	2389	171306
锅炉及原动设备制造	730	1	300	7927	1125		15306
金属加工机械制造	216	63	153	14793	2200	96	23728
物料搬运设备制造	62	11	2	1268	351	847	3901
泵、阀门、压缩机及类似机械制造	171		42	25923	4496	267	41056
轴承、齿轮和传动部件制造	127	21	80	32575	4622	838	48146
烘炉、风机、衡器、包装等设备制造				3638	331		4401
文化、办公用机械制造							
通用零部件制造	3			15509	2389	340	30990
其他通用设备制造业	12		4	2740	498		3778
专用设备制造业	2097	1165	765	100580	18885	2796	131718
采矿、冶金、建筑专用设备制造	1685	1101	296	45845	7037	2461	60880
化工、木材、非金属加工专用设备制造	64	64	1	14799	4981		18602
食品、饮料、烟草及饲料生产专用设备制造			28	230	32		317
印刷、制药、日化及日用品生产专用设备制造	1			1832	288		3342
纺织、服装和皮革加工专用设备制造				6032	1479		7925
电子和电工机械专用设备制造				1553	98	73	1716
农、林、牧、渔专用机械制造	323		329	9784	1771		12327
医疗仪器设备及器械制造	15			14588	2424	51	19554
环保、社会公共服务及其他专用设备制造	10		110	5916	776	212	7056
汽车制造业	352	18	27	59238	8514	2570	95908
汽车整车制造							
改装汽车制造	10		7	61	3		168
低速载货汽车制造							
电车制造				3277	71		3640
汽车车身、挂车制造				695	16		1481
汽车零部件及配件制造	341	18	20	55205	8423	2570	90620
铁路、船舶、航空航天和其他运输设备制造业	135		5	11641	2369		17563
铁路运输设备制造				553	138		827
城市轨道交通设备制造							
船舶及相关装置制造	131			6503	1425		8621
航空、航天器及设备制造							
摩托车制造							
自行车制造	3		5	3237	469		6106
非公路休闲车及零配件制造							

企业主要经济指标（续22）

单位：万元

应付职工薪酬	应交增值税	附属服务业收入或费用（支出）额	从业人员平均人数（人）	总资产贡献率（%）	资产负债率（%）	流动资产周转率（次/年）	成本费用利润率（%）	产品销售率（%）
25139	15318	46022	5448	20.9	53.4	6.8	4.2	98.1
5860	4162		1164	42.2	27.9	17.6	3.6	97.5
505	915		130	22.7	38.5	23.5	3.7	92.2
3772	971		574	35.5	35.7	13.3	2.5	97.8
2585	2625	3542	684	49.7	54.3	12.1	2.9	97.4
12418	6645	42480	2896	16.9	57.4	5.3	4.6	98.6
42307	29441	3503	12141	26.1	44.9	6.2	6.3	98.4
15492	11444	6	5465	23.4	49.8	6.0	5.3	97.1
4040	4851	3497	1160	32.3	33.8	8.5	7.5	96.6
1141	1595		342	92.7	29.6	32.7	5.9	97.2
216	155		75	46.7	37.0	17.8	3.9	98.5
1419	397		330	11.6	46.1	2.5	7.4	96.4
1325	150		351	15.8	32.7	6.2	8.7	99.0
6692	2823		2072	21.7	41.3	2.7	10.8	105.3
11982	8025		2346	25.9	46.2	6.4	6.3	100.3
101246	46726	8582	20631	23.5	49.5	5.9	5.1	98.6
15865	6698	1497	2912	21.2	49.5	4.5	4.1	111.6
14309	7527		2822	32.0	60.9	6.2	5.1	98.1
4587	1416		1027	6.2	66.6	1.4	1.9	98.1
22795	10480		4681	27.3	47.0	8.3	4.5	97.0
26117	11996		5522	20.4	46.5	4.8	6.8	96.6
1541	534		432	20.2	55.5	3.1	9.2	94.9
13885	7371	7062	2736	37.9	30.6	19.0	4.1	98.4
2148	706	23	499	14.9	69.4	3.2	6.5	99.1
115717	24740	116494	22484	19.8	39.5	5.2	5.0	100.4
18783	12738		3830	20.0	49.9	2.6	8.6	103.6
61087	3061	112040	11339	10.0	21.6	11.3	1.6	99.9
964	77		180	5.8	75.0	1.6	5.5	99.3
2545	1165		521	12.3	55.6	2.5	3.8	98.6
4610	1388		1231	40.6	36.7	6.3	7.3	97.0
925			275	29.7	30.6	9.5	8.6	100.0
5865	1855		1313	21.2	44.9	3.5	8.4	98.1
18588	3711	4455	3136	43.6	25.4	11.5	7.5	98.7
2350	744		659	36.5	43.5	8.2	7.3	98.0
42204	32529	31937	9022	18.6	46.9	3.9	5.5	102.5
309	95		78	6.7	39.7	1.7	1.9	94.2
114	28		45	82.0	2.0	19.3	15.8	78.4
1316	737		212	9.7	52.0	3.1	1.6	100.0
40465	31668	31937	8687	18.4	47.2	3.9	5.5	103.3
7782	4650		3505	25.0	41.8	4.4	7.4	97.6
443	204		155	17.9	18.9	2.7	10.8	97.4
3914	1524		2211	23.0	52.7	2.8	9.3	97.8
3050	2457		1001	33.7	43.8	9.0	4.7	97.6

2－1－3 规模以上工业

指 标	营业外收入	其中：补贴收入	营业外支出	利润总额	应交所得税	亏损企业亏损总额	利税总额
潜水救捞及其他未列明运输设备制造				1349	337		2008
电气机械和器材制造业	1392	125	589	173930	26757	1695	257724
电机制造	1065		411	20929	2973	20	25362
输配电及控制设备制造	38	29	131	42695	7506	450	71588
电线、电缆、光缆及电工器材制造	143	13	28	23729	4009	742	40398
电池制造	32		19	41120	3313	483	60248
家用电力器具制造	2			15685	3241		20920
非电力家用器具制造				22656	4430		28528
照明器具制造	112	83		7117	1285		10680
其他电气机械及器材制造							
计算机、通信和其他电子设备制造业	857	653	297	82161	20781	2020	109752
计算机制造	39		54	42180	9881	234	46020
通信设备制造				788	220	26	1442
广播电视设备制造				100			161
雷达及配套设备制造							
视听设备制造				3233	182	17	5839
电子器件制造	658	648	2	2978	528		6558
电子元件制造	159	5	235	30339	8991	1743	46889
其他电子设备制造			6	2542	980		2844
仪器仪表制造业	849	359	133	19203	2802	629	33234
通用仪器仪表制造	840	359	20	14177	1641		25913
专用仪器仪表制造	5		15	4253	1061		6032
钟表与计时仪器制造							
光学仪器及眼镜制造	4		99	772	100	629	1290
其他仪器仪表制造业							
其他制造业	407		24	10186	631	1	15901
日用杂品制造	407		24	9689	573	1	15111
煤制品制造							
核辐射加工							
其他未列明制造业				497	58		789
废弃资源综合利用业	72	33	304	9620	1040	118	20326
金属废料和碎屑加工处理	20		291	8379	942	118	18471
非金属废料和碎屑加工处理	52	33	13	1241	98		1855
金属制品、机械和设备修理业				410	206		530
金属制品修理				410	206		530
通用设备修理							
专用设备修理							
铁路、船舶、航空航天等运输设备修理							
电气设备修理							
仪器仪表修理							
其他机械和设备修理业							
电力、热力、燃气及水生产和供应业	1715	910	12199	62791	11740	6930	97507
电力、热力生产和供应业	1419	829	12078	54092	7400	2722	83280
电力生产	1419	829	12078	53737	7311	2722	82837
电力供应							
热力生产和供应				355	89		443
燃气生产和供应业	68		7	8176	3857	361	11304
燃气生产和供应业	68		7	8176	3857	361	11304
水的生产和供应业	229	81	115	522	484	3847	2923
自来水生产和供应	229	81	115	－3322	134	3843	－1673
污水处理及其再生利用				3844	349	4	4596
其他水的处理、利用与分配							

企业主要经济指标(续23)

单位：万元

应付职工薪酬	应交增值税	附属服务业收入或费用（支出）额	从业人员平均人数（人）	总资产贡献率（%）	资产负债率（%）	流动资产周转率（次/年）	成本费用利润率（%）	产品销售率（%）
375	465		138	23.1	6.8	9.2	9.0	96.5
184004	67757	48505	35521	19.1	53.6	4.2	4.7	98.2
20153	3241		4284	11.4	47.5	4.6	2.9	100.0
51534	23425	22334	9551	25.4	39.5	5.0	5.6	97.4
37834	13785	7712	7402	12.2	65.6	3.8	2.3	100.6
51703	16415	18452	8525	19.2	68.3	2.9	6.2	98.2
5665	4224		1520	49.2	37.9	11.5	8.5	97.9
5373	4235	7	1812	24.3	31.9	5.7	9.4	98.1
11743	2433		2427	22.6	55.2	5.9	5.2	77.3
343722	19013	573190	61205	10.2	37.6	14.7	1.4	99.8
12952	1299	29986	3846	22.8	22.2	1.6	19.4	99.4
1531	402		305	14.1	6.4	25.6	2.9	97.2
224	58		146	7.8	26.7	2.7	3.2	99.1
3489	2154	3838	649	21.0	76.3	3.3	3.8	98.7
9154	3122		1403	10.4	37.8	1.7	5.7	99.3
315710	11746	539366	54610	6.3	40.8	31.6	0.6	99.9
663	232		246	23.2	31.9	4.6	11.1	98.9
16225	11996	1082	3931	15.5	54.7	3.1	5.2	97.6
11471	9976		2540	15.4	58.2	3.4	4.7	97.5
2671	1651	1082	835	20.7	44.0	1.8	11.7	96.3
2083	369		556	7.7	37.3	3.0	2.6	99.6
14120	4687		3911	24.3	44.2	6.7	6.0	99.3
13057	4572		3614	26.9	44.7	7.3	5.9	99.3
1062	115		297	8.4	40.8	2.1	7.8	98.4
4936	7268	13143	1390	18.8	39.8	8.7	2.8	98.0
4285	7087	13143	1095	19.5	41.1	8.5	2.7	97.8
650	182		295	14.0	29.9	10.9	3.2	100.4
511	120		95	110.4	16.0	29.2	11.2	92.8
511	120		95	110.4	16.0	29.2	11.2	92.8
41345	28959		4357	9.1	73.1	2.0	8.6	99.7
31375	24838		2798	10.1	76.7	2.3	8.9	99.5
31223	24759		2733	10.2	76.5	2.3	8.9	99.5
152	79		65	3.9	87.1	7.8	8.8	98.9
3731	2425		529	11.0	61.8	3.1	9.9	102.2
3731	2425		529	11.0	61.8	3.1	9.9	102.2
6238	1697		1030	2.8	59.6	0.6	1.2	97.6
4987	1034		764	-0.1	59.6	0.3	-14.4	97.0
1251	662		266	11.5	59.7	2.6	17.4	98.0

2－1－4 规模以上国有控股

指标	企业单位数（个）	亏损企业	工业总产值（当年价格）	工业销售产值（当年价格）	出口交货值	年初存货	产成品
总计	**40**	**4**	**3904657**	**5078251**	**31928**	**571387**	**90853**
按国民经济行业分组							
采掘业	7	1	402937	403068	4780	17412	8069
煤炭开采和洗选业							
烟煤和无烟煤开采洗选							
褐煤开采洗选							
其他煤炭采选							
石油和天然气开采业							
石油开采							
天然气开采							
黑色金属矿采选业							
铁矿采选							
锰矿、铬矿采选							
其他黑色金属矿采选							
有色金属矿采选业							
常用有色金属矿采选							
贵金属矿采选							
稀有稀土金属矿采选							
非金属矿采选业	7	1	402937	403068	4780	17412	8069
土砂石开采	1		22850	22850		457	93
化学矿开采	3	1	58719	61751		2510	1067
采盐	3		321368	318467	4780	14445	6909
石棉及其他非金属矿采选							
开采辅助活动							
煤炭开采和洗选辅助活动							
石油和天然气开采辅助活动							
其他开采辅助活动							
其他采矿业							
其他采矿业							
制造业	24	1	2858262	4034192	27148	515998	82671
农副食品加工业	4		73210	72688		1424	94
谷物磨制	4		73210	72688		1424	94
饲料加工							
植物油加工							
制糖业							
屠宰及肉类加工							
水产品加工							
蔬菜、水果和坚果加工							
其他农副食品加工							
食品制造业							
焙烤食品制造							
糖果、巧克力及蜜饯制造							
方便食品制造							
乳制品制造							
罐头食品制造							
调味品、发酵制品制造							
其他食品制造							
酒、饮料和精制茶制造业	1		355348	327122		96331	17156
酒的制造	1		355348	327122		96331	17156
饮料制造							

工业企业主要经济指标

单位：万元

资产总计	流动资产合计	应收帐款	存货	产成品	在产品	固定资产合计	固定资产原价
4149460	**1878013**	**175165**	**618611**	**67803**	**11589**	**1860877**	**3648531**
579039	142386	19494	17471	2593		317229	417410
579039	142386	19494	17471	2593		317229	417410
1487	1045	470	460	96		423	2974
88527	22273	8518	2078	495		62375	85465
489025	119068	10506	14933	2002		254432	328971
2476044	1472049	95382	573993	64680	11428	775893	2148737
17154	5214	389	1000	269		10213	14569
17154	5214	389	1000	269		10213	14569
328988	240377	3055	120364	7253	6291	59402	73195
328988	240377	3055	120364	7253	6291	59402	73195

2－1－4 规模以上国有控股

指标	企业单位数（个）	亏损企业	工业总产值（当年价格）	工业销售产值（当年价格）	出口交货值	年初存货	产成品
精制茶加工							
烟草制品业	1		1044649	1044649		285560	5804
烟叶复烤							
卷烟制造	1		1044649	1044649		285560	5804
其他烟草制品制造							
纺织业							
棉纺织及印染精加工							
毛纺织及染整精加工							
麻纺织及染整精加工							
丝绢纺织及印染精加工							
化纤织造及印染精加工							
针织或钩针编织物及其制品制造							
家用纺织制成品制造							
非家用纺织制成品制造							
纺织服装、服饰业							
机织服装制造							
针织或钩针编织服装制造							
服饰制造							
皮革、毛皮、羽毛及其制品和制鞋业							
皮革鞣制加工							
皮革制品制造							
毛皮鞣制及制品加工							
羽毛（绒）加工及制品制造							
制鞋业							
木材加工和木、竹、藤、棕、草制品业							
木材加工							
人造板制造							
木制品制造							
竹、藤、棕、草等制品制造							
家具制造业							
木质家具制造							
竹、藤家具制造							
金属家具制造							
塑料家具制造							
其他家具制造							
造纸和纸制品业							
纸浆制造							
造纸							
纸制品制造							
印刷和记录媒介复制业	1	1	2276	1933		646	415
印刷	1	1	2276	1933		646	415
装订及印刷相关服务							
记录媒介复制							
文教、工美、体育和娱乐用品制造业							
文教办公用品制造							
乐器制造							
工艺美术品制造							
体育用品制造							
玩具制造							
游艺器材及娱乐用品制造							

工业企业主要经济指标(续1)

单位：万元

资产总计	流动资产合计	应收帐款	存货	产成品	在产品	固定资产合计	固定资产原价
1052062	821214	20258	318396	6589		105522	219636
1052062	821214	20258	318396	6589		105522	219636
2849	1513	195	629	475		1336	9136
2849	1513	195	629	475		1336	9136

2－1－4 规模以上国有控股

指标	企业单位数（个）	亏损企业	工业总产值（当年价格）	工业销售产值（当年价格）	出口交货值	年初存货	产成品
石油加工、炼焦和核燃料加工业	1		533117	532712		39966	12531
精炼石油产品制造	1		533117	532712		39966	12531
炼焦							
核燃料加工							
化学原料和化学制品制造业	4		276452	1484302	27148	32317	16538
基础化学原料制造	2		247381	1450642	27103	31476	16384
肥料制造							
农药制造							
涂料、油墨、颜料及类似产品制造							
合成材料制造							
专用化学产品制造	2		29072	33660	45	841	154
炸药、火工及焰火产品制造							
日用化学产品制造							
医药制造业	1		32710	27702		1906	360
化学药品原料药制造	1		32710	27702		1906	360
化学药品制剂制造							
中药饮片加工							
中成药生产							
兽用药品制造							
生物药品制造							
卫生材料及医药用品制造							
化学纤维制造业							
纤维素纤维原料及纤维制造							
合成纤维制造							
橡胶和塑料制品业	2		8468	10635		2006	
橡胶制品业							
塑料制品业	2		8468	10635		2006	
非金属矿物制品业	2		84101	87111		4664	2280
水泥、石灰和石膏制造	2		84101	87111		4664	2280
石膏、水泥制品及类似制品制造							
砖瓦、石材等建筑材料制造							
玻璃制造							
玻璃制品制造							
玻璃纤维和玻璃纤维增强塑料制品制造							
陶瓷制品制造							
耐火材料制品制造							
石墨及其他非金属矿物制品制造							
黑色金属冶炼和压延加工业	1		63117	62042		4664	
炼铁							
炼钢							
黑色金属铸造							
钢压延加工	1		63117	62042		4664	
铁合金冶炼							
有色金属冶炼和压延加工业	1		4681	4549		45	
常用有色金属冶炼	1		4681	4549		45	
贵金属冶炼							
稀有稀土金属冶炼							
有色金属合金制造							
有色金属铸造							

工业企业主要经济指标(续2)

单位：万元

资产总计	流动资产合计	应收帐款	存货	产成品	在产品	固定资产合计	固定资产原价
110336	46878	5318	40867	11127		55141	119076
110336	46878	5318	40867	11127		55141	119076
254974	85793	8344	27021	14879	2413	140919	274006
212923	71272	4260	26269	14642	2413	117774	220883
42051	14521	4084	752	237		23146	53123
19620	10842	5329	2435	380		3892	7338
19620	10842	5329	2435	380		3892	7338
36906	30294	1433	2109	1678	70	3082	4569
36906	30294	1433	2109	1678	70	3082	4569
75048	26010	1488	3365	1558		40587	50047
75048	26010	1488	3365	1558		40587	50047
393908	81354		18375			306255	316632
393908	81354		18375			306255	316632
625	622	49	175			3	5
625	622	49	175			3	5

2－1－4 规模以上国有控股

指标	企业单位数(个)	亏损企业	工业总产值(当年价格)	工业销售产值(当年价格)	出口交货值	年初存货	产成品
有色金属压延加工							
金属制品业	1		110633	107820		392	256
结构性金属制品制造	1		110633	107820		392	256
金属工具制造							
集装箱及金属包装容器制造							
金属丝绳及其制品制造							
建筑、安全用金属制品制造							
金属表面处理及热处理加工							
搪瓷制品制造							
金属制日用品制造							
其他金属制品制造							
通用设备制造业	1		7123	8067		3149	444
锅炉及原动设备制造							
金属加工机械制造							
物料搬运设备制造							
泵、阀门、压缩机及类似机械制造							
轴承、齿轮和传动部件制造							
烘炉、风机、衡器、包装等设备制造							
文化、办公用机械制造							
通用零部件制造							
其他通用设备制造业	1		7123	8067		3149	444
专用设备制造业							
采矿、冶金、建筑专用设备制造							
化工、木材、非金属加工专用设备制造							
食品、饮料、烟草及饲料生产专用设备制造							
印刷、制药、日化及日用品生产专用设备制造							
纺织、服装和皮革加工专用设备制造							
电子和电工机械专用设备制造							
农、林、牧、渔专用机械制造							
医疗仪器设备及器械制造							
环保、社会公共服务及其他专用设备制造							
汽车制造业							
汽车整车制造							
改装汽车制造							
低速载货汽车制造							
电车制造							
汽车车身、挂车制造							
汽车零部件及配件制造							
铁路、船舶、航空航天和其他运输设备制造业							
铁路运输设备制造							
城市轨道交通设备制造							
船舶及相关装置制造							
航空、航天器及设备制造							
摩托车制造							
自行车制造							
非公路休闲车及零配件制造							
潜水救捞及其他未列明运输设备制造							
电气机械和器材制造业	2		260145	260669		42913	26793
电机制造	1		11738	12261		4512	2802

工业企业主要经济指标(续3)

单位：万元

资产总计	流动资产合计	应收帐款	存货	产成品	在产品	固定资产合计	固定资产原价
8053	2754	1763	991	644	347	5299	12572
8053	2754	1763	991	644	347	5299	12572
15720	6863	490	3149	444	1928	3674	7990
15720	6863	490	3149	444	1928	3674	7990
158873	111551	46670	35085	19383	345	40441	1039778
37527	15110	3473	6041	3707	345	15535	23477

2－1－4 规模以上国有控股

指标	企业单位数（个）	亏损企业	工业总产值（当年价格）	工业销售产值（当年价格）	出口交货值	年初存货	产成品
输配电及控制设备制造							
电线、电缆、光缆及电工器材制造	1		248407	248407		38401	23992
电池制造							
家用电力器具制造							
非电力家用器具制造							
照明器具制造							
其他电气机械及器材制造							
计算机、通信和其他电子设备制造业							
计算机制造							
通信设备制造							
广播电视设备制造							
雷达及配套设备制造							
视听设备制造							
电子器件制造							
电子元件制造							
其他电子设备制造							
仪器仪表制造业	1		2232	2191		16	
通用仪器仪表制造	1		2232	2191		16	
专用仪器仪表制造							
钟表与计时仪器制造							
光学仪器及眼镜制造							
其他仪器仪表制造业							
其他制造业							
日用杂品制造							
煤制品制造							
核辐射加工							
其他未列明制造业							
废弃资源综合利用业							
金属废料和碎屑加工处理							
非金属废料和碎屑加工处理							
金属制品、机械和设备修理业							
金属制品修理							
通用设备修理							
专用设备修理							
铁路、船舶、航空航天等运输设备修理							
电气设备修理							
仪器仪表修理							
其他机械和设备修理业							
电力、热力、燃气及水生产和供应业	9	2	643458	640992		37977	114
电力、热力生产和供应业	4	1	583197	579937		33841	
电力生产	4	1	583197	579937		33841	
电力供应							
热力生产和供应							
燃气生产和供应业	1		32971	34865		2786	
燃气生产和供应业	1		32971	34865		2786	
水的生产和供应业	4	1	27290	26190		1350	114
自来水生产和供应	2	1	12178	11601		1176	
污水处理及其再生利用	2		15112	14589		174	114
其他水的处理、利用与分配							

工业企业主要经济指标(续4)

单位：万元

资产总计	流动资产合计	应收帐款	存货	产成品	在产品	固定资产合计	固定资产原价
121346	96441	43196	29044	15675		24906	1016301
928	771	602	35		35	126	188
928	771	602	35		35	126	188
1094376	263579	60289	27147	530	161	767756	1082384
946972	201795	58314	20887			689294	985052
946972	201795	58314	20887			689294	985052
6281	3942	657	1611	191		1484	1952
6281	3942	657	1611	191		1484	1952
141124	57842	1318	4649	339	161	76979	95380
133733	55756	138	4148			71674	87517
7391	2086	1180	500	339	161	5305	7863

2－1－4 规模以上国有控股

指标	累计折旧	本年折旧	在建工程	负债合计	流动负债合计	应付账款	非流动负债合计
总计	**1794396**	**221642**	**122750**	**2139749**	**1651499**	**314289**	**488187**
按国民经济行业分组							
采掘业	100181	33312	17285	336491	207151	30582	129340
煤炭开采和洗选业							
烟煤和无烟煤开采洗选							
褐煤开采洗选							
其他煤炭采选							
石油和天然气开采业							
石油开采							
天然气开采							
黑色金属矿采选业							
铁矿采选							
锰矿、铬矿采选							
其他黑色金属矿采选							
有色金属矿采选业							
常用有色金属矿采选							
贵金属矿采选							
稀有稀土金属矿采选							
非金属矿采选业	100181	33312	17285	336491	207151	30582	129340
土砂石开采	2552	357	19	669			669
化学矿开采	23090	6655	22	48402	48402	9930	
采盐	74539	26300	17244	287421	158749	20653	128671
石棉及其他非金属矿采选							
开采辅助活动							
煤炭开采和洗选辅助活动							
石油和天然气开采辅助活动							
其他开采辅助活动							
其他采矿业							
其他采矿业							
制造业	1374049	137060	98930	999237	852450	223432	146724
农副食品加工业	4356	940		7232	7232	1398	
谷物磨制	4356	940		7232	7232	1398	
饲料加工							
植物油加工							
制糖业							
屠宰及肉类加工							
水产品加工							
蔬菜、水果和坚果加工							
其他农副食品加工							
食品制造业							
焙烤食品制造							
糖果、巧克力及蜜饯制造							
方便食品制造							
乳制品制造							
罐头食品制造							
调味品、发酵制品制造							
其他食品制造							
酒、饮料和精制茶制造业	13793	4825	6195	97157	94348	7157	2809
酒的制造	13793	4825	6195	97157	94348	7157	2809
饮料制造							

工业企业主要经济指标(续5)

单位：万元

所有者权益合计	实收资本	国家资本	集体资本	法人资本	个人资本	港澳台资本	外商资本	营业收入
2009711	**643907**	**289682**	**62299**	**265400**	**21027**	**500**	**5000**	**4100584**
242549	133022	63523	62299	1200	500	500	5000	419610
242549	133022	63523	62299	1200	500	500	5000	419610
818	200			200				22850
40126	34000	27000		1000	500	500	5000	62590
201605	98822	36523	62299					334170
1476807	274772	93245		163848	17679			3038980
9922	2987	367		2620				72688
9922	2987	367		2620				72688
231831	45000	22950		13050	9000			321806
231831	45000	22950		13050	9000			321806

2－1－4 规模以上国有控股

指　　标	累计折旧	本年折旧	在建工程	负债合计	流动负债合计	应付账款	非流动负债合计
精制茶加工							
烟草制品业	114114	11857	64226	115386	114721	61521	665
烟叶复烤							
卷烟制造	114114	11857	64226	115386	114721	61521	665
其他烟草制品制造							
纺织业							
棉纺织及印染精加工							
毛纺织及染整精加工							
麻纺织及染整精加工							
丝绢纺织及印染精加工							
化纤织造及印染精加工							
针织或钩针编织物及其制品制造							
家用纺织制成品制造							
非家用纺织制成品制造							
纺织服装、服饰业							
机织服装制造							
针织或钩针编织服装制造							
服饰制造							
皮革、毛皮、羽毛及其制品和制鞋业							
皮革鞣制加工							
皮革制品制造							
毛皮鞣制及制品加工							
羽毛（绒）加工及制品制造							
制鞋业							
木材加工和木、竹、藤、棕、草制品业							
木材加工							
人造板制造							
木制品制造							
竹、藤、棕、草等制品制造							
家具制造业							
木质家具制造							
竹、藤家具制造							
金属家具制造							
塑料家具制造							
其他家具制造							
造纸和纸制品业							
纸浆制造							
造纸							
纸制品制造							
印刷和记录媒介复制业	7829	291	23	2280	2218	134	
印刷	7829	291	23	2280	2218	134	
装订及印刷相关服务							
记录媒介复制							
文教、工美、体育和娱乐用品制造业							
文教办公用品制造							
乐器制造							
工艺美术品制造							
体育用品制造							
玩具制造							
游艺器材及娱乐用品制造							

工业企业主要经济指标（续6）

单位：万元

所有者权益合计	实收资本	国家资本	集体资本	法人资本	个人资本	港澳台资本	外商资本	营业收入
936676	21629	21629						1134482
936676	21629	21629						1134482
569	2421	2421						2300
569	2421	2421						2300

2－1－4 规模以上国有控股

指标	累计折旧	本年折旧	在建工程	负债合计	流动负债合计	应付账款	非流动负债合计
石油加工、炼焦和核燃料加工业	63935	6765	3117	57182	53836	27447	3346
精炼石油产品制造	63935	6765	3117	57182	53836	27447	3346
炼焦							
核燃料加工							
化学原料和化学制品制造业	133087	13655	20657	187241	145924	8378	41317
基础化学原料制造	103109	10991	16623	174700	133382	5740	41317
肥料制造							
农药制造							
涂料、油墨、颜料及类似产品制造							
合成材料制造							
专用化学产品制造	29978	2664	4034	12541	12541	2638	
炸药、火工及焰火产品制造							
日用化学产品制造							
医药制造业	3446	878		10452	7322	3127	3131
化学药品原料药制造	3446	878		10452	7322	3127	3131
化学药品制剂制造							
中药饮片加工							
中成药生产							
兽用药品制造							
生物药品制造							
卫生材料及医药用品制造							
化学纤维制造业							
纤维素纤维原料及纤维制造							
合成纤维制造							
橡胶和塑料制品业	1487	206		26384	18384	662	8000
橡胶制品业							
塑料制品业	1487	206		26384	18384	662	8000
非金属矿物制品业	9461	1746	2306	56824	52768	27296	4056
水泥、石灰和石膏制造	9461	1746	2306	56824	52768	27296	4056
石膏、水泥制品及类似制品制造							
砖瓦、石材等建筑材料制造							
玻璃制造							
玻璃制品制造							
玻璃纤维和玻璃纤维增强塑料制品制造							
陶瓷制品制造							
耐火材料制品制造							
石墨及其他非金属矿物制品制造							
黑色金属冶炼和压延加工业	10376	10376		293908	221784	55069	72125
炼铁							
炼钢							
黑色金属铸造							
钢压延加工	10376	10376		293908	221784	55069	72125
铁合金冶炼							
有色金属冶炼和压延加工业	1			521	521		
常用有色金属冶炼	1			521	521		
贵金属冶炼							
稀有稀土金属冶炼							
有色金属合金制造							
有色金属铸造							

工业企业主要经济指标(续7)

单位：万元

所有者权益合计	实收资本							营业收入
		国家资本	集体资本	法人资本	个人资本	港澳台资本	外商资本	
53154	33136			33136				525670
53154	33136			33136				525670
67733	19957	19957						407491
38223	6628	6628						371510
29510	13329	13329						35981
9168	1742			1742				27766
9168	1742			1742				27766
10521	9050	9050						10211
10521	9050	9050						10211
18224	13300			13300				87407
18224	13300			13300				87407
100000	100000			100000				64916
100000	100000			100000				64916
104	50				50			4549
104	50				50			4549

2－1－4 规模以上国有控股

指标	累计折旧	本年折旧	在建工程	负债合计	流动负债合计	应付账款	非流动负债合计
有色金属压延加工							
金属制品业	7273	1171		3791	2199	1418	1592
结构性金属制品制造	7273	1171		3791	2199	1418	1592
金属工具制造							
集装箱及金属包装容器制造							
金属丝绳及其制品制造							
建筑、安全用金属制品制造							
金属表面处理及热处理加工							
搪瓷制品制造							
金属制日用品制造							
其他金属制品制造							
通用设备制造业	4316	216	1232	13349	11017	3341	2332
锅炉及原动设备制造							
金属加工机械制造							
物料搬运设备制造							
泵、阀门、压缩机及类似机械制造							
轴承、齿轮和传动部件制造							
烘炉、风机、衡器、包装等设备制造							
文化、办公用机械制造							
通用零部件制造							
其他通用设备制造业	4316	216	1232	13349	11017	3341	2332
专用设备制造业							
采矿、冶金、建筑专用设备制造							
化工、木材、非金属加工专用设备制造							
食品、饮料、烟草及饲料生产专用设备制造							
印刷、制药、日化及日用品生产专用设备制造							
纺织、服装和皮革加工专用设备制造							
电子和电工机械专用设备制造							
农、林、牧、渔专用机械制造							
医疗仪器设备及器械制造							
环保、社会公共服务及其他专用设备制造							
汽车制造业							
汽车整车制造							
改装汽车制造							
低速载货汽车制造							
电车制造							
汽车车身、挂车制造							
汽车零部件及配件制造							
铁路、船舶、航空航天和其他运输设备制造业							
铁路运输设备制造							
城市轨道交通设备制造							
船舶及相关装置制造							
航空、航天器及设备制造							
摩托车制造							
自行车制造							
非公路休闲车及零配件制造							
潜水救捞及其他未列明运输设备制造							
电气机械和器材制造业	1000512	84121	1175	126753	119402	26045	7351
电机制造	9117	1269	1175	23995	18147	5521	5847

工业企业主要经济指标(续8)

单位：万元

所有者权益合计	实收资本	国家资本	集体资本	法人资本	个人资本	港澳台资本	外商资本	营业收入
4262	2131				2131			110046
4262	2131				2131			110046
2370	323	153			170			8370
2370	323	153			170			8370
32120	23016	16718			6298			259088
13532	10000	3702			6298			10681

2－1－4 规模以上国有控股

指标	累计折旧	本年折旧	在建工程	负债合计	流动负债合计	应付账款	非流动负债合计
输配电及控制设备制造							
电线、电缆、光缆及电工器材制造	991395	82852		102759	101255	20525	1504
电池制造							
家用电力器具制造							
非电力家用器具制造							
照明器具制造							
其他电气机械及器材制造							
计算机、通信和其他电子设备制造业							
计算机制造							
通信设备制造							
广播电视设备制造							
雷达及配套设备制造							
视听设备制造							
电子器件制造							
电子元件制造							
其他电子设备制造							
仪器仪表制造业	62	13		777	777	439	
通用仪器仪表制造	62	13		777	777	439	
专用仪器仪表制造							
钟表与计时仪器制造							
光学仪器及眼镜制造							
其他仪器仪表制造业							
其他制造业							
日用杂品制造							
煤制品制造							
核辐射加工							
其他未列明制造业							
废弃资源综合利用业							
金属废料和碎屑加工处理							
非金属废料和碎屑加工处理							
金属制品、机械和设备修理业							
金属制品修理							
通用设备修理							
专用设备修理							
铁路、船舶、航空航天等运输设备修理							
电气设备修理							
仪器仪表修理							
其他机械和设备修理业							
电力、热力、燃气及水生产和供应业	320166	51269	6535	804021	591898	60275	212123
电力、热力生产和供应业	295758	47432	1004	718816	526026	53737	192790
电力生产	295758	47432	1004	718816	526026	53737	192790
电力供应							
热力生产和供应							
燃气生产和供应业	469	156		3706	3224	2289	482
燃气生产和供应业	469	156		3706	3224	2289	482
水的生产和供应业	23939	3681	5531	81499	62648	4248	18851
自来水生产和供应	21382	2765	5531	80092	61707	3834	18386
污水处理及其再生利用	2557	916		1407	941	415	466
其他水的处理、利用与分配							

工业企业主要经济指标(续9)

单位：万元

所有者权益合计	实收资本	国家资本	集体资本	法人资本	个人资本	港澳台资本	外商资本	营业收入
18588	13016	13016						248407
151	30				30			2191
151	30				30			2191
290356	236113	132913		100352	2848			641995
228156	208127	119587		88540				580051
228156	208127	119587		88540				580051
2575	2000			2000				34865
2575	2000			2000				34865
59625	25986	13326		9812	2848			27079
53641	22831	13019		9812				12198
5984	3155	307			2848			14881

2－1－4 规模以上国有控股

指　　标	主营业务收入	营业成本	主营业务成本	营业税金及附加	主营业务税金及附加	其他业务利润	销售费用
总　计	**3968008**	**2667767**	**2543246**	**726102**	**725606**	**2024**	**127405**
按国民经济行业分组							
采掘业	406080	341463	329566	11973	11973	102	19454
煤炭开采和洗选业							
烟煤和无烟煤开采洗选							
褐煤开采洗选							
其他煤炭采选							
石油和天然气开采业							
石油开采							
天然气开采							
黑色金属矿采选业							
铁矿采选							
锰矿、铬矿采选							
其他黑色金属矿采选							
有色金属矿采选业							
常用有色金属矿采选							
贵金属矿采选							
稀有稀土金属矿采选							
非金属矿采选业	406080	341463	329566	11973	11973	102	19454
土砂石开采	22850	20565	20565	228	228		229
化学矿开采	61887	48507	47905	563	563	102	6815
采盐	321343	272392	261097	11182	11182		12410
石棉及其他非金属矿采选							
开采辅助活动							
煤炭开采和洗选辅助活动							
石油和天然气开采辅助活动							
其他开采辅助活动							
其他采矿业							
其他采矿业							
制造业	2925458	1800142	1689014	709343	709334	1613	102843
农副食品加工业	72688	64246	64246	2	2		1209
谷物磨制	72688	64246	64246	2	2		1209
饲料加工							
植物油加工							
制糖业							
屠宰及肉类加工							
水产品加工							
蔬菜、水果和坚果加工							
其他农副食品加工							
食品制造业							
焙烤食品制造							
糖果、巧克力及蜜饯制造							
方便食品制造							
乳制品制造							
罐头食品制造							
调味品、发酵制品制造							
其他食品制造							
酒、饮料和精制茶制造业	321806	138863	138863	29346	29346		46651
酒的制造	321806	138863	138863	29346	29346		46651
饮料制造							

工业企业主要经济指标(续10)

单位：万元

管理费用	税　　金	财务费用	利息收入	利息支出	资产减值损　　失	公允价值变动收益	投资收益	营业利润
135443	6953	53297	16956	64858	4986	-144	14812	401961
18951	1145	11475	724	9475	-51	-7	5073	21411
18951	1145	11475	724	9475	-51	-7	5073	21411
914	89	201						713
2476	241	1671	414	1031	8			2551
15561	815	9603	309	8444	-59	-7	5073	18147
100889	4259	3989	15354	17616	4373	-137	2067	321041
518	9	180	7	187				6534
518	9	180	7	187				6534
15056	796	-1484	1484		26		40	93389
15056	796	-1484	1484		26		40	93389

2－1－4 规模以上国有控股

指标	主营业务收入	营业成本	主营业务成本	营业税金及附加	主营业务税金及附加	其他业务利润	销售费用
精制茶加工							
烟草制品业	1031430	296155	193672	605955	605955	570	12519
烟叶复烤							
卷烟制造	1031430	296155	193672	605955	605955	570	12519
其他烟草制品制造							
纺织业							
棉纺织及印染精加工							
毛纺织及染整精加工							
麻纺织及染整精加工							
丝绢纺织及印染精加工							
化纤织造及印染精加工							
针织或钩针编织物及其制品制造							
家用纺织制成品制造							
非家用纺织制成品制造							
纺织服装、服饰业							
机织服装制造							
针织或钩针编织服装制造							
服饰制造							
皮革、毛皮、羽毛及其制品和制鞋业							
皮革鞣制加工							
皮革制品制造							
毛皮鞣制及制品加工							
羽毛（绒）加工及制品制造							
制鞋业							
木材加工和木、竹、藤、棕、草制品业							
木材加工							
人造板制造							
木制品制造							
竹、藤、棕、草等制品制造							
家具制造业							
木质家具制造							
竹、藤家具制造							
金属家具制造							
塑料家具制造							
其他家具制造							
造纸和纸制品业							
纸浆制造							
造纸							
纸制品制造							
印刷和记录媒介复制业	1843	2172	2094	14	14	378	112
印刷	1843	2172	2094	14	14	378	112
装订及印刷相关服务							
记录媒介复制							
文教、工美、体育和娱乐用品制造业							
文教办公用品制造							
乐器制造							
工艺美术品制造							
体育用品制造							
玩具制造							
游艺器材及娱乐用品制造							

工业企业主要经济指标(续11)

单位：万元

管理费用	税　金	财务费用	利息收入	利息支出	资产减值损　失	公允价值变动收益	投资收益	营业利润
36750	1204	-12057	12072				1920	199000
36750	1204	-12057	12072				1920	199000
773	19	94	1	95				-866
773	19	94	1	95				-866

2－1－4 规模以上国有控股

指　　标	主营业务收入	营业成本	主营业务成本	营业税金及附加	主营业务税金及附加	其他业务利润	销售费用
石油加工、炼焦和核燃料加工业	524973	435764	435455	70958	70957	387	2403
精炼石油产品制造	524973	435764	435455	70958	70957	387	2403
炼焦							
核燃料加工							
化学原料和化学制品制造业	403388	362094	358609	1430	1430	122	10848
基础化学原料制造	368106	337294	334464	682	682	77	8236
肥料制造							
农药制造							
涂料、油墨、颜料及类似产品制造							
合成材料制造							
专用化学产品制造	35282	24800	24146	749	749	45	2613
炸药、火工及焰火产品制造							
日用化学产品制造							
医药制造业	27737	7984	7957	395	395		15820
化学药品原料药制造	27737	7984	7957	395	395		15820
化学药品制剂制造							
中药饮片加工							
中成药生产							
兽用药品制造							
生物药品制造							
卫生材料及医药用品制造							
化学纤维制造业							
纤维素纤维原料及纤维制造							
合成纤维制造							
橡胶和塑料制品业	8993	7937	6792	40	40	43	376
橡胶制品业							
塑料制品业	8993	7937	6792	40	40	43	376
非金属矿物制品业	87016	75017	74667	239	239	1	3906
水泥、石灰和石膏制造	87016	75017	74667	239	239	1	3906
石膏、水泥制品及类似制品制造							
砖瓦、石材等建筑材料制造							
玻璃制造							
玻璃制品制造							
玻璃纤维和玻璃纤维增强塑料制品制造							
陶瓷制品制造							
耐火材料制品制造							
石墨及其他非金属矿物制品制造							
黑色金属冶炼和压延加工业	61816	64916	61816				
炼铁							
炼钢							
黑色金属铸造							
钢压延加工	61816	64916	61816				
铁合金冶炼							
有色金属冶炼和压延加工业	4549	4545	4545				
常用有色金属冶炼	4549	4545	4545				
贵金属冶炼							
稀有稀土金属冶炼							
有色金属合金制造							
有色金属铸造							

工业企业主要经济指标(续12)

单位：万元

管理费用	税　金	财务费用	利息收入	利息支出	资产减值损　失	公允价值变动收益	投资收益	营业利润
11150	363	488	5	487	4393			515
11150	363	488	5	487	4393			515
20613	888	8793	1705	9905	-35		97	3844
18246	774	8692	1682	9802	-51		97	-1492
2367	114	101	22	103	15			5336
2337		14				-137		1079
2337		14				-137		1079
1282	101	173	1	174	-10		11	423
1282	101	173	1	174	-10		11	423
2415	417	601	12	595				5229
2415	417	601	12	595				5229
3								1
3								1

2－1－4 规模以上国有控股

指　　标	主营业务收入	营业成本	主营业务成本	营业税金及附加	主营业务税金及附加	其他业务利润	销售费用
有色金属压延加工							
金属制品业	110046	90375	90375	577	577		4942
结构性金属制品制造	110046	90375	90375	577	577		4942
金属工具制造							
集装箱及金属包装容器制造							
金属丝绳及其制品制造							
建筑、安全用金属制品制造							
金属表面处理及热处理加工							
搪瓷制品制造							
金属制日用品制造							
其他金属制品制造							
通用设备制造业	8097	5810	5738	4	4	202	73
锅炉及原动设备制造							
金属加工机械制造							
物料搬运设备制造							
泵、阀门、压缩机及类似机械制造							
轴承、齿轮和传动部件制造							
烘炉、风机、衡器、包装等设备制造							
文化、办公用机械制造							
通用零部件制造							
其他通用设备制造业	8097	5810	5738	4	4	202	73
专用设备制造业							
采矿、冶金、建筑专用设备制造							
化工、木材、非金属加工专用设备制造							
食品、饮料、烟草及饲料生产专用设备制造							
印刷、制药、日化及日用品生产专用设备制造							
纺织、服装和皮革加工专用设备制造							
电子和电工机械专用设备制造							
农、林、牧、渔专用机械制造							
医疗仪器设备及器械制造							
环保、社会公共服务及其他专用设备制造							
汽车制造业							
汽车整车制造							
改装汽车制造							
低速载货汽车制造							
电车制造							
汽车车身、挂车制造							
汽车零部件及配件制造							
铁路、船舶、航空航天和其他运输设备制造业							
铁路运输设备制造							
城市轨道交通设备制造							
船舶及相关装置制造							
航空、航天器及设备制造							
摩托车制造							
自行车制造							
非公路休闲车及零配件制造							
潜水救捞及其他未列明运输设备制造							
电气机械和器材制造业	258887	242313	242233	376	376	－89	3869
电机制造	10480	7152	7072	76	76	－89	1034

工业企业主要经济指标(续13)

单位：万元

管理费用	税　金	财务费用	利息收入	利息支出	资产减值损　失	公允价值变动收益	投资收益	营业利润
4292	156	3511		3511				6348
4292	156	3511		3511				6348
1928	52	287	14	235				269
1928	52	287	14	235				269
3667	255	3388	54	2428				5264
2214	127	436	12	440				-441

2－1－4 规模以上国有控股

指　　标	主营业务收入	营业成本	主营业务成本	营业税金及附加	主营业务税金及附加	其他业务利润	销售费用
输配电及控制设备制造							
电线、电缆、光缆及电工器材制造	248407	235161	235161	300	300		2835
电池制造							
家用电力器具制造							
非电力家用器具制造							
照明器具制造							
其他电气机械及器材制造							
计算机、通信和其他电子设备制造业							
计算机制造							
通信设备制造							
广播电视设备制造							
雷达及配套设备制造							
视听设备制造							
电子器件制造							
电子元件制造							
其他电子设备制造							
仪器仪表制造业	2191	1952	1952	8			116
通用仪器仪表制造	2191	1952	1952	8			116
专用仪器仪表制造							
钟表与计时仪器制造							
光学仪器及眼镜制造							
其他仪器仪表制造业							
其他制造业							
日用杂品制造							
煤制品制造							
核辐射加工							
其他未列明制造业							
废弃资源综合利用业							
金属废料和碎屑加工处理							
非金属废料和碎屑加工处理							
金属制品、机械和设备修理业							
金属制品修理							
通用设备修理							
专用设备修理							
铁路、船舶、航空航天等运输设备修理							
电气设备修理							
仪器仪表修理							
其他机械和设备修理业							
电力、热力、燃气及水生产和供应业	636470	526162	524666	4786	4298	309	5109
电力、热力生产和供应业	574526	478299	476803	4112	4112	309	
电力生产	574526	478299	476803	4112	4112	309	
电力供应							
热力生产和供应							
燃气生产和供应业	34865	29355	29355	78	78		1149
燃气生产和供应业	34865	29355	29355	78	78		1149
水的生产和供应业	27079	18508	18508	596	107		3960
自来水生产和供应	12198	8159	8159	507	19		3371
污水处理及其再生利用	14881	10349	10349	89	89		589
其他水的处理、利用与分配							

工业企业主要经济指标(续14)

单位：万元

管理费用	税　金	财务费用	利息收入	利息支出	资产减值损失	公允价值变动收益	投资收益	营业利润
1453	128	2953	43	1988				5705
104	1							11
104	1							11
15604	1549	37833	878	37767	664		7672	59509
10002	1363	35866	651	36316	664		7444	58551
10002	1363	35866	651	36316	664		7444	58551
1169		46		41				3068
1169		46		41				3068
4433	186	1921	227	1410			228	-2110
3262	115	803	227	1033			228	-3676
1171	72	1119		378				1566

2－1－4 规模以上国有控股

指 标	营业外收入	其中：补贴收入	营业外支出	利润总额	应交所得税	亏损企业亏损总额	利税总额
总 计	**12242**	**5169**	**14031**	**398252**	**93138**	**9893**	**1371199**
按国民经济行业分组							
采掘业	1124	887	250	22285	5335	5077	44804
煤炭开采和洗选业							
烟煤和无烟煤开采洗选							
褐煤开采洗选							
其他煤炭采选							
石油和天然气开采业							
石油开采							
天然气开采							
黑色金属矿采选业							
铁矿采选							
锰矿、铬矿采选							
其他黑色金属矿采选							
有色金属矿采选业							
常用有色金属矿采选							
贵金属矿采选							
稀有稀土金属矿采选							
非金属矿采选业	1124	887	250	22285	5335	5077	44804
土砂石开采				713	29		1398
化学矿开采	108		109	2549	2473	5077	6181
采盐	1016	887	141	19022	2833		37225
石棉及其他非金属矿采选							
开采辅助活动							
煤炭开采和洗选辅助活动							
石油和天然气开采辅助活动							
其他开采辅助活动							
其他采矿业							
其他采矿业							
制造业	9474	3374	1596	326999	79625	834	1245663
农副食品加工业				6534	901		10033
谷物磨制				6534	901		10033
饲料加工							
植物油加工							
制糖业							
屠宰及肉类加工							
水产品加工							
蔬菜、水果和坚果加工							
其他农副食品加工							
食品制造业							
焙烤食品制造							
糖果、巧克力及蜜饯制造							
方便食品制造							
乳制品制造							
罐头食品制造							
调味品、发酵制品制造							
其他食品制造							
酒、饮料和精制茶制造业	917		301	94006	23501		150823
酒的制造	917		301	94006	23501		150823
饮料制造							

工业企业主要经济指标(续15)

单位：万元

应付职工薪酬	应交增值税	附属服务业收入或费用(支出)额	从业人员平均人数(人)	总资产贡献率(%)	资产负债率(%)	流动资产周转率(次/年)	成本费用利润率(%)	产品销售率(%)
163126	**246845**	**13220**	**22753**	**34.2**	**51.6**	**2.2**	**13.4**	**130.1**
27092	10546	738	3531	9.3	58.1	3.0	5.7	100.0
27092	10546	738	3531	9.3	58.1	3.0	5.7	100.0
602	457		86	94.0	45.0	21.9	3.3	100.0
3378	3069		752	7.7	54.7	2.8	4.3	105.2
23112	7020	738	2693	9.3	58.8	2.8	6.1	99.1
106444	209322	12481	16435	50.4	40.4	2.1	16.3	141.1
1345	3497		274	59.5	42.2	13.9	9.9	99.3
1345	3497		274	59.5	42.2	13.9	9.9	99.3
18294	27471		3356	45.4	29.5	1.3	47.2	92.1
18294	27471		3356	45.4	29.5	1.3	47.2	92.1

2－1－4 规模以上国有控股

指标	营业外收入	其中：补贴收入	营业外支出	利润总额	应交所得税	亏损企业亏损总额	利税总额
精制茶加工							
烟草制品业	3152	2022	919	199313	49828		943321
烟叶复烤							
卷烟制造	3152	2022	919	199313	49828		943321
其他烟草制品制造							
纺织业							
棉纺织及印染精加工							
毛纺织及染整精加工							
麻纺织及染整精加工							
丝绢纺织及印染精加工							
化纤织造及印染精加工							
针织或钩针编织物及其制品制造							
家用纺织制成品制造							
非家用纺织制成品制造							
纺织服装、服饰业							
机织服装制造							
针织或钩针编织服装制造							
服饰制造							
皮革、毛皮、羽毛及其制品和制鞋业							
皮革鞣制加工							
皮革制品制造							
毛皮鞣制及制品加工							
羽毛（绒）加工及制品制造							
制鞋业							
木材加工和木、竹、藤、棕、草制品业							
木材加工							
人造板制造							
木制品制造							
竹、藤、棕、草等制品制造							
家具制造业							
木质家具制造							
竹、藤家具制造							
金属家具制造							
塑料家具制造							
其他家具制造							
造纸和纸制品业							
纸浆制造							
造纸							
纸制品制造							
印刷和记录媒介复制业	37		5	-834		834	-685
印刷	37		5	-834		834	-685
装订及印刷相关服务							
记录媒介复制							
文教、工美、体育和娱乐用品制造业							
文教办公用品制造							
乐器制造							
工艺美术品制造							
体育用品制造							
玩具制造							
游艺器材及娱乐用品制造							

工业企业主要经济指标(续16)

单位：万元

应付职工薪酬	应交增值税	附属服务业收入或费用（支出）额	从业人员平均人数（人）	总资产贡献率（%）	资产负债率（%）	流动资产周转率（次/年）	成本费用利润率（%）	产品销售率（%）
18723	138053		1948	88.5	11.0	1.4	59.8	100.0
18723	138053		1948	88.5	11.0	1.4	59.8	100.0
800	136		291	-20.8	80.0	1.5	-26.5	84.9
800	136		291	-20.8	80.0	1.5	-26.5	84.9

2－1－4 规模以上国有控股

指标	营业外收入	其中：补贴收入	营业外支出	利润总额	应交所得税	亏损企业亏损总额	利税总额
石油加工、炼焦和核燃料加工业	150			665			94234
精炼石油产品制造	150			665			94234
炼焦							
核燃料加工							
化学原料和化学制品制造业	3314	742	275	6883	1383		15348
基础化学原料制造	3064	742	222	1350	60		6675
肥料制造							
农药制造							
涂料、油墨、颜料及类似产品制造							
合成材料制造							
专用化学产品制造	250		54	5533	1323		8673
炸药、火工及焰火产品制造							
日用化学产品制造							
医药制造业	635			1715	686		5168
化学药品原料药制造	635			1715	686		5168
化学药品制剂制造							
中药饮片加工							
中成药生产							
兽用药品制造							
生物药品制造							
卫生材料及医药用品制造							
化学纤维制造业							
纤维素纤维原料及纤维制造							
合成纤维制造							
橡胶和塑料制品业	45		5	462	117		856
橡胶制品业							
塑料制品业	45		5	462	117		856
非金属矿物制品业	627	610		5855	1422		8684
水泥、石灰和石膏制造	627	610		5855	1422		8684
石膏、水泥制品及类似制品制造							
砖瓦、石材等建筑材料制造							
玻璃制造							
玻璃制品制造							
玻璃纤维和玻璃纤维增强塑料制品制造							
陶瓷制品制造							
耐火材料制品制造							
石墨及其他非金属矿物制品制造							
黑色金属冶炼和压延加工业							
炼铁							
炼钢							
黑色金属铸造							
钢压延加工							
铁合金冶炼							
有色金属冶炼和压延加工业				1			1
常用有色金属冶炼				1			1
贵金属冶炼							
稀有稀土金属冶炼							
有色金属合金制造							
有色金属铸造							

工业企业主要经济指标（续17）

单位：万元

应付职工薪酬	应交增值税	附属服务业收入或费用（支出）额	从业人员平均人数（人）	总资产贡献率（%）	资产负债率（%）	流动资产周转率（次/年）	成本费用利润率（%）	产品销售率（%）
13903	22611	697	1353	85.8	51.8	11.2	0.2	99.9
13903	22611	697	1353	85.8	51.8	11.2	0.2	99.9
16048	7034	11761	3103	9.2	73.4	4.8	1.7	536.9
12501	4643	11761	2487	7.0	82.1	5.2	0.4	586.4
3548	2392		616	20.8	29.8	2.5	18.5	115.8
2359	3059		628	26.3	53.3	2.6	6.6	84.7
2359	3059		628	26.3	53.3	2.6	6.6	84.7
1213	354		155	2.8	71.5	0.3	4.7	125.6
1213	354		155	2.8	71.5	0.3	4.7	125.6
3103	2590		379	12.4	75.7	3.4	7.2	103.6
3103	2590		379	12.4	75.7	3.4	7.2	103.6
5094			293		74.6	0.8		98.3
5094			293		74.6	0.8		98.3
13			22	0.1	83.3	7.3	0.0	97.2
13			22	0.1	83.3	7.3	0.0	97.2

2－1－4 规模以上国有控股

指标	营业外收入	其中：补贴收入	营业外支出	利润总额	应交所得税	亏损企业亏损总额	利税总额
有色金属压延加工							
金属制品业				6348	1587		8677
结构性金属制品制造				6348	1587		8677
金属工具制造							
集装箱及金属包装容器制造							
金属丝绳及其制品制造							
建筑、安全用金属制品制造							
金属表面处理及热处理加工							
搪瓷制品制造							
金属制日用品制造							
其他金属制品制造							
通用设备制造业	12		4	276			307
锅炉及原动设备制造							
金属加工机械制造							
物料搬运设备制造							
泵、阀门、压缩机及类似机械制造							
轴承、齿轮和传动部件制造							
烘炉、风机、衡器、包装等设备制造							
文化、办公用机械制造							
通用零部件制造							
其他通用设备制造业	12		4	276			307
专用设备制造业							
采矿、冶金、建筑专用设备制造							
化工、木材、非金属加工专用设备制造							
食品、饮料、烟草及饲料生产专用设备制造							
印刷、制药、日化及日用品生产专用设备制造							
纺织、服装和皮革加工专用设备制造							
电子和电工机械专用设备制造							
农、林、牧、渔专用机械制造							
医疗仪器设备及器械制造							
环保、社会公共服务及其他专用设备制造							
汽车制造业							
汽车整车制造							
改装汽车制造							
低速载货汽车制造							
电车制造							
汽车车身、挂车制造							
汽车零部件及配件制造							
铁路、船舶、航空航天和其他运输设备制造业							
铁路运输设备制造							
城市轨道交通设备制造							
船舶及相关装置制造							
航空、航天器及设备制造							
摩托车制造							
自行车制造							
非公路休闲车及零配件制造							
潜水救捞及其他未列明运输设备制造							
电气机械和器材制造业	585		86	5764	198		8815
电机制造	585		86	59	26		769

工业企业主要经济指标(续18)

单位：万元

应付职工薪酬	应交增值税	附属服务业收入或费用(支出)额	从业人员平均人数(人)	总资产贡献率(%)	资产负债率(%)	流动资产周转率(次/年)	成本费用利润率(%)	产品销售率(%)
758	1751		264	151.4	47.1	40.0	6.2	97.5
758	1751		264	151.4	47.1	40.0	6.2	97.5
1226	27	23	234	3.4	84.9	1.2	3.4	113.3
1226	27	23	234	3.4	84.9	1.2	3.4	113.3
23456	2675		4105	7.0	79.8	2.3	2.3	100.2
1441	633		420	3.2	63.9	0.7	0.6	104.5

2－1－4 规模以上国有控股

指标	营业外收入	其中：补贴收入	营业外支出	利润总额	应交所得税	亏损企业亏损总额	利税总额
输配电及控制设备制造							
电线、电缆、光缆及电工器材制造				5705	172		8046
电池制造							
家用电力器具制造							
非电力家用器具制造							
照明器具制造							
其他电气机械及器材制造							
计算机、通信和其他电子设备制造业							
计算机制造							
通信设备制造							
广播电视设备制造							
雷达及配套设备制造							
视听设备制造							
电子器件制造							
电子元件制造							
其他电子设备制造							
仪器仪表制造业				11	3		84
通用仪器仪表制造				11	3		84
专用仪器仪表制造							
钟表与计时仪器制造							
光学仪器及眼镜制造							
其他仪器仪表制造业							
其他制造业							
日用杂品制造							
煤制品制造							
核辐射加工							
其他未列明制造业							
废弃资源综合利用业							
金属废料和碎屑加工处理							
非金属废料和碎屑加工处理							
金属制品、机械和设备修理业							
金属制品修理							
通用设备修理							
专用设备修理							
铁路、船舶、航空航天等运输设备修理							
电气设备修理							
仪器仪表修理							
其他机械和设备修理业							
电力、热力、燃气及水生产和供应业	1644	908	12185	48968	8177	3982	80731
电力、热力生产和供应业	1417	827	12078	47890	7015	242	76258
电力生产	1417	827	12078	47890	7015	242	76258
电力供应							
热力生产和供应							
燃气生产和供应业				3068	767		4449
燃气生产和供应业				3068	767		4449
水的生产和供应业	228	81	107	－1990	395	3740	25
自来水生产和供应	228	81	107	－3556	46	3740	－2291
污水处理及其再生利用				1566	349		2317
其他水的处理、利用与分配							

工业企业主要经济指标（续19）

单位：万元

应付职工薪酬	应交增值税	附属服务业收入或费用（支出）额	从业人员平均人数（人）	总资产贡献率（%）	资产负债率（%）	流动资产周转率（次/年）	成本费用利润率（%）	产品销售率（%）
22016	2041		3685	8.2	84.7	2.6	2.4	100.0
109	64		30	9.0	83.7	2.8	0.5	98.2
109	64		30	9.0	83.7	2.8	0.5	98.2
29590	26977		2787	10.8	73.5	2.4	8.4	99.6
24503	24255		1937	11.8	75.9	2.9	9.1	99.4
24503	24255		1937	11.8	75.9	2.9	9.1	99.4
349	1302		127	71.5	59.0	8.9	9.7	105.7
349	1302		127	71.5	59.0	8.9	9.7	105.7
4738	1420		723	0.9	57.8	0.5	-6.9	96.0
4371	757		626	-1.1	59.9	0.2	-22.8	95.3
368	662		97	36.5	19.0	7.1	11.8	96.5

2－1－5 规模以上集体工业

指标	企业单位数（个）	亏损企业	工业总产值（当年价格）	工业销售产值（当年价格）	出口交货值	年初存货	产成品
总计	**11**		**230683**	**227973**		**4204**	**1740**
按国民经济行业分组							
采掘业							
煤炭开采和洗选业							
烟煤和无烟煤开采洗选							
褐煤开采洗选							
其他煤炭采选							
石油和天然气开采业							
石油开采							
天然气开采							
黑色金属矿采选业							
铁矿采选							
锰矿、铬矿采选							
其他黑色金属矿采选							
有色金属矿采选业							
常用有色金属矿采选							
贵金属矿采选							
稀有稀土金属矿采选							
非金属矿采选业							
土砂石开采							
化学矿开采							
采盐							
石棉及其他非金属矿采选							
开采辅助活动							
煤炭开采和洗选辅助活动							
石油和天然气开采辅助活动							
其他开采辅助活动							
其他采矿业							
其他采矿业							
制造业	11		230683	227973		4204	1740
农副食品加工业							
谷物磨制							
饲料加工							
植物油加工							
制糖业							
屠宰及肉类加工							
水产品加工							
蔬菜、水果和坚果加工							
其他农副食品加工							
食品制造业							
焙烤食品制造							
糖果、巧克力及蜜饯制造							
方便食品制造							
乳制品制造							
罐头食品制造							
调味品、发酵制品制造							
其他食品制造							
酒、饮料和精制茶制造业							
酒的制造							
饮料制造							

企 业 主 要 经 济 指 标

单位：万元

资产总计	流动资产合计					固定资产合计	固定资产原价
		应收帐款	存货				
				产成品	在产品		
33864	**24442**	**8174**	**3543**	**1729**	**17**	**8195**	**12485**
33864	24442	8174	3543	1729	17	8195	12485

2－1－5 规模以上集体工业

指标	企业单位数（个）	亏损企业	工业总产值（当年价格）	工业销售产值（当年价格）	出口交货值	年初存货	产成品
精制茶加工							
烟草制品业							
烟叶复烤							
卷烟制造							
其他烟草制品制造							
纺织业	2		64549	64549		1230	94
棉纺织及印染精加工	2		64549	64549		1230	94
毛纺织及染整精加工							
麻纺织及染整精加工							
丝绢纺织及印染精加工							
化纤织造及印染精加工							
针织或钩针编织物及其制品制造							
家用纺织制成品制造							
非家用纺织制成品制造							
纺织服装、服饰业							
机织服装制造							
针织或钩针编织服装制造							
服饰制造							
皮革、毛皮、羽毛及其制品和制鞋业							
皮革鞣制加工							
皮革制品制造							
毛皮鞣制及制品加工							
羽毛（绒）加工及制品制造							
制鞋业							
木材加工和木、竹、藤、棕、草制品业							
木材加工							
人造板制造							
木制品制造							
竹、藤、棕、草等制品制造							
家具制造业							
木质家具制造							
竹、藤家具制造							
金属家具制造							
塑料家具制造							
其他家具制造							
造纸和纸制品业							
纸浆制造							
造纸							
纸制品制造							
印刷和记录媒介复制业	1		2000	2000		80	
印刷	1		2000	2000		80	
装订及印刷相关服务							
记录媒介复制							
文教、工美、体育和娱乐用品制造业							
文教办公用品制造							
乐器制造							
工艺美术品制造							
体育用品制造							
玩具制造							
游艺器材及娱乐用品制造							

企业主要经济指标(续1)

单位：万元

资产总计	流动资产合计	应收帐款	存货	产成品	在产品	固定资产合计	固定资产原价
5128	4262	1019	1385	460		242	515
5128	4262	1019	1385	460		242	515
1632	882	34	82			750	1955
1632	882	34	82			750	1955

2－1－5 规模以上集体工业

指标	企业单位数（个）	亏损企业	工业总产值（当年价格）	工业销售产值（当年价格）	出口交货值	年初存货	产成品
石油加工、炼焦和核燃料加工业							
精炼石油产品制造							
炼焦							
核燃料加工							
化学原料和化学制品制造业							
基础化学原料制造							
肥料制造							
农药制造							
涂料、油墨、颜料及类似产品制造							
合成材料制造							
专用化学产品制造							
炸药、火工及焰火产品制造							
日用化学产品制造							
医药制造业	1		6507	6272		37	
化学药品原料药制造							
化学药品制剂制造							
中药饮片加工	1		6507	6272		37	
中成药生产							
兽用药品制造							
生物药品制造							
卫生材料及医药用品制造							
化学纤维制造业							
纤维素纤维原料及纤维制造							
合成纤维制造							
橡胶和塑料制品业							
橡胶制品业							
塑料制品业							
非金属矿物制品业	1		2504	2713		814	560
水泥、石灰和石膏制造							
石膏、水泥制品及类似制品制造	1		2504	2713		814	560
砖瓦、石材等建筑材料制造							
玻璃制造							
玻璃制品制造							
玻璃纤维和玻璃纤维增强塑料制品制造							
陶瓷制品制造							
耐火材料制品制造							
石墨及其他非金属矿物制品制造							
黑色金属冶炼和压延加工业	2		45163	44931		1195	390
炼铁							
炼钢							
黑色金属铸造	2		45163	44931		1195	390
钢压延加工							
铁合金冶炼							
有色金属冶炼和压延加工业	1		63408	62140		60	39
常用有色金属冶炼	1		63408	62140		60	39
贵金属冶炼							
稀有稀土金属冶炼							
有色金属合金制造							
有色金属铸造							

企业主要经济指标(续2)

单位：万元

资产总计	流动资产合计	应收帐款	存货	产成品	在产品	固定资产合计	固定资产原价
2714	542	16	5	4		2151	2014
2714	542	16	5	4		2151	2014
5147	4759	2749	565	273		384	704
5147	4759	2749	565	273		384	704
6272	2509	207	78	41		3263	4797
6272	2509	207	78	41		3263	4797
465	238	174	63	44	12	227	235
465	238	174	63	44	12	227	235

2－1－5 规模以上集体工业

指 标	企业单位数（个）	亏损企业	工业总产值（当年价格）	工业销售产值（当年价格）	出口交货值	年初存货	产成品
有色金属压延加工							
金属制品业							
结构性金属制品制造							
金属工具制造							
集装箱及金属包装容器制造							
金属丝绳及其制品制造							
建筑、安全用金属制品制造							
金属表面处理及热处理加工							
搪瓷制品制造							
金属制日用品制造							
其他金属制品制造							
通用设备制造业							
锅炉及原动设备制造							
金属加工机械制造							
物料搬运设备制造							
泵、阀门、压缩机及类似机械制造							
轴承、齿轮和传动部件制造							
烘炉、风机、衡器、包装等设备制造							
文化、办公用机械制造							
通用零部件制造							
其他通用设备制造业							
专用设备制造业							
采矿、冶金、建筑专用设备制造							
化工、木材、非金属加工专用设备制造							
食品、饮料、烟草及饲料生产专用设备制造							
印刷、制药、日化及日用品生产专用设备制造							
纺织、服装和皮革加工专用设备制造							
电子和电工机械专用设备制造							
农、林、牧、渔专用机械制造							
医疗仪器设备及器械制造							
环保、社会公共服务及其他专用设备制造							
汽车制造业	1		35989	34805		685	635
汽车整车制造							
改装汽车制造							
低速载货汽车制造							
电车制造							
汽车车身、挂车制造							
汽车零部件及配件制造	1		35989	34805		685	635
铁路、船舶、航空航天和其他运输设备制造业							
铁路运输设备制造							
城市轨道交通设备制造							
船舶及相关装置制造							
航空、航天器及设备制造							
摩托车制造							
自行车制造							
非公路休闲车及零配件制造							
潜水救捞及其他未列明运输设备制造							
电气机械和器材制造业							
电机制造							

企业主要经济指标(续3)

单位：万元

资产总计	流动资产合计	应收帐款	存货	产成品	在产品	固定资产合计	固定资产原价
8852	7812	2150	1218	907		1040	2076
8852	7812	2150	1218	907		1040	2076

2－1－5 规模以上集体工业

指标	企业单位数（个）	亏损企业	工业总产值（当年价格）	工业销售产值（当年价格）	出口交货值	年初存货	产成品
输配电及控制设备制造							
电线、电缆、光缆及电工器材制造							
电池制造							
家用电力器具制造							
非电力家用器具制造							
照明器具制造							
其他电气机械及器材制造							
计算机、通信和其他电子设备制造业							
计算机制造							
通信设备制造							
广播电视设备制造							
雷达及配套设备制造							
视听设备制造							
电子器件制造							
电子元件制造							
其他电子设备制造							
仪器仪表制造业	2		10562	10562		103	22
通用仪器仪表制造	2		10562	10562		103	22
专用仪器仪表制造							
钟表与计时仪器制造							
光学仪器及眼镜制造							
其他仪器仪表制造业							
其他制造业							
日用杂品制造							
煤制品制造							
核辐射加工							
其他未列明制造业							
废弃资源综合利用业							
金属废料和碎屑加工处理							
非金属废料和碎屑加工处理							
金属制品、机械和设备修理业							
金属制品修理							
通用设备修理							
专用设备修理							
铁路、船舶、航空航天等运输设备修理							
电气设备修理							
仪器仪表修理							
其他机械和设备修理业							
电力、热力、燃气及水生产和供应业							
电力、热力生产和供应业							
电力生产							
电力供应							
热力生产和供应							
燃气生产和供应业							
燃气生产和供应业							
水的生产和供应业							
自来水生产和供应							
污水处理及其再生利用							
其他水的处理、利用与分配							

企业主要经济指标(续4)

单位：万元

资产总计	流动资产合计	应收帐款	存货	产成品	在产品	固定资产合计	固定资产原价
3656	3439	1826	147		5	138	188
3656	3439	1826	147		5	138	188

2－1－5 规模以上集体工业

指标	累计折旧	本年折旧	在建工程	负债合计	流动负债合计	应付账款	非流动负债合计
总计	**4588**	**841**	**4**	**19088**	**19088**	**4297**	
按国民经济行业分组							
采掘业							
煤炭开采和洗选业							
烟煤和无烟煤开采洗选							
褐煤开采洗选							
其他煤炭采选							
石油和天然气开采业							
石油开采							
天然气开采							
黑色金属矿采选业							
铁矿采选							
锰矿、铬矿采选							
其他黑色金属矿采选							
有色金属矿采选业							
常用有色金属矿采选							
贵金属矿采选							
稀有稀土金属矿采选							
非金属矿采选业							
土砂石开采							
化学矿开采							
采盐							
石棉及其他非金属矿采选							
开采辅助活动							
煤炭开采和洗选辅助活动							
石油和天然气开采辅助活动							
其他开采辅助活动							
其他采矿业							
其他采矿业							
制造业	4588	841	4	19088	19088	4297	
农副食品加工业							
谷物磨制							
饲料加工							
植物油加工							
制糖业							
屠宰及肉类加工							
水产品加工							
蔬菜、水果和坚果加工							
其他农副食品加工							
食品制造业							
焙烤食品制造							
糖果、巧克力及蜜饯制造							
方便食品制造							
乳制品制造							
罐头食品制造							
调味品、发酵制品制造							
其他食品制造							
酒、饮料和精制茶制造业							
酒的制造							
饮料制造							

企业主要经济指标(续5)

单位：万元

所有者权益合计	实收资本						营业收入
		国家资本	集体资本	法人资本	个人资本	港澳台资本	外商资本	
14776	**4839**	**1050**	**2974**	**175**	**640**			**229755**
14776	4839	1050	2974	175	640			229755

2－1－5 规模以上集体工业

指标	累计折旧	本年折旧	在建工程	负债合计	流动负债合计	应付账款	非流动负债合计
精制茶加工							
烟草制品业							
烟叶复烤							
卷烟制造							
其他烟草制品制造							
纺织业	273	41		4977	4977	56	
棉纺织及印染精加工	273	41		4977	4977	56	
毛纺织及染整精加工							
麻纺织及染整精加工							
丝绢纺织及印染精加工							
化纤织造及印染精加工							
针织或钩针编织物及其制品制造							
家用纺织制成品制造							
非家用纺织制成品制造							
纺织服装、服饰业							
机织服装制造							
针织或钩针编织服装制造							
服饰制造							
皮革、毛皮、羽毛及其制品和制鞋业							
皮革鞣制加工							
皮革制品制造							
毛皮鞣制及制品加工							
羽毛（绒）加工及制品制造							
制鞋业							
木材加工和木、竹、藤、棕、草制品业							
木材加工							
人造板制造							
木制品制造							
竹、藤、棕、草等制品制造							
家具制造业							
木质家具制造							
竹、藤家具制造							
金属家具制造							
塑料家具制造							
其他家具制造							
造纸和纸制品业							
纸浆制造							
造纸							
纸制品制造							
印刷和记录媒介复制业	1205	129		48	48	16	
印刷	1205	129		48	48	16	
装订及印刷相关服务							
记录媒介复制							
文教、工美、体育和娱乐用品制造业							
文教办公用品制造							
乐器制造							
工艺美术品制造							
体育用品制造							
玩具制造							
游艺器材及娱乐用品制造							

企业主要经济指标(续6)

单位：万元

所有者权益合计	实收资本	国家资本	集体资本	法人资本	个人资本	港澳台资本	外商资本	营业收入
150	144		144					66311
150	144		144					66311
1583	1050	1050						2000
1583	1050	1050						2000

2－1－5 规模以上集体工业

指标	累计折旧	本年折旧	在建工程	负债合计	流动负债合计	应付账款	非流动负债合计
石油加工、炼焦和核燃料加工业							
精炼石油产品制造							
炼焦							
核燃料加工							
化学原料和化学制品制造业							
基础化学原料制造							
肥料制造							
农药制造							
涂料、油墨、颜料及类似产品制造							
合成材料制造							
专用化学产品制造							
炸药、火工及焰火产品制造							
日用化学产品制造							
医药制造业	161	27		106	106		
化学药品原料药制造							
化学药品制剂制造							
中药饮片加工	161	27		106	106		
中成药生产							
兽用药品制造							
生物药品制造							
卫生材料及医药用品制造							
化学纤维制造业							
纤维素纤维原料及纤维制造							
合成纤维制造							
橡胶和塑料制品业							
橡胶制品业							
塑料制品业							
非金属矿物制品业	320	86	4	3097	3097	1758	
水泥、石灰和石膏制造							
石膏、水泥制品及类似制品制造	320	86	4	3097	3097	1758	
砖瓦、石材等建筑材料制造							
玻璃制造							
玻璃制品制造							
玻璃纤维和玻璃纤维增强塑料制品制造							
陶瓷制品制造							
耐火材料制品制造							
石墨及其他非金属矿物制品制造							
黑色金属冶炼和压延加工业	1534	417		6657	6657		
炼铁							
炼钢							
黑色金属铸造	1534	417		6657	6657		
钢压延加工							
铁合金冶炼							
有色金属冶炼和压延加工业	9	2		302	302	101	
常用有色金属冶炼	9	2		302	302	101	
贵金属冶炼							
稀有稀土金属冶炼							
有色金属合金制造							
有色金属铸造							

企业主要经济指标(续7)

单位：万元

所有者权益合计	实收资本							营业收入
		国家资本	集体资本	法人资本	个人资本	港澳台资本	外商资本	
2607	140				140			6272
2607	140				140			6272
2050	1050		1050					2733
2050	1050		1050					2733
-385	195		20	175				44931
-385	195		20	175				44931
163	140		140					62140
163	140		140					62140

2－1－5 规模以上集体工业

指标	累计折旧	本年折旧	在建工程	负债合计	流动负债合计	应付账款	非流动负债合计
有色金属压延加工							
金属制品业							
结构性金属制品制造							
金属工具制造							
集装箱及金属包装容器制造							
金属丝绳及其制品制造							
建筑、安全用金属制品制造							
金属表面处理及热处理加工							
搪瓷制品制造							
金属制日用品制造							
其他金属制品制造							
通用设备制造业							
锅炉及原动设备制造							
金属加工机械制造							
物料搬运设备制造							
泵、阀门、压缩机及类似机械制造							
轴承、齿轮和传动部件制造							
烘炉、风机、衡器、包装等设备制造							
文化、办公用机械制造							
通用零部件制造							
其他通用设备制造业							
专用设备制造业							
采矿、冶金、建筑专用设备制造							
化工、木材、非金属加工专用设备制造							
食品、饮料、烟草及饲料生产专用设备制造							
印刷、制药、日化及日用品生产专用设备制造							
纺织、服装和皮革加工专用设备制造							
电子和电工机械专用设备制造							
农、林、牧、渔专用机械制造							
医疗仪器设备及器械制造							
环保、社会公共服务及其他专用设备制造							
汽车制造业	1036	135		2138	2138	1990	
汽车整车制造							
改装汽车制造							
低速载货汽车制造							
电车制造							
汽车车身、挂车制造							
汽车零部件及配件制造	1036	135		2138	2138	1990	
铁路、船舶、航空航天和其他运输设备制造业							
铁路运输设备制造							
城市轨道交通设备制造							
船舶及相关装置制造							
航空、航天器及设备制造							
摩托车制造							
自行车制造							
非公路休闲车及零配件制造							
潜水救捞及其他未列明运输设备制造							
电气机械和器材制造业							
电机制造							

企业主要经济指标(续8)

单位：万元

所有者权益合计	实收资本							营业收入
		国家资本	集体资本	法人资本	个人资本	港澳台资本	外商资本	
6714	1000		1000					34805
6714	1000		1000					34805

2－1－5 规模以上集体工业

指　　　　标	累计折旧	本年折旧	在建工程	负债合计	流动负债合计	应付账款	非流动负债合计
输配电及控制设备制造							
电线、电缆、光缆及电工器材制造							
电池制造							
家用电力器具制造							
非电力家用器具制造							
照明器具制造							
其他电气机械及器材制造							
计算机、通信和其他电子设备制造业							
计算机制造							
通信设备制造							
广播电视设备制造							
雷达及配套设备制造							
视听设备制造							
电子器件制造							
电子元件制造							
其他电子设备制造							
仪器仪表制造业	50	3		1763	1763	376	
通用仪器仪表制造	50	3		1763	1763	376	
专用仪器仪表制造							
钟表与计时仪器制造							
光学仪器及眼镜制造							
其他仪器仪表制造业							
其他制造业							
日用杂品制造							
煤制品制造							
核辐射加工							
其他未列明制造业							
废弃资源综合利用业							
金属废料和碎屑加工处理							
非金属废料和碎屑加工处理							
金属制品、机械和设备修理业							
金属制品修理							
通用设备修理							
专用设备修理							
铁路、船舶、航空航天等运输设备修理							
电气设备修理							
仪器仪表修理							
其他机械和设备修理业							
电力、热力、燃气及水生产和供应业							
电力、热力生产和供应业							
电力生产							
电力供应							
热力生产和供应							
燃气生产和供应业							
燃气生产和供应业							
水的生产和供应业							
自来水生产和供应							
污水处理及其再生利用							
其他水的处理、利用与分配							

企业主要经济指标(续9)

单位：万元

所有者权益合计	实收资本	国家资本	集体资本	法人资本	个人资本	港澳台资本	外商资本	营业收入
1893	1120		620		500			10562
1893	1120		620		500			10562

2－1－5 规模以上集体工业

指标	主营业务收入	营业成本	主营业务成本	营业税金及附加	主营业务税金及附加	其他业务利润	销售费用
总计	**229735**	**204536**	**203986**	**1313**	**1303**	**24**	**8983**
按国民经济行业分组							
采掘业							
煤炭开采和洗选业							
烟煤和无烟煤开采洗选							
褐煤开采洗选							
其他煤炭采选							
石油和天然气开采业							
石油开采							
天然气开采							
黑色金属矿采选业							
铁矿采选							
锰矿、铬矿采选							
其他黑色金属矿采选							
有色金属矿采选业							
常用有色金属矿采选							
贵金属矿采选							
稀有稀土金属矿采选							
非金属矿采选业							
土砂石开采							
化学矿开采							
采盐							
石棉及其他非金属矿采选							
开采辅助活动							
煤炭开采和洗选辅助活动							
石油和天然气开采辅助活动							
其他开采辅助活动							
其他采矿业							
其他采矿业							
制造业	229735	204536	203986	1313	1303	24	8983
农副食品加工业							
谷物磨制							
饲料加工							
植物油加工							
制糖业							
屠宰及肉类加工							
水产品加工							
蔬菜、水果和坚果加工							
其他农副食品加工							
食品制造业							
焙烤食品制造							
糖果、巧克力及蜜饯制造							
方便食品制造							
乳制品制造							
罐头食品制造							
调味品、发酵制品制造							
其他食品制造							
酒、饮料和精制茶制造业							
酒的制造							
饮料制造							

企业主要经济指标（续10）

单位：万元

管理费用	税　金	财务费用	利息收入	利息支出	资产减值损　失	公允价值变动收益	投资收益	营业利润
5437	**280**	**1053**	**14**	**969**	**408**		**34**	**8084**
5437	280	1053	14	969	408		34	8084

2－1－5 规模以上集体工业

指标	主营业务收入	营业成本	主营业务成本	营业税金及附加	主营业务税金及附加	其他业务利润	销售费用
精制茶加工							
烟草制品业							
烟叶复烤							
卷烟制造							
其他烟草制品制造							
纺织业	66311	58040	57510	882	872		3621
棉纺织及印染精加工	66311	58040	57510	882	872		3621
毛纺织及染整精加工							
麻纺织及染整精加工							
丝绢纺织及印染精加工							
化纤织造及印染精加工							
针织或钩针编织物及其制品制造							
家用纺织制成品制造							
非家用纺织制成品制造							
纺织服装、服饰业							
机织服装制造							
针织或钩针编织服装制造							
服饰制造							
皮革、毛皮、羽毛及其制品和制鞋业							
皮革鞣制加工							
皮革制品制造							
毛皮鞣制及制品加工							
羽毛（绒）加工及制品制造							
制鞋业							
木材加工和木、竹、藤、棕、草制品业							
木材加工							
人造板制造							
木制品制造							
竹、藤、棕、草等制品制造							
家具制造业							
木质家具制造							
竹、藤家具制造							
金属家具制造							
塑料家具制造							
其他家具制造							
造纸和纸制品业							
纸浆制造							
造纸							
纸制品制造							
印刷和记录媒介复制业	2000	1709	1709	9	9		2
印刷	2000	1709	1709	9	9		2
装订及印刷相关服务							
记录媒介复制							
文教、工美、体育和娱乐用品制造业							
文教办公用品制造							
乐器制造							
工艺美术品制造							
体育用品制造							
玩具制造							
游艺器材及娱乐用品制造							

企业主要经济指标（续11）

单位：万元

管理费用	税　金	财务费用	利息收入	利息支出	资产减值损失	公允价值变动收益	投资收益	营业利润
867	244	192		122				2709
867	244	192		122				2709
110	5	-14	14					184
110	5	-14	14					184

2－1－5 规模以上集体工业

指标	主营业务收入	营业成本	主营业务成本	营业税金及附加	主营业务税金及附加	其他业务利润	销售费用
石油加工、炼焦和核燃料加工业							
精炼石油产品制造							
炼焦							
核燃料加工							
化学原料和化学制品制造业							
基础化学原料制造							
肥料制造							
农药制造							
涂料、油墨、颜料及类似产品制造							
合成材料制造							
专用化学产品制造							
炸药、火工及焰火产品制造							
日用化学产品制造							
医药制造业	6272	5806	5806				
化学药品原料药制造							
化学药品制剂制造							
中药饮片加工	6272	5806	5806				
中成药生产							
兽用药品制造							
生物药品制造							
卫生材料及医药用品制造							
化学纤维制造业							
纤维素纤维原料及纤维制造							
合成纤维制造							
橡胶和塑料制品业							
橡胶制品业							
塑料制品业							
非金属矿物制品业	2713	2063	2043	23	23		307
水泥、石灰和石膏制造							
石膏、水泥制品及类似制品制造	2713	2063	2043	23	23		307
砖瓦、石材等建筑材料制造							
玻璃制造							
玻璃制品制造							
玻璃纤维和玻璃纤维增强塑料制品制造							
陶瓷制品制造							
耐火材料制品制造							
石墨及其他非金属矿物制品制造							
黑色金属冶炼和压延加工业	44931	42435	42435	35	35		267
炼铁							
炼钢							
黑色金属铸造	44931	42435	42435	35	35		267
钢压延加工							
铁合金冶炼							
有色金属冶炼和压延加工业	62140	58549	58549	112	112		311
常用有色金属冶炼	62140	58549	58549	112	112		311
贵金属冶炼							
稀有稀土金属冶炼							
有色金属合金制造							
有色金属铸造							

企业主要经济指标(续12)

单位：万元

管理费用	税　金	财务费用	利息收入	利息支出	资产减值损　失	公允价值变动收益	投资收益	营业利润
61	6	54		31				351
61	6	54		31				351
160	1	75	1	76				105
160	1	75	1	76				105
360	11	289		285			35	1579
360	11	289		285			35	1579
684		435		435				2051
684		435		435				2051

2－1－5 规模以上集体工业

指标	主营业务收入	营业成本	主营业务成本	营业税金及附加	主营业务税金及附加	其他业务利润	销售费用
有色金属压延加工							
金属制品业							
结构性金属制品制造							
金属工具制造							
集装箱及金属包装容器制造							
金属丝绳及其制品制造							
建筑、安全用金属制品制造							
金属表面处理及热处理加工							
搪瓷制品制造							
金属制日用品制造							
其他金属制品制造							
通用设备制造业							
锅炉及原动设备制造							
金属加工机械制造							
物料搬运设备制造							
泵、阀门、压缩机及类似机械制造							
轴承、齿轮和传动部件制造							
烘炉、风机、衡器、包装等设备制造							
文化、办公用机械制造							
通用零部件制造							
其他通用设备制造业							
专用设备制造业							
采矿、冶金、建筑专用设备制造							
化工、木材、非金属加工专用设备制造							
食品、饮料、烟草及饲料生产专用设备制造							
印刷、制药、日化及日用品生产专用设备制造							
纺织、服装和皮革加工专用设备制造							
电子和电工机械专用设备制造							
农、林、牧、渔专用机械制造							
医疗仪器设备及器械制造							
环保、社会公共服务及其他专用设备制造							
汽车制造业	34805	26919	26919	229	229		3829
汽车整车制造							
改装汽车制造							
低速载货汽车制造							
电车制造							
汽车车身、挂车制造							
汽车零部件及配件制造	34805	26919	26919	229	229		3829
铁路、船舶、航空航天和其他运输设备制造业							
铁路运输设备制造							
城市轨道交通设备制造							
船舶及相关装置制造							
航空、航天器及设备制造							
摩托车制造							
自行车制造							
非公路休闲车及零配件制造							
潜水救捞及其他未列明运输设备制造							
电气机械和器材制造业							
电机制造							

企业主要经济指标（续13）

单位：万元

管理费用	税　金	财务费用	利息收入	利息支出	资产减值损失	公允价值变动收益	投资收益	营业利润
2784	3							1044
2784	3							1044

2－1－5 规模以上集体工业

指标	主营业务收入	营业成本	主营业务成本	营业税金及附加	主营业务税金及附加	其他业务利润	销售费用
输配电及控制设备制造							
电线、电缆、光缆及电工器材制造							
电池制造							
家用电力器具制造							
非电力家用器具制造							
照明器具制造							
其他电气机械及器材制造							
计算机、通信和其他电子设备制造业							
计算机制造							
通信设备制造							
广播电视设备制造							
雷达及配套设备制造							
视听设备制造							
电子器件制造							
电子元件制造							
其他电子设备制造							
仪器仪表制造业	10562	9016	9016	23	23	24	647
通用仪器仪表制造	10562	9016	9016	23	23	24	647
专用仪器仪表制造							
钟表与计时仪器制造							
光学仪器及眼镜制造							
其他仪器仪表制造业							
其他制造业							
日用杂品制造							
煤制品制造							
核辐射加工							
其他未列明制造业							
废弃资源综合利用业							
金属废料和碎屑加工处理							
非金属废料和碎屑加工处理							
金属制品、机械和设备修理业							
金属制品修理							
通用设备修理							
专用设备修理							
铁路、船舶、航空航天等运输设备修理							
电气设备修理							
仪器仪表修理							
其他机械和设备修理业							
电力、热力、燃气及水生产和供应业							
电力、热力生产和供应业							
电力生产							
电力供应							
热力生产和供应							
燃气生产和供应业							
燃气生产和供应业							
水的生产和供应业							
自来水生产和供应							
污水处理及其再生利用							
其他水的处理、利用与分配							

企业主要经济指标（续14）

单位：万元

管理费用	税　金	财务费用	利息收入	利息支出	资产减值损　失	公允价值变动收益	投资收益	营业利润
411	11	21		20	408		-1	60
411	11	21		20	408		-1	60

2－1－5 规模以上集体工业

指　　　　标	营业外收入	其中：补贴收入	营业外支出	利润总额	应交所得税	亏损企业亏损总额	利税总额
总　　计	**14**		**3**	**8095**	**1614**		**17698**
按国民经济行业分组							
采掘业							
煤炭开采和洗选业							
烟煤和无烟煤开采洗选							
褐煤开采洗选							
其他煤炭采选							
石油和天然气开采业							
石油开采							
天然气开采							
黑色金属矿采选业							
铁矿采选							
锰矿、铬矿采选							
其他黑色金属矿采选							
有色金属矿采选业							
常用有色金属矿采选							
贵金属矿采选							
稀有稀土金属矿采选							
非金属矿采选业							
土砂石开采							
化学矿开采							
采盐							
石棉及其他非金属矿采选							
开采辅助活动							
煤炭开采和洗选辅助活动							
石油和天然气开采辅助活动							
其他开采辅助活动							
其他采矿业							
其他采矿业							
制造业	14		3	8095	1614		17698
农副食品加工业							
谷物磨制							
饲料加工							
植物油加工							
制糖业							
屠宰及肉类加工							
水产品加工							
蔬菜、水果和坚果加工							
其他农副食品加工							
食品制造业							
焙烤食品制造							
糖果、巧克力及蜜饯制造							
方便食品制造							
乳制品制造							
罐头食品制造							
调味品、发酵制品制造							
其他食品制造							
酒、饮料和精制茶制造业							
酒的制造							
饮料制造							

企业主要经济指标(续15)

单位：万元

应付职工薪酬	应交增值税	附属服务业收入或费用(支出)额	从业人员平均人数(人)	总资产贡献率(%)	资产负债率(%)	流动资产周转率(次/年)	成本费用利润率(%)	产品销售率(%)
5350	**8290**		**1394**	**55.1**	**56.4**	**9.4**	**3.7**	**98.8**
5350	8290		1394	55.1	56.4	9.4	3.7	98.8

2－1－5 规模以上集体工业

指标	营业外收入	其中：补贴收入	营业外支出	利润总额	应交所得税	亏损企业亏损总额	利税总额
精制茶加工							
烟草制品业							
烟叶复烤							
卷烟制造							
其他烟草制品制造							
纺织业				2709	767		6973
棉纺织及印染精加工				2709	767		6973
毛纺织及染整精加工							
麻纺织及染整精加工							
丝绢纺织及印染精加工							
化纤织造及印染精加工							
针织或钩针编织物及其制品制造							
家用纺织制成品制造							
非家用纺织制成品制造							
纺织服装、服饰业							
机织服装制造							
针织或钩针编织服装制造							
服饰制造							
皮革、毛皮、羽毛及其制品和制鞋业							
皮革鞣制加工							
皮革制品制造							
毛皮鞣制及制品加工							
羽毛（绒）加工及制品制造							
制鞋业							
木材加工和木、竹、藤、棕、草制品业							
木材加工							
人造板制造							
木制品制造							
竹、藤、棕、草等制品制造							
家具制造业							
木质家具制造							
竹、藤家具制造							
金属家具制造							
塑料家具制造							
其他家具制造							
造纸和纸制品业							
纸浆制造							
造纸							
纸制品制造							
印刷和记录媒介复制业			2	182	46		261
印刷			2	182	46		261
装订及印刷相关服务							
记录媒介复制							
文教、工美、体育和娱乐用品制造业							
文教办公用品制造							
乐器制造							
工艺美术品制造							
体育用品制造							
玩具制造							
游艺器材及娱乐用品制造							

企业主要经济指标（续16）

单位：万元

应付职工薪酬	应交增值税	附属服务业收入或费用（支出）额	从业人员平均人数（人）	总资产贡献率（%）	资产负债率（%）	流动资产周转率（次/年）	成本费用利润率（%）	产品销售率（%）
1177	3382		250	138.4	97.1	15.6	4.3	100.0
1177	3382		250	138.4	97.1	15.6	4.3	100.0
123	71		30	15.2	3.0	2.3	10.1	100.0
123	71		30	15.2	3.0	2.3	10.1	100.0

2－1－5 规模以上集体工业

指标	营业外收入	其中：补贴收入	营业外支出	利润总额	应交所得税	亏损企业亏损总额	利税总额
石油加工、炼焦和核燃料加工业							
精炼石油产品制造							
炼焦							
核燃料加工							
化学原料和化学制品制造业							
基础化学原料制造							
肥料制造							
农药制造							
涂料、油墨、颜料及类似产品制造							
合成材料制造							
专用化学产品制造							
炸药、火工及焰火产品制造							
日用化学产品制造							
医药制造业				351	98		741
化学药品原料药制造							
化学药品制剂制造							
中药饮片加工				351	98		741
中成药生产							
兽用药品制造							
生物药品制造							
卫生材料及医药用品制造							
化学纤维制造业							
纤维素纤维原料及纤维制造							
合成纤维制造							
橡胶和塑料制品业							
橡胶制品业							
塑料制品业							
非金属矿物制品业			1	104	1		315
水泥、石灰和石膏制造							
石膏、水泥制品及类似制品制造			1	104	1		315
砖瓦、石材等建筑材料制造							
玻璃制造							
玻璃制品制造							
玻璃纤维和玻璃纤维增强塑料制品制造							
陶瓷制品制造							
耐火材料制品制造							
石墨及其他非金属矿物制品制造							
黑色金属冶炼和压延加工业				1579	13		2476
炼铁							
炼钢							
黑色金属铸造				1579	13		2476
钢压延加工							
铁合金冶炼							
有色金属冶炼和压延加工业				2051	410		3374
常用有色金属冶炼				2051	410		3374
贵金属冶炼							
稀有稀土金属冶炼							
有色金属合金制造							
有色金属铸造							

企业主要经济指标(续17)

单位：万元

应付职工薪酬	应交增值税	附属服务业收入或费用（支出）额	从业人员平均人数（人）	总资产贡献率（%）	资产负债率（%）	流动资产周转率（次/年）	成本费用利润率（%）	产品销售率（%）
915	390		217	28.5	3.9	11.6	5.9	96.4
915	390		217	28.5	3.9	11.6	5.9	96.4
296	188		112	7.6	60.2	0.6	4.0	108.4
296	188		112	7.6	60.2	0.6	4.0	108.4
1016	862		355	44.0	106.1	17.9	3.6	99.5
1016	862		355	44.0	106.1	17.9	3.6	99.5
712	1212		96	820.1	64.9	261.2	3.4	98.0
712	1212		96	820.1	64.9	261.2	3.4	98.0

2－1－5 规模以上集体工业

指标	营业外收入	其中：补贴收入	营业外支出	利润总额	应交所得税	亏损企业亏损总额	利税总额
有色金属压延加工							
金属制品业							
结构性金属制品制造							
金属工具制造							
集装箱及金属包装容器制造							
金属丝绳及其制品制造							
建筑、安全用金属制品制造							
金属表面处理及热处理加工							
搪瓷制品制造							
金属制日用品制造							
其他金属制品制造							
通用设备制造业							
锅炉及原动设备制造							
金属加工机械制造							
物料搬运设备制造							
泵、阀门、压缩机及类似机械制造							
轴承、齿轮和传动部件制造							
烘炉、风机、衡器、包装等设备制造							
文化、办公用机械制造							
通用零部件制造							
其他通用设备制造业							
专用设备制造业							
采矿、冶金、建筑专用设备制造							
化工、木材、非金属加工专用设备制造							
食品、饮料、烟草及饲料生产专用设备制造							
印刷、制药、日化及日用品生产专用设备制造							
纺织、服装和皮革加工专用设备制造							
电子和电工机械专用设备制造							
农、林、牧、渔专用机械制造							
医疗仪器设备及器械制造							
环保、社会公共服务及其他专用设备制造							
汽车制造业				1044	261		3188
汽车整车制造							
改装汽车制造							
低速载货汽车制造							
电车制造							
汽车车身、挂车制造							
汽车零部件及配件制造				1044	261		3188
铁路、船舶、航空航天和其他运输设备制造业							
铁路运输设备制造							
城市轨道交通设备制造							
船舶及相关装置制造							
航空、航天器及设备制造							
摩托车制造							
自行车制造							
非公路休闲车及零配件制造							
潜水救捞及其他未列明运输设备制造							
电气机械和器材制造业							
电机制造							

企业主要经济指标(续18)

单位：万元

应付职工薪酬	应交增值税	附属服务业收入或费用（支出）额	从业人员平均人数（人）	总资产贡献率（%）	资产负债率（%）	流动资产周转率（次/年）	成本费用利润率（%）	产品销售率（%）
661	1914		196	36.0	24.2	4.5	3.1	96.7
661	1914		196	36.0	24.2	4.5	3.1	96.7

2－1－5 规模以上集体工业

指标	营业外收入	其中：补贴收入	营业外支出	利润总额	应交所得税	亏损企业亏损总额	利税总额
输配电及控制设备制造							
电线、电缆、光缆及电工器材制造							
电池制造							
家用电力器具制造							
非电力家用器具制造							
照明器具制造							
其他电气机械及器材制造							
计算机、通信和其他电子设备制造业							
计算机制造							
通信设备制造							
广播电视设备制造							
雷达及配套设备制造							
视听设备制造							
电子器件制造							
电子元件制造							
其他电子设备制造							
仪器仪表制造业	14			74	19		370
通用仪器仪表制造	14			74	19		370
专用仪器仪表制造							
钟表与计时仪器制造							
光学仪器及眼镜制造							
其他仪器仪表制造业							
其他制造业							
日用杂品制造							
煤制品制造							
核辐射加工							
其他未列明制造业							
废弃资源综合利用业							
金属废料和碎屑加工处理							
非金属废料和碎屑加工处理							
金属制品、机械和设备修理业							
金属制品修理							
通用设备修理							
专用设备修理							
铁路、船舶、航空航天等运输设备修理							
电气设备修理							
仪器仪表修理							
其他机械和设备修理业							
电力、热力、燃气及水生产和供应业							
电力、热力生产和供应业							
电力生产							
电力供应							
热力生产和供应							
燃气生产和供应业							
燃气生产和供应业							
水的生产和供应业							
自来水生产和供应							
污水处理及其再生利用							
其他水的处理、利用与分配							

企业主要经济指标(续19)

单位：万元

应付职工薪酬	应交增值税	附属服务业收入或费用（支出）额	从业人员平均人数（人）	总资产贡献率（%）	资产负债率（%）	流动资产周转率（次/年）	成本费用利润率（%）	产品销售率（%）
449	273		138	10.7	48.2	3.1	0.7	100.0
449	273		138	10.7	48.2	3.1	0.7	100.0

2－1－6 规模以上股份制

指标	企业单位数（个）	亏损企业	工业总产值（当年价格）	工业销售产值（当年价格）	出口交货值	年初存货	产成品
总计	**64**	**4**	**2775194**	**2669410**	**90502**	**312840**	**102361**
按国民经济行业分组							
采掘业	2		168765	165836	4780	16992	7070
煤炭开采和洗选业							
烟煤和无烟煤开采洗选							
褐煤开采洗选							
其他煤炭采选							
石油和天然气开采业							
石油开采							
天然气开采							
黑色金属矿采选业							
铁矿采选							
锰矿、铬矿采选							
其他黑色金属矿采选							
有色金属矿采选业							
常用有色金属矿采选							
贵金属矿采选							
稀有稀土金属矿采选							
非金属矿采选业	2		168765	165836	4780	16992	7070
土砂石开采							
化学矿开采	1		24497	24469		2601	161
采盐	1		144268	141367	4780	14391	6909
石棉及其他非金属矿采选							
开采辅助活动							
煤炭开采和洗选辅助活动							
石油和天然气开采辅助活动							
其他开采辅助活动							
其他采矿业							
其他采矿业							
制造业	62	4	2606430	2503573	85722	295849	95291
农副食品加工业	3	1	30513	29455		2057	
谷物磨制							
饲料加工	1		18963	18453		910	
植物油加工							
制糖业							
屠宰及肉类加工							
水产品加工	2	1	11550	11002		1148	
蔬菜、水果和坚果加工							
其他农副食品加工							
食品制造业	2		12939	12125	10104	1893	
焙烤食品制造							
糖果、巧克力及蜜饯制造							
方便食品制造							
乳制品制造							
罐头食品制造	1		10909	10104	10104	1576	
调味品、发酵制品制造	1		2029	2021		318	
其他食品制造							
酒、饮料和精制茶制造业	1		355348	327122		96331	17156
酒的制造	1		355348	327122		96331	17156
饮料制造							

工业企业主要经济指标

单位：万元

资产总计	流动资产合计	应收帐款	存货	产成品	在产品	固定资产合计	固定资产原价
2203480	**1000058**	**87808**	**402856**	**94077**	**11351**	**865434**	**1628815**
458160	120747	9777	16765	2002	96	233222	321904
458160	120747	9777	16765	2002	96	233222	321904
58891	12968	2458	1833		96	28556	45036
399269	107779	7319	14933	2002		204666	276868
1745320	879311	78030	386091	92075	11255	632212	1306911
20340	8024	1957	2879	1717		3378	4619
5256	3213	1067	966	208		1135	2043
15083	4811	890	1913	1509		2243	2576
10916	8040	64	2369	1226		198	436
9641	7527	58	1921	1211		198	436
1274	513	6	448	15			
328988	240377	3055	120364	7253	6291	59402	73195
328988	240377	3055	120364	7253	6291	59402	73195

2－1－6 规模以上股份制

指　　　　标	企业单位数（个）	亏损企业	工业总产值（当年价格）	工业销售产值（当年价格）	出口交货值	年初存货	产成品
精制茶加工							
烟草制品业							
烟叶复烤							
卷烟制造							
其他烟草制品制造							
纺织业	4	1	64901	64847		11663	5330
棉纺织及印染精加工	4	1	64901	64847		11663	5330
毛纺织及染整精加工							
麻纺织及染整精加工							
丝绢纺织及印染精加工							
化纤织造及印染精加工							
针织或钩针编织物及其制品制造							
家用纺织制成品制造							
非家用纺织制成品制造							
纺织服装、服饰业							
机织服装制造							
针织或钩针编织服装制造							
服饰制造							
皮革、毛皮、羽毛及其制品和制鞋业	2	1	4485	4383		29	26
皮革鞣制加工	1	1	2328	2232		29	26
皮革制品制造	1		2158	2152			
毛皮鞣制及制品加工							
羽毛（绒）加工及制品制造							
制鞋业							
木材加工和木、竹、藤、棕、草制品业	1		33823	33823		413	25
木材加工							
人造板制造	1		33823	33823		413	25
木制品制造							
竹、藤、棕、草等制品制造							
家具制造业							
木质家具制造							
竹、藤家具制造							
金属家具制造							
塑料家具制造							
其他家具制造							
造纸和纸制品业	4		16447	16362		299	14
纸浆制造							
造纸	1		9800	9714		37	14
纸制品制造	3		6648	6648		262	
印刷和记录媒介复制业							
印刷							
装订及印刷相关服务							
记录媒介复制							
文教、工美、体育和娱乐用品制造业							
文教办公用品制造							
乐器制造							
工艺美术品制造							
体育用品制造							
玩具制造							
游艺器材及娱乐用品制造							

工业企业主要经济指标(续1)

单位：万元

资产总计	流动资产合计	应收帐款	存货	产成品	在产品	固定资产合计	固定资产原价
43776	21612	3625	10712	4118	292	17113	26711
43776	21612	3625	10712	4118	292	17113	26711
2875	385	151	29	29		1800	1873
2287	165	133	29	29		1431	1468
589	220	18				369	405
18819	14199		317	15		2534	3666
18819	14199		317	15		2534	3666
7466	2143	1149	267	63		2484	3266
1683	213	21	38	12		1470	1551
5783	1930	1129	229	51		1014	1715

2－1－6 规模以上股份制

指标	企业单位数（个）	亏损企业	工业总产值（当年价格）	工业销售产值（当年价格）	出口交货值	年初存货	产成品
石油加工、炼焦和核燃料加工业							
精炼石油产品制造							
炼焦							
核燃料加工							
化学原料和化学制品制造业	12		388277	389273	37349	16512	4512
基础化学原料制造	4		195061	194539		9757	4126
肥料制造							
农药制造	1		17200	17200		2322	
涂料、油墨、颜料及类似产品制造	1		33192	32099		401	
合成材料制造							
专用化学产品制造	3		70998	73336	37302	1120	37
炸药、火工及焰火产品制造	1		9157	8999		384	137
日用化学产品制造	2		62669	63099	48	2528	212
医药制造业	2		79961	79270		4685	726
化学药品原料药制造							
化学药品制剂制造							
中药饮片加工							
中成药生产							
兽用药品制造							
生物药品制造	2		79961	79270		4685	726
卫生材料及医药用品制造							
化学纤维制造业							
纤维素纤维原料及纤维制造							
合成纤维制造							
橡胶和塑料制品业	3		65745	64534		1069	581
橡胶制品业							
塑料制品业	3		65745	64534		1069	581
非金属矿物制品业	2		52264	55671		3682	1910
水泥、石灰和石膏制造	2		52264	55671		3682	1910
石膏、水泥制品及类似制品制造							
砖瓦、石材等建筑材料制造							
玻璃制造							
玻璃制品制造							
玻璃纤维和玻璃纤维增强塑料制品制造							
陶瓷制品制造							
耐火材料制品制造							
石墨及其他非金属矿物制品制造							
黑色金属冶炼和压延加工业	2		1101481	1032910	38269	140013	58077
炼铁							
炼钢							
黑色金属铸造							
钢压延加工	2		1101481	1032910	38269	140013	58077
铁合金冶炼							
有色金属冶炼和压延加工业	1		30590	28435		543	172
常用有色金属冶炼	1		30590	28435		543	172
贵金属冶炼							
稀有稀土金属冶炼							
有色金属合金制造							
有色金属铸造							

工业企业主要经济指标(续2)

单位：万元

资产总计	流动资产合计	应收帐款	存货			固定资产合计	固定资产原价
				产成品	在产品		
184828	83294	18655	17242	4310	159	82961	176476
101376	42744	8385	9312	3044	50	49853	64471
13348	7031	3607	3141			4282	4765
2519	1129	357	407	200		1213	5038
32884	10136	1529	891	361	109	18396	84089
9411	7363	1218	333	150		2048	3641
25290	14892	3560	3160	556		7169	14472
14146	5654	654	3832	1570	120	5959	9884
14146	5654	654	3832	1570	120	5959	9884
28325	9582	6421	2935	1665	833	18573	44517
28325	9582	6421	2935	1665	833	18573	44517
61810	17971	1488	2315	968		34161	38971
61810	17971	1488	2315	968		34161	38971
823565	350396	5014	200013	60000	1503	343905	692801
823565	350396	5014	200013	60000	1503	343905	692801
2055	1347	610	553	189		198	3992
2055	1347	610	553	189		198	3992

2－1－6 规模以上股份制

指标	企业单位数（个）	亏损企业	工业总产值（当年价格）	工业销售产值（当年价格）	出口交货值	年初存货	产成品
有色金属压延加工							
金属制品业	4		59766	58402		1609	1002
结构性金属制品制造	2		8166	8086		780	551
金属工具制造	1		2043	2047		674	350
集装箱及金属包装容器制造	1		49558	48269		156	102
金属丝绳及其制品制造							
建筑、安全用金属制品制造							
金属表面处理及热处理加工							
搪瓷制品制造							
金属制日用品制造							
其他金属制品制造							
通用设备制造业	5		43054	43073		4196	
锅炉及原动设备制造							
金属加工机械制造	1		5167	5167		2683	
物料搬运设备制造							
泵、阀门、压缩机及类似机械制造							
轴承、齿轮和传动部件制造	2		11724	11724		690	
烘炉、风机、衡器、包装等设备制造							
文化、办公用机械制造							
通用零部件制造	2		26163	26182		823	
其他通用设备制造业							
专用设备制造业	2		44322	44322		2594	1452
采矿、冶金、建筑专用设备制造							
化工、木材、非金属加工专用设备制造							
食品、饮料、烟草及饲料生产专用设备制造							
印刷、制药、日化及日用品生产专用设备制造	1		2021	2021		7	
纺织、服装和皮革加工专用设备制造							
电子和电工机械专用设备制造							
农、林、牧、渔专用机械制造							
医疗仪器设备及器械制造	1		42301	42301		2586	1452
环保、社会公共服务及其他专用设备制造							
汽车制造业	2		48087	48087		1711	951
汽车整车制造							
改装汽车制造							
低速载货汽车制造							
电车制造							
汽车车身、挂车制造	1		45456	45456		1635	951
汽车零部件及配件制造	1		2631	2631		76	
铁路、船舶、航空航天和其他运输设备制造业							
铁路运输设备制造							
城市轨道交通设备制造							
船舶及相关装置制造							
航空、航天器及设备制造							
摩托车制造							
自行车制造							
非公路休闲车及零配件制造							
潜水救捞及其他未列明运输设备制造							
电气机械和器材制造业	10	1	174426	171479		6550	3356
电机制造	2		39425	39948		4749	2802

工业企业主要经济指标（续3）

单位：万元

资产总计	流动资产合计	应收帐款	存货	产成品	在产品	固定资产合计	固定资产原价
14347	6622	2069	1887	914	973	5122	6871
8282	4905	1355	1021	424	597	3376	4491
1768	1118	332	651	351	300	595	756
4297	598	383	215	140	75	1151	1624
52740	32843	17363	7103	411		10752	14046
14614	8806	1636	3428			5379	2395
32157	21358	15031	3029			4443	5738
5968	2680	697	646	411		930	5914
7754	5980	1865	2338	1334		1195	14878
366	281	70	6			86	103
7388	5699	1795	2332	1334		1109	14775
18678	15076	1369	1655	583		3319	62426
18028	14889	1248	1654	581		3139	62214
650	188	121	2	2		180	212
103896	55766	12521	9281	5711	1084	39158	128284
41034	16323	3705	6235	3881	345	17830	30492

2－1－6 规模以上股份制

指标	企业单位数（个）	亏损企业	工业总产值（当年价格）	工业销售产值（当年价格）	出口交货值	年初存货	产成品
输配电及控制设备制造	3		55522	54001		655	143
电线、电缆、光缆及电工器材制造	2	1	19166	19166		115	45
电池制造	1		43064	41509		312	273
家用电力器具制造							
非电力家用器具制造	2		17250	16854		719	93
照明器具制造							
其他电气机械及器材制造							
计算机、通信和其他电子设备制造业							
计算机制造							
通信设备制造							
广播电视设备制造							
雷达及配套设备制造							
视听设备制造							
电子器件制造							
电子元件制造							
其他电子设备制造							
仪器仪表制造业							
通用仪器仪表制造							
专用仪器仪表制造							
钟表与计时仪器制造							
光学仪器及眼镜制造							
其他仪器仪表制造业							
其他制造业							
日用杂品制造							
煤制品制造							
核辐射加工							
其他未列明制造业							
废弃资源综合利用业							
金属废料和碎屑加工处理							
非金属废料和碎屑加工处理							
金属制品、机械和设备修理业							
金属制品修理							
通用设备修理							
专用设备修理							
铁路、船舶、航空航天等运输设备修理							
电气设备修理							
仪器仪表修理							
其他机械和设备修理业							
电力、热力、燃气及水生产和供应业							
电力、热力生产和供应业							
电力生产							
电力供应							
热力生产和供应							
燃气生产和供应业							
燃气生产和供应业							
水的生产和供应业							
自来水生产和供应							
污水处理及其再生利用							
其他水的处理、利用与分配							

工业企业主要经济指标(续4)

单位：万元

资产总计	流动资产合计	应收帐款	存货	产成品	在产品	固定资产合计	固定资产原价
15790	8225	3550	1603	843	386	5995	17801
4435	1159	732	105	47		3048	3781
34399	27254	2739	328	284		6852	68797
8238	2805	1796	1009	656	353	5433	7414

2－1－6 规模以上股份制

指标	累计折旧	本年折旧	在建工程	负债合计	流动负债合计	应付账款	非流动负债合计
总计	**769751**	**121595**	**47862**	**1141446**	**959705**	**222329**	**181741**
按国民经济行业分组							
采掘业	88682	27507	17927	272443	162781	23692	109662
煤炭开采和洗选业							
烟煤和无烟煤开采洗选							
褐煤开采洗选							
其他煤炭采选							
石油和天然气开采业							
石油开采							
天然气开采							
黑色金属矿采选业							
铁矿采选							
锰矿、铬矿采选							
其他黑色金属矿采选							
有色金属矿采选业							
常用有色金属矿采选							
贵金属矿采选							
稀有稀土金属矿采选							
非金属矿采选业	88682	27507	17927	272443	162781	23692	109662
土砂石开采							
化学矿开采	16479	2008	684	22900	15111	5354	7790
采盐	72203	25499	17244	249543	147671	18338	101872
石棉及其他非金属矿采选							
开采辅助活动							
煤炭开采和洗选辅助活动							
石油和天然气开采辅助活动							
其他开采辅助活动							
其他采矿业							
其他采矿业							
制造业	681069	94089	29935	869003	796924	198638	72079
农副食品加工业	1242	251		8977	8474	1848	503
谷物磨制							
饲料加工	908	93		3200	2697	542	503
植物油加工							
制糖业							
屠宰及肉类加工							
水产品加工	334	158		5777	5777	1306	
蔬菜、水果和坚果加工							
其他农副食品加工							
食品制造业	238	14		10335	5797	382	4537
焙烤食品制造							
糖果、巧克力及蜜饯制造							
方便食品制造							
乳制品制造							
罐头食品制造	238	14		9175	4638	63	4537
调味品、发酵制品制造				1159	1159	319	
其他食品制造							
酒、饮料和精制茶制造业	13793	4825	6195	97157	94348	7157	2809
酒的制造	13793	4825	6195	97157	94348	7157	2809
饮料制造							

工业企业主要经济指标(续5)

单位：万元

所有者权益合计	实收资本	国家资本	集体资本	法人资本	个人资本	港澳台资本	外商资本	营业收入
1062035	**410645**	**71652**	**12076**	**209688**	**110247**	**264**	**6720**	**2903933**
185717	59944	36523	10421	6347			6653	186752
185717	59944	36523	10421	6347			6653	186752
35991	13000			6347			6653	29682
149727	46944	36523	10421					157070
876317	350701	35128	1655	203341	110247	264	66	2717182
11363	9020			3020	6000			29853
2057	1020			1020				18741
9307	8000			2000	6000			11112
581	400				400			12124
466	350				350			10104
115	50				50			2020
231831	45000	22950		13050	9000			321806
231831	45000	22950		13050	9000			321806

2－1－6 规模以上股份制

指标	累计折旧	本年折旧	在建工程	负债合计	流动负债合计	应付账款	非流动负债合计
精制茶加工							
烟草制品业							
烟叶复烤							
卷烟制造							
其他烟草制品制造							
纺织业	9598	1400		38591	36576	17922	2015
棉纺织及印染精加工	9598	1400		38591	36576	17922	2015
毛纺织及染整精加工							
麻纺织及染整精加工							
丝绢纺织及印染精加工							
化纤织造及印染精加工							
针织或钩针编织物及其制品制造							
家用纺织制成品制造							
非家用纺织制成品制造							
纺织服装、服饰业							
机织服装制造							
针织或钩针编织服装制造							
服饰制造							
皮革、毛皮、羽毛及其制品和制鞋业	73	20		153	153		
皮革鞣制加工	37	16		33	33		
皮革制品制造	36	4		120	120		
毛皮鞣制及制品加工							
羽毛（绒）加工及制品制造							
制鞋业							
木材加工和木、竹、藤、棕、草制品业	1131	440		14949	14949	1598	
木材加工							
人造板制造	1131	440		14949	14949	1598	
木制品制造							
竹、藤、棕、草等制品制造							
家具制造业							
木质家具制造							
竹、藤家具制造							
金属家具制造							
塑料家具制造							
其他家具制造							
造纸和纸制品业	782	150		4327	4078	1646	249
纸浆制造							
造纸	81	55		1496	1496	49	
纸制品制造	701	95		2831	2581	1598	249
印刷和记录媒介复制业							
印刷							
装订及印刷相关服务							
记录媒介复制							
文教、工美、体育和娱乐用品制造业							
文教办公用品制造							
乐器制造							
工艺美术品制造							
体育用品制造							
玩具制造							
游艺器材及娱乐用品制造							

工业企业主要经济指标（续6）

单位：万元

所有者权益合计	实收资本							营业收入
		国家资本	集体资本	法人资本	个人资本	港澳台资本	外商资本	
5185	13794			11739	2055			65868
5185	13794			11739	2055			65868
2723	1240				1240			4240
2254	1000				1000			2232
469	240				240			2008
3870	800				800			35604
3870	800				800			35604
3139	1403	50	50	500	803			16155
187	50				50			9714
2952	1353	50	50	500	753			6441

2－1－6 规模以上股份制

指　　标	累计折旧	本年折旧	在建工程	负债合计	流动负债合计	应付账款	非流动负债合计
石油加工、炼焦和核燃料加工业							
精炼石油产品制造							
炼焦							
核燃料加工							
化学原料和化学制品制造业	94484	15112	7443	78828	63742	10433	15086
基础化学原料制造	14618	5589	1300	38405	27650	478	10755
肥料制造							
农药制造	483	479	2035	7463	7463		
涂料、油墨、颜料及类似产品制造	3825	604	94	1820	699	98	1121
合成材料制造							
专用化学产品制造	65693	7408	4014	7886	7581	1666	306
炸药、火工及焰火产品制造	2562	147		5791	4614	185	1177
日用化学产品制造	7303	885		17463	15736	8006	1728
医药制造业	3925	1093	18	10270	9539	883	730
化学药品原料药制造							
化学药品制剂制造							
中药饮片加工							
中成药生产							
兽用药品制造							
生物药品制造	3925	1093	18	10270	9539	883	730
卫生材料及医药用品制造							
化学纤维制造业							
纤维素纤维原料及纤维制造							
合成纤维制造							
橡胶和塑料制品业	26010	4643		4003	2991	1190	1011
橡胶制品业							
塑料制品业	26010	4643		4003	2991	1190	1011
非金属矿物制品业	4809	1387	2272	45561	41505	26638	4056
水泥、石灰和石膏制造	4809	1387	2272	45561	41505	26638	4056
石膏、水泥制品及类似制品制造							
砖瓦、石材等建筑材料制造							
玻璃制造							
玻璃制品制造							
玻璃纤维和玻璃纤维增强塑料制品制造							
陶瓷制品制造							
耐火材料制品制造							
石墨及其他非金属矿物制品制造							
黑色金属冶炼和压延加工业	348896	40286	5119	450075	446662	116285	3414
炼铁							
炼钢							
黑色金属铸造							
钢压延加工	348896	40286	5119	450075	446662	116285	3414
铁合金冶炼							
有色金属冶炼和压延加工业	3794	479	33	981	981	49	
常用有色金属冶炼	3794	479	33	981	981	49	
贵金属冶炼							
稀有稀土金属冶炼							
有色金属合金制造							
有色金属铸造							

工业企业主要经济指标(续7)

单位：万元

所有者权益合计	实收资本	国家资本	集体资本	法人资本	个人资本	港澳台资本	外商资本	营业收入
106000	39119	8421	500	12600	17598			391861
62971	18700			9400	9300			193836
5885	6000			600	5400			17428
699	600			600				32099
24998	11429	8329		2000	1100			73539
3620	690				690			8278
7827	1700	92	500		1108			66680
3876	1792				1462	264	66	79895
3876	1792				1462	264	66	79895
24322	14989			5672	9317			65191
24322	14989			5672	9317			65191
16249	12400		1100	11300				56022
16249	12400		1100	11300				56022
373490	146500			116797	29703			1240478
373490	146500			116797	29703			1240478
1074	100			100				28435
1074	100			100				28435

2－1－6 规模以上股份制

指　　　标	累计折旧	本年折旧	在建工程	负债合计	流动负债合计	应付账款	非流动负债合计
有色金属压延加工							
金属制品业	1749	531	2602	3641	2869	1097	773
结构性金属制品制造	1114	334		1065	739	338	326
金属工具制造	162	12	55	1513	1513	362	
集装箱及金属包装容器制造	473	184	2548	1063	617	398	447
金属丝绳及其制品制造							
建筑、安全用金属制品制造							
金属表面处理及热处理加工							
搪瓷制品制造							
金属制日用品制造							
其他金属制品制造							
通用设备制造业	7453	1068	4786	21093	12364	4231	8729
锅炉及原动设备制造							
金属加工机械制造	1176	121	4159	9212	4812	1624	4400
物料搬运设备制造							
泵、阀门、压缩机及类似机械制造							
轴承、齿轮和传动部件制造	1294	243	456	9290	6348	1934	2942
烘炉、风机、衡器、包装等设备制造							
文化、办公用机械制造							
通用零部件制造	4983	704	170	2592	1205	673	1387
其他通用设备制造业							
专用设备制造业	13684	1776		3763	1536		2227
采矿、冶金、建筑专用设备制造							
化工、木材、非金属加工专用设备制造							
食品、饮料、烟草及饲料生产专用设备制造							
印刷、制药、日化及日用品生产专用设备制造	17	3		191	191		
纺织、服装和皮革加工专用设备制造							
电子和电工机械专用设备制造							
农、林、牧、渔专用机械制造							
医疗仪器设备及器械制造	13667	1773		3572	1346		2227
环保、社会公共服务及其他专用设备制造							
汽车制造业	59107	7335		9385	9380		5
汽车整车制造							
改装汽车制造							
低速载货汽车制造							
电车制造							
汽车车身、挂车制造	59075	7324		9375	9375		
汽车零部件及配件制造	32	11		10	5		5
铁路、船舶、航空航天和其他运输设备制造业							
铁路运输设备制造							
城市轨道交通设备制造							
船舶及相关装置制造							
航空、航天器及设备制造							
摩托车制造							
自行车制造							
非公路休闲车及零配件制造							
潜水救捞及其他未列明运输设备制造							
电气机械和器材制造业	90302	13279	1468	66917	40982	7278	25935
电机制造	13837	2104	1175	26190	19276	5521	6914

工业企业主要经济指标(续8)

单位：万元

所有者权益合计	实收资本	国家资本	集体资本	法人资本	个人资本	港澳台资本	外商资本	营业收入
10705	6000			2000	4000			59264
7217	4500			2000	2500			7401
255	500				500			2362
3234	1000				1000			49501
31647	21463			15000	6463			44557
5403	4158				4158			5331
22868	15769			15000	769			11724
3377	1536				1536			27502
3991	3865				3865			39216
176	50				50			2021
3815	3815				3815			37195
9293	8100	5	5	8050	40			47464
8653	8000			8000				45456
640	100	5	5	50	40			2008
36979	24716	3702		3513	17501			179151
14844	10549	3702			6847			36983

2－1－6 规模以上股份制

指标	累计折旧	本年折旧	在建工程	负债合计	流动负债合计	应付账款	非流动负债合计
输配电及控制设备制造	11806	2033		8498	7266	1097	1231
电线、电缆、光缆及电工器材制造	733	366		1124	1124		
电池制造	61945	8187	293	29885	12597	178	17288
家用电力器具制造							
非电力家用器具制造	1980	591		1221	719	483	502
照明器具制造							
其他电气机械及器材制造							
计算机、通信和其他电子设备制造业							
计算机制造							
通信设备制造							
广播电视设备制造							
雷达及配套设备制造							
视听设备制造							
电子器件制造							
电子元件制造							
其他电子设备制造							
仪器仪表制造业							
通用仪器仪表制造							
专用仪器仪表制造							
钟表与计时仪器制造							
光学仪器及眼镜制造							
其他仪器仪表制造业							
其他制造业							
日用杂品制造							
煤制品制造							
核辐射加工							
其他未列明制造业							
废弃资源综合利用业							
金属废料和碎屑加工处理							
非金属废料和碎屑加工处理							
金属制品、机械和设备修理业							
金属制品修理							
通用设备修理							
专用设备修理							
铁路、船舶、航空航天等运输设备修理							
电气设备修理							
仪器仪表修理							
其他机械和设备修理业							
电力、热力、燃气及水生产和供应业							
电力、热力生产和供应业							
电力生产							
电力供应							
热力生产和供应							
燃气生产和供应业							
燃气生产和供应业							
水的生产和供应业							
自来水生产和供应							
污水处理及其再生利用							
其他水的处理、利用与分配							

工业企业主要经济指标(续9)

单位：万元

所有者权益合计	实收资本							营业收入
		国家资本	集体资本	法人资本	个人资本	港澳台资本	外商资本	
7293	4065			1000	3065			54940
3311	3113			2513	600			19166
4513	3000				3000			50706
7017	3990				3990			17356

2－1－6 规模以上股份制

指标	主营业务收入	营业成本	主营业务成本	营业税金及附加	主营业务税金及附加	其他业务利润	销售费用
总计	**2814092**	**2467219**	**2400534**	**43044**	**42902**	**21260**	**99028**
按国民经济行业分组							
采掘业	171866	133747	121519	4403	4403	1126	12373
煤炭开采和洗选业							
烟煤和无烟煤开采洗选							
褐煤开采洗选							
其他煤炭采选							
石油和天然气开采业							
石油开采							
天然气开采							
黑色金属矿采选业							
铁矿采选							
锰矿、铬矿采选							
其他黑色金属矿采选							
有色金属矿采选业							
常用有色金属矿采选							
贵金属矿采选							
稀有稀土金属矿采选							
非金属矿采选业	171866	133747	121519	4403	4403	1126	12373
土砂石开采							
化学矿开采	27623	24073	23141	305	305	1126	1417
采盐	144243	109674	98379	4098	4098		10957
石棉及其他非金属矿采选							
开采辅助活动							
煤炭开采和洗选辅助活动							
石油和天然气开采辅助活动							
其他开采辅助活动							
其他采矿业							
其他采矿业							
制造业	2642225	2333472	2279015	38640	38498	20134	86654
农副食品加工业	29853	27756	27756	65	65		544
谷物磨制							
饲料加工	18741	17333	17333	7	7		368
植物油加工							
制糖业							
屠宰及肉类加工							
水产品加工	11112	10423	10423	58	58		176
蔬菜、水果和坚果加工							
其他农副食品加工							
食品制造业	12124	10535	10535	74	74		92
焙烤食品制造							
糖果、巧克力及蜜饯制造							
方便食品制造							
乳制品制造							
罐头食品制造	10104	8720	8720	64	64		41
调味品、发酵制品制造	2020	1815	1815	10	10		51
其他食品制造							
酒、饮料和精制茶制造业	321806	138863	138863	29346	29346		46651
酒的制造	321806	138863	138863	29346	29346		46651
饮料制造							

工业企业主要经济指标(续10)

单位：万元

管理费用	税　金	财务费用	利息收入	利息支出	资产减值损失	公允价值变动收益	投资收益	营业利润
88931	**5719**	**34605**	**3051**	**31645**	**519**	**188**	**5942**	**176507**
14971	815	8748	304	8282	-59		5073	17642
14971	815	8748	304	8282	-59		5073	17642
949		621		604				2316
14021	815	8127	304	7678	-59		5073	15326
73961	4904	25857	2747	23363	578	188	868	158866
1389	65	255		255			5	-151
832	24	189		189			5	18
557	41	66		66				-169
118		53		53				1252
30		27		27				1221
88		25		25				31
15056	796	-1484	1484		26		40	93389
15056	796	-1484	1484		26		40	93389

2－1－6 规模以上股份制

指标	主营业务收入	营业成本	主营业务成本	营业税金及附加	主营业务税金及附加	其他业务利润	销售费用
精制茶加工							
烟草制品业							
烟叶复烤							
卷烟制造							
其他烟草制品制造							
纺织业	65868	61915	61915	205	205		276
棉纺织及印染精加工	65868	61915	61915	205	205		276
毛纺织及染整精加工							
麻纺织及染整精加工							
丝绢纺织及印染精加工							
化纤织造及印染精加工							
针织或钩针编织物及其制品制造							
家用纺织制成品制造							
非家用纺织制成品制造							
纺织服装、服饰业							
机织服装制造							
针织或钩针编织服装制造							
服饰制造							
皮革、毛皮、羽毛及其制品和制鞋业	4240	3775	3643	73	71		77
皮革鞣制加工	2232	2169	2037	58	56		65
皮革制品制造	2008	1606	1606	15	15		12
毛皮鞣制及制品加工							
羽毛（绒）加工及制品制造							
制鞋业							
木材加工和木、竹、藤、棕、草制品业	35604	34809	34809	132	132		
木材加工							
人造板制造	35604	34809	34809	132	132		
木制品制造							
竹、藤、棕、草等制品制造							
家具制造业							
木质家具制造							
竹、藤家具制造							
金属家具制造							
塑料家具制造							
其他家具制造							
造纸和纸制品业	16135	14198	14198	22	22		214
纸浆制造							
造纸	9714	8877	8877				112
纸制品制造	6421	5321	5321	22	22		101
印刷和记录媒介复制业							
印刷							
装订及印刷相关服务							
记录媒介复制							
文教、工美、体育和娱乐用品制造业							
文教办公用品制造							
乐器制造							
工艺美术品制造							
体育用品制造							
玩具制造							
游艺器材及娱乐用品制造							

工业企业主要经济指标(续11)

单位：万元

管理费用	税　金	财务费用	利息收入	利息支出	资产减值损　失	公允价值变动收益	投资收益	营业利润
1121	3	2222	20	1933				129
1121	3	2222	20	1933				129
84	9	13						217
33	9							-93
52		13						310
243	70	236		236		9		194
243	70	236		236		9		194
297		63		50				1362
100		50		50				574
196		12						788

2－1－6 规模以上股份制

指　　标	主营业务收入	营业成本	主营业务成本	营业税金及附加	主营业务税金及附加	其他业务利润	销售费用
石油加工、炼焦和核燃料加工业							
精炼石油产品制造							
炼焦							
核燃料加工							
化学原料和化学制品制造业	387579	342217	338359	2491	2491	337	7597
基础化学原料制造	193836	170991	170991	611	611		3099
肥料制造							
农药制造	17428	16721	16721				122
涂料、油墨、颜料及类似产品制造	32099	28929	28929	270	270		322
合成材料制造							
专用化学产品制造	73539	60487	60487	1370	1370		3024
炸药、火工及焰火产品制造	8166	3912	3887	32	32		138
日用化学产品制造	62511	61177	57345	208	208	337	893
医药制造业	79895	65649	65649	679	679		1550
化学药品原料药制造							
化学药品制剂制造							
中药饮片加工							
中成药生产							
兽用药品制造							
生物药品制造	79895	65649	65649	679	679		1550
卫生材料及医药用品制造							
化学纤维制造业							
纤维素纤维原料及纤维制造							
合成纤维制造							
橡胶和塑料制品业	65190	51468	51468	448	448		3432
橡胶制品业							
塑料制品业	65190	51468	51468	448	448		3432
非金属矿物制品业	55671	48667	48318	173	173	1	2281
水泥、石灰和石膏制造	55671	48667	48318	173	173	1	2281
石膏、水泥制品及类似制品制造							
砖瓦、石材等建筑材料制造							
玻璃制造							
玻璃制品制造							
玻璃纤维和玻璃纤维增强塑料制品制造							
陶瓷制品制造							
耐火材料制品制造							
石墨及其他非金属矿物制品制造							
黑色金属冶炼和压延加工业	1170478	1190301	1140301	3029	2889	19860	14033
炼铁							
炼钢							
黑色金属铸造							
钢压延加工	1170478	1190301	1140301	3029	2889	19860	14033
铁合金冶炼							
有色金属冶炼和压延加工业	28435	24517	24517	55	55		491
常用有色金属冶炼	28435	24517	24517	55	55		491
贵金属冶炼							
稀有稀土金属冶炼							
有色金属合金制造							
有色金属铸造							

工业企业主要经济指标(续12)

单位：万元

管理费用	税　金	财务费用	利息收入	利息支出	资产减值损失	公允价值变动收益	投资收益	营业利润
18685	680	2216	422	1980	193	46	190	18699
8047	485	1718	2	1647	58	33		9346
292		51						242
1288	44	327	54	38	135	13	122	965
2840	80	200	21	93				5618
3463	4	-257	258	1				990
2756	67	178	87	202			69	1538
2098	34	1318		1286				8601
2098	34	1318		1286				8601
2504	82	2017		1965				5322
2504	82	2017		1965				5322
1784	321	611	12	595				2506
1784	321	611	12	595				2506
15024	2403	13028	600	10528	15		500	5550
15024	2403	13028	600	10528	15		500	5550
1600		139		139				1635
1600		139		139				1635

2－1－6 规模以上股份制

指　　标	主营业务收入	营业成本	主营业务成本	营业税金及附加	主营业务税金及附加	其他业务利润	销售费用
有色金属压延加工							
金属制品业	59214	50559	50548	291	291		1515
结构性金属制品制造	7351	6165	6165	42	42		198
金属工具制造	2362	1992	1981	11	11		69
集装箱及金属包装容器制造	49501	42402	42402	238	238		1249
金属丝绳及其制品制造							
建筑、安全用金属制品制造							
金属表面处理及热处理加工							
搪瓷制品制造							
金属制日用品制造							
其他金属制品制造							
通用设备制造业	44505	40417	40389	243	243	25	561
锅炉及原动设备制造							
金属加工机械制造	5278	4179	4151	33	33	25	231
物料搬运设备制造							
泵、阀门、压缩机及类似机械制造							
轴承、齿轮和传动部件制造	11724	11282	11282	17	17		28
烘炉、风机、衡器、包装等设备制造							
文化、办公用机械制造							
通用零部件制造	27502	24956	24956	193	193		303
其他通用设备制造业							
专用设备制造业	39216	33732	33732	149	149		508
采矿、冶金、建筑专用设备制造							
化工、木材、非金属加工专用设备制造							
食品、饮料、烟草及饲料生产专用设备制造							
印刷、制药、日化及日用品生产专用设备制造	2021	1874	1874	6	6		
纺织、服装和皮革加工专用设备制造							
电子和电工机械专用设备制造							
农、林、牧、渔专用机械制造							
医疗仪器设备及器械制造	37195	31858	31858	143	143		508
环保、社会公共服务及其他专用设备制造							
汽车制造业	47464	44098	44098	61	61		674
汽车整车制造							
改装汽车制造							
低速载货汽车制造							
电车制造							
汽车车身、挂车制造	45456	43106	43106	49	49		672
汽车零部件及配件制造	2008	993	993	12	12		2
铁路、船舶、航空航天和其他运输设备制造业							
铁路运输设备制造							
城市轨道交通设备制造							
船舶及相关装置制造							
航空、航天器及设备制造							
摩托车制造							
自行车制造							
非公路休闲车及零配件制造							
潜水救捞及其他未列明运输设备制造							
电气机械和器材制造业	178950	149996	149916	1105	1105	－89	6161
电机制造	36782	30229	30150	150	150	－89	1798

工业企业主要经济指标(续13)

单位：万元

管理费用	税　金	财务费用	利息收入	利息支出	资产减值损失	公允价值变动收益	投资收益	营业利润
1418	53	1059		1059				4421
212	6	180		180				604
196	10	86		86				8
1010	37	793		793				3809
1907	152	240	9	223			-80	1111
589	34	215	9	223			16	100
190	6	25					-96	88
1128	112							923
2149	8	48		48				2630
115	8							26
2034		48		48				2604
669		266		266				1695
668		266		266				695
1								1000
7816	228	3559	200	2747	345	132	212	10305
3763	127	460	12	465				372

2－1－6 规模以上股份制

指标	主营业务收入	营业成本	主营业务成本	营业税金及附加	主营业务税金及附加	其他业务利润	销售费用
输配电及控制设备制造	54940	41182	41182	377	377		2881
电线、电缆、光缆及电工器材制造	19166	18126	18126	36	36		53
电池制造	50706	47151	47151	404	404		425
家用电力器具制造							
非电力家用器具制造	17356	13307	13307	138	138		1004
照明器具制造							
其他电气机械及器材制造							
计算机、通信和其他电子设备制造业							
计算机制造							
通信设备制造							
广播电视设备制造							
雷达及配套设备制造							
视听设备制造							
电子器件制造							
电子元件制造							
其他电子设备制造							
仪器仪表制造业							
通用仪器仪表制造							
专用仪器仪表制造							
钟表与计时仪器制造							
光学仪器及眼镜制造							
其他仪器仪表制造业							
其他制造业							
日用杂品制造							
煤制品制造							
核辐射加工							
其他未列明制造业							
废弃资源综合利用业							
金属废料和碎屑加工处理							
非金属废料和碎屑加工处理							
金属制品、机械和设备修理业							
金属制品修理							
通用设备修理							
专用设备修理							
铁路、船舶、航空航天等运输设备修理							
电气设备修理							
仪器仪表修理							
其他机械和设备修理业							
电力、热力、燃气及水生产和供应业							
电力、热力生产和供应业							
电力生产							
电力供应							
热力生产和供应							
燃气生产和供应业							
燃气生产和供应业							
水的生产和供应业							
自来水生产和供应							
污水处理及其再生利用							
其他水的处理、利用与分配							

工业企业主要经济指标(续14)

单位：万元

管理费用	税　　金	财务费用	利息收入	利息支出	资产减值损　　失	公允价值变动收益	投资收益	营业利润
2558	72	2028		1541				5913
119	6	54		12				779
657	3	420	188	132	345	132	212	1649
719	21	597		597				1592

2－1－6 规模以上股份制

指　　标	营业外收入	其中：补贴收入	营业外支出	利润总额	应交所得税	亏损企业亏损总额	利税总额
总　计	**5691**	**2460**	**2303**	**179896**	**40716**	**442**	**306106**
按国民经济行业分组							
采掘业	1149	887	142	18648	3462		30705
煤炭开采和洗选业							
烟煤和无烟煤开采洗选							
褐煤开采洗选							
其他煤炭采选							
石油和天然气开采业							
石油开采							
天然气开采							
黑色金属矿采选业							
铁矿采选							
锰矿、铬矿采选							
其他黑色金属矿采选							
有色金属矿采选业							
常用有色金属矿采选							
贵金属矿采选							
稀有稀土金属矿采选							
非金属矿采选业	1149	887	142	18648	3462		30705
土砂石开采							
化学矿开采	133		2	2447	685		4676
采盐	1016	887	141	16201	2777		26029
石棉及其他非金属矿采选							
开采辅助活动							
煤炭开采和洗选辅助活动							
石油和天然气开采辅助活动							
其他开采辅助活动							
其他采矿业							
其他采矿业							
制造业	4543	1573	2160	161248	37254	442	275401
农副食品加工业	143		19	－27	40	208	353
谷物磨制							
饲料加工	143		1	160	40		222
植物油加工							
制糖业							
屠宰及肉类加工							
水产品加工			18	－187		208	132
蔬菜、水果和坚果加工							
其他农副食品加工							
食品制造业				1252	111		1512
焙烤食品制造							
糖果、巧克力及蜜饯制造							
方便食品制造							
乳制品制造							
罐头食品制造				1221	103		1388
调味品、发酵制品制造				31	8		123
其他食品制造							
酒、饮料和精制茶制造业	917		301	94006	23501		150823
酒的制造	917		301	94006	23501		150823
饮料制造							

工业企业主要经济指标(续15)

单位：万元

应付职工薪酬	应交增值税	附属服务业收入或费用（支出）额	从业人员平均人数（人）	总资产贡献率（%）	资产负债率（%）	流动资产周转率（次/年）	成本费用利润率（%）	产品销售率（%）
107421	**83166**	**49088**	**21191**	**15.2**	**51.8**	**2.9**	**6.7**	**96.2**
23564	7654	738	2875	8.4	59.5	1.6	11.0	98.3
23564	7654	738	2875	8.4	59.5	1.6	11.0	98.3
1604	1924		385	9.0	38.9	2.3	9.0	99.9
21960	5730	738	2490	8.4	62.5	1.5	11.4	98.0
83857	75513	48350	18316	17.0	49.8	3.1	6.4	96.1
1370	315		377	3.0	44.1	3.7	-0.1	96.5
911	55		185	7.8	60.9	5.8	0.9	97.3
459	260		192	1.3	38.3	2.3	-1.7	95.3
462	186		168	14.3	94.7	1.5	11.6	93.7
288	103		80	14.7	95.2	1.3	13.9	92.6
174	82		88	11.7	91.0	3.9	1.5	99.6
18294	27471		3356	45.4	29.5	1.3	47.2	92.1
18294	27471		3356	45.4	29.5	1.3	47.2	92.1

2－1－6 规模以上股份制

指　　标	营业外收入	其中：补贴收入	营业外支出	利润总额	应交所得税	亏损企业亏损总额	利税总额
精制茶加工							
烟草制品业							
烟叶复烤							
卷烟制造							
其他烟草制品制造							
纺织业	56		1	184	47	128	1082
棉纺织及印染精加工	56		1	184	47	128	1082
毛纺织及染整精加工							
麻纺织及染整精加工							
丝绢纺织及印染精加工							
化纤织造及印染精加工							
针织或钩针编织物及其制品制造							
家用纺织制成品制造							
非家用纺织制成品制造							
纺织服装、服饰业							
机织服装制造							
针织或钩针编织服装制造							
服饰制造							
皮革、毛皮、羽毛及其制品和制鞋业			4	214	155	96	287
皮革鞣制加工			4	－96		96	－38
皮革制品制造				310	155		325
毛皮鞣制及制品加工							
羽毛（绒）加工及制品制造							
制鞋业							
木材加工和木、竹、藤、棕、草制品业	1164	1164	73	1285	630		2734
木材加工							
人造板制造	1164	1164	73	1285	630		2734
木制品制造							
竹、藤、棕、草等制品制造							
家具制造业							
木质家具制造							
竹、藤家具制造							
金属家具制造							
塑料家具制造							
其他家具制造							
造纸和纸制品业			3	1359	394		1847
纸浆制造							
造纸				574	5		963
纸制品制造			3	785	389		884
印刷和记录媒介复制业							
印刷							
装订及印刷相关服务							
记录媒介复制							
文教、工美、体育和娱乐用品制造业							
文教办公用品制造							
乐器制造							
工艺美术品制造							
体育用品制造							
玩具制造							
游艺器材及娱乐用品制造							

工业企业主要经济指标(续16)

单位：万元

应付职工薪酬	应交增值税	附属服务业收入或费用(支出)额	从业人员平均人数(人)	总资产贡献率(%)	资产负债率(%)	流动资产周转率(次/年)	成本费用利润率(%)	产品销售率(%)
3913	693	45	1324	6.8	88.2	3.1	0.3	99.9
3913	693	45	1324	6.8	88.2	3.1	0.3	99.9
226			137	10.0	5.3	11.0	5.4	97.7
146			62	-1.7	1.4	13.5	-4.3	95.9
80			75	55.2	20.4	9.1	18.4	99.7
1239	1317		368	15.8	79.4	2.5	3.6	100.0
1239	1317		368	15.8	79.4	2.5	3.6	100.0
713	466		215	25.4	58.0	7.5	9.2	99.5
404	389		95	60.2	88.9	45.6	6.3	99.1
309	78		120	15.3	49.0	3.3	13.9	100.0

2－1－6 规模以上股份制

指 标	营业外收入	其中：补贴收入	营业外支出	利润总额	应交所得税	亏损企业亏损总额	利税总额
石油加工、炼焦和核燃料加工业							
精炼石油产品制造							
炼焦							
核燃料加工							
化学原料和化学制品制造业	322	68	169	18852	3119		35880
基础化学原料制造	205		57	9494	1258		17374
肥料制造							
农药制造			7	236	30		236
涂料、油墨、颜料及类似产品制造				965	99		2531
合成材料制造							
专用化学产品制造	48		45	5621	612		10531
炸药、火工及焰火产品制造	1		9	982	732		1816
日用化学产品制造	68	68	51	1554	389		3393
医药制造业				8601	552		13035
化学药品原料药制造							
化学药品制剂制造							
中药饮片加工							
中成药生产							
兽用药品制造							
生物药品制造				8601	552		13035
卫生材料及医药用品制造							
化学纤维制造业							
纤维素纤维原料及纤维制造							
合成纤维制造							
橡胶和塑料制品业	1		4	5319	1330		6852
橡胶制品业							
塑料制品业	1		4	5319	1330		6852
非金属矿物制品业	346	340		2852	660		4876
水泥、石灰和石膏制造	346	340		2852	660		4876
石膏、水泥制品及类似制品制造							
砖瓦、石材等建筑材料制造							
玻璃制造							
玻璃制品制造							
玻璃纤维和玻璃纤维增强塑料制品制造							
陶瓷制品制造							
耐火材料制品制造							
石墨及其他非金属矿物制品制造							
黑色金属冶炼和压延加工业	1000		1500	5050	2156		22098
炼铁							
炼钢							
黑色金属铸造							
钢压延加工	1000		1500	5050	2156		22098
铁合金冶炼							
有色金属冶炼和压延加工业				1635	215		2339
常用有色金属冶炼				1635	215		2339
贵金属冶炼							
稀有稀土金属冶炼							
有色金属合金制造							
有色金属铸造							

工业企业主要经济指标(续17)

单位：万元

应付职工薪酬	应交增值税	附属服务业收入或费用（支出）额	从业人员平均人数（人）	总资产贡献率（%）	资产负债率（%）	流动资产周转率（次/年）	成本费用利润率（%）	产品销售率（%）
14065	14538		2910	20.3	42.7	4.7	5.1	100.3
4164	7269		943	18.8	37.9	4.5	5.2	99.7
324			84	1.8	55.9	2.5	1.4	100.0
1162	1296		193	99.8	72.3	28.4	3.1	96.7
3236	3540		659	32.2	24.0	7.3	8.5	103.3
1910	802		362	16.6	61.5	1.1	13.5	98.3
3269	1631		669	13.9	69.1	4.5	2.4	100.7
1044	3756		227	101.2	72.6	14.1	12.2	99.1
1044	3756		227	101.2	72.6	14.1	12.2	99.1
1359	1085		437	31.1	14.1	6.8	9.0	98.2
1359	1085		437	31.1	14.1	6.8	9.0	98.2
1849	1851		300	8.8	73.7	3.1	5.4	106.5
1849	1851		300	8.8	73.7	3.1	5.4	106.5
21670	14020	45000	4949	3.9	54.7	3.5	0.4	93.8
21670	14020	45000	4949	3.9	54.7	3.5	0.4	93.8
1685	650		288	120.6	47.7	21.1	6.1	93.0
1685	650		288	120.6	47.7	21.1	6.1	93.0

2－1－6 规模以上股份制

指标	营业外收入	其中：补贴收入	营业外支出	利润总额	应交所得税	亏损企业亏损总额	利税总额
有色金属压延加工							
金属制品业				4421	1103		5534
结构性金属制品制造				604	151		749
金属工具制造				8			30
集装箱及金属包装容器制造				3809	952		4756
金属丝绳及其制品制造							
建筑、安全用金属制品制造							
金属表面处理及热处理加工							
搪瓷制品制造							
金属制日用品制造							
其他金属制品制造							
通用设备制造业	9		1	1120	254		2762
锅炉及原动设备制造							
金属加工机械制造	9		1	109	27		396
物料搬运设备制造							
泵、阀门、压缩机及类似机械制造							
轴承、齿轮和传动部件制造				88	6		150
烘炉、风机、衡器、包装等设备制造							
文化、办公用机械制造							
通用零部件制造				923	220		2216
其他通用设备制造业							
专用设备制造业				2630	52		3996
采矿、冶金、建筑专用设备制造							
化工、木材、非金属加工专用设备制造							
食品、饮料、烟草及饲料生产专用设备制造							
印刷、制药、日化及日用品生产专用设备制造				26			59
纺织、服装和皮革加工专用设备制造							
电子和电工机械专用设备制造							
农、林、牧、渔专用机械制造							
医疗仪器设备及器械制造				2604	52		3937
环保、社会公共服务及其他专用设备制造							
汽车制造业				1695	516		2493
汽车整车制造							
改装汽车制造							
低速载货汽车制造							
电车制造							
汽车车身、挂车制造				695	16		1481
汽车零部件及配件制造				1000	500		1012
铁路、船舶、航空航天和其他运输设备制造业							
铁路运输设备制造							
城市轨道交通设备制造							
船舶及相关装置制造							
航空、航天器及设备制造							
摩托车制造							
自行车制造							
非公路休闲车及零配件制造							
潜水救捞及其他未列明运输设备制造							
电气机械和器材制造业	585		86	10804	2419	10	16898
电机制造	585		86	872	67		1947

工业企业主要经济指标(续18)

单位：万元

应付职工薪酬	应交增值税	附属服务业收入或费用(支出)额	从业人员平均人数(人)	总资产贡献率(%)	资产负债率(%)	流动资产周转率(次/年)	成本费用利润率(%)	产品销售率(%)
804	822		330	46.0	25.4	9.0	8.1	97.7
481	103		186	11.2	12.9	1.5	8.9	99.0
103	10		70	6.6	85.6	2.1	0.4	100.2
221	709		74	129.1	24.8	82.7	8.4	97.4
2213	1400		523	5.6	40.0	1.4	2.6	100.0
739	254		190	4.2	63.0	0.6	2.1	100.0
220	45		160	0.5	28.9	0.6	0.8	100.0
1253	1100		173	37.1	43.4	10.3	3.5	100.1
5812	1217		733	52.2	48.5	6.6	7.2	100.0
24	27		10	16.1	52.0	7.2	1.3	100.0
5788	1190		723	53.9	48.4	6.5	7.6	100.0
1429	737		234	14.8	50.2	3.2	3.7	100.0
1316	737		212	9.7	52.0	3.1	1.6	100.0
112			22	155.7	1.5	10.7	100.4	100.0
5710	4989	3305	1440	18.7	64.4	3.2	6.5	98.3
1765	926		569	5.9	63.8	2.3	2.4	101.3

2－1－6 规模以上股份制

指标	营业外收入	其中：补贴收入	营业外支出	利润总额	应交所得税	亏损企业亏损总额	利税总额
输配电及控制设备制造			1	5912	1486		7183
电线、电缆、光缆及电工器材制造				779	356	10	1600
电池制造				1649	113		4083
家用电力器具制造							
非电力家用器具制造				1592	398		2086
照明器具制造							
其他电气机械及器材制造							
计算机、通信和其他电子设备制造业							
计算机制造							
通信设备制造							
广播电视设备制造							
雷达及配套设备制造							
视听设备制造							
电子器件制造							
电子元件制造							
其他电子设备制造							
仪器仪表制造业							
通用仪器仪表制造							
专用仪器仪表制造							
钟表与计时仪器制造							
光学仪器及眼镜制造							
其他仪器仪表制造业							
其他制造业							
日用杂品制造							
煤制品制造							
核辐射加工							
其他未列明制造业							
废弃资源综合利用业							
金属废料和碎屑加工处理							
非金属废料和碎屑加工处理							
金属制品、机械和设备修理业							
金属制品修理							
通用设备修理							
专用设备修理							
铁路、船舶、航空航天等运输设备修理							
电气设备修理							
仪器仪表修理							
其他机械和设备修理业							
电力、热力、燃气及水生产和供应业							
电力、热力生产和供应业							
电力生产							
电力供应							
热力生产和供应							
燃气生产和供应业							
燃气生产和供应业							
水的生产和供应业							
自来水生产和供应							
污水处理及其再生利用							
其他水的处理、利用与分配							

工业企业主要经济指标(续19)

单位：万元

应付职工薪酬	应交增值税	附属服务业收入或费用（支出）额	从业人员平均人数（人）	总资产贡献率（%）	资产负债率（%）	流动资产周转率（次/年）	成本费用利润率（%）	产品销售率（%）
515	893		178	55.2	53.8	6.7	12.2	97.3
1208	785		246	36.3	25.3	16.5	4.3	100.0
1742	2030	3305	255	11.7	86.9	1.9	3.4	96.4
481	356		192	32.6	14.8	6.2	10.2	97.7

2－1－7 规模以上外商和港澳台

指标	企业单位数（个）	亏损企业	工业总产值（当年价格）	工业销售产值（当年价格）	出口交货值	年初存货	产成品
总计	**191**	**31**	**10847640**	**10727193**	**5339548**	**404417**	**108151**
按国民经济行业分组							
采掘业	2		26570	29283		292	105
煤炭开采和洗选业							
烟煤和无烟煤开采洗选							
褐煤开采洗选							
其他煤炭采选							
石油和天然气开采业							
石油开采							
天然气开采							
黑色金属矿采选业							
铁矿采选							
锰矿、铬矿采选							
其他黑色金属矿采选							
有色金属矿采选业							
常用有色金属矿采选							
贵金属矿采选							
稀有稀土金属矿采选							
非金属矿采选业	2		26570	29283		292	105
土砂石开采							
化学矿开采	1		23790	26502		292	105
采盐	1		2781	2781			
石棉及其他非金属矿采选							
开采辅助活动							
煤炭开采和洗选辅助活动							
石油和天然气开采辅助活动							
其他开采辅助活动							
其他采矿业							
其他采矿业							
制造业	182	27	10733672	10610513	5339548	399274	105220
农副食品加工业	3		124549	116135		6739	1145
谷物磨制							
饲料加工	3		124549	116135		6739	1145
植物油加工							
制糖业							
屠宰及肉类加工							
水产品加工							
蔬菜、水果和坚果加工							
其他农副食品加工							
食品制造业	3		231561	198177	3017	9027	611
焙烤食品制造	1		198408	164984		8213	196
糖果、巧克力及蜜饯制造							
方便食品制造	1		29892	29892		398	
乳制品制造							
罐头食品制造							
调味品、发酵制品制造							
其他食品制造	1		3261	3302	3017	415	415
酒、饮料和精制茶制造业	2	1	12124	12024		2888	583
酒的制造	1	1	2500	2400		2689	583
饮料制造	1		9624	9624		199	

投资工业企业主要经济指标

单位：万元

资产总计	流动资产合计	应收帐款	存货	产成品	在产品	固定资产合计	固定资产原价
4586214	**1886747**	**676170**	**345448**	**128582**	**30444**	**2304633**	**13689412**
51996	10435	5864	624			38632	46581
51996	10435	5864	624			38632	46581
26572	10122	5864	624			14863	21574
25423	313					23769	25007
4347299	1823513	663795	339825	125665	30444	2188924	13530378
29732	19565	7079	8365	937		7287	14758
29732	19565	7079	8365	937		7287	14758
173525	83433	15224	11794	2150		57460	71375
156158	73877	8725	9799	1141		50843	60944
12079	5019	4490	478			5864	9583
5289	4536	2010	1516	1009		753	848
17815	6121	368	2866	565	143	11436	13662
8523	5312	368	2734	565	143	2953	4162
9292	809		132			8483	9500

2－1－7 规模以上外商和港澳台

指标	企业单位数（个）	亏损企业	工业总产值（当年价格）	工业销售产值（当年价格）	出口交货值	年初存货	产成品
精制茶加工							
烟草制品业							
烟叶复烤							
卷烟制造							
其他烟草制品制造							
纺织业	11	2	174939	162070	8730	8909	2333
棉纺织及印染精加工	6	1	100829	97557	1445	4442	2168
毛纺织及染整精加工	1	1	41865	36644		2479	
麻纺织及染整精加工							
丝绢纺织及印染精加工							
化纤织造及印染精加工							
针织或钩针编织物及其制品制造	3		24004	23181	7285	1900	103
家用纺织制成品制造	1		8241	4687		89	62
非家用纺织制成品制造							
纺织服装、服饰业	22	2	474015	471687	134360	16564	3538
机织服装制造	15	1	362394	359514	26877	9997	2558
针织或钩针编织服装制造							
服饰制造	7	1	111621	112174	107483	6567	980
皮革、毛皮、羽毛及其制品和制鞋业	15	2	411305	406745	20730	10833	5955
皮革鞣制加工	1		15348	14834		804	
皮革制品制造	7		260806	258822	8005	6667	3608
毛皮鞣制及制品加工							
羽毛（绒）加工及制品制造							
制鞋业	7	2	135150	133089	12724	3362	2346
木材加工和木、竹、藤、棕、草制品业	6	3	76306	76413	152	4986	445
木材加工							
人造板制造	5	2	72048	71701		1345	445
木制品制造	1	1	4258	4712	152	3642	
竹、藤、棕、草等制品制造							
家具制造业	5		17262	16611		60	
木质家具制造	2		5887	5817		60	
竹、藤家具制造							
金属家具制造	1		2215	2018			
塑料家具制造							
其他家具制造	2		9161	8775			
造纸和纸制品业	3	2	43647	43466		936	
纸浆制造							
造纸	1	1	8091	8091			
纸制品制造	2	1	35556	35375		936	
印刷和记录媒介复制业	4		34870	33099		4976	
印刷	4		34870	33099		4976	
装订及印刷相关服务							
记录媒介复制							
文教、工美、体育和娱乐用品制造业	5	2	43947	43947	36939	9242	246
文教办公用品制造							
乐器制造							
工艺美术品制造	3	1	38691	38691	31682	7930	246
体育用品制造	1		3255	3255	3255	497	
玩具制造	1	1	2002	2002	2002	815	
游艺器材及娱乐用品制造							

投资工业企业主要经济指标（续1）

单位：万元

资产总计	流动资产合计	应收帐款	存货	产成品	在产品	固定资产合计	固定资产原价
232295	145244	21314	19425	6742	2307	54811	104831
46643	23010	6670	5235	3937	1058	16492	39143
160443	112155	12644	12649	2290	853	24060	25495
23981	9578	1941	1460	454	396	13533	37744
1228	502	60	81	62		726	2449
167563	70154	18865	17208	8616	3374	92301	168006
112462	36461	11558	12152	5205	3085	73369	125132
55101	33693	7307	5056	3411	289	18932	42874
71340	39743	18918	12247	3874	565	23124	471564
4166	1974	145	1328	838			
33116	20825	11347	6515	442	108	9275	421213
34058	16944	7427	4405	2594	458	13850	50351
33622	13428	89	4537	1400		17958	21689
22792	8374	91	1987	463		12798	15777
10830	5054	-2	2550	936		5161	5912
23259	10970	1884	367	280	37	8624	12745
4884	3345	1416	85	56		1539	5145
3776	188	107	76	56		2231	2414
14599	7437	360	205	168	37	4854	5186
33543	16363	5065	2080	824		9552	12241
13434	7277	1374	1096	585		565	611
20109	9087	3691	984	239		8988	11630
33614	21611	3722	5037	2646	476	8748	24324
33614	21611	3722	5037	2646	476	8748	24324
37912	20130	5109	12229	1505		14493	21755
33778	16772	4218	11158	962		13898	20652
1993	1670	50	283	175		200	425
2141	1688	842	788	368		395	678

2－1－7　规模以上外商和港澳台

指　　标	企业单位数（个）	亏损企业	工业总产值（当年价格）	工业销售产值（当年价格）	出口交货值	年初存货	产成品
石油加工、炼焦和核燃料加工业							
精炼石油产品制造							
炼焦							
核燃料加工							
化学原料和化学制品制造业	9	2	402904	396159		67880	6547
基础化学原料制造	5	1	264537	261880		55396	2226
肥料制造	1		7450	7111		41	
农药制造							
涂料、油墨、颜料及类似产品制造							
合成材料制造							
专用化学产品制造	1		43766	44008		5818	
炸药、火工及焰火产品制造							
日用化学产品制造	2	1	87152	83160		6625	4321
医药制造业	3		83157	77548	26508	3879	1115
化学药品原料药制造	2		56649	51040		3078	633
化学药品制剂制造							
中药饮片加工							
中成药生产							
兽用药品制造							
生物药品制造							
卫生材料及医药用品制造	1		26508	26508	26508	802	482
化学纤维制造业	2		154947	155089		2756	785
纤维素纤维原料及纤维制造	2		154947	155089		2756	785
合成纤维制造							
橡胶和塑料制品业	12	1	607298	606857	253575	70034	26286
橡胶制品业	3		468525	473610	241553	62942	22031
塑料制品业	9	1	138773	133247	12022	7093	4255
非金属矿物制品业	10	1	203848	202525	6023	7811	2934
水泥、石灰和石膏制造	1	1	24300	24300		2402	
石膏、水泥制品及类似制品制造	4		129402	128657		3021	2177
砖瓦、石材等建筑材料制造	1		15131	15131		1835	634
玻璃制造							
玻璃制品制造							
玻璃纤维和玻璃纤维增强塑料制品制造							
陶瓷制品制造	1		6988	6988	6023	81	
耐火材料制品制造							
石墨及其他非金属矿物制品制造	3		28027	27449		472	123
黑色金属冶炼和压延加工业	3	1	109326	109291		5045	19
炼铁							
炼钢							
黑色金属铸造	1	1	2692	2663		359	
钢压延加工	2		106634	106628		4686	19
铁合金冶炼							
有色金属冶炼和压延加工业	2		30706	29802	15881	2294	279
常用有色金属冶炼	1		13640	13640		1446	
贵金属冶炼							
稀有稀土金属冶炼							
有色金属合金制造							
有色金属铸造							

投资工业企业主要经济指标（续2）

单位：万元

资产总计	流动资产					固定资产	固定资产
	合计	应收帐款	存货	产成品	在产品	合计	原价
833943	124364	69174	33364	15211	3700	616738	898840
733064	89471	60677	20613	10953	3533	570068	764812
1905	411	382	24	23		1480	3468
67078	18966	3547	6483			44623	63905
31896	15517	4569	6245	4236	167	569	66655
40242	22253	6229	5989	3092	217	11383	45654
36519	19564	5821	5468	2787		10349	38952
3723	2690	408	521	304	217	1034	6702
57551	34545	15057	2516	1104		21311	52338
57551	34545	15057	2516	1104		21311	52338
690144	331072	186547	66004	27499	2147	327954	591623
525900	242832	170897	53464	20581		260627	468044
164244	88240	15650	12541	6917	2147	67327	123579
149257	79294	18077	9228	5853		57062	93481
23134	11293		2507	2507		11842	17681
102162	58062	13813	4398	2608		32090	54949
11676	6292	2814	1590	585		4614	5440
1295	292	86	67	61		1003	2135
10990	3356	1364	667	92		7514	13276
26317	14100	2462	3672	1602		7731	15287
4513	2499	1132	370	242		243	435
21804	11602	1330	3302	1360		7488	14853
16737	12441	5860	2637	860		3438	4178
6868	3928	1208	1002			2236	2588

2－1－7 规模以上外商和港澳台

指标	企业单位数（个）	亏损企业	工业总产值（当年价格）	工业销售产值（当年价格）	出口交货值	年初存货	产成品
有色金属压延加工	1		17066	16162	15881	848	279
金属制品业	6		82715	86972	19472	10679	5691
结构性金属制品制造	2		23800	23086		92	
金属工具制造	1		20708	19941		330	215
集装箱及金属包装容器制造							
金属丝绳及其制品制造							
建筑、安全用金属制品制造							
金属表面处理及热处理加工							
搪瓷制品制造							
金属制日用品制造	3		38207	43945	19472	10257	5475
其他金属制品制造							
通用设备制造业	9	1	92288	89043	1500	9139	4326
锅炉及原动设备制造							
金属加工机械制造	2		6706	5491	1500	1115	
物料搬运设备制造	2		36188	36188		4126	3426
泵、阀门、压缩机及类似机械制造							
轴承、齿轮和传动部件制造	4	1	47384	45353		3718	901
烘炉、风机、衡器、包装等设备制造							
文化、办公用机械制造							
通用零部件制造	1		2011	2011		180	
其他通用设备制造业							
专用设备制造业	9		845497	841020	813600	3784	421
采矿、冶金、建筑专用设备制造	1		10782	6368		1880	300
化工、木材、非金属加工专用设备制造	7		832796	832651	813600	1621	56
食品、饮料、烟草及饲料生产专用设备制造							
印刷、制药、日化及日用品生产专用设备制造	1		1920	2002		283	65
纺织、服装和皮革加工专用设备制造							
电子和电工机械专用设备制造							
农、林、牧、渔专用机械制造							
医疗仪器设备及器械制造							
环保、社会公共服务及其他专用设备制造							
汽车制造业	5	2	61811	60965	1227	3887	78
汽车整车制造							
改装汽车制造							
低速载货汽车制造							
电车制造							
汽车车身、挂车制造							
汽车零部件及配件制造	5	2	61811	60965	1227	3887	78
铁路、船舶、航空航天和其他运输设备制造业	1		4512	4198			
铁路运输设备制造							
城市轨道交通设备制造							
船舶及相关装置制造							
航空、航天器及设备制造							
摩托车制造							
自行车制造	1		4512	4198			
非公路休闲车及零配件制造							
潜水救捞及其他未列明运输设备制造							
电气机械和器材制造业	18	3	1328524	1291405	195828	71696	16648
电机制造	2		644502	644502		12178	3282

投资工业企业主要经济指标（续3）

单位：万元

资产总计	流动资产合计	应收帐款	存货	产成品	在产品	固定资产合计	固定资产原价
9869	8513	4652	1635	860		1202	1590
73465	34385	11527	10100	5762	1055	35043	62069
3908	2073	385	215	32		712	896
20978	3137	1418	1719	665	1055	17841	41744
48579	29175	9725	8166	5065		16489	19429
82568	49534	9717	14081	1528	2742	18823	53177
3774	3005	1224	1215		1215	667	1106
39306	31621	4722	7780			5247	17371
30977	14294	3499	4745	1528	1527	10380	32057
8511	613	272	341			2529	2642
184949	76832	12127	5940	1010	1314	86580	1717669
8751	6780	3201	2670	244	819	1610	2764
169480	63364	8572	2650	608	355	84940	1714898
6718	6688	354	621	158	139	30	7
57142	25671	6986	3536	712	348	16227	18222
57142	25671	6986	3536	712	348	16227	18222
1331	521	299				810	910
1331	521	299				810	910
492000	380473	179768	66317	18325	11871	91371	1539870
129540	108134	15411	12848	3282		19358	1356283

2－1－7 规模以上外商和港澳台

指标	企业单位数（个）	亏损企业	工业总产值（当年价格）	工业销售产值（当年价格）	出口交货值	年初存货	产成品
输配电及控制设备制造	8	2	79820	76049	1005	3456	535
电线、电缆、光缆及电工器材制造	4	1	167451	168503	11261	11217	7581
电池制造	2		337280	335573	183562	43476	5036
家用电力器具制造	1		17818	17356		259	137
非电力家用器具制造							
照明器具制造	1		81654	49423		1112	77
其他电气机械及器材制造							
计算机、通信和其他电子设备制造业	12	2	5063913	5062623	3799812	62083	23670
计算机制造	3	1	83413	83500	77143	9945	9716
通信设备制造							
广播电视设备制造							
雷达及配套设备制造							
视听设备制造							
电子器件制造							
电子元件制造	9	1	4980499	4979123	3722669	52138	13954
其他电子设备制造							
仪器仪表制造业							
通用仪器仪表制造							
专用仪器仪表制造							
钟表与计时仪器制造							
光学仪器及眼镜制造							
其他仪器仪表制造业							
其他制造业	2		17702	16643	2195	3145	1566
日用杂品制造	2		17702	16643	2195	3145	1566
煤制品制造							
核辐射加工							
其他未列明制造业							
废弃资源综合利用业							
金属废料和碎屑加工处理							
非金属废料和碎屑加工处理							
金属制品、机械和设备修理业							
金属制品修理							
通用设备修理							
专用设备修理							
铁路、船舶、航空航天等运输设备修理							
电气设备修理							
仪器仪表修理							
其他机械和设备修理业							
电力、热力、燃气及水生产和供应业	7	4	87398	87398		4852	2826
电力、热力生产和供应业	2	1	19677	19677		1381	
电力生产	2	1	19677	19677		1381	
电力供应							
热力生产和供应							
燃气生产和供应业	2	1	54191	54191		2748	2661
燃气生产和供应业	2	1	54191	54191		2748	2661
水的生产和供应业	3	2	13529	13529		723	165
自来水生产和供应	1	1	2474	2474		644	165
污水处理及其再生利用	2	1	11055	11055		78	
其他水的处理、利用与分配							

投资工业企业主要经济指标（续4）

单位：万元

资产总计	流动资产合计	应收帐款	存货	产成品	在产品	固定资产合计	固定资产原价
31716	20883	7133	4057	1127	298	9664	26147
68363	52990	29757	10710	6950		14080	36925
226879	180225	114063	34632	6149	11258	34091	104436
4388	1404	871	534	219	315	2984	4117
31114	16838	12534	3538	597		11194	11963
763243	181535	37613	16949	12236	150	575162	7482868
84770	51146	27360	10472	10214		27870	36670
678473	130389	10253	6476	2022	150	547292	7446199
24189	9730	4717	3339	1333		13496	17244
24189	9730	4717	3339	1333		13496	17244
186919	52799	6511	4999	2917		77077	112454
20713	7861	2490	1819			12472	30076
20713	7861	2490	1819			12472	30076
92609	25486	1012	2858	2775		51160	64613
92609	25486	1012	2858	2775		51160	64613
73598	19452	3010	322	143		13445	17765
22478	11355	191	240	143		8639	10599
51119	8097	2819	83			4806	7167

2－1－7 规模以上外商和港澳台

指标	累计折旧	本年折旧	在建工程	负债合计	流动负债合计	应付账款	非流动负债合计
总计	**11392094**	**1457243**	**80923**	**2043922**	**1701998**	**283643**	**339323**
按国民经济行业分组							
采掘业	7949	2411		24210	17983	663	6227
煤炭开采和洗选业							
烟煤和无烟煤开采洗选							
褐煤开采洗选							
其他煤炭采选							
石油和天然气开采业							
石油开采							
天然气开采							
黑色金属矿采选业							
铁矿采选							
锰矿、铬矿采选							
其他黑色金属矿采选							
有色金属矿采选业							
常用有色金属矿采选							
贵金属矿采选							
稀有稀土金属矿采选							
非金属矿采选业	7949	2411		24210	17983	663	6227
土砂石开采							
化学矿开采	6710	1172		17262	17262		
采盐	1239	1239		6948	721	663	6227
石棉及其他非金属矿采选							
开采辅助活动							
煤炭开采和洗选辅助活动							
石油和天然气开采辅助活动							
其他开采辅助活动							
其他采矿业							
其他采矿业							
制造业	11346779	1450905	75532	1896692	1617071	275463	277020
农副食品加工业	7471	855		14759	14759	6450	
谷物磨制							
饲料加工	7471	855		14759	14759	6450	
植物油加工							
制糖业							
屠宰及肉类加工							
水产品加工							
蔬菜、水果和坚果加工							
其他农副食品加工							
食品制造业	18503	2404	1786	45084	34558	24333	10527
焙烤食品制造	14689	2073	1588	37876	27350	20209	10527
糖果、巧克力及蜜饯制造							
方便食品制造	3719	285	198	3744	3744	2657	
乳制品制造							
罐头食品制造							
调味品、发酵制品制造							
其他食品制造	95	46		3464	3464	1467	
酒、饮料和精制茶制造业	2226	62		10750	10750	5633	
酒的制造	1209	51		3952	3952	422	
饮料制造	1017	11		6798	6798	5210	

投资工业企业主要经济指标（续5）

单位：万元

所有者权益合计	实收资本							营业收入
		国家资本	集体资本	法人资本	个人资本	港澳台资本	外商资本	
2541335	**1807818**	**11175**	**9516**	**296790**	**164829**	**1088173**	**237336**	**11128548**
27786	23088			1000	500	21588		30029
27786	23088			1000	500	21588		30029
9310	2000			1000	500	500		27248
18476	21088					21088		2781
2449650	1737799	8175	9516	286177	159751	1044032	230148	11006261
14974	7520			2475		1795	3250	118673
14974	7520			2475		1795	3250	118673
128441	62868			4023			58844	227818
118281	57585						57585	192630
8335	4023			4023				30837
1825	1260						1260	4352
7065	8775				2494	6281		12129
4571	6281					6281		2400
2494	2494				2494			9729

2－1－7 规模以上外商和港澳台

指标	累计折旧	本年折旧	在建工程	负债合计	流动负债合计	应付账款	非流动负债合计
精制茶加工							
烟草制品业							
烟叶复烤							
卷烟制造							
其他烟草制品制造							
纺织业	50020	9475	19516	169826	155665	14462	11647
棉纺织及印染精加工	22651	3464	4596	26143	22707	3478	3436
毛纺织及染整精加工	1435	1412	14900	137066	128981	10135	8084
麻纺织及染整精加工							
丝绢纺织及印染精加工							
化纤织造及印染精加工							
针织或钩针编织物及其制品制造	24212	4306	20	6236	3595	849	127
家用纺织制成品制造	1722	294		382	382		
非家用纺织制成品制造							
纺织服装、服饰业	75703	12094	1087	70899	51255	12569	19557
机织服装制造	51763	10189	1087	41109	30161	10176	10948
针织或钩针编织服装制造							
服饰制造	23940	1905		29790	21094	2393	8609
皮革、毛皮、羽毛及其制品和制鞋业	448558	54272	2064	30906	25091	6030	5816
皮革鞣制加工				1831	1201		629
皮革制品制造	411938	48750		13838	10845	3026	2993
毛皮鞣制及制品加工							
羽毛（绒）加工及制品制造							
制鞋业	36620	5521	2064	15238	13044	3004	2194
木材加工和木、竹、藤、棕、草制品业	3731	1615		22010	18010	－3286	4000
木材加工							
人造板制造	2979	1191		16198	15198	255	1000
木制品制造	752	423		5811	2811	－3542	3000
竹、藤、棕、草等制品制造							
家具制造业	4121	390	1663	4320	4320	1778	
木质家具制造	3606	261		1572	1572	72	
竹、藤家具制造							
金属家具制造	183	30		145	145	76	
塑料家具制造							
其他家具制造	332	98	1663	2603	2603	1630	
造纸和纸制品业	2689	750	1984	15266	13266		2000
纸浆制造							
造纸	46	21		7417	5417		2000
纸制品制造	2643	729	1984	7849	7849		
印刷和记录媒介复制业	15576	1999		14587	14587	5827	
印刷	15576	1999		14587	14587	5827	
装订及印刷相关服务							
记录媒介复制							
文教、工美、体育和娱乐用品制造业	7262	1392	309	36034	35534	3142	500
文教办公用品制造							
乐器制造							
工艺美术品制造	6755	1344	309	33002	33002	1941	
体育用品制造	225	24		1236	1236	971	
玩具制造	283	24		1796	1296	230	500
游艺器材及娱乐用品制造							

投资工业企业主要经济指标（续6）

单位：万元

所有者权益合计	实收资本							营业收入
		国家资本	集体资本	法人资本	个人资本	港澳台资本	外商资本	
61513	59981			1501	7778	36286	14417	171242
20500	17193			1301	7658	8234		96811
23378	28051					28051		42309
16789	14617			200			14417	23828
847	120				120			8294
96664	68894		500	12521	9192	41277	5404	480290
71353	55481		500	2189	8477	41277	3039	360733
25311	13413			10333	716		2365	119557
40433	31219			10685	5614	150	14769	395489
2335	1232				1232			9941
19278	18512			9779	366		8368	253228
18820	11474			907	4016	150	6401	132319
11613	11866			1081	4165	147	6474	76632
6594	5392			1081	4165	147		71572
5019	6474						6474	5061
18939	15418			4597	2014	8807		16525
3311	3311			1597	1714			5518
3631	300				300			2215
11997	11807			3000		8807		8793
18277	14793			1597	3364	5087	4745	43528
6017	6342			1597			4745	10595
12260	8451				3364	5087		32933
19027	5915			1611		4304		34160
19027	5915			1611		4304		34160
1878	4565			3178		898	490	45023
776	3347			3178		169		39767
757	728					728		3255
345	490						490	2002

2－1－7 规模以上外商和港澳台

指标	累计折旧	本年折旧	在建工程	负债合计	流动负债合计	应付账款	非流动负债合计
石油加工、炼焦和核燃料加工业							
精炼石油产品制造							
炼焦							
核燃料加工							
化学原料和化学制品制造业	282101	45065	14563	275178	127549	56533	147629
基础化学原料制造	194744	34127		222666	84026	47326	138641
肥料制造	1988	347		1694	1359		336
农药制造							
涂料、油墨、颜料及类似产品制造							
合成材料制造							
专用化学产品制造	19283	2827		32276	23972		8304
炸药、火工及焰火产品制造							
日用化学产品制造	66086	7765	14563	18541	18193	9207	348
医药制造业	34271	5006	835	16902	12654	7075	4248
化学药品原料药制造	28603	4537	835	14633	11439	6389	3194
化学药品制剂制造							
中药饮片加工							
中成药生产							
兽用药品制造							
生物药品制造							
卫生材料及医药用品制造	5668	469		2269	1214	686	1054
化学纤维制造业	31027	4404		23335	23335	3473	
纤维素纤维原料及纤维制造	31027	4404		23335	23335	3473	
合成纤维制造							
橡胶和塑料制品业	264063	38837	9093	329452	316836	9461	12616
橡胶制品业	207417	26394	7503	263956	263946	138	10
塑料制品业	56646	12443	1590	65495	52890	9323	12606
非金属矿物制品业	36418	6526	485	84530	74495	9703	10034
水泥、石灰和石膏制造	5840	231		17028	16400		628
石膏、水泥制品及类似制品制造	22859	4761	272	58316	50116	7394	8200
砖瓦、石材等建筑材料制造	827	269	212	6152	5832	1539	320
玻璃制造							
玻璃制品制造							
玻璃纤维和玻璃纤维增强塑料制品制造							
陶瓷制品制造	1131	170		149	149	99	
耐火材料制品制造							
石墨及其他非金属矿物制品制造	5762	1095		2885	1998	673	887
黑色金属冶炼和压延加工业	7556	1165	975	11495	11495	2133	
炼铁							
炼钢							
黑色金属铸造	191	5	934	2927	2927	749	
钢压延加工	7365	1160	41	8569	8569	1384	
铁合金冶炼							
有色金属冶炼和压延加工业	740	112		5953	5953	3795	
常用有色金属冶炼	352	70		1548	1548		
贵金属冶炼							
稀有稀土金属冶炼							
有色金属合金制造							
有色金属铸造							

投资工业企业主要经济指标（续7）

单位：万元

所有者权益合计	实收资本	国家资本	集体资本	法人资本	个人资本	港澳台资本	外商资本	营业收入
558766	502352			12600	62398	420784	6569	411312
510397	470353				49569	420784		271790
211	210				210			3569
34802	18000			12600			5400	52651
13356	13789				12619		1169	83303
23340	14642			3192			11450	83631
21886	14042			3192			10850	56309
1455	600						600	27322
34216	4956					3757	1200	158146
34216	4956					3757	1200	158146
360693	233372	8175		110439	21617	22948	70192	613282
261944	161253			102438	2552		56264	476846
98749	72119	8175		8001	19066	22948	13929	136436
64727	25423			12258	2155	11011		205587
6106	2000			2000				20154
43846	17018			6027	980	10011		135829
5524	2298			1724	575			15131
1146	1100			1100				6988
8105	3007			1407	600	1000		27485
14822	12449			6028		4506	1915	109273
1586	3368					3368		4435
13236	9081			6028		1138	1915	104839
10784	2923			816		2107		29914
5320	816			816				13640

2－1－7 规模以上外商和港澳台

指标	累计折旧	本年折旧	在建工程	负债合计	流动负债合计	应付账款	非流动负债合计
有色金属压延加工	388	42		4405	4405	3795	
金属制品业	27026	6510	1011	26681	25501	10528	1180
结构性金属制品制造	185	47		1241	1241		
金属工具制造	23902	5003		2809	1630	1051	1180
集装箱及金属包装容器制造							
金属丝绳及其制品制造							
建筑、安全用金属制品制造							
金属表面处理及热处理加工							
搪瓷制品制造							
金属制日用品制造	2939	1460	1011	22631	22631	9477	
其他金属制品制造							
通用设备制造业	34353	7751	9749	40124	39961	9148	162
锅炉及原动设备制造							
金属加工机械制造	439	104		3322	3322	1011	
物料搬运设备制造	12125	2001	561	24235	24235	6713	
泵、阀门、压缩机及类似机械制造							
轴承、齿轮和传动部件制造	21677	5589	4764	11953	11791	1208	162
烘炉、风机、衡器、包装等设备制造							
文化、办公用机械制造							
通用零部件制造	113	56	4424	613	613	216	
其他通用设备制造业							
专用设备制造业	1631116	204548	31	34257	34133	8688	123
采矿、冶金、建筑专用设备制造	1153	100	4	4266	4266	3301	
化工、木材、非金属加工专用设备制造	1629959	204446		26762	26638	5361	123
食品、饮料、烟草及饲料生产专用设备制造							
印刷、制药、日化及日用品生产专用设备制造	4	2	27	3230	3230	27	
纺织、服装和皮革加工专用设备制造							
电子和电工机械专用设备制造							
农、林、牧、渔专用机械制造							
医疗仪器设备及器械制造							
环保、社会公共服务及其他专用设备制造							
汽车制造业	1995	738	6386	11448	11422	3885	27
汽车整车制造							
改装汽车制造							
低速载货汽车制造							
电车制造							
汽车车身、挂车制造							
汽车零部件及配件制造	1995	738	6386	11448	11422	3885	27
铁路、船舶、航空航天和其他运输设备制造业	100	5		463	463		
铁路运输设备制造							
城市轨道交通设备制造							
船舶及相关装置制造							
航空、航天器及设备制造							
摩托车制造							
自行车制造	100	5		463	463		
非公路休闲车及零配件制造							
潜水救捞及其他未列明运输设备制造							
电气机械和器材制造业	1448699	179876	2874	287702	240770	62575	46933
电机制造	1336925	161429		51396	39971	19512	11425

投资工业企业主要经济指标（续8）

单位：万元

所有者权益合计	实收资本	国家资本	集体资本	法人资本	个人资本	港澳台资本	外商资本	营业收入
5464	2107					2107		16274
46784	28560			4159	9084	3052	12264	93148
2667	1300			700			600	23086
18169	9084				9084			20771
25949	18175			3459		3052	11664	49291
42444	21557			17067	1000	1520	1969	96701
452	299						299	5491
15070	13429			13333			96	36379
19024	6829			3735		1520	1574	52552
7898	1000				1000			2279
150692	87697				11913	74100	1683	845499
4485	2000				1400		600	9523
142719	82153				10513	70557	1083	833974
3488	3544					3544		2002
45694	52608		7366	33918	6326	3153	1846	65281
45694	52608		7366	33918	6326	3153	1846	65281
868	504				504			4198
868	504				504			4198
204298	121936		1650	28287	9083	75391	7525	1329388
78144	38763			16439		22324		648479

2－1－7　规模以上外商和港澳台

指　　标	累计折旧	本年折旧	在建工程	负债合计	流动负债合计	应付账款	非流动负债合计
输配电及控制设备制造	16483	2537		12136	9920	3294	2217
电线、电缆、光缆及电工器材制造	22845	3342	48	46166	46166	9215	
电池制造	70544	12014	58	156302	124056	12169	32246
家用电力器具制造	1134	363		2613	1568	1035	1045
非电力家用器具制造							
照明器具制造	769	190	2768	19089	19089	17350	
其他电气机械及器材制造							
计算机、通信和其他电子设备制造业	6907706	864334	178	301367	301345	1289	22
计算机制造	8800	2351		34498	34476	730	22
通信设备制造							
广播电视设备制造							
雷达及配套设备制造							
视听设备制造							
电子器件制造							
电子元件制造	6898907	861983	178	266869	266869	559	
其他电子设备制造							
仪器仪表制造业							
通用仪器仪表制造							
专用仪器仪表制造							
钟表与计时仪器制造							
光学仪器及眼镜制造							
其他仪器仪表制造业							
其他制造业	3748	722	943	13367	13367	10241	
日用杂品制造	3748	722	943	13367	13367	10241	
煤制品制造							
核辐射加工							
其他未列明制造业							
废弃资源综合利用业							
金属废料和碎屑加工处理							
非金属废料和碎屑加工处理							
金属制品、机械和设备修理业							
金属制品修理							
通用设备修理							
专用设备修理							
铁路、船舶、航空航天等运输设备修理							
电气设备修理							
仪器仪表修理							
其他机械和设备修理业							
电力、热力、燃气及水生产和供应业	37366	3928	5392	123020	66944	7517	56076
电力、热力生产和供应业	17604	1229	140	19163	11763	3319	7400
电力生产	17604	1229	140	19163	11763	3319	7400
电力供应							
热力生产和供应							
燃气生产和供应业	15442	338	4115	57409	22561	1886	34848
燃气生产和供应业	15442	338	4115	57409	22561	1886	34848
水的生产和供应业	4320	2361	1137	46448	32620	2312	13828
自来水生产和供应	1959	1924	1031	12924	4420	1691	8503
污水处理及其再生利用	2361	437	106	33525	28200	621	5325
其他水的处理、利用与分配							

投资工业企业主要经济指标（续9）

单位：万元

所有者权益合计	实收资本	国家资本	集体资本	法人资本	个人资本	港澳台资本	外商资本	营业收入
19580	16438		1650	1390	7083	1440	4875	69603
22196	18102			10458		4994	2650	173591
70578	38547				1000	37547		341750
1775	1000				1000			17543
12026	9088					9088		78423
461876	334079			11687	1050	316671	4671	5319872
50272	45557			7753		37804		95972
411604	288522			3935	1050	278867	4671	5223900
10823	2930			2458			473	19519
10823	2930			2458			473	19519
63899	46931	3000		9613	4578	22553	7188	92259
1550	5600	3000					2600	21503
1550	5600	3000					2600	21503
35200	16953				4578	12375		56587
35200	16953				4578	12375		56587
27149	24379			9613		10179	4588	14168
9555	10179					10179		3043
17595	14200			9613			4588	11125

2－1－7 规模以上外商和港澳台

指标	主营业务收入	营业成本	主营业务成本	营业税金及附加	主营业务税金及附加	其他业务利润	销售费用
总计	**11087849**	**10349054**	**10320269**	**24495**	**24398**	**4631**	**161136**
按国民经济行业分组							
采掘业	29325	18334	17732	468	468	102	3667
煤炭开采和洗选业							
烟煤和无烟煤开采洗选							
褐煤开采洗选							
其他煤炭采选							
石油和天然气开采业							
石油开采							
天然气开采							
黑色金属矿采选业							
铁矿采选							
锰矿、铬矿采选							
其他黑色金属矿采选							
有色金属矿采选业							
常用有色金属矿采选							
贵金属矿采选							
稀有稀土金属矿采选							
非金属矿采选业	29325	18334	17732	468	468	102	3667
土砂石开采							
化学矿开采	26545	16532	15931	386	386	102	3667
采盐	2781	1802	1802	82	82		
石棉及其他非金属矿采选							
开采辅助活动							
煤炭开采和洗选辅助活动							
石油和天然气开采辅助活动							
其他开采辅助活动							
其他采矿业							
其他采矿业							
制造业	10970952	10256200	10230513	23323	23245	3961	155997
农副食品加工业	118585	102871	102866	1	1	83	4646
谷物磨制							
饲料加工	118585	102871	102866	1	1	83	4646
植物油加工							
制糖业							
屠宰及肉类加工							
水产品加工							
蔬菜、水果和坚果加工							
其他农副食品加工							
食品制造业	225506	171698	169001	1021	1021	－427	5064
焙烤食品制造	191263	138502	136693	1010	1010	－484	5002
糖果、巧克力及蜜饯制造							
方便食品制造	29892	29583	28695			57	
乳制品制造							
罐头食品制造							
调味品、发酵制品制造							
其他食品制造	4352	3613	3613	10	10		62
酒、饮料和精制茶制造业	12129	11198	11198	552	552		120
酒的制造	2400	1680	1680	552	552		120
饮料制造	9729	9518	9518				

投资工业企业主要经济指标（续10）

单位：万元

管理费用	税　金	财务费用	利息收入	利息支出	资产减值损失	公允价值变动收益	投资收益	营业利润
218454	**9375**	**42463**	**4047**	**44059**	**1366**	**－2108**	**277**	**329772**
1077	36	796	26	625				5687
1077	36	796	26	625				5687
530	36	650	26	625				5484
547		146						204
211480	9100	38668	3239	40700	1667	－2108	277	317117
3539	163	76	51	121	2			7538
3539	163	76	51	121	2			7538
6885	505	－2205	2094				115	45429
6645	386	－2257	2094				115	43801
190	119							1064
50		51						565
94	10	－13		12				179
75	10	12		12				－39
19		－25						218

2－1－7 规模以上外商和港澳台

指标	主营业务收入	营业成本	主营业务成本	营业税金及附加	主营业务税金及附加	其他业务利润	销售费用
精制茶加工							
烟草制品业							
烟叶复烤							
卷烟制造							
其他烟草制品制造							
纺织业	164140	159960	152941	600	600	86	2011
棉纺织及印染精加工	96811	88256	88254	353	353		1365
毛纺织及染整精加工	35206	42324	35307			86	277
麻纺织及染整精加工							
丝绢纺织及印染精加工							
化纤织造及印染精加工							
针织或钩针编织物及其制品制造	23828	21876	21876	248	248		219
家用纺织制成品制造	8294	7504	7504				150
非家用纺织制成品制造							
纺织服装、服饰业	480146	415748	415615	2845	2768		10032
机织服装制造	360589	311101	310968	2081	2080		8349
针织或钩针编织服装制造							
服饰制造	119557	104647	104647	764	688		1683
皮革、毛皮、羽毛及其制品和制鞋业	394969	353383	353219	1441	1441	2	7266
皮革鞣制加工	9941	8644	8644	104	104		236
皮革制品制造	252713	236238	236073	517	517		3435
毛皮鞣制及制品加工							
羽毛（绒）加工及制品制造							
制鞋业	132315	108502	108502	821	821	2	3595
木材加工和木、竹、藤、棕、草制品业	76632	70561	70561	310	310		420
木材加工							
人造板制造	71572	65878	65878	310	310		323
木制品制造	5061	4683	4683				97
竹、藤、棕、草等制品制造							
家具制造业	16525	14949	14949	38	38		239
木质家具制造	5518	5232	5232	22	22		9
竹、藤家具制造							
金属家具制造	2215	1840	1840				
塑料家具制造							
其他家具制造	8793	7876	7876	16	16		231
造纸和纸制品业	43528	37953	37953	107	107		2361
纸浆制造							
造纸	10595	9464	9464				441
纸制品制造	32933	28489	28489	107	107		1920
印刷和记录媒介复制业	33396	25181	24574	257	257		469
印刷	33396	25181	24574	257	257		469
装订及印刷相关服务							
记录媒介复制							
文教、工美、体育和娱乐用品制造业	45023	39005	39005	271	271		1687
文教办公用品制造							
乐器制造							
工艺美术品制造	39767	34272	34272	248	248		1580
体育用品制造	3255	2866	2866	14	14		49
玩具制造	2002	1868	1868	10	10		58
游艺器材及娱乐用品制造							

投资工业企业主要经济指标（续11）

单位：万元

管理费用	税金	财务费用	利息收入	利息支出	资产减值损失	公允价值变动收益	投资收益	营业利润
6354	535	2	127	397	1109	79	13	1361
2117	138	400	76	272	1113			3209
3318	293	-233	38	28	-4		13	-3362
770	104	-166	13	97		79		1024
150								490
18461	294	6444	4	4902				26761
9266	286	5020	3	4642				24916
9194	8	1424	1	261				1845
13390	418	4364	73	4039			123	15767
470	5	101	56	38				386
4023	191	1750		1568			79	7345
8897	221	2514	17	2433			44	8035
906	102	777	18	788				3658
462	27	284		279				4315
444	75	493	18	508				-656
566	65	167	1	7				567
64	6	6	1					184
47	3	68		3				261
455	56	93		5				122
1537	7	454		362	67			1049
680	7	409		362				-398
857		46			67			1447
2619	84	79	39	5	-35			5590
2619	84	79	39	5	-35			5590
3615	707	1369		717				-925
3252	680	1350		717				-935
222	8	15						89
140	19	5						-79

2－1－7 规模以上外商和港澳台

指标	主营业务收入	营业成本	主营业务成本	营业税金及附加	主营业务税金及附加	其他业务利润	销售费用
石油加工、炼焦和核燃料加工业							
精炼石油产品制造							
炼焦							
核燃料加工							
化学原料和化学制品制造业	402484	368138	360534	1089	1089		10454
基础化学原料制造	271790	234831	234831	825	825		8150
肥料制造	3569	3239	3239	18	18		36
农药制造							
涂料、油墨、颜料及类似产品制造							
合成材料制造							
专用化学产品制造	43829	48398	40799	183	183		2079
炸药、火工及焰火产品制造							
日用化学产品制造	83297	81671	81665	63	63		189
医药制造业	83603	58531	58504	640	640		16503
化学药品原料药制造	56280	32498	32471	481	481		16393
化学药品制剂制造							
中药饮片加工							
中成药生产							
兽用药品制造							
生物药品制造							
卫生材料及医药用品制造	27322	26033	26033	160	160		110
化学纤维制造业	157391	112236	112186	751	751		10560
纤维素纤维原料及纤维制造	157391	112236	112186	751	751		10560
合成纤维制造							
橡胶和塑料制品业	609954	465151	462667	2891	2891	843	32737
橡胶制品业	473610	357830	355354	1938	1938	761	26327
塑料制品业	136344	107322	107313	953	953	82	6410
非金属矿物制品业	204824	183374	182695	1100	1100	79	3659
水泥、石灰和石膏制造	20154	20217	20217	15	15		7
石膏、水泥制品及类似制品制造	135066	121153	120473	903	903	79	2523
砖瓦、石材等建筑材料制造	15131	11103	11103	2	2		646
玻璃制造							
玻璃制品制造							
玻璃纤维和玻璃纤维增强塑料制品制造							
陶瓷制品制造	6988	5837	5837	56	56		142
耐火材料制品制造							
石墨及其他非金属矿物制品制造	27485	25064	25064	125	125		341
黑色金属冶炼和压延加工业	109273	102931	102931	744	744		1235
炼铁							
炼钢							
黑色金属铸造	4435	4436	4436	34	34		88
钢压延加工	104839	98495	98495	710	710		1147
铁合金冶炼							
有色金属冶炼和压延加工业	29712	28745	28543	17	17		186
常用有色金属冶炼	13640	13051	13051	8	8		133
贵金属冶炼							
稀有稀土金属冶炼							
有色金属合金制造							
有色金属铸造							

投资工业企业主要经济指标（续12）

单位：万元

管理费用	税　金	财务费用	利息收入	利息支出	资产减值损失	公允价值变动收益	投资收益	营业利润
8383	296	4649	15	4599	3		-151	18445
6174	146	3027		2994				18783
144		24						107
915		1289		1285	3			-215
1150	150	309	15	320			-151	-231
3944	66	38	34	56		-137		3838
3732	66	-19	34			-137		3088
212		56		56				751
17722	172	1267	11	1105				15610
17722	172	1267	11	1105				15610
42166	1529	6066	484	8741	75		11	64205
34471	1195	1586	186	4763				54695
7696	333	4481	299	3978	75		11	9510
6904	226	1705	41	2893	185			8660
547	33	798	11	808	182			-1612
3949	145	508	21	1854	3			6791
949	24	287	9	230				2145
361		77						515
1099	24	36		1				820
2439	345	518	1	104	-68			1474
186	54	160		103				-470
2253	291	358	1	1	-68			1944
580	19	69						318
373		24						50

2－1－7 规模以上外商和港澳台

指　　标	主营业务收　入	营业成本	主营业务成　本	营业税金及附加	主营业务税　金及附加	其他业务利　润	销售费用
有色金属压延加工	16072	15693	15492	9	9		53
金属制品业	92414	72996	72913	608	608		4657
结构性金属制品制造	23086	20526	20526	14	14		691
金属工具制造	20771	15776	15776	147	147		991
集装箱及金属包装容器制造							
金属丝绳及其制品制造							
建筑、安全用金属制品制造							
金属表面处理及热处理加工							
搪瓷制品制造							
金属制日用品制造	48557	36694	36611	447	447		2975
其他金属制品制造							
通用设备制造业	96668	75467	75467	1748	1748		2974
锅炉及原动设备制造							
金属加工机械制造	5491	4476	4476	13	13		30
物料搬运设备制造	36379	26512	26512	1106	1106		2493
泵、阀门、压缩机及类似机械制造							
轴承、齿轮和传动部件制造	52518	42427	42427	626	626		434
烘炉、风机、衡器、包装等设备制造							
文化、办公用机械制造							
通用零部件制造	2279	2051	2051	3	3		17
其他通用设备制造业							
专用设备制造业	845499	830723	830723	216	216		348
采矿、冶金、建筑专用设备制造	9523	8515	8515	17	17		75
化工、木材、非金属加工专用设备制造	833974	820335	820335	197	197		273
食品、饮料、烟草及饲料生产专用设备制造							
印刷、制药、日化及日用品生产专用设备制造	2002	1873	1873	2	2		
纺织、服装和皮革加工专用设备制造							
电子和电工机械专用设备制造							
农、林、牧、渔专用机械制造							
医疗仪器设备及器械制造							
环保、社会公共服务及其他专用设备制造							
汽车制造业	63450	61962	61018	222	222	31	683
汽车整车制造							
改装汽车制造							
低速载货汽车制造							
电车制造							
汽车车身、挂车制造							
汽车零部件及配件制造	63450	61962	61018	222	222	31	683
铁路、船舶、航空航天和其他运输设备制造业	4198	3906	3906	9	9		19
铁路运输设备制造							
城市轨道交通设备制造							
船舶及相关装置制造							
航空、航天器及设备制造							
摩托车制造							
自行车制造	4198	3906	3906	9	9		19
非公路休闲车及零配件制造							
潜水救捞及其他未列明运输设备制造							
电气机械和器材制造业	1324415	1231291	1229876	2158	2158	3288	12797
电机制造	644010	625849	624525	516	516	3144	2546

投资工业企业主要经济指标（续13）

单位：万元

管理费用	税　金	财务费用	利息收入	利息支出	资产减值损失	公允价值变动收益	投资收益	营业利润
207	19	44						268
4096	234	1416	22	1283				9375
690	7	67		40				1100
856	31	756		756				2244
2551	196	594	22	488				6031
7304	303	985	93	217	7			8217
590	43	30						351
4472	141	350	89	7				1447
2143	118	602	4	207	7			6313
99		2		2				107
5757	307	811	46	283	-1	1		7647
423	20	182		182				311
5299	287	559	46	32	-1	1		7314
35	1	70		70				21
2665	182	411	13	387				-662
2665	182	411	13	387				-662
18	2	25						221
18	2	25						221
19465	834	7478	67	9162	322	-2050	156	53982
2999	275	366	5	221			340	16543

2－1－7　规模以上外商和港澳台

指　　　　标	主营业务收　　入	营业成本	主营业务成　　本	营业税金及附加	主营业务税　　金及附加	其他业务利　　润	销售费用
输配电及控制设备制造	69370	60170	60087	424	424	35	1400
电线、电缆、光缆及电工器材制造	173591	164976	164976	247	247		2396
电池制造	341750	292054	292054	671	671		5696
家用电力器具制造	17543	13604	13604	110	110		759
非电力家用器具制造							
照明器具制造	78151	74639	74631	191	191	109	
其他电气机械及器材制造							
计算机、通信和其他电子设备制造业	5316973	5240295	5238722	3611	3611		24598
计算机制造	93459	89487	87984	53	53		2324
通信设备制造							
广播电视设备制造							
雷达及配套设备制造							
视听设备制造							
电子器件制造							
电子元件制造	5223515	5150808	5150738	3558	3558		22273
其他电子设备制造							
仪器仪表制造业							
通用仪器仪表制造							
专用仪器仪表制造							
钟表与计时仪器制造							
光学仪器及眼镜制造							
其他仪器仪表制造业							
其他制造业	19519	17948	17948	74	74	－24	272
日用杂品制造	19519	17948	17948	74	74	－24	272
煤制品制造							
核辐射加工							
其他未列明制造业							
废弃资源综合利用业							
金属废料和碎屑加工处理							
非金属废料和碎屑加工处理							
金属制品、机械和设备修理业							
金属制品修理							
通用设备修理							
专用设备修理							
铁路、船舶、航空航天等运输设备修理							
电气设备修理							
仪器仪表修理							
其他机械和设备修理业							
电力、热力、燃气及水生产和供应业	87571	74520	72023	705	684	569	1473
电力、热力生产和供应业	17846	18174	16029	65	65		
电力生产	17846	18174	16029	65	65		
电力供应							
热力生产和供应							
燃气生产和供应业	56240	47881	47553	624	604		1473
燃气生产和供应业	56240	47881	47553	624	604		1473
水的生产和供应业	13486	8465	8442	16	15	569	
自来水生产和供应	2474	2186	2186	15	15	569	
污水处理及其再生利用	11012	6279	6256	1			
其他水的处理、利用与分配							

投资工业企业主要经济指标（续14）

单位：万元

管理费用	税　金	财务费用	利息收入	利息支出	资产减值损失	公允价值变动收益	投资收益	营业利润
3559	103	436	4	405	82		－184	3348
2285	179	1750	54	1724	240			1698
9130	168	4272		6155		－2050		27877
711	23	605		605				1755
782	88	49	4	53				2761
31602	1537	1608	6	459			10	18169
1404	11	322	5	336				2382
30198	1526	1285	1	123			10	15788
468	161	112		60				645
468	161	112		60				645
5898	240	2998	782	2734	－301			6967
2600		925						－261
2600		925						－261
2300	126	－436	757	274	－301			5047
2300	126	－436	757	274	－301			5047
998	113	2510	25	2460				2181
216	14	724	16	687				－98
781	99	1785	9	1773				2279

2－1－7 规模以上外商和港澳台

指标	营业外收入	其中:补贴收入	营业外支出	利润总额	应交所得税	亏损企业亏损总额	利税总额
总计	**10134**	**2755**	**3786**	**336138**	**74267**	**17854**	**466076**
按国民经济行业分组							
采掘业			19	5668	1405		7986
煤炭开采和洗选业							
烟煤和无烟煤开采洗选							
褐煤开采洗选							
其他煤炭采选							
石油和天然气开采业							
石油开采							
天然气开采							
黑色金属矿采选业							
铁矿采选							
锰矿、铬矿采选							
其他黑色金属矿采选							
有色金属矿采选业							
常用有色金属矿采选							
贵金属矿采选							
稀有稀土金属矿采选							
非金属矿采选业			19	5668	1405		7986
土砂石开采							
化学矿开采			19	5465	1401		7700
采盐				204	4		286
石棉及其他非金属矿采选							
开采辅助活动							
煤炭开采和洗选辅助活动							
石油和天然气开采辅助活动							
其他开采辅助活动							
其他采矿业							
其他采矿业							
制造业	10066	2755	3755	323446	69773	14906	448598
农副食品加工业	214	82	57	7695	1554		9762
谷物磨制							
饲料加工	214	82	57	7695	1554		9762
植物油加工							
制糖业							
屠宰及肉类加工							
水产品加工							
蔬菜、水果和坚果加工							
其他农副食品加工							
食品制造业	2022	988	1033	46418	10932		58493
焙烤食品制造	1644	988	333	45112	10644		56275
糖果、巧克力及蜜饯制造							
方便食品制造	377		700	741	187		1642
乳制品制造							
罐头食品制造							
调味品、发酵制品制造							
其他食品制造				565	101		575
酒、饮料和精制茶制造业				179		39	787
酒的制造				-39		39	569
饮料制造				218			218

投资工业企业主要经济指标（续15）

单位：万元

应付职工薪酬	应交增值税	附属服务业收入或费用（支出）额	从业人员平均人数（人）	总资产贡献率（%）	资产负债率（%）	流动资产周转率（次/年）	成本费用利润率（%）	产品销售率（%）
669662	**105443**	**662397**	**130168**	**23.4**	**89.7**	**11.8**	**8.6**	**197.4**
1043	1849		246	16.5	46.6	2.9	23.7	110.2
1043	1849		246	16.5	46.6	2.9	23.7	110.2
917	1849		217	31.2	65.0	2.7	25.6	111.4
126			29	1.1	27.3	8.9	8.2	100.0
662956	101829	662397	129169	24.0	87.5	12.0	8.5	197.3
5568	2067		566	65.3	99.1	12.3	14.4	187.8
5568	2067		566	65.3	99.1	12.3	14.4	187.8
5562	11055		1678	32.5	26.0	2.7	25.6	85.6
4131	10154		1402	34.7	24.3	2.6	30.5	83.2
1249	901		233	13.6	31.0	6.1	2.5	100.0
182			43	10.9	65.5	1.0	15.0	101.2
432	56		153	4.5	60.3	2.0	1.6	99.2
272	56		130	6.8	46.4	0.5	-2.1	96.0
160			23	2.3	73.2	12.0	2.3	100.0

2－1－7 规模以上外商和港澳台

指标	营业外收入	其中：补贴收入	营业外支出	利润总额	应交所得税	亏损企业亏损总额	利税总额
精制茶加工							
烟草制品业							
烟叶复烤							
卷烟制造							
其他烟草制品制造							
纺织业	342	192	6	1715	1393	3690	4492
棉纺织及印染精加工	107			3315	724	505	5481
毛纺织及染整精加工	177	177		－3185		3185	－3185
麻纺织及染整精加工							
丝绢纺织及印染精加工							
化纤织造及印染精加工							
针织或钩针编织物及其制品制造	59	16	6	1095	429		1556
家用纺织制成品制造				490	240		640
非家用纺织制成品制造							
纺织服装、服饰业	399		143	27017	4607	138	41387
机织服装制造	298		100	25114	4226	109	37759
针织或钩针编织服装制造							
服饰制造	101		44	1902	382	29	3628
皮革、毛皮、羽毛及其制品和制鞋业	439	41	34	16172	4499	129	22568
皮革鞣制加工				386			613
皮革制品制造	391		14	7723	2670		9313
毛皮鞣制及制品加工							
羽毛（绒）加工及制品制造							
制鞋业	48	41	20	8063	1829	129	12642
木材加工和木、竹、藤、棕、草制品业	161	155	4	3816	361	1429	6605
木材加工							
人造板制造				4315	361	931	7104
木制品制造	161	155	4	－499		499	－499
竹、藤、棕、草等制品制造							
家具制造业				567	100		909
木质家具制造				184	2		227
竹、藤家具制造							
金属家具制造				261	68		364
塑料家具制造							
其他家具制造				122	31		317
造纸和纸制品业	721		122	1648	1053	635	1755
纸浆制造							
造纸	87		1	－312		312	－312
纸制品制造	634		122	1959	1053	323	2066
印刷和记录媒介复制业	54		23	5621	446		8001
印刷	54		23	5621	446		8001
装订及印刷相关服务							
记录媒介复制							
文教、工美、体育和娱乐用品制造业	4			－921	148	2335	－633
文教办公用品制造							
乐器制造							
工艺美术品制造				－935	142	2256	－671
体育用品制造	4			93	6		107
玩具制造				－79		79	－69
游艺器材及娱乐用品制造							

投资工业企业主要经济指标（续16）

单位：万元

应付职工薪酬	应交增值税	附属服务业收入或费用（支出）额	从业人员平均人数（人）	总资产贡献率（%）	资产负债率（%）	流动资产周转率（次/年）	成本费用利润率（%）	产品销售率（%）
14183	2177	44	4522	11.2	109.2	4.5	4.3	183.9
7634	1813	44	1537	30.3	111.9	9.1	6.5	196.2
2061			1765	-2.0	85.4	0.4	-7.0	87.5
3247	214		1000	6.8	26.0	2.5	4.8	96.6
1241	150		220	52.1	31.1	16.5	6.3	56.9
57932	11525		15586	55.4	86.8	14.8	12.0	199.0
40661	10564		8601	91.1	75.8	20.4	16.0	198.0
17271	961		6985	23.8	79.3	15.4	5.3	199.1
27405	4955		5501	77.6	90.8	18.8	9.9	197.2
362	123		56	14.3	43.9	5.0	4.1	96.7
15520	1074		2901	164.4	101.7	44.2	13.9	195.0
11523	3759		2544	101.0	84.5	17.9	13.4	196.9
4556	2479		1181	36.0	123.5	10.2	5.2	203.5
3991	2479		986	85.9	75.6	48.8	11.6	199.5
565			195	-0.1	53.7	1.0	-8.7	110.7
1073	304		433	3.9	18.6	1.5	3.6	96.2
528	21		230	4.6	32.2	1.7	3.5	98.8
126	104		67	9.7	3.9	11.8	13.3	91.1
419	179		136	2.2	17.8	1.2	1.4	95.8
2220			436	5.7	91.1	6.0	4.9	198.9
751			195	0.4	55.2	1.5	-2.8	100.0
1469			241	16.3	80.1	7.2	11.6	198.9
2225	2124		550	23.7	43.4	1.6	19.8	94.9
2225	2124		550	23.7	43.4	1.6	19.8	94.9
5642	17		1495	1.1	171.1	3.9	-2.0	200.0
5004	17		1216	0.1	97.7	2.4	-2.3	100.0
474			209	5.4	62.0	2.0	3.0	100.0
164			70	-3.2	83.9	1.2	-3.8	100.0

2－1－7 规模以上外商和港澳台

指标	营业外收入	其中：补贴收入	营业外支出	利润总额	应交所得税	亏损企业亏损总额	利税总额
石油加工、炼焦和核燃料加工业							
精炼石油产品制造							
炼焦							
核燃料加工							
化学原料和化学制品制造业	798	499	36	19207	3664	272	33438
基础化学原料制造	37			18819	3428	42	31007
肥料制造				107	4		154
农药制造							
涂料、油墨、颜料及类似产品制造							
合成材料制造							
专用化学产品制造	262		31	16	1		1950
炸药、火工及焰火产品制造							
日用化学产品制造	499	499	4	264	231	230	327
医药制造业	670		6	4502	815		10306
化学药品原料药制造	670		6	3751	790		8072
化学药品制剂制造							
中药饮片加工							
中成药生产							
兽用药品制造							
生物药品制造							
卫生材料及医药用品制造				751	25		2235
化学纤维制造业	27			15637	3888		24539
纤维素纤维原料及纤维制造	27			15637	3888		24539
合成纤维制造							
橡胶和塑料制品业	1919	339	1739	64385	16087	72	75950
橡胶制品业	750	315	1433	54012	13461		61927
塑料制品业	1168	24	305	10373	2627	72	14023
非金属矿物制品业	738	170	54	9344	2437	1612	17150
水泥、石灰和石膏制造				－1612		1612	－1597
石膏、水泥制品及类似制品制造	568		54	7305	1867		13964
砖瓦、石材等建筑材料制造	170	170		2315	247		2337
玻璃制造							
玻璃制品制造							
玻璃纤维和玻璃纤维增强塑料制品制造							
陶瓷制品制造				515	52		571
耐火材料制品制造							
石墨及其他非金属矿物制品制造				820	270		1875
黑色金属冶炼和压延加工业	51	51	7	1519	497	470	3052
炼铁							
炼钢							
黑色金属铸造				－470		470	－404
钢压延加工	51	51	7	1988	497		3457
铁合金冶炼							
有色金属冶炼和压延加工业			5	313	76		330
常用有色金属冶炼				50	10		58
贵金属冶炼							
稀有稀土金属冶炼							
有色金属合金制造							
有色金属铸造							

投资工业企业主要经济指标（续17）

单位：万元

应付职工薪酬	应交增值税	附属服务业收入或费用（支出）额	从业人员平均人数（人）	总资产贡献率（%）	资产负债率（%）	流动资产周转率（次/年）	成本费用利润率（%）	产品销售率（%）
16781	13142		3773	13.8	75.9	6.8	6.7	197.6
13251	11363		2739	18.5	73.7	3.9	7.0	199.0
150	29		23	8.1	88.9	8.7	3.1	95.5
2768	1750		844	4.8	48.1	2.8	0.0	100.6
613			167	6.6	90.2	9.3	-1.3	173.2
6843	5164		1237	83.5	101.0	13.0	10.0	190.1
3949	3840		854	22.0	40.1	2.9	7.1	90.1
2894	1324		383	61.5	60.9	10.2	2.8	100.0
4553	8151	7565	722	89.9	81.7	8.7	89.9	200.5
4553	8151	7565	722	89.9	81.7	8.7	89.9	200.5
33513	8674	6	7087	23.0	81.2	4.5	19.8	194.9
20416	5977	6	3748	12.7	50.2	2.0	12.9	101.1
13096	2697		3339	21.5	78.4	3.7	16.6	192.4
12008	6706		1851	34.3	110.7	7.4	13.8	199.2
524			65	-3.5	73.6	1.8	-7.5	100.0
9425	5756		1384	36.5	114.7	12.5	12.5	199.3
531	20		106	21.9	52.7	2.4	17.8	100.0
601			91	44.1	11.5	24.0	8.0	100.0
928	930		205	17.1	26.3	8.2	3.1	97.9
1892	790		372	9.2	104.2	10.8	-7.7	198.9
501	31		86	-6.7	64.9	1.8	-9.6	98.9
1390	758		286	15.9	39.3	9.0	1.9	100.0
563			94	3.6	67.2	5.4	2.0	194.7
425			70	0.9	22.5	3.5	0.4	100.0

2－1－7 规模以上外商和港澳台

指标	营业外收入	其中：补贴收入	营业外支出	利润总额	应交所得税	亏损企业亏损总额	利税总额
有色金属压延加工			5	263	66		272
金属制品业	337	30	73	9638	1034		12966
结构性金属制品制造				1100	275		1892
金属工具制造				2244	561		2767
集装箱及金属包装容器制造							
金属丝绳及其制品制造							
建筑、安全用金属制品制造							
金属表面处理及热处理加工							
搪瓷制品制造							
金属制日用品制造	337	30	73	6294	198		8307
其他金属制品制造							
通用设备制造业	41		38	8220	295	134	11487
锅炉及原动设备制造							
金属加工机械制造	9		38	322	32		446
物料搬运设备制造				1447	205		3378
泵、阀门、压缩机及类似机械制造							
轴承、齿轮和传动部件制造	31			6344	32	134	7553
烘炉、风机、衡器、包装等设备制造							
文化、办公用机械制造							
通用零部件制造				107	27		109
其他通用设备制造业							
专用设备制造业	106	106		7753	3663		8459
采矿、冶金、建筑专用设备制造	106	106		417	104		434
化工、木材、非金属加工专用设备制造				7314	3539		7986
食品、饮料、烟草及饲料生产专用设备制造							
印刷、制药、日化及日用品生产专用设备制造				21	20		39
纺织、服装和皮革加工专用设备制造							
电子和电工机械专用设备制造							
农、林、牧、渔专用机械制造							
医疗仪器设备及器械制造							
环保、社会公共服务及其他专用设备制造							
汽车制造业	21	3	13	－654	12	1707	911
汽车整车制造							
改装汽车制造							
低速载货汽车制造							
电车制造							
汽车车身、挂车制造							
汽车零部件及配件制造	21	3	13	－654	12	1707	911
铁路、船舶、航空航天和其他运输设备制造业				221			790
铁路运输设备制造							
城市轨道交通设备制造							
船舶及相关装置制造							
航空、航天器及设备制造							
摩托车制造							
自行车制造				221			790
非公路休闲车及零配件制造							
潜水救捞及其他未列明运输设备制造							
电气机械和器材制造业	571	101	290	54263	5477	842	67559
电机制造	363		267	16640	2294		17156

投资工业企业主要经济指标（续18）

单位：万元

应付职工薪酬	应交增值税	附属服务业收入或费用（支出）额	从业人员平均人数（人）	总资产贡献率（%）	资产负债率（%）	流动资产周转率（次/年）	成本费用利润率（%）	产品销售率（%）
138			24	2.8	44.6	1.9	1.6	94.7
6125	2719		2117	30.3	65.0	5.6	16.6	202.6
610	778		191	91.7	59.8	20.2	11.2	194.0
597	375		238	16.8	13.4	6.6	12.2	96.3
4918	1566		1688	22.6	77.9	3.7	18.6	213.8
6742	1519		1211	39.0	91.2	5.9	18.8	193.3
644	111		78	11.8	88.0	1.8	6.3	81.9
1423	825		232	34.2	96.8	13.7	5.2	200.0
4595	583		881	42.5	83.7	7.1	18.6	194.9
80			20	1.3	7.2	3.7	4.9	100.0
58260	491	112040	10600	11.2	63.8	14.9	6.4	183.2
367			98	7.0	48.7	1.4	4.5	59.1
57632	475	112040	10425	11.2	63.4	17.4	7.0	199.1
260	16		77	1.6	48.1	0.3	1.1	104.3
4926	1343		1214	7.4	56.5	5.1	-2.4	196.8
4926	1343		1214	7.4	56.5	5.1	-2.4	196.8
298	560		80	59.4	34.8	8.1	5.6	93.0
298	560		80	59.4	34.8	8.1	5.6	93.0
64968	11137	3377	11430	30.1	107.5	8.2	8.7	194.3
15847	1		2986	13.4	39.7	6.0	2.6	100.0

2－1－7 规模以上外商和港澳台

指标	营业外收入	其中：补贴收入	营业外支出	利润总额	应交所得税	亏损企业亏损总额	利税总额
输配电及控制设备制造	5	5	16	3337	547	243	6439
电线、电缆、光缆及电工器材制造	119	13	7	1810	754	599	2210
电池制造				27877	988		34524
家用电力器具制造				1755	439		2284
非电力家用器具制造							
照明器具制造	83	83		2844	455		4947
其他电气机械及器材制造							
计算机、通信和其他电子设备制造业	41		72	18138	6495	1403	25945
计算机制造	39		54	2367	8	234	2420
通信设备制造							
广播电视设备制造							
雷达及配套设备制造							
视听设备制造							
电子器件制造							
电子元件制造	2		19	15772	6487	1169	23525
其他电子设备制造							
仪器仪表制造业							
通用仪器仪表制造							
专用仪器仪表制造							
钟表与计时仪器制造							
光学仪器及眼镜制造							
其他仪器仪表制造业							
其他制造业	392			1037	241		1591
日用杂品制造	392			1037	241		1591
煤制品制造							
核辐射加工							
其他未列明制造业							
废弃资源综合利用业							
金属废料和碎屑加工处理							
非金属废料和碎屑加工处理							
金属制品、机械和设备修理业							
金属制品修理							
通用设备修理							
专用设备修理							
铁路、船舶、航空航天等运输设备修理							
电气设备修理							
仪器仪表修理							
其他机械和设备修理业							
电力、热力、燃气及水生产和供应业	68		12	7023	3090	2948	9493
电力、热力生产和供应业				-261		2480	298
电力生产				-261		2480	298
电力供应							
热力生产和供应							
燃气生产和供应业	68		7	5108	3090	361	6855
燃气生产和供应业	68		7	5108	3090	361	6855
水的生产和供应业			5	2176		107	2339
自来水生产和供应			5	-103		103	60
污水处理及其再生利用				2279		4	2279
其他水的处理、利用与分配							

投资工业企业主要经济指标(续19)

单位：万元

应付职工薪酬	应交增值税	附属服务业收入或费用(支出)额	从业人员平均人数(人)	总资产贡献率(%)	资产负债率(%)	流动资产周转率(次/年)	成本费用利润率(%)	产品销售率(%)
4934	2678	3377	954	35.0	80.5	6.1	5.7	191.9
4491	153		976	11.3	119.0	4.6	3.0	197.9
31423	5976		4815	17.9	68.9	1.9	9.0	99.5
300	419		114	65.8	59.6	12.5	11.2	97.4
7974	1911		1585	16.1	61.4	4.7	3.8	60.5
314276	4195	539366	53636	7.0	74.3	45.4	1.1	200.1
11363			3239	25.9	45.4	2.7	70.7	199.1
302913	4195	539366	50397	12.8	49.0	48.8	2.2	200.0
4411	480		1644	10.9	122.0	3.6	6.8	193.2
4411	480		1644	10.9	122.0	3.6	6.8	193.2
5662	1765		753	8.5	119.1	2.9	1.9	200.0
1248	494		144	1.4	92.5	2.7	-1.2	100.0
1248	494		144	1.4	92.5	2.7	-1.2	100.0
3382	1123		402	6.5	102.9	3.4	-0.8	200.0
3382	1123		402	6.5	102.9	3.4	-0.8	200.0
1032	148		207	11.2	123.1	1.6	22.5	200.0
148	148		38	3.3	57.5	0.3	-3.3	100.0
884			169	7.9	65.6	1.4	25.8	100.0

2－1－8 规模以上大中型

指　　标	企业单位数（个）	亏损企业	工业总产值（当年价格）	工业销售产值（当年价格）	出口交货值	年初存货	产成品
总　计	**190**	**25**	**19143617**	**20165419**	**5594850**	**1242900**	**356697**
在总计中：国有控股企业	215	28	19905340	20927638	5594895	1262703	360317
一、按登记注册类型分组：							
内资企业	136	20	10254257	11348032	351647	972618	276811
国有企业	5	1	1693419	2886753	2535	359542	34575
中央企业	2		390185	1583519	2535	34446	4779
地方企业	3	1	1303234	1303234		325096	29796
集体企业							
股份合作企业							
联营企业							
国有联营企业							
集体联营企业							
国有与集体联营企业							
其他联营企业							
有限责任公司	43	8	3059083	3049674	120333	169176	67945
国有独资公司	1		533117	532712		39966	12531
其他有限责任公司	42	8	2525967	2516962	120333	129210	55414
股份有限公司	14	1	1893228	1799226	43097	281306	95618
私营企业	73	9	3606523	3610375	185681	162142	78673
私营独资企业	14	1	451544	445857	71734	8803	2894
私营合作企业	1		369381	355946		295	128
私营有限责任公司	54	8	2244227	2280494	113903	140547	67950
私营股份有限公司	4		541372	528078	44	12497	7701
其他企业	1	1	2005	2005		452	
港、澳、台商投资企业	25	3	6621395	6575961	4766209	124171	29127
合资经营企业（港或澳、台资）	12	1	318416	310681	40229	24111	7353
合作经营企业（港或澳、台资）							
港澳台商独资经营企业	13	2	6302979	6265280	4725979	100061	21774
港澳台商投资股份有限公司							
其他港澳台商投资企业							
外商投资企业	29	2	2267965	2241427	476995	146111	50759
中外合资经营企业	9	1	1247420	1259505	285209	91506	30594
中外合作经营企业							
外资企业	20	1	1020545	981921	191786	54605	20165
外商投资股份有限公司							
其他外商投资企业							
二、按经济组织类型分组							
独资企业	52	5	9468486	10579811	4992035	523011	79408
国有企业	5	1	1693419	2886753	2535	359542	34575
集体企业							
私营独资企业	14	1	451544	445857	71734	8803	2894
港澳台商独资经营企业	13	2	6302979	6265280	4725979	100061	21774
外资企业	20	1	1020545	981921	191786	54605	20165
合作、合伙企业	1		369381	355946		295	128
股份合作企业							
国有联营企业							
集体联营企业							
国有与集体联营企业							
其他联营企业							
私营合伙企业	1		369381	355946		295	128
与港澳台商合作经营企业							
中外合作经营企业							
其他企业（内资）	1	1	2005	2005		452	
其他港澳台商投资企业							

工业企业主要经济指标

单位：万元

资产总计	流动资产合计	应收帐款	存货	产成品	在产品	固定资产合计	固定资产原价
9410968	**4479198**	**964236**	**1308308**	**351869**	**61826**	**4114892**	**20726269**
10325152	4718563	1000314	1341058	357396	62439	4733138	21432662
6671067	3255599	454849	1097733	274680	41303	2715599	8337394
1792121	1109954	95296	375286	26490	2413	513491	1872253
535072	160954	31688	23710	4225	2413	336298	575658
1257049	949000	63609	351576	22264		177193	1296595
1765230	642826	138234	180283	76825	18449	985824	3328162
110336	46878	5318	40867	11127		55141	119076
1654894	595949	132916	139416	65698	18449	930683	3209086
1819117	823561	37732	366467	81474	8527	701316	1217153
1288989	673941	183587	175303	89540	11915	514708	1913664
87827	40107	7277	10050	6980	332	40106	128809
22502	2387	1528	859	558	301	4593	44274
998517	564039	129803	148421	73944	6928	358167	1023555
180142	67408	44979	15973	8058	4354	111843	717027
5610	5317		394	352		261	6162
1359516	500875	178134	78639	20989	15889	824063	9527547
166077	73361	26181	30133	9201	2466	81840	190306
1193439	427515	151953	48507	11787	13423	742223	9337242
1380386	722724	331253	131936	56200	4634	575230	2861328
802171	426158	202074	80533	29427		352556	1928020
578215	296566	129179	51403	26773	4634	222674	933308
3651602	1874141	383705	485246	72029	20802	1518494	12271611
1792121	1109954	95296	375286	26490	2413	513491	1872253
87827	40107	7277	10050	6980	332	40106	128809
1193439	427515	151953	48507	11787	13423	742223	9337242
578215	296566	129179	51403	26773	4634	222674	933308
22502	2387	1528	859	558	301	4593	44274
22502	2387	1528	859	558	301	4593	44274
5610	5317		394	352		261	6162

2－1－8 规模以上大中型

指标	企业单位数（个）	亏损企业	工业总产值（当年价格）	工业销售产值（当年价格）	出口交货值	年初存货	产成品
其他外商投资企业							
股份有限公司	18	1	2434600	2327304	43141	293803	103319
股份有限公司（内资）	14	1	1893228	1799226	43097	281306	95618
私营股份有限公司	4		541372	528078	44	12497	7701
港澳台商投资股份有限公司							
外商投资股份有限公司							
有限责任公司	118	18	6869145	6900354	559674	425339	173843
国有独资公司	1		533117	532712		39966	12531
私营有限责任公司	54	8	2244227	2280494	113903	140547	67950
与港澳台商合资经营企业	12	1	318416	310681	40229	24111	7353
中外合资经营企业	9	1	1247420	1259505	285209	91506	30594
其他有限责任公司	42	8	2525967	2516962	120333	129210	55414
按国民经济行业分组							
煤炭开采和洗选业							
石油和天然气开采业							
黑色金属矿采选业							
有色金属矿采选业							
非金属矿采选业	3		195737	193128	4780	18353	7885
开采辅助活动							
其他采矿业							
农副食品加工业	9		1167401	1143359		31358	20775
食品制造业	2		247180	212499		11028	1284
酒、饮料和精制茶制造业	1		355348	327122		96331	17156
烟草制品业	1		1044649	1044649		285560	5804
纺织业	17	3	840312	819733	26846	41940	15948
纺织服装、服饰业	31	6	641543	635938	191739	22345	6281
皮革、毛皮、羽毛及其制品和制鞋业	8	1	328841	327159	16639	8319	5011
木材加工和木、竹、藤、棕、草制品业	2	1	41366	41609		4737	1682
家具制造业							
造纸和纸制品业	2		83062	93965		6647	2092
印刷和记录媒介复制业	4		145702	141986		3595	2180
文教、工美、体育和娱乐用品制造业	4	1	292655	291271	10631	16032	7470
石油加工、炼焦和核燃料加工业	2	1	708187	707783		42154	13801
化学原料和化学制品制造业	17	4	998008	2200038	27151	77254	24886
医药制造业	5	1	144670	143591	28071	13592	9664
化学纤维制造业	1		126793	126793		999	785
橡胶和塑料制品业	8		590894	590652	248374	67526	24174
非金属矿物制品业	6	1	183329	184305	12170	6101	3069
黑色金属冶炼和压延加工业	4	1	1579134	1500420	38269	151686	62992
有色金属冶炼和压延加工业							
金属制品业	5		113220	119645	12315	17873	9558
通用设备制造业	12	1	310032	321441	5502	27201	9412
专用设备制造业	7	1	1127554	1146448	915328	34827	25353
汽车制造业	7		487784	506894	65762	21630	8439
铁路、船舶、航空航天和其他运输设备制造业	1		2001	2001			
电气机械和器材制造业	16	1	1774475	1732890	193488	129250	40467
计算机、通信和其他电子设备制造业	9	1	5054752	5054359	3797786	64965	26092
仪器仪表制造业	1		20559	18371		1656	210
其他制造业	1		15507	14448		3117	1566
废弃资源综合利用业							
金属制品、机械和设备修理业							
电力、热力生产和供应业	2		461176	461176		33029	
燃气生产和供应业	1		51572	51572		2661	2661
水的生产和供应业	1	1	10178	10178		1136	

工业企业主要经济指标(续1)

单位：万元

资产总计	流动资产合计	应收帐款	存货	产成品	在产品	固定资产合计	固定资产原价
1999259	890968	82710	382439	89531	12881	813158	1934181
1819117	823561	37732	366467	81474	8527	701316	1217153
180142	67408	44979	15973	8058	4354	111843	717027
3731995	1706384	496293	439370	189398	27843	1778387	6470043
110336	46878	5318	40867	11127		55141	119076
998517	564039	129803	148421	73944	6928	358167	1023555
166077	73361	26181	30133	9201	2466	81840	190306
802171	426158	202074	80533	29427		352556	1928020
1654894	595949	132916	139416	65698	18449	930683	3209086
494135	129845	11844	17796	2420	96	259712	361931
155388	76798	25648	21102	9897	2568	68399	1303405
169341	82152	9682	12959	2395	678	54597	78369
328988	240377	3055	120364	7253	6291	59402	73195
1052062	821214	20258	318396	6589		105522	219636
430745	220853	59951	54518	25830	4704	170926	478061
187833	90144	20668	21460	10851	2371	88736	168189
48787	30806	15506	8487	1518	52	13262	447020
36986	28371	1361	3664	993		6527	13320
57786	29427	3726	7035	2246		22492	111807
36634	12577	3354	6216	2139		23608	31774
97686	52197	16815	18766	8203	29	41520	112205
188368	55058	5422	43828	11544		119662	592121
873362	392976	80553	69698	30154	5945	404986	870371
130951	56236	17383	13357	7968	1249	48861	66707
29984	18620	6065	989	889		11364	38937
611797	276514	181520	61897	24923	1832	316098	580115
121320	72535	16029	6990	4481	248	42702	68429
1023050	427642	47075	217340	70600	5237	459512	1408787
79179	46300	18208	16896	9701	490	27833	86061
200419	72908	19992	32683	18143	4214	92040	228134
317101	177886	39826	37463	24594	7160	124483	1817027
193954	100513	24385	23252	10786	487	84838	151461
300	300	222				1	3
771548	527615	221189	120721	40533	17553	210776	2924012
773116	190955	37773	21013	12797	623	579538	7502422
22817	18011	7985	2213	325		4319	9216
22347	8218	4263	3319	1323		13191	16519
793069	172855	43442	18977			566990	845066
78278	17952	884	2775	2775		46231	61314
83641	31345	154	4137			46765	60658

2－1－8 规模以上大中型

指标	累计折旧	本年折旧	在建工程	负债合计	流动负债合计	应付账款	非流动负债合计
总计	**16636213**	**2123732**	**213209**	**4828664**	**4026596**	**774507**	**801742**
在总计中：国有控股企业	16724390	2152814	215578	5445931	4476112	890545	969430
一、按登记注册类型分组：							
内资企业	5641726	737577	186928	3585660	2938541	628181	646793
国有企业	1364300	126338	81787	651537	590145	111113	61393
中央企业	239359	29001	12031	369912	329074	25234	40838
地方企业	1124940	97336	69756	281625	261071	85880	20555
集体企业							
股份合作企业							
联营企业							
国有联营企业							
集体联营企业							
国有与集体联营企业							
其他联营企业							
有限责任公司	2346997	319717	30519	1266322	923304	163567	343018
国有独资公司	63935	6765	3117	57182	53836	27447	3346
其他有限责任公司	2283063	312952	27402	1209140	869469	136120	339672
股份有限公司	517982	81034	34430	952759	813172	181407	139588
私营企业	1406546	210466	40192	710359	607238	172094	102795
私营独资企业	88703	12274	6446	46481	34604	5705	11877
私营合作企业	39681	5244	5523	3661	2123	1370	1538
私营有限责任公司	672978	107085	28056	529433	494350	117476	34757
私营股份有限公司	605185	85863	167	130784	76160	47545	54623
其他企业	5901	23		4683	4683		
港、澳、台商投资企业	8703803	1099100	9906	618855	570235	63510	48620
合资经营企业（港或澳、台资）	108785	19768	2261	82904	77713	22923	5191
合作经营企业（港或澳、台资）							
港澳台商独资经营企业	8595019	1079332	7645	535951	492522	40586	43429
港澳台商投资股份有限公司							
其他港澳台商投资企业							
外商投资企业	2290684	287054	16374	624149	517819	82817	106329
中外合资经营企业	1575447	193152	8514	379276	359536	25306	19740
中外合作经营企业							
外资企业	715237	93902	7860	244873	158284	57511	86590
外商投资股份有限公司							
其他外商投资企业							
二、按经济组织类型分组							
独资企业	10763258	1311846	103737	1478843	1275554	214915	203288
国有企业	1364300	126338	81787	651537	590145	111113	61393
集体企业							
私营独资企业	88703	12274	6446	46481	34604	5705	11877
港澳台商独资经营企业	8595019	1079332	7645	535951	492522	40586	43429
外资企业	715237	93902	7860	244873	158284	57511	86590
合作、合伙企业	39681	5244	5523	3661	2123	1370	1538
股份合作企业							
国有联营企业							
集体联营企业							
国有与集体联营企业							
其他联营企业							
私营合伙企业	39681	5244	5523	3661	2123	1370	1538
与港澳台商合作经营企业							
中外合作经营企业							
其他企业（内资）	5901	23		4683	4683		
其他港澳台商投资企业							

工业企业主要经济指标(续2)

单位：万元

所有者权益合计	实收资本							营业收入
		国家资本	集体资本	法人资本	个人资本	港澳台资本	外商资本	
4582304	**1950465**	**250063**	**10421**	**692080**	**285754**	**520565**	**191583**	**19995328**
4879221	2203234	289774	62299	847200	291313	521065	191583	20767049
3085407	1045658	250063	10421	527388	243034		14753	10802366
1140584	168967	159155		9812				1833296
165160	122057	122057						440229
975424	46910	37098		9812				1393067
498908	404348	19311		294872	85165		5000	3143168
53154	33136			33136				525670
445754	371212	19311		261736	85165		5000	2617498
866358	290775	71597	10421	149654	52450		6653	2021254
578630	180069			73051	103918		3100	3802643
41346	15421			12200	3221			484861
18841	6000				6000			368827
469084	133852			55251	75502		3100	2399282
49359	24795			5600	19195			549673
928	1500				1500			2005
740660	478917			10525	19698	448304	390	6863525
83172	34311			8225	19698	5998	390	337272
657488	444606			2300		442306		6526253
756237	425890			154167	23022	72261	176440	2329437
422895	233426			134999	1050	24324	73053	1283993
333342	192464			19168	21972	47937	103386	1045445
2172759	821458	159155		43480	25193	490243	103386	9889855
1140584	168967	159155		9812				1833296
41346	15421			12200	3221			484861
657488	444606			2300		442306		6526253
333342	192464			19168	21972	47937	103386	1045445
18841	6000				6000			368827
18841	6000				6000			368827
928	1500				1500			2005

2－1－8 规模以上大中型

指　　标	累计折旧	本年折旧	在建工程	负债合计	流动负债合计	应付账款	非流动负债合计
其他外商投资企业							
股份有限公司	1123167	166897	34598	1083543	889332	228952	194211
股份有限公司（内资）	517982	81034	34430	952759	813172	181407	139588
私营股份有限公司	605185	85863	167	130784	76160	47545	54623
港澳台商投资股份有限公司							
外商投资股份有限公司							
有限责任公司	4704207	639721	69351	2257935	1854903	329272	402705
国有独资公司	63935	6765	3117	57182	53836	27447	3346
私营有限责任公司	672978	107085	28056	529433	494350	117476	34757
与港澳台商合资经营企业	108785	19768	2261	82904	77713	22923	5191
中外合资经营企业	1575447	193152	8514	379276	359536	25306	19740
其他有限责任公司	2283063	312952	27402	1209140	869469	136120	339672
按国民经济行业分组							
煤炭开采和洗选业							
石油和天然气开采业							
黑色金属矿采选业							
有色金属矿采选业							
非金属矿采选业	102219	30147	17949	282034	172373	27660	109662
开采辅助活动							
其他采矿业							
农副食品加工业	1235006	147606	578	78893	57300	13748	21593
食品制造业	28361	4164	2743	47363	34490	21695	12873
酒、饮料和精制茶制造业	13793	4825	6195	97157	94348	7157	2809
烟草制品业	114114	11857	64226	115386	114721	61521	665
纺织业	311794	49729	10138	318554	237769	55503	80784
纺织服装、服饰业	79451	11059	3525	94178	75673	14463	18505
皮革、毛皮、羽毛及其制品和制鞋业	433878	51605	1592	20116	17452	3655	2665
木材加工和木、竹、藤、棕、草制品业	6793	574	3	18701	18701	1950	
家具制造业							
造纸和纸制品业	89314	12944	563	51231	51231	3372	
印刷和记录媒介复制业	8566	1575		24210	24210	1778	
文教、工美、体育和娱乐用品制造业	70684	11735	69	62851	62851	8936	
石油加工、炼焦和核燃料加工业	472459	63377	3117	169411	150330	38176	19081
化学原料和化学制品制造业	466383	65625	26929	599805	452976	71487	146829
医药制造业	17846	5053	466	79213	62774	15196	16440
化学纤维制造业	27573	3367		9964	9964	1139	
橡胶和塑料制品业	264017	38368	7503	280365	278295	6950	2070
非金属矿物制品业	25727	5608	2710	72994	62921	12841	10073
黑色金属冶炼和压延加工业	949274	125579	11317	612679	551233	168547	61446
有色金属冶炼和压延加工业							
金属制品业	65227	9127	1011	42940	42908	7433	32
通用设备制造业	136094	25058	23592	101175	93010	17647	8166
专用设备制造业	1692544	215051	6783	75611	72511	35543	3101
汽车制造业	66775	12493	152	89906	76329	35933	13251
铁路、船舶、航空航天和其他运输设备制造业	2			160	160		
电气机械和器材制造业	2714622	305901	12454	438805	361166	87571	77639
计算机、通信和其他电子设备制造业	6922883	866915		309026	307490	1543	1536
仪器仪表制造业	4897	159		10350	10350	1195	
其他制造业	3328	679	938	12119	12119	10241	
废弃资源综合利用业							
金属制品、机械和设备修理业							
电力、热力生产和供应业	278076	40831	1004	597769	458479	36388	139290
燃气生产和供应业	15082	93	2125	52219	17371	1408	34848
水的生产和供应业	19431	2628	5530	63481	45095	3834	18386

工业企业主要经济指标(续3)

单位：万元

所有者权益合计	实收资本	国家资本	集体资本	法人资本	个人资本	港澳台资本	外商资本	营业收入
915716	315570	71597	10421	155254	71646		6653	2570926
866358	290775	71597	10421	149654	52450		6653	2021254
49359	24795			5600	19195			549673
1474060	805937	19311		493346	181416	30322	81543	7163715
53154	33136			33136				525670
469084	133852			55251	75502		3100	2399282
83172	34311			8225	19698	5998	390	337272
422895	233426			134999	1050	24324	73053	1283993
445754	371212	19311		261736	85165		5000	2617498
212101	79944	51523	10421	6347			11653	214041
76495	35812			5300	30512			1156648
121978	58685				1100		57585	242817
231831	45000	22950		13050	9000			321806
936676	21629	21629						1134482
112192	105151			67607	14893	8234	14417	845572
93655	68811			19221	7280	34445	7865	668158
28670	22875			9679	1850	150	11196	328719
18285	3213			2300	913			44641
6556	4500			1500	3000			98910
12424	3317			858	2459			137773
34835	21364			595	20600	169		323131
18957	63136			63136				709384
273558	141082	15049		86540	34093		5400	1142046
51737	10504			9904			600	134933
20020	1200						1200	133169
331432	197934			104988	18648	7210	67088	595987
48326	21986			11340	635	10011		198650
410371	165795			123397	42398			1743346
36239	18013			3679	2940		11394	137735
99244	46972	153		34840	11479		500	333246
241489	99067			10730	17781	70557		1148586
104049	25360			14300	9214		1846	520575
140	140				140			2001
332742	163911	16718		36819	41417	68958		1810308
464090	327463			1389	12403	313221	450	5310062
12466	3000				3000			16009
10228	2600			2210			390	17274
195300	172127	119587		52540				461176
26059	7610					7610		53968
20160	12265	2453		9812				10178

2－1－8 规模以上大中型

指标	主营业务收入	营业成本	主营业务成本	营业税金及附加	主营业务税金及附加	其他业务利润	销售费用
总计	**19762483**	**17204909**	**17011354**	**762602**	**761864**	**29487**	**430984**
在总计中：国有控股企业	20527423	17883644	17684159	772176	771430	30141	450311
一、按登记注册类型分组：							
内资企业	10590089	8543089	8363692	748048	747387	25832	312470
国有企业	1728511	908140	804226	609007	608519	871	21244
中央企业	438497	369970	368539	2264	2264	301	2518
地方企业	1290015	538170	435687	606743	606255	570	18725
集体企业							
股份合作企业							
联营企业							
国有联营企业							
集体联营企业							
国有与集体联营企业							
其他联营企业							
有限责任公司	3128520	2708982	2702308	83104	83072	3489	71627
国有独资公司	524973	435764	435455	70958	70957	387	2403
其他有限责任公司	2603547	2273218	2266854	12146	12114	3102	69224
股份有限公司	1931886	1702600	1636435	38127	37987	21234	78311
私营企业	3799167	3221458	3218813	17808	17808	239	141256
私营独资企业	484846	441819	441814	2782	2782		6505
私营合作企业	368827	325958	325958	1340	1340		13827
私营有限责任公司	2395896	1994701	1992417	10294	10294	223	103207
私营股份有限公司	549598	458981	458625	3391	3391	16	17718
其他企业	2005	1910	1910	1	1		33
港、澳、台商投资企业	6862462	6663696	6662980	6176	6175	164	51695
合资经营企业（港或澳、台资）	337243	282889	282862	1967	1966	－24	20390
合作经营企业（港或澳、台资）							
港澳台商独资经营企业	6525219	6380807	6380118	4208	4208	188	31305
港澳台商投资股份有限公司							
其他港澳台商投资企业							
外商投资企业	2309933	1998124	1984681	8378	8302	3491	66819
中外合资经营企业	1266442	1122265	1110797	3525	3525	3906	33874
中外合作经营企业							
外资企业	1043491	875859	873885	4853	4777	－415	32945
外商投资股份有限公司							
其他外商投资企业							
二、按经济组织类型分组							
独资企业	9782067	8606625	8500042	620850	620286	644	91998
国有企业	1728511	908140	804226	609007	608519	871	21244
集体企业							
私营独资企业	484846	441819	441814	2782	2782		6505
港澳台商独资经营企业	6525219	6380807	6380118	4208	4208	188	31305
外资企业	1043491	875859	873885	4853	4777	－415	32945
合作、合伙企业	368827	325958	325958	1340	1340		13827
股份合作企业							
国有联营企业							
集体联营企业							
国有与集体联营企业							
其他联营企业							
私营合伙企业	368827	325958	325958	1340	1340		13827
与港澳台商合作经营企业							
中外合作经营企业							
其他企业（内资）	2005	1910	1910	1	1		33
其他港澳台商投资企业							

工业企业主要经济指标(续4)

单位：万元

管理费用	税　金	财务费用	利息收入	利息支出	资产减值损　失	公允价值变动收益	投资收益	营业利润
538870	**20634**	**166871**	**34861**	**178756**	**7895**	**-2058**	**18857**	**901632**
557874	21806	182330	35459	192085	8261	-2065	18868	930893
391337	15060	146647	31700	152653	7104	50	18279	673678
52307	2504	5909	12677	17493	-51		2150	240810
11438	1057	14207	336	14472	-51		2	39884
40869	1446	-8298	12341	3020			2148	200926
113213	4328	75626	13982	74014	5105	132	8964	94576
11150	363	488	5	487	4393			515
102063	3965	75138	13978	73528	713	132	8964	94061
59328	4438	24168	2787	22897	-34	9	5682	124233
166374	3791	40735	2253	38042	2083	-90	1483	214322
9852	360	1945	58	940	866	60	109	21262
8536	376	6982		6982				12184
127096	2504	19927	2095	18546	1052	-194	1332	144144
20891	551	11880	100	11574	165	43	42	36732
114		210		207				-263
59932	2800	10669	41	11677	1013	-2187		68158
10982	619	4004	15	3446		-137		16902
48950	2181	6664	26	8231	1013	-2050		51256
87602	2774	9556	3120	14425	-222	79	578	159797
42640	1629	3801	197	6685	3		340	78225
44962	1145	5755	2924	7740	-225	79	238	81572
156071	6189	20273	15685	34404	1603	-1911	2497	394899
52307	2504	5909	12677	17493	-51		2150	240810
9852	360	1945	58	940	866	60	109	21262
48950	2181	6664	26	8231	1013	-2050		51256
44962	1145	5755	2924	7740	-225	79	238	81572
8536	376	6982		6982				12184
8536	376	6982		6982				12184
114		210		207				-263

2－1－8 规模以上大中型

指　　标	主营业务收入	营业成本	主营业务成本	营业税金及附加	主营业务税金及附加	其他业务利润	销售费用
其他外商投资企业							
股份有限公司	2481483	2161581	2095060	41519	41379	21250	96028
股份有限公司（内资）	1931886	1702600	1636435	38127	37987	21234	78311
私营股份有限公司	549598	458981	458625	3391	3391	16	17718
港澳台商投资股份有限公司							
外商投资股份有限公司							
有限责任公司	7128101	6108836	6088384	98891	98857	7593	229098
国有独资公司	524973	435764	435455	70958	70957	387	2403
私营有限责任公司	2395896	1994701	1992417	10294	10294	223	103207
与港澳台商合资经营企业	337243	282889	282862	1967	1966	－24	20390
中外合资经营企业	1266442	1122265	1110797	3525	3525	3906	33874
其他有限责任公司	2603547	2273218	2266854	12146	12114	3102	69224
按国民经济行业分组							
煤炭开采和洗选业							
石油和天然气开采业							
黑色金属矿采选业							
有色金属矿采选业							
非金属矿采选业	199156	154845	142617	4512	4512	1126	14788
开采辅助活动							
其他采矿业							
农副食品加工业	1156349	991632	991339	5877	5877		38408
食品制造业	241451	179639	177830	1401	1401	－484	9319
酒、饮料和精制茶制造业	321806	138863	138863	29346	29346		46651
烟草制品业	1031430	296155	193672	605955	605955	570	12519
纺织业	840831	746908	744120	2751	2751	1805	23262
纺织服装、服饰业	667755	573020	572980	3637	3527		18127
皮革、毛皮、羽毛及其制品和制鞋业	328203	308866	308701	1174	1174		3443
木材加工和木、竹、藤、棕、草制品业	44641	42898	42898	168	168		330
家具制造业							
造纸和纸制品业	98910	90649	90649	129	129		1438
印刷和记录媒介复制业	137773	129577	129577	90	90		82
文教、工美、体育和娱乐用品制造业	323131	250149	250149	1185	1185		23685
石油加工、炼焦和核燃料加工业	708687	623774	623465	70958	70957	387	2444
化学原料和化学制品制造业	1124113	990191	975781	4532	4532	1706	45541
医药制造业	134829	66123	66047	1710	1710	26	29289
化学纤维制造业	133169	101367	101367	421	421		10526
橡胶和塑料制品业	592712	459118	456643	2370	2370	800	29712
非金属矿物制品业	195443	180066	177151	1457	1457	79	3443
黑色金属冶炼和压延加工业	1673346	1608988	1558988	6077	5937	19860	31342
有色金属冶炼和压延加工业							
金属制品业	137096	115301	115301	583	583		3296
通用设备制造业	332972	286011	285939	2083	2083	202	7576
专用设备制造业	1148163	1070700	1070279	1367	1367		9814
汽车制造业	520544	454864	454864	1988	1988	31	12831
铁路、船舶、航空航天和其他运输设备制造业	2001	1921	1921	26	26		
电气机械和器材制造业	1805077	1662371	1660923	4510	4509	3165	22054
计算机、通信和其他电子设备制造业	5309602	5233279	5233150	3492	3492	16	24536
仪器仪表制造业	16009	9937	9937	78	78		1591
其他制造业	17274	15970	15970	74	74	－24	229
废弃资源综合利用业							
金属制品、机械和设备修理业							
电力、热力生产和供应业	455864	369284	367788	3560	3560	224	
燃气生产和供应业	53968	45591	45591	604	604		1339
水的生产和供应业	10178	6853	6853	488			3371

工业企业主要经济指标（续5）

单位：万元

管理费用	税金	财务费用	利息收入	利息支出	资产减值损失	公允价值变动收益	投资收益	营业利润
80219	4989	36048	2887	34471	132	52	5724	160966
59328	4438	24168	2787	22897	-34	9	5682	124233
20891	551	11880	100	11574	165	43	42	36732
293930	9080	103358	16289	102691	6160	-200	10637	333847
11150	363	488	5	487	4393			515
127096	2504	19927	2095	18546	1052	-194	1332	144144
10982	619	4004	15	3446		-137		16902
42640	1629	3801	197	6685	3		340	78225
102063	3965	75138	13978	73528	713	132	8964	94061
16215	942	9090	304	8624	-59		5073	19725
33015	1048	24925		24831				62789
10398	386	-1935	2094	321			111	44065
15056	796	-1484	1484		26		40	93389
36750	1204	-12057	12072				1920	199000
25224	886	17224	1084	15277	1020	91	97	29341
30971	351	7860	8	4168	-4	42		34590
7656	378	1630	26	1393			123	6074
1086	70	359		319		9		-192
1745	20	735		658				4214
1718	9	98		98				6210
36557	371	2701	18	2154				8855
22960	483	3506	11172	4484	4393			-18651
62033	2496	22948	2055	24226	-47	-200	1125	17772
19269	391	1486	62	1494	461	-113	17	16499
15805	70	865		712				4186
37531	1295	3817	225	6774	178	20		63281
5797	305	1011	116	1979	797	48	358	6485
33087	3068	24473	995	21962	392	43	622	39653
5319	226	1344	16	1289				11891
14485	455	4556	46	3082	263		135	18409
20455	628	1746	1337	2606			858	45362
12847	258	5421	2	5426				32624
18	4	1						35
27595	1267	14922	212	15025	466	-1999	730	76911
30668	1557	1787	53	795			-80	16221
1982	78	290		272			58	2188
360	154	10		3				631
7798	1210	29237	495	29524	311		7444	58428
1805	114	-498	757	228	-301			5428
2666	115	806	227	1033			228	-3779

2－1－8 规模以上大中型

指标	营业外收入	其中：补贴收入	营业外支出	利润总额	应交所得税	亏损企业亏损总额	利税总额
总计	**29584**	**8385**	**19661**	**909635**	**204167**	**42741**	**2120675**
在总计中：国有控股企业	31492	9903	19788	940677	211924	48895	2182547
一、按登记注册类型分组：							
内资企业	23518	6899	17303	677973	151661	39208	1815941
国有企业	4234	2764	13070	230053	53746	3740	999929
中央企业	935	742	12044	28775	3747		51146
地方企业	3299	2022	1027	201278	49999	3740	948783
集体企业							
股份合作企业							
联营企业							
国有联营企业							
集体联营企业							
国有与集体联营企业							
其他联营企业							
有限责任公司	9873	1	1218	103231	26887	30257	251480
国有独资公司	150			665			94234
其他有限责任公司	9723	1	1218	102566	26887	30257	157246
股份有限公司	5192	2119	2261	127165	31394	128	222595
私营企业	4218	2015	753	217787	39633	4821	342199
私营独资企业	147	142	149	21260	4298	157	39746
私营合作企业				12184	3046		14654
私营有限责任公司	3413	1225	603	146954	23631	4664	237593
私营股份有限公司	658	648	2	37389	8659		50207
其他企业				－263		263	－262
港、澳、台商投资企业	2136	137	154	70140	14384	3360	100480
合资经营企业（港或澳、台资）	1184	41	2	18084	3400	2256	31554
合作经营企业（港或澳、台资）							
港澳台商独资经营企业	953	96	152	52056	10984	1104	68926
港澳台商投资股份有限公司							
其他港澳台商投资企业							
外商投资企业	3930	1349	2205	161522	38122	173	204254
中外合资经营企业	1789	345	1793	78221	16282	109	92514
中外合作经营企业							
外资企业	2141	1004	411	83301	21840	64	111741
外商投资股份有限公司							
其他外商投资企业							
二、按经济组织类型分组							
独资企业	7475	4006	13783	386670	90867	5064	1220341
国有企业	4234	2764	13070	230053	53746	3740	999929
集体企业							
私营独资企业	147	142	149	21260	4298	157	39746
港澳台商独资经营企业	953	96	152	52056	10984	1104	68926
外资企业	2141	1004	411	83301	21840	64	111741
合作、合伙企业				12184	3046		14654
股份合作企业							
国有联营企业							
集体联营企业							
国有与集体联营企业							
其他联营企业							
私营合伙企业				12184	3046		14654
与港澳台商合作经营企业							
中外合作经营企业							
其他企业（内资）				－263		263	－262
其他港澳台商投资企业							

工业企业主要经济指标(续6)

单位：万元

应付职工薪酬	应交增值税	附属服务业收入或费用（支出）额	从业人员平均人数（人）	总资产贡献率（%）	资产负债率（%）	流动资产周转率（次/年）	成本费用利润率（%）	产品销售率（%）
1047145	**448439**	**804413**	**198759**	**24.1**	**51.3**	**4.5**	**5.0**	**105.3**
1067634	469695	804413	201971	22.7	52.7	4.4	4.9	105.1
470987	389921	145434	89383	29.0	53.8	3.3	7.2	110.7
59905	160869		7804	56.1	36.4	1.7	23.3	170.5
15097	20107		1703	12.2	69.1	2.7	7.2	405.8
44808	140762		6101	74.7	22.4	1.5	34.2	100.0
126688	65144	38995	27976	17.7	71.7	4.9	3.5	99.7
13903	22611	697	1353	85.8	51.8	11.2	0.2	99.9
112786	42534	38298	26623	13.1	73.1	4.4	4.1	99.6
84243	57303	45783	15309	13.3	52.4	2.5	6.8	95.0
199196	106604	60656	37975	29.3	55.1	5.6	6.1	100.1
38088	15704	8460	7266	46.3	52.9	12.1	4.6	98.7
2552	1129		585	96.2	16.3	154.5	3.4	96.4
143423	80345	44435	27512	25.4	53.0	4.3	6.6	101.6
15132	9427	7762	2612	34.2	72.6	8.2	7.3	97.5
956			319	-1.0	83.5	0.4	-11.6	100.0
454368	24164	651415	79373	8.3	45.5	13.7	1.0	99.3
35195	11503	36	7449	21.1	49.9	4.6	5.7	97.6
419173	12661	651379	71924	6.5	44.9	15.3	0.8	99.4
121790	34355	7565	30003	15.6	45.2	3.2	7.5	98.8
50960	10768		11122	12.3	47.3	3.0	6.5	101.0
70830	23587	7565	18881	20.2	42.4	3.5	8.7	96.2
587996	212821	667403	105875	33.9	40.5	5.3	4.4	111.7
59905	160869		7804	56.1	36.4	1.7	23.3	170.5
38088	15704	8460	7266	46.3	52.9	12.1	4.6	98.7
419173	12661	651379	71924	6.5	44.9	15.3	0.8	99.4
70830	23587	7565	18881	20.2	42.4	3.5	8.7	96.2
2552	1129		585	96.2	16.3	154.5	3.4	96.4
2552	1129		585	96.2	16.3	154.5	3.4	96.4
956			319	-1.0	83.5	0.4	-11.6	100.0

2－1－8 规模以上大中型

指标	营业外收入	其中：补贴收入	营业外支出	利润总额	应交所得税	亏损企业亏损总额	利税总额
其他外商投资企业							
股份有限公司	5851	2767	2263	164554	40053	128	272802
股份有限公司（内资）	5192	2119	2261	127165	31394	128	222595
私营股份有限公司	658	648	2	37389	8659		50207
港澳台商投资股份有限公司							
外商投资股份有限公司							
有限责任公司	16258	1612	3616	346490	70201	37286	613140
国有独资公司	150			665			94234
私营有限责任公司	3413	1225	603	146954	23631	4664	237593
与港澳台商合资经营企业	1184	41	2	18084	3400	2256	31554
中外合资经营企业	1789	345	1793	78221	16282	109	92514
其他有限责任公司	9723	1	1218	102566	26887	30257	157246
按国民经济行业分组							
煤炭开采和洗选业							
石油和天然气开采业							
黑色金属矿采选业							
有色金属矿采选业							
非金属矿采选业	1240	887	156	20809	4535		34195
开采辅助活动							
其他采矿业							
农副食品加工业	1461		12	64238	14930		84322
食品制造业	1644	988	333	45376	10773		57310
酒、饮料和精制茶制造业	917		301	94006	23501		150823
烟草制品业	3152	2022	919	199313	49828		943321
纺织业	1048	16	130	30258	7376	637	44314
纺织服装、服饰业	505		492	34603	6190	1861	57531
皮革、毛皮、羽毛及其制品和制鞋业	584	183	193	6464	2198	64	10718
木材加工和木、竹、藤、棕、草制品业	1164	1164	73	899	630	385	2385
家具制造业							
造纸和纸制品业			107	4106	934		5600
印刷和记录媒介复制业				6210	1545		9303
文教、工美、体育和娱乐用品制造业				8855	2361	2256	22745
石油加工、炼焦和核燃料加工业	2951		37	－15738		16402	77831
化学原料和化学制品制造业	5092	872	738	22126	5032	13594	60468
医药制造业	1963	1	9	18453	3978	678	34055
化学纤维制造业				4186	997		10013
橡胶和塑料制品业	761	315	1419	62623	15395		72688
非金属矿物制品业	641		59	7067	1475	737	14758
黑色金属冶炼和压延加工业	1292	268	1507	39438	10698	868	68051
有色金属冶炼和压延加工业							
金属制品业	687	30	63	12515	497		15814
通用设备制造业	445	11	349	18505	2099	760	27998
专用设备制造业	1178	885	66	46475	8812	51	55561
汽车制造业	36		13	32647	4377		50667
铁路、船舶、航空航天和其他运输设备制造业				35	17		196
电气机械和器材制造业	1045	96	456	77499	8814	599	106345
计算机、通信和其他电子设备制造业	673	648	34	16860	6607	109	25770
仪器仪表制造业	5		15	2178	545		3202
其他制造业	392			1023	241		1577
废弃资源综合利用业							
金属制品、机械和设备修理业							
电力、热力生产和供应业	515		12066	46876	6695		68503
燃气生产和供应业	46		5	5469	3090		7196
水的生产和供应业	147		107	－3740		3740	－2584

工业企业主要经济指标(续7)

单位：万元

应付职工薪酬	应交增值税	附属服务业收入或费用（支出）额	从业人员平均人数（人）	总资产贡献率（%）	资产负债率（%）	流动资产周转率（次/年）	成本费用利润率（%）	产品销售率（%）
99375	66730	53544	17921	15.2	54.2	2.9	6.9	95.6
84243	57303	45783	15309	13.3	52.4	2.5	6.8	95.0
15132	9427	7762	2612	34.2	72.6	8.2	7.3	97.5
356266	167760	83466	74059	18.7	60.5	4.2	5.1	100.5
13903	22611	697	1353	85.8	51.8	11.2	0.2	99.9
143423	80345	44435	27512	25.4	53.0	4.3	6.6	101.6
35195	11503	36	7449	21.1	49.9	4.6	5.7	97.6
50960	10768		11122	12.3	47.3	3.0	6.5	101.0
112786	42534	38298	26623	13.1	73.1	4.4	4.1	99.6
25339	8874	738		8.6	57.1	1.7	10.7	98.7
22081	14207	1192		70.3	50.8	15.1	5.9	97.9
6051	10533			32.8	28.0	3.0	23.0	86.0
18294	27471			45.4	29.5	1.3	47.2	92.1
18723	138053			88.5	11.0	1.4	59.8	100.0
47373	11305	5004	1	13.6	74.0	3.8	3.7	97.6
86891	19292		2	32.8	50.1	7.4	5.5	99.1
28599	3080	3056	1	24.8	41.2	10.7	2.0	99.5
2049	1317			7.3	50.6	1.6	2.0	100.6
3157	1364			10.8	88.7	3.4	4.3	113.1
3729	3004			25.7	66.1	11.0	4.7	97.5
9713	12705	13037		25.5	64.3	6.2	2.8	99.5
16127	22611	697		37.8	89.9	12.9	-2.4	99.9
50076	33811	14302	1	9.5	68.7	2.9	2.0	220.4
11035	13892			27.1	60.5	2.4	15.9	99.3
3460	5406	7565		35.8	33.2	7.2	3.3	100.0
32424	7695		1	13.0	45.8	2.2	11.8	100.0
16419	6234	3220		13.7	60.2	2.7	3.7	100.5
29217	22537	48307	1	8.7	59.9	4.1	2.3	95.0
11884	2716			21.6	54.2	3.0	10.0	105.7
31535	7410	5518	1	15.5	50.5	4.6	5.9	103.7
77604	7720	116467	1	17.9	23.8	6.5	4.2	101.7
20270	16032	20978		28.9	46.4	5.2	6.7	103.9
1573	135			65.3	53.3	6.7	1.8	100.0
118718	24336	23885	2	15.7	56.9	3.4	4.5	97.7
319545	5419	539366	5	3.4	40.0	27.8	0.3	100.0
2222	945	1082		15.2	45.4	0.9	15.8	89.4
4040	480			7.1	54.2	2.1	6.2	93.2
21713	18066			12.3	75.4	2.7	11.5	100.0
3215	1123			8.5	66.7	3.0	11.3	100.0
4069	667			-2.1	75.9	0.3	-27.3	100.0

2－1－9 规模以上私营

指　　标	企业单位数（个）	亏损企业	工业总产值（当年价格）	工业销售产值（当年价格）	出口交货值	年初存货	产成品
总　　计	**1551**	**108**	**22754470**	**22371875**	**254440**	**657165**	**234854**
按国民经济行业分组							
采掘业	6		46501	45361		1806	103
煤炭开采和洗选业							
烟煤和无烟煤开采洗选							
褐煤开采洗选							
其他煤炭采选							
石油和天然气开采业							
石油开采							
天然气开采							
黑色金属矿采选业							
铁矿采选							
锰矿、铬矿采选							
其他黑色金属矿采选							
有色金属矿采选业							
常用有色金属矿采选							
贵金属矿采选							
稀有稀土金属矿采选							
非金属矿采选业	6		46501	45361		1806	103
土砂石开采	5		29871	29032		1263	78
化学矿开采							
采盐							
石棉及其他非金属矿采选	1		16630	16329		543	25
开采辅助活动							
煤炭开采和洗选辅助活动							
石油和天然气开采辅助活动							
其他开采辅助活动							
其他采矿业							
其他采矿业							
制造业	1541	108	22679260	22297806	254440	653731	233237
农副食品加工业	163	9	2672792	2615924	165	94428	35691
谷物磨制	90	7	1069863	1062199		48120	5496
饲料加工	28	2	597053	572326	165	23730	20284
植物油加工	6		414339	405803		5549	1935
制糖业	1		74805	73835		4444	3137
屠宰及肉类加工	20		361429	351731		5428	2699
水产品加工	3		7429	7425		4	
蔬菜、水果和坚果加工	9		96949	94225		4540	718
其他农副食品加工	6		50926	48381		2614	1422
食品制造业	12	2	191379	187267	15	9670	3568
焙烤食品制造	2		14080	14888	15	1254	1005
糖果、巧克力及蜜饯制造	3	1	25791	25455		2105	1140
方便食品制造	2	1	47836	47836		776	126
乳制品制造							
罐头食品制造	1		10496	10396		2	
调味品、发酵制品制造	2		51935	50534		3184	1089
其他食品制造	2		41240	38159		2348	209
酒、饮料和精制茶制造业	1		8478	8204		222	46
酒的制造							
饮料制造							

工业企业主要经济指标

单位：万元

资产总计	流动资产合计	应收帐款	存货	产成品	在产品	固定资产合计	固定资产原价
7429824	**3496522**	**1065773**	**822306**	**391060**	**75937**	**3117211**	**7939033**
16577	7788	4334	1626	417		5521	13139
16577	7788	4334	1626	417		5521	13139
14003	7426	4099	1499	417		5169	8094
2574	362	235	127			352	5045
7348995	3444651	1059686	817739	390642	73291	3100328	7911312
566137	254590	49505	90107	35475	1533	242783	1092975
233254	116814	23607	48358	11768	370	98352	185483
155470	58911	10978	15993	7206	891	83281	239796
35747	9671	1805	5052	2356	100	4332	539731
35126	21754	505	7846	5196		6664	9984
52133	19381	4760	5388	4213	10	24943	90297
5586	4167	1440	70	49		1312	1517
38048	16888	3714	4778	3238	1	20442	22017
10773	7005	2694	2622	1449	161	3457	4150
50383	27716	5051	13198	4127	763	20064	40062
6543	3368	1094	1205	890	85	2814	3761
8216	4656	1127	2389	1546		3475	7159
8931	5880	859	3811	63		2891	3047
988	435	14	3	3		263	392
15010	9156	1181	3339	1397	678	4699	18856
10697	4220	776	2451	229		5922	6848
1295	331	16	278	246	24	866	2385

2－1－9 规模以上私营

指标	企业单位数（个）	亏损企业	工业总产值（当年价格）	工业销售产值（当年价格）	出口交货值	年初存货	产成品
精制茶加工	1		8478	8204		222	46
烟草制品业							
烟叶复烤							
卷烟制造							
其他烟草制品制造							
纺织业	96	5	1453169	1420689	10519	37666	11229
棉纺织及印染精加工	49	4	851224	829082	2508	20067	7452
毛纺织及染整精加工	2		58122	57801		2752	235
麻纺织及染整精加工	3		19894	20166		765	
丝绢纺织及印染精加工	8		148288	143024		2819	1752
化纤织造及印染精加工	2		4654	4654		144	
针织或钩针编织物及其制品制造	4		27880	27789		759	191
家用纺织制成品制造	15	1	188657	185935	8011	7673	955
非家用纺织制成品制造	13		154450	152238		2688	643
纺织服装、服饰业	126	5	1399188	1357036	78536	22097	8510
机织服装制造	104	5	1112513	1073645	3492	17244	6243
针织或钩针编织服装制造	6		50530	48779		1294	611
服饰制造	16		236145	234613	75044	3558	1656
皮革、毛皮、羽毛及其制品和制鞋业	63	5	714464	698791	6416	14424	4822
皮革鞣制加工	3		16517	16288		1114	
皮革制品制造	19	3	245741	240961	1751	4027	1064
毛皮鞣制及制品加工							
羽毛（绒）加工及制品制造	26	1	272079	264294	4665	4356	1538
制鞋业	15	1	180128	177249		4927	2221
木材加工和木、竹、藤、棕、草制品业	64	4	628220	603557		21571	5247
木材加工	23	1	185221	176684		3537	469
人造板制造	33	3	385123	371568		14491	4107
木制品制造	7		51366	50088		3477	626
竹、藤、棕、草等制品制造	1		6511	5218		66	46
家具制造业	5	2	25682	24937	2742	772	289
木质家具制造	4	1	23614	22869	2742	669	259
竹、藤家具制造							
金属家具制造							
塑料家具制造							
其他家具制造	1	1	2068	2068		103	30
造纸和纸制品业	47	3	795736	799639	1005	21714	8090
纸浆制造							
造纸	14	2	263979	273798		14161	5366
纸制品制造	33	1	531757	525841	1005	7553	2724
印刷和记录媒介复制业	16	1	282826	278378		4773	2159
印刷	15	1	280443	276074		4773	2159
装订及印刷相关服务	1		2383	2304			
记录媒介复制							
文教、工美、体育和娱乐用品制造业	42	3	632992	623598	9765	23083	13809
文教办公用品制造	13	2	144000	143712		6071	4406
乐器制造	3		38602	38461	8864	488	162
工艺美术品制造	8		300291	298074		9753	7748
体育用品制造	8	1	65442	60597	901	3378	578
玩具制造	10		84657	82755		3393	915
游艺器材及娱乐用品制造							

工业企业主要经济指标（续1）

单位：万元

资产总计	流动资产合计	应收帐款	存货	产成品	在产品	固定资产合计	固定资产原价
1295	331	16	278	246	24	866	2385
383931	157497	45622	47899	21802	2608	158852	363152
192552	73361	20335	24447	14516	762	69955	202122
31704	9353	1044	4883	316	1100	21052	28593
7546	2177	545	665	275			
24546	10602	2752	3368	2116	218	11619	41545
13810	11246	2133	932			2564	2646
15171	7116	990	1500	625		6467	7638
32313	16905	7301	7241	1910	7	12038	29548
66289	26738	10523	4863	2045	521	35157	51061
354882	146763	41090	33094	18436	2907	181364	342780
304259	119952	34132	26264	15001	2687	161458	303797
8015	4885	1631	2504	1928	103	3101	7716
42607	21926	5327	4326	1507	116	16806	31267
158185	67151	19741	18456	9424	2809	73358	145483
22280	4615	2531	1570	677		17144	18723
52367	21427	3829	5709	2603	906	22467	54807
32045	18679	7497	6178	3299	1060	8014	11716
51493	22430	5885	4999	2846	844	25732	60237
196456	101118	16624	35892	10760	14361	67379	99005
54078	27164	4229	17406	1467	13842	19379	28150
121015	61068	10050	16156	7922	519	45289	67613
14551	9755	2308	1967	1321		2589	3120
6812	131	37	63	51		122	123
6155	2939	1964	618	320	106	1086	3040
5405	2227	1594	472	270	86	1061	3023
750	712	371	146	50	20	25	17
293056	107750	28311	27366	14696	2002	153204	308271
132336	59400	13082	15305	7655	482	53230	165571
160720	48350	15229	12061	7042	1521	99974	142700
68095	23272	9119	7354	3005	681	42378	84963
64663	23095	9071	7326	2989	672	39272	78747
3433	177	48	27	16	9	3107	6215
202832	107659	30799	27519	21845	131	76250	192834
48522	25478	9828	6457	4947		21552	38675
7652	3925	950	695	28		3624	9966
89140	52705	15526	10452	9398		28528	92043
28949	12811	1841	7130	6451	80	11767	22459
28570	12740	2654	2785	1022	51	10779	29691

2－1－9 规模以上私营

指标	企业单位数（个）	亏损企业	工业总产值（当年价格）	工业销售产值（当年价格）	出口交货值	年初存货	产成品
石油加工、炼焦和核燃料加工业	9	1	138361	135993		990	17
精炼石油产品制造	9	1	138361	135993		990	17
炼焦							
核燃料加工							
化学原料和化学制品制造业	101	10	1865857	1826220	700	36099	10597
基础化学原料制造	38	3	809248	790400	700	14483	2827
肥料制造	5	1	48504	47236		1213	111
农药制造	3	1	12330	12226		1346	773
涂料、油墨、颜料及类似产品制造	6	1	90848	88601		2717	9
合成材料制造	12		138188	133977		5783	2921
专用化学产品制造	27	3	457142	447793		6903	1498
炸药、火工及焰火产品制造							
日用化学产品制造	10	1	309598	305987		3655	2457
医药制造业	13	3	270980	270252	3206	9915	5432
化学药品原料药制造	5		195525	198980	1563	7546	5025
化学药品制剂制造	1	1	3715	3479		804	
中药饮片加工	1		6439	6117		31	20
中成药生产	2	1	17431	16923		707	
兽用药品制造							
生物药品制造	3	1	42792	39674	1643	524	387
卫生材料及医药用品制造	1		5078	5078		303	
化学纤维制造业	12		160885	154232		2350	584
纤维素纤维原料及纤维制造	3		69658	66718		1131	298
合成纤维制造	9		91227	87514		1219	285
橡胶和塑料制品业	59	3	539268	526878		14664	4913
橡胶制品业	12		121510	119583		2528	1036
塑料制品业	47	3	417758	407295		12137	3877
非金属矿物制品业	105	6	1428999	1403036	12170	33662	8545
水泥、石灰和石膏制造	10	1	138951	137835		4338	266
石膏、水泥制品及类似制品制造	50	3	751080	735972		19891	6034
砖瓦、石材等建筑材料制造	18	1	282396	278091		3796	846
玻璃制造	7		57138	55447		949	186
玻璃制品制造	11	1	145478	142632	12170	4055	1017
玻璃纤维和玻璃纤维增强塑料制品制造							
陶瓷制品制造							
耐火材料制品制造	3		18820	18687		325	
石墨及其他非金属矿物制品制造	6		35137	34372		308	197
黑色金属冶炼和压延加工业	48	7	1514022	1494788		38141	20468
炼铁	3		79307	79200		1521	1436
炼钢							
黑色金属铸造	11	1	302317	291971		11289	7520
钢压延加工	30	6	920048	904625		23997	11375
铁合金冶炼	4		212350	218992		1333	137
有色金属冶炼和压延加工业	45	1	797062	777141		13510	2279
常用有色金属冶炼	6		83274	80914		711	320
贵金属冶炼							
稀有稀土金属冶炼	2		46392	42754		258	215
有色金属合金制造	4		75169	73431		1533	25
有色金属铸造	4		80523	78420		444	209

工业企业主要经济指标(续2)

单位：万元

资产总计	流动资产合计	应收帐款	存货	产成品	在产品	固定资产合计	固定资产原价
17481	8255	1846	1803	678	68	7929	15865
17481	8255	1846	1803	678	68	7929	15865
609771	283915	80518	42807	24477	3092	258795	466940
300554	159316	40433	16778	9012	564	109152	145682
11801	4937	1333	946	373		4780	27950
11464	6640	1685	1544	908		4087	4827
19057	13233	2925	3653	2220		5434	14489
45632	23943	9244	7329	5002	1275	19569	60170
170594	55348	20505	7003	3612	617	88640	136654
50670	20499	4392	5554	3351	637	27134	77168
137979	62017	15110	13947	8550	1574	59654	138454
90605	36671	8851	8806	5616	953	41749	114272
7379	4777	1126	447	393		676	2308
7905	532	40	189	189		5661	5781
23970	13240	3098	2415	1793	622	10547	14620
6664	5754	1374	1668	560		610	787
1455	1044	621	422			412	688
63554	34408	5383	2582	1201		21457	41421
8873	3062	1496	809	250		2874	19518
54681	31346	3887	1773	951		18584	21903
189432	91316	35086	22145	11758	3245	88560	171582
28979	11333	3788	4076	2274	327	16476	36568
160454	79983	31299	18069	9484	2918	72084	135014
633600	270146	98868	43247	14774	4144	322993	663932
53284	29506	13788	5348	995		20395	40257
307434	157137	58727	22473	5740	886	128048	326539
89314	36586	7771	3703	1500	18	44408	103682
29415	11240	6242	3439	1241	2049	17175	22116
85932	25947	7932	6160	3906	1176	55552	98216
7477	3214	1167	218	68		3283	5930
60744	6516	3242	1906	1325	15	54133	67192
503148	190283	63028	49375	30237	6010	277023	1023263
13723	6736	1309	819	129		1087	26188
77027	37731	4704	14931	10985	263	33242	77008
388588	138658	54336	32073	18320	5414	226042	891971
23810	7159	2679	1552	802	333	16651	28097
207456	111311	22502	17871	5680	406	63955	137896
10264	4867	2062	1030	274		4317	9823
13544	1819	1353	266	222		10987	11970
9590	5378	2169	1151	912	66	3682	11943
11141	6604	1175	740	419	62	4149	10410

2－1－9 规模以上私营

指标	企业单位数（个）	亏损企业	工业总产值（当年价格）	工业销售产值（当年价格）	出口交货值	年初存货	产成品
有色金属压延加工	29	1	511704	501622		10564	1511
金属制品业	76	3	877255	859786	2031	35176	17165
结构性金属制品制造	37	2	348134	338150	2031	12456	7540
金属工具制造	10		164743	158852		2001	705
集装箱及金属包装容器制造	3		29126	28195		1041	
金属丝绳及其制品制造	3		12337	12146		352	294
建筑、安全用金属制品制造	1		7045	6799		34	
金属表面处理及热处理加工	1		1243	1243		225	
搪瓷制品制造							
金属制日用品制造	4		43722	42421		721	241
其他金属制品制造	17	1	270906	271980		18347	8384
通用设备制造业	113	10	1554593	1519506	8554	40167	11616
锅炉及原动设备制造	9		107462	106333		4313	1789
金属加工机械制造	17	1	237631	234837	3424	6586	598
物料搬运设备制造	5	1	25140	23783	4032	2537	1368
泵、阀门、压缩机及类似机械制造	35	3	481863	468256		11061	3713
轴承、齿轮和传动部件制造	25	4	426356	417581	1098	11306	2652
烘炉、风机、衡器、包装等设备制造	4		45921	43556		682	218
文化、办公用机械制造							
通用零部件制造	14	1	184585	180940		1876	840
其他通用设备制造业	4		45636	44220		1806	438
专用设备制造业	73	6	943680	949082	111369	58470	31347
采矿、冶金、建筑专用设备制造	30	4	410100	424912	106932	41698	26745
化工、木材、非金属加工专用设备制造	11		99068	97844	34	2811	516
食品、饮料、烟草及饲料生产专用设备制造	1		2273	2273		65	
印刷、制药、日化及日用品生产专用设备制造	5		51825	50945	4403	4335	1072
纺织、服装和皮革加工专用设备制造	4		82947	80604		2952	372
电子和电工机械专用设备制造	2	1	17686	17686		324	
农、林、牧、渔专用机械制造	6		85665	83463		2507	793
医疗仪器设备及器械制造	6		130752	128856		2762	1495
环保、社会公共服务及其他专用设备制造	8	1	63366	62501		1017	355
汽车制造业	37	4	661503	687998	3169	28134	11933
汽车整车制造							
改装汽车制造	1		3474	3272		290	
低速载货汽车制造							
电车制造	1		23917	18744		10	9
汽车车身、挂车制造							
汽车零部件及配件制造	35	4	634113	665982	3169	27835	11924
铁路、船舶、航空航天和其他运输设备制造业	13		161788	157563		4218	988
铁路运输设备制造	1		5591	5446		515	258
城市轨道交通设备制造							
船舶及相关装置制造	7		77055	75270		2958	409
航空、航天器及设备制造							
摩托车制造							
自行车制造	4		61528	59856		283	33
非公路休闲车及零配件制造							
潜水救捞及其他未列明运输设备制造	1		17614	16992		462	288
电气机械和器材制造业	110	6	1762511	1740152		64646	7257
电机制造	7	1	56542	55776		14242	56

工业企业主要经济指标(续3)

单位：万元

资产总计	流动资产合计	应收帐款	存货	产成品	在产品	固定资产合计	固定资产原价
162917	92643	15743	14683	3852	278	40819	93750
314279	138129	49338	39425	21205	3409	136043	302517
136135	60295	15930	13336	9091	983	57194	104116
45966	18132	7603	3336	1810	607	25781	68806
4614	2430	877	816	454		574	835
1472	682	250	342	241	76	755	1104
3307	179	45	24	21		2131	2317
2243	790	157	327			465	557
15983	6195	3045	1918	1091	692	7489	10845
104558	49427	21431	19326	8498	1052	41653	113938
501625	212852	84222	55305	28785	4390	193483	554906
44920	21014	8705	3737	1976	205	14593	28132
55550	33034	11414	8283	2814	1292	16754	39416
23775	13721	4622	5313	5224	25	6944	11180
148216	65518	24346	15116	4679	1422	54497	188101
144886	50294	19797	15280	8446	773	64223	192811
14131	6796	3843	1878	1120	493	5377	6655
56386	15173	7835	3313	2281	76	29330	82062
13760	7302	3660	2385	2244	104	1765	6548
435575	255892	106202	64941	33533	10118	146465	307197
273969	182265	76699	43399	25695	4711	66661	135685
36085	19299	10398	4584	707	965	13358	24727
1097	577	279	185			119	187
21939	12758	2179	3285	509	2159	6828	17232
18766	10175	4352	4628	2989	609	8591	26514
5963	1733	55	218	46		2672	3013
25448	11442	6077	3755	1820	1119	14004	28635
33780	8066	3777	3169	880	377	25640	59842
18528	9577	2386	1719	887	180	8592	11362
327940	210679	48010	42003	19968	1300	93568	173790
3222	1955	755	699	76		1048	1329
4563	1301	56	10	9		560	9081
320155	207424	47199	41294	19883	1300	91960	163380
72318	32979	11597	7387	4960	815	24373	51097
5782	2151	1377	774	503	271	3631	4830
43615	25969	8533	5499	3833	288	4538	15907
10986	3060	537	463	230		6069	7491
11935	1800	1150	650	394	256	10134	22869
542379	305111	98891	69976	27877	4173	192035	738297
37456	28003	5703	4841	390		8852	12219

2－1－9 规模以上私营

指标	企业单位数(个)	亏损企业	工业总产值(当年价格)	工业销售产值(当年价格)	出口交货值	年初存货	产成品
输配电及控制设备制造	30	2	586504	572616		23450	2882
电线、电缆、光缆及电工器材制造	37	2	522613	528181		12820	2162
电池制造	8	1	232265	225535		8546	518
家用电力器具制造	13		150612	147309		1968	505
非电力家用器具制造	8		144792	143600		2231	1066
照明器具制造	7		69183	67136		1390	68
其他电气机械及器材制造							
计算机、通信和其他电子设备制造业	36	5	451498	442887	4047	12314	4083
计算机制造	1		58518	56880		302	197
通信设备制造	3	1	28709	27900		531	438
广播电视设备制造							
雷达及配套设备制造							
视听设备制造	3	1	84326	83104		1990	
电子器件制造	3		37748	37409	44	4457	2468
电子元件制造	24	3	230698	226377	4003	4728	763
其他电子设备制造	2		11500	11216		306	216
仪器仪表制造业	24	1	269963	266523	32	6929	1608
通用仪器仪表制造	17		193417	191765	32	2967	319
专用仪器仪表制造	3		42420	40761		3097	1289
钟表与计时仪器制造							
光学仪器及眼镜制造	4	1	34126	33998		866	
其他仪器仪表制造业							
其他制造业	20	1	155371	155137		2472	456
日用杂品制造	18	1	150335	150219		2264	248
煤制品制造							
核辐射加工							
其他未列明制造业	2		5036	4918		208	208
废弃资源综合利用业	12	2	320738	312612		1458	491
金属废料和碎屑加工处理	9	2	286858	280296		1279	455
非金属废料和碎屑加工处理	3		33880	32316		179	37
金属制品、机械和设备修理业							
金属制品修理							
通用设备修理							
专用设备修理							
铁路、船舶、航空航天等运输设备修理							
电气设备修理							
仪器仪表修理							
其他机械和设备修理业							
电力、热力、燃气及水生产和供应业	4		28709	28709		1628	1514
电力、热力生产和供应业	3		23998	23998		1530	1514
电力生产	3		23998	23998		1530	1514
电力供应							
热力生产和供应							
燃气生产和供应业							
燃气生产和供应业							
水的生产和供应业	1		4711	4711		98	
自来水生产和供应	1		4711	4711		98	
污水处理及其再生利用							
其他水的处理、利用与分配							

工业企业主要经济指标(续4)

单位：万元

资产总计	流动资产合计	应收帐款	存货	产成品	在产品	固定资产合计	固定资产原价
223641	128599	30161	31656	13115	1810	77571	330588
124553	84173	40912	13850	5605	389	29265	222215
63442	26627	5044	9993	3308	203	35219	78701
33547	13155	7745	4336	3053	1019	17239	28421
42735	16590	6667	3940	1816	752	17561	52923
17006	7963	2660	1360	591		6329	13231
217670	88008	24574	26068	9561	2504	120987	203653
8546	2914	1866	1048	682	367	5632	17008
10239	1088	439	459	396	36	9097	13162
18718	17087	3117	8148	122	6	1056	10773
61484	32665	4518	5765	2146	823	23087	28183
110210	31396	13213	10538	6107	1273	76793	128717
8473	2857	1421	109	109		5322	5810
177810	99043	50119	9877	4858	56	29251	125678
132241	67339	37171	3046	591	56	17927	108430
28670	21186	9526	3247	876		6208	11787
16899	10518	3422	3585	3392		5116	5460
40422	16964	4772	3934	915	34	15780	26134
31945	13999	3219	3716	699	34	10736	20322
8477	2966	1553	218	217		5044	5812
75150	36558	11777	3269	1489	28	30394	93740
64693	34480	10859	3067	1370	17	22115	85071
10457	2079	917	203	119	11	8279	8668
64252	44083	1752	2941		2646	11362	14583
48413	38766	1539	2883		2646	3958	5086
48413	38766	1539	2883		2646	3958	5086
15840	5317	213	58			7405	9497
15840	5317	213	58			7405	9497

2－1－9 规模以上私营

指标	累计折旧	本年折旧	在建工程	负债合计	流动负债合计	应付账款	非流动负债合计
总计	**4831013**	**744196**	**203287**	**3552945**	**3037895**	**652023**	**504223**
按国民经济行业分组							
采掘业	7618	1096	1860	6483	4088	632	2395
煤炭开采和洗选业							
烟煤和无烟煤开采洗选							
褐煤开采洗选							
其他煤炭采选							
石油和天然气开采业							
石油开采							
天然气开采							
黑色金属矿采选业							
铁矿采选							
锰矿、铬矿采选							
其他黑色金属矿采选							
有色金属矿采选业							
常用有色金属矿采选							
贵金属矿采选							
稀有稀土金属矿采选							
非金属矿采选业	7618	1096	1860	6483	4088	632	2395
土砂石开采	2924	500		6005	4088	632	1917
化学矿开采							
采盐							
石棉及其他非金属矿采选	4693	595	1860	478			478
开采辅助活动							
煤炭开采和洗选辅助活动							
石油和天然气开采辅助活动							
其他开采辅助活动							
其他采矿业							
其他采矿业							
制造业	4820175	742451	198637	3496344	2985333	627370	500184
农副食品加工业	850285	114835	23751	253887	228806	31751	23856
谷物磨制	87227	15420	8614	106005	94316	16202	10464
饲料加工	156515	23714	1459	72826	64469	7103	8358
植物油加工	535396	64301	12830	9867	9569	909	298
制糖业	3320	451		22612	21788	2191	824
屠宰及肉类加工	65354	10249	333	17326	14178	1829	3149
水产品加工	205	38		4084	4084	231	
蔬菜、水果和坚果加工	1575	498	515	18491	17856	2638	635
其他农副食品加工	693	165		2677	2547	649	130
食品制造业	20750	4101	1895	24558	17834	4134	6723
焙烤食品制造	1662	297	716	2505	2473	296	31
糖果、巧克力及蜜饯制造	3684	629		2235	2235	352	
方便食品制造	193	94	25	4002	4002	1836	
乳制品制造							
罐头食品制造	129	43		319	237	9	82
调味品、发酵制品制造	14157	2226	1154	10100	7754	1641	2346
其他食品制造	925	812		5398	1134		4264
酒、饮料和精制茶制造业	1519	254		36	18	10	18
酒的制造							
饮料制造							

工业企业主要经济指标(续5)

单位：万元

所有者权益合计	实收资本	国家资本	集体资本	法人资本	个人资本	港澳台资本	外商资本	营业收入
3844108	**1864342**	**21373**	**13199**	**632606**	**1184598**	**2230**	**10336**	**22895320**
10094	4151			1856	2195	100		47828
10094	4151			1856	2195	100		47828
7998	3792			1856	1837	100		30676
2096	358				358			17152
3819879	1847810	21373	13199	619428	1181345	2130	10336	22810807
310851	152860		554	63235	89072			2664168
125850	65694		554	14179	50961			1074706
82644	45741			32026	13715			601229
25880	12552			304	12248			414877
12514	1690				1690			74398
34807	16520			8737	7784			348754
1502	1820			1820				7825
19557	4886			2807	2079			94125
8096	3958			3363	595			48253
25825	10636		578	2089	7968			190618
4038	2308		578	730	1000			14984
5981	1550			550	1000			25454
4929	3050				3050			47395
668	668				668			10396
4910	2100				2100			53206
5299	959			809	150			39182
1259	150			150				8204

2－1－9 规模以上私营

指标	累计折旧	本年折旧	在建工程	负债合计	流动负债合计	应付账款	非流动负债合计
精制茶加工	1519	254		36	18	10	18
烟草制品业							
烟叶复烤							
卷烟制造							
其他烟草制品制造							
纺织业	204757	30724	10128	190725	165128	41003	23592
棉纺织及印染精加工	132273	18757	7015	81779	71689	11353	10090
毛纺织及染整精加工	7541	2486		23389	23389	13991	
麻纺织及染整精加工				2344	1921	1355	423
丝绢纺织及印染精加工	29927	2564	1716	8735	6030	2275	2705
化纤织造及印染精加工	82	56		11210	4074	1249	7136
针织或钩针编织物及其制品制造	1521	448	861	8634	8226	2333	408
家用纺织制成品制造	17509	2792		17903	17068	1124	718
非家用纺织制成品制造	15904	3621	536	36731	32731	7324	2113
纺织服装、服饰业	162819	25326	5044	138391	123068	17130	15301
机织服装制造	144742	21740	3035	108759	93893	11908	14843
针织或钩针编织服装制造	4616	766	30	3096	3044		52
服饰制造	13461	2821	1978	26537	26131	5222	406
皮革、毛皮、羽毛及其制品和制鞋业	72140	12558	4764	80998	69184	17879	11815
皮革鞣制加工	1579	361		19944	19944		
皮革制品制造	32339	5497	2587	18912	15560	4607	3352
毛皮鞣制及制品加工							
羽毛（绒）加工及制品制造	3702	666	68	16267	14725	7365	1543
制鞋业	34520	6034	2108	25876	18956	5907	6920
木材加工和木、竹、藤、棕、草制品业	31737	5453	2584	97126	78533	9363	18593
木材加工	8771	1554		31912	14302	2460	17609
人造板制造	22434	3723	2584	57492	56985	3109	508
木制品制造	531	175		7583	7183	3794	399
竹、藤、棕、草等制品制造	2	1		140	63		77
家具制造业	1968	49	2129	3193	3193	775	
木质家具制造	1963	47	2117	2299	2299	319	
竹、藤家具制造							
金属家具制造							
塑料家具制造							
其他家具制造	6	2	12	894	894	456	
造纸和纸制品业	155746	30819	2408	146711	139467	16857	7244
纸浆制造							
造纸	112340	18009	2269	87967	85701	9813	2266
纸制品制造	43405	12810	139	58744	53766	7044	4978
印刷和记录媒介复制业	42984	7395	775	30949	25806	3648	5142
印刷	39876	6749	728	30812	25704	3561	5108
装订及印刷相关服务	3109	645	46	136	102	86	34
记录媒介复制							
文教、工美、体育和娱乐用品制造业	116690	19425	442	97079	85873	22186	11206
文教办公用品制造	17123	3235		17974	17974	4887	
乐器制造	6342	876		2162	1611	55	551
工艺美术品制造	63542	10503	27	50600	41419	7855	9181
体育用品制造	10771	2014	109	16228	16174	8263	54
玩具制造	18912	2797	306	10116	8696	1126	1420
游艺器材及娱乐用品制造							

工业企业主要经济指标(续6)

单位：万元

所有者权益合计	实收资本							营业收入
		国家资本	集体资本	法人资本	个人资本	港澳台资本	外商资本	
1259	150			150				8204
191885	89800		1050	22531	66219			1441300
110773	38907		1050	6222	31635			850903
8315	4000			2000	2000			55662
5202	6968				6968			19538
15812	10669			890	9779			147033
2600	1200				1200			5074
6537	6243			4193	2050			27902
14094	9981			5215	4765			186664
28553	11832			4010	7822			148525
216491	104774	50	4328	34426	56665		9304	1387043
195500	94448		4278	30386	50480		9304	1090297
4920	3937			3500	437			49777
16070	6389	50	50	540	5749			246969
77186	30133			10314	19819			717473
2337	1055			1005	50			16286
33456	9833			1667	8166			257399
15777	5906			4615	1291			265752
25617	13340			3027	10312			178036
99330	40547		1500	11132	27914			611147
22167	12990		800	2312	9878			177148
63523	18740		700	8520	9520			378381
6968	2942			300	2642			50088
6673	5875				5875			5530
2962	2566			2466	100			24985
3106	2466			2366	100			22917
-144	100			100				2068
146345	66208		211	29378	36088		532	818807
44369	22855			6282	16573			287161
101975	43353		211	23096	19515		532	531646
37147	18413		152	4983	13278			275038
33850	17413		152	3983	13278			272734
3296	1000			1000				2304
105753	56292			7049	49243			655353
30548	11454			1516	9938			148227
5490	2275			1868	407			39578
38540	23226			900	22326			328293
12721	8900			1365	7535			53732
18454	10438			1400	9038			85521

2－1－9 规模以上私营

指标	累计折旧	本年折旧	在建工程	负债合计	流动负债合计	应付账款	非流动负债合计
石油加工、炼焦和核燃料加工业	7936	1560	53	9967	8600	361	1368
精炼石油产品制造	7936	1560	53	9967	8600	361	1368
炼焦							
核燃料加工							
化学原料和化学制品制造业	208244	33929	21445	283816	256674	36718	27084
基础化学原料制造	38691	5664	18998	130506	124129	11403	6377
肥料制造	23170	1782		8239	5810	2072	2429
农药制造	637	257	31	6579	4713	4300	1867
涂料、油墨、颜料及类似产品制造	9083	1109	28	8861	6904	945	1957
合成材料制造	40645	5890	141	21463	16665	3217	4798
专用化学产品制造	45984	10548	2211	85297	79059	10785	6180
炸药、火工及焰火产品制造							
日用化学产品制造	50034	8679	37	22871	19395	3996	3476
医药制造业	80003	12914	706	59760	46032	6909	13727
化学药品原料药制造	73725	11442	466	40049	27385	6255	12664
化学药品制剂制造	1632	197		6885	6885		
中药饮片加工	120	30		79	49		30
中成药生产	4072	1184		6239	5258	326	981
兽用药品制造							
生物药品制造	177	39	240	5219	5219	328	
卫生材料及医药用品制造	276	21		1288	1235		52
化学纤维制造业	20181	4609	4211	27697	19582	2196	8115
纤维素纤维原料及纤维制造	16862	3502	3155	7045	7045		
合成纤维制造	3319	1107	1057	20652	12537	2196	8115
橡胶和塑料制品业	83444	16925	1945	69446	57245	15186	12201
橡胶制品业	20092	3823	75	13210	11973	972	1237
塑料制品业	63352	13102	1870	56236	45272	14214	10964
非金属矿物制品业	326365	58853	6872	281260	248052	44314	33092
水泥、石灰和石膏制造	19862	2709	644	32925	29550	8276	3259
石膏、水泥制品及类似制品制造	190622	26612	3455	159029	147222	23298	11808
砖瓦、石材等建筑材料制造	57572	7839	2	38872	34044	5401	4827
玻璃制造	4531	1644		8225	4504	1641	3721
玻璃制品制造	38654	8734	2772	36560	27905	4908	8655
玻璃纤维和玻璃纤维增强塑料制品制造							
陶瓷制品制造							
耐火材料制品制造	2647	546		2869	2740	77	129
石墨及其他非金属矿物制品制造	12477	10770		2780	2087	714	693
黑色金属冶炼和压延加工业	746272	113858	9033	294849	225491	71805	69359
炼铁	25101	3042		2718	1953	65	765
炼钢							
黑色金属铸造	43766	7962	179	32223	27939	6352	4284
钢压延加工	665960	100197	8855	253565	189457	65173	64108
铁合金冶炼	11446	2657		6343	6141	215	202
有色金属冶炼和压延加工业	74019	11540	1074	107781	94353	21142	10442
常用有色金属冶炼	5506	871		4662	2862	310	1800
贵金属冶炼							
稀有稀土金属冶炼	983	951		5218	5218	13	
有色金属合金制造	8261	1263		3396	2854	599	542
有色金属铸造	6261	1193	94	6054	2895	284	3159

工业企业主要经济指标(续7)

单位：万元

所有者权益合计	实收资本	国家资本	集体资本	法人资本	个人资本	港澳台资本	外商资本	营业收入
7514	6420			2218	4202			131851
7514	6420			2218	4202			131851
325955	148918	20000	121	22251	106546			1827818
170048	79722	20000		11414	48308			782635
3562	1828		121	530	1177			47177
4884	3000			1000	2000			12247
10196	1997			696	1301			85122
24169	17112			1900	15212			131818
85297	32904			6241	26663			448244
27800	12354			470	11884			320576
78219	32821			22591	10230			264264
50556	10197			9488	709			194628
494	1015				1015			4352
7827	7524			7524				6016
17731	12980			5080	7900			16465
1445	950			500	450			37724
168	156				156			5078
35857	21673			8808	12865			154158
1828	980			886	94			65588
34029	20694			7922	12772			88570
119986	72689			23446	49244			542590
15769	6677			4647	2030			121679
104217	66012			18799	47214			420911
352341	150909		300	76516	71963	2130		1412312
20360	14465			3023	9312	2130		145253
148405	81251			45532	35719			744477
50442	15857			13340	2517			274460
21190	10100			1000	9100			55875
49372	18430		300	7521	10609			139833
4608	2915			600	2315			18609
57964	7892			5500	2392			33806
208299	84728			24381	60347			1543591
11005	3250			1400	1850			82390
44803	15690			4081	11608			294104
135023	57901			18900	39001			939510
17467	7887				7887			227588
72804	45472		500	14042	30930			778301
5602	1839			962	877			80917
8326	4806				4806			42754
6194	5000			2500	2500			72931
5087	3052			2350	702			79856

2－1－9 规模以上私营

指标	累计折旧	本年折旧	在建工程	负债合计	流动负债合计	应付账款	非流动负债合计
有色金属压延加工	53008	7262	980	88451	80525	19936	4941
金属制品业	171313	28529	4449	146189	120802	14825	25387
结构性金属制品制造	46974	8115	368	67592	53493	4510	14099
金属工具制造	43025	7631	1498	18838	11371	3094	7466
集装箱及金属包装容器制造	261	62		1570	1458		112
金属丝绳及其制品制造	349	57		544	544	238	
建筑、安全用金属制品制造	185	37		36	36		
金属表面处理及热处理加工	92	42	98	1351	1351		
搪瓷制品制造							
金属制日用品制造	3443	1258	806	4132	3549	519	583
其他金属制品制造	76984	11327	1681	52127	49000	6463	3127
通用设备制造业	362139	54291	48039	251324	204035	35897	47115
锅炉及原动设备制造	13539	2249	314	20127	19785	3439	258
金属加工机械制造	22378	3824	427	34613	31182	8868	3431
物料搬运设备制造	4236	670	83	18559	16463	1638	2096
泵、阀门、压缩机及类似机械制造	133583	19477	12999	69234	46742	8507	22405
轴承、齿轮和传动部件制造	128588	17708	25178	75620	64904	3900	10716
烘炉、风机、衡器、包装等设备制造	1895	624	617	7987	5795	1908	2192
文化、办公用机械制造							
通用零部件制造	53136	9026	8422	18082	12738	7046	5339
其他通用设备制造业	4784	713		7102	6425	592	677
专用设备制造业	164081	30725	13519	191773	177100	61323	13260
采矿、冶金、建筑专用设备制造	71217	15044	8313	127079	120712	44527	4954
化工、木材、非金属加工专用设备制造	11417	1842	2827	17599	16089	4440	1510
食品、饮料、烟草及饲料生产专用设备制造	68	19	391	533	533		
印刷、制药、日化及日用品生产专用设备制造	10404	1594	736	12730	12056	1139	674
纺织、服装和皮革加工专用设备制造	17923	2481		6313	5253	2282	1060
电子和电工机械专用设备制造	354	58	13	1909	1384	98	525
农、林、牧、渔专用机械制造	14631	2959		10953	8400	3835	2552
医疗仪器设备及器械制造	34202	5659	73	6008	5153	2323	854
环保、社会公共服务及其他专用设备制造	3865	1068	1166	8651	7522	2679	1130
汽车制造业	87688	15748	3610	191995	179641	50549	11956
汽车整车制造							
改装汽车制造	281	60		1279	1279		
低速载货汽车制造							
电车制造	8521	1049		91	91	24	
汽车车身、挂车制造							
汽车零部件及配件制造	78886	14639	3610	190625	178271	50526	11956
铁路、船舶、航空航天和其他运输设备制造业	26724	5043	3876	27439	20234	2444	7205
铁路运输设备制造	1198	395		1092	721	454	371
城市轨道交通设备制造							
船舶及相关装置制造	11369	1690	3853	21770	16847	898	4923
航空、航天器及设备制造							
摩托车制造							
自行车制造	1422	682	24	3766	1972	488	1795
非公路休闲车及零配件制造							
潜水救捞及其他未列明运输设备制造	12734	2276		811	695	604	116
电气机械和器材制造业	548453	64660	10328	261381	208570	42035	51301
电机制造	3396	585		23571	21951	1552	1620

工业企业主要经济指标(续8)

单位：万元

所有者权益合计	实收资本	国家资本	集体资本	法人资本	个人资本	港澳台资本	外商资本	营业收入
47595	30775		500	8230	22045			501843
168090	94821			47779	47042			909014
68544	48064			29476	18589			346594
27128	18478			10765	7713			162831
3045	1700			1700				49357
928	398			358	40			12163
3271	50				50			6799
892	1000				1000			1243
11852	6822			1880	4942			45688
52431	18309			3600	14709			284339
249098	127514	303	756	42420	83535		500	1604767
24793	11578			5550	6028			106366
20937	13059			3210	9849			249712
5217	4057	303	256	443	2555		500	22745
77779	49912			15113	34799			525218
69266	31175			10542	20632			425143
6144	4150				4150			38064
38304	7438			2344	5094			200392
6658	6146		500	5218	428			37127
242278	97563		1200	14504	81858			967685
145366	48396			5091	43305			435364
18487	9224			1950	7274			100501
565	430				430			2273
9210	5613			23	5590			46098
12453	6431				6431			82569
4054	3701		1200	2501				17686
14495	5931			50	5881			89801
27772	9683			1200	8483			131742
9876	8154			3690	4464			61651
135945	79985			30877	49109			735977
1943	1001				1001			3232
4472	5750				5750			25075
129530	73234			30877	42358			707669
44879	28921			7400	21521			155366
4691	2700				2700			5725
21845	16254			4300	11954			72619
7220	3400			3100	300			60536
11124	6568				6568			16487
280991	132120	500	800	40413	90407			1819318
13885	6326			900	5426			51942

2－1－9 规模以上私营

指标	累计折旧	本年折旧	在建工程	负债合计	流动负债合计	应付账款	非流动负债合计
输配电及控制设备制造	254274	33591	4800	94546	64449	14422	30097
电线、电缆、光缆及电工器材制造	193855	11996	4188	67926	59743	15334	6673
电池制造	43482	9074	945	40509	34129	2294	6381
家用电力器具制造	11182	2817	175	11421	8243	2783	3178
非电力家用器具制造	35363	5357		15922	14149	5512	1773
照明器具制造	6902	1239	221	7486	5907	139	1579
其他电气机械及器材制造							
计算机、通信和其他电子设备制造业	80880	15095	4479	98152	75025	12570	23126
计算机制造	11377	1975		4594	2664	1718	1929
通信设备制造	4066	1302		655	629	68	26
广播电视设备制造							
雷达及配套设备制造							
视听设备制造	9717	997	248	16920	16122	360	798
电子器件制造	5096	1592	4020	24030	14162	2713	9868
电子元件制造	50138	9060	211	49936	39431	6550	10505
其他电子设备制造	487	170		2016	2016	1161	
仪器仪表制造业	97342	12284	2299	97762	76203	33102	21560
通用仪器仪表制造	91418	11648	2129	78913	57798	27253	21115
专用仪器仪表制造	5579	389		12540	12415	2883	125
钟表与计时仪器制造							
光学仪器及眼镜制造	345	248	171	6310	5990	2966	320
其他仪器仪表制造业							
其他制造业	10353	1996	691	15342	15061	4080	281
日用杂品制造	9586	1616	691	12104	11822	3862	281
煤制品制造							
核辐射加工							
其他未列明制造业	768	380		3239	3239	218	
废弃资源综合利用业	63346	8958	8087	16760	15724	7179	116
金属废料和碎屑加工处理	62956	8822	8087	15222	14302	6860	
非金属废料和碎屑加工处理	390	136		1538	1422	319	116
金属制品、机械和设备修理业							
金属制品修理							
通用设备修理							
专用设备修理							
铁路、船舶、航空航天等运输设备修理							
电气设备修理							
仪器仪表修理							
其他机械和设备修理业							
电力、热力、燃气及水生产和供应业	3221	650	2790	50118	48474	24021	1644
电力、热力生产和供应业	1128	159	189	40632	38988	23689	1644
电力生产	1128	159	189	40632	38988	23689	1644
电力供应							
热力生产和供应							
燃气生产和供应业							
燃气生产和供应业							
水的生产和供应业	2093	491	2601	9486	9486	332	
自来水生产和供应	2093	491	2601	9486	9486	332	
污水处理及其再生利用							
其他水的处理、利用与分配							

工业企业主要经济指标（续9）

单位：万元

所有者权益合计	实收资本	国家资本	集体资本	法人资本	个人资本	港澳台资本	外商资本	营业收入
129095	44628	500	800	21520	21808			619526
56620	37390			5190	32200			544970
22933	10844			7300	3544			244139
22126	11105				11105			149438
26813	14007			2503	11504			141420
9520	7821			3000	4821			67883
119518	70994			28361	42634			433131
3952	1976				1976			57782
9583	3053			3053				27900
1798	2000			500	1500			82879
37454	27500			21000	6500			38133
60274	35186			2800	32386			215221
6457	1280			1008	272			11216
80048	44275	520	1150	11923	30682			258202
53328	33423			8723	24700			188189
16131	3320			100	3220			38398
10589	7532	520	1150	3100	2762			31615
25080	14675			4736	9939			157111
19842	9436			4736	4700			152257
5239	5239				5239			4854
57945	20934			9010	11924			321218
49026	18434			6510	11924			288902
8919	2500			2500				32316
14135	12381			11323	1059			36685
7780	6781			5723	1059			31974
7780	6781			5723	1059			31974
6354	5600			5600				4711
6354	5600			5600				4711

2－1－9 规模以上私营

指　　标	主营业务收入	营业成本	主营业务成本	营业税金及附加	主营业务税金及附加	其他业务利润	销售费用
总　　计	**22877265**	**20188564**	**20176587**	**126767**	**126036**	**－17340**	**516269**
按国民经济行业分组							
采掘业	47828	42648	42606	313	313		867
煤炭开采和洗选业							
烟煤和无烟煤开采洗选							
褐煤开采洗选							
其他煤炭采选							
石油和天然气开采业							
石油开采							
天然气开采							
黑色金属矿采选业							
铁矿采选							
锰矿、铬矿采选							
其他黑色金属矿采选							
有色金属矿采选业							
常用有色金属矿采选							
贵金属矿采选							
稀有稀土金属矿采选							
非金属矿采选业	47828	42648	42606	313	313		867
土砂石开采	30676	26285	26243	209	209		685
化学矿开采							
采盐							
石棉及其他非金属矿采选	17152	16363	16363	104	104		182
开采辅助活动							
煤炭开采和洗选辅助活动							
石油和天然气开采辅助活动							
其他开采辅助活动							
其他采矿业							
其他采矿业							
制造业	22792752	20114319	20102384	126280	125548	－17340	515217
农副食品加工业	2658237	2415207	2413058	14008	13870	－23	47385
谷物磨制	1073411	986705	986084	5375	5367	－31	12160
饲料加工	596594	531632	530104	3821	3702	8	17200
植物油加工	414877	376776	376776	1351	1351		9424
制糖业	74398	71593	71593	44	44		125
屠宰及肉类加工	348754	316357	316357	1824	1814		5313
水产品加工	7825	6899	6899	45	45		238
蔬菜、水果和坚果加工	94125	82791	82791	407	407		2324
其他农副食品加工	48253	42454	42454	1141	1141		600
食品制造业	190618	169487	169487	1068	1068		5742
焙烤食品制造	14984	13132	13132	127	127		431
糖果、巧克力及蜜饯制造	25454	22669	22669	147	147		394
方便食品制造	47395	45800	45800	37	37		110
乳制品制造							
罐头食品制造	10396	9036	9036	322	322		261
调味品、发酵制品制造	53206	43460	43460	435	435		4527
其他食品制造	39182	35389	35389				20
酒、饮料和精制茶制造业	8204	7326	7326	89	89		111
酒的制造							
饮料制造							

工业企业主要经济指标(续10)

单位：万元

管理费用	税金	财务费用	利息收入	利息支出	资产减值损失	公允价值变动收益	投资收益	营业利润
657215	**20122**	**224249**	**5510**	**170506**	**12622**	**1101**	**7621**	**1178214**
999	51	310	20	14	-70			2762
999	51	310	20	14	-70			2762
830	51	250	20	14				2417
170		60			-70			345
653369	20022	223433	5414	170470	12692	1101	7621	1174077
54394	1583	21051	364	14972	994	81	1807	113016
24533	783	7403	48	4069	201	81	11	38422
10472	200	3522	5	2626	757			33825
7123	353	5748	14	5727			18	14474
1000	74	968	271	1236			1770	2438
7624	144	2435	24	473	8			15193
384	16	135		52				124
2795	11	639		614	29			5140
464	1	201	3	175			8	3402
6261	107	1315	17	974			-5	6740
427	25	160		131				708
1103	15	133		130				1007
321	32	239	17	255				889
167		163		15				446
4107	34	321		321			-5	352
135		299		120				3339
328		91						259

2－1－9 规模以上私营

指　　标	主营业务收入	营业成本	主营业务成本	营业税金及附加	主营业务税金及附加	其他业务利润	销售费用
精制茶加工	8204	7326	7326	89	89		111
烟草制品业							
烟叶复烤							
卷烟制造							
其他烟草制品制造							
纺织业	1441116	1286746	1286740	5795	5759		31285
棉纺织及印染精加工	850840	765356	765350	3350	3346		18492
毛纺织及染整精加工	55544	53523	53523	86	86		467
麻纺织及染整精加工	19538	17913	17913	76	76		185
丝绢纺织及印染精加工	147033	129813	129813	744	744		3313
化纤织造及印染精加工	5074	4831	4831	26	26		46
针织或钩针编织物及其制品制造	27899	24305	24305	65	65		1106
家用纺织制成品制造	186664	159710	159710	738	738		5348
非家用纺织制成品制造	148524	131295	131295	711	679		2328
纺织服装、服饰业	1383941	1209693	1209216	10043	10007		29127
机织服装制造	1087586	946037	945560	8804	8770		24970
针织或钩针编织服装制造	49777	43456	43456	453	453		644
服饰制造	246578	220200	220200	786	785		3513
皮革、毛皮、羽毛及其制品和制鞋业	717473	642622	642622	4979	4979		10912
皮革鞣制加工	16286	15318	15318	54	54		228
皮革制品制造	257399	234015	234015	1951	1951		2336
毛皮鞣制及制品加工							
羽毛（绒）加工及制品制造	265752	242446	242446	1373	1373		3903
制鞋业	178036	150843	150843	1602	1602		4445
木材加工和木、竹、藤、棕、草制品业	610253	556721	556603	2897	2878		6219
木材加工	176964	158676	158676	1350	1346		2065
人造板制造	377687	348595	348477	1221	1208		3210
木制品制造	50088	44849	44849	264	264		742
竹、藤、棕、草等制品制造	5514	4601	4601	62	61		202
家具制造业	24985	20319	20319	64	64		1673
木质家具制造	22917	18266	18266	64	64		1667
竹、藤家具制造							
金属家具制造							
塑料家具制造							
其他家具制造	2068	2053	2053				6
造纸和纸制品业	818778	722983	722714	3401	3401	4	17114
纸浆制造							
造纸	287161	257236	257236	875	875		5926
纸制品制造	531617	465748	465478	2526	2526	4	11188
印刷和记录媒介复制业	275038	246055	246055	1074	1074		4177
印刷	272734	243997	243997	1049	1049		4146
装订及印刷相关服务	2304	2058	2058	25	25		31
记录媒介复制							
文教、工美、体育和娱乐用品制造业	655353	523950	523950	3775	3754		36995
文教办公用品制造	148227	106908	106908	518	510		10896
乐器制造	39578	37528	37528	131	131		476
工艺美术品制造	328293	255888	255888	1396	1396		23019
体育用品制造	53732	47520	47520	828	821		1196
玩具制造	85521	76106	76106	903	897		1409
游艺器材及娱乐用品制造							

工业企业主要经济指标（续11）

单位：万元

管理费用	税　金	财务费用	利息收入	利息支出	资产减值损失	公允价值变动收益	投资收益	营业利润
328		91						259
33516	1188	16387	636	12104	1021	166	97	66814
15915	701	11044	586	9416	772	13	97	36084
549	124	167	2	168	9			861
303								1061
3829	78	1435		1062				7899
49	3	18						104
1174	124	106		79	98			1048
7637	25	2010		205	37		-1	11185
4060	133	1607	48	1173	106	153		8572
39357	969	13119	244	9847	944	347	48	85155
29992	693	11262	215	9155	944	150	48	68486
1862	81	352		140				3010
7503	195	1505	29	552		196		13659
19033	881	4505	33	3278	243		12	35192
258	12	3		3				425
6062	210	1814	7	877	52			11170
5642	386	642	1	533	191			11556
7071	274	2045	26	1864			12	12042
9332	161	3735	35	2331	548	6	15	31716
2467	16	1310	30	751				11280
5753	96	1914	5	1315	548	6	15	17161
972	49	421		265				2841
139		90						435
2094	32	170		51				666
2043	27	170		51				708
51	5							-42
16212	606	9337	25	7703	415	12		49600
6284	244	4501	2	3875	416	12		11935
9928	361	4836	24	3829	-1			37665
5868	103	2344	10	1983			3	15523
5776	103	2319	10	1983			3	15451
92		25						73
62264	462	4448	663	3518	110			23810
21732	161	1936	3	1600				6237
414	2	52		2				976
34939	138	1593	2	1396				11459
2164	58	657	658	353				1367
3015	103	210		168	110			3770

2－1－9 规模以上私营

指标	主营业务收入	营业成本	主营业务成本	营业税金及附加	主营业务税金及附加	其他业务利润	销售费用
石油加工、炼焦和核燃料加工业	131851	124372	124372	855	855		609
精炼石油产品制造	131851	124372	124372	855	855		609
炼焦							
核燃料加工							
化学原料和化学制品制造业	1827008	1597188	1596528	7977	7938	－17711	54465
基础化学原料制造	782042	727607	726957	2593	2593		7704
肥料制造	47177	44555	44555	30	30		225
农药制造	12247	10897	10897	24	24		305
涂料、油墨、颜料及类似产品制造	84925	76742	76742	254	252	197	585
合成材料制造	131810	113909	113909	972	972		2432
专用化学产品制造	448234	381575	381564	2222	2186	－17908	17809
炸药、火工及焰火产品制造							
日用化学产品制造	320576	241904	241904	1881	1881		25406
医药制造业	264190	199548	199500	1836	1827	26	15819
化学药品原料药制造	194554	137729	137681	1670	1670	26	13220
化学药品制剂制造	4352	3549	3549	26	26		310
中药饮片加工	6016	5452	5452	10			125
中成药生产	16465	11889	11889	123	123		1376
兽用药品制造							
生物药品制造	37724	35961	35961	8	8		748
卫生材料及医药用品制造	5078	4969	4969				42
化学纤维制造业	154158	138634	138634	895	895		2675
纤维素纤维原料及纤维制造	65588	57433	57433	332	332		471
合成纤维制造	88570	81201	81201	563	563		2204
橡胶和塑料制品业	542590	456483	456483	4962	4962	－8	12832
橡胶制品业	121679	102747	102747	818	818		2402
塑料制品业	420911	353736	353736	4144	4144	－8	10430
非金属矿物制品业	1409055	1261883	1259141	8955	8880		25456
水泥、石灰和石膏制造	144721	133875	133593	952	952		2044
石膏、水泥制品及类似制品制造	742034	664789	662553	5240	5222		12582
砖瓦、石材等建筑材料制造	274178	250078	249853	1588	1588		3688
玻璃制造	55875	45365	45365	271	249		2291
玻璃制品制造	139833	119393	119393	664	629		4179
玻璃纤维和玻璃纤维增强塑料制品制造							
陶瓷制品制造							
耐火材料制品制造	18609	16883	16883	97	97		301
石墨及其他非金属矿物制品制造	33806	31501	31501	142	142		372
黑色金属冶炼和压延加工业	1543419	1366822	1366661	7226	7224	11	32821
炼铁	82390	76054	76054	158	158		1314
炼钢							
黑色金属铸造	294104	274514	274514	1021	1021		4170
钢压延加工	939338	799992	799831	5904	5901	11	26605
铁合金冶炼	227588	216263	216263	144	144		732
有色金属冶炼和压延加工业	778301	717223	717223	2741	2741		6007
常用有色金属冶炼	80917	75759	75759	300	300		614
贵金属冶炼							
稀有稀土金属冶炼	42754	39619	39619	163	163		[illegible]
有色金属合金制造	72931	67108	67108	478	478		639
有色金属铸造	79856	74380	74380	576	576		735

工业企业主要经济指标（续12）

单位：万元

管理费用	税　金	财务费用	利息收入	利息支出	资产减值损　失	公允价值变动收益	投资收益	营业利润
1427	5	573		135				4016
1427	5	573		135				4016
58013	2505	18399	134	15321	380	-165	508	91738
10294	565	3178	41	2054	202	25	345	31428
648	13	202		200				1517
477	18	119		117				424
2813	3	46		46				4682
4956	132	1847	50	1077				7702
18102	875	6174	44	5169	178	36	163	22384
20724	900	6835		6659		-225		23601
18932	370	2867	138	1945	456	-2	210	25014
16343	286	1782	62	1194	456	-2	17	23443
832	47	248		220				-612
112	4	71						247
1035	21	566	56	510				1476
541	14	97	20	21				370
69		103					193	90
3230	58	1081	21	421				7644
1616	37	354	3	34				5382
1613	21	727	19	387				2262
18021	420	7161	74	5419	749	124	231	42728
4927	109	1573	3	1153	125	9	23	9120
13095	311	5589	71	4266	624	115	209	33608
35118	918	10651	194	7029	948	22	153	69476
3616	112	1327	99	529	154	22	132	3440
18630	588	5867	81	3921	785		21	36605
5226	44	554	8	226	9			13319
2298	44	963		877				4688
4456	102	1695	4	1448				9446
446	11	82		17				800
447	17	164	3	12				1180
42946	1793	19402	476	17225	655	43	221	73983
2969	46	120		90				1774
5812	307	1229	54	752	24			7334
33314	1406	17313	422	15668	631	43	221	56016
851	34	740		715				8859
11664	224	4535	71	2625	156	117	902	36994
1205	13	371	2	114				2669
403		543		470				1528
2403	56	542		212				1761
1243	3	674	68	157	156	23	132	2249

2－1－9 规模以上私营

指 标	主营业务收入	营业成本	主营业务成本	营业税金及附加	主营业务税金及附加	其他业务利润	销售费用
有色金属压延加工	501843	460357	460357	1223	1223		3522
金属制品业	908616	794905	794901	5293	5284		21677
结构性金属制品制造	346255	308913	308909	2787	2779		6767
金属工具制造	162831	140334	140334	1143	1143		4004
集装箱及金属包装容器制造	49357	42886	42886	83	83		2048
金属丝绳及其制品制造	12163	11477	11477	16	16		54
建筑、安全用金属制品制造	6799	6334	6334				
金属表面处理及热处理加工	1243	953	953	4	4		
搪瓷制品制造							
金属制日用品制造	45688	39013	39013	228	228		1185
其他金属制品制造	284279	244996	244996	1032	1031		7618
通用设备制造业	1604681	1403230	1403230	11584	11554	12	37220
锅炉及原动设备制造	106355	95868	95868	356	356	12	1474
金属加工机械制造	249712	217809	217809	1353	1353		5904
物料搬运设备制造	22745	20043	20043	110	110		1066
泵、阀门、压缩机及类似机械制造	525147	469281	469281	4129	4106		9172
轴承、齿轮和传动部件制造	425143	365953	365953	2922	2922		10401
烘炉、风机、衡器、包装等设备制造	38064	30567	30567	197	197		1731
文化、办公用机械制造							
通用零部件制造	200390	172766	172766	2187	2180		5792
其他通用设备制造业	37127	30944	30944	329	329		1682
专用设备制造业	967088	804662	801510	4963	4963	188	30588
采矿、冶金、建筑专用设备制造	434928	359669	359669	1869	1869	147	13088
化工、木材、非金属加工专用设备制造	100459	82984	82976	546	546	28	3797
食品、饮料、烟草及饲料生产专用设备制造	2273	1832	1832	9	9		
印刷、制药、日化及日用品生产专用设备制造	45980	39641	39537	337	337	14	1330
纺织、服装和皮革加工专用设备制造	82569	67919	67919	495	495		3691
电子和电工机械专用设备制造	17686	15182	15182	163	163		241
农、林、牧、渔专用机械制造	89801	73057	73057	380	380		3199
医疗仪器设备及器械制造	131742	112505	112208	771	771		3759
环保、社会公共服务及其他专用设备制造	61651	51874	49132	393	393		1484
汽车制造业	734594	659545	658489	2279	2241	144	13710
汽车整车制造							
改装汽车制造	3088	2587	2541	11	11	144	126
低速载货汽车制造							
电车制造	23917	20142	19133	335	332		402
汽车车身、挂车制造							
汽车零部件及配件制造	707589	636816	636815	1932	1898		13182
铁路、船舶、航空航天和其他运输设备制造业	154582	129797	129105	1176	1174		4751
铁路运输设备制造	5725	4299	4299	71	71		354
城市轨道交通设备制造							
船舶及相关装置制造	72095	57213	56613	523	523		2945
航空、航天器及设备制造							
摩托车制造							
自行车制造	60275	55848	55756	389	387		419
非公路休闲车及零配件制造							
潜水救捞及其他未列明运输设备制造	16487	12437	12437	194	194		1033
电气机械和器材制造业	1819058	1635392	1635392	10793	10683	2	31899
电机制造	51845	47267	47267	450	450		730

工业企业主要经济指标(续13)

单位：万元

管理费用	税金	财务费用	利息收入	利息支出	资产减值损失	公允价值变动收益	投资收益	营业利润
6410	152	2406	1	1673		94	770	28788
26890	821	8154	101	6970	466	-122	61	51569
8094	364	1773	29	1197	275	-145	14	17853
3771	108	2538	57	2044	190	23	48	10921
2595	46	92		92				1653
95		62		57				460
60	6	40		14				366
230	21							56
1464	29	762		762				3036
10583	248	2887	15	2805		1		17224
51542	1771	20743	190	14493	145	136	427	80727
3105	122	953		473				4610
8820	197	3090	33	2521	-193	13	72	13015
1420	41	651	2	455		90	171	-283
14358	622	5782	80	3281	337	32	183	22239
13007	581	7230	27	5919				25630
2184	74	544	47	442				2842
7536	104	1899		1002	1			10211
1113	29	596		400				2464
38637	1275	12569	1152	12381	96		740	76919
18692	599	3972	1073	4379			858	38929
3605	89	2032		1913			-117	7421
160	21	28		25				244
2736	32	270	69	223				1784
2678	89	1815	10	1823				5971
355		223		222				1522
3235	349	1268	2	1265	96			8566
5486	78	2026		1920				7196
1691	18	935	1	612				5286
14782	510	7206	46	6677	676	24	451	38301
442	23	55		49				58
121		123		101	676			3277
14219	487	7029	45	6527		24	451	34966
6081	194	3499	63	3212	124	82	109	10129
242	8	206		206				553
3481	134	2201	36	2168				6257
1568	31	341	27	87	124	16	109	1971
790	21	751		751		67		1349
39271	1599	18494	566	12808	2534	181	1447	82268
848	21	159		39				2391

2-1-9 规模以上私营

指标	主营业务收入	营业成本	主营业务成本	营业税金及附加	主营业务税金及附加	其他业务利润	销售费用
输配电及控制设备制造	619364	552654	552654	4145	4083		10833
电线、电缆、光缆及电工器材制造	544969	512459	512459	2111	2111	2	6299
电池制造	244139	224719	224719	1519	1471		2726
家用电力器具制造	149438	121820	121820	853	853		5650
非电力家用器具制造	141420	117417	117417	777	777		4743
照明器具制造	67883	59058	59058	939	939		917
其他电气机械及器材制造							
计算机、通信和其他电子设备制造业	433056	370932	370625	2537	2537	16	12735
计算机制造	57782	44841	44841	425	425		3101
通信设备制造	27900	25470	25470	252	252		263
广播电视设备制造							
雷达及配套设备制造							
视听设备制造	82879	77424	77424	452	452		912
电子器件制造	38058	34647	34588	207	207	16	618
电子元件制造	215221	179599	179351	1149	1149		7793
其他电子设备制造	11216	8950	8950	54	54		50
仪器仪表制造业	258184	215530	215436	1259	1246		16352
通用仪器仪表制造	188189	158853	158853	985	985		13466
专用仪器仪表制造	38398	28086	28086	125	125		2702
钟表与计时仪器制造							
光学仪器及眼镜制造	31597	28592	28497	149	136		184
其他仪器仪表制造业							
其他制造业	157111	141573	141573	933	777		1570
日用杂品制造	152257	137688	137688	777	777		1445
煤制品制造							
核辐射加工							
其他未列明制造业	4854	3885	3885	156			125
废弃资源综合利用业	321218	295492	295492	2823	2823		3294
金属废料和碎屑加工处理	288902	265675	265675	2394	2394		2882
非金属废料和碎屑加工处理	32316	29817	29817	429	429		413
金属制品、机械和设备修理业							
金属制品修理							
通用设备修理							
专用设备修理							
铁路、船舶、航空航天等运输设备修理							
电气设备修理							
仪器仪表修理							
其他机械和设备修理业							
电力、热力、燃气及水生产和供应业	36685	31597	31597	175	175		185
电力、热力生产和供应业	31974	28097	28097	82	82		22
电力生产	31974	28097	28097	82	82		22
电力供应							
热力生产和供应							
燃气生产和供应业							
燃气生产和供应业							
水的生产和供应业	4711	3501	3501	94	94		163
自来水生产和供应	4711	3501	3501	94	94		163
污水处理及其再生利用							
其他水的处理、利用与分配							

工业企业主要经济指标（续14）

单位：万元

管理费用	税金	财务费用	利息收入	利息支出	资产减值损失	公允价值变动收益	投资收益	营业利润
11885	675	8630	242	6482	840	77	582	31261
8717	288	3574	162	1698	201	62	451	11864
5947	230	1508	150	226	508	56	453	7722
4542	127	3225		3138				13348
4873	112	1135	11	1072	985	-15	-40	11437
2460	146	265		153				4245
15304	373	6562	87	5554	143	21	42	24981
2427	88	2144		2144				4843
908	12	220						788
1394	15	610	9	213	143	21	121	2088
1786	41	89	46	135			-80	706
8639	217	3471	31	3049				14570
150		27		12				1986
11915	356	1423	65	1143	800	29	143	11095
7892	275	974	65	823			-7	6011
2980	78	347		307			58	4217
1043	3	103		14	800	29	93	867
3055	48	1031	3	148	58			8892
2845	48	985	3	148	58			8461
210		46						432
7880	690	2581	6	204	34			9113
7469	670	2388		183	34			8060
411	20	193	6	20				1053
2847	50	506	76	21				1375
2544	50	193	76	21				1037
2544	50	193	76	21				1037
303		313						338
303		313						338

2－1－9 规模以上私营

指标	营业外收入	其中:补贴收入	营业外支出	利润总额	应交所得税	亏损企业亏损总额	利税总额
总计	**16307**	**5018**	**6549**	**1188011**	**193735**	**20386**	**1850511**
按国民经济行业分组							
采掘业	365		588	2539	297		3902
煤炭开采和洗选业							
烟煤和无烟煤开采洗选							
褐煤开采洗选							
其他煤炭采选							
石油和天然气开采业							
石油开采							
天然气开采							
黑色金属矿采选业							
铁矿采选							
锰矿、铬矿采选							
其他黑色金属矿采选							
有色金属矿采选业							
常用有色金属矿采选							
贵金属矿采选							
稀有稀土金属矿采选							
非金属矿采选业	365		588	2539	297		3902
土砂石开采	56		243	2229	297		3277
化学矿开采							
采盐							
石棉及其他非金属矿采选	310		345	310			624
开采辅助活动							
煤炭开采和洗选辅助活动							
石油和天然气开采辅助活动							
其他开采辅助活动							
其他采矿业							
其他采矿业							
制造业	15941	5018	5960	1184098	193113	20386	1844932
农副食品加工业	912	647	875	113053	15690	1095	153383
谷物磨制	696	623	822	38295	3419	870	55751
饲料加工	26	24	4	33847	5373	225	44197
植物油加工	9		20	14463	3470		16959
制糖业	42		26	2454	177		2867
屠宰及肉类加工				15193	2218		21286
水产品加工				124	17		222
蔬菜、水果和坚果加工	139		2	5277	771		7015
其他农副食品加工				3402	245		5087
食品制造业	12		3	6749	761	55	11693
焙烤食品制造			3	705	154		995
糖果、巧克力及蜜饯制造				1007	187	45	1559
方便食品制造				889	135	9	1678
乳制品制造							
罐头食品制造				446			1032
调味品、发酵制品制造				352	147		1286
其他食品制造	12			3351	139		5144
酒、饮料和精制茶制造业				259			457
酒的制造							
饮料制造							

工业企业主要经济指标(续15)

单位：万元

应付职工薪酬	应交增值税	附属服务业收入或费用(支出)额	从业人员平均人数(人)	总资产贡献率(%)	资产负债率(%)	流动资产周转率(次/年)	成本费用利润率(%)	产品销售率(%)
793457	**535733**	**172896**	**186022**	**27.1**	**47.8**	**6.6**	**5.5**	**98.3**
1551	1050		314	23.5	39.1	6.1	5.7	97.6
1551	1050		314	23.5	39.1	6.1	5.7	97.6
1032	839		249	23.4	42.9	4.1	8.0	97.2
519	211		65	24.3	18.6	47.4	1.9	98.2
790356	534555	172896	185412	27.4	47.6	6.6	5.5	98.3
63461	26321	10573	14746	29.7	44.9	10.5	4.5	97.9
24572	12081		5535	25.6	45.5	9.2	3.7	99.3
18717	6529	10573	3374	30.1	46.8	10.2	6.0	95.9
1378	1145		562	63.4	27.6	42.9	3.6	97.9
914	369		213	10.9	64.4	3.4	3.3	98.7
10634	4269		2970	41.7	33.2	18.0	4.6	97.3
953	54		228	4.9	73.1	1.9	1.6	100.0
5429	1331		1474	20.1	48.6	5.6	6.0	97.2
865	544		390	48.8	24.9	6.9	7.8	95.0
5402	3876		1981	25.1	48.7	6.9	3.7	97.9
532	163		213	17.2	38.3	4.5	5.0	105.7
880	405		438	20.6	27.2	5.5	4.2	98.7
141	752		38	21.5	44.8	8.1	1.9	100.0
361	264		90	106.0	32.3	23.9	4.6	99.0
2194	499		823	10.7	67.3	5.8	0.7	97.3
1295	1793		379	49.2	50.5	9.3	9.4	92.5
1071	109		175	35.3	2.8	24.8	3.3	96.8

2－1－9 规模以上私营

指标	营业外收入	其中：补贴收入	营业外支出	利润总额	应交所得税	亏损企业亏损总额	利税总额
精制茶加工				259			457
烟草制品业							
烟叶复烤							
卷烟制造							
其他烟草制品制造							
纺织业	613	45	230	67197	12161	200	96943
棉纺织及印染精加工	60	22	21	36123	6443	167	48143
毛纺织及染整精加工	233		113	982	245		2024
麻纺织及染整精加工				1061	71		1477
丝绢纺织及印染精加工				7899	2197		11440
化纤织造及印染精加工				104	24		139
针织或钩针编织物及其制品制造	259		11	1296	52		1898
家用纺织制成品制造			41	11144	2177	33	18792
非家用纺织制成品制造	61	23	45	8588	952		13028
纺织服装、服饰业	187	8	793	84550	14096	1315	136984
机织服装制造	187	8	593	68080	11662	1315	108382
针织或钩针编织服装制造				3010	574		5540
服饰制造			199	13459	1859		23062
皮革、毛皮、羽毛及其制品和制鞋业	547	353	585	35154	5621	265	58104
皮革鞣制加工				425	90		638
皮革制品制造	544	353	576	11138	1540	70	18376
毛皮鞣制及制品加工							
羽毛（绒）加工及制品制造	1			11556	2548	151	21954
制鞋业	3		9	12035	1443	44	17136
木材加工和木、竹、藤、棕、草制品业	432	422	103	32045	3099	515	53229
木材加工			27	11254	1089	86	17838
人造板制造	432	422	76	17516	1765	429	30139
木制品制造				2841	221		4756
竹、藤、棕、草等制品制造				435	24		497
家具制造业			22	643	153	58	1513
木质家具制造			22	686	153	16	1555
竹、藤家具制造							
金属家具制造							
塑料家具制造							
其他家具制造				－42		42	－42
造纸和纸制品业	82	8	126	49555	7192	1485	80673
纸浆制造							
造纸			107	11828	1354	757	20654
纸制品制造	82	8	19	37728	5838	729	60019
印刷和记录媒介复制业	39	30		15562	3096	42	22615
印刷	39	30		15489	3077	42	22487
装订及印刷相关服务				73	18		128
记录媒介复制							
文教、工美、体育和娱乐用品制造业	124	33	186	23748	4586	258	50469
文教办公用品制造				6237	1103	121	12770
乐器制造				976	292		2167
工艺美术品制造				11459	2450		25195
体育用品制造	124	33	186	1305	270	137	2990
玩具制造				3770	471		7346
游艺器材及娱乐用品制造							

工业企业主要经济指标(续16)

单位：万元

应付职工薪酬	应交增值税	附属服务业收入或费用(支出)额	从业人员平均人数(人)	总资产贡献率(%)	资产负债率(%)	流动资产周转率(次/年)	成本费用利润率(%)	产品销售率(%)
1071	109		175	35.3	2.8	24.8	3.3	96.8
56363	23952	4923	13273	28.2	49.7	9.2	4.9	97.8
21110	8670		5590	29.6	42.5	11.6	4.5	97.4
6943	957	28	1945	6.9	73.8	6.0	1.8	99.5
616	341		221	19.6	31.1	9.0	5.8	101.4
4044	2797		1079	50.9	35.6	13.9	5.7	96.5
157	9		68	1.0	81.2	0.5	2.1	100.0
1976	538		448	13.0	56.9	3.9	4.9	99.7
16298	6911	4895	2754	58.8	55.4	11.0	6.4	98.6
5220	3730		1168	21.4	55.4	5.6	6.2	98.6
82346	42391		19835	41.3	39.0	9.5	6.6	97.0
62781	31497		16363	38.6	35.8	9.1	6.7	96.5
4036	2077		987	70.9	38.6	10.2	6.5	96.5
15529	8817		2485	55.4	62.3	11.3	5.8	99.4
36581	17971	3056	7411	38.8	51.2	10.7	5.2	97.8
337	159		126	2.9	89.5	3.5	2.7	98.6
22100	5288	3056	3954	36.8	36.1	12.0	4.6	98.1
6906	9026		1435	70.2	50.8	14.2	4.6	97.1
7239	3499		1896	36.9	50.3	7.9	7.3	98.4
19999	18287	2898	6377	28.3	49.4	6.0	5.6	96.1
5172	5234		1711	34.3	59.0	6.5	6.8	95.4
13291	11401	2898	4089	26.0	47.5	5.9	4.9	96.5
1498	1652		550	34.5	52.1	5.1	6.1	97.5
38			27	7.3	2.1	42.2	8.6	80.1
627	806		205	25.4	51.9	8.5	2.7	97.1
591	806		195	29.7	42.5	10.3	3.1	96.9
36			10	-5.6	119.2	2.9	-2.0	100.0
27031	27717	4571	6558	30.2	50.1	7.6	6.5	100.5
9176	7952		2071	18.5	66.5	4.8	4.3	103.7
17855	19766	4571	4487	39.7	36.6	11.0	7.7	98.9
7576	5980		2647	36.1	45.5	11.8	6.0	98.4
6983	5949		2552	37.8	47.7	11.8	6.0	98.4
592	31		95	3.7	4.0	13.0	3.3	96.7
27691	22946	13037	5602	26.3	47.9	6.1	3.8	98.5
7614	6015		1472	29.6	37.0	5.8	4.4	99.8
1438	1060		403	28.3	28.3	10.1	2.5	99.6
6842	12340	13037	1314	29.8	56.8	6.2	3.6	99.3
4871	857		887	9.3	56.1	4.2	2.5	92.6
6926	2674		1526	26.3	35.4	6.7	4.7	97.8

2－1－9 规模以上私营

指　　标	营业外收入	其中：补贴收入	营业外支出	利润总额	应交所得税	亏损企业亏损总额	利税总额
石油加工、炼焦和核燃料加工业			1	4016	291	282	8238
精炼石油产品制造			1	4016	291	282	8238
炼焦							
核燃料加工							
化学原料和化学制品制造业	3997	352	631	95104	14888	2513	150902
基础化学原料制造	3864	290	337	34955	5308	594	54960
肥料制造				1517	86	9	1890
农药制造				424	54	95	673
涂料、油墨、颜料及类似产品制造	62	62	135	4609	1291	908	7269
合成材料制造				7702	659		10376
专用化学产品制造	72		40	22416	3936	908	37943
炸药、火工及焰火产品制造							
日用化学产品制造			120	23481	3555		37792
医药制造业	1343		17	26341	6930	701	44145
化学药品原料药制造	1327		9	24762	6500		41696
化学药品制剂制造	4		7	－615		615	－417
中药饮片加工				247	12		259
中成药生产				1476	369	1	2039
兽用药品制造							
生物药品制造	13		1	382	25	85	478
卫生材料及医药用品制造				90	24		90
化学纤维制造业				7644	616		11791
纤维素纤维原料及纤维制造				5382	255		7796
合成纤维制造				2262	361		3995
橡胶和塑料制品业	64	1	28	42764	5454	144	58803
橡胶制品业	45		28	9137	975		12696
塑料制品业	19	1		33627	4479	144	46107
非金属矿物制品业	1412	451	755	70134	13858	1827	122910
水泥、石灰和石膏制造	1056	451	347	4149	856	522	11353
石膏、水泥制品及类似制品制造	337		349	36594	8138	1037	63452
砖瓦、石材等建筑材料制造	3		3	13319	2260	10	22662
玻璃制造				4688	653		6254
玻璃制品制造	3		49	9400	1455	258	15456
玻璃纤维和玻璃纤维增强塑料制品制造							
陶瓷制品制造							
耐火材料制品制造				800	153		1379
石墨及其他非金属矿物制品制造	13		8	1184	342		2355
黑色金属冶炼和压延加工业	397	345	45	74335	13606	1369	110502
炼铁				1774	58		2660
炼钢							
黑色金属铸造				7334	1047	19	11783
钢压延加工	380	345	45	56350	12307	1350	82246
铁合金冶炼	18			8876	194		13813
有色金属冶炼和压延加工业	574		93	37475	2430	96	51213
常用有色金属冶炼			40	2629	445		4586
贵金属冶炼							
稀有稀土金属冶炼				1528	33		2606
有色金属合金制造				1761	261		3185
有色金属铸造				2249	255		5450

工业企业主要经济指标(续17)

单位：万元

应付职工薪酬	应交增值税	附属服务业收入或费用（支出）额	从业人员平均人数（人）	总资产贡献率（%）	资产负债率（%）	流动资产周转率（次/年）	成本费用利润率（%）	产品销售率（%）
1983	3368		559	47.9	57.0	16.0	3.2	98.3
1983	3368		559	47.9	57.0	16.0	3.2	98.3
40020	47821	12582	10583	27.2	46.5	6.4	5.5	97.9
12851	17412	9338	3817	19.0	43.4	4.9	4.7	97.7
1066	343		302	17.7	69.8	9.6	3.3	97.4
759	224		249	6.9	57.4	1.8	3.6	99.2
3156	2407		961	38.4	46.5	6.4	5.8	97.5
3821	1702		923	25.0	47.0	5.5	6.3	97.0
12205	13304	3243	2850	25.3	50.0	8.1	5.3	98.0
6163	12430		1481	87.7	45.1	15.6	8.0	98.8
7208	15968		1779	33.3	43.3	4.3	11.1	99.7
4997	15265		964	47.3	44.2	5.3	14.7	101.8
515	173		175	-2.7	93.3	0.9	-12.5	93.7
50	2		50	3.3	1.0	11.3	4.3	95.0
819	440		311	10.4	26.0	1.2	9.9	97.1
674	88		144	7.2	78.3	6.6	1.0	92.7
154			135	6.2	88.5	4.9	1.7	100.0
3433	3252		957	19.2	43.6	4.5	5.3	95.9
1145	2083		229	88.2	79.4	21.4	9.0	95.8
2288	1169		728	8.0	37.8	2.8	2.6	95.9
19094	11077		5476	33.9	36.7	5.9	8.7	97.7
4759	2741		1008	47.8	45.6	10.7	8.2	98.4
14335	8336		4468	31.4	35.1	5.3	8.8	97.5
44126	43821		10822	20.5	44.4	5.2	5.3	98.2
5974	6252		1143	22.1	61.8	4.9	3.0	99.2
18946	21618		4752	21.9	51.7	4.7	5.2	98.0
7266	7755		1792	25.6	43.5	7.5	5.1	98.5
2483	1296		821	24.2	28.0	5.0	9.2	97.0
8035	5391		1881	19.7	42.6	5.4	7.3	98.0
319	481		118	18.7	38.4	5.8	4.5	99.3
1103	1028		315	3.9	4.6	5.2	3.7	97.8
33256	28941	7291	7306	25.3	58.6	8.1	5.1	98.7
3403	727		510	20.0	19.8	12.2	2.2	99.9
7789	3428		1528	16.2	41.8	7.8	2.6	96.6
19163	19993	7291	4711	25.1	65.3	6.8	6.4	98.3
2902	4793		557	61.0	26.6	31.8	4.1	103.1
18120	10997	36155	3901	25.9	52.0	7.0	5.1	97.5
2600	1657		510	45.8	45.4	16.6	3.4	97.2
505	915		130	22.7	38.5	23.5	3.7	92.2
3164	946		514	35.4	35.4	13.6	2.5	97.7
2585	2625	3542	684	49.7	54.3	12.1	2.9	97.4

2－1－9 规模以上私营

指标	营业外收入	其中：补贴收入	营业外支出	利润总额	应交所得税	亏损企业亏损总额	利税总额
有色金属压延加工	574		53	29309	1435	96	35386
金属制品业	753	212	－7	52330	10005	664	80462
结构性金属制品制造	281	162	5	18130	2887	569	29354
金属工具制造				10921	2863		16530
集装箱及金属包装容器制造				1653	304		2623
金属丝绳及其制品制造				460	28		631
建筑、安全用金属制品制造				366			748
金属表面处理及热处理加工				56	14		95
搪瓷制品制造							
金属制日用品制造	49	49		3086	627		4549
其他金属制品制造	423		－12	17659	3281	95	25932
通用设备制造业	797	96	155	81370	13490	2169	131219
锅炉及原动设备制造	383	1	12	4981	484		8843
金属加工机械制造	197	63	114	13098	1804	96	21413
物料搬运设备制造	62	11	2	－222	88	760	463
泵、阀门、压缩机及类似机械制造	131		2	22368	4006	267	36501
轴承、齿轮和传动部件制造	21	21	25	25626	4561	705	39917
烘炉、风机、衡器、包装等设备制造				2842	308		3560
文化、办公用机械制造							
通用零部件制造	3			10214	1742	340	17052
其他通用设备制造业				2464	498		3471
专用设备制造业	1626	949	604	77942	13562	2521	103406
采矿、冶金、建筑专用设备制造	1436	885	236	40129	6728	2236	53629
化工、木材、非金属加工专用设备制造	64	64	1	7484	1441		10616
食品、饮料、烟草及饲料生产专用设备制造			28	215	28		295
印刷、制药、日化及日用品生产专用设备制造	1			1785	268		3244
纺织、服装和皮革加工专用设备制造				5971	1470		7780
电子和电工机械专用设备制造				1522	93	73	1685
农、林、牧、渔专用机械制造	125		328	8363	1609		10347
医疗仪器设备及器械制造				7196	1162		9564
环保、社会公共服务及其他专用设备制造			10	5276	762	212	6247
汽车制造业	331	15	14	38617	6370	864	61254
汽车整车制造							
改装汽车制造	10		7	61	3		168
低速载货汽车制造							
电车制造				3277	71		3640
汽车车身、挂车制造							
汽车零部件及配件制造	320	15	7	35279	6296	864	57446
铁路、船舶、航空航天和其他运输设备制造业	131			10260	2308		15296
铁路运输设备制造				553	138		827
城市轨道交通设备制造							
船舶及相关装置制造	131			6388	1395		8262
航空、航天器及设备制造							
摩托车制造							
自行车制造				1971	438		4199
非公路休闲车及零配件制造							
潜水救捞及其他未列明运输设备制造				1349	337		2008
电气机械和器材制造业	216	24	79	82444	14326	844	134273
电机制造	97		28	2459	397	20	4921

工业企业主要经济指标（续18）

单位：万元

应付职工薪酬	应交增值税	附属服务业收入或费用（支出）额	从业人员平均人数（人）	总资产贡献率（%）	资产负债率（%）	流动资产周转率（次/年）	成本费用利润率（%）	产品销售率（%）
9266	4854	32613	2063	22.8	54.3	5.4	6.2	98.0
26717	22839	3497	7629	27.8	46.5	6.6	6.1	98.0
11074	8437		4013	22.4	49.7	5.8	5.6	97.1
3249	4466	3497	817	40.3	41.0	9.0	7.3	96.4
921	887		268	58.8	34.0	20.3	3.5	96.8
216	155		75	46.7	37.0	17.8	3.9	98.5
576	382		189	23.0	1.1	38.0	5.7	96.5
284	34		43	4.2	60.3	1.6	4.8	100.0
1028	1236		266	33.2	25.9	7.4	7.3	97.0
9369	7242		1958	27.5	49.9	5.8	6.6	100.4
68879	38266	7062	14312	29.0	50.1	7.5	5.4	97.7
7805	3506		1364	20.7	44.8	5.1	4.9	99.0
9371	6963		1929	43.0	62.3	7.6	5.6	98.8
2940	575		684	3.9	78.1	1.7	-1.0	94.6
18330	10004		4055	26.8	46.7	8.0	4.5	97.2
18097	11369		3576	31.6	52.2	8.5	6.5	97.9
1099	521		354	28.0	56.5	5.6	8.1	94.9
10315	4651	7062	2085	32.0	32.1	13.2	5.4	98.0
922	679		265	28.1	51.6	5.1	7.2	96.9
39493	20501	4455	8221	26.3	44.0	3.8	8.8	100.6
13664	11631		2945	20.8	46.4	2.4	10.2	103.6
3455	2586		914	34.7	48.8	5.2	8.1	98.8
544	71		60	29.2	48.5	3.9	10.7	100.0
2261	1123		434	15.5	58.0	3.6	4.1	98.3
3513	1313		909	51.1	33.6	8.1	7.9	97.2
890			267	32.0	32.0	10.2	9.5	100.0
2308	1604		518	45.6	43.0	7.9	10.4	97.4
10828	1597	4455	1645	34.0	17.8	16.3	5.8	98.6
2031	577		529	37.0	46.7	6.4	9.4	98.6
28986	20358	6779	6109	20.7	58.6	3.5	5.6	104.0
309	95		78	6.7	39.7	1.7	1.9	94.2
114	28		45	82.0	2.0	19.3	15.8	78.4
28563	20235	6779	5986	20.0	59.5	3.4	5.3	105.0
5010	3860		1784	25.5	37.9	4.7	7.1	97.4
443	204		155	17.9	18.9	2.7	10.8	97.4
2190	1352		878	23.8	49.9	2.8	9.7	97.7
2001	1839		613	38.8	34.3	19.8	3.4	97.3
375	465		138	23.1	6.8	9.2	9.0	96.5
76922	41036	37957	15475	27.0	48.2	6.0	4.8	98.7
1857	2011		541	13.2	62.9	1.9	5.0	98.7

2－1－9 规模以上私营

指标	营业外收入	其中：补贴收入	营业外支出	利润总额	应交所得税	亏损企业亏损总额	利税总额
输配电及控制设备制造	33	24	24	31270	5093	207	52420
电线、电缆、光缆及电工器材制造	24		21	11907	2668	134	22893
电池制造	32		5	7748	1077	483	16214
家用电力器具制造	2			13350	2636		18005
非电力家用器具制造				11437	1626		14087
照明器具制造	28			4273	830		5733
其他电气机械及器材制造							
计算机、通信和其他电子设备制造业	800	653	192	25590	5242	357	40967
计算机制造				4843	1211		6328
通信设备制造				788	220	26	1442
广播电视设备制造							
雷达及配套设备制造							
视听设备制造				2088	182	17	4694
电子器件制造	658	648	2	1363	205		3348
电子元件制造	142	5	184	14528	2458	315	22892
其他电子设备制造			6	1980	966		2265
仪器仪表制造业	503	359	123	11475	2060	629	20743
通用仪器仪表制造	494	359	10	6496	911		13496
专用仪器仪表制造	5		15	4207	1050		5957
钟表与计时仪器制造							
光学仪器及眼镜制造	4		99	772	100	629	1290
其他仪器仪表制造业							
其他制造业	15		24	8883	346	1	14019
日用杂品制造	15		24	8452	298	1	13320
煤制品制造							
核辐射加工							
其他未列明制造业				432	48		699
废弃资源综合利用业	34	15	284	8863	881	118	18728
金属废料和碎屑加工处理			271	7790	783	118	17047
非金属废料和碎屑加工处理	34	15	13	1073	98		1681
金属制品、机械和设备修理业							
金属制品修理							
通用设备修理							
专用设备修理							
铁路、船舶、航空航天等运输设备修理							
电气设备修理							
仪器仪表修理							
其他机械和设备修理业							
电力、热力、燃气及水生产和供应业	1		2	1374	324		1677
电力、热力生产和供应业				1037	236		1119
电力生产				1037	236		1119
电力供应							
热力生产和供应							
燃气生产和供应业							
燃气生产和供应业							
水的生产和供应业	1		2	337	88		559
自来水生产和供应	1		2	337	88		559
污水处理及其再生利用							
其他水的处理、利用与分配							

工业企业主要经济指标(续19)

单位：万元

应付职工薪酬	应交增值税	附属服务业收入或费用（支出）额	从业人员平均人数（人）	总资产贡献率（%）	资产负债率（%）	流动资产周转率（次/年）	成本费用利润率（%）	产品销售率（%）
43163	17005	15092	7830	26.2	42.3	4.8	5.4	97.6
9106	8875	7712	2206	19.6	54.5	6.5	2.2	101.1
13540	6947	15147	2384	25.7	63.9	9.2	3.3	97.1
2875	3802		901	63.0	34.0	11.4	9.9	97.8
2613	1874	7	771	35.5	37.3	8.5	8.9	99.2
3769	522		842	34.6	44.0	8.5	6.8	97.0
25237	12840	3838	5990	21.3	45.1	4.9	6.3	98.1
597	1060		191	99.1	53.8	19.8	9.2	97.2
1531	402		305	14.1	6.4	25.6	2.9	97.2
3413	2154	3838	581	26.2	90.4	4.9	2.6	98.6
8926	1778		1321	5.6	39.1	1.2	3.7	99.1
10432	7215		3465	23.5	45.3	6.9	7.3	98.1
338	232		127	26.9	23.8	3.9	21.6	97.5
10862	8009	1082	2705	12.3	55.0	2.6	4.7	98.7
6178	6015		1364	10.8	59.7	2.8	3.6	99.2
2601	1625	1082	785	21.9	43.7	1.8	12.3	96.1
2083	369		556	7.7	37.3	3.0	2.6	99.6
9247	4203		2101	35.0	38.0	9.3	6.0	99.9
8352	4091		1850	42.2	37.9	10.9	5.9	99.9
895	111		251	8.2	38.2	1.6	10.1	97.7
3617	7042	13143	893	25.2	22.3	8.8	2.9	97.5
3083	6863	13143	638	26.6	23.5	8.4	2.8	97.7
534	179		255	16.2	14.7	15.6	3.5	95.4
1550	128		296	2.5	78.0	0.8	3.9	100.0
1082			196	2.2	83.9	0.8	3.4	100.0
1082			196	2.2	83.9	0.8	3.4	100.0
468	128		100	3.5	59.9	0.9	7.9	100.0
468	128		100	3.5	59.9	0.9	7.9	100.0

第一章　工业企业生产经营及财务状况

B、分地区工业企业生产经营及财务状况

2－1－10　全部工业企业法人单位基本情况（分地区）

地　区	企业法人单位数（个）			从业人员（人）		
	合　计	规模以上	规模以下	合　计	规模以上	规模以下
总　计	**10798**	**2226**	**8572**	**537970**	**412183**	**125787**
市　直	7	7		12703	12703	
清河区	277	28	249	10452	8297	2155
淮安区	2332	299	2033	72263	41030	31233
淮阴区	1482	387	1095	69698	53612	16086
清浦区	741	98	643	23752	13897	9855
涟水县	982	298	684	69914	58417	11497
洪泽县	1176	282	894	54239	42712	11527
盱眙县	1528	394	1134	80359	59279	21080
金湖县	1705	239	1466	42909	25722	17187
开发区	527	186	341	99374	94699	4675
工业园区	41	8	33	2307	1815	492

2－1－11　全部工业企业主要经济指标（分地区）

单位：万元

地　区	企业单位数（个）	主营业务收入	主营业务税金及附加	资产总计
总　计	**10798**	**49940766**	**985168**	**26026281**
市　直	7	3261250	682113	3075312
清河区	277	664209	6933	577826
淮安区	2332	5507519	35773	2485854
淮阴区	1482	9304634	79607	4400658
清浦区	741	1970294	17566	1021865
涟水县	982	4066863	55168	1938317
洪泽县	1176	4606009	15558	2906866
盱眙县	1528	6894571	66090	2778745
金湖县	1705	3952280	13916	2447525
开发区	527	9676683	11469	4128810
工业园区	41	36454	976	264503

2－1－12 规模以上工业企业

地区	企业单位数（个）	亏损企业	工业总产值（当年价格）	工业销售产值（当年价格）	出口交货值	年初存货	产成品
总计	**2226**	**187**	**46381079**	**46917882**	**5887860**	**2041932**	**575087**
市直	7	1	3151377	3090474	62837	508686	89389
清河区	29	2	623667	571135	6080	36756	5982
楚州区	299	27	4708635	4653269	142695	148371	58658
淮阴区	387	5	9098320	8825175	17502	161852	64881
清浦区	97	2	1769472	1764120	63731	67043	28323
涟水县	298	20	3755067	3621749	139835	232270	59458
洪泽县	282	39	4422007	4387492	138240	115619	34312
盱眙县	394	46	6062094	7166051	65103	203798	54232
金湖县	239	14	3409709	3472942	299300	199178	66478
开发区	186	31	9352540	9337875	4952538	367582	113152
工业园区	8		28189	27601		778	223

地区	累计折旧	本年折旧	在建工程	负债合计	流动负债合计	应付账款	非流动负债合计
总计	**21645896**	**2940949**	**557382**	**10297717**	**8528872**	**1691811**	**1754654**
市直	748996	103972	78058	1501799	1260861	298143	240938
清河区	73905	12178	7204	246345	175498	36125	70423
楚州区	418709	92183	42440	1018015	818263	190086	199426
淮阴区	4227220	584061	42560	1320881	991238	259464	329644
清浦区	487553	83400	9745	314013	219427	44266	91485
涟水县	516348	91563	37118	792223	671193	101595	121029
洪泽县	419211	121551	47514	1193476	1018972	167885	174361
盱眙县	1974261	272631	180113	1141538	904582	173529	230716
金湖县	531144	84572	31309	867335	808131	185914	55367
开发区	12243741	1492773	81022	1832805	1595559	234050	237130
工业园区	4808	2065	299	69286	65150	754	4136

主要经济指标(分地区)

单位：万元

资产总计	流动资产合计	应收帐款	存货	产成品	在产品	固定资产合计	固定资产原价
20646698	**9306331**	**2359054**	**2312745**	**784648**	**151932**	**9192427**	**30803486**
3075312	1506323	46590	606966	91143	1503	1234436	1983431
486783	266332	69391	47907	21936	853	142681	205753
1772966	850616	231954	180774	81234	6250	733992	1146980
3148393	1073727	447669	251537	152756	59786	1785510	6011789
751726	255607	54249	64434	32888	2631	399696	878068
1623928	865781	131326	282793	66734	30626	598042	1108898
2386295	901049	223341	141412	58595	8926	1310664	1731534
2070287	1040545	252632	218078	79340	10184	675319	2666330
1493408	995056	420227	221358	90782	24481	383887	898343
3737516	1520948	478214	295586	108500	6249	1860513	14099864
100086	30346	3463	1900	740	442	67688	72496

所有者权益合计	实收资本	国家资本	集体资本	法人资本	个人资本	港澳台资本	外商资本	营业收入
10315254	**5436154**	**337666**	**100047**	**1738092**	**1909272**	**1090768**	**260309**	**12569426**
1573512	402563	25787		347073	29703			
240437	152887	6643	2800	58857	17611	8175	58801	198743
754951	395678	36936	13373	166747	132567	38216	7841	1672990
1827511	1044931	146019	62257	144527	667690	21838	2600	1896465
410526	149807	2453	87	77864	60792	8610		615118
831705	473517	33516	1017	140007	233104	41944	23930	1726426
1192819	415932	19067	11396	204658	137963	20878	21970	1739594
925609	507781	23537	1297	253179	213579	3160	13030	2235916
622673	350408	500	2170	53560	216081	60996	17100	1578626
1904711	1511851	43208	5650	280001	181003	886951	115038	877532
30799	30799			11620	19179			28016

2－1－12 规模以上工业企业

地区	主营业务收入	营业成本	主营业务成本	营业税金及附加	主营业务税金及附加	其他业务利润	销售费用
总计	**12537710**	**41349503**	**41121240**	**921660**	**920017**	**12266**	**959634**
市直		2412647	2253743	682253	682113	21852	36727
清河区	197373	437529	432167	3712	3712	316	30977
楚州区	1672466	4181329	4168215	25517	25494	642	144038
淮阴区	1887831	7499624	7494503	74334	74086	270	283608
清浦区	615092	1528772	1528715	11241	10753	37	43176
涟水县	1726337	3250257	3246858	40955	40679	109	90012
洪泽县	1727708	3875246	3856094	13023	12893	2000	70057
盱眙县	2233613	5735567	5732923	52191	51941	－17656	96880
金湖县	1577117	3183715	3183036	8193	8154	59	75939
开发区	872157	9219184	9199352	9377	9329	4639	88091
工业园区	28016	25634	25634	863	863		129

地区	营业外收入	其中：补贴收入	营业外支出	利润总额	应交所得税	亏损企业亏损总额	利税总额
总计	**50211**	**14401**	**28672**	**2289918**	**436333**	**86877**	**4268448**
市直	6996	2022	2739	213180	55050	11250	1075767
清河区	4466	989	720	76428	15356	885	106518
楚州区	5011	2199	1354	205144	34507	7480	404841
淮阴区	1074	312	12285	636166	141118	8862	888017
清浦区	1623	64	176	96856	24979	3974	164684
涟水县	4764	1671	1984	217804	50789	4743	335941
洪泽县	7229	135	1315	310568	40081	10100	467680
盱眙县	5735	3434	3050	255791	23015	7714	438558
金湖县	3713	1927	1697	149256	16598	2436	221163
开发区	9602	1647	3354	127651	34727	29433	163218
工业园区				1075	112		2063

主要经济指标（分地区）（续）

单位：万元

管理费用	税金	财务费用	利息收入	利息支出	资产减值损失	公允价值变动收益	投资收益	营业利润
1248911	**45442**	**434797**	**41059**	**377880**	**21807**	**-582**	**28297**	**2270241**
83531	5213	28322	14518	38943	4704		10871	210842
29895	951	615	2124	2127	96	-108	207	72682
194317	5086	43075	1443	34647	1626	5	5121	201487
252895	8698	188499	1284	183365	5687	463	1920	647377
63744	1313	8093	1255	5050	155	-2	245	95409
89054	2971	19070	2804	12199	3027	-44	883	215024
85379	3029	35599	523	29876	327	38	2728	304654
216594	7584	54482	2885	17563	5018	930	4661	253048
87449	3801	29739	1958	29920	843	-1926	923	147240
145850	6768	27159	12255	24095	310	14	738	121403
204	29	145	11	96	15	48		1075

应付职工薪酬	应交增值税	附属服务业收入或费用（支出）额	从业人员平均人数（人）	总资产贡献率（%）	资产负债率（%）	流动资产周转率（次/年）	成本费用利润率（%）	产品销售率（%）
1937198	**1056871**	**998401**	**41.55**	**22.3**	**49.9**	**1.4**	**5.2**	**101.2**
88847	180334	59999	1.30	35.8	48.8		8.3	98.1
22816	26378		0.82	21.9	50.6	0.8	15.3	91.6
225214	174179	38193	4.03	24.7	57.4	2.0	4.5	98.8
164435	177518		5.21	34.0	42.0	1.8	7.7	97.0
57169	56586		1.33	22.4	41.8	2.4	5.9	99.7
179100	77182		5.77	21.3	48.8	2.0	6.3	96.5
175518	144090	134435	4.25	20.8	50.0	1.9	7.6	99.2
351004	130576	114337	5.79	21.9	55.1	2.2	4.2	118.2
124494	63713		2.63	16.7	58.1	1.6	4.4	101.9
543837	26191	651438	10.25	4.7	49.0	0.6	1.4	99.8
4765	125		0.17	2.2	69.2	0.9	4.1	97.9

2－1－13 规模以上国有控股工业

地区	企业单位数（个）	亏损企业	工业总产值（当年价格）	工业销售产值（当年价格）	出口交货值	年初存货	产成品
总计	**40**	**4**	**3904657**	**5078251**	**31928**	**571387**	**90853**
市直	5		1959253	1967701	24568	360250	29940
清河区	3	1	46724	41897		7064	3577
楚州区	6	1	325087	322101	4780	19326	8912
淮阴区	9	1	681512	682599	45	25904	1040
清浦区	2	1	43149	45042		3922	
涟水县	2		357348	328546		96371	17156
洪泽县	5		113419	115929		2338	920
盱眙县	3		114377	1308656	2535	15746	5316
金湖县	1		2232	2191		16	
开发区	4		261556	263591		40452	23992
工业园区							

地区	累计折旧	本年折旧	在建工程	负债合计	流动负债合计	应付账款	非流动负债合计
总计	**1794396**	**221642**	**122750**	**2139749**	**1651499**	**314289**	**488187**
市直	330251	51819	72939	869032	653128	160932	215905
清河区	20392	2439	1198	36727	27686	8781	8978
楚州区	95523	33546	19515	417229	257801	62649	159428
淮阴区	272254	36246	4587	409716	347570	36873	62147
清浦区	19900	2784	5530	67186	48319	6123	18867
涟水县	15744	4962	6195	113769	110959	7157	2809
洪泽县	23703	4630	22	31493	31493	5042	
盱眙县	23684	2147	12764	64156	53607	5107	10549
金湖县	62	13		777	777	439	
开发区	992884	83058		129664	120160	21187	9504
工业园区							

企业主要经济指标(分地区)

单位：万元

资产总计	流动资产合计	应收帐款	存货	产成品	在产品	固定资产合计	固定资产原价
4149460	**1878013**	**175165**	**618611**	**67803**	**11589**	**1860877**	**3648531**
2027226	1032618	41590	399173	28134		815384	1145635
59996	27465	8997	9105	4563	345	20764	39951
615721	154460	23923	19148	2943		363069	458592
661658	175780	40320	18019	2026	508	426799	699052
89921	35287	811	5748	191		48249	62611
379080	264788	3039	120376	7253	6291	84310	100054
75520	23673	8245	2377	575		48437	72141
80534	35814	2961	13304	4765	4341	25749	49433
928	771	602	35		35	126	188
158877	127357	44678	31327	17353	70	27991	1020875

所有者权益合计	实收资本	国家资本	集体资本	法人资本	个人资本	港澳台资本	外商资本	营业收入
2009711	**643907**	**289682**	**62299**	**265400**	**21027**	**500**	**5000**	**4100584**
1158193	211463	25787		185676				2117524
23269	14163	6123		1742	6298			40746
198492	96051	36831	10421	48800				338269
251941	203773	144916	51878	2000	4979			687477
22735	14265	2453		11812				45042
265311	55566	33516		13050	9000			323827
44026	23487	15367		2120	500	500	5000	116673
16378	2993	2623		200	170			165668
151	30				30			2191
29213	22116	22066			50			263167

2－1－13 规模以上国有控股工业

地　区	主营业务收入	营业成本	主营业务成本	营业税金及附加	主营业务税金及附加	其他业务利润	销售费用
总　计	**3968008**	**2667767**	**2543246**	**726102**	**725606**	**2024**	**127405**
市　直	2003692	1133443	1024656	678891	678890	956	20639
清河区	40060	17308	17123	485	485	289	16966
楚州区	324879	271537	259893	4815	4815	86	13624
淮阴区	685274	576983	575090	10823	10823	270	11956
清浦区	45042	36208	36208	567	78		4520
涟水县	323827	140169	140169	29365	29365		46651
洪泽县	115969	92272	91671	496	496	102	6903
盱眙县	165125	150252	149987	314	314	278	2820
金湖县	2191	1952	1952	8			116
开发区	261948	247644	246499	340	340	43	3212
工业园区							

地　区	营业外收入	其中：补贴收入	营业外支出	利润总额	应交所得税	亏损企业亏损总额	利税总额
总　计	**12242**	**5169**	**14031**	**398252**	**93138**	**9893**	**1371199**
市　直	5947	2022	1164	219430	52836		1061586
清河区	1257		91	940	712	834	5252
楚州区	2263	2055	152	20409	3752	242	39439
淮阴区	703	270	12064	42306	7831	5077	77584
清浦区	147		107	－672	767	3740	1865
涟水县	997	81	301	94189	23547		151116
洪泽县	92		33	13957	3374		21019
盱眙县	791	742	115	1514	29		4352
金湖县				11	3		84
开发区	45		5	6168	289		8903
工业园区							

企业主要经济指标(分地区)(续)

单位：万元

管理费用	税　　金	财务费用	利息收入	利息支出	资产减值损　　失	公允价值变动收益	投资收益	营业利润
135443	**6953**	**53297**	**16956**	**64858**	**4986**	**-144**	**14812**	**401961**
62506	2493	12154	13918	25340	4704		9458	216567
5324	146	544	13	535		-137		-227
18533	1311	16242	479	15218	294		5073	18298
15661	1482	18390	700	17340	23	-7	34	53668
3835	115	852	227	1074			228	-711
15652	796	-1488	1484		26		40	93493
2079	163	1025	26	1001				13898
9012	219	2452	66	2189	-51		-32	838
104	1							11
2739	229	3126	43	2161	-10		11	6128

应付职工薪　　酬	应　　交增值税	附属服务业收入或费用(支出)额	从业人员平均人数(人)	总资产贡献率(%)	资　　产负债率(%)	流动资产周转率(次/年)	成本费用利润率(%)	产　　品销售率(%)
163126	**246845**	**13220**	**2.28**	**34.2**	**51.6**	**2.2**	**13.4**	**130.1**
56836	163265	12458	0.60	52.9	42.9	2.1	17.9	100.4
4600	3828		0.13	9.6	61.2	1.5	2.3	89.7
26721	14215	738	0.31	8.8	67.8	2.2	6.4	99.1
16720	24455		0.23	14.2	61.9	3.9	6.8	100.2
4418	1970		0.06	3.0	74.7	1.3	-1.5	104.4
18595	27561		0.35	39.5	30.0	1.2	46.9	91.9
3872	6567		0.08	29.1	41.7	4.9	13.7	102.2
8013	2525	23	0.12	8.0	79.7	4.6	0.9	1144.2
109	64			9.0	83.7	2.8	0.5	98.2
23242	2395		0.39	6.9	81.6	2.1	2.4	100.8

2－1－14 规模以上集体工业

地区	企业单位数（个）	亏损企业	工业总产值（当年价格）	工业销售产值（当年价格）	出口交货值	年初存货	产成品
总计	**11**		**230683**	**227973**		**4204**	**1740**
市直							
清河区							
楚州区	4		153512	151269		2485	1328
淮阴区							
清浦区							
涟水县	1		12938	12938		304	
洪泽县	3		51670	51203		1232	390
盱眙县							
金湖县	2		10562	10562		103	22
开发区							
工业园区							

地区	累计折旧	本年折旧	在建工程	负债合计	流动负债合计	应付账款	非流动负债合计
总计	**4588**	**841**	**4**	**19088**	**19088**	**4297**	
市直							
清河区							
楚州区	1637	264	4	7390	7390	3906	
淮阴区							
清浦区							
涟水县				3124	3124		
洪泽县	1695	444		6763	6763		
盱眙县							
金湖县	50	3		1763	1763	376	
开发区							
工业园区							

企业主要经济指标(分地区)

单位：万元

资产总计	流动资产合计	应收帐款	存货	产成品	在产品	固定资产合计	固定资产原价
33864	**24442**	**8174**	**3543**	**1729**	**17**	**8195**	**12485**
16402	14505	5679	2918	1471	12	1893	3530
3189	2565	413	312	213			
8985	3051	222	83	45		5414	6811
3656	3439	1826	147		5	138	188

所有者权益合计	实收资本	国家资本	集体资本	法人资本	个人资本	港澳台资本	外商资本	营业收入
14776	**4839**	**1050**	**2974**	**175**	**640**			**229755**
9012	2269		2269					153051
65	65		65					12938
2222	335		20	175	140			51203
1893	1120		620		500			10562

2－1－14 规模以上集体工业

地区	主营业务收入	营业成本	主营业务成本	营业税金及附加	主营业务税金及附加	其他业务利润	销售费用
总计	**229735**	**204536**	**203986**	**1313**	**1303**	**24**	**8983**
市直							
清河区							
楚州区	153031	134696	134676	714	714		7573
淮阴区							
清浦区							
涟水县	12938	10874	10344	532	522		494
洪泽县	51203	48241	48241	35	35		267
盱眙县							
金湖县	10562	9016	9016	23	23	24	647
开发区							
工业园区							

地区	营业外收入	其中：补贴收入	营业外支出	利润总额	应交所得税	亏损企业亏损总额	利税总额
总计	**14**		**3**	**8095**	**1614**		**17698**
市直							
清河区							
楚州区			1	5867	1435		12953
淮阴区							
清浦区							
涟水县				41	4		897
洪泽县				1930	111		3217
盱眙县							
金湖县	14			74	19		370
开发区							
工业园区							

企业主要经济指标(分地区)(续)

单位：万元

管理费用	税金	财务费用	利息收入	利息支出	资产减值损失	公允价值变动收益	投资收益	营业利润
5437	**280**	**1053**	**14**	**969**	**408**		**34**	**8084**
3668	4	533	1	533				5868
827	244	169		99				41
421	17	343		317			35	1930
411	11	21		20	408		-1	60

应付职工薪酬	应交增值税	附属服务业收入或费用（支出）额	从业人员平均人数（人）	总资产贡献率（%）	资产负债率（%）	流动资产周转率（次/年）	成本费用利润率（%）	产品销售率（%）
5350	**8290**		**0.14**	**55.1**	**56.4**	**9.4**	**3.7**	**98.8**
2240	6372		0.05	82.2	45.1	10.6	4.0	98.5
606	324		0.02	31.3	98.0	5.0	0.3	100.0
1932	1251		0.06	39.3	75.3	16.8	3.9	99.1
449	273		0.01	10.7	48.2	3.1	0.7	100.0

2－1－15 规模以上私营工业

地区	企业单位数(个)	亏损企业	工业总产值(当年价格)	工业销售产值(当年价格)	出口交货值	年初存货	产成品
总计	**1551**	**108**	**22754470**	**22371875**	**254440**	**657165**	**234854**
市直							
清河区	10		122558	117050		4941	504
楚州区	244	18	3359074	3322002	86840	89218	33910
淮阴区	319	1	6165178	5949652	1098	86016	46694
清浦区	63		1103630	1099442	7448	45961	21608
涟水县	176	11	1919005	1882068	19437	74425	24978
洪泽县	164	19	2247117	2222634	5832	45640	13046
盱眙县	320	39	4814525	4723480	13866	160441	43008
金湖县	207	13	2659057	2697341	114139	129215	49619
开发区	46	7	354596	348710	5781	21161	1488
工业园区	2		9730	9497		148	

地区	累计折旧	本年折旧	在建工程	负债合计	流动负债合计	应付账款	非流动负债合计
总计	**4831013**	**744196**	**203287**	**3552945**	**3037895**	**652023**	**504223**
市直							
清河区	4705	1346	4400	44912	27149	1479	17762
楚州区	225121	40567	9318	380509	364302	87967	15882
淮阴区	1948327	274174	30948	625838	458445	132914	167393
清浦区	287555	53858	2089	141486	112474	31163	25910
涟水县	184503	32447	6371	289369	258763	32816	30606
洪泽县	172006	62751	6455	526478	484233	89611	42188
盱眙县	1582880	213719	105059	799703	635561	109270	160415
金湖县	366193	58024	22775	584544	563542	142062	17503
开发区	57691	6538	15871	138080	112215	24742	25749
工业园区	2032	773		22027	21212		815

企业主要经济指标(分地区)

单位：万元

资产总计	流动资产合计	应收帐款	存货	产成品	在产品	固定资产合计	固定资产原价
7429824	**3496522**	**1065773**	**822306**	**391060**	**75937**	**3117211**	**7939033**
82060	37732	7316	13090	8739	210	24564	28889
737049	453832	151115	107197	55873	2075	231374	450801
1727992	631805	238930	161696	105052	35202	889672	2837058
424803	158781	40643	42713	24405	2505	215941	500564
550160	274933	64583	79097	28490	16770	221143	404889
1085649	364372	89247	61904	26511	5420	662489	836453
1499318	770238	176523	174479	62529	4106	479442	2075394
1037957	667555	259073	155187	68620	9639	288606	641613
255407	121072	37888	26653	10644	8	90756	148116
29428	16203	455	292	197		13225	15257

所有者权益合计	实收资本	国家资本	集体资本	法人资本	个人资本	港澳台资本	外商资本	营业收入
3844108	**1864342**	**21373**	**13199**	**632606**	**1184598**	**2230**	**10336**	**22895320**
37149	27230	520	1150	21289	4271			109071
356540	175563	50	628	60005	114348		532	3410518
1102154	567324		5711	127298	431714		2600	6030931
256130	65978			36613	29365			1090064
260790	181505		952	67002	113551			1898103
559172	161677		2911	98195	58441	2130		2216148
697432	357060	303	1297	175677	172979	100	6704	5029423
450013	230912	500	500	28239	201673			2743626
117328	89692	20000	50	18288	50854		500	357707
7401	7401				7401			9730

2－1－15 规模以上私营工业

地区	主营业务收入	营业成本	主营业务成本	营业税金及附加	主营业务税金及附加	其他业务利润	销售费用
总计	**22877265**	**20188564**	**20176587**	**126767**	**126036**	**－17340**	**516269**
市直							
清河区	109053	96818	96566	629	629		3305
楚州区	3409637	2997631	2997313	15058	15035	476	94449
淮阴区	6021726	5107955	5104824	42687	42440		184629
清浦区	1089964	939296	939239	6948	6948	37	28388
涟水县	1897749	1747161	1744422	7632	7522		25981
洪泽县	2212878	1966035	1963293	3963	3852	16	33785
盱眙县	5027206	4508219	4506438	42591	42375	－17911	75297
金湖县	2742464	2486113	2485892	6449	6437	35	64829
开发区	356858	330207	329471	676	664	7	5564
工业园区	9730	9129	9129	134	134		42

地区	营业外收入	其中：补贴收入	营业外支出	利润总额	应交所得税	亏损企业亏损总额	利税总额
总计	**16307**	**5018**	**6549**	**1188011**	**193735**	**20386**	**1850511**
市直							
清河区	9		6	3592	126		6059
楚州区	579	144	984	148824	23437	5378	291482
淮阴区	314	41	152	425413	90556	53	584252
清浦区	1391	64	10	69711	17837		113607
涟水县	1513	160	985	71504	13855	1636	107002
洪泽县	4795		768	155849	15615	3742	238971
盱眙县	4046	2691	2210	197935	17504	5771	335617
金湖县	2987	1587	1226	104329	13674	2076	159848
开发区	673	331	209	10475	1099	1729	13132
工业园区				379	33		543

企业主要经济指标(分地区)(续)

单位：万元

管理费用	税　金	财务费用	利息收入	利息支出	资产减值损　失	公允价值变动收益	投资收益	营业利润
657215	**20122**	**224249**	**5510**	**170506**	**12622**	**1101**	**7621**	**1178214**
4265	287	732	2	235	96	29	91	3589
132860	2718	21175	838	14293	226	5	48	149228
160213	4755	107368	413	103687	5161	445	1886	425250
41054	841	5607	144	2598	456	-2	17	68330
35394	729	8893	529	3647	2842	-107	823	70976
45997	1348	14747	166	11862	78		375	151822
166408	6091	40768	1772	12711	3318	557	2941	196060
63314	3062	20816	1599	19830	435	125	922	102568
7669	287	4102	46	1619	10	13	519	10011
41	4	41	2	24		36		379

应付职工薪　酬	应　交增值税	附属服务业收入或费用（支出）额	从业人员平均人数（人）	总资产贡献率（%）	资　产负债率（%）	流动资产周转率（次/年）	成本费用利润率（%）	产　品销售率（%）
793457	**535733**	**172896**	**18.60**	**27.1**	**47.8**	**6.6**	**5.5**	**98.3**
4008	1838		0.11	7.7	54.7	2.9	3.4	95.5
146708	127600	28698	2.77	41.4	51.6	7.5	4.6	98.9
105033	116152		3.82	39.8	36.2	9.6	7.7	96.5
26233	36947		0.74	27.3	33.3	6.9	6.9	99.6
63461	27865		2.27	20.0	52.6	6.9	3.9	98.1
102858	79159	54771	2.49	23.1	48.5	6.1	7.6	98.9
256237	95090	89416	4.22	23.1	53.3	6.5	4.1	98.1
70334	49071		1.67	17.2	56.3	4.1	4.0	101.4
17352	1981	11	0.46	5.8	54.1	3.0	3.0	98.3
1233	30		0.04	1.9	74.9	0.6	4.1	97.6

2－1－16 规模以上外商和港澳台投资

地区	企业单位数（个）	亏损企业	工业总产值（当年价格）	工业销售产值（当年价格）	出口交货值	年初存货	产成品
总计	**191**	**31**	**10847640**	**10727193**	**5339548**	**404417**	**108151**
市直							
清河区	6		297816	256073		14911	556
楚州区	19	4	473950	469855	45770	16744	8787
淮阴区	15	1	478996	467028		18450	2135
清浦区	7	1	145479	144898	6263	3981	3083
涟水县	22	4	374431	334187	97623	19205	3465
洪泽县	21	5	413141	413562	9710	18655	4277
盱眙县	22	1	335429	327126	48702	13811	3437
金湖县	16	1	482864	475725	185157	56260	10423
开发区	62	14	7842249	7835524	4946324	242340	71988
工业园区	1		3286	3217		60	

地区	累计折旧	本年折旧	在建工程	负债合计	流动负债合计	应付账款	非流动负债合计
总计	**11392094**	**1457243**	**80923**	**2043922**	**1701998**	**283643**	**339323**
市直							
清河区	24017	4309	1589	70560	56903	27525	13657
楚州区	75828	12165	7397	136153	127899	22438	8254
淮阴区	289927	49465		115651	70876	34702	44775
清浦区	49707	6441	2125	61977	22418	2228	39559
涟水县	75605	12318	2839	101001	82194	17575	18807
洪泽县	66820	15474	1212	137737	111966	12445	25684
盱眙县	101762	16732	7887	48655	39568	13904	6574
金湖县	116434	19818	8065	218826	184164	29465	34661
开发区	10591729	1320412	49810	1151861	1004509	123362	147352
工业园区	266	110		1500	1500		

工业企业主要经济指标（分地区）

单位：万元

资产总计	流动资产合计	应收帐款	存货	产成品	在产品	固定资产合计	固定资产原价
4586214	**1886747**	**676170**	**345448**	**128582**	**30444**	**2304633**	**13689412**
222886	117159	27457	16691	2124	298	65746	85175
254824	159510	36607	23898	7422	1927	75631	151432
271093	107291	72872	23444	15472	7921	161603	451530
133373	24228	3194	4321	3168		81317	131023
196397	87520	29409	18170	8073	1176	98000	173606
258521	88266	23292	22492	7444	1338	156194	223013
114236	56971	17325	14926	6201	1534	42743	144505
364329	265297	132914	51886	14202	14244	74627	188359
2767340	978669	331701	169535	64421	2007	1547396	12139125
3214	1836	1400	85	56		1379	1645

所有者权益合计	实收资本	国家资本	集体资本	法人资本	个人资本	港澳台资本	外商资本	营业收入
2541335	**1807818**	**11175**	**9516**	**296790**	**164829**	**1088173**	**237336**	**11128548**
152325	70437		1650	2142		7910	58735	278991
118671	66057			17697	2834	38216	7309	488948
155442	87142			5500	59804	21838		475819
71396	42373			14779	18984	8610		149012
95396	90281			14716	9692	41944	23930	381165
120784	72834	3000	7366	23006	11416	18648	9399	429191
64624	32034			10640	12008	3060	6326	320218
145504	99536			11757	9682	60996	17100	492145
1615479	1245410	8175	500	196552	38695	886951	114538	8109773
1714	1714				1714			3286

2－1－16 规模以上外商和港澳台投资

地区	主营业务收入	营业成本	主营业务成本	营业税金及附加	主营业务税金及附加	其他业务利润	销售费用
总计	**11087849**	**10349054**	**10320269**	**24495**	**24398**	**4631**	**161136**
市直							
清河区	276700	184488	182537	1863	1863	－449	22059
楚州区	488185	414561	413879	3711	3711	79	19604
淮阴区	475819	375640	375640	3726	3726		22487
清浦区	149012	134870	134870	920	920		2007
涟水县	380803	350909	350817	1307	1230	109	4133
洪泽县	412727	369077	357145	2043	2042	670	9710
盱眙县	320184	278321	278321	2811	2811	－24	4732
金湖县	491798	421145	420818	1015	995		8288
开发区	8089336	7816914	7803112	7091	7091	4246	68108
工业园区	3286	3130	3130	10	10		9

地区	营业外收入	其中：补贴收入	营业外支出	利润总额	应交所得税	亏损企业亏损总额	利税总额
总计	**10134**	**2755**	**3786**	**336138**	**74267**	**17854**	**466076**
市直							
清河区	2310	989	367	61362	14679		80903
楚州区	784		113	19841	3677	1179	42543
淮阴区	43		6	40011	11248	1612	53203
清浦区	85		59	8471	3331	234	13793
涟水县	488	267	59	10650	3255	2101	16881
洪泽县	270		56	32555	3613	2879	51563
盱眙县	423			18108	1719	134	28323
金湖县	691	340	113	36077	2033	361	47011
开发区	5039	1159	3013	108934	30710	9354	131696
工业园区				128	2		160

工业企业主要经济指标（分地区）（续）

单位：万元

管理费用	税　金	财务费用	利息收入	利息支出	资产减值损失	公允价值变动收益	投资收益	营业利润
218454	**9375**	**42463**	**4047**	**44059**	**1366**	**-2108**	**277**	**329772**
12631	499	-1531	2108	575		-137	116	59419
27791	473	3098	113	3343	1013			19170
18597	639	15213	15	15064	182			39974
3176	132	-107	755	307	-301			8445
12889	357	1786	32	1682		79		10221
10650	587	5286	42	3726	85			32341
15045	900	1598	135	465	109			17667
17913	522	6237	306	7762		-2050		35499
99754	5265	10882	541	11136	278	1	161	106908
8	2	1	1					128

应付职工薪酬	应交增值税	附属服务业收入或费用（支出）额	从业人员平均人数（人）	总资产贡献率（%）	资产负债率（%）	流动资产周转率（次/年）	成本费用利润率（%）	产品销售率（%）
669662	**105443**	**662397**	**13.02**	**11.0**	**44.6**	**5.9**	**3.1**	**98.9**
9080	17678		0.26	35.6	31.7	2.4	28.2	86.0
32319	18992	7565	0.51	18.0	53.4	3.1	4.3	99.1
17136	9467		0.42	25.2	42.7	4.4	9.3	97.5
6035	4402		0.12	10.0	46.5	6.2	6.1	99.6
47994	4925		1.49	9.4	51.4	4.4	2.9	89.3
19597	16965	36	0.43	21.4	53.3	4.9	8.3	100.1
34845	7404	3385	0.60	25.1	42.6	5.6	6.0	97.5
43290	9920		0.74	15.0	60.1	1.9	8.0	98.5
458881	15671	651412	8.43	5.1	41.6	8.3	1.4	99.9
484	21		0.02	5.0	46.7	1.8	4.1	97.9

2－1－17 规模以上大中型工业

地区	企业单位数（个）	亏损企业	工业总产值（当年价格）	工业销售产值（当年价格）	出口交货值	年初存货	产成品
总计	**190**	**25**	**19143617**	**20165419**	**5594850**	**1242900**	**356697**
市直	6	1	3088260	3028432	62837	504022	89389
清河区	5	1	270495	232176	6080	17069	3969
楚州区	27	2	1414546	1402782	109610	60722	32374
淮阴区	24	1	2552642	2496017		67777	18788
清浦区	11	1	297401	300730	7826	20983	11441
涟水县	33	6	1205383	1127936	114492	147954	42181
洪泽县	18	4	621745	622551	71380	44473	13760
盱眙县	24	3	784862	1964807	24207	49888	12595
金湖县	14		1111163	1180154	285047	98876	36933
开发区	28	6	7797121	7809834	4913372	231136	95266
工业园区							

地区	累计折旧	本年折旧	在建工程	负债合计	流动负债合计	应付账款	非流动负债合计
总计	**16636213**	**2123732**	**213209**	**4828664**	**4026596**	**774507**	**801742**
市直	738619	93596	78058	1207891	1039078	243075	168813
清河区	37365	6333	2763	149443	102377	29707	47066
楚州区	232483	53939	28401	477579	354090	69036	123163
淮阴区	2479335	326928	15827	642386	489724	140754	152663
清浦区	77398	11038	8121	196461	127042	12804	69419
涟水县	334865	53300	10952	394690	328992	40739	65698
洪泽县	135268	27087	9774	250573	187685	59488	62888
盱眙县	341767	51994	42755	207349	163351	27098	43998
金湖县	353794	52819	6739	319222	286313	63335	32909
开发区	11905320	1446697	9818	983069	947944	88471	35125
工业园区							

企业主要经济指标(分地区)

单位：万元

资产总计	流动资产合计	应收帐款	存货			固定资产合计	固定资产原价
				产成品	在产品		
9410968	**4479198**	**964236**	**1308308**	**351869**	**61826**	**4114892**	**20726269**
2681403	1424969	46590	588590	91143	1503	928180	1666800
314035	172206	42043	19149	5650	345	98505	125447
831047	370591	70594	70322	35470	2110	348334	580637
1091717	372006	194069	69717	34652	19970	661538	3140873
317186	117429	18227	25716	14567	1033	160686	232545
776310	464317	48571	175074	31678	8136	249551	584018
497741	147919	29115	48841	14415	2963	312706	447974
387850	195966	26519	50918	16796	4961	142165	482952
527657	373441	170826	92104	38971	16956	117606	464081
1986022	840353	317685	167877	68528	3849	1095623	13000943

所有者权益合计	实收资本							营业收入
		国家资本	集体资本	法人资本	个人资本	港澳台资本	外商资本	
4582304	**1950465**	**250063**	**10421**	**692080**	**285754**	**520565**	**191583**	**19995328**
1473512	302563	25787		247073	29703			3381320
164592	105323	3702		36738	7298		57585	255496
353468	143822	36523	10421	46365	27455	20809	2250	1521044
449331	268847	127916		4056	134275		2600	2546568
120725	43637	2453		28458	5115	7610		287372
381620	145897	22950		42968	23632	38891	17456	1173888
247167	108501	15000		62481	13967		17053	631059
180500	61659	2623		45549	11556	1540	390	930920
208435	67879			2376	24694	40810		1201857
1002953	702338	13108		176016	8059	410905	94250	8065805

2－1－17 规模以上大中型工业

地区	主营业务收入	营业成本	主营业务成本	营业税金及附加	主营业务税金及附加	其他业务利润	销售费用
总计	**19762483**	**17204909**	**17011354**	**762602**	**761864**	**29487**	**430984**
市直	3199435	2347732	2191927	682253	682113	21852	36727
清河区	249303	175317	170615	1685	1685	1232	21955
楚州区	1506530	1250036	1237729	9372	9372	277	73723
淮阴区	2545106	2078234	2076996	17015	17015	224	92848
清浦区	287298	215499	215450	2865	2377	26	19097
涟水县	1173562	927686	927634	31531	31455	109	57616
洪泽县	617558	562805	552038	1858	1857	1185	12925
盱眙县	929937	834699	834053	6713	6681	271	15341
金湖县	1201857	1018217	1018217	2856	2856		35463
开发区	8051899	7794685	7786695	6454	6454	4313	65290
工业园区							

地区	营业外收入	其中：补贴收入	营业外支出	利润总额	应交所得税	亏损企业亏损总额	利税总额
总计	**29584**	**8385**	**19661**	**909635**	**204167**	**42741**	**2120675**
市直	6996	2022	2739	213180	55050	11250	1075767
清河区	3487	988	419	47181	11356	51	64083
楚州区	3030	949	411	77010	13396	1414	146071
淮阴区	216	1	11988	188187	44054	678	258695
清浦区	1519		121	24816	7102	3740	42839
涟水县	2662	1276	525	113955	28816	1414	183997
洪泽县	2522		192	30683	4765	2529	50685
盱眙县	2371	1800	731	34087	3432	1871	65924
金湖县	1681	926	659	91254	8755		124113
开发区	5100	424	1877	89283	27441	19796	108502
工业园区							

企业主要经济指标(分地区)(续)

单位：万元

管理费用	税　金	财务费用	利息收入	利息支出	资产减值损失	公允价值变动收益	投资收益	营业利润
538870	**20634**	**166871**	**34861**	**178756**	**7895**	**-2058**	**18857**	**901632**
83531	5213	28322	14518	38943	4704		10871	210842
13917	513	-1770	2106	467		-137	115	44113
99820	1849	17728	341	16331	1048		5073	74391
85590	3687	72158	306	72321	824	26	34	199959
24206	678	2376	1179	3141	155	-2	245	23417
39203	1424	6208	2441	6354	26	174	52	111818
16463	924	8463	75	8253	251		58	28353
33363	756	8492	966	4217	813	142	805	32448
42567	1290	11106	1067	13962		-2275	858	90232
100212	4299	13788	11863	14768	75	13	748	86060

应付职工薪酬	应交增值税	附属服务业收入或费用(支出)额	从业人员平均人数(人)	总资产贡献率(%)	资产负债率(%)	流动资产周转率(次/年)	成本费用利润率(%)	产品销售率(%)
1047145	**448439**	**804413**	**19.88**	**24.06**	**51.31**	**4.46**	**4.96**	**105.34**
83754	180334	59999	1.27	41.03	45.05	2.37	8.54	98.06
11542	15218		0.50	19.88	47.59	1.48	22.53	85.83
110936	59689	34206	1.54	19.50	57.47	4.10	5.34	99.17
53037	53493		1.21	30.29	58.84	6.85	8.08	97.78
22017	15158		0.43	14.12	61.94	2.45	9.50	101.12
88575	38511		2.87	24.21	50.84	2.53	11.06	93.57
43781	18145	24984	1.04	11.83	50.34	4.27	5.11	100.13
103716	25124	33846	1.60	17.84	53.46	4.75	3.82	250.34
67320	30003		1.06	25.97	60.50	3.22	8.24	106.21
462468	12765	651379	8.35	5.61	49.50	9.60	1.12	100.16

第一章　工业企业生产经营及财务状况

C、工业企业主要产品产量

2－1－18　规模以上工业企业主要产品生产、销售、库存

产　品　名　称	计量单位	年初库存量	本年生产量	本年销售量	年末库存量
铁矿石成品矿	吨	181	740022	740132	71
锰矿石原矿	吨	363	6704	6629	438
小麦粉	吨	13897	823447	806925	21899
大米	吨	59762.63	1640555.76	1645414.87	53617.52
饲料	吨	14297.58	2733458.43	2686860.68	60882.33
配合饲料	吨	6485.48	1250841.92	1223347.64	33966.76
混合饲料	吨	1762.1	861017.26	851121.24	11658.12
食用植物油	吨	3201.66	328904.06	318960.18	13145.54
精制食用植物油	吨	427.66	24639.06	23006.18	2060.54
鲜、冷藏肉	吨	2782	216035	200697	3168
冻肉	吨		2145	2056	89
熟肉制品	吨	5	2484	2456	33
冷冻水产品	吨	21	6533	6054	500
冷冻蔬菜	吨	3902	134943	128951	9894
淀粉及淀粉制品	吨	1599	45807.6	45516	1852.6
糕点	吨	55	1980	1970	63
饼干	吨	771	8405.83	8341	835.83
膨化食品	吨	4280	152130	138650	17760
糖果	吨		3047	2767	280
方便面	吨		24522	24522	
乳制品	吨		13930	13930	
液体乳	吨		13930	13930	
灭菌乳	吨		13930	13930	
酱油	吨	363	64020	62190	2193
非食用盐	吨	6687	507589	510179	4097
食品添加剂	吨		289	289	
饮料酒	千升	7617	72891	71294	9214
白酒（折65度，商品量）	千升	4935	22235	21895	5275
啤酒	千升	633	40114	39018	1729
卷烟	万支	21217	3350000	3319903	51117
纱	吨	72913	415545.7	411411.7	49335
棉纱	吨	71965	399255.7	395911.7	48483
棉混纺纱	吨	688	12757	12367	628
化学纤维纱	吨	260	3533	3133	224
棉线	吨	435	45321	42960	2796
布	万米	885	56905.6	55572.6	2218
其中：棉布	万米	50	2286.6	2286.6	50
棉混纺布	万米	658	47565	46281	1942
化学纤维短纤布	万米	177	7054	7005	226
印染布	万米		3861	3861	
印花布	万米		3861	3861	
绒线（俗称毛线）	吨	506	24418	23457	1467
毛纱	吨	120	1500	1400	100
亚麻布（含亚麻≥55%）	万米	404	7523	7488	439
蚕丝	吨	60	16468	16390	138
枕套	万件		273	265	8
床罩	万个	4.5	22	21	5.5
羽绒被	万条	182.08	1334.6	1356.6	160.08
毛巾被	万条	0.93	171.25	170.84	1.34

2－1－18 规模以上工业企业主要产品生产、销售、库存(续1)

产品名称	计量单位	年初库存量	本年生产量	本年销售量	年末库存量
毛巾	万条	11967.61	57597.09	42099.22	27465.38
无纺布（无纺织物）	吨	5976.98	69400.63	68902.79	6474.82
纤维纺制线、绳、索、缆	吨	368	56282	56290	360
帐篷	万顶		7.8	7.31	0.49
毡呢	吨	135	4683	4610	208
服装	万件	888.84	42809.67	41811.18	1869.2
梭织服装	万件	762.03	38395.05	37546.14	1592.81
西服套装	万件	5.8	31.8	29.1	8.5
衬衫	万件	74.8	1946.94	1862.65	159.09
运动服类服装	万件	6	280.3	246.2	40.1
针织服装	万件	126.81	4414.62	4265.04	276.39
针织袜	万双	62	1575.8	1603.8	34
针织手套	万双	297	19832.8	19209.8	920
围巾	万条		795.91	746.91	49
帽子	万个	4165	10416.6	10241.6	4340
成品革	平方米	6320	802716	790000	19036
轻革	平方米	4223	786960	775000	16183
皮革服装	万件	25.25	1951.52	1900.82	75.95
衣箱、提箱及类似容器	万个	0.56	747.04	744.38	3.22
手提包（袋）、背包	万个	865	1658	1644	879
鞋	万双	635.41	6680.14	6767.85	547.7
纺织面鞋	万双	13.37	4049.34	3993.65	69.06
皮革鞋靴	万双	587	1203	1367	423
塑料鞋	万双	35.04	1427.8	1407.2	55.64
人造板	立方米	45095	1302767.92	1298755.88	49107.04
胶合板	立方米	16043	852606.92	841527.88	27122.04
纤维板	立方米	25370	435267	440254	20383
人造板表面装饰板	平方米	2157	24951	24495	2613
细木工板	立方米	3682	14894	16974	1602
实木木地板	平方米	77360	944040	971320	50080
复合木地板	平方米	308430	948741	1029163	228008
家具	件	6000	1123441	1123165	6276
木质家具	件		37592	37524	68
金属家具	件	6000	1030000	1032000	4000
机制纸及纸板（外购原纸加工除外）	吨	21351	377376.22	376505.6	22221.62
卫生用纸原纸	吨	11259	74648	75649	10258
包装用纸及纸板	吨	1082	163798	161669.4	3210.6
箱纸板	吨	786	141997	140755.4	2027.6
纸制品	吨	9126.11	557983.67	547307.91	19200.56
瓦楞纸箱	吨	7300	368504	361679	14125
卫生用纸制品	吨		200	200	
单色印刷品	令	632	61297	61283	646
多色印刷品	对开色令	2247	664271	663665	2853
中乐器	把（件）		1621200	1621200	
机制地毯、挂毯	平方米	2519	16010	11600	6929
室内训练健身器材	台	120	74200	74015	296
盐酸（氯化氢，含量31%）	吨	46	75137	56786	222
浓硝酸（折100%）	吨	7757	216616	218048	6325

2－1－18　规模以上工业企业主要产品生产、销售、库存（续2）

产　品　名　称	计量单位	年初库存量	本年生产量	本年销售量	年末库存量
烧碱（折100%）	吨	199	267902	263160	913
离子膜法烧碱（折100%）	吨	98	157914	156783	119
纯碱（碳酸钠）	吨	19635	1081695	1073875	26734
乙烯	吨		36925	36925	
纯苯	吨	136	7870	7795	211
甲醛	吨		68296	68296	
精甲醇	吨		8986	8986	
硫磺	吨		275	275	
合成氨（无水氨）	吨	96	345540.61	7544.08	96
农用氮、磷、钾化学肥料（折纯）	吨	524	171532	170292	1740
氮肥（折含氮100%）	吨	524	171532	170292	1740
复合肥、复混合肥	吨	682	107010	107000	692
化学农药原药（折有效成分100%）	吨	1757	5628	5910	1475
杀虫剂（杀螨剂）原药	吨	801	715	1100	416
涂料	吨	128	16663.5	15682.5	1109
颜料	吨	94.55	5884.93	5590.95	388.53
染料	吨	9921	18787	22375	6333
初级形态塑料	吨	1595.7	76239.7	75419.7	2415.7
低密度聚乙烯树脂（LDPE）	吨		10	8	2
高密度聚乙烯树脂（HDPE）	吨		10	8	2
线型低密度聚乙烯树脂（LLDPE）	吨		10	8	2
合成纤维单体	吨	200	10000	9870	330
合成纤维聚合物	吨	19989	48478	55113	13354
化学试剂	吨	136	26229	26139	226
催化剂	吨	2	8367	8242	127
塑料助剂	吨	539.16	634.43	690.6	482.99
表面活性剂	吨	592	148818	145018	4392
肥（香）皂	吨	55	14060	13678	437
合成洗涤剂	吨		3312	3312	
香料	吨	111	12011.91	11912.55	210.36
化学药品原药	吨	170.24	2032.1	1931.02	76.56
抗菌素（抗感染药）	吨		217.5	217.5	
消化系统用药	吨	90.91	622.23	607.9	25.84
中枢神经系统用药	吨	70.98	1186.41	1104.09	46.72
抗肿瘤药	吨	1.76	0.18	0.01	0.91
心血管系统用药	吨	6.59	5.78	1.52	3.09
中成药	吨	13	1057.55	1021.28	49.27
化学纤维	吨	5949.69	24349.45	24277.3	6021.84
合成纤维	吨	5949.69	24349.45	24277.3	6021.84
锦纶纤维	吨	5786.69	10707.3	10707.3	5786.69
涤纶纤维	吨		6798	6798	
涤纶长丝	吨		6798	6798	
腈纶纤维	吨	130	3200	3180	150
氨纶纤维	吨	33	2219.15	2167	85.15
橡胶轮胎外胎	条	455909	9202455	9155497	494255
其中：子午线轮胎外胎	条	455783	9179236	9132293	494114
其中：汽车橡胶轮胎外胎	条	455783	9180623	9133680	494114
非机动车橡胶轮胎外胎	条	126	21832	21817	141

2－1－18 规模以上工业企业主要产品生产、销售、库存(续3)

产品名称	计量单位	年初库存量	本年生产量	本年销售量	年末库存量
塑料制品	吨	18559.74	241207.43	231500.43	28266.74
塑料薄膜	吨	688	117295	114763	3220
日用塑料制品	吨	105.04	3972.43	3972.43	105.04
水泥	吨	161430.54	6714166.56	6768687.36	106909.74
强度等级42.5水泥（含R型）	吨	36482.54	2088407	2088149.8	36739.74
强度等级52.5水泥（含R型）	吨	22975	313404	327260	9119
商品混凝土	立方米	48774.71	13572625.03	13511130.46	110269.28
水泥混凝土排水管	千米	0.9	429.5	428.4	2
水泥混凝土电杆	根	15234	92196	97501	9929
预应力混凝土桩	米	159605	7067343.33	6966618.3	260330.03
钢筋混凝土井管、烟道管，相关钢筋混凝土	千米		4665	4279	386
砖	万块	5416.41	132165.85	127727.36	9854.9
钢化玻璃	平方米	190160	3900445	3845660	244945
玻璃包装容器	吨	10.96	194927.61	194893.81	18.51
纤维增强塑料制品	吨		8183	8183	
耐火材料制品	吨	39.5	88409	88358.3	90.2
石墨及炭素制品	吨	102	12885	12898	89
生铁	吨	18677	2897719		56932
粗钢	吨	60204	3128016	311239	91347
铸铁件	吨	3617	194413	181611	16419
铸钢件	吨	935	22088	20881	1110
钢材	吨	171300.57	4014203.98	3732285.82	347602.29
棒材	吨	61402	2541313	2461683	123429
钢筋	吨	89728	445426	315586	131605
线材（盘条）	吨	121	6063	5234	950
无缝钢管	吨	18105.57	722592.98	654334.82	86313.29
焊接钢管	吨	294	40169	39648	815
其他钢材	吨	1650	258640	255800	4490
用外购国产钢材再加工生产钢材	吨	14879.57	723896.98	659465.82	79260.29
用外购钢材再加工生产钢材	吨	14879.57	723896.98	659465.82	79260.29
铁合金	吨	18875	250941	253491	16325
十种有色金属	吨	3065	78718.8	79237	2546.8
矿产粗铜	吨		70450	67991	2459
精炼铜（电解铜）	吨		1259	1259	
锌	吨	3065	77459.8	77978	2546.8
稀有金属	千克	283	49032	48387	928
铜合金	吨		6000	6000	
锌合金	吨	66.65	1084.8	1107.21	44.24
铜材	吨	445.1	50733.38	50115.38	1063.1
铝材	吨	14017	40586	41693	12910
钢结构	吨	18189	246955.22	245032.22	19993
金属门窗及类似制品	吨	7675	13395	12644	4453
金属制窗及窗框	吨	7643	12725	11962	4433
金属切削工具	万件	1667	103787	99910	5544
通用手工具	万把	350	31856	30891	1315
金属包装容器	吨	519	165192	160897	4814
金属丝	吨		472	472	
裸电线	吨		405	405	

2－1－18　规模以上工业企业主要产品生产、销售、库存（续4）

产　品　名　称	计量单位	年初库存量	本年生产量	本年销售量	年末库存量
锻件	吨	1742	97825.1	95615.1	2427
粉末冶金零件	吨	264	35692	35011	945
焊条	吨	23	2000	1918	105
金属切削机床	台	482	15049	14954	577
数控金属切削机床	台	70	1835	1811	94
机床数控装置	套	25122	157242	173749	8615
金属非切削、成形加工机械	台	12	12673	12685	
起重机	吨	53	1712.11	1383.11	332
起重机	吨	34	1360	1294	90
连续搬运设备	吨		2305	2305	
连续搬运设备	吨		5740	5740	
输送机械（输送机和提升机）	吨		2305	2305	
输送机械（输送机和提升机）	吨		5740	5740	
带式输送机	吨		1680	1680	
带式输送机	吨		1680	1680	
电梯、自动扶梯及升降机	台	405	3394	3394	405
电梯	台	405	3394	3394	405
乘客电梯	台	405	3394	3394	405
泵	台	1609	23159	23227	1541
阀门	吨	4659.39	153038.55	150697.95	6999.99
液压元件	件	4606	55598	34924	25280
气动元件	件		7293	7293	
滚动轴承	万套	336.6	38803.18	38150.18	989.6
齿轮传动轴	万套	526	86678	83881	3323
齿轮	吨	469	106530	103305	3694
齿轮传动装置（齿轮箱）	台（套）	25721	1433222	1392289	66654
风机	台		295	295	
包装专用设备	台		157	157	
金属密封件	万件	620	4229	3800	1049
金属紧固件	吨	2394.19	33153.27	30948.34	4599.12
弹簧	吨	361	3094	3094	361
减速机	台	1552	15981	16207	1326
矿山专用设备	台	365	17344	17243	466
矿物破碎机械	台	99	145	172	72
矿物筛分、洗选设备	台	27	85	81	31
石油钻探、开采专用设备	台（套）	2405	93086	85854	9637
石油钻井设备	台（套）	380	52207	52392	195
采油设备	台（套）	308	396	600	104
建筑工程用机械	台	10	365	355	20
挖掘、铲土运输机械	台	10	365	355	20
炼油、化工生产专用设备	台	22	185	197	10
炼油、化工生产专用设备	台	164	1658	1764	58
塑料加工专用设备	台	4	148	147	5
塑料加工专用设备	台	4	148	147	5
木材加工、处理机械	台	1012	2468	2468	1012
模具	套	1118	221546	216611	6053
制浆和造纸专用设备	台	10	52	52	10
照明器具生产专用设备	台		20000	20000	

2－1－18 规模以上工业企业主要产品生产、销售、库存（续5）

产　品　名　称	计量单位	年初库存量	本年生产量	本年销售量	年末库存量
纺织专用设备	台	1583	153406	148390	6599
皮革、毛皮及其制品加工专用设备	台	7	2703	2675	35
电子工业专用设备	台	36	2020	2050	6
拖拉机	台	1126	4377	4302	1201
大型拖拉机	台		176	166	10
中型拖拉机	台	1126	4201	4136	1191
机械化农业及园艺机具	台	947	115646	112640	3953
渔业捕捞养殖机械	台	13308	340948	325213	29043
一次性注射器	万支	1684	257786	252150	7320
环境污染防治专用设备	台（套）		40	40	
水质污染防治设备	台（套）		40	40	
船用推进器	吨	72	8115	7894	293
电动自行车	辆	9897	19293	29037	153
电动机	千瓦	2845	3701615	3682759	21701
交流电动机	千瓦		3022487	3022487	
变压器	千伏安	17500	550000	554000	13500
变压器	千伏安	35	110	108	37
互感器	台		13889	13889	
电力电容器	千乏	598	87568.4	87160.5	1005.9
高压开关设备（11万伏以上）	台		1299	1299	
全封闭组合电器（GIS）	台		1299	1299	
全封闭组合电器(GIS),550kV(含330kV)及以上	台		1299	1299	
配电或电器控制设备	台（套、面）	31	27677	27697	11
高压电路开关、保护电器装置	台（套、面）		2325	2325	
低压开关、保护控制装置	台（套、面）	31	25352	25372	11
绝缘电线	吨	278.27	25740.54	25555.36	463.45
通信及电子网络用电缆	对千米	6164.5	85848.5	84683.5	7329.5
电力电缆	千米	27689.32	450513.16	452529.52	25657.96
绝缘制品	吨	7	5000	5002	5
蓄电池	千伏安时	28228	4612581	4589009	51800
蓄电池	千伏安时	76208	50658490	50368841	365857
铅酸蓄电池	千伏安时	23828	390854	391682	23000
铅酸蓄电池	千伏安时	23828	399835	400663	23000
物理电池	千瓦		11028	11028	
物理电池	千瓦		91900	91900	
太阳能电池（光伏电池）	千瓦		11028	11028	
太阳能电池（光伏电池）	千瓦		91900	91900	
房间空气调节器	台		4918	4918	
家用电热取暖器具	台	3255	391738	381309	13684
家用燃气用具	台		100000	100000	
太阳能热水器	平方米	17825	373682	362474	29033
电光源	万只		4622	4622	
灯具及照明装置	套（台、个）	3	28996345	28996345	3
彩色电视机	台		87416	87416	
液晶（LCD）电视机	台		87416	87416	
集成电路	万块	206	18954	18630	530
光电子器件	万只(片、套)	50987	187363	175610	62740
电子元件	万只	9352	431179.9	424502.8	16029.1

2－1－19　规模以上工业企业主要产品生产能力

产　品　名　称	计量单位	年初生产能力	年末生产能力
卷烟	万支	4428000	4968000
棉纺锭/纺纱量	锭/吨	48816	51690
气流纺锭/纺纱量	头/吨	5000	5080
棉布织机/布	台/万米	483	485
原油加工能力/原油加工量	吨/吨	1200000	1000000
焦炭	吨	800000	800000
烧碱（折100%）	吨	350000	350000
农用氮、磷、钾化学肥料总计（折纯）	吨	226500	226500
初级形态塑料	吨	34500	40000
化学纤维	吨	25862	29500
水泥	吨	8686720	9249234
生铁	吨	3000000	3000000
粗钢	吨	3300000	3300000
钢材	吨	3966609	4493825
铁合金	吨	323000	323000
金属切削机床	台	17976	17806
太阳能电池	千瓦	2022500	2282000
发电设备容量总计/发电量	万千瓦/万千瓦小时	258.08	261.38
其中：火电设备容量/发电量	万千瓦/万千瓦小时	258.08	261.38

第二章　规模以上工业企业科技情况

2－2－1 工 业 企 业

	企业数（个）	有R&D活动	有科技机构	从业人员期末人数（人）	从业人员平均人数（人）
总　　计	**2226**	**299**	**479**	**411080**	**415419**
一、按企业规模分组					
大型	29	25	28	108015	116936
中型	184	101	166	97262	95521
小型	1915	173	282	204421	201086
微型	98		3	1382	1876
二、按登记注册类型分组					
内资企业	2036	242	399	289930	286313
港、澳、台商投资企业	97	27	39	83508	91980
外商投资企业	93	30	41	37642	37126
三、按国民经济行业大类分组					
采矿业	20	7	8	4633	4763
非金属矿采选业	20	7	8	4633	4763
制造业	2182	288	466	402096	406299
农副食品加工业	202	12	28	22522	22130
食品制造业	23	1	3	4486	4360
酒、饮料和精制茶制造业	6	1	1	3825	3907
烟草制品业	1	1	1	1948	1948
纺织业	143	15	31	28544	27651
纺织服装、服饰业	182	22	46	43056	42448
皮革、毛皮、羽毛及其制品和制鞋业	90	8	19	13493	13247
木材加工和木、竹、藤、棕、草制品业	83	8	18	8790	8689
家具制造业	13	1	2	1877	1872
造纸和纸制品业	61	2	9	7308	7306
印刷和记录媒介复制业	41	7	8	6952	6923
文教、工美、体育和娱乐用品制造业	62	8	11	9570	9491
石油加工、炼焦和核燃料加工业	11	2	2	2281	2304
化学原料和化学制品制造业	150	32	44	24447	24377
医药制造业	24	11	12	4740	4679
化学纤维制造业	14	1	1	1559	1542
橡胶和塑料制品业	92	10	15	14682	14477
非金属矿物制品业	140	6	16	15841	15527

注：清河区数据中包含淮安经济技术开发区，清浦区数据中包含市直和市工业园区。

基　本　情　况

工业总产值（万元）	主营业务收入（万元）	利润总额（万元）	主营业务税金及附加（万元）	管理费用中的税金（万元）	应交增值税（万元）	资产总计（万元）	出口交货值（万元）
46381079	**46899459**	**2289918**	**920017**	**45442**	**1043001**	**20646698**	**5887860**
12816508	13154292	564365	729063	11939	267738	5642901	5125267
7166591	7471859	363631	36930	9220	184091	5074615	470671
25938503	25834002	1347410	152125	23961	585964	9521023	289582
459477	439307	14512	1899	322	5209	408159	2341
35573549	35852268	1952459	895703	36075	941230	16141400	548312
7689487	7903492	127829	12280	4845	50481	2670712	4834356
3118043	3143699	209630	12034	4522	51289	1834586	505192
546814	554816	36535	14004	1333	20376	796256	4780
546814	554816	36535	14004	1333	20376	796256	4780
45037990	45549930	2190593	900764	42263	994406	18324354	5883080
4398786	4357879	210774	20232	3307	50650	876773	165
471007	463285	57758	2261	647	15789	261158	13135
424402	389750	96735	30184	839	28119	361585	
1044649	1031430	199313	605955	1204	138053	1052062	
2184765	2151746	91834	8927	2377	38140	977324	39434
2178116	2168885	125893	13734	1341	59868	601068	230638
1058059	1049335	54454	6810	1274	25680	260502	27146
805243	789470	40267	3607	338	23691	277002	152
241322	230014	4006	102	109	1124	49884	2742
909526	933864	54158	3489	686	23706	340620	1005
643679	625035	54270	3262	445	22458	305564	
869661	893417	30636	5620	1460	28501	298024	46703
846548	840538	-11722	71812	488	16893	205849	
3313739	3392273	131045	13401	5105	90260	2287777	71452
480063	470803	38241	3228	677	26134	249186	29715
297757	331451	10563	1316	127	8658	114392	
1344111	1357811	116425	9346	2077	25053	983054	257847
1997806	1990524	98114	11277	1626	60390	956713	18193

2－2－1 工 业 企 业

	企业数（个）	有R&D活动	有科技机构	从业人员期末人数（人）	从业人员平均人数（人）
黑色金属冶炼和压延加工业	62	3	4	14247	14298
有色金属冶炼和压延加工业	68	4	8	5783	5628
金属制品业	107	10	15	12194	12126
通用设备制造业	146	25	34	21318	21065
专用设备制造业	100	19	26	12465	12303
汽车制造业	51	10	18	9207	9022
铁路、船舶、航空航天和其他运输设备制造业	18	3	3	3545	3505
电气机械和器材制造业	155	28	43	34359	34788
计算机、通信和其他电子设备制造业	63	21	24	63457	71418
仪器仪表制造业	34	11	15	3960	3914
其他制造业	23	5	6	4102	3869
废弃资源综合利用业	16		2	1443	1390
金属制品、机械和设备修理业	1	1	1	95	95
电力、热力、燃气及水生产和供应业	24	4	5	4351	4357
电力、热力生产和供应业	13	3	3	2787	2798
燃气生产和供应业	3		1	533	529
水的生产和供应业	8	1	1	1031	1030
四、按企业控股情况分组					
国有控股	42	18	18	22204	3778628
集体控股	20	1	2	2473	455925
私人控股	1970	221	380	253105	29700391
港澳台商控股	83	21	30	87431	7358176
外商控股	73	22	33	28978	2135807
其他	38	16	16	21228	2952152
五、按地区分组					
淮安市	2226	299	479	411080	415419
清河区	216	50	65	103188	110835
淮安区	299	43	58	41030	40338
淮阴区	384	31	44	53318	51775
清浦区	114	13	20	28107	28098
涟水县	298	71	147	58417	57673
洪泽县	282	25	43	42712	42442
盱眙县	394	38	57	58750	57928
金湖县	239	28	45	25558	26330

基　本　情　况(续)

工业总产值（万元）	主营业务收入（万元）	利润总额（万元）	主营业务税金及附加（万元）	管理费用中的税金（万元）	应交增值税（万元）	资产总计（万元）	出口交货值（万元）
2963345	3078921	85671	11713	4583	49647	1791903	38269
1333975	1312147	52123	4466	241	15398	367220	15881
1277105	1318745	78229	7492	1383	28719	496616	21503
2157211	2225080	105224	20579	2637	46498	785788	15226
1241211	1272058	94600	6478	1820	24706	610405	111617
1066051	1141635	59238	4105	793	31591	569125	126608
177742	170323	11641	1236	202	4602	82989	
3806146	3845752	171449	14825	2932	66672	1484506	195828
6556823	6788624	90325	9018	2233	19557	1284096	4617459
411967	387274	19157	2008	423	11797	223527	170
175545	178984	10144	844	200	4667	60234	2195
357227	358792	9620	3438	693	7268	108928	
4404	4087	410			120	480	
796275	794714	62791	5249	1846	28219	1526088	
663583	658333	54092	4351	1420	24097	1196637	
87162	91105	8176	682	126	2425	98889	
45530	45276	522	216	300	1697	230561	
3849064	395334	725030	6788	245391	4309346	38183	
454441	11551	7163	396	10266	90178	1595	
29875223	1522856	156419	25195	667664	10690673	496529	
7551539	112035	11637	4521	44347	2486695	4793812	
2159795	110595	7002	2556	32911	1001895	239138	
3009397	137547	12765	5986	42423	2067911	318604	
46381079	46899459	2289918	920017	45442	1043001	20646698	5887860
10023532	10197462	202359	13083	7649	41584	4185087	4958618
4708635	4770734	205144	25494	5086	173592	1772966	142695
9040088	8881986	635534	74039	8688	177148	3131945	17502
4959947	5050147	313462	693734	6634	237016	3982783	126568
3755067	3705771	217804	40679	2971	75789	1623928	139835
4422007	4355524	310568	12893	3029	144086	2386295	138240
6062094	6405101	255791	51941	7584	130298	2070287	65103
3409709	3532735	149256	8154	3801	63488	1493408	299300

2－2－2 工 业 企 业

	R&D 人员合计（人）	#1. 参加项目人员	2. 管理和服务人员	#女性
总 计	**8777**	**7824**	**953**	**1614**
一、按企业规模分组				
大型	2595	2240	355	413
中型	3276	2987	289	659
小型	2906	2597	309	542
微型				
二、按登记注册类型分组				
内资企业	6400	5691	709	1182
港、澳、台商投资企业	1157	1038	119	222
外商投资企业	1220	1095	125	210
三、按国民经济行业大类分组				
采矿业	253	240	13	34
非金属矿采选业	253	240	13	34
制造业	8446	7514	932	1567
农副食品加工业	190	159	31	48
食品制造业	15	13	2	7
酒、饮料和精制茶制造业	226	213	13	57
烟草制品业	146	18	128	43
纺织业	279	252	27	72
纺织服装、服饰业	337	280	57	160
皮革、毛皮、羽毛及其制品和制鞋业	54	48	6	21
木材加工和木、竹、藤、棕、草制品业	110	93	17	13
家具制造业	23	20	3	3
造纸和纸制品业	29	26	3	3
印刷和记录媒介复制业	141	115	26	28
文教、工美、体育和娱乐用品制造业	258	232	26	31
石油加工、炼焦和核燃料加工业	89	61	28	38
化学原料和化学制品制造业	1123	1042	81	145
医药制造业	559	492	67	213
化学纤维制造业	4	3	1	
橡胶和塑料制品业	200	140	60	19
非金属矿物制品业	58	52	6	3

注：清河区数据中包含淮安经济技术开发区，清浦区数据中包含市直和市工业园区。

R&D 人 员 情 况

#研究人员	#1. 全时人员	2. 非全时人员	R&D人员折合全时当量合计(人年)	#研究人员	#1. 基础研究人员	2. 应用研究人员	3. 试验发展人员
2391	**5756**	**3021**	**7023**	**1733**			**7023**
578	1533	1062	2240	402			2240
787	2215	1061	2647	583			2647
1026	2008	898	2136	748			2136
2008	4470	1930	4898	1407			4898
255	672	485	974	211			974
128	614	606	1150	114			1150
100	210	43	219	88			219
100	210	43	219	88			219
2242	5506	2940	6778	1629			6778
63	140	50	148	52			148
2	5	10	4	1			4
44	209	17	222	43			222
146	7	139	40	40			40
60	154	125	246	52			246
110	166	171	281	91			281
22	35	19	41	19			41
25	61	49	58	13			58
3	2	21	23	3			23
13	15	14	26	11			26
43	110	31	82	31			82
35	236	22	229	29			229
42	57	32	53	26			53
230	847	276	925	171			925
142	504	55	368	94			368
1	3	1	4	1			4
37	75	125	176	31			176
21	22	36	49	18			49

2－2－2 工 业 企 业

	R&D 人员合计（人）	#1. 参加项目人员	2. 管理和服务人员	#女性
黑色金属冶炼和压延加工业	360	348	12	14
有色金属冶炼和压延加工业	43	40	3	5
金属制品业	627	604	23	82
通用设备制造业	596	539	57	81
专用设备制造业	558	510	48	93
汽车制造业	252	229	23	20
铁路、船舶、航空航天和其他运输设备制造业	56	46	10	11
电气机械和器材制造业	1073	992	81	195
计算机、通信和其他电子设备制造业	616	560	56	71
仪器仪表制造业	328	299	29	72
其他制造业	92	84	8	19
废弃资源综合利用业				
金属制品、机械和设备修理业	4	4		
电力、热力、燃气及水生产和供应业	78	70	8	13
电力、热力生产和供应业	60	54	6	8
燃气生产和供应业				
水的生产和供应业	18	16	2	5
四、按企业控股情况分组				
国有控股	1497	1261	236	255
集体控股	5	5		2
私人控股	4444	3997	447	871
港澳台商控股	1051	939	112	198
外商控股	892	825	67	174
其他	888	797	91	114
五、按地区分组				
淮安市	8777	7824	953	1614
清河区	2362	2126	236	418
淮安区	1089	957	132	178
淮阴区	667	620	47	98
清浦区	1161	947	214	208
涟水县	1114	991	123	305
洪泽县	604	551	53	62
盱眙县	817	745	72	192
金湖县	963	887	76	153

R&D 人 员 情 况（续）

#研究人员	#1. 全时人员	2. 非全时人员	R&D人员折合全时当量合计（人年）	#研究人员	#1. 基础研究人员	2. 应用研究人员	3. 试验发展人员
117	118	242	224	73			224
13	19	24	36	11			36
46	302	325	616	44			616
212	474	122	450	164			450
226	448	110	471	212			471
64	162	90	199	50			199
22	35	21	48	19			48
202	669	404	954	157			954
162	294	322	491	73			491
104	265	63	248	73			248
31	72	20	60	23			60
4		4	4	4			4
49	40	38	26	16			26
34	35	25	20	10			20
15	5	13	6	5			6
476	1086	411	1213	283			1213
2	2	3	1	1			1
1360	3119	1325	3418	1010			3418
204	601	450	874	161			874
86	416	476	839	78			839
263	532	356	678	201			678
2391	5756	3021	7023	1733			7023
487	1257	1105	1961	289			1961
372	829	260	826	281			826
185	565	102	537	154			537
373	716	445	769	176			769
378	704	410	865	305			865
100	530	74	465	77			465
232	467	350	764	217			764
264	688	275	836	234			836

2－2－3 工 业 企 业

	R&D经费内部支出合计	(一) 按活动类型分组			(二) 按	
		#1. 基础研究支出	2. 应用研究支出	3. 试验发展支出	1. 经常费支出	#人员劳务费
总计	266360			266360	230823	46111
一、按企业规模分组						
大型	89467			89467	86932	13947
中型	85659			85659	69762	15590
小型	91234			91234	74129	16574
微型						
二、按登记注册类型分组						
内资企业	187783			187783	157821	35220
港、澳、台商投资企业	55283			55283	51742	6188
外商投资企业	23293			23293	21260	4703
三、按国民经济行业大类分组						
采矿业	9693			9693	7765	1707
非金属矿采选业	9693			9693	7765	1707
制造业	255940			255940	222483	44268
农副食品加工业	6477			6477	5647	1208
食品制造业	420			420	314	96
酒、饮料和精制茶制造业	5923			5923	5629	1584
烟草制品业	832			832	829	600
纺织业	7532			7532	6616	1774
纺织服装、服饰业	9486			9486	8293	1733
皮革、毛皮、羽毛及其制品和制鞋业	500			500	461	204
木材加工和木、竹、藤、棕、草制品业	2984			2984	2424	398
家具制造业	32			32	30	6
造纸和纸制品业	1739			1739	1575	185
印刷和记录媒介复制业	4324			4324	3849	1202
文教、工美、体育和娱乐用品制造业	9014			9014	5530	1561
石油加工、炼焦和核燃料加工业	1888			1888	1741	536
化学原料和化学制品制造业	33573			33573	29650	5634
医药制造业	9215			9215	6848	2194
化学纤维制造业	274			274	198	54
橡胶和塑料制品业	5419			5419	5140	989
非金属矿物制品业	3096			3096	3003	636

注：清河区数据中包含淮安经济技术开发区，清浦区数据中包含市直和市工业园区。

R&D　经　费　情　况

单位：万元

支出用途分组			R&D 经费外部支出	对境内研究机构支出	对境内高等学校支出	对境外支出
2. 资产性支出	#①土建工程	②仪器设备				
35536	**1919**	**33618**	**4900**	**1748**	**2618**	**74**
2535	33	2502	1224	597	94	74
15897	427	15470	1713	257	1456	
17104	1458	15646	1963	894	1068	
29962	1793	28169	4397	1498	2364	74
3541	56	3485	489	250	239	
2033	70	1964	15		15	
1928	7	1921	600	293	307	
1928	7	1921	600	293	307	
33458	1896	31562	4282	1455	2294	74
831	56	775	177	7	170	
106	2	105	31	15	16	
294		294				
3		3	72	72		
917	28	889	191		41	
1193	22	1171				
39		39				
560	6	554	100	100		
2		2				
164	15	149	160		160	
476	20	456	12		12	
3484	719	2765	190	115	75	
147	7	140	125	125		
3923	270	3654	280	137	143	
2367	39	2328	441	316	125	
76		76				
279	11	268				
93	3	91				

2－2－3 工 业 企 业

	R&D经费内部支出合计	(一) 按活动类型分组			(二) 按	
		#1. 基础研究支出	2. 应用研究支出	3. 试验发展支出	1. 经常费支出	#人员劳务费
黑色金属冶炼和压延加工业	20029			20029	19852	1754
有色金属冶炼和压延加工业	2108			2108	1500	207
金属制品业	6273			6273	4648	1332
通用设备制造业	17139			17139	13977	3397
专用设备制造业	13811			13811	10671	2649
汽车制造业	6721			6721	5923	1430
铁路、船舶、航空航天和其他运输设备制造业	1283			1283	1194	521
电气机械和器材制造业	31237			31237	28244	6312
计算机、通信和其他电子设备制造业	43296			43296	40004	3917
仪器仪表制造业	8915			8915	6829	1721
其他制造业	2380			2380	1846	424
废弃资源综合利用业						
金属制品、机械和设备修理业	20			20	20	10
电力、热力、燃气及水生产和供应业	726			726	576	135
电力、热力生产和供应业	409			409	377	54
燃气生产和供应业						
水的生产和供应业	317			317	199	81
四、按企业控股情况分组						
国有控股	24526			24526	21775	7155
集体控股	68			68	61	14
私人控股	143451			143451	117494	25531
港澳台商控股	50030			50030	46781	5521
外商控股	15095			15095	13585	3071
其他	33188			33188	31127	4819
五、按地区分组						
淮安市	266360			266360	230823	46111
清河区	60753			60753	54676	8306
淮安区	33304			33304	25086	6145
淮阴区	36511			36511	33814	8018
清浦区	25237			25237	24057	3933
涟水县	29459			29459	27019	7180
洪泽县	22698			22698	18401	3539
盱眙县	34112			34112	27787	4171
金湖县	24286			24286	19984	4820

R&D　经　费　情　况（续）

单位：万元

支出用途分组			R&D经费			
2. 资产性支出	#①土建工程	②仪器设备	外部支出	对境内研究机构支出	对境内高等学校支出	对境外支出
178	2	175	457	74		74
609	17	592				
1625	44	1581	167	13	154	
3162	65	3096	233	9	224	
3141	43	3097	131	64	67	
798	75	723	40	10	30	
89	1	88	65	13	52	
2993	300	2693	149	86	64	
3292	67	3225	131		131	
2086	85	2001	1001	300	701	
534		534	128		128	
150	16	134	18		17	
33	15	18	1			
117	1	116	17		17	
2751	37	2714	626	557	69	
7		7	14	7	7	
25957	1748	24209	3296	860	2286	
3249	55	3194	466	250	216	
1510	23	1487	10		10	
2062	55	2006	488	74	31	74
35536	1919	33618	4900	1748	2618	74
6077	40	6037	192	132	60	
8218	1449	6770	863	537	325	
2698	104	2593				
1180	14	1166	702	272	47	74
2441	42	2399	381	127	105	
4296	31	4266	1020	41	979	
6326	93	6233	831	152	680	
4301	147	4154	912	489	423	

2－2－4 工业企业全部R&D项目情况

	项目数（项）	参加项目人员（人）	项目人员折合全时当量（人年）	全部项目经费内部支出（万元）
总计	**71**	**376**	**162**	**6800**
一、按企业规模分组				
大型				
中型	38	200	124	2389
小型	33	176	38	4411
微型				
二、按登记注册类型分组				
内资企业	34	234	79	3886
港、澳、台商投资企业	37	142	83	2914
外商投资企业				
三、按国民经济行业大类分组				
制造业	71	376	162	6800
食品制造业				
纺织业	1	38	38	102
纺织服装、服饰业				
造纸和纸制品业				
印刷和记录媒介复制业	11	43	7	949
化学原料和化学制品制造业	7	29	2	1300
医药制造业	37	137	95	2277
有色金属冶炼和压延加工业				
金属制品业				
通用设备制造业				
专用设备制造业				
汽车制造业				
铁路、船舶、航空航天和其他运输设备制造业				
电气机械和器材制造业	12	64	18	1132
计算机、通信和其他电子设备制造业	3	65	2	1041
仪器仪表制造业				
四、按企业控股情况分组				
国有控股	12	67	14	767
集体控股				
私人控股	22	167	65	3120
港澳台商控股	36	138	79	2469
外商控股				
其他	1	4	4	445
五、按地区分组				
淮安市	71	376	162	6800
清河区	71	376	162	6800
淮安区				
淮阴区				
清浦区				
涟水县				
洪泽县				
盱眙县				
金湖县				

注：清河区数据中包含淮安经济技术开发区，清浦区数据中包含市直和市工业园区。

2-2-5　工业企业限额以上R&D项目情况

	项目数合计 （项）	参加项目人员 （人）	项目经费内部支出 （万元）
总　计	**688**	**7187**	**226706**
一、按项目来源分组			
国家科技项目	8	107	2999
地方科技项目	33	390	8314
其他企业委托科技项目	17	88	1165
本企业自选科技项目	613	6464	210797
来自境外的科技项目			
其他科技项目	17	138	3430
二、按项目合作形式分组			
与境外机构合作	8	43	1123
与境内高校合作	132	1601	30973
与境内独立研究院所合作	39	569	13825
与境内注册的外商独资企业合作	5	79	1471
与境内注册的其他企业合作	21	124	2526
独立研究	469	4646	174177
其他	14	125	2611
三、按项目活动类型分组			
1. 基础研究			
2. 应用研究			
3. 试验发展	688	7187	226706
四、按项目成果形式分组			
论文或专著	11	91	1291
自主研制的新产品原型或样机、样件、样品、配方、新装置	268	2523	54579
自主开发的新技术或新工艺、新工法	351	4025	157185
发明专利	57	536	12672
实用新型专利			
外观设计专利			
带有技术、工艺参数的图纸、技术标准、操作规范			
基础软件	1	12	980
应用软件			
其他			

注：清河区数据中包含淮安经济技术开发区，清浦区数据中包含市直和市工业园区。

2－2－5　工业企业限额以上R&D项目情况（续1）

	项目数合计（项）	参加项目人员（人）	项目经费内部支出（万元）
五、按项目技术经济目标分组			
科学原理的探索、发现	3	52	629
技术原理的研究	13	143	3710
开发全新产品	410	4576	158147
增加产品功能或提高性能	194	1683	45680
提高劳动生产率	18	169	1680
减少能源消耗或提高能源使用效率	28	338	10685
节约原材料	10	99	3523
减少环境污染	8	92	2141
其他	4	35	510
六、按企业规模分组			
大型	119	1928	86224
中型	221	2804	69456
小型	348	2455	71026
微型			
七、按登记注册类型分组			
内资企业	506	5078	152749
港、澳、台商投资企业	123	1014	52852
外商投资企业	59	1095	21105
八、按国民经济行业大类分组			
采矿业	20	238	8105
非金属矿采选业	20	238	8105
制造业	659	6883	218183
农副食品加工业	17	156	5352
食品制造业	2	13	150
酒、饮料和精制茶制造业	11	213	5750
烟草制品业	1	18	70
纺织业	21	202	6553
纺织服装、服饰业	22	275	8008
皮革、毛皮、羽毛及其制品和制鞋业	8	44	289
木材加工和木、竹、藤、棕、草制品业	8	86	2571
家具制造业	1	20	30
造纸和纸制品业	2	26	1145
印刷和记录媒介复制业	17	105	4005
文教、工美、体育和娱乐用品制造业	13	155	5224
石油加工、炼焦和核燃料加工业	2	61	1025

2－2－5　工业企业限额以上R&D项目情况(续2)

	项目数合计 (项)	参加项目人员 (人)	项目经费内部支出 (万元)
化学原料和化学制品制造业	76	764	28343
医药制造业	91	382	7163
化学纤维制造业	1	3	200
橡胶和塑料制品业	14	140	4943
非金属矿物制品业	9	52	2945
黑色金属冶炼和压延加工业	25	340	19280
有色金属冶炼和压延加工业	4	40	1605
金属制品业	21	604	5032
通用设备制造业	60	513	12989
专用设备制造业	51	503	10796
汽车制造业	26	214	5398
铁路、船舶、航空航天和其他运输设备制造业	3	41	1050
电气机械和器材制造业	79	989	29349
计算机、通信和其他电子设备制造业	34	551	40000
仪器仪表制造业	31	292	7173
其他制造业	8	77	1728
金属制品、机械和设备修理业	1	4	20
电力、热力、燃气及水生产和供应业	8	51	173
电力、热力生产和供应业	8	51	173
九、按企业控股情况分组			
国有控股	79	980	20064
集体控股	1	4	50
私人控股	393	3676	115067
港澳台商控股	111	915	47758
外商控股	36	825	13280
其他	68	787	30487
十、按地区分组			
淮安市	1204	12558	436877
清河区	221	3059	103458
淮安区	146	1261	39231
淮阴区	57	931	54330
清浦区	106	1097	50711
涟水县	182	1833	49394
洪泽县	104	1493	50984
盱眙县	184	1415	53266
金湖县	204	1469	35503

2－2－6 工业企业办科技机构情况

	机构数（个）	机构人员合计（人）	博士毕业	硕士毕业	本科毕业	机构经费支出（万元）	仪器和设备原价（万元）	进口	境外机构数（个）
总计	**535**	**11991**	**302**	**1002**	**5506**	**303631**	**133727**	**18657**	**2**
一、按企业规模分组									
大型	36	2332	26	244	1115	107889	30786	8340	
中型	185	5158	113	321	2094	103508	60749	6656	
小型	311	4477	162	435	2284	91829	41500	3101	2
微型	3	24	1	2	13	405	693	560	
二、按登记注册类型分组									
内资企业	450	8862	256	740	4290	193401	105579	15434	2
港、澳、台商投资企业	43	1497	33	184	749	62419	11563	2392	
外商投资企业	42	1632	13	78	467	47811	16585	832	
三、按国民经济行业大类分组									
采矿业	9	279	4	30	141	6099	2702	174	
非金属矿采选业	9	279	4	30	141	6099	2702	174	
制造业	520	11513	298	966	5236	297049	130118	17998	2
农副食品加工业	34	410	12	44	215	9319	3649	452	1
食品制造业	3	173	13	10	73	2720	1527		
酒、饮料和精制茶制造业	2	422	1	9	169	10466	7224	981	
烟草制品业	1	30	1	6	13	277	5607	4345	
纺织业	31	525	10	41	231	12176	3464	571	
纺织服装、服饰业	47	511	8	43	220	10021	1818	17	
皮革、毛皮、羽毛及其制品和制鞋业	19	166	4	12	106	1654	2231	134	
木材加工和木、竹、藤、棕、草制品业	18	274	7	17	93	5349	1771	23	
家具制造业	2	23		5	9	45	4	4	
造纸和纸制品业	9	89	9	11	45	3450	1622	2	
印刷和记录媒介复制业	8	111	3	9	65	2562	1906	60	
文教、工美、体育和娱乐用品制造业	11	310	5	14	156	2451	2664	1050	
石油加工、炼焦和核燃料加工业	2	49		6	29	525	355		
化学原料和化学制品制造业	54	1082	47	129	554	35123	14603	1229	
医药制造业	17	566	33	115	285	9539	7279	514	1
化学纤维制造业	1	5	1	4		80	74		
橡胶和塑料制品业	15	721	5	29	118	30874	2754	333	
非金属矿物制品业	16	221	2	13	107	8140	2001	5	

注：清河区数据中包含淮安经济技术开发区，清浦区数据中包含市直和市工业园区。

2－2－6　工业企业办科技机构情况（续）

	机构数（个）	机构人员合计（人）	博士毕业	硕士毕业	本科毕业	机构经费支出（万元）	仪器和设备原价（万元）	进口	境外机构数（个）
黑色金属冶炼和压延加工业	6	264	3	22	87	4623	2886	50	
有色金属冶炼和压延加工业	8	71	5	7	34	2665	1030	3	
金属制品业	16	476	7	16	139	7498	4906	5	
通用设备制造业	38	819	14	39	386	16665	14346	813	
专用设备制造业	33	753	30	48	365	12881	7932	39	
汽车制造业	22	657	23	57	266	12817	7480	227	
铁路、船舶、航空航天和其他运输设备制造业	3	67	4	6	46	1042	194	3	
电气机械和器材制造业	49	1495	16	88	782	27474	20399	3086	
计算机、通信和其他电子设备制造业	25	671	9	120	378	57463	6203	3895	
仪器仪表制造业	20	449	24	36	194	8264	3814	154	
其他制造业	7	81	2	10	49	730	310	2	
废弃资源综合利用业	2	18			18	136	64	2	
金属制品、机械和设备修理业	1	4			4	20	3	3	
电力、热力、燃气及水生产和供应业	6	199		6	129	483	908	485	
电力、热力生产和供应业	3	162		2	100	112	232	35	
燃气生产和供应业	1	18			18	8	26		
水的生产和供应业	2	19		4	11	363	650	450	
四、按企业控股情况分组									
国有控股	25	1257	10	78	663	22159	24975	9357	
集体控股	2	37	2		12	886	378		
私人控股	423	7204	238	644	3527	164927	74342	5450	2
港澳台商控股	34	1339	32	172	666	60113	10266	2211	
外商控股	34	1300	8	58	233	14293	6368	546	
其他	17	854	12	50	405	41252	17399	1095	
五、按地区分组									
淮安市	535	11991	302	1002	5506	303631	133727	18657	2
清河区	79	2912	37	235	1177	94756	32464	7471	1
淮安区	62	1431	42	151	623	15814	17079	1860	1
淮阴区	48	1042	23	75	531	53132	16073	1071	
清浦区	27	670	22	79	287	11183	13326	5071	
涟水县	149	1887	66	162	986	39473	16351	1500	
洪泽县	51	1757	32	100	577	51128	16517	760	
盱眙县	66	912	25	81	761	8885	4919	138	
金湖县	53	1380	55	119	564	29261	16999	786	

2－2－7 工业企业新产品开发、生产及销售情况

	新产品开发项目数（项）	新产品开发经费支出（万元）	新产品产值（万元）	新产品销售收入（万元）	出口
总计	**1183**	**450569**	**3135005**	**3091486**	**251812**
一、按企业规模分组					
大型	144	150962	1044404	1022301	129708
中型	463	142169	996869	965208	85548
小型	571	157430	1088054	1097633	36555
微型	5	9	5678	6345	
二、按登记注册类型分组					
内资企业	900	322231	2516573	2518936	94791
港、澳、台商投资企业	176	77005	385213	358904	132356
外商投资企业	107	51334	233219	213646	24666
三、按国民经济行业大类分组					
采矿业	13	5512	134308	131963	216
非金属矿采选业	13	5512	134308	131963	216
制造业	1160	441177	3000697	2959523	251596
农副食品加工业	64	17142	615782	607664	
食品制造业	7	2736	16708	14974	
酒、饮料和精制茶制造业	15	10466	53302	53238	
烟草制品业					
纺织业	61	19189	132449	129973	17242
纺织服装、服饰业	46	11674	56193	54736	4725
皮革、毛皮、羽毛及其制品和制鞋业	28	5143	18816	13676	20
木材加工和木、竹、藤、棕、草制品业	16	6431	22020	18730	120
家具制造业	1	15	91	83	
造纸和纸制品业	3	1935	9955	9813	
印刷和记录媒介复制业	76	4720	30979	30432	60
文教、工美、体育和娱乐用品制造业	14	8732	51082	49321	28995
石油加工、炼焦和核燃料加工业	1	1164			
化学原料和化学制品制造业	103	50673	409893	438605	25042
医药制造业	116	11717	134234	121020	23277
化学纤维制造业	1	274	430	230	89
橡胶和塑料制品业	20	32450	28615	29798	485
非金属矿物制品业	26	8995	102972	103877	68

注：清河区数据中包含淮安经济技术开发区，清浦区数据中包含市直和市工业园区。

2－2－7　工业企业新产品开发、生产及销售情况（续）

	新产品开发项目数（项）	新产品开发经费支出（万元）	新产品产值（万元）	新产品销售收入（万元）	
					出口
黑色金属冶炼和压延加工业	35	37755	98545	103171	1511
有色金属冶炼和压延加工业	10	3385	12110	11992	2022
金属制品业	20	8048	135584	117935	12650
通用设备制造业	94	33909	168053	174340	5649
专用设备制造业	84	18368	164554	163321	2524
汽车制造业	61	21160	56352	54418	6500
铁路、船舶、航空航天和其他运输设备制造业	14	1737	3714	3439	
电气机械和器材制造业	119	48006	562197	541879	116900
计算机、通信和其他电子设备制造业	55	61502	61806	60084	2249
仪器仪表制造业	57	10375	50296	48838	146
其他制造业	10	2424	1606	1599	1321
废弃资源综合利用业	2	1032	2249	2239	
金属制品、机械和设备修理业	1	20	110	100	
电力、热力、燃气及水生产和供应业	10	3881			
电力、热力生产和供应业	6	3414			
燃气生产和供应业					
水的生产和供应业	4	467			
四、按企业控股情况分组					
国有控股	80	28837	450628	444500	20166
集体控股	10	300	4069	4728	
私人控股	773	259121	1750797	1753841	68465
港澳台商控股	158	70349	244781	213562	132336
外商控股	73	16366	113728	98146	24191
其他	89	75596	571002	576710	6654
五、按地区分组					
淮安市	1183	450569	3135005	3091486	251812
清河区	243	102406	458822	458500	34813
淮安区	123	54621	272239	276719	44679
淮阴区	56	62992	1286746	1286746	
清浦区	93	42737	267789	260026	1511
涟水县	230	47463	195482	183792	15410
洪泽县	90	50533	221142	214059	1783
盱眙县	162	56033	140666	135132	23813
金湖县	186	33786	292120	276512	129803

2－2－8 工业企业自主知识产权保护情况

	专利申请数（件）	发明专利	有效发明专利数（件）	境外授权	专利所有权转让及许可数（项）	专利所有权转让及许可收入（万元）	发表科技论文（篇）	拥有注册商标数（件）	境外注册	形成国家或行业标准数（项）
总　　计	**1593**	**490**	**516**	**9**	**25**	**702**	**176**	**994**	**52**	**57**
一、按企业规模分组										
大型	244	57	60		2	310	50	364	34	14
中型	403	142	112	8	7	12	54	222	1	23
小型	930	290	344	1	16	380	72	406	17	20
微型	16	1						2		
二、按登记注册类型分组										
内资企业	1125	360	426	9	25	702	169	926	50	50
港、澳、台商投资企业	397	113	63					57	2	4
外商投资企业	71	17	27				7	11		3
三、按国民经济行业大类分组										
采矿业	22	11	24		2	310	24	3		3
非金属矿采选业	22	11	24		2	310	24	3		3
制造业	1556	478	491	9	23	392	135	991	52	54
农副食品加工业	36	22	29	7			6	178	16	3
食品制造业	1	1	2					11		
酒、饮料和精制茶制造业	9	1	11		1		4	247	24	
烟草制品业	14						6	20		
纺织业	41	12	1				1	7	3	6
纺织服装、服饰业	30	12						1		
皮革、毛皮、羽毛及其制品和制鞋业	9	8	30	2			2	9		2
木材加工和木、竹、藤、棕、草制品业	24	8	1				4	19		5
家具制造业	1	1								
造纸和纸制品业	12	1						2		1
印刷和记录媒介复制业	65	11	1					7		
文教、工美、体育和娱乐用品制造业	17	10	9		1	100	1	9		1
石油加工、炼焦和核燃料加工业	1	1	2							
化学原料和化学制品制造业	76	33	23		2	30	10	208	5	3
医药制造业	175	80	52		2	10	8	86	1	4
化学纤维制造业										
橡胶和塑料制品业	14	4						1		1
非金属矿物制品业	44	14	23				2	11		

注：清河区数据中包含淮安经济技术开发区，清浦区数据中包含市直和市工业园区。

2-2-8　工业企业自主知识产权保护情况（续）

	专利申请数（件）	发明专利	有效发明专利数（件）	境外授权	专利所有权转让及许可数（项）	专利所有权转让及许可收入（万元）	发表科技论文（篇）	拥有注册商标数（件）	境外注册	形成国家或行业标准数（项）
黑色金属冶炼和压延加工业	7	3	8				12	1		1
有色金属冶炼和压延加工业	9	3								
金属制品业	41	9	45				4	3		3
通用设备制造业	100	23	7		9	42	16	13		5
专用设备制造业	218	71	150		1		23	32		1
汽车制造业	72	18	7					4		2
铁路、船舶、航空航天和其他运输设备制造业	5	1	1				4	2		1
电气机械和器材制造业	289	66	41		6	10	11	37	2	12
计算机、通信和其他电子设备制造业	141	28	9				14	4		2
仪器仪表制造业	97	33	38		1	200	7	79	1	1
其他制造业	6	2	1							
废弃资源综合利用业	1	1								
金属制品、机械和设备修理业	1	1								
电力、热力、燃气及水生产和供应业	15	1	1				17			
电力、热力生产和供应业							12			
燃气生产和供应业	10									
水的生产和供应业	5	1	1				5			
四、按企业控股情况分组										
国有控股	60	15	48		7	312	61	350	29	3
集体控股	13	8	8					1		
私人控股	1077	340	401	9	18	390	95	589	21	46
港澳台商控股	379	111	46					47	2	4
外商控股	31	9	1				5	3		3
其他	33	7	12				15	4		1
五、按地区分组										
淮安市	1593	490	516	9	25	702	176	994	52	57
清河区	350	121	83	6	7	202	20	46		3
淮安区	94	27	44		5	410	27	89	3	16
淮阴区	30	6	2		9	80	11	4		
清浦区	63	19	41		2	10	35	128	6	6
涟水县	152	66	15	1	1		24	270	24	7
洪泽县	212	62	29				11	30		4
盱眙县	108	39	83	2	1		28	187	16	15
金湖县	584	150	219				20	240	3	6

2－2－9　工业企业政府相关政策落实情况

单位：万元

	研究开发费用加计扣除减免税	高新技术企业减免税
总　　计	**2261**	**6208**
一、按企业规模分组		
大型	299	178
中型	1371	4876
小型	591	1155
微型		
二、按登记注册类型分组		
内资企业	2181	5615
港、澳、台商投资企业	68	346
外商投资企业	12	247
三、按国民经济行业大类分组		
采矿业	180	7
非金属矿采选业	180	7
制造业	2081	6201
农副食品加工业	276	
食品制造业		
酒、饮料和精制茶制造业	75	
烟草制品业		
纺织业		
纺织服装、服饰业		
皮革、毛皮、羽毛及其制品和制鞋业	491	6
木材加工和木、竹、藤、棕、草制品业		
家具制造业		
造纸和纸制品业		
印刷和记录媒介复制业		
文教、工美、体育和娱乐用品制造业		
石油加工、炼焦和核燃料加工业		
化学原料和化学制品制造业	74	349
医药制造业	15	1917
化学纤维制造业		
橡胶和塑料制品业		
非金属矿物制品业		110

注：清河区数据中包含淮安经济技术开发区，清浦区数据中包含市直和市工业园区。

2－2－9　工业企业政府相关政策落实情况（续）

单位：万元

	研究开发费用加计扣除减免税	高新技术企业减免税
黑色金属冶炼和压延加工业	44	
有色金属冶炼和压延加工业		
金属制品业	20	110
通用设备制造业	382	836
专用设备制造业	367	2265
汽车制造业	136	116
铁路、船舶、航空航天和其他运输设备制造业		
电气机械和器材制造业	8	142
计算机、通信和其他电子设备制造业		14
仪器仪表制造业	140	337
其他制造业	53	
废弃资源综合利用业		
金属制品、机械和设备修理业		
电力、热力、燃气及水生产和供应业		
电力、热力生产和供应业		
燃气生产和供应业		
水的生产和供应业		
四、按企业控股情况分组		
国有控股	308	118
集体控股		
私人控股	1764	5502
港澳台商控股	68	345
外商控股	12	136
其他	110	108
五、按地区分组		
淮安市	2261	6208
清河区	99	143
淮安区	326	116
淮阴区	12	136
清浦区	52	1760
涟水县	77	7
洪泽县	40	710
盱眙县	992	26
金湖县	664	3310

2－2－10 工业企业技术获取和技术改造情况

单位：万元

	引进技术经费支出	消化吸收经费支出	购买国内技术经费支出	技术改造经费支出
总　　计	**1009**	**1353**	**10114**	**105677**
一、按企业规模分组				
大型	809	664	4638	54797
中型	55	317	1064	44124
小型	145	371	4412	6756
微型				
二、按登记注册类型分组				
内资企业	721	1140	9999	100979
港、澳、台商投资企业	288	92	55	969
外商投资企业		120	60	3729
三、按国民经济行业大类分组				
采矿业		268	1120	2393
非金属矿采选业		268	1120	2393
制造业	994	1085	8994	80115
农副食品加工业			625	3124
食品制造业				524
酒、饮料和精制茶制造业				8494
烟草制品业				25200
纺织业				7620
纺织服装、服饰业				
皮革、毛皮、羽毛及其制品和制鞋业			293	420
木材加工和木、竹、藤、棕、草制品业				4
家具制造业				
造纸和纸制品业				1358
印刷和记录媒介复制业				1453
文教、工美、体育和娱乐用品制造业	112	68	200	50
石油加工、炼焦和核燃料加工业				600
化学原料和化学制品制造业		175	512	13856
医药制造业	55	122	55	1019
化学纤维制造业				
橡胶和塑料制品业				
非金属矿物制品业				

注：清河区数据中包含淮安经济技术开发区，清浦区数据中包含市直和市工业园区。

2－2－10　工业企业技术获取和技术改造情况（续）

单位：万元

	引进技术经费支出	消化吸收经费支出	购买国内技术经费支出	技术改造经费支出
黑色金属冶炼和压延加工业	442	30	62	4505
有色金属冶炼和压延加工业		5		
金属制品业			2693	11
通用设备制造业		10	295	38
专用设备制造业			35	5738
汽车制造业				800
铁路、船舶、航空航天和其他运输设备制造业			36	10
电气机械和器材制造业	385	578	3881	4625
计算机、通信和其他电子设备制造业				36
仪器仪表制造业		96	308	117
其他制造业				514
废弃资源综合利用业				
金属制品、机械和设备修理业				
电力、热力、燃气及水生产和供应业	16			23169
电力、热力生产和供应业	16			23091
燃气生产和供应业				
水的生产和供应业				78
四、按企业控股情况分组				
国有控股	16	268	1477	71222
集体控股				55
私人控股	264	842	8460	25130
港澳台商控股	288	72	55	567
外商控股		140	60	3700
其他	442	30	62	5003
五、按地区分组				
淮安市	1009	1353	10114	105677
清河区		102	57	4670
淮安区	128	351	1380	4339
淮阴区		120	60	26470
清浦区	442	90	72	36957
涟水县	55		77	18139
洪泽县				
盱眙县	97	669	8133	7768
金湖县	288	20	335	7335

2－2－11 大 中 型 工 业

	企业数（个）	有R&D活动	有科技机构	从业人员期末人数（人）	从业人员平均人数（人）
总　计	**213**	**126**	**194**	**205511**	**211130**
一、按企业规模分组					
大型	29	25	28	108015	116936
中型	184	101	166	97496	94194
小型					
微型					
二、按登记注册类型分组					
内资企业	151	87	134	100785	98198
港、澳、台商投资企业	31	18	30	74188	82765
外商投资企业	31	21	30	30538	30167
三、按国民经济行业大类分组					
采矿业	3	3	3	3177	3265
非金属矿采选业	3	3	3	3177	3265
制造业	206	120	187	199866	205383
农副食品加工业	10	2	7	7174	5563
食品制造业	2		2	2256	2115
酒、饮料和精制茶制造业	1	1	1	3263	3356
烟草制品业	1	1	1	1948	1948
纺织业	18	9	18	15680	14963
纺织服装、服饰业	32	18	29	22094	21516
皮革、毛皮、羽毛及其制品和制鞋业	11	2	10	5389	5461
木材加工和木、竹、藤、棕、草制品业	1	1	1	375	368
家具制造业	1	1	1	1124	1123
造纸和纸制品业	2	1	2	681	682
印刷和记录媒介复制业	6	5	6	2997	2913
文教、工美、体育和娱乐用品制造业	5	3	5	2775	2753
石油加工、炼焦和核燃料加工业	2	2	2	1737	1745
化学原料和化学制品制造业	17	13	16	10899	11047
医药制造业	5	4	5	2415	2417
化学纤维制造业	1	1	1	496	495
橡胶和塑料制品业	9	6	9	7258	7191
非金属矿物制品业	5	3	5	2567	2420

注：清河区数据中包含淮安经济技术开发区，清浦区数据中包含市直和市工业园区。

企 业 基 本 情 况

工业总产值（万元）	主营业务收入（万元）	利润总额（万元）	主营业务税金及附加（万元）	管理费用中的税金（万元）	应交增值税（万元）	资产总计（万元）	出口交货值（万元）
19999350	**20643497**	**929711**	**765962**	**21159**	**449911**	**10177252**	**5595938**
12816508	13154292	564365	729063	11939	267738	5642901	5125267
7182841	7489205	365346	36899	9220	182174	4534351	470671
10938075	11317280	691970	750296	14990	389799	7283808	346141
6748302	6971435	71416	6740	3259	26024	1590246	4770731
2312974	2354781	166326	8926	2910	34089	1303198	479066
195737	199156	20809	4512	942	8874	494135	4780
195737	199156	20809	4512	942	8874	494135	4780
19280688	19924331	860296	757285	18779	421234	8728130	5591158
1097479	1102564	53622	4999	834	8953	194590	
247180	241451	45376	1401	386	10533	169341	
355348	321806	94006	29346	796	27471	328988	
1044649	1031430	199313	605955	1204	138053	1052062	
896040	889084	27301	2915	1183	11206	590202	26846
675263	703512	34274	4232	363	19006	193153	191739
252777	259032	11144	2113	458	4680	51221	16639
33823	35604	1285	132	70	1317	18819	
189370	179617	2703		12		12875	
83062	98910	4106	129	20	1364	57786	
218296	207186	15115	610	165	5223	95384	
320000	350056	10883	1432	371	13190	100058	10631
708187	708687	-15738	70957	483	13533	188368	
998008	1124113	22126	4532	2496	33811	873362	27151
144670	134829	18453	1710	391	13892	130951	28071
126793	133169	4186	421	70	5406	29984	
556282	559460	58074	2071	1227	6776	583188	251980
256319	258406	13618	1339	243	6600	109703	7038

2－2－11 大 中 型 工 业

	企业数（个）	有R&D活动	有科技机构	从业人员期末人数（人）	从业人员平均人数（人）
黑色金属冶炼和压延加工业	9	3	4	8431	8449
有色金属冶炼和压延加工业	1	1	1	489	482
金属制品业	4	4	4	3403	3459
通用设备制造业	14	6	10	7057	6982
专用设备制造业	6	5	6	3511	3508
汽车制造业	9	5	9	4141	4011
铁路、船舶、航空航天和其他运输设备制造业	1	1	1	1245	1245
电气机械和器材制造业	20	11	18	21410	22211
计算机、通信和其他电子设备制造业	11	9	11	56745	64861
仪器仪表制造业	1	1	1	654	653
其他制造业	1	1	1	1652	1446
电力、热力、燃气及水生产和供应业	4	3	4	2468	2482
电力、热力生产和供应业	2	2	2	1640	1657
燃气生产和供应业	1		1	360	357
水的生产和供应业	1	1	1	468	468
四、按企业控股情况分组					
国有控股	14	13	13	18972	3166219
集体控股					
私人控股	135	70	120	70860	6068377
港澳台商控股	24	14	23	78980	6575701
外商控股	27	17	26	24315	1673577
其他	13	12	12	18003	2515476
五、按地区分组					
淮安市	213	126	194	205511	211130
清河区	43	28	40	88058	94077
淮安区	27	17	26	16032	15535
淮阴区	23	14	21	12929	12564
清浦区	18	11	15	17379	17568
涟水县	35	24	34	30078	29675
洪泽县	16	10	16	9977	9974
盱眙县	36	15	28	21085	20705
金湖县	15	7	14	9973	11032

企　业　基　本　情　况（续）

工业总产值（万元）	主营业务收入（万元）	利润总额（万元）	主营业务税金及附加（万元）	管理费用中的税金（万元）	应交增值税（万元）	资产总计（万元）	出口交货值（万元）
1862358	1971228	46612	6916	3129	30118	1487920	38269
28380	28302	849	142		283	8334	
104299	128603	12391	571	226	2460	76905	12315
419923	448027	23976	2640	449	8172	194215	5172
313954	334519	40402	1367	468	7504	177281	101728
491445	525248	27394	1809	344	14575	242964	66678
2001	2001	35	26	4	135	300	
1897850	1941562	78548	5342	1321	28350	801317	193488
5920867	6172645	27041	4026	1834	7198	913695	4613412
20559	16009	2178	78	78	945	22817	
15507	17274	1023	74	154	480	22347	
522925	520010	48606	4164	1438	19803	954987	
461176	455864	46876	3560	1210	18013	793069	
51572	53968	5469	604	114	1123	78278	
10178	10178	-3740		115	667	83641	
3229051	365219	715641	5729	222450	3593844	31883	
6353013	297053	28336	5582	145348	2525746	300658	
6777396	62605	6037	2873	22071	1481876	4730502	
1705446	94918	5771	1793	26214	717173	216802	
2578591	109916	10177	5182	33829	1858614	316093	
19999350	20643497	929711	765962	21159	449911	10177252	5595938
8315645	8541545	137238	8390	5452	18821	2524085	4925716
1440195	1531822	79632	9845	1850	58880	845399	109610
2460189	2447218	180531	16052	3526	51920	1093856	
3511816	3614776	239236	684577	5934	195933	3399965	70663
1229633	1198346	116596	31357	1465	38619	802235	114492
627430	619443	33570	1873	866	18744	462306	66248
1298081	1483310	52193	11012	776	36991	501795	24163
1116361	1207037	90716	2856	1290	30003	547611	285047

2－2－12 大 中 型 工 业

	R&D人员合计（人）	#1.参加项目人员	2.管理和服务人员	#女性
总计	**5871**	**5227**	**644**	**1072**
一、按企业规模分组				
大型	2595	2240	355	413
中型	3276	2987	289	659
小型				
微型				
二、按登记注册类型分组				
内资企业	3875	3419	456	699
港、澳、台商投资企业	861	791	70	170
外商投资企业	1135	1017	118	203
三、按国民经济行业大类分组				
采矿业	210	202	8	25
非金属矿采选业	210	202	8	25
制造业	5603	4974	629	1035
农副食品加工业	28	26	2	5
食品制造业				
酒、饮料和精制茶制造业	226	213	13	57
烟草制品业	146	18	128	43
纺织业	228	204	24	67
纺织服装、服饰业	314	258	56	157
皮革、毛皮、羽毛及其制品和制鞋业	20	18	2	13
木材加工和木、竹、藤、棕、草制品业	23	15	8	2
家具制造业	23	20	3	3
造纸和纸制品业	16	14	2	2
印刷和记录媒介复制业	83	72	11	19
文教、工美、体育和娱乐用品制造业	192	171	21	21
石油加工、炼焦和核燃料加工业	89	61	28	38
化学原料和化学制品制造业	783	731	52	87
医药制造业	253	225	28	110
化学纤维制造业	4	3	1	
橡胶和塑料制品业	164	107	57	15
非金属矿物制品业	29	26	3	

注：清河区数据中包含淮安经济技术开发区，清浦区数据中包含市直和市工业园区。

企 业 R&D 人 员 情 况

#研究人员	#1. 全时人员	2. 非全时人员	R&D人员折合全时当量合计（人年）	#研究人员	#1. 基础研究人员	2. 应用研究人员	3. 试验发展人员
1365	**3748**	**2123**	**4887**	**985**			**4887**
578	1533	1062	2240	402			2240
787	2215	1061	2647	583			2647
1112	2771	1104	3035	759			3035
150	403	458	765	132			765
103	574	561	1087	95			1087
91	186	24	177	79			177
91	186	24	177	79			177
1231	3527	2076	4695	894			4695
9	23	5	25	8			25
44	209	17	222	43			222
146	7	139	40	40			40
41	127	101	201	34			201
101	159	155	262	83			262
5	20		8	3			8
6	8	15	21	6			21
3	2	21	23	3			23
6	5	11	15	5			15
31	54	29	72	29			72
20	190	2	178	18			178
42	57	32	53	26			53
93	643	140	687	78			687
46	218	35	161	29			1611
	3	1	4	1			4
25	48	116	152	22			152
7	10	19	26	7			26

2－2－12 大 中 型 工 业

	R&D人员合计（人）	#1.参加项目人员	2.管理和服务人员	#女性
黑色金属冶炼和压延加工业	360	348	12	14
有色金属冶炼和压延加工业	17	15	2	4
金属制品业	565	548	17	67
通用设备制造业	245	222	23	45
专用设备制造业	289	266	23	55
汽车制造业	139	126	13	10
铁路、船舶、航空航天和其他运输设备制造业	15	14	1	3
电气机械和器材制造业	850	790	60	159
计算机、通信和其他电子设备制造业	380	352	28	23
仪器仪表制造业	78	71	7	5
其他制造业	44	40	4	11
电力、热力、燃气及水生产和供应业	58	51	7	12
电力、热力生产和供应业	40	35	5	7
燃气生产和供应业				
水的生产和供应业	18	16	2	5
四、按企业控股情况分组				
国有控股	1431	1202	229	248
集体控股				
私人控股	1960	1760	200	398
港澳台商控股	808	740	68	154
外商控股	849	785	64	169
其他	823	740	83	103
五、按地区分组				
淮安市	5871	5227	644	1072
清河区	1810	1645	165	329
淮安区	600	541	59	64
淮阴区	401	374	27	56
清浦区	1126	917	209	191
涟水县	716	626	90	252
洪泽县	388	358	30	33
盱眙县	402	366	36	98
金湖县	428	400	28	49

企业R&D人员情况(续)

#研究人员	#1. 全时人员	2. 非全时人员	R&D人员折合全时当量合计(人年)	#研究人员	#1. 基础研究人员	2. 应用研究人员	3. 试验发展人员
117	118	242	224	73			224
7	6	11	11	4			11
29	262	303	562	29			562
78	220	25	171	54			171
126	253	36	246	117			246
34	116	23	108	26			108
15	15		14	14			14
123	519	331	761	83			761
53	130	250	350	38			350
2	78		59	2			59
21	27	17	41	19			41
43	35	23	15	13			15
28	30	10	9	7			9
15	5	13	6	5			6
447	1055	376	1163	259			1163
459	1443	517	1559	350			1559
134	375	433	718	118			718
73	399	450	808	67			808
252	476	347	638	192			638
1365	3748	2123	4887	985			4887
234	903	907	1645	170			1645
185	500	100	497	147			497
95	331	70	317	76			317
371	686	440	735	174			735
233	510	206	639	203			639
47	348	40	292	35			292
99	215	187	376	92			376
101	255	173	387	89			387

2－2－13 大 中 型 工 业

	R&D经费内部支出合计	(一) 按活动类型分组			(二) 按	
		#1. 基础研究支出	2. 应用研究支出	3. 试验发展支出	1. 经常费支出	#人员劳务费
总　　计	**175126**			**175126**	**156694**	**29537**
一、按企业规模分组						
大型	89467			89467	86932	13947
中型	85659			85659	69762	15590
小型						
微型						
二、按登记注册类型分组						
内资企业	106834			106834	92976	20360
港、澳、台商投资企业	46655			46655	43988	4721
外商投资企业	21638			21638	19729	4456
三、按国民经济行业大类分组						
采矿业	7075			7075	5453	1494
非金属矿采选业	7075			7075	5453	1494
制造业	167484			167484	150806	27946
农副食品加工业	1926			1926	1736	408
食品制造业						
酒、饮料和精制茶制造业	5923			5923	5629	1584
烟草制品业	832			832	829	600
纺织业	5915			5915	5661	1566
纺织服装、服饰业	8625			8625	7432	1609
皮革、毛皮、羽毛及其制品和制鞋业	148			148	148	94
木材加工和木、竹、藤、棕、草制品业	1148			1148	779	64
家具制造业	32			32	30	6
造纸和纸制品业	1532			1532	1401	146
印刷和记录媒介复制业	3366			3366	3089	788
文教、工美、体育和娱乐用品制造业	4455			4455	2690	671
石油加工、炼焦和核燃料加工业	1888			1888	1741	536
化学原料和化学制品制造业	20289			20289	18229	3730
医药制造业	3347			3347	2373	820
化学纤维制造业	274			274	198	54
橡胶和塑料制品业	3330			3330	3246	623
非金属矿物制品业	2368			2368	2290	510

注：清河区数据中包含淮安经济技术开发区，清浦区数据中包含市直和市工业园区。

企　业　R&D　经　费　情　况

计量单位：万元

支出用途分组 2. 资产性支出	#①土建工程	②仪器设备	R&D经费外部支出	对境内研究机构支出	对境内高等学校支出	对境外支出
18432	**460**	**17972**	**2937**	**854**	**1549**	**74**
2535	33	2502	1224	597	94	74
15897	427	15470	1713	257	1456	
13858	371	13487	2653	709	1411	74
2666	26	2641	274	146	128	
1908	63	1845	10		10	
1622	7	1615	567	272	295	
1622	7	1615	567	272	295	
16678	452	16227	2352	583	1237	74
190	1	189	48		48	
294		294				
3		3	72	72		
254	26	228	191		41	
1193	22	1171				
370		370				
2		2				
131	11	120	160		160	
277	16	261				
1765		1765	5		5	
147	7	140	125	125		
2059	202	1858	204	88	116	
974	30	944	125	125		
76		76				
83		83				
78	3	75				

2－2－13 大中型工业

	R&D经费内部支出合计	(一)按活动类型分组			(二)按	
		#1.基础研究支出	2.应用研究支出	3.试验发展支出	1.经常费支出	#人员劳务费
黑色金属冶炼和压延加工业	20029			20029	19852	1754
有色金属冶炼和压延加工业	528			528	170	54
金属制品业	3657			3657	2677	871
通用设备制造业	6293			6293	4534	1060
专用设备制造业	7892			7892	6237	1319
汽车制造业	4026			4026	3658	795
铁路、船舶、航空航天和其他运输设备制造业	999			999	927	478
电气机械和器材制造业	20250			20250	18694	5380
计算机、通信和其他电子设备制造业	34398			34398	33454	1769
仪器仪表制造业	2071			2071	1692	466
其他制造业	1945			1945	1411	192
电力、热力、燃气及水生产和供应业	568			568	436	98
电力、热力生产和供应业	251			251	236	17
燃气生产和供应业						
水的生产和供应业	317			317	199	81
四、按企业控股情况分组						
国有控股	23158			23158	20627	6875
集体控股						
私人控股	61863			61863	51879	11037
港澳台商控股	44539			44539	41909	4324
外商控股	14706			14706	13236	2980
其他	30860			30860	29043	4321
五、按地区分组						
淮安市	175126			175126	156694	29537
清河区	48567			48567	45300	5860
淮安区	16276			16276	12399	3528
淮阴区	20310			20310	18955	4280
清浦区	24109			24109	23385	3742
涟水县	23066			23066	21554	5658
洪泽县	12871			12871	10006	2388
盱眙县	16897			16897	13758	1635
金湖县	13029			13029	11338	2446

企业R&D经费情况(续)

计量单位：万元

支出用途分组 2. 资产性支出	#①土建工程	②仪器设备	R&D经费 外部支出	对境内 研究机构 支出	对境内 高等学校 支出	对境外 支出
178	2	175	457	74		74
358	17	342				
980	6	975	66	13	53	
1759	7	1752	41	9	32	
1655	23	1632				
367	24	344	40	10	30	
72		71	65	13	52	
1556	9	1548	82	54	29	
945	47	898				
379		379	542		542	
534		534	128		128	
132	2	131	17		17	
15	1	14				
117	1	116	17		17	
2531	17	2514	614	557	57	
9984	349	9635	1582	78	1355	
2630	25	2606	274	146	128	
1470	23	1448	10		10	
1817	47	1770	457	74		74
18432	460	17972	2937	854	1549	74
3267	25	3243	125	125		
3877	264	3613	361	281	80	
1356	43	1313				
725	9	716	672	272	17	74
1512	32	1479	281	27	105	
2865	8	2857	966	9	957	
3139	31	3109	351	121	231	
1691	49	1643	181	21	160	

2－2－14 大中型工业企业限额以上R&D项目情况

	项目数（项）	参加项目人员（人）	项目人员折合全时当量（人年）	全部项目经费内部支出（万元）
总计	**417**	**5227**	**4422**	**154652**
一、按企业规模分组				
大型	127	2240	1993	85316
中型	290	2987	2430	69336
小型				
微型				
二、按登记注册类型分组				
内资企业	278	3419	2738	91221
港、澳、台商投资企业	70	791	705	43756
外商投资企业	69	1017	980	19676
三、按国民经济行业大类分组				
采矿业	14	202	170	5773
非金属矿采选业	14	202	170	5773
制造业	398	4974	4238	148538
农副食品加工业	3	26	23	1666
食品制造业				
酒、饮料和精制茶制造业	11	213	209	5750
烟草制品业	3	18	5	70
纺织业	15	204	182	5657
纺织服装、服饰业	23	258	219	7155
皮革、毛皮、羽毛及其制品和制鞋业	11	18	7	148
木材加工和木、竹、藤、棕、草制品业	1	15	14	806
家具制造业	1	20	20	30
造纸和纸制品业	1	14	13	945
印刷和记录媒介复制业	44	72	64	3116
文教、工美、体育和娱乐用品制造业	7	171	159	3044
石油加工、炼焦和核燃料加工业	2	61	27	1025
化学原料和化学制品制造业	41	731	641	16961
医药制造业	52	225	146	2859
化学纤维制造业	1	3	3	200
橡胶和塑料制品业	10	107	98	3252
非金属矿物制品业	3	26	23	940

注：清河区数据中包含淮安经济技术开发区，清浦区数据中包含市直和市工业园区。

2－2－14　大中型工业企业限额以上R&D项目情况（续）

	项目数（项）	参加项目人员（人）	项目人员折合全时当量（人年）	全部项目经费内部支出（万元）
黑色金属冶炼和压延加工业	25	348	215	19623
有色金属冶炼和压延加工业	1	15	10	212
金属制品业	12	548	546	2958
通用设备制造业	25	222	156	4673
专用设备制造业	18	266	227	6617
汽车制造业	8	126	98	3253
铁路、船舶、航空航天和其他运输设备制造业	1	14	13	998
电气机械和器材制造业	56	790	703	19662
计算机、通信和其他电子设备制造业	16	352	328	33846
仪器仪表制造业	3	71	54	1643
其他制造业	4	40	37	1428
电力、热力、燃气及水生产和供应业	5	51	14	342
电力、热力生产和供应业	4	35	8	30
燃气生产和供应业				
水的生产和供应业	1	16	6	312
四、按企业控股情况分组				
国有控股	75	1202	1038	19766
集体控股				
私人控股	163	1760	1405	51171
港澳台商控股	62	740	659	41708
外商控股	54	785	753	13015
其他	63	740	568	28993
五、按地区分组				
淮安市	417	5227	4422	154652
清河区	117	1645	1497	47241
淮安区	60	541	452	10328
淮阴区	23	374	298	17660
清浦区	67	917	642	21785
涟水县	72	626	560	21885
洪泽县	15	358	270	10162
盱眙县	35	366	343	14225
金湖县	28	400	360	11367

2－2－15　大中型工业企业办科技机构情况

	机构数（个）	机构人员合计（人）	博士毕业	硕士毕业	本科毕业	机构经费支出（万元）	仪器和设备原价（万元）	进口
总　　计	**221**	**7490**	**139**	**565**	**3209**	**211397**	**91535**	**14996**
一、按企业规模分组								
大型	36	2332	26	244	1115	107889	30786	8340
中型	185	5158	113	321	2094	103508	60749	6656
小型								
微型								
二、按登记注册类型分组								
内资企业	159	4828	112	361	2263	110919	67820	11950
港、澳、台商投资企业	31	1192	19	144	557	57274	8479	2286
外商投资企业	31	1470	8	60	389	43204	15236	761
三、按国民经济行业大类分组								
采矿业	4	224	4	28	92	5777	2535	174
非金属矿采选业	4	224	4	28	92	5777	2535	174
制造业	212	7097	135	533	3008	205217	88153	14337
农副食品加工业	11	194	2	16	86	4232	1099	415
食品制造业	2	113	13	7	54	1770	1302	
酒、饮料和精制茶制造业	2	422	1	9	169	10466	7224	981
烟草制品业	1	30	1	6	13	277	5607	4345
纺织业	18	444	7	33	178	11130	3241	542
纺织服装、服饰业	30	396	3	35	169	8183	1306	2
皮革、毛皮、羽毛及其制品和制鞋业	10	115	4	9	74	1422	1678	123
木材加工和木、竹、藤、棕、草制品业	1	15		2	8	806	370	
家具制造业	1	20		5	6	30	2	2
造纸和纸制品业	2	24		2	13	1656	1216	
印刷和记录媒介复制业	6	64	3	8	34	2432	1781	
文教、工美、体育和娱乐用品制造业	5	239	3	8	102	1957	2317	1050
石油加工、炼焦和核燃料加工业	2	49		6	29	525	355	
化学原料和化学制品制造业	22	604	17	76	327	22849	7131	441
医药制造业	5	243	19	50	137	4933	4391	327
化学纤维制造业	1	5	1	4		80	74	
橡胶和塑料制品业	9	680	4	23	94	28939	2287	333
非金属矿物制品业	5	77		2	39	2956	991	3

注：清河区数据中包含淮安经济技术开发区，清浦区数据中包含市直和市工业园区。

2－2－15　大中型工业企业办科技机构情况（续）

	机构数（个）	机构人员合计（人）	博士毕业	硕士毕业	本科毕业	机构经费支出（万元）	仪器和设备原价（万元）	进口
黑色金属冶炼和压延加工业	6	264	3	22	87	4623	2886	50
有色金属冶炼和压延加工业	1	15			14	106	42	
金属制品业	4	302	2	2	40	3506	3950	
通用设备制造业	11	437	3	6	171	8375	9463	364
专用设备制造业	7	263	13	10	140	6537	5426	
汽车制造业	11	350	16	36	134	5119	1822	227
铁路、船舶、航空航天和其他运输设备制造业	1	16	4		12	998	71	
电气机械和器材制造业	24	1126	9	55	607	19711	18304	3033
计算机、通信和其他电子设备制造业	11	440	4	92	222	49255	2650	2100
仪器仪表制造业	1	115	1	2	23	1975	982	
其他制造业	2	35	2	7	26	370	186	
电力、热力、燃气及水生产和供应业	5	169		4	109	403	847	485
电力、热力生产和供应业	2	132			80	32	171	35
燃气生产和供应业	1	18			18	8	26	
水的生产和供应业	2	19		4	11	363	650	450
四、按企业控股情况分组								
国有控股	20	1195	9	72	630	21454	24517	9357
集体控股								
私人控股	137	3212	96	265	1523	80962	36367	1929
港澳台商控股	24	1114	19	137	508	55739	7625	2106
外商控股	27	1219	5	48	198	13778	6211	511
其他	13	750	10	43	350	39464	16815	1095
五、按地区分组								
淮安市	221	7490	139	565	3209	211397	91535	14996
清河区	45	2269	19	170	847	87981	28774	5787
淮安区	26	744	18	79	288	7023	6402	1708
淮阴区	24	609	8	34	285	31760	8664	701
清浦区	20	591	19	70	254	9385	12398	5003
涟水县	35	1119	27	83	549	31466	13241	1320
洪泽县	21	971	20	48	300	23058	9827	200
盱眙县	35	541	13	37	460	4751	3070	86
金湖县	15	646	15	44	226	15975	9159	190

2－2－16 大中型工业企业自主知识产权保护情况

	专利申请数（件）	发明专利	有效发明专利数（件）	境外授权	专利所有权转让及许可数（项）	专利所有权转让及许可收入（万元）	发表科技论文（篇）	拥有注册商标数（件）	境外注册	形成国家或行业标准数（项）
总计	**647**	**199**	**172**	**8**	**9**	**322**	**104**	**586**	**35**	**37**
一、按企业规模分组										
大型	244	57	60		2	310	50	364	34	14
中型	403	142	112	8	7	12	54	222	1	23
小型										
微型										
二、按登记注册类型分组										
内资企业	359	108	132	8	9	322	103	547	33	34
港、澳、台商投资企业	259	86	40					35	2	3
外商投资企业	29	5					1	4		
三、按国民经济行业大类分组										
采矿业	8	6	20		1	310	20	3		1
非金属矿采选业	8	6	20		1	310	20	3		1
制造业	624	192	151	8	8	12	69	583	35	36
农副食品加工业	21	9	12	6			2	11		1
食品制造业	1	1	2					9		
酒、饮料和精制茶制造业	9	1	11		1		4	247	24	
烟草制品业	14						6	20		
纺织业	32	7	1					6	3	6
纺织服装、服饰业	21	5						1		
皮革、毛皮、羽毛及其制品和制鞋业	4	3	29	2			2	9		2
木材加工和木、竹、藤、棕、草制品业										
家具制造业										
造纸和纸制品业	9							1		1
印刷和记录媒介复制业	54	11	1					7		
文教、工美、体育和娱乐用品制造业	14	7	5		1		1	3		1
石油加工、炼焦和核燃料加工业	1	1	2							
化学原料和化学制品制造业	38	17	14				9	199	5	3
医药制造业	46	45	37		1	10	8	32	1	4
化学纤维制造业										
橡胶和塑料制品业	9	4								
非金属矿物制品业	2	2								

注：清河区数据中包含淮安经济技术开发区，清浦区数据中包含市直和市工业园区。

2－2－16　大中型工业企业自主知识产权保护情况（续）

	专利申请数（件）	发明专利	有效发明专利数（件）	境外授权	专利所有权转让及许可数（项）	专利所有权转让及许可收入（万元）	发表科技论文（篇）	拥有注册商标数（件）	境外注册	形成国家或行业标准数（项）
黑色金属冶炼和压延加工业	7	3	8				12	1		1
有色金属冶炼和压延加工业										
金属制品业	7	2	3				4	2		1
通用设备制造业	42	14	2				2	3		2
专用设备制造业	21	6	4				8	3		
汽车制造业	29	8						2		1
铁路、船舶、航空航天和其他运输设备制造业	2	1					4	1		1
电气机械和器材制造业	209	41	13		5	2	7	24	2	11
计算机、通信和其他电子设备制造业	5	1								
仪器仪表制造业	22	2	6					2		1
其他制造业	5	1	1							
电力、热力、燃气及水生产和供应业	15	1	1				15			
电力、热力生产和供应业							10			
燃气生产和供应业	10									
水的生产和供应业	5	1	1				5			
四、按企业控股情况分组										
国有控股	59	15	48		7	312	59	350	29	3
集体控股										
私人控股	287	90	78	8	2	10	29	204	4	30
港澳台商控股	253	84	35					26	2	3
外商控股	25	5	1				1	3		
其他	23	5	10				15	3		1
五、按地区分组										
淮安市	647	199	172	8	9	322	104	586	35	37
清河区	118	61	43	6	5	2	9	24		2
淮安区	46	14	25		2	310	21	15	3	14
淮阴区	12	4					11	4		
清浦区	51	13	33		1	10	32	111	6	4
涟水县	99	27	13		1		17	266	24	3
洪泽县	75	23	8					5		3
盱眙县	28	9	34	2			7	22		7
金湖县	218	48	16				7	139	2	4

第三章　建筑业企业生产经营及财务状况

A、全部建筑业企业生产经营及财务状况

2－3－1　各行业全社会建筑业企业个数

单位：个

行业	总计	总承包和专业承包企业	劳务分包企业	资质以外企业
总计	**2312**	**658**	**139**	**1515**
房屋建筑业	793	339	83	371
土木工程建筑业	358	100	12	246
铁路道路隧道桥梁	150	55	3	92
水利和内河港口	48	11		37
海洋工程				
工矿工程	8	5		3
架线和管道	56	19	2	35
其他	96	10	7	79
建筑安装业	324	94	9	221
电气	94	49	1	44
管道和设备	60	11	2	47
其他	170	34	6	130
建筑装饰和其他建筑业	837	125	35	677
建筑装饰业	602	75	6	521
工程准备活动	99	21	5	73
提供施工设备服务	33	8	3	22
其他	103	21	21	61

2－3－2　各行业全社会建筑业企业年末从业人员

单位：人

行业	总计	总承包和专业承包企业	劳务分包企业	资质以外企业
总计	**515614**	**471588**	**25653**	**18373**
房屋建筑业	396413	372786	18464	5163
土木工程建筑业	53903	47668	2430	3805
铁路道路隧道桥梁	35255	32160	1557	1538
水利和内河港口	6966	6454		512
海洋工程				
工矿工程	1467	1366		101
架线和管道	3985	3453	70	462
其他	6230	4235	803	1192
建筑安装业	22211	18076	833	3302
电气	11582	10268	2	1312
管道和设备	3284	2565	232	487
其他	7345	5243	599	1503
建筑装饰和其他建筑业	43087	33058	3926	6103
建筑装饰业	27979	23071	399	4509
工程准备活动	5322	4236	431	655
提供施工设备服务	1200	306	709	185
其他	8586	5445	2387	754

2－3－3 各行业全社会建筑业企业总产值

单位：万元

行业	总计	总承包和专业承包企业	劳务分包企业	资质以外企业
总计	**10437956**	**10280088**	**157868**	
房屋建筑业	7980488	7864352	116136	
土木工程建筑业	1198613	1191265	7348	
铁路道路隧道桥梁	850305	847462	2843	
水利和内河港口	186074	186074		
海洋工程				
工矿工程	23281	23281		
架线和管道	71297	70698	599	
其他	67656	63750	3906	
建筑安装业	356374	349672	6702	
电气	189609	189609		
管道和设备	49875	44431	5444	
其他	116889	115631	1258	
建筑装饰和其他建筑业	902481	874800	27682	
建筑装饰业	705539	700445	5095	
工程准备活动	63316	61714	1602	
提供施工设备服务	9276	7327	1949	
其他	124351	105314	19036	

注：资质外企业普查无总产值数据。

2－3－4 各行业全社会建筑业企业劳动报酬

单位：万元

行业	总计	总承包和专业承包企业	劳务分包企业	资质以外企业
总计	**2065980**	**1920368**	**83201**	**62411**
房屋建筑业	1623322	1550588	55676	17059
土木工程建筑业	206172	182150	12691	11330
铁路道路隧道桥梁	131563	117785	9121	4656
水利和内河港口	27951	26544		1407
海洋工程				
工矿工程	6112	5911		201
架线和管道	19335	17505	419	1412
其他	21212	14406	3151	3655
建筑安装业	76441	61492	2787	12162
电气	35015	30208	5	4802
管道和设备	11475	9204	793	1478
其他	29952	22080	1990	5882
建筑装饰和其他建筑业	160045	126138	12047	21860
建筑装饰业	112082	94625	1707	15750
工程准备活动	16177	12549	1234	2393
提供施工设备服务	3381	1529	1254	598
其他	28405	17434	7852	3119

2－3－5　各行业全社会建筑业企业主营业务税金

单位：万元

行　　　　业	总　　计	总承包和专业承包企　　业	劳务分包企　　业	资质以外企　　业
总　　计	**315842**	**283717**	**4936**	**27189**
房屋建筑业	222158	208516	3493	10148
土木工程建筑业	41617	36138	173	5306
铁路道路隧道桥梁	25684	23340	60	2285
水利和内河港口	7735	6502		1232
海洋工程				
工矿工程	768	716		53
架线和管道	4137	3116	22	999
其他	3293	2464	91	738
建筑安装业	15151	11201	316	3633
电气	7674	5985		1688
管道和设备	2247	1606	185	456
其他	5231	3610	132	1488
建筑装饰和其他建筑业	36916	27861	954	8102
建筑装饰业	28725	22337	124	6264
工程准备活动	2410	1843	161	406
提供施工设备服务	546	295	86	165
其他	5235	3386	582	1267

2－3－6　各行业全社会建筑业企业实收资本

单位：万元

行　　　　业	总　　计	总承包和专业承包企　　业	劳务分包企　　业	资质以外企　　业
总　　计	**1489848**	**1200417**	**21204**	**268227**
房屋建筑业	842182	753086	11327	77769
土木工程建筑业	343404	269596	1291	72517
铁路道路隧道桥梁	201234	166074	113	35047
水利和内河港口	81581	64585		16996
海洋工程				
工矿工程	13066	12266		800
架线和管道	27537	19687	100	7750
其他	19986	6985	1078	11923
建筑安装业	121535	85163	1364	35008
电气	54292	45539		8754
管道和设备	19238	13390	210	5638
其他	48004	26235	1154	20616
建筑装饰和其他建筑业	182727	92572	7223	82932
建筑装饰业	116760	55166	1684	59911
工程准备活动	21107	9359	882	10866
提供施工设备服务	6344	1182	700	4462
其他	38516	26865	3957	7694

2－3－7　各行业全社会建筑业企业营业收入

单位：万元

行　　　业	总　　计	总承包和专业承包企业	劳务分包企业	资质以外企业
总　　计	**8735940**	**7915646**	**128551**	**691743**
房屋建筑业	6080602	5719752	91388	269462
土木工程建筑业	1173922	1055689	5240	112993
铁路道路隧道桥梁	743761	700155	1696	41910
水利和内河港口	215460	183778		31681
海洋工程				
工矿工程	23642	22586		1056
架线和管道	96747	83694	599	12454
其他	94313	65476	2945	25892
建筑安装业	432896	328562	6702	97631
电气	211653	179110		32543
管道和设备	62402	40229	5444	16730
其他	158840	109223	1258	48358
建筑装饰和其他建筑业	1048521	811644	25221	211657
建筑装饰业	815603	649716	4641	161247
工程准备活动	77488	53775	1550	22164
提供施工设备服务	12978	4954	1639	6385
其他	142451	103198	17392	21861

2－3－8　各行业全社会建筑业企业营业利润

单位：万元

行　　　业	总　　计	总承包和专业承包企业	劳务分包企业	资质以外企业
总　　计	**464639**	**455675**	**8965**	
房屋建筑业	335832	330363	5470	
土木工程建筑业	45596	44912	684	
铁路道路隧道桥梁	23968	23862	106	
水利和内河港口	12513	12513		
海洋工程				
工矿工程	2196	2196		
架线和管道	4466	4419	47	
其他	2453	1922	531	
建筑安装业	19836	19425	411	
电气	14440	14440		
管道和设备	1496	1292	204	
其他	3900	3693	207	
建筑装饰和其他建筑业	63375	60976	2400	
建筑装饰业	50663	50454	209	
工程准备活动	6033	5856	178	
提供施工设备服务	879	677	201	
其他	5801	3989	1812	

注：资质外企业普查无营业利润指标、数据。

2－3－9　各地区全社会建筑业企业个数

单位：个

地　区	总　计	总承包和专业承包企业	劳务分包企业	资质以外企业
总　计	**2312**	**658**	**139**	**1515**
清河区	555	131	18	406
淮安区	386	77	24	285
淮阴区	209	82	22	105
清浦区	275	71	7	197
涟水县	242	74	21	147
洪泽县	148	43	6	99
盱眙县	136	55	5	76
金湖县	147	33	17	97
开发区	214	92	19	103

2－3－10　各地区全社会建筑业企业年末从业人员

单位：人

地　区	总　计	总承包和专业承包企业	劳务分包企业	资质以外企业
总　计	**515614**	**471588**	**25653**	**18373**
清河区	76238	70087	3083	3068
淮安区	107930	94608	9431	3891
淮阴区	70765	64990	3696	2079
清浦区	36578	32906	363	3309
涟水县	98405	91406	4426	2573
洪泽县	33881	31486	1235	1160
盱眙县	34758	33338	599	821
金湖县	11572	9792	1152	628
开发区	45487	42975	1668	844

2－3－11 各地区全社会建筑业企业总产值

单位：万元

地区	总计	总承包和专业承包企业	劳务分包企业	资质以外企业
总计	**10437956**	**10280088**	**157868**	
清河区	1646024	1631466	14558	
淮安区	1992477	1917792	74685	
淮阴区	1889063	1876618	12445	
清浦区	811962	811089	873	
涟水县	1660478	1645807	14671	
洪泽县	646540	642558	3982	
盱眙县	638484	634967	3517	
金湖县	382653	368771	13882	
开发区	770275	751021	19254	

注：资质外企业普查无总产值指标、数据。

2－3－12 各地区全社会建筑业企业劳动报酬

单位：万元

地区	总计	总承包和专业承包企业	劳务分包企业	资质以外企业
总计	**2065980**	**1920368**	**83201**	**62411**
清河区	317289	296039	8214	13036
淮安区	512964	466598	33248	13119
淮阴区	291407	267059	17579	6769
清浦区	134726	123819	1679	9229
涟水县	388423	371215	8418	8790
洪泽县	117112	109038	4221	3852
盱眙县	109297	105118	1256	2922
金湖县	47546	42028	3545	1973
开发区	147215	139454	5040	2722

2－3－13　各地区全社会建筑业企业主营业务税金

单位：万元

地　　区	总　　计	总承包和专业承包企业	劳务分包企业	资质以外企业
总　　计	**315842**	**283717**	**4936**	**27189**
清 河 区	56201	49404	538	6259
淮 安 区	46498	41692	2114	2692
淮 阴 区	50075	48138	357	1581
清 浦 区	27414	22684	33	4697
涟 水 县	61905	52834	420	8651
洪 泽 县	15073	13794	204	1075
盱 眙 县	21910	20799	190	921
金 湖 县	13252	12004	582	666
开 发 区	23515	22369	498	648

2－3－14　各地区全社会建筑业企业实收资本

单位：万元

地　　区	总　　计	总承包和专业承包企业	劳务分包企业	资质以外企业
总　　计	**1489848**	**1200417**	**21204**	**268227**
清 河 区	231334	161049	3832	66452
淮 安 区	184015	125016	6275	52724
淮 阴 区	171964	149070	3484	19410
清 浦 区	186234	149153	205	36877
涟 水 县	234874	216224	1760	16890
洪 泽 县	95592	67354	933	27305
盱 眙 县	95294	78799	600	15896
金 湖 县	51850	39575	1390	10885
开 发 区	238691	214177	2725	21788

2－3－15 各地区全社会建筑业企业营业收入

单位：万元

地区	总计	总承包和专业承包企业	劳务分包企业	资质以外企业
总计	**8735940**	**7915646**	**128551**	**691743**
清河区	1680311	1506222	13596	160494
淮安区	1370030	1212264	61053	96713
淮阴区	1416738	1372725	9900	34113
清浦区	716410	623134	839	92437
涟水县	1399824	1168174	12826	218824
洪泽县	551590	519170	4035	28385
盱眙县	539299	513233	1360	24707
金湖县	362105	333992	11840	16273
开发区	699632	666733	13102	19797

2－3－16 各地区全社会建筑业企业营业利润

单位：万元

地区	总计	总承包和专业承包企业	劳务分包企业	资质以外企业
总计	**464639**	**455675**	**8965**	
清河区	66009	64857	1152	
淮安区	57919	55002	2917	
淮阴区	72271	71343	928	
清浦区	27941	27898	43	
涟水县	137338	135556	1782	
洪泽县	19436	18823	613	
盱眙县	38420	38168	252	
金湖县	19211	18323	888	
开发区	26096	25705	391	

注：资质外企业普查无营业利润指标、数据。

第三章　建筑业企业生产经营及财务状况

B、总承包和专业承包建筑业企业生产经营及财务状况

2－3－17 按国民经济行业划分的

指标	单位	总计	房屋建筑业	土木工程建筑业			
					铁路道路隧道桥梁	水利和内河港口	海洋工程
企业个数	个	**604**	**319**	**94**	**52**	**10**	
一、建筑业合同情况							
签订的合同额	万元	13855408	11242662	1208376	925289	105016	
上年结转合同额	万元	4009796	3595901	256585	215018	12298	
本年新签合同额	万元	9845612	7646761	951791	710271	92717	
二、承包工程完成情况							
直接从建设单位承揽工程完成的产值	万元	9797796	7573349	1074238	747709	186074	
（1）自行完成施工产值	万元	9774620	7555605	1068923	742394	186074	
（2）分包出去工程的产值	万元	23176	17743	5315	5315		
从建设单位以外承揽工程完成的产值	万元	505468	308746	122342	105068		
三、建筑业总产值	万元	10280088	7864352	1191265	847462	186074	
其中：装饰装修产值	万元	707133	47528	920			
在外省完成的产值	万元	2429694	2050947	149229	86693	37349	
（1）建筑工程产值	万元	9831679	7728473	1149699	837057	186074	
（2）安装工程产值	万元	384629	90799	27490			
（3）其他产值	万元	63780	45080	14076	10405		
四、竣工产值	万元	7494067	5507361	870324	667613	73807	
五、房屋建筑施工面积	平方米	96877957	86300060	1035568	523458		
其中：本年新开工面积	平方米	50672961	40417861	960223	448113		
其中：实行投标承包面积	平方米	85474460	75560980	478571	410271		
其中：本年新开面积	平方米	43752040	34076875	442208	373908		
六、房屋建筑竣工面积	平方米	34608855	33573060	773315	525191		
七、年末自有施工机械设备情况							
年末自有施工机械设备净值	万元	473302	344538	67419	47285	10472	
年末自有施工机械设备总台数	台	87883	60807	11737	4907	4157	
年末自有施工机械设备总功率	千瓦	2177428	1600489	307370	164539	90365	
八、从业人员情况							
从事主营业务活动的从业人员平均人数	人	522555	412197	50165	35402	6980	
从事主营业务活动的从业人员年末人数	人	466435	362279	50310	34470	7130	
其中：工程技术人员	人	47937	34676	7445	4765	1191	
其中：一级建造师	人	1567	773	479	145	199	
其中：现场施工工人	人	378719	302324	32508	22762	4252	
其中：持证上岗人员	人	224292	188382	17390	10747	3392	
九、主要建筑材料消耗情况							
钢材	吨	3314985	2910391	218013	125727	40487	
木材	立方米	3449786	3244687	88783	45928	10109	
水泥	吨	14416071	12490657	1575300	1192929	188944	
平板玻璃	平方米	7977240	7381660	177196	147926		
铝材	吨	176720	154955	7959	6282		
十、补充资料							
企业总产值	万元	10525339	8021714	1204233	851970	186074	
全员劳动生产率（按总产值计算）	元/人	196727	190791	237469	239383	266581	
技术装备率	元/人	10147.2	9510.3	13400.7	13717.8	14687.2	
动力装备率	千瓦/人	4.7	4.4	6.1	4.8	12.7	
产值竣工率	%	72.9	70.0	73.1	78.8	39.7	
房屋建筑面积竣工率	%	35.7	38.9	74.7	100.3		

总承包和专业承包企业主要生产指标

工矿工程	架线和管道	其　他	建筑安装业	电　气	管道和设备	其　他	建筑装饰和其他建筑业	建筑装饰业	工程准备活动	提供施工设备服务	其　他
5	**17**	**10**	**83**	**43**	**10**	**30**	**108**	**65**	**18**	**6**	**19**
23281	75627	79163	403826	215579	44751	143496	1000544	765546	86897	7594	140507
7985	2615	18668	32090	20394	3435	8260	125220	90666	14643	5031	14880
15297	73012	60495	371736	195185	41316	135236	875323	674880	72254	2562	125627
23281	54266	62908	315165	168592	41562	105012	835044	678979	50989	6777	98299
23281	54266	62908	315047	168592	41562	104894	835044	678979	50989	6777	98299
			118			118					
	16432	842	34624	21018	2869	10737	39756	21466	10725	550	7015
23281	70698	63750	349672	189609	44431	115631	874800	700445	61714	7327	105314
		920	1554		94	1460	657132	646788	6054	3483	807
9488	3000	12699	5537	1050	807	3680	223981	192603	12483		18895
14083	52453	60032	151581	101600	27557	22424	801926	692315	60107	5533	43972
9198	15561	2731	195185	85104	16874	93207	71155	7872	1607	640	61037
	2684	987	2906	2906			1719	258		1155	306
19127	46464	63314	282100	138019	47870	96212	834281	698233	34824	664	100560
		512110	406484	170550		235934	9135845	44100	9073684		18061
		512110	230532	147750		82782	9064345	44100	9002184		18061
		68300	310584	104150		206434	9124325	32580	9073684		18061
		68300	180132	97350		82782	9052825	32580	9002184		18061
		248124	100019	36846	19560	43613	162461	44100	100300		18061
960	5113	3588	25770	12888	3788	9095	35575	26209	2976	2349	4040
412	1805	456	6418	3882	458	2078	8921	6002	893	210	1816
11390	25454	15622	84004	48988	15306	19710	185565	140604	22040	3996	18925
1111	3148	3524	18153	9680	2138	6335	42040	33033	3143	316	5548
1344	3159	4207	16671	8276	2420	5975	37175	26850	3888	321	6116
229	715	545	2667	1470	366	831	3149	2186	364	42	557
6	120	9	152	76	20	56	163	144	12		7
1050	2155	2289	12082	5648	1916	4518	31805	25379	3370	226	2830
776	1143	1332	8264	2995	1306	3963	10256	7108	1469	29	1650
4200	16229	31370	29969	17859	7216	4894	156612	147003	6206	20	3383
1500	7946	23300	5924	3037	406	2481	110392	63362	44830	36	2164
1060	78208	114159	65786	6412	44264	15110	284328	184980	45545	125	53678
1200		28070	30812	15231		15581	387572	307097	70885	2251	7339
220	7	1450	696	415	89	192	13110	8720	955	71	3364
23281	74410	68497	397809	237452	44545	115812	901583	723089	61714	7327	109453
209553	224579	180903	192625	195877	207817	182527	208087	212044	196353	231867	189824
7144.3	16186.8	8527.9	15457.7	15572.1	15650.8	15220.9	9569.6	9761.4	7655.1	73190.0	6605.6
8.5	8.1	3.7	5.0	5.9	6.3	3.3	5.0	5.2	5.7	12.4	3.1
82.2	65.7	99.3	80.7	72.8	107.7	83.2	95.4	99.7	56.4	9.1	95.5
		48.5	24.6	21.6		18.5	1.8	100.0	1.1		100.0

2－3－18 按登记注册类型划分的

指标	单位	总计	内资企业		
				国有	集体
企业个数	个	604	603	10	17
一、建筑业合同情况					
签订的合同额	万元	13855408	13846184	87924	525985
上年结转合同额	万元	4009796	4005702	6388	235360
本年新签合同额	万元	9845612	9840482	81536	290624
二、承包工程完成情况					
直接从建设单位承揽工程完成的产值	万元	9797796	9789641	64542	405444
（1）自行完成施工产值	万元	9774620	9766465	64542	405444
（2）分包出去工程的产值	万元	23176	23176		
从建设单位以外承揽工程完成的产值	万元	505468	504869	455	1000
三、建筑业总产值	万元	10280088	10271334	64997	406444
其中：装饰装修产值	万元	707133	707133		
在外省完成的产值	万元	2429694	2429694	4030	64980
（1）建筑工程产值	万元	9831679	9822925	64212	375913
（2）安装工程产值	万元	384629	384629		30531
（3）其他产值	万元	63780	63780	785	
四、竣工产值	万元	7494067	7486816	59083	302594
五、房屋建筑施工面积	平方米	96877957	96820289	19857	4126690
其中：本年新开工面积	平方米	50672961	50632193	7523	1161688
其中：实行投标承包面积	平方米	85474460	85474460	7588	3968549
其中：本年新开面积	平方米	43752040	43752040	7523	1098423
六、房屋建筑竣工面积	平方米	34608855	34566187	12334	1482269
七、年末自有施工机械设备情况					
年末自有施工机械设备净值	万元	473302	471617	6729	19057
年末自有施工机械设备总台数	台	87883	87571	840	5262
年末自有施工机械设备总功率	千瓦	2177428	2172694	37227	155366
八、从业人员情况					
从事主营业务活动的从业人员平均人数	人	522555	522245	4307	21282
从事主营业务活动的从业人员年末人数	人	466435	466026	4844	18923
其中：工程技术人员	人	47937	47793	936	1464
其中：一级建造师	人	1567	1566	9	142
其中：现场施工工人	人	378719	378553	3560	17192
其中：持证上岗人员	人	224292	224242	1950	7429
九、主要建筑材料消耗情况					
钢材	吨	3314985	3310485	2920	25438
木材	立方米	3449786	3447086	715	11073
水泥	吨	14416071	14390451	58924	107814
平板玻璃	平方米	7977240	7956851		207459
铝材	吨	176720	174900		1180
十、补充资料					
企业总产值	万元	10525339	10516585	66052	419496
全员劳动生产率（按总产值计算）	元/人	196727	196677	150911	190980
技术装备率	元/人	10147.2	10120.0	13891.0	10070.9
动力装备率	千瓦/人	4.7	4.7	7.7	8.2
产值竣工率	%	72.9	72.9	90.9	74.4
房屋建筑面积竣工率	%	35.7	35.7	62.1	35.9

总承包和专业承包企业主要生产指标

股份合作企业	联营企业	有限责任公司	股份有限公司	私营企业	其他企业	港澳台商投资企业	外商投资企业
5		**192**	**39**	**336**	**4**	**1**	
51193		4825645	1283844	7018603	52990	9224	
7587		1264897	862055	1629414		4094	
43606		3560747	421789	5389189	52990	5130	
44298		3403451	616541	5202425	52940	8155	
44298		3394841	616541	5187859	52940	8155	
		8610		14566			
1660		174031	15789	289694	22240	599	
45958		3568872	632330	5477552	75180	8754	
		390901	4390	302482	9360		
13417		918958	66977	1346132	15200		
42358		3312414	616750	5336098	75180	8754	
3600		230480	14681	105337			
		25978	900	36117			
41143		2401450	393097	4211859	77590	7251	
200545		25731783	11549611	55002403	189400	57668	
100908		12307955	1792731	35119988	141400	40768	
175301		21850178	10726247	48746597			
75664		10251148	1223206	31096076			
181741		9057854	2128708	21513881	189400	42668	
1873		186010	35220	217217	5510	1685	
345		30697	6985	43182	260	312	
10532		643496	130350	1171173	24550	4734	
3478		177496	31775	281953	1954	310	
2632		150046	29975	258157	1449	409	
258		16425	2625	25915	170	144	
6		754	75	578	2	1	
2293		115374	24146	214758	1230	166	
1070		72870	16700	123913	310	50	
36162		1078530	238741	1915694	13000	4500	
11248		671411	1005500	1739939	7200	2700	
61379		4068565	3534072	6546597	13100	25620	
25100		3308295	355328	4058669	2000	20389	
312		73504	3566	95588	750	1820	
49558		3656745	681255	5568299	75180	8754	
132140		201068	199002	194272	384749	282381	
7116.3		12396.9	11749.9	8414.1	38026.2	41198.0	
4.0		4.3	4.3	4.5	16.9	11.6	
89.5		67.3	62.2	76.9	103.2	82.8	
90.6		35.2	18.4	39.1	100.0	74.0	

2－3－19 按企业控股情况划分的

指标	单位	总计	国有控股
企业个数	个	**604**	**19**
一、建筑业合同情况			
签订的合同额	万元	13855408	163504
上年结转合同额	万元	4009796	13075
本年新签合同额	万元	9845612	150429
二、承包工程完成情况			
直接从建设单位承揽工程完成的产值	万元	9797796	211030
（1）自行完成施工产值	万元	9774620	211030
（2）分包出去工程的产值	万元	23176	
从建设单位以外承揽工程完成的产值	万元	505468	841
三、建筑业总产值	万元	10280088	211871
其中：装饰装修产值	万元	707133	
在外省完成的产值	万元	2429694	40254
（1）建筑工程产值	万元	9831679	210042
（2）安装工程产值	万元	384629	874
（3）其他产值	万元	63780	955
四、竣工产值	万元	7494067	89989
五、房屋建筑施工面积	平方米	96877957	20307
其中：本年新开工面积	平方米	50672961	7523
其中：实行投标承包面积	平方米	85474460	7588
其中：本年新开面积	平方米	43752040	7523
六、房屋建筑竣工面积	平方米	34608855	12334
七、年末自有施工机械设备情况			
年末自有施工机械设备净值	万元	473302	13327
年末自有施工机械设备总台数	台	87883	4541
年末自有施工机械设备总功率	千瓦	2177428	99984
八、从业人员情况			
从事主营业务活动的从业人员平均人数	人	522555	8945
从事主营业务活动的从业人员年末人数	人	466435	9222
其中：工程技术人员	人	47937	1586
其中：一级建造师	人	1567	202
其中：现场施工工人	人	378719	5899
其中：持证上岗人员	人	224292	4052
九、主要建筑材料消耗情况			
钢材	吨	3314985	23546
木材	立方米	3449786	1389
水泥	吨	14416071	106701
平板玻璃	平方米	7977240	223
铝材	吨	176720	244
十、补充资料			
企业总产值	万元	10525339	213720
全员劳动生产率（按总产值计算）	元/人	196727	236860
技术装备率	元/人	10147.2	14451.5
动力装备率	千瓦/人	4.7	10.8
产值竣工率	%	72.9	42.5
房屋建筑面积竣工率	%	35.7	60.7

总承包和专业承包企业主要生产指标

集体控股	私人控股	港澳台商控股	外商控股	其　他
39	**536**	**1**		**9**
1218817	12406922	9224		56941
424553	3554560	4094		13515
794264	8852363	5130		43426
865252	8659593	8155		53767
865252	8636417	8155		53767
	23176			
56793	447235	599		
922045	9083652	8754		53767
11202	678316			17615
277034	2108457			3949
825201	8742207	8754		45475
96844	279192			7719
	62253			572
596436	6762371	7251		38021
5599750	91071072	57668		129160
1775296	48797369	40768		52005
5416364	79959348			91160
1686787	42008925			48805
2392710	32031563	42668		129580
42261	412088	1685		3941
9304	72475	312		1251
224231	1837267	4734		11212
40946	469534	310		2820
38619	415363	409		2822
3158	42650	144		399
226	1129	1		9
37792	332855	166		2007
17537	201922	50		731
160184	3076716	4500		50039
59363	3375292	2700		11042
384344	13861451	25620		37955
234424	7709178	20389		13026
2835	171551	1820		270
942699	9306335	8754		53831
225186	193461	282381		190661
10943.0	9921.2	41198.0		13963.5
5.8	4.4	11.6		4.0
64.7	74.4	82.8		70.7
42.7	35.2	74.0		100.3

2－3－20 按企业资质等级划分的

指标	单位	总计	施工总承包	
				特级
企业个数	个	**604**	**383**	
一、建筑业合同情况				
签订的合同额	万元	13855408	12491509	
上年结转合同额	万元	4009796	3856778	
本年新签合同额	万元	9845612	8634731	
二、承包工程完成情况				
直接从建设单位承揽工程完成的产值	万元	9797796	8644303	
（1）自行完成施工产值	万元	9774620	8621245	
（2）分包出去工程的产值	万元	23176	23058	
从建设单位以外承揽工程完成的产值	万元	505468	416768	
三、建筑业总产值	万元	10280088	9038013	
其中：装饰装修产值	万元	707133	47622	
在外省完成的产值	万元	2429694	2209737	
（1）建筑工程产值	万元	9831679	8741214	
（2）安装工程产值	万元	384629	239843	
（3）其他产值	万元	63780	56956	
四、竣工产值	万元	7494067	6371333	
五、房屋建筑施工面积	平方米	96877957	96351102	
其中：本年新开工面积	平方米	50672961	50168906	
其中：实行投标承包面积	平方米	85474460	85407415	
其中：本年新开面积	平方米	43752040	43691795	
六、房屋建筑竣工面积	平方米	34608855	34371164	
七、年末自有施工机械设备情况				
年末自有施工机械设备净值	万元	473302	406173	
年末自有施工机械设备总台数	台	87883	72001	
年末自有施工机械设备总功率	千瓦	2177428	1888159	
八、从业人员情况				
从事主营业务活动的从业人员平均人数	人	522555	462890	
从事主营业务活动的从业人员年末人数	人	466435	412962	
其中：工程技术人员	人	47937	41193	
其中：一级建造师	人	1567	1281	
其中：现场施工工人	人	378719	336935	
其中：持证上岗人员	人	224292	208475	
九、主要建筑材料消耗情况				
钢材	吨	3314985	3114140	
木材	立方米	3449786	3346306	
水泥	吨	14416071	13500596	
平板玻璃	平方米	7977240	7572013	
铝材	吨	176720	161846	
十、补充资料				
企业总产值	万元	10525339	9249620	
全员劳动生产率（按总产值计算）	元/人	196727	195252	
技术装备率	元/人	10147.2	9835.6	
动力装备率	千瓦/人	4.7	4.6	
产值竣工率	%	72.9	70.5	
房屋建筑面积竣工率	%	35.7	35.7	

总承包和专业承包企业主要生产指标

一级	二级	三级及不分等级	专业承包	一级	二级	三级及不分等级
27	**108**	**248**	**221**	**13**	**48**	**160**
5579348	3736571	3175591	1363898	643261	291677	428961
2456490	955793	444495	153017	77590	23841	51587
3122858	2780778	2731096	1210881	565671	267836	377374
3287908	2829978	2526417	1153493	544341	236117	373035
3275815	2824678	2520753	1153375	544341	235999	373035
12094	5300	5664	118		118	
15505	240567	160697	88700	20435	20620	47645
3291319	3065245	2681450	1242075	564776	256619	420680
10001	29418	8202	659511	502248	66759	90504
1052004	941406	216328	219957	181874	16419	21663
3119097	3010390	2611728	1090464	553937	222235	314293
163207	38483	38153	144786	10839	30724	103223
9016	16372	31569	6824		3660	3165
2346509	2263113	1761712	1122734	536321	198209	388204
43087292	24955061	28308749	526855		16000	510855
14275293	13686261	22207352	504055			504055
42634329	20370671	22402415	67045			67045
13822330	11336049	18533416	60245			60245
12530629	11804951	10035584	237691			237691
92522	145436	168214	67129	16866	17409	32854
20507	25778	25716	15882	2853	3518	9511
494742	703414	690003	289269	91164	64221	133884
148557	156037	158296	59665	25127	11502	23036
121108	144432	147422	53473	19141	13117	21215
8189	16073	16931	6744	1231	2140	3373
624	327	330	286	135	78	73
107828	118302	110805	41784	20258	8337	13189
64505	74302	69668	15817	5155	3626	7036
1293614	1084984	735542	200845	92851	65061	42933
1439340	1299670	607296	103480	26869	20535	56076
6319666	4366183	2814747	915475	608213	139129	168133
2697563	2922827	1951623	405227	236045	37322	131860
40057	57979	63810	14874	7367	379	7128
3376933	3125080	2747608	1275719	573969	261072	440678
221553	196443	169395	208175	224768	223108	182619
7639.6	10069.5	11410.4	12553.8	8811.2	13272.3	15436.3
4.1	4.9	4.7	5.4	4.8	4.9	6.3
71.3	73.8	65.7	90.4	95.0	77.2	92.3
29.1	47.3	35.5	45.1	#DIV/0!	0.0	46.5

2－3－21 按国民经济行业划分的

指标	单位	总计	房屋建筑业	土木工程建筑业	铁路道路隧道桥梁	水利和内河港口	海洋工程
一、年初存货	万元	641469	509911	75932	43958	20565	
二、年末资产负债							
流动资产合计	万元	3305877	2160394	676002	414166	171306	
#应收工程款	万元	1229719	709962	342213	229762	78184	
存货	万元	838972	641812	89665	50103	24492	
固定资产合计	万元	1081461	687045	218324	129635	61221	
固定资产减值准备	万元	3617	2706	503	225		
固定资产原价	万元	1031821	610916	240680	146676	66154	
#累计折旧	万元	251452	116792	60820	45845	7865	
#本年折旧	万元	44217	29964	6661	4581	1007	
#在建工程	万元	106439	82760	18130	12959	2863	
资产合计	万元	4803895	3186020	941158	577926	236286	
流动负债合计	万元	1979570	1409603	378697	218113	117603	
#应付帐款	万元	624649	415976	126681	89752	20404	
非流动负债合计	万元	43570	18637	22004	4578	17332	
负债合计	万元	2183074	1520583	460699	264630	134935	
所有者权益	万元	2620821	1665438	480459	313296	101351	
#实收资本	万元	1199157	751826	269596	166074	64585	
#国家资本	万元	71786	3244	66700	10595	54605	
集体资本	万元	47654	17501	19539	10990	2000	
法人资本	万元	413033	289450	74174	60607	1386	
个人资本	万元	666303	441248	109183	83883	6593	
港澳台资本	万元	383	383				
外商资本	万元						
三、损益及分配							
营业收入	万元	7915646	5719752	1055689	700155	183778	
#主营业务收入	万元	7878999	5692700	1047505	696580	183460	
营业成本	万元	6753043	4899813	916916	616373	155616	
#主营业务成本	万元	6719895	4878961	906781	611010	155529	
营业税金	万元	286106	210618	36335	23380	6502	
#主营业务税金及附加	万元	283717	208516	36138	23340	6502	
其他业务利润	万元	799	318	419	26	232	
销售费用	万元	79726	45584	9018	2440	3250	
管理费用	万元	301185	201778	41452	26003	7651	
#税金	万元	16482	11164	2557	1596	43	
财务费用	万元	37712	23599	10116	8218	1555	
#利息收入	万元	1517	324	799	255	456	
利息支出	万元	37044	13400	6039	4054	1696	
资产减值损失	万元	494	11	377	46		
公允价值变动收益	万元	20	4	16	16		
投资收益	万元	324	175	212	150	32	
营业利润	万元	455675	330363	44912	23862	12513	
营业外收入	万元	4934	3808	406	154	152	
#补贴收入	万元	2531	1777	238	86	151	
营业外支出	万元	4070	1827	918	237	10	
利润总额	万元	455977	331751	44432	23780	12688	
应交所得税	万元	79424	53620	11629	6807	3388	
四、人工成本							
应付职工薪酬	万元	1915399	1548339	182140	117780	26544	
五、补充资料							
建筑业企业在境外完成的营业收入	万元	64966	50526	13178	2620		
资产负债率	%	45.4	47.7	49.0	45.8	57.1	#DIV/0!
产值利润率	%	4.4	4.2	3.7	2.8	6.8	#DIV/0!
产值利税率	%	7.4	7.0	7.0	5.7	10.3	#DIV/0!
人均利润	元/人	8726	8048	8857	6717	18178	#DIV/0!
人均利税	元/人	14471	13378	16571	13761	27554	#DIV/0!

总承包和专业承包企业主要经济指标

工矿工程	架线和管道	其他	建筑安装业	电气	管道和设备	其他	建筑装饰和其他建筑业	建筑装饰业	工程准备活动	提供施工设备服务	其他
1532	6905	2972	16299	8397	3968	3934	39327	27084	2479	1982	7783
12703	47110	30718	180421	106551	23480	50390	289060	166822	74166	3476	44596
6509	20813	6946	80414	53228	11088	16099	97131	70520	15103	248	11260
3525	7056	4489	16494	7577	3066	5850	91001	39788	45660	56	5498
4105	16550	6814	49231	25976	6808	16448	126862	101181	4946	2838	17896
	180	98	92	72		20	317	200	9	12	96
4319	18258	5273	58076	28272	9301	20504	122149	99489	4317	1810	16533
672	5318	1120	19355	9738	3126	6491	54485	51354	592	381	2157
209	663	201	4708	2897	954	857	2885	2065	184	62	574
51	1355	903	821	440	10	371	4728	1548	1128	95	1956
19334	64399	43214	237565	137757	31098	68710	439152	286537	80256	7515	64844
4100	30052	8828	68673	40280	9699	18695	122597	58334	43166	100	20997
2610	12784	1131	27771	18285	3407	6078	54221	19360	25172	100	9589
	85	11	1970	1200	764	6	959	857			102
4100	31554	25480	72289	41993	10475	19820	129504	60889	43204	3895	21516
15234	32845	17733	165276	95763	20623	48890	309648	225648	37052	3620	43329
12266	19687	6985	85163	45539	13390	26235	92572	55166	9359	1182	26865
		1500	1132		1132		710	500			210
	6550		10613	10613							
7158	4443	580	29580	8857	5955	14769	19828	12764	4779	80	2205
5108	8694	4905	43838	26069	6303	11466	72034	41901	4580	1102	24450
22586	83694	65476	328562	179110	40229	109223	811644	649716	53775	4954	103198
22586	79418	65460	327366	178416	39727	109223	811428	649500	53775	4954	103198
18189	70087	56651	271053	141422	34553	95078	665261	530844	42234	3651	88532
18189	65854	56199	269957	140789	34090	95078	664196	530807	41207	3651	88532
716	3265	2472	11286	6066	1606	3614	27867	22340	1843	295	3389
716	3116	2464	11201	5985	1606	3610	27861	22337	1843	295	3386
	145	16	61	61			1	1			
473	1012	1844	4337	2440	371	1526	20788	19204	491	95	998
932	4486	2381	21443	14295	2223	4925	36512	27224	2977	204	6107
44	713	161	1711	1452	41	218	1050	900	61	20	69
81	56	206	988	418	185	385	3010	2432	375	20	184
9	72	7	154	144	4	6	240	222		3	14
50	100	139	15541	15169	133	239	2065	1647	304	11	102
	332		45	43		2	61	49		12	
	30		-62	-62							
2196	4419	1922	19425	14440	1292	3693	60976	50454	5856	677	3989
	88	12	20	20			699	699			
			8	8			509	509			
	619	53	630	233		397	695	685	10		1
2196	3888	1882	18814	14227	1292	3296	60980	50469	5846	677	3988
123	1061	250	5390	4048	437	906	8784	6887	801	62	1035
5911	17500	14406	61026	29747	9204	22074	123894	92421	12539	1529	17405
9488		1070					1262	1262			
21.2	49.0	59.0	30.4	30.5	33.7	28.8	29.5	21.3	53.8	51.8	33.2
9.4	5.5	3.0	5.4	7.5	2.9	2.9	7.0	7.2	9.5	9.2	3.8
12.7	10.9	7.1	9.1	11.4	6.6	6.2	10.3	10.5	12.6	13.5	7.1
19761	12350	5339	10364	14697	6042	5203	14505	15278	18600	21434	7187
26605	24514	12788	17477	22380	13746	11245	21382	22313	24656	31411	13416

2－3－22 按登记注册类型划分的

指标	单位	总计	内资企业		
				国有	集体
一、年初存货	万元	641469	640891	11458	53651
二、年末资产负债					
流动资产合计	万元	3305877	3298921	68742	139107
#应收工程款	万元	1229719	1227358	27880	37826
存货	万元	838972	838177	9025	48563
固定资产合计	万元	1081461	1077840	14235	35762
固定资产减值准备	万元	3617	3617	90	113
固定资产原价	万元	1031821	1029725	16651	37374
#累计折旧	万元	251452	250667	5354	11752
#本年折旧	万元	44217	44141	634	1528
#在建工程	万元	106439	106057	821	5274
资产合计	万元	4803895	4793313	87701	179298
流动负债合计	万元	1979570	1978818	41457	87832
#应付帐款	万元	624649	624197	13352	19523
非流动负债合计	万元	43570	43570	764	218
负债合计	万元	2183074	2182322	47180	93079
所有者权益	万元	2620821	2610991	40521	86220
#实收资本	万元	1199157	1198775	22317	32407
#国家资本	万元	71786	71786	19175	337
集体资本	万元	47654	47654		26188
法人资本	万元	413033	413033	3143	5261
个人资本	万元	666303	666303		620
港澳台资本	万元	383			
外商资本	万元				
三、损益及分配					
营业收入	万元	7915646	7906893	63701	285495
#主营业务收入	万元	7878999	7870245	63498	283927
营业成本	万元	6753043	6745405	47429	251477
#主营业务成本	万元	6719895	6712256	47429	250038
营业税金	万元	286106	285800	1995	12365
#主营业务税金及附加	万元	283717	283410	1995	12010
其他业务利润	万元	799	799	203	22
销售费用	万元	79726	79600	1217	1846
管理费用	万元	301185	300700	4044	11376
#税金	万元	16482	16479	59	1523
财务费用	万元	37712	37625	280	293
#利息收入	万元	1517	1516	3	166
利息支出	万元	37044	37043	40	15168
资产减值损失	万元	494	494		55
公允价值变动收益	万元	20	20		1
投资收益	万元	324	324		－62
营业利润	万元	455675	455564	8736	8023
营业外收入	万元	4934	4933		
#补贴收入	万元	2531	2531		
营业外支出	万元	4070	4070	2	58
利润总额	万元	455977	455866	8734	7964
应交所得税	万元	79424	79413	1875	1706
四、人工成本					
应付职工薪酬	万元	1915399	1913648	17955	109292
五、补充资料					
建筑业企业在境外完成的营业收入	万元	64966	64966		32319
资产负债率	%	45.4	45.5	53.8	51.9
产值利润率	%	4.4	4.4	13.4	2.0
产值利税率	%	7.4	7.4	16.6	5.3
人均利润	元/人	8726	8729	20279	3742
人均利税	元/人	14471	14471	25049	10101

总承包和专业承包企业主要经济指标

股份合作企业	联营企业	有限责任公司	股份有限公司	私营企业	其他企业	港澳台商投资企业	外商投资企业
2378		212050	16401	344238	716	578	
15366		1298105	212449	1551539	13613	6956	
6731		518380	42232	589065	5245	2361	
1508		256576	35293	486029	1183	795	
2930		479067	49045	490641	6160	3622	
		1257		2157			
3357		480060	43781	441937	6566	2096	
859		97912	12662	121706	423	785	
120		15969	4842	21004	44	76	
		43948	316	55698		382	
18363		1969033	297350	2221124	20443	10582	
8718		824772	154417	851558	10065	752	
3672		320689	22774	241067	3120	453	
		30214	10	12364			
8718		918547	155707	949014	10078	752	
9645		1050486	141644	1272110	10365	9830	
5253		538483	69499	527523	3292	383	
		52231		43			
		15407	50	6009			
5253		201764	37260	160352			
		269081	32189	361120	3292		
						383	
39852		2991616	486926	4006996	32307	8754	
39832		2963534	486926	4000225	32303	8754	
30815		2627412	337466	3423904	26901	7639	
30815		2601472	337466	3418135	26901	7639	
1055		100051	19424	149600	1311	306	
1055		99234	19424	148382	1311	306	
		449		121	4		
144		28428	3627	44146	192	126	
2405		116296	18721	145629	2229	485	
72		4232	1148	9380	66	3	
929		16008	2319	17796	1	87	
60		897	-4	394		1	
716		10174	1234	9711		1	
		369		70			
				19			
		337		49			
4505		101303	105369	225955	1674	111	
		3776		1157			
		1968		563			
		1656	232	2123			
4505		102867	105137	224985	1674	111	
152		28155	4539	42505	481	11	
16983		544567	102386	1116796	5669	1751	
		10105		22542			
47.5		46.6	52.4	42.7	49.3	7.1	
9.8		2.9	16.6	4.1	2.2	1.3	
12.3		5.8	19.9	7.0	4.1	4.8	
12953		5795	33088	7980	8567	3581	
16193		11625	39562	13575	15610	13558	

2－3－23 按企业控股情况划分的

指标	单位	总计	国有控股
一、年初存货	万元	641469	16999
二、年末资产负债			
流动资产合计	万元	3305877	284466
#应收工程款	万元	1229719	83147
存货	万元	838972	13930
固定资产合计	万元	1081461	76652
固定资产减值准备	万元	3617	90
固定资产原价	万元	1031821	84495
#累计折旧	万元	251452	14496
#本年折旧	万元	44217	1902
#在建工程	万元	106439	3683
资产合计	万元	4803895	404690
流动负债合计	万元	1979570	210252
#应付帐款	万元	624649	27694
非流动负债合计	万元	43570	18096
负债合计	万元	2183074	233307
所有者权益	万元	2620821	171383
#实收资本	万元	1199157	106900
#国家资本	万元	71786	68906
集体资本	万元	47654	2156
法人资本	万元	413033	33074
个人资本	万元	666303	2764
港澳台资本	万元	383	
外商资本	万元		
三、损益及分配			
营业收入	万元	7915646	226481
#主营业务收入	万元	7878999	226031
营业成本	万元	6753043	188440
#主营业务成本	万元	6719895	188440
营业税金	万元	286106	7561
#主营业务税金及附加	万元	283717	7561
其他业务利润	万元	799	435
销售费用	万元	79726	5763
管理费用	万元	301185	10371
#税金	万元	16482	240
财务费用	万元	37712	1953
#利息收入	万元	1517	457
利息支出	万元	37044	1843
资产减值损失	万元	494	310
公允价值变动收益	万元	20	
投资收益	万元	324	32
营业利润	万元	455675	15392
营业外收入	万元	4934	225
#补贴收入	万元	2531	158
营业外支出	万元	4070	53
利润总额	万元	455977	15596
应交所得税	万元	79424	3742
四、人工成本			
应付职工薪酬	万元	1915399	37934
五、补充资料			
建筑业企业在境外完成的营业收入	万元	64966	
资产负债率	%	45.4	57.7
产值利润率	%	4.4	7.4
产值利税率	%	7.4	11.0
人均利润	元/人	8726	17436
人均利税	元/人	14471	26157

总承包和专业承包企业主要经济指标

集体控股	私人控股	港澳台商控股	外商控股	其　　他
80059	536291	578		7542
312411	2682623	6956		19420
116111	1022401	2361		5699
74602	744968	795		4677
79067	916950	3622		5172
113	2914			500
109105	830399	2096		5727
41531	193633	785		1007
5068	36938	76		233
5558	96453	382		362
399292	3963452	10582		25880
199363	1555882	752		13321
54898	537709	453		3896
2642	22823			10
210929	1724756	752		13331
188363	2238696	9830		12550
70156	1014505	383		7214
2337	543			
34579	8909			2010
27072	350521			2366
6169	654532			2838
		383		
755415	6880046	8754		44950
752934	6846329	8754		44950
657749	5859666	7639		39550
655516	5828750	7639		39550
28361	248444	306		1434
28005	246411	306		1434
322	41			
4913	68509	126		415
37143	251468	485		1718
1832	14377	3		30
3877	31426	87		369
442	616	1		2
18105	16990	1		105
55	126			2
1	19			
-62	353			
22249	416461	111		1463
89	4604			14
	2373			
495	3496			26
22850	415969	111		1451
5572	69683	11		417
205710	1658771	1751		11234
34519	30447			
52.8	43.5	7.1		51.5
2.5	4.6	1.3		2.7
5.7	7.5	4.8		5.4
5581	8859	3581		5145
12867	14413	13558		10335

2－3－24　按企业资质等级划分的

指　　　标	单　位	总　计	施工总承包	
				特　级
一、年初存货	万元	641469	583652	
二、年末资产负债				
流动资产合计	万元	3305877	2885925	
#应收工程款	万元	1229719	1053016	
存货	万元	838972	750747	
固定资产合计	万元	1081461	889795	
固定资产减值准备	万元	3617	3260	
固定资产原价	万元	1031821	836973	
#累计折旧	万元	251452	170823	
#本年折旧	万元	44217	37517	
#在建工程	万元	106439	89004	
资产合计	万元	4803895	4158800	
流动负债合计	万元	1979570	1816373	
#应付帐款	万元	624649	569882	
非流动负债合计	万元	43570	35340	
负债合计	万元	2183074	1971515	
所有者权益	万元	2620821	2187284	
#实收资本	万元	1199157	1016865	
#国家资本	万元	71786	69839	
集体资本	万元	47654	40639	
法人资本	万元	413033	356802	
个人资本	万元	666303	549202	
港澳台资本	万元	383	383	
外商资本	万元			
三、损益及分配				
营业收入	万元	7915646	6777558	
#主营业务收入	万元	7878999	6743529	
营业成本	万元	6753043	5822614	
#主营业务成本	万元	6719895	5792189	
营业税金	万元	286106	245448	
#主营业务税金及附加	万元	283717	243154	
其他业务利润	万元	799	695	
销售费用	万元	79726	53018	
管理费用	万元	301185	243167	
#税金	万元	16482	12784	
财务费用	万元	37712	32979	
#利息收入	万元	1517	1207	
利息支出	万元	37044	33842	
资产减值损失	万元	494	392	
公允价值变动收益	万元	20	19	
投资收益	万元	324	324	
营业利润	万元	455675	375396	
营业外收入	万元	4934	4162	
#补贴收入	万元	2531	1967	
营业外支出	万元	4070	2404	
利润总额	万元	455977	376594	
应交所得税	万元	79424	65119	
四、人工成本				
应付职工薪酬	万元	1915399	1736045	
五、补充资料				
建筑业企业在境外完成的营业收入	万元	64966	62634	
资产负债率	%	45.4	47.4	
产值利润率	%	4.4	4.2	
产值利税率	%	7.4	7.0	
人均利润	元/人	8726	8136	
人均利税	元/人	14471	13665	

总承包和专业承包企业主要经济指标

一　级	二　级	三级及不分等级	专业承包	一　级	二　级	三级及不分等级
259243	168628	155781	57818	15659	19073	23085
975100	920953	989872	419951	112604	107960	199387
350057	327048	375911	176703	42790	51102	82812
294734	212193	243820	88225	38699	25892	23634
261347	275869	352580	191666	74328	36041	81297
408	602	2250	358		98	260
282681	306352	247940	194848	78300	44865	71683
49497	75209	46116	80629	50617	15769	14244
8169	15866	13482	6700	1388	2520	2793
3543	25783	59679	17435	260	3710	13465
1275430	1352078	1531291	645095	198351	151822	294922
740902	575205	500265	163198	46254	49876	67068
243300	157332	169249	54768	19516	14924	20329
25332	1403	8605	8230	799	5981	1450
773322	610927	587267	211559	47053	59366	105141
502108	741152	944024	433537	151299	92456	189782
212189	372500	432176	182292	32591	49732	99969
48351	18153	3335	1947		727	1220
	19345	21294	7014		2500	4514
51331	94011	211461	56230	10395	20054	25781
112507	240609	196086	117101	22195	26451	68454
	383					
2479853	2143727	2153978	1138088	548418	223664	366006
2459302	2138116	2146111	1135470	548417	223445	363608
2147910	1862468	1812236	930430	444850	185490	300090
2128268	1856471	1807450	927706	444850	185481	297375
89813	78461	77175	40659	18520	8353	13785
88820	78322	76012	40563	18520	8350	13693
	-58	752	104	1	4	99
14631	17025	21362	26708	17690	2166	6853
68015	76113	99039	58018	22054	14834	21130
2124	4831	5829	3698	618	874	2205
14903	9354	8722	4734	1862	1267	1605
548	370	290	310	9	124	177
9649	20869	3324	3202	1043	913	1246
	55	337	102	49		53
	2	17	1			1
163	112	48				
148021	98593	128782	80278	43397	11552	25329
477	3465	220	771	699	57	16
183	1774	10	565	509	55	1
664	555	1185	1666	710	86	871
147867	99908	128819	79383	43385	11523	24474
18879	21091	25149	14304	6096	2425	5784
556669	527375	652001	179354	62836	43301	73217
38412	2200	22022	2332		202	2130
60.6	45.2	38.4	32.8	23.7	39.1	35.7
4.5	3.3	4.8	6.4	7.7	4.5	5.8
7.3	6.0	7.9	10.0	11.1	8.1	9.6
9954	6403	8138	13305	17266	10019	10624
16075	11732	13308	20723	24883	18038	17526

2－3－25 各地区总承包和专业承包企业签订合同情况

单位：万元

地区	合同总额	上年结转合同额	本年新签合同额
总计	**13855408**	**4009796**	**9845612**
清河区	2078572	554834	1523738
淮安区	2096306	377627	1718679
淮阴区	3020579	824111	2196468
清浦区	987004	219478	767526
涟水县	2752893	1375574	1377319
洪泽县	765105	147981	617124
盱眙县	826258	174039	652219
金湖县	498453	139912	358541
开发区	830238	196239	633999

2－3－26 各地区总承包和专业承包企业承包工程完成情况

单位：万元

地区	直接从建设单位承揽工程完成的产值	自行完成施工产值	分包出去工程的产值	从建设单位以外承揽工程完成的产值
总计	**9797796**	**9774620**	**23176**	**505468**
清河区	1526891	1519275	7616	112190
淮安区	1779227	1774731	4497	143061
淮阴区	1765444	1765444	1	111175
清浦区	750251	744951	5300	66138
涟水县	1630442	1630307	135	15500
洪泽县	639045	639045		3513
盱眙县	613111	609111	4000	25856
金湖县	366116	366116		2655
开发区	727269	725641	1628	25380

2-3-27　各地区总承包和专业承包企业总产值和竣工产值

单位：万元

地　　区	建筑业总产值	#装饰装修产值	在外省完成的产值	按构成分组：建筑工程产值	按构成分组：安装工程产值	按构成分组：其他产值	竣工产值
总　　计	**10280088**	**707133**	**2429694**	**9831679**	**384629**	**63780**	**7494067**
清 河 区	1631466	352056	197182	1401677	212189	17600	1167957
淮 安 区	1917792	9802	429519	1889063	27178	1551	1380728
淮 阴 区	1876618	159165	791043	1853660	22141	817	1419534
清 浦 区	811089	119434	101001	750732	57778	2579	642291
涟 水 县	1645807	3681	528479	1609541	7905	28362	1183684
洪 泽 县	642558	2336	120976	629434	11435	1690	503346
盱 眙 县	634967	30799	132704	621674	12724	569	481333
金 湖 县	368771	3927	53024	355660	2948	10162	244789
开 发 区	751021	25933	75766	720239	30332	450	470405

2-3-28　各地区总承包和专业承包企业房屋建筑面积

地　　区	房屋建筑施工面积（平方米）	#本年新开工	实行投标承包面积	#本年新开工	房屋建筑竣工面积（平方米）	房屋建筑面积竣工率（%）
总　　计	**96877957**	**50672961**	**85474460**	**43752040**	**34608855**	**35.7**
清 河 区	8193578	2694906	7504425	2239436	3039570	37.1
淮 安 区	10342274	7476206	9829202	7007534	6355856	61.5
淮 阴 区	20265602	9762424	17421605	8010747	5694897	28.1
清 浦 区	5093689	2820812	3348186	1748320	2558149	50.2
涟 水 县	26130332	8311387	24185897	6936195	8275642	31.7
洪 泽 县	4893284	3187203	3690921	2135441	2778297	56.8
盱 眙 县	14860248	12366842	13203576	11913147	2781991	18.7
金 湖 县	3442525	1914222	3314307	1880747	1432145	41.6
开 发 区	3656425	2138959	2976341	1880473	1692308	46.3

2－3－29 各地区总承包和专业承包企业施工机械设备情况

地区	年末自有施工机械设备净值（万元）	年末自有施工机械设备总台数（台）	年末自有施工机械设备总功率（千瓦）	技术装备率（元/人）	动力装备率（千瓦/人）
总计	**473302**	**87883**	**2177428**	**10147**	**4.7**
清河区	69374	14451	335655	8028	3.9
淮安区	61025	10921	280670	6781	3.1
淮阴区	105962	13484	345862	19069	6.2
清浦区	35298	7910	360327	10431	10.6
涟水县	79632	14928	346991	9491	4.1
洪泽县	30167	5068	93647	9812	3.0
盱眙县	28828	6265	97954	9015	3.1
金湖县	16218	2885	62390	12416	4.8
开发区	46798	11971	253932	11434	6.2

2－3－30 各地区总承包和专业承包企业人员情况

单位：人

地区	从事主营业务活动的从业人员平均人数	从事主营业务活动的从业人员年末人数	#工程技术人员	一级建造师	现场施工工人	#持证上岗人员
总计	**522555**	**466435**	**47937**	**1567**	**378719**	**224292**
清河区	96881	86414	9016	373	75374	35635
淮安区	89304	89996	7342	139	72780	41103
淮阴区	82406	55568	6696	236	45358	25186
清浦区	41201	33840	4519	171	22316	14128
涟水县	88212	83903	6987	117	73445	46366
洪泽县	34629	30745	3454	41	25529	18331
盱眙县	34727	31978	3072	68	26003	17819
金湖县	15846	13062	1589	76	6137	4060
开发区	39349	40929	5262	346	31777	21664

2－3－31　各地区总承包和专业承包企业营业额

单位：万元

地　　区	企业营业额	#在境外完成的营业额	企业总产值	#建筑业总产值
总　计	**7915646**	**64966**	**10525339**	**10280088**
清河区	1506222	7923	1748963	1631466
淮安区	1212264		1920757	1917792
淮阴区	1372725	302	1883880	1876618
清浦区	623134		882793	811089
涟水县	1168174	33389	1666524	1645807
洪泽县	519170	11780	642918	642558
盱眙县	513233	11573	643933	634967
金湖县	333992		370327	368771
开发区	666733		765246	751021

2－3－32　各地区总承包和专业承包企业资产构成

单位：万元

地　　区	资产合计	#流动资产		固定资产	在建工程
		小　计	#应收工程款	小　计	
总　计	**4803895**	**1229719**	**838972**	**1081461**	**106439**
清河区	812069	227525	107310	238603	36512
淮安区	581309	144003	109333	106191	1038
淮阴区	690270	173664	130438	175758	9354
清浦区	486456	158034	49508	135735	13704
涟水县	709020	104166	210316	125927	5396
洪泽县	243112	69917	38368	50054	12502
盱眙县	400306	143819	99419	71407	19973
金湖县	210863	58102	37018	39735	1606
开发区	670490	150491	57262	138053	6355

2－3－33 各地区总承包和专业承包企业固定资产情况

单位：万元

地区	固定资产小计	固定资产减值准备	固定资产原价	固定资产折旧	#本年折旧	在建工程
总计	**1081461**	**3617**	**1031821**	**251452**	**44217**	**106439**
清河区	238603	723	228783	89335	9065	36512
淮安区	106191	176	137001	35258	7416	1038
淮阴区	175758	231	139536	23080	4479	9354
清浦区	135735	299	117348	22147	6548	13704
涟水县	125927	1052	108752	23140	5159	5396
洪泽县	50054	593	44368	10438	2298	12502
盱眙县	71407	473	62486	15335	3372	19973
金湖县	39735	35	44553	7431	1109	1606
开发区	138053	37	148994	25288	4771	6355

2－3－34 各地区总承包和专业承包企业负债及所有者权益

单位：万元

地区	负债合计	#流动负债	非流动负债	所有者权益	#实收资本
总计	**2183074**	**1979570**	**43570**	**2620821**	**1199157**
清河区	401655	372144	6148	410414	160449
淮安区	246436	240605	3108	334873	125016
淮阴区	329141	294541	5735	361129	149070
清浦区	180754	133322	507	305702	148493
涟水县	326520	302176	4961	382499	216224
洪泽县	102531	96850	723	140581	67354
盱眙县	159096	150056	2699	241210	78799
金湖县	107063	104040	1027	103800	39575
开发区	329877	285838	18662	340612	214177

2-3-35　各地区总承包和专业承包企业实收资本

单位：万元

地　　区	总　计	国家资本	集体资本	法人资本	个人资本	港澳台资本	外商资本
总　计	**1199157**	**71786**	**47654**	**413033**	**666303**	**383**	
清河区	160449	7062	4311	39484	109592		
淮安区	125016	8611		40056	76349		
淮阴区	149070		7205	39086	102779		
清浦区	148493	660	17550	40749	89534		
涟水县	216224	1500	5493	132532	76700		
洪泽县	67354	517	2781	15533	48523		
盱眙县	78799	4584	5211	33886	35118		
金湖县	39575		4710	24868	9997		
开发区	214177	48851	393	46839	117712	383	

2-3-36　各地区总承包和专业承包企业收入情况

单位：万元

地　　区	营业收入	#主营业务收入	营业成本	#主营业务成本	营业税金及附加	#主营业务税金及附加	其他业务利润
总　计	**7915646**	**7878999**	**6753043**	**6719895**	**286106**	**283717**	**799**
清河区	1506222	1486491	1297360	1280593	50136	49404	1
淮安区	1212264	1212250	1061393	1061385	41695	41692	
淮阴区	1372725	1371935	1197352	1197071	48461	48138	229
清浦区	623134	620049	530263	527251	22796	22684	54
涟水县	1168174	1163859	925897	922040	53258	52834	64
洪泽县	519170	515450	459055	455244	14537	13794	118
盱眙县	513233	510558	420808	418176	20804	20799	30
金湖县	333992	333690	281763	281734	12045	12004	302
开发区	666733	664718	579152	576401	22376	22369	

2－3－37 各地区总承包和专业承包企业利润及税金情况

单位：万元

地区	营业利润	利润总额	#应交所得税	税金总额	#营业税金及附加	#主营业务税金及附加	管理费用中的税金
总计	**455675**	**455977**	**79424**	**302588**	**286106**	**283717**	**16482**
清河区	64857	66493	12459	51702	50136	49404	1566
淮安区	55002	55009	13189	43016	41695	41692	1322
淮阴区	71343	71335	17979	49732	48461	48138	1271
清浦区	27898	27578	6552	24897	22796	22684	2102
涟水县	135556	135436	8472	56812	53258	52834	3555
洪泽县	18823	18251	3905	15299	14537	13794	762
盱眙县	38168	38410	6401	22666	20804	20799	1862
金湖县	18323	17944	4632	14917	12045	12004	2872
开发区	25705	25522	5837	23547	22376	22369	1171

第三章　建筑业企业生产经营及财务状况

C、劳务分包建筑业企业生产经营及财务状况

2－3－38　各地区劳务分包建筑业企业生产经营情况

地　区	企业个数	建筑业总产值（万元）	装饰装修产值	从事主营业务活动的从业人员期末人数（人）	从事主营业务活动的从业人员平均人数（人）	应付职工薪酬（万元）
总　计	**139**	**157868**	**15237**	**22539**	**20288**	**83116**
清河区	18	14558	1276	2223	2252	8190
淮安区	24	74685	8163	9786	9046	33248
淮阴区	22	12445	2535	3206	2258	17566
清浦区	7	873		310	305	1654
涟水县	21	14671	1465	2431	2352	8399
洪泽县	6	3982	581	1219	1149	4221
盱眙县	5	3517	100	593	594	1256
金湖县	17	13882	135	1111	1055	3542
开发区	19	19254	982	1660	1277	5040

地　区	固定资产原价（万元）	固定资产折旧	资产总计（万元）	负债合计（万元）	实收资本（万元）
总　计	**14527**	**1108**	**79184**	**46434**	**21204**
清河区	2005	186	5782	1045	3832
淮安区	5334	314	46889	36090	6275
淮阴区	2394	137	9849	3096	3484
清浦区	159	20	642	411	205
涟水县	1599	129	4773	1793	1760
洪泽县	464	18	1456	325	933
盱眙县	300	141	1011	350	600
金湖县	1466	133	4739	2608	1390
开发区	806	30	4045	716	2725

2－3－38 各地区劳务分包建筑业企业生产经营情况（续）

单位：万元

地区	营业收入	#主营业务收入	营业成本	#主营业务成本	营业税金及附加	#主营业务税金及附加
总计	**128551**	**128257**	**107861**	**107724**	**4974**	**4936**
清河区	13596	13586	11419	11368	539	538
淮安区	61053	61053	52710	52710	2114	2114
淮阴区	9900	9897	7933	7933	357	357
清浦区	839	839	738	738	33	33
涟水县	12826	12600	10261	10203	420	420
洪泽县	4035	4035	3010	2982	240	204
盱眙县	1360	1305	1057	1057	190	190
金湖县	11840	11840	9649	9649	583	582
开发区	13102	13102	11084	11084	498	498

地区	销售费用	财务费用	管理费用	#税金	营业利润	利润总额
总计	**1361**	**627**	**5341**	**569**	**8965**	**8200**
清河区	70	56	364	97	1152	1256
淮安区	887	274	2153	284	2917	2818
淮阴区	104	58	612	29	928	617
清浦区	4	5	25	1	43	43
涟水县	11	40	354	41	1782	1779
洪泽县	6	21	150	7	613	283
盱眙县	2	66	106	11	252	230
金湖县	50	80	703	90	888	784
开发区	229	26	875	8	391	391

第三章　建筑业企业生产经营及财务状况

D、资质外建筑业企业生产经营及财务状况

2－3－39 各地区资质外建筑业企业生产经营情况

单位：万元

地区	企业个数（个）	年末从业人数（人）	工资总额	资产总计	实收资本	营业收入	#主营业务收入	营业税金及附加	#主营业务税金及附加
总计	**1515**	**18373**	**62411**	**516730**	**268227**	**691743**	**682852**	**27878**	**27189**
清河区	406	3068	13036	148966	66452	160494	158583	6266	6259
淮安区	285	3891	13119	85424	52724	96713	94080	2712	2692
淮阴区	105	2079	6769	27660	19410	34113	31153	2181	1581
清浦区	197	3309	9229	76225	36877	92437	92437	4697	4697
涟水县	147	2573	8790	49782	16890	218824	217585	8691	8651
洪泽县	99	1160	3852	54322	27305	28385	28385	1075	1075
盱眙县	76	821	2922	25931	15896	24707	24633	940	921
金湖县	97	628	1973	17144	10885	16273	16273	666	666
开发区	103	844	2722	31277	21788	19797	19724	649	648

第三产业篇：
批发零售业、住宿餐饮业、房地产开发业、服务业企业、行政事业及非企业法人单位情况

本篇编辑：

批发零售业、住宿餐饮业：陆建国　李　元　周兴旺

房地产开发业：刘安顺　王　艳　高先国

服务业企业、行政事业及非企业：董务君　孙　茜　王炎研

第一章　批发和零售业经营及财务状况

A、批发和零售业法人主要情况

3－1－1　按登记注册类型分全部批发和零售业法人主要情况

指　　标	法人单位数（个）	期末从业人员合计（人）	#女　性
总　计	**10851**	**109289**	**47029**
内资企业	10806	107181	45770
国有企业	165	2916	988
集体企业	199	2309	866
股份合作企业	26	284	159
联营企业	27	169	77
国有联营企业	1	9	6
集体联营企业	8	37	17
国有与集体联营企业	2	35	17
其他联营企业	16	88	37
有限责任公司	1098	16128	7318
国有独资公司	7	1217	689
其他有限责任公司	1091	14911	6629
股份有限公司	130	4726	2984
私营企业	7521	64127	26440
私营独资企业	4241	28438	11391
私营合伙企业	172	1378	633
私营有限责任公司	2911	31503	13261
私营股份有限公司	197	2808	1155
其他企业	1640	16522	6938
港、澳、台商投资企业	27	1504	891
合资经营企业	3	623	435
合作经营企业	1	3	2
独资经营企业	23	878	454
投资股份有限公司			
其他港澳台商投资企业			
外商投资企业	18	604	368
中外合资经营企业	3	198	112
中外合作经营企业	1	4	1
外资企业	6	357	240
外商投资股份有限公司			
其他外商投资企业	8	45	15

3－1－2 按登记注册类型分限额以上批发和零售业法人主要情况

单位：万元

指标	法人单位数（个）	期末从业人员合计（人）	#女性	商品购进总额	#进口	商品销售总额	批发额	#出口	零售额	年末商品库存总额
总计	**927**	**29836**	**14500**	**5544598**	**32396**	**6262028**	**3424900**	**173646**	**2837129**	**435551**
内资企业	912	28416	13649	5420580	32396	6065105	3332006	173646	2733099	429011
国有企业	72	1931	644	569806	6355	663503	622453		41050	109562
集体企业	12	137	51	35771		37619	19763		17856	2860
股份合作企业	2	84	75	2396	3	2731	11		2720	1421
联营企业										
国有联营企业										
集体联营企业										
国有与集体联营企业										
其他联营企业										
有限责任公司	220	7890	3586	1819953	5296	2111990	1010302	36047	1101688	135282
国有独资公司	4	1193	683	461058		458885	97286		361599	5605
其他有限责任公司	216	6697	2903	1358896	5296	1653105	913016	36047	740090	129678
股份有限公司	29	3690	2448	662389		690517	178288		512228	31903
私营企业	567	14446	6737	2308387	20741	2532750	1483371	137600	1049379	142819
私营独资企业	80	1346	609	197922	4750	236403	69944	10910	166459	14659
私营合伙企业	8	111	65	16316		18610	107		18503	924
私营有限责任公司	442	11333	5368	1765229	15991	1877735	1216169	110662	661566	97602
私营股份有限公司	37	1656	695	328920		400002	197152	16027	202851	29634
其他企业	10	238	108	21878		25995	17818		8177	5165
港、澳、台商投资企业	10	1044	605	115331		187109	92883		94226	5829
合资经营企业	2	612	430	31278		78314			78314	1387
合作经营企业										
独资经营企业	8	432	175	84052		108795	92883		15912	4442
投资股份有限公司										
其他港澳台商投资企业										
外商投资企业	5	376	246	8687		9814	10		9804	711
中外合资经营企业	2	51	13	3009		4741			4741	111
中外合作经营企业										
外资企业	3	325	233	5678		5073	10		5063	600
外商投资股份有限公司										
其他外商投资企业										

3-1-3　按登记注册类型分全部批发业法人主要情况

指　　标	法人单位数（个）	期末从业人员合计（人）	#女　性
总　　计	**6328**	**64704**	**24246**
内资企业	6301	64095	23987
国有企业	131	2293	611
集体企业	110	1522	558
股份合作企业	12	97	37
联营企业	20	147	65
国有联营企业	1	9	6
集体联营企业	5	30	12
国有与集体联营企业	2	35	17
其他联营企业	12	73	30
有限责任公司	672	7856	2770
国有独资公司	5	43	16
其他有限责任公司	667	7813	2754
股份有限公司	69	942	383
私营企业	4158	38039	14007
私营独资企业	2056	15868	5535
私营合伙企业	110	961	431
私营有限责任公司	1882	19683	7434
私营股份有限公司	110	1527	607
其他企业	1129	13199	5556
港、澳、台商投资企业	15	374	132
合资经营企业	1	11	5
合作经营企业			
独资经营企业	14	363	127
投资股份有限公司			
其他港澳台商投资企业			
外商投资企业	12	235	127
中外合资经营企业	1	147	99
中外合作经营企业	1	4	1
外资企业	5	56	19
外商投资股份有限公司			
其他外商投资企业	5	28	8

3－1－4　按登记注册类型分限额以上批发业法人主要情况

单位：万元

指　　标	法人单位数（个）	期末从业人员合计（人）	#女性	商品购进总额	#进口	商品销售总额	批发额	#出口	零售额	年末商品库存总额
总　计	**445**	**11445**	**3996**	**2874149**	**26858**	**3335927**	**3193326**	**173422**	**142601**	**264786**
内资企业	437	11113	3884	2799594	26858	3241992	3100569	173422	141423	262509
国有企业	65	1541	376	541175	6355	630584	619742		10842	100127
集体企业	3	44	14	14632		14209	12859		1351	881
股份合作企业										
联营企业										
国有联营企业										
集体联营企业										
国有与集体联营企业										
其他联营企业										
有限责任公司	99	2847	925	714810	5164	956654	912208	36047	44446	87404
国有独资公司	3	30	12	20084		17911	17911			2173
其他有限责任公司	96	2817	913	694726	5164	938743	894297	36047	44446	85231
股份有限公司	13	451	211	99050		106938	91327		15611	8136
私营企业	253	6169	2344	1412177	15339	1513578	1447169	137376	66409	61262
私营独资企业	19	500	190	69912		72304	64273	10910	8030	5079
私营合伙企业										
私营有限责任公司	223	4927	1845	1181567	15339	1246211	1191914	110438	54298	50527
私营股份有限公司	11	742	309	160697		195064	190982	16027	4082	5657
其他企业	4	61	14	17750		20029	17264		2764	4699
港、澳、台商投资企业	6	308	100	74536		93920	92747		1173	2277
合资经营企业										
合作经营企业										
独资经营企业	6	308	100	74536		93920	92747		1173	2277
投资股份有限公司										
其他港澳台商投资企业										
外商投资企业	2	24	12	20		15	10		5	
中外合资经营企业										
中外合作经营企业										
外资企业	2	24	12	20		15	10		5	
外商投资股份有限公司										
其他外商投资企业										

3－1－5　按登记注册类型分全部零售业法人主要情况

单位：万元

指　　标	法人单位数（个）	期末从业人员合计（人）	#女　性
总　计	**4523**	**44585**	**22783**
内资企业	4505	43086	21783
国有企业	34	623	377
集体企业	89	787	308
股份合作企业	14	187	122
联营企业	7	22	12
国有联营企业			
集体联营企业	3	7	5
国有与集体联营企业			
其他联营企业	4	15	7
有限责任公司	426	8272	4548
国有独资公司	2	1174	673
其他有限责任公司	424	7098	3875
股份有限公司	61	3784	2601
私营企业	3363	26088	12433
私营独资企业	2185	12570	5856
私营合伙企业	62	417	202
私营有限责任公司	1029	11820	5827
私营股份有限公司	87	1281	548
其他企业	511	3323	1382
港、澳、台商投资企业	12	1130	759
合资经营企业	2	612	430
合作经营企业	1	3	2
独资经营企业	9	515	327
投资股份有限公司			
其他港澳台商投资企业			
外商投资企业	6	369	241
中外合资经营企业	2	51	13
中外合作经营企业			
外资企业	1	301	221
外商投资股份有限公司			
其他外商投资企业	3	17	7

3－1－6　按登记注册类型分限额以上零售业法人主要情况

单位：万元

指　　标	法人单位数（个）	期末从业人员合计（人）	#女性	商品购进总额	#进口	商品销售总额	批发额	#出口	零售额	年末商品库存总额
总　计	**482**	**18391**	**10504**	**2670448**	**5538**	**2926102**	**231574**	**224**	**2694528**	**170765**
内资企业	475	17303	9765	2620986	5538	2823114	231438	224	2591676	166502
国有企业	7	390	268	28631		32920	2711		30208	9436
集体企业	9	93	37	21139		23410	6905		16505	1979
股份合作企业	2	84	75	2396	3	2731	11		2720	1421
联营企业										
国有联营企业										
集体联营企业										
国有与集体联营企业										
其他联营企业										
有限责任公司	121	5043	2661	1105144	132	1155336	98094		1057243	47879
国有独资公司	1	1163	671	440974		440974	79375		361599	3432
其他有限责任公司	120	3880	1990	664170	132	714362	18719		695644	44447
股份有限公司	16	3239	2237	563339		583579	86962		496618	23767
私营企业	314	8277	4393	896210	5403	1019172	36202	224	982970	81557
私营独资企业	61	846	419	128010	4750	164100	5671		158429	9580
私营合伙企业	8	111	65	16316		18610	107		18503	924
私营有限责任公司	219	6406	3523	583662	653	631524	24256	224	607269	47075
私营股份有限公司	26	914	386	168223		204938	6169		198769	23977
其他企业	6	177	94	4128		5966	553		5413	466
港、澳、台商投资企业	4	736	505	40795		93189	136		93053	3552
合资经营企业	2	612	430	31278		78314			78314	1387
合作经营企业										
独资经营企业	2	124	75	9517		14875	136		14739	2165
投资股份有限公司										
其他港澳台商投资企业										
外商投资企业	3	352	234	8667		9799			9799	711
中外合资经营企业	2	51	13	3009		4741			4741	111
中外合作经营企业										
外资企业	1	301	221	5658		5058			5058	600
外商投资股份有限公司										
其他外商投资企业										

3－1－7　按行业中类分全部批发和零售业法人主要情况

单位：万元

指　　标	法人单位数（个）	期末从业人员合计（人）	#女　性
总　　计	**10851**	**109289**	**47029**
一、批发业	6328	64704	24246
农、林、牧产品批发	822	10105	3570
食品、饮料及烟草制品批发	822	11932	5168
纺织、服装及家庭用品批发	622	6964	3518
文化、体育用品及器材批发	156	1258	528
医药及医疗器材批发	119	1817	861
矿产品、建材及化工产品批发	1824	15692	4525
机械设备、五金产品及电子产品批发	1016	8680	2910
贸易经纪与代理	386	3331	1390
其他批发业	561	4925	1776
二、零售业	4523	44585	22783
综合零售	668	11080	7241
食品、饮料及烟草制品专门零售	448	3931	1647
纺织、服装及日用品专门零售	357	2835	1600
文化、体育用品及器材专门零售	166	1463	766
医药及医疗器材专门零售	1019	5555	3185
汽车、摩托车、燃料及零配件专门零售	466	8412	3924
家用电器及电子产品专门零售	584	4876	2134
五金、家具及室内装饰材料专门零售	486	3729	1301
货摊、无店铺及其他零售业	329	2704	985

3－1－8　按行业中类分限额以上批发和零售业法人主要情况

单位：万元

指　　标	法人单位数（个）	期末从业人员合计（人）	#女性	商品购进总额	#进口	商品销售总额	批发额	#出口	零售额	年末商品库存总额
总　计	**927**	**29836**	**14500**	**5544598**	**32396**	**6262028**	**3424900**	**173646**	**2837129**	**435551**
一、批发业	445	11445	3996	2874149	26858	3335927	3193326	173422	142601	264786
农、林、牧产品批发	86	1718	459	339028	6355	355338	336330		19008	102127
食品、饮料及烟草制品批发	33	2454	850	552370		839588	812741	1497	26848	70702
纺织、服装及家庭用品批发	50	1246	534	208500	3642	223906	201219	30546	22687	16005
文化、体育用品及器材批发	11	207	113	64956	2576	82523	80085	60824	2438	833
医药及医疗器材批发	14	899	421	137584		142911	130159		12751	14618
矿产品、建材及化工产品批发	117	2219	640	713004	5783	726242	702554	9570	23688	39429
机械设备、五金产品及电子产品批发	67	1465	540	318244	2747	375326	349647	15301	25679	10230
贸易经纪与代理	15	262	145	62326	1889	84302	79786	51474	4517	3023
其他批发业	52	975	294	478138	3867	505790	500805	4211	4985	7821
二、零售业	482	18391	10504	2670448	5538	2926102	231574	224	2694528	170765
综合零售	52	6838	5181	438359	3	527624	2497	62	525128	40921
食品、饮料及烟草制品专门零售	47	801	381	41273		43798	6905	162	36893	6220
纺织、服装及日用品专门零售	34	558	268	43202		45055	9445		35610	5674
文化、体育用品及器材专门零售	18	491	264	43740		52416	2711		49705	11106
医药及医疗器材专门零售	47	1978	1149	255517		273349	64202		209146	20198
汽车、摩托车、燃料及零配件专门零售	145	5048	2123	1264122	5535	1335280	120531		1214749	65143
家用电器及电子产品专门零售	64	1480	745	173640		203426	10247		193179	9141
五金、家具及室内装饰材料专门零售	44	704	249	313712		345825	10286		335540	9178
货摊、无店铺及其他零售业	31	493	144	96886		99329	4751		94579	3183

3－1－9　按经营方式和零售业态分全部零售业法人主要情况

单位：万元

指　　标	法人单位数（个）	期末从业人员合计（人）	#女　性
总　　计	**4523**	**44585**	**22783**
按经营方式分组			
独立门店	3805	35016	16767
连锁总店	23	1153	911
连锁门店	177	4248	3169
其他	518	4168	1936
按零售业态分组			
有店铺零售	4502	44413	22723
食杂店	59	385	171
便利店	364	2261	931
折扣店	5	25	13
超市	167	3018	2051
大型超市	12	3940	3022
仓储会员店	6	48	20
百货店	534	4719	2467
专业店	2090	18728	9110
专卖店	935	7474	3404
家居建材商店	230	2328	808
购物中心	5	391	258
厂家直销中心	95	1096	468
无店铺零售	21	172	60
电视购物	2	5	3
邮购	2	6	3
网上商店	15	157	53
自动售货亭			
电话购物	2	4	1

3－1－10　按经营方式和零售业态分限额以上零售业法人主要情况

单位：万元

指　标	法人单位数（个）	期末从业人员合计（人）	#女性	商品购进总额	#进口	商品销售总额	批发额	#出口	零售额	年末商品库存总额
总　计	**482**	**18391**	**10504**	**2670448**	**5538**	**2926102**	**231574**	**224**	**2694528**	**170765**
按经营方式分组										
独立门店	444	13056	6512	2096947	5538	2291198	150536	224	2140661	133893
连锁总店	1	886	776	25278		31731			31731	5972
连锁门店	13	3310	2637	268742		308435	20069		288367	15451
其他	24	1139	579	279483		294738	60969		233769	15449
按零售业态分组										
有店铺零售	481	18371	10497	2669617	5538	2925395	231574	224	2693822	170640
食杂店	2	66	38	1965		1925			1925	744
便利店	5	126	75	13426		14408	395		14013	643
折扣店										
超市	30	1944	1462	66325	3	73628	3027	62	70601	10791
大型超市	8	3218	2519	155678		186573	162		186411	15317
仓储会员店										
百货店	25	1781	1225	229387		277838	4962		272876	17401
专业店	291	7797	3676	1614071	4882	1774553	206021	162	1568532	83712
专卖店	96	2504	1060	475065		470661	6646		464015	36950
家居建材商店	11	313	91	22544		23318	8720		14598	3959
购物中心	2	368	246	73894		83720			83720	236
厂家直销中心	11	254	105	17261	653	18772	1640		17132	887
无店铺零售	1	20	7	832		707			707	125
电视购物										
邮购										
网上商店	1	20	7	832		707			707	125
自动售货亭										
电话购物										

3－1－11　按地区分全部批发和零售业法人主要情况

地　　区	法人单位数（个）	期末从业人员合计（人）	#女　性
总　　计	**10851**	**109289**	**47029**
清 河 区	2102	23068	11542
淮 安 区	2008	16386	6487
淮 阴 区	1052	10821	4866
清 浦 区	992	10731	4071
涟 水 县	1073	12342	5747
洪 泽 县	1060	8809	3476
盱 眙 县	922	11761	5213
金 湖 县	1089	9453	3437
开 发 区	553	5918	2190

3－1－12 按地区分限额以上批发和零售业法人主要情况

单位：万元

地区	法人单位数（个）	期末从业人员合计（人）	#女性	商品购进总额	#进口	商品销售总额	批发额	#出口	零售额	年末商品库存总额
总计	**927**	**29836**	**14500**	**5548757**	**32396**	**6262028**	**3424900**	**173646**	**2837129**	**443368**
清河区	173	8322	4832	1381548	234	1446111	340387	30569	1105724	80958
淮安区	123	2472	1098	460956	9295	526565	443400	72797	83166	24758
淮阴区	109	4014	1993	658050		708895	209856	3165	499039	48079
清浦区	86	2791	1124	858812		975014	672115	695	302899	53849
涟水县	110	3484	1426	662078	4750	895906	610596	16027	285310	50157
洪泽县	60	1236	670	287293		314541	260102		54439	46522
盱眙县	138	3945	1910	408307	14784	483342	282841	8265	200501	47240
金湖县	71	1202	462	320392	3	336252	292468	2012	43784	45035
开发区	57	2370	985	511320	3331	575404	313137	40116	262267	46771

3－1－13　按地区分全部批发业法人主要情况

地　　区	法人单位数（个）	期末从业人员合计（人）	#女　性
总　　计	**6328**	**64704**	**24246**
清河区	1402	11654	4706
淮安区	973	9343	3297
淮阴区	457	5144	1768
清浦区	543	6307	2253
涟水县	672	8715	3875
洪泽县	607	4793	1577
盱眙县	532	7503	2956
金湖县	839	7992	2776
开发区	303	3253	1038

3－1－14 按地区分限额以上批发业法人主要情况

单位：万元

地区	法人单位数（个）	期末从业人员合计（人）	#女性	商品购进总额	#进口	商品销售总额	批发额	#出口	零售额	年末商品库存总额
总计	**445**	**11445**	**3996**	**2878308**	**26858**	**3335927**	**3193326**	**173422**	**142601**	**272604**
清河区	62	1414	564	270981	102	265173	251798	30569	13375	26785
淮安区	74	1388	560	388243	8642	439817	430790	72797	9027	18029
淮阴区	48	1725	571	227334		232597	202101	3165	30496	21908
清浦区	50	1390	481	500582		606276	588892	695	17383	37403
涟水县	29	1771	536	403461		621422	591850	16027	29573	35556
洪泽县	37	507	124	249194		263688	259943		3744	42986
盱眙县	74	1560	500	253572	14784	299618	275966	8041	23652	34110
金湖县	47	759	251	285984		300079	291030	2012	9049	38125
开发区	24	931	409	298958	3331	307257	300956	40116	6302	17702

3－1－15　按地区分全部零售业法人主要情况

地　　区	法人单位数（个）	期末从业人员合计（人）	#女　性
总　　计	**4523**	**44585**	**22783**
清　河　区	700	11414	6836
淮　安　区	1035	7043	3190
淮　阴　区	595	5677	3098
清　浦　区	449	4424	1818
涟　水　县	401	3627	1872
洪　泽　县	453	4016	1899
盱　眙　县	390	4258	2257
金　湖　县	250	1461	661
开　发　区	250	2665	1152

3－1－16 按地区分限额以上零售业法人主要情况

单位：万元

地区	法人单位数（个）	期末从业人员合计（人）	#女性	商品购进总额	#进口	商品销售总额	批发额	#出口	零售额	年末商品库存总额
总计	**482**	**18391**	**10504**	**2670448**	**5538**	**2926102**	**231574**	**224**	**2694528**	**170765**
清河区	111	6908	4268	1110567	132	1180938	88589		1092349	54173
淮安区	49	1084	538	72713	653	86748	12610		74139	6729
淮阴区	61	2289	1422	430716		476297	7754		468543	26171
清浦区	36	1401	643	358230		368738	83222		285516	16446
涟水县	81	1713	890	258618	4750	274484	18746		255737	14601
洪泽县	23	729	546	38100		50853	158		50695	3536
盱眙县	64	2385	1410	154735		183724	6875	224	176849	13130
金湖县	24	443	211	34408	3	36172	1438		34735	6911
开发区	33	1439	576	212362		268147	12181		255966	29069

第一章　批发和零售业经营及财务状况

B、批发和零售业法人财务状况

3－1－17 按登记注册类型分全部批发和零售业法人财务状况

单位：万元

指 标	营业收入	主营业务收入	营业税金及附加其他业务	主营业务税金及附加其他业务	资产合计	实收资本
总 计	**10404066**	**10317133**	**175845**	**162545**	**5487406**	**1862295**
内资企业	10201087	10119950	167887	160885	5366685	1821395
国有企业	677393	674411	21078	20540	428139	36417
集体企业	111164	109102	1503	1497	98952	38638
股份合作企业	9302	8976	129	125	7539	4557
联营企业	7441	7430	1044	1034	5352	2571
国有联营企业	120	120	3	3	150	123
集体联营企业	958	958	27	27	339	68
国有与集体联营企业	1804	1804	81	81	2137	270
其他联营企业	4560	4549	932	923	2726	2111
有限责任公司	2535244	2518925	36254	34953	1302994	281259
国有独资公司	395688	394308	360	360	68087	1387
其他有限责任公司	2139556	2124617	35894	34593	1234907	279873
股份有限公司	745700	736853	5142	4208	603918	72351
私营企业	5372500	5327378	87294	83969	2618056	1171223
私营独资企业	1776292	1758733	29397	28533	916346	482853
私营合伙企业	83534	82427	1243	1165	57266	23958
私营有限责任公司	3037480	3012002	48524	46242	1441413	609191
私营股份有限公司	475193	474216	8130	8029	203031	55221
其他企业	742343	736875	15444	14559	301735	214378
港、澳、台商投资企业	187466	182185	7713	1416	94676	28847
合资经营企业	73126	67856	6941	651	34084	11482
合作经营企业	156	156	18	18	5571	3680
独资经营企业	114184	114173	755	748	55021	13685
投资股份有限公司						
其他港澳台商投资企业						
外商投资企业	15514	14997	245	245	26045	12053
中外合资经营企业	5827	5821	94	94	13045	5513
中外合作经营企业	136	136	5	5	56	39
外资企业	6138	5628	32	32	10904	5778
外商投资股份有限公司						
其他外商投资企业	3412	3412	114	114	2041	723

3－1－18　按登记注册类型分限额以上批发和零售业法人财务状况

单位：万元

指标名称	一、年初存货	二、期末资产负债				
		流动资产合计	其中：应收账款	存货	固定资产合计	固定资产原价
总计	**371452**	**1551749**	**297262**	**343968**	**513408**	**643483**
内资企业	365901	1504254	272018	335300	466659	594065
国有企业	98355	288391	22335	86523	53223	84490
集体企业	3291	11523	2634	3290	5534	6294
股份合作企业	1108	1197		1140	72	133
联营企业						
国有联营企业						
集体联营企业						
国有与集体联营企业						
其他联营企业						
有限责任公司	97850	415820	78079	113507	101172	132828
国有独资公司	4391	16045	3106	5879	23266	36528
其他有限责任公司	93459	399775	74973	107628	77906	96300
股份有限公司	32976	303308	57299	32483	117401	139219
私营企业	128871	470310	108431	97432	188543	230091
私营独资企业	11206	41783	5817	9945	21210	25036
私营合伙企业	1392	5941	548	514	4514	4983
私营有限责任公司	97555	384325	97143	73015	149808	181365
私营股份有限公司	18718	38261	4924	13958	13013	18707
其他企业	3450	13704	3241	925	715	1011
港、澳、台商投资企业	5315	42005	25126	7708	37369	39389
合资经营企业	1104	9317	187	1387	24041	32387
合作经营企业						
独资经营企业	4211	32688	24940	6321	13328	7001
投资股份有限公司						
其他港澳台商投资企业						
外商投资企业	236	5490	118	960	9380	10029
中外合资经营企业	234	3647	18	360	4446	4943
中外合作经营企业						
外资企业	2	1843	100	600	4934	5086
外商投资股份有限公司						
其他外商投资企业						

3-1-18　按登记注册类型分限额以上批发和零售业法人财务状况（续1）

单位：万元

指标名称	二、期末资产负债					
	累计折旧	本年折旧	在建工程	资产总计	流动负债合计	其中：应付账款
总　计	**152777**	**50589**	**37625**	**2617436**	**1227268**	**264635**
内资企业	142581	47571	36893	2519165	1168108	236519
国有企业	31527	11556	630	354502	160225	32533
集体企业	1861	420		17120	6550	1426
股份合作企业	62	10		1269	943	50
联营企业						
国有联营企业						
集体联营企业						
国有与集体联营企业						
其他联营企业						
有限责任公司	33493	9729	12628	727552	333607	49911
国有独资公司	13262	1565	9887	66520	14972	1763
其他有限责任公司	20231	8164	2741	661032	318636	48149
股份有限公司	26437	6138	17888	517289	260688	64747
私营企业	48906	19513	5747	886703	395766	87116
私营独资企业	4035	1708	58	69616	29459	6306
私营合伙企业	564	227		12593	6620	1295
私营有限责任公司	38517	15242	5550	665616	290137	73311
私营股份有限公司	5789	2336	138	138877	69550	6205
其他企业	296	206		14730	10330	736
港、澳、台商投资企业	9497	2619	2	80765	47865	23139
合资经营企业	8346	1983	2	33711	17348	5737
合作经营企业						
独资经营企业	1151	636		47054	30517	17402
投资股份有限公司						
其他港澳台商投资企业						
外商投资企业	700	398	731	17506	11296	4977
中外合资经营企业	497	195	728	10643	6066	465
中外合作经营企业						
外资企业	203	203	3	6864	5230	4512
外商投资股份有限公司						
其他外商投资企业						

3－1－18 按登记注册类型分限额以上批发和零售业法人财务状况（续2）

单位：万元

指标名称	二、期末资产负债					
	非流动负债合计	负债合计	所有者权益合计	其中：实收资本	1. 国家资本	2. 集体资本
总　　计	**171164**	**1472564**	**1144872**	**490575**	**37656**	**4280**
内资企业	171164	1413374	1105791	468048	37656	4280
国有企业	13092	173317	181185	23306	21937	701
集体企业	517	9078	8043	3298		2519
股份合作企业	82	1025	244	109	22	
联营企业						
国有联营企业						
集体联营企业						
国有与集体联营企业						
其他联营企业						
有限责任公司	6740	367760	359793	105992	14486	550
国有独资公司	117	15089	51432	1050	1050	
其他有限责任公司	6623	352671	308361	104942	13436	550
股份有限公司	128571	402773	114516	47003	982	490
私营企业	21117	448048	438655	285422	230	20
私营独资企业	597	30555	39061	22532		
私营合伙企业		6981	5613	3963		
私营有限责任公司	15485	326534	339083	226437	228	18
私营股份有限公司	5036	83978	54899	32491	2	2
其他企业	1045	11375	3356	2919		
港、澳、台商投资企业		47865	32900	17527		
合资经营企业		17348	16363	11367		
合作经营企业						
独资经营企业		30517	16537	6160		
投资股份有限公司						
其他港澳台商投资企业						
外商投资企业		11326	6181	5001		
中外合资经营企业		6066	4577	3113		
中外合作经营企业						
外资企业		5260	1604	1888		
外商投资股份有限公司						
其他外商投资企业						

3－1－18　按登记注册类型分限额以上批发和零售业法人财务状况（续3）

单位：万元

指标名称	二、期末资产负债				三、损益及分配	
	3. 法人资本	4. 个人资本	5. 港澳台资本	6. 外商资本	营业收入	其中：主营业务收入
总　计	**114336**	**319870**	**9433**	**5001**	**5710254**	**5670875**
内资企业	106144	319770	99	100	5520472	5486888
国有企业	424	244			563815	561459
集体企业	578	200			36256	36140
股份合作企业	66	22			2443	2341
联营企业						
国有联营企业						
集体联营企业						
国有与集体联营企业						
其他联营企业						
有限责任公司	30528	60229	99	100	1924544	1914961
国有独资公司					394769	393389
其他有限责任公司	30528	60229	99	100	1529775	1521572
股份有限公司	42907	2623			601385	592872
私营企业	28920	256252			2366783	2353913
私营独资企业	1359	21173			210939	209155
私营合伙企业	1270	2693			12595	12595
私营有限责任公司	22816	203375			1758379	1747957
私营股份有限公司	3475	29012			384870	384207
其他企业	2720	199			25245	25201
港、澳、台商投资企业	8193		9334		179510	174231
合资经营企业	7000		4367		72839	67570
合作经营企业						
独资经营企业	1193		4967		106670	106660
投资股份有限公司						
其他港澳台商投资企业						
外商投资企业		100		4901	10272	9756
中外合资经营企业		100		3013	4703	4697
中外合作经营企业						
外资企业				1888	5569	5058
外商投资股份有限公司						
其他外商投资企业						

3－1－18 按登记注册类型分限额以上批发和零售业法人财务状况（续4）

单位：万元

指标名称	三、损益及分配					
	营业成本	其中：主营业务成本	营业税金及附加	其中：主营业务税金及附加	其他业务利润	销售费用
总　计	**4783753**	**4751733**	**74078**	**63876**	**24079**	**228833**
内资企业	4628677	4596683	66421	62516	18489	218111
国有企业	448177	446843	19156	18902	1094	12429
集体企业	29259	29139	256	256		473
股份合作企业	1952	1952	2	2	12	261
联营企业						
国有联营企业						
集体联营企业						
国有与集体联营企业						
其他联营企业						
有限责任公司	1571662	1566214	13728	13291	6595	106239
国有独资公司	372246	370995	358	358	65	11447
其他有限责任公司	1199416	1195219	13370	12933	6530	94792
股份有限公司	539435	530895	2470	1653	3487	28359
私营企业	2016195	1999641	30442	28046	7301	69825
私营独资企业	174973	174907	3362	2833	264	6899
私营合伙企业	10515	10515	155	155	9	125
私营有限责任公司	1508298	1491832	20502	18653	5787	50562
私营股份有限公司	322409	322388	6423	6406	1242	12239
其他企业	21998	21998	366	366		524
港、澳、台商投资企业	147752	147742	7545	1248	5079	8985
合资经营企业	59115	59115	6940	650	5079	8223
合作经营企业						
独资经营企业	88637	88627	605	598		763
投资股份有限公司						
其他港澳台商投资企业						
外商投资企业	7325	7308	112	112	511	1737
中外合资经营企业	3017	3001	83	83		143
中外合作经营企业						
外资企业	4307	4307	29	29	511	1594
外商投资股份有限公司						
其他外商投资企业						

3－1－18　按登记注册类型分限额以上批发和零售业法人财务状况（续5）

单位：万元

指标名称	三、损益及分配					
	管理费用	其中：税金	财务费用	其中：利息收入	利息支出	资产减值损失
总　计	**133961**	**6650**	**31741**	**5768**	**14694**	**38**
内资企业	130763	6326	31536	5331	14605	38
国有企业	23808	511	－364	3847	1623	125
集体企业	955	24	293		95	
股份合作企业	100	1	2		2	
联营企业						
国有联营企业						
集体联营企业						
国有与集体联营企业						
其他联营企业						
有限责任公司	37902	1878	6718	1271	4190	413
国有独资公司	3903		291		4	365
其他有限责任公司	33999	1878	6427	1270	4185	48
股份有限公司	13141	864	4831	119	3695	－963
私营企业	54219	3042	19790	92	4982	463
私营独资企业	4772	115	2226	13	620	450
私营合伙企业	248	5	138			
私营有限责任公司	39917	2385	12228	53	3843	13
私营股份有限公司	9282	538	5198	27	519	
其他企业	638	6	267	2	19	
港、澳、台商投资企业	2808	313	153	412	24	
合资经营企业	1116	234	118	155	36	
合作经营企业						
独资经营企业	1692	79	35	257	－12	
投资股份有限公司						
其他港澳台商投资企业						
外商投资企业	390	11	52	26	66	
中外合资经营企业	356	11	42	24	66	
中外合作经营企业						
外资企业	34		10	1		
外商投资股份有限公司						
其他外商投资企业						

3－1－18　按登记注册类型分限额以上批发和零售业法人财务状况（续6）

单位：万元

指　标　名　称	公允价值变动收益（损失以“－”号记）	投资收益（损失以“－”号记）	营业利润	营业外收入	其中：补贴收入	利润总额
总　　计	**33**	**－75**	**478593**	**13845**	**11224**	**442317**
内资企业	33	－75	459514	13777	11162	423205
国有企业	33	60	61031	4029	3558	60331
集体企业			5006			4843
股份合作企业			37			15
联营企业						
国有联营企业						
集体联营企业						
国有与集体联营企业						
其他联营企业						
有限责任公司		－236	190354	3753	3149	180449
国有独资公司			6061	8		6037
其他有限责任公司		－236	184293	3744	3149	174412
股份有限公司		49	18191	574	80	14942
私营企业		54	183444	5422	4375	161174
私营独资企业			17860	118	29	15904
私营合伙企业			1424			733
私营有限责任公司		22	134790	5229	4307	116879
私营股份有限公司		32	29371	75	39	27658
其他企业			1451			1451
港、澳、台商投资企业			18373	65	62	18384
合资经营企业			3428	65	62	3484
合作经营企业						
独资经营企业			14945			14900
投资股份有限公司						
其他港澳台商投资企业						
外商投资企业			706	3		728
中外合资经营企业			1061	2		1064
中外合作经营企业						
外资企业			－356			－335
外商投资股份有限公司						
其他外商投资企业						

3－1－18　按登记注册类型分限额以上批发和零售业法人财务状况（续7）

单位：万元

指　标　名　称		四、人工成本及增值税		亏损企业数（个）	亏损总额
	应交所得税	应付职工薪酬（本年贷方累计发生额）	应交增值税		
总　计	**69156**	**110745**	**166272**	**59**	**11759**
内资企业	67415	106277	163908	58	11424
国有企业	15976	6325	14177	7	404
集体企业	538	641	776		
股份合作企业		172	65		
联营企业					
国有联营企业					
集体联营企业					
国有与集体联营企业					
其他联营企业					
有限责任公司	29881	29688	61379	21	4927
国有独资公司	129	4342	3194	2	120
其他有限责任公司	29752	25346	58185	19	4806
股份有限公司	2740	14779	11003	3	2513
私营企业	18043	53998	76184	26	3580
私营独资企业	2572	5625	5574	1	203
私营合伙企业	110	330	152		
私营有限责任公司	12684	41177	61589	20	2104
私营股份有限公司	2676	6865	8869	5	1273
其他企业	238	675	324	1	1
港、澳、台商投资企业	1491	3733	2298		
合资经营企业	871	2133	1277		
合作经营企业					
独资经营企业	620	1600	1021		
投资股份有限公司					
其他港澳台商投资企业					
外商投资企业	250	734	66	1	335
中外合资经营企业	250	120	66		
中外合作经营企业					
外资企业		614		1	335
外商投资股份有限公司					
其他外商投资企业					

3－1－19　按登记注册类型分全部批发业法人财务状况

单位：万元

指　　标	营业收入	主营业务收入	营业税金及附加其他业务	主营业务税金及附加其他业务	资产合计	实收资本
总　计	**6781058**	**6729989**	**124958**	**120398**	**3600871**	**1214590**
内资企业	6678773	6627715	124363	119810	3547850	1199673
国有企业	635645	633786	20514	20260	399515	30279
集体企业	72435	70727	1025	1024	44883	19139
股份合作企业	4661	4472	76	74	4667	2983
联营企业	6516	6505	1029	1019	5059	2358
国有联营企业	120	120	3	3	150	123
集体联营企业	670	670	24	24	319	60
国有与集体联营企业	1804	1804	81	81	2137	270
其他联营企业	3922	3911	921	911	2452	1905
有限责任公司	1357449	1347255	27680	26950	959320	181478
国有独资公司	18708	17328	4	4	14118	1357
其他有限责任公司	1338741	1329927	27676	26947	945202	180121
股份有限公司	227911	226441	2379	2283	200989	24421
私营企业	3730705	3699584	59111	56503	1698185	764742
私营独资企业	1168769	1159583	18308	17531	530364	273901
私营合伙企业	46709	45669	705	697	26688	11065
私营有限责任公司	2252817	2232644	37212	35401	1007723	455672
私营股份有限公司	262411	261688	2885	2874	133411	24103
其他企业	643452	638946	12550	11698	235232	174274
港、澳、台商投资企业	97278	97267	473	466	44646	7973
合资经营企业	286	286	1	1	374	115
合作经营企业						
独资经营企业	96992	96981	472	465	44272	7858
投资股份有限公司						
其他港澳台商投资企业						
外商投资企业	5007	5007	123	123	8376	6944
中外合资经营企业	1124	1124	11	11	2402	2400
中外合作经营企业	136	136	5	5	56	39
外资企业	570	570	2	2	4142	3890
外商投资股份有限公司						
其他外商投资企业	3177	3177	105	105	1775	615

3－1－20　按登记注册类型分限额以上批发业法人财务状况

单位：万元

指　　标	一、年初存货	二、期末资产负债 流动资产合计	其中：应收账款	存　货	固定资产合计	固定资产原价
总　计	**211965**	**923773**	**217776**	**198319**	**197018**	**243261**
内资企业	207767	893811	192856	194180	186085	239161
国有企业	92724	275576	21657	81366	48419	75263
集体企业	2001	3146	151	2331	1139	1292
股份合作企业						
联营企业						
国有联营企业						
集体联营企业						
国有与集体联营企业						
其他联营企业						
有限责任公司	49686	297692	63745	68933	43800	49191
国有独资公司	12	12112	3045	2097	490	522
其他有限责任公司	49674	285581	60700	66836	43310	48669
股份有限公司	6336	45670	19211	7598	13456	17297
私营企业	54191	259197	85058	33855	78895	95587
私营独资企业	3161	23466	3022	2273	3912	4815
私营合伙企业						
私营有限责任公司	48746	226855	80493	30308	69239	84500
私营股份有限公司	2284	8875	1542	1275	5744	6272
其他企业	2828	12530	3035	98	376	531
港、澳、台商投资企业	4196	29911	24900	4139	10883	4100
合资经营企业						
合作经营企业						
独资经营企业	4196	29911	24900	4139	10883	4100
投资股份有限公司						
其他港澳台商投资企业						
外商投资企业	2	51	20		51	
中外合资经营企业						
中外合作经营企业						
外资企业	2	51	20		51	
外商投资股份有限公司						
其他外商投资企业						

3－1－20　按登记注册类型分限额以上批发业法人财务状况（续1）

单位：万元

指　　标	二、期末资产负债					
	累计折旧	本年折旧	在建工程	资产总计	流动负债合计	其中：应付账款
总　计	**58132**	**25080**	**4513**	**1525702**	**655785**	**150302**
内资企业	57438	24795	4513	1484266	629536	133121
国有企业	27104	11321	630	334141	148304	25330
集体企业	255	92		4285	844	429
股份合作企业						
联营企业						
国有联营企业						
集体联营企业						
国有与集体联营企业						
其他联营企业						
有限责任公司	6656	3934	1162	496562	210325	39012
国有独资公司	32	24		12601	8328	1728
其他有限责任公司	6624	3911	1162	483961	201997	37285
股份有限公司	3846	1336	5	132838	36059	13975
私营企业	19424	8010	2715	503224	224566	54376
私营独资企业	903	380	58	29831	15300	3156
私营合伙企业						
私营有限责任公司	17960	7392	2519	392630	158759	48832
私营股份有限公司	561	238	138	80763	50507	2387
其他企业	155	102		13216	9437	
港、澳、台商投资企业	694	285		41333	26250	17181
合资经营企业						
合作经营企业						
独资经营企业	694	285		41333	26250	17181
投资股份有限公司						
其他港澳台商投资企业						
外商投资企业				103		
中外合资经营企业						
中外合作经营企业						
外资企业				103		
外商投资股份有限公司						
其他外商投资企业						

3－1－20　按登记注册类型分限额以上批发业法人财务状况(续2)

单位：万元

指　　标	二、期末资产负债					
	非流动负债合计	负债合计	所有者权益合计	其中：实收资本	1. 国家资本	2. 集体资本
总　计	**101666**	**807056**	**718646**	**266883**	**33429**	**2133**
内资企业	101666	780776	703490	261126	33429	2133
国有企业	11712	160016	174125	20042	18797	701
集体企业		855	3430	462		412
股份合作企业						
联营企业						
国有联营企业						
集体联营企业						
国有与集体联营企业						
其他联营企业						
有限责任公司	4426	240063	256499	60548	13886	520
国有独资公司		8328	4273	1050	1050	
其他有限责任公司	4426	231735	252226	59498	12836	520
股份有限公司	71318	109826	23012	8573	590	490
私营企业	13185	259555	243669	169051	156	10
私营独资企业	64	15293	14538	13145		
私营合伙企业						
私营有限责任公司	10003	189005	203626	149961	156	10
私营股份有限公司	3119	55258	25505	-5946		
其他企业	1025	10462	2755	2450		
港、澳、台商投资企业		26250	15084	5758		
合资经营企业						
合作经营企业						
独资经营企业		26250	15084	5758		
投资股份有限公司						
其他港澳台商投资企业						
外商投资企业		30	72			
中外合资经营企业						
中外合作经营企业						
外资企业		30	72			
外商投资股份有限公司						
其他外商投资企业						

3－1－20 按登记注册类型分限额以上批发业法人财务状况(续3)

单位：万元

指标	二、期末资产负债				三、损益及分配	
	3. 法人资本	4. 个人资本	5. 港澳台资本	6. 外商资本	营业收入	其中：主营业务收入
总计	**36332**	**190225**	**4664**	**100**	**3030678**	**3012521**
内资企业	35140	190225	99	100	2937243	2919097
国有企业	300	244			534078	532396
集体企业	50				14209	14194
股份合作企业						
联营企业						
国有联营企业						
集体联营企业						
国有与集体联营企业						
其他联营企业						
有限责任公司	11457	34486	99	100	845866	840829
国有独资公司					17868	16488
其他有限责任公司	11457	34486	99	100	827998	824341
股份有限公司	5680	1813			97314	96089
私营企业	15253	153632			1426187	1416000
私营独资企业	500	12645			68412	66900
私营合伙企业						
私营有限责任公司	12403	137391			1169330	1161248
私营股份有限公司	2350	3596			188446	187852
其他企业	2400	50			19588	19588
港、澳、台商投资企业	1193		4565		93435	93425
合资经营企业						
合作经营企业						
独资经营企业	1193		4565		93435	93425
投资股份有限公司						
其他港澳台商投资企业						
外商投资企业						
中外合资经营企业						
中外合作经营企业						
外资企业						
外商投资股份有限公司						
其他外商投资企业						

3－1－20　按登记注册类型分限额以上批发业法人财务状况（续4）

单位：万元

指　　　标	三、损　益　及　分　配					
	营业成本	其中：主营业务成本	营业税金及附加	其中：主营业务税金及附加	其他业务利润	销售费用
总　　计	**2465443**	**2443578**	**44256**	**41624**	**7040**	**113176**
内资企业	2386387	2364532	43809	41184	7040	112583
国有企业	425000	423782	19053	18800	307	9811
集体企业	11098	11098	92	92		132
股份合作企业						
联营企业						
国有联营企业						
集体联营企业						
国有与集体联营企业						
其他联营企业						
有限责任公司	623143	619188	8072	7747	1925	58033
国有独资公司	15830	14578	3	3		127
其他有限责任公司	607313	604610	8070	7744	1925	57905
股份有限公司	84615	83390	396	396		4171
私营企业	1225103	1209645	16003	13956	4807	40210
私营独资企业	56682	56647	1022	493	1	2104
私营合伙企业						
私营有限责任公司	1011413	995994	13396	11878	4806	28206
私营股份有限公司	157008	157004	1585	1585		9900
其他企业	17429	17429	193	193		226
港、澳、台商投资企业	79026	79016	447	440		583
合资经营企业						
合作经营企业						
独资经营企业	79026	79016	447	440		583
投资股份有限公司						
其他港澳台商投资企业						
外商投资企业	30	30				10
中外合资经营企业						
中外合作经营企业						
外资企业	30	30				10
外商投资股份有限公司						
其他外商投资企业						

3－1－20 按登记注册类型分限额以上批发业法人财务状况（续5）

单位：万元

指标	三、损益及分配					
	管理费用	其中：税金	财务费用	其中：利息收入	利息支出	资产减值损失
总　计	**72241**	**4015**	**15933**	**5303**	**7761**	**17**
内资企业	71376	3960	16010	5046	7805	17
国有企业	22251	413	－373	3848	1623	－32
集体企业	476		41			
股份合作企业						
联营企业						
国有联营企业						
集体联营企业						
国有与集体联营企业						
其他联营企业						
有限责任公司	15440	1234	2742	1151	2612	35
国有独资公司	170		3		4	
其他有限责任公司	15270	1234	2739	1150	2608	35
股份有限公司	1967	66	1174	5	869	
私营企业	30819	2248	12190	46	2698	13
私营独资企业	1461	36	474	5	377	
私营合伙企业						
私营有限责任公司	23526	1901	7583	35	2288	13
私营股份有限公司	5832	311	4133	6	34	
其他企业	423		237	－4	3	
港、澳、台商投资企业	855	55	－77	257	－45	
合资经营企业						
合作经营企业						
独资经营企业	855	55	－77	257	－45	
投资股份有限公司						
其他港澳台商投资企业						
外商投资企业	10					
中外合资经营企业						
中外合作经营企业						
外资企业	10					
外商投资股份有限公司						
其他外商投资企业						

3－1－20　按登记注册类型分限额以上批发业法人财务状况（续6）

单位：万元

指　　标	公允价值变动收益（损失以"－"号记）	投资收益（损失以"－"号记）	营业利润	营业外收入	其中：补贴收入	利润总额
总　计	**33**	**64**	**327978**	**12017**	**10935**	**300495**
内资企业	33	64	315370	12017	10935	287933
国有企业	33	60	58686	3896	3558	59754
集体企业			2355			2355
股份合作企业						
联营企业						
国有联营企业						
集体联营企业						
国有与集体联营企业						
其他联营企业						
有限责任公司		4	139424	3542	3149	129940
国有独资公司			1638			1607
其他有限责任公司		4	137786	3542	3149	128333
股份有限公司			4992	40	39	1736
私营企业			108832	4539	4189	93067
私营独资企业			6247	89	22	6191
私营合伙企业						
私营有限责任公司			92597	4412	4129	78388
私营股份有限公司			9989	38	38	8489
其他企业			1081			1081
港、澳、台商投资企业			12608			12563
合资经营企业						
合作经营企业						
独资经营企业			12608			12563
投资股份有限公司						
其他港澳台商投资企业						
外商投资企业						
中外合资经营企业						
中外合作经营企业						
外资企业						
外商投资股份有限公司						
其他外商投资企业						

3－1－20 按登记注册类型分限额以上批发业法人财务状况（续7）

单位：万元

指标	应交所得税	四、人工成本及增值税 应付职工薪酬（本年贷方累计发生额）	应交增值税	亏损企业数（个）	亏损总额
总计	**54261**	**41529**	**106925**	**28**	**2675**
内资企业	54071	40346	106487	28	2675
国有企业	15947	4957	13841	5	341
集体企业	106	240	285		
股份合作企业					
联营企业					
国有联营企业					
集体联营企业					
国有与集体联营企业					
其他联营企业					
有限责任公司	27352	11649	42766	9	919
国有独资公司	129	123	22	2	120
其他有限责任公司	27224	11526	42744	7	799
股份有限公司	262	1378	4324	1	189
私营企业	10210	21923	45094	13	1226
私营独资企业	886	1997	1244	1	203
私营合伙企业					
私营有限责任公司	7661	17747	38280	12	1023
私营股份有限公司	1663	2180	5570		
其他企业	194	199	178		
港、澳、台商投资企业	190	1183	438		
合资经营企业					
合作经营企业					
独资经营企业	190	1183	438		
投资股份有限公司					
其他港澳台商投资企业					
外商投资企业					
中外合资经营企业					
中外合作经营企业					
外资企业					
外商投资股份有限公司					
其他外商投资企业					

3－1－21 按登记注册类型分全部零售业法人财务状况

单位：万元

指 标	营业收入	主营业务收入	营业税金及附加其他业务	主营业务税金及附加其他业务	资产合计	实收资本
总 计	**3623008**	**3587144**	**50887**	**42147**	**1886535**	**647706**
内资企业	3522314	3492235	43525	41075	1818835	621723
国有企业	41748	40625	564	280	28624	6138
集体企业	38729	38375	478	473	54069	19499
股份合作企业	4641	4504	53	51	2872	1574
联营企业	925	925	15	15	294	214
国有联营企业						
集体联营企业	287	287	4	4	19	8
国有与集体联营企业						
其他联营企业	638	638	11	11	274	206
有限责任公司	1177795	1171670	8574	8003	343674	99782
国有独资公司	376980	376980	356	356	53969	30
其他有限责任公司	800815	794690	8218	7647	289705	99752
股份有限公司	517789	510413	2762	1925	402929	47930
私营企业	1641795	1627794	28183	27467	919870	406481
私营独资企业	607523	599150	11089	11003	385982	208952
私营合伙企业	36825	36758	538	468	30578	12893
私营有限责任公司	784664	779358	11312	10841	433690	153519
私营股份有限公司	212782	212528	5245	5155	69620	31117
其他企业	98891	97929	2894	2862	66503	40105
港、澳、台商投资企业	90188	84918	7240	950	50030	20874
合资经营企业	72839	67570	6940	650	33711	11367
合作经营企业	156	156	18	18	5571	3680
独资经营企业	17192	17192	283	283	10749	5827
投资股份有限公司						
其他港澳台商投资企业						
外商投资企业	10507	9990	122	122	17670	5109
中外合资经营企业	4703	4697	83	83	10643	3113
中外合作经营企业						
外资企业	5568	5058	29	29	6761	1888
外商投资股份有限公司						
其他外商投资企业	235	235	9	9	266	108

3－1－22　按登记注册类型分限额以上零售业法人财务状况

单位：万元

指　　标	一、年初存货	二、期末资产负债				
		流动资产合　计	其中：应收账款	存　货	固定资产合　计	固定资产原　价
总　计	**159488**	**627976**	**79486**	**145649**	**316390**	**400222**
内资企业	158134	610443	79162	141120	280575	354905
国有企业	5631	12816	678	5157	4804	9227
集体企业	1291	8377	2483	959	4395	5002
股份合作企业	1108	1197		1140	72	133
联营企业						
国有联营企业						
集体联营企业						
国有与集体联营企业						
其他联营企业						
有限责任公司	48164	118128	14334	44575	57372	83637
国有独资公司	4379	3934	61	3782	22776	36007
其他有限责任公司	43785	114194	14273	40792	34596	47630
股份有限公司	26640	257638	38088	24885	103945	121922
私营企业	74680	211114	23373	63577	109649	134504
私营独资企业	8044	18316	2795	7672	17298	20221
私营合伙企业	1392	5941	548	514	4514	4983
私营有限责任公司	48810	157470	16649	42707	80569	96865
私营股份有限公司	16434	29386	3382	12684	7268	12435
其他企业	622	1174	206	827	338	480
港、澳、台商投资企业	1119	12094	226	3569	26486	35289
合资经营企业	1104	9317	187	1387	24041	32387
合作经营企业						
独资经营企业	15	2777	40	2182	2445	2901
投资股份有限公司						
其他港澳台商投资企业						
外商投资企业	234	5439	98	960	9329	10029
中外合资经营企业	234	3647	18	360	4446	4943
中外合作经营企业						
外资企业		1792	80	600	4883	5086
外商投资股份有限公司						
其他外商投资企业						

3－1－22　按登记注册类型分限额以上零售业法人财务状况（续1）

单位：万元

指标	二、期末资产负债					
	累计折旧	本年折旧	在建工程	资产总计	流动负债合计	其中：应付账款
总计	**94645**	**25509**	**33112**	**1091735**	**571483**	**114333**
内资企业	85142	22777	32380	1034900	538572	103398
国有企业	4423	235		20361	11920	7203
集体企业	1606	328		12835	5706	997
股份合作企业	62	10		1269	943	50
联营企业						
国有联营企业						
集体联营企业						
国有与集体联营企业						
其他联营企业						
有限责任公司	26838	5794	11466	230990	123282	10899
国有独资公司	13231	1541	9887	53919	6643	35
其他有限责任公司	13607	4253	1579	177071	116639	10864
股份有限公司	22591	4802	17883	384451	224628	50772
私营企业	29482	11504	3031	383479	171201	32741
私营独资企业	3132	1328		39786	14158	3151
私营合伙企业	564	227		12593	6620	1295
私营有限责任公司	20558	7851	3031	272986	131378	24478
私营股份有限公司	5228	2098		58114	19043	3817
其他企业	141	104		1514	893	736
港、澳、台商投资企业	8803	2334	2	39431	21615	5958
合资经营企业	8346	1983	2	33711	17348	5737
合作经营企业						
独资经营企业	457	351		5720	4267	222
投资股份有限公司						
其他港澳台商投资企业						
外商投资企业	700	398	731	17404	11296	4977
中外合资经营企业	497	195	728	10643	6066	465
中外合作经营企业						
外资企业	203	203	3	6761	5230	4512
外商投资股份有限公司						
其他外商投资企业						

3－1－22 按登记注册类型分限额以上零售业法人财务状况（续2）

单位：万元

指标	二、期末资产负债					
	非流动负债合计	负债合计	所有者权益合计	其中：实收资本	1. 国家资本	2. 集体资本
总计	**69499**	**665508**	**426226**	**223692**	**4227**	**2147**
内资企业	69499	632598	402302	206922	4227	2147
国有企业	1380	13301	7061	3264	3139	
集体企业	517	8223	4612	2836		2107
股份合作企业	82	1025	244	109	22	
联营企业						
国有联营企业						
集体联营企业						
国有与集体联营企业						
其他联营企业						
有限责任公司	2314	127696	103294	45445	600	30
国有独资公司	117	6760	47159			
其他有限责任公司	2197	120936	56135	45445	600	30
股份有限公司	57253	292947	91504	38429	392	
私营企业	7932	188492	194987	116370	74	9
私营独资企业	534	15262	24523	9387		
私营合伙企业		6981	5613	3963		
私营有限责任公司	5482	137529	135457	76476	72	7
私营股份有限公司	1917	28720	29393	26545	2	2
其他企业	20	913	601	469		
港、澳、台商投资企业		21615	17817	11769		
合资经营企业		17348	16363	11367		
合作经营企业						
独资经营企业		4267	1454	402		
投资股份有限公司						
其他港澳台商投资企业						
外商投资企业		11296	6108	5001		
中外合资经营企业		6066	4577	3113		
中外合作经营企业						
外资企业		5230	1531	1888		
外商投资股份有限公司						
其他外商投资企业						

3－1－22　按登记注册类型分限额以上零售业法人财务状况（续3）

单位：万元

指　　标	二、期末资产负债				三、损益及分配	
	3. 法人资本	4. 个人资本	5. 港澳台资本	6. 外商资本	营业收入	其中：主营业务收入
总　计	**78004**	**129645**	**4769**	**4901**	**2679576**	**2658353**
内资企业	71004	129545			2583229	2567792
国有企业	125				29737	29063
集体企业	528	200			22047	21946
股份合作企业	66	22			2443	2341
联营企业						
国有联营企业						
集体联营企业						
国有与集体联营企业						
其他联营企业						
有限责任公司	19071	25744			1078678	1074132
国有独资公司					376901	376901
其他有限责任公司	19071	25744			701777	697231
股份有限公司	37227	810			504070	496783
私营企业	13667	102620			940596	937913
私营独资企业	859	8528			142528	142255
私营合伙企业	1270	2693			12595	12595
私营有限责任公司	10413	65984			589049	586709
私营股份有限公司	1125	25416			196424	196354
其他企业	320	149			5657	5613
港、澳、台商投资企业	7000		4769		86075	80806
合资经营企业	7000		4367		72839	67570
合作经营企业						
独资经营企业			402		13236	13236
投资股份有限公司						
其他港澳台商投资企业						
外商投资企业		100		4901	10272	9755
中外合资经营企业		100		3013	4703	4697
中外合作经营企业						
外资企业				1888	5568	5058
外商投资股份有限公司						
其他外商投资企业						

3－1－22　按登记注册类型分限额以上零售业法人财务状况（续4）

单位：万元

指　　标	三、损益及分配					
	营业成本	其中：主营业务成本	营业税金及附加	其中：主营业务税金及附加	其他业务利润	销售费用
总　计	**2318310**	**2308155**	**29822**	**22252**	**17039**	**115657**
内资企业	2242290	2232151	22612	21332	11449	105528
国有企业	23176	23061	103	102	787	2618
集体企业	18161	18041	164	164		341
股份合作企业	1952	1952	2	2	12	261
联营企业						
国有联营企业						
集体联营企业						
国有与集体联营企业						
其他联营企业						
有限责任公司	948519	947026	5655	5544	4669	48207
国有独资公司	356417	356417	355	355	65	11320
其他有限责任公司	592103	590610	5300	5189	4604	36887
股份有限公司	454820	447506	2074	1257	3487	24188
私营企业	791092	789997	14440	14090	2494	29615
私营独资企业	118291	118261	2340	2339	263	4795
私营合伙企业	10515	10515	155	155	9	125
私营有限责任公司	496886	495838	7107	6774	981	22356
私营股份有限公司	165401	165384	4839	4821	1242	2339
其他企业	4569	4569	173	173		298
港、澳、台商投资企业	68726	68726	7098	808	5079	8402
合资经营企业	59115	59115	6940	650	5079	8223
合作经营企业						
独资经营企业	9611	9611	158	158		179
投资股份有限公司						
其他港澳台商投资企业						
外商投资企业	7295	7278	112	112	511	1727
中外合资经营企业	3017	3001	83	83		143
中外合作经营企业						
外资企业	4277	4277	29	29	511	1584
外商投资股份有限公司						
其他外商投资企业						

3－1－22　按登记注册类型分限额以上零售业法人财务状况（续5）

单位：万元

指标	三、损益及分配					
	管理费用	其中：税金	财务费用	其中：利息收入	利息支出	资产减值损失
总　计	**61720**	**2635**	**15808**	**466**	**6934**	**21**
内资企业	59386	2366	15526	285	6799	21
国有企业	1558	98	9	－1		156
集体企业	479	24	252		95	
股份合作企业	100	1	2		2	
联营企业						
国有联营企业						
集体联营企业						
国有与集体联营企业						
其他联营企业						
有限责任公司	22462	644	3976	120	1577	378
国有独资公司	3734		288			365
其他有限责任公司	18729	644	3688	120	1577	13
股份有限公司	11174	799	3658	114	2826	－963
私营企业	23399	794	7599	46	2284	450
私营独资企业	3311	79	1752	8	244	450
私营合伙企业	248	5	138			
私营有限责任公司	16391	484	4645	18	1554	
私营股份有限公司	3450	227	1065	21	486	
其他企业	215	5	30	6	15	
港、澳、台商投资企业	1954	258	230	155	68	
合资经营企业	1116	234	118	155	36	
合作经营企业						
独资经营企业	838	24	112		33	
投资股份有限公司						
其他港澳台商投资企业						
外商投资企业	380	11	52	26	66	
中外合资经营企业	356	11	42	24	66	
中外合作经营企业						
外资企业	24		10	1		
外商投资股份有限公司						
其他外商投资企业						

3－1－22 按登记注册类型分限额以上零售业法人财务状况（续6）

单位：万元

指标	公允价值变动收益（损失以"－"号记）	投资收益（损失以"－"号记）	营业利润	营业外收入	其中：补贴收入	利润总额
总计		**－138**	**150615**	**1828**	**289**	**141822**
内资企业		－138	144144	1760	227	135272
国有企业			2344	133		577
集体企业			2651			2488
股份合作企业			37			15
联营企业						
国有联营企业						
集体联营企业						
国有与集体联营企业						
其他联营企业						
有限责任公司		－240	50930	211		50509
国有独资公司			4422	8		4431
其他有限责任公司		－240	46508	203		46079
股份有限公司		49	13199	534	41	13206
私营企业		53	74612	882	186	68107
私营独资企业			11613	30	7	9714
私营合伙企业			1424			733
私营有限责任公司		21	42193	816	178	38491
私营股份有限公司		32	19382	37		19169
其他企业			370			370
港、澳、台商投资企业			5766	65	62	5821
合资经营企业			3428	65	62	3484
合作经营企业						
独资经营企业			2338			2338
投资股份有限公司						
其他港澳台商投资企业						
外商投资企业			706	3		728
中外合资经营企业			1061	2		1064
中外合作经营企业						
外资企业			－356			－335
外商投资股份有限公司						
其他外商投资企业						

3－1－22　按登记注册类型分限额以上零售业法人财务状况（续7）

单位：万元

指　　标	四、人工成本及增值税			亏损企业数（个）	亏损总额
	应交所得税	应付职工薪酬（本年贷方累计发生额）	应交增值税		
总　计	**14895**	**69216**	**59347**	**31**	**9084**
内资企业	13345	65931	57421	30	8749
国有企业	29	1368	336	2	63
集体企业	432	401	491		
股份合作企业		172	65		
联营企业					
国有联营企业					
集体联营企业					
国有与集体联营企业					
其他联营企业					
有限责任公司	2528	18040	18613	12	4007
国有独资公司		4219	3172		
其他有限责任公司	2528	13821	15441	12	4007
股份有限公司	2478	13400	6680	2	2324
私营企业	7833	32075	31090	13	2354
私营独资企业	1687	3629	4330		
私营合伙企业	110	330	152		
私营有限责任公司	5024	23430	23309	8	1081
私营股份有限公司	1013	4686	3299	5	1273
其他企业	44	476	146	1	1
港、澳、台商投资企业	1300	2551	1860		
合资经营企业	871	2133	1277		
合作经营企业					
独资经营企业	430	418	583		
投资股份有限公司					
其他港澳台商投资企业					
外商投资企业	250	734	66	1	335
中外合资经营企业	250	120	66		
中外合作经营企业					
外资企业		614		1	335
外商投资股份有限公司					
其他外商投资企业					

3－1－23　按行业中类分全部批发和零售业法人财务状况

单位：万元

指　　标	营业收入	主营业务收入	营业税金及附加其他业务	主营业务税金及附加其他业务	资产合计	实收资本
总　计	**10404066**	**10317133**	**175845**	**162545**	**5487406**	**1862295**
一、批发业	6781058	6729989	124958	120398	3600871	1214590
农、林、牧产品批发	791589	785644	9229	8039	439122	128757
食品、饮料及烟草制品批发	1201482	1193372	33872	33456	712608	119989
纺织、服装及家庭用品批发	576456	566915	8307	7468	296945	121397
文化、体育用品及器材批发	128001	127798	1561	1557	43841	14178
医药及医疗器材批发	193466	192943	3283	3130	108112	29625
矿产品、建材及化工产品批发	1904461	1891864	25344	25071	1012672	447302
机械设备、五金产品及电子产品批发	813728	807815	12161	11872	404716	181288
贸易经纪与代理	415373	413328	18813	17924	280663	72509
其他批发业	756501	7[illegible]312	12389	11882	302193	99545
二、零售业	3623008	3587144	50887	42147	1886535	647706
综合零售	579278	562789	12381	5187	506824	111507
食品、饮料及烟草制品专门零售	142898	141780	3484	2964	88876	40093
纺织、服装及日用品专门零售	119826	119178	2938	2877	92858	46910
文化、体育用品及器材专门零售	83515	82358	1550	1548	58911	16416
医药及医疗器材专门零售	374345	371298	6086	6043	180102	52600
汽车、摩托车、燃料及零配件专门零售	1388942	1382736	14350	13618	484837	162041
家用电器及电子产品专门零售	316002	313957	3372	3312	163756	74225
五金、家具及室内装饰材料专门零售	459063	457342	4272	4248	186868	107576
货摊、无店铺及其他零售业	159139	155705	2455	2351	123503	36338

3－1－24　按行业中类分限额以上批发和零售业法人财务状况

单位：万元

指标	一、年初存货	二、期末资产负债				
		流动资产合计	其中：应收账款	存货	固定资产合计	固定资产原价
总计	**371452**	**1551749**	**297262**	**343968**	**513408**	**643483**
一、批发业	211965	923773	217776	198319	197018	243261
农、林、牧产品批发	89569	175627	26320	82888	48302	66810
食品、饮料及烟草制品批发	47977	318490	20093	56439	34663	51257
纺织、服装及家庭用品批发	15432	73695	24719	13896	21410	25869
文化、体育用品及器材批发	341	12066	6174	401	1725	2020
医药及医疗器材批发	11690	53898	25596	11042	13497	15455
矿产品、建材及化工产品批发	20714	131296	47911	15075	27026	32686
机械设备、五金产品及电子产品批发	14636	79346	42848	12661	25255	20069
贸易经纪与代理	4767	13760	2432	1020	7544	8766
其他批发业	6839	65594	21684	4897	17599	20330
二、零售业	159488	627976	79486	145649	316390	400222
综合零售	39447	247164	6318	37447	112928	148927
食品、饮料及烟草制品专门零售	5877	16756	3863	4664	8492	10114
纺织、服装及日用品专门零售	7596	12243	3601	2101	10030	11230
文化、体育用品及器材专门零售	5962	21426	2281	6121	7400	13280
医药及医疗器材专门零售	18038	85306	36861	19482	17468	16827
汽车、摩托车、燃料及零配件专门零售	59525	165476	9427	56409	91471	127091
家用电器及电子产品专门零售	9278	42446	5583	9505	9385	11025
五金、家具及室内装饰材料专门零售	10130	16097	3535	4409	21533	20996
货摊、无店铺及其他零售业	3635	21063	8016	5510	37682	40735

3－1－24　按行业中类分限额以上批发和零售业法人财务状况（续1）

单位：万元

指　　标	二、期末资产负债					
	累计折旧	本年折旧	在建工程	资产总计	流动负债合计	其中：应付账款
总　计	**152777**	**50589**	**37625**	**2617436**	**1227268**	**264635**
一、批发业	58132	25080	4513	1525702	655785	150302
农、林、牧产品批发	19342	7245	770	236820	161147	30050
食品、饮料及烟草制品批发	16753	9784	469	432526	173460	7806
纺织、服装及家庭用品批发	5362	1866	1494	105070	62768	14024
文化、体育用品及器材批发	336	163		14687	10423	5630
医药及医疗器材批发	2835	1013	262	70828	51409	12219
矿产品、建材及化工产品批发	6540	2487	116	360066	72854	26433
机械设备、五金产品及电子产品批发	2711	1116	1402	113551	61013	33078
贸易经纪与代理	1322	379		31798	14023	3593
其他批发业	2931	1026		160357	48689	17470
二、零售业	94645	25509	33112	1091735	571483	114333
综合零售	36089	8710	5	374386	252611	46274
食品、饮料及烟草制品专门零售	1778	489	590	26752	13110	2545
纺织、服装及日用品专门零售	2381	866		24683	8962	1674
文化、体育用品及器材专门零售	5903	751	94	31272	12174	6999
医药及医疗器材专门零售	4170	1130	2948	106057	80608	32614
汽车、摩托车、燃料及零配件专门零售	36354	9218	17204	366604	153062	9543
家用电器及电子产品专门零售	2207	883		54954	22989	4558
五金、家具及室内装饰材料专门零售	2550	2061		40061	10332	3393
货摊、无店铺及其他零售业	3213	1401	12273	66967	17636	6732

3－1－24　按行业中类分限额以上批发和零售业法人财务状况（续2）

单位：万元

指　　标	二、期末资产负债					
	非流动负债合计	负债合计	所有者权益合计	其中：实收资本	1. 国家资本	2. 集体资本
总　　计	**171164**	**1472564**	**1144872**	**490575**	**37656**	**4280**
一、批发业	101666	807056	718646	266883	33429	2133
农、林、牧产品批发	14769	175928	60892	34579	25026	1123
食品、饮料及烟草制品批发	1019	176832	255694	13182	2917	
纺织、服装及家庭用品批发	839	67765	37304	20383	2530	10
文化、体育用品及器材批发	359	10781	3905	2324		
医药及医疗器材批发		56237	14591	10410	1000	
矿产品、建材及化工产品批发	5437	114047	246018	130643	1176	
机械设备、五金产品及电子产品批发	6687	67907	45644	26492		80
贸易经纪与代理	1447	17666	14133	4755	20	10
其他批发业	71109	119893	40464	24115	760	910
二、零售业	69499	665508	426226	223692	4227	2147
综合零售	52721	306259	68127	39636	122	500
食品、饮料及烟草制品专门零售	660	15054	11698	7207	351	
纺织、服装及日用品专门零售	47	12546	12137	8126		1100
文化、体育用品及器材专门零售	2876	15073	16199	5249	3000	30
医药及医疗器材专门零售	736	82287	23770	10547	502	
汽车、摩托车、燃料及零配件专门零售	9128	179779	186825	105444	250	515
家用电器及电子产品专门零售	1100	23162	31792	14746	2	2
五金、家具及室内装饰材料专门零售	1284	12424	27637	22574		
货摊、无店铺及其他零售业	947	18925	48042	10164		

3－1－24 按行业中类分限额以上批发和零售业法人财务状况（续3）

单位：万元

指标	二、期末资产负债				三、损益及分配	
	3. 法人资本	4. 个人资本	5. 港澳台资本	6. 外商资本	营业收入	其中：主营业务收入
总计	**114336**	**319870**	**9433**	**5001**	**5710254**	**5670875**
一、批发业	36332	190225	4664	100	3030678	3012521
农、林、牧产品批发	2278	6152			347537	345301
食品、饮料及烟草制品批发	4375	5890			724189	722956
纺织、服装及家庭用品批发	9323	8422	49	50	217849	215926
文化、体育用品及器材批发	600	1724			71311	71311
医药及医疗器材批发	500	8910			133181	133181
矿产品、建材及化工产品批发	10046	119021	400		644956	638035
机械设备、五金产品及电子产品批发	6862	15386	4165		353269	351309
贸易经纪与代理	30	4595	50	50	75535	75532
其他批发业	2319	20126			462851	458971
二、零售业	78004	129645	4769	4901	2679576	2658353
综合零售	22883	9624	4619	1888	443688	429865
食品、饮料及烟草制品专门零售	1135	5721			40800	40579
纺织、服装及日用品专门零售	310	6716			40382	40075
文化、体育用品及器材专门零售	355	1864			49021	47956
医药及医疗器材专门零售	5671	4374			237309	236590
汽车、摩托车、燃料及零配件专门零售	41596	62934	150		1255276	1251519
家用电器及电子产品专门零售	1679	13062			177472	176641
五金、家具及室内装饰材料专门零售	300	22274			345360	344887
货摊、无店铺及其他零售业	4075	3076		3013	90267	90241

3－1－24　按行业中类分限额以上批发和零售业法人财务状况（续4）

单位：万元

指　　标	三、损 益 及 分 配					
	营业成本	其中：主营业务成本	营业税金及附加	其中：主营业务税金及附加	其他业务利润	销售费用
总　　计	**4783753**	**4751733**	**74078**	**63876**	**24079**	**228833**
一、批发业	2465443	2443578	44256	41624	7040	113176
农、林、牧产品批发	295015	293309	3275	2314	2764	7566
食品、饮料及烟草制品批发	464209	462856	20829	20531	－661	57494
纺织、服装及家庭用品批发	190951	190013	1700	955	324	8983
文化、体育用品及器材批发	55629	55629	332	332		2169
医药及医疗器材批发	116103	116103	1387	1329	156	4150
矿产品、建材及化工产品批发	551524	539316	7030	6923	458	12929
机械设备、五金产品及电子产品批发	310146	307891	1973	1928	3969	7839
贸易经纪与代理	60475	60475	1266	1256	14	4021
其他批发业	421391	417987	6465	6055	16	8026
二、零售业	2318310	2308155	29822	22252	17039	115657
综合零售	356074	355077	9709	2586	13549	43798
食品、饮料及烟草制品专门零售	31517	31178	1446	1404	81	1897
纺织、服装及日用品专门零售	30571	30347	1067	1017	1	1518
文化、体育用品及器材专门零售	37807	37606	422	421	875	3328
医药及医疗器材专门零售	220790	216470	1645	1643	334	7804
汽车、摩托车、燃料及零配件专门零售	1133528	1129633	11656	11400	2089	29874
家用电器及电子产品专门零售	153776	153761	834	803	110	8907
五金、家具及室内装饰材料专门零售	281022	280875	2097	2097		15075
货摊、无店铺及其他零售业	73226	73208	947	882		3457

3－1－24 按行业中类分限额以上批发和零售业法人财务状况（续5）

单位：万元

指标	三、损益及分配					
	管理费用	其中：税金	财务费用	其中：利息收入	利息支出	资产减值损失
总计	**133961**	**6650**	**31741**	**5768**	**14694**	**38**
一、批发业	72241	4015	15933	5303	7761	17
农、林、牧产品批发	10311	196	5319	21	2525	－31
食品、饮料及烟草制品批发	25493	354	－3105	4758	559	42
纺织、服装及家庭用品批发	5283	374	1963	136	966	10
文化、体育用品及器材批发	2264	7	700	3	128	
医药及医疗器材批发	2428	12	1424	39	1142	
矿产品、建材及化工产品批发	11087	2314	3306	52	1289	－5
机械设备、五金产品及电子产品批发	6599	336	756	270	359	
贸易经纪与代理	3053	322	648	5	24	
其他批发业	5724	101	4921	20	770	
二、零售业	61720	2635	15808	466	6934	21
综合零售	16828	1006	3976	313	1377	－978
食品、饮料及烟草制品专门零售	1401	28	700	20	505	
纺织、服装及日用品专门零售	1211	37	277	4	137	
文化、体育用品及器材专门零售	2746	142	－16	77	19	164
医药及医疗器材专门零售	3962	131	1762	－37	1340	20
汽车、摩托车、燃料及零配件专门零售	16663	555	5611	34	3014	365
家用电器及电子产品专门零售	3200	231	797	28	364	
五金、家具及室内装饰材料专门零售	11796	271	1213		40	
货摊、无店铺及其他零售业	3914	232	1489	27	138	450

3－1－24　按行业中类分限额以上批发和零售业法人财务状况（续6）

单位：万元

指　　标	公允价值变动收益（损失以“－”号记）	投资收益（损失以“－”号记）	营业利润	营业外收入	其中：补贴收入	利润总额
总　计	**33**	**－75**	**478593**	**13845**	**11224**	**442317**
一、批发业	33	64	327978	12017	10935	300495
农、林、牧产品批发	33	60	28925	2984	2683	29044
食品、饮料及烟草制品批发			159325	1197	875	148041
纺织、服装及家庭用品批发			9606	56	42	8558
文化、体育用品及器材批发			10217	15	10	9462
医药及医疗器材批发			7822	158		8121
矿产品、建材及化工产品批发			62368	65	30	46046
机械设备、五金产品及电子产品批发			26386	381	211	25248
贸易经纪与代理			6094	47	47	5113
其他批发业		4	17235	7115	7038	20863
二、零售业		－138	150615	1828	289	141822
综合零售		81	20849	730	238	19942
食品、饮料及烟草制品专门零售			4118	52		3919
纺织、服装及日用品专门零售			5719	4		3979
文化、体育用品及器材专门零售			4571	125		2470
医药及医疗器材专门零售			5361	393	21	4755
汽车、摩托车、燃料及零配件专门零售		－219	59403	325	27	58278
家用电器及电子产品专门零售			9963	181	2	8384
五金、家具及室内装饰材料专门零售			33846			33440
货摊、无店铺及其他零售业			6786	17		6656

3－1－24 按行业中类分限额以上批发和零售业法人财务状况(续7)

单位：万元

指标	四、人工成本及增值税			亏损企业数(个)	亏损总额
	应交所得税	应付职工薪酬(本年贷方累计发生额)	应交增值税		
总计	**69156**	**110745**	**166272**	**59**	**11759**
一、批发业	54261	41529	106925	28	2675
农、林、牧产品批发	2887	6947	3508	7	952
食品、饮料及烟草制品批发	39338	8705	37120	1	60
纺织、服装及家庭用品批发	1120	4487	4939	3	260
文化、体育用品及器材批发	180	781	490		
医药及医疗器材批发	127	3084	727	2	99
矿产品、建材及化工产品批发	5029	7898	11499	6	487
机械设备、五金产品及电子产品批发	1671	5334	4601	2	26
贸易经纪与代理	719	1133	4732	2	55
其他批发业	3189	3159	39309	5	737
二、零售业	14895	69216	59347	31	9084
综合零售	4600	22980	10689	8	7089
食品、饮料及烟草制品专门零售	563	2429	1257	3	96
纺织、服装及日用品专门零售	566	1993	8656	1	
文化、体育用品及器材专门零售	253	2292	671		
医药及医疗器材专门零售	820	6162	2472	3	18
汽车、摩托车、燃料及零配件专门零售	4270	23697	28687	15	1881
家用电器及电子产品专门零售	1185	4799	2496	1	1
五金、家具及室内装饰材料专门零售	1332	3140	1693		
货摊、无店铺及其他零售业	1305	1725	2725		

3－1－25　按经营方式和零售业态分全部零售业法人财务状况

单位：万元

指　　标	营业收入	主营业务收入	营业税金及附加其他业务	主营业务税金及附加其他业务	资产合计	实收资本
总　计	**3623008**	**3587144**	**50887**	**42147**	**1886535**	**647706**
按经营方式分组						
独立门店	2885218	2861665	44948	36311	1509566	506588
连锁总店	39059	38492	202	202	19059	4061
连锁门店	342339	333026	3098	3045	110012	39544
其他	356392	353960	2639	2590	247898	97512
按零售业态分组						
有店铺零售	3618711	3582851	50803	42064	1883737	646391
食杂店	11765	11480	147	140	6460	4226
便利店	85293	84519	1372	1371	37889	17329
折扣店	1221	1221	32	32	838	384
超市	94496	93307	1155	1142	65275	26508
大型超市	181106	174560	920	912	101802	14470
仓储会员店	1487	1487	21	21	366	126
百货店	324755	316257	11493	4312	370449	82872
专业店	2038125	2024893	16630	16037	740581	225145
专卖店	672994	669450	16718	15794	371194	163558
家居建材商店	85951	85666	1145	1144	129374	88405
购物中心	72672	72069	198	197	15789	5382
厂家直销中心	48847	47942	971	962	43721	17987
无店铺零售	4297	4293	84	84	2798	1314
电视购物	17	14			76	70
邮购	289	289	8	8	308	220
网上商店	3921	3920	75	75	2306	934
自动售货亭						
电话购物	69	69	1	1	107	90

3－1－26 按经营方式和零售业态分限额以上零售业法人财务状况

单位：万元

指标	一、年初存货	二、期末资产负债				
		流动资产合计	其中：应收账款	存货	固定资产合计	固定资产原价
总计	**159488**	**627976**	**79486**	**145649**	**316390**	**400222**
按经营方式分组						
独立门店	124698	490282	43498	105874	255838	324638
连锁总店	5669	8541	67	5972	782	1753
连锁门店	14958	38217	1296	16110	24936	40795
其他	14163	90936	34625	17694	34835	33037
按零售业态分组						
有店铺零售	159488	627596	79411	145524	316363	400193
食杂店	508	1294	277	491	199	308
便利店	591	2681	703	931	2042	2174
折扣店						
超市	13039	24757	1780	13454	13003	17552
大型超市	14306	40800	233	17824	22580	34505
仓储会员店						
百货店	17118	183029	4347	5706	80899	100940
专业店	75670	263377	62516	75930	150880	187276
专卖店	33085	85272	6756	28406	25742	34083
家居建材商店	3833	4955	884	1535	14410	15153
购物中心	260	14710	497	236	500	1174
厂家直销中心	1077	6721	1419	1010	6109	7029
无店铺零售		380	75	125	27	29
电视购物						
邮购						
网上商店		380	75	125	27	29
自动售货亭						
电话购物						

3－1－26　按经营方式和零售业态分限额以上零售业法人财务状况（续1）

单位：万元

指　标	二、期末资产负债					
	累计折旧	本年折旧	在建工程	资产总计	流动负债合计	其中：应付账款
总　计	**94645**	**25509**	**33112**	**1091735**	**571483**	**114333**
按经营方式分组						
独立门店	74878	21194	14611	868299	448940	74429
连锁总店	971	204		9752	6778	4870
连锁门店	15934	3434	4264	83721	49264	5801
其他	2861	677	14238	129964	66501	29232
按零售业态分组						
有店铺零售	94643	25508	33112	1091327	571193	114333
食杂店	111	9		1781	1799	126
便利店	132	78		4723	2255	623
折扣店						
超市	4604	1479	3	39660	23676	11018
大型超市	11926	3202	2	67961	59976	9377
仓储会员店						
百货店	20202	4185		272283	170042	25965
专业店	45658	10295	31928	494457	220678	57686
专卖店	8833	4073	316	159221	80001	5733
家居建材商店	1502	1470		19988	2196	1635
购物中心	674	117	136	15426	1753	484
厂家直销中心	1002	601	728	15828	8818	1687
无店铺零售	2	2		408	290	
电视购物						
邮购						
网上商店	2	2		408	290	
自动售货亭						
电话购物						

3－1－26 按经营方式和零售业态分限额以上零售业法人财务状况（续2）

单位：万元

指标	二、期末资产负债					
	非流动负债合计	负债合计	所有者权益合计	其中：实收资本	1. 国家资本	2. 集体资本
总　计	**69499**	**665508**	**426226**	**223692**	**4227**	**2147**
按经营方式分组						
独立门店	62682	528016	340283	182153	4127	2047
连锁总店		6778	2974	1700		
连锁门店	6247	63039	20682	24690	100	
其他	570	67676	62288	15149		100
按零售业态分组						
有店铺零售	69499	665219	426109	223592	4227	2147
食杂店	4	1807	－26	401	351	
便利店	126	2381	2342	655		
折扣店						
超市	332	24440	15219	9231	22	
大型超市		59976	7985	5219	100	
仓储会员店						
百货店	52489	223267	49016	28133		500
专业店	13680	253737	240720	95798	3572	1639
专卖店	1329	84917	74304	59260	110	
家居建材商店	175	2759	17229	16356		
购物中心	270	2022	13404	5220		
厂家直销中心	1096	9913	5915	3318	72	7
无店铺零售		290	118	100		
电视购物						
邮购						
网上商店		290	118	100		
自动售货亭						
电话购物						

3－1－26 按经营方式和零售业态分限额以上零售业法人财务状况（续3）

单位：万元

指标	二、期末资产负债				三、损益及分配	
	3. 法人资本	4. 个人资本	5. 港澳台资本	6. 外商资本	营业收入	其中：主营业务收入
总计	**78004**	**129645**	**4769**	**4901**	**2679576**	**2658353**
按经营方式分组						
独立门店	50012	117815	3252	4901	2089457	2078124
连锁总店	605	1095			28160	28160
连锁门店	21173	2050	1367		301885	293032
其他	6214	8685	150		260074	259038
按零售业态分组						
有店铺零售	78004	129545	4769	4901	2678869	2657647
食杂店		50			2218	2118
便利店		655			12499	12329
折扣店						
超市	3711	3611		1888	64980	64338
大型超市	2000	1500	1619		176249	169846
仓储会员店						
百货店	17223	7410	3000		208638	201899
专业店	46156	42168	150	2113	1649115	1643506
专卖店	8290	50860			452432	451569
家居建材商店	50	16306			21752	21752
购物中心		5220			72308	71714
厂家直销中心	575	1764		900	18679	18577
无店铺零售		100			707	707
电视购物						
邮购						
网上商店		100			707	707
自动售货亭						
电话购物						

3－1－26 按经营方式和零售业态分限额以上零售业法人财务状况（续4）

单位：万元

指标	三、损益及分配					
	营业成本	其中：主营业务成本	营业税金及附加	其中：主营业务税金及附加	其他业务利润	销售费用
总计	**2318310**	**2308155**	**29822**	**22252**	**17039**	**115657**
按经营方式分组						
独立门店	1786606	1782687	27585	20026	9653	73243
连锁总店	24302	24302	65	65	42	2558
连锁门店	268155	262148	1260	1254	7100	31448
其他	239247	239018	913	907	244	8409
按零售业态分组						
有店铺零售	2317835	2307680	29822	22252	17039	115474
食杂店	1723	1573	13	10		157
便利店	11274	11125	12	12	21	409
折扣店						
超市	53550	53526	367	367	663	5578
大型超市	141495	141495	825	825	6630	23987
仓储会员店						
百货店	165822	164998	9122	1994	6366	14314
专业店	1474274	1465393	6773	6399	2588	54671
专卖店	372828	372717	11486	11420	770	10468
家居建材商店	19276	19276	407	407		208
购物中心	64526	64526	192	192		5199
厂家直销中心	13068	13051	626	626	1	483
无店铺零售	475	475				183
电视购物						
邮购						
网上商店	475	475				183
自动售货亭						
电话购物						

3－1－26　按经营方式和零售业态分限额以上零售业法人财务状况（续5）

单位：万元

指　　　标	三、损益及分配					
	管理费用	其中：税金	财务费用	其中：利息收入	利息支出	资产减值损失
总　计	**61720**	**2635**	**15808**	**466**	**6934**	**21**
按经营方式分组						
独立门店	54984	2423	13541	329	4871	－13
连锁总店	1605		99			
连锁门店	1962	88	639	174	771	14
其他	3169	124	1529	－37	1292	20
按零售业态分组						
有店铺零售	61689	2635	15808	466	6934	21
食杂店	133		1			
便利店	137	17	84		57	
折扣店						
超市	3000	61	594	3	2	
大型超市	3486	30	876	162	59	14
仓储会员店						
百货店	10501	906	2493	149	1271	－992
专业店	34791	963	8367	128	4097	549
专卖店	7960	372	2930	5	1316	450
家居建材商店	566	257	26		8	
购物中心	560	10	174	1		
厂家直销中心	557	20	264	17	123	
无店铺零售	31					
电视购物						
邮购						
网上商店	31					
自动售货亭						
电话购物						

3－1－26　按经营方式和零售业态分限额以上零售业法人财务状况（续6）

单位：万元

指　　标	公允价值变动收益（损失以“－”号记）	投资收益（损失以“－”号记）	营业利润	营业外收入	其中：补贴收入	利润总额
总　计		**－138**	**150615**	**1828**	**289**	**141822**
按经营方式分组						
独立门店		－138	141519	736	91	134406
连锁总店			－426	462	174	29
连锁门店			2661	97	21	1655
其他			6861	534	2	5733
按零售业态分组						
有店铺零售		－138	150597	1828	289	141804
食杂店			242	52		294
便利店			584			368
折扣店						
超市			1861	462	174	1617
大型超市			5793	151	2	5914
仓储会员店						
百货店		81	13748	116	62	13025
专业店		－240	75383	750	51	69274
专卖店		21	46406	132		45800
家居建材商店			1271			1270
购物中心			1657	162		1819
厂家直销中心			3652	2		2422
无店铺零售			18			18
电视购物						
邮购						
网上商店			18			18
自动售货亭						
电话购物						

3－1－26　按经营方式和零售业态分限额以上零售业法人财务状况（续7）

单位：万元

指　　标	四、人工成本及增值税			亏损企业数（个）	亏损总额
	应交所得税	应付职工薪酬（本年贷方累计发生额）	应交增值税		
总　计	**14895**	**69216**	**59347**	**31**	**9084**
按经营方式分组					
独立门店	12927	51993	51070	24	6229
连锁总店	7	2315	428		
连锁门店	657	9957	6587	5	2801
其他	1305	4950	1262	2	54
按零售业态分组					
有店铺零售	14895	69133	59347	31	9084
食杂店	2	104	22	1	21
便利店	105	320	156		
折扣店					
超市	325	4861	1284	3	562
大型超市	1737	9667	6506	2	2724
仓储会员店					
百货店	2555	8945	3137	3	3803
专业店	7044	29059	18737	12	1210
专卖店	1975	12388	28376	9	717
家居建材商店	173	1392	543		
购物中心	432	1566	128		
厂家直销中心	547	830	458	1	47
无店铺零售		83			
电视购物					
邮购					
网上商店		83			
自动售货亭					
电话购物					

第二章　住宿和餐饮业经营及财务状况

A、住宿和餐饮业法人主要情况

3-2-1　按登记注册类型分全部住宿和餐饮业法人主要情况

指　　标	法人单位数（个）	期末从业人员合计（人）	#女　性	床位数（个）	餐位数（位）
总　　计	**475**	**14418**	**8816**	**18362**	**83479**
内资企业	460	13674	8404	17296	79796
国有企业	10	480	269	640	2505
集体企业	6	136	89	212	520
股份合作企业	2	29	19	18	113
联营企业					
国有联营企业					
集体联营企业					
国有与集体联营企业					
其他联营企业					
有限责任公司	70	3438	2259	4885	16804
国有独资公司	5	351	224	293	1675
其他有限责任公司	65	3087	2035	4592	15129
股份有限公司	13	1165	533	2235	6435
私营企业	323	7898	4917	8555	50732
私营独资企业	171	2380	1497	3072	19585
私营合伙企业	12	239	139	206	2391
私营有限责任公司	127	4648	2991	4293	25516
私营股份有限公司	13	631	290	984	3240
其他企业	36	528	318	751	2687
港、澳、台商投资企业	9	366	166	486	2092
合资经营企业	1	3			
合作经营企业	2	172	85	140	1200
独资经营企业	5	183	76	346	786
投资股份有限公司					
其他港澳台商投资企业	1	8	5		106
外商投资企业	6	378	246	580	1591
中外合资经营企业					
中外合作经营企业					
外资企业	3	74	44		426
外商投资股份有限公司	2	286	191	580	1076
其他外商投资企业	1	18	11		89

3－2－2　按登记注册类型分限额以上住宿和餐饮业法人主要情况

指　　标	法人单位数（个）	期末从业人员合计（人）	#女性	营业额（万元）	客房收入	餐费收入	商品销售额	其他收入	床位数（个）	餐位数（位）
总　　计	**166**	**10488**	**6398**	**171417**	**40335**	**119966**	**3009**	**8108**	**12264**	**57346**
内资企业	161	9890	6067	161763	37003	113823	3004	7932	11198	54530
国有企业	3	296	188	5356	1599	3530	2	225	497	1450
集体企业	2	117	78	916	196	639		81	162	400
股份合作企业										
联营企业										
国有联营企业										
集体联营企业										
国有与集体联营企业										
其他联营企业										
有限责任公司	43	2844	1859	45355	13486	28771	1192	1906	3972	11892
国有独资公司	5	351	224	8925	1734	4718	961	1513	293	1675
其他有限责任公司	38	2493	1635	36430	11752	24054	231	394	3679	10217
股份有限公司	8	1065	476	16151	7281	8670	112	89	1792	5150
私营企业	103	5520	3434	93171	14046	71795	1699	5631	4697	35392
私营独资企业	31	1003	648	21048	3692	16915	315	126	563	9878
私营合伙企业	6	164	96	5198	289	4799	110		121	1980
私营有限责任公司	60	3808	2454	59745	8138	45335	1224	5048	3164	20918
私营股份有限公司	6	545	236	7180	1927	4746	50	457	849	2616
其他企业	2	48	32	814	395	419			78	246
港、澳、台商投资企业	4	318	141	5786	1261	4504	5	16	486	1740
合资经营企业										
合作经营企业	2	172	85	1416	75	1341			140	1200
独资经营企业	2	146	56	4370	1186	3164	5	16	346	540
投资股份有限公司										
其他港澳台商投资企业										
外商投资企业	1	280	190	3868	2071	1638		160	580	1076
中外合资经营企业										
中外合作经营企业										
外资企业										
外商投资股份有限公司	1	280	190	3868	2071	1638		160	580	1076
其他外商投资企业										

3-2-3　按登记注册类型分全部住宿业法人主要情况

指　　标	法人单位数（个）	期末从业人员合计（人）	#女　性	床位数（个）	餐位数（位）
总　　计	**150**	**6173**	**3596**	**13846**	**27959**
内资企业	147	5802	3350	12920	26793
国有企业	4	319	199	640	2150
集体企业	3	126	84	202	400
股份合作企业	1	4	2	18	38
联营企业					
国有联营企业					
集体联营企业					
国有与集体联营企业					
其他联营企业					
有限责任公司	30	1790	1159	3091	8271
国有独资公司	3	237	152	213	855
其他有限责任公司	27	1553	1007	2878	7416
股份有限公司	10	794	289	1675	4555
私营企业	87	2507	1443	6610	10986
私营独资企业	46	563	374	2283	3148
私营合伙企业	2	25	15	85	86
私营有限责任公司	35	1487	832	3377	5496
私营股份有限公司	4	432	222	865	2256
其他企业	12	262	174	684	393
港、澳、台商投资企业	2	91	56	346	90
合资经营企业	1	3			
合作经营企业					
独资经营企业	1	88	56	346	90
投资股份有限公司					
其他港澳台商投资企业					
外商投资企业	1	280	190	580	1076
中外合资经营企业					
中外合作经营企业					
外资企业					
外商投资股份有限公司	1	280	190	580	1076
其他外商投资企业					

3－2－4 按登记注册类型分限额以上住宿业法人主要情况

指标	法人单位数（个）	期末从业人员合计（人）	#女性	营业额（万元）					床位数（个）	餐位数（位）
					客房收入	餐费收入	商品销售额	其他收入		
总计	**56**	**4624**	**2579**	**69513**	**30764**	**30591**	**1175**	**6984**	**8839**	**17596**
内资企业	54	4256	2333	64353	27507	28867	1170	6809	7913	16430
国有企业	2	270	170	4268	1599	2443	2	225	497	1250
集体企业	2	117	78	916	196	639		81	162	400
股份合作企业										
联营企业										
国有联营企业										
集体联营企业										
国有与集体联营企业										
其他联营企业										
有限责任公司	16	1351	869	22740	9736	10651	923	1430	2336	3889
国有独资公司	3	237	152	4821	1237	1651	897	1037	213	855
其他有限责任公司	13	1114	717	17918	8499	9000	27	393	2123	3034
股份有限公司	5	694	232	9407	4908	4328	82	89	1232	3270
私营企业	28	1779	953	26246	10673	10426	163	4984	3608	7555
私营独资企业	6	123	77	4398	3300	1098			500	1066
私营合伙企业										
私营有限责任公司	19	1234	663	16319	5640	5967	163	4549	2378	4389
私营股份有限公司	3	422	213	5529	1733	3361		435	730	2100
其他企业	1	45	31	777	395	382			78	66
港、澳、台商投资企业	1	88	56	1292	1186	85	5	16	346	90
合资经营企业										
合作经营企业										
独资经营企业	1	88	56	1292	1186	85	5	16	346	90
投资股份有限公司										
其他港澳台商投资企业										
外商投资企业	1	280	190	3868	2071	1638		160	580	1076
中外合资经营企业										
中外合作经营企业										
外资企业										
外商投资股份有限公司	1	280	190	3868	2071	1638		160	580	1076
其他外商投资企业										

3－2－5　按登记注册类型分全部餐饮业法人主要情况

指　　标	法人单位数（个）	期末从业人员合计（人）	#女　性	床位数（个）	餐位数（位）
总　　计	**325**	**8245**	**5220**	**4516**	**55520**
内资企业	313	7872	5054	4376	53003
国有企业	6	161	70		355
集体企业	3	10	5	10	120
股份合作企业	1	25	17		75
联营企业					
国有联营企业					
集体联营企业					
国有与集体联营企业					
其他联营企业					
有限责任公司	40	1648	1100	1794	8533
国有独资公司	2	114	72	80	820
其他有限责任公司	38	1534	1028	1714	7713
股份有限公司	3	371	244	560	1880
私营企业	236	5391	3474	1945	39746
私营独资企业	125	1817	1123	789	16437
私营合伙企业	10	214	124	121	2305
私营有限责任公司	92	3161	2159	916	20020
私营股份有限公司	9	199	68	119	984
其他企业	24	266	144	67	2294
港、澳、台商投资企业	7	275	110	140	2002
合资经营企业					
合作经营企业	2	172	85	140	1200
独资经营企业	4	95	20		696
投资股份有限公司					
其他港澳台商投资企业	1	8	5		106
外商投资企业	5	98	56		515
中外合资经营企业					
中外合作经营企业					
外资企业	3	74	44		426
外商投资股份有限公司	1	6	1		
其他外商投资企业	1	18	11		89

3－2－6 按登记注册类型分限额以上餐饮业法人主要情况

指标	法人单位数（个）	期末从业人员合计（人）	#女性	营业额（万元）	客房收入	餐费收入	商品销售额	其他收入	床位数（个）	餐位数（位）
总计	**110**	**5864**	**3819**	**101904**	**9571**	**89375**	**1835**	**1124**	**3425**	**39750**
内资企业	107	5634	3734	97409	9496	84956	1835	1124	3285	38100
国有企业	1	26	18	1087		1087				200
集体企业										
股份合作企业										
联营企业										
国有联营企业										
集体联营企业										
国有与集体联营企业										
其他联营企业										
有限责任公司	27	1493	990	22616	3750	18120	269	477	1636	8003
国有独资公司	2	114	72	4104	497	3066	64	476	80	820
其他有限责任公司	25	1379	918	18512	3253	15054	204		1556	7183
股份有限公司	3	371	244	6745	2373	4342	30		560	1880
私营企业	75	3741	2481	66925	3373	61369	1536	647	1089	27837
私营独资企业	25	880	571	16650	392	15817	315	126	63	8812
私营合伙企业	6	164	96	5198	289	4799	110		121	1980
私营有限责任公司	41	2574	1791	43427	2499	39368	1061	499	786	16529
私营股份有限公司	3	123	23	1650	193	1386	50	22	119	516
其他企业	1	3	1	37		37				180
港、澳、台商投资企业	3	230	85	4495	75	4419			140	1650
合资经营企业										
合作经营企业	2	172	85	1416	75	1341			140	1200
独资经营企业	1	58		3079		3079				450
投资股份有限公司										
其他港澳台商投资企业										
外商投资企业										
中外合资经营企业										
中外合作经营企业										
外资企业										
外商投资股份有限公司										
其他外商投资企业										

3-2-7　按行业中类和经营方式分全部住宿和餐饮业法人主要情况

指　　标	法人单位数（个）	期末从业人员合计（人）	#女　性	床位数（个）	餐位数（位）
总　　计	**475**	**14418**	**8816**	**18362**	**83479**
住宿业	150	6173	3596	13846	27959
按国民经济行业分组					
旅游饭店	67	4898	2782	9039	20778
一般旅馆	69	1079	703	3954	4789
其他住宿业	14	196	111	853	2392
按星级等级分组					
五星	3	54	38	127	120
四星	8	198	125	449	1291
三星	34	1974	1179	3608	7493
二星	11	1403	881	2412	6122
一星	4	802	304	1309	4380
其他	90	1742	1069	5941	8553
按经营方式分组					
独立门店	125	5528	3179	11989	24706
连锁总店（总部）	1	4	3	50	
连锁门店	13	319	181	1172	2053
其他	11	322	233	635	1200
餐饮业	325	8245	5220	4516	55520
按国民经济行业分组					
正餐服务	275	7120	4439	4357	51769
快餐服务	14	215	132		1141
饮料及冷饮服务	9	103	63		817
其他餐饮业	27	807	586	159	1793
按经营方式分组					
独立门店	275	6770	4314	3813	49446
连锁总店（总部）	2	49	34	20	145
连锁门店	17	641	443	248	2806
其他	31	785	429	435	3123

说明：未参加评星的住宿业企业、单位按星级等级分组中归在“其他”中。同时星级住宿业中不含工商登记为“个体经营户”的星级单位。

3－2－8 按行业中类和经营方式分限额以上住宿和餐饮业法人主要情况

（按法人汇总）

单位：万元

指　　标	法人单位数（个）	期末从业人员合计（人）	#女性	营业额（万元）	客房收入	餐费收入	商品销售额	其他收入	床位数（个）	餐位数（位）
总　　计	**166**	**10488**	**6398**	**171417**	**40335**	**119966**	**3009**	**8108**	**12264**	**57346**
住宿业	56	4624	2579	69513	30764	30591	1175	6984	8839	17596
按国民经济行业分组										
旅游饭店	45	4401	2442	62511	26002	28752	1143	6615	7718	17033
一般旅馆	10	200	120	6670	4430	1839	32	370	905	563
其他住宿业	1	23	17	333	333				216	
按星级等级分组										
五星	2	568	128	8190	4019	3882		289	929	2200
四星	8	1345	850	20867	8473	10421	952	1021	2009	4922
三星	18	1712	989	22602	6876	10809	139	4778	2566	6739
二星	3	133	83	1504	513	686	33	272	203	800
一星										
其他	25	866	529	16351	10883	4792	51	624	3132	2935
按经营方式分组										
独立门店	49	4321	2408	65756	28491	29362	1154	6750	7956	16266
连锁总店（总部）										
连锁门店	3	118	44	1212	957	219	17	18	434	200
其他	4	185	127	2545	1316	1010	4	216	449	1130
餐饮业	110	5864	3819	101904	9571	89375	1835	1124	3425	39750
按国民经济行业分组										
正餐服务	103	5278	3364	95010	9571	82481	1835	1124	3425	38605
快餐服务	2	50	32	572		572				191
饮料及冷饮服务	2	41	25	711		711				288
其他餐饮业	3	495	398	5612		5612				666
按经营方式分组										
独立门店	103	5024	3269	93082	8796	81530	1718	1038	2990	35883
连锁总店（总部）										
连锁门店	2	366	269	2539	10	2445	84			1645
其他	5	474	281	6284	765	5401	33	86	435	2222

说明：未参加评星的住宿业企业、单位按星级等级分组中归在“其他”中。同时星级住宿业中不含工商登记为“个体经营户”的星级单位。

3-2-9　按地区分全部住宿和餐饮业法人主要情况

地区	法人单位数（个）	期末从业人员合计（人）	#女性	床位数（个）	餐位数（位）
总计	**475**	**14418**	**8816**	**18362**	**83479**
清河区	119	4353	2734	5182	21556
淮安区	76	1824	1254	1656	10947
淮阴区	53	891	499	1650	4442
清浦区	54	1454	897	1335	10785
涟水县	39	1246	798	1754	11691
洪泽县	30	1087	548	1385	5353
盱眙县	46	1688	1161	2255	6435
金湖县	34	688	439	1299	4972
开发区	24	1187	486	1846	7298

3-2-10　按地区分限额以上住宿和餐饮业法人主要情况

地区	法人单位数（个）	期末从业人员合计（人）	#女性	营业额（万元）	客房收入	餐费收入	商品销售额	其他收入	床位数（个）	餐位数（位）
总计	**166**	**10488**	**6398**	**171417.3**	**40334.6**	**119965.6**	**3009.2**	**8107.9**	**12264**	**57346**
清河区	37	2800	1713	35571.4	9796	24899.3	254.2	621.9	3437	12810
淮安区	19	1211	898	17365.2	1794	14970.2	330.1	270.9	809	7038
淮阴区	13	596	321	9333.9	3180.1	5704.7	230.3	218.8	844	2955
清浦区	23	1138	719	24029.4	3690	16977.1	1726.4	1635.9	863	8471
涟水县	21	984	648	36315.4	6667.9	28934.2		713.3	1145	10279
洪泽县	12	915	460	11376.8	2379.3	4224.6	309.7	4463.2	1085	3780
盱眙县	17	1264	898	19824.2	6667.6	13135.6	21		1786	3901
金湖县	12	529	350	6535.2	2129.2	4289.8	96.7	19.5	849	3976
开发区	12	1051	391	11065.8	4030.5	6830.1	40.8	164.4	1446	4136

3－2－11 按地区分全部住宿业法人主要情况

地区	法人单位数（个）	期末从业人员合计（人）	#女性	床位数（个）	餐位数（位）
总计	**150**	**6173**	**3596**	**13846**	**27959**
清河区	45	2231	1418	4733	9994
淮安区	20	423	263	1332	2496
淮阴区	11	411	260	1287	1548
清浦区	11	452	281	762	1715
涟水县	12	404	277	1055	1279
洪泽县	13	778	364	1051	2894
盱眙县	16	565	378	1201	2050
金湖县	9	223	149	1002	1175
开发区	13	686	206	1423	4808

3－2－12 按地区分限额以上住宿业法人主要情况

地区	法人单位数（个）	期末从业人员合计（人）	#女性	营业额（万元）	客房收入	餐费收入	商品销售额	其他收入	床位数（个）	餐位数（位）
总计	**56**	**4624**	**2579**	**69513**	**30764**	**30591**	**1175**	**6984**	**8839**	**17596**
清河区	18	1449	859	18990	9210	9247	26	508	3126	5399
淮安区	3	297	186	3521	1429	1754	122	216	548	1800
淮阴区	4	310	187	5911	2918	2767	6	219	657	1183
清浦区	5	390	254	7698	2318	3476	892	1012	506	1555
涟水县	7	348	236	9138	4589	4078		472	698	978
洪泽县	5	680	325	8367	2047	1860	83	4378	813	2450
盱眙县	5	378	271	5960	2986	2974			800	1050
金湖县	3	172	118	2630	1744	865	5	16	588	835
开发区	6	600	143	7298	3521	3571	41	164	1103	2346

3－2－13　按地区分全部餐饮业法人主要情况

地　　区	法人单位数（个）	期末从业人员合计（人）	#女　　性	床　位　数（个）	餐　位　数（位）
总　　计	**325**	**8245**	**5220**	**4516**	**55520**
清　河　区	74	2122	1316	449	11562
淮　安　区	56	1401	991	324	8451
淮　阴　区	42	480	239	363	2894
清　浦　区	43	1002	616	573	9070
涟　水　县	27	842	521	699	10412
洪　泽　县	17	309	184	334	2459
盱　眙　县	30	1123	783	1054	4385
金　湖　县	25	465	290	297	3797
开　发　区	11	501	280	423	2490

3－2－14　按地区分限额以上餐饮业法人主要情况

地　　区	法人单位数（个）	期末从业人员合计（人）	#女性	营业额（万元）	客房收入	餐费收入	商品销售额	其他收入	床位数（个）	餐位数（位）
总　　计	**110**	**5864**	**3819**	**101904**	**9571**	**89375**	**1835**	**1124**	**3425**	**39750**
清　河　区	19	1351	854	16581	586	15653	228	114	311	7411
淮　安　区	16	914	712	13844	365	13217	208	55	261	5238
淮　阴　区	9	286	134	3423	262	2937	224		187	1772
清　浦　区	18	748	465	16332	1372	13501	834	624	357	6916
涟　水　县	14	636	412	27177	2079	24857		242	447	9301
洪　泽　县	7	235	135	3009	332	2365	227	86	272	1330
盱　眙　县	12	886	627	13864	3682	10162	21		986	2851
金　湖　县	9	357	232	3905	385	3425	92	4	261	3141
开　发　区	6	451	248	3768	509	3259			343	1790

第二章　住宿和餐饮业经营及财务状况

B、住宿和餐饮业法人财务状况

3-2-15　按登记注册类型分全部住宿和餐饮业法人财务状况

单位：万元

指　　标	营业收入	主营业务收入	营业税金及附加其他业务	主营业务税金及附加其他业务	资产合计	实收资本
总　　计	**227996**	**223620**	**10379**	**10120**	**501569**	**226500**
内资企业	213546	209436	9689	9430	427523	167777
国有企业	6963	6963	353	353	22732	12484
集体企业	1220	1220	40	40	1195	116
股份合作企业	1415	1415	6	6	3452	2954
联营企业						
国有联营企业						
集体联营企业						
国有与集体联营企业						
其他联营企业						
有限责任公司	60740	57844	2603	2523	123335	49447
国有独资公司	8214	8194	297	297	3498	1590
其他有限责任公司	52526	49650	2306	2226	119838	47857
股份有限公司	16627	16498	765	765	63757	5547
私营企业	122249	121229	5677	5515	194013	86789
私营独资企业	38552	38189	1672	1576	50585	21671
私营合伙企业	5545	5545	212	205	3914	3293
私营有限责任公司	69526	68870	3360	3330	122625	56074
私营股份有限公司	8626	8624	434	405	16890	5751
其他企业	4334	4268	244	228	19039	10439
港、澳、台商投资企业	7331	7066	364	364	39053	27552
合资经营企业					15000	10218
合作经营企业	1416	1416	79	79	6181	2999
独资经营企业	5782	5517	280	280	17752	14215
投资股份有限公司						
其他港澳台商投资企业	133	133	4	4	121	120
外商投资企业	7119	7119	326	326	34993	31171
中外合资经营企业						
中外合作经营企业						
外资企业	3064	3064	101	101	575	287
外商投资股份有限公司	3868	3868	217	217	34283	30749
其他外商投资企业	186	186	9	9	136	135

3－2－16 按登记注册类型分限额以上住宿和餐饮业法人财务状况

单位：万元

指标	一、年初	二、期末资产负债				
	存货	流动资产合计	其中：应收账款	存货	固定资产合计	固定资产原价
总计	**6020**	**130997**	**11940**	**8560**	**173851**	**220794**
内资企业	5821	121955	11802	8326	136573	173952
国有企业	177	2211	196	149	17380	21993
集体企业	112	785	232	105	163	295
股份合作企业						
联营企业						
国有联营企业						
集体联营企业						
国有与集体联营企业						
其他联营企业						
有限责任公司	1526	60313	3709	3658	30153	36591
国有独资公司	120	1827	350	128	1646	2345
其他有限责任公司	1405	58487	3358	3530	28507	34246
股份有限公司	791	5600	1252	891	42565	53363
私营企业	3215	52984	6414	3463	46230	61628
私营独资企业	786	7524	1184	1010	12666	15516
私营合伙企业	167	205	97	40	1119	1210
私营有限责任公司	1858	34351	3940	2000	28840	36014
私营股份有限公司	405	10904	1193	413	3605	8888
其他企业		61		61	83	83
港、澳、台商投资企业	35	7911	174	88	8868	10946
合资经营企业						
合作经营企业	16	5698	30	74	362	235
独资经营企业	20	2213	143	15	8506	10712
投资股份有限公司						
其他港澳台商投资企业						
外商投资企业	164	1131	-36	147	28409	35895
中外合资经营企业						
中外合作经营企业						
外资企业						
外商投资股份有限公司	164	1131	-36	147	28409	35895
其他外商投资企业						

3－2－16　按登记注册类型分限额以上住宿和餐饮业法人财务状况（续1）

单位：万元

指　　标	二、期末资产负债					
	累计折旧	本年折旧	在建工程	资产总计	流动负债合计	其中：应付账款
总　　计	**48086**	**10011**	**3409**	**354387**	**193922**	**15228**
内资企业	38344	7453	3230	297551	176615	15042
国有企业	4657	890		21217	14740	757
集体企业	132	16	38	984	1960	56
股份合作企业						
联营企业						
国有联营企业						
集体联营企业						
国有与集体联营企业						
其他联营企业						
有限责任公司	6790	3727	975	103790	51697	3848
国有独资公司	745	188	33	3498	1405	315
其他有限责任公司	6045	3539	943	100293	50292	3532
股份有限公司	10798	－737	1010	60068	58592	2547
私营企业	15967	3557	1207	111348	49623	7831
私营独资企业	2924	721	9	21333	9135	1237
私营合伙企业	91	30		1442	387	3
私营有限责任公司	7621	2464	1198	72413	32400	6051
私营股份有限公司	5331	342		16159	7702	540
其他企业				144	3	3
港、澳、台商投资企业	2257	1047	179	22554	4882	76
合资经营企业						
合作经营企业	52	22	179	6181	4056	62
独资经营企业	2206	1025		16374	826	13
投资股份有限公司						
其他港澳台商投资企业						
外商投资企业	7486	1512		34283	12425	111
中外合资经营企业						
中外合作经营企业						
外资企业						
外商投资股份有限公司	7486	1512		34283	12425	111
其他外商投资企业						

3－2－16 按登记注册类型分限额以上住宿和餐饮业法人财务状况（续2）

单位：万元

指标	二、期末资产负债					
	非流动负债合计	负债合计	所有者权益合计	其中：实收资本	1. 国家资本	2. 集体资本
总计	**74010**	**220112**	**134276**	**140408**	**36150**	**298**
内资企业	70510	199304	98246	93810	36150	298
国有企业	146	14886	6331	11564	11564	
集体企业		1960	－977	78		78
股份合作企业						
联营企业						
国有联营企业						
集体联营企业						
国有与集体联营企业						
其他联营企业						
有限责任公司	15420	67787	36003	37383	23936	210
国有独资公司	205	1610	1888	1590	1542	
其他有限责任公司	15215	66177	34115	35793	22394	210
股份有限公司	50372	58816	1252	3715	600	10
私营企业	4572	55852	55496	40882	50	
私营独资企业	1074	10211	11122	8494		
私营合伙企业	8	395	1047	717		
私营有限责任公司	1177	34720	37694	26381	50	
私营股份有限公司	2313	10526	5633	5290		
其他企业		3	141	188		
港、澳、台商投资企业	3500	8382	14172	15850		
合资经营企业						
合作经营企业		4056	2125	2999		
独资经营企业	3500	4326	12047	12850		
投资股份有限公司						
其他港澳台商投资企业						
外商投资企业		12425	21857	30749		
中外合资经营企业						
中外合作经营企业						
外资企业						
外商投资股份有限公司		12425	21857	30749		
其他外商投资企业						

3-2-16　按登记注册类型分限额以上住宿和餐饮业法人财务状况（续3）

单位：万元

指　　标	二、期末资产负债				三、损益及分配	
	3. 法人资本	4. 个人资本	5. 港澳台资本	6. 外商资本	营业收入	其中:主营业务收入
总　　计	**13705**	**43659**	**15847**	**30749**	**162489**	**158528**
内资企业	13702	43659			152569	148874
国有企业					5356	5356
集体企业					916	916
股份合作企业						
联营企业						
国有联营企业						
集体联营企业						
国有与集体联营企业						
其他联营企业						
有限责任公司	8019	5218			44131	41457
国有独资公司	48				8214	8194
其他有限责任公司	7971	5218			35917	33264
股份有限公司	2540	565			15647	15528
私营企业	3144	37688			86483	85579
私营独资企业	810	7684			17585	17337
私营合伙企业		717			4686	4686
私营有限责任公司	1334	24998			57323	56668
私营股份有限公司	1000	4290			6890	6890
其他企业		188			37	37
港、澳、台商投资企业	3		15847		6052	5786
合资经营企业						
合作经营企业	3		2997		1416	1416
独资经营企业			12850		4636	4370
投资股份有限公司						
其他港澳台商投资企业						
外商投资企业				30749	3868	3868
中外合资经营企业						
中外合作经营企业						
外资企业						
外商投资股份有限公司				30749	3868	3868
其他外商投资企业						

3－2－16 按登记注册类型分限额以上住宿和餐饮业法人财务状况（续4）

单位：万元

指标	三、损益及分配					
	营业成本	其中:主营业务成本	营业税金及附加	其中:主营业务税金及附加	其他业务利润	销售费用
总计	**91550**	**90542**	**7773**	**7637**	**610**	**30080**
内资企业	88185	87176	7233	7097	610	26307
国有企业	1914	1914	291	291		1236
集体企业	624	624	34	34		261
股份合作企业						
联营企业						
国有联营企业						
集体联营企业						
国有与集体联营企业						
其他联营企业						
有限责任公司	24442	24333	1966	1919	294	7276
国有独资公司	5542	5539	297	297		796
其他有限责任公司	18901	18794	1669	1622	294	6481
股份有限公司	8515	8513	723	722	48	3714
私营企业	52671	51773	4216	4127	268	13796
私营独资企业	11690	11425	820	786		1809
私营合伙企业	3204	3204	180	180		78
私营有限责任公司	34891	34259	2877	2852	247	9929
私营股份有限公司	2886	2886	338	310	21	1980
其他企业	18	18	4	4		23
港、澳、台商投资企业	2688	2688	324	324		1541
合资经营企业						
合作经营企业	796	796	79	79		365
独资经营企业	1893	1893	244	244		1176
投资股份有限公司						
其他港澳台商投资企业						
外商投资企业	677	677	217	217		2232
中外合资经营企业						
中外合作经营企业						
外资企业						
外商投资股份有限公司	677	677	217	217		2232
其他外商投资企业						

3-2-16　按登记注册类型分限额以上住宿和餐饮业法人财务状况（续5）

单位：万元

指　　标	三、损　益　及　分　配					
	管理费用	其中：税金	财务费用	其中：利息收入	利息支出	资产减值损失
总　计	**25680**	**1021**	**5217**	**91**	**2553**	**33**
内资企业	22239	1018	4952	71	2307	33
国有企业	2455	164	548		547	
集体企业	148		3			
股份合作企业						
联营企业						
国有联营企业						
集体联营企业						
国有与集体联营企业						
其他联营企业						
有限责任公司	6870	240	3048	41	1159	2
国有独资公司	1192	25	36	6	9	
其他有限责任公司	5678	216	3012	35	1150	2
股份有限公司	3946	93	145	6	5	
私营企业	8820	521	1207	24	596	31
私营独资企业	1722	57	154	9	57	
私营合伙企业	116	5	11			
私营有限责任公司	5785	425	727	15	289	31
私营股份有限公司	1197	34	316		251	
其他企业						
港、澳、台商投资企业	977	3	261		246	
合资经营企业						
合作经营企业	148		8		6	
独资经营企业	829	3	253		240	
投资股份有限公司						
其他港澳台商投资企业						
外商投资企业	2465		5	20		
中外合资经营企业						
中外合作经营企业						
外资企业						
外商投资股份有限公司	2465		5	20		
其他外商投资企业						

3－2－16 按登记注册类型分限额以上住宿和餐饮业法人财务状况（续6）

单位：万元

指标	三、损益及分配					
	公允价值变动收益（损失以“－”号记）	投资收益（损失以“－”号记）	营业利润	营业外收入	其中：补贴收入	利润总额
总计	**2**	**3**	**2199**	**964**	**10**	**2280**
内资企业	2	3	3664	954	10	4279
国有企业			－1090	300		924
集体企业			－153	3		－151
股份合作企业						
联营企业						
国有联营企业						
集体联营企业						
国有与集体联营企业						
其他联营企业						
有限责任公司	2	3	496	541	8	37
国有独资公司			351	5		347
其他有限责任公司	2	3	145	536	8	－311
股份有限公司			－1397	8		－1554
私营企业			5816	103	2	5031
私营独资企业			1404	39		1178
私营合伙企业			1096			994
私营有限责任公司			3081	63	2	2812
私营股份有限公司			235			46
其他企业			－9			－9
港、澳、台商投资企业			262	1		－281
合资经营企业						
合作经营企业			20	1		17
独资经营企业			242			－298
投资股份有限公司						
其他港澳台商投资企业						
外商投资企业			－1727	9		－1718
中外合资经营企业						
中外合作经营企业						
外资企业						
外商投资股份有限公司			－1727	9		－1718
其他外商投资企业						

3－2－16　按登记注册类型分限额以上住宿和餐饮业法人财务状况（续7）

单位：万元

指　　标	三、损益及分　配 应交所得税	四、人工成本及增值税 应付职工薪酬(本年贷方累计发生额)	亏损企业数 (个)	亏损总额
总　　计	**1862**	**31669**	**26**	**9651**
内资企业	1800	29462	24	7394
国有企业	12	1062	1	108
集体企业	2	320	1	229
股份合作企业				
联营企业				
国有联营企业				
集体联营企业				
国有与集体联营企业				
其他联营企业				
有限责任公司	440	9232	8	2554
国有独资公司	84	1015	1	106
其他有限责任公司	356	8217	7	2449
股份有限公司	78	3498	2	2148
私营企业	1268	15330	11	2346
私营独资企业	174	2501	2	231
私营合伙企业	113	410		
私营有限责任公司	911	10843	7	1633
私营股份有限公司	69	1576	2	482
其他企业		20	1	9
港、澳、台商投资企业	61	1325	1	539
合资经营企业				
合作经营企业	1	865		
独资经营企业	60	461	1	539
投资股份有限公司				
其他港澳台商投资企业				
外商投资企业		882	1	1718
中外合资经营企业				
中外合作经营企业				
外资企业				
外商投资股份有限公司		882	1	1718
其他外商投资企业				

3－2－17 按登记注册类型分全部住宿业法人财务状况

单位：万元

指标	营业收入	主营业务收入	营业税金及附加其他业务	主营业务税金及附加其他业务	资产合计	实收资本
总计	**93757**	**90080**	**4346**	**4276**	**332773**	**137644**
内资企业	88332	84920	4058	3987	268913	84490
国有企业	5021	5021	258	258	22090	12300
集体企业	1048	1048	40	40	1126	108
股份合作企业	79	79			2200	2200
联营企业						
国有联营企业						
集体联营企业						
国有与集体联营企业						
其他联营企业						
有限责任公司	37056	34405	1416	1392	73068	20670
国有独资公司	4413	4413	136	136	2829	1440
其他有限责任公司	32643	29992	1281	1256	70240	19230
股份有限公司	10449	10320	588	587	61333	3473
私营企业	33627	33060	1700	1670	107331	44871
私营独资企业	8766	8516	387	372	18899	8841
私营合伙企业	438	438	6	6	2285	2551
私营有限责任公司	18740	18422	1009	995	71291	29599
私营股份有限公司	5683	5683	298	298	14856	3880
其他企业	1052	986	56	40	1766	869
港、澳、台商投资企业	1557	1292	72	72	29577	22405
合资经营企业					15000	10218
合作经营企业						
独资经营企业	1557	1292	72	72	14577	12187
投资股份有限公司						
其他港澳台商投资企业						
外商投资企业	3868	3868	217	217	34283	30749
中外合资经营企业						
中外合作经营企业						
外资企业						
外商投资股份有限公司	3868	3868	217	217	34283	30749
其他外商投资企业						

3－2－18　按登记注册类型分限额以上住宿业法人财务状况

单位：万元

指标	一、年初	二、期末资产负债				
	存货	流动资产合计	其中：应收账款	存货	固定资产合计	固定资产原价
总　　计	**2654**	**72484**	**5283**	**2581**	**129843**	**169102**
内资企业	2472	70726	5176	2420	93136	123806
国有企业	156	2156	196	149	17195	21807
集体企业	112	785	232	105	163	295
股份合作企业						
联营企业						
国有联营企业						
集体联营企业						
国有与集体联营企业						
其他联营企业						
有限责任公司	571	25456	590	450	20158	25306
国有独资公司	46	1301	196	44	1502	2153
其他有限责任公司	525	24155	394	406	18656	23153
股份有限公司	536	3927	942	644	41864	52225
私营企业	1097	38401	3216	1071	13757	24172
私营独资企业	174	2036	338	196	2488	4239
私营合伙企业						
私营有限责任公司	554	26277	1731	492	7985	11371
私营股份有限公司	369	10089	1148	383	3285	8563
其他企业						
港、澳、台商投资企业	19	627	143	15	8297	9401
合资经营企业						
合作经营企业						
独资经营企业	19	627	143	15	8297	9401
投资股份有限公司						
其他港澳台商投资企业						
外商投资企业	164	1131	－36	147	28409	35895
中外合资经营企业						
中外合作经营企业						
外资企业						
外商投资股份有限公司	164	1131	－36	147	28409	35895
其他外商投资企业						

3－2－18 按登记注册类型分限额以上住宿业法人财务状况（续1）

单位：万元

指　标	二、期末资产负债					
	累计折旧	本年折旧	在建工程	资产总计	流动负债合计	其中：应付账款
总　计	**39722**	**7126**	**2014**	**240844**	**153849**	**7727**
内资企业	31132	4655	2014	191984	141060	7603
国有企业	4612	874		20925	14708	757
集体企业	132	16	38	984	1960	56
股份合作企业						
联营企业						
国有联营企业						
集体联营企业						
国有与集体联营企业						
其他联营企业						
有限责任公司	5494	3310	966	57367	31611	1614
国有独资公司	697	167	33	2829	1084	164
其他有限责任公司	4797	3143	933	54538	30528	1450
股份有限公司	10362	－796	1010	57644	58367	2491
私营企业	10533	1250		55065	34414	2685
私营独资企业	1751	131		5064	3700	326
私营合伙企业						
私营有限责任公司	3504	823		35279	23149	1877
私营股份有限公司	5278	297		14722	7565	482
其他企业						
港、澳、台商投资企业	1104	960		14577	364	13
合资经营企业						
合作经营企业						
独资经营企业	1104	960		14577	364	13
投资股份有限公司						
其他港澳台商投资企业						
外商投资企业	7486	1512		34283	12425	111
中外合资经营企业						
中外合作经营企业						
外资企业						
外商投资股份有限公司	7486	1512		34283	12425	111
其他外商投资企业						

3－2－18　按登记注册类型分限额以上住宿业法人财务状况(续2)

单位：万元

指　　标	二、期末资产负债					
	非流动负债合计	负债合计	所有者权益合计	其中：实收资本	1. 国家资本	2. 集体资本
总　　计	**70676**	**175874**	**64970**	**79745**	**15884**	**288**
内资企业	67176	159585	32399	36809	15884	288
国有企业		14708	6217	11450	11450	
集体企业		1960	－977	78		78
股份合作企业						
联营企业						
国有联营企业						
集体联营企业						
国有与集体联营企业						
其他联营企业						
有限责任公司	14025	45819	11548	10534	3834	210
国有独资公司	100	1184	1645	1440	1440	
其他有限责任公司	13925	44635	9903	9094	2394	210
股份有限公司	50350	58570	－927	1640	600	
私营企业	2800	38528	16537	13107		
私营独资企业		3700	1364	2222		
私营合伙企业						
私营有限责任公司	262	24225	11054	7105		
私营股份有限公司	2538	10603	4119	3780		
其他企业						
港、澳、台商投资企业	3500	3864	10714	12187		
合资经营企业						
合作经营企业						
独资经营企业	3500	3864	10714	12187		
投资股份有限公司						
其他港澳台商投资企业						
外商投资企业		12425	21857	30749		
中外合资经营企业						
中外合作经营企业						
外资企业						
外商投资股份有限公司		12425	21857	30749		
其他外商投资企业						

3－2－18 按登记注册类型分限额以上住宿业法人财务状况（续3）

单位：万元

指标	二、期末资产负债				三、损益及分配	
	3. 法人资本	4. 个人资本	5. 港澳台资本	6. 外商资本	营业收入	其中：主营业务收入
总计	**7580**	**13057**	**12187**	**30749**	**66954**	**63543**
内资企业	7580	13057			61529	58384
国有企业					4268	4268
集体企业					916	916
股份合作企业						
联营企业						
国有联营企业						
集体联营企业						
国有与集体联营企业						
其他联营企业						
有限责任公司	6125	365			22994	20511
国有独资公司					4413	4413
其他有限责任公司	6125	365			18580	16097
股份有限公司	1040				9468	9350
私营企业	415	12692			23883	23338
私营独资企业		2222			2727	2500
私营合伙企业						
私营有限责任公司	415	6690			15627	15309
私营股份有限公司		3780			5529	5529
其他企业						
港、澳、台商投资企业			12187		1557	1292
合资经营企业						
合作经营企业						
独资经营企业			12187		1557	1292
投资股份有限公司						
其他港澳台商投资企业						
外商投资企业				30749	3868	3868
中外合资经营企业						
中外合作经营企业						
外资企业						
外商投资股份有限公司				30749	3868	3868
其他外商投资企业						

3－2－18　按登记注册类型分限额以上住宿业法人财务状况（续4）

单位：万元

指标	三、损益及分配					
	营业成本	其中：主营业务成本	营业税金及附加	其中：主营业务税金及附加	其他业务利润	销售费用
总计	**27266**	**26868**	**3388**	**3360**	**579**	**18705**
内资企业	26446	26048	3099	3072	579	15579
国有企业	1109	1109	236	236		1190
集体企业	624	624	34	34		261
股份合作企业						
联营企业						
国有联营企业						
集体联营企业						
国有与集体联营企业						
其他联营企业						
有限责任公司	10723	10723	964	964	294	3578
国有独资公司	2892	2892	136	136		383
其他有限责任公司	7831	7831	829	829	294	3195
股份有限公司	3983	3981	545	545	48	2877
私营企业	10007	9611	1320	1293	237	7673
私营独资企业	1852	1601	159	146		354
私营合伙企业						
私营有限责任公司	6068	5923	871	857	216	5342
私营股份有限公司	2087	2087	290	290	21	1978
其他企业						
港、澳、台商投资企业	143	143	72	72		893
合资经营企业						
合作经营企业						
独资经营企业	143	143	72	72		893
投资股份有限公司						
其他港澳台商投资企业						
外商投资企业	677	677	217	217		2232
中外合资经营企业						
中外合作经营企业						
外资企业						
外商投资股份有限公司	677	677	217	217		2232
其他外商投资企业						

3－2－18 按登记注册类型分限额以上住宿业法人财务状况（续5）

单位：万元

指标	三、损益及分配					
	管理费用	其中：税金	财务费用	其中：利息收入	利息支出	资产减值损失
总计	**18150**	**741**	**4388**	**42**	**2268**	
内资企业	15491	738	4130	22	2028	
国有企业	2416	164	526		525	
集体企业	148		3			
股份合作企业						
联营企业						
国有联营企业						
集体联营企业						
国有与集体联营企业						
其他联营企业						
有限责任公司	4672	97	2852	6	997	
国有独资公司	782	7	19	6	9	
其他有限责任公司	3890	90	2833		988	
股份有限公司	3753	87	95			
私营企业	4503	391	654	16	506	
私营独资企业	343	21	18	3	14	
私营合伙企业						
私营有限责任公司	2981	336	324	12	242	
私营股份有限公司	1178	34	312		251	
其他企业						
港、澳、台商投资企业	195	3	253		240	
合资经营企业						
合作经营企业						
独资经营企业	195	3	253		240	
投资股份有限公司						
其他港澳台商投资企业						
外商投资企业	2465		5	20		
中外合资经营企业						
中外合作经营企业						
外资企业						
外商投资股份有限公司	2465		5	20		
其他外商投资企业						

3－2－18　按登记注册类型分限额以上住宿业法人财务状况（续6）

单位：万元

指　　标	三、损益及分配					
	公允价值变动收益（损失以“－”号记）	投资收益（损失以“－”号记）	营业利润	营业外收入	其中：补贴收入	利润总额
总　计			**－4915**	**552**		**－3962**
内资企业			－3188	542		－1704
国有企业			－1209	300		805
集体企业			－153	3		－151
股份合作企业						
联营企业						
国有联营企业						
集体联营企业						
国有与集体联营企业						
其他联营企业						
有限责任公司			204	141		82
国有独资公司			203	5		208
其他有限责任公司				136		－126
股份有限公司			－1785	8		－1917
私营企业			－244	91		－524
私营独资企业				30		
私营合伙企业						
私营有限责任公司			50	60		－42
私营股份有限公司			－294			－482
其他企业						
港、澳、台商投资企业						－539
合资经营企业						
合作经营企业						
独资经营企业						－539
投资股份有限公司						
其他港澳台商投资企业						
外商投资企业			－1727	9		－1718
中外合资经营企业						
中外合作经营企业						
外资企业						
外商投资股份有限公司			－1727	9		－1718
其他外商投资企业						

3－2－18 按登记注册类型分限额以上住宿业法人财务状况(续7)

单位：万元

指　　标	三、损益及分配 应交所得税	四、人工成本及增值税 应付职工薪酬(本年贷方累计发生额)	亏损企业数 (个)	亏损总额
总　　计	**494**	**13857**	**18**	**7483**
内资企业	494	12654	16	5226
国有企业	12	958	1	108
集体企业	2	320	1	229
股份合作企业				
联营企业				
国有联营企业				
集体联营企业				
国有与集体联营企业				
其他联营企业				
有限责任公司	163	3906	5	1434
国有独资公司	75	629	1	106
其他有限责任公司	88	3278	4	1328
股份有限公司	25	2426	2	2148
私营企业	291	5044	7	1308
私营独资企业	41	273	1	202
私营合伙企业				
私营有限责任公司	186	3560	4	623
私营股份有限公司	64	1211	2	482
其他企业				
港、澳、台商投资企业		321	1	539
合资经营企业				
合作经营企业				
独资经营企业		321	1	539
投资股份有限公司				
其他港澳台商投资企业				
外商投资企业		882	1	1718
中外合资经营企业				
中外合作经营企业				
外资企业				
外商投资股份有限公司		882	1	1718
其他外商投资企业				

3－2－19　按登记注册类型分全部餐饮业法人财务状况

单位：万元

指　　标	营业收入	主营业务收　入	营业税金及附加其他业务	主营业务税金及附加其他业务	资产合计	实收资本
总　　计	**134239**	**133541**	**6032**	**5844**	**168796**	**88856**
内资企业	125214	124516	5631	5443	158610	83287
国有企业	1942	1942	96	96	642	184
集体企业	171	171			70	8
股份合作企业	1335	1335	6	6	1252	754
联营企业						
国有联营企业						
集体联营企业						
国有与集体联营企业						
其他联营企业						
有限责任公司	23684	23439	1187	1131	50267	28778
国有独资公司	3800	3780	162	161	669	150
其他有限责任公司	19883	19658	1025	970	49598	28628
股份有限公司	6178	6178	178	178	2425	2075
私营企业	88622	88169	3977	3845	86682	41919
私营独资企业	29786	29673	1285	1204	31687	12831
私营合伙企业	5107	5107	205	199	1629	742
私营有限责任公司	50786	50448	2351	2336	51334	26475
私营股份有限公司	2944	2942	136	107	2034	1871
其他企业	3282	3282	188	188	17273	9571
港、澳、台商投资企业	5774	5774	292	292	9476	5147
合资经营企业						
合作经营企业	1416	1416	79	79	6181	2999
独资经营企业	4225	4225	208	208	3175	2028
投资股份有限公司						
其他港澳台商投资企业	133	133	4	4	121	120
外商投资企业	3251	3251	110	110	711	421
中外合资经营企业						
中外合作经营企业						
外资企业	3064	3064	101	101	575	287
外商投资股份有限公司						
其他外商投资企业	186	186	9	9	136	135

3－2－20 按登记注册类型分限额以上餐饮业法人财务状况

单位：万元

指标	一、年初存货	二、期末资产负债 流动资产合计	其中：应收账款	存货	固定资产合计	固定资产原价
总计	**3366**	**58513**	**6657**	**5980**	**44008**	**51692**
内资企业	3350	51229	6626	5906	43437	50147
国有企业	21	55			185	186
集体企业						
股份合作企业						
联营企业						
国有联营企业						
集体联营企业						
国有与集体联营企业						
其他联营企业						
有限责任公司	955	34857	3119	3208	9995	11285
国有独资公司	75	525	154	84	144	192
其他有限责任公司	880	34332	2965	3124	9851	11093
股份有限公司	256	1673	310	246	702	1138
私营企业	2118	14583	3197	2392	32473	37455
私营独资企业	612	5489	846	813	10178	11277
私营合伙企业	167	205	97	40	1119	1210
私营有限责任公司	1303	8074	2209	1508	20855	24643
私营股份有限公司	36	815	45	30	320	325
其他企业		61		61	83	83
港、澳、台商投资企业	17	7284	30	74	571	1545
合资经营企业						
合作经营企业	16	5698	30	74	362	235
独资经营企业	1	1586			209	1311
投资股份有限公司						
其他港澳台商投资企业						
外商投资企业						
中外合资经营企业						
中外合作经营企业						
外资企业						
外商投资股份有限公司						
其他外商投资企业						

3－2－20　按登记注册类型分限额以上餐饮业法人财务状况（续1）

单位：万元

指　　标	二、期末资产负债					
	累计折旧	本年折旧	在建工程	资产总计	流动负债合计	其中：应付账款
总　　计	**8365**	**2885**	**1396**	**113543**	**40073**	**7501**
内资企业	7212	2798	1217	105566	35555	7439
国有企业	45	16		292	32	
集体企业						
股份合作企业						
联营企业						
国有联营企业						
集体联营企业						
国有与集体联营企业						
其他联营企业						
有限责任公司	1296	417	10	46423	20086	2233
国有独资公司	48	21		669	322	151
其他有限责任公司	1248	396	10	45754	19765	2082
股份有限公司	436	59		2425	225	56
私营企业	5434	2306	1207	56283	15210	5147
私营独资企业	1173	591	9	16269	5435	912
私营合伙企业	91	30		1442	387	3
私营有限责任公司	4118	1641	1198	37135	9251	4174
私营股份有限公司	53	45		1437	136	58
其他企业				144	3	3
港、澳、台商投资企业	1153	87	179	7977	4518	62
合资经营企业						
合作经营企业	52	22	179	6181	4056	62
独资经营企业	1102	64		1796	463	
投资股份有限公司						
其他港澳台商投资企业						
外商投资企业						
中外合资经营企业						
中外合作经营企业						
外资企业						
外商投资股份有限公司						
其他外商投资企业						

3－2－20 按登记注册类型分限额以上餐饮业法人财务状况（续2）

单位：万元

指标	二、期末资产负债					
	非流动负债合计	负债合计	所有者权益合计	其中：实收资本	1. 国家资本	2. 集体资本
总计	**3334**	**44237**	**69306**	**60663**	**20266**	**10**
内资企业	3334	39719	65847	57001	20266	10
国有企业	146	178	114	114	114	
集体企业						
股份合作企业						
联营企业						
国有联营企业						
集体联营企业						
国有与集体联营企业						
其他联营企业						
有限责任公司	1395	21969	24455	26849	20102	
国有独资公司	105	426	243	150	102	
其他有限责任公司	1290	21542	24212	26699	20000	
股份有限公司	22	246	2179	2075		10
私营企业	1771	17324	38959	27775	50	
私营独资企业	1074	6511	9758	6272		
私营合伙企业	8	395	1047	717		
私营有限责任公司	915	10495	26640	19276	50	
私营股份有限公司	－225	－77	1514	1510		
其他企业		3	141	188		
港、澳、台商投资企业		4518	3459	3662		
合资经营企业						
合作经营企业		4056	2125	2999		
独资经营企业		463	1334	663		
投资股份有限公司						
其他港澳台商投资企业						
外商投资企业						
中外合资经营企业						
中外合作经营企业						
外资企业						
外商投资股份有限公司						
其他外商投资企业						

3-2-20　按登记注册类型分限额以上餐饮业法人财务状况(续3)

单位：万元

指标	二、期末资产负债				三、损益及分配	
	3. 法人资本	4. 个人资本	5. 港澳台资本	6. 外商资本	营业收入	其中：主营业务收入
总　　计	**6125**	**30602**	**3660**		**95535**	**94985**
内资企业	6122	30602			91040	90490
国有企业					1087	1087
集体企业						
股份合作企业						
联营企业						
国有联营企业						
集体联营企业						
国有与集体联营企业						
其他联营企业						
有限责任公司	1894	4853			21137	20947
国有独资公司	48				3800	3780
其他有限责任公司	1846	4853			17337	17166
股份有限公司	1500	565			6178	6178
私营企业	2729	24997			62600	62241
私营独资企业	810	5462			14858	14836
私营合伙企业		717			4686	4686
私营有限责任公司	919	18308			41697	41359
私营股份有限公司	1000	510			1360	1360
其他企业		188			37	37
港、澳、台商投资企业	3		3660		4495	4495
合资经营企业						
合作经营企业	3		2997		1416	1416
独资经营企业			663		3079	3079
投资股份有限公司						
其他港澳台商投资企业						
外商投资企业						
中外合资经营企业						
中外合作经营企业						
外资企业						
外商投资股份有限公司						
其他外商投资企业						

3－2－20　按登记注册类型分限额以上餐饮业法人财务状况（续4）

单位：万元

指标	三、损益及分配					
	营业成本	其中：主营业务成本	营业税金及附加	其中：主营业务税金及附加	其他业务利润	销售费用
总计	**64284**	**63673**	**4386**	**4277**	**31**	**11376**
内资企业	61739	61129	4134	4025	31	10728
国有企业	805	805	55	55		46
集体企业						
股份合作企业						
联营企业						
国有联营企业						
集体联营企业						
国有与集体联营企业						
其他联营企业						
有限责任公司	13720	13611	1002	955		3699
国有独资公司	2650	2647	162	161		413
其他有限责任公司	11070	10963	840	794		3286
股份有限公司	4533	4533	178	178		837
私营企业	42664	42162	2896	2834	31	6123
私营独资企业	9838	9824	661	640		1455
私营合伙企业	3204	3204	180	180		78
私营有限责任公司	28823	28336	2006	1995	31	4587
私营股份有限公司	799	799	48	20		3
其他企业	18	18	4	4		23
港、澳、台商投资企业	2545	2545	252	252		647
合资经营企业						
合作经营企业	796	796	79	79		365
独资经营企业	1749	1749	172	172		282
投资股份有限公司						
其他港澳台商投资企业						
外商投资企业						
中外合资经营企业						
中外合作经营企业						
外资企业						
外商投资股份有限公司						
其他外商投资企业						

3-2-20　按登记注册类型分限额以上餐饮业法人财务状况（续5）

单位：万元

指　　标	三、损益及分配					
	管理费用	其中：税金	财务费用	其中：利息收入	利息支出	资产减值损失
总　　计	**7530**	**280**	**830**	**49**	**285**	**33**
内资企业	6748	280	822	49	279	33
国有企业	40		22		22	
集体企业						
股份合作企业						
联营企业						
国有联营企业						
集体联营企业						
国有与集体联营企业						
其他联营企业						
有限责任公司	2198	144	196	35	162	2
国有独资公司	411	18	18			
其他有限责任公司	1787	126	179	35	162	2
股份有限公司	193	6	50	6	5	
私营企业	4318	130	553	9	90	31
私营独资企业	1379	37	136	6	43	
私营合伙企业	116	5	11			
私营有限责任公司	2804	88	403	3	48	31
私营股份有限公司	19		4			
其他企业						
港、澳、台商投资企业	782		8		6	
合资经营企业						
合作经营企业	148		8		6	
独资经营企业	634					
投资股份有限公司						
其他港澳台商投资企业						
外商投资企业						
中外合资经营企业						
中外合作经营企业						
外资企业						
外商投资股份有限公司						
其他外商投资企业						

3－2－20 按登记注册类型分限额以上餐饮业法人财务状况（续6）

单位：万元

指　　标	三、损益及分配					
	公允价值变动收益（损失以"－"号记）	投资收益（损失以"－"号记）	营业利润	营业外收入	其中：补贴收入	利润总额
总　　计	**2**	**3**	**7113**	**412**	**10**	**6241**
内资企业	2	3	6852	412	10	5983
国有企业			120			120
集体企业						
股份合作企业						
联营企业						
国有联营企业						
集体联营企业						
国有与集体联营企业						
其他联营企业						
有限责任公司	2	3	293	400	8	－45
国有独资公司			148			139
其他有限责任公司	2	3	145	400	8	－185
股份有限公司			388			363
私营企业			6060	12	2	5554
私营独资企业			1403	9		1177
私营合伙企业			1096			994
私营有限责任公司			3032	3	2	2854
私营股份有限公司			529			529
其他企业			－9			－9
港、澳、台商投资企业			261	1		258
合资经营企业						
合作经营企业			20	1		17
独资经营企业			241			241
投资股份有限公司						
其他港澳台商投资企业						
外商投资企业						
中外合资经营企业						
中外合作经营企业						
外资企业						
外商投资股份有限公司						
其他外商投资企业						

3－2－20　按登记注册类型分限额以上餐饮业法人财务状况（续7）

单位：万元

指　　标	三、损益及分配	四、人工成本及增值税	亏损企业数	亏损总额
	应交所得税	应付职工薪酬(本年贷方累计发生额)	(个)	
总　　计	**1368**	**17812**	**8**	**2168**
内资企业	1307	16808	8	2168
国有企业		104		
集体企业				
股份合作企业				
联营企业				
国有联营企业				
集体联营企业				
国有与集体联营企业				
其他联营企业				
有限责任公司	277	5326	3	1121
国有独资公司	10	386		
其他有限责任公司	267	4939	3	1121
股份有限公司	53	1072		
私营企业	976	10286	4	1039
私营独资企业	133	2228	1	28
私营合伙企业	113	410		
私营有限责任公司	726	7283	3	1010
私营股份有限公司	5	365		
其他企业		20	1	9
港、澳、台商投资企业	61	1004		
合资经营企业				
合作经营企业	1	865		
独资经营企业	60	139		
投资股份有限公司				
其他港澳台商投资企业				
外商投资企业				
中外合资经营企业				
中外合作经营企业				
外资企业				
外商投资股份有限公司				
其他外商投资企业				

3－2－21 按行业中类和经营方式分全部住宿和餐饮业法人财务状况

单位：万元

指标	营业收入	主营业务收入	营业税金及附加其他业务	主营业务税金及附加其他业务	资产合计	实收资本
总计	**227996**	**223620**	**10379**	**10120**	**501569**	**226500**
住宿业	93757	90080	4346	4276	332773	137644
按国民经济行业分组						
旅游饭店	76167	72886	3617	3579	271073	101567
一般旅馆	15901	15504	659	626	55526	34354
其他住宿业	1689	1689	71	71	6175	1724
按星级等级分组						
五星	20502	20502	847	847	89893	25718
四星	23140	20351	1036	1036	79880	21514
三星	23062	22964	1131	1115	64327	24039
二星	2149	1929	157	145	37259	21710
一星	792	792	59	59	868	201
其他	24113	23542	1117	1075	60545	44463
按经营方式分组						
独立门店	86889	83514	3998	3940	314584	129610
连锁总店（总部）	81	81	1	1	310	30
连锁门店	3607	3524	155	154	7442	2668
其他	3180	2960	193	181	10438	5337
餐饮业	134239	133541	6032	5844	168796	88856
按国民经济行业分组						
正餐服务	119172	118480	5386	5199	161290	86259
快餐服务	4097	4093	151	149	1208	662
饮料及冷饮服务	2762	2762	68	68	1379	758
其他餐饮业	8208	8206	428	428	4920	1177
按经营方式分组						
独立门店	115088	114456	5236	5048	152902	78831
连锁总店（总部）	1214	1214	21	21	601	145
连锁门店	8800	8734	317	317	5054	2356
其他	9137	9137	459	459	10239	7524

说明：未参加评星的住宿业企业、单位按星级等级分组中归在“其他”中。同时星级住宿业中不含工商登记为“个体经营户”的星级单位。

3－2－22　按行业中类和经营方式分限额以上住宿和餐饮业法人财务状况

单位：万元

指标	一、年初	二、期末资产负债				
	存货	流动资产合计	其中：应收账款	存货	固定资产合计	固定资产原价
总计	**6020**	**130997**	**11940**	**8560**	**173851**	**220794**
住宿业	2654	72484	5283	2581	129843	169102
按国民经济行业分组						
旅游饭店	2383	71046	4735	2306	125256	163867
一般旅馆	271	1426	547	275	4544	5183
其他住宿业	1	12	1	1	44	51
按星级等级分组						
五星	505	4948	923	497	51934	61401
四星	433	32293	861	389	30073	41853
三星	882	29476	2367	975	11526	20019
二星	149	1159	213	170	1423	2324
一星						
其他	685	4608	919	550	34887	43504
按经营方式分组						
独立门店	2433	69701	4975	2233	125909	162154
连锁总店（总部）						
连锁门店	66	481	3	47	395	759
其他	155	2302	305	301	3539	6189
餐饮业	3366	58513	6657	5980	44008	51692
按国民经济行业分组						
正餐服务	3210	57269	6531	5759	43322	50599
快餐服务	20	284	94	24	53	86
饮料及冷饮服务	18	311	37	34	342	377
其他餐饮业	117	650	－5	163	291	631
按经营方式分组						
独立门店	3262	56377	6334	5903	39550	45144
连锁总店（总部）						
连锁门店	73	310	256	54	2378	2592
其他	32	1827	67	23	2079	3956

说明：未参加评星的住宿业企业、单位按星级等级分组中归在“其他”中。同时星级住宿业中不含工商登记为“个体经营户”的星级单位。

3－2－22 按行业中类和经营方式分限额以上住宿和餐饮业法人财务状况（续1）

单位：万元

指标	二、期末资产负债					
	累计折旧	本年折旧	在建工程	资产总计	流动负债合计	其中：应付账款
总计	**48086**	**10011**	**3409**	**354387**	**193922**	**15228**
住宿业	39722	7126	2014	240844	153849	7727
按国民经济行业分组						
旅游饭店	38775	6538	1975	234016	152069	7069
一般旅馆	940	582	39	6772	1755	658
其他住宿业	7	7		56	26	
按星级等级分组						
五星	9467	－403	1010	64602	63932	1372
四星	11780	4189	880	78254	39778	3076
三星	8493	910	39	49158	32824	2764
二星	947	164	33	2644	1526	149
一星						
其他	9035	2267	53	46187	15789	366
按经营方式分组						
独立门店	36691	6857	2014	232235	148328	7272
连锁总店（总部）						
连锁门店	381	44		2231	1270	129
其他	2650	225		6379	4251	325
餐饮业	8365	2885	1396	113543	40073	7501
按国民经济行业分组						
正餐服务	7957	2796	1396	111611	40025	7259
快餐服务	33	9		339	184	173
饮料及冷饮服务	35	22		653	138	24
其他餐饮业	340	58		941	－275	45
按经营方式分组						
独立门店	6274	2417	1387	102006	35806	6970
连锁总店（总部）						
连锁门店	214	93		2692	1669	425
其他	1877	374	8	8845	2598	106

3－2－22　按行业中类和经营方式分限额以上住宿和餐饮业法人财务状况（续2）

单位：万元

指　　标	二、期末资产负债					
	非流动负债合计	负债合计	所有者权益合计	其中：实收资本	1. 国家资本	2. 集体资本
总　计	**74010**	**220112**	**134276**	**140408**	**36150**	**298**
住宿业	70676	175874	64970	79745	15884	288
按国民经济行业分组						
旅游饭店	70476	173711	60306	76772	15854	278
一般旅馆	200	2137	4635	2873	30	10
其他住宿业		26	30	100		
按星级等级分组						
五星	50147	63932	670	10000	10000	
四星	19915	59694	18560	20325	200	
三星	411	33734	15424	11666	3814	
二星		2231	414	934	740	
一星						
其他	203	16284	29903	36820	1130	288
按经营方式分组						
独立门店	70473	169446	62789	75932	15284	88
连锁总店（总部）						
连锁门店	203	1473	758	1200	600	200
其他		4956	1422	2613		
餐饮业	3334	44237	69306	60663	20266	10
按国民经济行业分组						
正餐服务	3312	44168	67443	60020	20266	10
快餐服务		184	154	130		
饮料及冷饮服务		138	515	338		
其他餐饮业	22	-253	1194	175		
按经营方式分组						
独立门店	3328	39965	62042	52986	20266	10
连锁总店（总部）						
连锁门店		1669	1023	1020		
其他	6	2604	6241	6657		

3－2－22 按行业中类和经营方式分限额以上住宿和餐饮业法人财务状况（续3）

单位：万元

指标	二、期末资产负债				三、损益及分配	
	3. 法人资本	4. 个人资本	5. 港澳台资本	6. 外商资本	营业收入	其中：主营业务收入
总计	**13705**	**43659**	**15847**	**30749**	**162489**	**158528**
住宿业	7580	13057	12187	30749	66954	63543
按国民经济行业分组						
旅游饭店	7300	10404	12187	30749	60288	57185
一般旅馆	180	2653			6333	6025
其他住宿业	100				333	333
按星级等级分组						
五星					8410	8410
四星	5925	2013	12187		22151	19362
三星	780	7072			19910	19886
二星		194			1504	1284
一星						
其他	875	3778		30749	14979	14601
按经营方式分组						
独立门店	6780	10844	12187	30749	63386	60265
连锁总店（总部）						
连锁门店	300	100			1088	1018
其他	500	2113			2480	2260
餐饮业	6125	30602	3660		95535	94985
按国民经济行业分组						
正餐服务	6125	29960	3660		88960	88410
快餐服务		130			572	572
饮料及冷饮服务		338			671	671
其他餐饮业		175			5332	5332
按经营方式分组						
独立门店	6125	23588	2997		87597	87113
连锁总店（总部）						
连锁门店		1020			2292	2226
其他		5994	663		5647	5647

3－2－22　按行业中类和经营方式分限额以上住宿和餐饮业法人财务状况（续4）

单位：万元

指　　标	三、损益及分配					
	营业成本	其中:主营业务成本	营业税金及附加	其中:主营业务税金及附加	其他业务利润	销售费用
总　　计	**91550**	**90542**	**7773**	**7637**	**610**	**30080**
住宿业	27266	26868	3388	3360	579	18705
按国民经济行业分组						
旅游饭店	22548	22446	3102	3089	522	18298
一般旅馆	4717	4421	267	253	57	85
其他住宿业	1	1	19	19		322
按星级等级分组						
五星	2223	2223	468	468		3254
四星	7865	7865	1010	1010	285	5432
三星	8848	8748	1012	1012	73	6481
二星	590	590	96	83	216	417
一星						
其他	7740	7443	802	787	5	3120
按经营方式分组						
独立门店	25680	25284	3138	3124	362	17831
连锁总店（总部）						
连锁门店	265	264	78	77		386
其他	1321	1321	171	159	216	488
餐饮业	64284	63673	4386	4277	31	11376
按国民经济行业分组						
正餐服务	60792	60181	4046	3937	31	9925
快餐服务	414	414	33	33		58
饮料及冷饮服务	432	432	10	10		15
其他餐饮业	2647	2647	297	297		1378
按经营方式分组						
独立门店	60021	59446	3989	3880	31	9323
连锁总店（总部）						
连锁门店	1023	986	128	128		1449
其他	3241	3241	269	269		604

3－2－22 按行业中类和经营方式分限额以上住宿和餐饮业法人财务状况（续5）

单位：万元

指标	三、损益及分配					
	管理费用	其中：税金	财务费用	其中：利息收入	利息支出	资产减值损失
总计	**25680**	**1021**	**5217**	**91**	**2553**	**33**
住宿业	18150	741	4388	42	2268	
按国民经济行业分组						
旅游饭店	17589	703	4311	39	2251	
一般旅馆	524	38	77	3	17	
其他住宿业	38					
按星级等级分组						
五星	4915	164	549		525	
四星	5643	195	3306	1	1477	
三星	3248	326	352	12	229	
二星	364	30	39	2		
一星						
其他	3980	27	141	27	38	
按经营方式分组						
独立门店	17253	715	4333	42	2255	
连锁总店（总部）						
连锁门店	433	3	18		10	
其他	465	23	37		3	
餐饮业	7530	280	830	49	285	33
按国民经济行业分组						
正餐服务	6987	271	787	42	263	33
快餐服务	27	1	3			
饮料及冷饮服务	138	2	15	1	16	
其他餐饮业	378	6	24	6	5	
按经营方式分组						
独立门店	6199	278	749	49	284	33
连锁总店（总部）						
连锁门店	159		19			
其他	1172	2	62		1	

3－2－22　按行业中类和经营方式分限额以上住宿和餐饮业法人财务状况（续6）

单位：万元

指　　标	三、损益及分配					
	公允价值变动收益（损失以“－”号记）	投资收益（损失以“－”号记）	营业利润	营业外收入	其中：补贴收入	利润总额
总　　计	**2**	**3**	**2199**	**964**	**10**	**2280**
住宿业			－4915	552		－3962
按国民经济行业分组						
旅游饭店			－5529	410		－4560
一般旅馆			661	142		645
其他住宿业			－47			－47
按星级等级分组						
五星			－2999	302		－984
四星			－1105	36		－1748
三星			－11	142		－117
二星			6	6		－101
一星						
其他			－807	66		－1011
按经营方式分组						
独立门店			－4831	524		－3759
连锁总店（总部）						
连锁门店			－91	26		－198
其他			8	1		－5
餐饮业	2	3	7113	412	10	6241
按国民经济行业分组						
正餐服务	2	3	6408	412	10	5536
快餐服务			37			37
饮料及冷饮服务			61			61
其他餐饮业			608			608
按经营方式分组						
独立门店	2	3	7330	403	10	6448
连锁总店（总部）						
连锁门店			－515	10		－506
其他			299			299

3－2－22 按行业中类和经营方式分限额以上住宿和餐饮业法人财务状况（续7）

单位：万元

指标	三、损益及分配	四、人工成本及增值税	亏损企业数	亏损总额
	应交所得税	应付职工薪酬（本年贷方累计发生额）	（个）	
总计	**1862**	**31669**	**26**	**9651**
住宿业	494	13857	18	7483
按国民经济行业分组				
旅游饭店	397	13191	17	7437
一般旅馆	97	600		
其他住宿业		67	1	47
按星级等级分组				
五星		2195	1	1897
四星	120	4024	5	2399
三星	141	4660	6	1096
二星	1	390	1	106
一星				
其他	232	2589	5	1986
按经营方式分组				
独立门店	479	13058	16	7070
连锁总店（总部）				
连锁门店	4	331	1	211
其他	11	468	1	202
餐饮业	1368	17812	8	2168
按国民经济行业分组				
正餐服务	1131	16819	8	2168
快餐服务	11	151		
饮料及冷饮服务	13	114		
其他餐饮业	213	727		
按经营方式分组				
独立门店	1240	14865	6	1158
连锁总店（总部）				
连锁门店		1248	1	527
其他	129	1699	1	483

第三章　房地产开发企业生产经营及财务状况

3－3－1 房地产开发企业

指 标	企业数（个）	年末从业人员数合计（人）	本年完成投资	按构成	
				建筑工程	安装工程
总 计	**404**	**10599**	**3122219**	**2145374**	**142847**
按登记注册类型分					
内资企业	384	10153	2892074	2002332	134024
国有企业	6	172	57431	53400	220
集体企业					
股份合作企业					
联营企业					
国有联营企业					
集体联营企业					
国有与集体联营企业					
其他联营企业					
有限责任公司	156	4402	1367295	928744	75945
国有独资公司	9	285	93321	75495	4480
其他有限责任公司	147	4117	1273974	853249	71465
股份有限公司	28	766	188686	153170	14624
私营企业	191	4775	1259098	849954	41335
私营独资企业	3	39	2817	2817	
私营合伙企业	3	100	24681	20191	800
私营有限责任公司	165	4163	1074193	708974	36740
私营股份有限公司	20	473	157407	117972	3795
其他企业	3	38	19564	17064	1900
港、澳、台商投资企业	15	352	174897	100066	7953
合资经营企业（港或澳、台资）	7	163	81274	46082	1513
合作经营企业（港或澳、台资）	1	50	3500	3500	
港、澳、台商独资经营企业	7	139	90123	50484	6440
港、澳、台商投资股份有限公司					
其他港、澳、台商独资经营企业					
外商投资企业	5	94	55248	42976	870
中外合资经营企业	3	64	28790	23248	
中外合作经营企业					
外资企业	2	30	26458	19728	870
外商投资股份有限公司					
其他外商投资企业					
按控股情况分					
国有控股	22	597	161438	149649	4700
集体控股	3	55	19557	3622	3072
私人控股	346	9065	2578185	1853559	120812
港澳台商控股	15	388	180312	108241	7953
外商控股	6	111	55248	43141	870
其他	12	383	127497	98255	5440
按资质等级分					
一级	3	143	55137	55137	
二级	155	4025	1204959	952113	51927
三级	48	1560	310321	268780	15666
四级	2	89	24217	14292	8436
暂定	182	4481	1418612	885436	60878
其他	14	301	108973	80709	5940

投资、资金和土地情况

单位：万元

分组		按工程用途分组					
设备工器具购置	其他费用	住宅	#90平方米及以下	#144平方米及以上	办公楼	商业营业用房	其他用房
86927	**747071**	**2295513**	**548208**	**200734**	**34112**	**578189**	**214405**
74102	681616	2156025	514361	164938	17468	539528	179053
60	3751	52197	22080		1000	896	3338
47092	315514	1049665	274114	109036	8757	234302	74571
1160	12186	74473	5007	6920	5191	8937	4720
45932	303328	975192	269107	102116	3566	225365	69851
2998	17894	131010	32127	5062	468	48111	9097
23352	344457	904589	181540	44776	7193	255719	91597
		1525	80	1213	968	110	214
900	2790	13071	9826		1200	9705	705
21790	306689	767502	156947	42519	5025	213922	87744
662	34978	122491	14687	1044		31982	2934
600		18564	4500	6064	50	500	450
6965	59913	97002	13863	35796	16644	29499	31752
500	33179	33170	13113	4708	16455	25104	6545
		2650	750			600	250
6465	26734	61182		31088	189	3795	24957
5860	5542	42486	19984			9162	3600
	5542	23116	19984			2474	3200
5860		19370				6688	400
1220	16204	146364	33421	12485	6361	10719	8329
1018	1980	7515					2177
71244	655133	2008794	426688	149476	11057	512956	167941
6965	60394	101797	16077	35796	16644	33404	31708
5860	5542	42535	20033			9278	3600
620	7818	99601	51989	2977	50	11832	650
		47356	20	20		5507	2274
30038	281974	897411	214970	86576	10078	217876	79594
12997	12878	235570	79030	7380	458	67937	6356
763	726	21290	14238	1993		2097	830
41509	430789	996575	220539	104295	23525	280600	117912
1620	20704	97311	19411	470	51	4172	7439

3－3－1 房地产开发企业

指标	本年购置土地面积	本年资金来源合计	本年资金来源小计	国内贷款
总计	**3171765**	**5216726**	**4578392**	**411141**
按登记注册类型分				
内资企业	2946803	4811740	4262632	393341
国有企业	52997	92550	83066	8000
集体企业				
股份合作企业				
联营企业				
国有联营企业				
集体联营企业				
国有与集体联营企业				
其他联营企业				
有限责任公司	1109220	2140088	1883756	217689
国有独资公司	56200	104534	87879	6550
其他有限责任公司	1053020	2035554	1795877	211139
股份有限公司	185817	310395	292218	28910
私营企业	1598769	2241719	1978842	137742
私营独资企业		15949	15949	8800
私营合伙企业	33421	51014	47409	
私营有限责任公司	1561885	1889534	1680526	124826
私营股份有限公司	3463	285222	234958	4116
其他企业		26988	24750	1000
港、澳、台商投资企业	185219	347189	266438	17800
合资经营企业（港或澳、台资）	14091	96693	88826	1300
合作经营企业（港或澳、台资）		10170	9350	
港、澳、台商独资经营企业	171128	240326	168262	16500
港、澳、台商投资股份有限公司				
其他港、澳、台商独资经营企业				
外商投资企业	39743	57797	49322	
中外合资经营企业	39743	30815	23549	
中外合作经营企业				
外资企业		26982	25773	
外商投资股份有限公司				
其他外商投资企业				
按控股情况分				
国有控股	110357	226739	197095	15050
集体控股		13291	11140	
私人控股	2836446	4341003	3838770	353491
港澳台商控股	185219	358171	275252	18800
外商控股	39743	59780	51305	
其他		217742	204830	23800
按资质等级分				
一级		22126	32659	
二级	222933	1922521	2145032	200381
三级	7980	497282	528278	33400
四级		24217	32783	
暂定	357150	1973757	2329269	173560
其他	15267	138489	148705	3800

投资、资金和土地情况(续)

单位：万元

利用外资	自筹资金	#自有资金	其他资金	#定金及预收款	#个人按揭贷款
63072	**1829368**	**587035**	**2274811**	**1179617**	**896451**
	1761326	565820	2107965	1100512	810169
	52326	5300	22740	22740	
	708228	222405	957839	475541	399905
	25749	2756	55580	34360	21220
	682479	219649	902259	441181	378685
	75212	49100	188096	113257	68257
	903560	289015	937540	487224	342007
	5600		1549	620	929
	11868		35541	1751	2290
	789967	247148	765733	402765	286159
	96125	41867	134717	82088	52629
	22000		1750	1750	
59961	51831	8240	136846	62549	74269
19600	18937	1500	48989	24403	24586
			9350	4250	5100
40361	32894	6740	78507	33896	44583
3111	16211	12975	30000	16556	12013
3111	9218	5982	11220	6420	4800
	6993	6993	18780	10136	7213
	93920	13283	88125	63282	24843
			11140	3745	7395
	1602214	547910	1883065	993208	702573
59961	57934	6740	138557	69360	69169
3111	18194	14958	30000	16556	12013
	57106	4144	123924	33466	80458
	4000	4000	18126	14625	3501
19348	660857	199322	1041935	524806	418753
	284563	72439	179319	94179	67453
	21217		3000	1300	1700
43724	802712	294203	953761	507717	363364
	56019	17071	78670	36990	41680

3－3－2 房地产开发企业

指标	房屋施工面积	住宅	#90平方米及以下	#144平方米及以上	办公楼	商业营业用房	其他用房
总计	**30088058**	**22930262**	**4561843**	**1830505**	**284431**	**5197228**	**1676137**
按登记注册类型分							
内资企业	28831524	22033313	4436304	1769600	209840	5033116	1555255
国有企业	664257	567933	173604		37202	23409	35713
集体企业							
股份合作企业							
联营企业							
国有联营企业							
集体联营企业							
国有与集体联营企业							
其他联营企业							
有限责任公司	12384446	9565225	2140602	920514	65837	2119263	634121
国有独资公司							
其他有限责任公司							
股份有限公司	1795754	1058345	186182	52722	17853	619445	100111
私营企业	12481335	9586313	1819608	671092	40985	2173391	680646
私营独资企业	119900	96900	9480	50300	800	15280	6920
私营合伙企业	178176	57740	45494		10832	96243	13361
私营有限责任公司	11114068	8669200	1609629	599166	29353	1806624	608891
私营股份有限公司	1069191	762473	155005	21626		255244	51474
其他企业	622206	523197	48872	58440	10518	30176	58315
港、澳、台商投资企业	983739	664091	79620	60905	74591	134780	110277
合资经营企业（港或澳、台资）	521226	309895	60420	24497	66179	96048	49104
合作经营企业（港或澳、台资）	90410	77110	19200			9100	4200
港、澳、台商独资经营企业	372103	277086		36408	8412	29632	56973
港、澳、台商投资股份有限公司							
其他港、澳、台商独资经营企业							
外商投资企业	272795	232858	45919			29332	10605
中外合资经营企业	135545	123353	45919			10488	1704
中外合作经营企业							
外资企业	137250	109505				18844	8901
外商投资股份有限公司							
其他外商投资企业							
按控股情况分							
国有控股	2133196	1822839	334352	168496	79016	122735	108606
集体控股	117596	107600		5883			9996
私人控股	24664931	18610314	3694549	1572565	120306	4572818	1361493
港澳台商控股	973364	636981	90420	60905	74591	135715	126077
外商控股	292755	242838	55899			39312	10605
其他	1906216	1509690	386623	22656	10518	326648	59360
按资质等级分							
一级	414036	277809	8500	10000		104916	31311
二级	12739813	9823713	1783989	1036840	82889	2187357	645854
三级	3217142	2389752	579286	59094	1880	663004	162506
四级	225000	154000	57195	14267		21000	50000
暂定	12020614	8985955	1819017	688511	189044	2154526	691089
其他	1471453	1299033	313856	21793	10618	66425	95377

施工、销售和空置情况

单位：万元、平方米

房屋新开工面积	住宅	#90平方米及以下	#144平方米及以上	办公楼	商业营业用房	其他用房	房屋竣工面积	住宅	#90平方米及以下	#144平方米及以上
10659406	**7924129**	**1629739**	**594760**	**105616**	**1942875**	**686786**	**4037294**	**3133801**	**486952**	**268462**
9948200	7460834	1574924	570852	33555	1841604	612207	3754911	2896153	431769	268462
224265	195762	101370		8000	10522	9981	148554	146554	35170	
3865507	3107004	610134	388334	1600	480380	276523	1729915	1307729	108857	178064
833480	344155	54066	39286	165	475716	13444	186932	100802	2390	2436
4535878	3410457	769794	143232	21502	823109	280810	1581739	1238504	285352	87962
52600	49500		49200	800	2000	300	2400	1600		1600
46625	46625	36579								
3979065	2991792	666646	83298	20702	722416	244155	1366470	1124361	265866	85158
457588	322540	66569	10734		98693	36355	212869	112543	19486	1204
556117	334627	8896	23908	72061	76444	72985	163059	135269	22691	
278825	133647	8896		63649	48845	32684	80748	71663	22691	
277292	200980		23908	8412	27599	40301	82311	63606		
155089	128668	45919			24827	1594	119324	102379	32492	
81966	73801	45919			6571	1594	32492	32492	32492	
73123	54867				18256		86832	69887		
843905	715561	171230	39464	11388	72885	44071	534833	512961	73717	
8914335	6565293	1311214	528888	22167	1758739	568136	3220078	2383192	358052	268462
556117	334627	8896	23908	72061	76444	72985	163059	135269	22691	
175049	138648	55899			34807	1594	119324	102379	32492	
170000	170000	82500	2500							
50000	50000						60000	60000		
3935112	2942680	392027	323757	4188	818685	169559	1726554	1376970	209612	90079
1389138	996693	267644	18855	165	272686	119594	678485	505686	128152	5980
102127	52049	20437	4293		5151	44927	15000	14000	10000	1000
4810443	3564336	929883	246873	101163	825084	319860	1435988	1057030	138228	167785
372586	318371	19748	982	100	21269	32846	121267	120115	960	3618

3－3－2 房地产开发企业

指标				房屋竣工	商品房屋	按	
	办公楼	商业营业用房	其他用房	住宅套数	销售面积	住宅	#90平方米及以下
总计	**54739**	**625936**	**222818**	**27763**	**8424283**	**7498768**	**1227213**
按登记注册类型分							
内资企业	54739	606958	197061	25701	7982001	7101289	1197452
国有企业		1000	1000	1294	165609	165254	27998
集体企业							
股份合作企业							
联营企业							
国有联营企业							
集体联营企业							
国有与集体联营企业							
其他联营企业							
有限责任公司	38090	275705	108391	11034	3199384	2698838	455657
国有独资公司							
其他有限责任公司							
股份有限公司	15214	39288	31628	899	579534	490055	63847
私营企业	1435	285758	56042	11553	3404682	3123264	640972
私营独资企业	800			11	6799	6703	
私营合伙企业					23967	22409	13310
私营有限责任公司	635	194790	46684	10379	2971845	2726706	576619
私营股份有限公司		90968	9358	1163	402071	367446	51043
其他企业					198926	198926	
港、澳、台商投资企业		2033	25757	1062	281530	250988	8680
合资经营企业（港或澳、台资）			9085	626	114224	87586	3222
合作经营企业（港或澳、台资）					39315	38645	3952
港、澳、台商独资经营企业		2033	16672	436	127991	124757	1506
港、澳、台商投资股份有限公司							
其他港、澳、台商独资经营企业							
外商投资企业		16945		1000	160752	146491	21081
中外合资经营企业				365	39681	39681	21081
中外合作经营企业							
外资企业		16945		635	121071	106810	
外商投资股份有限公司							
其他外商投资企业							
按控股情况分							
国有控股	2000	18772	1100	4672	800330	790442	38793
集体控股					38432	38066	
私人控股	52739	588186	195961	21029	6710161	5910452	1058262
港澳台商控股		2033	25757	1062	279642	239770	5887
外商控股		16945		1000	160752	146491	21081
其他					434966	373547	103190
按资质等级分							
一级				490	79222	77582	
二级	20699	221163	107722	12145	3749711	3375322	461027
三级		148136	24663	4703	1071891	900972	198757
四级		1000		129	94084	63508	21842
暂定	34040	255214	89704	9222	2996242	2648317	494488
其他		423	729	1074	433133	433067	51099

施工、销售和空置情况(续)

单位：万元、平方米

途分组				商品房屋销售额	按用途分组					
#144平方米及以上	办公楼	商业营业用房	其他用房		住宅	#90平方米及以下	#144平方米及以上	办公楼	商业营业用房	其他用房
522256	**32289**	**738591**	**154635**	**3868313**	**3091580**	**472081**	**261724**	**22075**	**672128**	**82530**
506242	32289	695237	153186	3640950	2903168	457598	251368	22075	633617	82090
		355		50306	50030	5886			276	
234537	6816	367872	125858	1595462	1143463	190283	109798	7094	373064	71841
74296	3006	86368	105	283631	200480	23580	29186	1777	81351	23
139664	21449	232746	27223	1454596	1259476	234934	81768	12593	172301	10226
		96		2997	2919				78	
		1558		8296	6127	4305			2169	
128473	21449	198789	24901	1262142	1092190	209130	75551	12593	147431	9928
11191		32303	2322	181161	158240	21499	6217		22623	298
30300				68546	68546		16000			
16014		29793	749	142617	117146	3783	10356		25164	307
4185		26638		62509	39358	1787	2313		23151	
		670		15170	14769	1485			401	
11829		2485	749	64938	63019	511	8043		1612	307
		13561	700	84746	71266	10700			13347	133
				19570	19570	10700				
		13561	700	65176	51696				13347	133
33398	1018	8678	192	294209	286515	9627	17076	611	7053	30
289			366	18406	18308		164			98
458186	31271	622686	145752	3132099	2451676	400658	227222	21464	579301	79658
16014		39123	749	144666	112846	2751	10356		31513	307
		13561	700	84746	71266	10700			13347	133
14369		54543	6876	194187	150969	48345	6906		40914	2304
		1640		26418	23246				3172	
301424	4024	310936	59429	1822538	1428307	189716	155191	2388	341613	50230
33374	1023	140919	28977	462411	343398	68211	11767	1110	100883	17020
13709		5429	25147	24685	18102	6008	3961		1745	4838
173749	27242	279601	41082	1363659	1109957	186190	90805	18577	224683	10442
		66		168602	168570	21956			32	

3－3－3 房地产开发企业

指标	资产总计	负债合计	实收资本	主营业务收入	商品房屋销售收入	主营业务成本
总计	**131398964**	**95611897**	**28052582**	**38968965**	**38047553**	**28063184**
一、按登记注册类型分						
内资企业	124832248	91434089	25806543	36676691	35757883	26401774
国有企业	2196469	1592283	480289	689264	587407	540121
集体企业						
股份合作企业						
联营企业						
国有联营企业						
集体联营企业						
国有与集体联营企业						
其他联营企业						
有限责任公司	71688029	50932480	15626125	18714140	18178265	13511751
国有独资公司						
其他有限责任公司						
股份有限公司	7002502	5227959	1326292	1670641	1623695	1043292
私营企业	43400444	33458898	3149623	15110153	14876023	10940156
私营独资企业	401835	317999	82077	26794	26794	13482
私营合伙企业	638535	375570	75800	128475	124475	83230
私营有限责任公司	38600193	29909926	7416068	13117768	12936985	9574794
私营股份有限公司	3759881	2855403	575678	1837116	1787769	1268650
其他企业	544804	222469	224214	492493	492493	366454
港、澳、台商投资企业	5351039	3248163	2024592	1615007	1612403	1245146
合资经营企业（港或澳、台资）	2242627	1384146	829238	651382	648778	477860
合作经营企业（港或澳、台资）	496206	541488	20000	182020	182020	105575
港、澳、台商独资经营企业	2612206	1322529	1175354	781605	781605	661711
港、澳、台商投资股份有限公司						
其他港、澳、台商独资经营企业						
外商投资企业	1215677	929645	221447	677267	677267	416264
中外合资经营企业	853500	760114	146808	175503	175503	100726
中外合作经营企业						
外资企业	362177	169531	74639	501764	501764	315538
外商投资股份有限公司						
其他外商投资企业						
二、按控股情况分						
国有控股	31035536	18515087	9784744	4076108	3549542	2519082
集体控股	435384	261880	113100	200202	200202	134875
私人控股	83678676	65228329	14081228	29370648	28980075	21313485
港澳台商控股	5361636	2826437	2378019	1612980	1610376	1242308
外商控股	1237157	930825	241277	677267	677267	416264
其他	9650575	7849339	1454214	3031760	3030091	2437170
三、按资质等级分						
一级	925561	686832	256280	264180	264180	174675
二级	75713920	53793636	16980065	18895181	18149384	13341954
三级	7122449	5276533	1533001	4460951	4443727	3372815
四级	41514	17737	13600	246854	246854	184368
暂定	42768759	32153480	8454675	13655496	13500322	9836864
其他	4826761	3683679	814961	1446303	1443086	1152508

财务状况主要指标

单位：万元

主营业务税金及附加	其他业务利润	销售费用	管理费用	财务费用	营业利润	利润总额	应交所得税	应付职工薪酬（本年贷方累计发生额）
2987541	**57112**	**929357**	**1312974**	**344997**	**5503021**	**5593242**	**538619**	**574529**
2847259	57112	858300	1245309	345240	5113171	5212442	506396	546753
58498	753	9125	24311	7616	106370	106443	2551	11532
1497414	19297	384674	642578	261631	2590473	2577695	183824	252140
136587	4643	41596	79569	3699	364896	358605	56887	38531
1088373	32419	372152	486660	72183	2054835	2173335	259214	242628
2849		2132	3220	97	5011	5010		1984
10531		7740	6573	5	20396	22951		5257
940330	32419	319409	422907	61687	1705152	1814544	230169	212675
134663		42871	53960	10394	324276	330830	29045	22712
66387		50753	12191	111	-3403	-3636	3920	1922
85605		50956	42612	-83	228518	219569	18863	23420
43814		16031	17474	125	133825	130201	13566	13954
13735		11614	2122	-84	49058	49058		1860
28056		23311	23016	-124	45635	40310	5297	7606
54677		20101	25053	-160	161332	161231	13360	4356
8553		9462	14870	122	41770	41563	3678	2395
46124		10639	10183	-282	119562	119668	9682	1961
293242	14324	45351	234929	77434	929231	940413	53877	37519
12745		5530	4586	434	42032	41692	1085	2198
2282597	41055	729481	951131	259020	3946136	4082197	440566	476751
91993		42241	44060	248	192130	182769	19679	25981
54677		20124	25131	-163	161234	161133	13360	4954
252287	1733	86630	53137	8024	232258	185038	10052	27126
20826		2413	6773	6657	52836	50523	546	3713
1498909	24522	388058	630890	145489	3203980	3205207	389751	229851
371006	3615	94526	117773	21857	520785	575178	49831	73529
12539		1133	4009	915	43890	43890	121	4086
980042	28796	364858	512972	158051	1625151	1662649	96112	246687
104219	179	78369	40557	12028	56379	55795	2258	16663

3－3－4 各地区按登记注册类型分房地产开发企业数

单位：个

地区	合计	内资									港澳台商投资	外商投资
			国有	集体	股份合作	联营企业	有限责任公司	股份有限公司	私营企业	其他内资企业		
总计	**404**	**384**	**6**				**156**	**28**	**191**	**3**	**15**	**5**
清河区	44	39					25	3	11		4	1
淮安区	46	44	2				5	2	35		2	
淮阴区	44	39					14	2	22	1	3	2
清浦区	36	35	1				11	1	21	1	1	
涟水县	53	52	2				22	2	26		1	
洪泽县	32	31					15	6	10		1	
盱眙县	58	57					26	6	25			1
金湖县	34	33	1				11		21		1	
开发区	57	54					27	6	20	1	2	1

3－3－5 各地区按资质等级分房地产开发企业新开工房屋面积

单位：平方米

地区	合计	一级	二级	三级	四级	暂定	其他
总计	**10659406**	**50000**	**3935112**	**1389138**	**102127**	**4810443**	**372586**
清河区	1676567		550952	125529		1000086	
淮安区	1190030		577007			437718	175305
淮阴区	1260641		87000	28672		1099969	45000
清浦区	268739		227630			41109	
涟水县	855895		465832	24223		315840	
洪泽县	1052891		103896	216191		595973	136831
盱眙县	1952968		901629	559731	102127	374031	15450
金湖县	753194		193950	343585		215659	
开发区	1648481		827216	91207		730058	

3－3－6　各地区房地产开发企业建造房屋面积和造价

地　　区	施工房屋面　积（平方米）	竣工房屋面　积（平方米）	房屋建筑面积竣工率（%）	竣工房屋价　值（万元）	竣工房屋造　价（元/平方米）
总　　计	**30088058**	**4037294**	**13．4**	**1129010**	**2796**
清 河 区	4083959	924929	22．6	327733	3543
淮 安 区	2967057	309511	10．4	80554	2603
淮 阴 区	3479929	418320	12．0	88308	2111
清 浦 区	1912908	489083	25．6	127572	2608
涟 水 县	4460521	347271	7．8	63307	1823
洪 泽 县	2079462	81669	3．9	15219	1863
盱 眙 县	3953365	473331	12．0	110194	2328
金 湖 县	2159835	550269	25．5	73686	1339
开 发 区	4991022	442911	8．9	242437	5474

3－3－7　各地区按用途分商品房屋销售面积

单位：平方米

地　　区	商品房销售面积	住　　宅	#90平方米及以下	#144平方米及以上	办 公 楼	商业营业用　房	其　　他
总　　计	**8424283**	**7498768**	**1227213**	**522256**	**32289**	**738591**	**154635**
清 河 区	1524037	1245432	102072	128838	26608	180110	71887
淮 安 区	950000	873322	43239	9558	1018	68492	7168
淮 阴 区	683554	625553	69456	19810		42493	15508
清 浦 区	809375	797309	181737	30915		7065	5001
涟 水 县	1070455	946565	152679	24759		123890	
洪 泽 县	456354	407147	58212	3864	3521	42886	2800
盱 眙 县	1214903	1009262	205012	80833		170678	34963
金 湖 县	575118	506662	91248	17566		61047	7409
开 发 区	1140487	1087516	323558	206113	1142	41930	9899

3－3－8　各地区按资质等级分房地产开发企业商品房销售面积

单位：平方米

地　　区	合　计	一　级	二　级	三　级	四　级	暂　定	其　他
总　　计	**8424283**	**79222**	**3749711**	**1071891**	**94084**	**2996242**	**433133**
清河区	1524037		618094	215140		690803	
淮安区	950000		443028	28217		365933	112822
淮阴区	683554		75611	5782		433535	168626
清浦区	809375		635185			174190	
涟水县	1070455	79222	563540	64399		363294	
洪泽县	456354		192014	36013		180691	47636
盱眙县	1214903		448116	321112	94084	316541	35050
金湖县	575118		224752	272284		67418	10664
开发区	1140487		549371	128944		403837	58335

3－3－9　各地区按用途分房地产开发企业商品房销售额

单位：万元

地　　区	商品房销售额	住　宅	#90平方米及以下	#144平方米及以上	办公楼	商业营业用房	其　他
总　　计	**3868313**	**3091580**	**472081**	**261724**	**22075**	**672128**	**82530**
清河区	939292	618136	53013	74188	18656	241362	61138
淮安区	438905	385730	19882	4261	611	51519	1045
淮阴区	298406	267574	25274	10619		26699	4133
清浦区	321845	310584	61234	20143		9864	1397
涟水县	381904	286913	48522	8461		94991	
洪泽县	193569	158727	21840	1504	2523	31601	718
盱眙县	573264	415220	78540	28724		149151	8893
金湖县	210951	176602	30026	7624		32541	1808
开发区	510177	472094	133750	106200	285	34400	3398

3－3－10　各地区按资质等级分房地产开发企业商品房销售额

单位：万元

地　区	合　计	一　级	二　级	三　级	四　级	暂　定	其　他
总　计	**3868313**	**26418**	**1822538**	**462411**	**24685**	**1363659**	**168602**
清河区	939292		452903	124481		361908	
淮安区	438905		199761	11269		173921	53954
淮阴区	298406		39869	3128		202863	52546
清浦区	321845		240675			81170	
涟水县	381904	26418	220106	26864		108516	
洪泽县	193569		90460	14138		70776	18195
盱眙县	573264		236899	143643	24685	152992	15045
金湖县	210951		97280	83681		25783	4207
开发区	510177		244585	55207		185730	24655

3－3－11　各地区按资质等级分房地产开发企业数

单位：个

地　区	合　计	一　级	二　级	三　级	四　级	暂　定	其　他
总　计	**404**	**3**	**155**	**48**	**2**	**182**	**14**
清河区	44		21	2		21	
淮安区	46		9	3		32	2
淮阴区	44	1	5	3		33	2
清浦区	36		25	1		9	1
涟水县	53	2	28	6		16	1
洪泽县	32		11	5		13	3
盱眙县	58		24	14	2	17	1
金湖县	34		9	11		12	2
开发区	57		23	3		29	2

3－3－12　各地区房地产开发企业商品房屋空置情况

单位：平方米

地　　区	空置面积 合　计	空置一年至三年 （含一年）	空置三年以上 （含三年）
总　计	**1979519**	**1061947**	**2631**
清河区	327334	95769	
淮安区	90295	38239	
淮阴区	162030	75668	
清浦区	68749	31275	
涟水县	135483	105038	
洪泽县	3634	3634	
盱眙县	414008	224595	
金湖县	153067	64482	
开发区	624919	423247	2631

3－3－13　各地区按登记注册类型分房地产开发企业从业人数

单位：人

地　区	合　计	内　资	国　有	集　体	股份合作	联营企业	有限责任公司	股份有限	私营企业	其他内资	港澳台商	外商投资
总　计	**10599**	**10153**	**172**				**4402**	**766**	**4775**	**38**	**352**	**94**
清河区	854	755					474	37	244		85	14
淮安区	1137	1067	54				214	36	763		70	
淮阴区	1405	1291					622	65	587	17	75	39
清浦区	794	782	38				288	28	418	10	12	
涟水县	1390	1386	64				531	69	722		4	
洪泽县	749	699					397	127	175		50	
盱眙县	1624	1608					571	237	800			16
金湖县	838	812	16				298		498		26	
开发区	1808	1753					1007	167	568	11	30	25

3-3-14　各地区按资质等级分房地产开发企业从业人数

单位：人

地　　区	合　计	一　级	二　级	三　级	四　级	暂　定	其　他
总　　计	**10599**	**143**	**4025**	**1560**	**89**	**4481**	**301**
清 河 区	854		420	33		401	
淮 安 区	1137		249	48		780	60
淮 阴 区	1405	12	186	331		834	42
清 浦 区	794		564	25		189	16
涟 水 县	1390	131	725	166		348	20
洪 泽 县	749		242	80		354	73
盱 眙 县	1624		566	498	89	449	22
金 湖 县	838		289	249		285	15
开 发 区	1808		784	130		841	53

3－3－15　各地区按资质等级分房地产开发企业施工房屋面积

单位：平方米

地　区	合　计	一　级	二　级	三　级	四　级	暂　定	其　他
总　计	**30088058**	**414036**	**12739813**	**3217142**	**225000**	**12020614**	**1471453**
清河区	4083959		1862317	173968		2047674	
淮安区	2967057		1094172	54015		1616034	202836
淮阴区	3479929		395147	210342		2191774	682666
清浦区	1912908		1350230			562678	
涟水县	4460521	414036	2561627	329651		1135207	20000
洪泽县	2079462		725428	261958		940626	151450
盱眙县	3953365		1685393	929956	225000	1097566	15450
金湖县	2159835		756472	922577		334738	146048
开发区	4991022		2309027	334675		2094317	253003

3－3－16　各地区按资质等级分房地产开发企业竣工房屋面积

单位：平方米

地　　区	合　计	一　级	二　级	三　级	四　级	暂　定	其　他
总　　计	**4037294**	**60000**	**1726554**	**678485**	**15000**	**1435988**	**121267**
清 河 区	924929		502426	173968		248535	
淮 安 区	309511		127339			182172	
淮 阴 区	418320		47500			286920	83900
清 浦 区	489083		410663			78420	
涟 水 县	347271	60000	107220	6400		173651	
洪 泽 县	81669		46596			29554	5519
盱 眙 县	473331		263970	175861	15000	18500	
金 湖 县	550269		183981	322256		12184	31848
开 发 区	442911		36859			406052	

3－3－17 各地区房地产开发

地区	企业数（个）	年末从业人员数合计（人）	本年完成投资	按构成分组 建筑工程	安装工程	设备工器具购置
总计	**404**	**10599**	**3122219**	**2145374**	**142847**	**86927**
清河区	44	854	509257	316930	42687	49113
淮安区	46	1137	326665	249780	5236	3030
淮阴区	44	1405	397050	186933	15752	8227
清浦区	36	794	175528	89752	4930	1397
涟水县	53	1390	350946	319814	13656	2329
洪泽县	32	749	201431	129976	4240	1830
盱眙县	58	1624	525268	416290	33318	5216
金湖县	34	838	152769	131632	270	1365
开发区	57	1808	483305	304267	22758	14420

地区	本年购置土地面积	本年资金来源合计	本年资金来源小计	国内贷款
总计	**3171765**	**5216726**	**4578392**	**411141**
清河区	354032	860187	774672	110654
淮安区	172424	522624	427977	47876
淮阴区	686269	641714	585778	58470
清浦区	377629	329266	316678	22980
涟水县	125591	506589	414429	21380
洪泽县	382436	322736	299489	6160
盱眙县	690824	671815	628922	16300
金湖县		258168	240336	14750
开发区	382560	1103627	890111	112571

企业投资、资金和土地情况

单位：万元

其他费用	按工程用途分组					
	住宅	#90平方米及以下	#144平方米及以上	办公楼	商业营业用房	其他用房
747071	**2295513**	**548208**	**200734**	**34112**	**578189**	**214405**
100527	360937	50136	82883	20950	104077	23293
68619	251172	48339	13015	5251	56172	14070
186138	267077	84932	26961	1495	65744	62734
79449	158266	23539	7718	14	7399	9849
15147	267917	45520	13909	1251	73005	8773
65385	147507	54876	2301	2412	39890	11622
70444	387706	80362	19397	1426	116098	20038
19502	109210	31643	8941	98	34510	8951
141860	345721	128861	25609	1215	81294	55075

利用外资	自筹资金	#自有资金	其他资金	#定金及予收款	#个人按揭贷款
63072	**1829368**	**587035**	**2274811**	**1179617**	**896451**
38948	180907	51480	444163	260473	118343
	87230	5818	292871	185090	107780
8400	278130	113585	240778	107034	99815
	165725	73873	127973	83592	28255
	144024	30150	249025	111337	109063
	120019	94714	173310	76354	94956
	435979	166197	176643	78893	67279
	63683	14210	161903	82869	75783
15724	353671	37008	408145	193975	195177

3－3－18 各地区房地产开发

地区	房屋施工面积	住宅	#90平方米及以下	#144平方米及以上	办公楼	商业营业用房	其他用房	房屋新开工面积
总计	**30088058**	**22930262**	**4561843**	**1830505**	**284431**	**5197228**	**1676137**	**10659406**
清河区	4083959	3224158	413123	474658	126954	542248	190599	1676567
淮安区	2967057	2277021	242260	137486	36788	460153	193095	1190030
淮阴区	3479929	2437124	486812	83973	29964	659756	353085	1260641
清浦区	1912908	1690641	353380	229963	2878	88643	130746	268739
涟水县	4460521	3484713	816767	177536	39902	787759	148147	855895
洪泽县	2079462	1520934	445029	30595	33543	370114	154871	1052891
盱眙县	3953365	2505054	395836	262010	2680	1255014	190617	1952968
金湖县	2159835	1666766	336120	73720	2685	433776	56608	753194
开发区	4991022	4123851	1072516	360564	9037	599765	258369	1648481

地区	办公楼	商业营业用房	其他用房	房屋竣工住宅套数	商品房屋销售面积	住宅	#90平方米及以下	#144平方米及以上
总计	**54739**	**625936**	**222818**	**27763**	**8424283**	**7498768**	**1227213**	**522256**
清河区	33540	189232	91491	5053	1524037	1245432	102072	128838
淮安区		78208	8567	2170	950000	873322	43239	9558
淮阴区		90094	17045	2834	683554	625553	69456	19810
清浦区	2000	16566	11192	4376	809375	797309	181737	30915
涟水县		25710	11800	2613	1070455	946565	152679	24759
洪泽县	15214	9110	6036	525	456354	407147	58212	3864
盱眙县	800	78947	17408	3342	1214903	1009262	205012	80833
金湖县	2685	95461	2764	3981	575118	506662	91248	17566
开发区	500	42608	56515	2869	1140487	1087516	323558	206113

企业施工、销售和空置情况

单位：万元、平方米

住　　宅	#90平方米及以下	#144平方米及以上	办公楼	商业营业用房	其他用房	房屋竣工面积	住　　宅	#90平方米及以下	#144平方米及以上
7924129	**1629739**	**594760**	**105616**	**1942875**	**686786**	**4037294**	**3133801**	**486952**	**268462**
1315969	134159	200854	84049	214447	62102	924929	610666	45814	138269
915175	133350	24599	2288	162440	110127	309511	222736	13932	
851095	313649	33931	8614	207980	192952	418320	311181	56200	25417
254893	17908	5509		2084	11762	489083	459325	120294	
663695	142288	110478	9000	170273	12927	347271	309761	33296	12720
776973	250488	13393	200	196123	79595	81669	51309	13363	4165
1073947	147194	135195	965	736566	136490	473331	376176	87505	8580
589223	111661	21324		134828	29143	550269	449359	89948	12746
1478159	379042	49477	500	118134	51688	442911	343288	26600	66565

办公楼	商业营业用房	其他用房	商品房屋销售额	住　　宅	#90平方米及以下	#144平方米及以上	办公楼	商业营业用房	其他用房
32289	**738591**	**154635**	**3868313**	**3091580**	**472081**	**261724**	**22075**	**672128**	**82530**
26608	180110	71887	939292	618136	53013	74188	18656	241362	61138
1018	68492	7168	438905	385730	19882	4261	611	51519	1045
	42493	15508	298406	267574	25274	10619		26699	4133
	7065	5001	321845	310584	61234	20143		9864	1397
	123890		381904	286913	48522	8461		94991	
3521	42886	2800	193569	158727	21840	1504	2523	31601	718
	170678	34963	573264	415220	78540	28724		149151	8893
	61047	7409	210951	176602	30026	7624		32541	1808
1142	41930	9899	510177	472094	133750	106200	285	34400	3398

3－3－19 各地区房地产开发企业财务状况主要指标

单位：万元

地区	资产总计	负债合计	实收资本	主营业务收入	商品房屋销售收入	主营业务成本	主营业务税金及附加	其他业务利润
总计	**131398964**	**95611897**	**28052582**	**38968965**	**38047553**	**28063184**	**2987541**	**57112**
清河区	17351929	12516791	2317292	7602124	7587554	5658441	731585	17390
淮安区	11873712	9392743	1892574	3451807	3408882	2480766	231804	757
淮阴区	12320989	9194437	2258284	2862129	2850829	1670752	248997	7938
清浦区	10532791	7974480	2413411	3736452	3663911	2439892	263359	
涟水县	11007019	8926220	2014752	4684308	4529301	3439946	356412	20700
洪泽县	6337726	5535771	731535	2022783	1983199	1243820	142341	380
盱眙县	10809352	8976792	1573395	4619521	4615089	3491685	292780	9271
金湖县	6092242	4892911	833335	1967649	1966586	1430490	137779	451
开发区	45073204	28201752	14018004	8022192	7442202	6207392	582484	225

地区	销售费用	管理费用	财务费用	营业利润	利润总额	应交所得税	本年应付职工薪酬（贷方累计发生额）
总计	**929357**	**1312974**	**344997**	**5503021**	**5593242**	**538619**	**574529**
清河区	171656	190426	50471	1078367	1073154	69569	73394
淮安区	117836	124434	51461	446287	433808	23194	55958
淮阴区	139769	145911	18129	679921	690571	39944	70467
清浦区	55504	109632	3287	864778	857408	209994	45404
涟水县	77106	150038	26299	678594	668195	39247	59994
洪泽县	49992	57361	8896	435801	466322	29565	34848
盱眙县	84948	132095	32404	579086	616108	30040	92311
金湖县	45285	62975	22956	268615	287365	63795	40110
开发区	187261	340102	131094	471572	500311	33271	102043

第四章　服务业企业财务状况

A、全部服务业企业主要指标

3－4－1　交通运输、仓储和邮政业企业法人单位主要指标

行　业　名　称	单位数（个）	资产总计（万元）	营业收入（万元）	从业人员（人）
总　　计	**1131**	**2472462**	**1984437**	**41682**
道路运输业	809	1772605	1451152	27087
城市公共交通运输	15	33371	31366	1947
公路旅客运输	33	103599	76362	1970
道路货物运输	718	667347	933093	16387
道路运输辅助活动	43	968286	410331	6783
水上运输业	111	182612	187520	7634
水上旅客运输	4	1372	2918	69
水上货物运输	85	161815	171633	7213
水上运输辅助活动	22	19426	12969	352
航空运输业	1	82378	3097	265
航空客货运输	1	82378	3097	265
通用航空服务				
航空运输辅助活动				
管道运输业	3	1415	1145	44
管道运输业	3	1415	1145	44
装卸搬运和运输代理业	124	44638	60764	2464
装卸搬运	79	30456	44275	1984
运输代理业	45	14183	16489	480
仓储业	50	327172	215499	811
谷物、棉花等农产品仓储	25	297250	204131	569
其他仓储业	25	29922	11368	242
邮政业	33	61642	65259	3377
邮政基本服务	2	25026	42501	2325
快递服务	31	36616	22758	1052

3－4－2 交通运输、仓储和邮政业企业法人单位分地区主要指标

地　　区	单位数 （个）	资产总计 （万元）	营业收入 （万元）	从业人员 （人）
总　计	**1131**	**2472462**	**1984437**	**41682**
清河区	78	165178	98513	3694
淮安区	174	249480	230768	6628
淮阴区	159	334482	281095	4806
清浦区	151	164918	214748	5965
涟水县	150	377513	359590	6051
洪泽县	158	104403	120637	3760
盱眙县	103	152721	215325	3700
金湖县	78	46513	69084	1639
开发区	79	877205	394677	5438
工业园区	1	50		1

3－4－3 交通运输、仓储和邮政业企业法人单位分登记注册类型主要指标

	单位数 （个）	资产总计 （万元）	营业收入 （万元）	从业人员 （人）
总　计	**1131**	**2472462**	**1984437**	**41682**
内资企业	1129	2469379	1984338	41664
国有企业	34	532071	281173	6687
集体企业	37	84594	95791	2511
股份合作企业	2	2471	1279	46
联营企业	5	1485	2063	80
有限责任公司	161	1108903	641471	12008
股份有限公司	25	71364	104460	3066
私营企业	776	646917	821593	16268
其他企业	89	21574	36509	998
港、澳、台商投资企业				
外商投资企业	2	3083	99	18

3-4-4　信息传输、软件和信息技术服务业企业法人单位主要指标

行业名称	单位数（个）	资产总计（万元）	营业收入（万元）	从业人员（人）
总　　计	**529**	**641403**	**505757**	**9781**
电信、广播电视和卫星传输服务	57	472030	285877	4645
电信	40	431451	268349	3525
广播电视传输服务	16	40580	17528	1119
卫星传输服务	1			1
互联网和相关服务	148	26114	39550	954
互联网接入及相关服务	12	6082	2476	86
互联网信息服务	106	16235	28493	668
其他互联网服务	30	3797	8581	200
软件和信息技术服务业	324	143258	180330	4182
软件开发	163	107039	127132	2899
信息系统集成服务	22	5638	4243	170
信息技术咨询服务	64	10966	23553	617
数据处理和存储服务	4	3300	1060	24
集成电路设计	9	5192	9543	89
其他信息技术服务业	62	11124	14798	383

3-4-5　信息传输、软件和信息技术服务业企业法人单位分地区主要指标

地区	单位数（个）	资产总计（万元）	营业收入（万元）	从业人员（人）
总　　计	**529**	**641403**	**505757**	**9781**
清 河 区	145	309504	176557	2708
淮 安 区	28	9609	8502	425
淮 阴 区	52	201170	210269	3238
清 浦 区	48	6405	8662	355
涟 水 县	20	18376	20783	529
洪 泽 县	63	16843	15336	666
盱 眙 县	20	7803	14215	249
金 湖 县	26	7030	7441	272
开 发 区	127	64662	43992	1339
工业园区				

3－4－6 信息传输、软件和信息技术服务业企业法人单位分登记注册类型主要指标

地区	单位数（个）	资产总计（万元）	营业收入（万元）	从业人员（人）
总计	**529**	**641403**	**505757**	**9781**
内资企业	525	637706	503443	9704
国有企业	11	213258	94417	1762
集体企业				
股份合作企业				
联营企业	1			1
有限责任公司	100	57565	51345	1708
股份有限公司	8	228709	169968	1770
私营企业	354	120938	175983	4163
其他企业	51	17236	11730	300
港、澳、台商投资企业	2	2341	1620	55
外商投资企业	2	1355	694	22

3－4－7 金融业企业法人单位主要指标

行业	单位数（个）	资产总计（万元）	营业收入（万元）	从业人员（万人）
总计	**81**	**20110353**	**1205417**	**18954**
货币金融服务	42	19171755	799542	8753
资本市场服务				
保险业	37	938497	405676	10196
其他金融业	2	100	200	5

3－4－8 房地产业企业法人单位主要指标

行业名称	单位数（个）	资产总计（万元）	营业收入（万元）	从业人员（人）
总计	**700**	**1004535**	**363082**	**11525**
物业管理	454	199779	178264	9114
房地产中介服务	165	96313	55599	1314
自有房地产经营活动	26	59359	11899	184
其他房地产业	55	649084	117320	913

注：本表不含房地产开发经营。

3－4－9 房地产业企业法人单位分地区主要指标

地区	单位数（个）	资产总计（万元）	营业收入（万元）	从业人员（人）
总计	**700**	**1004535**	**363082**	**11525**
清河区	202	116169	96899	3003
淮安区	52	43031	26779	876
淮阴区	58	7103	13412	1053
清浦区	95	31874	37141	1648
涟水县	42	49201	44894	967
洪泽县	92	66428	27233	801
盱眙县	60	88528	23881	1006
金湖县	40	9310	10794	993
开发区	57	118691	50428	1103
工业园区	2	474201	31620	75

注：本表不含房地产开发经营。

3－4－10 房地产业企业法人单位分登记注册类型主要指标

	单位数（个）	资产总计（万元）	营业收入（万元）	从业人员（人）
总计	**700**	**1004535**	**363082**	**11525**
内资企业	693	982502	353076	11431
国有企业	17	86134	8779	640
集体企业	20	9142	6273	173
股份合作企业	7	2211	1613	98
联营企业				
有限责任公司	119	564332	121672	2616
股份有限公司	13	50908	20979	505
私营企业	425	236845	170811	6485
其他企业	92	32930	22948	914
港、澳、台商投资企业	3	20224	9623	31
外商投资企业	4	1810	383	63

注：本表不含房地产开发经营。

3－4－11 租赁和商务服务业企业法人单位主要指标

行业名称	单位数（个）	资产总计（万元）	营业收入（万元）	从业人员（人）
总计	**2629**	**10498474**	**2248893**	**33852**
租赁业	201	139312	71399	1838
机械设备租赁	198	138263	70157	1819
文化及日用品出租	3	1049	1242	19
商务服务业	2428	10359162	2177494	32014
企业管理服务	659	8896672	1198182	9427
法律服务	55	7249	18975	429
咨询与调查	373	79569	129997	2888
广告业	589	137763	236380	4875
知识产权服务	6	1183	1588	27
人力资源服务	253	114711	154913	6576
旅行社及相关服务	109	124442	78897	1002
安全保护服务	18	9098	9330	1851
其他商务服务业	366	988476	349231	4939

3－4－12　租赁和商务服务业企业法人单位分地区主要指标

地　　区	单位数（个）	资产总计（万元）	营业收入（万元）	从业人员（人）
总　　计	**2629**	**10498474**	**2248893**	**33852**
清河区	853	3474469	467435	10896
淮安区	216	999082	378175	3399
淮阴区	279	674161	314817	3044
清浦区	303	151815	167312	3517
涟水县	173	164537	248179	3333
洪泽县	269	1824478	195157	2007
盱眙县	226	772766	268537	3238
金湖县	164	1264790	179387	3244
开发区	145	1171742	29892	1169
工业园区	1	635		5

3－4－13　租赁和商务服务业企业法人单位分登记注册类型主要指标

	单位数（个）	资产总计（万元）	营业收入（万元）	从业人员（人）
总　　计	**2629**	**10498474**	**2248893**	**33852**
内资企业	2620	10484929	2245209	33756
国有企业	58	1359800	252686	4594
集体企业	60	697613	235157	1795
股份合作企业	8	206	602	41
联营企业	15	18230	5612	122
有限责任公司	466	4251300	623626	6803
股份有限公司	50	212529	73520	1243
私营企业	1609	1104743	952318	16338
其他企业	354	2840510	101688	2820
港、澳、台商投资企业	3	455	265	12
外商投资企业	6	13090	3418	84

3－4－14　科学研究和技术服务业企业法人单位主要指标

行业名称	单位数（个）	资产总计（万元）	营业收入（万元）	从业人员（人）
总计	**1345**	**671587**	**721885**	**21621**
研究和试验发展	88	68783	43163	1074
自然科学研究和试验发展	14	18324	4607	105
工程和技术研究和试验发展	53	44679	30057	687
农业科学研究和试验发展	15	4330	5348	152
医学研究和试验发展	4	940	3083	126
社会人文科学研究	2	510	68	4
专业技术服务业	486	379257	357615	9694
气象服务	4	136	1182	23
地震服务	1	814	1139	10
测绘服务	21	22889	16817	299
质检技术服务	48	87434	33951	1211
环境与生态监测	6	1695	1497	63
地质勘查	6	18988	23042	435
工程技术	226	172762	219173	6007
其他专业技术服务业	174	74539	60814	1646
科技推广和应用服务业	771	223547	321107	10853
技术推广服务	704	187622	291827	10255
科技中介服务	27	16178	12093	227
其他科技推广和应用服务业	40	19747	17186	371

3－4－15　科学研究和技术服务业企业法人单位分地区主要指标

地　　区	单位数（个）	资产总计（万元）	营业收入（万元）	从业人员（人）
总　　计	**1345**	**671587**	**721885**	**21621**
清 河 区	223	189312	120194	2729
淮 安 区	171	91035	78798	3108
淮 阴 区	88	45815	40795	1709
清 浦 区	90	41285	96391	1679
涟 水 县	58	42581	61885	1074
洪 泽 县	284	44936	56586	3265
盱 眙 县	78	79105	75736	1505
金 湖 县	278	73715	142052	4660
开 发 区	75	63803	49450	1892

3－4－16　科学研究和技术服务业企业法人单位分登记注册类型主要指标

	单位数（个）	资产总计（万元）	营业收入（万元）	从业人员（万人）
总　　计	**1345**	**671587**	**721885**	**21621**
内资企业	1338	659956	719468	21569
国有企业	29	53366	51224	1165
集体企业	11	9387	5071	242
股份合作企业	2	571	1060	14
联营企业	1	156	916	8
有限责任公司	138	147084	130153	3467
股份有限公司	18	34978	29643	759
私营企业	432	197948	244559	5582
其他企业	707	216467	256842	10332
港、澳、台商投资企业	5	11631	2417	48
外商投资企业	2			4

3－4－17 水利、环境和公共设施管理业企业法人单位主要指标

行业名称	单位数（个）	资产总计（万元）	营业收入（万元）	从业人员（人）
总计	**147**	**972862**	**270712**	**2994**
水利管理业	28	272654	57459	419
防洪除涝设施管理	3	212219	32836	44
水资源管理	8	42582	2003	48
天然水收集与分配	4	795	1008	58
水文服务	5	5027	11298	156
其他水利管理业	8	12031	10315	113
生态保护和环境治理业	16	105033	2346	107
生态保护	7	100499	994	60
环境治理业	9	4534	1352	47
公共设施管理业	103	595175	210907	2468
市政设施管理	13	109912	39330	210
环境卫生管理	8	9103	4902	182
城乡市容管理				
绿化管理	46	38904	41397	1656
公园和游览景区管理	36	437255	125278	420

3－4－18　水利、环境和公共设施管理业企业法人单位分地区主要指标

地　　　区	单位数（个）	资产总计（万元）	营业收入（万元）	从业人员（人）
总　　计	**147**	**972862**	**270712**	**2994**
清河区	8	4136	7222	92
淮安区	4	9257	1502	71
淮阴区	12	4501	4938	241
清浦区	23	15292	9490	307
涟水县	22	37931	42799	1296
洪泽县	32	278758	32059	300
盱眙县	14	237068	44606	174
金湖县	15	45151	11591	226
开发区	13	214446	116320	268
工业园区	4	126324	184	19

3－4－19　水利、环境和公共设施管理业企业法人单位分登记注册类型主要指标

	单位数（个）	资产总计（万元）	营业收入（万元）	从业人员（人）
总　　计	**147**	**972862**	**270712**	**2994**
内资企业	145	970964	270166	2936
国有企业	15	266643	58588	958
集体企业	8	10680	3612	183
股份合作企业				
联营企业				
有限责任公司	20	537087	134809	321
股份有限公司	6	7960	15720	313
私营企业	78	99319	52452	1069
其他企业	18	49275	4986	92
港、澳、台商投资企业				
外商投资企业	2	1898	546	58

3－4－20　居民服务、修理和其他服务业企业法人单位主要指标

行业名称	单位数（个）	资产总计（万元）	营业收入（万元）	从业人员（人）
总计	**588**	**150875**	**203967**	**7483**
居民服务业	191	42677	56626	2625
家庭服务	25	6182	7836	509
托儿所服务				
洗染服务	5	235	1738	78
理发及美容服务	9	434	918	71
洗浴服务	77	15490	14345	822
保健服务	6	1075	3505	104
婚姻服务	13	2333	2706	101
殡葬服务	13	4553	2338	134
其他居民服务业	43	12376	23239	806
机动车、电子产品和日用产品修理业	270	83069	114380	3246
汽车、摩托车修理与维护	210	67308	99081	2852
计算机和办公设备维修	19	3266	3081	86
家用电器修理	31	11138	9786	248
其他日用产品修理业	10	1357	2433	60
其他服务业	127	25128	32961	1612
清洁服务	94	13586	24805	1103
其他未列明服务业	33	11542	8156	509

3－4－21　居民服务、修理和其他服务业企业法人单位分地区主要指标

地　　区	单位数（个）	资产总计（万元）	营业收入（万元）	从业人员（人）
总　计	**588**	**150875**	**203967**	**7483**
清河区	123	38193	48775	1235
淮安区	100	13505	18721	1272
淮阴区	79	14696	14368	928
清浦区	85	30052	52818	1538
涟水县	42	25322	34806	722
洪泽县	51	12523	10880	853
盱眙县	32	7143	6140	251
金湖县	32	3727	8207	266
开发区	44	5713	9251	418

3－4－22　居民服务、修理和其他服务业企业法人单位分登记注册类型主要指标

	单位数（个）	资产总计（万元）	营业收入（万元）	从业人员（人）
总　计	**588**	**150875**	**203967**	**7483**
内资企业	586	149492	201672	7444
国有企业	4	2339	1467	94
集体企业	9	7640	12146	282
股份合作企业	3	1730	3181	83
联营企业	1	6	27	1
有限责任公司	48	12263	21835	1113
股份有限公司	14	11995	11535	233
私营企业	429	100433	133533	4959
其他企业	78	13085	17948	679
港、澳、台商投资企业	1	58	102	4
外商投资企业	1	1325	2193	35

3－4－23 教育企业法人单位主要指标

行业名称	单位数（个）	资产总计（万元）	营业收入（万元）	从业人员（人）
总计	**218**	**176591**	**174225**	**6620**
学前教育	18	2648	3200	124
初等教育	3	5340	5189	230
中等教育	16	90611	36836	3819
高等教育	2	5	122	6
特殊教育	3	1498	1451	19
技能培训、教育辅助及其他教育	176	76489	127426	2422

3－4－24 教育企业法人单位分地区主要指标

地区	单位数（个）	资产总计（万元）	营业收入（万元）	从业人员（人）
总计	**218**	**176591**	**174225**	**6620**
清河区	63	26173	25222	570
淮安区	25	55933	35228	2417
淮阴区	26	21683	7619	597
清浦区	33	14873	25771	420
涟水县	22	21465	49148	755
洪泽县	9	835	1465	92
盱眙县	22	25488	24691	1538
金湖县	8	6988	2077	109
开发区	9	3057	2776	100
工业园区	1	95	227	22

3-4-25　教育企业法人单位分登记注册类型主要指标

	单位数（个）	资产总计（万元）	营业收入（万元）	从业人员（人）
总　　计	**218**	**176591**	**174225**	**6620**
内资企业	217	176091	174225	6613
国有企业	8	5921	3637	232
集体企业	1	216	339	16
股份合作企业	2	976	1127	11
联营企业	2	6225	3834	421
有限责任公司	26	17956	12952	386
股份有限公司	4	6655	1262	79
私营企业	107	64032	78148	2647
其他企业	67	74108	72926	2821
港、澳、台商投资企业	1	500		7
外商投资企业				

3-4-26　卫生和社会工作企业法人单位主要指标

行　业　名　称	单位数（个）	资产总计（万元）	营业收入（万元）	从业人员（人）
总　　计	**83**	**40871**	**31150**	**2023**
卫生	76	36955	30043	1910
医院	33	17912	19401	1383
社区医疗与卫生院	19	16427	7010	396
门诊部（所）	12	1504	1611	69
计划生育技术服务活动	2	550	928	10
妇幼保健院（所、站）				
专科疾病防治院（所、站）				
疾病预防控制中心				
其他卫生活动	10	563	1092	52
社会工作	7	3916	1108	113
提供住宿社会工作	6	3878	1029	101
不提供住宿社会工作	1	38	79	12

3－4－27　卫生和社会工作企业法人单位分地区主要指标

地　　　区	单位数（个）	资产总计（万元）	营业收入（万元）	从业人员（人）
总　　计	**83**	**40871**	**31150**	**2023**
清河区	35	14329	14853	913
淮安区	5	1525	2094	256
淮阴区	10	454	1106	137
清浦区	11	3302	2803	163
涟水县	9	3039	2519	162
洪泽县	3	81	310	13
盱眙县	6	17293	7028	340
金湖县	2	126	66	4
开发区	2	724	372	35

3－4－28　卫生和社会工作企业法人单位分登记注册类型主要指标

	单位数（个）	资产总计（万元）	营业收入（万元）	从业人员（万人）
总　　计	**83**	**40871**	**31150**	**2023**
内资企业	83	40871	31150	2023
国有企业	3	213	268	11
集体企业	5	1320	1937	183
股份合作企业	1	469	500	32
联营企业	1	500	342	2
有限责任公司	4	3822	3576	245
股份有限公司	2	2390	2186	157
私营企业	45	17572	16282	1106
其他企业	22	14585	6059	287
港、澳、台商投资企业				
外商投资企业				

3－4－29　文化、体育和娱乐业法人单位主要指标

行业名称	单位数（个）	资产总计（万元）	营业收入（万元）	从业人员（人）
总计	**475**	**229419**	**142851**	**5248**
新闻出版业	12	19758	8169	328
新闻业	4	4084	4380	98
出版业	8	15674	3789	230
广播、电视、电影和音像业	34	57667	29379	1290
广播	1	133	438	18
电视	5	41310	6687	824
电影和影视节目制作	6	2244	588	43
电影和影视节目发行	1	1000	46	4
电影放映	18	12700	21430	391
录音制作	3	280	190	10
文化艺术业	70	20296	26380	1100
文艺创作与表演	35	10991	15821	718
艺术表演场馆	1	1739	876	61
图书馆与档案馆				
文物及非物质文化遗产保护				
博物馆	1	766	401	13
烈士陵园、纪念馆	3	524	224	16
群众文化活动	7	2082	1525	105
其他文化艺术业	23	4193	7533	187
体育	29	5092	6032	338
体育组织	6	576	926	74
体育场馆	1	938	369	22
休闲健身活动	19	2493	4224	226
其他体育	3	1086	513	16
娱乐业	330	126606	72892	2192
室内娱乐活动	294	39105	61187	1748
游乐园	5	3597	3335	139
彩票活动				
文化、娱乐、体育经纪代理	7	694	1542	62
其他娱乐业	24	83211	6828	243

3－4－30 文化、体育和娱乐业企业法人单位分地区主要指标

地区	单位数（个）	资产总计（万元）	营业收入（万元）	从业人员（人）
总计	**475**	**229419**	**142851**	**5248**
清河区	96	138878	42209	1642
淮安区	81	9272	15166	725
淮阴区	48	8941	6070	382
清浦区	32	23544	32753	808
涟水县	57	17241	16508	501
洪泽县	24	11228	7070	331
盱眙县	65	16679	16425	610
金湖县	39	1491	4099	121
开发区	33	2145	2551	128

3－4－31 文化、体育和娱乐业企业法人单位分登记注册类型主要指标

行业名称	单位数（个）	资产总计（万元）	营业收入（万元）	从业人员（人）
总计	**475**	**229419**	**142851**	**5248**
内资企业	473	229190	142464	5241
国有企业	10	55414	12412	1071
集体企业	8	2360	841	46
股份合作企业				
联营企业	4	1052	943	38
有限责任公司	21	20167	17179	534
股份有限公司	4	81516	7812	92
私营企业	376	59220	95681	3052
其他企业	50	9461	7595	408
港、澳、台商投资企业				
外商投资企业	2	229	388	7

3－4－32　国有控股企业分行业主要指标

行　业　名　称	单　位　数（个）	资产总计（万元）	营业收入（万元）	从业人员（人）
合　　计	**288**	**9188422**	**1715718**	**24403**
交通运输、仓储和邮政业	**50**	**1339620**	**629534**	**9820**
道路运输业	19	929785	386345	5928
水上运输业	5	5762	14798	593
航空运输业	1	82378	3097	265
管道运输业	1	1315	815	36
装卸搬运和运输代理业	5	6825	1714	210
仓储业	17	288530	180265	463
邮政业	2	25026	42501	2325
信息传输、软件和信息技术服务业	**21**	**472078**	**271753**	**4065**
电信、广播电视和卫星传输服务	16	458224	268792	3993
互联网和相关服务				
软件和信息技术服务业	5	13854	2961	72
房地产业	**21**	**87414**	**10585**	**735**
物业管理业	9	7538	5087	627
房地产中介服务业	4	25991	1456	29
自有房地产经营活动	1	2559	538	11
其他房地产业	7	51326	3504	68
租赁和商务服务业	**87**	**6553370**	**553675**	**5169**
租赁业	2	77	646	17
商务服务业	85	6553293	553029	5152
科学研究和技术服务业	**39**	**56743**	**54993**	**1322**
研究和试验发展	4	7357	3531	183
专业技术服务业	25	38675	44285	1005
科技推广和应用服务业	10	10711	7176	134
水利、环境和公共设施管理业	**24**	**546211**	**161830**	**1382**
水利管理业	7	216504	37488	178
生态保护和环境治理业	2	5537		23
公共设施管理业	15	324170	124342	1181
居民服务、修理和其他服务业	**9**	**3756**	**2672**	**175**
居民服务业	5	1318	1226	111
机动车、电子产品和日用产品修理业	4	2438	1446	64
其他服务业				
教育	14	12422	9245	557
卫生和社会工作	8	12364	9390	474
卫生	5	12364	9390	445
社会工作	3			29
文化、体育和娱乐业	**15**	**104442**	**12041**	**704**
新闻和出版业	2	15163	3243	235
广播、电视、电影和影视录音制作业	5	13570	6253	361
文化艺术业	4	625	1581	62
体育	2	510	630	28
娱乐业	2	74575	334	18

注：不含铁路运输业、金融业、房地产开发经营。

3－4－33 非公有控股经济企业分行业主要指标

行业名称	单位数（个）	资产总计（万元）	营业收入（万元）	从业人员（人）
合计	**10362**	**6837554**	**4522132**	**215924**
交通运输、仓储和邮政业	**1052**	**1017075**	**1219132**	**29405**
道路运输业	786	801187	1010692	20808
水上运输业	89	113339	104351	5243
航空运输业				
管道运输业	2	100	330	8
装卸搬运和运输代理业	110	33662	46422	1951
仓储业	33	32170	34578	340
邮政业	32	36616	22758	1055
信息传输、软件和信息技术服务业	**591**	**181693**	**239319**	**6708**
电信、广播电视和卫星传输服务	119	26232	22559	1567
互联网和相关服务	147	26057	39391	949
软件和信息技术服务业	325	129404	177370	4192
房地产业	**658**	**884042**	**328564**	**10025**
物业管理业	429	164832	152311	7687
房地产中介服务业	162	70287	54208	1332
自有房地产经营活动	20	52355	9265	159
其他房地产业	47	596569	112780	847
租赁和商务服务业	**2826**	**3185827**	**1417306**	**28947**
租赁业	204	137520	69773	1838
商务服务业	2622	3048307	1347532	27109
科学研究和技术服务业	**1768**	**604494**	**661016**	**24736**
研究和试验发展	108	61456	39757	1239
专业技术服务业	608	329640	306667	9875
科技推广和应用服务业	1052	213399	314591	13622
水利、环境和公共设施管理业	**382**	**420306**	**109252**	**8556**
水利管理业	211	57750	23452	3505
生态保护和环境治理业	22	99496	2346	188
公共设施管理业	149	263060	83454	4863
居民服务、修理和其他服务业	**607**	**135860**	**183285**	**7372**
居民服务业	214	33707	43978	2620
机动车、电子产品和日用产品修理业	261	76583	106014	3078
其他服务业	132	25570	33293	1674
教育	**1088**	**188227**	**166214**	**62567**
卫生和社会工作	**737**	**94363**	**65871**	**30881**
卫生	449	90229	64590	29110
社会工作	288	4134	1281	1771
文化、体育和娱乐业	**653**	**125665**	**132173**	**6727**
新闻和出版业	20	4549	4907	239
广播、电视、电影和影视录音制作业	44	45722	24477	1319
文化艺术业	185	18649	24469	2266
体育	59	4582	5402	524
娱乐业	345	52163	72918	2379

注：不含铁路运输业、金融业、房地产开发经营。

第四章　服务业财务状况

B、规模以上服务业企业主要指标

3－4－34 规模以上交通运输、

行业名称	固定资产原价（万元）	本年折旧（万元）	资产总计（万元）	负债合计（万元）	所有者权益合计（万元）	营业收入（万元）
合计	**813913**	**75385**	**1387806**	**663695**	**724111**	**1330310**
道路运输业	454667	51824	753151	377384	375768	870045
城市公共交通运输	34678	4122	32089	27893	4196	28060
公路旅客运输	78400	11474	96167	81656	14511	63180
道路货物运输	294396	31912	470282	179807	290475	728315
道路运输辅助活动	47192	4317	154613	88028	66585	50490
水上运输业	191241	12176	160030	118226	41805	164054
水上旅客运输	1652	214	1252		1252	2657
水上货物运输	185765	11331	149936	112386	37550	154865
水上运输辅助活动	3824	631	8843	5840	3003	6533
航空运输业	53390	1134	82378	22696	59682	3097
航空客货运输	53390	1134	82378	22696	59682	3097
通用航空服务						
航空运输辅助活动						
管道运输业						
管道运输业						
装卸搬运和运输代理业	16690	1229	23053	12462	10591	31188
装卸搬运	16296	1196	21688	11937	9752	28831
运输代理业	394	32	1365	525	840	2357
仓储业	48839	5557	312903	93744	219159	208854
谷物、棉花等农产品仓储	40837	5129	291288	78027	213261	201651
其他仓储业	8002	428	21615	15717	5898	7203
邮政业	49086	3466	56290	39184	17106	53072
邮政基本服务	21553	1056	25026	11195	13831	39080
快递服务	27532	2410	31265	27989	3276	13992

注：本表不含铁路运输业。

仓储和邮政业企业法人单位主要指标

营业成本（万元）	营业税金及附加（万元）	销售费用、管理费用、财务费用合计（万元）	投资收益（万元）	营业利润（万元）	利润总额（万元）	应交所得税（万元）	应付职工薪酬（万元）	应交增值税（万元）	从业人员（人）
1042462	**23956**	**107778**	**6032**	**146631**	**149313**	**20426**	**133299**	**38505**	**29427**
637160	18002	76777	4462	120171	121591	15216	74951	31901	17395
23310	182	4377		1401	1622	311	7846	571	1869
47350	1101	4229	272	9676	9626	1321	6575	1485	1697
536826	14914	57995	238	99812	96935	11707	48592	28533	10627
29674	1805	10177	3952	9282	13408	1877	11938	1312	3202
130603	4394	7469	1570	19645	19632	3098	26071	5359	7032
1386	33	705		419	419	8	370		51
124797	4160	6079	1570	18202	18211	2979	24844	5337	6698
4420	202	686		1024	1002	111	856	22	283
4097	31	1047		-2078	-1301		2393		265
4097	31	1047		-2078	-1301		2393		265
24539	874	2552		3224	3210	667	3889	734	1281
22812	770	2186		3064	3050	652	3709	691	1226
1727	104	367		160	160	15	180	43	55
198516	310	14699		6094	6643	1422	2792	265	596
196340	153	13320		3330	3765	691	2197	112	470
2176	157	1379		2764	2878	731	596	153	126
47547	345	5234		-425	-462	25	23203	246	2858
34638	209	4794		-561	-598		20125	112	2089
12909	136	440		136	136	25	3078	134	769

3－4－35 规模以上信息传输、软件和

行业名称	固定资产原价（万元）	本年折旧（万元）	资产总计（万元）	负债合计（万元）	所有者权益合计（万元）	营业收入（万元）
合计	**970993**	**73381**	**522830**	**374727**	**148103**	**385098**
电信、广播电视和卫星传输服务	939754	68806	463956	351889	112067	277122
电信	911677	66241	424142	329080	95063	258485
广播电视传输服务	28077	2565	39814	22809	17005	18637
卫星传输服务	2717	349	3370	340	3030	11666
互联网和相关服务	1507	240	1803	340	1462	8325
互联网接入及相关服务						
互联网信息服务						
其他互联网服务	1210	109	1567		1567	3341
软件和信息技术服务业	28522	4227	55504	22497	33007	96310
软件开发	27239	4001	50369	20651	29718	83828
信息系统集成服务	210	41	1151	576	575	1260
信息技术咨询服务	112	24	334	132	202	1751
数据处理和存储服务						
集成电路设计	668	102	2433	1021	1412	7968
其他信息技术服务业	293	58	1218	118	1100	1504

信息技术服务业企业法人单位主要指标

营业成本（万元）	营业税金及附加（万元）	销售费用、管理费用、财务费用合计（万元）	投资收益（万元）	营业利润（万元）	利润总额（万元）	应交所得税（万元）	应付职工薪酬（万元）	应交增值税（万元）	从业人员（人）
203233	**11177**	**111581**	**35**	**61628**	**62155**	**2162**	**33611**	**6265**	**6095**
138606	8544	88040		44575	44939	469	25169	78	4031
128869	8212	82386		42212	43264	55	21247	26	3093
9738	332	5653		2363	1675	414	3922	51	938
8525	300	770		1873	1873	364	476	7	125
6520	247	752		536	536	30	448	2	105
2005	53	18		1336	1336	334	28	5	20
56102	2334	22772	35	15180	15343	1329	7966	6181	1939
47982	2234	19893	35	13790	13902	1165	6433	5469	1648
750	63	60		387	387	19	139	214	58
1046	15	252		439	462	116	494	58	165
5534	21	1917		495	495	5	220	431	38
789	1	650		69	96	23	680	9	30

3－4－36　规模以上物业管理和房地产

行　业　名　称	固定资产原　价（万元）	本年折旧（万元）	资产总计（万元）	负债合计（万元）	所有者权益合计（万元）	营业收入（万元）
合　计	60295	4660	99748	48472	51276	96873
物业管理	58863	4518	92916	43725	49191	86863
房地产中介服务	1432	143	6832	4747	2085	10010

3－4－37　规模以上租赁和商务

行　业　名　称	固定资产原　价（万元）	本年折旧（万元）	资产总计（万元）	负债合计（万元）	所有者权益合计（万元）	营业收入（万元）
合　计	**1303248**	**99753**	**4628629**	**1891749**	**2736879**	**1244709**
租赁业	18995	2465	29843	14991	14851	23472
机械设备租赁	18995	2465	29843	14991	14851	23472
文化及日用品出租						
商务服务业	1284253	97289	4598786	1876757	2722028	1221238
企业管理服务	956921	72360	3717257	1533602	2183654	723311
法律服务	776	46	1292	685	607	8040
咨询与调查	14566	1481	31998	15419	16579	42070
广告业	21048	2387	52134	15630	36504	81065
知识产权服务						
人力资源服务	10233	821	74693	9257	65437	39998
旅行社及相关服务	52945	4637	100646	38834	61811	54199
安全保护服务	573	88	1525	1038	487	6177
其他商务服务业	227191	15468	619242	262293	356948	266377

中介服务企业法人单位主要指标

营业成本（万元）	营业税金及附加（万元）	销售费用、管理费用、财务费用合计（万元）	投资收益（万元）	营业利润（万元）	利润总额（万元）	应交所得税（万元）	应付职工薪酬（万元）	应交增值税（万元）	从业人员（人）
69955	**3721**	**26829**		**12924**	**15016**	**1878**	**13976**	**688**	**4626**
62745	3461	24560		12659	14757	1678	13132	520	4315
7210	261	2269		265	258	200	844	169	311

服务业企业法人单位主要指标

营业成本（万元）	营业税金及附加（万元）	销售费用、管理费用、财务费用合计（万元）	投资收益（万元）	营业利润（万元）	利润总额（万元）	应交所得税（万元）	应付职工薪酬（万元）	应交增值税（万元）	从业人员（人）
851338	**53789**	**113786**	**1990**	**212204**	**213962**	**19831**	**51355**	**9831**	**15825**
14841	1264	3375		3753	3749	887	2152	523	598
14841	1264	3375		3753	3749	887	2152	523	598
836496	52525	110411	1990	208451	210213	18944	49203	9308	15227
528806	32235	44957	846	133448	135381	9271	22638	5184	4882
2168	43	2864		1220	1220	37	328	6	78
27550	2214	5059		6187	6122	529	2608	230	694
52402	2828	7888		17315	17279	2743	4064	882	1206
19208	1083	10134	23	5689	5690	470	4627	184	3712
21880	3433	2961	1000	5848	5933	787	1494	61	440
3516	210	1795		333	344	39	4612	1	1782
180967	10478	34753	121	38410	38246	5068	8832	2760	2433

3－4－38 规模以上科学研究和

行业名称	固定资产原价（万元）	本年折旧（万元）	资产总计（万元）	负债合计（万元）	所有者权益合计（万元）	营业收入（万元）
合计	**75538**	**7871**	**227103**	**101367**	**125736**	**323758**
研究和试验发展	5421	390	9836	5919	3917	16937
自然科学研究和试验发展						
工程和技术研究和试验发展	5035	365	9364	5919	3445	14388
农业科学研究和试验发展						
医学研究和试验发展	386	25	472		472	2548
社会人文科学研究						
专业技术服务业	39366	4838	157326	66528	90799	215961
气象服务						
地震服务						
海洋服务						
测绘服务	1321	89	4505	617	3888	11994
质检技术服务	10574	1631	16319	6370	9949	22624
环境与生态监测						
地质勘查	3459	57	17486	5452	12033	21976
工程技术	23691	2993	111871	49194	62677	156896
其他专业技术服务业	322	68	7146	4895	2251	2471
科技推广和应用服务业	30751	2643	59941	28921	31020	90860
技术推广服务	24189	1919	48241	22360	25881	80517
科技中介服务	6531	708	8684	4228	4456	5592
其他科技推广和应用服务业	31	16	3016	2332	684	4752

技术服务业企业法人单位主要指标

营业成本（万元）	营业税金及附加（万元）	销售费用、管理费用、财务费用合计（万元）	投资收益（万元）	营业利润（万元）	利润总额（万元）	应交所得税（万元）	应付职工薪酬（万元）	应交增值税（万元）	从业人员（人）
226794	**14620**	**47569**	**891**	**36516**	**36345**	**5955**	**31724**	**3317**	**7077**
12415	329	1909		2264	2399	622	822	293	265
10327	327	1887		1828	1864	489	489	209	172
2088	3	22		436	536	134	333	84	93
142176	12963	38952	644	25012	25331	4389	25434	2787	5331
8155	193	1544		1725	1694	446	533	103	147
10991	5209	8128		2471	2459	473	2101	188	673
11611	699	6798	443	1887	1887	417	1940	1174	355
109441	6787	22065	201	18930	19296	3050	20599	1322	4059
1979	76	417		-1	-5	4	262		97
72204	1328	6708	247	9240	8615	944	5468	236	1481
64052	1157	5791	247	8066	7711	831	4437	187	1303
3664	164	901		863	863	85	231	49	58
4488	6	17		311	41	27	800		120

3－4－39　规模以上水利、环境和公共

行　业　名　称	固定资产原　价（万元）	本年折旧（万元）	资产总计（万元）	负债合计（万元）	所有者权益合计（万元）	营业收入（万元）
合　计	**78495**	**1923**	**168059**	**76861**	**91198**	**91129**
水利管理业	52169	375	57584	8790	48794	23598
防洪除涝设施管理						
水资源管理	42419	35	41799	192	41607	635
天然水收集与分配	802	75	1070	181	888	3250
水文服务	1033	67	4344	2356	1989	10168
其他水利管理业	7915	198	10371	6061	4311	9545
生态保护和环境治理业						
生态保护						
环境治理业						
公共设施管理业	26326	1547	110475	68071	42404	67531
市政设施管理	4115	429	81272	49876	31396	35897
环境卫生管理	451	7	427	55	373	2183
城乡市容管理						
绿化管理	12550	291	18215	8367	9848	23643
公园和游览景区管理	9211	821	10561	9774	787	5809

设施管理业企业法人单位主要指标

营业成本（万元）	营业税金及附加（万元）	销售费用、管理费用、财务费用合计（万元）	投资收益（万元）	营业利润（万元）	利润总额（万元）	应交所得税（万元）	应付职工薪酬（万元）	应交增值税（万元）	从业人员（人）
65660	**4524**	**9567**		**10441**	**10441**	**903**	**7737**	**1031**	**1641**
14880	791	2902		4038	4038	193	1842	742	316
473	8	155		-1	-1		15		3
1106	35	16		996	996		789		101
6138	419	2516		1096	1096	87	894		146
7163	329	215		1947	1947	105	145	742	66
50780	3734	6665		6403	6403	710	5894	290	1325
25230	3032	3222		3919	3919	324	633	131	126
1467	153	352		211	211	38	322		78
19209	422	2025		1798	1798	287	4565	136	976
4875	127	1066		474	474	62	375	23	145

3－4－40 规模以上居民服务、修理

行　业　名　称	固定资产原价（万元）	本年折旧（万元）	资产总计（万元）	负债合计（万元）	所有者权益合计（万元）	营业收入（万元）
合　计	**30296**	**3635**	**59306**	**29260**	**30046**	**90025**
居民服务业	10136	697	22583	9303	13280	26600
家庭服务	2343	182	4489	872	3617	4590
托儿所服务						
洗染服务						
理发及美容服务						
洗浴服务	2619	321	9347	6962	2386	4383
保健服务	220	25	315	20	295	1915
婚姻服务						
殡葬服务	403	81	1127	59	1069	483
其他居民服务业	4551	89	7305	1391	5914	15230
机动车、电子产品和日用产品修理业	16725	2555	31567	18481	13086	59001
汽车、摩托车修理与维护	16725	2555	31567	18481	13086	59001
计算机和办公设备维修						
家用电器修理						
其他日用产品修理业						
其他服务业	3435	383	5156	1476	3680	4424
清洁服务	3281	297	3509	76	3433	3004
其他未列明服务业	154	85	1646	1400	246	1420

和其他服务业企业法人单位主要指标

营业成本（万元）	营业税金及附加（万元）	销售费用、管理费用、财务费用合计（万元）	投资收益（万元）	营业利润（万元）	利润总额（万元）	应交所得税（万元）	应付职工薪酬（万元）	应交增值税（万元）	从业人员（人）
56984	**5540**	**13959**		**15369**	**14761**	**1732**	**9273**	**1007**	**2974**
18135	1358	3135		3382	2823	137	3538	44	1127
2697	256	365		1000	1005	36	540	44	283
3101	268	1150		-559	-567	43	492		207
1313	105	292		205	205	39	145		48
		443		145	145		144		50
11024	729	885		2591	2035	19	2217		539
35681	4080	10347		11244	11180	1400	4471	664	1342
35681	4080	10347		11244	11180	1400	4471	664	1342
3168	102	477		743	758	195	1265	299	505
1828	86	347		808	802	195	484	144	287
1340	16	130		-65	-44		781	155	218

3－4－41 规模以上教育

行业名称	固定资产原价（万元）	本年折旧（万元）	资产总计（万元）	负债合计（万元）	所有者权益合计（万元）	营业收入（万元）
合计	**88414**	**9773**	**132296**	**57050**	**75246**	**127762**
学前教育						
初等教育	1615	74	591	512	79	4014
中等教育	56607	5971	90016	43617	46399	36065
高等教育						
特殊教育						
技能培训、教育辅助及其他教育	30192	3729	41689	12921	28768	87683

3－4－42 规模以上卫生和社会

行业名称	固定资产原价（万元）	本年折旧（万元）	资产总计（万元）	负债合计（万元）	所有者权益合计（万元）	营业收入（万元）
合计	**76668**	**10609**	**76716**	**52971**	**23745**	**50506**
卫生	75884	10453	75747	52011	23736	49595
医院	74131	10142	64819	42218	22601	47034
社区医疗与卫生院	1752	311	10928	9793	1135	2562
门诊部（所）						
计划生育技术服务活动						
妇幼保健院（所、站）						
专科疾病防治院（所、站）						
疾病预防控制中心						
其他卫生活动						
社会工作	784	157	970	960	10	911
提供住宿社会工作	784	157	970	960	10	911
不提供住宿社会工作						

企业法人单位主要指标

营业成本（万元）	营业税金及附加（万元）	销售费用、管理费用、财务费用合计（万元）	投资收益（万元）	营业利润（万元）	利润总额（万元）	应交所得税（万元）	应付职工薪酬（万元）	应交增值税（万元）	从业人员（人）
95336	**3092**	**13226**	**241**	**12855**	**8965**	**847**	**24450**	**278**	**4858**
3011		200		421	421		1482		145
23221	187	4111		1780	1892	60	18966		3729
69103	2905	8915	241	10654	6652	787	4003	278	984

工作企业法人单位主要指标

营业成本（万元）	营业税金及附加（万元）	销售费用、管理费用、财务费用合计（万元）	投资收益（万元）	营业利润（万元）	利润总额（万元）	应交所得税（万元）	应付职工薪酬（万元）	应交增值税（万元）	从业人员（人）
35760	**33**	**10370**		**5142**	**5019**	**338**	**9502**	**31**	**2277**
34883	33	10289		5107	4983	338	9201	31	2198
32863	22	10033		4830	4707	313	8892		2147
2020	10	255		277	277	25	309	31	51
877		82		36	36		301		79
877		82		36	36		301		79

3－4－43 规模以上文化、体育

行业名称	固定资产原价（万元）	本年折旧（万元）	资产总计（万元）	负债合计（万元）	所有者权益合计（万元）	营业收入（万元）
合计	**47861**	**6328**	**65449**	**34791**	**30658**	**74827**
新闻出版业	18184	3232	18984	11009	7975	5883
新闻业	3682	331	3821	876	2945	2640
出版业	14502	2900	15163	10133	5030	3243
广播、电视、电影和音像业	14127	1134	21771	7564	14207	24178
广播						
电视	9940	634	14268	4186	10082	6785
电影和影视节目制作						
电影和影视节目发行						
电影放映	4187	500	7503	3378	4125	17393
录音制作						
文化艺术业	4664	433	7222	2999	4223	11608
文艺创作与表演	2334	236	4636	2952	1684	9168
艺术表演场馆						
图书馆与档案馆						
文物及非物质文化遗产保护						
博物馆						
烈士陵园、纪念馆						
群众文化活动	910	70	900	47	853	116
其他文化艺术业	1420	128	1686		1686	2324
体育	254	15	126	75	52	327
体育组织						
体育场馆						
休闲健身活动	254	15	126	75	52	327
其他体育						
娱乐业	10631	1514	17345	13144	4202	32832
室内娱乐活动	7121	1149	13972	10653	3320	30648
游乐园	1750	205	1450	1120	330	1321
彩票活动						
文化、娱乐、体育经纪代理						
其他娱乐业	1760	160	1923	1371	552	863

和娱乐业法人单位主要指标

营业成本（万元）	营业税金及附加（万元）	销售费用、管理费用、财务费用合计（万元）	投资收益（万元）	营业利润（万元）	利润总额（万元）	应交所得税（万元）	应付职工薪酬（万元）	应交增值税（万元）	从业人员（人）
42232	**2956**	**12209**	**93**	**13094**	**14322**	**2180**	**6996**	**517**	**2174**
2031	42	623		-516	655	264	783		278
1584	15	23		1056	1056	264	220		68
447	27	600		-1572	-402		563		210
13271	1577	5097	93	3743	3845	628	2721	225	729
4301	312	1474		743	869	60	1702	8	442
8970	1265	3623	93	3000	2976	568	1019	217	287
7646	156	1334		2498	2466	398	1144	264	397
6204	114	1311		1529	1526	165	809	184	287
48	5	23		40	11	1	73	68	50
1394	37			930	930	232	262	12	60
26	2	229		68	67	17	163	23	52
26	2	229		68	67	17	163	23	52
19258	1179	4927		7301	7289	873	2186	4	718
18013	1135	4861		7002	7002	858	1829	4	619
745	4	32		212	201	11	247		80
501	40	34		87	87	4	110		19

第五章　行政事业及非企业法人单位财务状况

3－5－1　服务业行政事业及非企业法人单位分行业主要指标

行业	单位数（个）	年末资产（万元）	非企业单位支出（费用）（万元）	从业人员（人）
信息传输、软件和信息技术服务业	**84**	**20451**	**15886**	**997**
电信、广播电视和卫星传输服务	78	19083	12263	915
互联网和相关服务				
软件和信息技术服务业	6	1369	3623	82
房地产	**11**	**1798**	**1734**	**89**
物业管理	6	275	216	20
房地产中介服务	3	1502	1257	49
自有房地产经营活动				
其他房地产业	2	21	261	20
租赁和商务服务业	**380**	**96068**	**59264**	**3734**
租赁业	6	96	49	26
机械设备租赁	6	96	49	26
文化及日用品出租				
商务服务业	374	95972	59216	3708
企业管理服务	119	67510	15625	966
法律服务	120	4919	7715	570
咨询与调查	40	2218	4667	385
广告业	6	3995	19165	929
知识产权服务	1	3	36	3
人力资源服务	57	8646	8017	534
旅行社及相关服务	2	528	496	18
安全保护服务	1	41	113	4
其他商务服务业	28	8112	3382	299
科学研究和技术服务业	**483**	**91269**	**110691**	**4946**
研究和试验发展	24	16751	25523	348
专业技术服务业	160	34216	27364	1486
科技推广和应用服务业	299	40302	57805	3112
水利、环境和公共设施管理业	**269**	**485170**	**110044**	**7142**
水利管理业	194	439220	58066	3293
防洪除涝设施管理	35	140527	27916	1361
水资源管理	38	197327	9685	506
天然水收集与分配	31	43764	4477	505
水文服务				
其他水利管理业	90	57602	15988	921
生态保护和环境治理业	8	4069	2446	104
生态保护	4	2816	1430	71
环境治理业	4	1253	1016	33
公共设施管理业	67	41881	49532	3745
市政设施管理	12	8827	7756	357
环境卫生管理	21	19146	27912	2801
城乡市容管理	12	950	2639	145
绿化管理	8	1466	1635	177
公园和游览景区管理	14	11492	9590	265
居民服务、修理和其他服务业	**45**	**9330**	**8059**	**496**
居民服务业	37	8935	7477	404
机动车、电子产品和日用产品修理业	1	11	37	3
其他服务业	7	384	544	89
教育	**893**	**1599786**	**1006805**	**56777**
学前教育	201	68064	46526	3353
初等教育	224	352485	353184	22258
中等教育	217	677100	412918	22650

3－5－1 服务业行政事业及非企业法人单位分行业主要指标（续）

行业	单位数（个）	年末资产（万元）	非企业单位支出（费用）（万元）	从业人员（人）
高等教育	19	363963	126654	4648
特殊教育	7	4878	3942	245
技能培训、教育辅助及其他教育	225	133296	63581	3623
卫生和社会工作	**670**	**924392**	**714803**	**29655**
卫生	385	874046	685459	27962
医院	43	465781	307018	12232
社区医疗与卫生院	184	162993	173345	10127
门诊部（所）	22	168936	148109	3376
计划生育技术服务活动	99	11084	11662	784
妇幼保健院（所、站）	8	38574	18661	614
专科疾病防治院（所、站）	4	250	377	19
疾病预防控制中心	18	15575	20295	565
其他卫生活动	7	10853	5991	245
社会工作	285	50346	29344	1693
提供住宿社会工作	255	47196	26219	1537
不提供住宿社会工作	30	3150	3124	156
文化、体育和娱乐业	**202**	**96847**	**48276**	**2243**
新闻出版业	12	2505	3154	150
新闻业	6	1971	1468	70
出版业	6	534	1686	80
广播、电视、电影和音像业	19	10588	4346	414
广播	5	6968	3160	161
电视	6	590	203	142
电影和影视节目制作	1	8	96	2
电影放映	6	2778	656	81
录音制作	1	244	231	28
文化艺术业	122	58159	25490	1260
文艺创作与表演	14	2032	5758	140
艺术表演场馆	5	2145	2238	31
图书馆与档案馆	21	11641	4400	243
文物及非物质文化遗产保护	7	12336	1507	128
博物馆	11	12366	2880	161
烈士陵园、纪念馆	9	5066	1396	112
群众文化活动	39	9022	5031	281
其他文化艺术业	16	3553	2280	164
体育	32	22794	5479	214
体育组织	16	2860	3183	91
体育场馆	10	17799	1703	88
休闲健身活动	4	1834	442	31
其他体育	2	300	150	4
娱乐业	17	2801	9806	205
室内娱乐活动	13	547	477	54
游乐园	1	1096	7989	99
彩票活动	3	1157	1340	52
公共管理、社会保障和社会组织	**5840**	**3057436**	**2832043**	**72318**
中国共产党机关	214	74788	86226	2563
国家机构	1763	2327988	2263153	42421
人民政协、民主党派	33	10828	15504	315
社会保障	65	23732	99521	789
群众团体、社会团体和其他成员组织	2086	232942	157877	11356
基层群众自治组织	1679	387158	209763	14874

3-5-2　信息传输、软件和信息技术服务业行政事业及非企业法人单位分地区主要指标

地　区	单位数（个）	年末资产（万元）	非企业单位支出（费用）（万元）	从业人员（人）
总　计	**84**	**20451**	**15886**	**997**
清河区	2	1254	2483	61
淮安区	25	5713	1945	180
淮阴区	13	251	1165	49
清浦区				
涟水县	9	6553	6470	333
洪泽县	1	40	81	9
盱眙县	22	4597	1943	304
金湖县	10	1965	1771	55
开发区	2	80	27	6
工业园区				

3-5-3　租赁和商务服务业行政事业及非企业法人单位分地区主要指标

地　区	单位数（个）	年末资产（万元）	非企业单位支出（费用）（万元）	从业人员（人）
总　计	**380**	**96068**	**59264**	**3734**
清河区	20	5496	21831	1041
淮安区	107	14114	11727	801
淮阴区	48	2665	5862	371
清浦区	28	6463	4047	280
涟水县	34	3805	3451	183
洪泽县	41	1688	2722	243
盱眙县	57	54795	3041	320
金湖县	38	5618	5450	382
开发区	7	1424	1133	113
工业园区				

3－5－4 科学研究和技术服务业行政事业及非企业法人单位分地区主要指标

地区	单位数（个）	年末资产（万元）	非企业单位支出（费用）（万元）	从业人员（人）
总计	**483**	**91269**	**110691**	**4946**
清河区	24	24431	15943	451
淮安区	54	8774	9754	672
淮阴区	63	2261	22228	529
清浦区	25	5315	6103	347
涟水县	95	13750	13345	685
洪泽县	69	7568	24907	1029
盱眙县	72	12037	7855	528
金湖县	41	7719	6598	430
开发区	39	6368	2483	196
工业园区	1	3046	1474	79

3－5－5 水利、环境和公共设施管理业行政事业及非企业法人单位分地区主要指标

地区	单位数（个）	年末资产（万元）	非企业单位支出（费用）（万元）	从业人员（人）
总计	**269**	**485170**	**110044**	**7142**
清河区	14	24077	16072	1150
淮安区	50	238504	30345	2158
淮阴区	35	22644	4901	444
清浦区	17	55344	13374	389
涟水县	43	13351	5557	337
洪泽县	27	48091	7808	745
盱眙县	48	26053	12513	1019
金湖县	27	52986	13085	485
开发区	8	4121	6390	415
工业园区				

3－5－6　居民服务、修理和其他服务业行政事业及非企业法人单位分地区主要指标

地　　区	单位数（个）	年末资产（万元）	非企业单位支出（费用）（万元）	从业人员（人）
总　　计	**45**	**9330**	**8059**	**496**
清 河 区	2	8	157	9
淮 安 区	3	986	692	43
淮 阴 区	8	1986	1233	127
清 浦 区	6	458	506	39
涟 水 县	7	1544	2026	95
洪 泽 县	5	802	342	31
盱 眙 县	9	701	307	46
金 湖 县	2	375	690	22
开 发 区	3	2469	2105	84
工业园区				

3－5－7　教育行政事业及非企业法人单位分地区主要指标

地　　区	单位数（个）	年末资产（万元）	非企业单位支出（费用）（万元）	从业人员（人）
总　　计	**893**	**1599786**	**1006805**	**56777**
清 河 区	65	162843	97279	4682
淮 安 区	130	129983	143882	8947
淮 阴 区	142	264763	127831	8913
清 浦 区	83	106299	74720	3330
涟 水 县	155	254627	159913	9607
洪 泽 县	86	109964	78472	4572
盱 眙 县	117	155365	100888	7321
金 湖 县	78	84205	78082	3946
开 发 区	36	330816	144274	5255
工业园区	1	921	1464	204

3－5－8　卫生和社会工作行政事业及非企业法人单位分地区主要指标

地　　区	单位数（个）	年末资产（万元）	非企业单位支出（费用）（万元）	从业人员（人）
总　　计	**670**	**924392**	**714803**	**29655**
清河区	56	47009	51103	2020
淮安区	137	143373	120364	5194
淮阴区	86	283292	203481	6985
清浦区	76	112654	114315	4079
涟水县	111	99410	91204	3261
洪泽县	50	82717	34817	1765
盱眙县	76	90279	62060	4005
金湖县	54	61128	30573	1868
开发区	23	4530	6876	475
工业园区	1		9	3

3－5－9　文化、体育和娱乐业行政事业及非企业法人单位分地区主要指标

地　　区	单位数（个）	年末资产（万元）	非企业单位支出（费用）（万元）	从业人员（人）
总　　计	**202**	**96847**	**48276**	**2243**
清河区	47	37696	22665	667
淮安区	31	25113	5954	383
淮阴区	17	6938	1247	161
清浦区	17	4901	3166	179
涟水县	20	10563	9630	299
洪泽县	23	3231	1495	108
盱眙县	30	6288	2301	335
金湖县	13	2027	1651	93
开发区	4	89	165	18
工业园区				

3-5-10　公共管理、社会保障和社会组织行政事业及非企业法人单位分地区主要指标

地　　区	单位数（个）	年末资产（万元）	非企业单位支出（费用）（万元）	从业人员（人）
总　　计	**5840**	**3057436**	**2832043**	**72318**
清河区	696	555681	376434	10499
淮安区	856	380621	532334	11825
淮阴区	683	229031	239520	8425
清浦区	395	165248	131050	4197
涟水县	1061	367502	370655	10705
洪泽县	575	267692	188904	4998
盱眙县	935	441840	357943	10505
金湖县	456	318859	281268	5360
开发区	167	325913	350763	5513
工业园区	16	5048	3173	291

小微企业篇：

小微企业情况

本篇编辑：袁永志　尹　进　罗　劼　肖　淦

4－1－1　按行业、地区分组的小微企业法人单位数

	单位数（个）	清河区	淮安区	淮阴区	清浦区	涟水县	洪泽县	盱眙县	金湖县	开发区	工业园区
总　　计	**30442**	**4724**	**5458**	**3491**	**2807**	**2653**	**3049**	**3180**	**3186**	**1837**	**57**
农、林、牧、渔业	**88**	**3**	**9**	**11**	**4**	**23**	**16**	**17**	**4**	**1**	
农、林、牧、渔服务业	88	3	9	11	4	23	16	17	4	1	
农业服务业	54	1	5	9	4	5	12	14	3	1	
林业服务业	3						1	2			
畜牧服务业	23		2	1		18	1	1			
渔业服务业	8	2	2	1			2		1		
采矿业	**67**		**1**	**6**	**2**		**12**	**43**	**1**	**2**	
煤炭开采和洗选业	1							1			
烟煤和无烟煤开采洗选											
褐煤开采洗选											
其他煤炭采选	1							1			
石油和天然气开采业	2							2			
石油开采	1							1			
天然气开采	1							1			
黑色金属矿采选业											
铁矿采选											
锰矿、铬矿采选											
其他黑色金属矿采选											
有色金属矿采选业	1							1			
常用有色金属矿采选	1							1			
贵金属矿采选											
稀有稀土金属矿采选											
非金属矿采选业	55		1	6	1		7	38		2	
土砂石开采	40			1			3	36			
化学矿开采	4			1			3				
采盐	7		1	4	1		1				
石棉及其他非金属矿采选	4							2		2	
开采辅助活动	6						5		1		
煤炭开采和洗选辅助活动	2						2				
石油和天然气开采辅助活动	3						2		1		
其他开采辅助活动	1						1				
其他采矿业	2				1			1			
其他采矿业	2				1			1			
制造业	**10332**	**267**	**2280**	**1423**	**715**	**928**	**1116**	**1421**	**1671**	**473**	**38**
农副食品加工业	520	1	86	105	19	67	63	103	62	14	
谷物磨制	229		47	25	3	30	28	61	33	2	
饲料加工	74	1	11	26	7	3	7	9	3	7	
植物油加工	15			7	1			3	3	1	
制糖业	3			2						1	
屠宰及肉类加工	65		9	16	5	18	3	11	2	1	
水产品加工	36		3	4	1		18	6	4		
蔬菜、水果和坚果加工	36		7	3		13	2	2	7	2	
其他农副食品加工	62		9	22	2	3	5	11	10		
食品制造业	180	1	35	51	18	9	20	25	7	14	
焙烤食品制造	41	1	10	16	5	2	3	2	2		
糖果、巧克力及蜜饯制造	11		4	4			1	1		1	
方便食品制造	45		5	8	3	4	8	10	2	5	
乳制品制造	6			2	2					2	
罐头食品制造	8		2	1	1			1	1	2	
调味品、发酵制品制造	31		8	7	3	1	3	7		2	
其他食品制造	38		6	13	4	2	5	4	2	2	
酒、饮料和精制茶制造业	73	1	24	9	7	8	5	9	6	2	2

4－1－1　按行业、地区分组的小微企业法人单位数（续1）

	单位数（个）	清河区	淮安区	淮阴区	清浦区	涟水县	洪泽县	盱眙县	金湖县	开发区	工业园区
酒的制造	33		13	4	3	5	1	2	4	1	
饮料制造	35	1	11	5	3	2	4	5	1	1	2
精制茶加工	5				1	1		2	1		
烟草制品业	1				1						
烟叶复烤											
卷烟制造											
其他烟草制品制造	1				1						
纺织业	710	8	297	83	79	65	52	31	76	15	4
棉纺织及印染精加工	187	1	40	32	25	28	22	5	23	10	1
毛纺织及染整精加工	25		9	4	2	3	3	1	2		1
麻纺织及染整精加工	8	1		1		3	2	1			
丝绢纺织及印染精加工	31			13	1	2	2	3	10		
化纤织造及印染精加工	14		4	3		1	1		4	1	
针织或钩针编织物及其制品制造	177	1	106	10	28	9	7	6	7	2	1
家用纺织制成品制造	195	3	130	12	19	8	8	4	9	1	1
非家用纺织制成品制造	73	2	8	8	4	11	7	11	21	1	
纺织服装、服饰业	929	12	273	178	35	120	89	105	97	18	2
机织服装制造	596	6	131	139	18	78	71	69	70	13	1
针织或钩针编织服装制造	64	1	38	7	7	2	2	6	1		
服饰制造	269	5	104	32	10	40	16	30	26	5	1
皮革、毛皮、羽毛及其制品和制鞋业	271	3	90	30	14	27	19	50	29	9	
皮革鞣制加工	11		5	1		1	1	3			
皮革制品制造	100		27	9	3	19	10	25	3	4	
毛皮鞣制及制品加工	2							1	1		
羽毛（绒）加工及制品制造	47		42					4	1		
制鞋业	111	3	16	20	11	7	8	17	24	5	
木材加工和木、竹、藤、棕、草制品业	488	2	63	73	14	135	64	31	99	5	2
木材加工	235		30	28	8	82	33	17	35	2	
人造板制造	135	2	15	18		37	23	5	33	2	
木制品制造	101		18	24	6	12	7	3	28	1	2
竹、藤、棕、草等制品制造	17			3		4	1	6	3		
家具制造业	165	4	51	29	6	21	17	14	10	11	2
木质家具制造	123	4	40	18	3	18	12	10	10	6	2
竹、藤家具制造	1			1							
金属家具制造	16		7	2		1	2	2		2	
塑料家具制造	8		2	2	1	1	1			1	
其他家具制造	17		2	6	2	1	2	2		2	
造纸和纸制品业	253	6	63	44	17	26	42	18	27	8	2
纸浆制造	1			1							
造纸	83	1	16	27	6	9	13	4	4	2	1
纸制品制造	169	5	47	16	11	17	29	14	23	6	1
印刷和记录媒介复制业	194	39	19	21	24	9	21	25	15	21	
印刷	172	33	18	18	23	9	19	21	12	19	
装订及印刷相关服务	22	6	1	3	1		2	4	3	2	
记录媒介复制											
文教、工美、体育和娱乐用品制造业	340	5	134	23	14	20	28	71	33	12	
文教办公用品制造	112	3	81	2	3	3	1	13	2	4	
乐器制造	8		4			3			1		
工艺美术品制造	105	2	23	9	7	9	10	27	14	4	
体育用品制造	30		7	3	1	1	8	5	5		
玩具制造	78		19	9	3	4	8	22	11	2	
游艺器材及娱乐用品制造	7						1	4		2	
石油加工、炼焦和核燃料加工业	29		8	1	3	1	3	6	4	2	1

4－1－1 按行业、地区分组的小微企业法人单位数（续2）

	单位数（个）	清河区	淮安区	淮阴区	清浦区	涟水县	洪泽县	盱眙县	金湖县	开发区	工业园区
精炼石油产品制造	28		8	1	3	1	2	6	4	2	1
炼焦											
核燃料加工	1						1				
化学原料和化学制品制造业	485	10	86	54	43	39	102	68	53	30	
基础化学原料制造	119	5	16	11	10	17	36	6	6	12	
肥料制造	49	1	13	1	6	7	6	10	4	1	
农药制造	15		1	2	1		6	2		3	
涂料、油墨、颜料及类似产品制造	83	2	23	12	9	6	9	12	7	3	
合成材料制造	61		6	7	1	5	9	22	6	5	
专用化学产品制造	96	2	10	13	14	2	24	8	22	1	
炸药、火工及焰火产品制造											
日用化学产品制造	62		17	8	2	2	12	8	8	5	
医药制造业	66	5	13	4	5	2	12	6	11	8	
化学药品原料药制造	11	1	2		1	2	3	1	1		
化学药品制剂制造	2	1	1								
中药饮片加工	3			1			1	1			
中成药生产	8		3	1			1	2		1	
兽用药品制造	6		1				3	1	1		
生物药品制造	16	1	3	1				1	7	3	
卫生材料及医药用品制造	20	2	3	1	4		4		2	4	
化学纤维制造业	33		8	3	7	1	3	4	6	1	
纤维素纤维原料及纤维制造	7		2		1		2	2			
合成纤维制造	26		6	3	6	1	1	2	6	1	
橡胶和塑料制品业	524	11	115	80	42	34	63	73	80	25	1
橡胶制品业	85	1	11	13	5	6	13	13	17	6	
塑料制品业	439	10	104	67	37	28	50	60	63	19	1
非金属矿物制品业	868	8	157	169	73	93	106	172	66	19	5
水泥、石灰和石膏制造	58		11	9	5	7	3	13	5	5	
石膏、水泥制品及类似制品制造	346	3	79	83	23	48	34	58	13	5	
砖瓦、石材等建筑材料制造	293	1	33	52	31	28	38	65	33	8	4
玻璃制造	15		3	5		2	2	3			
玻璃制品制造	72	2	28	7	2	4	20	3	5	1	
玻璃纤维和玻璃纤维增强塑料制品制造	15	1	1	2		2	3		6		
陶瓷制品制造	8	1		5				2			
耐火材料制品制造	15			2	7		3	1	1		1
石墨及其他非金属矿物制品制造	46		2	4	5	2	3	27	3		
黑色金属冶炼和压延加工业	129	2	14	24	17	6	23	25	14	4	
炼铁	5				1		3	1			
炼钢	3					1	2				
黑色金属铸造	48	1	5	9	9	2	6	5	9	2	
钢压延加工	66	1	9	14	7	3	11	15	4	2	
铁合金冶炼	7			1			1	4	1		
有色金属冶炼和压延加工业	202	1	83	17	8	13	25	30	18	6	1
常用有色金属冶炼	29		8	2	2	4	2	6	3	2	
贵金属冶炼	1						1				
稀有稀土金属冶炼	4			1	1		1		1		
有色金属合金制造	14		3				1	8	1	1	
有色金属铸造	15		3	6			1	2	2		1
有色金属压延加工	139	1	69	8	5	9	19	14	11	3	
金属制品业	616	17	110	109	51	54	73	91	66	43	2
结构性金属制品制造	294	8	53	54	21	28	43	46	22	19	
金属工具制造	64	1	8	17	5	3	9	8	6	7	
集装箱及金属包装容器制造	21		2	3	3	2	2	2	4	3	

4－1－1　按行业、地区分组的小微企业法人单位数（续3）

	单位数（个）	清河区	淮安区	淮阴区	清浦区	涟水县	洪泽县	盱眙县	金湖县	开发区	工业园区
金属丝绳及其制品制造	14	1	3	2	2		1	2	3		
建筑、安全用金属制品制造	61	4	12	9	5	4	5	5	9	7	1
金属表面处理及热处理加工	24		9	2	1		5	1	4	2	
搪瓷制品制造	4		1	1					1		1
金属制日用品制造	44	3	7	7	2	7	2	9	4	3	
其他金属制品制造	90		15	14	12	10	6	18	13	2	
通用设备制造业	880	44	118	95	66	37	66	140	271	42	1
锅炉及原动设备制造	39		7	5	2	3	5	11	5	1	
金属加工机械制造	188	12	29	22	19	14	18	28	38	8	
物料搬运设备制造	26	2	4	4	2	1		3	5	5	
泵、阀门、压缩机及类似机械制造	138	8	13	37	14	5	2	26	24	8	1
轴承、齿轮和传动部件制造	94	11	17	8	6		2	35	12	3	
烘炉、风机、衡器、包装等设备制造	43	3	4	4	2	2	5	8	11	4	
文化、办公用机械制造	4						1	2		1	
通用零部件制造	304	4	44	10	10	7	29	21	169	10	
其他通用设备制造业	44	4		5	11	5	4	6	7	2	
专用设备制造业	569	14	97	46	59	36	39	84	143	50	1
采矿、冶金、建筑专用设备制造	135	4	10	7	8	3	9	15	74	5	
化工、木材、非金属加工专用设备制造	91	1	16	8	8	3	9	13	14	19	
食品、饮料、烟草及饲料生产专用设备制造	14		6		1	1		3		3	
印刷、制药、日化及日用品生产专用设备制造	48	4	5	9	4	4	3	9	7	3	
纺织、服装和皮革加工专用设备制造	25			3	1	5	6	4	5	1	
电子和电工机械专用设备制造	64	1	19	6	4	7	4	12	5	6	
农、林、牧、渔专用机械制造	60	1	21	2	5	3	1	4	22	1	
医疗仪器设备及器械制造	49	1	5	6	20	2		6	1	7	1
环保、社会公共服务及其他专用设备制造	83	2	15	5	8	8	7	18	15	5	
汽车制造业	251	3	41	24	7	4	35	28	96	9	4
汽车整车制造											
改装汽车制造	3		2				1				
低速载货汽车制造											
电车制造	4			1		2	1				
汽车车身、挂车制造	4		2		1					1	
汽车零部件及配件制造	240	3	37	23	6	2	33	28	96	8	4
铁路、船舶、航空航天和其他运输设备制造业	111	5	21	26	11	10	17	10	6	3	2
铁路运输设备制造	4		1	3							
城市轨道交通设备制造	2			1			1				
船舶及相关装置制造	54	1	16	10	7	4	9	5	1	1	
航空、航天器及设备制造	2					2					
摩托车制造	7	1				1	3	1	1		
自行车制造	35	3	2	10	3	3	4	2	4	2	2
非公路休闲车及零配件制造	3		1					2			
潜水救捞及其他未列明运输设备制造	4		1	2	1						
电气机械和器材制造业	577	27	70	71	36	42	63	86	132	48	2
电机制造	40	5	3	7	5	3	7	6	2	2	
输配电及控制设备制造	198	7	31	29	12	19	25	35	24	14	2
电线、电缆、光缆及电工器材制造	129	1	10	5	5	4	9	12	75	8	
电池制造	34		5	1	2	5	4	8	6	3	
家用电力器具制造	52	2	7	11	2	3	10	5	10	2	
非电力家用器具制造	40	1	8	10	4	4		6	2	5	
照明器具制造	46	9	5	4	2	3	5	9	6	3	
其他电气机械及器材制造	38	2	1	4	4	1	3	5	7	11	
计算机、通信和其他电子设备制造业	355	13	123	25	7	21	33	63	32	35	3
计算机制造	22	7	1	1	1	1	4		1	6	

4－1－1 按行业、地区分组的小微企业法人单位数（续4）

	单位数（个）	清河区	淮安区	淮阴区	清浦区	涟水县	洪泽县	盱眙县	金湖县	开发区	工业园区
通信设备制造	15	1	2	2	1		5		3	1	
广播电视设备制造	19		1			1		16	1		
雷达及配套设备制造											
视听设备制造	7		1				1	5			
电子器件制造	30	1	11	1	2		1	3	6	4	1
电子元件制造	206	2	97	15	2	13	22	24	15	16	
其他电子设备制造	56	2	10	6	1	6		15	6	8	2
仪器仪表制造业	282	9	24	4	7	4	2	21	201	10	
通用仪器仪表制造	178	4	3	3	3		2	15	144	4	
专用仪器仪表制造	46	4	18	1	4			3	12	4	
钟表与计时仪器制造	2							1	1		
光学仪器及眼镜制造	11	1	3			2		1	3	1	
其他仪器仪表制造业	45					2		1	41	1	
其他制造业	114	5	32	12	10	16	11	18	6	4	
日用杂品制造	62	1	29	7	5	8	1	10	1		
煤制品制造	2					1	1				
核辐射加工											
其他未列明制造业	50	4	3	5	5	7	9	8	5	4	
废弃资源综合利用业	60	2	14	11	2	5	8	12	3	2	1
金属废料和碎屑加工处理	29	1	7	5	2	1	4	4	3	1	1
非金属废料和碎屑加工处理	31	1	7	6		4	4	8		1	
金属制品、机械和设备修理业	57	9	11	2	13	3	12	2	2	3	
金属制品修理	2					1				1	
通用设备修理	7	2	2		3						
专用设备修理	8	2	2		3		1				
铁路、船舶、航空航天等运输设备修理	23	4	5	1	4		8		1		
电气设备修理	4			1			2			1	
仪器仪表修理											
其他机械和设备修理业	13	1	2		3	2	1	2	1	1	
电力、热力、燃气及水生产和供应业	**181**	**5**	**24**	**30**	**12**	**19**	**31**	**25**	**18**	**14**	**3**
电力、热力生产和供应业	57	3	8	8	6	1	8	10	7	5	1
电力生产	38		7	6	2	1	7	5	5	4	1
电力供应	6		1				1	3	1		
热力生产和供应	13	3		2	4			2	1	1	
燃气生产和供应业	26			8	5	3	1	2	4	2	1
燃气生产和供应业	26			8	5	3	1	2	4	2	1
水的生产和供应业	98	2	16	14	1	15	22	13	7	7	1
自来水生产和供应	72	1	14	10		12	17	11	6	1	
污水处理及其再生利用	21	1	2	3	1	3	5	2	1	3	
其他水的处理、利用与分配	5			1						3	1
建筑业	**2107**	**528**	**356**	**180**	**250**	**220**	**132**	**114**	**135**	**192**	
房屋建筑业	643	103	117	56	54	149	38	35	28	63	
房屋建筑业	643	103	117	56	54	149	38	35	28	63	
土木工程建筑业	323	64	53	27	48	21	40	16	21	33	
铁路、道路、隧道和桥梁工程建筑	127	28	20	8	21	9	16	8	4	13	
水利和内河港口工程建筑	42	4	13	2	3	3	7	3	7		
海洋工程建筑											
工矿工程建筑	7		1	2	1	1	1		1		
架线和管道工程建筑	53	14	7	4	4	5	7	1	3	8	
其他土木工程建筑	94	18	12	11	19	3	9	4	6	12	
建筑安装业	317	66	34	30	71	22	21	13	21	39	
电气安装	89	13	11	9	26	3	5	3	8	11	

4－1－1　按行业、地区分组的小微企业法人单位数（续5）

	单位数（个）	清河区	淮安区	淮阴区	清浦区	涟水县	洪泽县	盱眙县	金湖县	开发区	工业园区
管道和设备安装	59	12	4	10	15		5	2	1	10	
其他建筑安装业	169	41	19	11	30	19	11	8	12	18	
建筑装饰和其他建筑业	824	295	152	67	77	28	33	50	65	57	
建筑装饰业	593	236	98	44	58	22	21	39	46	29	
工程准备活动	98	17	41	8	5		6	2	11	8	
提供施工设备服务	33	4	3	4	2	2	1	5	7	5	
其他未列明建筑业	100	38	10	11	12	4	5	4	1	15	
批发和零售业	**10108**	**2068**	**1964**	**1034**	**964**	**851**	**943**	**879**	**862**	**535**	**8**
批发业	5734	1392	936	449	530	461	555	498	618	294	1
农、林、牧产品批发	551	57	65	27	24	129	53	135	54	7	
食品、饮料及烟草制品批发	569	119	51	46	37	69	64	106	55	21	1
纺织、服装及家庭用品批发	611	248	65	58	60	32	47	49	22	30	
文化、体育用品及器材批发	155	47	51	6	22	11	5	2	4	7	
医药及医疗器材批发	110	29	10	8	18	19	7	6	6	7	
矿产品、建材及化工产品批发	1805	291	525	164	179	127	191	96	175	57	
机械设备、五金产品及电子产品批发	1001	322	74	80	93	34	44	43	217	94	
贸易经纪与代理	379	182	30	18	32	6	54	25	3	29	
其他批发业	553	97	65	42	65	34	90	36	82	42	
零售业	4374	676	1028	585	434	390	388	381	244	241	7
综合零售	645	59	303	66	32	67	31	43	19	25	
食品、饮料及烟草制品专门零售	373	73	39	45	40	19	67	57	25	8	
纺织、服装及日用品专门零售	353	106	80	30	52	17	19	18	14	17	
文化、体育用品及器材专门零售	161	45	27	26	20	3	10	14	8	8	
医药及医疗器材专门零售	1011	61	186	221	83	155	97	91	61	56	
汽车、摩托车、燃料及零配件专门零售	441	68	64	58	25	48	47	66	32	26	7
家用电器及电子产品专门零售	579	126	157	39	100	33	29	31	37	27	
五金、家具及室内装饰材料专门零售	484	90	134	73	37	19	26	33	25	47	
货摊、无店铺及其他零售业	327	48	38	27	45	29	62	28	23	27	
交通运输、仓储和邮政业	**1104**	**75**	**168**	**157**	**149**	**147**	**155**	**99**	**77**	**76**	**1**
道路运输业	795	54	130	122	108	124	96	77	39	44	1
城市公共交通运输	14			3	1	5	3	2			
公路旅客运输	32	7	2	6	2	5	3	6	1		
道路货物运输	711	40	124	106	103	110	84	64	35	44	1
道路运输辅助活动	38	7	4	7	2	4	6	5	3		
水上运输业	102	4	9	13	12	4	37	7	14	2	
水上旅客运输	4						3	1			
水上货物运输	77	2	9	11	10	3	24	4	12	2	
水上运输辅助活动	21	2		2	2	1	10	2	2		
航空运输业	1					1					
航空客货运输	1					1					
通用航空服务											
航空运输辅助活动											
管道运输业	3						1	1	1		
管道运输业	3						1	1	1		
装卸搬运和运输代理业	123	13	11	12	23	9	12	5	13	25	
装卸搬运	78	7	9	11	18	5	6	3	8	11	
运输代理业	45	6	2	1	5	4	6	2	5	14	
仓储业	50	2	13	8	5	6	3	4	6	3	
谷物、棉花等农产品仓储	25		3	6	2	6	2	2	3	1	
其他仓储业	25	2	10	2	3		1	2	3	2	
邮政业	30	2	5	2	1	3	6	5	4	2	
邮政基本服务											

4－1－1　按行业、地区分组的小微企业法人单位数（续6）

	单位数（个）	清河区	淮安区	淮阴区	清浦区	涟水县	洪泽县	盱眙县	金湖县	开发区	工业园区
快递服务	30	2	5	2	1	3	6	5	4	2	
住宿和餐饮业	**457**	**112**	**74**	**52**	**52**	**38**	**28**	**44**	**34**	**23**	
住宿业	136	39	19	10	9	11	11	15	9	13	
旅游饭店	54	19	5	2	3	2	5	9	4	5	
一般旅馆	68	15	14	5	5	9	3	5	5	7	
其他住宿业	14	5		3	1		3	1		1	
餐饮业	321	73	55	42	43	27	17	29	25	10	
正餐服务	272	58	47	36	38	22	14	25	23	9	
快餐服务	14	4	2	1		2	1	1	2	1	
饮料及冷饮服务	9	5	2		1			1			
其他餐饮业	26	6	4	5	4	3	2	2			
信息传输、软件和信息技术服务业	**515**	**140**	**27**	**48**	**48**	**19**	**61**	**19**	**26**	**127**	
电信、广播电视和卫星传输服务	48	14	1	14		3	3	6	1	6	
电信	35	11		12		1	2	4		5	
广播电视传输服务	12	3	1	1		2	1	2	1	1	
卫星传输服务	1			1							
互联网和相关服务	147	30	11	10	16	7	41	9	7	16	
互联网接入及相关服务	12	2	2	3	2	1				2	
互联网信息服务	105	20	8	4	8	5	40	9	5	6	
其他互联网服务	30	8	1	3	6	1	1		2	8	
软件和信息技术服务业	320	96	15	24	32	9	17	4	18	105	
软件开发	161	43	6	11	11	1	5	2	10	72	
信息系统集成服务	22	5	2	1	1	2	5			6	
信息技术咨询服务	62	20	4	2	11	3	5	2	5	10	
数据处理和存储服务	4	1			1		1			1	
集成电路设计	9	3		3	2	1					
其他信息技术服务业	62	24	3	7	6	2	1		3	16	
房地产业	**1032**	**258**	**93**	**84**	**114**	**88**	**116**	**126**	**61**	**90**	**2**
房地产业	1032	258	93	84	114	88	116	126	61	90	2
房地产开发经营	367	63	41	28	26	46	30	71	27	35	
物业管理	449	123	39	37	68	27	43	42	30	39	1
房地产中介服务	164	54	13	16	17	9	32	5	4	14	
自有房地产经营活动											
其他房地产业	52	18		3	3	6	11	8		2	1
租赁和商务服务业	**2547**	**829**	**212**	**264**	**297**	**170**	**261**	**214**	**155**	**144**	**1**
租赁业	193	34	12	36	27	15	40	6	3	20	
机械设备租赁	190	34	12	36	26	14	40	6	3	19	
文化及日用品出租	3				1	1				1	
商务服务业	2354	795	200	228	270	155	221	208	152	124	1
企业管理服务	646	195	39	84	84	33	91	54	33	33	
法律服务	31	12		5	1	7	1	2	3		
咨询与调查	354	130	38	27	33	26	36	28	23	13	
广告业	584	272	39	31	73	28	26	41	43	31	
知识产权服务	6	2			1		1	1	1		
人力资源服务	250	58	29	15	21	41	25	22	13	25	1
旅行社及相关服务	109	40	10	8	9	5	9	14	9	5	
安全保护服务	18	5	1	4	1	1	1	1	2	2	
其他商务服务业	356	81	44	54	47	14	31	45	25	15	
科学研究和技术服务业	**728**	**213**	**62**	**68**	**72**	**38**	**78**	**69**	**58**	**70**	
研究和试验发展	85	20	2	4	11	4	7	21	6	10	
自然科学研究和试验发展	13	1			3	2	1	3	1	2	
工程和技术研究和试验发展	52	10	2	1	8	1	5	12	5	8	

4－1－1　按行业、地区分组的小微企业法人单位数(续7)

	单位数（个）	清河区	淮安区	淮阴区	清浦区	涟水县	洪泽县	盱眙县	金湖县	开发区	工业园区
农业科学研究和试验发展	14	6		2			1	5			
医学研究和试验发展	4	2				1		1			
社会人文科学研究	2	1		1							
专业技术服务业	420	129	44	43	45	17	38	32	31	41	
气象服务	4			1		1		1	1		
地震服务	1	1									
海洋服务											
测绘服务	21	1	2	3	4	2		4	3	2	
质检技术服务	45	5	6	7	9	2	3	4	5	4	
环境与生态监测	5	3				1				1	
地质勘查	5					1	3			1	
工程技术	211	50	21	19	24	7	26	16	18	30	
其他专业技术服务业	128	69	15	13	8	3	6	7	4	3	
科技推广和应用服务业	223	64	16	21	16	17	33	16	21	19	
技术推广服务	159	29	12	16	9	16	29	13	19	16	
科技中介服务	26	11	3	2	3	1	2	1	1	2	
其他科技推广和应用服务业	38	24	1	3	4		2	2	1	1	
水利、环境和公共设施管理业	**133**	**7**	**4**	**11**	**23**	**14**	**29**	**13**	**15**	**13**	**4**
水利管理业	23			2		6	4	5	4	2	
防洪除涝设施管理	3			2				1			
水资源管理	6					1	2	1	2		
天然水收集与分配	2					1	1				
水文服务	4					2				2	
其他水利管理业	8					2	1	3	2		
生态保护和环境治理业	12	1	1	1	3	1	1			1	3
生态保护	3				1						2
环境治理业	9	1	1	1	2	1	1			1	1
公共设施管理业	98	6	3	8	20	7	24	8	11	10	1
市政设施管理	12	1		1	3		2		1	3	1
环境卫生管理	8	1			3		2		1	1	
城乡市容管理											
绿化管理	43	4	2	6	13	7	3		4	4	
公园和游览景区管理	35		1	1	1		17	8	5	2	
居民服务、修理和其他服务业	**563**	**120**	**98**	**79**	**75**	**37**	**48**	**31**	**31**	**44**	
居民服务业	180	37	35	16	21	14	18	12	10	17	
家庭服务	24	6	1	2	4	3	2	3		3	
托儿所服务											
洗染服务	5	1	2						1	1	
理发及美容服务	9	6	2		1						
洗浴服务	76	11	24	6	9	6	4	4	8	4	
保健服务	6	2		2	1					1	
婚姻服务	12	3	4	1		1	2			1	
殡葬服务	11		1	1	3		4	1	1		
其他居民服务业	37	8	1	4	3	4	6	4		7	
机动车、电子产品和日用产品修理业	261	59	46	31	44	18	15	13	15	20	
汽车、摩托车修理与维护	202	32	38	26	34	17	13	11	13	18	
计算机和办公设备维修	19	8	1	1	7			1	1		
家用电器修理	31	14	4	4	2	1	2	1	1	2	
其他日用产品修理业	9	5	3		1						
其他服务业	122	24	17	32	10	5	15	6	6	7	
清洁服务	93	22	17	20	9	2	10	2	6	5	
其他未列明服务业	29	2		12	1	3	5	4		2	

4－1－1 按行业、地区分组的小微企业法人单位数(续8)

	单位数（个）	清河区	淮安区	淮阴区	清浦区	涟水县	洪泽县	盱眙县	金湖县	开发区	工业园区
教育	**13**	**2**	**4**	**1**	**2**	**3**		**1**			
教育	13	2	4	1	2	3		1			
学前教育											
初等教育											
中等教育	4		3	1							
高等教育											
特殊教育											
技能培训、教育辅助及其他教育	9	2	1		2	3		1			
卫生和社会工作	**14**	**7**	**2**	**1**		**2**		**2**			
卫生	10	7	2					1			
医院	10	7	2					1			
社区医疗与卫生院											
门诊部（所）											
计划生育技术服务活动											
妇幼保健院（所、站）											
专科疾病防治院（所、站）											
疾病预防控制中心											
其他卫生活动											
社会工作	4			1		2		1			
提供住宿社会工作	4			1		2		1			
不提供住宿社会工作											
文化、体育和娱乐业	**453**	**90**	**80**	**42**	**28**	**56**	**23**	**63**	**38**	**33**	
新闻和出版业	10	4				1	1	1	1	2	
新闻业	3	1				1		1			
出版业	7	3					1		1	2	
广播、电视、电影和影视录音制作业	31	11	2	1	1	3	5	4	2	2	
广播	1						1				
电视	2					2					
电影和影视节目制作	6	3				1		1		1	
电影和影视节目发行	1	1									
电影放映	18	5	2		1		4	3	2	1	
录音制作	3	2		1							
文化艺术业	63	17	14	4	6	5	3	9	3	2	
文艺创作与表演	32	4	12	2	3	1	1	6	2	1	
艺术表演场馆	1							1			
图书馆与档案馆											
文物及非物质文化遗产保护											
博物馆											
烈士陵园、纪念馆	2					2					
群众文化活动	6	2				1	2		1		
其他文化艺术业	22	11	2	2	3	1		2		1	
体育	27	9	4	3	4		1	3		3	
体育组织	5	2		1	2						
体育场馆	1							1			
休闲健身活动	18	6	3	2	2		1	1		3	
其他体育	3	1	1					1			
娱乐业	322	49	60	34	17	47	13	46	32	24	
室内娱乐活动	287	40	53	28	16	46	11	40	31	22	
游乐园	5	1		2				1	1		
彩票活动											
文化、娱乐、体育经纪代理	7	2		1	1		1			2	
其他娱乐业	23	6	7	3		1	1	5			

4－1－2　按行业、营业状态分组的小微企业法人单位数

	单位个数（个）	营　业	停　业（歇业）	筹　建	当年关闭	当年破产	其　他
总　　计	**30442**	**24641**	**2859**	**1061**	**1478**	**42**	**361**
农、林、牧、渔业	**88**	**70**	**11**	**4**	**3**		
农、林、牧、渔服务业	88	70	11	4	3		
农业服务业	54	42	7	3	2		
林业服务业	3	1	1		1		
畜牧服务业	23	22	1				
渔业服务业	8	5	2	1			
采矿业	**67**	**48**	**8**	**3**	**8**		
煤炭开采和洗选业	1		1				
烟煤和无烟煤开采洗选							
褐煤开采洗选							
其他煤炭采选	1		1				
石油和天然气开采业	2		1	1			
石油开采	1		1				
天然气开采	1			1			
黑色金属矿采选业							
铁矿采选							
锰矿、铬矿采选							
其他黑色金属矿采选							
有色金属矿采选业	1			1			
常用有色金属矿采选	1			1			
贵金属矿采选							
稀有稀土金属矿采选							
非金属矿采选业	55	46	4		5		
土砂石开采	40	33	2		5		
化学矿开采	4	3	1				
采盐	7	6	1				
石棉及其他非金属矿采选	4	4					
开采辅助活动	6	1	2	1	2		
煤炭开采和洗选辅助活动	2				2		
石油和天然气开采辅助活动	3		2	1			
其他开采辅助活动	1	1					
其他采矿业	2	1			1		
其他采矿业	2	1			1		
制造业	**10332**	**8061**	**1084**	**513**	**503**	**21**	**150**
农副食品加工业	520	426	54	16	17	1	6
谷物磨制	229	201	16	3	8		1
饲料加工	74	58	9	5	1	1	
植物油加工	15	11	3				1
制糖业	3	3					
屠宰及肉类加工	65	52	9	2	1		1
水产品加工	36	25	7	1	2		1
蔬菜、水果和坚果加工	36	26	4	3	3		
其他农副食品加工	62	50	6	2	2		2
食品制造业	180	124	32	13	8		3
焙烤食品制造	41	30	6		4		1
糖果、巧克力及蜜饯制造	11	9	1	1			
方便食品制造	45	33	8	3	1		
乳制品制造	6	5	1				
罐头食品制造	8	6	2				
调味品、发酵制品制造	31	23	5		3		
其他食品制造	38	18	9	9			2
酒、饮料和精制茶制造业	73	56	8	5	4		

4－1－2 按行业、营业状态分组的小微企业法人单位数(续1)

	单位个数(个)	营业	停业(歇业)	筹建	当年关闭	当年破产	其他
酒的制造	33	24	4	2	3		
饮料制造	35	28	3	3	1		
精制茶加工	5	4	1				
烟草制品业	1	1					
烟叶复烤							
卷烟制造							
其他烟草制品制造	1	1					
纺织业	710	540	96	21	47		6
棉纺织及印染精加工	187	151	14	7	13		2
毛纺织及染整精加工	25	17	4	1	3		
麻纺织及染整精加工	8	6		1	1		
丝绢纺织及印染精加工	31	20	4		3		4
化纤织造及印染精加工	14	12	2				
针织或钩针编织物及其制品制造	177	118	46	4	9		
家用纺织制成品制造	195	160	20	5	10		
非家用纺织制成品制造	73	56	6	3	8		
纺织服装、服饰业	929	709	108	28	68	2	14
机织服装制造	596	459	69	16	41	1	10
针织或钩针编织服装制造	64	45	11	1	7		
服饰制造	269	205	28	11	20	1	4
皮革、毛皮、羽毛及其制品和制鞋业	271	225	19	9	12	1	5
皮革鞣制加工	11	10	1				
皮革制品制造	100	84	8	3	3		2
毛皮鞣制及制品加工	2		1	1			
羽毛(绒)加工及制品制造	47	44	2		1		
制鞋业	111	87	7	5	8	1	3
木材加工和木、竹、藤、棕、草制品业	488	398	49	13	18	4	6
木材加工	235	190	22	7	11	3	2
人造板制造	135	115	13	2	4		1
木制品制造	101	80	12	3	2	1	3
竹、藤、棕、草等制品制造	17	13	2	1	1		
家具制造业	165	134	15	9	5		2
木质家具制造	123	100	11	7	4		1
竹、藤家具制造	1	1					
金属家具制造	16	13	1	1	1		
塑料家具制造	8	6	1				1
其他家具制造	17	14	2	1			
造纸和纸制品业	253	206	23	9	11		4
纸浆制造	1	1					
造纸	83	68	7	3	3		2
纸制品制造	169	137	16	6	8		2
印刷和记录媒介复制业	194	169	11	3	9		2
印刷	172	151	9	3	8		1
装订及印刷相关服务	22	18	2		1		1
记录媒介复制							
文教、工美、体育和娱乐用品制造业	340	286	33	6	14		1
文教办公用品制造	112	103	5	1	3		
乐器制造	8	7		1			
工艺美术品制造	105	85	14	1	4		1
体育用品制造	30	22	3	2	3		
玩具制造	78	62	11	1	4		
游艺器材及娱乐用品制造	7	7					
石油加工、炼焦和核燃料加工业	29	22	3	3			1

4－1－2　按行业、营业状态分组的小微企业法人单位数（续2）

	单位个数（个）						
		营　业	停　业（歇业）	筹　建	当年关闭	当年破产	其　他
精炼石油产品制造	28	21	3	3			1
炼焦							
核燃料加工	1	1					
化学原料和化学制品制造业	485	395	32	32	22		4
基础化学原料制造	119	97	3	9	8		2
肥料制造	49	42	2	3	2		
农药制造	15	9	1	4	1		
涂料、油墨、颜料及类似产品制造	83	68	9	3	2		1
合成材料制造	61	53	4	2	1		1
专用化学产品制造	96	75	7	7	7		
炸药、火工及焰火产品制造							
日用化学产品制造	62	51	6	4	1		
医药制造业	66	51	9	4	1		1
化学药品原料药制造	11	9		1	1		
化学药品制剂制造	2	2					
中药饮片加工	3	3					
中成药生产	8	5	3				
兽用药品制造	6	3	2	1			
生物药品制造	16	14	1				1
卫生材料及医药用品制造	20	15	3	2			
化学纤维制造业	33	25	4	3	1		
纤维素纤维原料及纤维制造	7	5	1		1		
合成纤维制造	26	20	3	3			
橡胶和塑料制品业	524	415	55	26	22		6
橡胶制品业	85	63	9	5	7		1
塑料制品业	439	352	46	21	15		5
非金属矿物制品业	868	697	89	33	35	7	7
水泥、石灰和石膏制造	58	44	6	1	4		3
石膏、水泥制品及类似制品制造	346	287	31	12	10	5	1
砖瓦、石材等建筑材料制造	293	229	33	13	16	1	1
玻璃制造	15	10	3	1			1
玻璃制品制造	72	58	11		2	1	
玻璃纤维和玻璃纤维增强塑料制品制造	15	13	1	1			
陶瓷制品制造	8	7		1			
耐火材料制品制造	15	10	3		2		
石墨及其他非金属矿物制品制造	46	39	1	4	1		1
黑色金属冶炼和压延加工业	129	107	9	7	5		1
炼铁	5	4			1		
炼钢	3	2	1				
黑色金属铸造	48	38	5	3	1		1
钢压延加工	66	56	3	4	3		
铁合金冶炼	7	7					
有色金属冶炼和压延加工业	202	166	18	10	7		1
常用有色金属冶炼	29	24	4	1			
贵金属冶炼	1				1		
稀有稀土金属冶炼	4	2	1	1			
有色金属合金制造	14	9	3	1	1		
有色金属铸造	15	14		1			
有色金属压延加工	139	117	10	6	5		1
金属制品业	616	455	78	40	34	1	8
结构性金属制品制造	294	220	37	18	14	1	4
金属工具制造	64	48	8	4	4		
集装箱及金属包装容器制造	21	15	2	1	3		

4－1－2 按行业、营业状态分组的小微企业法人单位数（续3）

	单位个数（个）	营 业	停 业（歇业）	筹 建	当年关闭	当年破产	其 他
金属丝绳及其制品制造	14	12		2			
建筑、安全用金属制品制造	61	41	12	3	2		3
金属表面处理及热处理加工	24	16	4	3	1		
搪瓷制品制造	4	2	2				
金属制日用品制造	44	31	6	3	4		
其他金属制品制造	90	70	7	6	6		1
通用设备制造业	880	683	83	52	41	2	19
锅炉及原动设备制造	39	30	4	3	1		1
金属加工机械制造	188	134	19	15	16		4
物料搬运设备制造	26	20	1	2	1	1	1
泵、阀门、压缩机及类似机械制造	138	125	5	3	3		2
轴承、齿轮和传动部件制造	94	81	5	4	2		2
烘炉、风机、衡器、包装等设备制造	43	32	4	2	1	1	3
文化、办公用机械制造	4	4					
通用零部件制造	304	226	39	19	15		5
其他通用设备制造业	44	31	6	4	2		1
专用设备制造业	569	435	51	51	23	1	8
采矿、冶金、建筑专用设备制造	135	102	13	12	5		3
化工、木材、非金属加工专用设备制造	91	76	2	11	2		
食品、饮料、烟草及饲料生产专用设备制造	14	11		2			1
印刷、制药、日化及日用品生产专用设备制造	48	37	6	1	3		1
纺织、服装和皮革加工专用设备制造	25	18	3	2	1		1
电子和电工机械专用设备制造	64	49	6	8	1		
农、林、牧、渔专用机械制造	60	48	4	4	4		
医疗仪器设备及器械制造	49	37	4	4	2		2
环保、社会公共服务及其他专用设备制造	83	57	13	7	5	1	
汽车制造业	251	188	17	24	14	1	7
汽车整车制造							
改装汽车制造	3	1			2		
低速载货汽车制造							
电车制造	4	2		2			
汽车车身、挂车制造	4	4					
汽车零部件及配件制造	240	181	17	22	12	1	7
铁路、船舶、航空航天和其他运输设备制造业	111	74	16	11	7		3
铁路运输设备制造	4	3		1			
城市轨道交通设备制造	2		1		1		
船舶及相关装置制造	54	38	7	3	5		1
航空、航天器及设备制造	2			2			
摩托车制造	7	5	2				
自行车制造	35	22	5	5	1		2
非公路休闲车及零配件制造	3	2	1				
潜水救捞及其他未列明运输设备制造	4	4					
电气机械和器材制造业	577	416	71	44	27		19
电机制造	40	29	6	2	2		1
输配电及控制设备制造	198	145	25	14	9		5
电线、电缆、光缆及电工器材制造	129	106	8	7	5		3
电池制造	34	23	6	4	1		
家用电力器具制造	52	37	4	6	2		3
非电力家用器具制造	40	21	10	3	3		3
照明器具制造	46	32	5	5	3		1
其他电气机械及器材制造	38	23	7	3	2		3
计算机、通信和其他电子设备制造业	355	267	52	16	16	1	3
计算机制造	22	19	1		2		

4－1－2　按行业、营业状态分组的小微企业法人单位数(续4)

	单位个数（个）	营　业	停　业（歇业）	筹　建	当年关闭	当年破产	其　他
通信设备制造	15	12	2		1		
广播电视设备制造	19	17	2				
雷达及配套设备制造							
视听设备制造	7	7					
电子器件制造	30	19	6	4	1		
电子元件制造	206	156	34	6	9		1
其他电子设备制造	56	37	7	6	3	1	2
仪器仪表制造业	282	223	17	14	18		10
通用仪器仪表制造	178	143	10	11	8		6
专用仪器仪表制造	46	36	5		4		1
钟表与计时仪器制造	2	2					
光学仪器及眼镜制造	11	8			2		1
其他仪器仪表制造业	45	34	2	3	4		2
其他制造业	114	85	14	6	8		1
日用杂品制造	62	50	7	2	3		
煤制品制造	2	2					
核辐射加工							
其他未列明制造业	50	33	7	4	5		1
废弃资源综合利用业	60	41	10	3	4		2
金属废料和碎屑加工处理	29	20	5	1	2		1
非金属废料和碎屑加工处理	31	21	5	2	2		1
金属制品、机械和设备修理业	57	42	8	2	5		
金属制品修理	2	2					
通用设备修理	7	6	1				
专用设备修理	8	5	1	1	1		
铁路、船舶、航空航天等运输设备修理	23	16	5		2		
电气设备修理	4	3			1		
仪器仪表修理							
其他机械和设备修理业	13	10	1	1	1		
电力、热力、燃气及水生产和供应业	**181**	**155**	**8**	**10**	**5**		**3**
电力、热力生产和供应业	57	44	3	5	3		2
电力生产	38	30	1	3	2		2
电力供应	6	3	2	1			
热力生产和供应	13	11		1	1		
燃气生产和供应业	26	22	1	2			1
燃气生产和供应业	26	22	1	2			1
水的生产和供应业	98	89	4	3	2		
自来水生产和供应	72	67	1	2	2		
污水处理及其再生利用	21	17	3	1			
其他水的处理、利用与分配	5	5					
建筑业	**2107**	**1631**	**252**	**59**	**140**	**6**	**19**
房屋建筑业	643	501	64	14	50	3	11
房屋建筑业	643	501	64	14	50	3	11
土木工程建筑业	323	232	46	18	24	1	2
铁路、道路、隧道和桥梁工程建筑	127	91	15	10	10	1	
水利和内河港口工程建筑	42	27	7	3	5		
海洋工程建筑							
工矿工程建筑	7	7					
架线和管道工程建筑	53	44	3	1	3		2
其他土木工程建筑	94	63	21	4	6		
建筑安装业	317	255	33	6	22		1
电气安装	89	72	7	1	8		1

4－1－2 按行业、营业状态分组的小微企业法人单位数(续5)

	单位个数(个)	营业	停业(歇业)	筹建	当年关闭	当年破产	其他
管道和设备安装	59	52	2	1	4		
其他建筑安装业	169	131	24	4	10		
建筑装饰和其他建筑业	824	643	109	21	44	2	5
建筑装饰业	593	473	77	13	27	1	2
工程准备活动	98	71	15	3	7	1	1
提供施工设备服务	33	25	2	1	5		
其他未列明建筑业	100	74	15	4	5		2
批发和零售业	**10108**	**8493**	**814**	**237**	**461**	**8**	**95**
批发业	5734	4743	502	145	284	5	55
农、林、牧产品批发	551	499	29	4	14		5
食品、饮料及烟草制品批发	569	490	39	12	21	1	6
纺织、服装及家庭用品批发	611	495	66	17	24	1	8
文化、体育用品及器材批发	155	129	17	3	5		1
医药及医疗器材批发	110	99	8	1	1		1
矿产品、建材及化工产品批发	1805	1460	176	46	113	2	8
机械设备、五金产品及电子产品批发	1001	848	62	33	41		17
贸易经纪与代理	379	305	42	7	20	1	4
其他批发业	553	418	63	22	45		5
零售业	4374	3750	312	92	177	3	40
综合零售	645	534	52	22	32		5
食品、饮料及烟草制品专门零售	373	304	36	6	25	1	1
纺织、服装及日用品专门零售	353	292	29	10	16		6
文化、体育用品及器材专门零售	161	129	15	4	11		2
医药及医疗器材专门零售	1011	950	39	4	9	1	8
汽车、摩托车、燃料及零配件专门零售	441	380	28	11	17		5
家用电器及电子产品专门零售	579	487	45	18	23		6
五金、家具及室内装饰材料专门零售	484	409	41	5	25	1	3
货摊、无店铺及其他零售业	327	265	27	12	19		4
交通运输、仓储和邮政业	**1104**	**954**	**68**	**24**	**47**	**1**	**10**
道路运输业	795	685	44	21	36	1	8
城市公共交通运输	14	13	1				
公路旅客运输	32	31	1				
道路货物运输	711	607	40	19	36	1	8
道路运输辅助活动	38	34	2	2			
水上运输业	102	90	9		3		
水上旅客运输	4	3			1		
水上货物运输	77	70	6		1		
水上运输辅助活动	21	17	3		1		
航空运输业	1	1					
航空客货运输	1	1					
通用航空服务							
航空运输辅助活动							
管道运输业	3	2			1		
管道运输业	3	2			1		
装卸搬运和运输代理业	123	107	8	2	4		2
装卸搬运	78	68	4	1	3		2
运输代理业	45	39	4	1	1		
仓储业	50	41	6		3		
谷物、棉花等农产品仓储	25	22	2		1		
其他仓储业	25	19	4		2		
邮政业	30	28	1	1			
邮政基本服务							

4-1-2　按行业、营业状态分组的小微企业法人单位数(续6)

	单位个数(个)	营　业	停　业(歇业)	筹　建	当年关闭	当年破产	其　他
快递服务	30	28	1	1			
住宿和餐饮业	**457**	**365**	**44**	**18**	**24**	**1**	**5**
住宿业	136	120	6	6	3		1
旅游饭店	54	49	1	3	1		
一般旅馆	68	62	3	2	1		
其他住宿业	14	9	2	1	1		1
餐饮业	321	245	38	12	21	1	4
正餐服务	272	210	33	9	17	1	2
快餐服务	14	11	1		2		
饮料及冷饮服务	9	7	1				1
其他餐饮业	26	17	3	3	2		1
信息传输、软件和信息技术服务业	**515**	**426**	**42**	**6**	**33**		**8**
电信、广播电视和卫星传输服务	48	37	7	2	1		1
电信	35	27	6	1			1
广播电视传输服务	12	10	1		1		
卫星传输服务	1			1			
互联网和相关服务	147	124	8		14		1
互联网接入及相关服务	12	9	3				
互联网信息服务	105	88	4		12		1
其他互联网服务	30	27	1		2		
软件和信息技术服务业	320	265	27	4	18		6
软件开发	161	140	12		7		2
信息系统集成服务	22	18	1	1	2		
信息技术咨询服务	62	49	9	1	2		1
数据处理和存储服务	4	3		1			
集成电路设计	9	8			1		
其他信息技术服务业	62	47	5	1	6		3
房地产业	**1032**	**822**	**107**	**41**	**40**	**1**	**21**
房地产业	1032	822	107	41	40	1	21
房地产开发经营	367	296	39	12	9	1	10
物业管理	449	365	45	17	17		5
房地产中介服务	164	122	19	6	12		5
自有房地产经营活动							
其他房地产业	52	39	4	6	2		1
租赁和商务服务业	**2547**	**2047**	**255**	**78**	**138**	**2**	**27**
租赁业	193	153	20	4	13		3
机械设备租赁	190	150	20	4	13		3
文化及日用品出租	3	3					
商务服务业	2354	1894	235	74	125	2	24
企业管理服务	646	516	68	25	32		5
法律服务	31	30		1			
咨询与调查	354	271	45	9	25		4
广告业	584	484	49	10	34	1	6
知识产权服务	6	4	1	1			
人力资源服务	250	191	33	4	18	1	3
旅行社及相关服务	109	100	4	2	2		1
安全保护服务	18	14	3	1			
其他商务服务业	356	284	32	21	14		5
科学研究和技术服务业	**728**	**576**	**68**	**38**	**31**		**15**
研究和试验发展	85	52	13	11	7		2
自然科学研究和试验发展	13	6	3	2	2		
工程和技术研究和试验发展	52	32	6	8	4		2

4－1－2 按行业、营业状态分组的小微企业法人单位数(续7)

	单位个数(个)	营业	停业(歇业)	筹建	当年关闭	当年破产	其他
农业科学研究和试验发展	14	8	4	1	1		
医学研究和试验发展	4	4					
社会人文科学研究	2	2					
专业技术服务业	420	360	34	4	15		7
气象服务	4	3					1
地震服务	1	1					
海洋服务							
测绘服务	21	21					
质检技术服务	45	41	3		1		
环境与生态监测	5	3	1		1		
地质勘查	5	4	1				
工程技术	211	182	16	3	7		3
其他专业技术服务业	128	105	13	1	6		3
科技推广和应用服务业	223	164	21	23	9		6
技术推广服务	159	110	16	22	6		5
科技中介服务	26	21	4	1			
其他科技推广和应用服务业	38	33	1		3		1
水利、环境和公共设施管理业	**133**	**113**	**10**	**8**	**2**		
水利管理业	23	20	1	2			
防洪除涝设施管理	3	3					
水资源管理	6	6					
天然水收集与分配	2	2					
水文服务	4	3	1				
其他水利管理业	8	6		2			
生态保护和环境治理业	12	8	3	1			
生态保护	3	3					
环境治理业	9	5	3	1			
公共设施管理业	98	85	6	5	2		
市政设施管理	12	9	1	2			
环境卫生管理	8	7	1				
城乡市容管理							
绿化管理	43	39	1	1	2		
公园和游览景区管理	35	30	3	2			
居民服务、修理和其他服务业	**563**	**468**	**51**	**9**	**28**	**1**	**6**
居民服务业	180	151	16	1	9		3
家庭服务	24	20	3	1			
托儿所服务							
洗染服务	5	5					
理发及美容服务	9	7			1		1
洗浴服务	76	67	5		4		
保健服务	6	6					
婚姻服务	12	11	1				
殡葬服务	11	10			1		
其他居民服务业	37	25	7		3		2
机动车、电子产品和日用产品修理业	261	226	19	3	11		2
汽车、摩托车修理与维护	202	179	14		7		2
计算机和办公设备维修	19	13	1	1	4		
家用电器修理	31	26	4	1			
其他日用产品修理业	9	8		1			
其他服务业	122	91	16	5	8	1	1
清洁服务	93	72	11	4	6		
其他未列明服务业	29	19	5	1	2	1	1

4-1-2　按行业、营业状态分组的小微企业法人单位数（续8）

	单位个数（个）	营　业	停　业（歇业）	筹　建	当年关闭	当年破产	其　他
教育	**13**	**11**	**2**				
教育	13	11	2				
学前教育							
初等教育							
中等教育	4	4					
高等教育							
特殊教育							
技能培训、教育辅助及其他教育	9	7	2				
卫生和社会工作	**14**	**12**	**1**	**1**			
卫生	10	10					
医院	10	10					
社区医疗与卫生院							
门诊部（所）							
计划生育技术服务活动							
妇幼保健院（所、站）							
专科疾病防治院（所、站）							
疾病预防控制中心							
其他卫生活动							
社会工作	4	2	1	1			
提供住宿社会工作	4	2	1	1			
不提供住宿社会工作							
文化、体育和娱乐业	**453**	**389**	**34**	**12**	**15**	**1**	**2**
新闻和出版业	10	7		2	1		
新闻业	3	2		1			
出版业	7	5		1	1		
广播、电视、电影和影视录音制作业	31	23	5	1	1		1
广播	1	1					
电视	2	2					
电影和影视节目制作	6	3	3				
电影和影视节目发行	1	1					
电影放映	18	14	2	1	1		
录音制作	3	2					1
文化艺术业	63	49	8	2	3		1
文艺创作与表演	32	27	3		1		1
艺术表演场馆	1	1					
图书馆与档案馆							
文物及非物质文化遗产保护							
博物馆							
烈士陵园、纪念馆	2	2					
群众文化活动	6	6					
其他文化艺术业	22	13	5	2	2		
体育	27	24	2	1			
体育组织	5	5					
体育场馆	1	1					
休闲健身活动	18	17	1				
其他体育	3	1	1	1			
娱乐业	322	286	19	6	10	1	
室内娱乐活动	287	259	16	2	9	1	
游乐园	5	4	1				
彩票活动							
文化、娱乐、体育经纪代理	7	4	2	1			
其他娱乐业	23	19		3	1		

4－1－3 按行业、登记注册类型

	单位个数（个）	内资企业	国有企业	集体企业	股份合作企业	联营企业
总　　计	**30442**	**29975**	**374**	**479**	**74**	**70**
农、林、牧、渔业	**88**	**88**	**1**	**2**		
农、林、牧、渔服务业	88	88	1	2		
农业服务业	54	54	1	2		
林业服务业	3	3				
畜牧服务业	23	23				
渔业服务业	8	8				
采矿业	**67**	**65**	**4**	**1**	**1**	**1**
煤炭开采和洗选业	1	1				
烟煤和无烟煤开采洗选						
褐煤开采洗选						
其他煤炭采选	1	1				
石油和天然气开采业	2	2				
石油开采	1	1				
天然气开采	1	1				
黑色金属矿采选业						
铁矿采选						
锰矿、铬矿采选						
其他黑色金属矿采选						
有色金属矿采选业	1	1				
常用有色金属矿采选	1	1				
贵金属矿采选						
稀有稀土金属矿采选						
非金属矿采选业	55	53	2	1	1	
土砂石开采	40	40	1		1	
化学矿开采	4	3				
采盐	7	6	1			
石棉及其他非金属矿采选	4	4		1		
开采辅助活动	6	6	2			1
煤炭开采和洗选辅助活动	2	2	1			
石油和天然气开采辅助活动	3	3	1			1
其他开采辅助活动	1	1				
其他采矿业	2	2				
其他采矿业	2	2				
制造业	**10332**	**9981**	**34**	**82**	**15**	**9**
农副食品加工业	520	514	7	4		
谷物磨制	229	228	3			
饲料加工	74	71	1			
植物油加工	15	15	1			
制糖业	3	3				
屠宰及肉类加工	65	65	2	3		
水产品加工	36	36		1		
蔬菜、水果和坚果加工	36	35				
其他农副食品加工	62	61				
食品制造业	180	171	3	3		
焙烤食品制造	41	41	2	1		
糖果、巧克力及蜜饯制造	11	11				
方便食品制造	45	43		1		
乳制品制造	6	6				
罐头食品制造	8	7				
调味品、发酵制品制造	31	31		1		
其他食品制造	38	32	1			
酒、饮料和精制茶制造业	73	69		1		

分组的小微企业法人单位数

国有联营企业	集体联营企业	国有与集体联营企业	其他联营企业	有限责任公司	国有独资公司	其他有限责任公司	股份有限公司
7	**19**	**3**	**41**	**3696**	**52**	**3644**	**488**
				4		4	
				4		4	
				4		4	
			1	**10**		**10**	
				1		1	
				1		1	
				8		8	
				3		3	
				2		2	
				3		3	
			1				
			1				
				1		1	
				1		1	
	2		**7**	**1032**	**3**	**1029**	**154**
				43	1	42	6
				18	1	17	1
				8		8	1
				1		1	
				1		1	
				5		5	1
				2		2	3
				2		2	
				6		6	
				17		17	3
				4		4	
				1		1	
				10		10	
				2		2	
							1
							2
				6		6	3

4－1－3 按行业、登记注册类型

	单位个数（个）	内资企业	国有企业	集体企业	股份合作企业	联营企业
酒的制造	33	31		1		
饮料制造	35	33				
精制茶加工	5	5				
烟草制品业	1	1	1			
烟叶复烤						
卷烟制造						
其他烟草制品制造	1	1	1			
纺织业	710	693	4	8		
棉纺织及印染精加工	187	182		3		
毛纺织及染整精加工	25	25	1			
麻纺织及染整精加工	8	8				
丝绢纺织及印染精加工	31	31	1	1		
化纤织造及印染精加工	14	14				
针织或钩针编织物及其制品制造	177	171	1	2		
家用纺织制成品制造	195	189	1	2		
非家用纺织制成品制造	73	73				
纺织服装、服饰业	929	886		3	2	
机织服装制造	596	565		1	1	
针织或钩针编织服装制造	64	63		1		
服饰制造	269	258		1	1	
皮革、毛皮、羽毛及其制品和制鞋业	271	257		1		
皮革鞣制加工	11	10		1		
皮革制品制造	100	94				
毛皮鞣制及制品加工	2	2				
羽毛（绒）加工及制品制造	47	45				
制鞋业	111	106				
木材加工和木、竹、藤、棕、草制品业	488	481		5		1
木材加工	235	234		2		1
人造板制造	135	131		2		
木制品制造	101	100		1		
竹、藤、棕、草等制品制造	17	16				
家具制造业	165	157				
木质家具制造	123	119				
竹、藤家具制造	1	1				
金属家具制造	16	15				
塑料家具制造	8	8				
其他家具制造	17	14				
造纸和纸制品业	253	246		2	2	
纸浆制造	1	1				
造纸	83	80				
纸制品制造	169	165		2	2	
印刷和记录媒介复制业	194	189	3	8		
印刷	172	167	3	8		
装订及印刷相关服务	22	22				
记录媒介复制						
文教、工美、体育和娱乐用品制造业	340	323	1	2		
文教办公用品制造	112	108				
乐器制造	8	8				
工艺美术品制造	105	97	1	2		
体育用品制造	30	28				
玩具制造	78	75				
游艺器材及娱乐用品制造	7	7				
石油加工、炼焦和核燃料加工业	29	28		1		

分组的小微企业法人单位数（续1）

国有联营企业	集体联营企业	国有与集体联营企业	其他联营企业	有限责任公司	国有独资公司	其他有限责任公司	股份有限公司
				4		4	3
				2		2	
				86		86	7
				28		28	5
				5		5	
				2		2	
				2		2	
				2		2	
				24		24	1
				10		10	
				13		13	1
				64		64	5
				45		45	4
				2		2	
				17		17	1
				25		25	7
							1
				7		7	4
				2		2	
				16		16	2
			1	31		31	2
			1	18		18	1
				6		6	1
				7		7	
				13		13	2
				9		9	
				2		2	1
				2		2	
							1
				34		34	7
				14		14	4
				20		20	3
				22		22	3
				20		20	3
				2		2	
				25		25	
				6		6	
				6		6	
				6		6	
				6		6	
				1		1	
							2

4－1－3 按行业、登记注册类型

	单位个数（个）	内资企业	国有企业	集体企业	股份合作企业	联营企业
精炼石油产品制造	28	27		1		
炼焦						
核燃料加工	1	1				
化学原料和化学制品制造业	485	471	3	3		
基础化学原料制造	119	115	1	1		
肥料制造	49	47	2	1		
农药制造	15	15				
涂料、油墨、颜料及类似产品制造	83	82				
合成材料制造	61	60				
专用化学产品制造	96	94		1		
炸药、火工及焰火产品制造						
日用化学产品制造	62	58				
医药制造业	66	64	1	1		
化学药品原料药制造	11	9				
化学药品制剂制造	2	2				
中药饮片加工	3	3		1		
中成药生产	8	8	1			
兽用药品制造	6	6				
生物药品制造	16	16				
卫生材料及医药用品制造	20	20				
化学纤维制造业	33	32				
纤维素纤维原料及纤维制造	7	7				
合成纤维制造	26	25				
橡胶和塑料制品业	524	508		4	2	
橡胶制品业	85	81				
塑料制品业	439	427		4	2	
非金属矿物制品业	868	854	1	13	1	1
水泥、石灰和石膏制造	58	57		1		
石膏、水泥制品及类似制品制造	346	341		4		
砖瓦、石材等建筑材料制造	293	290	1	7	1	1
玻璃制造	15	15				
玻璃制品制造	72	71				
玻璃纤维和玻璃纤维增强塑料制品制造	15	15		1		
陶瓷制品制造	8	7				
耐火材料制品制造	15	15				
石墨及其他非金属矿物制品制造	46	43				
黑色金属冶炼和压延加工业	129	126	1	4		
炼铁	5	5		1		
炼钢	3	3				
黑色金属铸造	48	47	1	2		
钢压延加工	66	64		1		
铁合金冶炼	7	7				
有色金属冶炼和压延加工业	202	198	1	1		
常用有色金属冶炼	29	28	1	1		
贵金属冶炼	1	1				
稀有稀土金属冶炼	4	4				
有色金属合金制造	14	14				
有色金属铸造	15	15				
有色金属压延加工	139	136				
金属制品业	616	598		2		
结构性金属制品制造	294	286		1		
金属工具制造	64	62				
集装箱及金属包装容器制造	21	20		1		

分组的小微企业法人单位数(续2)

国有联营企业	集体联营企业	国有与集体联营企业	其他联营企业	有限责任公司			股份有限公司
					国有独资公司	其他有限责任公司	
							2
				68	1	67	14
				27	1	26	6
				5		5	
				3		3	2
				5		5	2
				10		10	
				10		10	2
				8		8	2
				9		9	3
				2		2	
				1		1	
				1		1	
				2		2	3
				3		3	
				2		2	
				1		1	
				1		1	
				53		53	10
				9		9	
				44		44	10
			1	65	1	64	9
				6	1	5	2
				25		25	5
			1	17		17	1
				1		1	
				7		7	1
				1		1	
				1		1	
				2		2	
				5		5	
				12		12	4
				1		1	
				2		2	3
				8		8	1
				1		1	
				24		24	2
				5		5	2
				2		2	
				1		1	
				16		16	
				68		68	12
				35		35	3
				3		3	3
				2		2	2

4－1－3 按行业、登记注册类型

	单位个数（个）	内资企业	国有企业	集体企业	股份合作企业	联营企业
金属丝绳及其制品制造	14	14				
建筑、安全用金属制品制造	61	59				
金属表面处理及热处理加工	24	24				
搪瓷制品制造	4	4				
金属制日用品制造	44	42				
其他金属制品制造	90	87				
通用设备制造业	880	846	3	4		1
锅炉及原动设备制造	39	38				
金属加工机械制造	188	184				
物料搬运设备制造	26	23				1
泵、阀门、压缩机及类似机械制造	138	133	1			
轴承、齿轮和传动部件制造	94	87				
烘炉、风机、衡器、包装等设备制造	43	40				
文化、办公用机械制造	4	4				
通用零部件制造	304	293	2	4		
其他通用设备制造业	44	44				
专用设备制造业	569	537	1	2	3	
采矿、冶金、建筑专用设备制造	135	133			3	
化工、木材、非金属加工专用设备制造	91	76				
食品、饮料、烟草及饲料生产专用设备制造	14	14				
印刷、制药、日化及日用品生产专用设备制造	48	47				
纺织、服装和皮革加工专用设备制造	25	24				
电子和电工机械专用设备制造	64	58				
农、林、牧、渔专用机械制造	60	58		2		
医疗仪器设备及器械制造	49	46				
环保、社会公共服务及其他专用设备制造	83	81	1			
汽车制造业	251	238		1		1
汽车整车制造						
改装汽车制造	3	3				
低速载货汽车制造						
电车制造	4	4				
汽车车身、挂车制造	4	4				
汽车零部件及配件制造	240	227		1		1
铁路、船舶、航空航天和其他运输设备制造业	111	106		1	2	
铁路运输设备制造	4	4				
城市轨道交通设备制造	2	2				
船舶及相关装置制造	54	54		1		
航空、航天器及设备制造	2					
摩托车制造	7	6			1	
自行车制造	35	34			1	
非公路休闲车及零配件制造	3	3				
潜水救捞及其他未列明运输设备制造	4	3				
电气机械和器材制造业	577	556	1	3	2	2
电机制造	40	40				
输配电及控制设备制造	198	187		2		1
电线、电缆、光缆及电工器材制造	129	125		1		
电池制造	34	32			1	
家用电力器具制造	52	50				1
非电力家用器具制造	40	40				
照明器具制造	46	45				
其他电气机械及器材制造	38	37	1		1	
计算机、通信和其他电子设备制造业	355	330	2		1	
计算机制造	22	19			1	

分组的小微企业法人单位数(续3)

国有联营企业	集体联营企业	国有与集体联营企业	其他联营企业	有限责任公司	国有独资公司	其他有限责任公司	股份有限公司
				2		2	
				8		8	
				3		3	
				1		1	
				4		4	2
				10		10	2
			1	77		77	11
				3		3	1
				18		18	1
			1	5		5	
				14		14	
				8		8	2
				9		9	1
				1		1	
				15		15	5
				4		4	1
				66		66	12
				15		15	2
				10		10	2
				1		1	1
				5		5	1
				4		4	1
				4		4	
				4		4	
				8		8	4
				15		15	1
			1	30		30	7
							1
			1	30		30	6
				17		17	1
				6		6	1
				1		1	
				9		9	
				1		1	
	1		1	64		64	14
				7		7	1
			1	22		22	4
				8		8	3
				6		6	1
	1			5		5	
				1		1	4
				6		6	
				9		9	1
				36		36	3
				4		4	

4－1－3 按行业、登记注册类型

	单位个数（个）	内资企业	国有企业	集体企业	股份合作企业	联营企业
通信设备制造	15	15				
广播电视设备制造	19	17				
雷达及配套设备制造						
视听设备制造	7	7				
电子器件制造	30	25	1			
电子元件制造	206	193	1			
其他电子设备制造	56	54				
仪器仪表制造业	282	281	1	4		1
通用仪器仪表制造	178	178	1	3		
专用仪器仪表制造	46	45		1		
钟表与计时仪器制造	2	2				
光学仪器及眼镜制造	11	11				
其他仪器仪表制造业	45	45				1
其他制造业	114	105				1
日用杂品制造	62	54				
煤制品制造	2	2				
核辐射加工						
其他未列明制造业	50	49				1
废弃资源综合利用业	60	59				
金属废料和碎屑加工处理	29	29				
非金属废料和碎屑加工处理	31	30				
金属制品、机械和设备修理业	57	57		1		1
金属制品修理	2	2				
通用设备修理	7	7				
专用设备修理	8	8				
铁路、船舶、航空航天等运输设备修理	23	23		1		1
电气设备修理	4	4				
仪器仪表修理						
其他机械和设备修理业	13	13				
电力、热力、燃气及水生产和供应业	**181**	**169**	**18**	**16**	**1**	
电力、热力生产和供应业	57	54	11	3	1	
电力生产	38	36	7	2	1	
电力供应	6	6	2			
热力生产和供应	13	12	2	1		
燃气生产和供应业	26	23				
燃气生产和供应业	26	23				
水的生产和供应业	98	92	7	13		
自来水生产和供应	72	71	6	13		
污水处理及其再生利用	21	16	1			
其他水的处理、利用与分配	5	5				
建筑业	**2107**	**2102**	**12**	**31**	**9**	**5**
房屋建筑业	643	640	2	14	5	3
房屋建筑业	643	640	2	14	5	3
土木工程建筑业	323	322	7	14	2	
铁路、道路、隧道和桥梁工程建筑	127	127	2	4	1	
水利和内河港口工程建筑	42	42		3		
海洋工程建筑						
工矿工程建筑	7	7		1		
架线和管道工程建筑	53	52	4	1	1	
其他土木工程建筑	94	94	1	5		
建筑安装业	317	317	1	2	1	1
电气安装	89	89		1	1	

分组的小微企业法人单位数(续4)

国有联营企业	集体联营企业	国有与集体联营企业	其他联营企业	有限责任公司	国有独资公司	其他有限责任公司	股份有限公司
				3		3	
				2		2	1
				1		1	
				5		5	
				12		12	1
				9		9	1
			1	48		48	3
				33		33	2
				6		6	
				1		1	
							1
			1	8		8	
			1	13		13	1
				2		2	
			1	11		11	1
				7		7	
				5		5	
				2		2	
	1			7		7	1
				1		1	
				1		1	
				2		2	1
	1			3		3	
				25	**2**	**23**	**4**
				11	2	9	1
				8	2	6	1
				3		3	
				5		5	1
				5		5	1
				9		9	2
				5		5	1
				4		4	1
	1		**4**	**373**	**5**	**368**	**56**
	1		2	111		111	21
	1		2	111		111	21
				57	2	55	10
				25	1	24	2
				7	1	6	2
				2		2	
				10		10	1
				13		13	5
			1	63	2	61	9
				22	2	20	6

4－1－3 按行业、登记注册类型

	单位个数（个）	内资企业	国有企业	集体企业	股份合作企业	联营企业
管道和设备安装	59	59	1			1
其他建筑安装业	169	169		1		
建筑装饰和其他建筑业	824	823	2	1	1	1
建筑装饰业	593	592	1		1	1
工程准备活动	98	98		1		
提供施工设备服务	33	33				
其他未列明建筑业	100	100	1			
批发和零售业	**10108**	**10069**	**150**	**198**	**25**	**27**
批发业	5734	5708	120	110	12	20
农、林、牧产品批发	551	551	83	30	2	2
食品、饮料及烟草制品批发	569	565	13	20	2	3
纺织、服装及家庭用品批发	611	606	1	5	2	1
文化、体育用品及器材批发	155	153	1	2		
医药及医疗器材批发	110	110				1
矿产品、建材及化工产品批发	1805	1800	18	30	4	7
机械设备、五金产品及电子产品批发	1001	992	1	6		4
贸易经纪与代理	379	379		10	1	1
其他批发业	553	552	3	7	1	1
零售业	4374	4361	30	88	13	7
综合零售	645	642	7	48	1	2
食品、饮料及烟草制品专门零售	373	370	7	10	2	1
纺织、服装及日用品专门零售	353	353		8	2	1
文化、体育用品及器材专门零售	161	161	3	1	1	1
医药及医疗器材专门零售	1011	1010	2			1
汽车、摩托车、燃料及零配件专门零售	441	439	7	8	2	
家用电器及电子产品专门零售	579	579	2		2	
五金、家具及室内装饰材料专门零售	484	483	1	4		
货摊、无店铺及其他零售业	327	324	1	9	3	1
交通运输、仓储和邮政业	**1104**	**1102**	**27**	**34**	**2**	**5**
道路运输业	795	794	7	9	2	2
城市公共交通运输	14	14	2			
公路旅客运输	32	32	3	1	1	
道路货物运输	711	710		7	1	2
道路运输辅助活动	38	38	2	1		
水上运输业	102	102	1	17		1
水上旅客运输	4	4				
水上货物运输	77	77	1	16		1
水上运输辅助活动	21	21		1		
航空运输业	1	1	1			
航空客货运输	1	1	1			
通用航空服务						
航空运输辅助活动						
管道运输业	3	3				
管道运输业	3	3				
装卸搬运和运输代理业	123	122	2	4		2
装卸搬运	78	78	1	4		
运输代理业	45	44	1			2
仓储业	50	50	16	4		
谷物、棉花等农产品仓储	25	25	16	2		
其他仓储业	25	25		2		
邮政业	30	30				
邮政基本服务						

分组的小微企业法人单位数(续5)

国有联营企业	集体联营企业	国有与集体联营企业	其他联营企业	有限责任公司	国有独资公司	其他有限责任公司	股份有限公司
			1	8		8	3
				33		33	
			1	142	1	141	16
			1	110		110	10
				9	1	8	2
				4		4	1
				19		19	3
1	**8**	**2**	**16**	**1058**	**6**	**1052**	**116**
1	5	2	12	653	5	648	66
	1		1	41	1	40	6
		1	2	72	1	71	4
	1			89		89	8
				22		22	1
			1	16		16	2
	3	1	3	144	2	142	14
1			3	153		153	18
			1	55		55	7
			1	61	1	60	6
	3		4	405	1	404	50
	1		1	33		33	4
			1	44		44	5
			1	47		47	3
	1			21		21	5
	1			41		41	10
				56	1	55	11
				66		66	7
				59		59	2
			1	38		38	3
2	**2**		**1**	**153**	**5**	**148**	**22**
1	1			119	4	115	13
				2	1	1	
				9		9	1
1	1			102	3	99	10
				6		6	2
			1	17		17	5
				3		3	
			1	12		12	5
				2		2	
							1
							1
1	1			9	1	8	2
				7	1	6	
1	1			2		2	2
				2		2	1
				2		2	1
				6		6	

4－1－3　按行业、登记注册类型

	单位个数（个）	内资企业	国有企业	集体企业	股份合作企业	联营企业
快递服务	30	30				
住宿和餐饮业	**457**	**443**	**9**	**6**	**2**	
住宿业	136	134	3	3	1	
旅游饭店	54	52	3	2	1	
一般旅馆	68	68				
其他住宿业	14	14		1		
餐饮业	321	309	6	3	1	
正餐服务	272	265	6	3	1	
快餐服务	14	11				
饮料及冷饮服务	9	7				
其他餐饮业	26	26				
信息传输、软件和信息技术服务业	**515**	**511**	**7**			**1**
电信、广播电视和卫星传输服务	48	48	6			
电信	35	35	2			
广播电视传输服务	12	12	4			
卫星传输服务	1	1				
互联网和相关服务	147	147				
互联网接入及相关服务	12	12				
互联网信息服务	105	105				
其他互联网服务	30	30				
软件和信息技术服务业	320	316	1			1
软件开发	161	159				
信息系统集成服务	22	21				
信息技术咨询服务	62	61				
数据处理和存储服务	4	4				
集成电路设计	9	9				1
其他信息技术服务业	62	62	1			
房地产业	**1032**	**1016**	**18**	**15**	**8**	**2**
房地产业	1032	1016	18	15	8	2
房地产开发经营	367	357	4	1	1	2
物业管理	449	445	5	10	6	
房地产中介服务	164	163	2		1	
自有房地产经营活动						
其他房地产业	52	51	7	4		
租赁和商务服务业	**2547**	**2538**	**50**	**59**	**6**	**13**
租赁业	193	193	1	1		
机械设备租赁	190	190	1	1		
文化及日用品出租	3	3				
商务服务业	2354	2345	49	58	6	13
企业管理服务	646	643	30	34		2
法律服务	31	31		1		
咨询与调查	354	354	3	2	1	2
广告业	584	583	4		3	2
知识产权服务	6	6		1		
人力资源服务	250	250	3	4	1	
旅行社及相关服务	109	109	1			1
安全保护服务	18	18	1	3	1	3
其他商务服务业	356	351	7	13		3
科学研究和技术服务业	**728**	**721**	**23**	**11**	**2**	**1**
研究和试验发展	85	81	1			
自然科学研究和试验发展	13	12				
工程和技术研究和试验发展	52	49	1			

分组的小微企业法人单位数(续6)

国有联营企业	集体联营企业	国有与集体联营企业	其他联营企业	有限责任公司	国有独资公司	其他有限责任公司	股份有限公司
				6		6	
				66	**4**	**62**	**10**
				26	2	24	8
				13	2	11	4
				9		9	4
				4		4	
				40	2	38	2
				36	2	34	1
				2		2	
				1		1	
				1		1	1
			1	**99**	**1**	**98**	**6**
				6		6	
				3		3	
				3		3	
				21		21	2
				3		3	
				15		15	1
				3		3	1
			1	72	1	71	4
				46	1	45	3
				1		1	
				11		11	1
				1		1	
			1	2		2	
				11		11	
	1		**1**	**197**	**3**	**194**	**31**
	1		1	197	3	194	31
	1		1	82	2	80	19
				78		78	7
				28	1	27	4
				9		9	1
2	**4**		**7**	**459**	**18**	**441**	**49**
				17		17	1
				16		16	1
				1		1	
2	4		7	442	18	424	48
1			1	140	9	131	13
				1		1	
	1		1	61	1	60	4
			2	117	2	115	16
				2	1	1	
				34	1	33	2
			1	17		17	5
	2		1	2		2	
1	1		1	68	4	64	8
	1			**131**	**1**	**130**	**16**
				14		14	2
				1		1	
				13		13	1

4－1－3 按行业、登记注册类型

	单位个数（个）	内资企业	国有企业	集体企业	股份合作企业	联营企业
农业科学研究和试验发展	14	14				
医学研究和试验发展	4	4				
社会人文科学研究	2	2				
专业技术服务业	420	418	16	7		1
气象服务	4	4	1			
地震服务	1	1				
海洋服务						
测绘服务	21	21	3	2		1
质检技术服务	45	44	3	1		
环境与生态监测	5	5				
地质勘查	5	5	2	1		
工程技术	211	211	6	1		
其他专业技术服务业	128	127	1	2		
科技推广和应用服务业	223	222	6	4	2	
技术推广服务	159	158	5	4	2	
科技中介服务	26	26	1			
其他科技推广和应用服务业	38	38				
水利、环境和公共设施管理业	**133**	**131**	**11**	**8**		
水利管理业	23	23	4	2		
防洪除涝设施管理	3	3	1			
水资源管理	6	6	1			
天然水收集与分配	2	2	1	1		
水文服务	4	4	1			
其他水利管理业	8	8		1		
生态保护和环境治理业	12	12	1			
生态保护	3	3	1			
环境治理业	9	9				
公共设施管理业	98	96	6	6		
市政设施管理	12	11	2			
环境卫生管理	8	8	1	3		
城乡市容管理						
绿化管理	43	42	3	1		
公园和游览景区管理	35	35		2		
居民服务、修理和其他服务业	**563**	**561**	**3**	**8**	**3**	**1**
居民服务业	180	180	2	5	1	1
家庭服务	24	24				
托儿所服务						
洗染服务	5	5				
理发及美容服务	9	9				
洗浴服务	76	76	1	2	1	1
保健服务	6	6				
婚姻服务	12	12				
殡葬服务	11	11	1	2		
其他居民服务业	37	37		1		
机动车、电子产品和日用产品修理业	261	259	1	3	2	
汽车、摩托车修理与维护	202	201	1	3	2	
计算机和办公设备维修	19	19				
家用电器修理	31	30				
其他日用产品修理业	9	9				
其他服务业	122	122				
清洁服务	93	93				
其他未列明服务业	29	29				

分组的小微企业法人单位数(续7)

国有联营企业	集体联营企业	国有与集体联营企业	其他联营企业	有限责任公司	国有独资公司	其他有限责任公司	股份有限公司
							1
	1			83	1	82	12
	1			4		4	
				9		9	3
				3		3	
				46	1	45	6
				21		21	3
				34		34	2
				22		22	2
				6		6	
				6		6	
				20	**4**	**16**	**4**
				2	2		1
				2	2		1
				3		3	
				2		2	
				1		1	
				15	2	13	3
				3		3	
				3		3	
				3		3	1
				6	2	4	2
			1	**46**		**46**	**14**
			1	18		18	2
				3		3	
				1		1	
			1	6		6	
				1		1	1
				1		1	1
				6		6	
				18		18	10
				12		12	9
				4		4	
				2		2	1
				10		10	2
				9		9	2
				1		1	

4－1－3 按行业、登记注册类型

	单位个数（个）					
		内资企业	国有企业	集体企业	股份合作企业	联营企业
教育	**13**	**13**	**2**			**1**
教育	13	13	2			1
学前教育						
初等教育						
中等教育	4	4				1
高等教育						
特殊教育						
技能培训、教育辅助及其他教育	9	9	2			
卫生和社会工作	**14**	**14**				
卫生	10	10				
医院	10	10				
社区医疗与卫生院						
门诊部（所）						
计划生育技术服务活动						
妇幼保健院（所、站）						
专科疾病防治院（所、站）						
疾病预防控制中心						
其他卫生活动						
社会工作	4	4				
提供住宿社会工作	4	4				
不提供住宿社会工作						
文化、体育和娱乐业	**453**	**451**	**5**	**8**		**4**
新闻和出版业	10	10		2		1
新闻业	3	3				1
出版业	7	7		2		
广播、电视、电影和影视录音制作业	31	30	2	4		
广播	1	1		1		
电视	2	2	1			
电影和影视节目制作	6	6				
电影和影视节目发行	1	1				
电影放映	18	17	1	3		
录音制作	3	3				
文化艺术业	63	63	2	2		1
文艺创作与表演	32	32	1			
艺术表演场馆	1	1				
图书馆与档案馆						
文物及非物质文化遗产保护						
博物馆						
烈士陵园、纪念馆	2	2		1		
群众文化活动	6	6	1	1		
其他文化艺术业	22	22				1
体育	27	27	1			
体育组织	5	5	1			
体育场馆	1	1				
休闲健身活动	18	18				
其他体育	3	3				
娱乐业	322	321				2
室内娱乐活动	287	286				2
游乐园	5	5				
彩票活动						
文化、娱乐、体育经纪代理	7	7				
其他娱乐业	23	23				

分组的小微企业法人单位数(续8)

国有联营企业	集体联营企业	国有与集体联营企业	其他联营企业	有限责任公司	国有独资公司	其他有限责任公司	股份有限公司
		1		**1**		**1**	
		1		1		1	
		1					
				1		1	
				2		**2**	**2**
				1		1	2
				1		1	2
				1		1	
				1		1	
2			**2**	**20**		**20**	**4**
			1				
			1				
				4		4	1
							1
				1		1	
				2		2	
				1		1	
			1	5		5	
				4		4	
			1	1		1	
				2		2	
				1		1	
				1		1	
2				9		9	3
2				6		6	1
				2		2	1
				1		1	1

4－1－3 按行业、登记注册类型

	私营企业	私营独资企业	私营合伙企业	私营有限责任公司	私营股份有限公司	其他企业	港、澳、台商投资企业
总　　计	**22249**	**10621**	**564**	**10395**	**669**	**2545**	**292**
农、林、牧、渔业	**45**	**26**	**1**	**16**	**2**	**36**	
农、林、牧、渔服务业	45	26	1	16	2	36	
农业服务业	27	14		11	2	20	
林业服务业	2			2		1	
畜牧服务业	11	11				12	
渔业服务业	5	1	1	3		3	
采矿业	**41**	**17**	**2**	**20**	**2**	**7**	**2**
煤炭开采和洗选业	1			1			
烟煤和无烟煤开采洗选							
褐煤开采洗选							
其他煤炭采选	1			1			
石油和天然气开采业						1	
石油开采						1	
天然气开采							
黑色金属矿采选业							
铁矿采选							
锰矿、铬矿采选							
其他黑色金属矿采选							
有色金属矿采选业	1			1			
常用有色金属矿采选	1			1			
贵金属矿采选							
稀有稀土金属矿采选							
非金属矿采选业	35	13	2	18	2	6	2
土砂石开采	29	12	1	14	2	6	
化学矿开采	1	1					1
采盐	2		1	1			1
石棉及其他非金属矿采选	3			3			
开采辅助活动	3	3					
煤炭开采和洗选辅助活动	1	1					
石油和天然气开采辅助活动	1	1					
其他开采辅助活动	1	1					
其他采矿业	1	1					
其他采矿业	1	1					
制造业	**8196**	**3624**	**184**	**4171**	**217**	**459**	**232**
农副食品加工业	436	199	9	217	11	18	4
谷物磨制	198	98	4	90	6	8	1
饲料加工	59	20		37	2	2	1
植物油加工	10	1		9		3	
制糖业	2	1			1		
屠宰及肉类加工	53	24	1	26	2	1	
水产品加工	30	13	1	16			
蔬菜、水果和坚果加工	30	14	1	15		3	1
其他农副食品加工	54	28	2	24		1	1
食品制造业	137	69	3	61	4	8	6
焙烤食品制造	31	19	1	11		3	
糖果、巧克力及蜜饯制造	9	4		4	1	1	
方便食品制造	31	16		14	1	1	1
乳制品制造	4	1		3			
罐头食品制造	6	2		4			
调味品、发酵制品制造	28	16	2	9	1		
其他食品制造	28	11		16	1	3	5
酒、饮料和精制茶制造业	55	28	2	24	1	4	3

分组的小微企业法人单位数(续9)

与港澳台商合资经营企业	与港澳台商合作经营企业	港澳台商独资经营企业	港澳台商投资股份有限公司	其他港澳台投资企业	外商投资企业	中外合资经营企业	中外合作经营企业	外资企业	外商投资股份有限公司	其他外商投资企业
75	**10**	**196**	**8**	**3**	**175**	**63**	**4**	**81**	**7**	**20**
1		**1**								
1		1								
1										
		1								
64	**7**	**152**	**8**	**1**	**119**	**49**	**1**	**63**	**6**	
2		2			2	2				
1										
1					2	2				
		1								
		1								
1		4	1		3	1		2		
		1			1	1				
					1			1		
1		3	1		1			1		
1		2			1			1		

4－1－3 按行业、登记注册类型

	私营企业	私营独资企业	私营合伙企业	私营有限责任公司	私营股份有限公司	其他企业	港、澳、台商投资企业
酒的制造	23	11	1	10	1		2
饮料制造	28	15	1	12		3	1
精制茶加工	4	2		2		1	
烟草制品业							
烟叶复烤							
卷烟制造							
其他烟草制品制造							
纺织业	560	265	23	263	9	28	12
棉纺织及印染精加工	138	48	11	77	2	8	4
毛纺织及染整精加工	19	14	1	4			
麻纺织及染整精加工	5	2		3		1	
丝绢纺织及印染精加工	26	9	1	16		1	
化纤织造及印染精加工	10	3	1	6		2	
针织或钩针编织物及其制品制造	140	96	5	37	2	3	3
家用纺织制成品制造	167	75	3	84	5	9	5
非家用纺织制成品制造	55	18	1	36		4	
纺织服装、服饰业	769	385	9	355	20	43	31
机织服装制造	494	240	6	233	15	20	20
针织或钩针编织服装制造	59	34	2	23		1	1
服饰制造	216	111	1	99	5	22	10
皮革、毛皮、羽毛及其制品和制鞋业	209	99	2	102	6	15	10
皮革鞣制加工	6	4		2		2	
皮革制品制造	79	32		43	4	4	4
毛皮鞣制及制品加工	1			1		1	
羽毛（绒）加工及制品制造	43	29		14			1
制鞋业	80	34	2	42	2	8	5
木材加工和木、竹、藤、棕、草制品业	412	266	12	133	1	30	4
木材加工	196	145	7	44		16	1
人造板制造	120	65	4	50	1	2	3
木制品制造	85	50	1	34		7	
竹、藤、棕、草等制品制造	11	6		5		5	
家具制造业	132	71	2	54	5	10	8
木质家具制造	105	58	2	41	4	5	4
竹、藤家具制造	1	1					
金属家具制造	9	4		5		3	1
塑料家具制造	6	3		3			
其他家具制造	11	5		5	1	2	3
造纸和纸制品业	193	88	4	97	4	8	4
纸浆制造	1		1				
造纸	61	19	3	38	1	1	1
纸制品制造	131	69		59	3	7	3
印刷和记录媒介复制业	136	60	5	70	1	17	5
印刷	120	51	5	63	1	13	5
装订及印刷相关服务	16	9		7		4	
记录媒介复制							
文教、工美、体育和娱乐用品制造业	282	121	7	149	5	13	13
文教办公用品制造	101	28	2	68	3	1	4
乐器制造	8	3		4	1		
工艺美术品制造	80	44	4	31	1	8	7
体育用品制造	22	7		15			
玩具制造	67	37	1	29		2	2
游艺器材及娱乐用品制造	4	2		2		2	
石油加工、炼焦和核燃料加工业	23	6	1	16		2	1

分组的小微企业法人单位数(续10)

与港澳台商合资经营企业	与港澳台商合作经营企业	港澳台商独资经营企业	港澳台商投资股份有限公司	其他港澳台投资企业	外商投资企业	中外合资经营企业	中外合作经营企业	外资企业	外商投资股份有限公司	其他外商投资企业
1		1								
		1			1			1		
1	1	10			5	2		3		
	1	3			1			1		
		3			3	1		2		
1		4			1	1				
6		24	1		12	5		4	3	
3		16	1		11	5		3	3	
1										
2		8			1			1		
1		9			4	3		1		
					1	1				
1		3			2	1		1		
		1			1	1				
		5								
2		2			3			2	1	
		1								
2		1			1				1	
					1			1		
					1			1		
2		6								
		4								
1										
1		2								
1		3			3	2		1		
		1			2	1		1		
1		2			1	1				
2		2	1							
2		2	1							
2		9	2		4	1		3		
		4								
2		3	2		1	1				
					2			2		
		2			1			1		
		1								

4－1－3 按行业、登记注册类型

	私营企业	私营独资企业	私营合伙企业	私营有限责任公司	私营股份有限公司	其他企业	港、澳、台商投资企业
精炼石油产品制造	22	6	1	15		2	1
炼焦							
核燃料加工	1			1			
化学原料和化学制品制造业	364	136	7	204	17	19	5
基础化学原料制造	77	23	1	49	4	3	1
肥料制造	36	14		20	2	3	1
农药制造	10	4		6			
涂料、油墨、颜料及类似产品制造	68	32	2	31	3	7	1
合成材料制造	48	21	3	23	1	2	
专用化学产品制造	79	25		49	5	2	1
炸药、火工及焰火产品制造							
日用化学产品制造	46	17	1	26	2	2	1
医药制造业	50	19		29	2		1
化学药品原料药制造	7	3		2	2		1
化学药品制剂制造	2			2			
中药饮片加工	2	1		1			
中成药生产	6	1		5			
兽用药品制造	5	5					
生物药品制造	11			11			
卫生材料及医药用品制造	17	9		8			
化学纤维制造业	29	6		22	1	1	1
纤维素纤维原料及纤维制造	6	1		5			
合成纤维制造	23	5		17	1	1	1
橡胶和塑料制品业	421	184	11	218	8	18	6
橡胶制品业	68	31	3	31	3	4	1
塑料制品业	353	153	8	187	5	14	5
非金属矿物制品业	722	383	17	298	24	42	9
水泥、石灰和石膏制造	43	20		21	2	5	1
石膏、水泥制品及类似制品制造	298	170	5	116	7	9	3
砖瓦、石材等建筑材料制造	242	128	10	98	6	20	1
玻璃制造	13	4		6	3	1	
玻璃制品制造	61	35	1	22	3	2	1
玻璃纤维和玻璃纤维增强塑料制品制造	13	6	1	4	2		
陶瓷制品制造	5	2		3		1	
耐火材料制品制造	13	5		7	1		
石墨及其他非金属矿物制品制造	34	13		21		4	3
黑色金属冶炼和压延加工业	102	34	2	62	4	3	1
炼铁	4	1		3			
炼钢	2	1	1				
黑色金属铸造	39	17	1	21			1
钢压延加工	51	14		34	3	3	
铁合金冶炼	6	1		4	1		
有色金属冶炼和压延加工业	166	78	3	84	1	4	3
常用有色金属冶炼	19	9	1	9			
贵金属冶炼	1			1			
稀有稀土金属冶炼	4	1		3			
有色金属合金制造	11	3		8		1	
有色金属铸造	13	2		11		1	
有色金属压延加工	118	63	2	52	1	2	3
金属制品业	484	207	14	247	16	32	11
结构性金属制品制造	224	95	4	119	6	23	5
金属工具制造	55	29	3	19	4	1	1
集装箱及金属包装容器制造	15	4	1	10			

分组的小微企业法人单位数（续11）

与港澳台商合资经营企业	与港澳台商合作经营企业	港澳台商独资经营企业	港澳台商投资股份有限公司	其他港澳台投资企业	外商投资企业	中外合资经营企业	中外合作经营企业	外资企业	外商投资股份有限公司	其他外商投资企业
		1								
	1	4			9	6	1	2		
		1			3	2	1			
		1			1	1				
	1									
					1	1				
		1			1			1		
		1			3	2		1		
1					1			1		
1					1			1		
1										
1										
4		2			10	5		5		
		1			3	1		2		
4		1			7	4		3		
6		2	1		5	3		2		
1										
2			1		2	2				
		1			2	1		1		
		1								
					1			1		
3										
1					2	2				
1										
					2	2				
		3			1			1		
					1			1		
		3								
2	1	7		1	7	4		3		
		4		1	3	2		1		
1					1	1				
					1			1		

4－1－3 按行业、登记注册类型

	私营企业	私营独资企业	私营合伙企业	私营有限责任公司	私营股份有限公司	其他企业	港、澳、台商投资企业
金属丝绳及其制品制造	11	3		8		1	
建筑、安全用金属制品制造	49	20	3	25	1	2	2
金属表面处理及热处理加工	19	8	1	8	2	2	
搪瓷制品制造	3	2		1			
金属制日用品制造	35	16	1	18		1	1
其他金属制品制造	73	30	1	39	3	2	2
通用设备制造业	713	273	14	407	19	37	26
锅炉及原动设备制造	31	16		15		3	1
金属加工机械制造	151	82	2	66	1	14	3
物料搬运设备制造	16	5		10	1	1	2
泵、阀门、压缩机及类似机械制造	113	27	3	77	6	5	4
轴承、齿轮和传动部件制造	75	13	2	58	2	2	6
烘炉、风机、衡器、包装等设备制造	24	9		14	1	6	2
文化、办公用机械制造	3			3			
通用零部件制造	263	109	5	141	8	4	8
其他通用设备制造业	37	12	2	23		2	
专用设备制造业	425	153	6	250	16	28	19
采矿、冶金、建筑专用设备制造	108	36	2	65	5	5	1
化工、木材、非金属加工专用设备制造	64	26	2	33	3		7
食品、饮料、烟草及饲料生产专用设备制造	11	5		6		1	
印刷、制药、日化及日用品生产专用设备制造	39	11		26	2	2	1
纺织、服装和皮革加工专用设备制造	17	6		11		2	
电子和电工机械专用设备制造	46	24	1	20	1	8	5
农、林、牧、渔专用机械制造	49	22		27		3	1
医疗仪器设备及器械制造	30	3		25	2	4	2
环保、社会公共服务及其他专用设备制造	61	20	1	37	3	3	2
汽车制造业	195	70	4	116	5	4	12
汽车整车制造							
改装汽车制造	3	1		2			
低速载货汽车制造							
电车制造	4	2	1	1			
汽车车身、挂车制造	3	1		2			
汽车零部件及配件制造	185	66	3	111	5	4	12
铁路、船舶、航空航天和其他运输设备制造业	84	38	4	37	5	1	1
铁路运输设备制造	4	1		2	1		
城市轨道交通设备制造	2	1		1			
船舶及相关装置制造	46	25	4	14	3		
航空、航天器及设备制造							
摩托车制造	4	2		2			1
自行车制造	23	6		16	1	1	
非公路休闲车及零配件制造	3	2		1			
潜水救捞及其他未列明运输设备制造	2	1		1			
电气机械和器材制造业	434	145	6	270	13	36	14
电机制造	31	14		16	1	1	
输配电及控制设备制造	148	55	2	82	9	10	7
电线、电缆、光缆及电工器材制造	104	23	1	79	1	9	3
电池制造	24	8		15	1		2
家用电力器具制造	40	12	1	27		4	1
非电力家用器具制造	31	15		15	1	4	
照明器具制造	34	11	1	22		5	1
其他电气机械及器材制造	22	7	1	14		3	
计算机、通信和其他电子设备制造业	273	109	9	148	7	15	17
计算机制造	13	6		6	1	1	2

分组的小微企业法人单位数(续12)

与港澳台商合资经营企业	与港澳台商合作经营企业	港澳台商独资经营企业	港澳台商投资股份有限公司	其他港澳台投资企业	外商投资企业	中外合资经营企业	中外合作经营企业	外资企业	外商投资股份有限公司	其他外商投资企业
	1	1								
		1			1	1				
1		1			1			1		
10	1	15			8	2		6		
		1								
		3			1			1		
1		1			1			1		
2	1	1			1			1		
3		3			1	1				
		2			1			1		
4		4			3	1		2		
7	2	10			13	3		10		
		1			1	1				
4	2	1			8			8		
		1								
					1	1				
2		3			1			1		
		1			1			1		
1		1			1	1				
		2								
2		10			1			1		
2		10			1			1		
			1		4			2	2	
					2				2	
			1							
					1			1		
					1			1		
5		9			7	4		3		
3		4			4	1		3		
1		2			1	1				
		2								
		1			1	1				
1										
					1	1				
3		13	1		8	2		6		
1		1			1			1		

4－1－3 按行业、登记注册类型

	私营企业	私营独资企业	私营合伙企业	私营有限责任公司	私营股份有限公司	其他企业	港、澳、台商投资企业
通信设备制造	11	4	3	4		1	
广播电视设备制造	12	2	1	8	1	2	2
雷达及配套设备制造							
视听设备制造	6	2		4			
电子器件制造	18	3		15		1	3
电子元件制造	177	79	3	92	3	2	8
其他电子设备制造	36	13	2	19	2	8	2
仪器仪表制造业	211	47	4	151	9	13	1
通用仪器仪表制造	129	24	1	98	6	10	
专用仪器仪表制造	36	9	1	25	1	2	1
钟表与计时仪器制造	1			1			
光学仪器及眼镜制造	10	3		7			
其他仪器仪表制造业	35	11	2	20	2	1	
其他制造业	84	40	2	42		6	4
日用杂品制造	49	24	2	23		3	4
煤制品制造	2	2					
核辐射加工							
其他未列明制造业	33	14		19		3	
废弃资源综合利用业	48	22	1	23	2	4	
金属废料和碎屑加工处理	21	7		13	1	3	
非金属废料和碎屑加工处理	27	15	1	10	1	1	
金属制品、机械和设备修理业	47	23	1	22	1		
金属制品修理	1				1		
通用设备修理	6	4		2			
专用设备修理	5	3		2			
铁路、船舶、航空航天等运输设备修理	18	8	1	9			
电气设备修理	4	3		1			
仪器仪表修理							
其他机械和设备修理业	13	5		8			
电力、热力、燃气及水生产和供应业	**86**	**43**	**2**	**33**	**8**	**19**	**3**
电力、热力生产和供应业	23	4		15	4	4	1
电力生产	14	2		10	2	3	
电力供应	4	1		3			
热力生产和供应	5	1		2	2	1	1
燃气生产和供应业	11	2		9		6	1
燃气生产和供应业	11	2		9		6	1
水的生产和供应业	52	37	2	9	4	9	1
自来水生产和供应	40	31	2	4	3	6	1
污水处理及其再生利用	9	4		5		1	
其他水的处理、利用与分配	3	2			1	2	
建筑业	**1465**	**502**	**46**	**849**	**68**	**151**	**3**
房屋建筑业	442	152	13	254	23	42	2
房屋建筑业	442	152	13	254	23	42	2
土木工程建筑业	214	57	8	139	10	18	1
铁路、道路、隧道和桥梁工程建筑	84	18	3	59	4	9	
水利和内河港口工程建筑	28	10	3	14	1	2	
海洋工程建筑							
工矿工程建筑	4	1		3			
架线和管道工程建筑	33	9	1	21	2	2	1
其他土木工程建筑	65	19	1	42	3	5	
建筑安装业	218	70	6	128	14	22	
电气安装	55	10	2	39	4	4	

分组的小微企业法人单位数(续13)

与港澳台商合资经营企业	与港澳台商合作经营企业	港澳台商独资经营企业	港澳台商投资股份有限公司	其他港澳台投资企业	外商投资企业	中外合资经营企业	中外合作经营企业	外资企业	外商投资股份有限公司	其他外商投资企业
		2								
1		2			2	1		1		
1		6	1		5	1		4		
		2								
1										
1										
	1	3			5	2		3		
	1	3			4	2		2		
					1			1		
					1			1		
					1			1		
1		**2**			**9**	**3**		**6**		
		1			2	1		1		
					2	1		1		
		1								
1					2			2		
1					2			2		
		1			5	2		3		
		1								
					5	2		3		
1		**2**			**2**			**1**		**1**
		2			1					1
		2			1					1
1										
1										

4－1－3 按行业、登记注册类型

	私营企业	私营独资企业	私营合伙企业	私营有限责任公司	私营股份有限公司	其他企业	港、澳、台商投资企业
管道和设备安装	42	13		26	3	4	
其他建筑安装业	121	47	4	63	7	14	
建筑装饰和其他建筑业	591	223	19	328	21	69	
建筑装饰业	415	162	12	227	14	54	
工程准备活动	81	35	3	39	4	5	
提供施工设备服务	25	7	1	15	2	3	
其他未列明建筑业	70	19	3	47	1	7	
批发和零售业	**7450**	**4230**	**172**	**2860**	**188**	**1045**	**22**
批发业	4118	2051	110	1851	106	609	14
农、林、牧产品批发	249	157	6	81	5	138	
食品、饮料及烟草制品批发	364	168	16	172	8	87	3
纺织、服装及家庭用品批发	426	174	9	227	16	74	1
文化、体育用品及器材批发	120	56	1	60	3	7	
医药及医疗器材批发	77	45		30	2	14	
矿产品、建材及化工产品批发	1488	839	41	581	27	95	4
机械设备、五金产品及电子产品批发	714	280	20	392	22	96	5
贸易经纪与代理	253	137	8	96	12	52	
其他批发业	427	195	9	212	11	46	1
零售业	3332	2179	62	1009	82	436	8
综合零售	501	383	5	110	3	46	3
食品、饮料及烟草制品专门零售	232	111	3	107	11	69	2
纺织、服装及日用品专门零售	267	143	6	111	7	25	
文化、体育用品及器材专门零售	105	58	3	44		24	
医药及医疗器材专门零售	820	734	8	72	6	136	
汽车、摩托车、燃料及零配件专门零售	329	147	18	148	16	26	2
家用电器及电子产品专门零售	472	254	6	190	22	30	
五金、家具及室内装饰材料专门零售	379	246	5	121	7	38	1
货摊、无店铺及其他零售业	227	103	8	106	10	42	
交通运输、仓储和邮政业	**771**	**280**	**17**	**445**	**29**	**88**	
道路运输业	584	207	11	348	18	58	
城市公共交通运输	5	2		1	2	5	
公路旅客运输	12	4		8		5	
道路货物运输	546	191	11	328	16	42	
道路运输辅助活动	21	10		11		6	
水上运输业	54	16	5	32	1	7	
水上旅客运输	1			1			
水上货物运输	37	9	4	24		5	
水上运输辅助活动	16	7	1	7	1	2	
航空运输业							
航空客货运输							
通用航空服务							
航空运输辅助活动							
管道运输业	2	1		1			
管道运输业	2	1		1			
装卸搬运和运输代理业	89	40	1	42	6	14	
装卸搬运	56	26	1	27	2	10	
运输代理业	33	14		15	4	4	
仓储业	23	12		11		4	
谷物、棉花等农产品仓储	4	3		1		3	
其他仓储业	19	9		10		1	
邮政业	19	4		11	4	5	
邮政基本服务							

分组的小微企业法人单位数（续14）

与港澳台商合资经营企业	与港澳台商合作经营企业	港澳台商独资经营企业	港澳台商投资股份有限公司	其他港澳台投资企业	外商投资企业	中外合资经营企业	中外合作经营企业	外资企业	外商投资股份有限公司	其他外商投资企业
					1			1		
					1			1		
1	**1**	**20**			**17**	**3**	**1**	**5**		**8**
1		13			12	1	1	5		5
		3			1					1
		1			4	1	1	2		
					2					2
		4			1			1		
1		4			4			2		2
		1								
	1	7			5	2				3
		3								
		2			1					1
					1					1
		2								
	1									
					3	2				1
					2	**1**		**1**		
					1			1		
					1			1		
					1	1				
					1	1				

4－1－3 按行业、登记注册类型

	私营企业	私营独资企业	私营合伙企业	私营有限责任公司	私营股份有限公司	其他企业	港、澳、台商投资企业
快递服务	19	4		11	4	5	
住宿和餐饮业	**316**	**171**	**12**	**122**	**11**	**34**	**9**
住宿业	82	46	2	32	2	11	2
旅游饭店	25	7	1	15	2	4	2
一般旅馆	52	35	1	16		3	
其他住宿业	5	4		1		4	
餐饮业	234	125	10	90	9	23	7
正餐服务	200	110	9	74	7	18	5
快餐服务	8	2	1	5		1	1
饮料及冷饮服务	5	3		2		1	1
其他餐饮业	21	10		9	2	3	
信息传输、软件和信息技术服务业	**351**	**153**	**7**	**182**	**9**	**47**	**2**
电信、广播电视和卫星传输服务	29	11		18		7	
电信	25	10		15		5	
广播电视传输服务	3			3		2	
卫星传输服务	1	1					
互联网和相关服务	109	66	2	38	3	15	
互联网接入及相关服务	8	3		5		1	
互联网信息服务	81	52	2	25	2	8	
其他互联网服务	20	11		8	1	6	
软件和信息技术服务业	213	76	5	126	6	25	2
软件开发	100	31	1	64	4	10	1
信息系统集成服务	18	8		10		2	
信息技术咨询服务	45	18	2	23	2	4	1
数据处理和存储服务	1	1				2	
集成电路设计	5	1	1	3		1	
其他信息技术服务业	44	17	1	26		6	
房地产业	**634**	**197**	**15**	**388**	**34**	**111**	**10**
房地产业	634	197	15	388	34	111	10
房地产开发经营	222	50	2	151	19	26	8
物业管理	285	96	12	169	8	54	1
房地产中介服务	107	38	1	61	7	21	
自有房地产经营活动							
其他房地产业	20	13		7		10	1
租赁和商务服务业	**1591**	**658**	**67**	**799**	**67**	**311**	**3**
租赁业	146	75	10	57	4	27	
机械设备租赁	144	74	10	56	4	27	
文化及日用品出租	2	1		1			
商务服务业	1445	583	57	742	63	284	3
企业管理服务	342	137	7	180	18	82	1
法律服务	21	10	9	2		8	
咨询与调查	228	80	17	122	9	53	
广告业	367	137	9	210	11	74	
知识产权服务	3	1	1	1			
人力资源服务	174	87	5	74	8	32	
旅行社及相关服务	76	35	2	34	5	9	
安全保护服务	7	4		3		1	
其他商务服务业	227	92	7	116	12	25	2
科学研究和技术服务业	**422**	**170**	**8**	**229**	**15**	**115**	**5**
研究和试验发展	48	12	2	32	2	16	2
自然科学研究和试验发展	8	2		5	1	3	
工程和技术研究和试验发展	29	7	1	20	1	5	2

分组的小微企业法人单位数（续15）

与港澳台商合资经营企业	与港澳台商合作经营企业	港澳台商独资经营企业	港澳台商投资股份有限公司	其他港澳台投资企业	外商投资企业	中外合资经营企业	中外合作经营企业	外资企业	外商投资股份有限公司	其他外商投资企业
1	**2**	**5**		**1**	**5**			**3**	**1**	**1**
1		1								
1		1								
	2	4		1	5			3	1	1
	2	3			2			1	1	
				1	2			1		1
		1			1			1		
1		**1**			**2**			**1**		**1**
1		1			2			1		1
1					1					1
					1			1		
		1								
3		**6**		**1**	**6**	**3**		**1**		**2**
3		6		1	6	3		1		2
3		4		1	2	1				1
		1			3	2				1
					1			1		
		1								
1		**2**			**6**	**2**	**2**			**2**
1		2			6	2	2			2
		1			2	1	1			
					1					1
1		1			3	1	1			1
1		**4**			**2**	**2**				
1		1			2	2				
					1	1				
1		1			1	1				

4－1－3 按行业、登记注册类型

	私营企业	私营独资企业	私营合伙企业	私营有限责任公司	私营股份有限公司	其他企业	港、澳、台商投资企业
农业科学研究和试验发展	9	3	1	5		4	
医学研究和试验发展	2			2		2	
社会人文科学研究						2	
专业技术服务业	258	98	5	144	11	41	2
气象服务	2	1		1		1	
地震服务	1			1			
海洋服务							
测绘服务	10	2	1	6	1	1	
质检技术服务	26	7	1	17	1	2	1
环境与生态监测	2	1		1			
地质勘查	2	2					
工程技术	134	41	1	84	8	18	
其他专业技术服务业	81	44	2	34	1	19	1
科技推广和应用服务业	116	60	1	53	2	58	1
技术推广服务	72	32	1	38	1	51	1
科技中介服务	16	8		8		3	
其他科技推广和应用服务业	28	20		7	1	4	
水利、环境和公共设施管理业	**76**	**26**	**2**	**46**	**2**	**12**	
水利管理业	8	4		3	1	6	
防洪除涝设施管理	1	1				1	
水资源管理	3	1		2		2	
天然水收集与分配							
水文服务	1	1				2	
其他水利管理业	3	1		1	1	1	
生态保护和环境治理业	5	4		1		3	
生态保护							
环境治理业	5	4		1		3	
公共设施管理业	63	18	2	42	1	3	
市政设施管理	6	1		5			
环境卫生管理	1			1			
城乡市容管理							
绿化管理	31	10	1	19	1	3	
公园和游览景区管理	25	7	1	17			
居民服务、修理和其他服务业	**417**	**244**	**17**	**146**	**10**	**69**	**1**
居民服务业	124	76	5	41	2	27	
家庭服务	16	8		8		5	
托儿所服务							
洗染服务	5	4		1			
理发及美容服务	8	6		2			
洗浴服务	53	39	3	11		12	
保健服务	4	2		2		2	
婚姻服务	9	4		4	1	1	
殡葬服务	5	1		4		1	
其他居民服务业	24	12	2	9	1	6	
机动车、电子产品和日用产品修理业	200	127	2	63	8	25	1
汽车、摩托车修理与维护	154	104	2	44	4	20	
计算机和办公设备维修	14	6		7	1	1	
家用电器修理	25	13		9	3	2	1
其他日用产品修理业	7	4		3		2	
其他服务业	93	41	10	42		17	
清洁服务	69	32	5	32		13	
其他未列明服务业	24	9	5	10		4	

分组的小微企业法人单位数（续16）

与港澳台商合资经营企业	与港澳台商合作经营企业	港澳台商独资经营企业	港澳台商投资股份有限公司	其他港澳台投资企业	外商投资企业	中外合资经营企业	中外合作经营企业	外资企业	外商投资股份有限公司	其他外商投资企业
		2								
		1								
		1								
		1								
		1								
					2					**2**
					2					2
					1					1
					1					1
		1			**1**					**1**
		1			1					1
					1					1
		1								

4－1－3 按行业、登记注册类型

	私营企业	私营独资企业	私营合伙企业	私营有限责任公司	私营股份有限公司	其他企业	港、澳、台商投资企业
教育	**6**	**2**		**3**	**1**	**3**	
教育	6	2		3	1	3	
学前教育							
初等教育							
中等教育						3	
高等教育							
特殊教育							
技能培训、教育辅助及其他教育	6	2		3	1		
卫生和社会工作	**10**	**5**	**2**	**3**			
卫生	7	4	1	2			
医院	7	4	1	2			
社区医疗与卫生院							
门诊部（所）							
计划生育技术服务活动							
妇幼保健院（所、站）							
专科疾病防治院（所、站）							
疾病预防控制中心							
其他卫生活动							
社会工作	3	1	1	1			
提供住宿社会工作	3	1	1	1			
不提供住宿社会工作							
文化、体育和娱乐业	**372**	**273**	**10**	**83**	**6**	**38**	
新闻和出版业	5	1		4		2	
新闻业	1			1		1	
出版业	4	1		3		1	
广播、电视、电影和影视录音制作业	14	5		8	1	5	
广播							
电视							
电影和影视节目制作	4	2		1	1	1	
电影和影视节目发行	1	1					
电影放映	8	1		7		3	
录音制作	1	1				1	
文化艺术业	47	24	1	21	1	6	
文艺创作与表演	24	13	1	10		3	
艺术表演场馆	1			1			
图书馆与档案馆							
文物及非物质文化遗产保护							
博物馆							
烈士陵园、纪念馆						1	
群众文化活动	4	3		1			
其他文化艺术业	18	8		9	1	2	
体育	18	12	1	4	1	6	
体育组织	2	1		1		2	
体育场馆						1	
休闲健身活动	14	10	1	3		3	
其他体育	2	1			1		
娱乐业	288	231	8	46	3	19	
室内娱乐活动	260	220	7	31	2	17	
游乐园	2			2			
彩票活动							
文化、娱乐、体育经纪代理	7	3		4			
其他娱乐业	19	8	1	9	1	2	

分组的小微企业法人单位数（续17）

与港澳台商合资经营企业	与港澳台商合作经营企业	港澳台商独资经营企业	港澳台商投资股份有限公司	其他港澳台投资企业	外商投资企业	中外合资经营企业	中外合作经营企业	外资企业	外商投资股份有限公司	其他外商投资企业
					2					**2**
					1					1
					1					1
					1					1
					1					1

4-1-4 按行业、开业(成立)时间

	单位个数(个)	1949年以前	1950-1977年	1978-1991年	1992-1995年	1996年	1997年	1998年	1999年	2000年
总　　计	**30442**	**8**	**161**	**386**	**281**	**117**	**101**	**287**	**215**	**378**
农、林、牧、渔业	**88**			**1**	**2**			**1**		**1**
农、林、牧、渔服务业	88			1	2			1		1
农业服务业	54			1	1					1
林业服务业	3				1					
畜牧服务业	23							1		
渔业服务业	8									
采矿业	**67**			**3**	**1**	**1**		**2**		**2**
煤炭开采和洗选业	1									
烟煤和无烟煤开采洗选										
褐煤开采洗选										
其他煤炭采选	1									
石油和天然气开采业	2									
石油开采	1									
天然气开采	1									
黑色金属矿采选业										
铁矿采选										
锰矿、铬矿采选										
其他黑色金属矿采选										
有色金属矿采选业	1									
常用有色金属矿采选	1									
贵金属矿采选										
稀有稀土金属矿采选										
非金属矿采选业	55			3				1		1
土砂石开采	40									1
化学矿开采	4									
采盐	7			2				1		
石棉及其他非金属矿采选	4			1						
开采辅助活动	6				1	1		1		
煤炭开采和洗选辅助活动	2					1				
石油和天然气开采辅助活动	3				1			1		
其他开采辅助活动	1									
其他采矿业	2									1
其他采矿业	2									1
制造业	**10332**		**50**	**114**	**84**	**53**	**48**	**143**	**77**	**152**
农副食品加工业	520		8	6	4	7	8	8	8	12
谷物磨制	229		2	4	2	2	2	5	5	6
饲料加工	74				1	2	2	2	1	1
植物油加工	15		3							
制糖业	3								1	
屠宰及肉类加工	65		1	2		2	1	1	1	3
水产品加工	36		2				1			1
蔬菜、水果和坚果加工	36						1			1
其他农副食品加工	62				1	1	1			
食品制造业	180		4	2	2	3	2	3	1	4
焙烤食品制造	41		2		1	1				1
糖果、巧克力及蜜饯制造	11									
方便食品制造	45		1				1		1	
乳制品制造	6			1		1				
罐头食品制造	8									
调味品、发酵制品制造	31		1	1	1		1	2		2
其他食品制造	38					1		1		1
酒、饮料和精制茶制造业	73		2		1	1		2	1	6

分组的小微企业法人单位数

2001 年	2002 年	2003 年	2004 年	2005 年	2006 年	2007 年	2008 年	2009 年	2010 年	2011 年	2012 年	2013 年	无开业年份
588	**649**	**867**	**889**	**1033**	**1352**	**1448**	**1656**	**2510**	**4005**	**4082**	**4663**	**4740**	**26**
3		**1**	**2**	**5**	**2**	**2**	**7**	**10**	**12**	**14**	**12**	**13**	
3		1	2	5	2	2	7	10	12	14	12	13	
1			2	3			3	8	9	8	8	9	
1												1	
1		1			1	2	2	2	3	5	3	2	
				2	1		2			1	1	1	
1	**3**	**3**	**2**	**2**	**5**	**5**	**10**	**7**	**6**	**3**	**7**	**3**	**1**
											1		
											1		
							1					1	
							1						
												1	
													1
													1
	3	3	2	2	5	5	9	7	6	3	4	1	
	3	2	2	1	3	4	7	6	6	2	2	1	
				1				1			2		
		1			1		2						
					1	1				1			
1											1	1	
1													
												1	
											1		
											1		
											1		
212	**248**	**333**	**369**	**394**	**576**	**573**	**582**	**855**	**1297**	**1496**	**1564**	**1100**	**12**
25	28	27	29	30	22	35	25	50	39	46	53	49	1
12	14	14	16	12	9	18	6	20	22	20	19	19	
2	5	4	6	6	3	3	6	6	1	8	3	11	1
2		1			2			2	2	1	2		
									1			1	
2	5	3	3	3	3	7	6	5	3	4	7	3	
3	2	2	3	2	1		2	6	2	4	4	1	
	1			3		2	1	2	2	1	11	11	
4	1	3	1	4	4	5	4	9	6	8	7	3	
4	7	9	10	10	9	10	15	12	17	21	17	17	1
	1	1	4	3	1	2	6	4	6	3	1	4	
	1		1	1		1	1	1	1	2	1	1	
1	3	2	2	1	3	4	2	4	3	6	8	3	
			1	1		1	1						
1		3			1				1	2			
1	2	2	2	1	1	1	3	1	4	1	2	2	
1		1		3	3	1	2	2	2	7	5	7	1
7	3	1	5	2	4	7	2	3	4	9	10	3	

4－1－4 按行业、开业(成立)时间

	单位个数(个)	1949年以前	1950－1977年	1978－1991年	1992－1995年	1996年	1997年	1998年	1999年	2000年
酒的制造	33		1		1	1		2		3
饮料制造	35								1	2
精制茶加工	5		1							1
烟草制品业	1									
烟叶复烤										
卷烟制造										
其他烟草制品制造	1									
纺织业	710		3	3	5	3	2	16	4	15
棉纺织及印染精加工	187					2		8	1	3
毛纺织及染整精加工	25		1		1		1			
麻纺织及染整精加工	8									
丝绢纺织及印染精加工	31			1	1			1		1
化纤织造及印染精加工	14					1			1	
针织或钩针编织物及其制品制造	177		1	1				4		1
家用纺织制成品制造	195		1	1	2		1	1	2	10
非家用纺织制成品制造	73				1			2		
纺织服装、服饰业	929		1	3	5	1	1	6	4	15
机织服装制造	596			1	2	1		3	3	9
针织或钩针编织服装制造	64			2			1			1
服饰制造	269		1		3			3	1	5
皮革、毛皮、羽毛及其制品和制鞋业	271		1	1		2	1		2	1
皮革鞣制加工	11		1						1	
皮革制品制造	100									
毛皮鞣制及制品加工	2									
羽毛（绒）加工及制品制造	47									
制鞋业	111			1		2	1		1	1
木材加工和木、竹、藤、棕、草制品业	488		1	6	6	2	3	11	4	10
木材加工	235		1	2	1		1	5	2	2
人造板制造	135			1	4	1	2	4	2	7
木制品制造	101			2	1			2		1
竹、藤、棕、草等制品制造	17			1		1				
家具制造业	165			1	1		1	1	1	1
木质家具制造	123			1			1	1	1	1
竹、藤家具制造	1									
金属家具制造	16									
塑料家具制造	8									
其他家具制造	17				1					
造纸和纸制品业	253			2	1	2		2	1	3
纸浆制造	1									
造纸	83			1		1		2		
纸制品制造	169			1	1	1			1	3
印刷和记录媒介复制业	194		2	7	3	2	2	5	2	4
印刷	172		2	7	3	2	1	4	2	3
装订及印刷相关服务	22						1	1		1
记录媒介复制										
文教、工美、体育和娱乐用品制造业	340		1	5	2	3	1	6	3	7
文教办公用品制造	112						1	2	1	2
乐器制造	8									1
工艺美术品制造	105		1	4	2	2		2		1
体育用品制造	30								1	
玩具制造	78			1		1		2	1	3
游艺器材及娱乐用品制造	7									
石油加工、炼焦和核燃料加工业	29			1				3	2	

分组的小微企业法人单位数（续1）

2001 年	2002 年	2003 年	2004 年	2005 年	2006 年	2007 年	2008 年	2009 年	2010 年	2011 年	2012 年	2013 年	无开业年份
2	2		2	1	1	4	1		3	4	4	1	
4	1	1	3	1	3	3	1	2	1	4	6	2	
1								1		1			
										1			
										1			
20	14	21	27	20	40	39	50	69	85	99	111	64	
5	3	6	3	6	16	12	18	19	19	31	20	15	
		1	1		1		3	2	2	5	3	4	
1					1		2		2			2	
2		1		3	2	3	4	2	5	5			
					1			2	2	3	2	2	
4	6	5	12	5	9	11	10	17	17	25	29	20	
8	4	5	7	6	6	9	10	19	25	21	41	16	
	1	3	4		4	4	3	8	13	9	16	5	
13	4	19	27	23	35	45	51	72	144	161	172	127	
8	1	11	16	14	24	33	34	50	108	109	102	67	
1		3		2	1	1	3	3	9	12	14	11	
4	3	5	11	7	10	11	14	19	27	40	56	49	
5	6	7	3	14	13	18	15	23	36	44	43	36	
				1	1	1			2	2	1	1	
1	2	5	3	4	4	4	6	11	13	12	20	15	
										2			
2	2				1	4	2	2	7	13	6	8	
2	2	2		9	7	9	7	10	14	15	16	12	
18	17	17	17	22	32	22	25	33	45	73	75	49	
8	7	9	7	10	11	8	18	16	22	36	44	25	
7	8	7	5	7	14	9	2	6	7	21	10	11	
2	2	1	5	5	6	5	4	9	15	13	16	12	
1					1		1	2	1	3	5	1	
2	3	1	5	4	6	6	9	15	23	21	43	21	
2	2	1	5	1	3	4	8	12	16	13	35	16	
										1			
					1			2	3	4	3	3	
	1			1	1	1	1		2		1		
				2	1	1		1	2	3	4	2	
7	11	10	7	19	12	18	16	28	33	31	28	22	
								1					
5	3	3	3	5	5	7	7	6	8	12	9	6	
2	8	7	4	14	7	11	9	21	25	19	19	16	
7	5	8	16	12	14	11	14	14	14	16	22	14	
7	5	7	14	10	10	10	13	12	14	14	19	13	
		1	2	2	4	1	1	2		2	3	1	
7	10	4	11	17	16	20	10	30	47	42	65	33	
2	4	1	5	4	4	6	2	8	13	8	28	21	
		1			1	2		1		1	1		
3	2		2	8	3	4	1	15	18	12	20	5	
		1	3		2	1	4	1	5	4	5	3	
2	4	1	1	5	5	7	3	5	8	16	11	2	
					1				3	1		2	
	2	3		1	2	2	1	4	2	1	1	4	

4－1－4 按行业、开业（成立）时间

	单位个数（个）	1949年以前	1950－1977年	1978－1991年	1992－1995年	1996年	1997年	1998年	1999年	2000年
精炼石油产品制造	28			1				3	2	
炼焦										
核燃料加工	1									
化学原料和化学制品制造业	485		3	8	8	2	2	8	4	6
基础化学原料制造	119		1	2	2		1	2	2	3
肥料制造	49		2		1			1		1
农药制造	15				2					
涂料、油墨、颜料及类似产品制造	83			2	2			1	1	1
合成材料制造	61							2		
专用化学产品制造	96			3	1	2		1		
炸药、火工及焰火产品制造										
日用化学产品制造	62			1			1	1	1	1
医药制造业	66		1	2		2	1	1		2
化学药品原料药制造	11		1							
化学药品制剂制造	2									
中药饮片加工	3					1				
中成药生产	8			1						1
兽用药品制造	6			1		1				1
生物药品制造	16						1	1		
卫生材料及医药用品制造	20									
化学纤维制造业	33									
纤维素纤维原料及纤维制造	7									
合成纤维制造	26									
橡胶和塑料制品业	524			6	6		1	5	5	10
橡胶制品业	85				1				2	1
塑料制品业	439			6	5		1	5	3	9
非金属矿物制品业	868		10	34	12	7	2	16	5	15
水泥、石灰和石膏制造	58		3	1		1		2		2
石膏、水泥制品及类似制品制造	346		1	10	7	4	1	11	2	5
砖瓦、石材等建筑材料制造	293		6	20	5	1	1	3	3	7
玻璃制造	15									
玻璃制品制造	72			1		1				1
玻璃纤维和玻璃纤维增强塑料制品制造	15			2						
陶瓷制品制造	8									
耐火材料制品制造	15									
石墨及其他非金属矿物制品制造	46									
黑色金属冶炼和压延加工业	129		1	4	1		2	2		2
炼铁	5			1						
炼钢	3									
黑色金属铸造	48		1	3				2		1
钢压延加工	66				1		2			1
铁合金冶炼	7									
有色金属冶炼和压延加工业	202			2		2	2	1	1	3
常用有色金属冶炼	29			2		1				2
贵金属冶炼	1									
稀有稀土金属冶炼	4									
有色金属合金制造	14									
有色金属铸造	15									
有色金属压延加工	139					1	2	1	1	1
金属制品业	616			5	4	1	5	5	6	4
结构性金属制品制造	294			1	3		4		4	3
金属工具制造	64				1					
集装箱及金属包装容器制造	21			1					1	

分组的小微企业法人单位数(续2)

2001年	2002年	2003年	2004年	2005年	2006年	2007年	2008年	2009年	2010年	2011年	2012年	2013年	无开业年份
	2	3		1	2	2	1	3	2	1	1	4	
								1					
13	12	24	26	17	48	37	27	36	45	49	58	50	2
4	4	7	4	5	13	9	7	9	7	11	14	10	2
2		3	1		5	1	3	4	6	2	13	4	
			1					1	2	2	5	2	
	2	6	7	1	7	9	5	7	9	6	9	8	
1	1	1	2	1	7	7	4	5	4	13	5	8	
5	5	6	4	6	9	8	5	4	10	9	9	9	
1		1	7	4	7	3	3	6	7	6	3	9	
3	4	4	4	4	8	1	1	5	5	9	2	7	
1	1	1	2		2			1		1		1	
		1						1					
		1							1				
	1				1			2	1		1		
1						1				1			
1	2		1		2			1	1	3		3	
		1	1	4	3		1		2	4	1	3	
1		1		3	2	1	4	2	2	7	5	5	
		1		2		1	1		1			1	
1				1	2		3	2	1	7	5	4	
8	12	29	21	22	31	29	24	43	62	89	74	46	1
	2	3		4	6	8	5	8	7	16	18	4	
8	10	26	21	18	25	21	19	35	55	73	56	42	1
16	17	20	30	27	59	47	54	79	100	144	101	73	
	3	3	3	4	2	3	5	3	10	4	6	3	
5	8	8	12	8	27	16	20	31	32	68	40	30	
9	3	6	8	10	20	19	18	33	32	38	30	21	
			2					1	3	4	1	4	
2	2	2	2	3	4	7	3	5	11	15	8	5	
	1				2		2		3	2	2	1	
					1			1		1	3	2	
			2	1	1	1	1	1	3	4	1		
		1	1	1	2	1	5	4	6	8	10	7	
1	4	8	7	7	6	12	6	7	14	17	15	13	
							1		1	1	1		
				1				1	1				
	3	5	5	1	2	6	5	4	2	3	2	3	
1	1	2	2	4	4	4		2	10	13	11	8	
		1		1		2					1	2	
3	4	5	6	8	10	14	13	9	24	29	34	32	
1		1	1	1	2		1	1	3	4	6	3	
			1										
		1		1				1				1	
				1	1			1	3	2	3	3	
					2	3	2	1	2	1		4	
2	4	3	4	5	5	11	10	5	16	22	25	21	
7	17	19	21	16	25	35	26	63	101	88	101	66	1
	9	6	10	6	13	19	15	30	52	38	48	32	1
1	4	3	3	3	3	3	1	8	10	11	7	6	
			3		1	1	1	3	3	4	1	2	

4－1－4 按行业、开业（成立）时间

	单位个数（个）	1949年以前	1950－1977年	1978－1991年	1992－1995年	1996年	1997年	1998年	1999年	2000年
金属丝绳及其制品制造	14									
建筑、安全用金属制品制造	61							2		
金属表面处理及热处理加工	24			1				1		
搪瓷制品制造	4									
金属制日用品制造	44							1		1
其他金属制品制造	90			2		1	1	1	1	
通用设备制造业	880		6	4	8	5	2	13	4	6
锅炉及原动设备制造	39									
金属加工机械制造	188			2			1	2	1	
物料搬运设备制造	26							1		1
泵、阀门、压缩机及类似机械制造	138		2	1				2	1	2
轴承、齿轮和传动部件制造	94				4			2		
烘炉、风机、衡器、包装等设备制造	43			1	1			1		
文化、办公用机械制造	4									
通用零部件制造	304		3		3	5	1	4	2	3
其他通用设备制造业	44		1					1		
专用设备制造业	569		2	3	2	2	1	7	7	11
采矿、冶金、建筑专用设备制造	135			1		1			2	3
化工、木材、非金属加工专用设备制造	91					1		2	2	
食品、饮料、烟草及饲料生产专用设备制造	14							2		
印刷、制药、日化及日用品生产专用设备制造	48				1			1	1	1
纺织、服装和皮革加工专用设备制造	25		1							1
电子和电工机械专用设备制造	64						1		1	
农、林、牧、渔专用机械制造	60		1	1				1		5
医疗仪器设备及器械制造	49				1			1		
环保、社会公共服务及其他专用设备制造	83			1					1	1
汽车制造业	251		1	1	1	3	2	3	1	2
汽车整车制造										
改装汽车制造	3									
低速载货汽车制造										
电车制造	4									
汽车车身、挂车制造	4		1							
汽车零部件及配件制造	240			1	1	3	2	3	1	2
铁路、船舶、航空航天和其他运输设备制造业	111				2		1	1	2	1
铁路运输设备制造	4									
城市轨道交通设备制造	2									
船舶及相关装置制造	54				1		1	1		1
航空、航天器及设备制造	2									
摩托车制造	7									
自行车制造	35				1				1	
非公路休闲车及零配件制造	3									
潜水救捞及其他未列明运输设备制造	4								1	
电气机械和器材制造业	577		1	3	4	1	3	6	3	7
电机制造	40									
输配电及控制设备制造	198		1	1	2		1	1	1	
电线、电缆、光缆及电工器材制造	129			2	1		1	4	2	5
电池制造	34									
家用电力器具制造	52				1			1		
非电力家用器具制造	40					1	1			
照明器具制造	46									1
其他电气机械及器材制造	38									1
计算机、通信和其他电子设备制造业	355		1	2				4	2	1
计算机制造	22								1	

分组的小微企业法人单位数(续3)

2001年	2002年	2003年	2004年	2005年	2006年	2007年	2008年	2009年	2010年	2011年	2012年	2013年	无开业年份
		1		2	1	1			3	2	2	2	
3	3	1	1		1	2	1	6	13	8	11	9	
		1				1		4	3	4	6	3	
				1				1		1	1		
1	1	1	3	3	3	3	1	4	6	8	3	5	
2		6	1	1	3	5	7	7	11	12	22	7	
13	17	25	26	43	56	47	57	59	126	134	143	86	
2	1	1	2	2	2	3	1	2	2	8	8	5	
3	4	7	5	6	11	6	12	12	31	25	36	24	
	1		2	2	2	2	2	2	2	2	3	4	
3	3	7	4	6	12	13	9	5	20	17	18	13	
			3	12	9	8	4	8	10	14	13	7	
	1		3	1	2	2	3	2	13	5	3	5	
				1	1		1		1				
4	7	9	6	12	15	12	23	24	43	56	50	22	
1		1	1	1	2	1	2	4	4	7	12	6	
7	19	18	15	14	38	33	30	37	81	76	98	67	1
2	4	4	4	5	12	8	8	7	19	14	26	14	1
1	4	2	3	1	8	6	2	4	9	23	17	6	
	2			1			1	1	1		5	1	
		3	2	1	3	5	3	3	6	9	7	2	
	2	1		1	1			1	3	4	5	5	
		2		1	4	4	4	5	10	7	10	15	
3	2	4	2	1	2	3		3	10	5	9	8	
1	1	1	3	3	3	3	5	4	6	7	4	6	
	4	1	1		5	4	7	9	17	7	15	10	
6	5	13	5	10	10	9	14	16	32	52	42	23	
1									1	1			
								1		2		1	
									1	2			
5	5	13	5	10	10	9	14	15	30	47	42	22	
1	4	3	10	3	7	7	3	10	9	15	18	12	2
			1					1		1		1	
					1					1			
1	2	1	6	2	4	2	2	6	7	4	9	4	
										1	1		
		1	1						1		3	1	
	2	1	2	1	2	3	1	3	1	6	4	5	2
						1				1	1		
						1				1		1	
7	13	15	21	18	28	37	45	54	84	77	83	66	1
2		1	2	1	5	2		4	7	9	3	3	1
2	3	5	6	5	8	12	13	27	24	26	36	24	
2	7	4	7	4	4	13	13	8	17	12	14	9	
			1	1	3	4	4	2	7	3	5	4	
	2	1	1	4	1	1	7	2	9	4	8	10	
1		1	2	1	6	2	5	2	5	4	3	6	
	1	2		1	1	2	2	5	7	11	5	8	
		1	2	1		1	1	4	8	8	9	2	
5	6	8	8	13	26	10	16	39	55	57	56	45	1
		1			1		1	1	6	6	5		

4－1－4 按行业、开业（成立）时间

	单位个数（个）	1949年以前	1950－1977年	1978－1991年	1992－1995年	1996年	1997年	1998年	1999年	2000年
通信设备制造	15									
广播电视设备制造	19			1						
雷达及配套设备制造										
视听设备制造	7									
电子器件制造	30		1							
电子元件制造	206			1				4	1	1
其他电子设备制造	56									
仪器仪表制造业	282		1	2	2		1	4	2	2
通用仪器仪表制造	178		1	1	2		1	3	1	
专用仪器仪表制造	46							1	1	
钟表与计时仪器制造	2									1
光学仪器及眼镜制造	11			1						
其他仪器仪表制造业	45									1
其他制造业	114				3	1	2	1	1	2
日用杂品制造	62				3	1	1	1		2
煤制品制造	2						1			
核辐射加工										
其他未列明制造业	50								1	
废弃资源综合利用业	60				1					
金属废料和碎屑加工处理	29				1					
非金属废料和碎屑加工处理	31									
金属制品、机械和设备修理业	57			1		1		3	1	
金属制品修理	2									
通用设备修理	7								1	
专用设备修理	8									
铁路、船舶、航空航天等运输设备修理	23			1		1		3		
电气设备修理	4									
仪器仪表修理										
其他机械和设备修理业	13									
电力、热力、燃气及水生产和供应业	**181**			**18**	**8**	**3**	**2**	**4**	**3**	**4**
电力、热力生产和供应业	57			4	2	2		2	2	
电力生产	38			3	1	1		2	1	
电力供应	6			1	1					
热力生产和供应	13					1			1	
燃气生产和供应业	26									
燃气生产和供应业	26									
水的生产和供应业	98			14	6	1	2	2	1	4
自来水生产和供应	72			14	6	1	2	2	1	4
污水处理及其再生利用	21									
其他水的处理、利用与分配	5									
建筑业	**2107**		**10**	**16**	**26**	**8**	**10**	**14**	**8**	**16**
房屋建筑业	643		10	8	14	2	5	8	4	1
房屋建筑业	643		10	8	14	2	5	8	4	1
土木工程建筑业	323			7	3	2	1	2		5
铁路、道路、隧道和桥梁工程建筑	127			2	1		1			1
水利和内河港口工程建筑	42			2	1	1				1
海洋工程建筑										
工矿工程建筑	7			1						1
架线和管道工程建筑	53							1		2
其他土木工程建筑	94			2	1	1		1		
建筑安装业	317			1	3	1	1	1		4
电气安装	89				2	1				2

分组的小微企业法人单位数(续4)

2001年	2002年	2003年	2004年	2005年	2006年	2007年	2008年	2009年	2010年	2011年	2012年	2013年	无开业年份
				1		1	1	3	2	2	2	3	
			1	3	2	1	1	2	2		6		
1				1			1	1		1	2		
		1		1		1	3	6	2	5	6	4	
2	6	5	6	6	19	6	6	19	36	39	22	27	
2		1	1	1	4	1	3	7	7	4	13	11	1
4	2	8	5	8	8	15	16	19	37	50	49	47	
3	1	7	1	5	8	11	8	10	25	38	26	26	
	1	1	1	1		2	5	4	5	7	8	9	
									1				
1			1					1	2	2	1	2	
			2	2		2	3	4	4	3	14	10	
		3	4	3	6	3	5	11	12	21	26	10	
		3	4	2	5	1	3	3	4	15	9	5	
									1				
				1	1	2	2	8	7	6	17	5	
1		3	2	2	1	2	3	8	10	11	11	4	1
		1	2	1	1	1	2	2	4	6	6	2	
1		2		1		1	1	6	6	5	5	2	1
1	2		1	2	2	1	5	5	9	6	8	9	
							1		1				
				1			2	1				2	
	1		1		2				1	1	2		
1	1					1	2	3	4	1	3	2	
									2	1		1	
				1				1	1	3	3	4	
7	**8**	**8**	**9**	**5**	**10**	**8**	**8**	**11**	**13**	**14**	**19**	**18**	**1**
1	2	2	3		3	1	2	4	5	5	8	9	
1	2	1	2		3	1		2	4	3	6	5	
							1			1		2	
		1	1				1	2	1	1	2	2	
1	1	1			1	1	2	2	3	4	4	5	1
1	1	1			1	1	2	2	3	4	4	5	1
5	5	5	6	5	6	6	4	5	5	5	7	4	
5	4	4	5	1	3	4	2	3	1	1	5	4	
	1	1	1	4	2	2	2	1	2	4	1		
					1			1	2		1		
29	**49**	**65**	**68**	**68**	**82**	**97**	**124**	**211**	**291**	**273**	**354**	**286**	**2**
5	23	15	18	12	23	29	33	63	104	84	95	87	
5	23	15	18	12	23	29	33	63	104	84	95	87	
6	7	9	9	12	11	14	27	30	40	40	57	40	1
2	3	5	5	4	6	3	10	11	14	17	21	21	
	1	1			2	3	4	3	4	4	10	4	1
			1						2	1	1		
1	1	2	1	4		2	4	5	8	9	10	3	
3	2	1	2	4	3	6	9	11	12	9	15	12	
6	8	13	15	16	20	12	21	37	28	33	47	50	
2	5	7	6	6	5	5	7	12	3	8	12	6	

4－1－4 按行业、开业（成立）时间

	单位个数（个）	1949年以前	1950－1977年	1978－1991年	1992－1995年	1996年	1997年	1998年	1999年	2000年
管道和设备安装	59				1		1			
其他建筑安装业	169			1				1		2
建筑装饰和其他建筑业	824				6	3	3	3	4	6
建筑装饰业	593				2	3	3	2	3	6
工程准备活动	98				2			1	1	
提供施工设备服务	33				1					
其他未列明建筑业	100				1					
批发和零售业	**10108**	**5**	**76**	**151**	**89**	**29**	**21**	**70**	**68**	**109**
批发业	5734	2	49	95	55	11	9	31	38	54
农、林、牧产品批发	551	1	20	43	13	1	1	6	5	10
食品、饮料及烟草制品批发	569		9	12	5			4	4	7
纺织、服装及家庭用品批发	611		3	4	3	1	2	3	6	4
文化、体育用品及器材批发	155			1	1		1		6	1
医药及医疗器材批发	110		2	1						3
矿产品、建材及化工产品批发	1805		9	22	18	4	3	9	10	13
机械设备、五金产品及电子产品批发	1001	1	1	3	9	4	1	5	1	10
贸易经纪与代理	379		5	4	1	1		1	3	1
其他批发业	553			5	5		1	3	3	5
零售业	4374	3	27	56	34	18	12	39	30	55
综合零售	645	2	23	25	8	1	2	9	5	12
食品、饮料及烟草制品专门零售	373	1	1	12	2	2	1	4	3	6
纺织、服装及日用品专门零售	353			2	3	5	1	2	3	1
文化、体育用品及器材专门零售	161		3	1	5	1	1			
医药及医疗器材专门零售	1011			6	5	1	1	7	3	10
汽车、摩托车、燃料及零配件专门零售	441			4	4	2	2	8	5	9
家用电器及电子产品专门零售	579						1	3	3	8
五金、家具及室内装饰材料专门零售	484			1	3	2	1	4	4	4
货摊、无店铺及其他零售业	327			5	4	4	2	2	4	5
交通运输、仓储和邮政业	**1104**	**1**	**14**	**31**	**13**	**3**	**2**	**9**	**6**	**9**
道路运输业	795		3	12	5	2	1	6	4	4
城市公共交通运输	14			2	1	1		1		
公路旅客运输	32			1	2			1	1	
道路货物运输	711		3	7	2	1		4	3	3
道路运输辅助活动	38			2			1			1
水上运输业	102		6	10	5	1	1	2	1	2
水上旅客运输	4									
水上货物运输	77		6	8	5	1	1	2	1	1
水上运输辅助活动	21			2						1
航空运输业	1									
航空客货运输	1									
通用航空服务										
航空运输辅助活动										
管道运输业	3									
管道运输业	3									
装卸搬运和运输代理业	123		1	2	2			1		1
装卸搬运	78		1	2	2			1		1
运输代理业	45									
仓储业	50	1	4	7	1				1	2
谷物、棉花等农产品仓储	25	1	4	6	1				1	2
其他仓储业	25			1						
邮政业	30									
邮政基本服务										

分组的小微企业法人单位数（续5）

2001年	2002年	2003年	2004年	2005年	2006年	2007年	2008年	2009年	2010年	2011年	2012年	2013年	无开业年份
1		2	2	4	4	4	6	5	3	7	5	14	
3	3	4	7	6	11	3	8	20	22	18	30	30	
12	11	28	26	28	28	42	43	81	119	116	155	109	1
5	7	16	16	14	16	29	33	56	88	97	109	87	1
3	1	5	5	4	7	6	5	11	13	8	17	9	
2		1		4	2	2		3	5	2	8	3	
2	3	6	5	6	3	5	5	11	13	9	21	10	
215	**201**	**282**	**232**	**322**	**363**	**391**	**526**	**834**	**1323**	**1243**	**1550**	**2002**	**6**
123	96	137	121	172	196	225	295	467	823	770	900	1060	5
25	18	13	13	16	17	15	34	46	55	60	65	74	
12	12	11	8	12	17	22	27	57	62	81	122	84	1
9	11	21	15	21	30	22	33	43	85	100	87	108	
3	6	1	2	10	5	6	11	16	19	19	24	23	
2	7	6	7	4	4	5	7	10	9	16	12	15	
36	18	35	30	43	58	59	75	171	272	219	243	457	1
22	16	27	25	40	33	53	62	70	139	144	180	154	1
5	3	9	8	5	14	9	18	17	110	42	64	59	
9	5	14	13	21	18	34	28	37	72	89	103	86	2
92	105	145	111	150	167	166	231	367	500	473	650	942	1
3	12	7	10	13	16	18	17	39	45	53	58	267	
10	4	20	8	8	13	14	23	37	41	31	68	64	
7	6	9	8	14	7	9	19	33	35	38	45	106	
4		3	6	4	8	9	9	16	16	13	34	27	1
25	40	53	52	68	65	53	60	112	131	111	141	67	
14	15	15	8	15	18	11	22	28	50	67	71	73	
9	12	28	6	12	16	20	33	41	74	83	101	129	
13	6	6	6	9	15	23	22	29	67	50	71	148	
7	10	4	7	7	9	9	26	32	41	27	61	61	
26	**26**	**16**	**26**	**20**	**49**	**59**	**46**	**86**	**145**	**149**	**159**	**209**	
19	14	7	19	12	38	37	31	63	106	110	136	166	
1	1		1	1	1				1	1	2		
2	3		1	2	1	3	1		5	3	1	5	
13	7	5	17	8	33	33	30	62	99	101	128	152	
3	3	2		1	3	1		1	1	5	5	9	
5	6	2	4	3	6	8	5	9	6	11	4	5	
	1				1					2			
5	5	2	3	2	2	6	4	8	4	4	2	5	
			1	1	3	2	1	1	2	5	2		
							1						
							1						
								1	1		1		
								1	1		1		
1	3	5	3	2	4	11	5	11	15	15	13	28	
	3	4	2	1	3	6	3	6	9	8	7	19	
1		1	1	1	1	5	2	5	6	7	6	9	
	3	1		3	1	1	1	2	6	8	2	6	
	3			1		1			2	2		1	
		1		2	1		1	2	4	6	2	5	
1		1				2	3		11	5	3	4	

4－1－4 按行业、开业（成立）时间

	单位个数（个）	1949 年以前	1950－1977 年	1978－1991 年	1992－1995 年	1996 年	1997 年	1998 年	1999 年	2000 年
快递服务	30									
住宿和餐饮业	**457**		**1**	**6**	**6**	**5**	**2**	**3**	**3**	**5**
住宿业	136		1		2	3		1	2	1
旅游饭店	54		1		1	2			2	1
一般旅馆	68				1	1		1		
其他住宿业	14									
餐饮业	321			6	4	2	2	2	1	4
正餐服务	272			6	4	1	2	2	1	4
快餐服务	14					1				
饮料及冷饮服务	9									
其他餐饮业	26									
信息传输、软件和信息技术服务业	**515**			**2**	**2**			**1**	**1**	**1**
电信、广播电视和卫星传输服务	48			2	1			1		
电信	35							1		
广播电视传输服务	12			2	1					
卫星传输服务	1									
互联网和相关服务	147				1					1
互联网接入及相关服务	12									
互联网信息服务	105				1					1
其他互联网服务	30									
软件和信息技术服务业	320								1	
软件开发	161								1	
信息系统集成服务	22									
信息技术咨询服务	62									
数据处理和存储服务	4									
集成电路设计	9									
其他信息技术服务业	62									
房地产业	**1032**			**4**	**8**	**3**	**1**	**13**	**7**	**17**
房地产业	1032			4	8	3	1	13	7	17
房地产开发经营	367				4	1		8	2	4
物业管理	449			1	2	2		4	4	9
房地产中介服务	164			1	2			1		3
自有房地产经营活动										
其他房地产业	52			2			1		1	1
租赁和商务服务业	**2547**		**4**	**14**	**18**	**7**	**4**	**15**	**20**	**36**
租赁业	193							1	1	1
机械设备租赁	190							1	1	1
文化及日用品出租	3									
商务服务业	2354		4	14	18	7	4	14	19	35
企业管理服务	646		2	5	4	1		1	3	4
法律服务	31			1	1				1	4
咨询与调查	354			2	2		1	1	2	9
广告业	584			1	3	5	1	3	5	7
知识产权服务	6									
人力资源服务	250				2	1		1	1	3
旅行社及相关服务	109				3			1	2	2
安全保护服务	18			1	2					1
其他商务服务业	356		2	4	1		2	7	5	5
科学研究和技术服务业	**728**			**12**	**12**	**1**	**6**	**2**	**11**	**14**
研究和试验发展	85				1		2	1	2	2
自然科学研究和试验发展	13							1		
工程和技术研究和试验发展	52				1		1			1

分组的小微企业法人单位数（续6）

2001年	2002年	2003年	2004年	2005年	2006年	2007年	2008年	2009年	2010年	2011年	2012年	2013年	无开业年份
1		1				2	3		11	5	3	4	
3	**11**	**9**	**7**	**15**	**23**	**25**	**38**	**28**	**60**	**58**	**59**	**90**	
	4	1	3	7	12	11	11	5	15	15	14	28	
	1	1	2	3	6	5	3	3	6	6	5	6	
	3		1	3	5	5	6	1	7	8	7	19	
				1	1	1	2	1	2	1	2	3	
3	7	8	4	8	11	14	27	23	45	43	45	62	
3	6	8	4	6	8	12	25	19	38	37	35	51	
	1				1			3	4	2	1	1	
				1	2	1			1	1	2	1	
				1		1	2	1	2	3	7	9	
6	**10**	**15**	**14**	**13**	**19**	**25**	**30**	**46**	**61**	**77**	**106**	**86**	
	3	2	2	2	2	2	3	5	6	3	7	7	
	2	1	2	2	1	2	2	5	4	2	6	5	
	1	1			1		1		2	1	1	1	
												1	
2	4	6	9	6	6	10	13	8	15	16	30	20	
	1	1	1	1		1	1		1	1	4		
2	2	4	6	4	6	8	10	5	13	12	17	14	
	1	1	2	1		1	2	3	1	3	9	6	
4	3	7	3	5	11	13	14	33	40	58	69	59	
2	3	3	1	2	3	8	7	18	25	31	27	30	
		1	1		1	1		3	4	4	5	2	
		1		1	2	3	3	6	4	10	13	19	
								1			3		
				1	2	1		1		2	1	1	
2		2	1	1	3		4	4	7	11	20	7	
12	**9**	**26**	**39**	**36**	**65**	**66**	**69**	**97**	**189**	**152**	**115**	**103**	**1**
12	9	26	39	36	65	66	69	97	189	152	115	103	1
4	2	8	15	12	23	24	19	33	85	61	36	26	
4	2	13	20	17	29	27	33	46	85	56	45	50	
3	4	1	3	5	9	12	14	15	14	26	29	22	
1	1	4	1	2	4	3	3	3	5	9	5	5	1
31	**42**	**52**	**52**	**77**	**82**	**110**	**123**	**182**	**368**	**355**	**431**	**522**	**2**
1	5		1	6	8	6	12	13	25	35	44	34	
1	5		1	6	8	5	12	13	25	35	42	34	
						1					2		
30	37	52	51	71	74	104	111	169	343	320	387	488	2
7	4	9	6	6	13	24	24	39	99	102	113	180	
2	2		1	1	3	2	1	3	2	2	2	3	
3	5	5	4	12	14	15	17	20	48	56	65	73	
6	6	10	13	28	15	20	25	48	88	91	93	116	
1			2		1				1			1	
1	8	5	9	6	6	9	11	23	43	24	40	57	
3	7	8	7	5	8	8	6	5	9	11	11	13	
2		2	1		1		2		1		3	2	
5	5	13	8	13	13	26	25	31	52	34	60	43	2
17	16	15	30	14	24	32	34	55	83	92	127	130	1
	1		1		4	6	4	5	8	12	26	9	1
			1		1			1	2	2	4	1	
	1				2	4	4	4	5	5	18	5	1

4－1－4 按行业、开业（成立）时间

	单位个数（个）	1949年以前	1950－1977年	1978－1991年	1992－1995年	1996年	1997年	1998年	1999年	2000年
农业科学研究和试验发展	14						1		2	
医学研究和试验发展	4									1
社会人文科学研究	2									
专业技术服务业	420			7	7	1	3	1	9	11
气象服务	4									
地震服务	1									
海洋服务										
测绘服务	21			1	1			1	1	
质检技术服务	45				1		1		1	3
环境与生态监测	5			1						1
地质勘查	5									1
工程技术	211			5	2	1	1		4	5
其他专业技术服务业	128				3		1		3	1
科技推广和应用服务业	223			5	4		1			1
技术推广服务	159			5	3		1			
科技中介服务	26									
其他科技推广和应用服务业	38				1					1
水利、环境和公共设施管理业	**133**	**2**	**1**	**3**	**1**		**1**			**1**
水利管理业	23	1	1		1					
防洪除涝设施管理	3									
水资源管理	6				1					
天然水收集与分配	2		1							
水文服务	4	1								
其他水利管理业	8									
生态保护和环境治理业	12									
生态保护	3									
环境治理业	9									
公共设施管理业	98	1		3			1			1
市政设施管理	12									
环境卫生管理	8	1								
城乡市容管理										
绿化管理	43			3			1			1
公园和游览景区管理	35									
居民服务、修理和其他服务业	**563**		**1**	**9**	**8**	**3**	**3**	**6**	**5**	**9**
居民服务业	180		1	2	4	1	3	3	2	4
家庭服务	24									
托儿所服务										
洗染服务	5									1
理发及美容服务	9				1			1		
洗浴服务	76			1	2	1	1	2	2	3
保健服务	6									
婚姻服务	12									
殡葬服务	11						2			
其他居民服务业	37		1	1	1					
机动车、电子产品和日用产品修理业	261			7	4	1		2	3	5
汽车、摩托车修理与维护	202			7	3			1	3	3
计算机和办公设备维修	19					1				
家用电器修理	31				1			1		2
其他日用产品修理业	9									
其他服务业	122					1		1		
清洁服务	93							1		
其他未列明服务业	29					1				

分组的小微企业法人单位数(续7)

2001年	2002年	2003年	2004年	2005年	2006年	2007年	2008年	2009年	2010年	2011年	2012年	2013年	无开业年份
					1	2				2	3	3	
									1	2			
										1	1		
12	11	9	23	8	16	19	19	35	48	54	56	71	
	1	1			1				1				
									1				
	1		1	1	1		1	2	3	1	3	3	
1		1	9	1	1	4		4	5	4	5	4	
1											1	1	
1								1		1		1	
7	6	5	12	3	11	7	10	19	25	23	31	34	
2	3	2	1	3	2	8	8	9	13	25	16	28	
5	4	6	6	6	4	7	11	15	27	26	45	50	
2	3	5	4	4	3	7	9	12	17	19	32	33	
2	1			1	1		1	2	4	4	4	6	
1		1	2	1			1	1	6	3	9	11	
3	**5**	**3**	**2**	**8**	**4**	**2**	**5**	**12**	**21**	**14**	**16**	**29**	
	2		2			1	1	1	2	5	2	4	
	1		1						1				
	1					1			1	1	1		
												1	
			1					1		1			
							1			3	1	3	
2					2	1				1	1	5	
										1		2	
2					2	1					1	3	
1	3	3		8	2		4	11	19	8	13	20	
		1		1	1			1	2	1	1	4	
				1	1				2	2		1	
1	1	2		4			2	5	9	3	8	3	
	2			2			2	5	6	2	4	12	
14	**11**	**17**	**15**	**25**	**22**	**23**	**24**	**43**	**74**	**83**	**75**	**93**	
5	7	6	7	10	6	6	8	8	25	19	22	31	
1							2		5	4	7	5	
				1				2			1		
			1	1	1				1			3	
2	4	6	3	4	4	4	5		9	6	5	12	
1									1	2	1	1	
				1				1	3	2	3	2	
	2		2	1		1		1	1	1			
1	1		1	2	1	1	1	4	5	4	5	8	
6	4	9	7	13	14	13	8	25	29	36	37	38	
6	4	7	7	11	10	11	7	18	20	25	28	31	
				1	2			3	3	4	4	1	
		1		1	2	1		3	6	6	2	5	
		1				1	1	1		1	3	1	
3		2	1	2	2	4	8	10	20	28	16	24	
2		2		2	2	4	7	7	12	18	15	21	
1			1				1	3	8	10	1	3	

4－1－4 按行业、开业（成立）时间

	单位个数（个）	1949年以前	1950－1977年	1978－1991年	1992－1995年	1996年	1997年	1998年	1999年	2000年
教育	**13**				**1**			**1**	**1**	
教育	13				1			1	1	
学前教育										
初等教育										
中等教育	4								1	
高等教育										
特殊教育										
技能培训、教育辅助及其他教育	9				1			1		
卫生和社会工作	**14**					**1**		**1**		
卫生	10					1		1		
医院	10					1		1		
社区医疗与卫生院										
门诊部（所）										
计划生育技术服务活动										
妇幼保健院（所、站）										
专科疾病防治院（所、站）										
疾病预防控制中心										
其他卫生活动										
社会工作	4									
提供住宿社会工作	4									
不提供住宿社会工作										
文化、体育和娱乐业	**453**		**4**	**2**	**2**		**1**	**2**	**5**	**2**
新闻和出版业	10				1				2	
新闻业	3									
出版业	7				1				2	
广播、电视、电影和影视录音制作业	31		3	1	1					
广播	1									
电视	2									
电影和影视节目制作	6									
电影和影视节目发行	1									
电影放映	18		3	1	1					
录音制作	3									
文化艺术业	63		1	1			1			
文艺创作与表演	32		1							
艺术表演场馆	1									
图书馆与档案馆										
文物及非物质文化遗产保护										
博物馆										
烈士陵园、纪念馆	2						1			
群众文化活动	6			1						
其他文化艺术业	22									
体育	27									
体育组织	5									
体育场馆	1									
休闲健身活动	18									
其他体育	3									
娱乐业	322							2	3	2
室内娱乐活动	287							2	3	2
游乐园	5									
彩票活动										
文化、娱乐、体育经纪代理	7									
其他娱乐业	23									

分组的小微企业法人单位数(续8)

2001年	2002年	2003年	2004年	2005年	2006年	2007年	2008年	2009年	2010年	2011年	2012年	2013年	无开业年份
1		**1**	**3**	**1**			**1**		**1**	**1**	**1**		
1		1	3	1			1		1	1	1		
1		1		1									
			3				1		1	1	1		
1	**2**		**2**	**1**	**1**	**1**			**1**		**1**	**2**	
1	2		1	1	1	1					1		
1	2		1	1	1	1					1		
			1						1			2	
			1						1			2	
7	**8**	**21**	**17**	**27**	**25**	**29**	**29**	**33**	**60**	**58**	**67**	**54**	
									1	1	2	3	
										1		2	
									1		2	1	
1				2	1	1			6	7	5	3	
									1				
											2		
1				1	1				2	1			
												1	
				1					3	5	3	1	
						1				1		1	
2	1	1	2	1		2	2	4	15	13	9	8	
		1	1			1	1	1	8	5	8	5	
												1	
							1						
1				1					1	2			
1	1		1			1		3	6	6	1	2	
							3	3	2	2	6	11	
								1	1			3	
									1				
							3	2		2	6	5	
												3	
4	7	20	15	24	24	26	24	26	36	35	45	29	
4	7	19	15	22	22	24	24	25	33	26	39	20	
				1							3	1	
		1			1				2	1	1	1	
				1	1	2		1	1	8	2	7	

4－1－5　按行业、从业人员组距分组的小微企业法人单位数

	单位个数（个）	7人及以下	8－19人	20－49人	50－99人	100－299人	300－499人	500－999人	1000－4999人	5000－9999人	10000人及以上
总　　计	**30442**	**14709**	**8731**	**4158**	**1550**	**1106**	**70**	**82**	**36**		
农、林、牧、渔业	88	60	24	4							
农、林、牧、渔服务业	88	60	24	4							
农业服务业	54	36	14	4							
林业服务业	3	2	1								
畜牧服务业	23	17	6								
渔业服务业	8	5	3								
采矿业	**67**	**17**	**14**	**20**	**11**	**5**					
煤炭开采和洗选业	1		1								
烟煤和无烟煤开采洗选											
褐煤开采洗选											
其他煤炭采选	1		1								
石油和天然气开采业	2	2									
石油开采	1	1									
天然气开采	1	1									
黑色金属矿采选业											
铁矿采选											
锰矿、铬矿采选											
其他黑色金属矿采选											
有色金属矿采选业	1	1									
常用有色金属矿采选	1	1									
贵金属矿采选											
稀有稀土金属矿采选											
非金属矿采选业	55	9	11	19	11	5					
土砂石开采	40	8	8	16	7	1					
化学矿开采	4	1				3					
采盐	7		1	3	2	1					
石棉及其他非金属矿采选	4		2		2						
开采辅助活动	6	5	1								
煤炭开采和洗选辅助活动	2	2									
石油和天然气开采辅助活动	3	3									
其他开采辅助活动	1		1								
其他采矿业	2		1	1							
其他采矿业	2		1	1							
制造业	**10332**	**3355**	**2896**	**2293**	**986**	**802**					
农副食品加工业	520	148	127	112	71	62					
谷物磨制	229	61	55	59	35	19					
饲料加工	74	20	11	15	14	14					
植物油加工	15	4	3	3	2	3					
制糖业	3		1	1		1					
屠宰及肉类加工	65	13	19	10	9	14					
水产品加工	36	12	13	6	3	2					
蔬菜、水果和坚果加工	36	11	7	8	4	6					
其他农副食品加工	62	27	18	10	4	3					
食品制造业	180	74	57	31	9	9					
焙烤食品制造	41	20	12	6	2	1					
糖果、巧克力及蜜饯制造	11	2	4	2		3					
方便食品制造	45	13	18	9	3	2					
乳制品制造	6	1	2	1	1	1					
罐头食品制造	8	3	1	2	2						
调味品、发酵制品制造	31	15	10	4	1	1					
其他食品制造	38	20	10	7		1					
酒、饮料和精制茶制造业	73	30	25	13	2	3					

4－1－5　按行业、从业人员组距分组的小微企业法人单位数（续1）

	单位个数（个）	7人及以下	8－19人	20－49人	50－99人	100－299人	300－499人	500－999人	1000－4999人	5000－9999人	10000人及以上
酒的制造	33	11	13	6	1	2					
饮料制造	35	17	10	7	1						
精制茶加工	5	2	2			1					
烟草制品业	1				1						
烟叶复烤											
卷烟制造											
其他烟草制品制造	1				1						
纺织业	710	192	198	199	65	56					
棉纺织及印染精加工	187	41	46	39	34	27					
毛纺织及染整精加工	25	10	6	6	1	2					
麻纺织及染整精加工	8	3	1	1	2	1					
丝绢纺织及印染精加工	31	6	13	3	3	6					
化纤织造及印染精加工	14	4	3	5	2						
针织或钩针编织物及其制品制造	177	70	52	45	6	4					
家用纺织制成品制造	195	36	58	82	9	10					
非家用纺织制成品制造	73	22	19	18	8	6					
纺织服装、服饰业	929	229	225	277	100	98					
机织服装制造	596	138	126	178	75	79					
针织或钩针编织服装制造	64	19	25	15		5					
服饰制造	269	72	74	84	25	14					
皮革、毛皮、羽毛及其制品和制鞋业	271	51	75	73	40	32					
皮革鞣制加工	11	2	3	3	3						
皮革制品制造	100	17	29	23	17	14					
毛皮鞣制及制品加工	2	1	1								
羽毛(绒)加工及制品制造	47	8	12	17	3	7					
制鞋业	111	23	30	30	17	11					
木材加工和木、竹、藤、棕、草制品业	488	130	162	127	41	28					
木材加工	235	69	80	62	18	6					
人造板制造	135	24	33	42	18	18					
木制品制造	101	28	44	21	4	4					
竹、藤、棕、草等制品制造	17	9	5	2	1						
家具制造业	165	55	74	26	8	2					
木质家具制造	123	46	52	19	5	1					
竹、藤家具制造	1			1							
金属家具制造	16	4	9	2	1						
塑料家具制造	8	3	4		1						
其他家具制造	17	2	9	4	1	1					
造纸和纸制品业	253	84	72	44	26	27					
纸浆制造	1	1									
造纸	83	20	15	19	15	14					
纸制品制造	169	63	57	25	11	13					
印刷和记录媒介复制业	194	76	58	29	18	13					
印刷	172	63	51	28	17	13					
装订及印刷相关服务	22	13	7	1	1						
记录媒介复制											
文教、工美、体育和娱乐用品制造业	340	104	83	83	39	31					
文教办公用品制造	112	34	38	25	6	9					
乐器制造	8	1	3	1	2	1					
工艺美术品制造	105	36	20	27	15	7					
体育用品制造	30	12	7	4	2	5					
玩具制造	78	21	14	23	12	8					
游艺器材及娱乐用品制造	7		1	3	2	1					
石油加工、炼焦和核燃料加工业	29	9	9	6	4	1					

4－1－5　按行业、从业人员组距分组的小微企业法人单位数(续2)

	单位个数(个)	7人及以下	8－19人	20－49人	50－99人	100－299人	300－499人	500－999人	1000－4999人	5000－9999人	10000人及以上
精炼石油产品制造	28	9	8	6	4	1					
炼焦											
核燃料加工	1		1								
化学原料和化学制品制造业	485	128	137	123	54	43					
基础化学原料制造	119	21	31	27	21	19					
肥料制造	49	15	12	16	5	1					
农药制造	15	5	3	5	1	1					
涂料、油墨、颜料及类似产品制造	83	28	29	20	3	3					
合成材料制造	61	14	20	19	4	4					
专用化学产品制造	96	22	25	22	13	14					
炸药、火工及焰火产品制造											
日用化学产品制造	62	23	17	14	7	1					
医药制造业	66	17	16	13	10	10					
化学药品原料药制造	11	1	2	2	3	3					
化学药品制剂制造	2				1	1					
中药饮片加工	3		1		1	1					
中成药生产	8	3	2		2	1					
兽用药品制造	6	2	1	2		1					
生物药品制造	16	5	3	4	3	1					
卫生材料及医药用品制造	20	6	7	5		2					
化学纤维制造业	33	8	8	5	7	5					
纤维素纤维原料及纤维制造	7	2		1	2	2					
合成纤维制造	26	6	8	4	5	3					
橡胶和塑料制品业	524	197	149	101	54	23					
橡胶制品业	85	34	22	16	10	3					
塑料制品业	439	163	127	85	44	20					
非金属矿物制品业	868	273	278	173	95	49					
水泥、石灰和石膏制造	58	18	19	5	6	10					
石膏、水泥制品及类似制品制造	346	134	106	49	39	18					
砖瓦、石材等建筑材料制造	293	83	90	78	34	8					
玻璃制造	15	1	5	3	2	4					
玻璃制品制造	72	15	25	18	6	8					
玻璃纤维和玻璃纤维增强塑料制品制造	15	5	6	4							
陶瓷制品制造	8	4	2	1	1						
耐火材料制品制造	15	4	7	3	1						
石墨及其他非金属矿物制品制造	46	9	18	12	6	1					
黑色金属冶炼和压延加工业	129	30	35	22	18	24					
炼铁	5	1	1	1	1	1					
炼钢	3	1	2								
黑色金属铸造	48	12	13	9	6	8					
钢压延加工	66	15	17	11	11	12					
铁合金冶炼	7	1	2	1		3					
有色金属冶炼和压延加工业	202	61	61	33	26	21					
常用有色金属冶炼	29	7	7	7	4	4					
贵金属冶炼	1	1									
稀有稀土金属冶炼	4	1		1	2						
有色金属合金制造	14	6	2	1	1	4					
有色金属铸造	15	2	9		1	3					
有色金属压延加工	139	44	43	24	18	10					
金属制品业	616	227	186	119	54	30					
结构性金属制品制造	294	102	97	58	23	14					
金属工具制造	64	21	20	13	7	3					
集装箱及金属包装容器制造	21	6	4	6	4	1					

4－1－5　按行业、从业人员组距分组的小微企业法人单位数(续3)

	单位个数(个)	7人及以下	8－19人	20－49人	50－99人	100－299人	300－499人	500－999人	1000－4999人	5000－9999人	10000人及以上
金属丝绳及其制品制造	14	4	5	4		1					
建筑、安全用金属制品制造	61	35	15	8	1	2					
金属表面处理及热处理加工	24	8	7	7	1	1					
搪瓷制品制造	4	2		2							
金属制日用品制造	44	20	10	7	4	3					
其他金属制品制造	90	29	28	14	14	5					
通用设备制造业	880	334	261	166	63	56					
锅炉及原动设备制造	39	9	14	8	4	4					
金属加工机械制造	188	70	55	48	5	10					
物料搬运设备制造	26	5	8	5	5	3					
泵、阀门、压缩机及类似机械制造	138	33	48	26	16	15					
轴承、齿轮和传动部件制造	94	28	19	19	13	15					
烘炉、风机、衡器、包装等设备制造	43	18	12	7	4	2					
文化、办公用机械制造	4	1		1	1	1					
通用零部件制造	304	150	94	43	12	5					
其他通用设备制造业	44	20	11	9	3	1					
专用设备制造业	569	197	155	139	45	33					
采矿、冶金、建筑专用设备制造	135	47	28	33	15	12					
化工、木材、非金属加工专用设备制造	91	26	23	27	11	4					
食品、饮料、烟草及饲料生产专用设备制造	14	5	5	1	1	2					
印刷、制药、日化及日用品生产专用设备制造	48	17	14	11	3	3					
纺织、服装和皮革加工专用设备制造	25	11	7	2	1	4					
电子和电工机械专用设备制造	64	19	23	19	2	1					
农、林、牧、渔专用机械制造	60	19	21	15	3	2					
医疗仪器设备及器械制造	49	16	12	13	5	3					
环保、社会公共服务及其他专用设备制造	83	37	22	18	4	2					
汽车制造业	251	90	53	64	22	22					
汽车整车制造											
改装汽车制造	3	2			1						
低速载货汽车制造											
电车制造	4	3		1							
汽车车身、挂车制造	4	1		1		2					
汽车零部件及配件制造	240	84	53	62	21	20					
铁路、船舶、航空航天和其他运输设备制造业	111	46	27	18	8	12					
铁路运输设备制造	4			2	1	1					
城市轨道交通设备制造	2	2									
船舶及相关装置制造	54	19	14	12	4	5					
航空、航天器及设备制造	2	2									
摩托车制造	7	4	1	2							
自行车制造	35	16	10	1	3	5					
非公路休闲车及零配件制造	3	2		1							
潜水救捞及其他未列明运输设备制造	4	1	2			1					
电气机械和器材制造业	577	191	149	129	58	50					
电机制造	40	14	9	7	7	3					
输配电及控制设备制造	198	62	45	51	21	19					
电线、电缆、光缆及电工器材制造	129	30	36	41	14	8					
电池制造	34	7	12	6	1	8					
家用电力器具制造	52	22	12	6	8	4					
非电力家用器具制造	40	20	8	3	3	6					
照明器具制造	46	17	14	9	4	2					
其他电气机械及器材制造	38	19	13	6							
计算机、通信和其他电子设备制造业	355	131	87	85	18	34					
计算机制造	22	10	3	6		3					

4－1－5 按行业、从业人员组距分组的小微企业法人单位数(续4)

	单位个数(个)	7人及以下	8－19人	20－49人	50－99人	100－299人	300－499人	500－999人	1000－4999人	5000－9999人	10000人及以上
通信设备制造	15	5	7	2	1						
广播电视设备制造	19	3	4	4	2	6					
雷达及配套设备制造											
视听设备制造	7	1			3	3					
电子器件制造	30	17	8	2	1	2					
电子元件制造	206	71	53	55	9	18					
其他电子设备制造	56	24	12	16	2	2					
仪器仪表制造业	282	151	63	44	10	14					
通用仪器仪表制造	178	100	38	22	8	10					
专用仪器仪表制造	46	15	12	17	1	1					
钟表与计时仪器制造	2	1	1								
光学仪器及眼镜制造	11	3	2	2	1	3					
其他仪器仪表制造业	45	32	10	3							
其他制造业	114	39	30	25	9	11					
日用杂品制造	62	16	15	13	8	10					
煤制品制造	2	1	1								
核辐射加工											
其他未列明制造业	50	22	14	12	1	1					
废弃资源综合利用业	60	25	14	8	10	3					
金属废料和碎屑加工处理	29	10	4	5	7	3					
非金属废料和碎屑加工处理	31	15	10	3	3						
金属制品、机械和设备修理业	57	28	22	6	1						
金属制品修理	2	1			1						
通用设备修理	7	2	5								
专用设备修理	8	3	4	1							
铁路、船舶、航空航天等运输设备修理	23	12	8	3							
电气设备修理	4	2	1	1							
仪器仪表修理											
其他机械和设备修理业	13	8	4	1							
电力、热力、燃气及水生产和供应业	**181**	**79**	**56**	**29**	**6**	**11**					
电力、热力生产和供应业	57	15	21	10	4	7					
电力生产	38	10	14	5	2	7					
电力供应	6	4		2							
热力生产和供应	13	1	7	3	2						
燃气生产和供应业	26	9	13	3		1					
燃气生产和供应业	26	9	13	3		1					
水的生产和供应业	98	55	22	16	2	3					
自来水生产和供应	72	46	13	10	1	2					
污水处理及其再生利用	21	7	6	6	1	1					
其他水的处理、利用与分配	5	2	3								
建筑业	**2107**	**807**	**569**	**247**	**119**	**189**	**64**	**77**	**35**		
房屋建筑业	643	175	148	76	37	92	30	57	28		
房屋建筑业	643	175	148	76	37	92	30	57	28		
土木工程建筑业	323	121	75	53	22	27	12	8	5		
铁路、道路、隧道和桥梁工程建筑	127	47	21	22	7	12	8	6	4		
水利和内河港口工程建筑	42	18	14	4	2	3		1			
海洋工程建筑											
工矿工程建筑	7		1	1	3	1		1			
架线和管道工程建筑	53	15	13	12	6	6	1				
其他土木工程建筑	94	41	26	14	4	5	3		1		
建筑安装业	317	110	90	44	27	32	12	2			
电气安装	89	25	16	14	12	15	5	2			

4－1－5　按行业、从业人员组距分组的小微企业法人单位数（续5）

	单位个数（个）	7人及以下	8－19人	20－49人	50－99人	100－299人	300－499人	500－999人	1000－4999人	5000－9999人	10000人及以上
管道和设备安装	59	17	29	4	1	4	4				
其他建筑安装业	169	68	45	26	14	13	3				
建筑装饰和其他建筑业	824	401	256	74	33	38	10	10	2		
建筑装饰业	593	313	183	42	22	23	3	6	1		
工程准备活动	98	35	39	14	3	4	1	1	1		
提供施工设备服务	33	15	10	4	1	2	1				
其他未列明建筑业	100	38	24	14	7	9	5	3			
批发和零售业	**10108**	**6461**	**2922**	**641**	**66**	**17**		**1**			
批发业	5734	3307	1934	419	58	16					
农、林、牧产品批发	551	294	178	68	9	2					
食品、饮料及烟草制品批发	569	301	190	67	6	5					
纺织、服装及家庭用品批发	611	342	202	52	10	5					
文化、体育用品及器材批发	155	90	55	8	2						
医药及医疗器材批发	110	64	35	8	3						
矿产品、建材及化工产品批发	1805	1057	635	97	14	2					
机械设备、五金产品及电子产品批发	1001	614	328	49	10						
贸易经纪与代理	379	214	142	21	1	1					
其他批发业	553	331	169	49	3	1					
零售业	4374	3154	988	222	8	1		1			
综合零售	645	490	122	32	1						
食品、饮料及烟草制品专门零售	373	241	109	23							
纺织、服装及日用品专门零售	353	227	109	16	1						
文化、体育用品及器材专门零售	161	102	46	13							
医药及医疗器材专门零售	1011	906	93	11	1						
汽车、摩托车、燃料及零配件专门零售	441	267	118	53	2			1			
家用电器及电子产品专门零售	579	401	145	33							
五金、家具及室内装饰材料专门零售	484	301	159	22	2						
货摊、无店铺及其他零售业	327	219	87	19	1	1					
交通运输、仓储和邮政业	**1104**	**421**	**354**	**190**	**100**	**38**	**1**				
道路运输业	795	299	257	146	68	24	1				
城市公共交通运输	14	4	3	1	3	3					
公路旅客运输	32	10	10	5	5	2					
道路货物运输	711	270	231	138	56	15	1				
道路运输辅助活动	38	15	13	2	4	4					
水上运输业	102	36	25	15	17	9					
水上旅客运输	4	2	1		1						
水上货物运输	77	26	14	14	15	8					
水上运输辅助活动	21	8	10	1	1	1					
航空运输业	1					1					
航空客货运输	1					1					
通用航空服务											
航空运输辅助活动											
管道运输业	3	2		1							
管道运输业	3	2		1							
装卸搬运和运输代理业	123	53	45	17	5	3					
装卸搬运	78	32	27	11	5	3					
运输代理业	45	21	18	6							
仓储业	50	24	12	8	6						
谷物、棉花等农产品仓储	25	8	5	8	4						
其他仓储业	25	16	7		2						
邮政业	30	7	15	3	4	1					
邮政基本服务											

4－1－5 按行业、从业人员组距分组的小微企业法人单位数（续6）

	单位个数（个）	7人及以下	8－19人	20－49人	50－99人	100－299人	300－499人	500－999人	1000－4999人	5000－9999人	10000人及以上
快递服务	30	7	15	3	4	1					
住宿和餐饮业	**457**	**138**	**155**	**105**	**48**	**10**	**1**				
住宿业	136	35	47	35	16	3					
旅游饭店	54	10	10	18	14	2					
一般旅馆	68	18	35	13	1	1					
其他住宿业	14	7	2	4	1						
餐饮业	321	103	108	70	32	7	1				
正餐服务	272	85	88	63	28	7	1				
快餐服务	14	2	8	3	1						
饮料及冷饮服务	9	3	5	1							
其他餐饮业	26	13	7	3	3						
信息传输、软件和信息技术服务业	**515**	**317**	**150**	**32**	**12**	**4**					
电信、广播电视和卫星传输服务	48	26	10	5	5	2					
电信	35	21	10	2	1	1					
广播电视传输服务	12	4		3	4	1					
卫星传输服务	1	1									
互联网和相关服务	147	105	37	4	1						
互联网接入及相关服务	12	7	5								
互联网信息服务	105	80	21	3	1						
其他互联网服务	30	18	11	1							
软件和信息技术服务业	320	186	103	23	6	2					
软件开发	161	83	57	16	4	1					
信息系统集成服务	22	16	5		1						
信息技术咨询服务	62	36	21	3	1	1					
数据处理和存储服务	4	3	1								
集成电路设计	9	5	3	1							
其他信息技术服务业	62	43	16	3							
房地产业	**1032**	**434**	**346**	**184**	**49**	**19**					
房地产业	1032	434	346	184	49	19					
房地产开发经营	367	103	144	101	13	6					
物业管理	449	197	139	68	32	13					
房地产中介服务	164	107	45	11	1						
自有房地产经营活动											
其他房地产业	52	27	18	4	3						
租赁和商务服务业	**2547**	**1539**	**736**	**195**	**63**	**7**	**2**	**4**	**1**		
租赁业	193	129	46	12	5	1					
机械设备租赁	190	128	44	12	5	1					
文化及日用品出租	3	1	2								
商务服务业	2354	1410	690	183	58	6	2	4	1		
企业管理服务	646	382	184	59	19		1	1			
法律服务	31	18	11	2							
咨询与调查	354	230	104	15	5						
广告业	584	358	185	36	5						
知识产权服务	6	5	1								
人力资源服务	250	148	63	30	5	1		2	1		
旅行社及相关服务	109	73	22	11	3						
安全保护服务	18	10	3			3	1	1			
其他商务服务业	356	186	117	30	21	2					
科学研究和技术服务业	**728**	**381**	**201**	**108**	**38**						
研究和试验发展	85	41	32	9	3						
自然科学研究和试验发展	13	9	3	1							
工程和技术研究和试验发展	52	22	23	5	2						

4－1－5　按行业、从业人员组距分组的小微企业法人单位数(续7)

	单位个数(个)	7人及以下	8－19人	20－49人	50－99人	100－299人	300－499人	500－999人	1000－4999人	5000－9999人	10000人及以上
农业科学研究和试验发展	14	6	6	2							
医学研究和试验发展	4	2		1	1						
社会人文科学研究	2	2									
专业技术服务业	420	208	112	71	29						
气象服务	4	3	1								
地震服务	1		1								
海洋服务											
测绘服务	21	10	6	4	1						
质检技术服务	45	9	19	11	6						
环境与生态监测	5	2	2	1							
地质勘查	5	2		3							
工程技术	211	93	55	42	21						
其他专业技术服务业	128	89	28	10	1						
科技推广和应用服务业	223	132	57	28	6						
技术推广服务	159	93	36	24	6						
科技中介服务	26	10	14	2							
其他科技推广和应用服务业	38	29	7	2							
水利、环境和公共设施管理业	**133**	**55**	**53**	**15**	**10**						
水利管理业	23	12	6	4	1						
防洪除涝设施管理	3	1		2							
水资源管理	6	5	1								
天然水收集与分配	2	1		1							
水文服务	4	3		1							
其他水利管理业	8	2	5		1						
生态保护和环境治理业	12	9	2	1							
生态保护	3	2		1							
环境治理业	9	7	2								
公共设施管理业	98	34	45	10	9						
市政设施管理	12	3	8		1						
环境卫生管理	8	2	2	3	1						
城乡市容管理											
绿化管理	43	12	21	5	5						
公园和游览景区管理	35	17	14	2	2						
居民服务、修理和其他服务业	**563**	**310**	**181**	**56**	**16**						
居民服务业	180	98	54	23	5						
家庭服务	24	9	9	4	2						
托儿所服务											
洗染服务	5	1	2	2							
理发及美容服务	9	5	3	1							
洗浴服务	76	41	23	10	2						
保健服务	6	1	4	1							
婚姻服务	12	9	2	1							
殡葬服务	11	7	2	1	1						
其他居民服务业	37	25	9	3							
机动车、电子产品和日用产品修理业	261	148	84	21	8						
汽车、摩托车修理与维护	202	107	70	17	8						
计算机和办公设备维修	19	15	4								
家用电器修理	31	21	6	4							
其他日用产品修理业	9	5	4								
其他服务业	122	64	43	12	3						
清洁服务	93	45	36	9	3						
其他未列明服务业	29	19	7	3							

4－1－5 按行业、从业人员组距分组的小微企业法人单位数(续8)

	单位个数(个)	7人及以下	8－19人	20－49人	50－99人	100－299人	300－499人	500－999人	1000－4999人	5000－9999人	10000人及以上
教育	**13**		**1**	**4**	**4**	**2**	**2**				
教育	13		1	4	4	2	2				
学前教育											
初等教育											
中等教育	4					2	2				
高等教育											
特殊教育											
技能培训、教育辅助及其他教育	9		1	4	4						
卫生和社会工作	**14**	**3**	**1**	**1**	**7**	**2**					
卫生	10		1	1	6	2					
医院	10		1	1	6	2					
社区医疗与卫生院											
门诊部(所)											
计划生育技术服务活动											
妇幼保健院(所、站)											
专科疾病防治院(所、站)											
疾病预防控制中心											
其他卫生活动											
社会工作	4	3			1						
提供住宿社会工作	4	3			1						
不提供住宿社会工作											
文化、体育和娱乐业	**453**	**332**	**72**	**34**	**15**						
新闻和出版业	10	6	4								
新闻业	3		3								
出版业	7	6	1								
广播、电视、电影和影视录音制作业	31	15	8	4	4						
广播	1		1								
电视	2		1	1							
电影和影视节目制作	6	4	2								
电影和影视节目发行	1	1									
电影放映	18	7	4	3	4						
录音制作	3	3									
文化艺术业	63	31	19	8	5						
文艺创作与表演	32	12	11	7	2						
艺术表演场馆	1				1						
图书馆与档案馆											
文物及非物质文化遗产保护											
博物馆											
烈士陵园、纪念馆	2	2									
群众文化活动	6	2	3		1						
其他文化艺术业	22	15	5	1	1						
体育	27	10	10	7							
体育组织	5	1	3	1							
体育场馆	1			1							
休闲健身活动	18	7	6	5							
其他体育	3	2	1								
娱乐业	322	270	31	15	6						
室内娱乐活动	287	255	17	10	5						
游乐园	5	1	1	2	1						
彩票活动											
文化、娱乐、体育经纪代理	7	4	2	1							
其他娱乐业	23	10	11	2							

4－1－6　按行业、营业收入组距分组的小微企业法人单位数

	单位个数（个）	100万元及以下	100万元－200万元	200万元－500万元	500万元－1000万元	1000万元－2000万元	2000万元－5000万元	5000万元－1亿元	1亿元以上
总　　计	**30442**	**9312**	**4384**	**7201**	**4123**	**2077**	**1698**	**736**	**911**
农、林、牧、渔业	**88**	**44**	**19**	**25**					
农、林、牧、渔服务业	88	44	19	25					
农业服务业	54	27	11	16					
林业服务业	3	3							
畜牧服务业	23	11	5	7					
渔业服务业	8	3	3	2					
采矿业	**67**	**17**	**6**	**9**	**5**	**14**	**6**	**2**	**8**
煤炭开采和洗选业	1			1					
烟煤和无烟煤开采洗选									
褐煤开采洗选									
其他煤炭采选	1			1					
石油和天然气开采业	2	2							
石油开采	1	1							
天然气开采	1	1							
黑色金属矿采选业									
铁矿采选									
锰矿、铬矿采选									
其他黑色金属矿采选									
有色金属矿采选业	1	1							
常用有色金属矿采选	1	1							
贵金属矿采选									
稀有稀土金属矿采选									
非金属矿采选业	55	9	5	6	5	14	6	2	8
土砂石开采	40	7	4	4	4	14	5		2
化学矿开采	4	1						1	2
采盐	7			2			1	1	3
石棉及其他非金属矿采选	4	1	1		1				1
开采辅助活动	6	5		1					
煤炭开采和洗选辅助活动	2	2							
石油和天然气开采辅助活动	3	3							
其他开采辅助活动	1			1					
其他采矿业	2		1	1					
其他采矿业	2		1	1					
制造业	**10332**	**2765**	**1384**	**2340**	**1245**	**594**	**825**	**421**	**758**
农副食品加工业	520	111	64	71	45	29	70	42	88
谷物磨制	229	36	20	31	15	19	40	27	41
饲料加工	74	16	9	6	4	4	11	4	20
植物油加工	15	3	3		2		1	1	5
制糖业	3			1	1				1
屠宰及肉类加工	65	13	10	9	8	1	5	6	13
水产品加工	36	11	6	7	6	1	3	2	
蔬菜、水果和坚果加工	36	7	7	7	4		6	1	4
其他农副食品加工	62	25	9	10	5	4	4	1	4
食品制造业	180	68	29	34	12	14	10	5	8
焙烤食品制造	41	15	11	10	1	1	2		1
糖果、巧克力及蜜饯制造	11	1	4	1		1	1	1	2
方便食品制造	45	14	5	8	7	4	3	2	2
乳制品制造	6	1		2		1	1	1	
罐头食品制造	8	3			1	1		1	2
调味品、发酵制品制造	31	14	5	6	2	2	2		
其他食品制造	38	20	4	7	1	4	1		1
酒、饮料和精制茶制造业	73	25	15	16	10	2	1	2	2

4－1－6　按行业、营业收入组距分组的小微企业法人单位数（续1）

	单位个数（个）	100万元及以下	100万元－200万元	200万元－500万元	500万元－1000万元	1000万元－2000万元	2000万元－5000万元	5000万元－1亿元	1亿元以上
酒的制造	33	11	8	5	6		1		2
饮料制造	35	13	6	9	4	2		1	
精制茶加工	5	1	1	2				1	
烟草制品业	1					1			
烟叶复烤									
卷烟制造									
其他烟草制品制造	1					1			
纺织业	710	160	89	216	85	35	50	33	42
棉纺织及印染精加工	187	38	18	33	21	10	27	18	22
毛纺织及染整精加工	25	10	5	4		3	1	1	1
麻纺织及染整精加工	8	3		1			2	2	
丝绢纺织及印染精加工	31	6	3	9	4		1		8
化纤织造及印染精加工	14	3	2	4	1	1	3		
针织或钩针编织物及其制品制造	177	56	26	63	20	7	3	1	1
家用纺织制成品制造	195	28	25	89	24	11	7	5	6
非家用纺织制成品制造	73	16	10	13	15	3	6	6	4
纺织服装、服饰业	929	203	122	259	138	55	67	35	50
机织服装制造	596	122	72	160	86	28	59	29	40
针织或钩针编织服装制造	64	14	5	28	8	4	1	2	2
服饰制造	269	67	45	71	44	23	7	4	8
皮革、毛皮、羽毛及其制品和制鞋业	271	50	29	57	35	20	32	19	29
皮革鞣制加工	11	2		1	3		2	3	
皮革制品制造	100	18	14	21	14	9	12	3	9
毛皮鞣制及制品加工	2	1		1					
羽毛（绒）加工及制品制造	47	4	2	5	4	4	10	6	12
制鞋业	111	25	13	29	14	7	8	7	8
木材加工和木、竹、藤、棕、草制品业	488	89	72	134	84	27	39	24	19
木材加工	235	42	34	66	48	13	21	6	5
人造板制造	135	18	14	29	25	8	15	13	13
木制品制造	101	21	20	37	10	5	3	4	1
竹、藤、棕、草等制品制造	17	8	4	2	1	1		1	
家具制造业	165	53	26	49	21	4	9	2	1
木质家具制造	123	41	22	34	15	4	6		1
竹、藤家具制造	1				1				
金属家具制造	16	7	1	6	1		1		
塑料家具制造	8	3		4				1	
其他家具制造	17	2	3	5	4		2	1	
造纸和纸制品业	253	66	38	51	23	16	20	13	26
纸浆制造	1		1						
造纸	83	18	6	10	10	4	10	8	17
纸制品制造	169	48	31	41	13	12	10	5	9
印刷和记录媒介复制业	194	61	33	40	23	4	13	6	14
印刷	172	49	31	35	22	3	12	6	14
装订及印刷相关服务	22	12	2	5	1	1	1		
记录媒介复制									
文教、工美、体育和娱乐用品制造业	340	80	34	70	63	36	27	10	20
文教办公用品制造	112	14	15	28	26	13	8	1	7
乐器制造	8	2		1	1	1	1		2
工艺美术品制造	105	31	9	22	18	13	4	2	6
体育用品制造	30	12	3	2	2	2	5	1	3
玩具制造	78	21	6	16	15	6	7	5	2
游艺器材及娱乐用品制造	7		1	1	1	1	2	1	
石油加工、炼焦和核燃料加工业	29	5	1	10	1	2	3	3	4

4－1－6　按行业、营业收入组距分组的小微企业法人单位数（续2）

	单　位 个　数 （个）	100万元 及以下	100万元－ 200万元	200万元－ 500万元	500万元－ 1000万元	1000万元－ 2000万元	2000万元－ 5000万元	5000万元－ 1亿元	1亿元 以　上
精炼石油产品制造	28	5	1	9	1	2	3	3	4
炼焦									
核燃料加工	1			1					
化学原料和化学制品制造业	485	101	56	99	63	30	46	25	65
基础化学原料制造	119	21	10	18	11	5	14	10	30
肥料制造	49	9	9	13	5	6	2	1	4
农药制造	15	6	1	1	2		4	1	
涂料、油墨、颜料及类似产品制造	83	21	12	21	14	9	1	1	4
合成材料制造	61	12	5	12	16	1	7	1	7
专用化学产品制造	96	16	12	16	8	8	14	7	15
炸药、火工及焰火产品制造									
日用化学产品制造	62	16	7	18	7	1	4	4	5
医药制造业	66	15	6	17	7	2	5	6	8
化学药品原料药制造	11	1	1	2			1	2	4
化学药品制剂制造	2					1	1		
中药饮片加工	3			1				2	
中成药生产	8	3	1	2			1		1
兽用药品制造	6	3		3					
生物药品制造	16	2	4	1	4		2		3
卫生材料及医药用品制造	20	6		8	3	1		2	
化学纤维制造业	33	6	4	8	2		2	5	6
纤维素纤维原料及纤维制造	7	2		1					4
合成纤维制造	26	4	4	7	2		2	5	2
橡胶和塑料制品业	524	153	80	130	56	21	42	18	24
橡胶制品业	85	25	16	20	7	2	7	4	4
塑料制品业	439	128	64	110	49	19	35	14	20
非金属矿物制品业	868	213	136	197	119	65	53	25	60
水泥、石灰和石膏制造	58	17	4	12	5	4	2	5	9
石膏、水泥制品及类似制品制造	346	88	74	73	25	24	23	12	27
砖瓦、石材等建筑材料制造	293	74	37	73	60	24	11	2	12
玻璃制造	15	2	1	3	2		2	2	3
玻璃制品制造	72	11	10	19	13	6	5	3	5
玻璃纤维和玻璃纤维增强塑料制品制造	15	5	2	4	1	3			
陶瓷制品制造	8	2		4	1			1	
耐火材料制品制造	15	4	2	3	2	1	2		1
石墨及其他非金属矿物制品制造	46	10	6	6	10	3	8		3
黑色金属冶炼和压延加工业	129	29	10	19	12	6	20	6	27
炼铁	5	1		2			1		1
炼钢	3	1		2					
黑色金属铸造	48	13	5	8	4	3	4	1	10
钢压延加工	66	14	3	7	7	3	13	5	14
铁合金冶炼	7		2		1		2		2
有色金属冶炼和压延加工业	202	42	23	39	15	14	24	8	37
常用有色金属冶炼	29	5	2	4	4	3	4		7
贵金属冶炼	1	1							
稀有稀土金属冶炼	4			1	1				2
有色金属合金制造	14	4	2	1			3	1	3
有色金属铸造	15	3	5	1	1		1	2	2
有色金属压延加工	139	29	14	32	9	11	16	5	23
金属制品业	616	187	92	121	59	51	48	20	38
结构性金属制品制造	294	88	43	63	29	21	22	12	16
金属工具制造	64	18	11	10	7	4	5	1	8
集装箱及金属包装容器制造	21	5	2	3	4	1	2	1	3

4－1－6 按行业、营业收入组距分组的小微企业法人单位数(续3)

	单位个数(个)	100万元及以下	100万元－200万元	200万元－500万元	500万元－1000万元	1000万元－2000万元	2000万元－5000万元	5000万元－1亿元	1亿元以上
金属丝绳及其制品制造	14	3	3	3		2	2	1	
建筑、安全用金属制品制造	61	26	10	9	6	7	2	1	
金属表面处理及热处理加工	24	7	4	7	2	2	2		
搪瓷制品制造	4	2	1	1					
金属制日用品制造	44	16	6	7	2	5	4	2	2
其他金属制品制造	90	22	12	18	9	9	9	2	9
通用设备制造业	880	269	130	220	91	40	47	35	48
锅炉及原动设备制造	39	7	6	12	4	1	3	3	3
金属加工机械制造	188	61	24	53	18	12	8	7	5
物料搬运设备制造	26	6	2	5	3	1	6	2	1
泵、阀门、压缩机及类似机械制造	138	25	23	37	11	7	8	10	17
轴承、齿轮和传动部件制造	94	19	14	14	17	2	9	8	11
烘炉、风机、衡器、包装等设备制造	43	11	8	14		4	3		3
文化、办公用机械制造	4	1			2				1
通用零部件制造	304	123	47	75	30	12	9	3	5
其他通用设备制造业	44	16	6	10	6	1	1	2	2
专用设备制造业	569	168	86	119	70	30	51	17	28
采矿、冶金、建筑专用设备制造	135	41	13	17	14	11	20	10	9
化工、木材、非金属加工专用设备制造	91	22	18	15	15	4	11	3	3
食品、饮料、烟草及饲料生产专用设备制造	14	3	3	4		1	2	1	
印刷、制药、日化及日用品生产专用设备制造	48	11	14	10	5	1	4	2	1
纺织、服装和皮革加工专用设备制造	25	8	1	5	5	1	2	1	2
电子和电工机械专用设备制造	64	16	9	21	11	5	1		1
农、林、牧、渔专用机械制造	60	13	13	18	7	2	3		4
医疗仪器设备及器械制造	49	18	7	13	3	2	3		3
环保、社会公共服务及其他专用设备制造	83	36	8	16	10	3	5		5
汽车制造业	251	80	23	49	33	22	20	9	15
汽车整车制造									
改装汽车制造	3	2					1		
低速载货汽车制造									
电车制造	4	3							1
汽车车身、挂车制造	4		1	1		1			1
汽车零部件及配件制造	240	75	22	48	33	21	19	9	13
铁路、船舶、航空航天和其他运输设备制造业	111	42	17	19	13	3	9	2	6
铁路运输设备制造	4				1	2		1	
城市轨道交通设备制造	2	2							
船舶及相关装置制造	54	16	10	10	9	1	5	1	2
航空、航天器及设备制造	2	2							
摩托车制造	7	3	1	2	1				
自行车制造	35	17	4	6	1		4		3
非公路休闲车及零配件制造	3	2			1				
潜水救捞及其他未列明运输设备制造	4		2	1					1
电气机械和器材制造业	577	175	53	109	72	31	62	26	49
电机制造	40	12	3	6	7	2	7		3
输配电及控制设备制造	198	62	16	36	28	15	23	6	12
电线、电缆、光缆及电工器材制造	129	24	7	24	20	9	19	13	13
电池制造	34	8	4	8	4		3	1	6
家用电力器具制造	52	17	6	11	2	1	8	2	5
非电力家用器具制造	40	18	4	5	2	1		2	8
照明器具制造	46	18	4	10	5	3	2	2	2
其他电气机械及器材制造	38	16	9	9	4				
计算机、通信和其他电子设备制造业	355	109	44	87	44	18	27	9	17
计算机制造	22	6	3	3	4	1	1	2	2

4－1－6　按行业、营业收入组距分组的小微企业法人单位数（续4）

	单位个数（个）	100万元及以下	100万元－200万元	200万元－500万元	500万元－1000万元	1000万元－2000万元	2000万元－5000万元	5000万元－1亿元	1亿元以上
通信设备制造	15	5	3	3	2		2		
广播电视设备制造	19	2	2	3	2	1	4	1	4
雷达及配套设备制造									
视听设备制造	7		1			2		1	3
电子器件制造	30	13	3	6	5	1		1	1
电子元件制造	206	62	26	62	19	10	19	3	5
其他电子设备制造	56	21	6	10	12	3	1	1	2
仪器仪表制造业	282	134	31	48	28	9	14	5	13
通用仪器仪表制造	178	87	23	27	11	3	12	5	10
专用仪器仪表制造	46	12	5	11	11	4	2		1
钟表与计时仪器制造	2	1		1					
光学仪器及眼镜制造	11	3		3	2	1			2
其他仪器仪表制造业	45	31	3	6	4	1			
其他制造业	114	31	17	25	12	7	10	6	6
日用杂品制造	62	14	10	12	6	1	7	6	6
煤制品制造	2		1	1					
核辐射加工									
其他未列明制造业	50	17	6	12	6	6	3		
废弃资源综合利用业	60	22	9	8	5		3	5	8
金属废料和碎屑加工处理	29	9	4	2	2		2	3	7
非金属废料和碎屑加工处理	31	13	5	6	3		1	2	1
金属制品、机械和设备修理业	57	18	15	19	4		1		
金属制品修理	2				1		1		
通用设备修理	7	2	3	2					
专用设备修理	8	3	2	3					
铁路、船舶、航空航天等运输设备修理	23	7	6	8	2				
电气设备修理	4	2		2					
仪器仪表修理									
其他机械和设备修理业	13	4	4	4	1				
电力、热力、燃气及水生产和供应业	**181**	**67**	**33**	**35**	**14**	**11**	**10**	**3**	**8**
电力、热力生产和供应业	57	16	6	11	7	5	4	2	6
电力生产	38	11	5	7	3	1	3	2	6
电力供应	6	4			1	1			
热力生产和供应	13	1	1	4	3	3	1		
燃气生产和供应业	26	7	6	8		3	1		1
燃气生产和供应业	26	7	6	8		3	1		1
水的生产和供应业	98	44	21	16	7	3	5	1	1
自来水生产和供应	72	36	15	12	5	1	3		
污水处理及其再生利用	21	6	4	3	2	2	2	1	1
其他水的处理、利用与分配	5	2	2	1					
建筑业	**2107**	**618**	**264**	**480**	**291**	**145**	**143**	**124**	**42**
房屋建筑业	643	154	63	109	92	44	70	82	29
房屋建筑业	643	154	63	109	92	44	70	82	29
土木工程建筑业	323	96	40	74	40	23	25	18	7
铁路、道路、隧道和桥梁工程建筑	127	38	10	25	16	14	8	13	3
水利和内河港口工程建筑	42	17	3	10	2	2	6		2
海洋工程建筑									
工矿工程建筑	7		1	1	2		2	1	
架线和管道工程建筑	53	11	8	11	12	3	6	1	1
其他土木工程建筑	94	30	18	27	8	4	3	3	1
建筑安装业	317	90	42	71	50	26	24	13	1
电气安装	89	27	8	16	9	9	13	6	1

4－1－6　按行业、营业收入组距分组的小微企业法人单位数（续5）

	单位个数（个）	100万元及以下	100万元－200万元	200万元－500万元	500万元－1000万元	1000万元－2000万元	2000万元－5000万元	5000万元－1亿元	1亿元以上
管道和设备安装	59	15	11	12	11	3	3	4	
其他建筑安装业	169	48	23	43	30	14	8	3	
建筑装饰和其他建筑业	824	278	119	226	109	52	24	11	5
建筑装饰业	593	209	81	157	78	46	13	4	5
工程准备活动	98	31	19	27	13	1	4	3	
提供施工设备服务	33	9	4	15	4		1		
其他未列明建筑业	100	29	15	27	14	5	6	4	
批发和零售业	**10108**	**3224**	**1299**	**2696**	**1472**	**869**	**433**	**70**	**45**
批发业	5734	1530	706	1105	1202	767	347	38	39
农、林、牧产品批发	551	143	80	105	90	55	68	6	4
食品、饮料及烟草制品批发	569	141	65	145	122	66	28	2	
纺织、服装及家庭用品批发	611	150	80	112	148	77	37	5	2
文化、体育用品及器材批发	155	58	11	32	33	14	6	1	
医药及医疗器材批发	110	33	14	16	31	13	3		
矿产品、建材及化工产品批发	1805	445	179	361	351	350	95	8	16
机械设备、五金产品及电子产品批发	1001	266	138	190	244	103	51	8	1
贸易经纪与代理	379	108	58	65	90	34	16	5	3
其他批发业	553	186	81	79	93	55	43	3	13
零售业	4374	1694	593	1591	270	102	86	32	6
综合零售	645	254	81	271	22	10	7		
食品、饮料及烟草制品专门零售	373	121	49	159	30	11	3		
纺织、服装及日用品专门零售	353	111	46	156	27	7	4	2	
文化、体育用品及器材专门零售	161	66	15	57	17	4		2	
医药及医疗器材专门零售	1011	581	148	239	27	6	7	3	
汽车、摩托车、燃料及零配件专门零售	441	101	50	149	56	32	32	17	4
家用电器及电子产品专门零售	579	179	74	257	34	16	16	3	
五金、家具及室内装饰材料专门零售	484	152	71	206	32	7	11	4	1
货摊、无店铺及其他零售业	327	129	59	97	25	9	6	1	1
交通运输、仓储和邮政业	**1104**	**240**	**161**	**235**	**180**	**136**	**101**	**34**	**17**
道路运输业	795	156	113	177	134	102	71	31	11
城市公共交通运输	14		2	5	3	3	1		
公路旅客运输	32	2	5	10	1	8	3	3	
道路货物运输	711	146	101	152	121	88	64	28	11
道路运输辅助活动	38	8	5	10	9	3	3		
水上运输业	102	25	7	14	13	23	17	1	2
水上旅客运输	4	2	1				1		
水上货物运输	77	17	3	10	11	18	15	1	2
水上运输辅助活动	21	6	3	4	2	5	1		
航空运输业	1						1		
航空客货运输	1						1		
通用航空服务									
航空运输辅助活动									
管道运输业	3	1		1	1				
管道运输业	3	1		1	1				
装卸搬运和运输代理业	123	34	27	31	21	6	3	1	
装卸搬运	78	20	22	18	10	4	3	1	
运输代理业	45	14	5	13	11	2			
仓储业	50	16	8	5	5	3	8	1	4
谷物、棉花等农产品仓储	25	6	2	2	2	1	7	1	4
其他仓储业	25	10	6	3	3	2	1		
邮政业	30	8	6	7	6	2	1		
邮政基本服务									

4-1-6　按行业、营业收入组距分组的小微企业法人单位数(续6)

	单位个数（个）	100万元及以下	100万元-200万元	200万元-500万元	500万元-1000万元	1000万元-2000万元	2000万元-5000万元	5000万元-1亿元	1亿元以上
快递服务	30	8	6	7	6	2	1		
住宿和餐饮业	**457**	**129**	**137**	**96**	**61**	**25**	**7**	**2**	
住宿业	136	33	48	30	18	6	1		
旅游饭店	54	11	9	14	14	6			
一般旅馆	68	16	33	14	4		1		
其他住宿业	14	6	6	2					
餐饮业	321	96	89	66	43	19	6	2	
正餐服务	272	78	70	58	40	19	5	2	
快餐服务	14	6	5	2			1		
饮料及冷饮服务	9	3		5	1				
其他餐饮业	26	9	14	1	2				
信息传输、软件和信息技术服务业	**515**	**201**	**112**	**108**	**64**	**21**	**5**	**3**	**1**
电信、广播电视和卫星传输服务	48	23	3	6	11	4	1		
电信	35	18	3	6	7	1			
广播电视传输服务	12	4			4	3	1		
卫星传输服务	1	1							
互联网和相关服务	147	58	41	34	10	2	1	1	
互联网接入及相关服务	12	3	5	3	1				
互联网信息服务	105	41	29	25	7	2		1	
其他互联网服务	30	14	7	6	2		1		
软件和信息技术服务业	320	120	68	68	43	15	3	2	1
软件开发	161	52	37	37	21	11	1	1	1
信息系统集成服务	22	9	8	3	1	1			
信息技术咨询服务	62	22	11	15	11	1	2		
数据处理和存储服务	4	1	1	1	1				
集成电路设计	9	2	4	1	1			1	
其他信息技术服务业	62	34	7	11	8	2			
房地产业	**1032**	**343**	**188**	**240**	**154**	**49**	**36**	**14**	**8**
房地产业	1032	343	188	240	154	49	36	14	8
房地产开发经营	367	104	50	82	73	28	18	6	6
物业管理	449	153	93	118	53	17	14	1	
房地产中介服务	164	72	40	29	16	2	3	2	
自有房地产经营活动									
其他房地产业	52	14	5	11	12	2	1	5	2
租赁和商务服务业	**2547**	**936**	**437**	**528**	**379**	**131**	**75**	**43**	**18**
租赁业	193	92	36	26	23	13	2	1	
机械设备租赁	190	92	34	26	22	13	2	1	
文化及日用品出租	3		2		1				
商务服务业	2354	844	401	502	356	118	73	42	18
企业管理服务	646	225	102	130	89	34	24	32	10
法律服务	31	10	7	10	2	1		1	
咨询与调查	354	141	58	75	58	16	6		
广告业	584	195	108	151	95	23	11	1	
知识产权服务	6	2	1	2	1				
人力资源服务	250	102	50	45	35	9	4	2	3
旅行社及相关服务	109	28	27	24	14	7	7	1	1
安全保护服务	18	6	2	3	4	2	1		
其他商务服务业	356	135	46	62	58	26	20	5	4
科学研究和技术服务业	**728**	**218**	**105**	**183**	**134**	**43**	**32**	**12**	**1**
研究和试验发展	85	30	12	23	14	3	2	1	
自然科学研究和试验发展	13	6	2	1	3	1			
工程和技术研究和试验发展	52	16	8	16	9	1	1	1	

4－1－6　按行业、营业收入组距分组的小微企业法人单位数（续7）

	单位个数（个）	100万元及以下	100万元－200万元	200万元－500万元	500万元－1000万元	1000万元－2000万元	2000万元－5000万元	5000万元－1亿元	1亿元以上
农业科学研究和试验发展	14	5	1	5	2	1			
医学研究和试验发展	4	1	1	1			1		
社会人文科学研究	2	2							
专业技术服务业	420	108	64	110	83	27	22	6	
气象服务	4	2		1	1				
地震服务	1					1			
海洋服务									
测绘服务	21	4	3	6	4	2	1	1	
质检技术服务	45	8	8	15	6	5	3		
环境与生态监测	5	2	1	1	1				
地质勘查	5	2		1	1			1	
工程技术	211	50	26	59	41	16	15	4	
其他专业技术服务业	128	40	26	27	29	3	3		
科技推广和应用服务业	223	80	29	50	37	13	8	5	1
技术推广服务	159	62	17	31	24	12	7	5	1
科技中介服务	26	9	3	6	6	1	1		
其他科技推广和应用服务业	38	9	9	13	7				
水利、环境和公共设施管理业	**133**	**38**	**20**	**30**	**23**	**11**	**5**	**2**	**4**
水利管理业	23	9	2	5	2	2	1	1	1
防洪除涝设施管理	3	1				1			1
水资源管理	6	2	1	2	1				
天然水收集与分配	2	1		1					
水文服务	4	1		1	1		1		
其他水利管理业	8	4	1	1		1		1	
生态保护和环境治理业	12	7	3	1	1				
生态保护	3	1	1	1					
环境治理业	9	6	2		1				
公共设施管理业	98	22	15	24	20	9	4	1	3
市政设施管理	12	4	1	3	1	2			1
环境卫生管理	8	2		3	2		1		
城乡市容管理									
绿化管理	43	8	8	12	12	1	2		
公园和游览景区管理	35	8	6	6	5	6	1	1	2
居民服务、修理和其他服务业	**563**	**231**	**135**	**111**	**65**	**10**	**9**	**2**	
居民服务业	180	89	42	25	18	3	3		
家庭服务	24	11	6	3	2	1	1		
托儿所服务									
洗染服务	5	1	1	1	2				
理发及美容服务	9	5	2	2					
洗浴服务	76	35	25	11	3	1	1		
保健服务	6	2	1		2	1			
婚姻服务	12	8	1	1	2				
殡葬服务	11	7		4					
其他居民服务业	37	20	6	3	7		1		
机动车、电子产品和日用产品修理业	261	95	66	56	31	5	6	2	
汽车、摩托车修理与维护	202	67	55	45	23	5	5	2	
计算机和办公设备维修	19	12	3	2	2				
家用电器修理	31	11	7	7	5		1		
其他日用产品修理业	9	5	1	2	1				
其他服务业	122	47	27	30	16	2			
清洁服务	93	34	26	18	13	2			
其他未列明服务业	29	13	1	12	3				

4－1－6　按行业、营业收入组距分组的小微企业法人单位数（续8）

	单位个数（个）	100万元及以下	100万元-200万元	200万元-500万元	500万元-1000万元	1000万元-2000万元	2000万元-5000万元	5000万元-1亿元	1亿元以上
教育	**13**			**4**	**1**	**3**	**2**	**2**	**1**
教育	13			4	1	3	2	2	1
学前教育									
初等教育									
中等教育	4					2	2		
高等教育									
特殊教育									
技能培训、教育辅助及其他教育	9			4	1	1		2	1
卫生和社会工作	**14**	**3**	**1**	**2**	**6**	**1**	**1**		
卫生	10		1	2	5	1	1		
医院	10		1	2	5	1	1		
社区医疗与卫生院									
门诊部（所）									
计划生育技术服务活动									
妇幼保健院（所、站）									
专科疾病防治院（所、站）									
疾病预防控制中心									
其他卫生活动									
社会工作	4	3			1				
提供住宿社会工作	4	3			1				
不提供住宿社会工作									
文化、体育和娱乐业	**453**	**238**	**83**	**79**	**29**	**14**	**8**	**2**	
新闻和出版业	10	6		3	1				
新闻业	3			2	1				
出版业	7	6		1					
广播、电视、电影和影视录音制作业	31	12	2	6	4	4	2	1	
广播	1			1					
电视	2				2				
电影和影视节目制作	6	4	1	1					
电影和影视节目发行	1	1							
电影放映	18	5		4	2	4	2	1	
录音制作	3	2	1						
文化艺术业	63	21	14	16	8	3	1		
文艺创作与表演	32	10	7	10	2	3			
艺术表演场馆	1				1				
图书馆与档案馆									
文物及非物质文化遗产保护									
博物馆									
烈士陵园、纪念馆	2	1	1						
群众文化活动	6	2	1	2	1				
其他文化艺术业	22	8	5	4	4		1		
体育	27	10	5	10	2				
体育组织	5	2	1	2					
体育场馆	1			1					
休闲健身活动	18	6	4	6	2				
其他体育	3	2		1					
娱乐业	322	189	62	44	14	7	5	1	
室内娱乐活动	287	176	57	37	6	5	5	1	
游乐园	5	1		2		2			
彩票活动									
文化、娱乐、体育经纪代理	7	4		1	2				
其他娱乐业	23	8	5	4	6				

4－1－7　按行业、资产组距分组的小微企业法人单位数

	单位个数（个）	50万元及以下	50万元－100万元	100万元－500万元	500万元－1000万元	1000万元－5000万元	5000万元－1亿元	1亿元以上
总　　计	**30442**	**8492**	**4863**	**8834**	**3620**	**3540**	**671**	**422**
农、林、牧、渔业	**88**	**26**	**26**	**31**	**5**			
农、林、牧、渔服务业	88	26	26	31	5			
农业服务业	54	16	14	19	5			
林业服务业	3	2	1					
畜牧服务业	23	7	8	8				
渔业服务业	8	1	3	4				
采矿业	**67**	**9**	**3**	**19**	**11**	**16**	**1**	**8**
煤炭开采和洗选业	1				1			
烟煤和无烟煤开采洗选								
褐煤开采洗选								
其他煤炭采选	1				1			
石油和天然气开采业	2			1	1			
石油开采	1			1				
天然气开采	1				1			
黑色金属矿采选业								
铁矿采选								
锰矿、铬矿采选								
其他黑色金属矿采选								
有色金属矿采选业	1	1						
常用有色金属矿采选	1	1						
贵金属矿采选								
稀有稀土金属矿采选								
非金属矿采选业	55	4	2	16	9	15	1	8
土砂石开采	40	3	1	13	8	13	1	1
化学矿开采	4			1				3
采盐	7	1		1		1		4
石棉及其他非金属矿采选	4		1	1	1	1		
开采辅助活动	6	4		1		1		
煤炭开采和洗选辅助活动	2	2						
石油和天然气开采辅助活动	3	2				1		
其他开采辅助活动	1			1				
其他采矿业	2		1	1				
其他采矿业	2		1	1				
制造业	**10332**	**2090**	**1285**	**3068**	**1377**	**1862**	**442**	**208**
农副食品加工业	520	89	47	137	80	122	31	14
谷物磨制	229	31	12	65	44	62	13	2
饲料加工	74	14	6	13	6	20	10	5
植物油加工	15	1		4	3	4	1	2
制糖业	3			1		1		1
屠宰及肉类加工	65	14	8	13	10	17	2	1
水产品加工	36	5	8	13	3	5	1	1
蔬菜、水果和坚果加工	36	4	4	12	7	5	3	1
其他农副食品加工	62	20	9	16	7	8	1	1
食品制造业	180	56	24	50	20	22	7	1
焙烤食品制造	41	16	10	7	3	5		
糖果、巧克力及蜜饯制造	11	2	2	3		4		
方便食品制造	45	12	5	12	9	3	3	1
乳制品制造	6	1		2	1	1	1	
罐头食品制造	8	2		1	3	1	1	
调味品、发酵制品制造	31	11	4	11	3	2		
其他食品制造	38	12	3	14	1	6	2	
酒、饮料和精制茶制造业	73	14	11	23	9	11	3	2

4－1－7　按行业、资产组距分组的小微企业法人单位数（续1）

	单位个数（个）	50万元及以下	50万元－100万元	100万元－500万元	500万元－1000万元	1000万元－5000万元	5000万元－1亿元	1亿元以上
酒的制造	33	3	4	17	3	3	1	2
饮料制造	35	10	7	5	5	6	2	
精制茶加工	5	1		1	1	2		
烟草制品业	1				1			
烟叶复烤								
卷烟制造								
其他烟草制品制造	1				1			
纺织业	710	181	103	205	79	117	20	5
棉纺织及印染精加工	187	36	13	54	16	56	10	2
毛纺织及染整精加工	25	7	3	8	3	2	1	1
麻纺织及染整精加工	8	1		1	2	4		
丝绢纺织及印染精加工	31	2	4	11	1	12	1	
化纤织造及印染精加工	14	4	1	3	2	1	3	
针织或钩针编织物及其制品制造	177	74	30	47	12	12	2	
家用纺织制成品制造	195	48	45	54	33	14	1	
非家用纺织制成品制造	73	9	7	27	10	16	2	2
纺织服装、服饰业	929	210	150	296	128	113	27	5
机织服装制造	596	134	81	186	81	84	26	4
针织或钩针编织服装制造	64	13	11	21	12	7		
服饰制造	269	63	58	89	35	22	1	1
皮革、毛皮、羽毛及其制品和制鞋业	271	42	27	78	52	62	7	3
皮革鞣制加工	11	4	1	1		4		1
皮革制品制造	100	14	8	37	16	23	2	
毛皮鞣制及制品加工	2		1		1			
羽毛（绒）加工及制品制造	47	5	5	7	17	12	1	
制鞋业	111	19	12	33	18	23	4	2
木材加工和木、竹、藤、棕、草制品业	488	100	74	183	56	56	13	6
木材加工	235	48	38	93	28	22	6	
人造板制造	135	24	13	45	20	24	5	4
木制品制造	101	17	23	41	7	10	1	2
竹、藤、棕、草等制品制造	17	11		4	1		1	
家具制造业	165	36	17	59	25	23	4	1
木质家具制造	123	28	13	41	19	19	3	
竹、藤家具制造	1					1		
金属家具制造	16	4	1	8	2	1		
塑料家具制造	8	2	2	2		1	1	
其他家具制造	17	2	1	8	4	1		1
造纸和纸制品业	253	42	33	90	23	42	15	8
纸浆制造	1			1				
造纸	83	11	7	25	4	22	10	4
纸制品制造	169	31	26	64	19	20	5	4
印刷和记录媒介复制业	194	38	37	58	24	27	6	4
印刷	172	31	34	51	21	25	6	4
装订及印刷相关服务	22	7	3	7	3	2		
记录媒介复制								
文教、工美、体育和娱乐用品制造业	340	66	42	99	47	73	10	3
文教办公用品制造	112	16	8	37	13	34	4	
乐器制造	8	2	1	1	1	3		
工艺美术品制造	105	27	16	28	16	16	1	1
体育用品制造	30	5	3	4	6	10	1	1
玩具制造	78	16	14	27	9	10	2	
游艺器材及娱乐用品制造	7			2	2		2	1
石油加工、炼焦和核燃料加工业	29	1	4	7	6	11		

4－1－7　按行业、资产组距分组的小微企业法人单位数（续2）

	单位个数（个）	50万元及以下	50万元－100万元	100万元－500万元	500万元－1000万元	1000万元－5000万元	5000万元－1亿元	1亿元以上
精炼石油产品制造	28	1	4	6	6	11		
炼焦								
核燃料加工	1			1				
化学原料和化学制品制造业	485	69	44	115	75	132	28	22
基础化学原料制造	119	13	6	19	14	45	11	11
肥料制造	49	9	6	16	7	10		1
农药制造	15	3	1	1	1	8		1
涂料、油墨、颜料及类似产品制造	83	18	11	26	11	16	1	
合成材料制造	61	10	5	8	19	15	2	2
专用化学产品制造	96	8	8	28	8	29	10	5
炸药、火工及焰火产品制造								
日用化学产品制造	62	8	7	17	15	9	4	2
医药制造业	66	10	3	20	8	15	6	4
化学药品原料药制造	11	1		1	1	5	2	1
化学药品制剂制造	2			1			1	
中药饮片加工	3			1		1	1	
中成药生产	8	2	1		1	1	2	1
兽用药品制造	6	1		4		1		
生物药品制造	16	2	1	4	3	5		1
卫生材料及医药用品制造	20	4	1	9	3	2		1
化学纤维制造业	33	6	3	9	3	6	2	4
纤维素纤维原料及纤维制造	7	1		3		1	1	1
合成纤维制造	26	5	3	6	3	5	1	3
橡胶和塑料制品业	524	107	73	170	68	78	17	11
橡胶制品业	85	15	10	31	10	14	5	
塑料制品业	439	92	63	139	58	64	12	11
非金属矿物制品业	868	199	103	264	80	157	44	21
水泥、石灰和石膏制造	58	18	6	14	2	12	2	4
石膏、水泥制品及类似制品制造	346	88	50	87	26	61	26	8
砖瓦、石材等建筑材料制造	293	61	30	111	31	50	7	3
玻璃制造	15		2	5	2	3	2	1
玻璃制品制造	72	15	5	25	8	11	4	4
玻璃纤维和玻璃纤维增强塑料制品制造	15	3	1	6	1	3	1	
陶瓷制品制造	8	1	3		1	3		
耐火材料制品制造	15	5	2	3		5		
石墨及其他非金属矿物制品制造	46	8	4	13	9	9	2	1
黑色金属冶炼和压延加工业	129	18	12	20	23	36	12	8
炼铁	5	1		3		1		
炼钢	3	1		1	1			
黑色金属铸造	48	7	6	7	8	15	2	3
钢压延加工	66	8	5	8	13	20	7	5
铁合金冶炼	7	1	1	1	1		3	
有色金属冶炼和压延加工业	202	31	21	57	27	44	15	7
常用有色金属冶炼	29	3	2	7	6	8	2	1
贵金属冶炼	1	1						
稀有稀土金属冶炼	4				1	2	1	
有色金属合金制造	14	3		4	2	5		
有色金属铸造	15	1	2	4	3	4	1	
有色金属压延加工	139	23	17	42	15	25	11	6
金属制品业	616	132	59	185	89	115	27	9
结构性金属制品制造	294	58	26	87	48	56	16	3
金属工具制造	64	17	5	18	6	14	2	2
集装箱及金属包装容器制造	21	4	2	6	2	6	1	

4－1－7　按行业、资产组距分组的小微企业法人单位数(续3)

	单位个数(个)	50万元及以下	50万元－100万元	100万元－500万元	500万元－1000万元	1000万元－5000万元	5000万元－1亿元	1亿元以上
金属丝绳及其制品制造	14	1	4	6	3			
建筑、安全用金属制品制造	61	15	6	22	10	6	1	1
金属表面处理及热处理加工	24	5	1	13	1	4		
搪瓷制品制造	4	1		2		1		
金属制日用品制造	44	12	6	7	9	7	2	1
其他金属制品制造	90	19	9	24	10	21	5	2
通用设备制造业	880	165	111	286	112	153	42	11
锅炉及原动设备制造	39	8	4	11	4	9	2	1
金属加工机械制造	188	43	19	67	23	27	9	
物料搬运设备制造	26	6	1	5	5	5	1	3
泵、阀门、压缩机及类似机械制造	138	11	13	43	20	40	9	2
轴承、齿轮和传动部件制造	94	9	14	21	11	28	9	2
烘炉、风机、衡器、包装等设备制造	43	7	5	15	2	9	4	1
文化、办公用机械制造	4		2		1	1		
通用零部件制造	304	71	46	110	43	27	6	1
其他通用设备制造业	44	10	7	14	3	7	2	1
专用设备制造业	569	103	61	163	85	123	22	12
采矿、冶金、建筑专用设备制造	135	24	7	29	23	36	7	9
化工、木材、非金属加工专用设备制造	91	12	12	26	12	21	8	
食品、饮料、烟草及饲料生产专用设备制造	14	1	2	6		4		1
印刷、制药、日化及日用品生产专用设备制造	48	11	7	14	7	6	3	
纺织、服装和皮革加工专用设备制造	25	2	4	9		8	2	
电子和电工机械专用设备制造	64	15	9	20	10	10		
农、林、牧、渔专用机械制造	60	12	4	21	10	11	1	1
医疗仪器设备及器械制造	49	9	6	17	8	7	1	1
环保、社会公共服务及其他专用设备制造	83	17	10	21	15	20		
汽车制造业	251	45	18	65	24	64	22	13
汽车整车制造								
改装汽车制造	3	2				1		
低速载货汽车制造								
电车制造	4	1		1	1	1		
汽车车身、挂车制造	4	1		1		1		1
汽车零部件及配件制造	240	41	18	63	23	61	22	12
铁路、船舶、航空航天和其他运输设备制造业	111	21	13	34	16	20	4	3
铁路运输设备制造	4		1		2		1	
城市轨道交通设备制造	2	1				1		
船舶及相关装置制造	54	11	4	24	6	5	2	2
航空、航天器及设备制造	2	2						
摩托车制造	7	1		3	2		1	
自行车制造	35	5	7	5	5	13		
非公路休闲车及零配件制造	3	1		1	1			
潜水救捞及其他未列明运输设备制造	4		1	1		1		1
电气机械和器材制造业	577	95	51	151	105	121	38	16
电机制造	40	9	2	12	7	6	1	3
输配电及控制设备制造	198	30	19	60	35	35	15	4
电线、电缆、光缆及电工器材制造	129	13	7	24	30	40	11	4
电池制造	34	4	2	9	3	12	1	3
家用电力器具制造	52	8	6	14	13	8	2	1
非电力家用器具制造	40	8	4	11	2	8	6	1
照明器具制造	46	13	5	7	11	8	2	
其他电气机械及器材制造	38	10	6	14	4	4		
计算机、通信和其他电子设备制造业	355	97	51	99	39	53	7	9
计算机制造	22	5	3	4	2	5	2	1

4－1－7 按行业、资产组距分组的小微企业法人单位数(续4)

	单位个数(个)	50万元及以下	50万元－100万元	100万元－500万元	500万元－1000万元	1000万元－5000万元	5000万元－1亿元	1亿元以上
通信设备制造	15	7		6	1		1	
广播电视设备制造	19	2	2	2		11		2
雷达及配套设备制造								
视听设备制造	7		1		1	2	1	2
电子器件制造	30	7	6	10		6		1
电子元件制造	206	60	34	59	29	20	2	2
其他电子设备制造	56	16	5	18	6	9	1	1
仪器仪表制造业	282	55	59	73	48	35	8	4
通用仪器仪表制造	178	33	36	46	29	23	7	4
专用仪器仪表制造	46	10	6	15	5	10		
钟表与计时仪器制造	2		1		1			
光学仪器及眼镜制造	11	3	2	1	2	2	1	
其他仪器仪表制造业	45	9	14	11	11			
其他制造业	114	26	17	34	20	16	1	
日用杂品制造	62	10	9	18	13	12		
煤制品制造	2		1	1				
核辐射加工								
其他未列明制造业	50	16	7	15	7	4	1	
废弃资源综合利用业	60	15	10	15	3	11	4	2
金属废料和碎屑加工处理	29	8	4	3	3	6	3	2
非金属废料和碎屑加工处理	31	7	6	12		5	1	
金属制品、机械和设备修理业	57	21	7	23	2	4		
金属制品修理	2			1		1		
通用设备修理	7	3		3		1		
专用设备修理	8	3	3	2				
铁路、船舶、航空航天等运输设备修理	23	9	2	10	1	1		
电气设备修理	4	2		2				
仪器仪表修理								
其他机械和设备修理业	13	4	2	5	1	1		
电力、热力、燃气及水生产和供应业	**181**	**43**	**20**	**50**	**12**	**19**	**14**	**23**
电力、热力生产和供应业	57	7	3	15	5	9	5	13
电力生产	38	3	3	8	3	5	4	12
电力供应	6	3		3				
热力生产和供应	13	1		4	2	4	1	1
燃气生产和供应业	26	4	3	9	2	5	2	1
燃气生产和供应业	26	4	3	9	2	5	2	1
水的生产和供应业	98	32	14	26	5	5	7	9
自来水生产和供应	72	26	11	20	4	3	2	6
污水处理及其再生利用	21	5	3	2	1	2	5	3
其他水的处理、利用与分配	5	1		4				
建筑业	**2107**	**545**	**292**	**615**	**267**	**352**	**29**	**7**
房屋建筑业	643	155	58	160	98	161	9	2
房屋建筑业	643	155	58	160	98	161	9	2
土木工程建筑业	323	73	33	96	47	64	7	3
铁路、道路、隧道和桥梁工程建筑	127	21	7	36	24	33	5	1
水利和内河港口工程建筑	42	13	5	10	5	7		2
海洋工程建筑								
工矿工程建筑	7			2	1	3	1	
架线和管道工程建筑	53	9	7	18	8	10	1	
其他土木工程建筑	94	30	14	30	9	11		
建筑安装业	317	74	38	109	36	53	6	1
电气安装	89	21	9	23	8	24	4	

4－1－7　按行业、资产组距分组的小微企业法人单位数(续5)

	单　位 个　数 （个）	50万元 及以下	50万元－ 100万元	100万元－ 500万元	500万元－ 1000万元	1000万元－ 5000万元	5000万元 －1亿元	1亿元 以　上
管道和设备安装	59	14	12	19	6	7	1	
其他建筑安装业	169	39	17	67	22	22	1	1
建筑装饰和其他建筑业	824	243	163	250	86	74	7	1
建筑装饰业	593	185	128	171	57	46	5	1
工程准备活动	98	28	19	31	10	10		
提供施工设备服务	33	7	4	13	3	6		
其他未列明建筑业	100	23	12	35	16	12	2	
批发和零售业	**10108**	**3438**	**1941**	**2944**	**1177**	**549**	**41**	**18**
批发业	5734	1562	1106	1884	738	403	26	15
农、林、牧产品批发	551	140	109	186	50	61	3	2
食品、饮料及烟草制品批发	569	165	114	188	57	42	2	1
纺织、服装及家庭用品批发	611	182	107	214	66	36	4	2
文化、体育用品及器材批发	155	57	24	54	16	3	1	
医药及医疗器材批发	110	33	20	35	16	5	1	
矿产品、建材及化工产品批发	1805	495	309	566	302	120	5	8
机械设备、五金产品及电子产品批发	1001	215	251	336	123	75	1	
贸易经纪与代理	379	107	71	122	51	23	4	1
其他批发业	553	168	101	183	57	38	5	1
零售业	4374	1876	835	1060	439	146	15	3
综合零售	645	292	106	156	77	14		
食品、饮料及烟草制品专门零售	373	141	93	102	24	12	1	
纺织、服装及日用品专门零售	353	137	67	83	55	10	1	
文化、体育用品及器材专门零售	161	72	30	43	9	7		
医药及医疗器材专门零售	1011	639	170	161	30	11		
汽车、摩托车、燃料及零配件专门零售	441	90	73	156	64	50	7	1
家用电器及电子产品专门零售	579	214	126	155	66	16	2	
五金、家具及室内装饰材料专门零售	484	165	109	112	82	12	2	2
货摊、无店铺及其他零售业	327	126	61	92	32	14	2	
交通运输、仓储和邮政业	**1104**	**243**	**167**	**351**	**131**	**175**	**21**	**16**
道路运输业	795	160	120	269	95	128	13	10
城市公共交通运输	14		2	7	2	3		
公路旅客运输	32	4	5	6	7	7	1	2
道路货物运输	711	146	108	246	83	109	11	8
道路运输辅助活动	38	10	5	10	3	9	1	
水上运输业	102	21	15	19	16	27	4	
水上旅客运输	4	2	1			1		
水上货物运输	77	13	11	16	14	19	4	
水上运输辅助活动	21	6	3	3	2	7		
航空运输业	1							1
航空客货运输	1							1
通用航空服务								
航空运输辅助活动								
管道运输业	3	1	1			1		
管道运输业	3	1	1			1		
装卸搬运和运输代理业	123	40	20	42	14	6	1	
装卸搬运	78	27	13	26	8	3	1	
运输代理业	45	13	7	16	6	3		
仓储业	50	13	5	9	5	11	2	5
谷物、棉花等农产品仓储	25	5		3	4	7	2	4
其他仓储业	25	8	5	6	1	4		1
邮政业	30	8	6	12	1	2	1	
邮政基本服务								

4－1－7　按行业、资产组距分组的小微企业法人单位数(续6)

	单位个数(个)	50万元及以下	50万元－100万元	100万元－500万元	500万元－1000万元	1000万元－5000万元	5000万元－1亿元	1亿元以上
快递服务	30	8	6	12	1	2	1	
住宿和餐饮业	**457**	**136**	**64**	**150**	**51**	**48**	**3**	**5**
住宿业	136	29	20	40	22	21	1	3
旅游饭店	54	10	4	11	12	14	1	2
一般旅馆	68	17	11	25	9	5		1
其他住宿业	14	2	5	4	1	2		
餐饮业	321	107	44	110	29	27	2	2
正餐服务	272	87	38	89	27	27	2	2
快餐服务	14	7	1	6				
饮料及冷饮服务	9	2	1	6				
其他餐饮业	26	11	4	9	2			
信息传输、软件和信息技术服务业	**515**	**177**	**101**	**156**	**42**	**36**	**3**	
电信、广播电视和卫星传输服务	48	17	9	11	3	8		
电信	35	12	9	10	3	1		
广播电视传输服务	12	4		1		7		
卫星传输服务	1	1						
互联网和相关服务	147	57	39	43	3	5		
互联网接入及相关服务	12	3	2	6		1		
互联网信息服务	105	43	22	34	3	3		
其他互联网服务	30	11	15	3		1		
软件和信息技术服务业	320	103	53	102	36	23	3	
软件开发	161	44	21	54	24	15	3	
信息系统集成服务	22	6	6	7	1	2		
信息技术咨询服务	62	25	12	19	4	2		
数据处理和存储服务	4	1	1		1	1		
集成电路设计	9	1	1	4	2	1		
其他信息技术服务业	62	26	12	18	4	2		
房地产业	**1032**	**223**	**191**	**216**	**110**	**178**	**43**	**71**
房地产业	1032	223	191	216	110	178	43	71
房地产开发经营	367	23	17	55	42	134	37	59
物业管理	449	131	126	110	50	27	2	3
房地产中介服务	164	58	43	35	16	10		2
自有房地产经营活动								
其他房地产业	52	11	5	16	2	7	4	7
租赁和商务服务业	**2547**	**907**	**444**	**705**	**217**	**169**	**55**	**50**
租赁业	193	77	37	51	16	9	2	1
机械设备租赁	190	77	36	50	15	9	2	1
文化及日用品出租	3		1	1	1			
商务服务业	2354	830	407	654	201	160	53	49
企业管理服务	646	178	101	177	64	77	20	29
法律服务	31	14	7	7	3			
咨询与调查	354	157	67	90	28	11	1	
广告业	584	219	127	170	51	16	1	
知识产权服务	6	1	3	1	1			
人力资源服务	250	96	42	89	14	8	1	
旅行社及相关服务	109	48	18	21	11	9	1	1
安全保护服务	18	5	1	9	2	1		
其他商务服务业	356	112	41	90	27	38	29	19
科学研究和技术服务业	**728**	**192**	**108**	**223**	**126**	**65**	**9**	**5**
研究和试验发展	85	22	11	26	16	7	2	1
自然科学研究和试验发展	13	4	1	4	2	1		1
工程和技术研究和试验发展	52	14	7	12	12	5	2	

4-1-7　按行业、资产组距分组的小微企业法人单位数(续7)

	单位个数(个)	50万元及以下	50万元-100万元	100万元-500万元	500万元-1000万元	1000万元-5000万元	5000万元-1亿元	1亿元以上
农业科学研究和试验发展	14	2	3	6	2	1		
医学研究和试验发展	4	1		3				
社会人文科学研究	2	1		1				
专业技术服务业	420	109	58	134	79	33	4	3
气象服务	4	3	1					
地震服务	1				1			
海洋服务								
测绘服务	21	5	3	8	3	1		1
质检技术服务	45	5	9	10	15	5		1
环境与生态监测	5	2	1	1	1			
地质勘查	5			3	1		1	
工程技术	211	58	25	63	41	21	3	
其他专业技术服务业	128	36	19	49	17	6		1
科技推广和应用服务业	223	61	39	63	31	25	3	1
技术推广服务	159	48	26	42	20	21	1	1
科技中介服务	26	8	5	5	4	3	1	
其他科技推广和应用服务业	38	5	8	16	7	1	1	
水利、环境和公共设施管理业	**133**	**26**	**15**	**38**	**19**	**21**	**4**	**10**
水利管理业	23	6	5	5	1	3	1	2
防洪除涝设施管理	3		1	1				1
水资源管理	6	1	4					1
天然水收集与分配	2	1			1			
水文服务	4	1		2		1		
其他水利管理业	8	3		2		2	1	
生态保护和环境治理业	12	4	1	2	2	1	1	1
生态保护	3				1		1	1
环境治理业	9	4	1	2	1	1		
公共设施管理业	98	16	9	31	16	17	2	7
市政设施管理	12	2	1	1	4	2		2
环境卫生管理	8	3		2		3		
城乡市容管理								
绿化管理	43	4	5	21	7	6		
公园和游览景区管理	35	7	3	7	5	6	2	5
居民服务、修理和其他服务业	**563**	**221**	**127**	**154**	**35**	**23**	**3**	
居民服务业	180	88	38	39	6	8	1	
家庭服务	24	10	5	7		2		
托儿所服务								
洗染服务	5	2	3					
理发及美容服务	9	6	2	1				
洗浴服务	76	38	17	17		3	1	
保健服务	6	3		2	1			
婚姻服务	12	6	2	2	2			
殡葬服务	11	4	2	2	1	2		
其他居民服务业	37	19	7	8	2	1		
机动车、电子产品和日用产品修理业	261	76	65	82	24	12	2	
汽车、摩托车修理与维护	202	53	48	71	20	8	2	
计算机和办公设备维修	19	9	5	4		1		
家用电器修理	31	11	9	4	4	3		
其他日用产品修理业	9	3	3	3				
其他服务业	122	57	24	33	5	3		
清洁服务	93	47	19	23	3	1		
其他未列明服务业	29	10	5	10	2	2		

4－1－7　按行业、资产组距分组的小微企业法人单位数（续8）

	单位个数（个）	50万元及以下	50万元－100万元	100万元－500万元	500万元－1000万元	1000万元－5000万元	5000万元－1亿元	1亿元以上
教育	**13**			**6**		**4**	**3**	
教育	13			6		4	3	
学前教育								
初等教育								
中等教育	4					1	3	
高等教育								
特殊教育								
技能培训、教育辅助及其他教育	9			6		3		
卫生和社会工作	**14**	**1**		**5**	**4**	**4**		
卫生	10			4	3	3		
医院	10			4	3	3		
社区医疗与卫生院								
门诊部（所）								
计划生育技术服务活动								
妇幼保健院（所、站）								
专科疾病防治院（所、站）								
疾病预防控制中心								
其他卫生活动								
社会工作	4	1		1	1	1		
提供住宿社会工作	4	1		1	1	1		
不提供住宿社会工作								
文化、体育和娱乐业	**453**	**215**	**79**	**103**	**36**	**19**		**1**
新闻和出版业	10	4	3	3				
新闻业	3	1	1	1				
出版业	7	3	2	2				
广播、电视、电影和影视录音制作业	31	6	3	10	6	6		
广播	1			1				
电视	2				1	1		
电影和影视节目制作	6	1	1	3	1			
电影和影视节目发行	1				1			
电影放映	18	4	1	5	3	5		
录音制作	3	1	1	1				
文化艺术业	63	22	12	19	6	4		
文艺创作与表演	32	13	5	8	4	2		
艺术表演场馆	1					1		
图书馆与档案馆								
文物及非物质文化遗产保护								
博物馆								
烈士陵园、纪念馆	2		1	1				
群众文化活动	6	1	2	1	2			
其他文化艺术业	22	8	4	9		1		
体育	27	15	3	5	3	1		
体育组织	5	3	1	1				
体育场馆	1				1			
休闲健身活动	18	10	2	4	2			
其他体育	3	2				1		
娱乐业	322	168	58	66	21	8		1
室内娱乐活动	287	158	54	58	13	4		
游乐园	5		2		1	2		
彩票活动								
文化、娱乐、体育经纪代理	7	4	1	2				
其他娱乐业	23	6	1	6	7	2		1

4－1－8　按地区、营业状态分组的小微企业法人单位数

地　　区	单位个数（个）	营　业	停　业（歇业）	筹　建	当年关闭	当年破产	其　他
总　　计	**30442**	**24641**	**2859**	**1061**	**1478**	**42**	**361**
清 河 区	4724	4101	401	63	110	5	44
淮 安 区	5458	4518	535	209	191	4	1
淮 阴 区	3491	2697	459	98	116	12	109
清 浦 区	2807	2428	206	24	147	1	1
涟 水 县	2653	2402	84	52	113	1	1
洪 泽 县	3049	2229	323	118	361	4	14
盱 眙 县	3180	2537	340	159	99	11	34
金 湖 县	3186	2321	306	234	218	4	103
开 发 区	1837	1379	201	80	123		54
工业园区	57	29	4	24			

4－1－9 按地区、开业(成立)时间

地区	单位个数(个)	1949年以前	1950－1977年	1978－1991年	1992－1995年	1996年	1997年	1998年	1999年	2000年
总计	**30442**	**8**	**161**	**386**	**281**	**117**	**101**	**287**	**215**	**378**
清河区	4724	1	3	31	44	26	20	39	40	66
淮安区	5458	2	61	105	59	26	13	57	47	73
淮阴区	3491		18	36	29	12	11	26	23	39
清浦区	2807	1	1	30	23	11	6	21	17	28
涟水县	2653	3	15	37	18	5	8	28	16	42
洪泽县	3049		12	60	40	16	13	37	22	45
盱眙县	3180		15	36	30	5	7	22	12	27
金湖县	3186		31	42	23	12	19	46	26	44
开发区	1837	1	5	9	15	4	4	11	12	13
工业园区	57									1

分组的小微企业法人单位数

2001年	2002年	2003年	2004年	2005年	2006年	2007年	2008年	2009年	2010年	2011年	2012年	2013年	无开业年份
588	**649**	**867**	**889**	**1033**	**1352**	**1448**	**1656**	**2510**	**4005**	**4082**	**4663**	**4740**	**26**
81	97	166	134	197	264	232	266	396	632	657	537	794	1
97	90	141	159	170	227	206	229	349	521	564	809	1450	3
68	99	98	117	112	159	183	241	354	492	480	544	348	2
67	62	93	97	120	141	161	148	300	370	364	419	327	
60	64	84	73	97	112	118	145	224	407	326	404	365	2
62	72	86	93	100	109	127	163	204	422	481	506	373	6
59	53	62	69	89	106	162	166	271	426	453	636	471	3
69	80	88	97	102	163	145	209	221	422	457	452	432	6
25	32	49	50	45	69	112	89	187	309	277	347	169	3
				1	2	2		4	4	23	9	11	

4－1－10 按地区、登记注册类型

地区	单位个数（个）	内资企业	国有企业	集体企业	股份合作企业	联营企业
总计	**30442**	**29975**	**374**	**479**	**74**	**70**
清河区	4724	4682	49	13	19	15
淮安区	5458	5360	96	105		2
淮阴区	3491	3471	39	40	15	4
清浦区	2807	2782	17	46	7	8
涟水县	2653	2627	35	32	8	12
洪泽县	3049	3010	50	116	4	6
盱眙县	3180	3135	53	51	7	8
金湖县	3186	3118	21	57	7	10
开发区	1837	1739	11	19	7	5
工业园区	57	51	3			

地区	私营企业	私营独资企业	私营合伙企业	私营有限责任公司	私营股份有限公司	其他企业	港、澳、台商投资企业
总计	**22249**	**10621**	**564**	**10395**	**669**	**2545**	**292**
清河区	2864	1217	89	1431	127	534	26
淮安区	4968	3081	72	1765	50	39	78
淮阴区	2674	1304	52	1227	91	469	12
清浦区	2118	556	30	1483	49	183	10
涟水县	1798	1294	67	381	56	339	9
洪泽县	1995	1156	104	643	92	185	22
盱眙县	2212	640	34	1433	105	494	33
金湖县	2527	851	75	1531	70	135	50
开发区	1082	518	41	494	29	166	49
工业园区	11	4		7		1	3

分组的小微企业法人单位数

国有联营企业	集体联营企业	国有与集体联营企业	其他联营企业	有限责任公司	国有独资公司	其他有限责任公司	股份有限公司
7	**19**	**3**	**41**	**3696**	**52**	**3644**	**488**
4	1		10	1073	11	1062	115
	1	1		129	5	124	21
1	2	1		166	4	162	64
	2		6	341	5	336	62
	3	1	8	355	7	348	48
	2		4	604	6	598	50
	5		3	270	4	266	40
	1		9	323	4	319	38
2	2		1	400	6	394	49
				35		35	1

与港澳台商合资经营企业	与港澳台商合作经营企业	港澳台商独资经营企业	港澳台商投资股份有限公司	其他港澳台投资企业	外商投资企业	中外合资经营企业	中外合作经营企业	外资企业	外商投资股份有限公司	其他外商投资企业
75	**10**	**196**	**8**	**3**	**175**	**63**	**4**	**81**	**7**	**20**
8	1	16	1		16	2	2	7		5
14	2	61	1		20	6	1	13		
2		9		1	8	4		3		1
5	3	2			15	3	1	2		9
		7		2	17	4		6	3	4
9		12	1		17	9		7		1
8		21	4		12	5		7		
13	1	36			18	9		5	4	
16	2	30	1		49	20		29		
	1	2			3	1		2		

4－1－11 按地区、从业人员组距分组的小微企业法人单位数

地区	单位个数（个）	7人及以下	8－19人	20－49人	50－99人	100－299人	300－499人	500－999人	1000－4999人	5000－9999人	10000人及以上
总计	**30442**	**14709**	**8731**	**4158**	**1550**	**1106**	**70**	**82**	**36**		
清河区	4724	2618	1614	294	98	61	18	15	6		
淮安区	5458	2587	1573	921	197	149	8	19	4		
淮阴区	3491	1703	802	463	280	218	10	11	4		
清浦区	2807	997	1254	367	106	72	4	4	3		
涟水县	2653	1010	809	469	192	140	10	12	11		
洪泽县	3049	1744	669	345	134	147	5	4	1		
盱眙县	3180	1308	807	607	262	178	9	5	4		
金湖县	3186	1779	735	457	146	65	2	1	1		
开发区	1837	948	447	222	135	68	4	11	2		
工业园区	57	15	21	13		8					

4－1－12 按地区、营业收入组距分组的小微企业法人单位数

地区	单位个数（个）	100万元及以下	100万元－200万元	200－500万元	500万元－1000万元	1000万元－2000万元	2000万元－5000万元	5000万元－1亿元	1亿元以上
总计	**30442**	**9312**	**4384**	**7201**	**4123**	**2077**	**1698**	**736**	**911**
清河区	4724	1192	593	1160	1274	291	130	56	28
淮安区	5458	1481	728	1835	498	472	253	71	120
淮阴区	3491	1443	538	540	266	198	186	118	202
清浦区	2807	540	651	819	370	186	126	45	70
涟水县	2653	373	362	721	502	238	222	130	105
洪泽县	3049	1240	472	571	262	135	178	77	114
盱眙县	3180	924	378	596	454	266	281	111	170
金湖县	3186	1313	358	631	377	201	173	69	64
开发区	1837	776	301	322	115	88	141	57	37
工业园区	57	30	3	6	5	2	8	2	1

4－1－13 按地区、资产组距分组的小微企业法人单位数

地区	单位个数（个）	50万元及以下	50万元－100万元	100万元－500万元	500万元－1000万元	1000万元－5000万元	5000万元－1亿元	1亿元以上
总计	**30442**	**8492**	**4863**	**8834**	**3620**	**3540**	**671**	**422**
清河区	4724	1150	881	1539	734	341	38	41
淮安区	5458	1878	939	1444	691	417	55	34
淮阴区	3491	1171	511	844	291	473	136	65
清浦区	2807	562	605	990	272	321	35	22
涟水县	2653	478	332	1027	400	320	67	29
洪泽县	3049	1182	385	722	241	342	112	65
盱眙县	3180	676	417	844	463	651	81	48
金湖县	3186	853	516	946	354	392	78	47
开发区	1837	540	277	474	164	260	63	59
工业园区	57	2		4	10	23	6	12

4－1－14　按登记注册类型、营业状态分组的小微企业法人单位数

	单位个数（个）	营　业	停　业（歇业）	筹　建	当年关闭	当年破产	其　他
总　　计	**30442**	**24641**	**2859**	**1061**	**1478**	**42**	**361**
内资企业	**29975**	**24329**	**2807**	**995**	**1456**	**38**	**350**
国有企业	374	306	54	6	5	1	2
集体企业	479	387	65	2	18		7
股份合作企业	74	62	4	5	2		1
联营企业	70	55	5	4	3	1	2
国有联营企业	7	5	1			1	
集体联营企业	19	18			1		
国有与集体联营企业	3	3					
其他联营企业	41	29	4	4	2		2
有限责任公司	3696	3058	255	175	164	1	43
国有独资公司	52	48	2		1		1
其他有限责任公司	3644	3010	253	175	163	1	42
股份有限公司	488	412	32	19	20	1	4
私营企业	22249	18078	2083	692	1152	25	219
私营独资企业	10621	8590	1040	320	573	12	86
私营合伙企业	564	439	65	17	40		3
私营有限责任公司	10395	8520	916	334	491	12	122
私营股份有限公司	669	529	62	21	48	1	8
其他企业	2545	1971	309	92	92	9	72
港、澳、台商投资企业	**292**	**184**	**36**	**48**	**14**	**4**	**6**
与港澳台商合资经营企业	75	50	8	14	2		1
与港澳台商合作经营企业	10	7	2	1			
港澳台商独资经营企业	196	118	26	32	11	4	5
港澳台商投资股份有限公司	8	6		1	1		
其他港澳台投资企业	3	3					
外商投资企业	**175**	**128**	**16**	**18**	**8**		**5**
中外合资经营企业	63	49	5	5	1		3
中外合作经营企业	4	3	1				
外资企业	81	57	10	9	3		2
外商投资股份有限公司	7	1		3	3		
其他外商投资企业	20	18		1	1		

4－1－15 按登记注册类型、从业人员组距分组的小微企业法人单位数

	单位个数（个）	7人及以下	8－19人	20－49人	50－99人	100－299人	300－499人	500－999人	1000－4999人	5000－9999人	10000人及以上
总　计	**30442**	**14709**	**8731**	**4158**	**1550**	**1106**	**70**	**82**	**36**		
内资企业	**29975**	**14539**	**8653**	**4070**	**1481**	**1044**	**70**	**82**	**36**		
国有企业	374	130	123	78	29	11	2		1		
集体企业	479	244	118	65	26	17	3	6			
股份合作企业	74	29	23	14	3	3	1		1		
联营企业	70	41	19	8		1	1				
国有联营企业	7	3	3	1							
集体联营企业	19	12	4	2		1					
国有与集体联营企业	3	1		1			1				
其他联营企业	41	25	12	4							
有限责任公司	3696	1474	1128	525	285	222	24	27	11		
国有独资公司	52	16	15	8	3	6	2	2			
其他有限责任公司	3644	1458	1113	517	282	216	22	25	11		
股份有限公司	488	168	129	79	59	41	5	5	2		
私营企业	22249	10878	6438	3061	1034	740	33	44	21		
私营独资企业	10621	6212	2953	1193	179	81	1	2			
私营合伙企业	564	298	162	73	24	6		1			
私营有限责任公司	10395	4083	3144	1696	779	605	30	38	20		
私营股份有限公司	669	285	179	99	52	48	2	3	1		
其他企业	2545	1575	675	240	45	9	1				
港、澳、台商投资企业	**292**	**112**	**51**	**61**	**35**	**33**					
与港澳台商合资经营企业	75	24	15	8	14	14					
与港澳台商合作经营企业	10	4	3	1	1	1					
港澳台商独资经营企业	196	81	31	49	18	17					
港澳台商投资股份有限公司	8	2	1	3	1	1					
其他港澳台投资企业	3	1	1		1						
外商投资企业	**175**	**58**	**27**	**27**	**34**	**29**					
中外合资经营企业	63	10	7	9	14	23					
中外合作经营企业	4	2	1		1						
外资企业	81	28	14	16	17	6					
外商投资股份有限公司	7	6			1						
其他外商投资企业	20	12	5	2	1						

4－1－16　按登记注册类型、营业收入组距分组的小微企业法人单位数

	单　位 个　数 （个）	100万元 及以下	100万元－ 200万元	200万元－ 500万元	500万元－ 1000万元	1000万元－ 2000万元	2000万元－ 5000万元	5000万元 －1亿元	1亿元 以　上
总　　计	**30442**	**9312**	**4384**	**7201**	**4123**	**2077**	**1698**	**736**	**911**
内资企业	**29975**	**9157**	**4352**	**7134**	**4074**	**2051**	**1631**	**709**	**867**
国有企业	374	101	41	52	46	44	67	10	13
集体企业	479	176	74	94	60	35	19	9	12
股份合作企业	74	24	10	17	11	5	4	1	2
联营企业	70	26	11	14	15	3	1		
国有联营企业	7	2	2	1	2				
集体联营企业	19	9	2	3	4	1			
国有与集体联营企业	3			1		1	1		
其他联营企业	41	15	7	9	9	1			
有限责任公司	3696	951	435	774	576	286	356	161	157
国有独资公司	52	10	4	6	5	5	9	6	7
其他有限责任公司	3644	941	431	768	571	281	347	155	150
股份有限公司	488	120	51	93	69	41	50	35	29
私营企业	22249	6781	3308	5481	2926	1510	1109	483	651
私营独资企业	10621	3786	1717	2981	1234	611	162	59	71
私营合伙企业	564	194	85	148	76	34	14	5	8
私营有限责任公司	10395	2612	1437	2217	1528	807	884	383	527
私营股份有限公司	669	189	69	135	88	58	49	36	45
其他企业	2545	978	422	609	371	127	25	10	3
港、澳、台商投资企业	**292**	**101**	**18**	**47**	**37**	**17**	**35**	**14**	**23**
与港澳台商合资经营企业	75	23	4	9	8	3	11	3	14
与港澳台商合作经营企业	10	3	1	3	3				
港澳台商独资经营企业	196	73	11	35	23	12	23	10	9
港澳台商投资股份有限公司	8	1	1		3	2		1	
其他港澳台投资企业	3	1	1				1		
外商投资企业	**175**	**54**	**14**	**20**	**12**	**9**	**32**	**13**	**21**
中外合资经营企业	63	12	2	6	3	4	11	7	18
中外合作经营企业	4	1	2						1
外资企业	81	28	7	10	4	5	20	5	2
外商投资股份有限公司	7	6						1	
其他外商投资企业	20	7	3	4	5		1		

4－1－17 按登记注册类型、资产组距分组的小微企业法人单位数

	单位个数（个）	50万元及以下	50万元－100万元	100万元－500万元	500万元－1000万元	1000万元－5000万元	5000万元－1亿元	1亿元以上
总　计	**30442**	**8492**	**4863**	**8834**	**3620**	**3540**	**671**	**422**
内资企业	**29975**	**8416**	**4836**	**8755**	**3569**	**3404**	**623**	**372**
国有企业	374	73	26	98	51	83	15	28
集体企业	479	145	76	157	40	49	8	4
股份合作企业	74	18	11	27	4	12	1	1
联营企业	70	24	12	21	5	6	1	1
国有联营企业	7	2		2	2			1
集体联营企业	19	7	3	7	1	1		
国有与集体联营企业	3		1			1	1	
其他联营企业	41	15	8	12	2	4		
有限责任公司	3696	705	504	996	579	642	149	121
国有独资公司	52	6	6	4	6	12	7	11
其他有限责任公司	3644	699	498	992	573	630	142	110
股份有限公司	488	90	47	122	66	119	25	19
私营企业	22249	6530	3639	6506	2589	2390	406	189
私营独资企业	10621	4003	1897	3168	1048	431	56	18
私营合伙企业	564	198	95	162	61	41	4	3
私营有限责任公司	10395	2171	1560	2987	1404	1797	322	154
私营股份有限公司	669	158	87	189	76	121	24	14
其他企业	2545	831	521	828	235	103	18	9
港、澳、台商投资企业	**292**	**47**	**17**	**52**	**34**	**85**	**30**	**27**
与港澳台商合资经营企业	75	8	2	11	8	22	11	13
与港澳台商合作经营企业	10	2		1	2	2	2	1
港澳台商独资经营企业	196	36	14	36	23	58	16	13
港澳台商投资股份有限公司	8	1		3	1	2	1	
其他港澳台投资企业	3		1	1		1		
外商投资企业	**175**	**29**	**10**	**27**	**17**	**51**	**18**	**23**
中外合资经营企业	63	8	2	2	5	21	6	19
中外合作经营企业	4		1	1		1	1	
外资企业	81	12	6	16	8	25	10	4
外商投资股份有限公司	7	6				1		
其他外商投资企业	20	3	1	8	4	3	1	

4－1－18　按行业、地区分组的小微企业法人单位从业人员数

	从业人员数（人）	清河区	淮安区	淮阴区	清浦区	涟水县	洪泽县	盱眙县	金湖县	开发区	工业园区
总　计	**714089**	**78683**	**116884**	**103141**	**55635**	**95000**	**68405**	**96619**	**50304**	**46870**	**2548**
农、林、牧、渔业	599	17	64	66	41	114	134	121	40	2	
农、林、牧、渔服务业	599	17	64	66	41	114	134	121	40	2	
农业服务业	398	2	33	58	41	20	92	111	39	2	
林业服务业	11						8	3			
畜牧服务业	137		16	5		94	15	7			
渔业服务业	53	15	15	3			19		1		
采矿业	**2451**		**8**	**449**	**61**		**542**	**1332**	**1**	**58**	
煤炭开采和洗选业	18							18			
烟煤和无烟煤开采洗选											
褐煤开采洗选											
其他煤炭采选	18							18			
石油和天然气开采业	5							5			
石油开采	3							3			
天然气开采	2							2			
黑色金属矿采选业											
铁矿采选											
锰矿、铬矿采选											
其他黑色金属矿采选											
有色金属矿采选业	4							4			
常用有色金属矿采选	4							4			
贵金属矿采选											
稀有稀土金属矿采选											
非金属矿采选业	2367		8	449	30		526	1296		58	
土砂石开采	1265			30			22	1213			
化学矿开采	598			145			453				
采盐	363		8	274	30		51				
石棉及其他非金属矿采选	141							83		58	
开采辅助活动	17						16		1		
煤炭开采和洗选辅助活动	2						2				
石油和天然气开采辅助活动	3						2		1		
其他开采辅助活动	12						12				
其他采矿业	40				31			9			
其他采矿业	40				31			9			
制造业	**326347**	**5263**	**55648**	**55745**	**18594**	**39457**	**43130**	**57616**	**32742**	**16094**	**2058**
农副食品加工业	21431	6	2781	4661	597	3749	2046	5030	1533	1028	
谷物磨制	8001		1166	741	45	866	1072	3246	853	12	
饲料加工	4100	6	571	1445	202	181	256	520	167	752	
植物油加工	915			610	12			120	137	36	
制糖业	250			226						24	
屠宰及肉类加工	3761		125	555	300	1720	55	795	210	1	
水产品加工	798		224	85	12		303	126	48		
蔬菜、水果和坚果加工	2012		591	174		955	2	17	70	203	
其他农副食品加工	1594		104	825	26	27	358	206	48		
食品制造业	4174	5	756	723	344	237	768	535	77	729	
焙烤食品制造	668	5	242	211	50	47	12	53	48		
糖果、巧克力及蜜饯制造	556		201	164			135	8		48	
方便食品制造	1070		62	84	27	139	218	237	25	278	
乳制品制造	402			19	43					340	
罐头食品制造	267		91	80	13			45	1	37	
调味品、发酵制品制造	506		114	58	138	1	46	131		18	
其他食品制造	705		46	107	73	50	357	61	3	8	
酒、饮料和精制茶制造业	1469	3	482	241	95	60	72	349	77	71	19

4－1－18　按行业、地区分组的小微企业法人单位从业人员数（续1）

	从业人员数（人）	清河区	淮安区	淮阴区	清浦区	涟水县	洪泽县	盱眙县	金湖县	开发区	工业园区
酒的制造	769		334	219	25	41	1	77	24	48	
饮料制造	486	3	148	22	58	13	71	81	48	23	19
精制茶加工	214				12	6		191	5		
烟草制品业	53				53						
烟叶复烤											
卷烟制造											
其他烟草制品制造	53				53						
纺织业	23024	112	6663	3487	2242	3709	2003	2001	1809	729	269
棉纺织及印染精加工	8685	13	1515	1635	1069	1809	881	640	647	462	14
毛纺织及染整精加工	841		98	13	59	57	308	15	67		224
麻纺织及染整精加工	325	2		1		221	91	10			
丝绢纺织及印染精加工	1689			789	6	221	8	557	108		
化纤织造及印染精加工	314		80	30		25	2		108	69	
针织或钩针编织物及其制品制造	3251	1	1589	359	276	308	154	312	52	190	10
家用纺织制成品制造	5503	38	3294	184	791	801	166	96	109	3	21
非家用纺织制成品制造	2416	58	87	476	41	267	393	371	718	5	
纺织服装、服饰业	36745	690	7663	10089	928	4834	5205	3386	3133	592	225
机织服装制造	27499	641	4013	9018	360	3559	4795	2339	2245	306	223
针织或钩针编织服装制造	1480	14	565	423	152	16	30	279	1		
服饰制造	7766	35	3085	648	416	1259	380	768	887	286	2
皮革、毛皮、羽毛及其制品和制鞋业 12035	46	2924	1758	768	1742	1089	2448	853	407		
皮革鞣制加工	315		104	68		10	19	114			
皮革制品制造	5158		628	788	78	1237	598	1590	74	165	
毛皮鞣制及制品加工	15							3	12		
羽毛（绒）加工及制品制造	2178		1888					260	30		
制鞋业	4369	46	304	902	690	495	472	481	737	242	
木材加工和木、竹、藤、棕、草制品业	14544	20	1323	2212	352	4916	2555	1057	1931	162	16
木材加工	5227		540	614	178	2248	557	534	486	70	
人造板制造	6911	20	347	1196		2104	1798	366	991	89	
木制品制造	2180		436	362	174	538	106	110	435	3	16
竹、藤、棕、草等制品制造	226			40		26	94	47	19		
家具制造业	2513	24	865	487	62	280	141	200	73	172	209
木质家具制造	1742	24	719	190	40	240	45	151	73	51	209
竹、藤家具制造	30			30							
金属家具制造	226		83	23		12	70	9		29	
塑料家具制造	106		23	11	1	18	1			52	
其他家具制造	409		40	233	21	10	25	40		40	
造纸和纸制品业	9019	199	1882	1528	280	1475	2415	298	379	299	264
纸浆制造	6			6							
造纸	4395	12	1214	1198	161	683	661	156	30	27	253
纸制品制造	4618	187	668	324	119	792	1754	142	349	272	11
印刷和记录媒介复制业	5684	916	376	518	342	408	1552	733	82	757	
印刷	5432	852	371	499	337	408	1550	610	57	748	
装订及印刷相关服务	252	64	5	19	5		2	123	25	9	
记录媒介复制											
文教、工美、体育和娱乐用品制造业	12104	32	4475	530	196	1037	989	3381	1158	306	
文教办公用品制造	3332	18	2611	15	15	38	23	561	33	18	
乐器制造	488		117			370			1		
工艺美术品制造	3600	14	736	246	98	261	485	1467	154	139	
体育用品制造	1380		385	136	9	2	255	102	491		
玩具制造	2920		626	133	74	366	178	992	479	72	
游艺器材及娱乐用品制造	384						48	259		77	
石油加工、炼焦和核燃料加工业	780		281	2	113	40	38	229	30	9	38

4－1－18　按行业、地区分组的小微企业法人单位从业人员数(续2)

	从业人员数(人)	清河区	淮安区	淮阴区	清浦区	涟水县	洪泽县	盱眙县	金湖县	开发区	工业园区
精炼石油产品制造	768		281	2	113	40	26	229	30	9	38
炼焦											
核燃料加工	12						12				
化学原料和化学制品制造业	17280	210	2275	2853	1419	2010	4566	2154	935	858	
基础化学原料制造	6187	178	519	1007	496	1294	1807	249	157	480	
肥料制造	1164	5	264	3	171	285	147	211	75	3	
农药制造	430		5	59	109		204	27		26	
涂料、油墨、颜料及类似产品制造 1767	16	350	360	237	113	218	379	79	15		
合成材料制造	1914		126	332	8	260	259	766	58	105	
专用化学产品制造	4425	11	651	683	377	14	1675	448	520	46	
炸药、火工及焰火产品制造											
日用化学产品制造	1393		360	409	21	44	256	74	46	183	
医药制造业	3115	256	512	374	272	103	550	139	491	418	
化学药品原料药制造	865	10	145		188	103	141	45	233		
化学药品制剂制造	233	58	175								
中药饮片加工	280			50			219	11			
中成药生产	422		99	247			1	65		10	
兽用药品制造	168		26				102	13	27		
生物药品制造	513	179	45	52				5	214	18	
卫生材料及医药用品制造	634	9	22	25	84		87		17	390	
化学纤维制造业	1307		111	93	325	120	52	240	286	80	
纤维素纤维原料及纤维制造	367		27		102		51	187			
合成纤维制造	940		84	93	223	120	1	53	286	80	
橡胶和塑料制品业	13272	79	2086	2418	792	1769	1427	2566	1225	906	4
橡胶制品业	2051	10	121	259	95	116	268	792	169	221	
塑料制品业	11221	69	1965	2159	697	1653	1159	1774	1056	685	4
非金属矿物制品业	24444	70	3142	5084	2004	2835	3718	4862	1800	644	285
水泥、石灰和石膏制造	2347		365	293	375	185	147	555	90	337	
石膏、水泥制品及类似制品制造	8891	30	1359	2499	553	1454	721	1740	463	72	
砖瓦、石材等建筑材料制造	7764	10	678	1318	602	773	1238	1754	897	227	267
玻璃制造	988		92	405		105	331	55			
玻璃制品制造	2700	17	580	268	31	275	1182	74	265	8	
玻璃纤维和玻璃纤维增强塑料制品制造	189	7	12	37		23	54		56		
陶瓷制品制造	161	6		43				112			
耐火材料制品制造	250			39	154		28	9	2		18
石墨及其他非金属矿物制品制造	1154		56	182	289	20	17	563	27		
黑色金属冶炼和压延加工业	6749	13	244	1242	771	58	1789	1785	569	278	
炼铁	251				12		110	129			
炼钢	28					12	16				
黑色金属铸造	2550	1	54	333	657	17	574	378	390	146	
钢压延加工	3324	12	190	771	102	29	790	1231	67	132	
铁合金冶炼	596			138			299	47	112		
有色金属冶炼和压延加工业	7147	28	1176	933	303	827	1366	2029	225	242	18
常用有色金属冶炼	1397		307	215	41	220	308	181	32	93	
贵金属冶炼	1						1				
稀有稀土金属冶炼	172			55	40		75		2		
有色金属合金制造	711		12				6	620	23	50	
有色金属铸造	806		75	249			12	442	10		18
有色金属压延加工	4060	28	782	414	222	607	964	786	158	99	
金属制品业	15756	250	1870	4252	1339	1512	1489	2801	973	1210	60
结构性金属制品制造	7385	177	1010	2177	561	691	556	1296	212	705	
金属工具制造	1855	10	128	758	91	142	111	368	92	155	
集装箱及金属包装容器制造	660		17	224	43	73	74	118	78	33	

4－1－18 按行业、地区分组的小微企业法人单位从业人员数（续3）

	从业人员数（人）	清河区	淮安区	淮阴区	清浦区	涟水县	洪泽县	盱眙县	金湖县	开发区	工业园区
金属丝绳及其制品制造	358	5	50	37	22		30	197	17		
建筑、安全用金属制品制造	921	33	92	138	61	39	255	70	48	155	30
金属表面处理及热处理加工	722		209	21	5		412	3	14	58	
搪瓷制品制造	63		24	6					3		30
金属制日用品制造	1096	25	80	250	9	261	2	288	118	63	
其他金属制品制造	2696		260	641	547	306	49	461	391	41	
通用设备制造业	23601	447	2761	3211	1232	1695	1782	7442	3671	1325	35
锅炉及原动设备制造	1293		105	116	25	77	295	492	174	9	
金属加工机械制造	4291	95	754	459	355	394	411	1182	541	100	
物料搬运设备制造	1303	71	190	88	11	10		234	175	524	
泵、阀门、压缩机及类似机械制造	5505	53	152	1488	325	813	18	1725	658	238	35
轴承、齿轮和传动部件制造	4280	72	844	500	102		257	2213	105	187	
烘炉、风机、衡器、包装等设备制造	1032	37	43	229	37	197	23	182	228	56	
文化、办公用机械制造	361						56	282		23	
通用零部件制造	4583	28	673	188	153	81	714	804	1774	168	
其他通用设备制造业	953	91		143	224	123	8	328	16	20	
专用设备制造业	15639	121	2093	1935	1501	1186	868	2430	4134	1363	8
采矿、冶金、建筑专用设备制造	4860	39	388	415	83	250	234	774	2517	160	
化工、木材、非金属加工专用设备制造	2511	8	498	254	234	27	288	260	453	489	
食品、饮料、烟草及饲料生产专用设备制造	494		122		5	120		40		207	
印刷、制药、日化及日用品生产专用设备制造	1177	25	104	176	64	112	19	318	304	55	
纺织、服装和皮革加工专用设备制造	1035			434	15	229	186	64	106	1	
电子和电工机械专用设备制造	1285	12	400	97	305	100	49	212	29	81	
农、林、牧、渔专用机械制造	1360	3	409	143	70	51	26	54	589	15	
医疗仪器设备及器械制造	1419	7	38	364	624	80		170	1	127	8
环保、社会公共服务及其他专用设备制造	1498	27	134	52	101	217	66	538	135	228	
汽车制造业	8699	76	1327	1535	230	52	2063	1008	1445	641	322
汽车整车制造											
改装汽车制造	81		80				1				
低速载货汽车制造											
电车制造	56			45		8	3				
汽车车身、挂车制造	343		122		5					216	
汽车零部件及配件制造	8219	76	1125	1490	225	44	2059	1008	1445	425	322
铁路、船舶、航空航天和其他运输设备制造业	3488	390	533	1011	197	280	230	453	46	331	17
铁路运输设备制造	286		20	266							
城市轨道交通设备制造	2			1			1				
船舶及相关装置制造	1639	206	424	362	130	47	162	180	40	88	
航空、航天器及设备制造	10					10					
摩托车制造	86	3				4	55	23	1		
自行车制造	1249	181	83	218	55	219	12	216	5	243	17
非公路休闲车及零配件制造	35		1					34			
潜水救捞及其他未列明运输设备制造	181		5	164	12						
电气机械和器材制造业	19497	321	1668	3110	968	2062	2874	4651	2503	1314	26
电机制造	1322	27	197	199	376	109	242	99	2	71	
输配电及控制设备制造	7230	180	669	1227	156	694	1496	2159	391	232	26
电线、电缆、光缆及电工器材制造	4236	5	471	71	182	132	549	723	1618	485	
电池制造	2247		82	5	25	640	46	1089	103	257	
家用电力器具制造	1496	8	117	708	24	182	209	76	152	20	
非电力家用器具制造	1417	5	25	780	114	90		289	18	96	
照明器具制造	1180	91	68	43	35	210	303	155	190	85	
其他电气机械及器材制造	369	5	39	77	56	5	29	61	29	68	
计算机、通信和其他电子设备制造业	11119	301	3206	580	285	1228	1133	2813	590	955	28
计算机制造	870	44	20	252	35	240	221		3	55	

4－1－18　按行业、地区分组的小微企业法人单位从业人员数（续4）

	从业人员数（人）	清河区	淮安区	淮阴区	清浦区	涟水县	洪泽县	盱眙县	金湖县	开发区	工业园区
通信设备制造	226	10	5	15	12		155		21	8	
广播电视设备制造	1328		37			152		1102	37		
雷达及配套设备制造											
视听设备制造	781		54				68	659			
电子器件制造	674	222	79	13	100		3	17	41	189	10
电子元件制造	6103	9	2834	236	40	618	686	603	438	639	
其他电子设备制造	1137	16	177	64	98	218		432	50	64	18
仪器仪表制造业	5539	559	538	23	223	110	24	1251	2591	220	
通用仪器仪表制造	3725	374	50	22	73		24	1144	1856	182	
专用仪器仪表制造	842	32	451	1	150			81	103	24	
钟表与计时仪器制造	12							2	10		
光学仪器及眼镜制造	659	153	37			95		2	359	13	
其他仪器仪表制造业	301					15		22	263	1	
其他制造业	3619	37	1235	263	120	899	104	888	56	17	
日用杂品制造	2771	1	1195	219	84	607	26	635	4		
煤制品制造	15					7	8				
核辐射加工											
其他未列明制造业	833	36	40	44	36	285	70	253	52	17	
废弃资源综合利用业	1891	5	250	583	113	113	122	435	53	2	215
金属废料和碎屑加工处理	1388	1	172	311	113	70	68	384	53	1	215
非金属废料和碎屑加工处理	503	4	78	272		43	54	51		1	
金属制品、机械和设备修理业	610	47	150	9	128	111	100	22	14	29	
金属制品修理	96					95				1	
通用设备修理	62	11	18		33						
专用设备修理	78	12	36		25		5				
铁路、船舶、航空航天等运输设备修理	230	21	65	6	54		80		4		
电气设备修理	36			3			11			22	
仪器仪表修理											
其他机械和设备修理业	108	3	31		16	16	4	22	10	6	
电力、热力、燃气及水生产和供应业	**3843**	**93**	**575**	**575**	**398**	**379**	**587**	**300**	**193**	**494**	**249**
电力、热力生产和供应业	1977	76	425	255	208	35	359	76	54	257	232
电力生产	1647		401	162	162	35	357	49	22	227	232
电力供应	55		24				2	7	22		
热力生产和供应	275	76		93	46			20	10	30	
燃气生产和供应业	384			55	178	43	2	16	61	17	12
燃气生产和供应业	384			55	178	43	2	16	61	17	12
水的生产和供应业	1482	17	150	265	12	301	226	208	78	220	5
自来水生产和供应	992	16	89	206		262	164	177	75	3	
污水处理及其再生利用	451	1	61	49	12	39	62	31	3	193	
其他水的处理、利用与分配	39			10						24	5
建筑业	**189687**	**33045**	**32121**	**25133**	**15064**	**34712**	**9569**	**16228**	**5321**	**18494**	
房屋建筑业	119786	15162	24646	13935	7166	27948	4928	12228	3082	10691	
房屋建筑业	119786	15162	24646	13935	7166	27948	4928	12228	3082	10691	
土木工程建筑业	25515	4940	1505	3164	2813	5543	3991	865	1134	1560	
铁路、道路、隧道和桥梁工程建筑	16013	3975	533	2422	612	3606	2660	706	549	950	
水利和内河港口工程建筑	1657	158	128	27	85	77	667	90	425		
海洋工程建筑											
工矿工程建筑	1179		16	329	64	690	55		25		
架线和管道工程建筑	2253	348	332	178	83	662	311	1	109	229	
其他土木工程建筑	4413	459	496	208	1969	508	298	68	26	381	
建筑安装业	16217	3445	1372	2602	3125	363	203	997	322	3788	
电气安装	7676	1760	595	1372	1871	16	57	169	195	1641	

4－1－18　按行业、地区分组的小微企业法人单位从业人员数（续5）

	从业人员数（人）	清河区	淮安区	淮阴区	清浦区	涟水县	洪泽县	盱眙县	金湖县	开发区	工业园区
管道和设备安装	2839	207	243	389	336		62	399	3	1200	
其他建筑安装业	5702	1478	534	841	918	347	84	429	124	947	
建筑装饰和其他建筑业	28169	9498	4598	5432	1960	858	447	2138	783	2455	
建筑装饰业	16638	5822	1720	3810	1679	422	294	1037	546	1308	
工程准备活动	4130	741	2386	514	68		116	4	146	155	
提供施工设备服务	1200	258	36	209	27	27	1	500	90	52	
其他未列明建筑业	6201	2677	456	899	186	409	36	597	1	940	
批发和零售业	**81075**	**16470**	**15073**	**8338**	**8550**	**7752**	**6520**	**9076**	**5183**	**3972**	**141**
批发业	51663	10904	8751	4485	5405	4910	4253	6537	3826	2580	12
农、林、牧产品批发	5902	466	815	353	269	1082	567	1538	720	92	
食品、饮料及烟草制品批发	6386	890	606	403	374	1207	522	1708	522	142	12
纺织、服装及家庭用品批发	6392	2350	876	574	584	489	370	689	162	298	
文化、体育用品及器材批发	1238	251	327	35	312	144	44	38	32	55	
医药及医疗器材批发	982	181	72	20	193	233	56	59	90	78	
矿产品、建材及化工产品批发	15070	2562	4194	1930	1755	873	1567	982	815	392	
机械设备、五金产品及电子产品批发	7907	2294	777	646	902	409	335	519	1041	984	
贸易经纪与代理	3145	1343	402	140	259	61	284	422	23	211	
其他批发业	4641	567	682	384	757	412	508	582	421	328	
零售业	29412	5566	6322	3853	3145	2842	2267	2539	1357	1392	129
综合零售	4013	327	1560	460	310	561	119	345	170	161	
食品、饮料及烟草制品专门零售	2692	485	278	265	240	169	443	624	175	13	
纺织、服装及日用品专门零售	2496	700	565	297	374	165	100	88	71	136	
文化、体育用品及器材专门零售	1214	299	277	232	123	26	66	98	75	18	
医药及医疗器材专门零售	4031	266	617	725	484	773	450	302	185	229	
汽车、摩托车、燃料及零配件专门零售	5006	1767	433	668	287	437	309	490	213	273	129
家用电器及电子产品专门零售	3943	840	1191	236	673	254	190	203	174	182	
五金、家具及室内装饰材料专门零售	3560	604	1177	603	262	236	143	177	124	234	
货摊、无店铺及其他零售业	2457	278	224	367	392	221	447	212	170	146	
交通运输、仓储和邮政业	**23849**	**1014**	**3492**	**4485**	**3022**	**4222**	**2480**	**2573**	**1631**	**929**	**1**
道路运输业	16689	901	1925	3345	2248	3332	1564	2097	695	581	1
城市公共交通运输	697			139	10	294	171	83			
公路旅客运输	871	183	82	47	17	52	141	345	4		
道路货物运输	13946	592	1826	2881	2186	2780	1092	1635	372	581	1
道路运输辅助活动	1175	126	17	278	35	206	160	34	319		
水上运输业	3348	13	767	738	261	215	618	162	540	34	
水上旅客运输	69						18	51			
水上货物运输	2929	5	767	721	239	203	425	62	473	34	
水上运输辅助活动	350	8		17	22	12	175	49	67		
航空运输业	265					265					
航空客货运输	265					265					
通用航空服务											
航空运输辅助活动											
管道运输业	44						1	36	7		
管道运输业	44						1	36	7		
装卸搬运和运输代理业	2040	77	241	224	443	246	225	116	277	191	
装卸搬运	1560	41	235	202	389	143	145	88	256	61	
运输代理业	480	36	6	22	54	103	80	28	21	130	
仓储业	811	7	259	111	60	137	7	97	63	70	
谷物、棉花等农产品仓储	569		150	104	31	137	6	93	46	2	
其他仓储业	242	7	109	7	29		1	4	17	68	
邮政业	652	16	300	67	10	27	65	65	49	53	
邮政基本服务											

4－1－18　按行业、地区分组的小微企业法人单位从业人员数(续6)

	从业人员数(人)	清河区	淮安区	淮阴区	清浦区	涟水县	洪泽县	盱眙县	金湖县	开发区	工业园区
快递服务	652	16	300	67	10	27	65	65	49	53	
住宿和餐饮业	**10569**	**2955**	**1231**	**688**	**1138**	**1106**	**522**	**1387**	**688**	**854**	
住宿业	3395	1181	250	208	136	264	213	564	223	356	
旅游饭店	2128	712	140	117	52	120	135	437	175	240	
一般旅馆	1071	398	110	57	75	144	20	124	48	95	
其他住宿业	196	71		34	9		58	3		21	
餐饮业	7174	1774	981	480	1002	842	309	823	465	498	
正餐服务	6469	1506	924	448	885	737	286	780	430	473	
快餐服务	215	81	4	11		26	8	25	35	25	
饮料及冷饮服务	103	57	17		28			1			
其他餐饮业	387	130	36	21	89	79	15	17			
信息传输、软件和信息技术服务业	**4971**	**1304**	**260**	**452**	**355**	**203**	**540**	**246**	**272**	**1339**	
电信、广播电视和卫星传输服务	942	394	38	130		55	81	132	86	26	
电信	429	295		69		6	11	23		25	
广播电视传输服务	512	99	38	60		49	70	109	86	1	
卫星传输服务	1			1							
互联网和相关服务	953	188	52	87	129	43	230	86	80	58	
互联网接入及相关服务	86	14	4	35	10	10				13	
互联网信息服务	667	127	40	34	61	13	229	86	63	14	
其他互联网服务	200	47	8	18	58	20	1		17	31	
软件和信息技术服务业	3076	722	170	235	226	105	229	28	106	1255	
软件开发	1809	375	89	148	82	10	139	22	65	879	
信息系统集成服务	170	21	66	1	12	11	25			34	
信息技术咨询服务	601	177	10	12	81	23	62	6	34	196	
数据处理和存储服务	24	2			5		2			15	
集成电路设计	89	14		31	6	38					
其他信息技术服务业	383	133	5	43	40	23	1		7	131	
房地产业	**17472**	**3572**	**1553**	**1803**	**1935**	**1784**	**1168**	**2442**	**1334**	**1806**	**75**
房地产业	17472	3572	1553	1803	1935	1784	1168	2442	1334	1806	75
房地产开发经营	7130	752	677	766	619	817	389	1798	413	899	
物业管理	8482	2120	775	935	1192	710	567	507	915	713	48
房地产中介服务	1200	507	101	92	103	108	171	18	6	94	
自有房地产经营活动											
其他房地产业	660	193		10	21	149	41	119		100	27
租赁和商务服务业	**30003**	**9944**	**3359**	**2727**	**3275**	**3159**	**1794**	**3091**	**1620**	**1029**	**5**
租赁业	1755	312	144	373	330	236	130	88	6	136	
机械设备租赁	1736	312	144	373	322	233	130	88	6	128	
文化及日用品出租	19				8	3				8	
商务服务业	28248	9632	3215	2354	2945	2923	1664	3003	1614	893	5
企业管理服务	7399	1936	1082	880	818	336	553	840	745	209	
法律服务	235	146		12	8	30	5	16	18		
咨询与调查	2696	1109	236	100	360	275	245	196	97	78	
广告业	4623	1985	233	170	835	401	224	366	187	222	
知识产权服务	27	10			6		2	8	1		
人力资源服务	5942	3148	313	162	111	1539	88	351	36	189	5
旅行社及相关服务	1002	296	182	39	134	114	39	126	54	18	
安全保护服务	1851	25	688	268	5	15	178	405	253	14	
其他商务服务业	4473	977	481	723	668	213	330	695	223	163	
科学研究和技术服务业	**9322**	**2061**	**701**	**1200**	**1307**	**693**	**610**	**1075**	**690**	**985**	
研究和试验发展	940	148	56	38	87	119	29	370	20	73	
自然科学研究和试验发展	100	8			25	12	15	37	1	2	
工程和技术研究和试验发展	561	76	56	14	62	14	11	238	19	71	

4－1－18 按行业、地区分组的小微企业法人单位从业人员数(续7)

	从业人员数（人）	清河区	淮安区	淮阴区	清浦区	涟水县	洪泽县	盱眙县	金湖县	开发区	工业园区
农业科学研究和试验发展	149	34		21			3	91			
医学研究和试验发展	126	29				93		4			
社会人文科学研究	4	1		3							
专业技术服务业	6116	1452	503	882	1020	432	349	387	386	705	
气象服务	23			7		3		8	5		
地震服务	10	10									
海洋服务											
测绘服务	299	28	23	52	24	80		51	19	22	
质检技术服务	999	66	83	286	120	95	71	86	76	116	
环境与生态监测	53	40				12				1	
地质勘查	110					30	45			35	
工程技术	3627	782	318	422	798	195	155	174	256	527	
其他专业技术服务业	995	526	79	115	78	17	78	68	30	4	
科技推广和应用服务业	2266	461	142	280	200	142	232	318	284	207	
技术推广服务	1803	235	121	246	117	135	196	291	273	189	
科技中介服务	225	85	15	10	48	7	12	21	10	17	
其他科技推广和应用服务业	238	141	6	24	35		24	6	1	1	
水利、环境和公共设施管理业	**1886**	**72**	**71**	**236**	**307**	**255**	**283**	**149**	**226**	**268**	**19**
水利管理业	291			24		151	28	63	18	7	
防洪除涝设施管理	44			24				20			
水资源管理	35					3	22	5	5		
天然水收集与分配	47					43	4				
水文服务	52					45				7	
其他水利管理业	113					60	2	38	13		
生态保护和环境治理业	85	5	1	5	46	8	1			1	18
生态保护	38				27						11
环境治理业	47	5	1	5	19	8	1			1	7
公共设施管理业	1510	67	70	207	261	96	254	86	208	260	1
市政设施管理	149	9		6	35		71		8	19	1
环境卫生管理	182	8			66		24		78	6	
城乡市容管理											
绿化管理	784	50	19	191	157	96	24		78	169	
公园和游览景区管理	395		51	10	3		135	86	44	66	
居民服务、修理和其他服务业	**5795**	**1229**	**1020**	**928**	**906**	**495**	**310**	**246**	**243**	**418**	
居民服务业	1918	532	416	95	275	159	145	70	107	119	
家庭服务	367	116	60	13	73	28	7	15		55	
托儿所服务											
洗染服务	78	25	32						16	5	
理发及美容服务	71	49	12		10						
洗浴服务	807	165	242	34	110	58	84	13	84	17	
保健服务	104	25		16	48					15	
婚姻服务	97	51	19	14		7	5			1	
殡葬服务	122		50	3	19		24	19	7		
其他居民服务业	272	101	1	15	15	66	25	23		26	
机动车、电子产品和日用产品修理业	2632	436	441	464	559	233	74	99	84	242	
汽车、摩托车修理与维护	2246	284	403	397	496	229	67	65	73	232	
计算机和办公设备维修	86	25	6	5	42			7	1		
家用电器修理	248	89	26	62	13	4	7	27	10	10	
其他日用产品修理业	52	38	6		8						
其他服务业	1245	261	163	369	72	103	91	77	52	57	
清洁服务	993	247	163	273	66	77	75	10	52	30	
其他未列明服务业	252	14		96	6	26	16	67		27	

4-1-18 按行业、地区分组的小微企业法人单位从业人员数（续8）

	从业人员数（人）	清河区	淮安区	淮阴区	清浦区	涟水县	洪泽县	盱眙县	金湖县	开发区	工业园区
教育	**1446**	**42**	**969**	**132**	**101**	**150**		**52**			
教育	1446	42	969	132	101	150		52			
学前教育											
初等教育											
中等教育	1081		949	132							
高等教育											
特殊教育											
技能培训、教育辅助及其他教育	365	42	20		101	150		52			
卫生和社会工作	**822**	**484**	**167**	**1**		**86**		**84**			
卫生	729	484	167					78			
医院	729	484	167					78			
社区医疗与卫生院											
门诊部（所）											
计划生育技术服务活动											
妇幼保健院（所、站）											
专科疾病防治院（所、站）											
疾病预防控制中心											
其他卫生活动											
社会工作	93			1		86		6			
提供住宿社会工作	93			1		86		6			
不提供住宿社会工作											
文化、体育和娱乐业	**3952**	**1118**	**572**	**183**	**581**	**433**	**216**	**601**	**120**	**128**	
新闻和出版业	50	18				8	8	10	1	5	
新闻业	30	12				8		10			
出版业	20	6					8		1	5	
广播、电视、电影和影视录音制作业	515	177	55	5	55	53	74	59	12	25	
广播	18						18				
电视	49					49					
电影和影视节目制作	43	19				4		5		15	
电影和影视节目发行	4	4									
电影放映	391	149	55		55		56	54	12	10	
录音制作	10	5		5							
文化艺术业	909	262	203	22	54	161	31	164	8	4	
文艺创作与表演	559	170	197	6	33	42	4	98	6	3	
艺术表演场馆	61							61			
图书馆与档案馆											
文物及非物质文化遗产保护											
博物馆											
烈士陵园、纪念馆	9					9					
群众文化活动	95	16				50	27		2		
其他文化艺术业	185	76	6	16	21	60		5		1	
体育	317	126	21	33	44		20	58		15	
体育组织	60	28		1	31						
体育场馆	22							22			
休闲健身活动	219	97	18	32	13		20	24		15	
其他体育	16	1	3					12			
娱乐业	2161	535	293	123	428	211	83	310	99	79	
室内娱乐活动	1720	381	193	88	400	202	53	254	74	75	
游乐园	139	80		26				8	25		
彩票活动											
文化、娱乐、体育经纪代理	62	15		1	28		14			4	
其他娱乐业	240	59	100	8		9	16	48			

4－1－19 按行业、登记注册类型分组

	从业人员数（人）	内资企业	国有企业	集体企业	股份合作企业	联营企业
总　计	**714089**	**693527**	**10923**	**14544**	**3233**	**1145**
农、林、牧、渔业	**599**	**599**	**1**	**19**		
农、林、牧、渔服务业	599	599	1	19		
农业服务业	398	398	1	19		
林业服务业	11	11				
畜牧服务业	137	137				
渔业服务业	53	53				
采矿业	**2451**	**2210**	**99**	**50**	**35**	**1**
煤炭开采和洗选业	18	18				
烟煤和无烟煤开采洗选						
褐煤开采洗选						
其他煤炭采选	18	18				
石油和天然气开采业	5	5				
石油开采	3	3				
天然气开采	2	2				
黑色金属矿采选业						
铁矿采选						
锰矿、铬矿采选						
其他黑色金属矿采选						
有色金属矿采选业	4	4				
常用有色金属矿采选	4	4				
贵金属矿采选						
稀有稀土金属矿采选						
非金属矿采选业	2367	2126	97	50	35	
土砂石开采	1265	1265	9		35	
化学矿开采	598	386				
采盐	363	334	88			
石棉及其他非金属矿采选	141	141		50		
开采辅助活动	17	17	2			1
煤炭开采和洗选辅助活动	2	2	1			
石油和天然气开采辅助活动	3	3	1			1
其他开采辅助活动	12	12				
其他采矿业	40	40				
其他采矿业	40	40				
制造业	**326347**	**308229**	**576**	**2391**	**419**	**96**
农副食品加工业	21431	20798	54	23		
谷物磨制	8001	7965	29			
饲料加工	4100	3531	11			
植物油加工	915	915	3			
制糖业	250	250				
屠宰及肉类加工	3761	3761	11	11		
水产品加工	798	798		12		
蔬菜、水果和坚果加工	2012	1985				
其他农副食品加工	1594	1593				
食品制造业	4174	3865	4	11		
焙烤食品制造	668	668	3	1		
糖果、巧克力及蜜饯制造	556	556				
方便食品制造	1070	836		8		
乳制品制造	402	402				
罐头食品制造	267	263				
调味品、发酵制品制造	506	506		2		
其他食品制造	705	634	1			
酒、饮料和精制茶制造业	1469	1297		1		

的小微企业法人单位从业人员数

国有联营企业	集体联营企业	国有与集体联营企业	其他联营企业	有限责任公司	国有独资公司	其他有限责任公司	股份有限公司
72	**288**	**454**	**331**	**136587**	**3863**	**132724**	**25240**
				21		**21**	
				21		21	
				21		21	
			1	**755**		**755**	
				2		2	
				2		2	
				722		722	
				129		129	
				385		385	
				208		208	
			1				
			1				
				31		31	
				31		31	
	12		**84**	**46135**	**447**	**45688**	**7891**
				3500	168	3332	407
				1228	168	1060	5
				762		762	185
				255		255	
				24		24	
				554		554	8
				26		26	209
				13		13	
				638		638	
				678		678	169
				61		61	
				48		48	
				229		229	
				340		340	
							80
							89
				334		334	28

4－1－19 按行业、登记注册类型分组

	从业人员数（人）	内资企业	国有企业	集体企业	股份合作企业	联营企业
酒的制造	769	633		1		
饮料制造	486	450				
精制茶加工	214	214				
烟草制品业	53	53	53			
烟叶复烤						
卷烟制造						
其他烟草制品制造	53	53	53			
纺织业	23024	21992	32	304		
棉纺织及印染精加工	8685	8330		280		
毛纺织及染整精加工	841	841	6			
麻纺织及染整精加工	325	325				
丝绢纺织及印染精加工	1689	1689	7	13		
化纤织造及印染精加工	314	314				
针织或钩针编织物及其制品制造	3251	2871	1	7		
家用纺织制成品制造	5503	5206	18	4		
非家用纺织制成品制造	2416	2416				
纺织服装、服饰业	36745	34878		8	220	
机织服装制造	27499	26196		5	208	
针织或钩针编织服装制造	1480	1476		1		
服饰制造	7766	7206		2	12	
皮革、毛皮、羽毛及其制品和制鞋业	12035	10866		1		
皮革鞣制加工	315	259		1		
皮革制品制造	5158	4499				
毛皮鞣制及制品加工	15	15				
羽毛（绒）加工及制品制造	2178	2100				
制鞋业	4369	3993				
木材加工和木、竹、藤、棕、草制品业	14544	13543		122		6
木材加工	5227	5173		27		6
人造板制造	6911	6185		59		
木制品制造	2180	1964		36		
竹、藤、棕、草等制品制造	226	221				
家具制造业	2513	2053				
木质家具制造	1742	1495				
竹、藤家具制造	30	30				
金属家具制造	226	157				
塑料家具制造	106	106				
其他家具制造	409	265				
造纸和纸制品业	9019	8542		15	34	
纸浆制造	6	6				
造纸	4395	4091				
纸制品制造	4618	4445		15	34	
印刷和记录媒介复制业	5684	5350	298	109		
印刷	5432	5098	298	109		
装订及印刷相关服务	252	252				
记录媒介复制						
文教、工美、体育和娱乐用品制造业	12104	10966	4	4		
文教办公用品制造	3332	3271				
乐器制造	488	488				
工艺美术品制造	3600	2842	4	4		
体育用品制造	1380	1136				
玩具制造	2920	2845				
游艺器材及娱乐用品制造	384	384				
石油加工、炼焦和核燃料加工业	780	775		18		

的小微企业法人单位从业人员数(续1)

国有联营企业	集体联营企业	国有与集体联营企业	其他联营企业	有限责任公司	国有独资公司	其他有限责任公司	股份有限公司
				291		291	28
				43		43	
				4041		4041	483
				2077		2077	385
				542		542	
				91		91	
				290		290	
				94		94	
				277		277	90
				234		234	
				436		436	8
				4730		4730	183
				3570		3570	137
				70		70	
				1090		1090	46
				2220		2220	195
							56
				657		657	116
				383		383	
				1180		1180	23
			6	1395		1395	63
			6	685		685	32
				462		462	31
				248		248	
				212		212	43
				150		150	
				9		9	26
				53		53	
							17
				1590		1590	156
				966		966	121
				624		624	35
				1095		1095	134
				1093		1093	134
				2		2	
				1105		1105	
				281		281	
				319		319	
				190		190	
				250		250	
				65		65	
							17

4－1－19 按行业、登记注册类型分组

	从业人员数（人）	内资企业	国有企业	集体企业	股份合作企业	联营企业
精炼石油产品制造	768	763		18		
炼焦						
核燃料加工	12	12				
化学原料和化学制品制造业	17280	16434	35	103		
基础化学原料制造	6187	5677	15	23		
肥料制造	1164	1137	20	72		
农药制造	430	430				
涂料、油墨、颜料及类似产品制造	1767	1765				
合成材料制造	1914	1904				
专用化学产品制造	4425	4298		8		
炸药、火工及焰火产品制造						
日用化学产品制造	1393	1223				
医药制造业	3115	2872	1	219		
化学药品原料药制造	865	622				
化学药品制剂制造	233	233				
中药饮片加工	280	280		219		
中成药生产	422	422	1			
兽用药品制造	168	168				
生物药品制造	513	513				
卫生材料及医药用品制造	634	634				
化学纤维制造业	1307	1306				
纤维素纤维原料及纤维制造	367	367				
合成纤维制造	940	939				
橡胶和塑料制品业	13272	12348		34	55	
橡胶制品业	2051	1864				
塑料制品业	11221	10484		34	55	
非金属矿物制品业	24444	23492	10	393	16	32
水泥、石灰和石膏制造	2347	2280		2		
石膏、水泥制品及类似制品制造	8891	8459		124		
砖瓦、石材等建筑材料制造	7764	7625	10	264	16	32
玻璃制造	988	988				
玻璃制品制造	2700	2687				
玻璃纤维和玻璃纤维增强塑料制品制造	189	189		3		
陶瓷制品制造	161	70				
耐火材料制品制造	250	250				
石墨及其他非金属矿物制品制造	1154	944				
黑色金属冶炼和压延加工业	6749	6373	6	381		
炼铁	251	251		12		
炼钢	28	28				
黑色金属铸造	2550	2462	6	360		
钢压延加工	3324	3036		9		
铁合金冶炼	596	596				
有色金属冶炼和压延加工业	7147	7047	23	90		
常用有色金属冶炼	1397	1327	23	90		
贵金属冶炼	1	1				
稀有稀土金属冶炼	172	172				
有色金属合金制造	711	711				
有色金属铸造	806	806				
有色金属压延加工	4060	4030				
金属制品业	15756	15047		12		
结构性金属制品制造	7385	7176		4		
金属工具制造	1855	1594				
集装箱及金属包装容器制造	660	629		8		

的小微企业法人单位从业人员数(续2)

国有联营企业	集体联营企业	国有与集体联营企业	其他联营企业	有限责任公司	国有独资公司	其他有限责任公司	股份有限公司
							17
				2922	115	2807	1254
				1222	115	1107	718
				230		230	
				51		51	11
				257		257	200
				608		608	
				392		392	245
				162		162	80
				450		450	232
				170		170	
				1		1	
				1		1	
				35		35	232
				243		243	
				84		84	
				83		83	
				1		1	
				2314		2314	569
				434		434	
				1880		1880	569
			32	2935	164	2771	495
				389	164	225	300
				1174		1174	129
			32	704		704	40
				28		28	
				416		416	26
				12		12	
				6		6	
				27		27	
				179		179	
				431		431	88
				1		1	
				151		151	23
				273		273	65
				6		6	
				1526		1526	313
				263		263	313
				56		56	
				18		18	
				1189		1189	
				2445		2445	504
				1144		1144	223
				38		38	120
				16		16	106

4－1－19 按行业、登记注册类型分组

	从业人员数（人）	内资企业				
			国有企业	集体企业	股份合作企业	联营企业
金属丝绳及其制品制造	358	358				
建筑、安全用金属制品制造	921	915				
金属表面处理及热处理加工	722	722				
搪瓷制品制造	63	63				
金属制日用品制造	1096	919				
其他金属制品制造	2696	2671				
通用设备制造业	23601	22394	10	38		12
锅炉及原动设备制造	1293	1292				
金属加工机械制造	4291	4193				
物料搬运设备制造	1303	1034				12
泵、阀门、压缩机及类似机械制造	5505	5395	7			
轴承、齿轮和传动部件制造	4280	3759				
烘炉、风机、衡器、包装等设备制造	1032	916				
文化、办公用机械制造	361	361				
通用零部件制造	4583	4491	3	38		
其他通用设备制造业	953	953				
专用设备制造业	15639	14735	1	11	70	
采矿、冶金、建筑专用设备制造	4860	4761			70	
化工、木材、非金属加工专用设备制造	2511	1966				
食品、饮料、烟草及饲料生产专用设备制造	494	494				
印刷、制药、日化及日用品生产专用设备制造	1177	1101				
纺织、服装和皮革加工专用设备制造	1035	1034				
电子和电工机械专用设备制造	1285	1214				
农、林、牧、渔专用机械制造	1360	1332		11		
医疗仪器设备及器械制造	1419	1369				
环保、社会公共服务及其他专用设备制造	1498	1464	1			
汽车制造业	8699	8260		196		7
汽车整车制造						
改装汽车制造	81	81				
低速载货汽车制造						
电车制造	56	56				
汽车车身、挂车制造	343	343				
汽车零部件及配件制造	8219	7780		196		7
铁路、船舶、航空航天和其他运输设备制造业	3488	3390		5	16	
铁路运输设备制造	286	286				
城市轨道交通设备制造	2	2				
船舶及相关装置制造	1639	1639		5		
航空、航天器及设备制造	10					
摩托车制造	86	83			15	
自行车制造	1249	1169			1	
非公路休闲车及零配件制造	35	35				
潜水救捞及其他未列明运输设备制造	181	176				
电气机械和器材制造业	19497	18114	5	144	7	32
电机制造	1322	1322				
输配电及控制设备制造	7230	6611		34		25
电线、电缆、光缆及电工器材制造	4236	3856		110		
电池制造	2247	2010			1	
家用电力器具制造	1496	1362				7
非电力家用器具制造	1417	1417				
照明器具制造	1180	1170				
其他电气机械及器材制造	369	366	5		6	
计算机、通信和其他电子设备制造业	11119	10063	10		1	
计算机制造	870	810			1	

的小微企业法人单位从业人员数(续3)

国有联营企业	集体联营企业	国有与集体联营企业	其他联营企业	有限责任公司	国有独资公司	其他有限责任公司	股份有限公司
				14		14	
				185		185	
				325		325	
				30		30	
				129		129	26
				564		564	29
			12	2316		2316	445
				23		23	9
				491		491	20
			12	132		132	
				529		529	
				197		197	160
				105		105	1
				56		56	
				519		519	250
				264		264	5
				2316		2316	350
				864		864	68
				196		196	7
				120		120	186
				76		76	10
				355		355	7
				31		31	
				118		118	
				220		220	71
				336		336	1
			7	1229		1229	435
							216
			7	1229		1229	219
				545		545	65
				191		191	65
				1		1	
				341		341	
				12		12	
	7		25	2171		2171	1105
				219		219	150
			25	505		505	193
				369		369	251
				438		438	267
	7			168		168	
				290		290	232
				85		85	
				97		97	12
				1291		1291	104
				291		291	

4－1－19 按行业、登记注册类型分组

	从业人员数（人）	内资企业				
			国有企业	集体企业	股份合作企业	联营企业
通信设备制造	226	226				
广播电视设备制造	1328	1000				
雷达及配套设备制造						
视听设备制造	781	781				
电子器件制造	674	488	5			
电子元件制造	6103	5629	5			
其他电子设备制造	1137	1129				
仪器仪表制造业	5539	5538	30	126		1
通用仪器仪表制造	3725	3725	30	95		
专用仪器仪表制造	842	841		31		
钟表与计时仪器制造	12	12				
光学仪器及眼镜制造	659	659				
其他仪器仪表制造业	301	301				1
其他制造业	3619	3339				1
日用杂品制造	2771	2492				
煤制品制造	15	15				
核辐射加工						
其他未列明制造业	833	832				1
废弃资源综合利用业	1891	1889				
金属废料和碎屑加工处理	1388	1388				
非金属废料和碎屑加工处理	503	501				
金属制品、机械和设备修理业	610	610		23		5
金属制品修理	96	96				
通用设备修理	62	62				
专用设备修理	78	78				
铁路、船舶、航空航天等运输设备修理	230	230		23		5
电气设备修理	36	36				
仪器仪表修理						
其他机械和设备修理业	108	108				
电力、热力、燃气及水生产和供应业	**3843**	**3338**	**764**	**163**	**6**	
电力、热力生产和供应业	1977	1799	375	40	6	
电力生产	1647	1499	257	17	6	
电力供应	55	55	46			
热力生产和供应	275	245	72	23		
燃气生产和供应业	384	326				
燃气生产和供应业	384	326				
水的生产和供应业	1482	1213	389	123		
自来水生产和供应	992	954	362	123		
污水处理及其再生利用	451	220	27			
其他水的处理、利用与分配	39	39				
建筑业	**189687**	**189649**	**1143**	**5947**	**2219**	**203**
房屋建筑业	119786	119759	372	4110	452	179
房屋建筑业	119786	119759	372	4110	452	179
土木工程建筑业	25515	25507	547	1829	375	
铁路、道路、隧道和桥梁工程建筑	16013	16013	511	1591	245	
水利和内河港口工程建筑	1657	1657		15		
海洋工程建筑						
工矿工程建筑	1179	1179		60		
架线和管道工程建筑	2253	2245	31	59	130	
其他土木工程建筑	4413	4413	5	104		
建筑安装业	16217	16217	120	7	12	12
电气安装	7676	7676		1	12	

的小微企业法人单位从业人员数（续4）

国有联营企业	集体联营企业	国有与集体联营企业	其他联营企业	有限责任公司	国有独资公司	其他有限责任公司	股份有限公司
				23		23	
				200		200	2
				68		68	
				109		109	
				450		450	78
				150		150	24
			1	1334		1334	43
				1191		1191	20
				110		110	
				10		10	
							23
			1	23		23	
			1	273		273	7
				128		128	
			1	145		145	7
				515		515	
				474		474	
				41		41	
	5			138		138	4
				95		95	
				16		16	
				10		10	4
	5			17		17	
				1340	**211**	**1129**	**30**
				966	211	755	5
				882	211	671	5
				84		84	
				161		161	6
				161		161	6
				213		213	19
				86		86	3
				127		127	16
	146		**57**	**54541**	**1446**	**53095**	**11699**
	146		33	32096		32096	6803
	146		33	32096		32096	6803
				8384	330	8054	1591
				5499	193	5306	480
				422	137	285	651
				745		745	
				1274		1274	18
				444		444	442
			12	5633	1111	4522	2123
				3273	1111	2162	1347

4－1－19 按行业、登记注册类型分组

	从业人员数（人）	内资企业	国有企业	集体企业	股份合作企业	联营企业
管道和设备安装	2839	2839	120			12
其他建筑安装业	5702	5702		6		
建筑装饰和其他建筑业	28169	28166	104	1	1380	12
建筑装饰业	16638	16635	1		1380	12
工程准备活动	4130	4130		1		
提供施工设备服务	1200	1200				
其他未列明建筑业	6201	6201	103			
批发和零售业	**81075**	**80459**	**1943**	**2254**	**225**	**169**
批发业	51663	51194	1649	1522	97	147
农、林、牧产品批发	5902	5902	1227	410	21	17
食品、饮料及烟草制品批发	6386	6344	173	232	8	66
纺织、服装及家庭用品批发	6392	6164	1	232	19	2
文化、体育用品及器材批发	1238	1228	10	5		
医药及医疗器材批发	982	982				1
矿产品、建材及化工产品批发	15070	15000	177	287	36	40
机械设备、五金产品及电子产品批发	7907	7792	9	54		16
贸易经纪与代理	3145	3145		228	7	4
其他批发业	4641	4637	52	74	6	1
零售业	29412	29265	294	732	128	22
综合零售	4013	3968	80	415	25	4
食品、饮料及烟草制品专门零售	2692	2677	38	68	33	5
纺织、服装及日用品专门零售	2496	2496		72	27	7
文化、体育用品及器材专门零售	1214	1214	80	25	5	2
医药及医疗器材专门零售	4031	4027	17			3
汽车、摩托车、燃料及零配件专门零售	5006	4982	41	49	9	
家用电器及电子产品专门零售	3943	3943	10		15	
五金、家具及室内装饰材料专门零售	3560	3557	23	45		
货摊、无店铺及其他零售业	2457	2401	5	58	14	1
交通运输、仓储和邮政业	**23849**	**23831**	**1469**	**1248**	**46**	**80**
道路运输业	16689	16686	358	319	46	32
城市公共交通运输	697	697	133			
公路旅客运输	871	871	179	7	25	
道路货物运输	13946	13943		254	21	32
道路运输辅助活动	1175	1175	46	58		
水上运输业	3348	3348	219	686		3
水上旅客运输	69	69				
水上货物运输	2929	2929	219	652		3
水上运输辅助活动	350	350		34		
航空运输业	265	265	265			
航空客货运输	265	265	265			
通用航空服务						
航空运输辅助活动						
管道运输业	44	44				
管道运输业	44	44				
装卸搬运和运输代理业	2040	2025	179	216		45
装卸搬运	1560	1560	175	216		
运输代理业	480	465	4			45
仓储业	811	811	448	27		
谷物、棉花等农产品仓储	569	569	448	12		
其他仓储业	242	242		15		
邮政业	652	652				
邮政基本服务						

的小微企业法人单位从业人员数(续5)

国有联营企业	集体联营企业	国有与集体联营企业	其他联营企业	有限责任公司	国有独资公司	其他有限责任公司	股份有限公司
			12	445		445	776
				1915		1915	
			12	8428	5	8423	1182
			12	5141		5141	568
				949	5	944	87
				112		112	2
				2226		2226	525
9	**37**	**35**	**88**	**10984**	**54**	**10930**	**1019**
9	30	35	73	6334	43	6291	589
	5		12	645	10	635	47
		31	35	854	6	848	41
	2			813		813	125
				205		205	5
			1	236		236	4
	23	4	13	1413	20	1393	101
9			7	1130		1130	147
			4	492		492	64
			1	546	7	539	55
	7		15	4650	11	4639	430
	2		2	300		300	63
			5	398		398	21
			7	429		429	17
	2			214		214	61
	3			335		335	64
				1668	11	1657	97
				547		547	78
				432		432	16
			1	327		327	13
32	**45**		**3**	**5085**	**449**	**4636**	**1167**
27	5			3976	427	3549	749
				174	62	112	
				323		323	12
27	5			3045	365	2680	550
				434		434	187
			3	774		774	349
				68		68	
			3	578		578	349
				128		128	
							36
							36
5	40			134	22	112	23
				98	22	76	
5	40			36		36	23
				20		20	10
				20		20	10
				181		181	

4－1－19 按行业、登记注册类型分组

	从业人员数（人）	内资企业	国有企业	集体企业	股份合作企业	联营企业
快递服务	652	652				
住宿和餐饮业	**10569**	**10105**	**277**	**136**	**29**	
住宿业	3395	3304	116	126	4	
旅游饭店	2128	2037	116	117	4	
一般旅馆	1071	1071				
其他住宿业	196	196		9		
餐饮业	7174	6801	161	10	25	
正餐服务	6469	6201	161	10	25	
快餐服务	215	134				
饮料及冷饮服务	103	79				
其他餐饮业	387	387				
信息传输、软件和信息技术服务业	**4971**	**4894**	**281**			**1**
电信、广播电视和卫星传输服务	942	942	276			
电信	429	429	100			
广播电视传输服务	512	512	176			
卫星传输服务	1	1				
互联网和相关服务	953	953				
互联网接入及相关服务	86	86				
互联网信息服务	667	667				
其他互联网服务	200	200				
软件和信息技术服务业	3076	2999	5			1
软件开发	1809	1740				
信息系统集成服务	170	163				
信息技术咨询服务	601	600				
数据处理和存储服务	24	24				
集成电路设计	89	89				1
其他信息技术服务业	383	383	5			
房地产业	**17472**	**17239**	**464**	**169**	**126**	**11**
房地产业	17472	17239	464	169	126	11
房地产开发经营	7130	6987	144	12	28	11
物业管理	8482	8409	229	131	97	
房地产中介服务	1200	1196	23		1	
自有房地产经营活动						
其他房地产业	660	647	68	26		
租赁和商务服务业	**30003**	**29907**	**2815**	**1612**	**31**	**118**
租赁业	1755	1755	8	9		
机械设备租赁	1736	1736	8	9		
文化及日用品出租	19	19				
商务服务业	28248	28152	2807	1603	31	118
企业管理服务	7399	7337	328	293		2
法律服务	235	235		3		
咨询与调查	2696	2696	17	53	8	25
广告业	4623	4618	21		14	28
知识产权服务	27	27		2		
人力资源服务	5942	5942	1824	17	3	
旅行社及相关服务	1002	1002	89			3
安全保护服务	1851	1851	261	1116	6	27
其他商务服务业	4473	4444	267	119		33
科学研究和技术服务业	**9322**	**9270**	**652**	**242**	**14**	**8**
研究和试验发展	940	915	50			
自然科学研究和试验发展	100	99				
工程和技术研究和试验发展	561	537	50			

的小微企业法人单位从业人员数(续6)

国有联营企业	集体联营企业	国有与集体联营企业	其他联营企业	有限责任公司			股份有限公司
					国有独资公司	其他有限责任公司	
				181		181	
				2549	**171**	**2378**	**327**
				901	57	844	256
				681	57	624	164
				123		123	92
				97		97	
				1648	114	1534	71
				1608	114	1494	16
				17		17	
				13		13	
				10		10	55
			1	**1382**	**10**	**1372**	**49**
				225		225	
				47		47	
				178		178	
				202		202	8
				29		29	
				141		141	2
				32		32	6
			1	955	10	945	41
				703	10	693	26
				12		12	
				124		124	15
				2		2	
			1	17		17	
				97		97	
	1		**10**	**4388**	**36**	**4352**	**780**
	1		10	4388	36	4352	780
	1		10	1996	31	1965	279
				2029		2029	477
				192	5	187	9
				171		171	15
13	**39**		**66**	**5798**	**945**	**4853**	**1237**
				254		254	90
				246		246	90
				8		8	
13	39		66	5544	945	4599	1147
1			1	1694	92	1602	825
				8		8	
	18		7	581	3	578	34
			28	1022	12	1010	128
				5	4	1	
				1209	783	426	11
			3	149		149	24
	12		15	20		20	
12	9		12	856	51	805	125
	8			**2047**	**20**	**2027**	**514**
				161		161	3
				15		15	
				146		146	2

4－1－19 按行业、登记注册类型分组

	从业人员数（人）	内资企业	国有企业	集体企业	股份合作企业	联营企业
农业科学研究和试验发展	149	149				
医学研究和试验发展	126	126				
社会人文科学研究	4	4				
专业技术服务业	6116	6099	522	206		8
气象服务	23	23	8			
地震服务	10	10				
海洋服务						
测绘服务	299	299	71	28		8
质检技术服务	999	984	145	87		
环境与生态监测	53	53				
地质勘查	110	110	32	2		
工程技术	3627	3627	245	80		
其他专业技术服务业	995	993	21	9		
科技推广和应用服务业	2266	2256	80	36	14	
技术推广服务	1803	1793	72	36	14	
科技中介服务	225	225	8			
其他科技推广和应用服务业	238	238				
水利、环境和公共设施管理业	**1886**	**1828**	**164**	**183**		
水利管理业	291	291	109	14		
防洪除涝设施管理	44	44	20			
水资源管理	35	35	4			
天然水收集与分配	47	47	43	4		
水文服务	52	52	42			
其他水利管理业	113	113		10		
生态保护和环境治理业	85	85	7			
生态保护	38	38	7			
环境治理业	47	47				
公共设施管理业	1510	1452	48	169		
市政设施管理	149	141	2			
环境卫生管理	182	182	8	62		
城乡市容管理						
绿化管理	784	734	38	96		
公园和游览景区管理	395	395		11		
居民服务、修理和其他服务业	**5795**	**5756**	**93**	**84**	**83**	**1**
居民服务业	1918	1918	51	42	6	1
家庭服务	367	367				
托儿所服务						
洗染服务	78	78				
理发及美容服务	71	71				
洗浴服务	807	807	1	14	6	1
保健服务	104	104				
婚姻服务	97	97				
殡葬服务	122	122	50	27		
其他居民服务业	272	272		1		
机动车、电子产品和日用产品修理业	2632	2593	42	42	77	
汽车、摩托车修理与维护	2246	2211	42	42	77	
计算机和办公设备维修	86	86				
家用电器修理	248	244				
其他日用产品修理业	52	52				
其他服务业	1245	1245				
清洁服务	993	993				
其他未列明服务业	252	252				

的小微企业法人单位从业人员数(续7)

国有联营企业	集体联营企业	国有与集体联营企业	其他联营企业	有限责任公司	国有独资公司	其他有限责任公司	股份有限公司
							1
	8			1585	20	1565	481
	8			44		44	
				225		225	134
				40		40	
				1110	20	1090	246
				166		166	101
				301		301	30
				180		180	30
				71		71	
				50		50	
				321	**74**	**247**	**45**
				62	62		3
				62	62		3
				38		38	
				31		31	
				7		7	
				221	12	209	42
				27		27	
				85		85	
				27		27	14
				82	12	70	28
			1	**594**		**594**	**233**
			1	293		293	8
				65		65	
				8		8	
			1	133		133	
				2		2	5
				12		12	3
				73		73	
				186		186	175
				150		150	172
				19		19	
				17		17	3
				115		115	50
				89		89	50
				26		26	

4－1－19 按行业、登记注册类型分组

	从业人员数（人）	内资企业	国有企业	集体企业	股份合作企业	联营企业
教育	**1446**	**1446**	**62**			**419**
教育	1446	1446	62			419
学前教育						
初等教育						
中等教育	1081	1081				419
高等教育						
特殊教育						
技能培训、教育辅助及其他教育	365	365	62			
卫生和社会工作	**822**	**822**				
卫生	729	729				
医院	729	729				
社区医疗与卫生院						
门诊部（所）						
计划生育技术服务活动						
妇幼保健院（所、站）						
专科疾病防治院（所、站）						
疾病预防控制中心						
其他卫生活动						
社会工作	93	93				
提供住宿社会工作	93	93				
不提供住宿社会工作						
文化、体育和娱乐业	**3952**	**3945**	**120**	**46**		**38**
新闻和出版业	50	50		4		10
新闻业	30	30				10
出版业	20	20		4		
广播、电视、电影和影视录音制作业	515	514	44	24		
广播	18	18		18		
电视	49	49	32			
电影和影视节目制作	43	43				
电影和影视节目发行	4	4				
电影放映	391	390	12	6		
录音制作	10	10				
文化艺术业	909	909	57	18		10
文艺创作与表演	559	559	42			
艺术表演场馆	61	61				
图书馆与档案馆						
文物及非物质文化遗产保护						
博物馆						
烈士陵园、纪念馆	9	9		6		
群众文化活动	95	95	15	12		
其他文化艺术业	185	185				10
体育	317	317	19			
体育组织	60	60	19			
体育场馆	22	22				
休闲健身活动	219	219				
其他体育	16	16				
娱乐业	2161	2155				18
室内娱乐活动	1720	1714				18
游乐园	139	139				
彩票活动						
文化、娱乐、体育经纪代理	62	62				
其他娱乐业	240	240				

的小微企业法人单位从业人员数(续8)

国有联营企业	集体联营企业	国有与集体联营企业	其他联营企业	有限责任公司	国有独资公司	其他有限责任公司	股份有限公司
		419		**54**		**54**	
		419		54		54	
		419					
				54		54	
				174		**174**	**157**
				168		168	157
				168		168	157
				6		6	
				6		6	
18			**20**	**419**		**419**	**92**
			10				
			10				
				87		87	17
							17
				5		5	
				79		79	
				3		3	
			10	110		110	
				102		102	
			10	8		8	
				22		22	
				10		10	
				12		12	
18				200		200	75
18				90		90	40
				105		105	25
				5		5	10

4－1－19 按行业、登记注册类型分组

	私营企业	私营独资企业	私营合伙企业	私营有限责任公司	私营股份有限公司	其他企业	港、澳、台商投资企业
总　　计	**477112**	**116624**	**8471**	**329595**	**22422**	**24743**	**11453**
农、林、牧、渔业	**289**	**155**	**7**	**115**	**12**	**269**	
农、林、牧、渔服务业	289	155	7	115	12	269	
农业服务业	197	96		89	12	160	
林业服务业	10			10		1	
畜牧服务业	56	56				81	
渔业服务业	26	3	7	16		27	
采矿业	**1170**	**269**	**14**	**818**	**69**	**100**	**241**
煤炭开采和洗选业	18			18			
烟煤和无烟煤开采洗选							
褐煤开采洗选							
其他煤炭采选	18			18			
石油和天然气开采业						3	
石油开采						3	
天然气开采							
黑色金属矿采选业							
铁矿采选							
锰矿、铬矿采选							
其他黑色金属矿采选							
有色金属矿采选业	4			4			
常用有色金属矿采选	4			4			
贵金属矿采选							
稀有稀土金属矿采选							
非金属矿采选业	1125	246	14	796	69	97	241
土砂石开采	995	245	6	675	69	97	
化学矿开采	1	1					212
采盐	38		8	30			29
石棉及其他非金属矿采选	91			91			
开采辅助活动	14	14					
煤炭开采和洗选辅助活动	1	1					
石油和天然气开采辅助活动	1	1					
其他开采辅助活动	12	12					
其他采矿业	9	9					
其他采矿业	9	9					
制造业	**244228**	**62011**	**4063**	**166655**	**11499**	**6493**	**10147**
农副食品加工业	16425	4797	120	10866	642	389	318
谷物磨制	6507	1655	20	4671	161	196	36
饲料加工	2549	426		2045	78	24	254
植物油加工	643	37		606		14	
制糖业	226	10			216		
屠宰及肉类加工	3166	1241	88	1650	187	11	
水产品加工	551	126	1	424			
蔬菜、水果和坚果加工	1863	1023	6	834		109	27
其他农副食品加工	920	279	5	636		35	1
食品制造业	2879	1110	43	1578	148	124	27
焙烤食品制造	525	173	7	345		78	
糖果、巧克力及蜜饯制造	500	49		316	135	8	
方便食品制造	592	292		296	4	7	1
乳制品制造	62	1		61			
罐头食品制造	183	34		149			
调味品、发酵制品制造	415	179	36	199	1		
其他食品制造	602	382		212	8	31	26
酒、饮料和精制茶制造业	906	476	62	358	10	28	159

的小微企业法人单位从业人员数（续9）

与港澳台商合资经营企业	与港澳台商合作经营企业	港澳台商独资经营企业	港澳台商投资股份有限公司	其他港澳台投资企业	外商投资企业	中外合资经营企业	中外合作经营企业	外资企业	外商投资股份有限公司	其他外商投资企业
4474	**252**	**6347**	**299**	**81**	**9109**	**5620**	**95**	**3089**	**89**	**216**
212		**29**								
212		29								
212										
		29								
4097	**77**	**5604**	**299**	**70**	**7971**	**4963**	**80**	**2845**	**83**	
290		28			315	315				
36										
254					315	315				
		27								
		1								
2		17	8		282	233		49		
		1			233	233				
					4			4		
2		16	8		45			45		
1		158			13			13		

4－1－19 按行业、登记注册类型分组

	私营企业	私营独资企业	私营合伙企业	私营有限责任公司	私营股份有限公司	其他企业	港、澳、台商投资企业
酒的制造	313	112	45	146	10		136
饮料制造	394	183	17	194		13	23
精制茶加工	199	181		18		15	
烟草制品业							
烟叶复烤							
卷烟制造							
其他烟草制品制造							
纺织业	16715	4962	568	10583	602	417	417
棉纺织及印染精加工	5498	864	332	4070	232	90	291
毛纺织及染整精加工	293	185	22	86			
麻纺织及染整精加工	224	51		173		10	
丝绢纺织及印染精加工	1369	372	14	983		10	
化纤织造及印染精加工	204	50	30	124		16	
针织或钩针编织物及其制品制造	2460	1433	72	935	20	36	49
家用纺织制成品制造	4734	1680	75	2629	350	216	77
非家用纺织制成品制造	1933	327	23	1583		39	
纺织服装、服饰业	29004	7861	290	19754	1099	733	1419
机织服装制造	21953	5163	110	15930	750	323	867
针织或钩针编织服装制造	1404	495	37	872		1	4
服饰制造	5647	2203	143	2952	349	409	548
皮革、毛皮、羽毛及其制品和制鞋业	8143	2310	2	5568	263	307	794
皮革鞣制加工	190	82		108		12	
皮革制品制造	3570	634		2676	260	156	370
毛皮鞣制及制品加工	3			3		12	
羽毛（绒）加工及制品制造	1717	1018		699			48
制鞋业	2663	576	2	2082	3	127	376
木材加工和木、竹、藤、棕、草制品业	11606	5226	341	6009	30	351	710
木材加工	4269	2633	176	1460		154	54
人造板制造	5602	1856	162	3554	30	31	656
木制品制造	1623	694	3	926		57	
竹、藤、棕、草等制品制造	112	43		69		109	
家具制造业	1679	793	11	812	63	119	460
木质家具制造	1263	595	11	603	54	82	247
竹、藤家具制造	30	30					
金属家具制造	90	50		40		32	69
塑料家具制造	53	33		20			
其他家具制造	243	85		149	9	5	144
造纸和纸制品业	6692	1944	55	4566	127	55	89
纸浆制造	6		6				
造纸	3003	785	49	2139	30	1	82
纸制品制造	3683	1159		2427	97	54	7
印刷和记录媒介复制业	3564	626	47	2888	3	150	334
印刷	3341	564	47	2727	3	123	334
装订及印刷相关服务	223	62		161		27	
记录媒介复制							
文教、工美、体育和娱乐用品制造业	9648	2686	119	6706	137	205	769
文教办公用品制造	2979	325	34	2559	61	11	61
乐器制造	488	61		352	75		
工艺美术品制造	2382	1075	82	1224	1	133	703
体育用品制造	946	71		875			
玩具制造	2576	998	3	1575		19	5
游艺器材及娱乐用品制造	277	156		121		42	
石油加工、炼焦和核燃料加工业	708	83	6	619		32	5

的小微企业法人单位从业人员数（续10）

与港澳台商合资经营企业	与港澳台商合作经营企业	港澳台商独资经营企业	港澳台商投资股份有限公司	其他港澳台投资企业	外商投资企业	中外合资经营企业	中外合作经营企业	外资企业	外商投资股份有限公司	其他外商投资企业
1		135								
		23			13			13		
10	14	393			615	230		385		
	14	277			64			64		
		49			331	10		321		
10		67			220	220				
350		1024	45		448	367		78	3	
65		757	45		436	367		66	3	
4										
281		267			12			12		
256		538			375	315		60		
					56	56				
256		114			289	229		60		
		48			30	30				
		376								
386		324			291			221	70	
		54								
386		270			70				70	
					216			216		
					5			5		
81		379								
		247								
69										
12		132								
5		84			388	364		24		
		82			222	198		24		
5		2			166	166				
263		71								
263		71								
320		354	95		369	55		314		
		61								
320		288	95		55	55				
					244			244		
		5			70			70		
		5								

4－1－19 按行业、登记注册类型分组

	私营企业	私营独资企业	私营合伙企业	私营有限责任公司	私营股份有限公司	其他企业	港、澳、台商投资企业
精炼石油产品制造	696	83	6	607		32	5
炼焦							
核燃料加工	12			12			
化学原料和化学制品制造业	11906	3068	72	8032	734	214	134
基础化学原料制造	3664	864	25	2517	258	35	52
肥料制造	780	159		575	46	35	23
农药制造	368	125		243			
涂料、油墨、颜料及类似产品制造	1218	545	14	627	32	90	2
合成材料制造	1285	371	32	856	26	11	
专用化学产品制造	3619	798		2460	361	34	2
炸药、火工及焰火产品制造							
日用化学产品制造	972	206	1	754	11	9	55
医药制造业	1970	369		1321	280		233
化学药品原料药制造	452	32		140	280		233
化学药品制剂制造	233			233			
中药饮片加工	61	11		50			
中成药生产	420	4		416			
兽用药品制造	167	167					
生物药品制造	246			246			
卫生材料及医药用品制造	391	155		236			
化学纤维制造业	1215	48		1157	10	7	1
纤维素纤维原料及纤维制造	284	1		283			
合成纤维制造	931	47		874	10	7	1
橡胶和塑料制品业	9120	2463	146	6086	425	256	195
橡胶制品业	1376	432	28	789	127	54	27
塑料制品业	7744	2031	118	5297	298	202	168
非金属矿物制品业	18889	5626	458	11734	1071	722	507
水泥、石灰和石膏制造	1494	162		1236	96	95	67
石膏、水泥制品及类似制品制造	6868	1820	111	4568	369	164	216
砖瓦、石材等建筑材料制造	6278	2596	334	3244	104	281	1
玻璃制造	945	64		481	400	15	
玻璃制品制造	2150	588	12	1497	53	95	13
玻璃纤维和玻璃纤维增强塑料制品制造	174	92	1	64	17		
陶瓷制品制造	47	18		29		17	
耐火材料制品制造	223	57		134	32		
石墨及其他非金属矿物制品制造	710	229		481		55	210
黑色金属冶炼和压延加工业	5444	417	304	4341	382	23	88
炼铁	239	22		217			
炼钢	27	12	15				
黑色金属铸造	1922	201	289	1432			88
钢压延加工	2666	172		2250	244	23	
铁合金冶炼	590	10		442	138		
有色金属冶炼和压延加工业	5053	970	117	3881	85	42	30
常用有色金属冶炼	638	109	18	511			
贵金属冶炼	1			1			
稀有稀土金属冶炼	172	55		117			
有色金属合金制造	651	14		637		4	
有色金属铸造	780	11		769		8	
有色金属压延加工	2811	781	99	1846	85	30	30
金属制品业	11640	2905	288	7534	913	446	251
结构性金属制品制造	5562	1354	117	3694	397	243	80
金属工具制造	1365	421	71	584	289	71	1
集装箱及金属包装容器制造	499	19	9	471			

的小微企业法人单位从业人员数(续11)

与港澳台商合资经营企业	与港澳台商合作经营企业	港澳台商独资经营企业	港澳台商投资股份有限公司	其他港澳台投资企业	外商投资企业	中外合资经营企业	中外合作经营企业	外资企业	外商投资股份有限公司	其他外商投资企业
		5								
	2	132			712	506	80	126		
		52			458	378	80			
		23			4	4				
	2									
					10	10				
		2			125			125		
		55			115	114		1		
233					10			10		
233					10			10		
1										
1										
146		49			729	530		199		
		27			160	1		159		
146		22			569	529		40		
370		14	123		445	324		121		
67										
93			123		216	216				
		1			138	108		30		
		13								
					91			91		
210										
88					288	288				
88										
					288	288				
		30			70			70		
					70			70		
		30								
8	2	171		70	458	424		34		
		10		70	129	127		2		
1					260	260				
					31			31		

4－1－19 按行业、登记注册类型分组

	私营企业	私营独资企业	私营合伙企业	私营有限责任公司	私营股份有限公司	其他企业	港、澳、台商投资企业
金属丝绳及其制品制造	305	22		283		39	
建筑、安全用金属制品制造	726	162	77	468	19	4	6
金属表面处理及热处理加工	382	81	2	227	72	15	
搪瓷制品制造	33	9		24			
金属制日用品制造	754	413	1	340		10	140
其他金属制品制造	2014	424	11	1443	136	64	24
通用设备制造业	18986	3100	266	14441	1179	587	927
锅炉及原动设备制造	1213	172		1041		47	1
金属加工机械制造	3405	874	147	2364	20	277	47
物料搬运设备制造	888	124		704	60	2	197
泵、阀门、压缩机及类似机械制造	4819	406	43	3723	647	40	109
轴承、齿轮和传动部件制造	3390	236	22	2815	317	12	451
烘炉、风机、衡器、包装等设备制造	695	128		561	6	115	69
文化、办公用机械制造	305			305			
通用零部件制造	3624	1035	47	2413	129	57	53
其他通用设备制造业	647	125	7	515		37	
专用设备制造业	11501	2111	160	8472	758	486	334
采矿、冶金、建筑专用设备制造	3669	475	72	2599	523	90	2
化工、木材、非金属加工专用设备制造	1763	371	62	1298	32		114
食品、饮料、烟草及饲料生产专用设备制造	169	76		93		19	
印刷、制药、日化及日用品生产专用设备制造	930	162		723	45	85	76
纺织、服装和皮革加工专用设备制造	658	51		607		14	
电子和电工机械专用设备制造	1038	445	5	584	4	145	70
农、林、牧、渔专用机械制造	1172	273		899		31	23
医疗仪器设备及器械制造	993	49		824	120	85	15
环保、社会公共服务及其他专用设备制造	1109	209	21	845	34	17	34
汽车制造业	6218	1207	62	4576	373	175	421
汽车整车制造							
改装汽车制造	81	1		80			
低速载货汽车制造							
电车制造	56	8	3	45			
汽车车身、挂车制造	127	20		107			
汽车零部件及配件制造	5954	1178	59	4344	373	175	421
铁路、船舶、航空航天和其他运输设备制造业	2755	463	122	1785	385	4	3
铁路运输设备制造	286	30		100	156		
城市轨道交通设备制造	2	1		1			
船舶及相关装置制造	1378	296	122	739	221		
航空、航天器及设备制造							
摩托车制造	67	43		24			3
自行车制造	823	54		761	8	4	
非公路休闲车及零配件制造	35	29		6			
潜水救捞及其他未列明运输设备制造	164	10		154			
电气机械和器材制造业	14306	2486	83	11031	706	344	894
电机制造	951	312		624	15	2	
输配电及控制设备制造	5774	1368	8	3843	555	80	292
电线、电缆、光缆及电工器材制造	3042	313	12	2712	5	84	345
电池制造	1304	81		1213	10		237
家用电力器具制造	1151	128	3	1020		36	10
非电力家用器具制造	847	78		648	121	48	
照明器具制造	1047	146	59	842		38	10
其他电气机械及器材制造	190	60	1	129		56	
计算机、通信和其他电子设备制造业	8565	2050	271	5350	894	92	595
计算机制造	513	67		296	150	5	41

的小微企业法人单位从业人员数(续12)

与港澳台商合资经营企业	与港澳台商合作经营企业	港澳台商独资经营企业	港澳台商投资股份有限公司	其他港澳台投资企业	外商投资企业	中外合资经营企业	中外合作经营企业	外资企业	外商投资股份有限公司	其他外商投资企业
	2	4								
		140			37	37				
7		17			1			1		
444	15	468			280	100		180		
		1								
		47			51			51		
172		25			72			72		
67	15	27			1			1		
187		264			70	70				
		69			47			47		
18		35			39	30		9		
148	29	157			570	133		437		
		2			97	97				
84	29	1			431			431		
		76								
					1	1				
55		15			1			1		
		23			5			5		
9		6			35	35				
		34								
108		313			18			18		
108		313			18			18		
			3		95			85	10	
					10				10	
			3							
					80			80		
					5			5		
538		356			489	297		192		
235		57			327	135		192		
293		52			35	35				
		237								
		10			124	124				
10										
					3	3				
48		522	25		461	269		192		
20		21			19			19		

4－1－19 按行业、登记注册类型分组

	私营企业	私营独资企业	私营合伙企业	私营有限责任公司	私营股份有限公司	其他企业	港、澳、台商投资企业
通信设备制造	202	50	19	133		1	
广播电视设备制造	773	11	201	396	165	25	328
雷达及配套设备制造							
视听设备制造	713	182		531			
电子器件制造	372	17		355		2	23
电子元件制造	5063	1574	20	3177	292	33	195
其他电子设备制造	929	149	31	462	287	26	8
仪器仪表制造业	3940	408	36	3430	66	64	1
通用仪器仪表制造	2342	213	3	2093	33	47	
专用仪器仪表制造	698	95	1	586	16	2	1
钟表与计时仪器制造	2			2			
光学仪器及眼镜制造	636	29		607			
其他仪器仪表制造业	262	71	32	142	17	15	
其他制造业	2955	1033	12	1910		103	32
日用杂品制造	2326	944	12	1370		38	32
煤制品制造	15	15					
核辐射加工							
其他未列明制造业	614	74		540		65	
废弃资源综合利用业	1356	191	1	1051	113	18	
金属废料和碎屑加工处理	897	72		794	31	17	
非金属废料和碎屑加工处理	459	119	1	257	82	1	
金属制品、机械和设备修理业	440	222	1	216	1		
金属制品修理	1				1		
通用设备修理	46	37		9			
专用设备修理	64	46		18			
铁路、船舶、航空航天等运输设备修理	185	74	1	110			
电气设备修理	36	14		22			
仪器仪表修理							
其他机械和设备修理业	108	51		57			
电力、热力、燃气及水生产和供应业	**929**	**295**	**11**	**440**	**183**	**106**	**113**
电力、热力生产和供应业	386	59		280	47	21	30
电力生产	322	49		255	18	10	
电力供应	9	2		7			
热力生产和供应	55	8		18	29	11	30
燃气生产和供应业	112	12		100		47	45
燃气生产和供应业	112	12		100		47	45
水的生产和供应业	431	224	11	60	136	38	38
自来水生产和供应	359	188	11	34	126	21	38
污水处理及其再生利用	48	22		26		2	
其他水的处理、利用与分配	24	14			10	15	
建筑业	**112240**	**7044**	**1371**	**97507**	**6318**	**1657**	**31**
房屋建筑业	75313	3471	932	67043	3867	434	23
房屋建筑业	75313	3471	932	67043	3867	434	23
土木工程建筑业	12410	927	81	11016	386	371	8
铁路、道路、隧道和桥梁工程建筑	7564	469	44	6871	180	123	
水利和内河港口工程建筑	481	157	18	303	3	88	
海洋工程建筑							
工矿工程建筑	374	25		349			
架线和管道工程建筑	676	124	4	476	72	57	8
其他土木工程建筑	3315	152	15	3017	131	103	
建筑安装业	8116	818	186	6307	805	194	
电气安装	3022	145	100	2480	297	21	

的小微企业法人单位从业人员数（续13）

与港澳台商合资经营企业	与港澳台商合作经营企业	港澳台商独资经营企业	港澳台商投资股份有限公司	其他港澳台投资企业	外商投资企业	中外合资经营企业	中外合作经营企业	外资企业	外商投资股份有限公司	其他外商投资企业
		328								
12		11			163	1		162		
16		154	25		279	268		11		
		8								
1										
1										
	15	17			248	213		35		
	15	17			247	213		34		
					1			1		
					2			2		
					2			2		
45		**68**			**392**	**295**		**97**		
		30			148	126		22		
					148	126		22		
		30								
45					13			13		
45					13			13		
		38			231	169		62		
		38								
					231	169		62		
8		**23**			**7**			**3**		**4**
		23			4					4
		23			4					4
8										
8										

4－1－19 按行业、登记注册类型分组

	私营企业	私营独资企业	私营合伙企业	私营有限责任公司	私营股份有限公司	其他企业	港、澳、台商投资企业
管道和设备安装	1455	100		1302	53	31	
其他建筑安装业	3639	573	86	2525	455	142	
建筑装饰和其他建筑业	16401	1828	172	13141	1260	658	
建筑装饰业	9001	1247	92	7037	625	532	
工程准备活动	3057	324	28	2561	144	36	
提供施工设备服务	1068	90	20	477	481	18	
其他未列明建筑业	3275	167	32	3066	10	72	
批发和零售业	**56110**	**26790**	**1378**	**26333**	**1609**	**7755**	**313**
批发业	35390	15450	961	18135	844	5466	234
农、林、牧产品批发	2352	1321	45	953	33	1183	
食品、饮料及烟草制品批发	3591	1377	274	1881	59	1379	37
纺织、服装及家庭用品批发	4385	1468	94	2715	108	587	62
文化、体育用品及器材批发	961	330	2	559	70	42	
医药及医疗器材批发	662	355		282	25	79	
矿产品、建材及化工产品批发	12274	6113	228	5750	183	672	65
机械设备、五金产品及电子产品批发	5736	2107	147	3329	153	700	66
贸易经纪与代理	2061	938	81	985	57	289	
其他批发业	3368	1441	90	1681	156	535	4
零售业	20720	11340	417	8198	765	2289	79
综合零售	2874	1828	49	970	27	207	45
食品、饮料及烟草制品专门零售	1507	622	14	784	87	607	7
纺织、服装及日用品专门零售	1818	848	53	886	31	126	
文化、体育用品及器材专门零售	707	315	15	377		120	
医药及医疗器材专门零售	3179	2667	34	420	58	429	
汽车、摩托车、燃料及零配件专门零售	2967	959	164	1622	222	151	24
家用电器及电子产品专门零售	3128	1560	20	1356	192	165	
五金、家具及室内装饰材料专门零售	2820	1852	19	867	82	221	3
货摊、无店铺及其他零售业	1720	689	49	916	66	263	
交通运输、仓储和邮政业	**13746**	**3312**	**254**	**9570**	**610**	**990**	
道路运输业	10678	2381	93	7754	450	528	
城市公共交通运输	333	194		3	136	57	
公路旅客运输	290	28		262		35	
道路货物运输	9661	2112	93	7142	314	380	
道路运输辅助活动	394	47		347		56	
水上运输业	1080	148	90	776	66	237	
水上旅客运输	1			1			
水上货物运输	896	114	89	693		232	
水上运输辅助活动	183	34	1	82	66	5	
航空运输业							
航空客货运输							
通用航空服务							
航空运输辅助活动							
管道运输业	8	7		1			
管道运输业	8	7		1			
装卸搬运和运输代理业	1295	643	71	525	56	133	
装卸搬运	981	524	71	369	17	90	
运输代理业	314	119		156	39	43	
仓储业	266	96		170		40	
谷物、棉花等农产品仓储	75	55		20		34	
其他仓储业	191	41		150		6	
邮政业	419	37		344	38	52	
邮政基本服务							

的小微企业法人单位从业人员数（续14）

与港澳台商合资经营企业	与港澳台商合作经营企业	港澳台商独资经营企业	港澳台商投资股份有限公司	其他港澳台投资企业	外商投资企业	中外合资经营企业	中外合作经营企业	外资企业	外商投资股份有限公司	其他外商投资企业
					3			3		
					3			3		
11	**3**	**299**			**303**	**198**	**4**	**56**		**45**
11		223			235	147	4	56		28
		37			5					5
		62			166	147	4	15		
					10					10
		65			5			5		
11		55			49			36		13
		4								
	3	76			68	51				17
		45								
		7			8					8
					4					4
		24								
	3									
					56	51				5
					18	**15**		**3**		
					3			3		
					3			3		
					15	15				
					15	15				

4－1－19 按行业、登记注册类型分组

	私营企业	私营独资企业	私营合伙企业	私营有限责任公司	私营股份有限公司	其他企业	港、澳、台商投资企业
快递服务	419	37		344	38	52	
住宿和餐饮业	**6263**	**2380**	**239**	**3337**	**307**	**524**	**366**
住宿业	1640	563	25	944	108	261	91
旅游饭店	871	86	16	661	108	84	91
一般旅馆	712	436	9	267		144	
其他住宿业	57	41		16		33	
餐饮业	4623	1817	214	2393	199	263	275
正餐服务	4206	1710	203	2115	178	175	252
快餐服务	109	4	11	94		8	8
饮料及冷饮服务	65	25		40		1	15
其他餐饮业	243	78		144	21	79	
信息传输、软件和信息技术服务业	**2901**	**829**	**30**	**1868**	**174**	**280**	**55**
电信、广播电视和卫星传输服务	420	62		358		21	
电信	264	61		203		18	
广播电视传输服务	155			155		3	
卫星传输服务	1	1					
互联网和相关服务	677	330	8	321	18	66	
互联网接入及相关服务	53	8		45		4	
互联网信息服务	492	257	8	214	13	32	
其他互联网服务	132	65		62	5	30	
软件和信息技术服务业	1804	437	22	1189	156	193	55
软件开发	900	201	1	561	137	111	54
信息系统集成服务	146	28		118		5	
信息技术咨询服务	436	143	4	270	19	25	1
数据处理和存储服务	2	2				20	
集成电路设计	66	5	12	49		5	
其他信息技术服务业	254	58	5	191		27	
房地产业	**10169**	**2159**	**259**	**7372**	**379**	**1132**	**123**
房地产业	10169	2159	259	7372	379	1132	123
房地产开发经营	4188	731	86	3180	191	329	96
物业管理	4918	1077	168	3582	91	528	14
房地产中介服务	790	224	5	464	97	181	
自有房地产经营活动							
其他房地产业	273	127		146		94	13
租赁和商务服务业	**15862**	**5728**	**538**	**8807**	**789**	**2434**	**12**
租赁业	1216	543	51	608	14	178	
机械设备租赁	1205	535	51	605	14	178	
文化及日用品出租	11	8		3			
商务服务业	14646	5185	487	8199	775	2256	12
企业管理服务	3450	826	41	2408	175	745	10
法律服务	156	57	82	17		68	
咨询与调查	1606	492	114	917	83	372	
广告业	2956	862	84	1952	58	449	
知识产权服务	20	6	6	8			
人力资源服务	2501	1553	63	829	56	377	
旅行社及相关服务	646	208	7	366	65	91	
安全保护服务	420	412		8		1	
其他商务服务业	2891	769	90	1694	338	153	2
科学研究和技术服务业	**4451**	**1405**	**66**	**2802**	**178**	**1342**	**48**
研究和试验发展	585	109	14	453	9	116	21
自然科学研究和试验发展	71	7		56	8	13	
工程和技术研究和试验发展	304	67	10	226	1	35	21

的小微企业法人单位从业人员数（续15）

与港澳台商合资经营企业	与港澳台商合作经营企业	港澳台商独资经营企业	港澳台商投资股份有限公司	其他港澳台投资企业	外商投资企业	中外合资经营企业	中外合作经营企业	外资企业	外商投资股份有限公司	其他外商投资企业
3	**172**	**183**		**8**	**98**			**74**	**6**	**18**
3		88								
3		88								
	172	95		8	98			74	6	18
	172	80			16			10	6	
				8	73			55		18
		15			9			9		
54		**1**			**22**			**7**		**15**
54		1			22			7		15
54					15					15
					7			7		
		1								
37		**83**		**3**	**110**	**78**		**4**		**28**
37		83		3	110	78		4		28
37		56		3	47	25				22
		14			59	53				6
					4			4		
		13								
1		**11**			**84**	**67**	**11**			**6**
1		11			84	67	11			6
		10			52	51	1			
					5					5
1		1			27	16	10			1
6		**42**			**4**	**4**				
6		15			4	4				
					1	1				
6		15			3	3				

4－1－19 按行业、登记注册类型分组

	私营企业	私营独资企业	私营合伙企业	私营有限责任公司	私营股份有限公司	其他企业	港、澳、台商投资企业
农业科学研究和试验发展	95	35	4	56		53	
医学研究和试验发展	115			115		11	
社会人文科学研究						4	
专业技术服务业	2978	841	37	1938	162	319	17
气象服务	8	3		5		7	
地震服务	10			10			
海洋服务							
测绘服务	143	12	7	94	30	5	
质检技术服务	369	64	10	287	8	24	15
环境与生态监测	13	12		1			
地质勘查	76	76					
工程技术	1780	360	8	1289	123	166	
其他专业技术服务业	579	314	12	252	1	117	2
科技推广和应用服务业	888	455	15	411	7	907	10
技术推广服务	622	298	15	305	4	839	10
科技中介服务	119	39		80		27	
其他科技推广和应用服务业	147	118		26	3	41	
水利、环境和公共设施管理业	**1056**	**343**	**28**	**669**	**16**	**59**	
水利管理业	78	45		23	10	25	
防洪除涝设施管理	21	21				3	
水资源管理	25	18		7		6	
天然水收集与分配							
水文服务	4	4				6	
其他水利管理业	28	2		16	10	10	
生态保护和环境治理业	19	15		4		21	
生态保护							
环境治理业	19	15		4		21	
公共设施管理业	959	283	28	642	6	13	
市政设施管理	112	16		96			
环境卫生管理	27			27			
城乡市容管理							
绿化管理	546	225	13	302	6	13	
公园和游览景区管理	274	42	15	217			
居民服务、修理和其他服务业	**4075**	**2036**	**89**	**1819**	**131**	**593**	**4**
居民服务业	1291	770	45	470	6	226	
家庭服务	212	94		118		90	
托儿所服务							
洗染服务	78	68		10			
理发及美容服务	63	50		13			
洗浴服务	603	414	28	161		49	
保健服务	85	22		63		19	
婚姻服务	82	21		58	3	8	
殡葬服务	11	1		10		19	
其他居民服务业	157	100	17	37	3	41	
机动车、电子产品和日用产品修理业	1832	963	12	732	125	239	4
汽车、摩托车修理与维护	1524	870	12	542	100	204	
计算机和办公设备维修	66	15		43	8	1	
家用电器修理	214	69		128	17	10	4
其他日用产品修理业	28	9		19		24	
其他服务业	952	303	32	617		128	
清洁服务	748	239	23	486		106	
其他未列明服务业	204	64	9	131		22	

的小微企业法人单位从业人员数(续16)

与港澳台商合资经营企业	与港澳台商合作经营企业	港澳台商独资经营企业	港澳台商投资股份有限公司	其他港澳台投资企业	外商投资企业	中外合资经营企业	中外合作经营企业	外资企业	外商投资股份有限公司	其他外商投资企业
		17								
		15								
		2								
		10								
		10								
					58					**58**
					58					**58**
					8					8
					50					50
		4			**35**					**35**
		4			35					35
					35					35
		4								

4－1－19 按行业、登记注册类型分组

	私营企业	私营独资企业	私营合伙企业	私营有限责任公司	私营股份有限公司	其他企业	港、澳、台商投资企业
教育	**249**	**96**		**103**	**50**	**662**	
教育	249	96		103	50	662	
学前教育							
初等教育							
中等教育						662	
高等教育							
特殊教育							
技能培训、教育辅助及其他教育	249	96		103	50		
卫生和社会工作	**491**	**262**	**57**	**172**			
卫生	404	261	50	93			
医院	404	261	50	93			
社区医疗与卫生院							
门诊部（所）							
计划生育技术服务活动							
妇幼保健院（所、站）							
专科疾病防治院（所、站）							
疾病预防控制中心							
其他卫生活动							
社会工作	87	1	7	79			
提供住宿社会工作	87	1	7	79			
不提供住宿社会工作							
文化、体育和娱乐业	**2883**	**1510**	**67**	**1208**	**98**	**347**	
新闻和出版业	27	2		25		9	
新闻业	12			12		8	
出版业	15	2		13		1	
广播、电视、电影和影视录音制作业	267	27		239	1	75	
广播							
电视							
电影和影视节目制作	33	17		15	1	5	
电影和影视节目发行	4	4					
电影放映	228	4		224		65	
录音制作	2	2				5	
文化艺术业	669	358	15	295	1	45	
文艺创作与表演	378	270	15	93		37	
艺术表演场馆	61			61			
图书馆与档案馆							
文物及非物质文化遗产保护							
博物馆							
烈士陵园、纪念馆						3	
群众文化活动	68	53		15			
其他文化艺术业	162	35		126	1	5	
体育	172	131	3	37	1	104	
体育组织	31	22		9		10	
体育场馆						22	
休闲健身活动	137	106	3	28		72	
其他体育	4	3			1		
娱乐业	1748	992	49	612	95	114	
室内娱乐活动	1508	891	33	507	77	58	
游乐园	9			9			
彩票活动							
文化、娱乐、体育经纪代理	62	17		45			
其他娱乐业	169	84	16	51	18	56	

的小微企业法人单位从业人员数(续17)

与港澳台商合资经营企业	与港澳台商合作经营企业	港澳台商独资经营企业	港澳台商投资股份有限公司	其他港澳台投资企业	外商投资企业	中外合资经营企业	中外合作经营企业	外资企业	外商投资股份有限公司	其他外商投资企业
					7					**7**
					1					1
					1					1
					6					6
					6					6

4－1－20 按行业、营业状态分组的小微企业法人单位从业人员数

	从业人员数（人）	营业	停业（歇业）	筹建	当年关闭	当年破产	其他
总计	**714089**	**673375**	**13319**	**7557**	**15587**	**357**	**3894**
农、林、牧、渔业	**599**	**525**	**46**	**13**	**15**		
农、林、牧、渔服务业	599	525	46	13	15		
农业服务业	398	340	33	12	13		
林业服务业	11	8	1		2		
畜牧服务业	137	135	2				
渔业服务业	53	42	10	1			
采矿业	**2451**	**2189**	**67**	**7**	**188**		
煤炭开采和洗选业	18		18				
烟煤和无烟煤开采洗选							
褐煤开采洗选							
其他煤炭采选	18		18				
石油和天然气开采业	5		3	2			
石油开采	3		3				
天然气开采	2			2			
黑色金属矿采选业							
铁矿采选							
锰矿、铬矿采选							
其他黑色金属矿采选							
有色金属矿采选业	4			4			
常用有色金属矿采选	4			4			
贵金属矿采选							
稀有稀土金属矿采选							
非金属矿采选业	2367	2168	44		155		
土砂石开采	1265	1075	35		155		
化学矿开采	598	597	1				
采盐	363	355	8				
石棉及其他非金属矿采选	141	141					
开采辅助活动	17	12	2	1	2		
煤炭开采和洗选辅助活动	2				2		
石油和天然气开采辅助活动	3		2	1			
其他开采辅助活动	12	12					
其他采矿业	40	9			31		
其他采矿业	40	9			31		
制造业	**326347**	**311761**	**5967**	**3820**	**3840**	**202**	**757**
农副食品加工业	21431	20845	243	60	210	1	72
谷物磨制	8001	7814	47	8	129		3
饲料加工	4100	3981	84	15	19	1	
植物油加工	915	909	5				1
制糖业	250	250					
屠宰及肉类加工	3761	3665	42	18	11		25
水产品加工	798	716	36	1	4		41
蔬菜、水果和坚果加工	2012	1941	12	14	45		
其他农副食品加工	1594	1569	17	4	2		2
食品制造业	4174	3889	176	60	32		17
焙烤食品制造	668	615	18		27		8
糖果、巧克力及蜜饯制造	556	545	3	8			
方便食品制造	1070	994	59	15	2		
乳制品制造	402	401	1				
罐头食品制造	267	265	2				
调味品、发酵制品制造	506	459	44		3		
其他食品制造	705	610	49	37			9
酒、饮料和精制茶制造业	1469	1323	95	47	4		

4－1－20　按行业、营业状态分组的小微企业法人单位从业人员数（续1）

	从业人员数（人）	营业	停业（歇业）	筹建	当年关闭	当年破产	其他
酒的制造	769	712	28	26	3		
饮料制造	486	412	52	21	1		
精制茶加工	214	199	15				
烟草制品业	53	53					
烟叶复烤							
卷烟制造							
其他烟草制品制造	53	53					
纺织业	23024	21423	540	78	918		65
棉纺织及印染精加工	8685	8494	123	31	35		2
毛纺织及染整精加工	841	768	49	2	22		
麻纺织及染整精加工	325	323		1	1		
丝绢纺织及印染精加工	1689	1563	28		35		63
化纤织造及印染精加工	314	308	6				
针织或钩针编织物及其制品制造	3251	2704	159	16	372		
家用纺织制成品制造	5503	4992	168	23	320		
非家用纺织制成品制造	2416	2271	7	5	133		
纺织服装、服饰业	36745	35118	594	239	677	9	108
机织服装制造	27499	26461	426	114	448	8	42
针织或钩针编织服装制造	1480	1319	46	11	104		
服饰制造	7766	7338	122	114	125	1	66
皮革、毛皮、羽毛及其制品和制鞋业	12035	11663	157	73	69	40	33
皮革鞣制加工	315	314	1				
皮革制品制造	5158	4987	91	39	22		19
毛皮鞣制及制品加工	15		12	3			
羽毛（绒）加工及制品制造	2178	2175	2		1		
制鞋业	4369	4187	51	31	46	40	14
木材加工和木、竹、藤、棕、草制品业	14544	13985	306	69	142	36	6
木材加工	5227	4947	124	47	82	25	2
人造板制造	6911	6760	116	7	27		1
木制品制造	2180	2068	57	10	31	11	3
竹、藤、棕、草等制品制造	226	210	9	5	2		
家具制造业	2513	2361	53	70	27		2
木质家具制造	1742	1669	22	24	26		1
竹、藤家具制造	30	30					
金属家具制造	226	189	10	26	1		
塑料家具制造	106	104	1				1
其他家具制造	409	369	20	20			
造纸和纸制品业	9019	8542	217	73	174		13
纸浆制造	6	6					
造纸	4395	4210	22	17	144		2
纸制品制造	4618	4326	195	56	30		11
印刷和记录媒介复制业	5684	5568	78	14	12		12
印刷	5432	5330	76	14	11		1
装订及印刷相关服务	252	238	2		1		11
记录媒介复制							
文教、工美、体育和娱乐用品制造业	12104	11720	283	43	57		1
文教办公用品制造	3332	3288	6	4	34		
乐器制造	488	487		1			
工艺美术品制造	3600	3356	202	33	8		1
体育用品制造	1380	1369	4	3	4		
玩具制造	2920	2836	71	2	11		
游艺器材及娱乐用品制造	384	384					
石油加工、炼焦和核燃料加工业	780	721	20	34			5

4－1－20 按行业、营业状态分组的小微企业法人单位从业人员数(续2)

	从业人员数(人)	营业	停业(歇业)	筹建	当年关闭	当年破产	其他
精炼石油产品制造	768	709	20	34			5
炼焦							
核燃料加工	12	12					
化学原料和化学制品制造业	17280	16620	131	431	81		17
基础化学原料制造	6187	6079	28	61	12		7
肥料制造	1164	1131	8	11	14		
农药制造	430	373	1	55	1		
涂料、油墨、颜料及类似产品制造	1767	1687	10	47	18		5
合成材料制造	1914	1886	11	11	1		5
专用化学产品制造	4425	4147	60	184	34		
炸药、火工及焰火产品制造							
日用化学产品制造	1393	1317	13	62	1		
医药制造业	3115	2965	22	126	1		1
化学药品原料药制造	865	844		20	1		
化学药品制剂制造	233	233					
中药饮片加工	280	280					
中成药生产	422	416	6				
兽用药品制造	168	66	2	100			
生物药品制造	513	502	10				1
卫生材料及医药用品制造	634	624	4	6			
化学纤维制造业	1307	1273	23	10	1		
纤维素纤维原料及纤维制造	367	364	2		1		
合成纤维制造	940	909	21	10			
橡胶和塑料制品业	13272	12577	353	243	54		45
橡胶制品业	2051	1931	22	79	18		1
塑料制品业	11221	10646	331	164	36		44
非金属矿物制品业	24444	23173	662	352	131	78	48
水泥、石灰和石膏制造	2347	2303	21	1	6		16
石膏、水泥制品及类似制品制造	8891	8527	116	129	48	66	5
砖瓦、石材等建筑材料制造	7764	7347	219	136	50	11	1
玻璃制造	988	917	41	15			15
玻璃制品制造	2700	2445	252		2	1	
玻璃纤维和玻璃纤维增强塑料制品制造	189	187	1	1			
陶瓷制品制造	161	158		3			
耐火材料制品制造	250	215	11		24		
石墨及其他非金属矿物制品制造	1154	1074	1	67	1		11
黑色金属冶炼和压延加工业	6749	6673	16	42	12		6
炼铁	251	250			1		
炼钢	28	27	1				
黑色金属铸造	2550	2517	12	14	1		6
钢压延加工	3324	3283	3	28	10		
铁合金冶炼	596	596					
有色金属冶炼和压延加工业	7147	6859	91	32	163		2
常用有色金属冶炼	1397	1388	5	4			
贵金属冶炼	1				1		
稀有稀土金属冶炼	172	130	40	2			
有色金属合金制造	711	692	12	4	3		
有色金属铸造	806	804		2			
有色金属压延加工	4060	3845	34	20	159		2
金属制品业	15756	14862	376	239	240	2	37
结构性金属制品制造	7385	6962	191	150	47	2	33
金属工具制造	1855	1742	28	12	73		
集装箱及金属包装容器制造	660	629	3	25	3		

4－1－20　按行业、营业状态分组的小微企业法人单位从业人员数（续3）

	从业人员数（人）	营业	停业（歇业）	筹建	当年关闭	当年破产	其他
金属丝绳及其制品制造	358	356		2			
建筑、安全用金属制品制造	921	865	29	11	13		3
金属表面处理及热处理加工	722	644	70	7	1		
搪瓷制品制造	63	27	36				
金属制日用品制造	1096	1064	7	8	17		
其他金属制品制造	2696	2573	12	24	86		1
通用设备制造业	23601	22856	226	256	119	33	111
锅炉及原动设备制造	1293	1260	4	18	1		10
金属加工机械制造	4291	4102	41	87	38		23
物料搬运设备制造	1303	1262	1	13	1	25	1
泵、阀门、压缩机及类似机械制造	5505	5432	18	7	46		2
轴承、齿轮和传动部件制造	4280	4201	39	16	9		15
烘炉、风机、衡器、包装等设备制造	1032	954	4	10	3	8	53
文化、办公用机械制造	361	361					
通用零部件制造	4583	4372	109	77	19		6
其他通用设备制造业	953	912	10	28	2		1
专用设备制造业	15639	14975	243	258	117	1	45
采矿、冶金、建筑专用设备制造	4860	4663	81	61	37		18
化工、木材、非金属加工专用设备制造	2511	2430	13	66	2		
食品、饮料、烟草及饲料生产专用设备制造	494	472		3			19
印刷、制药、日化及日用品生产专用设备制造	1177	1079	84	6	7		1
纺织、服装和皮革加工专用设备制造	1035	1012	11	10	1		1
电子和电工机械专用设备制造	1285	1213	30	40	2		
农、林、牧、渔专用机械制造	1360	1314	4	10	32		
医疗仪器设备及器械制造	1419	1382	5	17	9		6
环保、社会公共服务及其他专用设备制造	1498	1410	15	45	27	1	
汽车制造业	8699	8446	62	163	20	1	7
汽车整车制造							
改装汽车制造	81	78			3		
低速载货汽车制造							
电车制造	56	50		6			
汽车车身、挂车制造	343	343					
汽车零部件及配件制造	8219	7975	62	157	17	1	7
铁路、船舶、航空航天和其他运输设备制造业	3488	3175	59	134	117		3
铁路运输设备制造	286	206		80			
城市轨道交通设备制造	2		1		1		
船舶及相关装置制造	1639	1443	47	38	110		1
航空、航天器及设备制造	10			10			
摩托车制造	86	84	2				
自行车制造	1249	1227	8	6	6		2
非公路休闲车及零配件制造	35	34	1				
潜水救捞及其他未列明运输设备制造	181	181					
电气机械和器材制造业	19497	18388	358	437	249		65
电机制造	1322	1250	56	10	2		4
输配电及控制设备制造	7230	6977	90	69	89		5
电线、电缆、光缆及电工器材制造	4236	3974	112	26	121		3
电池制造	2247	1957	22	257	11		
家用电力器具制造	1496	1464	12	14	3		3
非电力家用器具制造	1417	1309	40	7	18		43
照明器具制造	1180	1119	5	49	3		4
其他电气机械及器材制造	369	338	21	5	2		3
计算机、通信和其他电子设备制造业	11119	10519	444	74	69	1	12
计算机制造	870	867	1		2		

4－1－20 按行业、营业状态分组的小微企业法人单位从业人员数（续4）

	从业人员数（人）	营业	停业（歇业）	筹建	当年关闭	当年破产	其他
通信设备制造	226	223	2		1		
广播电视设备制造	1328	1303	25				
雷达及配套设备制造							
视听设备制造	781	781					
电子器件制造	674	644	21	8	1		
电子元件制造	6103	5644	369	33	56		1
其他电子设备制造	1137	1057	26	33	9	1	11
仪器仪表制造业	5539	5435	23	38	25		18
通用仪器仪表制造	3725	3649	16	34	13		13
专用仪器仪表制造	842	832	5		4		1
钟表与计时仪器制造	12	12					
光学仪器及眼镜制造	659	654			3		2
其他仪器仪表制造业	301	288	2	4	5		2
其他制造业	3619	3451	56	51	60		1
日用杂品制造	2771	2683	25	30	33		
煤制品制造	15	15					
核辐射加工							
其他未列明制造业	833	753	31	21	27		1
废弃资源综合利用业	1891	1745	26	68	47		5
金属废料和碎屑加工处理	1388	1274	10	62	41		1
非金属废料和碎屑加工处理	503	471	16	6	6		4
金属制品、机械和设备修理业	610	558	34	6	12		
金属制品修理	96	96					
通用设备修理	62	61	1				
专用设备修理	78	58	10	5	5		
铁路、船舶、航空航天等运输设备修理	230	206	20		4		
电气设备修理	36	35			1		
仪器仪表修理							
其他机械和设备修理业	108	102	3	1	2		
电力、热力、燃气及水生产和供应业	**3843**	**3686**	**54**	**89**	**11**		**3**
电力、热力生产和供应业	1977	1935	4	28	8		2
电力生产	1647	1618	1	19	7		2
电力供应	55	51	3	1			
热力生产和供应	275	266		8	1		
燃气生产和供应业	384	377	2	4			1
燃气生产和供应业	384	377	2	4			1
水的生产和供应业	1482	1374	48	57	3		
自来水生产和供应	992	888	45	56	3		
污水处理及其再生利用	451	447	3	1			
其他水的处理、利用与分配	39	39					
建筑业	**189687**	**177031**	**1712**	**243**	**8489**	**67**	**2145**
房屋建筑业	119786	111492	842	70	5975	61	1346
房屋建筑业	119786	111492	842	70	5975	61	1346
土木工程建筑业	25515	24084	212	49	1056	1	113
铁路、道路、隧道和桥梁工程建筑	16013	15129	36	30	817	1	
水利和内河港口工程建筑	1657	1434	72	9	142		
海洋工程建筑							
工矿工程建筑	1179	1179					
架线和管道工程建筑	2253	2056	7	1	76		113
其他土木工程建筑	4413	4286	97	9	21		
建筑安装业	16217	15076	199	9	930		3
电气安装	7676	6923	38	1	711		3

4－1－20　按行业、营业状态分组的小微企业法人单位从业人员数（续5）

	从业人员数（人）	营业	停业（歇业）	筹建	当年关闭	当年破产	其他
管道和设备安装	2839	2788	13	2	36		
其他建筑安装业	5702	5365	148	6	183		
建筑装饰和其他建筑业	28169	26379	459	115	528	5	683
建筑装饰业	16638	15952	299	68	313	2	4
工程准备活动	4130	3947	77	28	25	3	50
提供施工设备服务	1200	1161	3	3	33		
其他未列明建筑业	6201	5319	80	16	157		629
批发和零售业	**81075**	**74497**	**2662**	**1933**	**1683**	**57**	**243**
批发业	51663	47905	1723	661	1203	41	130
农、林、牧产品批发	5902	5695	127	8	64		8
食品、饮料及烟草制品批发	6386	6089	154	49	67	5	22
纺织、服装及家庭用品批发	6392	5962	246	95	62	6	21
文化、体育用品及器材批发	1238	1110	62	41	23		2
医药及医疗器材批发	982	943	21	13	1		4
矿产品、建材及化工产品批发	15070	13589	518	244	688	11	20
机械设备、五金产品及电子产品批发	7907	7394	240	103	138		32
贸易经纪与代理	3145	2903	136	24	49	19	14
其他批发业	4641	4220	219	84	111		7
零售业	29412	26592	939	1272	480	16	113
综合零售	4013	3718	164	46	74		11
食品、饮料及烟草制品专门零售	2692	2471	130	7	61	13	10
纺织、服装及日用品专门零售	2496	2318	76	24	54		24
文化、体育用品及器材专门零售	1214	1103	67	18	22		4
医药及医疗器材专门零售	4031	3894	65	17	35	1	19
汽车、摩托车、燃料及零配件专门零售	5006	3759	126	1057	51		13
家用电器及电子产品专门零售	3943	3718	90	42	68		25
五金、家具及室内装饰材料专门零售	3560	3320	152	19	64	2	3
货摊、无店铺及其他零售业	2457	2291	69	42	51		4
交通运输、仓储和邮政业	**23849**	**23074**	**262**	**128**	**172**	**1**	**212**
道路运输业	16689	16032	198	108	148	1	202
城市公共交通运输	697	687	10				
公路旅客运输	871	870	1				
道路货物运输	13946	13310	181	104	148	1	202
道路运输辅助活动	1175	1165	6	4			
水上运输业	3348	3329	16		3		
水上旅客运输	69	68			1		
水上货物运输	2929	2915	13		1		
水上运输辅助活动	350	346	3		1		
航空运输业	265	265					
航空客货运输	265	265					
通用航空服务							
航空运输辅助活动							
管道运输业	44	43			1		
管道运输业	44	43			1		
装卸搬运和运输代理业	2040	1967	29	19	15		10
装卸搬运	1560	1509	9	18	14		10
运输代理业	480	458	20	1	1		
仓储业	811	788	18		5		
谷物、棉花等农产品仓储	569	561	7		1		
其他仓储业	242	227	11		4		
邮政业	652	650	1	1			
邮政基本服务							

4－1－20 按行业、营业状态分组的小微企业法人单位从业人员数（续6）

	从业人员数（人）	营业	停业（歇业）	筹建	当年关闭	当年破产	其他
快递服务	652	650	1	1			
住宿和餐饮业	**10569**	**9725**	**470**	**151**	**192**	**1**	**30**
住宿业	3395	3024	183	84	100		4
旅游饭店	2128	1973	45	12	98		
一般旅馆	1071	922	126	22	1		
其他住宿业	196	129	12	50	1		4
餐饮业	7174	6701	287	67	92	1	26
正餐服务	6469	6071	250	52	76	1	19
快餐服务	215	196	9		10		
饮料及冷饮服务	103	96	1				6
其他餐饮业	387	338	27	15	6		1
信息传输、软件和信息技术服务业	**4971**	**4732**	**99**	**25**	**90**		**25**
电信、广播电视和卫星传输服务	942	920	8	6	2		6
电信	429	411	7	5			6
广播电视传输服务	512	509	1		2		
卫星传输服务	1			1			
互联网和相关服务	953	879	26		47		1
互联网接入及相关服务	86	70	16				
互联网信息服务	667	619	9		38		1
其他互联网服务	200	190	1		9		
软件和信息技术服务业	3076	2933	65	19	41		18
软件开发	1809	1769	22		7		11
信息系统集成服务	170	156	1	11	2		
信息技术咨询服务	601	575	15	5	2		4
数据处理和存储服务	24	22		2			
集成电路设计	89	88			1		
其他信息技术服务业	383	323	27	1	29		3
房地产业	**17472**	**15881**	**628**	**358**	**357**	**18**	**230**
房地产业	17472	15881	628	358	357	18	230
房地产开发经营	7130	6060	438	192	270	18	152
物业管理	8482	8127	152	111	43		49
房地产中介服务	1200	1103	31	14	31		21
自有房地产经营活动							
其他房地产业	660	591	7	41	13		8
租赁和商务服务业	**30003**	**28468**	**799**	**275**	**317**	**6**	**138**
租赁业	1755	1677	45	12	17		4
机械设备租赁	1736	1658	45	12	17		4
文化及日用品出租	19	19					
商务服务业	28248	26791	754	263	300	6	134
企业管理服务	7399	6997	199	93	72		38
法律服务	235	227		8			
咨询与调查	2696	2436	149	36	64		11
广告业	4623	4334	119	28	114	3	25
知识产权服务	27	18	1	8			
人力资源服务	5942	5746	135	14	26	3	18
旅行社及相关服务	1002	966	16	3	2		15
安全保护服务	1851	1842	3	6			
其他商务服务业	4473	4225	132	67	22		27
科学研究和技术服务业	**9322**	**8588**	**240**	**312**	**149**		**33**
研究和试验发展	940	748	74	77	39		2
自然科学研究和试验发展	100	56	4	31	9		
工程和技术研究和试验发展	561	471	34	32	22		2

4-1-20　按行业、营业状态分组的小微企业法人单位从业人员数（续7）

	从业人员数（人）						
		营　业	停　业（歇业）	筹　建	当年关闭	当年破产	其　他
农业科学研究和试验发展	149	91	36	14	8		
医学研究和试验发展	126	126					
社会人文科学研究	4	4					
专业技术服务业	6116	5891	129	17	57		22
气象服务	23	16					7
地震服务	10	10					
海洋服务							
测绘服务	299	299					
质检技术服务	999	980	8		11		
环境与生态监测	53	51	1		1		
地质勘查	110	108	2				
工程技术	3627	3499	87	13	16		12
其他专业技术服务业	995	928	31	4	29		3
科技推广和应用服务业	2266	1949	37	218	53		9
技术推广服务	1803	1527	21	213	34		8
科技中介服务	225	205	15	5			
其他科技推广和应用服务业	238	217	1		19		1
水利、环境和公共设施管理业	**1886**	**1804**	**27**	**50**	**5**		
水利管理业	291	275	3	13			
防洪除涝设施管理	44	44					
水资源管理	35	35					
天然水收集与分配	47	47					
水文服务	52	49	3				
其他水利管理业	113	100		13			
生态保护和环境治理业	85	75	3	7			
生态保护	38	38					
环境治理业	47	37	3	7			
公共设施管理业	1510	1454	21	30	5		
市政设施管理	149	141	1	7			
环境卫生管理	182	181	1				
城乡市容管理							
绿化管理	784	777	1	1	5		
公园和游览景区管理	395	355	18	22			
居民服务、修理和其他服务业	**5795**	**5526**	**152**	**26**	**48**	**2**	**41**
居民服务业	1918	1869	35	1	9		4
家庭服务	367	344	22	1			
托儿所服务							
洗染服务	78	78					
理发及美容服务	71	69			1		1
洗浴服务	807	798	5		4		
保健服务	104	104					
婚姻服务	97	96	1				
殡葬服务	122	121			1		
其他居民服务业	272	259	7		3		3
机动车、电子产品和日用产品修理业	2632	2531	74	6	19		2
汽车、摩托车修理与维护	2246	2165	65		14		2
计算机和办公设备维修	86	79	1	1	5		
家用电器修理	248	236	8	4			
其他日用产品修理业	52	51		1			
其他服务业	1245	1126	43	19	20	2	35
清洁服务	993	925	36	14	18		
其他未列明服务业	252	201	7	5	2	2	35

4－1－20　按行业、营业状态分组的小微企业法人单位从业人员数（续8）

	从业人员数（人）	营业	停业（歇业）	筹建	当年关闭	当年破产	其他
教育	**1446**	**1416**	**30**				
教育	1446	1416	30				
学前教育							
初等教育							
中等教育	1081	1081					
高等教育							
特殊教育							
技能培训、教育辅助及其他教育	365	335	30				
卫生和社会工作	**822**	**815**	**1**	**6**			
卫生	729	729					
医院	729	729					
社区医疗与卫生院							
门诊部（所）							
计划生育技术服务活动							
妇幼保健院（所、站）							
专科疾病防治院（所、站）							
疾病预防控制中心							
其他卫生活动							
社会工作	93	86	1	6			
提供住宿社会工作	93	86	1	6			
不提供住宿社会工作							
文化、体育和娱乐业	**3952**	**3657**	**103**	**121**	**31**	**3**	**37**
新闻和出版业	50	37		12	1		
新闻业	30	20		10			
出版业	20	17		2	1		
广播、电视、电影和影视录音制作业	515	462	13	34	1		5
广播	18	18					
电视	49	49					
电影和影视节目制作	43	32	11				
电影和影视节目发行	4	4					
电影放映	391	354	2	34	1		
录音制作	10	5					5
文化艺术业	909	828	33	6	10		32
文艺创作与表演	559	507	19		1		32
艺术表演场馆	61	61					
图书馆与档案馆							
文物及非物质文化遗产保护							
博物馆							
烈士陵园、纪念馆	9	9					
群众文化活动	95	95					
其他文化艺术业	185	156	14	6	9		
体育	317	280	25	12			
体育组织	60	60					
体育场馆	22	22					
休闲健身活动	219	195	24				
其他体育	16	3	1	12			
娱乐业	2161	2050	32	57	19	3	
室内娱乐活动	1720	1662	29	8	18	3	
游乐园	139	138	1				
彩票活动							
文化、娱乐、体育经纪代理	62	58	2	2			
其他娱乐业	240	192		47	1		

4－1－21　按地区、登记注册类型分组的小微企业法人单位从业人员数

地区	从业人员数（人）	内资企业	国有企业	集体企业	股份合作企业	联营企业	国有联营企业	集体联营企业	国有与集体联营企业	其他联营企业
总　　计	**714089**	**693527**	**10923**	**14544**	**3233**	**1145**	**72**	**288**	**454**	**331**
清河区	78683	77363	3081	708	491	99	39	9		51
淮安区	116884	113660	1670	5031		426		7	419	
淮阴区	103141	101524	1396	1638	1554	14	1	9	4	
清浦区	55635	54953	399	808	75	108		28		80
涟水县	95000	93388	964	1206	186	173		60	31	82
洪泽县	68405	65554	1286	1947	30	36		8		28
盱眙县	96619	93700	1415	1694	650	47		12		35
金湖县	50304	48649	345	1078	98	55		1		54
开发区	46870	42444	311	434	149	187	32	154		1
工业园区	2548	2292	56							

地区	有限责任公司	国有独资公司	其他有限责任公司	股份有限公司	私营企业	私营独资企业	私营合伙企业	私营有限责任公司	私营股份有限公司	其他企业
总　　计	**136587**	**3863**	**132724**	**25240**	**477112**	**116624**	**8471**	**329595**	**22422**	**24743**
清河区	26185	250	25935	4213	38369	9582	636	26346	1805	4217
淮安区	10185	689	9496	3309	92225	31946	1178	56419	2682	814
淮阴区	14544	867	13677	3142	75242	13761	835	55611	5035	3994
清浦区	12562	133	12429	2238	36930	6596	567	28540	1227	1833
涟水县	22837	1434	21403	3164	61243	19845	2145	35725	3528	3615
洪泽县	15828	243	15585	3457	41358	12676	1096	25764	1822	1612
盱眙县	9871	34	9837	1616	72174	9865	723	56966	4620	6233
金湖县	6529	39	6490	465	38928	7716	900	29664	648	1151
开发区	16502	174	16328	3598	19999	4574	391	13979	1055	1264
工业园区	1544		1544	38	644	63		581		10

4－1－21 按地区、登记注册类型分组的小微企业法人单位从业人员数（续）

地区	港、澳、台商投资企业	与港澳台商合资经营企业	与港澳台商合作经营企业	港澳台商独资经营企业	港澳台商投资股份有限公司	其他港澳台投资企业
总计	**11453**	**4474**	**252**	**6347**	**299**	**81**
清河区	907	514	72	318	3	
淮安区	2498	770	106	1499	123	
淮阴区	714	323		321		70
清浦区	185	97	53	35		
涟水县	729			718		11
洪泽县	1526	896		580	50	
盱眙县	2040	630		1287	123	
金湖县	960	526	3	431		
开发区	1665	718	4	943		
工业园区	229		14	215		

地区	外商投资企业	中外合资经营企业	中外合作经营企业	外资企业	外商投资股份有限公司	其他外商投资企业
总计	**9109**	**5620**	**95**	**3089**	**89**	**216**
清河区	413	273	5	105		30
淮安区	726	475	10	241		
淮阴区	903	793		60		50
清浦区	497	226	80	137		54
涟水县	883	405		317	80	81
洪泽县	1325	987		337		1
盱眙县	879	369		510		
金湖县	695	498		188	9	
开发区	2761	1584		1177		
工业园区	27	10		17		

4－1－22　按登记注册类型、营业状态分组的小微企业法人单位从业人员数

	从　业 人员数 （人）	营　业	停　业 （歇业）	筹　建	当年关闭	当年破产	其　他
总　计	**714089**	**673375**	**13319**	**7557**	**15587**	**357**	**3894**
内资企业	**693527**	**654312**	**12839**	**6984**	**15273**	**290**	**3829**
国有企业	10923	10010	378	57	452	13	13
集体企业	14544	14076	294	5	122		47
股份合作企业	3233	3113	17	28	74		1
联营企业	1145	1092	19	26	3	3	2
国有联营企业	72	68	1			3	
集体联营企业	288	287			1		
国有与集体联营企业	454	454					
其他联营企业	331	283	18	26	2		2
有限责任公司	136587	128619	1510	2050	2236	8	2164
国有独资公司	3863	3717	8		137		1
其他有限责任公司	132724	124902	1502	2050	2099	8	2163
股份有限公司	25240	24486	250	98	376	18	12
私营企业	477112	450751	9204	4094	11698	203	1162
私营独资企业	116624	107447	3966	2022	2621	101	467
私营合伙企业	8471	8023	196	62	177		13
私营有限责任公司	329595	313727	4621	1882	8689	101	575
私营股份有限公司	22422	21554	421	128	211	1	107
其他企业	24743	22165	1167	626	312	45	428
港、澳、台商投资企业	**11453**	**10745**	**165**	**447**	**15**	**67**	**14**
与港澳台商合资经营企业	4474	4390	43	38	2		1
与港澳台商合作经营企业	252	234	4	14			
港澳台商独资经营企业	6347	5749	118	387	13	67	13
港澳台商投资股份有限公司	299	291		8			
其他港澳台投资企业	81	81					
外商投资企业	**9109**	**8318**	**315**	**126**	**299**		**51**
中外合资经营企业	5620	5258	280	78	1		3
中外合作经营企业	95	94	1				
外资企业	3089	2682	34	31	294		48
外商投资股份有限公司	89	70		16	3		
其他外商投资企业	216	214		1	1		

4－1－23　按行业、开业(成立)时间分组

	从　业 人员数 (人)	1949 年 以　前	1950－ 1977 年	1978－ 1991 年	1992－ 1995 年	1996 年	1997 年	1998 年	1999 年	2000 年
总　　计	**714089**	**177**	**8205**	**14711**	**13890**	**4009**	**4809**	**11872**	**6302**	**11601**
农、林、牧、渔业	**599**			**2**	**4**			**5**		**2**
农、林、牧、渔服务业	599			2	4			5		2
农业服务业	398			2	3					2
林业服务业	11				1					
畜牧服务业	137							5		
渔业服务业	53									
采矿业	**2451**			**88**	**1**	**1**		**52**		**35**
煤炭开采和洗选业	18									
烟煤和无烟煤开采洗选										
褐煤开采洗选										
其他煤炭采选	18									
石油和天然气开采业	5									
石油开采	3									
天然气开采	2									
黑色金属矿采选业										
铁矿采选										
锰矿、铬矿采选										
其他黑色金属矿采选										
有色金属矿采选业	4									
常用有色金属矿采选	4									
贵金属矿采选										
稀有稀土金属矿采选										
非金属矿采选业	2367			88				51		4
土砂石开采	1265									4
化学矿开采	598									
采盐	363			38				51		
石棉及其他非金属矿采选	141			50						
开采辅助活动	17				1	1		1		
煤炭开采和洗选辅助活动	2					1				
石油和天然气开采辅助活动	3				1			1		
其他开采辅助活动	12									
其他采矿业	40									31
其他采矿业	40									31
制造业	**326347**		**2935**	**3601**	**3270**	**1651**	**1999**	**5134**	**2987**	**5062**
农副食品加工业	21431		480	101	180	320	451	505	357	401
谷物磨制	8001		10	94	11	177	29	294	113	77
饲料加工	4100				164	86	287	196	12	260
植物油加工	915		437							
制糖业	250								216	
屠宰及肉类加工	3761		1	7		46	11	15	16	57
水产品加工	798		32				8			2
蔬菜、水果和坚果加工	2012						50			5
其他农副食品加工	1594				5	11	66			
食品制造业	4174		12	307	18	37	19	46	18	201
焙烤食品制造	668		2		15	26				67
糖果、巧克力及蜜饯制造	556									
方便食品制造	1070		8				5		18	
乳制品制造	402			270		1				
罐头食品制造	267									
调味品、发酵制品制造	506		2	37	3		14	31		126
其他食品制造	705					10		15		8
酒、饮料和精制茶制造业	1469		189		13	10		9	25	191

的小微企业法人单位从业人员数

2001 年	2002 年	2003 年	2004 年	2005 年	2006 年	2007 年	2008 年	2009 年	2010 年	2011 年	2012 年	2013 年	无开业年份
15483	**25143**	**26189**	**25725**	**28822**	**40413**	**41829**	**41143**	**70016**	**97743**	**90297**	**83630**	**51976**	**104**
17		**5**	**13**	**28**	**13**	**17**	**73**	**66**	**65**	**104**	**101**	**84**	
17		5	13	28	13	17	73	66	65	104	101	84	
5			13	13			44	45	52	59	92	68	
8												2	
4		5			3	17	10	21	13	42	8	9	
				15	10		19			3	1	5	
1	**148**	**144**	**35**	**254**	**162**	**253**	**425**	**107**	**110**	**111**	**486**	**34**	**4**
											18		
											18		
							3					2	
							3						
												2	
													4
													4
	148	144	35	254	162	253	422	107	110	111	447	31	
	148	102	35	42	66	235	278	106	110	46	62	31	
				212				1			385		
		42			88		144						
					8	18				65			
1											12	1	
1													
												1	
											12		
											9		
											9		
7067	**12467**	**13705**	**14958**	**13781**	**20650**	**21713**	**21566**	**28681**	**41126**	**45425**	**41604**	**16922**	**43**
538	1982	1040	1260	1342	677	1192	1664	2641	1231	1585	2684	799	1
224	561	295	628	312	411	555	347	1080	722	997	781	283	
165	584	327	347	460	118	78	150	226	19	222	130	268	1
40		1			2			330	45	12	48		
									24			10	
15	538	41	227	194	101	326	886	370	282	187	412	29	
34	21	105	55	42	5		150	184	13	60	86	1	
	260			253		154	26	26	44	8	1075	111	
60	18	271	3	81	40	79	105	425	82	99	152	97	
96	331	269	179	342	388	225	474	251	320	267	234	138	2
	2	40	65	63	5	18	187	27	52	49	7	43	
	180		9	11		126	7	48	135	29	3	8	
8	50	18	20	233	70	41	142	166	42	111	122	16	
			70	18		18	25						
80		168			13				1	5			
1	99	18	15	5	1	15	33	3	65	10	18	10	
7		25		12	299	7	80	7	25	63	84	61	2
153	78	30	116	18	24	268	39	25	26	108	136	11	

4－1－23 按行业、开业(成立)时间分组

	从业人员数（人）	1949年以前	1950－1977年	1978－1991年	1992－1995年	1996年	1997年	1998年	1999年	2000年
酒的制造	769		13		13	10		9		173
饮料制造	486								25	13
精制茶加工	214		176							5
烟草制品业	53									
烟叶复烤										
卷烟制造										
其他烟草制品制造	53									
纺织业	23024		13	9	105	114	38	393	158	651
棉纺织及印染精加工	8685					96		323	10	31
毛纺织及染整精加工	841		6		22		18			
麻纺织及染整精加工	325									
丝绢纺织及印染精加工	1689			7	1			13		211
化纤织造及印染精加工	314					18			1	
针织或钩针编织物及其制品制造	3251		4	1				37		30
家用纺织制成品制造	5503		3	1	36		20	9	147	379
非家用纺织制成品制造	2416				46			11		
纺织服装、服饰业	36745		289	251	69	140	38	196	317	651
机织服装制造	27499			208	54	140		44	252	537
针织或钩针编织服装制造	1480			43			38			8
服饰制造	7766		289		15			152	65	106
皮革、毛皮、羽毛及其制品和制鞋业	12035		1	3		71	175		40	98
皮革鞣制加工	315		1						10	
皮革制品制造	5158									
毛皮鞣制及制品加工	15									
羽毛（绒）加工及制品制造	2178									
制鞋业	4369			3		71	175		30	98
木材加工和木、竹、藤、棕、草制品业	14544		1	124	359	24	51	157	299	609
木材加工	5227		1	64	8		26	99	37	32
人造板制造	6911			9	350	23	25	40	262	576
木制品制造	2180			39	1			18		1
竹、藤、棕、草等制品制造	226			12		1				
家具制造业	2513			2	10		28	33	6	5
木质家具制造	1742			2			28	33	6	5
竹、藤家具制造	30									
金属家具制造	226									
塑料家具制造	106									
其他家具制造	409				10					
造纸和纸制品业	9019			30	10	20		160	31	33
纸浆制造	6									
造纸	4395			25		1		160		
纸制品制造	4618			5	10	19			31	33
印刷和记录媒介复制业	5684		289	218	28	34	314	27	126	31
印刷	5432		289	218	28	34	299	22	126	26
装订及印刷相关服务	252						15	5		5
记录媒介复制										
文教、工美、体育和娱乐用品制造业	12104		3	51	32	68	9	338	95	359
文教办公用品制造	3332						9	192	6	11
乐器制造	488									259
工艺美术品制造	3600		3	9	32	18		61		50
体育用品制造	1380								19	
玩具制造	2920			42		50		85	70	39
游艺器材及娱乐用品制造	384									
石油加工、炼焦和核燃料加工业	780			9				20	23	

的小微企业法人单位从业人员数(续1)

2001年	2002年	2003年	2004年	2005年	2006年	2007年	2008年	2009年	2010年	2011年	2012年	2013年	无开业年份
107	60		57	1	8	220	13		21	18	45	1	
31	18	30	59	17	16	48	26	19	5	78	91	10	
15								6		12			
										53			
										53			
513	472	816	893	718	1217	2127	2272	2120	3325	3488	2712	870	
174	66	502	202	47	517	778	1370	809	1106	1803	519	332	
		5	287		1		92	59	45	257	24	25	
90					126		51		47			11	
27		69		182	33	251	90	168	566	71			
					30			15	90	88	36	36	
82	136	136	147	92	103	415	142	242	394	528	602	160	
140	225	84	121	397	127	192	376	523	791	523	1173	236	
	45	20	136		280	491	151	304	286	218	358	70	
411	327	859	1393	898	1412	2007	2457	3427	6843	5464	6102	3194	
270	27	561	844	704	1134	1391	2131	2824	6096	4247	4159	1876	
30		42		14	101	8	43	21	155	283	550	144	
111	300	256	549	180	177	608	283	582	592	934	1393	1174	
474	589	722	267	845	283	1126	635	907	1652	1626	1801	720	
				40	25	56			38	75	68	2	
241	276	622	267	62	106	473	51	656	826	410	814	354	
										15			
186	220				22	62	221	34	455	525	289	164	
47	93	100		743	130	535	363	217	333	601	630	200	
275	975	640	380	778	1632	666	642	1130	1291	2257	1605	649	
114	139	112	78	210	140	178	489	452	465	1037	1183	363	
115	798	509	239	383	1346	420	21	253	303	854	187	198	
38	38	19	63	185	119	68	38	412	521	347	190	83	
8					27		94	13	2	19	45	5	
68	60	1	30	43	52	78	158	127	212	501	854	245	
68	42	1	30	4	32	57	150	98	147	316	556	167	
										30			
					1			19	32	95	33	46	
	18			15	10	1	8		2		52		
				24	9	20		10	31	60	213	32	
273	904	246	507	509	471	425	422	810	1857	1066	942	303	
								6					
247	560	118	307	187	318	317	320	235	440	654	423	83	
26	344	128	200	322	153	108	102	569	1417	412	519	220	
342	113	385	636	214	175	258	832	444	499	189	389	141	
342	113	384	619	200	142	257	821	438	499	180	280	115	
		1	17	14	33	1	11	6		9	109	26	
277	338	539	235	487	721	1295	388	1681	1407	1815	1268	698	
244	221	184	126	50	94	410	104	252	500	207	397	325	
		13			80	24		36		75	1		
12	75		91	204	33	287	24	1111	286	637	485	182	
		210	16		81	290	196	85	301	117	53	12	
21	42	132	2	233	368	284	64	197	212	706	332	41	
					65				108	73		138	
	98	130		14	99	43	5	184	36	20	40	59	

4－1－23 按行业、开业（成立）时间分组

	从业人员数（人）	1949年以前	1950－1977年	1978－1991年	1992－1995年	1996年	1997年	1998年	1999年	2000年
精炼石油产品制造	768			9				20	23	
炼焦										
核燃料加工	12									
化学原料和化学制品制造业	17280		38	208	382	282	10	281	115	53
基础化学原料制造	6187		15	2	264		9	115	74	18
肥料制造	1164		23		6			86		15
农药制造	430				84					
涂料、油墨、颜料及类似产品制造	1767			170	8			15	8	8
合成材料制造	1914							30		
专用化学产品制造	4425			26	20	282		20		
炸药、火工及焰火产品制造										
日用化学产品制造	1393			10			1	15	33	12
医药制造业	3115		233	27		77	29	1		74
化学药品原料药制造	865		233							
化学药品制剂制造	233									
中药饮片加工	280					50				
中成药生产	422			1						61
兽用药品制造	168			26		27				13
生物药品制造	513						29	1		
卫生材料及医药用品制造	634									
化学纤维制造业	1307									
纤维素纤维原料及纤维制造	367									
合成纤维制造	940									
橡胶和塑料制品业	13272			58	99		26	225	50	114
橡胶制品业	2051				6				19	20
塑料制品业	11221			58	93		26	225	31	94
非金属矿物制品业	24444		617	708	315	78	53	640	121	330
水泥、石灰和石膏制造	2347		148	14		11		70		11
石膏、水泥制品及类似制品制造	8891		20	38	146	39	11	268	10	55
砖瓦、石材等建筑材料制造	7764		449	634	169	12	42	302	111	237
玻璃制造	988									
玻璃制品制造	2700			12		16				27
玻璃纤维和玻璃纤维增强塑料制品制造	189			10						
陶瓷制品制造	161									
耐火材料制品制造	250									
石墨及其他非金属矿物制品制造	1154									
黑色金属冶炼和压延加工业	6749		6	180	9		39	88		12
炼铁	251			12						
炼钢	28									
黑色金属铸造	2550		6	168				88		4
钢压延加工	3324				9		39			8
铁合金冶炼	596									
有色金属冶炼和压延加工业	7147			8		56	67	10	16	51
常用有色金属冶炼	1397			8		16				41
贵金属冶炼	1									
稀有稀土金属冶炼	172									
有色金属合金制造	711									
有色金属铸造	806									
有色金属压延加工	4060					40	67	10	16	10
金属制品业	15756			151	43	24	383	121	354	27
结构性金属制品制造	7385			126	11		365		315	24
金属工具制造	1855				32					
集装箱及金属包装容器制造	660			8					31	

的小微企业法人单位从业人员数(续2)

2001年	2002年	2003年	2004年	2005年	2006年	2007年	2008年	2009年	2010年	2011年	2012年	2013年	无开业年份
	98	130		14	99	43	5	172	36	20	40	59	
								12					
484	839	983	1124	472	2125	972	1096	1470	1901	1847	2000	585	13
101	249	575	627	154	685	404	413	819	297	597	594	162	13
92		99	25		132	18	46	104	72	26	397	23	
			6					10	110	138	71	11	
	7	86	72	3	373	91	74	117	237	114	314	70	
12	223	8	12	30	310	186	100	73	219	533	56	122	
272	360	212	59	252	441	212	362	275	777	275	506	74	
7		3	323	33	184	61	101	72	189	164	62	123	
219	309	332	158	182	446	1	10	113	297	272	250	85	
188	45	120	105		142			11		1		20	
		175						58					
		11							219				
	82				16			14	1		247		
1						1				100			
30	182		52		55			30	5	84		45	
		26	1	182	233		10		72	87	3	20	
104		2		207	31	83	183	76	180	117	281	43	
		2		127		83	104		50			1	
104				80	31		79	76	130	117	281	42	
228	638	979	385	605	513	762	864	1359	1079	2300	2018	969	1
	84	113		133	131	341	30	193	40	669	250	22	
228	554	866	385	472	382	421	834	1166	1039	1631	1768	947	1
534	698	542	886	449	2078	1531	1471	2052	3117	4867	2342	1015	
	513	217	121	29	21	342	282	360	116	18	60	14	
231	71	53	258	108	867	484	605	712	1161	2399	867	488	
264	96	133	187	182	773	316	320	580	1040	925	666	326	
			178					95	67	402	188	58	
39	12	21	58	85	239	369	146	155	460	832	176	53	
	6				11		42		60	11	37	12	
					17			13		91	32	8	
			72	18	9	10	11	32	37	60	1		
		118	12	27	141	10	65	105	176	129	315	56	
12	295	490	654	291	328	1110	377	261	893	875	667	162	
							1		87	129	22		
				1				15	12				
	281	254	461	1	159	379	376	205	42	31	22	73	
12	14	124	193	283	169	412		41	752	715	485	68	
		112		6		319					138	21	
101	38	314	148	189	559	524	533	858	1073	1009	1233	360	
90		21	70	23	19		122	168	359	230	130	100	
			1										
		55		75				40				2	
				8	3			261	155	53	223	8	
					210	262	26	8	22	193		85	
11	38	238	77	83	327	262	385	381	537	533	880	165	
533	667	599	781	515	1042	1193	550	1631	1705	2450	1931	1055	1
	408	96	386	306	237	572	392	673	854	1264	887	468	1
45	161	78	52	148	287	333	12	161	212	117	134	83	
			156		7	28	1	130	62	158	28	51	

4－1－23 按行业、开业（成立）时间分组

	从业人员数（人）	1949年以前	1950－1977年	1978－1991年	1992－1995年	1996年	1997年	1998年	1999年	2000年
金属丝绳及其制品制造	358									
建筑、安全用金属制品制造	921							2		
金属表面处理及热处理加工	722			15				32		
搪瓷制品制造	63									
金属制日用品制造	1096							17		3
其他金属制品制造	2696			2		24	18	70	8	
通用设备制造业	23601		324	199	623	15	32	708	62	133
锅炉及原动设备制造	1293									
金属加工机械制造	4291			17			30	281	10	
物料搬运设备制造	1303							1		72
泵、阀门、压缩机及类似机械制造	5505		43	181				69	22	38
轴承、齿轮和传动部件制造	4280				484			286		
烘炉、风机、衡器、包装等设备制造	1032			1	25			5		
文化、办公用机械制造	361									
通用零部件制造	4583		42		114	15	2	64	30	23
其他通用设备制造业	953		239					2		
专用设备制造业	15639		36	71	34	28	2	139	626	676
采矿、冶金、建筑专用设备制造	4860			60		8			450	346
化工、木材、非金属加工专用设备制造	2511					20		38	112	
食品、饮料、烟草及饲料生产专用设备制造	494							22		
印刷、制药、日化及日用品生产专用设备制造	1177				11			7	5	115
纺织、服装和皮革加工专用设备制造	1035		4							139
电子和电工机械专用设备制造	1285						2		16	
农、林、牧、渔专用机械制造	1360		32	10				71		69
医疗仪器设备及器械制造	1419				23			1		
环保、社会公共服务及其他专用设备制造	1498			1					43	7
汽车制造业	8699		216	196	1	48	24	565	8	5
汽车整车制造										
改装汽车制造	81									
低速载货汽车制造										
电车制造	56									
汽车车身、挂车制造	343		216							
汽车零部件及配件制造	8219			196	1	48	24	565	8	5
铁路、船舶、航空航天和其他运输设备制造业	3488				24		65	88	11	10
铁路运输设备制造	286									
城市轨道交通设备制造	2									
船舶及相关装置制造	1639				5		65	88		10
航空、航天器及设备制造	10									
摩托车制造	86									
自行车制造	1249				19				1	
非公路休闲车及零配件制造	35									
潜水救捞及其他未列明运输设备制造	181								10	
电气机械和器材制造业	19497		33	242	377	125	86	107	58	121
电机制造	1322									
输配电及控制设备制造	7230		33	64	150		22	22	8	
电线、电缆、光缆及电工器材制造	4236			178	220		52	84	50	112
电池制造	2247									
家用电力器具制造	1496				7			1		
非电力家用器具制造	1417					125	12			
照明器具制造	1180									4
其他电气机械及器材制造	369									5
计算机、通信和其他电子设备制造业	11119		5	244				29	34	199
计算机制造	870								5	

的小微企业法人单位从业人员数(续3)

2001 年	2002 年	2003 年	2004 年	2005 年	2006 年	2007 年	2008 年	2009 年	2010 年	2011 年	2012 年	2013 年	无开业年份
		8		7	9	8			80	193	51	2	
164	3	19	8		30	27	5	76	109	37	272	169	
		5				12		339	39	197	76	7	
				6				3		30	24		
144	95	80	172	37	135	101	2	13	45	77	22	153	
180		313	7	11	337	112	138	236	304	377	437	122	
172	726	809	1267	2228	1872	1726	2072	1495	3132	2302	2295	1409	
13	1	68	298	29	67	124	125	85	11	313	106	53	
57	147	295	239	221	157	38	348	404	644	276	566	561	
	16		139	275	70	437	3	42	53	29	78	88	
68	205	189	380	493	599	667	591	87	968	263	416	226	
			109	691	617	290	138	387	433	432	322	91	
	6		43	13	145	40	179	96	355	47	33	44	
				3	23		279		56				
26	351	256	58	423	142	129	378	226	578	811	636	279	
8		1	1	80	52	1	31	168	34	131	138	67	
200	794	555	569	462	1759	1321	943	850	1938	1837	1833	956	10
51	205	134	156	90	604	524	625	109	415	452	497	124	10
13	96	247	51	40	297	340	16	68	242	549	304	78	
	202			14			60	7	12		175	2	
		58	19	12	48	128	81	113	157	210	167	46	
	10	1		190	32			240	115	38	45	221	
		20		8	320	69	64	63	174	125	223	201	
126	222	61	9	75	10	160		57	161	89	121	87	
10	7	32	333	33	285	88	40	86	96	255	99	31	
	52	2	1		163	12	57	107	566	119	202	166	
123	176	334	300	88	304	233	438	496	870	2264	1795	215	
78									2	1			
								45		8		3	
									5	122			
45	176	334	300	88	304	233	438	451	863	2133	1795	212	
2	60	95	528	191	379	87	63	246	192	867	385	193	2
			20					156		30		80	
					1					1			
2	5	88	258	18	247	35	35	70	89	227	342	55	
										5	5		
		4	39						23		5	15	
	55	3	211	173	131	19	28	20	80	449	27	31	2
						28				1	6		
						5				154		12	
466	367	967	1085	630	1002	1678	1651	1795	2988	2059	2689	962	9
163		74	153	6	89	35		82	205	275	56	175	9
223	33	130	534	225	444	604	403	890	789	987	1247	422	
71	192	376	292	125	37	528	573	155	481	229	415	66	
			34	11	273	361	387	249	343	61	481	47	
	127	124	4	249	72	1	129	42	440	32	134	134	
9		70	39	3	28	89	133	307	314	142	87	59	
	15	189		10	59	21	14	45	362	280	124	57	
		4	29	1		39	12	25	54	53	145	2	
229	477	561	622	669	690	251	666	1242	1598	1799	1374	429	1
		252			1		35	5	37	435	100		

4－1－23　按行业、开业(成立)时间分组

	从业人员数（人）	1949年以前	1950－1977年	1978－1991年	1992－1995年	1996年	1997年	1998年	1999年	2000年
通信设备制造	226									
广播电视设备制造	1328			201						
雷达及配套设备制造										
视听设备制造	781									
电子器件制造	674		5							
电子元件制造	6103			43				29	29	199
其他电子设备制造	1137									
仪器仪表制造业	5539		150	203	471		44	212	26	16
通用仪器仪表制造	3725		150	50	471		44	181	10	
专用仪器仪表制造	842							31	16	
钟表与计时仪器制造	12									2
光学仪器及眼镜制造	659			153						
其他仪器仪表制造业	301									14
其他制造业	3619				63	75	16	1	1	11
日用杂品制造	2771				63	75	8	1		11
煤制品制造	15						8			
核辐射加工										
其他未列明制造业	833								1	
废弃资源综合利用业	1891				5					
金属废料和碎屑加工处理	1388				5					
非金属废料和碎屑加工处理	503									
金属制品、机械和设备修理业	610			1		5		35	10	
金属制品修理	96									
通用设备修理	62								10	
专用设备修理	78									
铁路、船舶、航空航天等运输设备修理	230			1		5		35		
电气设备修理	36									
仪器仪表修理										
其他机械和设备修理业	108									
电力、热力、燃气及水生产和供应业	**3843**			**407**	**172**	**140**	**6**	**43**	**85**	**19**
电力、热力生产和供应业	1977			91	130	138		20	65	
电力生产	1647			67	108	126		20	5	
电力供应	55			24	22					
热力生产和供应	275					12			60	
燃气生产和供应业	384									
燃气生产和供应业	384									
水的生产和供应业	1482			316	42	2	6	23	20	19
自来水生产和供应	992			316	42	2	6	23	20	19
污水处理及其再生利用	451									
其他水的处理、利用与分配	39									
建筑业	**189687**		**3486**	**5782**	**5202**	**1376**	**2364**	**4879**	**1138**	**3674**
房屋建筑业	119786		3486	3851	4267	993	1303	4535	1054	1142
房屋建筑业	119786		3486	3851	4267	993	1303	4535	1054	1142
土木工程建筑业	25515			1925	419	146	586	56		513
铁路、道路、隧道和桥梁工程建筑	16013			1237	416		586			180
水利和内河港口工程建筑	1657			621	2	137				1
海洋工程建筑										
工矿工程建筑	1179			60						269
架线和管道工程建筑	2253							21		63
其他土木工程建筑	4413			7	1	9		35		
建筑安装业	16217			6	364	118	120	1		817
电气安装	7676				86	118				766

的小微企业法人单位从业人员数（续4）

2001年	2002年	2003年	2004年	2005年	2006年	2007年	2008年	2009年	2010年	2011年	2012年	2013年	无开业年份
				14		4	9	106	43	11	13	26	
			208	57	167	100	120	63	135		277		
54				177			126	68		295	61		
		82		7		10	36	224	20	254	16	20	
166	477	171	225	413	490	131	317	447	1294	738	631	303	
9		56	189	1	32	6	23	329	69	66	276	80	1
203	104	222	438	322	172	380	233	421	178	931	455	358	
193	96	212	238	303	172	330	88	200	141	549	143	154	
	8	10	116	3		40	129	43	6	103	174	163	
									10				
10			26					145	14	235	72	4	
			58	16		10	16	33	7	44	66	37	
		225	78	35	172	143	350	307	564	689	759	130	
		225	78	16	162	122	328	76	492	559	488	67	
									7				
				19	10	21	22	231	65	130	271	63	
14		19	13	19	15	7	22	201	581	438	445	109	3
		6	13	13	15	6	2	51	504	251	421	101	
14		13		6		1	20	150	77	187	24	8	3
23	12		26	19	12	1	56	61	141	63	85	60	
							1		95				
				16			10	8				18	
	5		26		12				12	8	15		
23	7					1	45	48	20	13	23	9	
									4	22		10	
				3				5	10	20	47	23	
39	**117**	**156**	**391**	**79**	**300**	**169**	**95**	**485**	**197**	**485**	**253**	**203**	**2**
1	47	52	231		219	8	9	283	122	377	130	54	
1	47	41	208		219	8		244	114	345	64	30	
							1			2		6	
		11	23				8	39	8	30	66	18	
13	1	2			30	13	22	136	27	76	28	34	2
13	1	2			30	13	22	136	27	76	28	34	2
25	69	102	160	79	51	148	64	66	48	32	95	115	
25	42	56	18	4	10	123	43	40	7	4	77	115	
	27	46	142	75	36	25	21	16	26	28	9		
					5			10	15		9		
3438	**8128**	**6538**	**4805**	**7941**	**11571**	**10657**	**8714**	**26368**	**32625**	**21574**	**15657**	**3766**	**4**
1250	5567	2220	1739	2751	7237	6885	3953	14961	25138	17483	8216	1755	
1250	5567	2220	1739	2751	7237	6885	3953	14961	25138	17483	8216	1755	
450	1759	1031	382	2268	1361	300	1647	2712	3496	2003	3678	780	3
205	1274	581	291	442	1153	65	1168	2480	1413	1245	2615	662	
	15	5			27	32	274	26	82	238	174	20	3
			25						745	16	64		
130	412	321	12	302		12	94	107	336	131	302	10	
115	58	124	54	1524	181	191	111	99	920	373	523	88	
975	491	1473	1391	1502	1686	1413	825	2272	885	365	1025	488	
410	420	577	505	436	788	1158	546	985	159	60	630	32	

4－1－23 按行业、开业（成立）时间分组

	从业人员数（人）	1949年以前	1950－1977年	1978－1991年	1992－1995年	1996年	1997年	1998年	1999年	2000年
管道和设备安装	2839				278		120			
其他建筑安装业	5702			6				1		51
建筑装饰和其他建筑业	28169				152	119	355	287	84	1202
建筑装饰业	16638				10	119	355	281	79	1202
工程准备活动	4130				28			6	5	
提供施工设备服务	1200				11					
其他未列明建筑业	6201				103					
批发和零售业	**81075**	**145**	**1161**	**1671**	**931**	**190**	**181**	**587**	**679**	**693**
批发业	51663	85	914	1256	673	85	74	296	363	377
农、林、牧产品批发	5902	70	241	605	189	3	4	55	28	78
食品、饮料及烟草制品批发	6386		180	147	31			46	46	60
纺织、服装及家庭用品批发	6392		98	154	47	3	12	28	121	35
文化、体育用品及器材批发	1238			10	4		1		36	1
医药及医疗器材批发	982		91	3						22
矿产品、建材及化工产品批发	15070		120	193	248	45	33	88	85	98
机械设备、五金产品及电子产品批发	7907	15	9	59	80	28	18	38	3	54
贸易经纪与代理	3145		175	39	20	6		6	20	8
其他批发业	4641			46	54		6	35	24	21
零售业	29412	60	247	415	258	105	107	291	316	316
综合零售	4013	58	197	234	70	1	4	48	125	99
食品、饮料及烟草制品专门零售	2692	2	10	68	12	6	2	27	9	24
纺织、服装及日用品专门零售	2496			7	19	33	2	9	17	5
文化、体育用品及器材专门零售	1214		40	5	100	8	43			
医药及医疗器材专门零售	4031			20	11	2	2	50	25	32
汽车、摩托车、燃料及零配件专门零售	5006			25	21	27	24	88	33	51
家用电器及电子产品专门零售	3943						3	32	8	58
五金、家具及室内装饰材料专门零售	3560			5	7	4	4	33	67	27
货摊、无店铺及其他零售业	2457			51	18	24	23	4	32	20
交通运输、仓储和邮政业	**23849**	**21**	**447**	**1202**	**830**	**112**	**19**	**365**	**189**	**389**
道路运输业	16689		65	408	378	68	15	236	115	279
城市公共交通运输	697			63	80	12		124		
公路旅客运输	871			87	140			3	1	
道路货物运输	13946		65	241	158	56		109	114	215
道路运输辅助活动	1175			17			15			64
水上运输业	3348		190	408	406	44	4	82	5	25
水上旅客运输	69									
水上货物运输	2929		190	373	406	44	4	82	5	23
水上运输辅助活动	350			35						2
航空运输业	265									
航空客货运输	265									
通用航空服务										
航空运输辅助活动										
管道运输业	44									
管道运输业	44									
装卸搬运和运输代理业	2040		175	214	24			47		1
装卸搬运	1560		175	214	24			47		1
运输代理业	480									
仓储业	811	21	17	172	22				69	84
谷物、棉花等农产品仓储	569	21	17	166	22				69	84
其他仓储业	242			6						
邮政业	652									
邮政基本服务										

的小微企业法人单位从业人员数（续5）

2001 年	2002 年	2003 年	2004 年	2005 年	2006 年	2007 年	2008 年	2009 年	2010 年	2011 年	2012 年	2013 年	无开业年份
22		110	406	708	366	40	177	354	26	95	44	93	
543	71	786	480	358	532	215	102	933	700	210	351	363	
763	311	1814	1293	1420	1287	2059	2289	6423	3106	1723	2738	743	1
456	100	936	512	782	380	1445	1250	4070	1334	978	1785	563	1
219	10	652	72	54	200	375	328	1689	92	87	216	97	
33		26		81	32	199		483	216	11	75	33	
55	201	200	709	503	675	40	711	181	1464	647	662	50	
1719	**1537**	**2326**	**1777**	**2099**	**2608**	**3199**	**4037**	**6738**	**9559**	**9948**	**12795**	**16475**	**20**
1142	822	1316	1136	1376	1673	2005	2523	4482	6225	6893	8655	9280	12
319	204	148	90	133	162	138	292	463	429	750	625	876	
83	135	92	66	114	170	329	323	655	505	924	1441	1038	1
75	110	141	299	157	307	160	307	427	764	949	1202	996	
31	65	8	8	84	23	76	50	92	162	151	135	301	
17	45	60	49	21	77	42	65	72	66	86	127	139	
271	99	386	200	308	336	361	524	1906	1791	1971	2155	3851	1
235	122	290	235	319	360	437	501	502	1113	1025	1461	1000	3
30	21	97	82	40	121	55	85	95	829	271	714	431	
81	21	94	107	200	117	407	376	270	566	766	795	648	7
577	715	1010	641	723	935	1194	1514	2256	3334	3055	4140	7195	8
22	103	35	95	83	121	90	96	302	333	267	336	1294	
78	11	109	30	50	61	175	193	240	322	258	518	487	
40	56	53	61	87	40	156	137	197	222	210	400	745	
22		11	57	22	21	101	95	107	122	83	164	205	8
82	181	178	240	194	297	240	221	376	496	509	546	329	
114	101	268	50	91	86	104	221	342	590	592	632	1546	
40	68	238	40	107	98	108	313	302	517	511	625	875	
119	91	93	30	68	105	125	158	168	336	305	509	1306	
60	104	25	38	21	106	95	80	222	396	320	410	408	
1370	**1012**	**582**	**784**	**656**	**1166**	**1509**	**828**	**1506**	**3370**	**2255**	**2280**	**2957**	
883	605	367	473	381	907	1214	329	1191	2752	1709	1871	2443	
7	62		188	112	8				5	6	30		
25	112		28	35	12	147	3		179	26	25	48	
622	128	110	257	224	777	1064	326	1189	2563	1634	1789	2305	
229	303	257		10	110	3		2	5	43	27	90	
443	276	53	170	185	185	161	178	103	185	114	28	103	
	12				51					6			
443	264	53	165	65	115	145	174	102	107	55	11	103	
			5	120	19	16	4	1	78	53	17		
							265						
							265						
								36	7		1		
								36	7		1		
35	68	136	141	14	65	87	37	159	157	110	211	359	
	68	96	136	13	55	43	9	126	77	58	138	280	
35		40	5	1	10	44	28	33	80	52	73	79	
	63	3		76	9	20	5	17	77	114	12	30	
	63			20		20			44	38		5	
		3		56	9		5	17	33	76	12	25	
9		23				27	14		192	208	157	22	

4－1－23 按行业、开业(成立)时间分组

	从业人员数(人)	1949年以前	1950－1977年	1978－1991年	1992－1995年	1996年	1997年	1998年	1999年	2000年
快递服务	652									
住宿和餐饮业	**10569**		**14**	**143**	**263**	**228**	**129**	**106**	**113**	**135**
住宿业	3395		14		159	217		95	112	98
旅游饭店	2128		14		35	187			112	98
一般旅馆	1071				124	30		95		
其他住宿业	196									
餐饮业	7174			143	104	11	129	11	1	37
正餐服务	6469			143	104	8	129	11	1	37
快餐服务	215					3				
饮料及冷饮服务	103									
其他餐饮业	387									
信息传输、软件和信息技术服务业	**4971**			**73**	**70**			**99**	**38**	**3**
电信、广播电视和卫星传输服务	942			73	65			99		
电信	429							99		
广播电视传输服务	512			73	65					
卫星传输服务	1									
互联网和相关服务	953				5					3
互联网接入及相关服务	86									
互联网信息服务	667				5					3
其他互联网服务	200									
软件和信息技术服务业	3076								38	
软件开发	1809								38	
信息系统集成服务	170									
信息技术咨询服务	601									
数据处理和存储服务	24									
集成电路设计	89									
其他信息技术服务业	383									
房地产业	**17472**			**227**	**168**	**75**	**5**	**419**	**81**	**309**
房地产业	17472			227	168	75	5	419	81	309
房地产开发经营	7130				91	2		377	10	59
物业管理	8482			206	64	73		27	56	229
房地产中介服务	1200			12	13			15		8
自有房地产经营活动										
其他房地产业	660			9			5		15	13
租赁和商务服务业	**30003**		**59**	**1046**	**2551**	**60**	**28**	**100**	**393**	**777**
租赁业	1755							8	8	13
机械设备租赁	1736							8	8	13
文化及日用品出租	19									
商务服务业	28248		59	1046	2551	60	28	92	385	764
企业管理服务	7399		54	97	77	3		24	83	20
法律服务	235			1	5				4	49
咨询与调查	2696			86	20		10	1	44	165
广告业	4623			55	17	36	1	20	62	32
知识产权服务	27									
人力资源服务	5942				1824	21		1	8	9
旅行社及相关服务	1002				45			5	10	22
安全保护服务	1851			688	511					405
其他商务服务业	4473		5	119	52		17	41	174	62
科学研究和技术服务业	**9322**			**284**	**223**	**97**	**63**	**25**	**209**	**352**
研究和试验发展	940				50		8	6	9	12
自然科学研究和试验发展	100							6		
工程和技术研究和试验发展	561				50		1			5

的小微企业法人单位从业人员数（续6）

2001年	2002年	2003年	2004年	2005年	2006年	2007年	2008年	2009年	2010年	2011年	2012年	2013年	无开业年份
9		23				27	14		192	208	157	22	
70	**237**	**250**	**185**	**159**	**614**	**680**	**940**	**777**	**1395**	**1345**	**973**	**1813**	
	33	50	120	71	429	287	373	195	218	310	170	444	
	12	50	105	30	352	212	222	177	131	202	54	135	
	21		15	25	53	66	141	15	82	101	72	231	
				16	24	9	10	3	5	7	44	78	
70	204	200	65	88	185	393	567	582	1177	1035	803	1369	
70	203	200	65	79	158	339	537	473	1100	977	684	1151	
	1				8			54	57	26	55	11	
				5	19	28			1	15	23	12	
				4		26	30	55	19	17	41	195	
75	**110**	**158**	**164**	**95**	**133**	**278**	**244**	**286**	**604**	**777**	**1001**	**763**	
	66	88	114	23	47	13	25	19	77	14	81	138	
	34	2	114	23	1	13	23	19	16	9	43	33	
	32	86			46		2		61	5	38	104	
												1	
9	21	34	40	34	27	68	62	50	74	131	243	152	
	4	6	3	4		10	5		8	14	32		
9	9	24	31	21	27	56	48	30	56	92	146	110	
	8	4	6	9		2	9	20	10	25	65	42	
66	23	36	10	38	59	197	157	217	453	632	677	473	
53	23	23	2	13	10	155	123	139	334	433	217	246	
		7	4		9	6		14	13	9	90	18	
		1		5	21	28	19	31	29	87	206	174	
								5			19		
				14	8	8		1		43	12	3	
13		5	4	6	11		15	27	77	60	133	32	
118	**115**	**899**	**991**	**1130**	**1059**	**907**	**1215**	**1768**	**2604**	**2347**	**1604**	**1406**	**25**
118	115	899	991	1130	1059	907	1215	1768	2604	2347	1604	1406	25
52	39	160	254	194	216	341	357	811	1543	1307	882	435	
39	22	688	656	889	763	392	629	842	947	676	481	803	
14	48	2	75	21	58	73	132	69	59	250	197	154	
13	6	49	6	26	22	101	97	46	55	114	44	14	25
480	**516**	**700**	**533**	**1583**	**1254**	**1675**	**2038**	**1770**	**3370**	**2932**	**3635**	**4500**	**3**
116	37		2	53	136	122	201	94	167	195	330	273	
116	37		2	53	136	114	201	94	167	195	319	273	
						8					11		
364	479	700	531	1530	1118	1553	1837	1676	3203	2737	3305	4227	3
133	40	112	73	62	597	939	164	396	931	1132	896	1566	
46	8		5	3	31	12	3	12	21	11	9	15	
15	64	79	32	147	111	102	75	144	320	351	441	489	
83	60	61	183	213	121	206	127	370	592	619	800	965	
2			10		1				6			8	
4	125	41	70	804	21	59	893	234	470	255	441	662	
22	89	148	44	44	56	45	29	106	47	51	152	87	
9		5	15		16		181		4		12	5	
50	93	254	99	257	164	190	365	414	812	318	554	430	3
417	**294**	**150**	**473**	**216**	**328**	**350**	**519**	**817**	**883**	**978**	**1310**	**1331**	**3**
	12		15		30	74	22	48	58	254	293	46	3
			15		8			1	16	6	47	1	
	12				6	37	22	47	38	109	216	15	3

4－1－23 按行业、开业(成立)时间分组

	从业人员数(人)	1949年以前	1950－1977年	1978－1991年	1992－1995年	1996年	1997年	1998年	1999年	2000年
农业科学研究和试验发展	149						7		9	
医学研究和试验发展	126									7
社会人文科学研究	4									
专业技术服务业	6116			254	122	97	54	19	200	338
气象服务	23									
地震服务	10									
海洋服务										
测绘服务	299			40	28			19	7	
质检技术服务	999				50		15		21	145
环境与生态监测	53			10						1
地质勘查	110									30
工程技术	3627			204	30	97	8		162	160
其他专业技术服务业	995				14		31		10	2
科技推广和应用服务业	2266			30	51		1			2
技术推广服务	1803			30	46		1			
科技中介服务	225									
其他科技推广和应用服务业	238				5					2
水利、环境和公共设施管理业	**1886**	**11**	**43**	**82**	**4**		**1**			**10**
水利管理业	291	3	43		4					
防洪除涝设施管理	44									
水资源管理	35				4					
天然水收集与分配	47		43							
水文服务	52	3								
其他水利管理业	113									
生态保护和环境治理业	85									
生态保护	38									
环境治理业	47									
公共设施管理业	1510	8		82			1			10
市政设施管理	149									
环境卫生管理	182	8								
城乡市容管理										
绿化管理	784			82			1			10
公园和游览景区管理	395									
居民服务、修理和其他服务业	**5795**		**1**	**90**	**145**	**13**	**8**	**28**	**36**	**137**
居民服务业	1918		1	2	75	9	8	7	7	45
家庭服务	367									
托儿所服务										
洗染服务	78									25
理发及美容服务	71				4			1		
洗浴服务	807			1	67	9	5	6	7	20
保健服务	104									
婚姻服务	97									
殡葬服务	122						3			
其他居民服务业	272		1	1	4					
机动车、电子产品和日用产品修理业	2632			88	70	2		7	29	92
汽车、摩托车修理与维护	2246			88	69			2	29	84
计算机和办公设备维修	86					2				
家用电器修理	248				1			5		8
其他日用产品修理业	52									
其他服务业	1245					2		14		
清洁服务	993							14		
其他未列明服务业	252					2				

的小微企业法人单位从业人员数（续7）

2001 年	2002 年	2003 年	2004 年	2005 年	2006 年	2007 年	2008 年	2009 年	2010 年	2011 年	2012 年	2013 年	无开业年份
					16	37				21	29	30	
									4	115			
										3	1		
365	247	90	414	150	233	201	269	582	599	517	484	881	
	8	7			5				3				
									10				
	50		30	8	6		9	20	32	6	27	17	
45		30	124	23	8	39		108	204	38	49	100	
12											29	1	
2								35		2		41	
284	175	51	256	92	188	127	191	302	279	235	267	519	
22	14	2	4	27	26	35	69	117	71	236	112	203	
52	35	60	44	66	65	75	228	187	226	207	533	404	
11	31	54	34	55	56	75	204	159	129	144	456	318	
18	4			8	9		9	16	57	44	20	40	
23		6	10	3			15	12	40	19	57	46	
16	**35**	**61**	**45**	**104**	**18**	**3**	**67**	**153**	**215**	**377**	**307**	**334**	
	24		45			2	10	3	23	77	21	36	
	21		3						20				
	3					2			3	5	18		
												4	
			42					3		4			
							10			68	3	32	
9					5	1				4	7	59	
										4		34	
9					5	1					7	25	
7	11	61		104	13		57	150	192	296	279	239	
		10		8	12			16	23	8	55	17	
				12	1				29	105		27	
7	3	51		41			39	95	94	126	122	113	
	8			43			18	39	46	57	102	82	
139	**183**	**227**	**192**	**329**	**412**	**269**	**162**	**302**	**763**	**849**	**760**	**750**	
21	136	51	47	88	61	89	35	56	329	287	235	329	
10							17		71	125	56	88	
				16				27			10		
			10	6	26				1			23	
3	51	51	8	45	25	84	17		121	62	80	145	
4									48	25	12	15	
				3				5	43	19	20	7	
	69		21	7		3		12	4	3			
4	16		8	11	10	2	1	12	41	53	57	51	
101	47	163	139	154	213	142	64	201	197	274	400	249	
101	47	149	139	139	168	138	48	134	154	167	371	219	
				5	6			19	9	27	17	1	
		4		10	39	1		40	34	72	8	26	
		10				3	16	8		8	4	3	
17		13	6	87	138	38	63	45	237	288	125	172	
12		13		87	138	38	61	39	116	196	124	155	
5			6				2	6	121	92	1	17	

4－1－23 按行业、开业（成立）时间分组

	从业人员数（人）	1949年以前	1950－1977年	1978－1991年	1992－1995年	1996年	1997年	1998年	1999年	2000年
教育	**1446**				**52**			**10**	**341**	
教育	1446				52			10	341	
学前教育										
初等教育										
中等教育	1081								341	
高等教育										
特殊教育										
技能培训、教育辅助及其他教育	365				52			10		
卫生和社会工作	**822**					**66**		**15**		
卫生	729					66		15		
医院	729					66		15		
社区医疗与卫生院										
门诊部（所）										
计划生育技术服务活动										
妇幼保健院（所、站）										
专科疾病防治院（所、站）										
疾病预防控制中心										
其他卫生活动										
社会工作	93									
提供住宿社会工作	93									
不提供住宿社会工作										
文化、体育和娱乐业	**3952**		**59**	**13**	**4**		**6**	**5**	**13**	**4**
新闻和出版业	50				3				3	
新闻业	30									
出版业	20				3				3	
广播、电视、电影和影视录音制作业	515		17	1	1					
广播	18									
电视	49									
电影和影视节目制作	43									
电影和影视节目发行	4									
电影放映	391		17	1	1					
录音制作	10									
文化艺术业	909		42	12			6			
文艺创作与表演	559		42							
艺术表演场馆	61									
图书馆与档案馆										
文物及非物质文化遗产保护										
博物馆										
烈士陵园、纪念馆	9						6			
群众文化活动	95			12						
其他文化艺术业	185									
体育	317									
体育组织	60									
体育场馆	22									
休闲健身活动	219									
其他体育	16									
娱乐业	2161							5	10	4
室内娱乐活动	1720							5	10	4
游乐园	139									
彩票活动										
文化、娱乐、体育经纪代理	62									
其他娱乐业	240									

的小微企业法人单位从业人员数（续8）

2001年	2002年	2003年	2004年	2005年	2006年	2007年	2008年	2009年	2010年	2011年	2012年	2013年	无开业年份
419		**189**	**152**	**132**			**48**		**51**	**32**	**20**		
419		189	152	132			48		51	32	20		
419		189		132									
			152				48		51	32	20		
78	**218**		**139**	**97**	**26**	**52**			**1**		**117**	**13**	
78	218		60	97	26	52					117		
78	218		60	97	26	52					117		
			79						1			13	
			79						1			13	
20	**26**	**99**	**88**	**139**	**99**	**98**	**172**	**192**	**805**	**758**	**727**	**625**	
									8	8	3	25	
										8		22	
									8		3	3	
4				9	1	3			149	129	161	40	
									18				
											49		
4				5	1				20	13			
												4	
				4					111	111	112	34	
						3				5		2	
5	4	15	31	15		2	21	26	300	219	87	124	
		15	26			1	18	6	252	63	77	59	
												61	
							3						
1				15					15	52			
4	4		5			1		20	33	104	10	4	
							49	25	31	29	72	111	
								19	9			32	
									22				
							49	6		29	72	63	
												16	
11	22	84	57	115	98	93	102	141	317	373	404	325	
11	22	71	57	89	96	78	102	131	259	299	348	138	
				25							34	80	
		13			1				42	3	1	2	
				1	1	15		10	16	71	21	105	

4－1－24 按地区、营业状态分组的小微企业法人单位从业人员数

地区	从业人员数（人）	营业	停业（歇业）	筹建	当年关闭	当年破产	其他
总计	**714089**	**673375**	**13319**	**7557**	**15587**	**357**	**3894**
清河区	78683	74162	1766	1216	1301	44	194
淮安区	116884	110278	3028	863	2637	76	2
淮阴区	103141	97206	1464	735	902	62	2772
清浦区	55635	51978	1688	70	1885	6	8
涟水县	95000	88943	973	267	4796	9	12
洪泽县	68405	65571	749	1094	938	16	37
盱眙县	96619	90955	1840	1538	1768	114	404
金湖县	50304	47510	945	835	746	30	238
开发区	46870	44495	824	710	614		227
工业园区	2548	2277	42	229			

4－1－25 按地区、开业（成立）时间分组的小微企业法人单位从业人员数

地区	从业人员数（人）	1949年以前	1950－1977年	1978－1991年	1992－1995年	1996年	1997年	1998年	1999年	2000年	2001年	2002年
总计	**714089**	**177**	**8205**	**14711**	**13890**	**4009**	**4809**	**11872**	**6302**	**11601**	**15483**	**25143**
清河区	78683	8	314	1360	3116	543	620	459	446	909	1821	1818
淮安区	116884	85	1668	5508	2299	816	300	4990	2302	2112	3388	4600
淮阴区	103141		1314	1535	1657	539	139	966	1065	1517	1641	5720
清浦区	55635	21	5	823	377	350	306	316	456	1799	2297	1984
涟水县	95000	60	2127	840	1837	61	1371	434	294	2292	2305	3044
洪泽县	68405		539	2153	1667	298	469	1131	404	675	837	1859
盱眙县	96619		723	804	1918	143	122	622	244	732	1206	2568
金湖县	50304		1143	1156	501	245	322	2435	720	1167	1417	2467
开发区	46870	3	372	532	518	1014	1160	519	371	350	571	1083
工业园区	2548									48		

地区	2003年	2004年	2005年	2006年	2007年	2008年	2009年	2010年	2011年	2012年	2013年	无开业年份
总计	**26189**	**25725**	**28822**	**40413**	**41829**	**41143**	**70016**	**97743**	**90297**	**83630**	**51976**	**104**
清河区	4300	2050	4342	3798	3159	6246	7657	11071	9092	6951	8595	8
淮安区	5459	4355	2949	3929	6550	5384	9212	12424	12703	12415	13432	4
淮阴区	3432	4356	4441	6201	5667	7055	13179	11560	12578	13900	4668	11
清浦区	2599	2879	3899	3404	2651	3548	7128	5290	6548	5365	3590	
涟水县	2578	2235	3097	9583	5055	4285	8622	15916	12672	11047	5243	2
洪泽县	2506	2751	2179	2485	3965	3662	5365	10893	9938	10294	4319	16
盱眙县	1617	3232	2342	5114	7769	5531	10115	19194	13443	12134	7008	38
金湖县	1743	1986	2202	3747	2677	4011	3236	6102	5977	4034	2996	20
开发区	1955	1881	3353	2117	4283	1421	5180	5015	6039	7151	1977	5
工业园区			18	35	53		322	278	1307	339	148	

文化产业篇：
文化及相关产业情况

本篇编辑：徐　婷　张正北　张建国

5－1－1　分地区、分行业规模以上文化及相关产业法人单位数

地　　　区	法人单位数（个）	文化制造业	文化批发和零售业	文化服务业
总　　计	**256**	**104**	**33**	**119**
清 河 区	47	4	6	37
淮 安 区	40	19	12	9
淮 阴 区	22	12	1	9
清 浦 区	30	2	4	24
涟 水 县	29	12	2	15
洪 泽 县	21	13	2	6
盱 眙 县	34	23	1	10
金 湖 县	13	5	3	5
开 发 区	20	14	2	4

5－1－2　分地区、分控股类型规模以上文化及相关产业法人单位数

地　　　区	法人单位数（个）	国有控股	集体控股	私人控股	港澳台控股	外商控股	其　他
总　　计	**256**	**29**	**4**	**203**	**10**	**3**	**7**
清 河 区	47	5	1	38	2		1
淮 安 区	40	3	1	33	1	1	1
淮 阴 区	22	3		17			2
清 浦 区	30	4	1	25			
涟 水 县	29	4		24			1
洪 泽 县	21	3		18			
盱 眙 县	34	4		24	4	1	1
金 湖 县	13	2		10			1
开 发 区	20	1	1	14	3	1	

5－1－3　分地区、分登记注册类型规模以上文化及相关产业法人单位数

	总计（个）	清河区	淮安区	淮阴区	清浦区	涟水县	洪泽县	盱眙县	金湖县	开发区
合　　计	**256**	**47**	**40**	**22**	**30**	**29**	**21**	**34**	**13**	**20**
内资企业	242	45	38	21	30	29	21	29	13	16
国有企业	18	4	2	2	3	2	1	4		
集体企业	1									1
股份合作企业										
联营企业										
国有联营企业										
集体联营企业										
国有与集体联营企业										
其他联营企业										
有限责任公司	62	16	7	2	8	6	8	5	4	6
国有独资公司	1						1			
其他有限责任公司	61	16	7	2	8	6	7	5	4	6
股份有限公司	11	4	1		1	1	3			1
私营企业	150	21	28	17	18	20	9	20	9	8
私营独资企业	18	1	5		1	6		2	1	2
私营合伙企业	2	1				1				
私营有限责任公司	124	17	22	17	17	11	9	18	8	5
私营股份有限公司	6	2	1			2				1
其他企业										
港、澳、台商投资企业	11	2	1	1				4		3
与港澳台商合资经营企业	5	2		1				1		1
与港澳台商合作经营企业										
港澳台商独资经营企业	5		1					3		1
港澳台商投资股份有限公司	1									1
其他港澳台投资企业										
外商投资企业	3		1					1		1
中外合资经营企业	1		1							
中外合作经营企业										
外资企业	2							1		1
外商投资股份有限公司										
其他外商投资企业										

5－1－4　分地区、分类别规模以上文化制造业企业单位数

	总计（个）	清河区	淮安区	淮阴区	清浦区	涟水县	洪泽县	盱眙县	金湖县	开发区
合　　计	**104**	**4**	**19**	**12**	**2**	**12**	**13**	**23**	**5**	**14**
雕塑工艺品制造	1					1				
金属工艺品制造	1		1							
漆器工艺品制造										
花画工艺品制造	1			1						
天然植物纤维编织工艺品制造										
抽纱刺绣工艺品制造	2							1	1	
地毯、挂毯制造	1		1							
珠宝首饰及有关物品制造										
其他工艺美术品制造	5		1	1			1	2		
园林、陈设艺术及其他陶瓷制品制造 *	1							1		
书、报刊印刷	6	1		2		1				2
本册印制										
包装装潢及其他印刷	34	3	2	3		5	7	4		10
装订及印刷相关服务	1							1		
记录媒介复制										
文具制造	2		1					1		
笔的制造										
墨水、墨汁制造										
中乐器制造										
西乐器制造	2		1			1				
电子乐器制造										
其他乐器及零件制造	1					1				
玩具制造	16		2	1	1	2	1	5	3	1
露天游乐场所游乐设备制造										
游艺用品及室内游艺器材制造										
其他娱乐用品制造										
电视机制造	2							2		
音响设备制造										
影视录放设备制造	1							1		
焰火、鞭炮产品制造										
机制纸及纸板制造 *	17		8	4	1		4			
手工纸制造										
油墨及类似产品制造										
颜料制造 *	1		1							
信息化学品制造 *	1		1							
照明灯具制造 *	1								1	
其他电子设备制造 *	1									1
印刷专用设备制造	1							1		
广播电视节目制作及发射设备制造										
广播电视接收设备及器材制造	4					1		3		
应用电视设备及其他广播电视设备制造										
电影机械制造										
幻灯及投影设备制造	1							1		
照相机及器材制造										
复印和胶印设备制造										

注：其中含“*”的分组指该分组中部分属于文化产业单位，分组数据为其中文化产业单位数据。

5－1－5　分地区、分类别限额以上文化批发和零售业企业单位数

	总　计（个）	清河区	淮安区	淮阴区	清浦区	涟水县	洪泽县	盱眙县	金湖县	开发区
合　　计	**33**	**6**	**12**	**1**	**4**	**2**	**2**	**1**	**3**	**2**
图书批发										
报刊批发										
音像制品及电子出版物批发										
图书、报刊零售	8	1	2	1		1	1	1	1	
音像制品及电子出版物零售										
贸易代理 *										
拍卖 *										
通讯及广播电视设备批发 *										
电气设备批发 *										
首饰、工艺品及收藏品批发	2		2							
珠宝首饰零售	1								1	
工艺美术品及收藏品零售										
文具用品批发	4				3					1
文具用品零售	8	4	3		1					
乐器零售										
照相器材零售										
家用电器批发 *	3		2				1			
家用视听设备零售	1									1
其他文化用品批发	5		3			1			1	
其他文化用品零售	1	1								

注：其中含“＊”的分组指该分组中部分属于文化产业单位，分组数据为其中文化产业单位数据。

5-1-6　分地区、分类别规模以上文化服务业企业单位数

	总　计（个）	清河区	淮安区	淮阴区	清浦区	涟水县	洪泽县	盱眙县	金湖县	开发区
合　　计	**119**	**37**	**9**	**9**	**24**	**15**	**6**	**10**	**5**	**4**
新闻业	1					1				
图书出版										
报纸出版	1				1					
期刊出版										
音像制品出版										
电子出版物出版										
其他出版业										
广播										
电视	4			1		1	1	1		
电影和影视节目制作										
电影和影视节目发行										
电影放映	7	3	1		1		1			1
录音制作										
文艺创作与表演	4	1	1		1	1				
艺术表演场馆										
图书馆										
档案馆										
文物及非物质文化遗产保护										
博物馆										
烈士陵园、纪念馆										
群众文化活动	1					1				
社会人文科学研究										
专业性团体（的服务）*										
文化艺术培训										
其他未列明教育 *										
其他文化艺术业	1					1				
互联网信息服务	2			1					1	
其他电信服务 *										
有线广播电视传输服务	8	1	2			2	1	1	1	
无线广播电视传输服务	1			1						
卫星传输服务 *										
广告业	40	19		4	5	7	1	1	2	1
软件开发 *	2						1			1
数字内容服务 *										
工程勘察设计 *	18	2	4	1	8	1		1	1	
专业化设计服务	1	1								
公园管理	3							2		1
游览景区管理	1		1							
野生动物保护 *										
野生植物保护 *										
歌舞厅娱乐活动	11	3			6			2		
电子游艺厅娱乐活动	1							1		
网吧活动										
其他室内娱乐活动										
游乐园	1	1								
其他娱乐业	2	2								
摄影扩印服务	1	1								
知识产权服务 *										
文化娱乐经纪人										
其他文化艺术经纪代理										
娱乐及体育设备出租 *										
图书出租										
音像制品出租										
会议及展览服务	4	3		1						
其他未列明商务服务业 *	4				2		1	1		

注：其中含“*”的分组指该分组中部分属于文化产业单位，分组数据为其中文化产业单位数据。

附录：

普查公报、普查方案、普查机构、指标解释

本篇编辑：袁永志　尹　进　罗　劼　肖　淦

淮安市第三次全国经济普查主要数据公报

（第一号）

淮安市第三次全国经济普查领导小组办公室
淮安市统计局　国家统计局淮安调查队

2015 年 2 月 28 日

根据国务院和省政府的统一部署，淮安市进行了第三次全国经济普查。这次普查的标准时点为 2013 年 12 月 31 日，普查时期资料为 2013 年年度资料。普查对象是在淮安市境内从事第二产业和第三产业的全部法人单位、产业活动单位和个体经营户。通过这次普查，摸清了淮安市第二产业和第三产业的发展规模及布局，摸清了产业组织、产业结构、产业技术的现状以及各生产要素的构成，查实了服务业、战略性新兴产业和小微企业的发展状况。

根据《全国经济普查条例》，淮安市第三次全国经济普查领导小组办公室、淮安市统计局和国家统计局淮安调查队现分三个公报，将淮安市第三次全国经济普查的主要综合数据公布如下。其他普查数据将随着普查资料开发应用的进度，以不同方式陆续公布。

一、单位基本情况

2013 年末，全市共有从事第二产业和第三产业活动的法人单位 4.3 万个，比 2008 年末（2008 年是第二次全国经济普查年份，下同）增加 1.7 万个，增长 67.9%；产业活动单位 5 万个，增加 1.9 万个，增长 61.9%；有证照个体经营户 14.3 万个，增加 5 万个，增长 53.6%（详见表 1－1）。

表 1－1　单位数与有证照个体经营户数

	单　位　数（个）	比　　重（%）
一、法人单位	43238	100.0
企业法人	31742	73.5
机关、事业法人	4257	9.8
社会团体和其他法人	7239	16.7
二、产业活动单位	50298	100.0
第二产业	13644	27.1
第三产业	36654	72.9
三、有证照个体经营户	143394	100.0
第二产业	5480	3.8
第三产业	137914	96.2

2013 年末，在第二产业和第三产业法人单位中，位居前三位的行业是：批发和零售业 10851 个，占 25.1%；制造业 10541 个，占 24.4%；公共管理、社会保障和社会组织 5884 个，占 13.6%。在有证照个体经营户中，位居前三位的行业是：批发和零售业 82933 个，占 57.8%；交通运输、仓储和邮政业 30251 个，占 21.1%；居民服务、修理和其他服务业 10216 个，占 7.1%（详见表 1－2）。

表1－2　按行业分组的法人单位与有证照个体经营户

	法人单位（个）	有证照个体经营户（个）
合　计	**43238**	**143394**
采矿业	70	16
制造业	10541	4657
电力、热力、燃气及水生产和供应业	187	22
建筑业	2312	1095
批发和零售业	10851	82933
交通运输、仓储和邮政业	1162	30251
住宿和餐饮业	475	9964
信息传输、软件和信息技术服务业	613	574
金融业	82	—
房地产业	1373	437
租赁和商务服务业	3009	1083
科学研究和技术服务业	1828	524
水利、环境和公共设施管理业	416	4
居民服务、修理和其他服务业	633	10216
教育	1111	275
卫生和社会工作	753	253
文化、体育和娱乐业	677	902
公共管理、社会保障和社会组织	5884	—

注：表中法人单位合计数含从事农、林、牧、渔服务业和兼营第二、三产业活动的农、林、牧、渔业法人单位1261个；有证照个体经营户合计数含从事农、林、牧、渔服务业活动的个体经营户188个。

2013年末，全市共有第二产业和第三产业的企业法人单位3.2万个，比2008年末增加1.4万个，增长78.2%。其中，内资企业占98.3%，港、澳、台商投资企业占1.1%，外商投资企业占0.7%。内资企业中，国有企业占全部企业法人单位的1.4%，私营企业占71.9%（详见表1－3）。

表1－3　按登记注册类型分组的企业法人单位

	企业法人单位（个）
合　计	**31742**
内资企业	31187
国有企业	431
集体企业	501
股份合作企业	83
联营企业	75
有限责任公司	4036
股份有限公司	602
私营企业	22837
其他企业	2621
港、澳、台商投资企业	343
外商投资企业	213

二、从业人员

2013 年末，全市第二产业和第三产业法人单位从业人员 153.7 万人，比 2008 年末增加 46.8 万人，增长 43.8%。有证照个体经营户从业人员 37.2 万人，比 2008 年末增加 8.4 万人，增长 28.9%。

在法人单位从业人员中，位居前三位的行业是：制造业 52.5 万人，占 34.2%；建筑业 50.8 万人，占 33%；批发和零售业 10.9 万人，占 7.1%。在有证照个体经营户从业人员中，位居前三位的行业是：批发和零售业 20.2 万人，占 54.4%；交通运输、仓储和邮政业 6.3 万人，占 16.9%；住宿和餐饮业 4.0 万人，占 10.9%（详见表 1－4）。

表 1－4　按行业分组的法人单位与有证照个体经营户从业人员

	法人单位从业人员（人）	有证照个体经营户从业人员（人）
合　计	**1536560**	**372229**
采矿业	5628	106
制造业	524907	19695
电力、热力、燃气及水生产和供应业	6332	82
建筑业	507754	4420
批发和零售业	109289	202318
交通运输、仓储和邮政业	42614	62942
住宿和餐饮业	14418	40486
信息传输、软件和信息技术服务业	10778	1368
金融业	18954	—
房地产业	26982	1113
租赁和商务服务业	37586	3050
科学研究和技术服务业	26567	1730
水利、环境和公共设施管理业	10136	23
居民服务、修理和其他服务业	7979	29657
教育	63397	1013
卫生和社会工作	31678	686
文化、体育和娱乐业	7491	3093
公共管理、社会保障和社会组织	72823	—

注：表中法人单位从业人员合计数含从事农、林、牧、渔服务业和兼营第二、三产业活动的农、林、牧、渔业法人单位从业人员 11247 人；有证照个体经营户从业人员合计数含从事农、林、牧、渔服务业活动的个体经营户从业人员 447 人。

三、企业资产总计

2013 年末，全市第二产业和第三产业企业资产总计 8847.2 亿元。其中，第二产业企业资产总计占全部企业资产总计的 35.5%，第三产业企业资产总计占 64.5%。

四、小微企业

2013 年末，全市共有第二产业和第三产业的小微企业法人单位 30431 个，占全部企业法人单位 95.9%。其中，位居前三位的行业是：工业 10580 个，占全部企业法人单位 33.3%；批发业 5734 个，占 18.1%；零售业 4374 个，占 13.8%。

小微企业从业人员 70.4 万人，占全部企业法人单位从业人员 53.1%。其中，位居前三位的行业是：工业 33.2 万人，占全部企业法人单位从业人员 25.0%；建筑业 18.2 万人，占 13.8%；批发业 5.2 万人，占 3.9%。

小微企业法人单位资产总计 3756.6 亿元，占全部企业法人单位资产总计 42.5%。其中，位居前三位的行业是：工业1531.0亿元，占全部企业法人单位资产总计17.3%；租赁和商务服务业1021.6亿元，占11.5%；批发业264.0亿元，占3.0%（详见表1－5）。

表1－5　按行业分组的小微企业法人单位、从业人员和资产总计

	企业法人单位（个）	从业人员（人）	资产总计（亿元）
合　计	**30431**	**703502**	**3756.6**
工业	10580	331538	1531.0
建筑业	2107	182307	150.6
交通运输业	1024	22386	95.7
仓储业	50	811	32.7
邮政业	30	652	1.8
信息传输业	196	1896	5.8
软件和信息技术服务业	321	3079	12.1
批发业	5734	51663	264.0
零售业	4374	29412	109.5
住宿业	136	3395	13.7
餐饮业	321	7174	16.3
房地产开发经营	368	7152	233.8
物业管理	449	8482	19.7
租赁和商务服务业	2552	30016	1021.6
其他未列明行业	2101	22940	247.3

注：表中小微企业法人单位合计数含从事农、林、牧、渔服务业和兼营第二、三产业活动的农、林、牧、渔业小微企业法人单位88个，从业人员599人，资产总计1.3亿元。

五、战略性新兴产业

2013年末，在第二产业和第三产业企业法人单位中，有战略性新兴产业活动的企业法人单位3674个，占全部企业法人单位11.6%。其中，节能环保产业2278个，占全部企业法人单位7.2%；新材料产业801个，占2.5%。

有战略性新兴产业活动的企业法人单位从业人员34.34万人，占全部企业法人单位从业人员的25.9%。其中，节能环保产业22.99万人，占全部企业法人单位从业人员的17.3%；新材料产业5.73万人，占4.3%。

六、主要经济结构变化情况

2013年末，在全市第二产业和第三产业法人单位中，企业法人单位占73.5%，比2008年末提高了4.3个百分点；机关、事业法人单位占9.8%，下降了5.3个百分点；社会团体和其他法人占16.7%，提高了1.0个百分点。企业法人单位从业人员占全部法人单位从业人员的86.2%，提高了3.6个百分点；机关、事业法人单位占9.4%，下降了4.5个百分点；社会团体和其他法人占4.4%，提高了0.9个百分点。

在法人单位中，第二产业占30.2%，比2008年末下降了2.6个百分点；第三产业占69.8%，提高了2.6个百分点。第二产业法人单位从业人员占全部法人单位从业人员的67.9%，比2008年末提高了3.1个百分点；第三产业法人单位从业人员占32.1%，下降了3.1个百分点。第三产业法人单位从业人员占比下降较多的行业分别是：教育业下降2.5个百分点，公共管理、社会保障和社会组织下降1.8个百分点，交通运输、仓储和邮政业下降0.8个百分点。

在有证照个体经营户中，第二产业占3.8%，比2008年末下降了3.1个百分点；第三产业占96.2%，提高了3.1个百分点。有证照个体经营户从业人员中，第二产业占6.3%，比2008年末下降了6.6个百分点，第三产业占93.7%，提高了6.6个百分点。

注释：

［1］三次产业的划分：

第一产业是指农、林、牧、渔业（不含农、林、牧、渔服务业）。

第二产业是指采矿业（不含开采辅助活动），制造业（不含金属制品、机械和设备修理业），电力、热力、燃气及水生产和供应业，建筑业。

第三产业即服务业，是指除第一产业、第二产业以外的其他行业。第三产业包括：批发和零售业，交通运输、仓储和邮政业，住宿和餐饮业，信息传输、软件和信息技术服务业，金融业，房地产业，租赁和商务服务业，科学研究和技术服务业，水利、环境和公共设施管理业，居民服务、修理和其他服务业，教育，卫生和社会工作，文化、体育和娱乐业，公共管理、社会保障和社会组织，国际组织，以及农、林、牧、渔业中的农、林、牧、渔服务业，采矿业中的开采辅助活动，制造业中的金属制品、机械和设备修理业。

［2］单位的划分：

法人单位是指具备以下条件的单位：

（1）依法成立，有自己的名称、组织机构和场所，能够独立承担民事责任；

（2）独立拥有（或授权使用）资产或者经费，承担负债，有权与其他单位签订合同；

（3）具有包括资产负债表在内的账户，或者能够根据需要编制账户。

法人单位包括企业法人、事业单位法人、机关法人、社会团体法人和其他成员组织法人、其他法人。

产业活动单位是指具备以下条件的单位：

（1）在一个场所从事一种或主要从事一种社会经济活动；

（2）相对独立组织生产活动或经营活动；

（3）能提供收入、支出等相关资料。

有证照的个体经营户是指除农户外，生产资料归劳动者个人所有，以个体劳动为基础，劳动成果归劳动者个人占有和支配的一种经营组织。有证照的个体经营户包括：

（1）按照《中华人民共和国民法通则》和《城乡个体工商户管理暂行条例》规定，经各级工商行政管理机关登记注册、领取《营业执照》的个体工商户；

（2）依据《民办非企业单位登记管理暂行条例》，经国务院民政部门和县级以上地方各级人民政府民政部门核准登记，并领取《民办非企业单位（合伙）登记证书》或《民办非企业单位（个人）登记证书》的民办非企业单位。

（3）经相关部门批准，领取了准运证，独立从事交通运输的个体运输户。

［3］小微企业：

根据工业和信息化部、国家统计局、国家发展和改革委员会、财政部《关于印发中小企业划型标准规定的通知》（工信部联企业〔2011〕300 号）精神和国家统计局制定的《统计上大中小微型企业划分办法》确定。本办法按照行业门类、大类、中类和组合类别，依据从业人员、营业收入、资产总额等指标或替代指标，将我国的企业划分为大型、中型、小型、微型等四种类型。

［4］战略性新兴产业：

根据《国务院关于加快培育和发展战略性新兴产业的决定》（国发〔2010〕32 号）的精神和国家统计局制定的《战略性新兴产业分类（2012）（试行）》标准确定。战略性新兴产业分类是按照经济活动进行划分，是从事战略性新兴产业活动的集合，是在《国民经济行业分类》基础上，对与战略性新兴产业相关活动的再分类。

［5］表中的合计数和部分数据因小数取舍而产生的误差，均未作机械调整。

［6］因铁路运输业数据暂未确定，公报中所有数据不含铁路运输业。

淮安市第三次全国经济普查主要数据公报

（第二号）

淮安市第三次全国经济普查领导小组办公室
淮安市统计局　国家统计局淮安调查队
2015 年 2 月 28 日

根据淮安市第三次全国经济普查结果，现将我市第二产业的主要数据公布如下：

一、工业

（一）企业法人单位数和从业人员

2013 年末，全市共有工业企业法人单位 10793 个，从业人员 53.7 万人，分别比 2008 年末增长 46.9% 和 40.3%。

在工业企业法人单位中，内资企业 10365 个，占 96.0%；港、澳、台商投资企业 269 个，占 2.5%；外商投资企业 159 个，占 1.5%。内资企业中，国有企业 60 个，占全部企业的 0.6%；集体企业 99 个，占 0.9%；私营企业 8407 个，占 77.9%。

在工业企业法人单位从业人员中，内资企业占 76.7%，港、澳、台商投资企业占 16.1%，外商投资企业占 7.2%。内资企业中，国有企业占全部企业的 1.6%，集体企业占 0.5%，私营企业占 53.9%（详见表 2－1）。

表 2－1　按登记注册类型分组的工业企业法人单位和从业人员

	企业法人单位（个）	从业人员（人）
合　计	**10793**	**536815**
内资企业	10365	411950
国有企业	60	8460
集体企业	99	2604
股份合作企业	17	460
联营企业	10	97
有限责任公司	1117	80715
股份有限公司	170	23404
私营企业	8407	289511
其他企业	485	6699
港、澳、台商投资企业	269	86255
外商投资企业	159	38610

在工业企业法人单位中，采矿业 70 个，制造业 10538 个，电力、热力、燃气及水生产和供应业 185 个，分别占 0.6%、97.6% 和 1.6%。

在工业企业法人单位从业人员中，采矿业占 1.0%，制造业占 97.8%，电力、热力、燃气及水生产和供应业占 1.2%。在工业行业大类中，计算机、通信和其他电子设备制造业、纺织服装、服饰业、电气机械和器材制造业从业人员数位居前三位，分别占12.6%、11.0%和7.6%（详见表2－2）。

表2－2　按行业分组的工业企业法人单位和从业人员

	企业法人单位（个）	从业人员（人）
合　计	**10793**	**536815**
煤炭开采和洗选业	1	18
石油和天然气开采业	2	5
黑色金属矿采选业	0	0
有色金属矿采选业	1	4
非金属矿采选业	58	5544
开采辅助活动	6	17
其他采矿业	2	40
农副食品加工业	529	26695
食品制造业	182	6430
酒、饮料和精制茶制造业	74	4732
烟草制品业	2	2001
纺织业	728	38072
纺织服装、服饰业	961	58839
皮革、毛皮、羽毛及其制品和制鞋业	282	17424
木材加工和木、竹、藤、棕、草制品业	489	14919
家具制造业	166	3637
造纸和纸制品业	255	9700
印刷和记录媒介复制业	200	8681
文教、工美、体育和娱乐用品制造业	345	14879
石油加工、炼焦和核燃料加工业	31	2517
化学原料和化学制品制造业	503	29745
医药制造业	71	5530
化学纤维制造业	34	1803
橡胶和塑料制品业	533	20530
非金属矿物制品业	873	27011
黑色金属冶炼和压延加工业	138	15180
有色金属冶炼和压延加工业	203	7486
金属制品业	620	19159
通用设备制造业	894	30616
专用设备制造业	575	19122
汽车制造业	260	12840
铁路、船舶、航空航天和其他运输设备制造业	112	4733
电气机械和器材制造业	597	40806
计算机、通信和其他电子设备制造业	366	67864
仪器仪表制造业	283	6193
其他制造业	115	5271
废弃资源综合利用业	60	1851
金属制品、机械和设备修理业	57	610
电力、热力生产和供应业	59	3617
燃气生产和供应业	27	744
水的生产和供应业	99	1950

（二）资产总计

2013 年末，工业企业法人单位资产总计2602.6 亿元，比 2008 年末增长 156.7%（详见表 2－3）。

表 2－3 按行业分组的工业企业法人单位资产总计

	资产总计（亿元）
合 计	**2602.6**
煤炭开采和洗选业	0.1
石油和天然气开采业	0.1
黑色金属矿采选业	—
有色金属矿采选业	—
非金属矿采选业	85.5
开采辅助活动	0.1
其他采矿业	—
农副食品加工业	100.5
食品制造业	31.1
酒、饮料和精制茶制造业	43.6
烟草制品业	105.3
纺织业	119.0
纺织服装、服饰业	89.8
皮革、毛皮、羽毛及其制品和制鞋业	33.5
木材加工和木、竹、藤、棕、草制品业	41.2
家具制造业	14.1
造纸和纸制品业	43.6
印刷和记录媒介复制业	35.0
文教、工美、体育和娱乐用品制造业	43.8
石油加工、炼焦和核燃料加工业	22.0
化学原料和化学制品制造业	255.2
医药制造业	27.8
化学纤维制造业	13.6
橡胶和塑料制品业	118.6
非金属矿物制品业	129.1
黑色金属冶炼和压延加工业	183.5
有色金属冶炼和压延加工业	43.0
金属制品业	129.4
通用设备制造业	131.9
专用设备制造业	91.2
汽车制造业	88.7
铁路、船舶、航空航天和其他运输设备制造业	13.9
电气机械和器材制造业	182.3
计算机、通信和其他电子设备制造业	140.3
仪器仪表制造业	30.3
其他制造业	9.2
废弃资源综合利用业	12.0
金属制品、机械和设备修理业	1.7
电力、热力生产和供应业	143.3
燃气生产和供应业	11.8
水的生产和供应业	37.7

（三）资产贡献率

2013 年，规模以上工业企业法人单位总资产贡献率为 22.3%。其中，采矿业为 10.3%，制造业为

23.9%，电力、热力、燃气及水生产和供应业为9.1%（详见表2-4）。

表2-4　按行业分组的规模以上工业企业法人单位总资产贡献率

	总资产贡献率（%）
合　计	**22.3**
煤炭开采和洗选业	—
石油和天然气开采业	—
黑色金属矿采选业	—
有色金属矿采选业	—
非金属矿采选业	10.3
开采辅助活动	—
其他采矿业	—
农副食品加工业	37.4
食品制造业	28.7
酒、饮料和精制茶制造业	42.7
烟草制品业	88.5
纺织业	16.3
纺织服装、服饰业	36.3
皮革、毛皮、羽毛及其制品和制鞋业	36.2
木材加工和木、竹、藤、棕、草制品业	25.8
家具制造业	7.0
造纸和纸制品业	25.9
印刷和记录媒介复制业	29.4
文教、工美、体育和娱乐用品制造业	21.1
石油加工、炼焦和核燃料加工业	38.6
化学原料和化学制品制造业	11.9
医药制造业	28.9
化学纤维制造业	25.8
橡胶和塑料制品业	17.0
非金属矿物制品业	18.9
黑色金属冶炼和压延加工业	9.8
有色金属冶炼和压延加工业	20.9
金属制品业	26.1
通用设备制造业	23.5
专用设备制造业	19.8
汽车制造业	18.6
铁路、船舶、航空航天和其他运输设备制造业	25.0
电气机械和器材制造业	19.1
计算机、通信和其他电子设备制造业	10.2
仪器仪表制造业	15.5
其他制造业	24.3
废弃资源综合利用业	18.8
金属制品、机械和设备修理业	110.4
电力、热力生产和供应业	10.1
燃气生产和供应业	11.0
水的生产和供应业	2.8

（四）企业研发活动

2013年，开展研究与试验发展（简称R&D或研发）活动的规模以上工业企业法人单位299个，比2008年增长130%，占全部规模以上工业企业法人单位的13.4%。2013年，规模以上工业企业法人单位

R&D 人员折合全时当量7056.6人年，比2008年增长249.5%。2013年，规模以上工业企业法人单位R&D经费支出26.6亿元，比2008年增长260%；R&D经费投入强度为0.57%（详见表2－5）。

表2－5　按行业分组的规模以上工业企业法人单位R&D经费支出及投入强度情况

	R&D经费支出（万元）	R&D经费投入强度（%）
总计	**266359.6**	**0.57**
采矿业	9693.2	1.75
非金属矿采选业	9693.2	1.75
制造业	255940.3	0.56
农副食品加工业	6477.4	0.15
食品制造业	420.2	0.09
酒、饮料和精制茶制造业	5922.9	1.52
烟草制品业	831.7	0.08
纺织业	7532.1	0.35
纺织服装、服饰业	9485.8	0.44
皮革、毛皮、羽毛及其制品和制鞋业	499.7	0.05
木材加工和木、竹、藤、棕、草制品业	2984.2	0.38
家具制造业	32.0	0.01
造纸和纸制品业	1738.7	0.19
印刷和记录媒介复制业	4324.3	0.69
文教、工美、体育和娱乐用品制造业	9013.9	1.01
石油加工、炼焦和核燃料加工业	1887.8	0.22
化学原料和化学制品制造业	33573.2	0.99
医药制造业	9215.3	1.96
化学纤维制造业	274.2	0.08
橡胶和塑料制品业	5418.7	0.40
非金属矿物制品业	3096.3	0.16
黑色金属冶炼和压延加工业	20029.4	0.65
有色金属冶炼和压延加工业	2108.4	0.16
金属制品业	6272.7	0.48
通用设备制造业	17139.0	0.77
专用设备制造业	13811.3	1.09
汽车制造业	6720.5	0.59
铁路、船舶、航空航天和其他运输设备制造业	1282.7	0.75
电气机械和器材制造业	31237.2	0.81
计算机、通信和其他电子设备制造业	43295.7	0.64
仪器仪表制造业	8915.0	2.30
其他制造业	2380.0	1.33
废弃资源综合利用业	—	—
金属制品、机械和设备修理业	20.0	0.49
电力、热力、燃气及水生产和供应业	726.1	0.09
电力、热力生产和供应业	409.3	0.06
燃气生产和供应业	—	—
水的生产和供应业	316.8	0.70

2013年，规模以上工业企业法人单位全年专利申请量1593件，其中发明专利申请490件，分别比2008年增长534.7%和385.1%；发明专利申请所占比重为30.8%。

二、建筑业

（一）企业法人单位数和从业人员

2013年末，全市共有建筑业企业法人单位2312个，从业人员50.8万人，分别比2008年末增长126.0%和64.3%。

建筑业企业法人单位中，内资企业占99.7%，港、澳、台商投资企业占0.2%，外商投资企业占0.1%；内资企业中，国有企业占企业法人单位的0.7%，集体企业占1.6%，私营企业占68.2%。

建筑业企业法人单位从业人员中，内资企业占99.9%，港、澳、台商及外商投资企业占0.1%。内资企业中，国有企业占企业法人单位从业人员的1.1%，集体企业占3.7%，私营企业占60.2%（详见表2－6）。

表2－6　按登记注册类型分组的建筑业企业法人单位和从业人员

	企业法人单位（个）	从业人员（人）
合　计	**2312**	**507754**
内资企业	2306	507345
国有企业	17	5554
集体企业	38	18660
股份合作企业	10	2779
联营企业	5	203
有限责任公司	438	140482
股份有限公司	68	30967
私营企业	1577	305672
其他内资企业	153	2990
港、澳、台商投资企业	4	440
外商投资企业	2	7

建筑业企业法人单位中，房屋建筑业占34.3%，土木工程建筑业占15.5%，建筑安装业占14.0%，建筑装饰和其他建筑业占36.2%。

建筑业企业法人单位从业人员中，房屋建筑业占76.7%，土木工程建筑业占10.5%，建筑安装业占4.2%，建筑装饰和其他建筑业占8.4%（详见表2－7）。

表2－7　按行业分组的建筑业企业法人单位和从业人员

	企业法人单位（个）	从业人员（人）
合　计	**2312**	**507754**
房屋建筑业	793	390299
土木工程建筑业	358	53480
建筑安装业	324	21346
建筑装饰和其他建筑业	837	42629

（二）资产总计 2013年末，建筑业企业法人单位资产总计539.9亿元，比2008年末增长220.7%（详见表2－8）。

表2－8　按行业分组的建筑业企业法人单位资产总计

	资产总计（亿元）
合　计	**539.9**
房屋建筑业	337.3
土木工程建筑业	107.5
建筑安装业	30.4
建筑装饰和其他建筑业	64.7

注释：

［1］规模以上工业：是指全部年主营业务收入2000万元及以上的法人工业企业。

［2］研究与试验发展：是指在科学技术领域，为增加知识总量，以及运用这些知识去创造新的应用而进行的系统的、创造性的活动，包括基础研究、应用研究、试验发展三类活动。

［3］R&D经费投入强度：是指R&D经费支出与主营业务收入之比。

［4］表中的合计数和部分计算数据因小数取舍而产生的误差，均未作机械调整。

淮安市第三次全国经济普查主要数据公报

（第三号）

淮安市第三次全国经济普查领导小组办公室
淮安市统计局　国家统计局淮安调查队
2015年2月28日

根据淮安市第三次全国经济普查结果，现将我市第三产业的主要数据公布如下：

一、批发和零售业

（一）法人单位数和从业人员

2013年末，全市共有批发和零售业法人单位1.1万个，从业人员10.9万人，分别比2008年末增长115.3%和88.1%。

在批发和零售业法人单位中，批发业占58.3%，零售业占41.7%。在批发和零售业法人单位从业人员中，批发业占59.2%，零售业占40.8%（详见表3－1）。

表3－1　按行业分组的批发和零售业法人单位和从业人员

	法人单位（个）	从业人员（人）
合　计	**10851**	**109289**
批发业	6328	64704
农、林、牧产品批发	822	10105
食品、饮料及烟草制品批发	822	11932
纺织、服装及家庭用品批发	622	6964
文化、体育用品及器材批发	156	1258
医药及医疗器材批发	119	1817
矿产品、建材及化工产品批发	1824	15692
机械设备、五金产品及电子产品批发	1016	8680
贸易经纪与代理	386	3331
其他批发业	561	4925
零售业	4523	44585
综合零售	668	11080
食品、饮料及烟草制品专门零售	448	3931
纺织、服装及日用品专门零售	357	2835
文化、体育用品及器材专门零售	166	1463
医药及医疗器材专门零售	1019	5555
汽车、摩托车、燃料及零配件专门零售	466	8412
家用电器及电子产品专门零售	584	4876
五金、家具及室内装饰材料专门零售	486	3729
货摊、无店铺及其他零售业	329	2704

在批发和零售业法人单位中，内资企业占99.6%，其中：国有企业占1.5%，股份有限公司占1.2%，有限责任公司占10.1%，私营企业占69.3%；港、澳、台商投资企业占0.2%；外商投资企业占0.2%（详见表3－2）。

表3－2　按登记注册类型分组的批发和零售业法人单位和从业人员

	法人单位（个）	从业人员（人）
合　计	**10851**	**109289**
内资企业	10806	107181
国有企业	165	2916
集体企业	199	2309
股份合作企业	26	284
联营企业	27	169
有限责任公司	1098	16128
股份有限公司	130	4726
私营企业	7521	64127
其他企业	1640	16522
港、澳、台商投资企业	27	1504
外商投资企业	18	604

（二）资产总计

2013年末，批发和零售业法人单位资产总计548.74亿元，比2008年末增长221.3%。其中，批发业法人单位资产总计360.08亿元，零售业法人单位资产总计188.66亿元，分别比2008年末增长220%和224%（详见表3－3）。

表3－3　按行业分组的批发和零售业法人单位资产总计

	资产总计（亿元）
合　计	**548.74**
批发业	360.08
农、林、牧产品批发	43.91
食品、饮料及烟草制品批发	71.26
纺织、服装及家庭用品批发	29.69
文化、体育用品及器材批发	4.38
医药及医疗器材批发	10.81
矿产品、建材及化工产品批发	101.27
机械设备、五金产品及电子产品批发	40.47
贸易经纪与代理	28.07
其他批发业	30.22
零售业	188.66
综合零售	50.68
食品、饮料及烟草制品专门零售	8.89
纺织、服装及日用品专门零售	9.29
文化、体育用品及器材专门零售	5.89
医药及医疗器材专门零售	18.01
汽车、摩托车、燃料及零配件专门零售	48.48
家用电器及电子产品专门零售	16.38
五金、家具及室内装饰材料专门零售	18.69
货摊、无店铺及其他零售业	12.35

二、交通运输、仓储和邮政业

（一）企业法人单位数和从业人员

2013 年末，全市共有交通运输、仓储和邮政业企业法人单位 1126 个，从业人员 4.1 万人。

在交通运输、仓储和邮政业企业法人单位中，内资企业占 99.8%，外商投资企业占 0.2%。

在交通运输、仓储和邮政业企业法人单位从业人员中，内资企业占 99.96%，外商投资企业占 0.04%（详见表 3－4）。

表 3－4　按登记注册类型分组的交通运输、仓储和邮政业企业法人单位和从业人员

	企业法人单位（个）	从业人员（人）
合　计	**1126**	**41420**
内资企业	1124	41402
国有企业	32	6449
集体企业	37	2511
股份合作企业	2	46
联营企业	5	80
有限责任公司	160	12004
股份有限公司	25	3066
私营企业	775	16256
其他企业	88	990
外商投资企业	2	18

（二）资产总计

2013 年末，交通运输、仓储和邮政业企业法人单位资产总计 247.1 亿元，比 2008 年末增长 238.1%（详见表 3－5）。

表 3－5　按行业分组的交通运输、仓储和邮政业企业法人单位资产总计

	资产总计（亿元）
合　计	**247.1**
道路运输业	177.2
水上运输业	18.2
航空运输业	8.2
管道运输业	0.1
装卸搬运和运输代理业	4.5
仓储业	32.7
邮政业	6.2

三、住宿和餐饮业

（一）法人单位数和从业人员

2013 年末，全市共有住宿和餐饮业法人单位 475 个，从业人员 1.4 万人，分别比 2008 年末增长 17.9% 和 36%。

在住宿和餐饮业法人单位中，住宿业占 31.6%，餐饮业占 68.4%。在住宿和餐饮业法人单位从业人员中，住宿业占 42.8%，餐饮业占 57.2%（详见表 3－6）。

表3－6　按行业分组的住宿和餐饮业法人单位和从业人员

	法人单位（个）	从业人员（人）
合　计	**475**	**14418**
住宿业	150	6173
旅游饭店	67	4898
一般旅馆	69	1079
其他住宿业	14	196
餐饮业	325	8245
正餐服务	275	7120
快餐服务	14	215
饮料及冷饮服务	9	103
其他餐饮业	27	807

在住宿和餐饮业法人单位中，内资企业占96.8%，其中：国有企业占2.1%，股份有限公司占2.7%，有限责任公司占14.7%，私营企业占68%；港、澳、台商投资企业占1.9%；外商投资企业占1.3%（详见表3－7）。

表3－7　按登记注册类型分组的住宿和餐饮业法人单位和从业人员

	法人单位（个）	从业人员（人）
合　计	**475**	**14418**
内资企业	460	13674
国有企业	10	480
集体企业	6	136
股份合作企业	2	29
联营企业	—	—
有限责任公司	70	3438
股份有限公司	13	1165
私营企业	323	7898
其他企业	36	528
港、澳、台商投资企业	9	366
外商投资企业	6	378

（二）资产总计

2013年末，住宿和餐饮业法人单位资产总计为50.16亿元，比2008年末增长107.2%。其中，住宿业法人单位资产总计33.28亿元，餐饮业法人单位资产总计16.88亿元，分别比2008年末增长98.1%和127.5%（详见表3－8）。

表3－8　按行业分组的住宿和餐饮业法人单位资产总计

	资产总计（亿元）
合　计	**50.16**
住宿业	33.28
旅游饭店	27.11
一般旅馆	5.55
其他住宿业	0.62
餐饮业	16.88
正餐服务	16.13
快餐服务	0.12
饮料及冷饮服务	0.14
其他餐饮业	0.49

四、信息传输、软件和信息技术服务业

（一）企业法人单位数和从业人员

2013 年末，全市共有信息传输、软件和信息技术服务业企业法人单位 529 个，从业人员 9781 人，分别比 2008 年末增长 23.9% 和 60.7%。

在信息传输、软件和信息技术服务业企业法人单位中，内资企业占 99.2%，港、澳、台商投资企业占 0.4%，外商投资企业占 0.4%。

在信息传输、软件和信息技术服务业企业法人单位从业人员中，内资企业占 99.2%，港、澳、台商投资企业占 0.6%，外商投资企业占 0.2%（详见表 3－9）。

表 3－9　按登记注册类型分组的信息传输、软件和信息技术服务业企业法人单位和从业人员

	企业法人单位（个）	从业人员（人）
合　计	**529**	**9781**
内资企业	525	9704
国有企业	11	1762
联营企业	1	1
有限责任公司	100	1708
股份有限公司	8	1770
私营企业	354	4163
其他企业	51	300
港、澳、台商投资企业	2	55
外商投资企业	2	22

（二）资产总计

2013 年末，信息传输、软件和信息技术服务业企业法人单位资产总计 64.1 亿元，比 2008 年末增长 86.6%（详见表 3－10）。

表 3－10　按行业分组的信息传输、软件和信息技术服务业企业法人单位资产总计

	资产总计（亿元）
合　计	**64.1**
电信、广播电视和卫星传输服务	47.2
互联网和相关服务	2.6
软件和信息技术服务业	14.3

五、金融业

（一）企业法人单位数和从业人员

2013 年末，全市共有金融业企业法人单位 81 个，从业人员 1.9 万人（详见表 3－11）。

表 3－11　按行业分组的金融业企业法人单位和从业人员

	企业法人单位（个）	从业人员（人）
合　计	**81**	**18954**
货币金融服务	42	8753
资本市场服务	—	—
保险业	37	10196
其他金融业	2	5

（二）资产总计

2013年末，金融业企业法人单位资产总计2011.0亿元（详见表3－12）。

表3－12　按行业分组的金融业企业法人单位资产总计

	资产总计（亿元）
合　计	**2011.0**
货币金融服务	1917.2
资本市场服务	—
保险业	93.8
其他金融业	0.01

六、房地产业

（一）企业法人单位数和从业人员

2013年末，全市共有房地产业企业法人单位1362个，比2008年末增长77.8%。其中，房地产开发经营企业662个，物业管理企业454个，房地产中介服务企业165个，分别比2008年末增长95.3%、104.5%和55.7%。

2013年末，全市房地产业企业法人单位的从业人员为26893人，比2008年末增长122.5%。其中，房地产开发经营企业15368人，物业管理企业9114人，房地产中介服务企业1314人，分别比2008年末增长152.3%、125.9%和48.8%（详见表3－13）。

表3－13　按行业分组的房地产业企业法人单位和从业人员

	企业法人单位（个）	从业人员（人）
合　计	**1362**	**26893**
房地产开发经营	662	15368
物业管理	454	9114
房地产中介服务	165	1314
自有房地产经营活动	26	184
其他房地产业	55	913

（二）资产总计

2013年末，全市房地产业企业法人单位的资产总计为1532.2亿元。其中，房地产开发企业1431.8亿元，物业管理企业20.0亿元，房地产中介服务企业9.6亿元（详见表3－14）。

表3－14　按行业分组的房地产业企业法人单位资产总计

	资产总计（亿元）
合　计	**1532.2**
房地产开发经营	1431.8
物业管理	20.0
房地产中介服务	9.6
自有房地产经营活动	5.9
其他房地产业	64.9

七、租赁和商务服务业

（一）企业法人单位数和从业人员

2013年末，全市共有租赁和商务服务业企业法人单位2629个，从业人员3.4万人，分别比2008年末增长 183.3% 和 84.9%。

在租赁和商务服务业企业法人单位中，内资企业占 99.7%，港、澳、台商投资企业占 0.1%，外商投资企业占 0.2%。

在租赁和商务服务业企业法人单位从业人员中，内资企业占 99.72%，港、澳、台商投资企业占 0.03%，外商投资企业占 0.25%（详见表 3－15）。

表 3－15　按登记注册类型分组的租赁和商务服务业企业法人单位和从业人员

	企业法人单位（个）	从业人员（人）
合　计	**2629**	**33852**
内资企业	2620	33756
国有企业	58	4594
集体企业	60	1795
股份合作企业	8	41
联营企业	15	122
有限责任公司	466	6803
股份有限公司	50	1243
私营企业	1609	16338
其他企业	354	2820
港、澳、台商投资企业	3	12
外商投资企业	6	84

（二）资产总计

2013 年末，租赁和商务服务业企业法人单位资产总计 1049.8 亿元。

八、科学研究和技术服务业

（一）企业法人单位数和从业人员

2013 年末，全市共有科学研究和技术服务业企业法人单位 1345 个，从业人员 2.2 万人，分别比 2008 年末增长 152.3% 和 116.0%。

在科学研究和技术服务业企业法人单位中，内资企业占 99.5%，港、澳、台商投资企业占 0.4%，外商投资企业占 0.1%。

在科学研究和技术服务业企业法人单位从业人员中，内资企业占 99.76%，港、澳、台商投资企业占 0.22%，外商投资企业占 0.02%（详见表 3－16）。

表 3－16　按登记注册类型分组的科学研究和技术服务业企业法人单位和从业人员

	企业法人单位（个）	从业人员（人）
合　计	**1345**	**21621**
内资企业	1338	21569
国有企业	29	1165
集体企业	11	242
股份合作企业	2	14
联营企业	1	8
有限责任公司	138	3467
股份有限公司	18	759
私营企业	432	5582
其他企业	707	10332
港、澳、台商投资企业	5	48
外商投资企业	2	4

（二）资产总计

2013年末，科学研究和技术服务业企业法人单位资产总计67.2亿元，比2008年末增长553.9%（详见表3－17）。

表3－17　按行业分组的科学研究和技术服务业企业法人单位资产总计

	资产总计（亿元）
合　计	**67.2**
研究和试验发展	6.9
专业技术服务业	37.9
科技推广和应用服务业	22.4

九、居民服务、修理和其他服务业

（一）企业法人单位数和从业人员

2013年末，全市共有居民服务、修理和其他服务业企业法人单位588个，从业人员7483人，分别比2008年末增长110.8%和12.2%。

在居民服务、修理和其他服务业企业法人单位中，内资企业占99.6%，港、澳、台商投资企业占0.2%，外商投资企业占0.2%。

在居民服务、修理和其他服务业企业法人单位从业人员中，内资企业占99.48%，港、澳、台商投资企业占0.05%，外商投资企业占0.47%（详见表3－18）。

表3－18　按登记注册类型分组的居民服务、修理和其他服务业企业法人单位和从业人员

	企业法人单位（个）	从业人员（人）
合　计	**588**	**7483**
内资企业	586	7444
国有企业	4	94
集体企业	9	282
股份合作企业	3	83
联营企业	1	1
有限责任公司	48	1113
股份有限公司	14	233
私营企业	429	4959
其他企业	78	679
港、澳、台商投资企业	1	4
外商投资企业	1	35

（二）资产总计

2013年末，居民服务、修理和其他服务业企业法人单位资产总计15.1亿元，比2008年末增长96.5%（详见表3－19）。

表3－19　按行业分组的居民服务、修理和其他服务业企业法人单位资产总计

	资产总计（亿元）
合　计	**15.1**
居民服务业	4.3
机动车、电子产品和日用产品修理业	8.3
其他服务业	2.5

十、水利、环境和公共设施管理业

（一）法人单位和从业人员

2013 年末，全市共有水利、环境和公共设施管理业法人单位 416 个。其中，行政事业及非企业法人单位 269 个。水利、环境和公共设施管理业法人单位从业人员 10136 人。其中，行政事业及非企业法人单位 7142 人。

（二）资产

2013 年末，水利、环境和公共设施管理业企业法人单位资产总计 97. 3 亿元，行政事业及非企业法人单位年末资产 48. 5 亿元。

十一、教育

（一）法人单位和从业人员

2013 年末，全市共有教育法人单位 1111 个。其中，行政事业及非企业法人单位 893 个。教育法人单位从业人员 6. 3 万人。其中，行政事业及非企业法人单位 5. 7 万人。

（二）资产

2013 年末，教育企业法人单位资产总计 17. 7 亿元，行政事业及非企业法人单位年末资产 160. 0 亿元。

十二、卫生和社会工作

（一）法人单位和从业人员

2013 年末，全市共有卫生和社会工作法人单位 753 个。其中，行政事业及非企业法人单位 670 个。卫生和社会工作法人单位从业人员 3. 2 万人。其中，行政事业及非企业法人单位 3 万人。

（二）资产

2013 年末，卫生和社会工作企业法人单位资产总计 4. 1 亿元，行政事业及非企业法人单位年末资产 92. 4 亿元。

十三、文化、体育和娱乐业

（一）法人单位和从业人员

2013 年末，全市共有文化、体育和娱乐业法人单位 677 个。其中，行政事业及非企业法人单位 202 个。文化、体育和娱乐业法人单位从业人员 7491 人。其中，行政事业及非企业法人单位 2243 人。

（二）资产

2013 年末，文化、体育和娱乐业企业法人单位资产总计 22. 9 亿元，行政事业及非企业法人单位年末资产 9. 7 亿元。

十四、公共管理、社会保障和社会组织

2013 年末，全市共有公共管理、社会保障和社会组织法人单位 5884 个。其中，行政事业及非企业法人单位 5840 个。公共管理、社会保障和社会组织法人单位从业人员 7. 3 万人。其中，行政事业及非企业法人单位 7. 2 万人。

注释：

表中的合计数和部分计算数据因小数取舍而产生的误差，均未作机械调整。

第三次全国经济普查方案

根据《国务院关于开展第三次全国经济普查的通知》（国发〔2012〕60号）和《全国经济普查条例》（中华人民共和国国务院令第415号），制定第三次全国经济普查方案。

一、普查的目的和基本原则

（一）普查目的。

摸清我国各类单位的基本情况，全面调查我国第二产业和第三产业的发展规模及布局，系统了解我国产业组织、产业结构的现状以及各主要生产要素的构成，进一步查实服务业、战略性新兴产业、文化产业等相关产业以及小微企业的发展状况，全面更新覆盖国民经济各行业的基本单位名录库、基础信息数据库和统计电子地理信息系统，为加强和改善宏观调控，加快经济结构战略性调整，科学制定中长期发展规划，提供全面系统、真实可靠的统计信息支持。

（二）普查的基本原则。

1. 突出重点。以摸清各类单位基本情况，查实服务业、战略性新兴产业、文化产业和小微企业的底数为主，辅之以其他必要的内容。

2. 优化方式。科学设计普查业务流程，普查和抽样调查相结合，以提高普查效能，减轻基层负担。

3. 统一组织。在普查机构的集中领导下，统一设计方案、统一布置培训、统一实施调查、统一处理数据、统一发布数据。

4. 创新手段。充分运用现代信息技术，全面采用手持电子终端设备和电子地图，实现普查数据的采集、报送、处理等手段的自动化、电子化，提高普查的信息化水平。

二、普查范围、对象和时间

（一）普查范围和对象。

第三次全国经济普查对我国境内从事第二产业和第三产业的全部法人单位、产业活动单位和个体经营户进行登记和调查。

根据《三次产业划分规定》（国统字〔2012〕108号），第二产业包括采矿业（不含开采辅助活动），制造业（不含金属制品、机械和设备修理业），电力、热力、燃气及水生产和供应业，建筑业；第三产业包括农、林、牧、渔服务业，开采辅助活动，金属制品、机械和设备修理业，批发和零售业，交通运输、仓储和邮政业，住宿和餐饮业，信息传输、软件和信息技术服务业，金融业，房地产业，租赁和商务服务业，科学研究和技术服务业，水利、环境和公共设施管理业，居民服务、修理和其他服务业，教育，卫生和社会工作，文化、体育和娱乐业，公共管理、社会保障和社会组织。

法人单位、产业活动单位和个体经营户按照《统计单位划分及具体办法》和普查规定的单位划分及具体处理规定进行界定。

为保证基本单位的不重不漏，结合第三次全国经济普查，对农业、林业、畜牧业和渔业的法人单位、产业活动单位进行普查登记。

（二）普查时点和时期。

普查标准时点为2013年12月31日，普查时期为2013年1月1日－12月31日。

普查登记和数据采集工作从2014年1月1日至3月31日。

三、普查方法

（一）全面登记。

对法人单位、产业活动单位和个体经营户由其主要经营地普查机构负责进行全面登记，但建筑业法人单位由其注册地普查机构负责普查登记。多法人联合体不能作为一个普查单位，应分别对每个法人单位进行登记。

（二）联网直报与手持电子终端设备（PDA）采集相结合。

对所有普查对象（除军队、武警系统和保密单位）由普查员使用手持电子终端设备进行定位、底册信息核查和相关证照拍照。联网直报单位 普查表由普查机构通过国家统计联网直报平台布置给普查单位填报，非联网直报单位和个体经营户 普查表由普查员使用手持电子终端设备采集数据。

军队、武警系统的普查登记及数据采集方式由中国人民解放军、中国人民武装警察部队经济普查机构确定；保密单位的普查登记及数据采集方式由各地普查机构与相关部门协商确定。

（三）普查与抽样调查相结合。

为取得个体经营户的经营数据，普查后抽取一定比例的个体经营户由国家调查队进行配套抽样调查。抽样调查方案参见附件。

四、普查内容和普查表

对联网直报单位、非联网直报单位和个体经营户分别设置普查内容和普查表。

（一）联网直报单位。

普查内容包括单位基本属性、组织结构情况、从业人员及工资总额、财务状况、生产经营情况、能源和水消费情况、科技情况和信息化情况等。分设 7 种普查表。

（二）非联网直报单位。

1. 法人单位的普查内容包括单位基本属性、从业人员、实收资本、资产总计、企业营业收入或非企业支出（费用）、税金、煤炭消费量（限工业法人单位）等。设 1 张普查表。

2. 产业活动单位的普查内容包括单位基本属性、从业人员、经营性收入或非经营性支出（费用）等。设 1 张普查表。

（三）个体经营户。

普查内容包括个体经营户基本属性和从业人员，设 2 张普查表。抽样调查内容包括营业收入、营业支出、付给雇员的报酬、缴纳的税费等，设 1 张抽样调查表。

为满足普查公报和年鉴的需要，设置若干普查综合表。

普查表、综合表的具体表式见附件。

五、普查业务流程

第三次全国经济普查的业务流程，主要包括：普查区划分与绘图，确定核查单位底册，手持电子终端设备内容加载，普查告知，普查登记，数据审核、检查和验收，数据汇总，事后质量抽查与数据评估，主要数据发布，普查成果的开发与应用等 10 个阶段。

（一）普查区划分与绘图（2013 年 9 月 -11 月）。

1. 布置底图。国务院经济普查办公室统一选定普查用底图，逐级分解下发至县级普查机构。

2. 绘制普查区电子地图。县级普查机构统一组织，根据底图结合现场勘查，划分普查区（或小区，下同）边界，对普查区命名和编码；利用绘图软件，绘制普查区电子地图。

3. 合并普查区电子地图。县级普查机构合并形成县级普查区电子地图，再逐级上报合并形成地、省和国家级电子地图。

（二）确定核查单位底册（2013 年 9 月 -12 月上旬）。

1. 收集整理部门数据。各级普查机构向同级具有单位审批、登记职能的部门收集法人单位和产业活动单位名录资料，逐级分解下发至县级普查机构。

2. 进行单位比对。以组织机构代码、单位名称和登记注册号为关联，比对部门数据和名录库数据，生成单位比对库。

3. 开展现场核查。根据单位比对库，对辖区内所有单位进行现场勘查核实，排重、补缺并更新相关信息，生成核查数据库。

4. 生成单位底册。根据联网直报单位年度审核结果和金融、铁路系统提供的名单，在核查数据库中标注联网直报单位和金融、铁路系统单位；选取部分字段，生成单位底册。

（三）手持电子终端设备内容加载（2013年11月－12月）。

1. 软件加载。加载内容包括：单位普查表、个体经营户普查表、国民经济行业分类、产品分类目录、指标解释等。

2. 普查区图加载。以乡镇为单位将普查区地图载入手持电子终端设备。

3. 核查单位底册加载。以县级为单位，将核查单位底册载入手持电子终端设备。

（四）普查告知（2013年12月）。

1. 国务院经济普查办公室通过国家统计联网直报平台向联网直报单位发送第三次全国经济普查告知书。

2. 地方普查机构通过有效方式向非联网直报单位和个体经营户发送第三次全国经济普查告知书，指导和督促其做好相关准备工作。包括准备相关证照、统计台账、财务报表等，并按照告知书要求整理相关数据供登记使用。

普查告知书由国务院经普办统一印制。

（五）普查登记（2014年1月－3月）。

1. 入户登记。普查员使用手持电子终端设备对所有普查对象（不含军队、武警系统和保密单位）进行入户登记，确定坐标，核实普查对象基本信息、拍摄相关证照。联网直报单位按规定登录国家统计联网直报平台填报普查表，非联网直报单位和个体经营户由普查员继续使用手持电子终端设备采集普查表数据。

2. 留档备查。非联网直报单位按照普查告知书要求事先填写的相关基础数据，由有关人员签字盖章后，普查员用PDA拍照留存。

3. 数据传输。联网直报单位通过国家统计联网直报平台将普查表数据直接传输到指定服务器；手持电子终端设备数据利用无线网络，或在乡级普查机构通过统计内网报送到指定服务器。

（六）数据审核、检查和验收（2014年1月－4月）。

1. 数据审核。县及县以上各级普查机构在数据采集处理平台上，对普查表数据按专业审核，发现问题逐级退回，由基层普查机构负责联系普查对象核实修改，并保留修改痕迹。

2. 数据检查。县级普查机构有重点地选择部分普查区，每个被抽中的普查区要抽选一定比例的普查表，对其普查数据质量进行检查。

3. 数据验收。各级普查机构按照统一要求组织开展数据验收工作。对于验收不合格的地区，要进行全面复查、验收，直至符合规定的质量要求。

（七）数据汇总（2014年4月－6月）。

1. 快速汇总。根据普查基层表汇总全国以及分地区、分行业等分组的法人单位、产业活动单位和个体经营户基本情况数据。

2. 全面汇总。在快速汇总的基础上，分别汇总全国以及分地区、分行业等分组的法人单位、产业活动单位主要经济指标数据。

3. 专题汇总。根据普查基层表及相关信息，汇总全国服务业、战略性新兴产业、高技术服务业、文化产业和小微企业单位、从业人员和营业收入等数据，以及分行业和分地区数据。

4. 推算汇总。根据个体经营户抽样调查表和普查表，推算汇总个体经营户收入及其分行业门类和分地区数据。

（八）事后质量抽查和数据评估（2014年5月－6月）。

1. 普查事后质量抽查。在全国抽取一定比例的普查区，对单位填报率、普查表主要指标的填报情况等进行质量抽查。

2. 普查数据质量评估。通过对普查对象漏报率、主要数据的差错率等质量抽查结果，评估普查基础数据质量。结合相关历史数据、部门行政记录，对主要指标和分行业、分地区数据进行比较分析，评估普查数据的真实性、一致性和可靠性。

事后质量抽查和数据评估工作方案另行印发。

（九）主要数据发布（2014 年6 月 -8 月）。

按照有关规定，以公报的形式及时向社会发布普查主要成果。

（十）普查成果的开发与应用（2014 年7 月 -2015 年7 月）。

1. 建立和完善经济普查相关数据库，全面更新覆盖国民经济各行业的基本单位名录库、基础信息数据库和统计电子地理信息系统。

2. 开展经济普查专题分析研究。依据普查资料，对各级党委政府和社会各界所关心的热点问题，进行专题分析研究。

3. 编辑出版经济普查年鉴。经济普查年鉴的主要内容包括：法人单位及产业活动单位基本情况、从业人员情况、财务状况和能源消费情况，小微企业的发展状况，个体经营户基本情况，以及服务业、战略性新兴产业和文化产业发展规模及布局等普查数据。

六、普查纪律和质量控制

（一）普查纪律。

1. 各地方、各部门、各单位负责人不得干涉经济普查机构和经济普查人员依法独立行使调查、报告、监督的职权，不得自行修改经济普查资料，不得强令或者授意经济普查机构、经济普查人员或者其他机构、人员篡改经济普查资料或者编造虚假普查数据。

2. 各级经济普查机构和经济普查人员要严格按照《统计法》、《全国经济普查条例》、《国务院关于开展第三次全国经济普查的通知》及相关规定组织开展工作，不得篡改经济普查资料、编造虚假数据，不得擅自发布经济普查数据，不得对外提供、泄露经济普查取得的能够识别或者推断单位和个人身份的资料，或者将其用于经济普查以外的目的。

3. 经济普查对象应当按照经济普查机构和经济普查人员的要求，及时提供与经济普查有关的资料，如实、按时填报经济普查表，不得虚报、瞒报、拒报和迟报经济普查数据。

4. 对违反统计法规和普查纪律的任何单位和个人，视情节轻重，由县级以上人民政府统计机构或相关职能部门依法进行约谈、通报、曝光或给予处分。对拒报、虚报、瞒报和迟报经济普查数据的企业事业组织和个体经营户依法给予警告和罚款。

（二）普查质量控制。

1. 地方各级经济普查机构应当根据国务院经济普查领导小组办公室的统一规定，结合本地实际，制定经济普查质量控制办法和实施细则，进一步完善普查业务流程，明确各级、各部门、各专业的职责任务，规范各环节质量管理的具体标准，对经济普查实施全过程质量管理。

2. 地方各级经济普查机构要设立普查质量管理小组，统一管理、指导和评估各级、各部门、各专业和各阶段的质量控制工作，要建立经济普查数据质量控制岗位责任制，对经济普查实施中的每个环节实行质量控制和检查验收。

3. 地方各级经济普查机构应建立与普查数据用户、普查对象的相互交流沟通机制，收集、整理、分析普查各阶段工作中出现的问题，采取有效措施及时加以解决。对带有共性的质量问题，要及时向上级普查办公室汇报，防止出现大范围的系统性误差。

4. 地方各级经济普查机构要认真做好普查员的选聘和培训工作，确保相关人员切实理解经济普查的各项专业技术要求，并能熟练操作手持电子终端设备。及时将普查登记的时间、内容和相关要求告知普查对象，指导和督促普查对象建立和完善相关的统计台账，做好基础数据的准备工作，保证普查现场调查工作的顺利进行。

5. 各级经济普查机构要强化底线思维，制定好应对突发事件的应急处置方案，采取有效措施，防止普查数据在采集、存储、传输、处理等过程中丢失、泄漏、被窃，确保各关键环节工作安全、可靠、顺畅。

七、普查的组织实施

（一）全国统一领导。

第三次全国经济普查领导小组负责普查组织和实施中重大问题的研究和决策。国务院第三次全国经济普查领导小组办公室设在国家统计局，采取集中办公的方式，具体负责普查的宣传动员、方案设计、培训和部署、单位登记、数据处理、资料开发和日常的组织和协调工作。

（二）部门分工协作。

编制、民政、税务、工商和质检等行政审批登记部门，要及时提供其审批登记的单位名录；铁路、银行、证券、保险等垂直管理部门，成立经济普查机构，负责提供本系统单位名录，并协助各级地方普查机构开展对本系统法人单位和产业活动单位的普查登记工作；军队、武警系统的普查工作由中国人民解放军、中国人民武装警察部队成立的经济普查办公室负责组织实施。

部门分工的具体要求参见附件。

（三）地方分级负责。

地方各级人民政府要设立相应的普查领导小组及其办公室，加强领导，履行职责，组织好本地区普查工作。街道办事处、居（村）民委员会和社区基层组织，要成立专门机构或指定专人负责动员和组织社会力量积极参与并认真做好经济普查工作；大型企业应当设立经济普查机构，负责本企业经济普查表的填报工作。其他各类法人单位应当指定相关人员负责本单位经济普查表的填报工作。

（四）各方共同参与。

各地区、各部门要按照国务院关于第三次经济普查的要求，各负其责，认真做好普查的宣传动员、条件保障和组织实施工作，对于普查工作中遇到的困难和问题，要及时采取措施，切实予以解决，确保普查各项工作顺利开展。

淮安市人民政府关于我市做好第三次全国经济普查工作的通知

淮政发〔2013〕47号

各县（区）人民政府，市各委办局，市各直属单位：

为认真贯彻《省政府关于我省做好第三次全国经济普查工作的通知》（苏政发〔2012〕161号）精神，切实做好我市第三次全国经济普查工作，现将有关事项通知如下：

一、普查的主要目的

全面调查了解我市第二产业和第三产业的发展规模及布局，了解我市产业组织、产业结构、产业技术的现状以及各生产要素的构成，进一步查实服务业、战略性新兴产业和小微企业的发展状况，摸清我市各类单位的基本情况，全面更新覆盖国民经济各行业的基本单位名录库、基础信息数据库和统计电子地理信息系统。通过普查，进一步夯实统计基础，健全统计工作的部门协调机制和信息共享机制，更好地贯彻落实国家宏观调控政策，提高宏观管理和决策水平，科学制定经济社会发展规划，加快产业转型升级，又好又快地推进全面小康和现代化建设进程。

各地、各部门要切实提高认识，统一思想，按照国家和省、市的统一部署，精心组织，依法实施，确保圆满完成我市第三次全国经济普查任务。

二、普查的时间、对象、内容和范围

普查的标准时点为2013年12月31日，普查时期资料为2013年年度资料。

普查对象是在我市境内从事第二产业和第三产业的全部法人单位、产业活动单位和个体经营户。

普查的主要内容包括单位基本属性、从业人员、财务状况、生产经营情况、生产能力、原材料和能源及主要资源消耗、科技活动情况等。

普查的具体范围包括采矿业，制造业，电力、热力、燃气及水生产和供应业，建筑业，批发和零售业，交通运输、仓储和邮政业，住宿和餐饮业，信息传输、软件和信息技术服务业，金融业，房地产业，租赁和商务服务业，科学研究和技术服务业，水利、环境和公共设施管理业，居民服务、修理和其他服务业，教育，卫生和社会工作，文化、体育和娱乐业，以及公共管理、社会保障和社会组织等。

三、普查的总体安排和重点环节

（一）总体安排。

1. 准备阶段（2013年底前）。主要任务是做好正式登记前的各项准备工作，具体包括成立普查机构、开展试点、普查员选聘和培训、宣传发动、设备采购、建立普查区电子地图和统计电子地理信息系统、单位清查比对等。

2. 登记阶段（2014年1-3月）。主要任务是完成普查各项资料的收集工作，其中执行企业“一套表”调查制度和重点服务业调查制度的调查单位继续使用联网直报系统上报普查表；其他调查对象由普查员携带手持电子终端（PDA）进行现场数据采集、定位、拍照、识别转换，通过广域或无线网络将数据传送全国统一数据中心。

3. 数据审核处理阶段（2014 年 4 月）。主要任务是完成各级的数据审核验收工作。市、县（区）、乡（镇、街道）分别按照各自的权限登录指定服务器，在规定时间内完成数据审核、查询、验收等工作。

4. 总结和资料开发阶段（2014 年 12 月底前）。主要任务是完成普查工作总结，进行普查资料后期开发。

（二）重点环节。

1. 组织领导。为加强对普查工作的组织领导，市政府成立我市第三次全国经济普查领导小组，负责普查组织和实施中重大问题的研究和决策；领导小组办公室设在市统计局，具体负责普查的组织实施和协调。普查工作中涉及普查宣传动员方面的事项，请市委宣传部负责和协调；涉及普查经费的事项，由市财政局负责和协调；涉及企业、个体工商户名录和基层工商、税务管理机构协助核查、普查登记方面的事项，由市工商局、国税局和地税局负责和协调；涉及机关和事业单位名录方面的事项，由市编办负责和协调；涉及社团、基金会和民办非企业单位及基层自治组织名录方面的事项，由市民政局负责和协调；涉及组织机构代码方面的事项，由市质监局负责和协调；涉及建筑企业和房地产企业调查方面的事项，由市住房城乡建设局负责和协调；涉及金融、保险、证券、通信等方面的事宜，分别由人民银行淮安分行、市保协和市经信委等部门负责协调；涉及租借部队和武警营区的社会单位，由淮安军分区后勤部、武警淮安支队负责协调。各级政府及其普查工作人员如在普查工作中发生违法违纪行为，由市监察局负责和协调处理。市政府其他各有关部门，要按照各自的职能，各负其责、通力协作、密切配合。

各地要把第三次全国经济普查列入 2013 年至 2014 年的重点工作计划，迅速成立相应的普查领导小组及办公室，按照国务院和省、市政府的统一部署，认真组织实施本地区普查工作，及时解决普查过程中遇到的各类困难和问题，确保普查工作顺利进行。同时，要充分发挥乡镇政府（街道办事处）、社区、村（居）民委员会的作用，广泛动员和组织社会力量积极参与并认真配合做好普查工作。

2. 普查员选聘和培训。第三次经济普查将充分运用手持电子数据采集设备、普查区电子地图和统计电子地理信息系统等现代信息技术，对普查员素质要求较高。各级普查机构应当根据工作需要，聘用或者从有关单位商调符合条件的普查指导员和普查员，并及时支付聘用人员的劳动报酬，确保商调人员在原单位的工资、福利及其他待遇不变，稳定经济普查工作队伍，并做好普查前的各项培训工作，确保普查工作顺利进行。

3. 单位清查比对。各级普查机构要在正式登记前做好辖区范围内单位清查工作，并充分利用部门资料进行比对，进一步更新基本单位名录库，做到应普尽普、不重不漏，为下一步正式登记打下坚实基础。

四、普查的工作要求

坚持依法普查。我市境内的所有普查对象要严格按照《中华人民共和国统计法》和《全国经济普查条例》的规定，按时、如实填报普查表。任何单位和个人不得虚报、瞒报、拒报、迟报，不得伪造、篡改普查数据。各级统计执法机构和监察机关要加大对普查工作中违法违纪行为的查处力度，坚决杜绝人为干扰普查工作的行为，确保普查工作顺利进行和普查数据质量。经济普查取得的单位和个人资料，严格限定用于普查目的，不作为任何部门和单位对普查对象实施处罚的依据。各级普查机构及其工作人员，对在普查中所知悉的国家秘密和普查对象的商业秘密，应履行保密义务。

坚持科学普查。经济普查工作面广量大，各地要增强普查工作的计划性科学合理的安排好各阶段工作确保普查工作稳定、有序的按计划推进。要严格质量管理，各级普查机构要层层建立数据质量控制责任制，研究制定行之有效的数据质量控制办法，对普查培训、摸底、登记、基层表审核、数据处理、抽查验收等各个环节实行严格的质量管理，全面准确地反映本地区经济发展现状。

坚持和谐普查。各地要加强普查宣传发动工作，通过电视、网络、报纸等媒体、悬挂横幅、发放“致普查对象一封信”等形式，向普查对象讲解普查的目的、内容、意义等内容，使被普查对象了解支持普查，并积极配合普查员工作，实现普查员和被普查对象的和谐。要切实改进工作作风，发挥普查机构指导督促作用，深入基层、企业，解决普查中遇到的实际困难，实现普查领导机构和普查员的和谐。要高度重视普查过程中的来信来访、网络舆情问题，及时化解矛盾和风险，全面实现和谐普查。

五、普查的经费保障

各地要针对本次普查工作在手段和方式方法上的新特点、新变化，充分考虑本地区经济的发展规模，按照财政分级负担的原则，按省、市经济普查领导机构的统一要求，落实好信息设备购置、普查人员的劳动报酬等各项普查工作经费，及时将普查经费列入预算，确保按时足额拨付到位，确保普查工作的正常有序开展。

淮安市人民政府

2013 年 3 月 14 日

淮安市人民政府
关于在全市开展第三次全国经济普查登记的
通　　告

淮政发〔2013〕249号

国务院决定在全国开展第三次经济普查。这是我国步入全面建成小康社会决定性阶段进行的一次重大国情国力调查，是提高决策和管理科学化水平的重要基础。根据《全国经济普查条例》（国务院令第415号）规定和《国务院关于开展第三次全国经济普查的通知》（国发〔2012〕60号）、《省政府关于我省做好第三次全国经济普查工作的通知》（苏政发〔2012〕161号）、《市政府关于我市做好第三次全国经济普查工作的通知》（淮政发〔2013〕47号）要求，我市第三次全国经济普查登记工作将于2014年1月1日全面启动。现就有关事项通告如下：

一、此次普查对象是我市行政区域内从事第二产业和第三产业的全部法人单位、产业活动单位和个体经营户。

二、普查内容包括单位基本属性、组织结构情况、从业人员及工资总额、财务状况、生产经营情况、能源和水消费情况、科技情况和信息化情况等。

三、普查的标准时点是2013年12月31日，时期资料为2013年1月1日至12月31日。2014年1月至3月将上门进行普查登记。

四、普查登记实行在地统计原则，以社区和村民委员会为普查区，普查指导员和普查员将佩戴经济普查机构统一制作的普查证件，手持数据采集终端设备（PDA）执行普查登记公务。

五、积极支持、配合、参与经济普查工作，如实申报普查项目，是每个普查对象应尽的义务和社会责任。所有普查对象应依法接受普查登记，如实提供相关数据和资料，不得虚报、瞒报、拒报，违者将按照《全国经济普查条例》有关规定予以处罚。

六、各级经济普查办公室和普查人员对普查对象提供的经济普查信息负有保密义务，承担保密责任，任何单位和个人不得对外提供、泄露。普查中获得的普查对象资料，严格限定用于经济普查目的，不作为任何单位对普查对象实施处罚的依据。

如有违反统计法律法规行为，请向淮安市第三次全国经济普查领导小组办公室举报。举报和咨询电话：0517－83940015；邮箱：hasjp12345@163.com。

淮安市人民政府

2013年12月26日

淮安市第三次全国经济普查普查区划分工作实施方案

第三次全国经济普查全面采用手持电子终端设备（PDA）和电子地图技术。为落实普查责任，明确普查区边界，确保普查对象的不重不漏，在普查登记前，需开展普查区划分工作。为此，特制定本实施方案。

一、普查区划分原则

普查区的划分，原则上按村（居）民委员会管辖的地域范围确定。对位于一个行政区域范围内或跨几个行政区域独立设置的各类开发区、旅游度假区、工矿区、院校区、商品交易市场等大型经济体，原则上不单独划分为行政区划以外的普查区，按照临近原则归入相近的行政区域。如确属普查工作需要，且有独立、完整的地理区域，可单独划分普查区，但需报上级普查机构批准、备案，统一编码。对于个别区域较大、单位较多的普查区，可在一个普查区内划分若干个普查小区，对普查小区以两位码编号，并明确边界。

所有普查区都应有完整、封闭的边界。一个街镇（乡镇街道的简称，下同）内的全部普查区合并起来，应覆盖整个街镇的区域。在不涉及经济活动的区域，对边界精度的要求可适当放宽。普查区边界仅用于普查工作，不作为各级政府行政区域划分和行政管理的依据。

二、命名和编码规则

以村（居）民委员会管辖的地域范围划分的普查区，普查区名称沿用村（居）民委员会名称，以“村（居）委会”结尾；按普查需要单独划分的非村居类普查区，按实际情况命名。普查区名称不得使用简称或习俗名称，在同一街镇级区域范围内不得重复。普查小区的名称可用顺序号命名，称之为“第一普查小区”“第二普查小区”等。普查区代码以目前统计上使用的行政区划地址代码库为基础，并按统计上使用的编码规则编制。普查区对应12位代码，普查区下辖的普查小区增加两位，以顺序码编号。

淮安市第三次全国经济普查宣传工作方案

2013年是第三次全国经济普查年，根据《国务院关于开展第三次全国经济普查的通知》（国发［2012］60号）和《江苏省人民政府关于开展第三次全国经济普查的通知》（苏政发〔2012〕161号）及《淮安市政府关于我市做好第三次全国经济普查工作的通知》（淮政发〔2013〕47号的文件精神，淮安市将全面开展第三次全国经济普查工作。此次普查较以往有所不同，将采取新的普查方式（PDA手持终端），普查涉及面广、任务重、难度大，为做好社会宣传动员工作，争取被调查对象的支持与配合，根据全省第三次经济普查领导小组办公室宣传工作部署，结合我市实际，制定本方案。

一、宣传目的

通过在全市范围内广泛深入开展第三次经济普查宣传活动，使普查对象以及社会各界了解开展普查的目的、意义，知晓经济普查相关要求，支持配合普查工作；清楚各单位、个人在经济普查中的权利和义务，提高被调查单位的参与度、支持度和配合度，消除顾虑，如实申报，为普查工作的顺利开展营造良好的社会氛围与和谐环境，确保高质量完成全市第三次经济普查任务。

二、基本思路

按照第三次全国经济普查各阶段的工作要求，结合普查工作实际，在普查宣传上要把握以下几个方面内容：一要把宣传动员工作自始至终贯穿普查全过程，紧跟各普查阶段任务节奏，有针对性地开展普查宣传工作，努力把普查宣传工作做好做实。二要充分发挥政府宣传能量，坚持政府宣传为主，其他媒介宣传为辅，多种形式共同造势，相互补充的宣传模式，不间断的开展社会各界比较感兴趣的一些宣传活动。三要把握不同群体的宣传方式，要把领导干部的重视程度和调查对象的配合程度作为宣传的重点和难点，多层次、分重点、有节奏地加强宣传工作。四要与统计其他宣传活动相结合。以统计开放日和《统计法》颁布30周年为契机，举办形式多样的纪念活动，将宣传经济普查与普及统计知识与举行经济普查主题宣传活动相结合，极力营造宣传氛围，确保我市第三次经济普查顺利完成。

三、组织领导

在淮安市第三次全国经济普查领导小组的统一领导下，由市委宣传部与市经济普查办公室牵头，市经济普查办公室综合宣传组具体落实全市普查宣传的组织与实施工作。各县（区）的经普宣传工作根据全市统一安排和要求，结合本地区实际组织实施。各镇（街道）经济普查办公室设专人负责普查宣传工作。全市各级党委宣传部门直接领导当地经普宣传工作，市电台、电视台、通讯公司、报刊等主要宣传媒体要全力支持和配合普查的宣传工作，开设普查宣传专栏和专题节目。

四、工作原则

普查宣传工作实行五项原则：一是统一领导、分级负责，充分发挥各地区、各部门及普查对象的积极性；二是普查宣传内容与普查各阶段的任务紧密结合；三是公共媒体与领导小组成员单位自有资源共同承担；四是行政手段与市场运作相结合；五是普查宣传与统计普法相结合，在全社会树立普查队伍的良好形象。

五、宣传形式

按照拓展宣传思路、创新宣传手段的要求，采取多种形式，开展广泛深入的宣传动员，真正做到广播有声、电视有影、报纸有字、网络有言、户外有势，为全市第三次经济普查各阶段工作顺利展开营造良好的舆论环境。主要采取三种形式：

（一）充分利用对内宣传平台。一是建立局内网宣传平台。开通普查专网，在网页上设置宣传动态、活动剪影、方法制度、经普风采等栏目；二是开通工作信息交流平台，明确信息采编的途径、工作要求、要求各辖市区配有专职信息联络员，负责信息报送工作。三是编写经普工作简报，分门别类有重点地及时宣传和反映经普工作。四是建立新闻媒体报道平台，由市委宣传部指定专人负责联系，及时宣传和报道全市经普工作、重要会议。

（二）充分营造外部宣传氛围。按照时间节点要求，结合地区宣传特点，重点安排系列宣传活动。一是印制宣传资料，制作宣传标语牌，悬挂横幅。二是在淮安主要电视新闻频道栏目开展经普宣传活动；三是在全市所有高档宾馆、高级办公楼的楼宇电视，市区体育馆、电信大楼墙面、清江商场墙面、大运河健身广场等主要道口大型LED屏上12小时循环播放宣传标语；四是利用电信、联通、移动等通讯平台开设电话彩铃宣传。五是在淮阴日报、淮海晚报、广播电视报等新闻媒体开设第三次经济普查专栏或专题。六是采用印发《致普查对象一封信》的方式开展点对点宣传。

（三）进一步创新宣传模式，把握时间节点。要注重把握各个阶段的宣传节奏，明确宣传对象的特殊性，本着“先面上展开，后点上宣传；先政府领导，后普查对象；先面上普开，后深化细化”的原则，有步骤、有节奏、有深度、有影响地把第三次经济普查的宣传工作开展得扎扎实实、富有成效。同时要注重创新宣传模式，适当引入市场化运作机制，聘请专业策划公司协助开展宣传活动。

六、阶段安排

根据全市第三次经济普查各阶段的主要任务，普查宣传工作重点抓住三个阶段，一是在前期准备的试点阶段；二是在普查实施的单位清查阶段；三是在普查登记阶段。

（一）前期准备阶段

1. 成立市第三次经济普查宣传工作机构，制定全市第三次经济普查宣传工作方案；

2. 市委宣传部、市第三次经济普查办公室联合下发《关于做好淮安市第三次经济普查宣传工作的通知》；

3. 召开市经济普查宣传工作会议；

4. 确定经济普查宣传口号和广告词；

5. 组织普查试点的宣传工作；

6. 设计与印制各种宣传品、宣传手册等。

（二）普查实施阶段（三个阶段）

第一阶段、发动社会资源全面铺开

重点宣传内容：经济普查的目的、意义、内容和方法。

1. 向市、县区党政领导致函，介绍淮安市第三次全国经济普查情况；

2. 召开经济普查新闻发布会；

3. 淮安晚报等开设经济普查专题栏目；

4. 组织新闻媒体开展普查系列采访；

5. 在领导小组成员单位及普查单位网站进行经济普查宣传；

6. 策划印制经济普查宣传海报、宣传画等宣传用品；

7. 选择利用大型户外广告牌以及经济普查通告、张贴画、横幅等，向全社会宣传经济普查的目的、意义、内容和时点。

第二阶段、单位核查

重点宣传内容：普查对象的义务。

1、9月25日，在日报、主要网站刊登经济普查专访，在广播电台播报经济普查专访；

2、9月25日－28日，每天黄金时段在淮安电视台重复滚动播放第三次全国经济普查宣传标语口号；

3、9月24日－27日，通过电信、移动、联通公司向全市所有手机用户发送普查短信；

4、向所有普查（核查）对象发放一封信（30万份）；

5、在所有乡镇、街道张贴经济普查宣传海报（6000张）。

第三阶段　普查登记

把2013年12月确定为普查宣传月。把12月4日普法宣传日定为普查宣传月起动日；

1. 市主要新闻媒体采写、制作、刊播市政府领导关于开展经济普查工作的讲话；

2. 市主要新闻媒体采访部分普查领导小组主要成员单位、各区领导从不同角度宣讲经济普查工作的重要性、必要性；

3. 市主要新闻媒体连续刊播经济普查宣传口号、公益广告和宣传专题片；

4. 在市主要新闻媒体刊发普查公告；

5. 市主要新闻媒体全面报道经济普查登记日各级领导到登记现场的活动和采访；

6. 核查或入户时向调查对象发送经济普查宣传材料；

7. 宣传日各地区在主要街道开展街头宣传活动；

8. 利用公共汽车、出租小汽车、船舶等交通工具做公益广告；户外电子大屏幕滚动字幕播发经普宣传口号；

9. 利用前两个阶段的各种广告宣传形式和各种新闻媒体对普查工作进行全方位、深层次、连续性的宣传，将普查宣传推向高潮。

（三）总结表彰阶段

市委宣传部与经济普查办公室总结表彰在经济普查及宣传工作中成绩突出的集体与个人；在媒体发布普查主要数据及系列分析文章，宣传经济社会发展成就。

1. 评选、表彰第三次经济普查工作国家、省、市先进单位和个人；

2. 评选、表彰经济普查好新闻；

3. 征集经济普查摄影作品，开展经济普查摄影比赛；

4. 制作经济普查主要活动光盘，制作《普查风采录》。

淮安市关于做好第三次全国经济普查普查员和普查指导员选调培训工作的通知

淮经普办字〔2013〕4号

各县（区）经济普查办公室：

普查员和普查指导员（以下简称“两员”）是经济普查工作任务的具体承担者，为有效地组织好“两员”的选调与培训工作，根据《全国经济普查条例》有关规定，结合我市实际，现将有关事项通知如下：

一、普查员、普查指导员选调工作

普查员、普查指导员的选调工作由市、县（区）经济普查办公室负责，乡（镇、街道办事处）经济普查办公室组织实施。

（一）基本条件

普查员：具备初中以上文化水平，有一定的经济、财务、统计基础知识，能进行计算机和手机的操作，准确填报普查表。责任心强，工作细致，身体健康。

普查指导员：具备一定组织协调能力和群众工作经验，熟悉普查区（普查小区）情况，身体健康，政治觉悟高，善于做思想工作和宣传工作。有一定的经济、财务、统计基础知识。

（二）选调渠道

普查员：1、村（居）委会以统计、文书、会计和其他村（居）干部为主；

2、从乡（镇、街道办事处）抽调一部分懂得经济管理的人员或大学生村官；

3、从社会上招聘部分熟悉统计、会计工作的人员；

普查指导员：1、以乡（镇、街道办事处）经济普查办公室人员为主；

2、在普查员中选择组织能力强、业务素质好的人员担任。

（三）人数配备

普查员原则上每个普查区配备1名，设置普查小区的普查区按普查对象数量标准配备；普查指导员原则上每4个普查区配备1名（“两员”具体数量由县（区）经济普查办公室确定）。

（四）时间要求

各地应于8月28日前完成“两员”的选调工作，填写“普查员、普查指导员基本情况表”（见附件），建立“两员”名录库，并上报市经普办。

（五）工作待遇

各地经济普查机构应根据市有关要求发放“两员”工作补贴，并对超额完成单位清查和普查登记任务的人员给予奖励。各地发放工作补贴时，应留存领取记录。

二、普查员、普查指导员培训工作

市、县、乡三级普查机构分级对“两员”进行业务培训。培训内容主要包括普查工作纪律、相关法律法规、普查表和指标解释、PDA操作、普查软件的使用以及普查工作必备的专业知识和技能。

各地要结合当地实际制定切实可行的培训方案。培训方式以集中面授为主，多媒体课件学习为辅。面授侧重课堂练习、普查表试填和现场答疑，特别是普查技能训练，确保学员在接受面授后，掌握完成普查工作任务基础知识和基本技能，能独立操作和完成职责内工作任务，重点是掌握好 PDA 的使用方法，正确填报好普查表。清查培训应于 9 月 5 日前完成。

经培训并测试合格后，由县（区）经普办统一颁发“第三次全国经济普查普查员（指导员）证”，并加盖当地经普办印章，进行编号。“两员”入户登记时须佩带证件。

附件：普查员、普查指导员基本情况表

淮安市经济普查领导小组办公室

2013 年 8 月 13 日

淮安市关于做好第三次全国经济普查普查区电子地图绘制工作的通知

淮经普办字〔2013〕3号

各县（区）经济普查办公室：

第三次全国经济普查全面采用手持电子终端设备（PDA）和电子地图技术。为落实普查责任，明确普查区边界，做好普查区电子地图的绘制工作，现通知如下：

一、普查区划分原则

普查区的划分，原则上按村（居）民委员会管辖的地域范围确定。对位于一个行政区域范围内或跨几个行政区域独立设置的各类开发区、旅游度假区、工矿区、院校区、商品交易市场等大型经济体，原则上不单独划分为行政区划以外的普查区，按照临近原则归入相近的行政区域。如确属普查工作需要，且有独立、完整的地理区域，可单独划分普查区，但需报上级普查机构批准、备案，统一编码。对于个别区域较大、单位较多的普查区，可在一个普查区内划分若干个普查小区，对普查小区以两位码编号，并明确边界。

所有普查区都应有完整、封闭的边界。一个乡镇（街道、办事处）内的全部普查区合并起来，应覆盖整个街镇的区域。在不涉及经济活动的区域，对边界精度的要求可适当放宽。普查区边界仅用于普查工作，不作为各级政府行政区域划分和行政管理的依据。

二、人员与场所要求

各级经济普查机构要指定专人负责普查区电子地图绘制工作，相关人员应熟悉普查区划分与绘图工作规则，经培训后应掌握普查区绘图与管理等软件的使用方法。

我省以2012年航拍的高分辨率测绘影像图为普查区划分与绘图工作的底图。此地图数据仅用于本次普查的绘图工作，各级普查机构要做好地图数据的保密工作，为纸质地图的存放保管准备满足“防火防水防盗”条件的场所。

三、地图绘制与核对边界线要求

各县（区）普查机构应安排专人负责接收、保管本地区的纸介质地图。地图交接时，有关人员应核对图名与编号并履行签收手续。

乡镇（街道、办事处）普查机构负责本乡镇（街道、办事处）所有村居边界线的核对工作，负责在纸质地图上按本次普查区划分要求进行普查区边界线的画线操作。画线完成后，街镇操作人员在图名下方签名并署日期。

县（区）普查机构接收各乡镇（街道、办事处）完成画线的地图后，逐一核对各街镇的街镇边界线是否完整、封闭、清晰。如果相邻街镇对同一条边界线的绘制位置不一致，由县（区）负责协调并修改确认。

县（区）普查机构负责核对乡镇（街道、办事处）地图中村居级普查区区域数量与对应地址码表中普查区记录数的一致性。村居级普查区的边界线应完整、封闭、清晰；名称与对应地址码应清晰。核对确认完成后，由县（区）操作人员在图上签名。

各县（区）经济普查机构，要根据电子地图绘制有关规定和要求，认真组织人员开展普查区地图绘制工作，并于8月28日前将核对后的纸介质地图及对应地址码表一同报市经济普查办公室。

淮安市第三次经济普查办公室
2013年8月12日

淮安市第三次全国经济普查单位核查实施办法

单位核查是经济普查的一项重要的基础性工作，是准确界定普查对象，完善单位基本信息，规范报表填报范围，提高登记工作效率，保证普查顺利实施的重要环节。为做好全市第三次全国经济普查单位核查工作，特制定本办法。

一、核查目的

摸清我市行政区域内各类法人单位、产业活动单位和个体经营户的数量及其分布情况，为普查登记工作奠定基础。

二、核查对象

单位核查对象为全市范围内全部法人单位、产业活动单位和从事二、三产业的个体经营户。

三、核查原则

单位核查按在地原则进行，法人、产业活动单位不论单位性质、隶属关系如何，统一接受所在地基层普查机构组织的单位核查登记。由于建筑业经营的特殊性，建筑施工企业一律由其注册地普查机构负责核查登记。多产业法人单位所在地的普查机构除了要登记填报法人单位的全部资料外，还要登记该法人所属全部产业活动单位（包括在同一普查区的本部、产业活动单位和在外地的产业活动单位）的资料。

四、核查使用的统计标准

单位核查采用国家规定的统计分类标准和目录。包括：《全国组织机构代码编制规则（GB/T11714 - 1997)》、《统计上使用的行政区划代码结构及编制规则》、《国民经济行业分类（GB/T4754 — 2011)》、《普查单位划分及具体处理规定》、《建筑业企业资质等级编码》、《房地产开发业企业资质管理规定》等。

五、核查时间

单位核查工作从2013年9月份开始，核查登记的时点为2013年8月31日，时期指标填报2013年1－8月份累计数据。核查登记工作从9月25日开始，乡级普查机构在10月30日前完成核查数据录入工作，10月31日市级普查机构在省指定的服务器加载核查数据，11月底确认各类普查单位登记底册。

六、核查步骤

1. 收集整理部门单位名录资料

市级普查机构收集整理具有单位审批、登记和管理职能的部门单位名录资料，分解下发给县级普查机构。县级普查机构收集整理本级民政、编制等部门单位名录资料。

2. 比对生成单位核查底册

县级普查机构将市级、本级部门单位名录资料导入基本单位名录库程序，与名录库单位进行比对，生成核查单位底册并分地域打印下发给乡镇、街道等乡级普查机构。

3. 组织开展单位核查登记

乡级普查机构从9月25日开始，组织普查员以核查单位底册为线索，按普查区对辖区内全部法人单位、产业活动单位和从事二、三产业的个体经营户逐户进行核查登记。对在普查区内发现的核查单位底册中没有的单位，普查员也应及时进行登记。对核查单位底册中没有查找到的单位，乡级普查机构应组织有关人员进一步实地核查；县级普查机构应汇总核查单位底册中未查找到的单位名录，组织人员在本县范围内查遗补漏。对于部门名录资料中存在，但在现场无法查找到的单位，县级普查机构应反馈给负责登记、审批和管理的部门，由有关部门协助查找、认定和登记。

七、核查内容

普查员核查入户时，应主动出示证件，自我介绍，说明来意，查看被登记单位的有关证照，确定是否属于核查登记对象（法人单位、产业活动单位、二三产业个体经营户）。普查员登记时，首先应按单位核查工作要求，确认单位类别与机构类型；然后根据单位性质分别填写《单位核查表》、《个体经营户核查表》，多产业法人单位在其普查区还需登记《多产业法人单位所属产业活动单位核查表》。登记结束时，普查员应向所登记的法人单位和产业活动单位发放有关的统计台账并告知普查的相关事宜。

八、核查资料的审核、编码与整理

核查登记期间，乡级普查机构要及时对登记资料的完整性与准确性进行审核，重点是单位界定是否正确、法人与其所属产业活动单位核查表是否匹配。单位临时代码和行业代码（国标 GB/T4754－2011）由乡级普查机构统一编制。

单位核查资料应按以下类别进行分类排列：(1) 单产业法人单位的核查表；(2) 多产业法人单位核查表及其所属产业活动单位核查表；(3) 法人单位不在本乡镇的产业活动单位的核查表。

个体经营户核查资料按普查区行政区划代码次序和核查顺序号进行排列。

九、数据处理与上报

单位核查登记资料由乡级普查机构在市基本单位名录库管理系统中进行数据录入。为提高核查数据处理工作效率，防止单位资料缺失，数据录入原则上按资料整理后顺序依次进行。乡级普查机构应在 10 月 30 日前完成单位核查数据录入，市级普查机构在 10 月 31 日将辖区全部核查数据按规定要求及时上传至省经济普查办公室指定数据处理服务器，形成全省一库核查数据库，然后根据全省统一指令，开通各级普查机构综合与专业人员操作账号，实施省、市、县三级同时在线排重、比对、拾遗补漏、指标修正、确认、汇总等工作。

各级普查机构操作账号按以下规则进行设置命名：

1. 综合用户，使用行政区划代码前 6 位，后缀 A，B，C……如，320000A（省级）；320800A（市级）；320802A（县级）。

2. 专业用户，使用行政区划代码前 6 位，后缀 GY（工业），NY（能源），JZ（建筑业），FD（房地产开发经营，MY（贸易），GZ（劳动工资），SK（社会科技），NC（农业），QT（其他）。如果同一专业需开设多个用户，分别在后缀的字母后加 1、2、3.

如，320000GY1，320802GY2 等。

附：淮安市单位核查工作时间安排

序号	内　　容	时　间
1	市经普办向市级部门收集单位名录资料	8 月 23 日
2	市经普办举行全市单位清查业务培训	8 月 28 日
3	市级部门向市经普办上报单位名录资料	8 月 29 日前
4	县（区）经普办收集同级民政、编制等部门单位名录资料	9 月 5 日前
5	市经普办整理下发市级部门单位名录资料给县区	9 月 13 日
6	市经普办举行全市单位核查业务培训	9 月 17 日
7	县（区）经普办组织单位核查“两员”业务培训，比对生成核查单位底册并按地域印发给乡级普查机构	9 月 24 日前
8	乡级普查机构按普查区组织开展单位核查登记	9 月 25 日起
9	乡级普查机构完成核查资料审核、编码和数据录入	10 月 30 日前
10	市级普查机构向省经普办上传单位核查数据	10 月 31 日前

淮安市第三次全国经济普查登记工作实施办法

登记工作是经济普查的关键环节，为做好全市第三次全国经济普查登记工作，特制定本办法。

一、普查范围和对象

第三次全国经济普查对我国境内从事第二产业和第三产业的全部法人单位、产业活动单位和个体经营户进行登记和调查。

根据《三次产业划分规定》（国统字〔2012〕108号），第二产业包括采矿业（不含开采辅助活动），制造业（不含金属制品、机械和设备修理业），电力、热力、燃气及水生产和供应业，建筑业；第三产业包括农、林、牧、渔服务业，开采辅助活动，金属制品、机械和设备修理业，批发和零售业，交通运输、仓储和邮政业，住宿和餐饮业，信息传输、软件和信息技术服务业，金融业，房地产业，租赁和商务服务业，科学研究和技术服务业，水利、环境和公共设施管理业，居民服务、修理和其他服务业，教育，卫生和社会工作，文化、体育和娱乐业，公共管理、社会保障和社会组织。

法人单位、产业活动单位和个体经营户按照《统计单位划分及具体办法》和普查规定的单位划分及具体处理规定进行界定。

为保证基本单位的不重不漏，结合第三次全国经济普查，对农业、林业、畜牧业和渔业的法人单位、产业活动单位进行普查登记。

二、普查原则

普查登记按在地原则进行，法人、产业活动单位不论单位性质、隶属关系如何，统一接受所在地基层普查机构组织的单位核查登记。由于建筑业经营的特殊性，建筑施工企业一律由其注册地普查机构负责登记。多法人联合体不能作为一个普查单位，应分别对每个法人单位进行登记。多产业法人单位所在地的普查机构除了要登记填报法人单位的全部资料外，还要登记该法人所属全部产业活动单位（包括在同一普查区的本部、产业活动单位和在外地的产业活动单位）的资料。

三、普查使用的统计标准

普查登记采用国家规定的统计分类标准和目录。包括：《全国组织机构代码编制规则（GB/T11714－1997）》、《统计上使用的行政区划代码结构及编制规则》、《国民经济行业分类（GB/T4754 — 2011）》、《普查单位划分及具体处理规定》、《建筑业企业资质等级编码》、《房地产开发业企业资质管理规定》等。

四、普查时点和时期

普查标准时点为2013年12月31日，普查时期为2013年1月1日－12月31日。

普查登记和数据采集工作从2014年1月1日至3月31日。

五、普查内容

对联网直报单位、非联网直报单位和个体经营户分别设置普查内容。

（一）联网直报单位。

普查内容包括单位基本属性、组织结构情况、从业人员及工资总额、财务状况、生产经营情况、能源和水消费情况、科技情况和信息化情况等。

（二）非联网直报单位。

1. 法人单位的普查内容包括单位基本属性、从业人员、实收资本、资产总计、企业营业收入或非企业支出（费用）、税金、煤炭消费量（限工业法人单位）等。

2. 产业活动单位的普查内容包括单位基本属性、从业人员、经营性收入或非经营性支出（费用）等。

（三）个体经营户。

普查内容包括个体经营户基本属性和从业人员。

六、普查登记主要步骤

（一）登记准备

1. “两员”选配

普查登记的普查指导员、普查员选配工作由县级经济普查机构负责，乡级普查机构组织实施。乡级普查机构应根据本辖区单位在普查区的分布情况，合理配备普查员。原则上，PDA 登记的“两员”由乡级统计人员担任，每150 个普查对象配备 1 名普查员，每个普查员可负责 2－3 个相邻普查区的登记工作。

2. 业务培训

普查登记的业务培训重点是掌握好 PDA 的使用方法，正确填报好普查表。业务培训由市、县普查机构分级进行，市负责培训到乡、县负责培训到全部普查指导员和普查员。集中培训后，要对参加培训人员进行考试。县级普查机构对经培训考试合格后的普查员，按普查区编组、造册，形成普查员资料库，12 月 20 日前上报市经普办审核备案。

3. 普查告知

普查登记前，国务院经济普查办公室通过国家统计联网直报平台向联网直报单位发送第三次全国经济普查告知书。地方普查机构应通过有效方式向非联网直报单位和个体经营户发送第三次全国经济普查告知书，指导和督促其做好相关准备工作。包括准备相关证照、统计台账、财务报表等，并按照告知书要求整理相关数据供登记使用。

4. 基础数据准备

普查登记前，乡级普查机构应指导正常经营的非联网直报企业填写 1－9 月份普查统计台账，对企业填报的数据进行认真核实，以确保反映企业实际经营状况。非联网直报单位按照普查告知书要求，在普查登记前填写相关的普查基础数据。

5. PDA 内容加载

普查登记正式开始前，县级普查机构应做好本地区 PDA 设备的内容加载工作，及时组织进行用户注册、单位登记底册和普查区电子地图加载、数据采集软件程序及信息接收等工作。

6. 普查现场宣传

普查登记前，乡级普查机构应组织所辖普查区通过张贴宣传海报、标语，悬挂横幅、召开座谈会等形式，做好普查登记现场的宣传工作，确保所有普查对象了解和配合普查登记工作。

7. 物资准备

各级普查机构应根据江苏省《关于做好我省第三次全国经济普查经费保障工作的通知》（苏经普办字［2013］23 号）要求，落实好普查经费。要做好普查物资准备工作，加强普查物资的管理，指定专人负责各类普查物资的接收、存放、管理和分发，保证普查物资准备工作有序进行和及时到位，确保普查登记工作顺利开展。

（二）正式登记

从 2014 年 1 月 1 日开始，普查员按普查区对普查对象（不含军队、武警系统和保密单位）进行“地毯式”登记，即对辖区内的每个单位进行登记，而不是按底册去查找单位。

1. 定位

普查员到达调查现场，使用 PDA 通过 GPS 进行定位并获取坐标，核实建筑物名称和详细地址信息。

2. 入户调查

进入建筑物后，普查员要对所有单位进行实地调查。入户时，须持有县级经济普查机构统一印制的普查员证件，并主动出示证件，自我介绍，说明来意。入户后，询问、查看相关证照，判断其是否属于本次普查对象，确认单位类型。

对于法人单位或产业活动单位，根据证照上的名称、代码等信息，在单位底册中模糊查找该单位，并分不同情况进行登记：一是对底册中的联网直报单位和金融系统、铁路系统法人单位，用 PDA 对“三证”进行拍照，核实相关信息，标注核查情况。联网直报单位按规定登录国家统计联网直报平台填报普查表；

二是对底册中的非联网直报单位和金融、铁路系统的视同法人单位、产业活动单位，利用PDA调出该单位在单位底册中的信息，采用现场核实、修改和补充的方式采集普查表数据，同时对单位“三证”或证照的复印件、传真件进行拍照，确保单位真实存在。三是对与单位底册中相近的单位要进行现场询问，确定是否为同一单位，如确认为重复单位要在单位底册中进行标注。对多产业法人单位除核实法人相关信息外，还要核实本部的相关信息。

对底册中没有的单位，则利用PDA新增单位普查表，现场采集普查数据，并对“三证”进行拍照。

对于个体经营户，则直接使用PDA填报个体经营户普查表，并对证照拍照留档。

3. 审核保存

普查员填报完普查表后要执行数据审核并保存，审核不通过的要进行现场修改。对于客观情况与审核条件矛盾的，则进行强制保存并填写备注信息。

4. 查遗补漏

县级经济普查机构要及时根据部门提供的新增单位、统计调查发现的新增单位，以及入户调查结果与单位底册差异情况进行查遗补漏。入户调查后，县级普查机构要及时将全县PDA采集的数据导入数据处理系统，将普查数据与单位底册数据进行比对。对于普查多出和底册多出的单位应重点核查，确认为同一个单位的，要在单位底册中加以标注。对底册中没有查找到的全部单位，应进一步实地核查，查遗补漏结束后，底册中所有单位都必须标注核查情况。

5. 数据上传

PDA数据利用无线网络，或在乡级普查机构通过统计内网报送到指定服务器中。对于单位底册中标注为企业一套表联网直报的调查单位，除接受本次经济普查的入户调查外，仍按照规定登录国家统计联网直报平台报送数据。

6. 留档备查

非联网直报单位按照普查告知书要求事先填写的相关基础数据，由有关人员签字盖章后，普查员用PDA拍照留存。

（三）数据审核、检查和验收

1. 数据审核。县及县以上各级普查机构在数据采集处理平台上，对普查表数据按专业审核，发现问题逐级退回，由基层普查机构负责联系普查对象核实修改，并保留修改痕迹。

2. 数据检查。县级普查机构有重点地选择部分普查区，每个被抽中的普查区要抽选一定比例的普查表，对其普查数据质量进行检查。

3. 数据验收。各级普查机构按照统一要求组织开展数据验收工作。对于验收不合格的地区，要进行全面复查、验收，直至符合规定的质量要求。

七、登记的工作要求

第一，加强组织领导，形成工作合力。本次经济普查登记工作涉及普查源多，工作量大，技术要求高，开展经济普查的难度将增大。因此，各级普查机构要严格按照“全市统一领导、部门分工协作、地方分级负责、各方共同参与”的原则，进一步强化组织领导，健全责任制度，狠抓工作落实，形成一级抓一级，层层抓落实的工作局面，最大限度地形成工作合力，确保登记工作的顺利有序进行。

第二，树立法制观念，坚持依法普查。我市所有普查对象必须严格按照《统计法》和《全国经济普查条例》的规定，如实、按时填报经济普查表。任何单位和个人不得虚报、瞒报、拒报、迟报，不得伪造、篡改普查数据。经济普查所取得的单位和个人资料，严格限定用于经济普查的目的，不作为任何单位对经济普查对象实施处罚的依据。各级统计部门、普查机构和普查人员对在经济普查中所知悉的普查对象的商业秘密和个人隐私，必须履行保密义务。

第三，严格工作责任，确保普查质量。获取全面准确客观真实的普查数据，是决定经济普查成功的关键。各级普查机构要以对国家、对人民高度负责的精神，按照普查的责任要求，一丝不苟、周密扎实地做好普查登记工作；要认真落实普查工作质量控制制度，从普查的源头数据抓起，层层把关，严格审核，保证采集到的数据客观真实，从源头上严格把好质量关。针对部分普查对象存在对经济普查认识不足，心存疑虑，配合程度不高，出现漏报、瞒报、虚报等现象，普查员要耐心仔细的讲解，使普查对象都能够了解到经济普查的重要性，消除思想顾虑，密切配合普查登记工作。

第四，加强宣传引导，形成良好氛围。各级普查机构要深入细致地做好宣传动员工作，加强舆论导向，增进社会各方面对经济普查工作的理解和支持，形成全社会共同参与经济普查的良好氛围。

淮安市第三次全国经济普查预防风险工作预案

为有效预防和及时处置各种风险，规范应对风险处置工作程序，增强处理普查突发事件的能力，确保全市经济普查顺利推进和普查数据安全，根据《中华人民共和国统计法》、《全国经济普查条例》和《江苏省第三次全国经济普查实施方案》的规定和要求，制定本预案。

一、基本原则

（一）统一领导、分级负责。各级经济普查机构要高度重视风险防范预防和处置工作，对本地区风险防控工作负全责；要建立健全风险防控管理体系，及时有效处置各种风险。

（二）预防为主，防控结合。加强工作调度，规范工作流程，严肃工作纪律，对普查工作的重要环节和容易出现风险的重要节点，要事先预演、预练，必要时提前启动预案，防患于未然。

（三）规范流程，积极应对。要将风险防控工作纳入规范化、制度化、程序化轨道，提高对突发事件全过程的综合管理和紧急处置能力。

二、风险的主要种类

（一）方案执行风险。主要表现为有些地方执行全国或全省经济普查方案不统一、不规范、不完整，严重影响普查内容的完整性、准确性，数据质量难以保证。

（二）数据处理风险。主要表现为数据处理硬件、软件、网络平台出现故障，无法按期采集、上报、审核、汇总、评估和发布数据。

（三）数据丢失风险。主要表现为因突然断电、病毒、系统崩溃等原因，造成已经采集、上报、审核、汇总的数据、地图、图片等信息全部或部分丢失。

（四）舆论导向风险。主要表现为出现不利于普查工作顺利实施的社会舆论。

（五）违法违纪风险。主要表现为普查对象没有申报真实数据，或出现人为干扰数据报送的现象。

（六）数据保密风险。主要表现为因管理不善或人为事故，造成涉及国家秘密或普查对象商业秘密的个体资料或汇总资料丢失、泄露。

三、各环节主要风险的预防和应对措施

对于经济普查工作中可能出现的各种风险事件，各级经济普查机构和各级政府统计部门要认真梳理，制定预案，明确分工，严格流程，积极应对，妥善处置。

（一）严格执行普查方案

1. 保证普查方案执行的统一性。要严格按照普查方案的要求开展工作，统一、及时下发普查实施工作中有关问题解答，确保普查工作规范统一。

2. 保证普查对象不重不漏。及时查遗补漏，确保所有普查对象客观存在，属性准确。要通过相关部门年检工作，重点关注在实地核查中无法查到的单位。对实际登记单位变动或差异较大的地区，要组织核查组进行实地调查。

（二）确保数据采集质量

1. 对于采取联网直报方式的普查单位，必须由普查单位独立填写真实的普查数据，决不允许以任何名义强令授意普查单位按指定的数据上报；必须由普查单位独立上报联网直报数据，决不允许任何机构、人员代填代报普查数据；必须由普查单位修改普查表差错或补填不完整普查表，决不允许任何机构、人员自行修改。

2. 对于采取 PDA 方式普查的单位，必须由普查员到普查单位现场对普查表中的各个项目逐一采集数据，决不允许不去现场而编造数据；必须由普查员独立自主通过无线网络或统计内网及时报送数据，决不允许任何人代替普查人员报送数据；对任何普查表数据的修改，都必须经过普查单位的书面认可，决不允许任何机构、个人自行修改。

（三）逐级审核、验收、汇总数据

1. 要按照《江苏省第三次全国经济普查数据处理实施细则》的规定，随报（传）随审，分级分专业审核；

2. 重点进行重名重码审核、法人单位与产业活动单位关联审核和普查数据跨专业审核；

3. 重点审核企业组织结构调查、能源等新增普查内容；

4. 充分利用数据处理平台的数据修改痕迹查询、日志查询检索等功能，对数据处理工作进行实时监控；

5. 通过企业组织结构调查和其他相关信息，剔除地区间、行业间重复统计的单位，剔除重复计算的数据。

（四）确保数据处理安全可靠

1. 在采集、传输、处理、存储等每个环节，做好防丢失、防泄密、防窃取、防篡改、防删除、防断网工作，确保数据处理工作顺利开展，确保普查数据绝对安全；

2. 加强联网直报平台运行状态和互联网出口线路的日常监控，保证平台运行顺畅。互联网出现线路或设备故障时，启用备用链路报送联网直报和三经普数据，并在第一时间确认故障的范围和程度，联系相关运营商抢修线路或设备。局域网内发生设备故障时，及时更换故障设备，并联系相关技术支持维修故障设备；

3. 完善网络安全系统，实现网络管理、漏洞检测、防病毒等功能，防止病毒侵袭和“黑客”攻击。发生大规模病毒攻击时，应迅速查找染毒计算机，切断染毒计算机的网络连接，停止一切工作操作，保护现场。同时，立即启动病毒应急处理流程，升级防病毒软件并进行全面杀毒，在最短时间内恢复计算机的正常运行，并在确认没有病毒和安全漏洞后恢复计算机网络连接；

4. 在移动终端管理平台出现大面积不能注册或者推送现象时，立即上报市经普办。如短时间内不能修复，对未注册的PDA采用手工更改注册信息、拷贝地图和底册的方式，保证数据采集工作的顺利进行；

5. 当出现区域性3G上网卡无法上网情况，立即联系江苏电信淮安分公司三经普项目联系人，督促其排除故障。如果短时间内不能恢复，3G上网卡无法上网的区域，将数据导出到PC机，采用有线方式上报数据；

6. 当上传图片导致网络堵塞时，应暂缓上传图片并做好图片备份工作，优先保证数据上报。待数据上报完成后，采用错时机制上报图片；

7. 当软件出现故障时，及时上报市经普办；

8. 如出现PDA丢失，应立即上报市经普办数据处理应急小组，并通知区域管理员，根据注册信息对设备进行锁定擦除；

9. 做好每日数据的增量备份和系统的定期备份。使用PDA网络传输数据的，要采取加密技术，保证信息传输安全；使用纸介质报表的，要保证报表数量完整、安全存放；

10. 市、县（区）普查机构要指定专人负责协调PDA、笔记本电脑、服务器等设备的管理和维修工作。发现问题，要立即协调供货厂家确定问题原因，锁定问题设备的涉及区域，并及时更换备机，排除故障；

11. 数据处理计算机和存储介质要专机专用、专盘专用。在普查工作中搜集的地图、普查区界线和单位位置、“三证”图片、基层和汇总表等信息只能用于普查目的，必须做好保密工作，并存储在政府统计系统专用服务器中。

（五）规范普查数据发布

1. 发布数据前，要认真分析研究数据发布可能产生的社会影响，制定针对性强的预案，并对拟发布的数据严格保密。按规定提前公布数据发布时间，做好数据的解读和说明工作；

2. 在市发布经济普查主要数据之前，各地不得提前发布本地区的经济普查数据；各地发布本地区经济普查主要数据公报之前，要向市经济普查办公室备案；

3. 不得公开发布、对外提供涉及国家秘密和普查对象商业秘密的数据；

4. 事先加强数据匹配性的审核评估，组织公报数据解读，集中解答媒体关注的热点、难点和疑点问题。

（六）强化普查宣传动员

1. 由市经济普查办公室牵头，建立重大舆情应对工作机制，加强舆情监测，及时报告重大舆论事件；

2. 发生普查重大舆情突发事件时，相关业务组和相关专业要迅速起草有关应答口径、声明、回应文章等，按程序审批，统一开展舆论引导、应对工作。对失实报道，应及时与有关媒体和当事人联系沟通，责成其立即采取有效措施，尽可能减少不良影响。对媒体曝光的企业数据造假问题，组织核查组赴有关地区调查核实情况；对企业不配合填报问题，要通过宣传，消除思想顾虑；对 PDA 使用过程中可能遇到的突发问题，加强与媒体的沟通，及时通报事故处理情况；

3. 各地也应建立舆情监测及应对工作机制，并做好与市经济普查办公室的衔接。

（七）依法查处违法违纪行为

1. 通过举报电话、举报信件、举报电子邮件、领导批示、媒体反映、业务部门移交等多种渠道，及时掌握经济普查违法线索；

2. 认真做好经济普查违法举报的登记、受理和报告，及时组织核查工作；

3. 对经济普查违法责任单位和个人，特别是干预经济普查数据的领导干部，依法依纪严肃追究法律责任。加强与纪检监察机关的合作，确保责任追究到位；

4. 对干预普查、拒绝接受普查、提供不真实普查数据，情节严重、性质恶劣的案件，以及对国家普查政令懈怠轻慢、经检查仍屡查屡犯的地方，坚决予以公开通报；

5. 妥善处理群体性违法案件。对于大规模不配合普查事件，当地普查办要充分发挥行政动员能力，开展针对性的宣传动员，并迅速依法开展执法检查。必要时，要充分发挥相关职能部门作用，开展联合执法。对典型案件进行曝光，起到查处一案、警示一片的作用。

（八）严格执行保密规定

1. 加强普查法律法规教育，提高保密意识。对于重大失泄密事件，按照《国家统计系统统计信息重大失泄密事件应急处置预案（试行）》的规定，依法依纪迅速处置。

2. 军队、武警系统的普查工作由其普查机构确定，保密单位的名单由各地普查机构与相关部门协商确定。

3. 军队、武警系统有关资料由有关部门直接向国务院经济普查办公室提供，国务院经济普查办公室指派专人接收，并负责安全保密。

4. 对于行政记录中含有涉密内容的资料，要按相关密级文件的交换方式提供，严禁使用非专用的移动存储设备拷贝数据。

5. 不得对军队、武警系统和保密单位进行定位、拍照。

6. 在对数据处理人员加强保密教育、签订保密协议、明确保密责任的同时，做好数据处理场地中包括印有数据的废纸在内的各类介质保管工作。

7. PDA 出现故障或丢失，应立即使用移动终端管理系统对设备进行远程数据擦除；影响正常工作时，按照相关规定，启用备用设备。

四、组织领导

成立市经济普查预防风险指挥部，统一领导全市经济普查各类风险的管理和处置工作。指挥长、副指挥长分别由市经济普查办公室主任、副主任担任，成员由各工作组组长等有关人员担任（详见附件 1）。指挥部负责制定预防风险预案，接收突发事件风险报告，组织实施风险应对工作，协调全市经济普查系统预防风险工作。

预防风险指挥部实行工作组组长负责制，具体职责分工为：

涉及普查宣传动员、舆情应对等方面的事项，由宣传组负责和协调；

涉及普查方案组织实施、业务培训、业务问题解答等方面的事项，由单位数据组负责和协调。

涉及单位行业划分及数据审核、验收、评估等由业务一组至业务三组负责和协调；

涉及个体经营户抽样调查方面的事项由业务三组负责和协调；

涉及普查数据接收、汇总、加工和数据反馈，建立普查数据库，以及软件、硬件、网络及其他数据处理方面的事项，由数据处理组负责和协调；

涉及数据处理和业务交叉、融合方面的问题，由业务组牵头，会同数据处理组负责和协调；

涉及单位查遗补漏、部门提供资料、单位界定等方面的事项由综合组负责和协调；

涉及普查资料开发、公报发布等方面的事项，由综合组负责和协调；

涉及普查违法违纪方面的事项，由执法检查组负责和协调；

涉及全市经济普查办公室公文起草、上传下达、工作协调等工作事项，由综合组负责和协调。

各地经济普查机构要根据本地区的特点和实际情况，组建相应的预防风险办公室，根据本地区可能发生的各种风险制定预案，负责接收市经济普查办公室下达的工作指令，上报本地区预防风险情况，明确各专业、各部门的职责与分工，提出切实可行的应对措施。

五、工作制度

市经济普查领导小组预防风险指挥部通过建立普查督导制度、责任制度、报告制度、值班制度和进度周报制度，确保全市普查登记工作扎实有序推进。

（一）联系督导制度

根据市经济普查办公室下发的《关于开展全市经济普查督导工作的通知》（淮经普办字〔2013〕8号）要求，普查登记期间，市统计局领导将率市经济普查办公室各工作组有关人员赴经普联系点，督查登记工作进度，抽查数据质量，进行工作指导。

（二）工作责任制度

全市上下都要构建职责明确、分级负责、层层落实的普查工作责任机制，各级都要细化责任，具体到人，分解任务，人人有责，确保责任落实全面到位。

（三）重大情况报告制度

一旦出现突发性事件或工作风险，各级经济普查办公室有关人员必须立即向本级经济普查办公室领导汇报。各地普查机构预防风险办公室要及时向上一级普查机构报告。报告应包括时间、地点、原因、事件详情、损失情况、影响范围、发展趋势、处置措施等内容。在接到上级指令前，应在职权范围内进行相应的应急处置。市预防风险指挥部要立即对接报情况进行研判，及时向市政府、省经济普查办公室报告。

（四）值班制度

在普查工作期间，市预防风险指挥部将建立值班制度（值班人员名单见附件2），在统计系统内公布其电话等联系方式，确保相关人员电话24小时畅通。值班人员负责接收风险事件的情况汇报，由市经济普查办公室主任统一作出风险事件的处理安排。遇到特殊问题、不能判定或需要上级协调的问题，应及时请示、汇报，不得延误。

对于各地报告的问题，实行首问负责制，属于本工作组职责范围的，要负责解决；涉及其他工作组的，要与其他工作组协调解决，并将意见及时反馈；属于其他工作组的工作事项，要完整、准确填写值班记录，及时转交其他工作组处理；对于暂时无法解决的问题，要判断是否会引发系统性风险，并及时上报。

（五）进度周报制度

各地经普办于每周四下午下班前收集整理各地普查登记工作好的经验、举措和做法、工作中存在的问题等报市经普办综合组。市经普办各工作组通过普查登记数据传输系统，跟踪和把握登记数据质量。各地也要建立相应的报告机制，及时做好相关情况反馈，确保普查登记规范有序。

六、其他事项

本《预案》由市经济普查办公室解释，自公布之日起执行。

淮安市第三次全国经济普查事后质量抽查工作方案

为统一组织开展全市第三次全国经济普查事后质量抽查工作，根据《全国经济普查条例》和《第三次全国经济普查方案》的相关规定和要求，制定本方案。

一、抽查目的

在普查登记工作全面完成后开展事后质量抽查工作，一是了解普查登记中发生的单位和指标差错情况，测算综合差错率，对第三次全国经济普查全市及分县（区）数据质量进行定量评估；二是根据综合差错率，结合普查主要环节的工作情况，对各县（区）经济普查工作质量进行评价；三是掌握普查主要指标的误差情况，为审核分县（区）普查数据提供重要参考依据。

二、抽查对象及抽查方法

（一）抽查对象：联网直报单位和非联网直报单位以及个体经营户。

（二）抽查方法：对抽中单位和个体户进行回访调查。对普查单位基于其2013年相关会计资料和原始台账，填写抽查表（见附件1）相关指标，与普查上报数据对比。非联网直报单位还要与普查告知书数据对比；对个体经营户按抽查表的要求现场采集相关指标，与普查登记数据对比。

三、样本抽取方法及数量

在每个县（区）抽选1个样本普查区，抽取15个普查单位和10个个体户。普查单位应包括若干联网直报单位、非联网直报企业、行政机关、事业单位和产业活动单位。

四、抽查内容

普查对象源头数据质量情况。包括联网直报单位“调查单位基本情况”（601表）、非联网直报单位“单位普查表”（611表）、个体经营户“个体经营户普查表”（614－1表）和“个体经营户抽样调查表”（614－2表）的主要指标登记差错率以及单位营业收入指标的误差。

单位抽查表包括组织机构代码、单位名称、行业类别、单位类型、机构类型、登记注册类型、从业人员和营业收入等8个主要指标；个体经营户抽查表包括户名、行业、从业人员数等3个指标。

五、组织实施

（一）组建工作组。

市经济普查办公室组建7个事后质量抽查工作组，分别负责1－2个县（区）的抽查工作。各抽查工作组由市经普办各业务组成员组成。

（二）工作部署和业务培训。

召开市第三次全国经济普查事后质量抽查工作布置暨培训会，对事后质量抽查工作进行全面部署和动员，安排各抽查工作组人员及工作任务，讲解事后质量抽查方案，培训操作方法。

（三）开展现场调查。

各抽查工作组按照指定时间分赴各县（区）开展工作。在当地普查机构的配合下，到抽中的普查区对抽中的法人单位、产业活动单位和个体经营户进行回访调查。完成事后质量抽查工作，向市经济普查办公室提交已完成的事后质量抽查表。

（四）数据处理。

市经济普查办公室负责数据录入、整理和汇总工作。包括推算全市及分县（区）普查综合差错率和单位营业收入误差。（见附件2）

（五）撰写事后质量抽查工作报告。

市经济普查办公室基于事后质量抽查结果，对各县（区）经济普查工作质量及源头数据质量情况进行分析和评估，形成全市及分县区普查质量评估报告。

六、职责分工及进度安排

工作项目	责任单位	完成时间
（一）制定《第三次全国经济普查事后质量抽查工作方案》	综合组	5月上旬
（二）组建抽查工作组	综合组	5月上旬
（三）抽取样本普查区（小区）和样本单位、个体户	单位数据组	5月中旬
（四）召开事后质量抽查工作布置暨业务培训会	综合组、单位数据组	5月中旬
（五）开展现场核查和回访调查	抽查工作组	5月中旬
（六）数据推算等数据处理工作	单位数据组	5月下旬
（七）撰写抽查工作报告	抽查工作组	5月下旬

七、具体工作步骤

（一）抽查工作组到达抽查县（区）后，对部分法人单位、产业活动单位和个体经营户进行回访调查，现场填写抽查表。(附件1)。

（二）现场调查完成后，及时将抽查表上交国务院经济普查办公室。

（三）市经济普查办公室负责数据录入、整理和汇总工作。

（四）市经济普查办公室统一组织抽查工作组撰写抽查报告。

八、其他

（一）各县区应组织乡镇（街道）及时开展自查自纠，主动纠正不规范行为。

（二）抽查用表格由市经济普查办公室负责印发。

（三）所有参加事后数据质量抽查的人员要严格执行抽查办法和工作程序，确保事后质量抽查结果客观公正。不得泄露抽查有关情况，确保抽查数据安全。

（四）各抽查工作组要严明纪律，自觉遵守中央八项规定和干部廉洁自律各项规定，轻车简从、减少陪同、简化接待，坚决拒收基层单位赠送的土特产品、礼品、礼金、有价证券、支付凭证和商业预付卡，不得借抽查之机用公款组织游山玩水、安排私人度假旅游活动。

（五）抽查工作组实行组长负责制，接受监督，任何违纪违规行为都将依法依规追究组长及相关人员责任。

附件：1. 第三次全国经济普查事后质量抽查用表式

2. 主要误差推算公式

附件 1

第三次全国经济普查事后质量抽查用表式单位抽查表

______县（区）______乡（镇）、街道______普查区

区划代码：□□□□□□ - □□□ - □□□

序 号	组织机构代码	单位名称	行业	单位类型	机构类型	登记注册类型	从业人员期末人数（人）		全年营业收入合计（千元）	
							回访数	告知书数	回访数	告知书数
甲	乙	丙	丁	戊	己	庚	1	2	3	4
一、联网直报单位										
1.										
2.										
…										
二、非联网直报单位										
1.										
2.										
…										

填表说明：

1. 乙、丙栏“组织机构代码”、“单位名称”必须与上报国务院普查办公室数据库中 601 表、611 表的相关数据一致。

2. 丁栏“行业”用代码表示：1 农业；2 工业；3 建筑业；4 批发和零售业；5 住宿和餐饮业；6 房地产开发经营业；7 服务业；8 其他。

3. 戊栏“单位类型”用代码表示：1 法人单位；2 产业活动单位。

4. 己栏“机构类型”用代码表示：1 企业；2 事业单位；3 机关；4 社会团体；5 其他。

5. 庚栏“登记注册类型”用代码表示：1 内资；2 港澳台投资；3 外商投资。

6. 第 1 - 4 栏：“从业人员期末人数”、“全年营业收入合计”：填写 2013 年数据。

7. 第 2、4 栏：联网直报单位免填。

个体经营户抽查表

____省（自治区、直辖市）____地（市）____县（区）____乡（镇）、街道____普查区

区划代码：□□□□□□ - □□□ - □□□

序号	个体经营户名称	行业	从业人员期末人数（人）	备注
甲	乙	丙	1	丁

填表说明：

1. 乙栏“个体经营户名称”必须与上报国务院经济普查办公室数据库中 614 - 1 表的相关数据一致。

2. 丙栏“行业”用代码表示：1 农业；2 工业；3 建筑业；4 批发和零售业；5 住宿和餐饮业；6 房地产开发经营业；7 服务业；8 其他。

3. 第 1、2 栏：“从业人员期末人数”填写 2013 年数据。

附件 2

差错率及主要误差推算公式

一、符号

P：全市普查对象总数

Q：抽查指标个数

N：全市县级单位总数

n：全市样本县个数

M_i：第 i 个样本县普查区（小区）总数

m_i：第 i 个样本县样本普查区（小区）个数

K_{ij}：第 i 个样本县第 j 个样本普查区（小区）普查对象总数

k_{ij}：第 i 个样本县第 j 个样本普查区（小区）样本单位数

y_{ijl}：第 i 个样本县第 j 个样本普查区（小区）第 l 个普查对象指标差错数或误差

二、公式

（一）指标差错率。

$$指标差错率 = \frac{1}{PQ} \times \frac{N}{n}\sum_{i}\frac{M_i}{m_i}\sum_{j}\frac{K_{ij}}{k_{ij}}\sum_{l}y_{ijl} \times 100\%$$

（二）主要指标误差。

$$营业收入误差 = \frac{N}{n}\sum_{i}\frac{M_i}{m_i}\sum_{j}\frac{K_{ij}}{k_{ij}}\sum_{l}y_{ijl}$$

关于严肃普查纪律确保普查数据质量的通知

淮经普字〔2013〕3号

各县（区）经济普查领导小组、市各有关部门：

数据质量是经济普查的生命线。搞准普查数据是统计法的核心要求，是党中央、国务院的明确指示，是衡量普查成败的根本标准。第三次全国经济普查登记工作从2014年1月1日起将全面开展。为做好普查登记工作，确保普查数据质量，特通知如下：

一、坚持依法普查。严格按照《统计法》、《全国经济普查条例》、《国务院关于开展第三次全国经济普查的通知》及相关规定组织开展工作。各地、各部门、各单位负责人不得干涉普查机构、普查人员依法独立行使调查、报告、监督的职权；各级普查机构、普查人员不得篡改经济普查资料、编造虚假数据，不得擅自发布经济普查数据，不得对外提供、泄露经济普查取得的能够识别或者推断单位和个人身份的资料，或者将其用于经济普查以外的目的；各类普查对象要按照普查机构和普查人员要求，及时提供与普查有关的资料，如实、按时填报普查表，不得虚报、瞒报、拒报和迟报普查数据。

二、实事求是查清查实普查单位。各级经济普查机构要认真对单位核查底册中的全部单位逐一进行现场核实，确保“纸面”上的单位全部落实到“地面”上。确保普查底册中的每一个单位都真实存在，是什么单位就是什么单位，决不能造假单位。要实事求是真正把普查单位搞清、搞准，这是确保普查数据质量的基础。没有的，绝对不能上底册；存在的，绝对不能漏。

三、确保源头数据真实准确。对于采取联网直报方式的普查单位，必须由普查单位独立填写真实的普查数据，决不允许以任何名义强令授意普查单位按指定的数据报数；必须由普查单位自己上报联网直报数据，决不允许任何机构、人员代填代报普查数据；必须由普查单位修改普查表差错或补填不完整普查表，决不允许任何机构、人员自行修改。对于采取PDA方式普查的单位，必须由普查员到普查单位现场对普查表中的各个项目逐一采集数据，决不允许不去现场而编造数据；必须由普查员独立自主通过无线网络或统计内网及时报送数据，决不允许任何人代替普查人员报送数据；对任何普查表数据的修改，都必须经过普查单位的书面认可，决不允许任何机构、个人自行修改。这是普查登记中的“六条红线”，任何人都不能碰，谁碰就严肃处理谁。

四、严格执行各项操作规程。各级经济普查机构要严格遵守《第三次全国经济普查方案》，确保普查工作的统一性。要不折不扣执行国务院经济普查办公室制定的普查质量控制措施和13项明确具体的技术规范，进一步细化普查质量标准和要求，建立并实施普查数据质量控制岗位责任制，对普查实施中的各个环节实行质量控制和检查验收。要认真做好普查事后数据质量抽查，科学评估普查数据质量。

各地要加大对在经济普查上弄虚作假行为的查处力度，集中力量严肃查处违反统计法律法规和普查纪律的行为。鼓励社会公众和企业举报各种在普查数据上弄虚作假行为，向社会公布举报电话，畅通群众举报渠道，明确有关责任人和工作规则，及时发现普查违法违纪线索。对在普查数据上弄虚作假的违法违纪行为，无论涉及什么地方、什么单位、什么人，都要严肃查处，对典型案件坚决曝光，决不姑息，使统计执法真正为经济普查保驾护航。对于重大的普查弄虚作假案件将采取统计机构与纪检监察机关联合办案，并向任免机关、监察机关移送案件，形成坚决反对和制止在普查数据上弄虚作假的高压态势和强大震慑力。

淮安市第三次全国经济普查领导小组

2013 年 12 月 31 日

淮安市第三次全国经济普查领导小组成员

组　长：王正喜　市委常委、常务副市长
副组长：殷　强　市政府副秘书长、办公室主任
沙　杰　市统计局局长
刘兴国　国家统计局淮安调查队队长
杨恒忠　市委宣传部副部长，市文明办主任
李春林　市发改委副主任
成　员：胡岁年　市委农工部副部长
张家浩　市编办副主任
叶　蓓　市纪委常委
高金宝　市经济信息化委副主任
初　晓　市公安局副局长
刘爱梅　市住房城乡住建局副局长
席文武　市教育局副局长
徐　鹏　市民政局副局长
张晓秀　市司法局副局长
宋　浒　市财政局副局长
张有前　市人社局副局长
高　鹏　市国土资源局副局长
谢　华　市统计局副局长
崔　敏　国家统计局淮安调查队副队长
张　曦　淮安工商局副局长
吴林昌　淮安质监局副局长
彭少卿　市金融办副主任
姚国勤　市规划局纪检组长
蒋维林　市交通运输局副局长
刘正柱　市农委副主任
王　健　市水利局纪委书记
倪建华　市商务局副局长
王贻文　市旅游局副局长
张益明　市文广局副局长
于龙门　市卫生局副局长
卞　玉　市体育局副局长
韩　群　市民族宗教局副局长
周剑章　市国资委副主任
陈晓龙　市国税局副局长
陈兆田　市地税局副局长
杨建洪　市科技局副局长

彭　杰　市粮食局副局长
蒋　涛　市邮政管理局副局长
赵　林　人行淮安中心支行副行长
陆安庆　淮安银监局纪委书记
顾志明　市保协秘书长
刘　锋　淮安军分区后勤部部长
王维营　武警淮安支队副支队长

领导小组下设办公室，设在市统计局，沙杰同志兼任办公室主任。

淮安市第三次全国经济普查领导小组办公室成员

主　任：沙　杰（市统计局局长）
副主任：严夕夏（市统计局副局长）
　　　　谢　华（市统计局副局长）
　　　　吴宙岩（市统计局副局长）
　　　　曹仕风（市统计局纪检组长）
　　　　崔　敏（国家统计局淮安调查队副队长）
　　　　杨志刚（省统计局淮安调查局局长）
　　　　姜耀武（市统计局总统计师）
　　　　顾　彪（市发展改革委国民经济综合处处长）
　　　　周广峰（市委宣传部宣教处处长）
　　　　张益群（市财政局行政政法处处长）
　　　　曹　强（省统计局淮安调查局城市调查处处长）
成　员：朱红娣（市纪委执法室正科级纪检员）
　　　　马　荣（市编办综合处副处长）
　　　　王海涛（市住房城乡建设局房屋开发处处长）
　　　　张文虎（市地税局计财处处长）
　　　　许　康（淮安工商局信息中心副主任）
　　　　刘海涛（市民政局规划财务处正科级）
　　　　刘　松（市质监局标准计量情报所副所长）
　　　　薛红阳（市国税局征管科技处副处长）
　　　　夏　征（市规划局办公室副主任）
　　　　张　丽（市统计局工交处处长）
　　　　杨益浪（市统计局能源处处长）
　　　　刘安顺（市统计局投资处处长）
　　　　陆建国（市统计局贸外处处长）
　　　　赵　洋（市统计局服务业处处长）
　　　　徐　婷（市统计局人口与社会科技处处长）
　　　　董务君（省统计局淮安调查局企业调查处处长）
　　　　马继军（省统计局淮安调查局农村调查处主任科员）
　　　　袁永志（市普查调查中心主任）
　　　　费　江（市统计局信息化管理处处长）
　　　　孙永军（市统计局综合处处长）
　　　　吴　杰（市统计局法规处处长）
　　　　周建国（市统计局办公室主任）
　　　　陈　健（市统计局监察室主任）
　　　　姜　琳（省统计局淮安调查局专项调查处处长）

淮安市第三次全国经济普查领导小组办公室内设工作组人员

综合组

组　长：曹　强

副组长：刘巍巍　李志英　何从生　王　艳　张永松
张正北　徐振富　贺庆莉　孙　茜　尹　进

成　员：罗　劼　肖　淦

宣传组

组　长：袁永志

副组长：李鸣鸣（市委宣传部）

成　员：张建华　罗　劼　肖　淦

单位数据组：

组　长：罗　劼

成　员：殷习松　肖　淦

业务一组（工业、能源、建筑、房地产、战略性新兴产业）

组　长：张　丽

副组长：杨益浪　刘安顺

成　员：李志英　何从生　王　艳　伍华森　高先国

业务二组（服务业、贸易、科技、劳资、信息化、文化产业）

组　长：赵　洋

副组长：陆建国　徐　婷

成　员：张永松　张正北　张建国　孙　茜　王炎研　姚云聪

业务三组（抽样调查、农业）

组　长：董务君

副组长：马继军

成　员：徐振富　冯玉莲　汪大庆　刘　杰　肖　淦

数据处理组

组　长：费　江

成　员：涂义和　刘　杰　肖　淦

执法检查组

组　长：吴　杰

成　员：穆如标　王小丰　柏玉梓　杨长峰

淮安市第三次全国经济普查领导小组办公室部门联络员

张玉莲（市经济信息化委主任科员）
杜治国（市财政局行政政法处科员）
张　颖（市发展改革委科员）
宋海军（市委农工部科员）
俞立馨（市教育局发展规划处处长）
唐　成（市科技局）
石祥利（市公安局综合大队教导员）
阮　荣（市人力资源社会保障局科员）
谢媛媛（市交通运输局）
朱延华（市农委计划与财务审计处处长）
万海涛（市住房城乡建设局）
许智平（淮安工商局信息中心）
张　军（市地税局计财处）
王　冰（市商务局综合处办事员）
朱陟山（市国土资源局办事员）
赵从胜（市水利局财务审计处处长）
许太群（市文广局副主任科员）
束其亚（市卫生局副处长）
蒋许阳（市国资委财务监督与考核评价处处长）
王　娟（市司法局办事员）
朱桂芹（市体育局办公室主任）
陈雪影（市旅游局规划发展处办事员）
叶　菲（市粮食局办事员）
许祥忠（市民族宗教局）
贾蓉蓉（市邮政管理局）
施　瑞（市金融办办事员）
仁亚军（人行淮安中心支行处长）
刘文彬（淮安银监局科员）
支焕南（市保协业务部科员）
潘　勇（淮安军分区后勤部）
张盛林（武警淮安支队股长）

淮安市第三次全国经济普查主要指标解释

法人单位 指有权拥有资产、承担负债，并独立从事社会经济活动（或与其他单位进行交易）的组织。法人单位应同时具备以下条件：

1. 依法成立，有自己的名称、组织机构和场所，能够独立承担民事责任；

2. 独立拥有（或授权使用）资产或者经费，承担负债，有权与其他单位签订合同；

3. 具有包括资产负债表在内的账户，或者能够根据需要编制账户。

机构类型 包括企业法人、事业单位法人、机关法人、社会团体法人和其他法人。

企业法人 指依据《中华人民共和国企业法人登记管理条例》、《中华人民共和国公司登记管理条例》等，经各级工商行政管理机关登记注册，领取《企业法人营业执照》，取得法人资格的企业。企业法人包括：公司和非公司制企业法人。

依据《个人独资企业法》及《合伙企业法》，经各级工商行政管理机关登记注册、领取《营业执照》的不具有法人资格的个人独资企业、合伙企业视同非公司制企业法人。

事业单位法人 指经国务院机构编制管理部门批准、国家事业单位登记管理部门登记或备案；或经地方县级以上机构编制管理部门批准、地方县级以上事业单位登记管理部门登记或备案，领取《事业单位法人证书》，取得法人资格的事业单位。包括：（1）各级党委、政府直属事业单位；（2）党中央、国务院直属事业单位举办的事业单位；（3）各级人大、政协机关，人民法院、人民检察院和各民主党派机关举办的事业单位；（4）各级党委部门和政府部门举办的事业单位；（5）使用财政性经费的群众团体举办的事业单位；（6）国有企业及其他组织利用国有资产举办的事业单位；（7）依照法律或有关规定，应当由各级登记管理机关登记的其他事业单位。

机关法人 指各级政党机关和国家机关。包括：（1）县级以上各级中国共产党委员会及其所属各工作部门；（2）县级以上各级人民代表大会机关；（3）县级以上各级人民政府及其所属各工作部门，以及地区行政行署；（4）县级以上各级政治协商会议机关；（5）县级以上各级人民法院、检察院机关；（5）县级以上各民主党派机关；（7）乡、镇中国共产党委员会和人民政府。

社会团体法人 指依据《社会团体登记管理条例》，经国务院民政部门和县级以上地方各级人民政府民政部门登记注册或备案、领取《社会团体法人登记证书》的各类社会团体；以及依法不需要办理法人登记、由机构编制管理部门管理其机关机构编制的群众团体。

其他法人 指除企业法人、事业单位法人、机关法人和社会团体法人以外的其他符合法人条件的单位。包括：（1）依据《中华人民共和国居民委员会组织法》和《中华人民共和国村民委员会组织法》批准设立的居民委员会和村民委员会；（2）依据《基金会管理条例》规定，由民政部和省级民政部门核准登记、领取《基金会法人登记证书》的基金会；（3）依据《民办非企业单位登记管理暂行条例》，经国务院民政部门和县级以上地方各级人民政府民政部门核准登记，领取《民办非企业单位（法人）登记证书》的民办非企业单位。

产业活动单位 指位于一个地点，从事一种或主要从事一种社会经济活动的组织或组织的一部分。产业活动单位应同时具备以下条件：

1. 在一个场所从事一种或主要从事一种社会经济活动；

2. 相对独立地组织生产活动或经营活动；

3. 能提供收入、支出等相关资料。

产业活动单位是法人单位的组成部分。仅包含一个产业活动单位的法人单位，称为单产业法人单位，该法人单位同时也是一个产业活动单位；由两个及以上产业活动单位组成的法人单位，称为多产业法人单位，这些产业活动单位接受法人单位的管理和控制。

个体经营户　指生产资料归劳动者个人所有，以个体劳动为基础，劳动成果归劳动者个人占有和支配的一种经营组织。本次经济普查的个体经营户包括：

1. 按照《中华人民共和国民法通则》和《城乡个体工商户管理暂行条例》规定，经各级工商行政管理机关登记注册、领取《营业执照》的个体工商户；

2. 依据《民办非企业单位登记管理暂行条例》，经国务院民政部门和县级以上地方各级人民政府民政部门核准登记，并领取《民办非企业单位（合伙）登记证书》或《民办非企业单位（个人）登记证书》的民办非企业单位。

3. 没有领取上述证照但有相对固定场所、实际从事个体经营活动三个月以上的城镇、农村个体经营户。但不包括农民家庭以辅助劳力或利用农闲时间进行的一些兼营性的工业、商业及其他活动。

有证照的个体经营户　指上述第1条、第2条以及经相关部门批准，领取了准运证，独立从事交通运输的个体运输户。

行业分类　本资料行业分类采用的是《国民经济行业分类》（GB/T 4754－2011）标准。

三次产业

第一产业是指农、林、牧、渔业（不含农、林、牧、渔服务业）。

第二产业是指采矿业（不含开采辅助活动），制造业（不含金属制品、机械和设备修理业），电力、热力、燃气及水生产和供应业，建筑业。

第三产业即服务业，是指除第一产业、第二产业以外的其他行业。第三产业包括：批发和零售业，交通运输、仓储和邮政业，住宿和餐饮业，信息传输、软件和信息技术服务业，金融业，房地产业，租赁和商务服务业，科学研究和技术服务业，水利、环境和公共设施管理业，居民服务、修理和其他服务业，教育，卫生和社会工作，文化、体育和娱乐业，公共管理、社会保障和社会组织，国际组织，以及农、林、牧、渔业中的农、林、牧、渔服务业，采矿业中的开采辅助活动，制造业中的金属制品、机械和设备修理业。

登记注册类型　工商行政管理部门对企业（单位）登记注册的类型分为以下几种：

（1）国有企业：指企业全部资产归国家所有，并按《中华人民共和国企业法人登记管理条例》规定登记注册的非公司制的经济组织。不包括有限责任公司中的国有独资公司。

（2）集体企业：指企业资产归集体所有，并按《中华人民共和国企业法人登记管理条例》规定登记注册的经济组织。

（3）股份合作企业：指以合作制为基础，由企业职工共同出资入股，吸收一定比例的社会资产投资组建，实行自主经营，自负盈亏，共同劳动，民主管理，按劳分配与按股分红相结合的一种集体经济组织。

（4）联营企业：两个及两个以上相同或不同所有制性质的企业法人或事业单位法人，按自愿、平等、互利的原则，共同投资组成的经济组织称为联营企业。联营企业包括国有联营企业、集体联营企业、国有与集体联营企业和其他联营企业。

（5）有限责任公司：根据《中华人民共和国公司登记管理条例》规定登记注册，由两个以上，五十个以下的股东共同出资，每个股东以其所认缴的出资额对公司承担有限责任，公司以其全部资产对其债务承担责任的经济组织称为有限责任公司。

有限责任公司分为国有独资公司以及其他有限责任公司。国有独资公司：指国家授权的投资机构或者国家授权的部门单独投资设立的有限责任公司。其他有限责任公司：是国有独资公司以外的其他有限责任公司。

（6）股份有限公司：指根据《中华人民共和国公司登记管理条例》规定登记注册，其全部注册资本由等额股份构成并通过发行股票筹集资本，股东以其认购的股份对公司承担有限责任，公司以其全部资产对其债务承担责任的经济组织。

（7）私营企业：指由自然人投资设立或由自然人控股，以雇佣劳动为基础的营利性经济组织。包括按照《公司法》、《合伙企业法》、《私营企业暂行条例》以及《个人独资企业法》规定登记注册的私营独资企业、私营有限责任公司、私营股份有限公司、私营合伙企业和个人独资企业。

私营独资企业：指按《私营企业暂行条例》的规定，由一名自然人投资经营，以雇佣劳动为基础，投资者对企业债务承担无限责任的企业。

个人独资企业：指按《个人独资企业法》、《个人独资企业登记管理办法》的规定，由一个自然人投资，财产为投资人个人所有，投资人以其个人财产对企业债务承担无限责任的经营实体。个人独资企业填表时归入私营独资企业。

私营合伙企业：指按《合伙企业法》或《私营企业暂行条例》的规定，由两个以上自然人按照协议共同投资、共同经营、共负盈亏，以雇佣劳动为基础，对债务承担无限责任的企业。

私营有限责任公司：指按《公司法》、《私营企业暂行条例》的规定，由两个以上自然人投资或由单个自然人控股的有限责任公司。

私营股份有限公司：指按《公司法》的规定，由五个以上自然人投资，或由单个自然人控股的股份有限公司。

（8）其他内资企业：指上述第（1）条至第（7）条之外的其他内资经济组织。

（9）与港澳台商合资经营企业：指港澳台地区投资者与内地的企业依照《中华人民共和国中外合资经营企业法》及有关法律的规定，按合同规定的比例投资设立，分享利润和分担风险的企业。

（10）与港澳台商合作经营企业：指港澳台地区投资者与内地企业依照《中华人民共和国中外合作经营企业法》及有关法律的规定，依照合作合同的约定进行投资或提供条件设立，分配利润、分担风险和亏损的企业。

（11）港澳台商独资经营企业：指依照《中华人民共和国外资企业法》及有关法律的规定，在内地设立的由港澳台地区投资者在内地全额投资设立的企业。

（12）港澳台商投资股份有限公司：指根据国家有关规定，经商务部（原外经贸部）批准设立，并且其中港、澳、台商的股本占公司注册资本的比例达25%以上的股份有限公司。凡其中港、澳、台商的股本占公司注册资本的比例小于25%的，属于内资中的股份有限公司。

（13）其他港、澳、台商投资企业：指在中国境内参照《外国企业或个人在中国境内设立合伙企业管理办法》和《外商投资合伙企业登记管理规定》，依法设立的港、澳、台商投资合伙企业。

（14）中外合资经营企业：指外国企业或外国人与中国内地企业依照《中华人民共和国中外合资经营企业法》及有关法律的规定，按合同规定的比例投资设立，分享利润和分担风险的企业。

（15）中外合作经营企业：指外国企业或外国人与中国内地企业依照《中华人民共和国中外合作经营企业法》及有关法律的规定，依照合作合同的约定进行投资或提供条件设立，分配利润、分担风险和亏损的企业。

（16）外资企业：指依照《中华人民共和国外资企业法》及有关法律的规定，在中国内地设立的由外国投资者全额投资设立的企业。

（17）外商投资股份有限公司：指根据国家有关规定，经商务部（原外经贸部）批准设立，并且其中外资的股本占公司注册资本的比例达25%以上的股份有限公司。凡其中外资股本占公司注册资本的比例小于25%的，属于内资中的股份有限公司。

（18）其他外商投资企业：指在中国境内依照《外国企业或个人在中国境内设立合伙企业管理办法》和《外商投资合伙企业登记管理规定》，依法设立的外商投资合伙企业。

开业（成立）时间 指企业开业或成立的具体年月

从业人员数 指报告期末最后一日24时在本单位工作，并取得工资或其他形式劳动报酬的人员数。该指标为时点指标，不包括最后一日当天及以前已经与单位解除劳动合同关系的人员，是在岗职工、劳务派遣人员及其他从业人员之和。从业人员不包括：

1. 离开本单位仍保留劳动关系，并定期领取生活费的人员；
2. 利用课余时间打工的学生及在本单位实习的各类在校学生；

3. 本单位因劳务外包而使用的人员，如：建筑业整建制使用的人员。

小微企业　在国家统计局制定的《统计上大中小微型企业划分办法》中，按照行业门类、大类、中类和组合类别，依据从业人员、营业收入、资产总额等指标或替代指标，将我国的企业划分为大型、中型、小型、微型等四种类型。小微企业是小型企业和微型企业的总称。

资产总计　指企业过去的交易或者事项形成的、由企业拥有或者控制的、预期会给企业带来经济利益的资源。资产一般按流动性（资产的变现或耗用时间长短）分为流动资产和非流动资产。其中流动资产可分为货币资金、交易性金融资产、应收票据、应收账款、预付款项、其他应收款、存货等；非流动资产可分为长期股权投资、固定资产、无形资产及其他非流动资产等。根据会计“资产负债表”中“资产总计”项目的期末余额数填报。

执行2006年《企业会计准则》的企业：资产总计 = 流动资产合计 + 非流动资产合计；未执行2006年《企业会计准则》企业的资产包括流动资产、长期投资、固定资产、无形资产和其他资产等。

流动资产合计　资产满足以下条件之一应归为流动资产：（1）预计在一个正常营业周期中变现、出售或耗用，主要包括存货、应收账款等；（2）主要为交易目的而持有；（3）预计在资产负债表日起一年内（含一年）变现；（4）自资产负债日起一年内，交换其他资产或清偿负债的能力不受限制的现金或现金等价物。包括货币资金、应收票据、应收账款、存货等项目。根据会计“资产负债表”中“流动资产合计”项目的期末余额数填报。

应收账款　指企业因销售商品、提供劳务等经营活动，应向购货单位或接受劳务单位收取的款项，主要包括企业销售商品或提供劳务等应向有关债务人收取的价款及代购货单位垫付的包装费、运杂费等。根据会计“资产负债表”中“应收账款”项目的期末余额数填报。

应收工程款　指建筑业企业在报告期末向发包单位应收而未收的工程款。根据会计“应收账款——应收工程款”明细账对应科目填报。注意事项：（1）应收工程款中不包括质量保证金和工程款押金，一般纳入“其他应收款”；（2）建设工程质量保证金或保修金，是发包人与承包人在建设工程承包合同中约定，从应付的工程款中预留，用以保证工程质量的资金。

存货　指企业在日常活动中持有以备出售的产成品或商品、处在生产过程中的在产品、在生产过程或提供劳务过程中耗用的材料或物料等，通常包括原材料、在产品、半成品、产成品、商品以及周转材料等。根据会计“资产负债表”中“存货”项目的期末余额数填报。其中：“年初存货”根据会计“资产负债表”中“存货”项目的年初余额数填报。注意：“存货”具有实物形态，不属于无形资产，由于企业持有存货的最终目的是为了出售，所以房地产开发企业（单位）购置的土地、尚未销售的商品房等均计入“存货”。

产成品　指工业企业已经完成全部生产过程并验收入库，可以按照合同规定的条件送交订货单位，或者可以作为商品对外销售的产品。根据会计“产成品”科目的借方余额填报。

固定资产合计　指企业为生产商品、提供劳务、出租或经营管理而持有的，使用寿命超过一个会计年度的有形资产。包括使用期限超过一年的房屋、建筑物、机器、机械、运输工具以及其他与生产、经营有关的设备、器具、工具等。固定资产合计是时点指标，表示固定资产经过扣减折旧、减值准备等后的期末余额。执行2006年《企业会计准则》的企业，根据会计“资产负债表”中“固定资产”项目的期末余额数填报。

固定资产减值准备　指企业确认固定资产发生减值时，按其固定资产可收回金额低于账面价值的差额计提的减值准备。根据会计“固定资产减值准备”科目的期末贷方余额填报。

固定资产原价　指固定资产的成本，包括企业在购置、自行建造、安装、改建、扩建、技术改造某项固定资产时所发生的全部支出总额。根据会计“固定资产”科目的期末借方余额填报。

固定资产折旧　指企业在固定资产的使用寿命内，按照确定的方法对应计折旧额进行系统分摊。

累计折旧　指企业在报告期末提取的历年固定资产折旧累计数。根据会计“累计折旧”科目的期末贷方余额填报。

本年折旧　指企业在报告期内提取的固定资产折旧合计数。可以根据会计“财务状况变动表”中“固定资产折旧”项的数值填报。若企业执行2001年《企业会计制度》，可以根据会计核算中《资产减值准备、投资及固定资产情况表》内“当年计提的固定资产折旧总额”项本年增加数填报。

在建工程 指企业在基建、更新改造等方面发生的支出。根据会计“在建工程”科目的期末借方余额填报。

负债合计 指企业过去的交易或者事项形成的，预期会导致经济利益流出企业的现时义务。负债一般按偿还期长短分为流动负债和非流动负债。根据会计“资产负债表”中“负债合计”项目的期末余额数填报。

执行2006年《企业会计准则》的企业：负债合计＝流动负债合计＋非流动负债合计；未执行2006年《企业会计准则》企业的负债包括流动负债和长期负债。

流动负债合计 负债满足下列条件之一的应归为流动负债：（1）预计在一个正常营业周期中清偿；（2）主要为交易目的而持有；（3）自资产负债表日起一年内到期应予清偿；（4）企业无权自主地将清偿推迟至资产负债表日后一年以上。包括短期借款、应付票据、应付账款、应付职工薪酬、应交税费等项目。根据会计“资产负债表”中“流动负债合计”项目的期末余额数填报。

应付账款 指企业因购买材料、商品和接受劳务供应等经营活动应支付的款项。根据会计“资产负债表”中“应付账款”项目的期末余额数填报。

非流动负债合计 指流动负债之外的负债。包括长期借款、应付债券等。根据会计“资产负债表”中“非流动负债合计”项目的期末余额数填报。未执行2006年《企业会计准则》的企业，根据会计“资产负债表”中的“长期负债合计”的期末余额数填报。

所有者权益合计 指企业资产扣除负债后由所有者享有的剩余权益。公司的所有者权益又称股东权益。包括实收资本、资本公积、盈余公积、未分配利润等。根据会计“资产负债表”中“所有者权益合计”项目的期末余额数填报。

实收资本 指企业各投资者实际投入的资本（或股本）总额，包括货币、实物、无形资产等各种形式的投入。实收资本按投资主体可分为国家资本、集体资本、法人资本、个人资本、港澳台资本和外商资本。根据会计“资产负债表”中“所有者权益”项下“实收资本”的期末余额数填报。

国家资本 指有权代表国家投资的政府部门或机构、直属事业单位对企业形成的资本金。根据会计“实收资本”科目计算填报。

集体资本 指由本企业职工等自然人集体投资或各种机构对企业进行扶持形成的集体性质的资本金。根据会计“实收资本”科目计算填报。

法人资本 指法人以其依法可支配的资产投入企业形成的资本金。根据会计“实收资本”科目计算填报。

个人资本 指自然人实际投入企业的资本金。根据会计“实收资本”科目计算填报。

港澳台资本 指我国香港、澳门和台湾地区投资者实际投入企业的资本金。根据会计“实收资本”科目计算填报。

外商资本 指外国投资者实际投入企业的资本金。根据会计“实收资本”科目计算填报。

营业收入 指企业经营主要业务和其他业务所确认的收入总额。营业收入合计包括“主营业务收入”和“其他业务收入”。根据会计“利润表”中“营业收入”项目的本期金额数填报。

主营业务收入 指企业确认的销售商品、提供劳务等主营业务的收入。根据会计“主营业务收入”科目的期末贷方余额（结转前）填报。执行2006年《企业会计准则》的企业，如未设置该科目，以“营业收入”代替填报。

土地转让收入 指房地产开发企业按国家规定在报告期转让已经开发的土地和未经开发的土地所得到的收入。根据会计“利润表”和相关核算资料计算填报。

商品房销售收入 指房地产开发企业在报告期售出商品房屋的收入，一次收款的，一次性全部计入销售收入，按合同规定分期收款的，可按合同规定的时间分次计入收入。根据会计“利润表”和相关核算资料计算填报。

房屋出租收入　指房地产开发企业在报告期内，在不改变现有财产所有权关系的条件下，将企业的全部或部分房屋出租给其他单位或个人使用所得到的租金收入。根据会计“利润表”和相关核算资料计算填报。

其他（主营业务）收入　指房地产开发企业在报告期内从事除以上收入外的其他业务活动所得到的收入，包括配套设施销售收入、代建工程结算收入等。根据会计“利润表”和相关核算资料计算填报。

营业成本　指企业经营主要业务和其他业务所发生的成本总额。包括企业（单位）在报告期内从事销售商品、提供劳务等日常活动发生的各种耗费。包括“主营业务成本”和“其他业务成本”。根据会计“利润表”中“营业成本”项目的本期金额数填报。

主营业务成本　指企业经营主要业务所发生的成本总额。根据会计“主营业务成本”科目的期末借方余额（结转前）填报。执行2006年《企业会计准则》的企业，如未设置该科目，以“营业成本”代替填报。

营业税金及附加　指企业因从事生产经营活动按税法规定缴纳的应从经营收入中抵扣的税金和附加，包括营业税、消费税、城市维护建设税、教育费附加等。根据会计“利润表”中“营业税金及附加”项目的本期金额数填报。

主营业务税金及附加　指企业经营主要业务应负担的营业税、消费税、城市维护建设税、教育费附加等。根据会计“主营业务税金及附加”科目的期末借方余额（结转前）填报。执行2006年《企业会计准则》的企业，如未设置该科目，以“营业税金及附加”代替填报。

其他业务利润　指企业经营除主要业务以外的其他业务实现的利润。根据会计“其他业务收入”科目的期末贷方余额减“其他业务成本”科目的期末借方余额计算填报。执行2006年《企业会计准则》的企业，如果未设置该科目，则在此处填0。

销售费用　指企业在销售商品和材料、提供劳务的过程中发生的各种费用，包括保险费、包装费、展览费和广告费、商品维修费、预计产品质量保证损失、运输费、装卸费等以及为销售本企业商品而专设的销售机构（含销售网点、售后服务网点等）的职工薪酬、业务费、折旧费等经营费用。建筑业企业销售费用指企业从事施工生产活动过程中发生的各项费用，包括应由企业负担的运输费、装卸费、包装费、保险费、维修费、展览费、差旅费、广告费和其他经费。房地产企业销售费用指企业在从事主要经营业务过程中所发生的各项销售费用，包括转让、销售、结算和出租开发产品等。根据会计“利润表”中“销售费用”项目的本期金额数填报。未执行2006年《企业会计准则》的企业，根据会计“利润表”中“营业费用（或经营费用)”项目的本期金额数填报。

管理费用　指企业为组织和管理企业生产经营所发生的费用，包括企业在筹建期间内发生的开办费、董事会和行政管理部门在企业经营管理中发生的，或者应当由企业统一负担的公司经费等。根据会计“利润表”中“管理费用”项目的本期金额数填报。

税金　指企业按照规定从管理费用中支付的房产税、印花税、车船使用税和土地使用税。根据“管理费用明细账”中“管理费用——税金”的期末借方余额（结转前）分析填报。

差旅费　指企业行政管理部门的差旅费，包括市内公出的交通费和外地出差的差旅费。根据“管理费用明细账”中“管理费用——差旅费”的期末借方余额（结转前）分析填报。

工会经费　指企业按职工工资总额（扣除按规定标准发放的住房补贴，下同）的2%计提并拨交给工会使用的经费。根据“管理费用明细账”中“管理费用——工会经费”的期末借方余额（结转前）分析填报。

财务费用　指企业为筹集生产经营所需资金等而发生的筹资费用，包括企业生产经营期间发生的利息支出（减利息收入)、汇兑损失（减汇兑收益）以及相关的手续费等。根据会计“利润表”中“财务费用”项目的本期金额数填报。

利息收入　指非金融企业存款业务所确认的利息金额。根据企业“财务费用明细账”中“财务费用——利息收入”科目的本期发生额填报。如果企业没有设置该科目，此处可填“0”。

利息支出　指企业短期借款利息、长期借款利息、应付票据利息、票据贴现利息、应付债券利息、长期应付引进国外设备款利息等利息支出。根据企业“财务费用明细账”中“财务费用——利息支出”科目的本期发生额填报。如果企业没有单独设立“利息收入”科目，应填报利息支出减去银行存款等的利息收入后的净额。

资产减值损失 指企业计提各项资产减值准备所形成的损失。根据会计“利润表”中“资产减值损失”项目的本期金额数填报。未执行2006年《企业会计准则》的企业可免填。

公允价值变动收益 指企业的交易性金融资产、交易性金融负债，以及采用公允价值模式计量的投资性房地产、衍生工具、套期保值业务等公允价值变动形成的应计入当期损益的利得或损失。根据会计“利润表”中“公允价值变动收益”项目的本期金额数填报，或根据“公允价值变动损益”会计科目的余额填报。余额在贷方，则为净收益，余额在借方，则为净损失，以“－”号记。未执行2006年《企业会计准则》的企业可免填。

投资收益 指企业确认的投资收益或投资损失，反映企业以各种方式对外投资所取得的收益。根据会计“利润表”中“投资收益”项目的本期金额数填报。如为投资损失以“－”号记。

营业利润 指企业从事生产经营活动所取得的利润。执行2006年《企业会计准则》的企业，营业利润为营业收入减去营业成本、营业税金及附加、销售费用、管理费用、财务费用、资产减值损失，再加上公允价值变动收益和投资收益。未执行2006年《企业会计准则》的企业，营业利润为主营业务收入减去主营业务成本、主营业务税金及附加，加上其他业务利润后，再减去销售费用、管理费用、财务费用后的金额。根据会计“利润表”中“营业利润”项目的本期金额数填报。

营业外收入 指企业发生的与经营业务无直接关系的各项收入，包括非流动资产处置利得、非货币性资产交换利得、债务重组利得、政府补助、盘盈利得、捐赠利得等。根据会计“利润表”中“营业外收入”项目的本期金额数填报；未执行2006年《企业会计准则》的企业，“营业外收入”中不含“补贴收入”。

补贴收入 指企业实际收到的补贴收入，包括实际收到的先征后返的增值税；企业按销量或工作量等，依据国家规定的补助定额计算并按期给予的定额补贴。执行2006年《企业会计准则》的企业，根据会计“营业外收入——补贴收入”科目的期末贷方余额（结转前）填报；未执行2006年《企业会计准则》的企业，根据会计“补贴收入”科目的期末贷方余额（结转前）填报。

营业外支出 指企业发生的与经营业务无直接关系的各项支出，包括非流动资产处置损失、非货币性资产交换损失、债务重组损失、公益性捐赠支出、非常损失、盘亏损失等。根据会计“利润表”中“营业外支出”项目的本期金额数填报。

利润总额 指企业在一定会计期间的经营成果，是生产经营过程中各种收入扣除各种耗费后的盈余，反映企业在报告期内实现的盈亏总额。根据会计“利润表”中“利润总额”项目的本期金额数填报。执行2006年《企业会计准则》的企业，利润总额为营业利润加上营业外收入，减去营业外支出后的金额；未执行2006年《企业会计准则》的企业，利润总额为营业利润加上投资收益、补贴收入、营业外收入，再减去营业外支出后的金额。

应交所得税 指企业按税法规定，应从生产经营等活动的所得中缴纳的税金。执行2006年《企业会计准则》的企业，根据会计“利润表”中“所得税费用”项目的本期金额数填报；未执行2006年《企业会计准则》的企业，根据会计“利润表”中“所得税”项目的本期金额数填报。

应付职工薪酬 指企业为获得职工提供的服务而给予各种形式的报酬以及其他相关支出。包括职工工资、奖金、津贴和补贴，职工福利费，医疗保险费、养老保险费、失业保险费、工伤保险费和生育保险费等社会保险费，住房公积金，工会经费和职工教育经费，非货币性福利，因解除与职工的劳动关系给予的补偿，其他与获得职工提供的服务相关的支出。执行2006年《企业会计准则》的企业，根据会计科目“应付职工薪酬”的本年贷方累计发生额填报；未执行2006年《企业会计准则》的企业，应将本年上述职工薪酬包含的科目归并填报。

应交增值税 指企业按税法规定，从事货物销售或提供加工、修理修配劳务等增加货物价值的活动本期应交纳的税金，不含期初未抵扣税额。根据会计相关科目贷方累计发生额，按下述公式计算填报：

应交增值税 = 销项税额 - （进项税额 - 进项税额转出） - 出口抵减内销产品应纳税额 - 减免税款 + 出口退税

建筑业企业在境外完成的营业收入 指建筑业企业报告期内在国外及港、澳、台等区域所有经营活动的货币表现。本指标是有境外施工或劳务输出业务的总承包和专业承包建筑业企业填报，填报时注意是外币的，要按照报告期末的人民币汇率折算填报。

工业总产值（当年价格） 指工业企业在报告期内生产的以货币形式表现的工业最终产品和提供工业劳务活动的总价值量。

工业销售产值（当年价格） 指以货币形式表现的，工业企业在报告期内销售的本企业生产的工业产品或提供工业性劳务价值的总价值量。工业销售产值包括的内容为：

（1）销售成品价值：指企业在报告期内实际销售（包括本期生产和非本期生产）的全部成品、半成品的总价值，即按报告期产品的实际销售数量乘以不含增值税（销项税额）的产品实际销售平均单价计算。销售成品价值中包括企业生产的自制设备及提供给本企业在建工程、其他非工业部门和生活福利部门等单位使用的成品价值，但不包括用订货者来料加工，并且只收取加工费的成品（半成品）价值。

（2）对外加工费收入：指企业在报告期内完成的对外承接的工业品加工（包括用定货者来料加工的产品）的加工费收入；对外工业品修理作业可收取的加工费收入和对内非工业部门提供的加工修理、设备安装等收入。对外加工费收入按不含增值税（销项税额）的价格计算。

出口交货值 指工业企业交给外贸部门或自营（委托）出口（包括销往香港、澳门、台湾），用外汇价格结算的产品价值，以及外商来样、来料加工、来件装配和补偿贸易等生产的产品价值。在计算出口交货值时，要把外汇价格按交易时的汇率折成人民币计算。

产品产量 指工业企业在报告期内生产的并符合产品质量要求的实物数量，包括商品量和自用量两部分。

库存量 指工业企业在期初、期末时点上，尚存在企业产成品仓库中而暂未售出的产品的实物数量。

销售量 指报告期内工业企业实际销售的由本企业生产（包括本期生产和非本期生产）的符合规定的质量标准或定货合同规定的技术条件的工业产品的实物数量。凡用订货者来料加工生产的产品，并且加工企业只收取加工费的，如果订货者是境内非工业企业和境外企业，其产品销售量由加工企业（即承包企业）统计；如果订货者是境内工业企业，产品销售量由委托企业（即发包企业）统计，加工企业不统计。

销售金额 指产品的销售额，即企业在报告期内按各种价格销售同一种产品所得到的销售总金额，与销售量的口径是一致的，凡是计算了销售量的产品都应该计算其销售额。

生产能力 一般指产品的综合生产能力，但也有些产品指其主要设备的能力。

签订的合同额 指建筑业企业在报告期直接同建设单位签订合同的总价款和以前年度同建设单位签定合同的未完工程跨入本年度继续施工工程合同的总价款余额。

上年结转合同额 指以前年度同建设单位签订合同的未完工程跨入本年度继续施工工程合同的总价款余额。

本年新签合同额 指建筑业企业在报告期内同建设单位直接新签订的各种国内工程合同的总价款，不包括与其他建筑业企业新签的分包合同额。

直接从建设单位承揽工程完成的产值 指总承包企业或专业承包企业直接与建设单位（业主）签订的承包合同（包括报告期及以往年度签订的合同，不包括无效合同和中途解除的合同），在报告期内完成的工程总值。包括企业向其他专业承包企业或劳务分包企业分包出去的工程所完成产值，还包括分包企业缴纳的管理费。

自行完成施工产值 指总承包企业或专业承包企业直接与建设单位（业主）签订的总承包合同或专业承包合同中，自行完成的工程总值。包括总承包企业和专业承包企业自行完成的工作量和分包企业缴纳的管理费。

分包出去工程的产值 指专业承包企业或劳务分包企业与总承包企业或专业承包企业签订的专业承包或劳务分包合同中在报告期所完成的产值。分包企业如果是一个独立核算的经济实体，其完成的产量产值，不包括在总承包企业或专业承包企业自行完成产值中。

在当前建筑市场中，还有一些零散的建筑业包工队（组）以小包工队形式从建筑施工企业分包部分“单位工程”或“分部工程”，这些包工队（组）并不具备填报国家统计报表的条件，其完成的产量产值均应由总承包企业或专业承包企业填报。为了保持相关数据的一致性，包工队（组）参与施工的人数也应统计在总承包企业或专业承包企业的人数内。

从建设单位以外承揽工程完成的产值　指总承包企业或专业承包企业从其他总承包企业或专业承包企业处承揽工程而完成的产值。不包括总承包企业或专业承包企业从建设单位承揽工程中自行完成的产值和分包企业缴纳的管理费。

建筑业总产值　指以货币表现的建筑业企业在一定时期内生产的建筑业产品和服务的总和。建筑业总产值包括建筑工程产值、安装工程产值和其他产值三部分内容。

装饰装修产值　包括装饰、装修两部分产值。装修装饰指对新旧房屋及建筑物进行的内外装修装饰；对新建房屋及建筑物经过施工后，尚未完全达到使用标准，而进行的二次装修装饰；以及对原有房屋经使用若干年后进行的二次内外装饰。包括抹灰、门窗、玻璃、吊顶、隔断、饰面板（砖）、涂料、裱糊、刷浆、花饰等。

在外省完成的产值　指建筑业企业在其他省份施工所完成的建筑业产值。

建筑工程产值　指列入建筑工程预算内的各种工程价值，包括：

（1）各种房屋如厂房、仓库、办公室、住宅、商店、学校、医院、俱乐部、食堂、车库、招待所等房屋建筑，按照当前预算制度规定，列入房屋工程预算内的暖气、卫生、通风、照明、煤气等设备价值及其装饰油漆工程，以及列入建筑工程预算内的各种管道（如蒸汽、压缩空气、石油、给排水等管道），电力、电讯电缆导线的敷设等工程。

（2）设备基础、支柱、操作平台、梯子、烟囱、凉水塔、水池、灰塔等建筑工程、炼焦炉、裂解炉、蒸汽炉等各种窑炉的砌筑工程及金属结构工程。

（3）为施工而进行的建筑场地的布置，工程地质勘探，原有建筑物和障碍物的拆除及平整土地，施工临时用水、电、汽、道路工程，以及完工后建筑场地的清理，环境绿化工作等。

（4）矿井的开凿、井巷掘进延伸、露天矿的剥离、石油、天然气钻井工程和铁路、公路、港口、桥梁等工程。

（5）水利工程，如水库、堤坝、灌渠以及河道整治等工程。

（6）防空、地下建筑等特殊工程。

（7）装饰装修工程。

安装工程产值　指设备安装工程价值，包括：

（1）生产、动力、起重、运输、传动和医疗、实验等各种需要安装设备的装配和安装与设备相连的工作台、梯子、栏杆等装设工程，附属于被安装设备的管线敷设工程、被安装设备的绝缘、防腐、保温、油漆等工作。

（2）为测定安装工作质量，对单个设备、系统设备进行单机试运和系统联动无负荷试运工作。

在设备安装产值中，不得包括被安装设备本身价值。

其他产值　建筑业总产值中除建筑工程、安装工程以外的产值。包括房屋构筑物修理产值、非标准设备制造产值、总包企业向分包企业收取的管理费以及不能明确划分的施工活动所完成的产值。

房屋构筑物修理产值：指房屋和构筑物的修理所完成的产值，但不包括被修理房屋、构筑物本身价值和生产设备的修理价值。

非标准设备制造产值：指加工制造没有定型的非标准生产设备的加工费和原材料价值（如化工厂、炼油厂用的各种罐、槽，矿井生产统一使用的各种漏斗、三角槽、阀门等）以及附属加工厂为本企业承建工程制作的非标准设备的价值。

竣工产值　一般是以单位工程为对象，当该工程按照设计所规定的工程内容全部完成，达到了设计规定的交工条件，经有关部门检查验收鉴定合格的单位工程价值，即为竣工产值。

房屋施工面积　指报告期内施工的全部房屋建筑面积。包括本期新开工的房屋建筑面积、上期跨入本期继续施工的房屋建筑面积、上期停缓建在本期恢复施工的房屋建筑面积、本期竣工的房屋建筑面积以及本期施工后又停缓建的房屋建筑面积。多层建筑应填各层建筑面积之和。

房屋新开工面积　指报告期内新开工建设的房屋建筑面积，以单位工程为核算对象，即整栋房屋的全部建筑面积，不能分割计算。不包括在上期开工跨入报告期继续施工的房屋建筑面积和上期停缓建而在本期恢复施工的房屋建筑面积。房屋的开工应以房屋正式开始破土刨槽（地基处理或打永久桩）的日期为准。

实行投标承包面积　指报告期内建筑施工企业经过投标招标而承担的全部房屋建筑面积。

年末自有施工机械设备净值　指本企业（或单位）自有施工机械设备经过使用、磨损后实际存在的价值，即原值减去折旧后的净额。

年末自有施工机械设备总台数　指年末本企业（或单位）自有的直接用于工程施工的各种机械设备的台数。但不包括附属辅助生产机械设备、运输机械设备、生产试验机械设备的台数。

年末自有施工机械设备总功率　指年末本企业（或单位）自有的直接用于工程施工的各种机械设备年末总功率，按设定能力或查定能力计算。包括施工机械本身的动力和为该机械服务的单独动力设备，如电动机等。但不包括附属辅助生产机械设备、运输机械设备、生产试验机械设备的功率。计量单位用千瓦，动力换算可按 1 马力 =0. 735 千瓦折合成千瓦数。电焊机、变压器、锅炉不计算动力。

建筑材料消耗量　指报告期内实际耗用于建筑产品生产过程中的全部材料数量，包括建设工程直接耗用的材料，现场临时设施，预制建筑构件，非标准设备制造等所耗用的材料。它是编制和检查材料消耗计划，核算单位产品材料消耗水平，考核消耗定额和反映节约情况的依据。

钢材　包括重轨、轻轨、大型型钢、中型型钢、小型型钢、带钢、线材、特厚钢板、中厚钢板、薄钢板、硅钢片、优质型材、无缝钢管、焊接钢管和其他钢材等品种，以吨为计量单位。不包括钢锭、钢材边角料，已经使用过的旧钢材、铸铁管，以及钢丝绳、铅丝等金属制品。

木材　包括原木、锯材和各种人造板，统一按原木数量计算，以立方米为计量单位。不经过纵锯就直接使用的原木，如桩木、电杆和脚手杆等，可直接计入消耗量。经过纵锯或加工而成的材料、板材和人造板，必须按规定的出材率和换算方法计算出原木数量后，再计入消耗量。计算木材消耗量，不包括小规格材和废旧材料。

水泥　包括普通建筑水泥、装饰水泥和特种水泥（如快硬高强水泥、膨胀水泥、耐酸耐火、防射线水泥等），以吨为计量单位。不包括无熟料水泥和土水泥。

平板玻璃　建筑用平板玻璃主要指无色的普通平板玻璃和吸热玻璃（即在熔化玻璃液时加入不同的着色剂，可以生产茶、灰、蓝等不同色泽的平板玻璃，俗称彩色玻璃）。

铝材　指铝成品材。包括纯铝及铝合金加工的板材、带材、箔材、管材、棒材、线材、型材、压模件、自由锻件等。不包括边角料、裸铝线及电线厂自产自用的铝盘条。

企业总产值　指建筑业企业在报告期内全部经济活动的最终成果的货币表现。在企业总产值中除包括建筑业总产值外，还包括建筑业企业从事其他经济活动所创造的价值（如工业产值、交通运输产值、商业服务业产值、其他产值收入和劳务收入等）。

房屋竣工面积　指报告期内房屋建筑按照设计要求已全部完工，达到住人和使用条件，经验收鉴定合格或达到竣工验收标准，可正式移交使用的各栋房屋建筑面积的总和。

房屋竣工价值　指报告期内按规定已经上报竣工的房屋本身的建造价值。一般按房屋设计和预算规定的内容计算。包括竣工房屋本身的基础、结构、屋面、装修以及水、电、卫等附属工程的建筑价值；也包括作为房屋建筑组成部分而列入房屋建筑工程预算内的设备（如电梯、通风设备等）的购置和安装费用。不包括厂房内的工艺设备、工艺管线的购置和安装，工艺设备基础的建造；室外的水、暖、电、卫、道路工程、挡土墙等环境工程的费用；办公和生活用家具的购置等费用；购置土地的费用；迁移补偿费和场地平整的费用及城市建设配套投资。

商品购进额　指从本企业以外的单位和个人购进（包括从国外直接进口）作为转卖或加工后转卖的商

品金额（含增值税）。本指标反映批发和零售业从国内外市场上购进商品的总价。

进口 指直接从国外进口或委托外贸企业代理进口的商品金额，不包括从国内有关单位购进的进口商品。对外贸易企业只统计自主经营进口的商品，不统计受托代理进口的商品。

商品销售额 指对本单位以外的单位和个人出售的商品金额（包括售给本单位消费用的商品，含增值税）。在批发和零售业中，本指标反映在国内市场上销售商品以及出口商品的总量。

批发额 指售给国民经济各行业用于生产、经营用的商品金额。

零售额 指售给城乡居民用于生活消费和社会集团用于公共消费的商品金额。

商品库存额 对于批发和零售业法人企业和个体经营户，是指报告期末取得所有权的全部商品金额（含增值税）；对于批发和零售业产业活动单位，是指报告期末实际在库且归属法人具有所有权的全部商品金额（含增值税）。这个指标反映批发和零售业的商品库存情况，以及对市场商品供应的保证程度。

营业额 指住宿和餐饮业单位在经营活动中因提供服务或销售商品等取得的全部收入，包括：客房收入、餐费收入、商品销售额（含增值税）和其他收入。不包括法人企业附营的其他行业产业活动单位的餐费收入、商品销售收入等各项收入。

客房收入 指住宿和餐饮业单位在经营活动中因提供住宿服务取得的收入。不包括法人企业附营的其他行业产业活动单位的客房收入。

餐费收入 指住宿和餐饮业单位为顾客提供就餐服务取得的收入。包括：经烹饪、调制加工后出售的各种食品，如主食、炒菜、凉拌菜等的收入。不包括法人企业附营的其他行业产业活动单位的餐费收入。

商品销售额 指对本单位以外的单位和个人出售的商品金额（包括售给本单位消费用的商品，含增值税）。在住宿和餐饮业中，本指标反映住宿和餐饮业单位出售商品的销售总额（含增值税），不包括法人企业附营的其他行业产业活动单位的商品销售额。

其他收入 指营业额中除客房收入、餐费收入、商品销售额（含增值税）以外的其他收入。

客房数 指住宿和餐饮业连锁门店提供住宿服务的房间数，该指标按报告期内正常情况下的实有数统计。

床位数 指住宿和餐饮业连锁门店供应旅客使用的床位数，不包括临时加床和门店内部工作人员使用的床位。该指标按报告期内正常情况下的实有数统计。

餐位数 指住宿和餐饮业连锁门店为顾客提供就餐服务时，正常可同时容纳就餐人员的餐位数量，不包括临时加的餐位。该指标按报告期内正常情况下的实有数统计。

项目 指房地产开发企业，按照城市建设规划要求，立项审批（备案）并取得《施工许可证》后，在依法取得土地使用权的土地上开发的楼盘或小区工程。包括前期准备、设计、施工建设、收尾移交和销售或出租等阶段的全部过程。项目划分原则上以《国有土地使用证》为准，项目分期开发的，每一期工程作为一个项目填报。对于联建项目（两个或两个以上企业联合开发的项目），由获得土地使用权的企业上报。

完成投资 指各种登记注册类型的房地产开发法人单位统一开发的包括统代建、拆迁还建的住宅、厂房、仓库、饭店、宾馆、度假村、写字楼、办公楼等房屋建筑物，配套的服务设施，土地开发工程（如道路、给水、排水、供电、供热、通讯、平整场地等基础设施工程）和土地购置的投资；不包括单纯的土地开发和交易活动。

建筑工程 指各种房屋、建筑物的建造工程，又称建筑工作量。这部分投资额必须兴工动料，通过施工活动才能实现。

安装工程 指各种设备、装置的安装工程，又称安装工作量。

设备工器具购置 指报告期内购置或自制的，达到固定资产标准的设备、工具、器具的价值。

其他费用 指在固定资产建造和购置过程中发生的，除建筑安装工程和设备、工器具购置投资完成额以外的费用，不指经营中财务上的其他费用。包括土地出让金、大市政费、四源费（煤、热、自来水、污水）、不可预见费、旧房屋购置，基本畜禽支出，林木支出，退耕退牧还林还草、土壤改良、城市绿化，办公生活用家具、器具购置，建设单位管理费，土地征用、购置及迁移补偿费，政府收费，勘察设计费，研究实验费，可行性研究费，临时设施费，施工机械转移费，设备检验费，负荷联合试车费，土地占用、使用费，建设期应付利息，包干结余，企业债券发行费，合同公证费及工程质量监测费，国外借款手续费及承诺费，汇兑损益，调整器材调拨价格折价，坏账损失，固定资产亏损及损失等。

商品房销售面积　指报告期内出售商品房屋的合同总面积（即双方签署的正式买卖合同中所确定的建筑面积）。本月销售面积指从本月1日起至本月最后一天止出售商品房屋的合同总面积。

商品房销售额　指报告期内出售商品房屋的合同总价款（即双方签署的正式买卖合同中所确定的合同总价）。本月销售额指从本月1日起至本月最后一天止出售商品房屋的合同总价款。

科技活动　指在自然科学、农业科学、医药科学、工程与技术科学、人文与社会科学领域（简称科学技术领域）中，与科技知识的产生、发展、传播和应用密切相关的有组织的活动。企业的科技活动包括：1. 在科学技术领域，为增加知识总量、以及运用这些知识去创造新的应用进行的系统的创造性的活动。其中较为常见的活动是利用现有知识和实际经验，为产生新的产品、材料和装置，建立新的工艺、系统和服务，以及对已产生和建立的上述各项做实质性的改进而进行的系统性工作。这些活动的成果形式主要是专利、专有技术、新产品原型或样机样件等。2. 为使产生的新产品、材料和装置，建立的新工艺、系统和服务以及做实质性改进后的上述各项能够投入生产或实际应用，解决所存在的技术问题而进行的系统性的工作。这些活动的成果形式大多是可供生产和实际操作的带有技术和工艺参数的图纸、技术标准和操作规范。企业的科技活动不包括企业从事的常规性技术升级或对某项科研成果直接应用等活动（如直接采用新的工艺、材料、装置、产品、服务或知识等）。在企业中只有列入企业工作计划的科技活动才予以统计，而独立发明人等在企业外或计划外进行的科技活动不在统计范围之内。

参加项目人员　指企业在报告期实际参加某科技项目活动的人员。项目组一般指企业认定的从事科技活动的最小单元，其人员指实际参加科技项目活动的时间（不包括加班时间）占全年工作时间在10%及以上的人员。专职负责项目管理并且是某些项目组的成员，视其主要归属情况归入某一项目组填报，其他项目免填。企业科技活动管理人员，一般不填报在项目组内。若某人同时担负几个科技项目的研究任务，则按其最主要的项目填报，其他项目免填。项目在报告期内确认科技活动工作失败，也应按其实际情况填写参加本项目组活动的人员。项目组人员不包括外单位参加本企业科技项目的人员和临时协作人员。

项目人员实际工作时间　指报告期项目组人员实际工作的时间，按月计算。同时参加两个及以上项目的人员，应按项目分别计算工作时间，但一人在报告期内的实际工作时间不得超过12个月。

项目经费内部支出　指报告期在企业内部开展科技项目活动的经费支出，不包括委托研制或合作研制而支付外单位的经费等。

政府资金 指报告期企业各类科技项目经费支出中来自政府部门的经费，包括政府科技贷款。

科技活动人员合计　指企业内部直接参加科技项目以及项目的管理人员和直接服务的人员。不包括全年累计从事科技活动时间不足制度工作时间10%的人员。

参加科技项目人员　指编入各类科技项目小组并实际从事（参与）科技活动的人员。

科技管理和服务人员　指企业中专门从事科技活动管理和为科技活动提供直接服务的人员，不包括全年累计从事科技活动管理和服务的时间占制度工作时间10%以下的人员。科技活动管理人员包括企业主管科技活动工作的负责人，企业科技活动管理部门（科研管理处、部、科等）的工作人员以及企业办技术中心、科研院（所）、中试车间、试验基地、实验室等的管理人员；为科技活动提供直接服务的人员包括为科技活动提供资料文献、材料供应、设备维护等服务的人员（含中试车间、实验室、试验基地等的工人），但不包括为科技活动提供间接服务的保卫、医疗保健、司机、食堂人员、茶炉工、水暖工、清洁工等人员。为避免重复计算，该指标应扣除已计入参加科技项目的人员数。

科技活动人员合计中高中级技术职称人员　指企业科技活动人员中已评定为高级和中级技术职称（职务）的人员。高级技术职称人员包括：高级工程师、高级经济师、高级会计师、高级统计师、正副教授、正副研究员等；中级技术职称人员包括：工程师、经济师、会计师、统计师、讲师、助理研究员等。

科技活动人员合计中全时人员　指企业科技活动人员中在报告期实际从事科技活动的时间占制度工作时间90%及以上的人员。在企业科技活动管理部门（科研管理处、部、科等）专职从事科技管理工作的人员、企业办科技机构中专职从事科技活动以及管理和直接服务人员，以及上述人员以外在报告期主要从事科技项目活动的人员可视作全时人员。

科技活动的经费支出合计 指在报告期企业科技活动的经费支出合计，包括内部用于科技活动的经费支出、当年形成用于科技活动的固定资产、使用来自政府部门的科技活动资金和委托外单位开展科技活动的经费支出。

全部科技项目数 指企业在报告期当年立项并开展研究工作、以前年份立项仍继续进行的科技项目数，包括当年完成和年内研究工作已告失败的科技项目，但不包括委托外单位进行的科技项目数。

全部科技项目经费内部支出 指企业内部在报告期进行科技项目研究和试制等的实际支出。包括劳务费、原材料费、设备购置费、其他日常支出、外协加工费等，不包括委托或与外单位合作进行项目研究而拨付给对方使用的经费，企业科技活动管理部门的费用，用于科技活动目的的基建支出，以及为科技活动提供间接服务人员的费用等。

企业办科技机构数 企业办科技机构指企业自办（或与外单位合办），管理上同生产系统相对独立（或者单独核算）的专门科技活动机构，如企业办的技术中心、研究院所、开发中心、开发部、实验室、中试车间、试验基地等。企业办科技活动机构经过资源整合，被国家或省级有关部门认定为国家级或省级技术中心的，应按一个机构填报。与外单位合办的科技活动机构若主要由本企业出资兴办，则由本企业统计，否则应由合办方统计。企业科技管理职能处（科）室（如科研处、技术科等）一般不统计在内；若科研处、技术科等同时挂有科技活动机构的牌子，视其报告年度内主要工作任务而定，主要任务是从事科技活动的可以统计，否则不予统计。本指标不含企业在中国境外设立的科技活动机构数。

机构人员合计 指报告期末企业办科技活动机构中从业人员合计。

机构人员合计中博士毕业 指报告期末企业办科技机构中具有博士学历或博士学位的人员。

机构人员合计中硕士毕业 指报告期末企业办科技机构中具有硕士学历或硕士学位的人员。

机构人员合计中本科毕业 指报告期末企业办科技机构中具有大学本科学历或学士学位的人员。

机构经费支出 指报告期企业办科技机构用于内部开展科技活动实际支出的总费用。包括机构人员劳务费（含工资）支出、机构业务费支出、管理费支出、固定资产购建支出以及其他维持机构正常工作的日常费用等的支出总和。

专利申请数 指企业在报告期内向国内外知识产权行政部门提出专利申请并被受理的件数。

专利申请数中发明专利 指企业在报告期内向国内外知识产权行政部门提出发明专利申请并被受理的件数。

有效发明专利数 指报告期末企业作为专利权人在报告期拥有的、经国内外知识产权行政部门授权且在有效期内的发明专利件数。

有效发明专利数中境外授权 指报告期末企业作为专利权人拥有的、经国外及港澳台知识产权行政部门授予且有效期内的发明专利件数。

专利所有权转让及许可数 指报告期企业向外单位转让专利所有权或允许专利技术由被许可单位使用的专利件数。

专利所有权转让及许可收入 指报告期企业向外单位转让专利所有权或允许专利技术由被许可单位使用而得到的收入。包括当年从被转让方或被许可方得到的一次性付款和分期付款收入，以及利润分成、股息收入等。

新产品产值 指报告期企业生产的新产品的产值。新产品是指采用新技术原理、新设计构思研制、生产的全新产品，或在结构、材质、工艺等某一方面比原有产品有明显改进，从而显著提高了产品性能或扩大了使用功能的产品。新产品产值、新产品销售收入既包括经政府有关部门认定并在有效期内的新产品，也包括企业自行研制开发，未经政府有关部门认定，从投产之日起一年之内的新产品。

新产品销售收入 指报告期企业销售新产品实现的销售收入。

新产品销售收入中出口 指报告期企业将新产品销售给外贸部门和直接出售给外商所实现的销售收入。

发表科技论文 指企业立项的科技项目产生的、并在有正规刊号的刊物上发表的科技论文数量。

拥有注册商标 指企业在报告期末拥有的注册商标件数。包括在境内和境外注册的商标件数，一件商标在境内外同时注册时只统计一件。

拥有注册商标中境外注册　指企业在报告期末拥有的在国外或港澳台注册的商标件数。

形成国家或行业标准　指报告期企业在自主研发或自主知识产权基础上形成的经有关部门批准的国家或行业标准项数。

研究开发费用加计扣除减免税　指企业按有关政策和税法规定税前加计扣除的研究开发活动费用所得税，按当年税务部门实际减免的税额填报。对尚未得到当年减免税额的企业，按上年实际减免税额填报。

高新技术企业减免税　指高新技术企业按照国家有关政策依法享受的企业所得税减免额，按当年税务部门实际减免的税额填报。对尚未得到当年减免税额的企业，按上年实际减免税额填报。

引进国外技术经费支出　指企业在报告期用于购买境外技术的费用支出，包括产品设计、工艺流程、图纸、配方、专利等技术资料的费用支出，以及购买关键设备、仪器、样机和样件等的费用支出。

引进技术的消化吸收经费支出　引进技术的消化吸收指对引进技术的掌握、应用、复制而开展的工作，以及在此基础上的创新。引进技术的消化吸收经费支出包括：人员培训费、测绘费、参加消化吸收人员的工资、工装、工艺开发费、必备的配套设备费、翻版费等。消化吸收经费支出中属于科技活动的经费支出，除包含在本项外，还要计入企业科技活动经费支出中。

购买国内技术经费支出　指企业在报告期购买境内其他单位科技成果的经费支出。包括购买产品设计、工艺流程、图纸、配方、专利、技术诀窍及关键设备的费用支出。

技术改造经费支出　指企业在报告期进行技术改造而发生的费用支出。技术改造指企业在坚持科技进步的前提下，将科技成果应用于生产的各个领域（产品、设备、工艺等），用先进工艺、设备代替落后工艺、设备，实现以内涵为主的扩大再生产，从而提高产品质量、促进产品更新换代、节约能源、降低消耗，全面提高综合经济效益。

企业在境外设立的科技活动机构　指企业在境外自办（或与外单位合办）的专门科技活动机构。与外单位合办的科技活动机构若主要由本企业出资兴办，则由本企业统计，否则应由合办方统计。